MANUAL DE DIREITO PENAL

PARTE GERAL

MATHEUS KUHN GONÇALVES
JAIME LEÔNIDAS MIRANDA ALVES

Prefácios
Alexandre Salim

Lara Teles

MANUAL DE DIREITO PENAL
PARTE GERAL

Belo Horizonte

2023

© 2023 Editora Fórum Ltda.

É proibida a reprodução total ou parcial desta obra, por qualquer meio eletrônico, inclusive por processos xerográficos, sem autorização expressa do Editor.

Conselho Editorial

Adilson Abreu Dallari
Alécia Paolucci Nogueira Bicalho
Alexandre Coutinho Pagliarini
André Ramos Tavares
Carlos Ayres Britto
Carlos Mário da Silva Velloso
Cármen Lúcia Antunes Rocha
Cesar Augusto Guimarães Pereira
Clovis Beznos
Cristiana Fortini
Dinorá Adelaide Musetti Grotti
Diogo de Figueiredo Moreira Neto (*in memoriam*)
Egon Bockmann Moreira
Emerson Gabardo
Fabrício Motta
Fernando Rossi
Flávio Henrique Unes Pereira
Floriano de Azevedo Marques Neto
Gustavo Justino de Oliveira
Inês Virgínia Prado Soares
Jorge Ulisses Jacoby Fernandes
Juarez Freitas
Luciano Ferraz
Lúcio Delfino
Marcia Carla Pereira Ribeiro
Márcio Cammarosano
Marcos Ehrhardt Jr.
Maria Sylvia Zanella Di Pietro
Ney José de Freitas
Oswaldo Othon de Pontes Saraiva Filho
Paulo Modesto
Romeu Felipe Bacellar Filho
Sérgio Guerra
Walber de Moura Agra

CONHECIMENTO JURÍDICO

Luís Cláudio Rodrigues Ferreira
Presidente e Editor

Apoio: Associação dos Magistrados Brasileiros

Coordenação editorial: Leonardo Eustáquio Siqueira Araújo
Aline Sobreira de Oliveira

Rua Paulo Ribeiro Bastos, 211 – Jardim Atlântico – CEP 31710-430
Belo Horizonte – Minas Gerais – Tel.: (31) 99412.0131
www.editoraforum.com.br – editoraforum@editoraforum.com.br

Técnica. Empenho. Zelo. Esses foram alguns dos cuidados aplicados na edição desta obra. No entanto, podem ocorrer erros de impressão, digitação ou mesmo restar alguma dúvida conceitual. Caso se constate algo assim, solicitamos a gentileza de nos comunicar através do *e-mail* editorial@editoraforum.com.br para que possamos esclarecer, no que couber. A sua contribuição é muito importante para mantermos a excelência editorial. A Editora Fórum agradece a sua contribuição.

Dados Internacionais de Catalogação na Publicação (CIP) de acordo com ISBD

X3m	Gonçalves, Matheus Kuhn
	Manual de Direito Penal: parte geral / Matheus Kuhn Gonçalves, Jaime Leônidas Miranda Alves. - Belo Horizonte: Fórum, 2023.
	745p.; 17x24cm
	ISBN: 978-65-5518-477-8
	1. Direito Penal. 2. Processo Penal. 3. Execução Penal. I. Alves, Jaime Leônidas Miranda. II. Título.
	CDD 345
	CDU 343
2022-2836	

Elaborado por Odilio Hilario Moreira Junior - CRB-8/9949

Informação bibliográfica deste livro, conforme a NBR 6023:2018 da Associação Brasileira de Normas Técnicas (ABNT):

GONÇALVES, Matheus Kuhn; ALVES, Jaime Leônidas Miranda. *Manual de Direito Penal*: parte geral. Belo Horizonte: Fórum, 2023. 745p. ISBN 978-65-5518-477-8.

AGRADECIMENTOS

A Deus, toda honra e toda glória.

À minha esposa Larissa, pelo amor, carinho e apoio incondicional aos meus projetos pessoais, acadêmicos e profissionais.

Aos meus pais, Claudir e Ivani, que sempre me incentivaram e acreditaram que era possível, até mesmo quando eu não acreditava.

Matheus Kuhn Gonçalves

A Deus, por tudo e por tanto.

Aos meus pais, por me inspirarem, incentivarem, insistirem e motivarem. E especialmente: por nunca desistirem

Jaime Leônidas Miranda Alves

SUMÁRIO

AGRADECIMENTOS..5

SUMÁRIO 7

PREFÁCIO
Alexandre Salim..35

PREFÁCIO
Lara Teles 37

APRESENTAÇÃO
Matheus Kuhn Gonçalves...39

CAPÍTULO 1...41
NOTAS INTRODUTÓRIAS..41
1.1 Conceito de Direito Penal 41
1.2 Propostas doutrinárias 41
1.2.1 Direito Penal objetivo e subjetivo 41
1.2.2 Direito penal do autor, direito penal do fato e direito penal do fato que considera o autor..41
1.2.3 Direito Penal de velocidades 42
1.2.4 Direito Penal de emergência, simbólico e promocional 43
1.2.5 *Ius puniendi* positivo e *ius puniendi* negativo...44
1.2.6 Direito Penal de culpabilidade e Direito Penal de periculosidade 44
1.2.7 Direito Penal subterrâneo e o Direito Penal paralelo...44
1.2.8 Direito Penal quântico 44
1.2.9 Direito Penal substantivo (material) e Direito Penal adjetivo (formal)....................45
1.2.10 Direito Penal comum e Direito Penal especial..45
1.3 Finalidade do Direito Penal 45
1.4 Terminologia..45
1.5 Estrutura do Código Penal..46
1.6 Garantismo penal..46
1.6.1 Garantismo integral e garantismo penal hiperbólico monocular 47
1.7 Ciências criminais 47
1.8 Modelos de política criminal 48
1.8.1 Abolicionismo penal..48
1.8.2 Minimalismo penal..48

1.8.3	Direito Penal máximo	48
1.9	Evolução histórica do Direito Penal	48
1.9.1	Direito Penal e a ideia de vingança	49
1.9.2	Escolas penais	49
1.9.2.1	Escola Clássica	49
1.9.2.2	Escola positiva	50
1.9.2.2.1	Fase antropológica	51
1.9.2.2.2	Fase sociológica	51
1.9.2.2.3	Fase jurídica	52
1.9.3	Outras escolas	52
1.9.3.1	Terceira Escola	52
1.9.3.2	Escola sociológica alemã	53
1.9.3.3	Escola técnico-jurídica	53
1.9.3.4	Escola correcionalista	53
1.9.3.5	Escola da nova defesa social	54

CAPÍTULO 2
FONTES DO DIREITO PENAL 55

2.1	Fonte material, substancial ou de produção	55
2.2	Fonte formal, de conhecimento ou de cognição	55
2.2.1	Fonte formal imediata	55
2.2.1.1	Lei	56
2.2.1.2	Constituição Federal	56
2.2.1.3	Tratados e convenções internacionais de direitos humanos	57
2.2.1.4	Jurisprudência	58
2.2.1.5	Princípios gerais do Direito	59
2.2.1.6	Atos administrativos	60
2.2.2	Fonte formal mediata ou secundária	60
2.2.2.1	Costume	60
2.2.2.2	Espécies de costumes	60
2.2.2.2.1	Costume *secundum legem* ou interpretativo	60
2.2.2.2.2	Costume *contra legem* ou negativo	61
2.2.2.2.3	Costume *praeter legem* ou integrativo	62
2.2.2.3	Doutrina	62
2.3	Referendo e plebiscito como fontes do Direito Penal	63

CAPÍTULO 3
PRINCÍPIOS DO DIREITO PENAL 65

3.1	Conceito e Aplicação	65
3.2	Princípios em espécie	66
3.2.1	Princípio da legalidade	66
3.2.1.1	Não há crime (nem contravenção) nem pena sem lei (ou medida de segurança)	67
3.2.1.2	Não há crime (nem contravenção) nem pena (ou medida de segurança) sem lei anterior	68
3.2.1.3	Não há crime (nem contravenção) nem pena (ou medida de segurança) sem lei escrita	69
3.2.1.4	Não há crime (ou contravenção penal) nem pena (ou medida de segurança) sem lei estrita	69

3.2.1.5	Não há crime (ou contravenção penal) nem pena (ou medida de segurança) sem lei certa	71
3.2.1.6	Não há crime (ou contravenção penal) nem pena (ou medida de segurança) sem lei necessária	73
3.2.1.7	Princípio da legalidade e medida de segurança	73
3.2.2	Princípio da fragmentariedade	74
3.2.3	Princípio da subsidiariedade (*ultima ratio*)	74
3.2.4	Princípio da ofensividade ou lesividade	75
3.2.4.1	Crimes de perigo abstrato: discussão sobre a constitucionalidade e ofensa ao princípio da lesividade	77
3.2.5	Princípio da culpabilidade (três vertentes)	78
3.2.6	Princípio da materialização do fato	79
3.2.7	Princípio da pessoalidade ou da intranscendência da pena	80
3.2.8	Princípio do *ne bis in idem*	81
3.2.9	Princípio da adequação social	83
3.2.10	Princípio da insignificância ou da bagatela	84
3.2.10.1	Princípio da insignificância ou bagatela próprio	84
3.2.10.2	Condições pessoais do ofendido	89
3.2.10.3	Valoração do princípio da insignificância pela autoridade policial	89
3.2.10.4	Aplicação do princípio da insignificância na jurisprudência dos tribunais superiores	91
3.2.11	Princípio da insignificância ou bagatela impróprio	100

CAPÍTULO 4
LEI PENAL E SUA APLICAÇÃO (NO TEMPO, ESPAÇO E QUANTO ÀS PESSOAS) ... 103

4.1	Lei penal e norma penal	103
4.2	Características das leis penais	104
4.3	Classificação da lei penal	104
4.3.1	Leis penais incriminadoras	104
4.3.2	Leis penais não incriminadoras	104
4.3.3	Leis penais completas ou perfeitas	105
4.3.4	Leis penais incompletas ou imperfeitas	105
4.4	Lei penal em branco	105
4.4.1	Lei penal em branco em sentido estrito, heterogênea ou propriamente dita	105
4.4.2	Lei penal em branco em sentido amplo, homogênea ou imprópria	106
4.4.3	Lei penal em branco às avessas, ao revés ou invertida	107
4.4.4	Lei penal em branco de fundo constitucional	107
4.4.5	Lei penal em branco ao quadrado	107
4.5	Interpretação das leis penais	107
4.5.1	Quanto ao sujeito que realiza a interpretação (ou quanto à origem)	108
4.5.2	Quanto ao modo, meios ou técnicas empregados	109
4.5.3	Quanto aos resultados	110
4.5.4	Interpretação analógica	111
4.5.5	Interpretação compreensiva	112
4.6	Analogia	113
4.7	Eficácia da lei penal no tempo	115
4.7.1	Introdução	115

4.7.2	Tempo do crime	117
4.7.2.1	Teoria da atividade	117
4.7.2.2	Teoria do resultado	118
4.7.2.3	Teoria da ubiquidade	118
4.7.2.4	Questões especiais sobre o tempo do crime	118
4.7.3	Sucessão de leis penais no tempo	118
4.7.3.1	*Novatio legis* incriminadora	119
4.7.3.2	Lei penal mais grave ou *lex gravior* ou *novatio legis in pejus*	119
4.7.3.3	*Abolitio criminis*	120
4.7.3.3.1	*Abolitio criminis* temporária	121
4.7.3.4	Nova lei mais benéfica, *lex mitior* ou *novatio legis in mellius*	122
4.7.3.4.1	Lei penal mais benéfica ainda na *vacatio legis* pode ser aplicada retroativamente para beneficiar o réu?	123
4.7.3.4.2	Lei publicada erroneamente	124
4.7.3.4.3	Autoridade competente para aplicação da lei penal mais benéfica	125
4.7.3.4.4	Extra-atividade da lei penal	125
4.7.3.4.5	Retroatividade da jurisprudência	128
4.7.3.5	Combinação de leis ou *lex tertia*	131
4.8	Leis penais de vigência temporária (lei penal excepcional e lei penal temporária)	132
4.8.1	Retroatividade do complemento da lei penal em branco	134
4.9	Eficácia da lei penal no espaço	137
4.9.1	Territorialidade	137
4.9.2	Princípios aplicáveis	137
4.9.3	Conceito de território nacional	138
4.9.3.1	Passagem inocente (Lei nº 8.617/93)	139
4.9.4	Lugar do crime	140
4.9.4.1	Exceções à Teoria da Ubiquidade	140
4.9.5	Extraterritorialidade	142
4.9.5.1	Extraterritorialidade incondicionada	143
4.9.5.2	Extraterritorialidade condicionada	143
4.9.5.3	Extraterritorialidade hipercondicionada	144
4.9.5.4	Extraterritorialidade na Lei de Tortura	145
4.9.6	Competência para o julgamento de crime cometido por brasileiro no estrangeiro	146
4.9.7	Pena cumprida no estrangeiro	146
4.10	Lei penal em relação às pessoas	147
4.10.1	Imunidades diplomáticas	147
4.10.1.1	Cônsules ou agentes consulares	149
4.10.2	Imunidade parlamentar	149
4.10.2.1	Imunidade parlamentar absoluta	149
4.10.2.2	Natureza jurídica da imunidade parlamentar absoluta	151
4.10.3	Imunidade parlamentar formal ou relativa	152
4.10.3.1	Quanto ao foro por prerrogativa de função (art. 53, §1º, da CF)	152
4.10.3.2	Quanto à prisão (art. 53, §2º, da CF)	155
4.10.3.2.1	Medidas cautelares diversas da prisão	159
4.10.3.2.2	Prisão civil dos parlamentares	161
4.10.3.3	Quanto ao processo (art. 53, §§3º, 4º e 5º da CF)	162
4.10.3.4	Quanto à condição de testemunha (art. 53, §6º, da CF)	162

4.10.3.5	Imunidades parlamentares e o estado de sítio	163
4.10.3.6	Imunidades para os deputados estaduais	163
4.10.3.7	Imunidades para os vereadores	164
4.11	Disposições finais sobre a aplicação da lei penal	166
4.11.1	Eficácia da sentença estrangeira	166
4.11.2	Contagem do prazo	167
4.11.3	Frações não computáveis da pena	168
4.11.4	Legislação especial	169
4.11.5	Conflito aparente de normas	169
4.11.5.1	Conceito e pressupostos	169
4.11.5.2	Conflito aparente de normas e concurso formal	170
4.11.5.3	Critérios para resolução do conflito aparente de normas	170
4.11.5.3.1	Especialidade	171
4.11.5.3.2	Subsidiariedade (ou tipo reserva)	171
4.11.5.3.3	Consunção (ou absorção)	172
4.11.5.3.4	Alternatividade	174

CAPÍTULO 5
TEORIA GERAL DO CRIME 175

5.1	Introdução	175
5.2	Infração penal	175
5.3	Diferenças entre crime e contravenção penal	176
5.4	Infração penal *sui generis* e art. 28 da Lei nº 11.343/06 (Lei de Drogas)	179
5.5	Conceito de crime	180
5.5.1	Conceito legal	181
5.5.2	Conceito material ou substancial	181
5.5.3	Conceito formal ou formal sintético	181
5.5.4	Conceito analítico ou dogmático	181
5.6	Elementos do crime	183
5.7	Sujeitos do crime	183
5.7.1	Sujeito ativo	183
5.7.2	Pessoa jurídica como sujeito ativo de crimes	183
5.7.2.1	Teoria negativista (a Constituição Federal não prevê responsabilidade penal da pessoa jurídica)	184
5.7.2.2	Teoria negativista (a pessoa jurídica não pode cometer crime)	187
5.7.2.3	Teoria positivista (teoria da dupla imputação)	192
5.7.2.4	Teoria positivista (responsabilidade autônoma da pessoa jurídica)	201
5.7.3	Responsabilidade penal da pessoa jurídica de direito público	206
5.7.4	Sujeito passivo	206
5.8	Objeto do crime	207
5.9	Classificação doutrinária dos crimes	207
5.9.1	Crime material, formal e de mera conduta	207
5.9.2	Crime comum, próprio, de mão própria e bipróprio	208
5.9.3	Crimes de dano e crimes de perigo	208
5.9.4	Crime doloso, culposo e preterdoloso	209
5.9.5	Crimes comissivos e omissivos (próprios e impróprios) e crimes de conduta mista	209
5.9.6	Crimes de forma livre e de forma vinculada	209

5.9.7	Crime consumado e crime tentado	210
5.9.8	Crime instantâneo, permanente, instantâneo de efeito permanente e crime a prazo	210
5.9.9	Crimes simples e crimes complexos	211
5.9.10	Crime qualificado e crime privilegiado	211
5.9.11	Crime unissubsistente e crime plurissubsistente	212
5.9.12	Crime unissubjetivo e plurissubjetivo	212
5.9.13	Crime monoofensivo e pluriofensivo	212
5.9.14	Crime de subjetividade passiva única e crime de dupla subjetividade passiva	212
5.9.15	Crime a distância, crime plurilocal e crime de espaço mínimo	213
5.9.16	Crimes condicionados e incondicionados	213
5.9.17	Crimes naturais, de plástico e vazios	213
5.9.18	Crimes transeuntes e não transeuntes	214
5.9.19	Crime habitual	214
5.9.20	Crime multitudinário	214
5.9.21	Crimes principais e crimes acessórios	214
5.9.22	Crimes de menor potencial ofensivo	214
5.10	Outras classificações	214
5.10.1	Crime exaurido	214
5.10.2	Crime gratuito	215
5.10.3	Crime profissional	215
5.10.4	Crime de ímpeto	215
5.10.5	Crime progressivo ou de passagem	215
5.10.6	Crimes de trânsito, crimes no trânsito e crimes em trânsito	215
5.10.7	Crime subsidiário	216
5.10.8	Crime de atentado ou de empreendimento	216
5.10.9	Crime de ação única e crime de ação múltipla	216
5.10.10	Crime de opinião ou de palavra	216
5.10.11	Crime vago	217
5.10.12	Crime internacional	217
5.10.13	Crimes funcionais	217
5.10.14	Crimes de mera suspeita, sem ação ou de mera posição	217
5.10.15	Crime falho	217
5.10.16	Quase-crime	217
5.10.17	Crime inominado	217
5.10.18	Crimes hediondos	218
5.10.19	Crime de expressão	218
5.10.20	Crime independente	218
5.10.21	Crime conexo	218
5.10.22	Crime de intenção ou de tendência interna transcendente	218
5.10.23	Crime de tendência ou atitude pessoal	218
5.10.24	Crime de resultado cortado	219
5.10.25	Crime mutilado de dois atos ou tipos imperfeitos de dois atos	219
5.10.26	Crime de acumulação	219
5.10.27	Crime de ação violenta	219
5.10.28	Crime de ação astuciosa	219
5.10.29	Crime obstáculo	219
5.10.30	Crime putativo	219

5.10.31	Crime de catálogo	219
5.10.32	Crime remetido	220
5.10.33	Crime parcelar	220
5.10.34	Crimes de responsabilidade	220
5.10.35	Crime de impressão	220
5.10.36	Crime de hermenêutica	220
5.10.37	Crime anão ou delito liliputiano	220
5.10.38	Crime de rua ou de colarinho azul	221
5.10.39	Crime de colarinho branco	221
5.10.40	Crimes falimentares	221
5.10.41	Crime de olvido	221
5.10.42	Crime de greve	221
5.10.43	Crime de *lockout*	221
5.10.44	Crime achado	221
5.10.45	Crime político	222
5.10.46	Crimes aberrantes	222
5.10.47	Crime organizado	222
5.10.48	Crime cibernético	222
5.10.49	Crimes militares	222
5.11	Substratos ou elementos do crime	225

CAPÍTULO 6
FATO TÍPICO 227

6.1	Conduta – Introdução	227
6.2	Teorias da conduta	228
6.2.1	Teoria causalista ou concepção clássica (positivista-naturalista de Von Liszt e Beling)	228
6.2.2	Teoria neokantista ou causal-valorativa ou concepção neoclássica	230
6.2.3	Teoria finalista ou concepção finalista	232
6.2.4	Teoria social da ação	234
6.2.5	Teoria jurídico-penal da ação	236
6.2.6	Teorias funcionalistas	237
6.2.6.1	Teoria funcionalista moderada ou teleológica	237
6.2.6.2	Teoria funcionalista radical, normativista, sistêmica ou monista	240
6.2.7	Teoria significativa da ação	242
6.2.8	Teoria adotada	243
6.3	Elementos da conduta	243
6.4	Formas de conduta	244
6.5	Causas de exclusão de conduta	244
6.5.1	Coação física irresistível	244
6.5.2	Caso fortuito ou força maior	245
6.5.3	Estados de inconsciência	245
6.5.4	Atos reflexos	246
6.5.5	Veículos autônomos	246

CAPÍTULO 7
CRIME DOLOSO 249

7.1	Introdução e conceito	249

7.2	Elementos do dolo	249
7.3	Teorias do dolo	250
7.3.1	Teoria da vontade	250
7.3.2	Teoria da representação	250
7.3.3	Teoria do consentimento ou assentimento	250
7.3.4	Teoria da indiferença	250
7.4	Espécies de dolo	251
7.4.1	Dolo natural, neutro, incolor ou avalorado e dolo normativo, híbrido, colorido ou valorado	251
7.4.2	Dolo direto, determinado, intencional, imediato ou incondicionado	252
7.4.3	Dolo indireto ou indeterminado	252
7.4.3.1	Dolo alternativo	252
7.4.3.2	Dolo eventual	252
7.4.3.2.1	Dolo eventual e sua compatibilidade com crimes e institutos penais	253
7.4.3.2.1.1	Dolo eventual e homicídio qualificado pelo motivo fútil (art. 121, §2º, II, do Código Penal)	253
7.4.3.2.1.2	Dolo eventual e homicídio qualificado por recurso que impossibilitou a defesa da vítima (art. 121, §2º, IV, do Código Penal)	254
7.4.3.2.1.3	Dolo eventual e homicídio qualificado com emprego de meio cruel (art. 121, §2º, III, do Código Penal)	254
7.4.3.2.1.4	Dolo eventual e tentativa (art. 14, II, do Código Penal)	255
7.4.4	Dolo direto de 1º grau	255
7.4.5	Dolo direto de 2º grau ou dolo de consequências necessárias	255
7.4.6	Dolo direto de terceiro grau ou dolo de dupla consequência necessária	256
7.4.7	Dolo cumulativo	256
7.4.8	Dolo de dano ou de lesão	256
7.4.9	Dolo de perigo	256
7.4.10	Dolo genérico e dolo específico	257
7.4.11	Dolo de propósito e dolo de ímpeto (crime de curto-circuito)	257
7.4.12	Dolo presumido ou *in re ipsa*	257
7.4.13	Dolo geral	257

CAPÍTULO 8
CRIME CULPOSO 259

8.1	Introdução e conceito	259
8.2	Elementos da culpa	260
8.2.1	Conduta humana voluntária	260
8.2.2	Violação do dever de cuidado objetivo	261
8.2.2.1	Modalidades de culpa e inicial acusatória	263
8.2.3	Resultado naturalístico involuntário	264
8.2.4	Previsibilidade objetiva	264
8.2.5	Nexo causal entre conduta e resultado	265
8.2.6	Tipicidade	265
8.3	Espécies de culpa	266
8.3.1	Culpa consciente, *ex lascivia* ou culpa com previsão	266
8.3.1.1	Culpa consciente, dolo eventual e homicídio na direção de veículo automotor	266
8.3.2	Culpa inconsciente, sem previsão ou *ex ignorantia*	270
8.3.3	Culpa própria ou culpa propriamente dita	270

8.3.4	Culpa imprópria ou por equiparação, assimilação ou extensão	271
8.3.5	Culpa *in re ipsa*	272
8.4	Compensação de culpa e culpa concorrente	272
8.5	Causas de exclusão de culpa	272
8.5.1	Culpa exclusiva da vítima	272
8.5.2	Caso fortuito e força maior	272
8.5.3	Erro profissional	273
8.5.4	Risco tolerado	273
8.5.5	Princípio da confiança	273

CAPÍTULO 9
CRIME PRETERDOLOSO OU PRETERINTENCIONAL 275

9.1	Crimes qualificados pelo resultado	275
9.2	Tentativa em crime preterdoloso	277
9.3	Reincidência em crime preterdoloso	277

CAPÍTULO 10
ERRO DE TIPO 279

10.1	Conceito	279
10.2	Espécies de erro de tipo	280
10.2.1	Erro de tipo essencial	280
10.2.1.1	Erro de tipo inevitável, escusável, invencível ou desculpável	280
10.2.1.2	Erro de tipo evitável, inescusável, vencível ou indesculpável	280
10.2.1.3	Critérios da (in)evitabilidade do erro	280
10.3	Descriminantes putativas	281
10.4	Erro de tipo acidental	283
10.4.1	Erro sobre o objeto (*error in objeto*)	283
10.4.2	Erro sobre a pessoa	284
10.4.3	Erro na execução ou *aberratio ictus*	284
10.4.4	Resultado diverso do pretendido ou *aberratio criminis*	285
10.4.5	Erro sobre o nexo causal	286
10.4.5.1	Erro sobre o nexo causal em sentido estrito	286
10.4.5.2	Dolo geral, *aberratio causae* ou erro sucessivo	286
10.5	Erro provocado por terceiro	288
10.6	Questões controvertidas	289
10.6.1	Erro de subsunção	289
10.6.2	Erro na execução e competência	290

CAPÍTULO 11
RESULTADO 291

11.1	Classificação dos crimes quanto ao resultado	291

CAPÍTULO 12
NEXO DE CAUSALIDADE 293

12.1	Teoria da equivalência dos antecedentes (*conditio sine qua non*)	293
12.2	Concausas ou causa concorrente	295
12.2.1	Concausas absolutamente independentes	296

12.2.1.1	Concausa absolutamente independente preexistente à conduta do agente	296
12.2.1.2	Concausa absolutamente independente concomitante à conduta do agente	296
12.2.1.3	Concausa absolutamente independente superveniente à conduta do agente	297
12.2.1.4	Regra das concausas absolutamente independentes	297
12.2.2	Concausas relativamente independentes	297
12.2.2.1	Concausa relativamente independente preexistente à conduta do agente	297
12.2.2.2	Concausa concomitante relativamente independente à conduta do agente	298
12.2.2.3	Concausa superveniente relativamente independente à conduta do agente	298
12.2.2.3.1	Concausa superveniente que não produziu por si só o resultado	298
12.2.2.3.2	Concausa superveniente que por si só produziu o resultado	299
12.2.2.4	Regras das concausas relativamente independentes	300
12.3	Teoria da imputação objetiva	300
12.3.1	Introdução	300
12.3.2	Conceito	302
12.3.3	Pressuposto da imputação objetiva	302
12.3.3.1	Criação ou incremento de risco proibido	302
12.3.3.2	Risco realizado no resultado	305
12.3.3.3	Resultado dentro do alcance do tipo penal	305
12.3.4	Conclusões sobre a teoria da imputação objetiva	306
12.4	Relação de causalidade nos crimes omissivos	307
12.4.1	Relação de causalidade nos crimes omissivos próprios	307
12.4.2	Relação de causalidade nos crimes omissivos impróprios (ou comissivos por omissão)	307
12.4.2.1	Relevância da omissão e sua natureza jurídica	308
12.4.2.2	Requisitos da omissão penalmente relevante	309

CAPÍTULO 13 313

TIPICIDADE PENAL 313

13.1 Conceitos clássico e moderno	313
13.2 Tipicidade conglobante	314
13.3 Adequação típica e suas espécies	316
13.3.1 Adequação típica direta ou imediata	316
13.3.2 Adequação típica indireta ou mediata	316
13.4 Tipo penal	317
13.4.1 Funções	317
13.4.1.1 Função garantidora	318
13.4.1.2 Função fundamentadora	318
13.4.1.3 Função selecionadora de condutas	318
13.4.2 Espécies	318
13.4.3 Elementos do tipo penal	318
13.4.4 Classificações do tipo penal	319
13.4.4.1 Tipo fundamental ou básico e tipo derivado	319
13.4.4.2 Tipo normal e tipo anormal	320
13.4.4.3 Tipo simples e tipo misto	320
13.4.4.4 Tipo fechado e tipo aberto	321
13.4.4.5 Tipo de autor e tipo de fato	321
13.4.4.6 Tipo congruente e tipo incongruente	321

CAPÍTULO 14
FASES DA REALIZAÇÃO DO CRIME..323

14.1	*Iter criminis*	323
14.1.1	Cogitação	323
14.1.2	Preparação ou atos preparatórios (*conatus remotus*)	324
14.1.3	Execução ou atos executórios	324
14.1.4	Consumação	327
14.1.5	Exaurimento (crime exaurido ou crime esgotado)	328

CAPÍTULO 15
TENTATIVA (*CONATUS*) 329

15.1	Conceito e natureza jurídica	329
15.2	Elementos da tentativa	330
15.3	Teorias sobre a punibilidade da tentativa	330
15.4	Valoração da pena na tentativa	331
15.5	Espécies de tentativa	332
15.5.1	Tentativa perfeita, acabada ou estéril, crime falho ou crime frustrado	332
15.5.2	Tentativa imperfeita ou inacabada	332
15.5.3	Tentativa branca ou incruenta	332
15.5.4	Tentativa vermelha ou cruenta	332
15.5.5	Tentativa idônea	333
15.5.6	Tentativa inidônea ou crime impossível	333
15.6	Infrações penais que não admitem tentativa	333
15.6.1	Crimes culposos	333
15.6.2	Crime preterdoloso	334
15.6.3	Crimes unissubsistentes	335
15.6.4	Contravenções penais	335
15.6.5	Crimes de atentado ou de empreendimento	335
15.6.6	Crimes habituais	335
15.6.7	Crimes omissivos próprios	336
15.6.8	Crimes condicionados ao implemento de um resultado	336
15.7	Tentativa e crimes de ímpeto	336

CAPÍTULO 16
DESISTÊNCIA VOLUNTÁRIA E ARREPENDIMENTO EFICAZ 339

16.1	Tentativa abandonada	339
16.2	Tentativa abandonada e crimes culposos	339
16.3	Natureza jurídica	340
16.4	Desistência voluntária	341
16.5	Arrependimento eficaz, arrependimento ativo ou resipiscência	343
16.6	Desistência voluntária e arrependimento eficaz na Lei nº 13.260/16 (Lei do Terrorismo)	344

CAPÍTULO 17
ARREPENDIMENTO POSTERIOR 345

17.1	Conceito e natureza jurídica	345
17.2	Requisitos	346

17.2.1	Crime sem violência ou grave ameaça à pessoa	346
17.2.2	Reparação do dano ou restituição da coisa	347
17.2.3	Ato voluntário	348
17.2.4	Até o recebimento da denúncia ou queixa	349
17.3	Critérios para diminuição (1/3 a 2/3)	349
17.4	Concurso de pessoas e reparação do dano por um dos agentes	349
17.5	Negativa da vítima em aceitar a reparação dano ou restituição da coisa	350
17.6	Hipóteses especiais de reparação do dano	350
17.6.1	Reparação do dano no peculato culposo (art. 312, §§2º e 3º, do CP)	351
17.6.2	Súmula 554 do Supremo Tribunal Federal	351
17.6.3	Crimes contra a ordem tributária	351
17.6.4	Atenuante genérica do art. 65, III, *b*, do CP	351

CAPÍTULO 18
CRIME IMPOSSÍVEL 353

18.1	Introdução e natureza jurídica	353
18.2	Teorias sobre o crime impossível	353
18.2.1	Teoria sintomática	353
18.2.2	Teoria subjetiva	354
18.2.3	Teoria objetiva	354
18.2.3.1	Teoria objetiva pura	354
18.2.3.2	Teoria objetiva temperada	354
18.3	Elementos	354
18.4	Formas de crime impossível	354
18.4.1	Crime impossível por ineficácia absoluta do meio de execução	354
18.4.2	Crime impossível por impropriedade absoluta do objeto	355
18.4.3	Flagrante preparado	355
18.5	Critérios para aferição da idoneidade dos meios e do objeto	357
18.6	Delito putativo ou delito de alucinação	358

CAPÍTULO 19
ILICITUDE 359

19.1	Conceito	359
19.2	Ilicitude formal e material	360
19.3	Ilícito e injusto	361
19.4	Relação entre a tipicidade e a ilicitude	362
19.4.1	Teoria da autonomia ou absoluta independência	362
19.4.2	Teoria da indiciariedade ou *ratio cognoscendi*	363
19.4.3	Teoria da absoluta dependência ou da *ratio essendi*	364
19.4.4	Teoria dos elementos negativos do tipo	364
19.5	Causas legais de exclusão da ilicitude	364
19.5.1	Estado de necessidade	364
19.5.1.1	Introdução	364
19.5.1.2	Conceito	365
19.5.1.3	Requisitos	365
19.5.1.3.1	Perigo atual	366
19.5.1.3.2	Ameaça a direito próprio ou alheio	366

19.5.1.3.3	Situação de perigo não causada voluntariamente pelo sujeito	367
19.5.1.3.4	Inexistência do dever legal de enfrentar o perigo	368
19.5.1.3.5	Inevitabilidade da prática do comportamento lesivo (nem podia de outro modo evitar)	369
19.5.1.3.6	Inexigibilidade do sacrifício do direito ameaçado (cujo sacrifício, nas circunstâncias, não era razoável exigir-se)	369
19.5.1.3.7	Conhecimento da situação de fato justificante (elemento subjetivo)	370
19.5.1.4	Formas de estado de necessidade	371
19.5.1.4.1	Quanto ao aspecto subjetivo do agente	371
19.5.1.4.2	Quanto ao terceiro que sofre a ofensa	371
19.5.1.4.3	Quanto ao bem sacrificado	371
19.5.1.4.4	Quanto à titularidade do bem jurídico protegido	372
19.5.1.5	Situações especiais	372
19.5.1.5.1	Estado de necessidade recíproco	372
19.5.1.5.2	Estado de necessidade em crimes permanentes e habituais	372
19.5.1.5.3	Estado de necessidade e erro na execução	372
19.5.1.5.4	Comunicabilidade do estado de necessidade	373
19.5.2	Legítima defesa	373
19.5.2.1	Conceito	373
19.5.2.2	Requisitos	373
19.5.2.2.1	Agressão injusta	374
19.5.2.2.2	Agressão atual ou iminente	375
19.5.2.2.3	Defesa de direito próprio (legítima defesa própria) ou alheio (legítima defesa de terceiro)	375
19.5.2.2.4	Uso moderado dos meios necessários	376
19.5.2.2.5	Conhecimento da situação de fato justificante (elemento subjetivo)	377
19.5.2.3	Legítima defesa para os agentes de segurança pública	377
19.5.2.4	Erro na execução e legítima defesa	378
19.5.2.5	Legítima defesa e demais excludentes de ilicitude	378
19.5.2.6	Classificações	378
19.5.3	Estrito cumprimento de um dever legal	380
19.5.3.1	Introdução e fundamento	380
19.5.3.2	Requisitos	381
19.5.3.2.1	Dever legal	381
19.5.3.2.2	O cumprimento deve ser estritamente dentro da lei	381
19.5.3.2.3	Conhecimento da situação de fato justificante	381
19.5.3.3	Destinatários da excludente	382
19.5.3.4	Comunicabilidade do estrito cumprimento de um dever legal	382
19.5.3.5	Estrito cumprimento de um dever legal nos crimes culposos	382
19.5.3.6	Estrito cumprimento de um dever legal e tipicidade conglobante	382
19.5.4	Exercício regular de um direito	383
19.5.4.1	Conceito e fundamento	383
19.5.4.2	Requisitos	383
19.5.4.2.1	"Exercício regular" e "direito"	383
19.5.4.2.2	Conhecimento da situação de fato justificante	384
19.5.4.3	Exercício regular de um direito e tipicidade conglobante	384
19.5.4.4	Questões controvertidas	384
19.5.4.4.1	Intervenções médicas	384

19.5.4.4.2	Competições esportivas	385
19.5.4.4.3	Ofendículos (*offendiculas* ou *offensaculas*)	385
19.5.4.4.4	Diferença entre estrito cumprimento do dever legal e exercício regular do direito	386
19.5.5	Excesso nas causas excludentes da ilicitude	386
19.5.5.1	Excesso doloso	387
19.5.5.2	Excesso culposo	387
19.5.5.3	Excesso extensivo	388
19.5.5.4	Excesso intensivo	388
19.5.5.5	Excesso acidental	388
19.5.5.6	Excesso exculpante	388
19.5.6	Causa supralegal de exclusão da ilicitude	389
19.5.6.1	Consentimento do ofendido	389
19.5.6.2	Requisitos	390
19.5.6.2.1	O consentimento não pode integrar o tipo penal	390
19.5.6.2.2	Ofendido capaz de consentir	390
19.5.6.2.3	Consentimento válido	391
19.5.6.2.4	Bem disponível	391
19.5.6.2.5	Bem próprio	391
19.5.6.2.6	Consentimento efetivado antes ou durante a execução	391
19.5.6.2.7	Consentimento deve ser expresso	392
19.5.6.2.8	Conhecimento da situação de fato justificante (requisito subjetivo)	392
19.5.6.3	Consentimento do ofendido em crimes culposos	392

CAPÍTULO 20
CULPABILIDADE 393

20.1	Conceito	393
20.2	Fundamento da culpabilidade (livre-arbítrio e determinismo)	394
20.3	Evolução história do conceito de culpabilidade	395
20.3.1	Teoria psicológica da culpabilidade	395
20.3.2	Teoria psicológica-normativa	396
20.3.3	Teoria normativa pura da culpabilidade	397
20.4	Culpabilidade formal e material	399
20.5	Culpabilidade do autor de culpabilidade do fato	399
20.6	Coculpabilidade	400
20.7	Coculpabilidade às avessas	401
20.8	Elementos da culpabilidade	402
20.9	Imputabilidade	402
20.9.1	Sistemas ou critérios de imputabilidade	403
20.9.2	Sistemas adotados	404
20.9.3	Hipóteses de inimputabilidade	404
20.9.3.1	Anomalia psíquica	404
20.9.3.2	Menoridade	407
20.9.3.3	Embriaguez completa acidental	408
20.9.3.4	Inimputabilidade na Lei nº 11.343/06 (Lei de Drogas)	410
20.9.4	Causas que não excluem a imputabilidade	412
20.9.4.1	Semi-imputabilidade (art. 26, parágrafo único, do CP)	412
20.9.4.2	Semi-imputabilidade na Lei nº 11.343/06 (Lei de Drogas)	414

20.9.4.3	Emoção e paixão	414
20.10	Potencial consciência da ilicitude	415
20.10.1	Desconhecimento da ilicitude do fato e desconhecimento da lei	416
20.10.2	Erro de proibição e suas formas	417
20.10.3	Espécies de erro de proibição	418
20.10.4	Erro de proibição e erro de tipo	419
20.11	Exigibilidade de conduta diversa	420
20.11.1	Causas legais de exclusão da culpabilidade por inexigibilidade de conduta diversa da parte geral (causas dirimentes)	420
20.11.1.1	Coação moral irresistível	420
20.11.1.1.1	Conceito e disposição legal	420
20.11.1.1.2	Fundamento	421
20.11.1.1.3	Requisitos	421
20.11.1.1.4	Consequências	422
20.11.1.1.5	Temor reverencial	422
20.11.1.2	Obediência hierárquica	422
20.11.1.2.1	Requisitos	423
20.11.1.2.2	Consequências	424
20.11.2	Causas supralegais de inexigibilidade de conduta diversa	424
20.11.2.1	Cláusula de consciência	425
20.11.2.2	Desobediência civil	425

CAPÍTULO 21
CONCURSO DE PESSOAS 427

21.1	Conceito e previsão legal	427
21.2	Classificação dos crimes quanto ao concurso de pessoas	427
21.3	Requisitos	428
21.3.1	Pluralidade de agentes	429
21.3.2	Relevância causal das condutas para a produção do resultado	430
21.3.3	Liame subjetivo entre os agentes (unidade de desígnios)	431
21.3.3.1	Autoria colateral e autoria incerta	431
21.3.3.1.1	Autoria colateral	432
21.3.3.1.2	Autoria colateral complementar	433
21.3.3.1.3	Autoria incerta e autoria ignorada	433
21.3.4	Unidade de infração penal para todos os agentes	433
21.3.4.1	Teorias sobre o concurso de pessoas	434
21.3.5	Fato punível	435
21.4	Autoria	435
21.4.1	Teoria do domínio do fato	437
21.4.2	Espécies de autoria	440
21.4.2.1	Autoria individual	440
21.4.2.2	Autoria coletiva	440
21.4.2.3	Autoria imediata	440
21.4.2.4	Autoria mediata	441
21.4.2.4.1	Autoria mediata em crimes próprios	442
21.4.2.4.2	Autoria mediata em crimes de mão própria	442
21.4.2.5	Autoria sucessiva	442
21.4.2.6	Autoria de reserva	442

21.4.2.7	Autoria intelectual	443
21.5	Coautoria	443
21.5.1	Coautoria em crimes culposos	443
21.5.2	Coautoria em crimes omissivos	445
21.5.3	Coautoria em crimes de mão própria	445
21.6	Espécies de coautoria	446
21.6.1	Coautoria intelectual	446
21.6.2	Executor	446
21.6.3	Coautor funcional	446
21.6.4	Coautoria alternativa	446
21.6.5	Coautoria conjunta	446
21.6.6	Coautoria sucessiva	446
21.6.7	Coautoria multitudinária	447
21.6.8	Coautoria societária	447
21.7	Participação	448
21.7.1	Formas de participação	449
21.7.2	Participação omissiva	449
21.7.3	Teorias sobre a punibilidade da participação	450
21.7.4	Participação punível (desistência voluntaria e arrependimento eficaz do autor)	452
21.7.5	Desistência do partícipe	452
21.7.6	Participação de menor importância	453
21.7.7	Participação em crime menos grave ou cooperação dolosamente distinta	454
21.8	Comunicabilidade de elementares e circunstâncias	454
21.8.1	Natureza das elementares e circunstâncias	455
21.8.2	Natureza jurídica das condições	455

CAPÍTULO 22
TEORIA GERAL DA PENA..457

22.1	Introdução e conceito	457
22.2	Histórico	458
22.3	Finalidade da pena	459
22.3.1	Teorias absolutas, retributivas ou repressivas	459
22.3.2	Teorias relativas, utilitárias, ou da prevenção	460
22.3.2.1	Prevenção geral (diretriz negativa e positiva)	461
22.3.2.2	Prevenção especial (diretriz negativa e positiva)	462
22.3.3	Teoria unificadora	462
22.3.4	Teoria agnóstica ou negativa	463
22.4	Funções da pena	463
22.5	Princípios fundamentais da pena	464
22.5.1	Princípio da legalidade	464
22.5.2	Princípio da anterioridade	464
22.5.3	Princípio da aplicação da lei penal mais favorável	464
22.5.4	Princípio da individualização da pena	464
22.5.5	Princípio da personalidade, intransmissibilidade, intranscendência ou responsabilidade pessoal	466
22.5.6	Princípio da inderrogabilidade ou da inevitabilidade	466
22.5.7	Princípio da humanidade ou humanização das penas	466
22.5.8	Princípio da proporcionalidade	468

22.6	Abolicionismo penal	469
22.6.1	Abolicionismo fenomenológico (Louk Hulsman)	469
22.6.2	Abolicionismo fenomenológico-historicista (Thomas Mathiesen e Nils Christie)	470
22.7	Justiça restaurativa, justiça reparatória e justiça negociada	470
22.8	Teoria das janelas quebradas (*broken windows theory*)	472
22.9	Teoria dos testículos quebrados ou despedaçados (*breaking balls theory*)	473
22.10	Espécies de penas permitidas	474

CAPÍTULO 23
PENAS PRIVATIVAS DE LIBERDADE 475

23.1	Conceito	475
23.2	Espécies	475
23.3	Regimes de pena	475
23.4	Regras para fixação do regime	476
23.4.1	Possibilidade de detração penal na sentença	478
23.4.2	Regime inicial de cumprimento de pena para os crimes hediondos e equiparados	478
23.4.3	Regime inicial de cumprimento de pena para o crime de tortura (Lei nº 9.455/97)	482
23.4.4	Regime inicial de cumprimento de pena para o tráfico privilegiado (art. 33, §4º, da Lei nº 11.343/06)	484
23.4.5	Regime inicial de cumprimento de pena para as organizações criminosas	486
23.4.6	Regime inicial de cumprimento de pena e colaboração premiada	488
23.4.7	Regime aberto domiciliar	489
23.4.7.1	Prisão domiciliar substitutiva da prisão preventiva	490
23.4.7.2	Prisão domiciliar como medida cautelar diversa da prisão	493
23.4.8	Modificação pelo juízo da execução do regime de pena fixado equivocadamente na decisão condenatória	493
23.5	Regime Disciplinar Diferenciado	493
23.5.1	Características	493
23.5.2	Cabimento	501
23.5.3	Prorrogação sucessiva do RDD	504
23.5.4	Judicialização do RDD e legitimados (art. 54 da LEP)	504
23.5.5	RDD e isolamento preventivo	505
23.5.6	Constitucionalidade do RDD	505
23.6	Sistemas prisionais ou penitenciários	507
23.7	Progressão de regime	508
23.7.1	Incidente de progressão de regime	509
23.7.1.1	Início	509
23.7.1.2	Requisito objetivo	510
23.7.1.3	Requisito subjetivo	514
23.7.1.4	Exame criminológico	515
23.7.1.5	Decisão de progressão	516
23.7.2	Progressão "por saltos"	516
23.7.3	Progressão especial da mulher gestante ou que for mãe ou responsável por crianças ou pessoas com deficiência	516
23.7.3.1	Revogação do benefício	517
23.7.4	Regressão de regime	518
23.7.4.1	Praticar fato definido como crime doloso ou falta grave (art. 118, I, da LEP)	518

23.7.4.2	Nova condenação gerando incompatibilidade de regimes (art. 111 da LEP)	521
23.7.4.3	Frustrar os fins da execução ou, podendo, não pagar a multa imposta (art. 118, §1º, da LEP)	521
23.7.4.4	Descumprimento dos deveres relativos à monitoração eletrônica (art. 146-C, parágrafo único, I, da LEP)	523
23.7.4.5	Regressão "por saltos"	524
23.8	Execução provisória da pena	524
23.8.1	Histórico	524
23.8.2	Execução provisória da pena de réu preso e de réu solto	526
23.8.3	Execução provisória da pena no tribunal do júri (art. 492, I, do CPP)	528
23.9	Estabelecimentos penais de cumprimento de pena	529
23.9.1	Penitenciária	529
23.9.2	Colônia penal agrícola, industrial ou similar	529
23.9.3	Casa do albergado	530
23.9.4	Hospital de custódia e tratamento psiquiátrico	530
23.9.5	Cadeia pública	530
23.9.6	Estabelecimentos prisionais na prática	530
23.10	Regras dos regimes	531
23.10.1	Regras do regime fechado	531
23.10.1.1	Estabelecimentos penais de segurança máxima	532
23.10.2	Regras do regime semiaberto	533
23.10.3	Regras do regime aberto	534
23.10.4	Regime especial	535
23.10.5	Autorização de saída	535
23.10.5.1	Permissão de saída	535
23.10.5.2	Saída temporária	536
23.11	Direitos e deveres do preso	539
23.11.1	Suspensão dos direitos do preso	540
23.11.2	Separação de presos (art. 300 do CPP e art. 84 da LEP)	541
23.11.3	Deveres do preso	542
23.12	Remição de pena	543
23.12.1	Remição pelo trabalho	544
23.12.2	Remição pelo estudo	544
23.12.3	Remição ficta	545
23.12.4	Remição pela leitura	546
23.12.5	Outras hipóteses de remição	547
23.12.6	Perda dos dias remidos	547
23.12.7	Abrangência da remição	548
23.13	Detração penal	549
23.13.1	Detração e regime inicial de cumprimento de pena	549
23.13.2	Detração e medida de segurança	550
23.13.3	Detração e penas restritivas de direitos	550
23.13.4	Detração e penas restritivas de direito do art. 28 da Lei nº 11.343/06	550
23.13.5	Detração e suspensão condicional da pena	551
23.13.6	Detração e pena de multa	551
23.13.7	Detração penal e prisão em outro processo	551
23.13.8	Detração penal e medidas socioeducativas	552
23.13.9	Detração e medidas cautelares diversas da prisão (art. 319 do CPP)	552

CAPÍTULO 24
APLICAÇÃO DAS PENAS PRIVATIVAS DE LIBERDADE ... 555

- 24.1 Sistemas de individualização da pena ... 555
- 24.2 Fixação da pena no Código Penal ... 556
- 24.3 Roteiro de aplicação da pena ... 557
- 24.4 Fixação da pena-base (1ª fase da aplicação da pena) ... 557
- 24.4.1 Considerações gerais ... 557
- 24.4.2 Circunstâncias judiciais ... 560
- 24.4.2.1 Culpabilidade ... 560
- 24.4.2.2 Antecedentes ... 561
- 24.4.2.3 Conduta social ... 563
- 24.4.2.4 Personalidade ... 564
- 24.4.2.5 Motivos ... 565
- 24.4.2.6 Circunstâncias ... 565
- 24.4.2.7 Consequências do crime ... 566
- 24.4.2.8 Comportamento da vítima ... 566
- 24.4.3 Circunstâncias judiciais na Lei de Drogas (Lei nº 11.343/06) ... 567
- 24.5 Circunstâncias atenuantes e agravantes (2ª fase da aplicação da pena) ... 569
- 24.5.1 Considerações gerais ... 569
- 24.5.2 Circunstâncias agravantes ... 572
- 24.5.2.1 Reincidência (art. 61, I, do CP) ... 572
- 24.5.2.1.1 Crimes que não permitem a reincidência ... 574
- 24.5.2.1.2 Espécies de reincidência ... 575
- 24.5.2.1.3 Prazo de validade para reincidência (período depurador) ... 577
- 24.5.2.1.4 Natureza jurídica ... 578
- 24.5.2.1.5 Comprovação da reincidência ... 578
- 24.5.2.1.6 Outras consequências da reincidência ... 578
- 24.5.2.2 Ter o agente cometido o crime (art. 61, II, do CP) ... 579
- 24.5.2.2.1 Por motivo fútil ou torpe (alínea *a*) ... 579
- 24.5.2.2.2 Para facilitar ou assegurar a execução, a ocultação, a impunidade ou vantagem de outro crime (alínea *b*) ... 579
- 24.5.2.2.3 À traição, de emboscada, ou mediante dissimulação, ou outro recurso que dificultou ou tornou impossível a defesa do ofendido (alínea *c*) ... 580
- 24.5.2.2.4 Com emprego de veneno, fogo, explosivo, tortura ou outro meio insidioso ou cruel, ou de que podia resultar perigo comum (alínea *d*) ... 580
- 24.5.2.2.5 Contra ascendente, descendente, irmão ou cônjuge (alínea *e*) ... 581
- 24.5.2.2.6 Com abuso de autoridade ou prevalecendo-se de relações domésticas, de coabitação ou de hospitalidade, ou com violência contra a mulher na forma da lei específica (alínea *f*) ... 581
- 24.5.2.2.7 Com abuso de poder ou violação de dever inerente a cargo, ofício, ministério ou profissão (alínea *g*) ... 582
- 24.5.2.2.8 Contra criança, maior de 60 anos, enfermo ou mulher grávida (alínea *h*) ... 582
- 24.5.2.2.9 Quando o ofendido estava sob a imediata proteção da autoridade (alínea *i*) ... 583
- 24.5.2.2.10 Em ocasião de incêndio, naufrágio, inundação ou qualquer calamidade pública, ou de desgraça particular do ofendido (alínea *j*) ... 583
- 24.5.2.2.11 Em estado de embriaguez preordenada (alínea *l*) ... 583
- 24.5.3 Agravantes no caso de concurso de pessoas ... 583

24.5.3.1	Promove ou organiza a cooperação no crime ou dirige a atividade dos demais agentes	584
24.5.3.2	Coage ou induz outrem à execução material do crime	584
24.5.3.3	Instiga ou determina a cometer o crime alguém sujeito à sua autoridade ou não-punível em virtude de condição ou qualidade pessoal	584
24.5.3.4	Executa o crime, ou nele participa, mediante paga ou promessa de recompensa	584
24.6	Atenuantes (arts. 65 e 66 do CP)	585
24.6.1	Atenuantes genéricas (art. 65 do CP)	585
24.6.1.1	Ser o agente menor de 21 anos na data do fato ou maior de 70 anos na data da sentença (inciso I)	585
24.6.1.2	Desconhecimento da lei (inciso II)	586
24.6.1.3	Ter o agente	586
24.6.1.3.1	Cometido o crime por motivo de relevante valor social ou moral	586
24.6.1.3.2	Procurado, por sua espontânea vontade e com eficiência, logo após o crime, evitar-lhe ou minorar-lhe as consequências, ou ter, antes do julgamento, reparado o dano	586
24.6.1.3.3	Cometido o crime sob coação a que podia resistir, ou em cumprimento de ordem de autoridade superior, ou sob a influência de violenta emoção, provocada por ato injusto da vítima.	587
24.6.1.3.4	Confessado espontaneamente, perante a autoridade, a autoria do crime	588
24.6.1.3.4.1	Classificações da confissão	589
24.6.1.3.4.2	Situações especiais de confissão	590
24.6.1.3.5	Cometido o crime sob a influência de multidão em tumulto, se não o provocou	591
24.6.2	Atenuante inominada	591
24.6.3	Concurso de agravantes e atenuantes	592
24.6.4	Agravantes e atenuantes específicas	594
24.7	Causas de aumento e diminuição de pena	594
24.7.1	Disposições gerais	594
24.7.2	Concurso de causas de aumento ou de diminuição	595
24.7.3	Critérios para o aumento e diminuição da pena	597
24.7.4	Causa de aumento do art. 9º da Lei nº 8.072/90	598

CAPÍTULO 25
PENAS RESTRITIVAS DE DIREITO 599

25.1	Introdução	599
25.2	Espécies	600
25.3	Natureza jurídica	600
25.3.1	Penas restritivas de direito previstas no art. 28 da Lei de Drogas	601
25.4	Duração	601
25.5	Requisitos para a substituição	602
25.5.1	Requisitos objetivos	602
25.5.1.1	Quantidade da pena	602
25.5.1.2	Crime cometido sem violência ou grave ameaça à pessoa	603
25.5.2	Requisitos subjetivos	604
25.5.2.1	Réu não reincidente em crime doloso	604
25.5.2.2	A culpabilidade, os antecedentes, a conduta social e a personalidade, bem como os motivos e as circunstâncias indicarem que a substituição seja suficiente	605

25.6	Substituição de pena no tráfico de drogas	605
25.7	Substituição da pena para crimes hediondos e equiparados	606
25.8	Substituição de pena nos crimes militares	607
25.9	Formas de aplicação das penas restritivas de direitos	608
25.10	Momento da substituição da pena	608
25.11	Conversão em pena privativa de liberdade (art. 44, §§4º e 5º, do CP)	609
25.11.1	Conversão obrigatória	609
25.11.2	Conversão facultativa	610
25.11.3	Pena de multa	610
25.11.4	Procedimento da conversão	610
25.11.5	O condenado pode escolher qual pena quer cumprir, se a pena privativa de liberdade ou restritiva de direitos?	611
25.12	Penas restritivas de direito em espécie	611
25.12.1	Prestação pecuniária	611
25.12.1.1	Prestação inominada	612
25.12.1.2	Prestação pecuniária na Lei Maria da Penha (Lei nº 11.340/06)	612
25.12.1.3	Prestação pecuniária nos crimes cometidos contra criança e adolescente	613
25.12.1.4	Prestação pecuniária e multa	613
25.12.2	Perda de bens e valores (art. 45, §3º)	614
25.12.3	Prestação de serviços à comunidade ou outras entidades	614
25.12.3.1	Início, formas e comprovação da prestação de serviço à comunidade	615
25.12.3.2	Prestação de serviços à comunidade no Código de Trânsito Brasileiro	615
25.12.3.3	Prestação de serviços à comunidade na Lei de Crimes Ambientais	616
25.12.4	Interdição temporária de direitos	617
25.12.4.1	Proibição do exercício de cargo, função ou atividade pública, bem como de mandato eletivo (art. 47, I, do CP)	617
25.12.4.2	Proibição do exercício de profissão, atividade ou ofício que dependam de habilitação especial, de licença ou autorização do poder público (art. 47, II, do CP)	618
25.12.4.3	Suspensão de autorização ou de habilitação para dirigir veículo (art. 47, III, do CP)	618
25.12.4.4	Proibição de frequentar determinados lugares	620
25.12.4.5	Proibição de inscrever-se em concurso, avaliação ou exame públicos	621
25.12.5	Limitação de final de semana	621

CAPÍTULO 26
PENA DE MULTA 623

26.1	Conceito	623
26.2	Critério adotado	623
26.3	Aplicação da pena de multa	624
26.4	Impossibilidade de dispensa ou isenção da pena de multa	625
26.5	Pagamento voluntário da pena de multa	625
26.6	Conversão, legitimidade e execução da pena de multa	626
26.7	Procedimento para execução da pena de multa	627
26.8	Prescrição da pena de multa e causas interruptivas e suspensivas da prescrição	627
26.9	Não-pagamento da pena de multa e extinção da punibilidade da pena privativa de liberdade	628
26.10	Juízo competente para a execução da pena de multa	629

26.11	Multa irrisória	629
26.12	Suspensão da pena de multa	630
26.13	Viabilidade do manejo do *habeas corpus* contra pena de multa	630
26.14	Pena de multa na Lei de Drogas	631
26.15	Pena de multa na Lei Maria da Penha	632
26.16	Multa nos crimes cometidos contra criança e adolescente	632

CAPÍTULO 27
CONCURSO DE CRIMES 633

27.1	Conceito	633
27.2	Sistemas de aplicação da pena	633
27.2.1	Sistema do cúmulo material	633
27.2.2	Sistema da exasperação	634
27.2.3	Sistema da absorção	634
27.2.4	Sistema do cúmulo jurídico	634
27.3	Espécies	634
27.3.1	Concurso material ou real	634
27.3.2	Espécies	635
27.3.3	Aplicação da pena	635
27.3.4	Crimes de reclusão e detenção	635
27.3.5	Concurso material entre penas privativas de liberdade e restritivas de direito	635
27.3.6	Concurso material entre penas restritivas de direito	635
27.3.7	Concurso material e prescrição	636
27.4	Concurso formal ou ideal	636
27.4.1	Conceito	636
27.4.2	Requisitos	636
27.4.3	Espécies de concurso formal	637
27.4.4	Teorias do concurso formal	638
27.4.5	Aplicação da pena no concurso formal	638
27.4.5.1	Concurso formal próprio	638
27.4.5.2	Concurso formal impróprio	639
27.4.5.3	Concurso material benéfico	639
27.4.6	Concurso formal e prescrição	640
27.5	Crime continuado	640
27.5.1	Origem histórica	640
27.5.2	Natureza jurídica	640
27.5.2.1	Teoria da ficção jurídica (Francesco Carrara)	641
27.5.5.2	Teoria da realidade ou da unidade real	641
27.5.2.3	Teoria mista	641
27.5.3	Requisitos	641
27.5.3.1	Pluralidade de condutas	641
27.5.3.2	Pluralidade de crimes da mesma espécie	642
27.5.3.3	Mesmas condições de tempo (conexão temporal)	642
27.5.3.4	Mesmas condições de local (conexão espacial)	643
27.5.3.5	Mesmas condições de modo de execução (conexão modal)	643
27.5.3.6	Outras circunstâncias semelhantes (conexão ocasional)	643
27.5.3.7	Unidade de desígnios	644
27.5.3.7.1	Teoria objetivo-subjetiva ou mista	644

27.5.3.7.2	Teoria objetiva pura ou puramente objetiva	644
27.5.4	Crime continuado e habitualidade delitiva	645
27.6	Aplicação da pena	646
27.6.1	Crime continuado simples ou comum	646
27.6.2	Crime continuado qualificado	646
27.6.3	Crime continuado específico	646
27.7	Concurso material benéfico	647
27.8	Crime continuado e prescrição	647
27.9	Crime continuado e superveniência de lei penal mais grave	647
27.10	Questões pontuais sobre concurso de crimes	647
27.10.1	Suspensão condicional do processo	647
27.10.2	Concurso material e acordo de não-persecução penal	648
27.10.3	Competência dos juizados especiais e transação penal	648
27.11	Concurso de crimes e pena de multa	648

CAPÍTULO 28
SUSPENSÃO CONDICIONAL DA PENA (*SURSIS*) 651

28.1	Introdução	651
28.2	Natureza jurídica	651
28.3	Direito subjetivo do réu ou faculdade do juiz?	651
28.4	Momento da aplicação	652
28.5	Sistemas	652
28.6	Espécies e requisitos	653
28.6.1	*Sursis* simples (art. 77 do CP)	653
28.6.1.1	Requisitos	653
28.6.1.1.1	Requisitos objetivos	653
28.6.1.1.2	Requisitos subjetivos	654
28.6.2	*Sursis* especial	654
28.6.3	*Sursis* etário e humanitário (art. 77, §2º, do CP)	654
28.7	*Sursis* na legislação especial	655
28.7.1	Lei de Crimes Ambientais (Lei nº 9.605/98)	655
28.7.2	Lei de Contravenções Penais	655
28.8	Suspensão condicional da pena e crimes hediondos e equiparados	655
28.9	Condições da suspensão condicional da pena	657
28.10	Período de prova	657
28.11	Revogação da suspensão condicional da pena	657
28.11.1	Revogação obrigatória (art. 81, I a III)	657
28.11.2	Revogação facultativa (art. 81, §1º)	658
28.12	Revogação e cassação da suspensão condicional da pena	659
28.13	Prorrogação do período de prova	659
28.14	Extinção da punibilidade	659

CAPÍTULO 29
LIVRAMENTO CONDICIONAL (ART. 83 DO CP E ART. 131 E SEGUINTES DA LEP) 661

29.1	Conceito e natureza jurídica	661
29.2	Sistema progressivo	662
29.3	Pacote Anticrime	662

29.4	Diferenças entre o livramento condicional e o *sursis*	662
29.5	Requisitos do livramento condicional	662
29.5.1	Requisitos objetivos	662
29.5.1.1	A pena imposta deve ser privativa de liberdade	662
29.5.1.2	A pena concreta a ser cumprida deve ser igual ou superior a 2 anos	663
29.5.1.3	Cumprimento de parcela da pena	663
29.5.1.4	Reparação do dano, salvo impossibilidade de fazê-lo	666
29.5.1.5	Não cometimento de falta grave nos últimos 12 meses	666
29.5.1.5.1	A prática de falta grave interrompe o prazo para o livramento?	666
29.5.2	Requisitos subjetivos	667
29.5.2.1	Comportamento carcerário satisfatório	667
29.5.2.2	Bom desempenho no trabalho que lhe foi atribuído	667
29.5.2.3	Aptidão para prover a própria subsistência mediante trabalho honesto	668
29.5.2.4	Condições pessoais que façam presumir que o condenado não voltará a delinquir	668
29.6	Processamento: Lei nº 10.792/03	668
29.7	Audiência admonitória	669
29.8	Período de prova	669
29.9	Condições	670
29.10	Revogação do livramento condicional	670
29.10.1	Revogação obrigatória	670
29.10.2	Revogação facultativa (art. 87 do CP)	671
29.11	Prorrogação do livramento condicional (art. 89 do CP)	672
29.12	Extinção (art. 90 do CP)	673

CAPÍTULO 30
EFEITOS DA CONDENAÇÃO 675

30.1	Efeitos principais	675
30.2	Efeitos secundários de natureza penal	675
30.3	Efeitos secundários de natureza extrapenal	676
30.3.1	Efeitos genéricos	676
30.3.1.1	Obrigação de reparar o dano (art. 91, I, do CP)	676
30.3.1.2	Confisco (art. 91, II, *a* e *b*, do CP)	677
30.3.1.2.1	É possível que o confisco seja realizado após a sentença?	678
30.3.1.2.2	E se o produto ou proveito não for encontrado para decretação do perdimento?	678
30.3.1.2.3	Limitação do confisco	678
30.4	Confisco alargado (art. 91-A do CP)	678
30.4.1	Natureza jurídica do artigo 91-A do Código Penal	679
30.4.2	Gerações do confisco	680
30.4.3	Objetivo do art. 91-A, *caput*, do Código Penal	680
30.4.4	Requisitos do confisco alargado	681
30.4.4.1	Pena máxima em abstrato superior a 6 anos de reclusão	681
30.4.4.2	Conceito de patrimônio do condenado	681
30.4.4.3	Possibilidade de comprovação da licitude do patrimônio	682
30.4.4.3.1	Violação ao princípio da inocência (inversão do ônus da prova)	682
30.4.4.4	Art. 13 da Lei de Improbidade Administrativa (Lei nº 8.429/92)	683
30.4.4.5	Pedido expresso do Ministério Público	683
30.4.4.6	Decisão do juiz	684

30.4.4.7	Crimes praticados por organizações criminosas e milícias	684
30.5	Efeitos específicos da condenação	685
30.5.1	Perda de cargo, função pública ou mandato eletivo	685
30.5.1.1	Cargo, função pública e mandato eletivo	686
30.5.1.2	Mandato eletivo	686
30.5.1.3	Cargo vitalício	687
30.5.1.4	A perda deve ser do mesmo cargo ou se estende a novos cargos?	688
30.5.1.5	Pena privativa de liberdade substituída por restritiva de direitos e condenação a pena de multa	688
30.5.2	A incapacidade para o exercício do poder familiar, da tutela ou da curatela nos crimes dolosos sujeitos à pena de reclusão cometidos contra outrem igualmente titular do mesmo poder familiar, contra filho, filha ou outro descendente ou contra tutelado ou curatelado	688
30.5.3	A inabilitação para dirigir veículo, quando utilizado como meio para a prática de crime doloso	688
30.6	Outros efeitos secundários extrapenais previstos em outras leis	689
30.6.1	Suspensão dos direitos políticos	689
30.6.2	Lei nº 7.716/89 (preconceito racial)	689
30.6.3	Rescisão contratual	689
30.6.4	Lei de Drogas	689
30.6.5	Lei de Falências	689
30.6.6	Lavagem de dinheiro	689
30.6.7	Tortura	690
30.6.8	Redução à condição análoga de escravo	690
30.6.9	Organização criminosa	690
30.6.10	Crimes contra a propriedade intelectual	690
30.6.11	Lei de Licitações	690
30.6.12	Telecomunicações (Lei nº 9.472/97)	690

CAPÍTULO 31
REABILITAÇÃO 691

31.1	Conceito	691
31.2	Pressuposto da reabilitação	691
31.3	Efeitos da reabilitação	691
31.4	Requisitos da reabilitação	691
31.5	Pedido	692
31.6	Reabilitação parcial	692
31.7	Indeferimento do pedido de reabilitação e cláusula *rebus sic stantibus*	692
31.8	Revogação	692
31.9	Recurso	693
31.10	Prescrição	693
31.11	Reabilitação e reincidência	693
31.12	Reabilitação e pagamento da pena de multa	693
31.13	Reflexos jurídicos do art. 202 da LEP	694
31.14	Efeitos práticos da reabilitação	694

CAPÍTULO 32
MEDIDAS DE SEGURANÇA 695
32.1 Conceito...695
32.2 Princípios das medidas de segurança 695
32.3 Finalidade das medidas de segurança 696
32.4 Distinções entre a pena e a medida de segurança...696
32.4.1 Finalidade..696
32.4.2 Duração...696
32.4.3 Pressupostos 696
32.4.4 Juízo...697
32.4.5 Destinatários 697
32.5 Sistemas de aplicação da medida de segurança 697
32.6 Pressupostos cumulativos para aplicação da medida de segurança...............697
32.7 Periculosidade do agente 697
32.7.1 Conceito...697
32.7.2 Espécies de periculosidade..698
32.8 Destinatários da medida de segurança 698
32.9 Espécies de medidas de segurança 699
32.10 Critério de escolha entre a internação e o tratamento ambulatorial..............699
32.11 Início do cumprimento 699
32.12 Perícia médica...699
32.13 Medida de segurança preventiva...700
32.14 Duração da medida de segurança 700
32.15 Persistência da periculosidade após o prazo máximo da medida de segurança...700
32.16 Conversão da medida de segurança no curso do cumprimento de pena...............701
32.17 Extinção da punibilidade 701
32.18 Desinternação ou liberação condicional 701
32.18.1 Alta progressiva 702
32.18.2 Reinternação 702
32.19 Direitos do internado..702
32.20 Segregação em estabelecimento prisional 702
32.21 Prescrição das medidas de segurança 703
32.21.1 Prescrição para os semi-imputáveis 703
32.21.2 Prescrição para os inimputáveis 703
32.22 Concessão de graça e indulto na medida segurança 703
32.23 Detração..704
32.24 Medidas de segurança na Lei de Drogas...704
32.25 Adolescente infrator e medidas de segurança 705
32.26 Medida de segurança em 2ª instância 705

CAPÍTULO 33
EXTINÇÃO DA PUNIBILIDADE 707
33.1 Morte (art. 107, I, do CP)..707
33.1.1 Momento da morte 708
33.1.2 Consequências jurídicas..708
33.1.3 Extensão 708
33.1.4 Comprovação da morte...708
33.1.5 Extinção da punibilidade mediante certidão de óbito falsa...........................708

33.1.6	Morte presumida	708
33.1.7	Morte do agente e revisão criminal	709
33.1.8	Morte da vítima e extinção da punibilidade	709
33.2	Anistia, graça e indulto	709
33.2.1	Anistia	710
33.2.1.1	Conceito	710
33.2.1.2	Efeitos	710
33.2.1.3	Classificação	710
33.2.1.4	A lei que concedeu a anistia pode ser revogada?	711
33.2.1.5	Caso Gomes Lund ("Guerrilha do Araguaia") e a Lei nº 6.683/79 (Lei de Anistia)	711
33.2.2	Graça e indulto	713
33.2.2.1	Efeitos	713
33.2.2.2	Extensão da graça e do indulto	713
33.2.2.3	Momento da concessão	714
33.2.2.4	Classificação	714
33.2.2.5	Indulto e graça para os crimes hediondos e equiparados	714
33.2.2.6	Graça e indulto e medida de segurança	715
33.2.2.7	Falta grave	715
33.2.2.8	Decisão judicial	715
33.2.2.9	Detração para fins de cômputo do prazo para indulto	715
33.2.2.10	Quadro resumo	716
33.3	*Abolitio criminis*	716
33.4	Decadência (art. 103 do CP e art. 38 do CPP)	717
33.4.1	Conceito	717
33.4.2	Prazo decadencial	717
33.4.3	Termo inicial para contagem do prazo	717
33.4.4	Prazo decadencial da vítima menor de 18 anos	718
33.4.5	Cômputo do prazo	718
33.4.6	Prazo decadencial para requisição do Ministro da Justiça	718
33.5	Perempção	718
33.5.1	Conceito	718
33.5.2	Hipóteses de perempção	718
33.5.3	Observações finais sobre perempção	720
33.6	Renúncia	720
33.6.1	Conceito	720
33.6.2	Extensão da renúncia	720
33.6.3	Momento	720
33.6.4	Aspectos formais da renúncia	720
33.6.5	Recebimento de indenização e renúncia tácita	721
33.6.6	Renúncia e concurso de agentes	721
33.6.7	Renúncia e pluralidade de vítimas	721
33.7	Perdão do ofendido	721
33.7.1	Conceito	721
33.7.2	Extensão	721
33.7.3	Momento	721
33.7.4	Pluralidade de vítimas e incomunicabilidade do perdão	721
33.7.5	Diferenças entre renúncia e perdão	722

33.8	Retratação do agente	722
33.8.1	Renúncia ao direito de queixa	722
33.9	Perdão judicial	722
33.9.1	Crimes em que é possível a concessão do perdão judicial	723
33.10	Extinção da punibilidade e crimes conexos	726
33.11	Momento da extinção da punibilidade	726

CAPÍTULO 34
PRESCRIÇÃO 727

34.1	Conceito	727
34.2	Natureza jurídica	727
34.3	Fundamento da prescrição	727
34.4	Hipóteses de imprescritibilidade	727
34.4.1	Imprescritibilidade por meio de lei	728
34.4.2	Imprescritibilidade por meio da jurisprudência	728
34.4.3	A tortura é crime imprescritível?	728
34.5	Parâmetros da prescrição (art. 109 do Código Penal)	729
34.6	Espécies de prescrição	729
34.6.1	Prescrição da Pretensão Punitiva	730
34.6.1.1	Prescrição da Pretensão Punitiva (PPP) em abstrato ou propriamente dita	730
34.6.1.2	Regras para o cálculo	730
34.6.1.3	Redutores do prazo prescricional (art. 115 do CP)	731
34.6.1.4	Consequências da prescrição	731
34.6.1.5	Natureza jurídica da decisão que reconhece a prescrição	732
34.6.1.6	Termo inicial da prescrição	732
34.6.1.7	Causas interruptivas da prescrição	733
34.6.2	Prescrição da Pretensão Punitiva (PPP) retroativa	736
34.6.2.1	Características da PPP retroativa	736
34.6.3	Prescrição da Pretensão Punitiva (PPP) superveniente ou intercorrente	737
34.6.3.1	Características	737
34.6.4	Prescrição da Pretensão Punitiva (PPP) virtual, em perspectiva, por prognose ou antecipada	737
34.6.5	Prescrição da Pretensão Executória (PPE)	738
34.6.5.1	Início do prazo prescricional da PPE	738
34.6.5.2	Causas interruptivas da PPE (art. 117, V e VI, do CP)	739
34.6.5.3	Efeitos do reconhecimento da prescrição	739
34.6.5.4	Comunicabilidade das causas interruptivas	740
34.6.5.5	Causas suspensivas da prescrição (art. 116 do CP)	740
34.6.5.5.1	Hipóteses de causas suspensivas da Prescrição da Pretensão Punitiva	741
34.6.5.5.2	Hipótese de causa suspensiva da prescrição da pretensão executória	742
34.6.5.5.3	Causas impeditivas e suspensivas da prescrição	742
34.7	Repercussão geral e sobrestamento dos processos (arts. 1037 e 1035 do novo CPC)	743
34.8	Prescrição das medidas de segurança	743
34.9	Prescrição das medidas socioeducativas	744
34.10	Prescrição das penas restritivas de direito	744
34.11	Prescrição da pena de multa	744
34.12	Prescrição no concurso de crimes	745

PREFÁCIO

Discorrendo sobre coisas que todos deveriam fazer durante a vida, o poeta José Martí fala em plantar uma árvore, ter um filho e escrever um livro.

Sempre me pareceu que a sentença de Martí, antes de caracterizar-se como orientação, é meta a ser conquistada. Eternizar ideias e pensamentos pode ser uma grande contribuição para o mundo.

Saber ler é saber andar. Mas saber escrever é saber subir!

O livro é um filho do autor. Prefaciar uma obra, por isso, equivale a batizar a criança que acabara de nascer. Uma grande honra!

Fiquei lisonjeado com o convite do amigo *Matheus Kuhn*. Conheço-o há muitos anos: como Promotor de Justiça, destacou-se desde cedo pela combatividade na defesa da sociedade; como Professor, é dotado de uma capacidade de comunicação ímpar, aliada a conteúdo... muito conteúdo!

Em uma época em que quase tudo se repete e pouco se cria, na qual afloram nas redes sociais "especialistas" em todas as áreas, é uma grata satisfação ler a obra de *Matheus*, algo não apenas *novo*, mas também *excelente*.

O *Manual de Direito Penal* – Parte Geral é composto de 34 capítulos.

No 1º capítulo, o autor traz interessantes propostas doutrinárias, como o Direito Penal Quântico. Enfrenta, ainda, o Garantismo Penal de Ferrajoli, partindo de suas diretrizes básicas e chegando à tese do *garantismo hiperbólico monocular*.

Os capítulos 2 e 3 são reservados, respectivamente, às Fontes e aos Princípios do Direito Penal. A abordagem do princípio da insignificância, sempre importante aos operadores do Direito, é feita à luz da moderna jurisprudência dos Tribunais Superiores.

No 4º capítulo, *Matheus* ensina a teoria da norma penal, analisando a lei penal no tempo, no espaço e em relação a determinadas pessoas. São trazidos temas atuais, como a lei penal em branco ao quadrado.

Do 5º ao 20º capítulos, o autor examina a Teoria Geral do Crime de forma aprofundada, discutindo tópicos modernos, como as teorias significativa da ação, da tipicidade conglobante e da imputação objetiva.

O capítulo 21 é dedicado ao Concurso de Pessoas, no qual *Matheus* explica a teoria do domínio do fato, adotada pelo Pretório Excelso no julgamento da AP 470, tema necessário a todo aquele que deseja se aprofundar no Direito Criminal.

Do 22º ao 32º capítulos, o doutrinador trata da sanção penal. Na sua ótima teoria geral da pena, há a abordagem de temáticas interessantes e polêmicas, como o abolicionismo fenomenológico e a teoria das janelas quebradas (*broken windows theory*).

Nos capítulos 33 e 34 são tratadas, respectivamente, a extinção da punibilidade e a prescrição. *Matheus Kuhn* discorre, entre outros temas, sobre o caso da Guerrilha do Araguaia (caso Gomes Lund) e traz jurisprudência atual do Supremo Tribunal Federal a respeito do acórdão confirmatório como causa interruptiva da prescrição.

A obra, como se observa, é completa: e não apenas porque faz uma análise plena e atual da parte geral do Código Penal, mas também porque vem carregada com a experiência pessoal do autor, que respira o Direito Penal, todos os dias, em teoria e prática.

Caro leitor, seja bem-vindo ao *Manual de Direito Penal* – Parte Geral do professor *Matheus Kuhn*, livro que, certamente, será referência de pesquisa dentro e fora do nosso país.

Porto Alegre, setembro de 2022.

Alexandre Salim

Promotor de Justiça. Doutor em Direito pela Universidade de Roma Tre. Mestre em Direito pela UNOESC. Professor de Direito e Processo Penal no CERS. Instagram: @profalexandresalim

PREFÁCIO

Jaime Miranda é um dos mais brilhantes Defensores Públicos da nova geração. Além de refinada visão prática do Direito Penal, possui relevante densidade acadêmica.

Essas duas características do autor se alinham na presente obra, um manual de Direito Penal de utilidade inquestionável para profissionais que labutam na área e também para os estudantes. Não é mais possível compreender o Direito Penal contemporâneo à revelia das inquietações da *práxis* forense. Ao mesmo tempo, penso ser insuficiente uma obra de Direito Penal despida do necessário aprofundamento teórico, tão essencial à compreensão evolutiva do Direito Penal como fenômeno social.

O livro, portanto, através do seu aspecto multifuncional, vem preencher uma lacuna nas estantes das livrarias de Direito Criminal, trazendo conceitos complexos em linguagem simples e elucidativa.

Boa leitura a todas e a todos!

Lara Teles

Defensora Pública do Estado do Ceará. Professora da Pós-Graduação em Direito e Processo Penal da Universidade de Fortaleza. Mestra em Direito pela Universidade Federal do Ceará. Autora da obra *Prova testemunhal no processo penal*: uma proposta interdisciplinar de valoração (Emais, 2020). Colaboradora do Plenitude Podcast.

APRESENTAÇÃO

A ideia de publicar um livro surgiu ainda na universidade. Sempre devotei muito respeito àqueles que têm o dom de transmitir conhecimento aos outros. É uma arte valiosíssima.

Filho de pais professores, sempre fui incentivado a estudar e escrever. No entanto, antes de me dedicar à área acadêmica, busquei nos livros o suporte necessário para a aprovação em concurso público e, nesse árduo contexto, tive a certeza da importância de boas e atualizadas publicações. Após algumas aprovações em concursos (e hoje exercendo o cargo de Promotor de Justiça), e obedecendo ao mandamento divino de honrar pai e mãe (que foram e ainda são meus professores), achei por bem ingressar no âmbito acadêmico na busca pelo aperfeiçoamento, debruçando-me no estudo do Direito Penal.

Assim, é com muita alegria que apresento ao leitor a primeira edição do livro Direito Penal Parte Geral, em parceria com o amigo Dr. Jaime Miranda.

Iniciei os estudos para a elaboração deste Manual há aproximadamente três anos. Na verdade, o escopo principal deste material foi transformar as aulas que são por mim ministradas na universidade e nos cursos preparatórios em um material escrito, com densidade suficiente para atender os operadores do Direito.

Fiz parte dele sozinho, contudo, em razão da extensão do material, não consegui finalizá-lo. Assim, convidei o Dr. Jaime para me ajudar na empreitada, o qual prontamente aceitou e aderiu ao projeto, contribuindo sobremaneira com o aprofundamento e qualidade dos escritos.

Dr. Jaime escreveu os seguintes capítulos: Livramento Condicional, Medidas de Segurança, Reabilitação, Extinção da Punibilidade, Prescrição, Efeitos da Condenação, além do capítulo introdutório. Quanto aos demais capítulos, eu os escrevi.

Buscamos trabalhar o livro de forma bem completa e abrangente, o que possibilita atender a todos os públicos, em seus diferentes níveis de interesse:

1. os concurseiros que precisam de um conteúdo aprofundado e atualizado. Tanto eu, quanto o Dr. Jaime ministramos aulas em cursos preparatórios, então prezamos por um material com muito entendimento jurisprudencial, tabelas, organogramas, posições doutrinárias sobre os temas;
2. os que atuam na prática (advogados, juízes, promotores, defensores etc.) também são alcançados pelo Manual. Muitos casos práticos foram colocados, trazendo as explicações partindo de um problema concreto para a solução jurídica.

Portanto, a presente obra busca clareza e concisão na exposição das ideias, sem digressões e observações desnecessárias, todavia sem perder de vista o necessário aprofundamento sobre cada ponto de debate.

O livro encontra-se atualizado com as mais recentes e importantes decisões dos Tribunais Superiores (STF e STJ), sem, contudo, deixar de lado o posicionamento da melhor doutrina sobre cada tema e, também, o ponto de vista dos autores.

Portanto, na busca incessante pela discussão de temas importantes, além da atualização jurisprudencial e doutrinária, tem este estudo a intenção de auxiliar a comunidade jurídica, seja no exercício funcional, no âmbito acadêmico ou nas provas de concursos.

Finalizo com meus sinceros agradecimentos e registro que estamos abertos a críticas e sugestões, que, sem dúvida, serão de grande valia para o aprimoramento da obra.

Rolim de Moura, Rondônia, 13 de setembro de 2022.

Matheus Kuhn Gonçalves
matheuskuhngoncalves@hotmail.com

CAPÍTULO 1

NOTAS INTRODUTÓRIAS

1.1 Conceito de Direito Penal

O Direito Penal pode ser compreendido a partir de três conceitos: *formal*, *material* e *social*.

Para o conceito *formal*, o Direito Penal é considerado um conjunto de regras e princípios por meio do qual o Estado proíbe a prática de determinadas condutas que, uma vez realizadas (por ação ou omissão), ensejam a cominação de uma sanção penal (pena ou medida de segurança).

Já o conceito *material* aduz que o Direito Penal refere-se aos comportamentos altamente reprováveis e danosos à sociedade, que afetam bens jurídicos indispensáveis à própria manutenção das relações sociais.

Na perspectiva *social*, o Direito Penal nada mais é que um instrumento de controle social realizado pelo Estado.

1.2 Propostas doutrinárias

1.2.1 Direito Penal objetivo e subjetivo

Direito Penal Objetivo é entendido como o conjunto de normas incriminadoras e não incriminadoras. Em outros termos, são as normas que compõem o arcabouço penal.

Direito Penal Subjetivo, por sua vez, é a possibilidade de o Estado aplicar as suas normas penais, ou seja, nada mais é que o direito de o Estado exercer o *jus puniendi*.

1.2.2 Direito penal do autor, direito penal do fato e direito penal do fato que considera o autor

Direito Penal do Autor é a hipótese em que o Direito Penal pune o agente pelo seu modo ou estilo de vida, sendo assim, a punição não está ligada àquilo que a pessoa faz (o fato exteriorizado), mas sim às características ou condições pessoais do indivíduo.

A doutrina tem indicado como exemplo de direito penal do autor a contravenção penal do art. 59 da Lei de Contravenções Penais[1] ("vadiagem"), uma vez que não se pune o agente por um ato exteriorizado, mas sim por um estilo de vida que leva.

Já o *Direito Penal do fato* é o conceito pelo qual o Direito Penal somente pode punir pessoas que tenham praticado condutas lesivas a bens jurídicos. Não se pune a pessoa pelo que ela é, mas sim pelo fato por ela exteriorizado.

Por exemplo, se o agente mata alguém, violando o bem jurídico vida, deve ser punido por esta conduta.

Por fim, tem-se o *Direito Penal do fato que considera o autor*, que significa que o Direito Penal deve perseguir o fato praticado pelo agente. Contudo, deve ser levado em consideração, na seara da punibilidade, as características pessoais do autor, a exemplo da personalidade, conduta social, antecedentes.

O art. 59 do Código Penal determina que o juiz observará culpabilidade, antecedentes, conduta social, personalidade do agente, motivos, circunstâncias e consequências do crime, bem como o comportamento da vítima, buscando reprovação e prevenção do crime. Nesse caso, tendo sido reconhecida a prática de um delito (um fato típico, ilícito e culpável), permite-se ao magistrado analisar questões pessoais do autor do ilícito, para fins de individualizar como será sua punição.

1.2.3 Direito Penal de velocidades

Essa classificação é trazida por Jesús-Maria Silva Sánchez e leva em consideração a intensidade e a velocidade da punição.

No *Direito Penal de 1ª velocidade*, trabalha-se com princípios penais e processuais penais clássicos, observando-se os direitos e garantias individuais do agente. Por essa razão, permite-se a aplicação da pena de prisão.

O que se visa a proteger, nesse âmbito, são bens jurídicos individuais e, eventualmente, supraindividuais, sempre que houver a efetiva lesão ou perigo de lesão ao bem jurídico tutelado. Estamos diante do Direito Penal clássico.

No *Direito Penal de 2ª velocidade*, por sua vez, possibilita-se a flexibilização dos direitos e garantias fundamentais. Todavia, não se admite a aplicação da pena de prisão, mas tão somente de penas restritivas de direitos.

Neste conceito, busca-se a proteção de bens jurídicos supraindividuais, possibilitando a antecipação da tutela penal, inclusive com a criminalização de condutas presumivelmente perigosas (a exemplo dos crimes de perigo presumido ou abstrato).

A *3ª velocidade do Direito Penal*, segundo a doutrina, é marcada pela relativização das garantias político-criminais, regras de imputação e critérios processuais. Aqui, há a flexibilização dos direitos e garantias fundamentais, buscando-se a punição do agente.

Afirma-se, em doutrina, que o Direito Penal do inimigo é hipótese de Direito Penal de terceira velocidade.

A proposta do *Direito Penal do inimigo* é de Günther Jakobs, para quem existem dois tipos de criminosos ou delinquentes: o delinquente-cidadão e o delinquente-inimigo.

---

[1] Art. 59. Entregar-se alguém habitualmente à ociosidade, sendo válido para o trabalho, sem ter renda que lhe assegure meios bastantes de subsistência, ou prover à própria subsistência mediante ocupação ilícita: Pena – prisão simples, de quinze dias a três meses.

Ao delinquente-cidadão é aplicado o Direito Penal do cidadão, que possui a finalidade de reestabelecer o equilíbrio com a aplicação da pena.

O delinquente-inimigo – que é aquele que não cumpre sua função social, frustrando as expectativas mínimas normativas, de forma duradoura e perene, perderá a condição de cidadão e será tratado como inimigo.

Para Günther Jakobs, a finalidade do Direito Penal é resguardar o sistema (teoria funcionalista ou sistêmica), ou seja, evitar que o agente pratique fatos típicos. Aquele que viola o sistema de forma duradoura e perene, praticando fatos típicos, deve ser tratado como inimigo.

A doutrina penalista moderna informa que o Direito Penal do inimigo possui as seguintes características:
1. celeridade processual para aplicação da pena;
2. antecipação da punibilidade com a tipificação de atos preparatórios (ex.: delito de associação criminosa);
3. penas desproporcionais;
4. perda da qualidade de cidadão (de ser sujeito de direitos);
5. criação de tipos penais de mera conduta (ex.: violação de domicílio);
6. criação de crimes de perigo abstrato;
7. utilização do Direito Penal do autor (ex.: contravenção penal de vadiagem);
8. criação de Leis de Luta ou de Combate, que são aquelas que atendem a um clamor imediato da população, para responder penalmente a uma demanda social (ex.: art. 154-A do CP, incluído pela Lei nº 12.737/12 – Lei Carolina Dieckman);
9. restrição de garantias penais e processuais.

Por derradeiro, tem-se o *Direito Penal de 4ª velocidade*, também conhecido como neopunitivismo,[2] o qual está ligado à forma de punição de chefes de estados violadores de direitos humanos.

O *Direito Penal de 4ª velocidade* é o sistema utilizado pelo Tribunal Penal Internacional, o qual restringe e até mesmo suprime direitos e garantias penais e processuais penais dos réus que, outrora, tinham a função de chefe de estado e, nessa condição, violaram tratados internacionais de direitos humanos.

No direito penal de 4ª velocidade, o inimigo é o chefe de Estado que violou os tratados internacionais de direitos humanos. Já no direito penal de 3ª velocidade, o inimigo é o agente violador do sistema (delinquente-inimigo).

1.2.4 Direito Penal de emergência, simbólico e promocional

Direito Penal de emergência é o nome que se atribui à legislação penal excepcional que, com a finalidade de frear a criminalidade, reduz garantias penais e processuais penais, buscando-se controlar a criminalidade. Ex.: Lei de Crimes Hediondos.

Direito Penal simbólico é a expressão utilizada para designar a criação de leis que, a fim de dar uma pronta resposta à sociedade, bem como infligir sensação de segurança, criminalizam condutas sem observar critérios criminológicos e de política criminal.

---

[2] Expressão do jurista argentino Daniel Pastor.

Assim, cria-se uma falsa sensação de segurança, cumprindo a lei penal apenas um caráter simbólico.

Direito Penal promocional é a hipótese em que o Estado se utiliza das leis penais para a consecução de suas finalidades políticas, servindo a lei penal de instrumento de transformação social. Em relação a esta classificação, a crítica que se faz é que o Direito Penal perde o seu caráter de *ultima ratio*.

1.2.5 *Ius puniendi* positivo e *ius puniendi* negativo

O *ius puniendi positivo* se refere ao poder que tem o Estado de criar os tipos penais e executar as decisões condenatórias, aplicando penas ou medidas de segurança.

Por outro lado, o *ius puniendi negativo* está relacionado à atribuição do Supremo Tribunal Federal de retirar do ordenamento jurídico, por meio do controle de constitucionalidade, norma penal que viole, formal ou materialmente, a Constituição Federal.

1.2.6 Direito Penal de culpabilidade e Direito Penal de periculosidade

Direito Penal de culpabilidade é aquele que parte do pressuposto de que o homem é capaz de entender o caráter ilícito da sua conduta e autodeterminar seu comportamento com base nesse entendimento. Em razão disso, a sanção penal é uma retribuição pela reprovabilidade do agente que poderia ter escolhido agir de forma diferente, mas optou por violar a norma penal.

A sanção penal, no Direito Penal de culpabilidade, é limitada pela culpabilidade (grau de reprovabilidade) do agente.

Já para o *Direito Penal de periculosidade*, a conduta do homem é determinada pela sua periculosidade, de modo que o agente não possui capacidade de escolher não violar a norma penal. Nesse caso, o objetivo da pena está relacionado à cessação da periculosidade.

1.2.7 Direito Penal subterrâneo e o Direito Penal paralelo

Direito Penal subterrâneo é a atuação das agências de controle social que compõem o sistema punitivo formal do Estado à revelia da lei, de forma arbitrária. Exemplo: tortura e violação de direitos realizada por policiais em desfavor dos presos.

Direito Penal paralelo é aquele posto em prática por agências que não fazem parte do sistema punitivo formal, mas, apesar disso, exercem o poder punitivo.

É uma forma de controle social não institucionalizado, com a aplicação de sanções extremamente gravosas, muitas vezes mais gravosas do que as praticadas pelas agências formais de controle sociais. Exemplo: sanções administrativas extremamente altas.

1.2.8 Direito Penal quântico

Diz-se *Direito Penal quântico* aquele que não se contenta com a relação de causalidade (relação de causa e efeito), mas que traz no seu corpo elementos indeterminados, a exemplo do nexo normativo e da tipicidade material, conferindo um maior campo interpretativo aos operadores do Direito.

1.2.9 Direito Penal substantivo (material) e Direito Penal adjetivo (formal)

Essas expressões estão atualmente em desuso, mas é importante que sejam conhecidas.

Direito Penal substantivo (material) refere-se ao Direito Penal propriamente dito, referente às normas penais em vigor.

Direito Penal adjetivo (formal) refere-se ao Direito Processual Penal e às normas processuais penais em vigor.

1.2.10 Direito Penal comum e Direito Penal especial

O *Direito Penal comum* é aquele que se aplica a todas as pessoas e a todos os delitos de modo geral.

Por outro lado, o *Direito Penal especial* é dirigido a uma classe específica de pessoas, em razão de alguma circunstância, ou a certos delitos em particular.

1.3 Finalidade do Direito Penal

A finalidade do Direito Penal é proteger os bens mais caros à sociedade, fazendo-o por meio da cominação de penas.

Em razão da importância dos bens, entende-se que os demais ramos do Direito (Civil, Administrativo, Tributário etc.) são insuficientes para garantir a sua proteção, fazendo incidir, em *ultima ratio*, o Direito Penal.

Cabe ao legislador a escolha dos bens a serem tutelados pelo Direito Penal, partindo de uma análise crítica do atual estágio de evolução da sociedade. Deve-se levar em consideração, também, os mandamentos constitucionais de proteção dos direitos fundamentais, a exemplo da vida, liberdade, propriedade etc.

1.4 Terminologia

Atualmente, se utiliza da expressão "Direito Penal", o que é objeto de críticas por parte da doutrina,[3] que entende mais adequada a terminologia "Direito Criminal".

Isso porque se compreende que "Direito Penal" parece dar maior importância à cominação de penas, relegando a um segundo plano, por exemplo, toda a discussão em relação ao crime.

Fato é que na história brasileira, apenas o Código de 1830 recebeu o nome de Código Criminal, sendo que os demais diplomas legais todos foram nominados como Código Penal.

---

[3] GRECO, Rogério. *Curso de Direito Penal*. Parte geral. v. I. 19. ed. Niterói: Impetus, 2017, p. 2.

Na história brasileira, foram editados os seguintes Códigos:

1	Código Criminal do Império do Brasil, de 1830
2	Código Penal dos Estados Unidos do Brasil, de 1890
3	Consolidação das Leis Penais, de 1932
4	Código Penal de 1940 (em vigor até hoje)
5	Código Penal de 1969 (nunca entrou em vigor)
6	Código Penal de 1984 (revogou a Parte Geral do Código Penal de 1940)

1.5 Estrutura do Código Penal

O Código Penal é dividido em duas partes: a Parte Geral, do art. 1º ao 120, e a Parte Especial, do art. 121 ao 361.

Na Parte Geral, há orientações sobre a aplicação material diante da prática de uma infração penal.

Desse modo, há a explicação sobre a aplicação da lei penal no tempo e no espaço, a apresentação de institutos como as excludentes de ilicitude, a indicação das formas de cometimento do delito (se doloso ou culposo), além de informar regras atinentes à cominação da pena e fixação do regime inicial.

Por outro lado, na Parte Especial encontra-se o rol de crimes, iniciando-se no art. 121 (*matar alguém*) e finalizando no art. 361, indicando a data de início de vigência do Código Penal (1º de janeiro de 1942).

1.6 Garantismo penal

Teoria cunhada por Luigi Ferrajoli, segundo o qual a aplicação das normas de Direito Penal e de Processo Penal devem ser lidas a partir dos direitos e garantias assegurados na Constituição Federal. Partindo-se desse raciocínio, tem-se que o Direito Penal e o Processo Penal servem para reduzir o poder de punir (Direito Penal) e a forma de punir (Processo Penal) do Estado, limitando-se a violência estatal e aumentando-se a liberdade.

Ferrajoli destaca a existência de dez axiomas (valores) que dão concretude ao seu garantismo penal. São eles:
1. *Nulla poena sine crimine*: Não há pena sem crime. Está relacionada ao princípio da retributividade (a pena é uma consequência do delito).
2. *Nullum crimen sine lege*: Não há crime sem lei. Relacionada ao princípio da legalidade.
3. *Nulla lex (poenalis) sine necessitate*: Não há lei penal sem necessidade (princípio da necessidade do Direito Penal).
4. *Nulla necessitas sine injuria*: Não há necessidade sem ofensa a bem jurídico (princípio da ofensividade).
5. *Nulla injuria sine actione*: Não há ofensa ao bem jurídico sem ação (princípio da exterioridade da ação).

6. *Nulla actio sine culpa:* Não há ação sem culpa (princípio da culpabilidade).
7. *Nulla culpa sine judicio:* Não há culpa sem processo (princípio da jurisdicionalidade).
8. *Nulla judicium sine accusatione:* Não há processo sem acusação (princípio acusatório).
9. *Nulla accusatio sine probatione*: Não há acusação sem prova (princípio do ônus da prova)
10. *Nulla probatio sine defensione:* Não há prova sem ampla defesa (princípio do contraditório).

1.6.1 Garantismo integral e garantismo penal hiperbólico monocular

Parte da doutrina, capitaneada por Douglas Fischer,[4] defende que o garantismo tal qual aplicado no Brasil consiste em uma má interpretação da teoria de Ferrajoli, na medida em que se limita a buscar a proteção dos direitos do réu, se olvidando, em contraponto, dos direitos da vítima. Essa interpretação parcial do garantismo faz surgir o fenômeno chamado de *garantismo penal hiperbólico monocular*.

Dessa maneira, garantismo penal hiperbólico monocular seria aquele que se compromete apenas em tutelar os direitos do réu, não havendo qualquer preocupação com os efeitos do crime e do processo no tocante à pessoa da vítima.

Desse modo, é proposto um garantismo que seja integral (protegendo tanto o réu de abusos estatais, quanto a vítima da omissão estatal). O modelo de garantismo integral que se pretende divide-se em:
   a) Garantismo negativo: surge com o objetivo de limitar o poder punitivo do Estado, a partir do respeito ao princípio da legalidade, fazendo surgir a máxima da proibição de excesso (*übermassverbot*);
   b) Garantismo positivo: traz um dever de atuação positiva do Estado, que deve atuar com o objetivo de evitar a impunidade, assegurando uma proteção adequada aos bens jurídicos relevantes. Aqui, surge a máxima da proibição da proteção deficiente (*untermassverbot*).

Ressalte-se que esse entendimento (de separação de garantismo em hiperbólico monocular e integral) não é pacífico na doutrina, havendo entendimentos no sentido de que se trata de uma compreensão equivocada do garantismo de Ferrajoli.[5]

1.7 Ciências criminais

Para a compreensão do fenômeno criminógeno, necessário estudar o Direito Penal ao lado das chamadas ciências criminais, a saber: 1. criminologia; 2. política criminal; e 3. dogmática criminal.
   1. Criminologia: a Criminologia (*crimino*, crime em latim, e *logos*, estudo, em grego) é uma ciência empírica (baseada na observação e na experiência) e interdisciplinar. Tem por objeto o estudo do crime, do criminoso, da vítima e

---

[4] FISCHER, Douglas. *O que é garantismo integral? In*: Revista da Defensoria Pública nº 9, 2014. Disponível em: https://revistadpers.emnuvens.com.br/defensoria/article/view/77. Acesso em: 19 abr. 2022.
[5] LOPES JUNIOR, Aury. *Fundamentos do processo penal:* introdução crítica. 7. ed. São Paulo: Saraiva, 2021.

do controle social das condutas criminosas, com o objetivo de desenhar um diagnóstico qualificado e conjuntural sobre o delito, com isso compreendendo, de forma empírica, o fenômeno criminológico.
2. Política criminal: pode ser compreendida como o conjunto de estratégias de controle social com o objetivo de proteger os bens jurídicos de maneira adequada e combater a criminalidade e a impunidade.
3. Dogmática criminal: tem por objetivo a interpretação e a aplicação das normas de Direito Penal, elaborando um sistema penal lógico e racional.

1.8 Modelos de política criminal

1.8.1 Abolicionismo penal

Defende a deslegitimação do sistema penal e da lógica punitivista. Seu principal expoente é Thomas Mathiesen, que sustenta a abolição da pena de prisão. Uma vertente mais radical do abolicionismo defende a resolução dos conflitos sociais por meios alternativos, abolindo-se o sistema penal.

Os argumentos utilizados, em suma, para justificar a abolição do sistema penal, são:
1. A maioria dos conflitos sociais já são resolvidos fora do sistema penal;
2. O sistema penal não cumpre com a função preventiva e, por outro lado, contribui para o incremento da criminalidade; e
3. O sistema penal é verdadeiro instrumento de reprodução de desigualdade sociais.

1.8.2 Minimalismo penal

O minimalismo penal tem como proposta reduzir o Direito Penal em certas áreas (mormente em relação a comportamentos que agridem a moralidade pública e delitos cometidos sem violência ou grave ameaça).

Em síntese, a proposta é a de não-intervenção do Estado quando perceptível que a pena pode trazer mais prejuízos que benefícios.

No minimalismo, busca-se resgatar a ideia do Direito Penal enquanto *ultima ratio*, de sorte que se defende que, muitas vezes, na prática, a pena pode produzir mais danos do que a própria conduta do agente, devendo esse cenário ser modificado.

1.8.3 Direito Penal máximo

Tem como finalidade o alcance da máxima efetividade do controle social a partir do alargamento do Direito Penal, que passa a ser compreendido como instrumento no combate à violência.

1.9 Evolução histórica do Direito Penal

Neste tópico, será analisado o processo de evolução do Direito Penal, desde épocas rudimentares até se atingir as escolas penais contemporâneas.

1.9.1 Direito Penal e a ideia de vingança

O surgimento do Direito Penal está atrelado à noção de vingança, o que retrata a ideia da pena como sendo a retribuição do mal causado àquele que viola uma norma penal, ofendendo um bem jurídico importante à sociedade.

Partindo dessa premissa, a vingança pode ser compreendida sob três modalidades diferentes: a *vingança privada*, a *vingança divina* e a *vingança pública*.

Fala-se em *vingança privada* porque, num primeiro momento, a função do Direito Penal era simplesmente retribuir o mal causado. A vingança poderia ser realizada pela vítima ou por algum membro de sua família ou do grupo social.

Um exemplo da vingança privada foi a Lei de Talião, que acrescentou a esse sistema punitivista o princípio da proporcionalidade ao consagrar a máxima do "olho por olho, dente por dente".

Após a vingança privada, adveio a *vingança divina*, caracterizada pela aplicação da sanção penal pelos sacerdotes, que eram representação das divindades das sociedades da época.

Nesse momento, práticas gravíssimas como o sacrifício humano eram admitidas com o objetivo de acalmar a fúria dos deuses, percebida pelas manifestações da natureza, como chuvas, terremotos etc.

Por fim, surge, enquanto nova etapa de evolução histórica do Direito Penal, a fase da *vingança pública*.

A vingança pública consistia na imposição de penas (muitas vezes cruéis) pelo soberano, com o objetivo de intimidar as pessoas a não cometerem crimes.

1.9.2 Escolas penais

Diz-se escolas penais as diversas correntes de pensamento jurídico-filosófico que surgiram na Modernidade e que buscam explicar o fenômeno criminológico a partir de pontos de análise específicos.

Dentre as principais escolas, destacam-se a Clássica, a Positivista, a *Terza Scuola*, a Escola Moderna Alemã, a Escola Técnico-Jurídica, Escola Correcionalista e a Escola da Nova Defesa Social.

1.9.2.1 Escola Clássica

O primeiro ponto que deve ser comentado referente à Escola Clássica é que não existiu, de fato, uma Escola Clássica, sendo que essa denominação foi cunhada pelos componentes da Escola Positiva, com o fim de desqualificar um pensamento que tinham como ultrapassado.

A Escola Clássica se inspirou diretamente em ideais iluministas, que deram campo para a defesa de uma política de humanização das ciências penais.

Dentre os clássicos, pode-se citar Cesare Beccaria (*Dos delitos e das penas*), Bentham (*Introdução aos princípios da moral e da legislação*), além de nomes como Francesco Carrara e Giovanni Carmignani.

São dois os pontos de partida da Escola Clássica: o *jusnaturalismo*, corrente jurídico-filosófica segundo a qual o Direito é inerente ao ser humano e à sua natureza eterna e imutável e o *contratualismo*, partindo-se do contrato social e da ideia utilitarista de pacto entre os meios em prol da convivência harmônica e segurança coletiva.

A Escola Clássica surge como um movimento burguês que tinha como objetivo afastar o arbítrio do poder soberano, limitando o âmbito e a forma de atuação do Direito Penal.

Os princípios fundamentais da Escola Clássica são:
1. o crime não é uma mera ação, mas sim um ente jurídico (Carrara);
2. a punibilidade deve ser baseada no livre-arbítrio;
3. a pena deve ter nítido caráter de retribuição pela culpa moral do delinquente (maldade), de modo a prevenir o delito e restaurar a ordem externa social.

Um dos principais pilares da Escola Clássica era a ideia de livre-arbítrio do delinquente que, de forma livre, opta por delinquir, fazendo surgir daí a necessidade de sua responsabilização.

Essa escola considera que o homem é um ser capaz de tomar, de forma racional, suas decisões e, por isso, deve enfrentar as consequências, como a aplicação da pena, por exemplo. A pena é encarada como uma retribuição ao mal causado, com base na culpa moral, e tem o condão de restaurar a ordem social.

Greco[6] aponta como postulados da Escola Clássica: a) o livre-arbítrio; b) a dissuasão; c) a prevenção; e d) a retribuição.

Como visto, o livre-arbítrio é o que justifica a aplicação da pena, que, por sua vez, tem caráter dissuasório, preventivo e retributivo.

Além disso, ainda é possível decompor a Escola Clássica em 2 períodos distintos. O primeiro é o período filosófico/teórico e o segundo o período jurídico/prático.

No Período Filosófico, sustenta-se a ideia de um sistema penal fundado no princípio da legalidade, que limita e condiciona o poder de punir do Estado (Beccaria). Sustenta-se, ainda, a ideia de que o *jus puniendi* do Estado é fruto do controle social e tem por finalidade restabelecer a ordem social.

No Período Jurídico, são aprofundados os estudos atinentes ao crime e à pena, que é vista como retribuição pelo mal causado (Carrara).

1.9.2.2 Escola positiva

A Escola Positiva surge no início do século XIX na Europa, com influências iluministas e fisiocratas.

A Escola Positiva é dividida em três fases, cada uma com um representante. A primeira fase é a antropológica, tendo em Lombroso seu maior expoente. A segunda fase é sociológica, que tem em Enrico Ferri seu principal nome. Por fim, a terceira fase, capitaneada por Rafael Garófalo, é a jurídica.

O que as três fases tinham em comum é que buscavam conferir um maior grau de cientificidade às ciências penais, além de negarem o livre-arbítrio, defendido pelos clássicos.

Dessa maneira, cada fase (antropológica, sociológica e jurídica) apontou um elemento que condicionava o comportamento humano e o levava a delinquir.

---

[6] GRECO, Rogério. *Curso de Direito Penal*. Parte geral. v. I. 19. ed. Niterói: Impetus, 2017, p. 50.

1.9.2.2.1 Fase antropológica

Também chamada de biológica, inspirou-se nas ideias de Lombroso, que instaurou um novo período científico de estudos criminológicos com seu livro "O homem delinquente", de 1876.

Lombroso desenvolveu o conceito de atavismo e de ser atávico, ou seja, pessoa que, por questões estritamente biológicas e de ordem genética, poderia ser apontada como um criminoso nato.

O ser atávico de Lombroso é um ser que regride ao primitivismo, sendo uma degeneração da espécie humana, geralmente relacionado à epilepsia.

Além de atrelar o uso de tatuagens à demência, Lombroso traçou características fenotípicas que serviriam ao reconhecimento do ser atávico. Dentre essas características, pode-se apontar: fronte fugidia, crânio assimétrico, rosto largo e chato, grandes maçãs no rosto, lábios finos, canhotismo, barba rala, olhar errante ou duro etc.

Lombroso falava em um verdadeiro determinismo biológico, ou seja, o indivíduo já nasce criminoso e, durante a vida, passa a ter contato com fatores exógenos da gênese criminal.

1.9.2.2.2 Fase sociológica

Tendo como maior representante Enrico Ferri, que foi discípulo de Lombroso, a fase sociológica da criminologia se caracterizou por compreender que a prática de crimes era condicionada por fenômenos antropológicos, físicos e culturais.

Fatores antropológicos	Aqueles relacionados à existência do indivíduo, como idade ou sexo.
Fatores físicos	Os relacionados à geografia do local em que se vive, como o clima, temperatura, entre outros elementos.
Fatores sociais	Vinculados à coletividade, como densidade populacional, organização econômica e política.[7]

Do mesmo modo que na fase anterior, a fase sociológica negava o livre-arbítrio dos clássicos, que era entendido como uma mera ficção. Além disso, levando em consideração a ideia de imputabilidade, Ferri sustentava que a responsabilidade moral deveria ser substituída pela responsabilidade social e que os estudos da Criminologia deveriam ter como foco a ideia da prevenção geral, mais eficaz no combate à criminalidade que a mera repressão dos delitos.

Em outras palavras, Ferri entendia que a criminalidade deveria ser combatida com o incentivo de meios preventivos em detrimento dos meios repressivos.

Ferri sustentava que o criminoso era um "um agente infeccioso do corpo social do qual era preciso ser separado, com o que convertia os juízes em leucócitos sociais".[8]

---

[7] VIANA, Eduardo. *Criminologia*. 5. ed. Salvador: Juspodivm, 2017, p. 65.
[8] ZAFFARONI, Eugenio Raúl. *A questão criminal*. Rio de Janeiro: Revan, 2013.

1.9.2.2.3 Fase jurídica

A fase jurídica teve em Rafael Garófalo seu principal expoente.

Garófalo criou o conceito jurídico de periculosidade e, a partir daí, sustentou a necessidade de se aplicar medidas de segurança para os inimputáveis.

Na fase jurídica, a propensão dos homens em cometer crimes decorre de fatores psicológicos, que determinam se o homem é mais ou menos "perigoso".

Nessa fase, foi negada a orientação lombrosiana voltada à investigação anatômica, tendo os estudos se concentrado na personalidade do agente e suas anomalias psíquicas.

Uma distinção relevante entre Garófalo e Ferri é que, enquanto este focava o combate à criminalidade no desenvolvimento de meios preventivos, aquele via a resposta nos meios repressivos.

Garófalo sustentava, então, um combate à criminalidade a partir da repressão rigorosa, defendendo, inclusive, a pena de morte, a deportação e a relegação a colônias penais, como forma de eliminar os indivíduos considerados "indesejáveis".

Por fim, podemos resumir as Escolas Clássica e Positiva da seguinte forma:

Escola	Principal expoente	Resumo
Clássica	Beccaria e Carrara	Defendia o livre arbítrio
Positiva (Biológica)	Lombroso	Crime condicionado por elementos biológicos
Positiva (Sociológica)	Ferri	Crime condicionado por elementos sociais
Positiva (Jurídica)	Garófalo	Crime condicionado por elementos psicológicos

1.9.3 Outras escolas

Outras escolas do pensamento penal foram surgindo, especialmente após o advento das escolas Clássica e Positiva. Apesar de terem menor expressão, é importante conhecer ao menos os principais pontos sustentados por elas.

1.9.3.1 Terceira Escola

Também chamada de *Terza Scuola* ou positivismo crítico, tem entre seus principais nomes Alimena, Impalomeni e Carnevale. Caracterizou-se por buscar conciliar as ideais da Escola Clássica e da Escola Positivista.

Na *Terza Scuola*, houve a sustentação do princípio da responsabilidade moral (Escola Clássica) e a distinção entre imputáveis e não imputáveis. Por outro lado, excluiu o livre-arbítrio (Escola Positivista).

1.9.3.2 Escola sociológica alemã

A Escola Sociológica Alemã, também chamada de Escola Moderna Alemã, teve entre seus principais expoentes Franz von Liszt, Adolphe Prins e Von Hammel.

Von Lizst foi o responsável por ampliar a conceituação das ciências criminais, acrescentando a criminologia (com a preocupação atinente à explicação das causas do delito) e a penologia (estudo das causas e efeitos da pena).

Os principais pontos aventados pela Escola Sociológica Alemã são os seguintes: a) o método indutivo-experimental para a Criminologia; b) a eliminação ou substituição progressiva das penas privativas de liberdade de curta duração; c) a distinção entre imputáveis e inimputáveis (sustentando a aplicação de pena para os "normais" e a medida de segurança para os "perigosos"); d) o crime visto como fenômeno humano-social e como fato jurídico; e) a função finalística da pena, compreendida como forma de prevenção especial.

1.9.3.3 Escola técnico-jurídica

Seus principais nomes são Arturo Rocco, Karl Binding e Vincenzo Manzini.

A Escola Técnico-Jurídica, na verdade, deve ser compreendida como uma orientação, uma metodologia que sustentava o estudo sistemático do Direito Penal.

Dentre as principais características da Escola Técnico-Jurídica, tem-se o seguinte: a) a compreensão do crime enquanto uma relação jurídica, possuidora de conteúdo individual e social; b) o resgate da responsabilidade moral; e c) a defesa da pena enquanto resposta ao delito, com função preventiva geral e especial e aplicável aos imputáveis (ao passo que a medida de segurança deve ser aplicada aos inimputáveis).

1.9.3.4 Escola correcionalista

Surgiu na Alemanha por volta de 1839 a partir dos trabalhos de Roeder, inspirada na Escola Clássica. Dentre outros pontos, defendia que a pena deveria durar o tempo necessário para a correção moral do infrator.

O nome correcionalista se justifica tendo em vista que o ponto de partida de referida escola é a compreensão de que a pena tem a finalidade de corrigir a vontade injusta do criminoso.

Não há preocupação com o caráter retributivo da pena, mas tão somente com sua função médico-pedagógica, porque o criminoso era considerado uma pessoa incapaz de viver em sociedade e deveria ficar preso até que seu estado de anormalidade fosse corrigido.

1.9.3.5 Escola da nova defesa social

Surgiu no Pós-2ª Guerra Mundial, preocupada com o resgate de valores humanistas. Na pauta da Escola da Nova Defesa Social, constava a prevenção do crime, o tratamento do adolescente em conflito com a lei penal e a reforma penitenciária, de modo a possibilitar a reinserção dos criminosos na sociedade.

Defende, ainda, a substituição das penas por medidas curativas, cabendo ao Estado o ônus de "melhorar o indivíduo". Isso tudo revela a preocupação da Escola da Nova Defesa Social com a prevenção do crime e o reconhecimento da criminalidade como uma luta a ser enfrentada pela sociedade.

O principal nome da Escola da Nova Defesa Social foi Filippo Gramatica.

CAPÍTULO 2

FONTES DO DIREITO PENAL

Quando se fala em fonte, busca-se entender de onde emana determinado direito. Portanto, o presente capítulo tem por objetivo verificar de onde provém o Direito Penal.

2.1 Fonte material, substancial ou de produção

É o órgão encarregado pela criação do Direito Penal. No Brasil, em regra, o ente responsável pela produção de normas penais é a União, consoante dispõe o art. 22, I, da Constituição Federal.

Ressalte-se, contudo, que a Constituição Federal traz exceção à regra, permitindo que os estados-membros também legislem sobre Direito Penal em determinadas situações específicas, desde que autorizados por Lei Complementar, nos termos do art. 22, parágrafo único, da Magna Carta.

2.2 Fonte formal, de conhecimento ou de cognição

Entende-se por fonte formal, de conhecimento ou de cognição o meio pelo qual as normas penais são exteriorizadas, ou seja, por intermédio de quais instrumentos normativos é revelado o Direito Penal.

Tal classificação subdivide-se em fonte formal imediata ou mediata (ou secundária).

2.2.1 Fonte formal imediata

Historicamente, conforme doutrina clássica, considerava-se como única fonte formal imediata do Direito Penal a Lei, pois é o único instrumento que pode criar crimes (ou contravenções penais) e cominar pena.

No entanto, com o advento da Emenda Constitucional 45/2004, conhecida como Reforma do Poder Judiciário, a doutrina mais moderna tem identificado como fonte formal imediata, além da lei, a Constituição Federal, os tratados e convenções internacionais de direitos humanos, a jurisprudência, os princípios gerais do direito e os atos administrativos.

2.2.1.1 Lei

A lei continua sendo único instrumento apto a criar crimes (ou contravenções) e cominar sanções penais.

2.2.1.2 Constituição Federal

A Constituição Federal não é o instrumento normativo hábil para criação de crime, tampouco para a fixação de pena. Todavia, é a responsável por trazer balizas interpretativas e, por essa razão, deve ser considerada como fonte do Direito Penal. Todo arcabouço legislativo penal deve passar pelo filtro constitucional para que haja, deveras, uma aplicação correta da legislação penal. Cita-se, como exemplo, a garantia constitucional da irretroatividade da lei penal, não se permitindo que lei posterior à prática do fato considere crime situação pretérita. Mencionem-se, ainda, o mandamento constitucional da individualização da pena, da intranscendência da pena, dentre vários outros que servem de norte interpretativo para o manuseio do Direito Penal.

Fixada a premissa de que as balizas interpretativas do Direito Penal passam por uma análise constitucional, verifica-se a existência dos chamados mandados de criminalização expressos, que são normas constitucionais que determinam a criminalização de determinadas condutas. Vale dizer, a Carta Política expede ordens constitucionais vinculando o legislador ordinário a criminalizar determinadas condutas entendidas como graves e indesejáveis para a sociedade, com o intuito de protegê-la de forma eficiente e suficiente. Num rápido passeio pela Constituição, encontramos vários exemplos de mandados de criminalização, a exemplo do crime de racismo (art. 5º, XLII), dos crimes hediondos e equiparados (art. 5º, XLIII) e dos crimes ambientais (art. 225, §3º).

Sobre o mandado de criminalização ambiental, por exemplo, Luiz Régis Prado pontua que:

Não se limita simplesmente a fazer uma declaração formal de tutela do meio ambiente, mas, na esteira da melhor doutrina e legislação internacionais, estabelece a imposição de medidas coercitivas aos transgressores do mandamento constitucional. Assinala-se a necessidade de proteção jurídico-penal, com a obrigação ou mandato expresso de criminalização. Com tal previsão, a Carta Brasileira afastou, acertadamente, qualquer eventual dúvida quanto à indispensabilidade de uma proteção penal do ambiente. Reconhecem-se a existência e a relevância do ambiente para o homem e sua autonomia como bem jurídico, devendo, para tanto o ordenamento jurídico lançar mão inclusive da pena, ainda que em *ultima ratio*, para garanti-lo".[9]

A propósito, o Supremo Tribunal Federal reconhece a existência de mandados de criminalização espalhados pela Constituição, os quais obrigam o legislador a agir:

> 1. CONTROLE DE CONSTITUCIONALIDADE DAS LEIS PENAIS. 1.1. Mandatos constitucionais de criminalização: A Constituição de 1988 contém significativo elenco de normas que, em princípio, não outorgam direitos, mas que, antes, determinam a criminalização de condutas (CF, art. 5º, XLI, XLII, XLIII, XLIV; art. 7º, X; art. 227, §4º). Em todas essas é possível identificar um mandato de criminalização expresso, tendo em vista os bens e valores envolvidos. Os direitos fundamentais não podem ser considerados apenas

---

[9] PRADO, Luiz Regis. *Direito Penal do ambiente*. São Paulo: RT, 2005. p. 80.

proibições de intervenção (*Eingriffsverbote*), expressando também um postulado de proteção (*Schutzgebote*). Pode-se dizer que os direitos fundamentais expressam não apenas uma proibição do excesso (*Übermassverbote*), como também podem ser traduzidos como proibições de proteção insuficiente ou imperativos de tutela (*Untermassverbote*). Os mandatos constitucionais de criminalização, portanto, impõem ao legislador, para seu devido cumprimento, o dever de observância do princípio da proporcionalidade como proibição de excesso e como proibição de proteção insuficiente (...) *Habeas Corpus* 102.087/MG.

De mais a mais, a Constituição Federal prevê os mandados de criminalização implícitos ou tácitos, também conhecidos como imperativos de tutela, que se traduzem no dever de proteção eficiente. Vale dizer, a proteção do bem jurídico não pode ficar aquém do esperado, não se permitindo ao legislador protegê-lo de forma insuficiente. Assim, por exemplo, seria inconstitucional a conduta de revogar o crime de homicídio ou impor uma pena irrisória a ele, uma vez que acarretaria uma proteção ineficiente ao bem jurídico tutelado pela norma penal.

2.2.1.3 Tratados e convenções internacionais de direitos humanos

Os tratados e convenções internacionais sobre direitos humanos, se incorporados ao ordenamento jurídico brasileiro, podem ser fonte de Direito Penal. Contudo, deve-se alertar que não são instrumentos hábeis para criar crimes e cominar penas para o direito interno (somente para o direito internacional).

Nesse sentido, o Supremo Tribunal Federal, no HC 96007, entendeu que não se pode aplicar o conceito de organização criminosa previsto na Convenção de Palermo, a fim de criminalizar referida conduta que, até então, era atípica no ordenamento jurídico pátrio, uma vez que a criação de tipos penais é matéria exclusiva de lei interna. Vejamos:

> Em seguida, aduziu-se que o crime previsto na Lei 9.613/98 dependeria do enquadramento das condutas especificadas no art. 1º em um dos seus incisos e que, nos autos, a denúncia aludiria a delito cometido por organização criminosa (VII). Mencionou-se que o *parquet*, a partir da perspectiva de haver a definição desse crime mediante o acatamento à citada Convenção das Nações Unidas, afirmara estar compreendida a espécie na autorização normativa. Tendo isso em conta, entendeu-se que a assertiva mostrar-se-ia discrepante da premissa de não existir crime sem lei anterior que o definisse, nem pena sem prévia cominação legal (CF, art. 5º, XXXIX). Asseverou-se que, ademais, a melhor doutrina defenderia que a ordem jurídica brasileira ainda não contemplaria previsão normativa suficiente a concluir-se pela existência do crime de organização criminosa. Realçou-se que, no rol taxativo do art. 1º da Lei 9.613/98, não constaria sequer menção ao delito de quadrilha, muito menos ao de estelionato – a também narrados na exordial. Assim, arrematou-se que se estaria potencializando a referida Convenção para se pretender a persecução penal no tocante à lavagem ou ocultação de bens sem se ter o delito antecedente passível de vir a ser empolgado para tanto, o qual necessitaria da edição de lei em sentido formal e material. Estendeu-se, por fim, a ordem aos corréus. HC 96007/SP, Rel. Min. Marco Aurélio, 12/06/2012 (HC-96007).

No mesmo sentido, o Superior Tribunal Justiça, no emblemático caso do Atentado no Rio Centro,[10] entendeu que é necessária a edição de lei em sentido formal para a

---

[10] STJ. 3ª Seção. REsp 1.798.903/RJ, Rel. Min. Reynaldo Soares da Fonseca, julgado em 25/09/2019 (Info 659).

tipificação de crime contra a humanidade trazido pelo Estatuto de Roma, mesmo se cuidando de tratado que já fora internalizado em nosso ordenamento jurídico.

No caso em comento, ex-militares haviam sido denunciados em 2014 pelos crimes de homicídio qualificado tentado, transporte de explosivos, associação criminosa, fraude processual e favorecimento pessoal. Tais fatos ocorreram no ano de 1981.

A denúncia foi recebida sob o fundamento de que os fatos praticados deveriam ser classificados como crimes contra a humanidade, que, por força de convenções internacionais, não prescrevem.

No Brasil, no entanto, ainda não há lei que tipifique os crimes contra a humanidade. Assim, em face da ausência de lei interna tipificando os crimes contra a humanidade, não é possível se utilizar do tipo penal descrito em tratado internacional para tipificar condutas praticadas internamente, sob pena de violação ao princípio da legalidade (art. 5º, XXXIX, da CF/88). Vejamos o mérito da decisão:

> 7. Mérito: O conceito de crime contra a humanidade se encontra positivado no art. 7º do Estatuto de Roma do Tribunal Penal Internacional, o qual foi adotado em 17/07/1998, porém apenas passou a vigorar em 01/07/2002, sendo internalizado por meio do Decreto nº 4.388, de 25/09/2002. No Brasil, no entanto, ainda não há lei que tipifique os crimes contra a humanidade, embora esteja em tramitação o Projeto de Lei nº 4.038/2008. Diante da ausência de lei interna tipificando os crimes contra a humanidade, rememoro que o STF já teve a oportunidade de se manifestar no sentido de que não é possível utilizar tipo penal descrito em tratado internacional para tipificar condutas internamente, sob pena de se violar o princípio da legalidade – art. 5º, XXXIX, da CF (exemplo: tipo penal de organização criminosa trazido na Convenção de Palermo). Dessa maneira, não se mostra possível internalizar a tipificação do crime contra a humanidade trazida pelo Estatuto de Roma, mesmo se cuidando de Tratado internalizado por meio do Decreto nº 4.388, porquanto não há lei em sentido formal tipificando referida conduta. Ademais, cuidando-se de tratado que apenas passou a vigorar no Brasil em 25/09/2002, tem-se igualmente, na hipótese, o óbice à aplicação retroativa de lei penal em prejuízo do réu, haja vista o princípio constitucional da irretroatividade, previsto no art. 5º, XL, da CF.[11]

2.2.1.4 Jurisprudência

Atualmente, a jurisprudência é considerada como fonte imediata do Direito Penal, uma vez que os tribunais, em especial os superiores, também têm capacidade de revelá-lo.

O Supremo Tribunal Federal, com a edição da Emenda Constitucional 45/04, pode, de ofício ou por provocação, mediante decisão de dois terços dos seus membros, após reiteradas decisões sobre matéria constitucional, aprovar súmula que, a partir de sua publicação na imprensa oficial, terá efeito vinculante em relação aos demais órgãos do Poder Judiciário e à administração pública direta e indireta, nas esferas federal, estadual e municipal, bem como proceder à sua revisão ou cancelamento, na forma estabelecida em lei (art. 103-A da CF/88).

---

[11] STJ. 3ª Seção. REsp 1.798.903/RJ, Rel. Min. Reynaldo Soares da Fonseca, julgado em 25/09/2019 (Info 659).

Nesse compasso, a Corte Suprema elaborou algumas Súmulas Vinculantes que tratam de Direito Penal. É, portanto, a jurisprudência revelando a forma de aplicação do Direito Penal. Vejamos as mais importantes:

> Súmula Vinculante 24: Não se tipifica crime material contra a ordem tributária, previsto no art. 1º, incisos I a IV, da Lei nº 8.137/90, antes do lançamento definitivo do tributo.
> Súmula Vinculante 26: Para efeito de progressão de regime no cumprimento de pena por crime hediondo, ou equiparado, o juízo da execução observará a inconstitucionalidade do art. 2º da Lei nº 8.072, de 25 de julho de 1990, sem prejuízo de avaliar se o condenado preenche, ou não, os requisitos objetivos e subjetivos do benefício, podendo determinar, para tal fim, de modo fundamentado, a realização de exame criminológico.
> Súmula Vinculante 56: A falta de estabelecimento penal adequado não autoriza a manutenção do condenado em regime prisional mais gravoso, devendo-se observar, nessa hipótese, os parâmetros fixados no RE 641.320/RS.

Ademais, ainda que não sejam verbetes vinculantes, ao realizar a interpretação das normais penais, os tribunais superiores também revelam o Direito. Cita-se, por exemplo, o estabelecimento dos requisitos do crime continuado. Embora o art. 71 do Código Penal preveja a continuidade delitiva, não esclarece o que são "mesmas condições de tempo, local e modo de execução". Assim, os requisitos para o reconhecimento desse benefício foram estabelecidos pelos tribunais superiores. Transcrevemos alguns trechos:

> Condições de tempo. "O art. 71, *caput*, do Código Penal não delimita o intervalo de tempo necessário ao reconhecimento da continuidade delitiva. Esta Corte não admite, porém, a incidência do instituto quando as condutas criminosas foram cometidas em lapso superior a trinta dias" (AgRg no REsp 1.747.1309/RS, j. 13/12/2018).
> Condições de local. "Nos termos da reiterada jurisprudência desta Corte, os delitos de roubo cometidos em comarcas diversas (Belo Horizonte – MG e Matipó – MG, distantes 249 km uma da outra) configuram a prática de atos independentes, característicos da reiteração criminosa, em que deve incidir a regra do concurso material, e não a da continuidade delitiva" (REsp 1.588.832/MG, j. 26/04/2016).
> Condições de modo de execução. "Não há continuação delitiva entre roubos sucessivos e autônomos, com ausência de identidade no *modus operandi* dos crimes, uma vez que verificada a diversidade da maneira de execução dos diversos delitos, agindo o recorrido ora sozinho, ora em companhia de comparsas, não se configura a continuidade delitiva, mas sim a habitualidade criminosa" (AgRg no HC 426.556/MS, j. 23/03/2018).

Desse modo, não se pode olvidar que a jurisprudência também deve ser reconhecida como fonte do Direito Penal.

2.2.1.5 Princípios gerais do Direito

Os princípios gerais do Direito também são fontes imediatas do Direito Penal, pois deles decorrem suas normas fundantes. São, portanto, responsáveis por nortear toda a aplicação das normas penais.

Em relação a eles, remetemos o amigo leitor ao capítulo específico sobre princípios, a fim de evitar repetições desnecessárias.

2.2.1.6 Atos administrativos

Determinados atos administrativos funcionam como complemento de normas penais em branco. Por esta razão, possuem natureza incriminadora, de sorte que também devem ser considerados como fonte imediata do Direito Penal.

2.2.2 Fonte formal mediata ou secundária

As fontes mediatas ou secundárias do Direito Penal são os costumes e a doutrina.

2.2.2.1 Costume

Segundo Edilson Mougenot Bonfim e Fernando Capez, costume é o "conjunto de normas de comportamento a que as pessoas obedecem de maneira uniforme e constante, pela convicção de sua obrigatoriedade jurídica".[12] Portanto, é a prática de uma conduta de forma reiterada, tendo a convicção de que ela é obrigatória.

Para que, efetivamente, se reconheça determinado comportamento como um verdadeiro costume, é necessária a presença de dois requisitos cumulativos, um objetivo e outro subjetivo.

O requisito objetivo consubstancia-se na reiteração da conduta. Para Damásio de Jesus, a constância do comportamento é entendida como "a sua reiteração de forma continuada, por período mais ou menos longo".[13]

Já o requisito subjetivo traduz-se na convicção de sua obrigatoriedade. Assim, para se verificar se há ou não um determinado costume, é mister que haja uma constância em sua repetição, bem como que esta reiteração seja operada porque o inconsciente coletivo sugere que se trata de uma conduta obrigatória.

Não havendo a convicção de sua obrigatoriedade, não estaremos diante de um costume, mas sim de um hábito.

Importante frisar que, no Direito Penal, o costume jamais poderá criar crime ou aumentar pena, uma vez que o ordenamento jurídico se encontra sob a batuta do Princípio da Legalidade, motivo pelo qual somente a lei pode fazê-lo.

2.2.2.2 Espécies de costumes

Os costumes se subdividem em três: 1. costume *secundum legem* ou interpretativo; 2. costume *contra legem* ou negativo e 3. costume *praeter legem* ou integrativo.

2.2.2.2.1 Costume *secundum legem* ou interpretativo

O costume interpretativo, como o próprio nome sugere, é aquele que ajuda o intérprete a esclarecer/entender o conteúdo das normas e buscar o seu real alcance.

---

[12] BONFIM, Edilson; CAPEZ, Fernando. *Direito Penal*. Parte Geral. 1. ed. p. 147.
[13] JESUS, Damásio de. *Direito Penal*. Volume 1: Parte geral. 35. ed. p. 69.

Citamos como exemplo a causa de aumento de pena prevista no art. 155, §1º, do Código Penal, a qual dispõe sobre o repouso noturno. Não há conceituação jurídica sobre em que horário exatamente se inicia o repouso noturno para fins de reconhecimento desta majorante. Assim, o que define o repouso noturno é o costume da localidade. Geralmente, cidades do interior têm por costume se recolher mais cedo (entre 22 e 23 horas), ao passo que, em cidades maiores, o costume é que as pessoas se recolham mais tarde, por volta da meia noite em diante. Dessa forma, o costume da localidade ajuda o intérprete a entender o alcance da norma.

Outro exemplo mencionado pela doutrina é a respeito do art. 233 do Código Penal, o qual institui como crime o ato obsceno. Urinar em via pública, *v.g.*, expondo os órgãos genitais na frente de várias pessoas (como no Carnaval), pode ser considerado ato obsceno. De outra banda, urinar em uma área rural, em que não há acesso a banheiros públicos ou mesmo privados, já possui outra conotação jurídica, indicando não existir ato obsceno nesta situação. Portanto, o costume irá auxiliar o intérprete a definir o que é ato obsceno.

2.2.2.2.2 Costume *contra legem* ou negativo

O costume *contra legem* ou negativo é aquele que é contrário à lei. De acordo com Damásio de Jesus, esta "forma ora se apresenta com o aspecto de desuso, tornando inaplicáveis normas existentes, ora sob o caráter de fonte criadora de preceitos que ampliem as justificativas e as descriminantes penais".[14]

Em relação a esta espécie, contudo, deve-se lembrar que o costume não tem o condão de revogar uma lei, pois somente uma lei pode revogar outra (chamado de Princípio da Continuidade das Leis). Nesse sentido é o que dispõe o art. 2º da LINDB, informando que "não se destinando à vigência temporária, a lei terá vigor até que outra a modifique ou revogue".

Rememora-se o jogo do bicho, previsto no art. 58 da Lei de Contravenções Penais, que, apesar de ser uma prática costumeira, ainda continua sendo considerado infração penal. Vejamos antigo precedente do Superior Tribunal de Justiça:

I – O sistema jurídico brasileiro não admite possa uma lei perecer pelo desuso, porquanto, assentado no princípio da supremacia da lei escrita (fonte principal do direito), sua obrigatoriedade só termina com sua revogação por outra lei. Noutros termos, significa que não pode ter existência jurídica o costume *contra legem*.[15]

No mesmo viés foi o posicionamento do Superior Tribunal de Justiça a respeito do art. 50 da Lei de Contravenções Penais, que trata da exploração de jogo de azar:

PENAL. RECURSO ESPECIAL. APREENSÃO DE MÁQUINAS "CAÇA-NÍQUEIS". MANDADO DE SEGURANÇA. CONCESSÃO. REEXAME NECESSÁRIO. CONFIRMAÇÃO. ART. 50 DA LCP. VIGÊNCIA. COSTUME. REVOGAÇÃO. IMPOSSIBILIDADE NO DIREITO PENAL. PRINCÍPIOS DA ISONOMIA E DA LIBERDADE. NÃO-FUNDAMENTAÇÃO PARA CONDUTAS ILÍCITAS. RECURSOS

---

[14] JESUS, Damásio de. *Direito Penal*. Volume 1: Parte geral. 35. ed. p. 70.
[15] REsp 30.705/SP, Rel. Min. Adhemar Maciel, 6ª Turma. J. 14/03/1995.

PROVIDOS. 1. O ordenamento jurídico penal brasileiro não permite revogação de lei pelo costume. 2. "Evidencia-se o risco de grave lesão à ordem social e à ordem jurídica conquanto a exploração de jogo de azar mediante máquinas de 'caça-níqueis', definida no art. 50 da Lei de Contravenções Penais já foi reconhecida como atividade ilícita por inúmeras decisões desta Corte, dentre as quais destaca-se o REsp 474.365/SP, Quinta Turma, Rel. Min. Gilson Dipp, DJ 05/08/03; ROMS 15.593/MG, Primeira Turma, DJ 02/06/03 e ROMS 13.965/MG, Primeira Turma, DJ 09/09/02, ambos da relatoria do Min. José Delgado". (AgRg no AgRg na STA 69/ES, Rel. Min. Edson Vidigal, Corte Especial, DJ 06/12/04) 3. Os direitos fundamentais da isonomia e da liberdade consagrados na Constituição Federal não podem servir de esteio às condutas ilícitas, não importando a condição social do agente infrator. 4. Recursos providos para reformar o acórdão e cassar a segurança anteriormente concedida. Recurso Especial 745.954/RS (2005/0070033-3).

O costume *contra legem* também é chamado de desuetudo.[16]

2.2.2.2.3 Costume *praeter legem* ou integrativo

Essa espécie de costume é utilizada para integrar a lei, ou seja, para suprir suas lacunas. Sua aplicação encontra-se adstrita às normas penais não incriminadoras (também chamadas de normas permissivas), em especial para possibilitar o reconhecimento de causas supralegais excludentes da ilicitude ou da culpabilidade. Sobre este ponto, Damásio de Jesus faz interessante reflexão:

> A validade do direito consuetudinário nos domínios do Direito Penal se mostra iniludível no tocante às normas permissivas, ampliando a extensão das causas excludentes da antijuridicidade ou culpabilidade. Não impede a sua eficácia o princípio de reserva. Este significa que não há conduta criminosa sem lei anterior, mas não que inexista causa de exclusão do injusto ou da culpabilidade sem lei. Além das causas excludentes previstas no *jus scriptum*, o costume, como fonte secundária ou formal mediata, pode criar outras.[17]

Em doutrina, cita-se como exemplo a circuncisão realizada como rito religioso. Vale dizer, a prática de circuncisão, de forma abstrata, configura o delito de lesão corporal. No entanto, em razão deste costume religioso, entende-se como uma causa supralegal de exclusão da ilicitude.

2.2.2.3 Doutrina

Doutrina é a interpretação da lei dada pelos estudiosos do Direito. Não possui caráter vinculante, mas, com certeza, é fonte mediata do Direito, uma vez que indica as tendências interpretativas da legislação.

---

[16] Que significa o mesmo que desuso, ou seja, é a hipótese que uma lei deixa de ser aplicada em razão de não mais estar inserida no costume/realidade da região. Como visto, não é admitido.
[17] JESUS, Damásio de. *Direito Penal*. Volume 1: Parte geral. 35. ed. p. 71.

2.3 Referendo e plebiscito como fontes do Direito Penal

Trata-se de procedimentos previstos no art. 49, XV, da Constituição Federal, o qual determina que é de competência exclusiva do Congresso Nacional autorizar referendo e convocar plebiscito. Entretanto, tais instrumentos não são meios aptos para criação de normas penais, uma vez que esses meios constitucionais de participação popular apenas aprovam ou rejeitam norma já criada/materializada pelo Parlamento. Portanto, do referendo ou do plebiscito não se cria norma, mas tão somente se analisa uma norma já materializada pelo Congresso, aprovando-a ou rejeitando-a.

Nesse sentido, exemplifica Guilherme Nucci:

> Confira-se exemplo de referendo invocado para a aprovação de dispositivo de lei, notando-se que ele não cria a norma, mas serve para acolher ou rejeitar o que já foi editado pelo Congresso Nacional: art. 35 da Lei nº 10.826/03 (Estatuto do Desarmamento): "É proibida a comercialização de arma de fogo e munição em todo o território nacional, salvo para as entidades previstas no art. 6º desta Lei. §1º Este dispositivo, para entrar em vigor, dependerá de aprovação mediante referendo popular, a ser realizado em outubro de 2005. §2º Em caso de aprovação do referendo popular, o disposto neste artigo entrará em vigor na data de publicação de seu resultado pelo Tribunal Superior Eleitoral". O referendo ocorreu e venceu o "não", motivo pelo qual o dispositivo não entrou em vigor e continua a possibilidade de comercialização de arma de fogo no Brasil.[18]

---

[18] NUCCI, Guilherme Souza. *Manual de Direito Penal*. 14. ed. p. 40.

CAPÍTULO 3

PRINCÍPIOS DO DIREITO PENAL

3.1 Conceito e Aplicação

Princípios são mandamentos destinados à gerência e à manutenção do sistema jurídico. Compõem os princípios o alicerce sob o qual se funda toda a estrutura jurídico-penal, servindo como bússola interpretativa e norte inspirador para criação e aplicação do Direito Penal.

A doutrina costuma fazer a diferenciação entre os princípios e as regras analisando dois pontos principais:

a) na solução de conflitos: havendo conflito entre regras, uma prevalecerá sobre a outra (regra do "tudo-ou-nada"). Uma delas necessariamente será afastada. Havendo conflito entre princípios, é possível que haja coexistência de ambos, aplicando-se em maior ou menor grau, na medida da compatibilidade. Um princípio não revoga o outro. (Ronald Dworkin).

b) grau de abstração: as regras são aplicadas para determinados fatos (menor grau de abstração). Vale dizer, as regras são aplicadas aos fatos nela previstos. As regras trazem suas fórmulas e, como na matemática, devem ser aplicadas. Os princípios possuem maior grau de abstração, podendo ser aplicados a uma infinidade de fatos, utilizando-se de critérios de ponderação.

Os princípios são salutares para uma boa aplicação da norma jurídica. Muitas respostas podem ser deles extraídas. A justiça pode ser aplicada na sua exata medida, quando bem estudados e ponderados os princípios. Contudo, a aplicação desmedida e sem compromisso com a normatividade pode comprometer a exata serventia dos princípios e, até mesmo, criar situações juridicamente esdrúxulas.

Lênio Luiz Streck chama a atenção para o fenômeno do pan-principiologismo, traduzindo-se numa "verdadeira usina de produção de princípios despidos de normatividade".[19] Em outras palavras, a pretexto da escorreita utilização desses

---

[19] *O pan-principiologismo e o sorriso do lagarto*. Disponível em: https://www.conjur.com.br/2012-mar-22/senso-incomum-pan-principiologismo-sorriso-lagarto. Acesso em: 27 maio 2019, 22:44.

mandamentos, constroem-se, de forma voluntarista e dissociada da boa deontologia do direito, princípios e sub-princípios inexistentes, para serem usados ao alvedrio do intérprete.

Por óbvio, essa forma sub-reptícia e desonesta de análise principiológica deve ser de plano, refutada.

3.2 Princípios em espécie

Doravante, estudaremos pontualmente os principais princípios utilizados no âmbito do Direito Penal, sua serventia e limites.

3.2.1 Princípio da legalidade

O princípio da legalidade, que encontra guarida no art. 5º, XXXIX, da Constituição Federal, afirma que "não há crime sem lei anterior que o defina, nem pena sem prévia cominação legal". É cláusula pétrea, prevista no rol de direitos e garantias fundamentais, cuidando-se de verdadeira limitação ao poder punitivo estatal, tendo como escopo subordinar todos ao império da lei.

No âmbito internacional, o princípio em estudo está previsto no art. 9º da Convenção Americana de Direitos Humanos (conhecido como Pacto de São José da Costa Rica).[20] Além do mais, o Código Penal o encarta no art. 1º, da seguinte maneira: "Não há crime sem lei anterior que o defina. Não há pena sem prévia cominação legal" (grifo nosso).

Discute-se a origem do princípio da legalidade, sendo que parte da doutrina[21] aponta como o seu mais seguro antecedente histórico a Carta do Rei João Sem Terra, que o previu no item 39[22] de suas disposições. Por outro lado, há autores que indicam que o princípio da legalidade surgiu do contrato social idealizado no período iluminista, sendo recepcionado pela Revolução Francesa.[23]

Nos moldes em que atualmente se encontra, o princípio da legalidade possui claro fundamento democrático, pois indica o respeito pela divisão dos poderes instituídos, representando a aceitação do povo pelas leis emanadas pelo Parlamento. Deveras, não há crime sem lei anterior que o defina; e a lei que define o crime é aquela emanada pelo Congresso Nacional, como institui o art. 22, I, da Constituição Federal.

Esse princípio também possui fundamento político, uma vez que vincula tanto o Executivo, quanto o Judiciário e as leis criadas pelo Parlamento, impedindo o Estado de se utilizar do poder punitivo de forma arbitrária. Destarte, nada mais é que a busca da proteção da dignidade da pessoa humana ante ao poder punitivo estatal.

---

[20] Artigo 9º. Princípio da legalidade e da retroatividade: Ninguém pode ser condenado por ações ou omissões que, no momento em que forem cometidas, não sejam delituosas, de acordo com o direito aplicável. Tampouco se pode impor pena mais grave que a aplicável no momento da perpetração do delito. Se depois da perpetração do delito, a lei dispuser a imposição de pena mais leve, o delinquente será por isso beneficiado.

[21] MASSON, Cléber Rogério. *Direito Penal esquematizado*. Parte geral. V. 1. 11. ed. rev., atual. e ampl. São Paulo: Método, 2017, p. 24.

[22] 39 – Nenhum homem livre será detido ou aprisionado, ou privado de seus direitos ou bens, ou declarado fora da lei, ou exilado, ou despojado, de algum modo, de sua condição; nem procederemos com força contra ele, ou mandaremos outros fazê-lo, a não ser mediante o legítimo julgamento de seus iguais e de acordo com a lei da terra.

[23] CUNHA, Rogério Sanches. *Manual de Direito Penal*. Parte geral (arts. 1º ao 120). Volume único. Salvador: JusPodivm, 2013, p. 77.

Ainda, o mandamento da legalidade tem nítido fundamento jurídico, visto que "a lei prévia e clara produz importante efeito intimidativo".[24]

Outro ponto controvertido sobre o princípio da legalidade está ligado à sua nomenclatura/denominação.

Parte da doutrina entende que "legalidade" não é sinônimo de "reserva legal". Isso porque ao se referir à legalidade, estar-se-ia abrangendo todas as espécies normativas, tais como: medidas provisórias, leis delegadas, leis ordinárias e complementares, decretos etc. ao que passo em que "reserva legal" (ou legalidade estrita) diz respeito a um conceito restritivo, uma vez que abrange apenas as leis ordinárias e complementares aprovadas pelo Congresso Nacional.

Outros estudiosos entendem que legalidade é gênero do qual decorrem duas espécies: "reserva legal" (ou legalidade estrita) e o "princípio da anterioridade".

O princípio da legalidade se desdobra em várias funções, como leciona Busato:

> Portanto, é preciso deixar claro que derivam do princípio de legalidade certos requisitos que devem ser tidos em conta na formulação jurídica, a saber: a) a existência de uma lei que estabeleça os delitos e as penas (*lex scripta*): disso se deduz que a lei é a única fonte formal e direta das normas penais e deve estabelecer-se mediante um procedimento regular preestabelecido, o que evita o filtro do Direito consuetudinário como fonte de Direito direta; b) as leis devem ser prévias às condutas que constituem delito, que estabelecem suas consequências, que estabelecem o procedimento a seguir e a forma em que devem cumprir-se as penas (*lex praevia*), pelo que resta proibida a retroatividade da lei penal incriminadora; c) as leis devem ser estabelecidas de forma clara e precisa (*lex certa* e *stricta*), o que Silva Sánchez prefere denominar mandado (ou comando) de determinação, em concordância com a doutrina alemã. Daí se deduz a proibição da analogia em matéria penal e, ao mesmo tempo, exige-se precisão na descrição dos tipos.[25]

Essas funções ou desdobramentos serão estudados doravante.

3.2.1.1 Não há crime (nem contravenção) nem pena sem lei (ou medida de segurança)

Trata-se do Princípio da Reserva Legal, ou seja, os crimes ou contravenções penais só podem ser criados por lei em sentido estrito. Vale dizer, somente lei ordinária ou lei complementar, observando o respectivo procedimento legislativo, podem criar infrações penais. Ademais, é valido lembrar que, embora haja menção expressa ao vocábulo crime, a melhor interpretação é no sentido de que o texto legal está a se referir à infração penal, abrangendo, além dos crimes, também as contravenções penais.

Nesse diapasão, não se admite que medidas provisórias criem crimes e cominem penas, pois, do ponto de vista técnico, não são consideradas lei, mas ato normativo com força de lei. Nesse sentido é o que dispõe o art. 62, §1º, I, *b*, da Constituição Federal.[26]

---

[24] CUNHA, Rogério Sanches. *Manual de Direito Penal*. Parte geral (arts. 1º ao 120). Volume único. Salvador: JusPodivm, 2013, p. 78.
[25] BUSATO, Paulo César. *Direito Penal*. Vol. 1. Parte geral. 3. ed. p. 34.
[26] Art. 62. Em caso de relevância e urgência, o Presidente da República poderá adotar medidas provisórias, com força de lei, devendo submetê-las de imediato ao Congresso Nacional. §1º É vedada a edição de medidas provisórias sobre matéria: I – relativa a: b) direito penal, processual penal e processual civil.

Contudo, há discussão doutrinária e jurisprudencial sobre a possibilidade de a medida provisória versar sobre direito penal não incriminador. Para a primeira corrente, o art. 62, §1º, *b*, da Constituição Federal proíbe que a medida provisória trate de qualquer matéria correlata ao Direito Penal, seja benéfica ou prejudicial ao réu.[27] Por sua vez, a segunda posição sobre o tema se orienta no sentido de que o art. 62, §1º, *b*, da Constituição Federal proíbe que a medida provisória trate de direito penal incriminador, admitindo, todavia, que ela verse sobre matéria de Direito Penal que seja benéfica ao réu.

Nesse contexto, o Superior Tribunal Federal, por algumas vezes, já concordou com a aplicação de medida provisória não incriminadora. A referida Corte já admitiu o parcelamento de débitos tributários e previdenciários com efeitos extintivos da punibilidade, com base na MP 1.571/97.[28] Entretanto, deve-se fazer a ressalva de que a supracitada medida provisória do parcelamento dos débitos tributários e previdenciários foi editada no ano de 1997, ao passo que a vedação do art. 62, §1º, *b*, da Constituição Federal somente fora instituída em 2001, pela Emenda Constitucional 32.

Contudo, mesmo depois da entrada em vigor da EC 32/2001, o Supremo Tribunal Federal já teve a oportunidade de se manifestar sobre o tema, na hipótese da atipicidade temporária do art. 12 do Estatuto do Desarmamento (em que sucessivas medidas provisórias foram editadas, até que a MP 417/08 foi convertida na Lei nº 11.706/08) e, à semelhança do entendimento acima esposado, entendeu que é possível que medida provisória trate de matéria penal não incriminadora.[29]

Nesse prisma, o mesmo raciocínio deve ser aplicado às resoluções dos tribunais superiores, do Conselho Nacional de Justiça ou do Conselho Nacional do Ministério Público, que também são atos normativos com força de lei e, por essa razão, também não são instrumentos hábeis para criação de crime e fixação de pena.

No mesmo contexto, a lei delegada também não pode tratar de matéria penal, tendo em vista que o art. 68, §1º, da Constituição Federal não permite a delegação de atos de competência exclusiva do Congresso Nacional, além de vedar que tal modalidade de lei verse sobre direitos individuais.

3.2.1.2 Não há crime (nem contravenção) nem pena (ou medida de segurança) sem lei anterior

Por princípio da anterioridade, entende-se que a lei penal não pode incriminar fatos pretéritos à sua criação, significando dizer que é proibida a retroatividade maléfica (*nullum crimen, nulla poena sine lege praevia*).

No ponto, vale o registro de André Estefam:

> Com efeito, de nada adiantaria assegurar que o Direito Penal se fundamenta na lei, caso esta pudesse ser elaborada *ex post facto*, isto é, depois do cometimento do fato. A incriminação de comportamentos anteriores à vigência da lei destrói por completo a segurança jurídica que se pretende adquirir com a legalidade. Por tal razão, não há legalidade sem a correlata anterioridade.[30]

---

[27] MASSON, Cléber Rogério. *Direito Penal esquematizado*. Parte geral. v. 1. 11. ed. rev., atual. e ampl. São Paulo: Método, 2017, p. 24.
[28] RE 254.818/PR.
[29] RHC 117.566/SP.
[30] ESTEFAM, André. *Direito Penal*. v. 1, 6. ed. São Paulo: Saraiva, 2017. p. 142-143.

3.2.1.3 Não há crime (nem contravenção) nem pena (ou medida de segurança) sem lei escrita

Proíbe-se o costume incriminador. Somente a lei escrita pode criar crimes e cominar penas, não podendo fazê-lo o direito consuetudinário. Contudo, como alerta Francisco de Assis Toledo:

> Não se deve, entretanto, cometer o equívoco de supor que o direito costumeiro esteja totalmente abolido do âmbito penal. Tem ele grande importância para elucidação do conteúdo dos tipos. Além disso, quando opera como causa de exclusão da ilicitude (causa supralegal), de atenuação da pena ou da culpa, constitui verdadeira fonte do Direito Penal. Nessas hipóteses, como é óbvio, não fere o princípio da legalidade por não se estar piorando, antes melhorando, a situação do agente do fato.[31]

Desse modo, admite-se a utilização do costume interpretativo, que é aquele que ajuda o intérprete a esclarecer o conteúdo e as circunstâncias da norma, a exemplo da expressão repouso noturno constante do art. 155, §1º, do Código Penal. A identificação do momento em que se inicia o repouso noturno para fins de aplicação da causa de aumento do art. 155, §1º, do Código Penal, depende do costume da localidade. Por exemplo: em cidades do interior, o repouso começa mais cedo; já em grandes capitais, em horário mais avançado.

3.2.1.4 Não há crime (ou contravenção penal) nem pena (ou medida de segurança) sem lei estrita

Outro desdobramento do princípio da legalidade é a proibição de analogia incriminadora (*in malam partem*). É vedada a utilização de analogia para criação ou agravamento de tipos penais. Permite-se, todavia, a analogia em benefício do réu *in bonam partem*. Exemplificando essa vedação, o Supremo Tribunal Federal reputou ser atípico o "furto de sinal de TV a cabo", pois considerou que equiparar o sinal da TV com "energia" seria hipótese de analogia *in malam partem*. Vejamos a decisão do Informativo 623:

> A 2ª Turma concedeu *habeas corpus* para declarar a atipicidade da conduta de condenado pela prática do crime descrito no art. 155, §3º, do CP ("Art. 155 – Subtrair, para si ou para outrem, coisa alheia móvel: ... §3º Equipara-se à coisa móvel a energia elétrica ou qualquer outra que tenha valor econômico"), por efetuar ligação clandestina de sinal de TV a cabo. Reputou-se que o objeto do aludido crime não seria "energia" e ressaltou-se a inadmissibilidade da analogia *in malam partem* em Direito Penal, razão pela qual a conduta não poderia ser considerada penalmente típica. HC 97261/RS, Rel. Min. Joaquim Barbosa, 12/04/2011 (HC 97261).

De outro norte, deve-se alertar que analogia não se confunde com interpretação extensiva e interpretação analógica. Estas últimas são permitidas no Direito Penal.

Na hipótese de interpretação extensiva, o legislador falou menos do que queria dizer e, por essa razão, a interpretação é utilizada para ampliar o significado da norma.

---

[31] TOLEDO, Francisco de Assis. *Princípios básicos de direito penal*. 5. ed. 17. tir. São Paulo: Saraiva, 2012. p. 25.

O verdadeiro alcance/significado dos vocábulos é extraído da própria lei. Tome-se como exemplo o antigo art. 157, §2º, I, do Código Penal (antes da Lei nº 13.654/18), que afirmava que a pena era aumentada de 1/3 (um terço) até metade se o crime de roubo fosse praticado com emprego de arma. À época, o legislador não delimitou qual tipo de arma se prestava para a majoração do delito de roubo, entendendo-se, por meio da interpretação extensiva, que tanto a arma de fogo quanto a arma branca eram aptas para a aplicação da causa de aumento. Portanto, o que se tinha era uma norma que havia dito menos do que do se queria. Assim, o seu verdadeiro significado era alcançado por intermédio da interpretação extensiva.

Após a vigência da Lei nº 13.654/18, houve a revogação do art. 157, §2º, I, do Código Penal, excluindo-se, a nosso sentir de forma incorreta, a arma branca das hipóteses de majoração do roubo. Com a Lei nº 13.654/18, somente a arma de fogo se presta para aumentar a pena no delito de roubo (aumento de 2/3), a teor do disposto no art. 157, §2º-A, I, do Código Penal.

Com a entrada em vigor da Lei nº 13.964/19 (conhecida como Lei Anticrime), foi inserido no art. 157, §1º, o inciso VII, que instituiu novamente como causa de aumento de pena o emprego de arma branca para a prática do roubo, restaurando-se a higidez do dispositivo.

No caso da interpretação analógica, por sua vez, a lei elenca alguns exemplos de condutas indesejadas e finaliza com uma fórmula genérica. O exemplo clássico é a utilização pelo legislador da fórmula prevista no artigo 121, §2º, I, do Código Penal ("mediante paga ou promessa de recompensa, ou por outro motivo torpe"). Vale dizer, o dispositivo traz exemplos de motivos repugnantes ("mediante paga ou promessa de recompensa") e arremata com uma fórmula genérica ("outro motivo torpe"). Emprega-se essa técnica quando não é possível prever todas as hipóteses fáticas de possíveis condutas, não havendo, como já esclarecido acima, colisão com o princípio da legalidade.

Neste tópico, vale a pena refletir sobre a decisão do Supremo Tribunal Federal em relação à questão da homofobia. A Corte Suprema, na ADO 26/DF, de Relatoria do Ministro Celso de Mello, e no Mandado de Injunção 4733/DF, de relatoria do Ministro Edson Fachin, julgados em 13 de junho de 2019 e publicados no Informativo 944, fixou a seguinte tese:

> O conceito de racismo, compreendido em sua dimensão social, projeta-se para além de aspectos estritamente biológicos ou fenotípicos, pois resulta, enquanto manifestação de poder, de uma construção de índole histórico-cultural motivada pelo objetivo de justificar a desigualdade e destinada ao controle ideológico, à dominação política, à subjugação social e à negação da alteridade, da dignidade e da humanidade daqueles que, por integrarem grupo vulnerável (LGBTI+) e por não pertencerem ao estamento que detém posição de hegemonia em uma dada estrutura social, são considerados estranhos e diferentes, degradados à condição de marginais do ordenamento jurídico, expostos, em consequência de odiosa inferiorização e de perversa estigmatização, a uma injusta e lesiva situação de exclusão do sistema geral de proteção do direito.[32]

No referido julgamento, os ministros, dando interpretação conforme a Constituição, fixaram a tese de que atos homofóbicos podem ser enquadrados no conceito de

---

[32] https://www.dizerodireito.com.br/2019/07/atos-homofobicos-e-transfobicos-sao.html. Acesso em: 12 ago. 2019, 23:31.

discriminação racial (racismo). Vale dizer, o Supremo Tribunal Federal, por intermédio de "interpretação", equiparou atos homofóbicos a uma das hipóteses de racismo (qual seja: raça) prevista na Lei nº 7.716/89.

Nesse tocada, não se discute aqui a reprovabilidade da conduta daquele que pratica qualquer ato homofóbico, pois é óbvio que eles devem ser veementemente combatidos.

O cerne da discussão é se o Supremo Tribunal Federal pode realizar essa espécie de "analogia", criando novo tipo penal incriminador, por intermédio de um viés supostamente interpretativo. Vimos acima que compete ao Parlamento, mediante a edição de lei, criar tipos penais incriminadores. Vimos, também, que costume e analogia não podem ser utilizados para criar delitos.

Diante disso, embora reconheçamos a gravidade da conduta homofóbica, entendemos que, neste caso, o Supremo Tribunal Federal se arvorou na condição de legislador e andou mal ao criar nova hipótese de racismo por intermédio de analogia (ou de interpretação conforme, como afirmado no julgado), violando, para nós, o princípio da legalidade.

3.2.1.5 Não há crime (ou contravenção penal) nem pena (ou medida de segurança) sem lei certa

Trata-se do Princípio da Taxatividade, segundo o qual o tipo penal deve ser certo, preciso e determinado. Deve-se delimitar a conduta de tal forma que não haja nenhuma dúvida em relação ao seu alcance da incriminação. Vedam-se tipos penais sem clareza, ambíguos ou incertos. Verifica-se que o mandamento é destinado principalmente ao legislador.

Veja-se o exemplo do homicídio praticado em atividade típica de grupo de extermínio (art. 1º, I, da Lei nº 8.072/90). A lei não define exatamente o que é grupo de extermínio e nem qual a quantidade de integrantes para sua configuração, deixando essa discussão a cargo da doutrina, gerando sérias dúvidas sobre o seu real significado. Para que o amigo leitor perceba a importância do princípio da taxatividade, traremos, a título de exemplo, as dúvidas que existem no âmbito doutrinário sobre a quantidade mínima de pessoas para configuração de um grupo de extermínio:

a) Fernando Capez afirma que "o grupo pode ser formado por, no mínimo, duas pessoas (como é no caso de associação criminosa – art. 35, *caput*, e parágrafo único, da Lei de Drogas), admitindo-se, ainda, que somente uma delas execute a ação".[33] Em que pese esta posição, entendemos que não deve ser acolhida, pois grupo não se confunde com par. Quando o legislador quer se referir à união de duas pessoas, ele o faz expressamente, como o fez no delito de furto qualificado (art. 155, §4º, IV, do Código Penal – mediante concurso de duas ou mais pessoas) e de roubo majorado (art. 157, §2º, II, do Código Penal – se há o concurso de duas ou mais pessoas).

---

[33] CAPEZ, Fernando. *Curso de Direito Penal*. v. 2. 9. ed. São Paulo: Saraiva, 2009, p. 29.

b) com base na Lei nº 12.694/12 (que dispõe sobre o processo e o julgamento colegiado em primeiro grau de jurisdição de crimes praticados por organização criminosa), Rogério Sanches da Cunha menciona que "deve-se usar o mesmo conceito de 'grupo' trazido no seu artigo 2º, que se contenta com a reunião de três ou mais pessoas".[34]

c) para Alberto Silva Franco, "tudo parece indicar que o legislador teve em mira, ao compor a expressão 'grupo de extermínio', o tipo do art. 288 do Código Penal, e tal postura pode ser extraída da expressão 'típica' acrescida ao vocábulo 'atividade'. Ora, a única 'atividade típica' que pode servir de parâmetro ao 'grupo de extermínio' é a da quadrilha ou bando, cuja existência está vinculada ao número mínimo de quatro pessoas. Em conclusão, não há cogitar de 'grupo de extermínio' que não tenha, no mínimo, quatro pessoas, direta e imediatamente, envolvidas".[35] Com efeito, após a entrada em vigor da Lei nº 12.850/13, foi revogado o crime de quadrilha ou bando e instituído o delito associação criminosa, para o qual se exigem no mínimo 3 pessoas.

d) com a entrada em vigor da Lei nº 12.850/13 (que dispõe sobre organização criminosa), alterou-se de 3 para 4 o número mínimo de integrantes para a caracterização de organização criminosa. Assim, com essa mudança legislativa, é possível que aqueles que se filiavam à corrente descrita no item *b* alterem seu entendimento. Todavia, pensamos não ser aplicável o parâmetro previsto na Lei de Organizações Criminosas, uma vez que esta exige certas especificidades (grau de organização, divisão de tarefas etc.) que a formação de um grupo não exige.

Entendemos que, para a caracterização de "grupo", deve ser exigido o número mínimo de 3 pessoas, utilizando-se como parâmetro o conceito de associação criminosa previsto no artigo 288 do Código Penal (alterado pela Lei nº 12.850/13). Isso porque, utilizando-se como critério a interpretação sistemática, vê-se que o legislador alocou o artigo 288-A do Código Penal (que trata sobre constituição de milícia privada, grupo ou esquadrão) no mesmo contexto do artigo 288 do Código Penal, no Título "Dos Crimes contra a Paz Pública". Desse modo, acreditamos ser possível o empréstimo do parâmetro utilizado pelo artigo 288 do Código Penal (alterado pela Lei nº 12.850/13).

Assim, não lição de Luiz Luisi:

> Sem esse corolário, o princípio da legalidade não alcançaria seu objetivo, pois de nada vale a anterioridade da lei, se esta não estiver dotada da clareza e da certeza necessárias, e indispensáveis para evitar formas diferenciadas, e, pois, arbitrárias na sua aplicação, ou seja, para reduzir o coeficiente de variabilidade subjetiva na aplicação da lei.[36]

---

[34] CUNHA, Rogério Sanches. *Manual de Direito Penal*. Parte especial (arts. 121 ao 361). Volume único. 5. ed. rev., atual. e ampl. Salvador: JusPodivm, 2013, p. 687.
[35] FRANCO, Alberto Silva. *Crimes Hediondos*. 7. ed. rev., atual. e ampl. São Paulo: Revista dos Tribunais, 2011, p. 551.
[36] LUIZI, Luis. *Os princípios constitucionais penais*. 2. ed. Porto Alegre: SAFEditor, 2003. p. 24.

3.2.1.6 Não há crime (ou contravenção penal) nem pena (ou medida de segurança) sem lei necessária

Trata-se do desdobramento do Princípio da Intervenção Mínima, segundo o qual o Estado deve intervir minimamente na vida da pessoa, criando tipos penais efetivamente relevantes e necessários para o bom convívio em sociedade, normalmente, diante do fracasso dos demais ramos do Direito.

O Estado só deve intervir na vida privada e íntima da pessoa se houver alguma situação que o justifique. Não se podem criar tipos penais que não sejam estritamente necessários para o bom convívio em sociedade, sob pena de violação à legalidade, no prisma da intervenção mínima.

Tem-se como exemplo do princípio da intervenção mínima a revogação do antigo crime de adultério, previsto, à época, no art. 240 do Código Penal (revogado pela Lei nº 11.106, de 28/03/05). O tipo penal incriminava a conduta de "cometer adultério". Obviamente, trata-se de conduta imoral e que não deve ser praticada. No entanto, tratar esse fato como uma conduta criminosa, sem dúvida, não é melhor caminho. O Estado, como regra, não pode ser fiscal da vida íntima e privada das pessoas, exceto nas hipóteses em que realmente haja violação ao bem jurídico penalmente relevante. No caso do adultério, andou bem o legislador em revogar o delito, pois a situação incriminada pode ser resolvida em outras searas jurídicas, que não a penal.

3.2.1.7 Princípio da legalidade e medida de segurança

Existe certa controvérsia doutrinária a respeito da aplicação do princípio da legalidade em relação às medidas de segurança. Alguns estudiosos se orientam no sentido de que a Constituição Federal, no art. 5º, XXXIX, afirma que "não há crime sem lei anterior que o defina, nem pena sem prévia cominação legal". Ao se referir à pena, não estaria englobando a medida de segurança. Além disso, considerando que a medida de segurança possui caráter meramente terapêutico (e não punitivo), não haveria aplicação do princípio. A nosso sentir, tal orientação não é a mais adequada.

Para nós, embora a Constituição Federal se refira expressamente à pena, deve ser entendida como "sanção penal", gênero que engloba tanto as penas quanto as medidas de segurança. Não se pode fazer uma interpretação meramente literal da Constituição, sob pena de não se alcançar o seu real sentido. Nos dizeres de André Estefam:

> Ainda que a Constituição Federal, ao cuidar da legalidade, refira-se, tão somente, à inexistência de crime ou pena sem prévia cominação legal, não temos dúvida que, onde se lê "crime", deve-se entender "infração penal" (crime ou contravenção penal), e onde está escrito "pena", deve-se compreender "sanção penal" (pena ou medida de segurança). Deve-se recordar que a Constituição não emprega a terminologia específica de determinado ramo do Direito. Ademais, a utilização exclusiva do método gramatical de interpretação, notadamente em normas constitucionais, constitui o mecanismo menos recomendável de exegese.[37]

---

[37] ESTEFAM, André. *Direito Penal*. v. 1. 6. ed. São Paulo: Saraiva, 2017. p. 146.

Nesse sentido, o Supremo Tribunal Federal, no bojo do HC 84.219, de relatoria do Ministro Marco Aurélio acolheu a tese na qual os princípios de Direito Penal devem ser aplicados às medidas de segurança (inclusive o da legalidade), não se admitindo que essas medidas tenham caráter perpétuo, à semelhança do que acontece com as penas. Desse modo, o limite máximo previsto no art. 75 do Código Penal (trinta anos) também deve ser estendido às medidas de segurança. O Superior Tribunal de Justiça, por sua vez, entende que "o tempo de duração da medida de segurança não deve ultrapassar o limite máximo da pena abstratamente cominada ao delito praticado" (Súmula 527).

3.2.2 Princípio da fragmentariedade

O Direito Penal não deve se ocupar com todos os bens jurídicos, mas tutelar somente aqueles que são considerados mais relevantes para sociedade (ex.: vida, patrimônio, dignidade sexual etc.). Em outras palavras, no plexo de relações ilícitas que naturalmente ocorrem na vida em sociedade, o Direito Penal somente se interessa por alguns fragmentos (pedaços/blocos), quais sejam as dos ilícitos penais. Luís Régis Prado traz uma visão romântica e autoexplicativa deste princípio, afirmando que o Direito Penal:

> Deve ser um arquipélago de pequenas ilhas no grande mar do penalmente indiferente. Isto quer dizer que o Direito Penal só se refere a uma pequena parte do sancionado pelo ordenamento jurídico, sua tutela se apresenta de maneira fragmentada, dividida ou fracionada.[38]

Cléber Masson faz um contraponto deste princípio, trazendo interessante conceito sobre fragmentariedade às avessas:

> Com a evolução da sociedade e a modificação dos seus valores, nada impede a fragmentariedade às avessas, nas situações em que um comportamento inicialmente típico deixa de interessar ao Direito Penal, sem prejuízo da sua tutela pelos demais ramos do Direito. Foi o que aconteceu, a título ilustrativo, com o adultério. Esta conduta foi descriminalizada com a revogação do art. 240 do Código Penal pela Lei nº 11.106/05, mas continua ilícita perante o Direito Civil.[39]

3.2.3 Princípio da subsidiariadade (*ultima ratio*)

O Direito Penal possui caráter subsidiário, ou seja, só deve agir se os demais ramos do Direito forem insuficientes para realizar o controle social. O Direito Penal é a última trincheira da tutela jurídica (*ultima ratio*), sendo acionado se o problema não puder ser resolvido por outras searas jurídicas menos agressivas.

Cléber Masson traz a diferença entre os princípios da subsidiariedade e da fragmentariedade:

---

[38] PRADO, Luiz Régis. *Curso de Direito Penal brasileiro*. 2007. p. 144.
[39] MASSON, Cléber Rogério. *Direito Penal esquematizado*. Parte geral. v. 1. 11. ed. rev., atual. e ampl. São Paulo: Método, 2017, p. 54.

Este princípio, ao contrário do postulado da fragmentariedade, se projeta no plano concreto, isto é, em sua atuação prática o Direito Penal somente se legitima quando os demais meios disponíveis já tiverem sido empregados, sem sucesso, para proteção do bem jurídico. Guarda relação, portanto, com a tarefa de aplicação da lei penal. Em outras palavras, o crime já existe, mas, no plano da realidade, o tipo penal não pode ser utilizado, pois, nesta hipótese, não há legitimidade na atuação do Direito Penal.[40]

3.2.4 Princípio da ofensividade ou lesividade

O Direito Penal somente deve atuar se as condutas praticadas causarem lesão ou perigo de lesão ao bem jurídico tutelado. Sendo assim, trata-se de importante vetor a ser observado pelo legislador para se averiguar quais condutas não poderão ser consideradas criminosas. Em outros termos, somente poderá ser incriminado aquilo que realmente cause lesão ou perigo de lesão ao bem jurídico tutelado, não se permitindo a criação de tipos penais que não agridam verdadeiramente interesses legítimos da sociedade. Vejamos a lição de Sarrule:

> As proibições penais somente se justificam quando se referem a condutas que afetem gravemente a direitos de terceiros; como consequência, não podem ser concebidas como respostas puramente éticas aos problemas que se apresentam senão como mecanismos de uso inevitável para que sejam assegurados os pactos que sustentam o ordenamento normativo, quando não existe outro modo de resolver o conflito.[41]

Nilo Batista,[42] em sua obra, indica quais são as quatro principais funções do Princípio da Ofensividade:

a) *Não se pode incriminar condutas meramente internas, a exemplo de pensamentos, convicções, ideias, aspirações ou desejos.*

O Direito Penal não pode intervir em condutas que se encontram somente na esfera de pensamento do sujeito. Por mais perversos, imorais ou impuros que sejam os pensamentos, desejos e aspirações das pessoas, enquanto estiverem guardados no íntimo de seu ser, não haverá nenhum tipo de intervenção do Direito Penal. Nesse prisma, por exemplo, no curso do *iter criminis*, a fase da cogitação não é punida, pois, nenhum ato lesivo a bem jurídico de terceiro foi exteriorizado.

b) *Não se pune a autolesão ou condutas que não excedam o âmbito do próprio indivíduo.*

Corolário do Princípio da Ofensividade. Tem-se o Princípio da Alteridade ou da Transcendentalidade, o qual estabelece que ninguém pode ser punido por fazer mal a si mesmo. Nesse caso, o suicídio (ou a sua tentativa), embora seja considerada uma

---

[40] MASSON, Cléber Rogério. *Direito Penal esquematizado*. Parte geral. v. 1. 11. ed. rev., atual. e ampl. São Paulo: Método, 2017, p. 55.
[41] SARRULE, Oscar Emílio. *La crisis de legitimidad de sistema jurídico penal* (abolicionismo o justificación), p. 98.
[42] BATISTA, Nilo. *Introdução crítica ao direito penal brasileiro*, 2004. p. 92-94.

conduta ilícita,[43] é fato atípico. Da mesma maneira, não se vislumbra a possibilidade de punição daqueles que praticam autolesão corporal.

Discute-se, ainda, a aplicação do princípio da alteridade em relação ao uso de drogas. O art. 28 da Lei nº 11.343/06[44] não tipifica a conduta "usar", até porque, como visto, não se pune a autolesão, em respeito ao princípio da alteridade. Assim, se o indivíduo for flagrado usando drogas, não estará configurado o tipo penal do artigo 28. É possível, no entanto, que haja a punição pelas condutas adjacentes ao uso de drogas (as quais se encontram descritas no artigo 28: adquirir, guardar, ter em depósito, transportar ou trazer consigo), mas não pelo uso propriamente dito.

Se, por exemplo, o sujeito é flagrado fumando um cigarro de maconha e trazendo consigo mais 2 cigarros de maconha para consumo pessoal, a incriminação se dará pela conduta "trazer consigo" os dois cigarros de maconha, e não por estar fumando a droga.

Consigne, por fim, que o bem jurídico tutelado no delito de porte de drogas para consumo pessoal é a saúde pública. Não se pune o porte de drogas para uso próprio, tendo em vista que a autolesão não é punível. Portanto, o que se busca tutelar é a saúde pública que é afetada pela conduta do usuário de droga.

c) *Não se pode incriminar simples estados ou condições pessoais/existenciais.*

O Direito Penal somente deverá atuar quando algum fato exteriorizado lesar bem jurídico de terceiro. A pessoa não pode ser punida pelo estilo de vida que leva ou por aquilo que ela é, mas somente por aquilo que faz. Não se acolhe no ordenamento jurídico o chamado Direito Penal do autor.

O art. 59 da Lei de Contravenções Penais traz o clássico exemplo de Direito Penal do autor, tipificando como contravenção penal a conduta de "vadiagem" (art. 59. Entregar-se alguém habitualmente à ociosidade, sendo válido para o trabalho, sem ter renda que lhe assegure meios bastantes de subsistência, ou prover à própria subsistência mediante ocupação ilícita). Este dispositivo presume que aquele que habitualmente não trabalha, sendo apto para tanto, é criminoso. Vale dizer, pune a pessoa pelo estilo de vida que leva, mesmo que ela não tenha lesado nenhum bem jurídico de terceiro. Obviamente que tal contravenção penal não foi recepcionada em nosso ordenamento jurídico e deve ser, de pronto, rechaçada.

d) *Não se pode incriminar condutas desviadas que não causem dano ou perigo de dano a qualquer bem jurídico tutelado.*

Ao Direito Penal não incumbe ser o fiscal da moral alheia. A função deste ramo é tutelar bens jurídicos lesados e não condutas desviadas. Rogério Greco ensina que condutas desviadas são:

> Aquelas que a sociedade trata com certo desprezo, ou mesmo repulsa, mas que, embora reprovadas sob o aspecto moral, não repercutem diretamente sobre qualquer bem de terceiros. Não se pode punir alguém pelo simples fato de não gostar de tomar banho regularmente, por tatuar o próprio corpo ou por se entregar, desde que maior e capaz,

---

[43] Vide art. 146, §3º, II, do Código Penal.
[44] O Supremo Tribunal Federal, no bojo do RE 635.659, de relatoria do Ministro Gilmar Mendes, está discutindo a constitucionalidade do crime de porte de drogas para consumo pessoal.

a práticas sexuais anormais. Enfim, muitas condutas que agridem o senso comum da sociedade, desde que não lesivas a terceiros, não poderão ser proibidas ou impostas pelo Direito Penal.[45]

Trago exemplo da vivência prática de promotor de justiça: certo dia cheguei em meu gabinete e me deparei com a notícia de que jovens da cidade estavam se reunindo no cemitério municipal no período noturno para tomar vinho, ficando lá até altas horas da madrugada. Questionava o reclamante qual a conduta criminosa que os jovens estavam a praticar e qual postura o Ministério Público tomaria diante dessa situação. A resposta foi bastante simples: não há crime em tomar vinho no cemitério à noite (desde que seja maior e capaz, diga-se), pois, embora se trate de uma conduta não usual e que talvez amedronte os menos corajosos, não houve nenhuma violação a bem jurídico de terceiros (não houve violação de sepultura, vilipêndio de cadáver ou destruição, subtração ou ocultação de cadáver; os jovens só queriam tomar o vinho deles no aconchego do cemitério). Final da história: sugeriu-se a instalação de um portão no local e tudo foi solucionado.

3.2.4.1 Crimes de perigo abstrato: discussão sobre a constitucionalidade e ofensa ao princípio da lesividade

Interessante ressaltar que há discussão doutrinária sobre a constitucionalidade do etiquetamento de determinado crime como de perigo abstrato, em razão do princípio da lesividade ou ofensividade.

Parte da doutrina orienta-se no sentido de que os crimes de perigo abstrato afrontam o princípio da ofensividade, uma vez que a batuta penal somente pode alcançar condutas que causem efetiva (concreta) lesão ou perigo de lesão ao bem jurídico tutelado. É inconstitucional porque o legislador não pode presumir o perigo. Ele deve ser efetivamente existir. Nesse sentido, André Estefam leciona que:

> Não há crime sem lesão efetiva ou ameaça concreta ao bem jurídico tutelado – *nullum crimen sine injuria*. Daí resulta serem inconstitucionais os crimes de perigo abstrato (ou presumido), nos quais o tipo penal descreve determinada conduta sem exigir ameaça concreta ao bem jurídico tutelado.[46]

No entanto, acertadamente, os tribunais superiores têm admitido a incriminação de condutas de perigo abstrato, ao fundamento de que, baseando-se em dados empíricos, o legislador pode escolher grupos ou classes de ações que costumeiramente trazem consigo o indesejado perigo ao bem jurídico tutelado. Assim, a tipificação de determinado crime como de perigo abstrato, por si só, não traduz comportamento inconstitucional, pois, muitas vezes, é a melhor e mais eficaz solução para proteção aos bens jurídicos supraindividuais ou de caráter coletivo, a exemplo da saúde pública e incolumidade pública. Nesse contexto, dentro de sua ampla margem de conformação, pode o legislador tomar as medidas necessárias para a efetiva proteção do bem jurídico penalmente

---

[45] GRECO, Rogério. *Curso de Direito Penal*. Parte geral. v. I. 19. ed. Niterói: Impetus, 2017, p. 103.
[46] ESTEFAM, André. *Direito Penal*. v. 1, 6. ed. São Paulo: Saraiva, 2017. p. 151.

tutelado, inclusive atuando de forma preventiva, com a tipificação de crimes de perigo abstrato. A atividade legislativa a ser considerada inconstitucional é aquela que se afasta dos lindes da proporcionalidade. Cita-se como exemplos de crimes de perigo abstrato o tráfico de drogas, o porte de armas etc., os quais são considerados constitucionais.

3.2.5 Princípio da culpabilidade (três vertentes)

O princípio da culpabilidade (*nulla poena sine culpa*) encontra fundamento no art. 5º, LVII, da Constituição Federal, o qual determina que "ninguém será considerado culpado até o trânsito em julgado da sentença penal condenatória", bem como no princípio da dignidade da pessoa humana (art. 1º, I, CF/88).

Segundo Miguel Reale, "reprova-se o agente por ter optado de tal modo que, sendo-lhe possível atuar em conformidade com o direito, haja preferido agir contrariamente ao exigido pela lei".[47] Culpabilidade, portanto, é o juízo de reprovação sem o qual determinada conduta não pode ser considerada criminosa. Para Francisco de Assis Toledo, não há imposição de pena sem culpabilidade, concluindo que:

> Não será difícil, para qualquer penalista, subscrever esta afirmação de Bocklmann: 'Pena pressupõe culpabilidade, *nulla poena sine culpa*. Culpabilidade... é, pois a mais nítida característica do conceito de crime'. Sobre isso parece haver harmonia entre a grande maioria dos autores. De outra parte, com a predominância das concepções normativas da culpabilidade, dentre as quais se inclui a própria doutrina finalista, generaliza-se, na maioria dos países de cultura ocidental, a ideia de culpabilidade como um juízo de censura se faz ao agente pelo seu fato típico e ilícito".[48]

Modernamente, o princípio da culpabilidade possui três dimensões distintas:

1. *Culpabilidade como princípio inibidor de responsabilidade penal objetiva.*

A primeira vertente do princípio da culpabilidade diz respeito à impossibilidade do reconhecimento de responsabilidade penal objetiva, ou seja, em Direito Penal, o indivíduo somente será punido se a sua ação ou omissão decorrer de conduta dolosa ou culposa. Sobre a responsabilidade penal objetiva, Bonfim e Capez ensinam que:

> É inadmissível, salvo na hipótese da *actio libera in causa*. Haverá responsabilidade objetiva sempre que o agente for considerado culpado, sem a comprovação de ter agido com dolo ou culpa ou sem o preenchimento dos requisitos da culpabilidade, apenas por ter causado o resultado.[49]

Assim, em regra, ninguém pode ser punido por fato previsto como crime, senão quando o pratica dolosamente. Os crimes culposos devem ter expressa previsão legal (art. 18, parágrafo único, do Código Penal). Seja como for, a responsabilidade penal é sempre subjetiva, dependendo da análise de dolo ou culpa na conduta do agente.

---

[47] REALE JÚNIOR, Miguel. *Teoria do delito*. p. 85-86.
[48] TOLEDO, Francisco de Assis. *Princípios básicos de Direito Penal*. 5. ed. 17. tir. São Paulo: Saraiva, 2012. p. 234-235.
[49] BONFIM, Edilson; CAPEZ, Fernando. *Direito Penal* – Parte geral. 1. ed. Saraiva, 2004. p. 595.

2. *Culpabilidade como elemento integrante do crime.*
Crime é fato típico, ilícito e culpável. Nesse contexto, a culpabilidade é o terceiro substrato do delito, sendo um de seus elementos integradores. Portanto, não haverá crime sem culpabilidade, ou seja, sem que o agente seja imputável, que lhe seja exigida conduta diversa e que tenha potencial consciência da ilicitude.

Disso, pode-se concluir que a culpabilidade faz parte da estrutura do crime. Assim, a culpabilidade está umbilicalmente ligada à própria existência da infração penal.

3. *Culpabilidade como medida da pena*
Após a análise dos fatos e havendo a conclusão de que houve a prática de um fato típico, ilícito e culpável, a condenação do sujeito é medida que se impõe. A partir de então, o próximo passo a ser observado é qual a pena a ser aplicada pelo magistrado ao agente delituoso. Neste ponto, novamente será verificada a culpabilidade, mas agora como um princípio medidor da pena.

O que se averigua neste momento é a quantidade de pena a ser aplicada, que deve ser proporcional à gravidade do crime praticado. O artigo 68 do Código Penal adotou o sistema trifásico de fixação da pena (ou sistema de Nelson Hungria), significando dizer que o magistrado, inicialmente, irá fixar a pena-base (levando-se em conta as circunstâncias judiciais previstas no artigo 59 do Código Penal); após, analisará as circunstâncias agravantes e atenuantes; e, por fim, verificará as causas de aumento ou diminuição de pena.

A fixação da pena-base, portanto, se dará com base no art. 59 do Código Penal, o qual orienta que:

> Art. 59 – O juiz, atendendo à culpabilidade, aos antecedentes, à conduta social, à personalidade do agente, aos motivos, às circunstâncias e consequências do crime, bem como ao comportamento da vítima, estabelecerá, conforme seja necessário e suficiente para reprovação e prevenção do crime.

A culpabilidade, neste último prisma, servirá como um medidor da sanção penal a ser infligida ao agente, devendo ser a necessária para reprovação e prevenção do delito praticado. É importante recordar que a culpabilidade do art. 59 do Código Penal não se confunde com a culpabilidade como terceiro substrato do crime. Victor Eduardo Rios exemplifica a culpabilidade do art. 59 da seguinte maneira:

> Nos delitos de natureza culposa, por exemplo, merece pena mais elevada quem age com culpa gravíssima em relação àquele cuja conduta culposa é de menor intensidade.[50]

3.2.6 Princípio da materialização do fato

O agente somente pode ser punido por um fato exteriorizado, capaz de lesionar o bem jurídico tutelado (Direito Penal do fato). Não se pode punir o agente pelo seu estilo de vida ou condição pessoal (Direito Penal do autor).

---
[50] GONÇALVES, Victor Rios. *Curso de Direito Penal*: Parte especial (arts. 121 a 183), 1. ed. Saraiva, 10/2015. p. 292.

3.2.7 Princípio da pessoalidade ou da intranscendência da pena

O princípio da pessoalidade da pena, também conhecido como da intranscendência da pena, personalidade ou individualidade, está previsto no art. 5º, XLV, da Constituição Federal e orienta que "nenhuma pena passará da pessoa do condenado, podendo a obrigação de reparar o dano e a decretação do perdimento de bens ser, nos termos da lei, estendidas aos sucessores e contra eles executadas, até o limite do valor do patrimônio transferido".

Portanto, tal princípio é claro ao afirmar que somente responderá pelo delito e cumprirá pena por ele o sujeito que o praticou, não podendo tal gravame ser imposto a terceiros, exceto a obrigação de reparar o dano e de perdimento de bens, que poderão ser transferidos aos herdeiros até o limite das forças da herança transmitida.

Assim, a morte extingue a punibilidade do condenado (*mors omnia solvit*), não se permitindo que o cumprimento da sanção penal seja transferido a terceiros.

Nesse prisma, é válido trazer à baila a discussão sobre a possibilidade de incriminação da pessoa jurídica, sob a perspectiva do princípio da pessoalidade da pena. Ensinava Luiz Régis Prado que:

> Convém examinar, em breve incursão, as teorias que estão na raiz do problema, ou seja, a da Ficção e da Realidade. A primeira, criada por Savigny, afirma que as pessoas jurídicas têm existência fictícia, irreal ou de pura abstração – devido a um privilégio lícito da autoridade soberana –, sendo, portanto, incapazes de delinquir (carecem de vontade e ação). O Direito Penal considera o homem natural, quer dizer, um ser livre, inteligente e sensível: a pessoa jurídica, ao contrário, encontra-se despojada destas características, sendo só um ser abstrato capaz de possuir, e o direito criminal não poderia imiscuir-se em sua esfera de ação (...) Os delitos que podem ser imputados à pessoa jurídica são praticados sempre por seus membros ou diretores, isto é, por pessoas naturais e pouco importa que o interesse da corporação tenha servido de motivo ou de fim para o delito.[51]

Dessa maneira, como o princípio da personalidade da pena indica que a pena não pode passar da pessoa do condenado, ao se afirmar que a pessoa jurídica é um ente irreal ou fictício (como o faz Savigny), não poderia ser atribuído a ela o cometimento de crime, pois, na verdade, quem o pratica são os seus sócios ou administradores e não o ente moral em si.

Contudo, não se pode descurar que as pessoas jurídicas, hodiernamente, estão ganhando cada vez mais espaço na sociedade e, sem nenhuma dúvida, exercem papel de protagonismo, não sendo lícito, nesse atual estágio, considerá-las como meras ficções legais, despidas de vontade. A propósito, Edward Ferreira Filho explica que:

> Cada vez mais, as empresas e pessoas jurídicas em geral estão assumindo papéis mais relevantes na sociedade e, por isso mesmo, ao menos em relação a várias condutas sociais, não podem simplesmente ser consideradas como entes fictícios. E, efetivamente, não há como negar hoje, com a evolução alcançada pelo direito, que a conduta e fins do ente coletivo são diversos daqueles de seu dirigente como pessoa física.[52]

---

[51] PRADO, Luiz Régis. *Direito Penal ambiental* (problemas fundamentais). São Paulo: RT, 1992, p. 80-81.
[52] FILHO, Edward Ferreira. *As pessoas jurídicas como sujeito ativo de crime na Lei 9.605/98*. Revista de Direito Ambiental, São Paulo, 1998. v. 1. p. 21.

Dito isso, Luiz Régis Prado contextualiza as novas perspectivas sociais e existenciais da pessoa jurídica, baseado nas lições de Otto Gierke, concluindo pela possibilidade de incriminação destes entes, por terem personalidade jurídica própria, distinta de seus sócios e administradores. Vejamos:

> A pessoa moral não é um ser artificial, criado pelo Estado, mas sim um ente real (vivo e ativo), independente dos indivíduos que a compõem. Do mesmo modo que uma pessoa física, 'atua como o indivíduo, ainda que mediante procedimentos diferentes, e pode, por conseguinte, atuar mal, delinquir e ser punida'. A pessoa coletiva possui uma personalidade real, dotada de vontade própria, como capacidade de ação e de praticar ilícitos penais. O ente corporativo existe, é uma realidade social. É sujeito de direitos e deveres, em consequência é capaz de dupla responsabilidade: civil e penal. Essa responsabilidade é pessoal, identificando-se com a da pessoa natural.[53]

Para essa segunda posição, mais moderna e consentânea, a responsabilidade penal da pessoa jurídica é perfeitamente compatível com o princípio da pessoalidade, tendo em vista que entende que o ente moral age, embora com procedimentos diversos da pessoa física, como verdadeiro agente que possui vontade própria e capacidade de imputação.

A propósito, Lamartine Correa de Oliveira tece considerações nesse sentido:

> A pessoa moral é uma realidade permanente, individual, completa, incomunicável fonte de atividade consciente e livre, realidade distinta. Realiza todas as características da personalidade, menos uma: a substancialidade. Ao contrário da pessoa humana, realidade substancial, a pessoa moral é realidade acidental.[54]

Sendo assim, percebe-se a total compatibilidade do princípio em comento com a natureza jurídica do ente coletivo, não se verificando problemas em sua incriminação. Ao contrário, vê-se, inclusive, que a maioria dos crimes (em especial os ambientais) são praticados por pessoa jurídica e essa realidade não pode ser desconsiderada.

3.2.8 Princípio do *ne bis in idem*

Pela aplicação do princípio do *ne bis in idem* é vedada a dupla punição pelo mesmo fato criminoso. Tal princípio não se encontra previsto expressamente na Constituição Federal, porém, está contido no arcabouço normativo do Estatuto de Roma, o qual previu a criação do Tribunal Penal Internacional, no art. 20:

> 1. Salvo disposição contrária do presente Estatuto, nenhuma pessoa poderá ser julgada pelo Tribunal por atos constitutivos de crimes pelos quais este já a tenha condenado ou absolvido. 2. Nenhuma pessoa poderá ser julgada por outro tribunal por um crime mencionado no artigo 5º, relativamente ao qual já tenha sido condenada ou absolvida pelo Tribunal. 3. O Tribunal não poderá julgar uma pessoa que já tenha sido julgada por outro tribunal, por atos também punidos pelos artigos 6º, 7º ou 8º, a menos que o processo nesse outro tribunal: a) Tenha tido por objetivo subtrair o acusado à sua responsabilidade

---

[53] PRADO, Luis Régis. *Direito Penal ambiental* (problemas fundamentais). São Paulo: RT, 1992, p. 81-82.
[54] OLIVEIRA, Lamartine Corrêa. *A dupla crise da pessoa jurídica.* p. 19.

criminal por crimes da competência do Tribunal; ou b) Não tenha sido conduzido de forma independente ou imparcial, em conformidade com as garantias de um processo equitativo reconhecidas pelo direito internacional, ou tenha sido conduzido de uma maneira que, no caso concreto, se revele incompatível com a intenção de submeter a pessoa à ação da justiça.

Sobre os limites do referido princípio, Rogério Sanches Cunha leciona que:

> Entende-se, majoritariamente, que o princípio em estudo não é absoluto. O próprio Estatuto de Roma, em seu art. 20, 3, prevê a possibilidade de julgamento por mesmo fato nos casos dos crimes de genocídio, crimes de guerra e crimes contra a humanidade, desde que o primeiro tribunal a realizar o julgamento tenha tentado subtrair a competência do Tribunal Penal Internacional ou não tenha havido a imparcialidade necessária à ação da justiça.[55]

Na legislação pátria, também existem exceções ao *non bis in idem*, as quais se encontram situadas nos art. 7º, I, c/c §1º, do Código Penal, traduzindo-se nas hipóteses de extraterritorialidade incondicionada:

> Art. 7º – Ficam sujeitos à lei brasileira, embora cometidos no estrangeiro: I – os crimes: a) contra a vida ou a liberdade do Presidente da República; b) contra o patrimônio ou a fé pública da União, do Distrito Federal, de Estado, de Território, de Município, de empresa pública, sociedade de economia mista, autarquia ou fundação instituída pelo Poder Público; c) contra a administração pública, por quem está a seu serviço; d) de genocídio, quando o agente for brasileiro ou domiciliado no Brasil; (...) §1º – Nos casos do inciso I, o agente é punido segundo a lei brasileira, ainda que absolvido ou condenado no estrangeiro.

Vale dizer, nos casos de extraterritorialidade incondicionada, o sujeito será punido nos moldes da lei brasileira, mesmo que já tenha sido condenado ou absolvido no estrangeiro.

Importante frisar que o *ne bis in idem* possui três vertentes:
a) *ne bis in idem* material: ninguém pode ser punido duas vezes pelo mesmo fato;
b) *ne bis in idem* processual: ninguém pode ser processado duas vezes pelo mesmo fato;
c) *ne bis in idem* execucional: ninguém pode cumprir duas vezes a mesma pena pelo mesmo fato.

Em razão da aplicação deste princípio, o Superior Tribunal de Justiça editou a Súmula 241, que determina que "a reincidência penal não pode ser considerada como circunstância agravante e, simultaneamente, como circunstância judicial", vedando a dupla punição utilizando-se da mesma circunstância jurídico-penal.

Ainda como desdobramento do estudo do *ne bis in idem*, o Supremo Tribunal Federal entendeu que não existe a violação deste princípio na aplicação da circunstância agravante da reincidência, concluindo que o art. 61, I, do Código Penal encontra guarida no ordenamento jurídico pátrio. Vejamos o que ficou decidido no Informativo 700:

---

[55] CUNHA, Rogério Sanches. *Manual de Direito Penal*. Parte geral (arts. 1º ao 120). Volume único. Salvador: JusPodivm, 2013, p. 96.

Considerou-se que a reincidência comporia consagrado sistema de política criminal de combate à delinquência e que eventual inconstitucionalidade do instituto alcançaria todas as normas acima declinadas. Asseverou-se que sua aplicação não significaria duplicidade, porquanto não alcançaria delito pretérito, mas novo ilícito, que ocorrera sem que ultrapassado o interregno do art. 64 do CP. Asseverou-se que o julgador deveria ter parâmetros para estabelecer a pena adequada ao caso concreto. Nesse contexto, a reincidência significaria o cometimento de novo fato antijurídico, além do anterior. Reputou-se razoável o fator de discriminação, considerado o perfil do réu, merecedor de maior repreensão porque voltara a delinquir a despeito da condenação havida, que deveria ter sido tomada como advertência no que tange à necessidade de adoção de postura própria ao homem médio. Explicou-se que os tipos penais preveriam limites mínimo e máximo de apenação, somente aliajados se verificada causa de diminuição ou de aumento da reprimenda. A definição da pena adequada levaria em conta particularidades da situação, inclusive se o agente voltara a claudicar. Estaria respaldado, então, o instituto constitucional da individualização da pena, na medida em que se evitaria colocar o reincidente e o agente episódico no mesmo patamar. Frisou-se que a jurisprudência da Corte filiar-se-ia, predominantemente, à corrente doutrinária segundo a qual o instituto encontraria fundamento constitucional, porquanto atenderia ao princípio da individualização da pena. Assinalou-se que não se poderia, a partir da exacerbação do garantismo penal, desmantelar o sistema no ponto consagrador da cabível distinção, ao se tratar os desiguais de forma igual. A regência da matéria, harmônica com a Constituição, denotaria razoável política normativa criminal. RE 453000/RS, Rel. Min. Marco Aurélio, 04/04/2013 (RE-453000).

3.2.9 Princípio da adequação social

O Direito Penal não pode incriminar comportamentos socialmente adequados, ou seja, não se pode considerar criminosas condutas úteis ao meio social. Segundo Cléber Masson:

> De acordo com esse princípio, que funciona como causa supralegal de exclusão da tipicidade, pela ausência de tipicidade material, não pode ser considerado criminoso o comportamento humano que, embora tipificado em lei, não afrontar o sentimento social de justiça. É o caso, exemplificativamente, dos trotes acadêmicos moderados e da circuncisão realizada pelos judeus.[56]

No entanto, não se pode perder de vista que a adequação social não se confunde com mera indulgência ou leniência em relação à determinada conduta. Vale dizer, eventual tolerância de parte da sociedade e até mesmo de algumas autoridades públicas em relação à determinada conduta não implica, necessariamente, em atipicidade do fato. Vejamos o clássico exemplo do delito de casa de prostituição previsto no art. 229 do Código Penal, o qual foi discutido pelo Superior Tribunal de Justiça, tendo a Corte da Cidadania afastado a aplicação do princípio em comento:

> RECURSO ESPECIAL. ARTIGO 229 DO CÓDIGO PENAL. PRINCÍPIO DA ADEQUAÇÃO SOCIAL. INAPLICABILIDADE. TIPICIDADE MATERIAL DA CONDUTA. 1. O princípio da adequação social é um vetor geral de hermenêutica segundo o qual, dada a natureza

---

[56] MASSON, Cléber Rogério. *Direito Penal esquematizado*. Parte geral. v. 1. 11. ed. rev., atual. e ampl. São Paulo: Método, 2017, p. 51.

subsidiária e fragmentária do direito penal, se o tipo é um modelo de conduta proibida, não se pode reputar como criminoso um comportamento socialmente aceito e tolerado pela sociedade, ainda que formalmente subsumido a um tipo incriminador. 2. A aplicação deste princípio no exame da tipicidade deve ser realizada em caráter excepcional, porquanto ao legislador cabe precipuamente eleger aquelas condutas que serão descriminalizadas. 3. A jurisprudência desta Corte Superior orienta-se no sentido de que eventual tolerância de parte da sociedade e de algumas autoridades públicas não implica a atipicidade material da conduta de manter casa de prostituição, delito que, mesmo após as recentes alterações legislativas promovidas pela Lei nº 12.015/09, continuou a ser tipificada no artigo 229 do Código Penal. 4. De mais a mais, a manutenção de estabelecimento em que ocorra a exploração sexual de outrem vai de encontro ao princípio da dignidade da pessoa humana, sendo incabível a conclusão de que é um comportamento considerado correto por toda a sociedade. 5. Recurso Especial provido para restabelecer a sentença condenatória, apenas em relação ao crime previsto no artigo 229 do Código Penal (STJ. REsp 1435872/MG. 2014/0037331-9, Relator: Ministro Sebastião Reis Júnior, Data de Julgamento: 03/06/2014, T6 – Sexta Turma, Data de Publicação: DJe 01/07/2014).

Ainda no mesmo propósito, pode-se exemplificar a não-aplicação do princípio da adequação social no que toca ao crime do art. 184, §2º, do Código Penal (CDs e DVDs piratas). Vejamos:

> PENAL. AGRAVO REGIMENTAL. ART. 184, §2º, DO CÓDIGO PENAL. APREENSÃO DE CDS E DVDS FALSIFICADOS. PERÍCIA REALIZADA POR AMOSTRAGEM. LEGALIDADE. PRINCÍPIOS DA ADEQUAÇÃO SOCIAL E DA INSIGNIFICÂNCIA. INAPLICABILIDADE. 1. A perícia realizada por amostragem e mediante a análise das características externas dos CDs e DVDs apreendidos mostra-se suficiente para a comprovação da materialidade do delito previsto no art. 184, §2º, do Código Penal, sendo prescindível o exame e a descrição individualizada de cada um dos produtos apreendidos em poder do agente. 2. A Terceira Seção deste Tribunal, no julgamento do REsp 1.193.196/MG, firmou o entendimento de que não se aplicam os princípios da adequação social e da insignificância ao mencionado crime. 3. Agravo regimental desprovido (STJ. AgRg no REsp 1458252/MG. 2014/0134998-0, Relator: Ministro Gurgel de Faria, Data de Julgamento: 09/06/2015, T5 – Quinta Turma, Data de Publicação: DJe 19/06/2015).

De arremate, o verbete da Súmula 502 do STJ esclarece que: "presentes a materialidade e a autoria, afigura-se típica, em relação ao crime previsto no art. 184, §2º, do CP, a conduta de expor à venda CDs e DVDs piratas".

3.2.10 Princípio da insignificância ou da bagatela

3.2.10.1 Princípio da insignificância ou bagatela próprio

O princípio da insignificância possui base histórica no Direito Romano, contudo, à época, com aplicação restrita ao direito privado. Firme no brocado de *minimus non curat praetor*, entendia-se que os julgadores não deveriam se ocupar com questões irrelevantes.

Atualmente, o Direito Penal, em razão do seu caráter subsidiário, não deve se ocupar com comportamentos que causem lesões ínfimas ao bem jurídico tutelado. Nesse contexto, lesões ínfimas ou insignificantes são consideradas atípicas. Entende-se contraproducente movimentar a máquina estatal para punir o indivíduo que efetivamente não tenha violado o bem jurídico tutelado.

O princípio da insignificância é vetor a ser averiguado diante de cada caso concreto. Havendo a prática de determinada conduta considerada criminosa pela lei, é possível que, no plano fático, ela não tenha causado lesão relevante ao bem jurídico. Vale dizer, o fato nasce criminoso, contudo, numa análise concreta, por se tratar de uma lesão diminuta e de pouca expressividade, afasta-se a tipicidade ante a ausência de lesão ou perigo de lesão ao bem jurídico.

Por essa razão, o princípio da insignificância tem natureza jurídica de causa de exclusão da tipicidade, eliminando-se, precisamente, a tipicidade material da conduta.

A tipicidade penal é composta pela junção da tipicidade formal com a tipicidade material. A tipicidade formal é entendida como o mero de juízo de subsunção do fato à norma, ou seja, se os fatos praticados concretamente se amoldam (se encaixam) perfeitamente ao tipo penal. Tipicidade material, por sua vez, é a relevância da lesão ou perigo de lesão ao bem jurídico tutelado. Vejamos o que Superior Tribunal de Justiça diz sobre o princípio da insignificância:

> Trata-se, na realidade, de um princípio de política criminal, segundo o qual, para a incidência da norma incriminadora, não basta a mera adequação do fato ao tipo penal (tipicidade formal), impondo-se verificar, ainda, a relevância da conduta e do resultado para o Direito Penal, em face da significância da lesão produzida ao bem jurídico tutelado pelo Estado (tipicidade material).[57]

Assim, o reconhecimento do princípio da insignificância tem o condão de excluir a tipicidade material do delito, em razão da ausência de lesão ou perigo de lesão ao bem jurídico tutelado. Cite-se como exemplo o furto de um dente de alho, de uma caneta *Bic*, de uma folha de papel etc.

Rogério Sanches Cunha faz um alerta em relação à aplicação da tipicidade conglobante em cotejo com o princípio da bagatela:

> A tendência atual, todavia, é a de conceituar a tipicidade penal pelo seu aspecto formal aliado à tipicidade conglobante. A tipicidade conglobante, por sua vez, deve ser analisada sob dois aspectos: a) se a conduta representa relevante lesão ou perigo de lesão ao bem jurídico (tipicidade material) e b) se a conduta é determinada ou fomentada pelo Direito Penal (antinormatividade). Assim, não basta a existência de previsão abstrata a que a conduta empreendida se amolde perfeitamente, sendo necessário que essa conduta não seja fomentada e que atente de fato contra o bem jurídico tutelado. Deverá ser feito um juízo entre as consequências do crime praticado e a reprimenda a ser imposta ao agente. O princípio da insignificância tem lugar justamente neste primeiro aspecto da tipicidade conglobante, a tipicidade material.[58]

Vê-se, destarte, que majoritariamente é acolhido o princípio da insignificância pelos tribunais superiores. Desse modo, estabeleceram-se critérios para sua aplicação. Vejamos:

---

[57] RHC 59943/CE.
[58] CUNHA, Rogério Sanches. *Manual de Direito Penal*. Parte geral (arts. 1º ao 120). Volume único. Salvador: JusPodivm, 2013, p. 69.

PENAL. PROCESSUAL PENAL. AGRAVO REGIMENTAL EM *HABEAS CORPUS*. FURTO. PRINCÍPIO DA INSIGNIFICÂNCIA. NÃO-INCIDÊNCIA. BEM AVALIADO EM R$ 230,00 NA ÉPOCA DOS FATOS. VALOR CONSIDERADO EXPRESSIVO. CONTUMÁTICA NA PRÁTICA DELITUOSA. AGRAVO REGIMENTAL IMPROVIDO. 1. Sedimentou-se a orientação jurisprudencial no sentido de que a incidência do princípio da insignificância pressupõe a concomitância de quatro vetores: a) a mínima ofensividade da conduta do agente; b) nenhuma periculosidade social da ação; c) o reduzidíssimo grau de reprovabilidade do comportamento e d) a inexpressividade da lesão jurídica provocada (...) – AgRg no HC 357.543/MS, Rel. Ministro Nefi Cordeiro, Sexta Turma, julgado em 16/08/2016, DJe 26/08/2016.

Portanto, para seu reconhecimento, devem ser preenchidos os seguintes requisitos cumulativos: 1. mínima ofensividade da conduta do agente; 2. nenhuma periculosidade social da ação; 3. reduzido grau de reprovabilidade do comportamento; e 4. inexpressividade da lesão jurídica. Para Paulo Queiroz, os critérios trazidos pela jurisprudência não possuem lógica jurídica:

> Sim, porque se mínima é a ofensa, então a ação não é socialmente perigosa; se a ofensa é mínima e a ação não perigosa, em consequência, mínima ou nenhuma é a reprovação, e, pois, inexpressiva a lesão jurídica. Enfim, os supostos requisitos apenas repetem a mesma ideia por meio de palavras diferentes, argumentando em círculo.[59]

Nesse norte, por inexpressividade da lesão jurídica provocada, tem-se entendido, ao menos nos crimes patrimoniais (ex.: furto, estelionato etc.), que o parâmetro a ser utilizado é o de 10% (dez por cento) do salário-mínimo. Vale dizer, se o bem furtado tiver valor inferior à citada quantia, é viável o reconhecimento da infração bagatelar, caso preenchidos os demais requisitos. Vejamos:

> 5. No tocante à inexpressividade da lesão jurídica provocada, esta Corte Superior firmou o entendimento segundo o qual, para o preenchimento dessa condição (indispensável) de incidência do princípio da bagatela, o valor que se atribui, mediante avaliação, à coisa supostamente furtada não pode ser superior a 10% do valor correspondente ao salário mínimo vigente à época do fato apresentado como delituoso. Precedentes. 6. No caso em exame, a paciente furtou de um bar inúmeras latas e garrafas de bebidas alcoólicas as quais foram avaliadas, ao todo, em R$ 200,00, o que corresponde a 25,38% do valor correspondente ao salário mínimo vigente à época do fato apresentado como delituoso (R$ 788,00) (...) HC 426.292/SP, Rel. Ministro Ribeiro Dantas, Quinta Turma, julgado em 03/04/2018, DJe 09/04/2018.

De outra banda, ainda merecem análise acurada outros requisitos que dizem respeito à pessoa do réu (e não ao fato propriamente dito), bem como condições pessoais da vítima. Tratam-se, nesse ponto, de requisitos subjetivos para reconhecimento do princípio da insignificância.

A primeira situação que merece relevo é o fato de o réu ser reincidente. Em outras palavras: é possível a aplicação do princípio da insignificância se o acusado for reincidente?

---

[59] QUEIROZ, Paulo. *Direito Penal*. Parte geral. 4. ed. Rio de Janeiro: Lumen Juris, 2008, p. 53.

Sobre esse tema, existem duas posições. A primeira corrente, com a qual concordamos, entende que não se aplica o princípio da insignificância ao réu reincidente, pois, em se tratando de mandamento de política criminal, não se admite que aquele que faz do crime o seu meio de vida, inclusive com condenação transitada em julgado, seja beneficiado pelo instituto. O Superior Tribunal de Justiça, em relação ao reincidente específico, já se manifestou pelo não-acolhimento do princípio da bagatela:

> PENAL E PROCESSUAL PENAL. FURTO. APLICAÇÃO DO PRINCÍPIO DA INSIGNIFICÂNCIA. IMPOSSIBILIDADE. REINCIDÊNCIA. REPROVABILIDADE DO COMPORTAMENTO. AGRAVO DESPROVIDO. 1. A jurisprudência pacífica desta Corte é no sentido de que se o réu é reincidente específico, indica a reprovabilidade do comportamento, apta a afastar a aplicação do princípio da insignificância. Precedentes. 2. Agravo regimental desprovido (AgRg no AREsp 1427296/MG, Rel. Ministro Joel Ilan Paciornik, Quinta Turma, julgado em 28/05/2019, DJe 04/06/2019).

Para a segunda posição, admite-se a aplicação do princípio da insignificância, ainda que o réu já tenha outros registros de prática de crime, tendo em vista que tal instituto exclui a tipicidade material do delito e, portanto, serve como causa de exclusão da tipicidade do crime. Vale dizer, tratando-se de causa que exclui a própria tipicidade do delito, não haverá relevância penal sendo o réu primário ou reincidente. Não há de ser observada a condição pessoal do réu, mas a ausência de um dos elementos integrantes do ilícito penal, qual seja, a tipicidade. Nesse prisma, o Superior Tribunal de Justiça também já se manifestou:

> *HABEAS CORPUS*. FURTO. PEQUENO VALOR. INSIGNIFICÂNCIA RECONHECIDA. ABSOLVIÇÃO. 1. É possível a aplicação do princípio da insignificância ao furto de bens avaliados em R$ 42,00 (quarenta e dois reais), ainda que a certidão de antecedentes criminais do agente indique que já respondeu por outro crime (roubo), uma vez que os bens de pequeno valor subtraídos foram imediatamente recuperados, sem prejuízo nenhum material para a vítima (...) HC 493.305/SP, Rel. Ministro Sebastião Reis Júnior, Sexta Turma, julgado em 04/06/2019, DJe 13/06/2019.

Percebe-se, então, do ponto de vista prático, que o reconhecimento do princípio da insignificância no tocante ao réu reincidente depende muito do caso concreto. A prática jurídica tem nos mostrado que, em regra, não se aplica o referido princípio ao réu reincidente, pois denota elevado grau de reprovabilidade de sua conduta. Contudo, de forma excepcional, quando o Juízo entende recomendável diante da situação concreta, entende-se possível o acolhimento.

Outra questão que merece relevo é viabilidade do reconhecimento do princípio da insignificância em relação aos crimes praticados por militares, entendendo-se que não é possível fazê-lo, em razão da elevada reprovabilidade da conduta, bem como da autoridade e da hierarquia existentes nas instituições militares. Sobre esse ponto, o Supremo Tribunal Federal possui jurisprudência pacífica:

> *HABEAS CORPUS*. PENAL. FURTO. CONSUMAÇÃO INDEPENDENTEMENTE DA POSSE MANSA E PACÍFICA DA COISA. DECISÃO IMPUGNADA EM PERFEITA CONSONÂNCIA COM A JURISPRUDÊNCIA DESTA CORTE. PRINCÍPIO DA INSIGNIFICÂNCIA. NÃO INCIDÊNCIA. CRIME PRATICADO NO INTERIOR DE

ORGANIZAÇÃO MILITAR. ELEVADO GRAU DE REPROVABILIDADE DA CONDUTA. ORDEM DENEGADA. (...) II – O elevado grau de reprovabilidade de conduta criminosa praticada por militar no interior de organização militar impede a aplicação do princípio da insignificância (...) HC 135674, Relator Min. Ricardo Lewandowski, Segunda Turma, julgado em 27/09/2016, Processo Eletrônico DJe-218 Divulg 11/10/2016 Public 13/10/2016.

Há, ainda, a questão do criminoso habitual, reiterado ou profissional. Por conduta criminosa habitual, reiterada ou profissional, deve ser entendido aquele agente que tem contumácia na prática de delitos, ou seja, aquele que faz do crime um meio de vida. Abarca-se tanto aqueles criminosos que praticam seus delitos de forma rudimentar (conduta habitual ou reiterada), quanto aqueles que o fazem de forma profissional, com um grau de sofisticação e planejamento maior (que fazem do crime um verdadeiro emprego).

A habitualidade delitiva é um termômetro utilizado para verificar o grau de reprovabilidade do comportamento do agente, a autorizar ou não a concessão de benefícios ou o endurecimento do tratamento jurídico-penal.

Para se verificar a habitualidade, nos socorremos do art. 122, II, do Estatuto da Criança e do Adolescente,[60] que também trata de reiteração no cometimento de infrações, para, então, traçar um parâmetro interpretativo.

Ab initio, alerte-se que reiteração não é sinônimo de reincidência. Reiteração nada mais é que repetição de atos. João Batista Costa Saraiva[61] leciona que para se configurar a reiteração, é mister a prática de pelos menos 3 infrações, afirmando que:

> A respeito de reiteração, faz-se oportuno destacar que este conceito não se confunde com o de reincidência, que supõe a realização de novo ato infracional após o trânsito em julgado de decisão anterior. Por este entendimento se extrai que reiteração se revela um conceito jurídico de maior abrangência que o de reincidência, alcançando aqueles casos que a doutrina penal define em relação ao imputável como 'tecnicamente primário'. Consolida-se o entendimento que a configuração de uma ação reiterada supõe a prática de pelo menos três condutas.

O Superior Tribunal de Justiça, por sua vez, entende não ser necessária a existência do número mínimo de três infrações para a caracterização da reiteração:

> 3. A Quinta Turma deste Sodalício, seguindo a jurisprudência firmada pelo Supremo Tribunal Federal, entende que não é necessário o número mínimo de 3 (três) atos infracionais anteriores para caracterizar a hipótese prevista no inciso II do art. 122 do Estatuto da Criança e do Adolescente, por ausência de previsão legal (AgRg no HC 298.226/AL, Rel. Min. Jorge Mussi, 5ª T., j. 10/03/2015, DJe 18/03/2015).

Para nós, a prática de ao menos duas infrações penais já é apta para configurar a contumácia delitiva do agente. Isso porque o conceito de reiteração é mais amplo que o de reincidência, bastando a mera repetição da prática de crimes para configurá-la.

---

[60] Art. 122. A medida de internação só poderá ser aplicada quando: II – por reiteração no cometimento de outras infrações graves;

[61] SARAIVA, João Batista Costa. *Compêndio de Direito Penal juvenil*. Adolescente e ato infracional, p. 175.

Nesse sentido é o pensamento de Guilherme Nucci[62] que afirma que "para repetir, basta uma vez, após já ter sido cometida a primeira. Logo, dois atos infracionais constituem reiteração".

Ao criminoso habitual não se aplica o princípio da insignificância, pois sabe-se que esse princípio, como elemento de política criminal, não pode servir de incentivo ou salvaguarda para a prática de crimes. Não se pode conceber que alguém que é dado à pratica reiterada de delitos se socorra da insignificância para se esquivar da aplicação da lei penal.

3.2.10.2 Condições pessoais do ofendido

As condições pessoais da vítima e a importância do bem para ela devem ser observadas para análise da aplicação do princípio da insignificância, a fim de verificar se houve ou não lesão ao bem jurídico tutelado. A título de ilustração, não se pode tratar da mesma maneira o furto de uma bicicleta de um trabalhador humilde que a usa como meio para obter seu sustento e de sua família, com o furto de uma bicicleta de uma pessoa abastada que usa o bem para passear aos finais de semana. O valor e a importância do bem, em ambas as hipóteses, são distintos.

Do mesmo modo, é necessário se atentar para fungibilidade do bem subtraído, ou seja, deve-se verificar se o bem objeto do crime é ou não substituível (se possui valor sentimental). Evidenciado o valor inestimável do bem, é defeso o reconhecimento do princípio da insignificância. Nesse sentido, inclusive, é o posicionamento do Supremo Tribunal Federal. Ao analisar o furto do "Disco de Ouro" do músico Milton Nascimento, no HC 107615, decidiu-se o seguinte:

> *Habeas corpus*. Furto de quadro denominado "disco de ouro". Premiação conferida àqueles artistas que tenham alcançado a marca de mais de cem mil discos vendidos no País. Valor sentimental inestimável. Alegada incidência do postulado da insignificância penal. Inaplicabilidade. Bem restituído à vítima. Irrelevância. Circunstâncias alheias à vontade do agente. Paciente reincidente específico em delitos contra o patrimônio, conforme certidão de antecedentes criminais. Precedentes. Ordem denegada.
> 1. As circunstâncias peculiares do caso concreto inviabilizam a aplicação do postulado da insignificância à espécie. Paciente que invadiu a residência de músico, donde subtraiu um quadro denominado "disco de ouro", premiação a ele conferida por ter alcançado a marca de mais de cem mil discos vendidos no País.
> 2. Embora a *res* subtraída não tenha sido avaliada, essa é dotada de valor sentimental inestimável para a vítima. Não se pode, tão somente, avaliar a tipicidade da conduta praticada em vista do seu valor econômico, especialmente porque, no caso, o prejuízo suportado pela vítima, obviamente, é superior a qualquer quantia pecuniária.

3.2.10.3 Valoração do princípio da insignificância pela autoridade policial

Tema interessante é a possibilidade de a autoridade policial poder valorar ou não o princípio da insignificância no momento da lavratura do auto de prisão em flagrante.

---
[62] NUCCI, Guilherme Souza. *Estatuto da Criança e do Adolescente*. 4. ed. p. 510.

Tome-se o seguinte exemplo: o agente é flagrado saindo de uma papelaria após subtrair uma caneta *Bic* no valor de R$ 2,00 (dois reais), sendo conduzido para a delegacia. Nessa hipótese, é lícito ao delegado de polícia, desde logo, analisar a incidência do princípio da bagatela e deixar de lavrar o flagrante?

Segundo o Superior Tribunal de Justiça, não cabe ao delegado de polícia valorar a existência ou não do princípio da insignificância. Tomando conhecimento do delito, é obrigação da autoridade lavrar o auto de prisão em flagrante, competindo, posteriormente, ao Judiciário, após análise do fato pelo Ministério Público, reconhecê-lo ou não. Vejamos:

> PRINCÍPIO. INSIGNIFICÂNCIA. FURTO. RESISTÊNCIA. A Turma concedeu parcialmente a ordem de habeas corpus a paciente condenado pelos delitos de furto e de resistência, reconhecendo a aplicabilidade do princípio da insignificância somente em relação à conduta enquadrada no art. 155, *caput*, do CP (subtração de dois sacos de cimento de 50 kg, avaliados em R$ 45). Asseverou-se, no entanto, ser impossível acolher o argumento de que a referida declaração de atipicidade teria o condão de descaracterizar a legalidade da ordem de prisão em flagrante, ato a cuja execução o apenado se opôs de forma violenta. Segundo o Min. Relator, no momento em que toma conhecimento de um delito, surge para a autoridade policial o dever legal de agir e efetuar o ato prisional. O juízo acerca da incidência do princípio da insignificância é realizado apenas em momento posterior pelo Poder Judiciário, de acordo com as circunstâncias atinentes ao caso concreto. Logo, configurada a conduta típica descrita no art. 329 do CP, não há de se falar em consequente absolvição nesse ponto, mormente pelo fato de que ambos os delitos imputados ao paciente são autônomos e tutelam bens jurídicos diversos. HC 154.949/MG, Rel. Min. Felix Fischer, julgado em 03/08/2010.

Contudo, há doutrinadores, a exemplo de Cleber Masson, que discordam dessa posição e afirmam que o princípio da insignificância afeta diretamente a tipicidade material da conduta. Sendo assim, se a conduta é atípica para autoridade judiciária, também o é para o delegado de polícia, não tendo sentido lavrar o flagrante de um fato que desde logo se sabe atípico.[63]

Na prática, no entanto, deve-se ter cautela na aplicação desses posicionamentos, tanto o que determina a obrigatória lavratura do auto de prisão em flagrante, quanto do que autoriza o reconhecimento e aplicação do princípio da insignificância pela autoridade policial.

Quem atua cotidianamente na área, percebe que o fluxo de uma delegacia não é tão brando quanto se gostaria, devendo os atos investigatórios ser racionalizados para se empregar a força do Estado em delitos mais graves. Assim, obviamente, não se pode olvidar que o delegado de polícia pode realizar a análise do princípio da insignificância, mas não como forma evitar todo e qualquer ato investigatório, mas tão somente para verificar se é ou não caso da lavratura do auto de prisão em flagrante. Explicamos:

Constatada a possibilidade de aplicação do princípio da insignificância, em vez de lavrar o auto de prisão em flagrante, poderá a autoridade policial instaurar a investigação por intermédio de portaria. Sendo assim, realizará a investigação, sem, contudo, realizar a prisão em flagrante do indivíduo.

---

[63] MASSON, Cléber Rogério. *Direito Penal esquematizado*. Parte geral. v. 1. 11. ed. rev., atual. e ampl. São Paulo: Método, 2017, p. 48.

Ocorrido o crime, é consequência lógica que a autoridade policial deva agir, todavia, não necessariamente lavrando o auto de prisão em flagrante. Veja-se que empregar toda a força do Estado para flagrantear alguém que furtou uma caneta *Bic* no valor de dois reais, vai à contramão do razoável. Entretanto, também não se pode deixar sem resposta estatal a prática de uma conduta criminosa. Nesse diapasão, entendemos razoável que, verificada a possível aplicação do princípio da bagatela, o delegado tenha uma postura média, ou seja, de instaurar a investigação por Portaria, evitando-se o flagrante. Até porque, como visto acima, a aplicação do princípio da insignificância perpassa a análise das condições pessoais da vítima, vida pregressa do acusado, valor do bem etc., informações que, na maioria das vezes, não estão à disposição do delegado de polícia no momento da prisão em flagrante. Assim, preserva-se a investigação e a reanálise dos fatos pelo Ministério Público e Judiciário, racionaliza-se os atos investigatórios e resguarda-se a conduta funcional da autoridade.

É perceptível, por derradeiro, que tal entendimento aplica-se no contexto de evidente aplicação do princípio da insignificância, já que, a nosso sentir, adotando-se postura mediana, garante-se a investigação, mas sem obrigar o delegado a realizar o auto de prisão em flagrante. Obviamente, nos demais casos, ocorrido o crime e sendo alguma das hipóteses do art. 302 do Código de Processo Penal, deve a autoridade policial proceder ao flagrante.

3.2.10.4 Aplicação do princípio da insignificância na jurisprudência dos tribunais superiores

O presente tópico irá analisar o posicionamento da jurisprudência dos tribunais superiores em relação à incidência ou não do princípio da insignificância em determinados delitos.

a) *Crimes com violência e grave ameaça*

Os tribunais superiores não têm admitido a aplicação do princípio da insignificância em crimes praticados com violência ou grave ameaça à pessoa, não se podendo afirmar que, nestes, há mínima ofensividade da conduta do agente, a exemplo do que ocorre com o delito de roubo.

> 2. A jurisprudência do Superior Tribunal de Justiça afasta a aplicabilidade do princípio da insignificância em crimes cometidos mediante o uso de violência ou grave ameaça, como o roubo (...) REsp 1640084/SP, Rel. Ministro Ribeiro Dantas, Quinta Turma, julgado em 15/12/2016, DJe 01/02/2017.

b) *Furto e crimes patrimoniais sem violência ou grave ameaça à pessoa*

Se entende que, em regra, os crimes patrimoniais que não sejam cometidos com violência ou grave ameaça à pessoa, desde que preenchidos os requisitos (mínima ofensividade da conduta do agente, nenhuma periculosidade social da ação, reduzido grau de reprovabilidade do comportamento e inexpressividade da lesão jurídica), podem ter a incidência do princípio da bagatela, a exemplo do furto:

> *HABEAS CORPUS* SUBSTITUTIVO DE RECURSO PRÓPRIO. TENTATIVA DE FURTO SIMPLES DE 1 FRASCO DE SHAMPOO, 1 FRASCO DE SABONETE LÍQUIDO E 2 GARRAFAS DE MARTINI, BENS AVALIADO EM R$ 73,80. INEXPRESSIVIDADE

DA LESÃO JURÍDICA. REITERAÇÃO DELITIVA. EXCEPCIONALIDADE DO CASO CONCRETO. PRINCÍPIO DA INSIGNIFICÂNCIA. APLICABILIDADE. *WRIT* NÃO CONHECIDO. ORDEM CONCEDIDA DE OFÍCIO (...) 3. No caso, a situação retratada nos autos – tentativa de furto simples de 1 (um) frasco de shampoo de 220 ml da marca Clear Men, 1 (um) frasco de sabonete líquido de 250 ml da marca Protex e 2 (duas) garrafas de 1 litro de Martini, avaliados no total de R$ 73,80 (setenta e três reais e oitenta centavos) – indica a excepcionalidade da medida. Assim, na espécie, é recomendável a aplicação do princípio da insignificância a despeito da existência de outras condenações contra o paciente, reconhecendo-se a atipicidade material da conduta. Precedentes (HC 526.137/PR, Rel. Ministro Reynaldo Soares da Fonseca, Quinta Turma, julgado em 27/08/2019, DJe 10/09/2019).

c) *Crimes contra a administração pública*

Em relação aos crimes contra a administração pública, existem duas posições sobre o tema.

O Supremo Tribunal Federal já considerou que, desde que preenchidos os requisitos, não há nenhum óbice para sua aplicação. Vejamos:

A 2ª Turma, por maioria, concedeu *habeas corpus* para reconhecer a aplicação do princípio da insignificância e absolver o paciente ante a atipicidade da conduta. Na situação dos autos, ele fora denunciado pela suposta prática do crime de peculato, em virtude da subtração de 2 luminárias de alumínio e fios de cobre. Aduzia a impetração, ao alegar a atipicidade da conduta, que as luminárias: a) estariam em desuso, em situação precária, tendo como destino o lixão; b) seriam de valor irrisório; e c) teriam sido devolvidas. Considerou-se plausível a tese sustentada pela defesa. Ressaltou-se que, em casos análogos, o STF teria verificado, por inúmeras vezes, a possibilidade de aplicação do referido postulado. Enfatizou-se que, esta Corte já tivera oportunidade de reconhecer a admissibilidade de sua incidência no âmbito de crimes contra a Administração Pública. Observou-se que os bens seriam inservíveis e não haveria risco de interrupção de serviço. Vencida a Min. Ellen Gracie, que indeferiu ordem. Salientava que o furto de fios de cobre seria um delito endêmico no Brasil, a causar enormes prejuízos, bem assim que o metal seria reaproveitável. HC 107370/SP, Rel. Min. Gilmar Mendes, 26/04/2011 (HC 107370).

Por sua vez, o Superior Tribunal de Justiça, mais recentemente, entendeu que não é possível o reconhecimento do princípio da bagatela nos crimes praticados contra a administração pública. Isso se dá porque, além do patrimônio público, esses delitos tutelam a moralidade administrativa e a lisura da atuação dos agentes públicos. Nesse passo, foi editada a Súmula 599 do STJ, que dispõe que "o princípio da insignificância é inaplicável aos crimes contra a administração pública".

d) *Crimes previstos na Lei de Drogas (porte de drogas para consumo pessoal e tráfico de drogas)*

São crimes de perigo abstrato. Crime de perigo abstrato é aquele em que a situação de perigo é presumida pelo tipo penal. Difere-se, portanto, do crime de perigo concreto, no qual se exige a efetiva lesão ao bem jurídico tutelado.[64]

---

[64] CAPEZ, Fernando. *Curso de Direito Penal*. v. 1. Parte geral (arts. 1º a 120). 11. ed. rev. e atual. São Paulo: Saraiva, 2007, p. 263.

O crime do artigo 28 da Lei nº 11.343/06 enquadra-se no rol dos crimes de perigo abstrato, ou seja, o legislador entendeu que o porte de droga para consumo pessoal traduz uma situação ínsita de perigo, sendo desnecessária a efetiva lesão ao bem jurídico tutelado.

> PENAL. *HABEAS CORPUS*. ART. 28 DA LEI 11.343/2006. PORTE ILEGAL DE SUBSTÂNCIA ENTORPECENTE. EXTINÇÃO DA PUNIBILIDADE. RECONHECIMENTO DA PRESCRIÇÃO DA PRETENSÃO PUNITIVA ESTATAL. ÍNFIMA QUANTIDADE. PRINCÍPIO DA INSIGNIFICÂNCIA. INAPLICABILIDADE. PERICULOSIDADE SOCIAL DA AÇÃO. EXISTÊNCIA. CRIME DE PERIGO ABSTRATO OU PRESUMIDO. PRECEDENTES. *WRIT* PREJUDICADO. I – Com o reconhecimento da prescrição da pretensão punitiva estatal, não mais subsiste o alegado constrangimento ilegal suportado pelo paciente. II – A aplicação do princípio da insignificância de modo a tornar a conduta atípica exige sejam preenchidos, de forma concomitante, os seguintes requisitos: (i) mínima ofensividade da conduta do agente; (ii) nenhuma periculosidade social da ação; (iii) reduzido grau de reprovabilidade do comportamento; e (iv) relativa inexpressividade da lesão jurídica. III – No caso sob exame, não há falar em ausência de periculosidade social da ação, uma vez que o delito de porte de entorpecente é crime de perigo presumido. IV – É firme a jurisprudência desta Corte no sentido de que não se aplica o princípio da insignificância aos delitos relacionados a entorpecentes. V – A Lei 11.343/2006, no que se refere ao usuário, optou por abrandar as penas e impor medidas de caráter educativo, tendo em vista os objetivos visados, quais sejam: a prevenção do uso indevido de drogas, a atenção e reinserção social de usuários e dependentes de drogas. VI – Nesse contexto, mesmo que se trate de porte de quantidade ínfima de droga, convém que se reconheça a tipicidade material do delito para o fim de reeducar o usuário e evitar o incremento do uso indevido de substância entorpecente. VII – *Habeas corpus* prejudicado (STF. HC 102940/ES, Relator: Min. Ricardo Lewandowski, Data de Julgamento: 15/02/2011, Primeira Turma).

O fato de o crime de porte de droga para uso pessoal ser classificado como crime de perigo abstrato traz a reboque a discussão sobre a aplicação do princípio da insignificância, o qual incide diretamente na tipicidade do crime.

Assim, tratando-se o delito do artigo 28 de crime de perigo presumido, em tese, não se aplicaria este princípio, pois colidiria com o requisito de "nenhuma periculosidade social da ação", elencado pelo STF.

O STF já reconheceu que não é aplicável o princípio da insignificância ao porte de drogas para consumo pessoal no interior de quartéis militares, pois implica em inafastável reprovabilidade cívico-moral, além de acarretar deletérios prejuízos à moral, à autoestima e ao próprio conceito das Forças Armadas.[65]

Nessa senda, o STJ tem entendido pela não-aplicação do princípio da insignificância ao porte de drogas para uso pessoal, tendo em vista que, além de se tratar de crime de perigo abstrato, a pequena quantidade de droga é parte integrante da própria essência do delito. Vale dizer, sendo da própria natureza do tipo penal a pequena quantidade de drogas, tal fato não pode conduzir à insignificância da conduta, sob pena de aniquilar o dispositivo legal.

---

[65] HC 103684.

PENAL E PROCESSUAL PENAL. *HABEAS CORPUS*. POSSE DE DROGAS PARA CONSUMO PESSOAL (ART. 28 DA LEI 11.343/06). PEQUENA QUANTIDADE DE DROGA APREENDIDA. INAPLICABILIDADE DO PRINCÍPIO DA INSIGNIFICÂNCIA. PRECEDENTES DO STJ. 1. A jurisprudência desta Corte firmou entendimento de que o crime de posse de drogas para consumo pessoal (art. 28 da Lei nº 11.343/06) é de perigo presumido ou abstrato e a pequena quantidade de droga faz parte da própria essência do delito em questão, não lhe sendo aplicável o princípio da insignificância. 2. Recurso desprovido (STJ. RHC: 34466/DF 2012/0247691-9, Relator: Ministro Og Fernandes, Data de Julgamento: 14/05/2013, T6 – Sexta Turma, Data de Publicação: DJe 27/05/2013).

Ademais, a conduta do usuário de drogas fomenta o comércio ilícito dessas substâncias, colocando em risco a saúde pública, além de existir a real possibilidade de o usuário tornar-se um traficante, em busca de recursos para a manutenção de seu vício.

Todavia, é digno de nota que, no HC 110.475/SC, de relatoria do Ministro Dias Tófoli, a 1ª Turma do Supremo Tribunal Federal salientou que, ainda que se trate de delito de perigo abstrato, é possível a aplicação do princípio da insignificância ao delito de porte de drogas para consumo pessoal, desde que preenchidos seus pressupostos. O aresto ficou assim ementado:

EMENTA PENAL. *HABEAS CORPUS*. ARTIGO 28 DA LEI 11.343/2006. PORTE ILEGAL DE SUBSTÂNCIA ENTORPECENTE. ÍNFIMA QUANTIDADE. PRINCÍPIO DA INSIGNIFICÂNCIA. APLICABILIDADE. *WRIT* CONCEDIDO. 1. A aplicação do princípio da insignificância, de modo a tornar a conduta atípica, exige sejam preenchidos, de forma concomitante, os seguintes requisitos: (i) mínima ofensividade da conduta do agente; (ii) nenhuma periculosidade social da ação; (iii) reduzido grau de reprovabilidade do comportamento; e (iv) relativa inexpressividade da lesão jurídica. 2. O sistema jurídico há de considerar a relevantíssima circunstância de que a privação da liberdade e a restrição de direitos do indivíduo somente se justificam quando estritamente necessárias à própria proteção das pessoas, da sociedade e de outros bens jurídicos que lhes sejam essenciais, notadamente naqueles casos em que os valores penalmente tutelados se exponham a dano, efetivo ou potencial, impregnado de significativa lesividade. O direito penal não se deve ocupar de condutas que produzam resultado cujo desvalor – por não importar em lesão significativa a bens jurídicos relevantes – não represente, por isso mesmo, prejuízo importante, seja ao titular do bem jurídico tutelado, seja à integridade da própria ordem social. 3. Ordem concedida.

Basicamente, os argumentos que permearam a discussão sobre a possibilidade do reconhecimento do princípio da insignificância são os seguintes:

1º argumento: mesmo que se trate de crime de perigo abstrato, é necessário demonstrar, diante do caso concreto, a lesividade da conduta praticada. A classificação como crime de perigo abstrato, por si só, não indica a lesividade da conduta, de modo que não é qualquer quantidade de droga que é capaz de produzir dano à saúde pública.

2º argumento: o Estado deve proteger os bens jurídicos supra-individuais (a exemplo da saúde pública), no entanto a intervenção não pode ser desproporcional, a fim de punir condutas que não ofereçam perigo nem ao próprio objeto material do tipo penal.

Portanto, a par de existir divergência jurisprudencial, atualmente já se tem admitido a aplicação do princípio da insignificância.

Quanto ao delito de tráfico de drogas, previsto no artigo 33 da Lei nº 11.343/06, também se enquadra no rol dos crimes de perigo abstrato. Sendo assim, não é possível a aplicação do princípio da insignificância, ainda que ínfima a quantidade de drogas, pois, como dito, o perigo é presumido pelo tipo penal. Aliado a isso, tem-se que a conduta do traficante é por demais gravosa à sociedade, uma vez que fomenta a prática de outros crimes (a exemplo de furtos, roubos etc.), causa desestruturação familiar e a corrupção de autoridades responsáveis pelo combate ao tráfico, alimenta o vício dos usuários e dependentes, fomenta a prostituição, afasta os usuários e dependentes do trabalho e dos estudos, desencadeia homicídios por "acerto de contas" etc. Enfim, a conduta é devastadora e, por conseguinte, inviável a aplicação do princípio da insignificância. Esse é o posicionamento dos tribunais superiores:

> *HABEAS CORPUS*. PENAL. TRÁFICO ILÍCITO DE ENTORPECENTES. PRINCÍPIO DA INSIGNIFICÂNCIA. INAPLICABILIDADE. REGIME INICIAL DE CUMPRIMENTO DE PENA. INCONSTITUCIONALIDADE DO §1º DO ART. 2º DA LEI Nº 8.072/90 DECLARADA PELO SUPREMO TRIBUNAL FEDERAL. CABÍVEL O REGIME INICIAL ABERTO. SUBSTITUIÇÃO DA PENA PRIVATIVA DE LIBERDADE POR PENAS RESTRITIVAS DE DIREITOS. DETERMINAÇÃO DE ANÁLISE PELO JUÍZO DAS EXECUÇÕES. ORDEM DE *HABEAS CORPUS* PARCIALMENTE CONCEDIDA. 1. Não se afigura possível a aplicação do princípio da insignificância ao delito de tráfico ilícito de drogas, tendo em vista tratar-se de crime de perigo presumido ou abstrato, sendo irrelevante a quantidade de droga apreendida em poder do agente. Precedentes desta Corte e do Supremo Tribunal Federal (...) STJ. HC 240258/SP 2012/0081813-2, Relatora Ministra Laurita Vaz, Data de Julgamento: 06/08/2013, T5 – Quinta Turma, Data de Publicação: DJe 13/08/2013).

e) *Crimes ambientais*

Em que pese a natureza difusa do bem jurídico tutelado, tem-se entendido possível a aplicação do princípio da insignificância em crimes ambientais, contudo, observando-se as ressalvas feitas pelo Superior Tribunal de Justiça no sentido de que "a jurisprudência desta Corte admite a aplicação do princípio da insignificância aos crimes ambientais, desde que, analisadas as circunstâncias específicas do caso concreto, se observe que o grau de reprovabilidade, a relevância da periculosidade social, bem como a ofensividade da conduta não prejudiquem a manutenção do equilíbrio ecológico"[66]

Portanto, o reconhecimento deste princípio nos delitos ambientais demanda a verificação de cada caso concreto para se analisar o preenchimento dos seus requisitos, além de perquirir se a conduta do agente não prejudicou a manutenção do equilíbrio ecológico.

f) *Violência doméstica e familiar (Lei nº 11.340/06)*

Os tribunais superiores não admitem a aplicação do princípio da insignificância aos delitos praticados no âmbito da violência doméstica e familiar, em razão da relevância penal da conduta.

---

[66] HC 470664/DF.

CONSTITUCIONAL E PENAL. LEI MARIA DA PENHA. PRINCÍPIO DA BAGATELA IMPRÓPRIA. INAPLICABILIDADE. VIOLÊNCIA DOMÉSTICA. ORDEM NÃO CONHECIDA. 1. Esta Corte e o Supremo Tribunal Federal pacificaram orientação no sentido de que não cabe *habeas corpus* substitutivo do recurso legalmente previsto para a hipótese, impondo-se o não-conhecimento da impetração, salvo quando constatada a existência de flagrante ilegalidade no ato judicial impugnado. No caso, não se observa flagrante ilegalidade a justificar a concessão do *habeas corpus*, de ofício. 2. A jurisprudência desta Corte Superior está consolidada no sentido de não admitir a aplicação dos princípios da insignificância e da bagatela imprópria aos crimes e contravenções praticados com violência ou grave ameaça contra mulher, no âmbito das relações domésticas, dada a relevância penal da conduta, não implicando a reconciliação do casal atipicidade material da conduta ou desnecessidade de pena. Precedentes. *Habeas Corpus* 333.195/MS (2015/0200666-0).

No mesmo norte, foi editada a Súmula 589 do STJ, que dispõe que "é inaplicável o princípio da insignificância nos crimes ou contravenções penais praticados contra a mulher no âmbito das relações domésticas".

g) *Lesão corporal leve (Código Penal) e lesões corporais culposa na direção de veículo automotor*

Discute-se sobre a possibilidade de aplicação do princípio da insignificância quanto ao delito de lesão corporal leve e lesão corporal culposa na direção de veículo automotor, tendo em vista que a integridade física é considerada bem jurídico relativamente disponível.

Diz-se, em doutrina, que pequenas lesões podem ser consentidas livremente, a exemplo das perfurações para colocação de brincos nas orelhas, equimoses para realização de tatuagens etc.

Os tribunais superiores têm entendido pela aplicação do princípio da insignificância no delito de lesão corporal quando a conduta causa pequenas equimoses decorrentes do acidente de trânsito, considerando tais lesões como inexpressivas.[67]

Cézar Roberto Bitencourt[68] ensina que a insignificância, nos casos de lesão corporal, deve ser aferida não só em relação à importância do bem jurídico tutelado, mas notadamente em relação ao grau de sua intensidade, ou seja, pela extensão da lesão produzida. E arremata confirmando a possibilidade de aplicação do princípio da insignificância ao delito de lesão corporal leve:

> A lesão à integridade física ou à saúde deve ser, juridicamente, relevante. É indispensável que o dano à integridade física ou à saúde não seja insignificante. Pequenas contusões que não deixam vestígios externos no corpo da vítima, provocando apenas dor momentânea, não possuem dignidade penal, e estão aquém do mínimo necessário para justificar uma sanção criminal.

h) *Crimes contra a fé pública*

Não é possível o reconhecimento do princípio da insignificância em relação aos crimes contra a fé pública, tendo em vista que o bem jurídico é justamente a confiança

---

[67] STF – Recurso em *Habeas Corpus* RHC 66869/PR.
[68] BITENCOURT, Cezar Roberto. *Código Penal comentado*. 9. ed. São Paulo: Saraiva, 2015, p. 505.

e credibilidade dos documentos, sinais e símbolos, sendo, portanto, inviável aplicá-lo. Nesse prisma, inclusive, já decidiu o Supremo Tribunal Federal quanto ao delito de moeda falsa:

> Em seguida, asseverou-se que, na espécie, cuidar-se-ia de notas falsas, as quais poderiam perfeitamente provocar o engano. Enfatizou-se, ademais, que o bem violado seria a fé pública, a qual é um bem intangível e que corresponde à confiança que a população deposita em sua moeda, não se tratando, assim, da simples análise do valor material por ela representado. Precedentes citados: HC 83526/CE (DJU de 26/03/2004), HC 93251/DF (DJE de 22/08/2008). HC 96153/MG, Rel. Min. Cármen Lúcia, 26/05/2009 (HC-96153).

i) *Porte de munição*

Sobre o delito de porte de munição, embora haja divergência sobre a possibilidade do reconhecimento do princípio da insignificância, por se tratar de crime de perigo abstrato, os tribunais superiores, a exemplo do Superior Tribunal de Justiça, já se posicionaram no sentido de que na hipótese de apreensão de pequena quantidade de munição desacompanhada de arma de fogo, não haveria óbice à aplicação da insignificância, ante a ausência de potencialidade lesiva. Vejamos:

> 1. Não se desconhece a jurisprudência firmada deste Superior Tribunal no sentido de que o simples porte ou posse ilegal de munição são condutas típicas, por serem delitos de mera conduta ou de perigo abstrato. Contudo, o Supremo Tribunal Federal, em recente julgado, reconheceu a possibilidade de incidência do princípio da insignificância a casos de apreensão de quantidade reduzida de munição de uso permitido, desacompanhada de arma de fogo, tendo concluído pela total inexistência de perigo à incolumidade pública (RHC 143.449/MS, Rel. Ministro Ricardo Lewandowski, Segunda Turma, DJe 09/10/2017). Esta Corte, acompanhando entendimento do Supremo Tribunal Federal, passou a admitir a incidência do princípio da insignificância quando se tratar de posse de pequena quantidade de munição, desacompanhada de armamento capaz de deflagrá-la, uma vez que ambas as circunstâncias conjugadas denotam a inexpressividade da lesão jurídica provocada, o que possibilita a concessão de *habeas corpus* de ofício. 2. No caso, a situação apresentada está mais próxima das hipóteses em que se reconheceu a possibilidade de incidência do princípio da insignificância, possuindo, assim, a nota de excepcionalidade que autoriza a incidência do referido princípio, porquanto apreendidos 4 (quatro) cartuchos de munição de uso permitido, desacompanhados de arma de artefato que pudesse deflagrá-los (...) REsp 1798861/RS, Rel. Ministro Ribeiro Dantas, Quinta Turma, julgado em 20/08/2019, DJe 23/08/2019.

Portanto, há que se ter cuidado na aplicação da bagatela, pois, para que seja afastada a tipicidade material da conduta do agente que porta ou possui pequena quantidade de munições desacompanhadas de arma de fogo, é mister verificar se no caso concreto as munições não representam qualquer tipo de perigo à incolumidade pública.

j) *Tráfico internacional de armas*

Não se admite o princípio da insignificância no delito de tráfico internacional de arma (art. 18 da Lei nº 10.826/03), eis que, além de ser crime de perigo abstrato, ainda atenta contra a segurança pública. Nesse sentido é a posição do Supremo Tribunal Federal:

> *HABEAS CORPUS.* PENAL. TRÁFICO INTERNACIONAL DE ARMA DE FOGO OU MUNIÇÃO. INTELIGÊNCIA DO ART. 18 DA LEI 10.826/2003. TIPICIDADE RECONHECIDA. CRIME DE PERIGO ABSTRATO. TRANCAMENTO DA AÇÃO PENAL. IMPOSSIBILIDADE DE APLICAÇÃO DO PRINCÍPIO DA INSIGNIFICÂNCIA. ORDEM DENEGADA. I – A objetividade jurídica da norma penal transcende a mera proteção da incolumidade pessoal, para alcançar também a tutela da liberdade individual e do corpo social como um todo, asseguradas ambas pelo incremento dos níveis de segurança coletiva que a lei propicia. II – No caso em exame, a proibição da conduta pela qual o paciente está sendo processado visa, especialmente, combater e prevenir o tráfico internacional de armas e munições, cuja maior clientela é o crime organizado transnacional, que, via de regra, abastece o seu arsenal por meio do mercado ilegal, nacional ou internacional, de armas. III – Mostra-se irrelevante, no caso, cogitar-se da mínima ofensividade da conduta (em face da quantidade apreendida), ou, também, da ausência de periculosidade da ação, porque a hipótese é de crime de perigo abstrato, para o qual não importa o resultado concreto da ação, o que também afasta a possibilidade de aplicação do princípio da insignificância. IV – É reiterada a jurisprudência desta Suprema Corte no sentido de que o trancamento de ação penal constitui medida reservada a hipóteses excepcionais, como "a manifesta atipicidade da conduta, a presença de causa de extinção da punibilidade do paciente ou a ausência de indícios mínimos de autoria e materialidade delitivas" (HC 91.603, Rel. Min. Ellen Gracie), o que não se verifica na espécie. V – *Habeas corpus* denegado. HC 97777, Relator: Min. Ricardo Lewandowski, Primeira Turma, julgado em 26/10/2010, DJe-223 Divulg 19/11/2010 Public 22/11/2010.

k) *Contrabando*

O delito de contrabando previsto no art. 334-A do Código Penal incrimina a entrada ou saída de mercadorias consideradas proibidas pela autoridade brasileira. Dessa forma, a importação ou exportação de mercadorias tidas por ilícitas não pode ser vista como ínfima, até porque tal delito não vulnera apenas o erário, mas também outros bens jurídicos.

> AGRAVO REGIMENTAL NO RECURSO ESPECIAL. CONTRABANDO. PRINCÍPIO DA INSIGNIFICÂNCIA. INAPLICABILIDADE. LESÃO NÃO APENAS AO ERÁRIO, MAS SOBRETUDO À SAÚDE PÚBLICA. PRECEDENTES. AGRAVO REGIMENTAL NÃO PROVIDO. 1. Prevalece nesta Corte o posicionamento de que a importação não autorizada de cigarros, por constituir crime de contrabando, é insuscetível de aplicação do princípio da insignificância, pois implica não apenas lesão ao erário e à atividade arrecadatória do Estado, mas a outros bens jurídicos tutelados pela norma penal, como, no caso, a saúde pública. 2. Agravo regimental não provido (AgRg no REsp 1744576/SC, Rel. Ministro Rogerio Schietti Cruz, Sexta Turma, julgado em 28/05/2019, DJe 04/06/2019).

l) *Atos infracionais*

Segundo o artigo 103 do Estatuto da Criança e do Adolescente, ato infracional nada mais é que a prática de crime ou contravenção por crianças ou adolescentes.

Existe certa dúvida a respeito da aplicação do princípio da insignificância na prática de atos infracionais, uma vez que as medidas socioeducativas previstas no ECA não possuem propriamente natureza punitiva, mas sim caráter restaurador e ressocializador. Dessa maneira, se reconhecida a bagatela, o procedimento apuratório de ato infracional deve ser arquivado e, por conseguinte, não se atingiria o escopo da norma, que é reeducar a criança ou o adolescente em conflito com a lei.

No entanto, em que pese o posicionamento acima, tem se admitido majoritariamente a possibilidade de aplicação do princípio da insignificância em casos de atos infracionais. O raciocínio que se aplica é bastante simples: se é possível a aplicação do princípio para um maior de idade que pratica infração penal, com mais razão também o é para uma criança ou adolescente que pratica ato infracional.

Assim, a depender da natureza do ato infracional, não há óbice para o reconhecimento da insignificância. Em outros termos, nas mesmas hipóteses em que tal princípio é aplicado na prática de crimes, também pode ser aplicado na prática de atos infracionais. Vejamos:

> PENAL. AGRAVO REGIMENTAL EM AGRAVO EM RECURSO ESPECIAL. ATO INFRACIONAL ANÁLOGO AO DELITO PREVISTO NO ART. 155, §4º, IV, DO CP. PRINCÍPIO DA INSIGNIFICÂNCIA. NÃO-INCIDÊNCIA. REPROVABILIDADE DA CONDUTA. CONDIÇÕES PESSOAIS DESFAVORÁVEIS. ACÓRDÃO EM CONSONÂNCIA COM A JURISPRUDÊNCIA DESTA CORTE. 1. A prática de ato infracional análogo ao crime de furto qualificado pelo concurso de agentes, aliada à habitualidade na prática de atos infracionais, indica a especial reprovabilidade do comportamento e impede a aplicação do princípio da insignificância. Precedentes. 2. Agravo regimental improvido (AgInt. no AREsp 1355777/MS, Rel. Ministro Sebastião Reis Júnior, Sexta Turma, julgado em 08/11/2018, DJe 30/11/2018).

m) *Crime de transmissão clandestina de sinal de Internet via radiofrequência (art. 183 da Lei nº 9.472/97)*

Segundo a Súmula 606 do Superior Tribunal de Justiça, "não se aplica o princípio da insignificância aos casos de transmissão clandestina de sinal de Internet via radiofrequência que caracterizam o fato típico previsto no artigo 183 da Lei nº 9.472/97".

Na mesma esteira, o Supremo Tribunal Federal já decidiu pela não-aplicação da bagatela ao delito do art. 183 da Lei nº 9.472/97, em que pese haja certa divergência sobre a própria tipicidade formal[69] deste crime, ou seja, se a transmissão clandestina de sinal de internet via radiofrequência se amolda à incriminação descrita no art. 183 (se é atividade de telecomunicações) ou simples serviço de valor adicionado:

> AGRAVO REGIMENTAL NO *HABEAS CORPUS*. EXPLORAÇÃO CLANDESTINA DE SERVIÇO DE TELECOMUNICAÇÃO. ARTIGO 183 DA LEI 9.472/1997. CRIME FORMAL. PRINCÍPIO DA INSIGNIFICÂNCIA. INAPLICABILIDADE. 1. Inaplicável o princípio da insignificância no crime de transmissão clandestina de sinal de Internet, por configurar o delito previsto no art. 183 da Lei 9.472/1997, que é crime formal, e como tal, prescinde de comprovação de prejuízo para sua consumação (HC 142.738-AgR/MS, Rel. Min. Gilmar Mendes, 2ª Turma, DJe 21/06/2018). 2. Orientação reafirmada por este Supremo Tribunal Federal no sentido de que 'O desenvolvimento clandestino de atividade de transmissão de sinal de Internet, via rádio, comunicação multimídia, sem a autorização do órgão regulador, caracteriza, por si só, o tipo descrito no artigo 183 da Lei nº 9.472/97, pois se trata de crime formal, inexigindo, destarte, a necessidade de comprovação de efetivo prejuízo' (HC 152.118-AgR/GO, Rel. Min. Luiz Fux, 1ª Turma, DJe 17/05/2018). 3. Agravo regimental conhecido e não provido" (HC 124.795 AgR/PR, j. 23/08/2019).

---

[69] "Este Superior Tribunal de Justiça pacificou sua jurisprudência no sentido de que a transmissão de sinal de Internet via rádio sem autorização da Anatel caracteriza o fato típico previsto no artigo 183 da Lei nº 9.472/97, ainda que se trate de serviço de valor adicionado de que cuida o artigo 61, §1º, da mesma lei" (AgRg no REsp 1.566.462/SC, DJe 28/03/2016).

Contudo, o mesmo Supremo Tribunal Federal, no Informativo 952, decidiu pela possibilidade do reconhecimento do princípio da insignificância:

> O Colegiado entendeu tratar-se de delito de bagatela, em razão do mínimo potencial ofensivo da conduta. Além disso, reputou haver dúvida razoável do ponto de vista do seu enquadramento penal. Asseverou que o STJ desconsiderou os fatos que foram examinados pela jurisdição ordinária, a qual está vis-à-vis com o réu e todo o contexto probatório, afirmando, simplesmente, estar-se diante de crime formal de perigo abstrato. Ressaltou que a questão de saber se esse serviço de Internet é uma atividade de telecomunicações ou simples serviço de valor adicionado, ainda não foi decidida. Ainda que se considere uma atividade de telecomunicações e que tenha sido exercida de forma clandestina, é necessário examinar se se trata de atividade de menor potencial ofensivo (...) (HC 157014 AgR/SE, Rel. Orig. Min. Cármen Lúcia, red. p/ o ac. Min. Ricardo Lewandowski, julgamento em 17/09/2019).

3.2.11 Princípio da insignificância ou bagatela impróprio

Inicialmente, importa salientar que tal princípio não possui previsão legal no Brasil, cuidando-se de construção doutrinária.

Trata-se de hipótese em que, mesmo existindo injusto penalmente relevante, o caso concreto demonstra que a aplicação da pena é desnecessária e inoportuna. Haverá fato típico, ilícito e culpável. Contudo, no caso concreto, vê-se que não há necessidade de aplicação da pena.

Em outras palavras, a conduta, no momento de sua realização, nasce relevante para o direito penal. Porém, com o passar do tempo, no instante do julgamento, percebe-se que não há mais necessidade de aplicação da reprimenda penal. Para Cléber Masson:

> A pena revela-se incabível no caso concreto, pois diversos fatores recomendam seu afastamento, tais como: sujeito com personalidade ajustada ao convívio social (primário e sem antecedentes criminais), colaboração com a Justiça, reparação do dano causado à vítima, reduzida reprovabilidade do comportamento, reconhecimento da culpa, ônus provado pelo fato de ter sido processado ou preso provisoriamente etc.[70]

Entende-se que a bagatela imprópria tem natureza jurídica de causa supralegal de extinção da punibilidade. Sendo assim, tal instituto deve ser analisado diante de cada caso concreto e não no plano meramente abstrato. Vale dizer, é preciso averiguar se, naquele caso específico, o agente é merecedor ou não de aplicação da pena. Cita-se, em doutrina, o seguinte exemplo, que, inclusive, na prática, à época na condição de defensor público, pude vivenciar: o agente praticou um furto de algumas roupas de um de seus vizinhos. Passados mais de dois anos da data do fato, foi realizada audiência de instrução e julgamento, ocasião em que se verificou que o réu não havia praticado nenhum outro delito durante aquele período, confessou a prática o ilícito, restituiu os bens à vítima, era primário e tinha bons antecedentes, possuía emprego lícito, residência fixa, família estruturada e estava integrado a uma denominação religiosa. Ao final da

---

[70] MASSON, Cléber Rogério. *Direito Penal esquematizado*. Parte geral. v. 1. 11. ed. rev., atual. e ampl. São Paulo: Método, 2017, p. 48.

instrução, a vítima e o réu se abraçaram e disseram que estavam tudo bem entre eles. Diante de tudo isso, entendeu-se que, apesar de o fato ter nascido relevante para o Direito Penal, naquele caso específico, não havia nenhuma necessidade de aplicação da pena.

Contudo, é válido registrar que não é possível a aplicação da bagatela imprópria no contexto de violência doméstica e familiar. Segundo o Supremo Tribunal Federal, nos crimes que "são cometidos em situação de violência doméstica, não é admissível a aplicação do princípio da bagatela imprópria, tudo sob o pretexto de que a integridade física da mulher (bem jurídico) não pode ser tida como insignificante para a tutela do Direito Penal. Ora, admitir a aplicação desse princípio seria o mesmo que desprestigiar a finalidade almejada pelo legislador quando da edição da Lei Maria da Penha, ou seja, ofertar proteção à mulher que, em razão do gênero, é vítima de violência doméstica no âmbito familiar" (STF. HC 130.124).

CAPÍTULO 4

LEI PENAL E SUA APLICAÇÃO (NO TEMPO, ESPAÇO E QUANTO ÀS PESSOAS)

4.1 Lei penal e norma penal

Inicialmente, cumpre-nos registrar que lei penal e norma penal não são sinônimos. Entende-se por lei penal o enunciado legislativo descrito em um tipo penal, ao passo que norma penal é o mandamento implícito contido neste enunciado. Por exemplo, a lei penal prevista no art. 121 do Código Penal é "matar alguém: Pena – reclusão, de seis a vinte anos". Já a norma penal contida neste dispositivo é "não matarás".

Percebe-se, então, que a lei penal apenas descreve uma conduta, não possuindo caráter proibitivo. Veja que no art. 121 a lei penal contenta-se em descrever qual a conduta considerada criminosa, sendo ela "matar alguém". A proibição, por sua vez, encontra-se elencada na norma penal que, no caso do nosso exemplo, é "não matarás". Cléber Masson explica a técnica adotada por Karl Binding:

> Essa técnica legislativa foi desenvolvida por Karl Binding, por ele chamada de teoria das normas, segundo a qual é necessária a distinção entre norma e lei penal. A norma cria o ilícito, a lei cria o delito. A conduta criminosa viola a norma, mas não a lei, pois o agente realiza exatamente a ação que esta descreve.[71]

A lei penal apresenta a seguinte divisão estrutural: preceito primário (descreve a conduta incriminada) e preceito secundário (indica a pena). Assim, no nosso exemplo, o preceito primário do art. 121 é "matar alguém", enquanto o preceito secundário é "reclusão, de 6 a 20 anos".

---

[71] MASSON, Cléber Rogério. *Direito Penal esquematizado*. Parte geral. v. 1. 3. ed. rev., atual. e ampl. São Paulo: Método, 2010, p. 92.

4.2 Características das leis penais

A lei penal possui cinco características:
1. Exclusividade: segundo o art. 5º, XXXIX, da Constituição Federal, e art. 1º do Código Penal, somente a lei pode criar crimes (ou contravenções penais) e cominar sanções penais (pena e medida segurança).
2. Imperatividade: é imposta a todos de forma cogente, ou seja, independentemente da vontade ou da concordância da pessoa.
3. Generalidade: todos devem observá-la, até mesmo os inimputáveis (sujeitos à aplicação de medida de segurança);
4. Impessoalidade: é dirigida a todos as pessoas indistintamente, perseguindo fatos futuros (e não pessoas).
5. Anterioridade: as leis penais incriminadoras não podem ser aplicadas a fatos pretéritos, mas somente a fatos que posteriores a sua vigência.

4.3 Classificação da lei penal

As leis penais possuem várias classificações:

4.3.1 Leis penais incriminadoras

São conhecidas também como leis penais em sentido estrito, sendo aquelas que descrevem fatos criminosos (preceito primário) e cominam penas (preceito secundário). Encontram-se previstas na Parte Especial do Código Penal, bem como na legislação extravagante.

4.3.2 Leis penais não incriminadoras

São aquelas que não descrevem fatos criminosos e nem cominam penas, subdividindo-se em:
1. leis penais permissivas: são aquelas que permitem ou autorizam a prática de determinados fatos típicos, sendo também conhecidas como causas de exclusão da ilicitude (ex.: art. 23 do Código Penal).
2. leis penais exculpantes: são aquelas que excluem a culpabilidade de determinados delitos, como por exemplo a menoridade (art. 27 do CP) e a inimputabilidade do art. 26 do CP.
3. leis penais interpretativas: são aquelas que esclarecem o conteúdo das leis penais, a exemplo do conceito de funcionário público previsto no art. 327 do Código Penal ou o conceito de domicílio elencado no art. 150, §4º, do Código Penal.
4. leis penais complementares, de aplicação ou finais: são aquelas que delimitam o campo de aplicação das leis penais, a exemplo das regras de territorialidade contidas no art. 5º do Código Penal.
5. leis penais diretivas: são aquelas que estabelecem os princípios que serão aplicados em determinado âmbito, a exemplo do art. 1º do Código Penal, que descreve o princípio da reserva legal.

6. leis penais de extensão ou integrativas: são aquelas utilizadas para adequar/estender a tipicidade penal a determinadas situações, a exemplo da tentativa (art. 14, II, do CP), da omissão imprópria (art. 13, §2º) e da participação (art. 29 do CP).

4.3.3 Leis penais completas ou perfeitas

São aquelas que dispensam qualquer tipo de complemento normativo (dado por outra norma) ou valorativo (dado pelo juiz), apresentando todos os elementos necessários para a identificação da conduta criminosa. É o caso do art. 121 do Código Penal.

4.3.4 Leis penais incompletas ou imperfeitas

São aquelas em que a identificação da conduta criminosa depende do complemento de outra lei, de um ato da administração pública ou do próprio juiz. Nas duas primeiras hipóteses, temos as leis penais em branco. No último caso, temos os tipos penais abertos, em que o complemento é dado pelo juiz, a exemplo dos crimes culposos.

4.4 Lei penal em branco

É a expressão utilizada para designar uma lei penal incompleta, ou seja, que depende de complemento para integrar-se. Por exemplo, a Lei nº 11.343/06 não define quais são as drogas ilícitas, remetendo o intérprete à Portaria nº 344/98 da Anvisa, a qual dispõe sobre esse tema. Vê-se, claramente, a incompletude da Lei nº 11.343/06, a qual depende de complemento normativo infralegal para ser aplicada em sua integralidade.

Tal categoria se divide em lei penal em branco em sentido estrito, heterogênea ou propriamente dita e lei penal em branco em sentido amplo, homogênea ou imprópria.

4.4.1 Lei penal em branco em sentido estrito, heterogênea ou propriamente dita

O complemento normativo emana de fonte legislativa diversa da que editou o ato normativo a ser complementado. Exemplo: Lei de Drogas. A Lei nº 11.343/06 (emanada pelo Congresso Nacional) não esclarece quais as drogas passíveis de incriminação, dependendo da Portaria nº 344/98 da Anvisa (emanada pelo Poder Executivo) para completá-la.

Em relação a esta espécie de lei penal em branco, discute-se se fere ou não o princípio da legalidade, em razão de o complemento da norma não emanar do Poder Legislativo.

Segundo Rogério Greco, tais normas violam o princípio da legalidade, tendo em vista que seu conteúdo pode ser modificado sem que passe por uma discussão amadurecida da sociedade. Referido autor dá o exemplo da Lei de Drogas. Vejamos:

> Entendemos que sim, visto que o conteúdo da norma penal poderá ser modificado sem que haja uma discussão amadurecida da sociedade a seu respeito, como acontece quando os projetos de lei são submetidos à apreciação de ambas as casas do Congresso Nacional,

sendo levada em consideração a vontade do povo, representado pelos seus deputados, bem como a dos Estados, representados pelos seus senadores, além do necessário controle pelo Poder Executivo, que exercita o sistema de freios e contrapesos.

Imagine-se o que pode acontecer com a seleção das substâncias ou os produtos capazes de causar dependência, previstos no art. 28 da Lei nº 11.343/2006. Fará parte desse rol, ou mesmo será excluída dele, aquela substância que assim entender a cúpula de direção da Anvisa, autarquia vinculada ao Ministério da Saúde que detém esse poder, conforme se verifica pela alínea *a* do inciso I do art. 14 do Decreto nº 5.912, de 27 de setembro de 2006, que regulamentou a Lei nº 11.343, de 23 de agosto de 2006, tratando das políticas públicas sobre drogas e da instituição do Sistema Nacional de Políticas Públicas sobre Drogas (Sisnad).[72]

Todavia, em que pese a respeitável posição em contrário, tem prevalecido que as leis penais em branco em sentido estrito não ferem o princípio da legalidade, desde que o tipo penal incriminador descreva os requisitos básicos do crime, atribuindo-se à autoridade administrativa somente a possibilidade de explicitar alguns de seus requisitos, assim como ocorre com a Lei de Drogas. Nesse sentido, Renato Brasileiro de Lima:

> Prevalece, todavia, o entendimento de que a utilização de normas penais em branco heterogêneas não caracteriza violação ao princípio da legalidade, desde que o núcleo essencial da conduta seja descrito no tipo penal incriminador que demanda complementação, tal qual ocorre em relação aos crimes de drogas.[73]

Nesse prisma, já se posicionou o Tribunal Regional Federal da 3ª Região:

> PENAL E PROCESSO PENAL. *HABEAS CORPUS*. ATIVIDADE CLANDESTINA DE RADIODIFUSÃO. ATIPICIDADE DA CONDUTA. INOCORRÊNCIA. ART. 70 DA LEI 4.117/62. NORMA PENAL RECEPCIONADA PELA EC 8/95. ART. 183 DA LEI 9.472/97. APLICABILIDADE APENAS ÀS ATIVIDADES DE TELECOMUNICAÇÕES. NORMAS PENAIS EM BRANCO. NÃO-OFENSA AO PRINCÍPIO DA LEGALIDADE. ORDEM DENEGADA (...) V – Não há ofensa ao princípio da reserva legal, devido à inconstitucionalidade da remissão contida nas normas penais em branco, uma vez que a conduta típica é previamente descrita pela lei, embora ainda dependa de complementação de outra espécie normativa, igualmente previamente determinada e conhecida. VI – Ordem denegada (TRF-3. HC 35494/SP 2009.03.00.035494-7, Relator: Desembargador Federal Cotrim Guimarães, Data de Julgamento: 08/12/2009, Segunda Turma).

4.4.2 Lei penal em branco em sentido amplo, homogênea ou imprópria

O complemento normativo emana da mesma fonte legislativa que editou o ato normativo a ser complementado. Tais normas subdividem-se em duas categorias:

---

[72] GRECO, Rogério. *Curso de Direito Penal*. Parte geral. v. I. 17. ed. Niterói: Impetus, 2015, p. 71.
[73] LIMA, Renato Brasileiro de. *Legislação criminal especial comentada*. 2. ed. rev., ampl. e atual. Salvador: JusPodivm, 2014, p. 685.

a) *homólogas ou homovitelinas*: o complemento encontra-se no mesmo documento legislativo da norma a ser complementada.

Exemplo: peculato (art. 312 do Código Penal). Para a apuração do crime de peculato, deve-se averiguar se o fato foi praticado por funcionário público. O conceito de funcionário público (complemento da norma penal) encontra-se no artigo 327 do Código Penal, portanto, no mesmo diploma legal em que se encontra o delito de peculato.

b) *heterólogas ou heterovitelinas*: o complemento encontra-se em documento legislativo diverso da norma a ser complementada.

Exemplo: induzimento a erro essencial e ocultação de impedimento (art. 236 do Código Penal). Para a apuração do crime de ocultação de impedimento, devem-se averiguar quais são os impedimentos ao casamento. As hipóteses de impedimentos ao casamento (complemento da norma penal) encontram-se no artigo 1.521 do Código Civil, portanto, em diploma legal diverso daquele em que se encontra o delito de ocultação de impedimento.

4.4.3 Lei penal em branco às avessas, ao revés ou invertida

É a hipótese em que o preceito secundário da lei penal (sanção) precisa ser complementado. Nesta situação, o complemento da norma penal em branco somente pode ser realizado por lei, tendo em vista que só a lei pode cominar pena (princípio da legalidade). Exemplo: genocídio (art. 1º da Lei nº 2.889/56).

4.4.4 Lei penal em branco de fundo constitucional

Lei penal em branco de fundo constitucional é aquela em que o complemento da norma se encontra previsto na Constituição Federal, a exemplo do que ocorre no homicídio funcional e na lesão corporal funcional, em que os artigos 121, §2º, VII, e 129, §12, ambos do Código Penal remetem aos arts. 142 e 144 da Constituição Federal.

4.4.5 Lei penal em branco ao quadrado

Norma penal em branco ao quadrado é aquela em que o complemento da norma também depende de complemento. Como exemplo, citamos o crime do art. 38 da Lei nº 9.605/98 (destruição de floresta em área de APP), que é complementado pelo art. 6º do Código Florestal (indica quais áreas são consideradas APP), que, por sua vez, depende de nova complementação por ato do chefe do Poder Executivo.

4.5 Interpretação das leis penais

Interpretar nada mais é do que determinar o sentido ou significado de um texto. No caso da interpretação das leis penais, busca-se verificar o real alcance dos verbetes e estruturas penais, a fim de que se compreenda o verdadeiro alcance de suas normas.

A todo o tempo, o aplicador do Direito está interpretando os preceitos que estão à sua disposição no ordenamento jurídico. Não há aplicação do Direito sem uma adequada interpretação. Até mesmo as leis mais claras e óbvias merecem interpretação para se chegar ao seu verdadeiro sentido.

Ademais, o exercício interpretativo não se encontra adstrito à leitura isolada dos vocábulos constantes nos dispositivos legais. A interpretação das leis vai muito além do que a mera abordagem semântica. Aliás, muito se perderia do alcance e sentido das leis se a interpretação de seus termos ficasse limitada à mera abordagem semântica, sintática ou gramatical. A busca será sempre do contexto em que a norma foi criada e inserida, bem como qual a razão de sua existência. Nesse sentido, ensina Paulo César Busato:[74]

> O desvendar do sentido de uma expressão não pode estar reduzido à abordagem semântica, ou seja, do mero significado isolado das palavras, nem tampouco à abordagem sintática, como conjunto de palavras que formam frases. O verdadeiro sentido normativo somente é desvendado por uma visão pragmática da norma. Essa visão só é possível através da consideração contextualizada da norma em face da situação concreta em que se desenvolve, ou seja, pela abordagem de suas circunstâncias. O verdadeiro sentido da norma não pode ser capturado de sua descrição isolada, mas somente de sua compreensão, derivada de sua aplicação contextualizada.

Desta forma, o ato de interpretar será sempre realizado por um sujeito, que irá se utilizar de um método, para se chegar a um determinado resultado.

Diante disso, passaremos ao estudo dos métodos de interpretação.

4.5.1 Quanto ao sujeito que realiza a interpretação (ou quanto à origem)

Em relação ao sujeito que realiza a interpretação, temos as seguintes possibilidades: a) interpretação autêntica ou legislativa; b) interpretação doutrinária; e c) interpretação jurisprudencial.

A interpretação autêntica ou legislativa é aquela realizada pela própria lei, ou seja, o próprio dispositivo legal traz a interpretação que deve ser dada à determinada situação fática ou jurídica. O artigo 327 do Código Penal, por exemplo, traz o conceito de funcionário público para fins penais. Do mesmo modo, o art. 2º da Lei nº 13.869/19 (nova Lei de Abuso de Autoridade) indica qual o conceito de autoridade para os fins da prática dos abusos nela constante. Portanto, é a própria lei que determina qual é a interpretação para a situação em debate.

Deve-se ponderar, ainda, que a interpretação autêntica possui eficácia retroativa (*ex tunc*), mesmo que acarrete agravamento da situação do réu. Isso porque, nesta modalidade, a lei apenas se limita a interpretar determinadas questões fáticas ou jurídicas. Nada obstante, por óbvio, a interpretação autêntica respeita a autoridade da coisa julgada no que diz respeito aos casos já definitivamente julgados.

A interpretação autêntica é subdivida em duas classificações: contextual e posterior.

---

[74] BUSATO, Paulo César. *Direito Penal*. Parte geral. Vol. 1. 4. ed. São Paulo: Atlas, 2018. p. 177.

Por interpretação autêntica contextual, temos a hipótese em que o dispositivo que fornece a interpretação é editado juntamente com a lei penal a ser interpretada. No caso do exemplo acima citado, o art. 2º da Lei nº 13.869/19 (nova Lei de Abuso de Autoridade), dispositivo que orienta qual é o conceito de autoridade foi editado conjuntamente com as normas penais incriminadoras que tratam sobre os possíveis crimes de abuso de autoridade.

Já a interpretação autêntica posterior é aquela em que "lei distinta e posterior conceitua o objeto da interpretação".[75]

Por sua vez, a interpretação doutrinária é aquela realizada pelos estudiosos do Direito. É importante meio de se buscar o entendimento das leis. No entanto, não se trata de método de observância obrigatória. Cita-se como exemplo de interpretação doutrinária a Exposição de Motivos do Código Penal, uma vez que fora realizada pelos jurisconsultos da época.

De forma derradeira, tem-se a interpretação jurisprudencial, que é aquela realizada pelos juízes e tribunais, quando são chamados a decidir os casos concretos. Após a entrada em vigor da Emenda Constitucional 45/04, é possível que o Supremo Tribunal Federal edite as chamadas súmulas vinculantes, nos moldes do art. 103-A da Constituição Federal, nítida hipótese de interpretação jurisprudencial.

4.5.2 Quanto ao modo, meios ou técnicas empregados

Em relação ao modo, meios ou técnicas empregados, temos as seguintes possibilidades: a) gramatical ou literal; b) teleológica; c) histórica; d) sistemática, e) progressiva ou evolutiva; e f) lógica ou racional.

A interpretação gramatical ou literal leva em conta o exato significado dos vocábulos empregados, buscando-se o sentido literal das expressões utilizadas. É a forma de interpretação mais simplória, já que ausente qualquer técnica científica.

A interpretação teleológica tem por objetivo buscar a finalidade social querida pelo legislador, ou seja, qual a intenção genuína do legislador ao criar determinada lei (*voluta legis*). O art. 5º da Lei de Introdução às Normas do Direito Brasileiro menciona que "na aplicação da lei, o juiz atenderá aos fins sociais a que ela se dirige e às exigências do bem comum".

Quanto à interpretação histórica, pode-se entendê-la sob dois enfoques. O primeiro busca averiguar o momento histórico em que determinada lei foi criada, levando-se em conta as questões sociais, jurídicas, políticas, entre outras, que marcaram o período em que a lei foi concebida. Sob um segundo prisma, a interpretação histórica leva em conta as discussões trazidas no momento da aprovação do projeto de lei, ou seja, qual o posicionamento dos parlamentares durante os debates na casa legislativa, quais emendas foram inseridas, quais trechos foram suprimidos e por quais razões, como se deu a tramitação do projeto etc.

Pelo método sistemático, a interpretação levará em conta o sistema em que a lei se encontra inserida, bem como os princípios gerais do direito.

---

[75] CUNHA, Rogério Sanches. *Manual de Direito Penal*. Parte geral (arts. 1º ao 120). Volume único. Salvador: JusPodivm, 2013, p. 58.

Já pelo modo progressivo ou evolutivo, a interpretação buscará perquirir o sentido e o alcance da lei observando o progresso da ciência.

Por fim, a interpretação lógica ou racional busca efetivar o sentido da norma por intermédio da razão e do raciocínio lógico, empregando métodos dedutivos, indutivos e dialéticos. Paulo César Busato,[76] socorrendo das lições de Hans-Heinrich Jescheck, orienta que:

> Os argumentos da lógica jurídica podem ser o argumento analógico, que busca demonstrar que a regra aplicada a outro grupo de casos pode ser aplicada ao caso em apreço sempre que coincidam suas relações essenciais; o argumento a contrário, que traduz a hipótese de que ausentes determinados pressupostos necessários para certa consequência, esta não tem lugar; o *argumentum a maiore ad minus*, que sustenta as hipóteses em que demonstrada a validade da aplicabilidade de uma proposição jurídica a uma situação mais abrangente, essa mesma proposição pode ser aplicada às situações àquela subordinadas; o *argumentum a fortiori*, que representa que a validade de uma proposição jurídica para um caso pode ser trasladada a outro em que os fundamentos de contraposição sejam menos evidentes; e, finalmente, o *argumentum ad absurdum*, onde, declarada a validade de uma proposição, seria forçosa a declaração de outra proposição cuja validade não poderia ser aceita em nenhuma hipótese.

4.5.3 Quanto aos resultados

Nesta classificação, procura-se entender quais as conclusões extraídas pelo intérprete. Em relação aos resultados, a interpretação pode ser declaratória, extensiva e restritiva.

Pela interpretação declaratória, declarativa ou estrita, o texto da lei corresponde exatamente à sua vontade, de modo que nada precisa ser acrescentado ou retirado.

Pela interpretação restritiva, verifica-se que o texto da lei falou mais do que deveria dizer. Assim, para que haja a exata correspondência entre o texto legal e sua vontade, é necessário que se reduza o alcance das palavras nele contidas (*plus dixit quam voluit*).

Já por interpretação extensiva, entende-se que o texto da lei falou menos do que deveria dizer. Assim, para que haja a exata correspondência entre o texto legal e sua vontade, é necessário que se amplie o alcance das palavras nele contidas (*minus dixit quam voluit*).

No que concerne à interpretação extensiva, interessante discussão é travada sobre a possibilidade ou não de ser aplicada em prejuízo do réu. Isso porque, na hipótese de interpretação extensiva, o legislador falou menos do que queria dizer e, por essa razão, a interpretação é utilizada para ampliar o significado da norma, o que pode causar prejuízo ao réu. Para Nereu José Giacomolli,[77] por exemplo, não seria viável interpretação extensiva em prejuízo do réu:

> A defesa de um Direito Penal com tipos abertos, difusos, indeterminados, ou com normas penais dependentes de uma normatividade integradora (normas penais em branco), ou de um regramento judicial, são características de um Direito Penal autoritário

---

[76] BUSATO, Paulo César. *Direito Penal*. Parte geral. Vol. 1. 4. ed. São Paulo: Atlas, 2018. p. 183.
[77] GIACOMOLLI, Nereu José. *Função garantista do princípio da legalidade*. RT 778/476. p. 483-485.

e demasiadamente repressivo, inadmissível no atual estado de desenvolvimento da civilização (...) A exclusão das interpretações analógica, criativa ou extensiva, prejudiciais ao imputado, determinada pela reserva legal, se aplica tanto na concretude das normas criminais contidas na parte geral do Código Penal quanto nas especiais e nas extravagantes.

Contudo, de forma majoritária na doutrina, com a qual nos filiamos, tem se entendido que a interpretação extensiva é admitida em Direito Penal, tendo em vista que o alcance e significado dos vocábulos são extraídos da própria lei. Não se estaria criando uma nova norma, apenas interpretando aquela já existente que, por alguma razão, falou menos do que deveria.

Não se pode confundir interpretação extensiva com analogia. Nesta, não existe lei penal tratando de determinado tema, por isso, utiliza-se de uma lei semelhante para regular a questão. Assim, não é cabível o seu emprego para criar tipos penais ou para agravar a situação do réu.

A seu turno, na interpretação extensiva, a norma existe, mas falou menos do que deveria. O que o intérprete faz é tão somente buscar o real sentido da lei, por meio deste método interpretativo. Guilherme Nucci[78] elenca vários exemplos possíveis de interpretação extensiva que, por serem didáticos, transcrevemos:

> c) na hipótese do art. 235 (bigamia), até mesmo pela rubrica do crime, percebe-se ser delituosa a conduta de quem se casa duas vezes. Valendo-se da interpretação extensiva, por uma questão lógica, pune-se, ainda, aquele que se casa várias vezes (poligamia);
>
> d) o furto torna-se qualificado, com pena de reclusão de três a oito anos, caso a subtração seja de veículo automotor que venha a ser transportado para outro Estado ou para o exterior (art. 155, §5º). Não se mencionou o Distrito Federal, porém é ele equiparado, constitucionalmente, aos Estados-membros, em virtude de várias finalidades (arts. 32 e 34, CF). Por isso, levar o veículo de um Estado-membro ao Distrito Federal também é suficiente para caracterizar o furto qualificado.

4.5.4 Interpretação analógica

Outra forma de interpretação à disposição do operador do Direito é a interpretação analógica, que não deve ser confundida com a interpretação extensiva, muito menos com a analogia.

Na interpretação analógica (ou *intra legem*), a lei elenca alguns exemplos de condutas indesejadas e finaliza com uma fórmula genérica. O exemplo clássico é a utilização pelo legislador da fórmula prevista no artigo 121, §2º, I, do Código Penal ("mediante paga ou promessa de recompensa, ou por outro motivo torpe"). Vale dizer, o dispositivo traz exemplos de motivos repugnantes ("mediante paga ou promessa de recompensa") e arremata com uma fórmula genérica ("outro motivo torpe").

Emprega-se essa técnica quando não é possível prever todas as hipóteses fáticas de possíveis condutas, não havendo, portanto, colisão com o princípio da legalidade. Carlos Japiassú e Artur Souza ponderam sobre a viabilidade desta modalidade de interpretação, diferenciando-a da analogia e da interpretação extensiva:

---

[78] NUCCI, Guilherme Souza. *Curso de Direito Penal*. Vol. 1. Parte geral. Arts. 1º a 120 do Código Penal. 3. ed. Rio de Janeiro: Forense, 2019. p. 151.

Nesse sentido, observa-se que na interpretação analógica não há que falar em "lacuna" no texto da lei – pressuposto, como visto, para a integração via analogia. Nesta última, diante da não regulação normativa de uma determinada hipótese fática, supre-se a lacuna por intermédio da aludida *analogia legis* ou *analogia iuris*. Diferentemente, na interpretação analógica, a vontade da lei é a de abranger os casos semelhantes à casuística veiculada. Não há, pois, lacuna, visto que a mens legis é no sentido de abranger casos concretos análogos aos que ela exemplifica. Como bem ressaltado por Luiz Regis Prado, a interpretação *intra legis*, espécie do gênero interpretação extensiva, abrange os casos análogos, conforme fórmula casuística gravada no dispositivo legal. Há extensão aos casos semelhantes, análogos (*in casi simili*) aos regulados expressamente.[79]

4.5.5 Interpretação compreensiva

O Supremo Tribunal Federal já admitiu a chamada interpretação compreensiva em matéria de Direito Penal. No bojo do Inquérito 2606/MT, o plenário da Corte Suprema reconheceu a aplicação da causa de aumento de pena prevista no art. 327, §2º, do Código Penal, *verbis*:

> Art. 327 – Considera-se funcionário público, para os efeitos penais, quem, embora transitoriamente ou sem remuneração, exerce cargo, emprego ou função pública.
> §2º – A pena será aumentada da terça parte quando os autores dos crimes previstos neste Capítulo forem ocupantes de cargos em comissão ou de função de direção ou assessoramento de órgão da administração direta, sociedade de economia mista, empresa pública ou fundação instituída pelo poder público.

Veja que §2º traz uma causa de aumento de pena de 1/3 (um terço) se o funcionário público for ocupante de cargo em comissão ou de função de direção ou assessoramento da administração pública.

O caso discutido no Inquérito 2606 MT dizia respeito à prática de um delito de peculato (art. 312 do CP) pelo governador do Estado. No ponto, a discussão pairou sobre a aplicação da causa de aumento do §2º em relação ao chefe do Executivo estadual, uma vez que o citado dispositivo não fala expressamente em "governador do Estado" ou em "chefe do executivo", mas em "ocupantes de cargos em comissão ou de função de direção ou assessoramento de órgão da administração direta".

Diante disso, ficou decidido que o chefe do Executivo, de forma ampla, exerce função de direção da administração pública direta. O raciocínio utilizado foi o de que o governador é o responsável por dirigir o Estado. A ele incumbe a chefia da administração pública estadual de uma forma geral, possuindo tanto funções políticas quanto atribuições eminentemente administrativas. Assim, como também exerce função de natureza administrativa, chefiando o poder executivo estadual, deve ser reconhecido que possui função de chefia (inclusive, o chefe maior do Estado). Vejamos a decisão do STF:

> 1. O Governador do Estado, nas hipóteses em que comete o delito de peculato, incide na causa de aumento de pena prevista no art. 327, §2º, do Código Penal, porquanto o Chefe do Poder Executivo, consoante a Constituição Federal, exerce o cargo de direção da

---

[79] JAPIASSÚ, Carlos; SOUZA, Artur. *Curso de Direito Penal*. Parte geral. Vol. 1. 2. ed. Rio de Janeiro: Forense, 2015. p. 206.

Administração Pública, exegese que não configura analogia *in malam partem*, tampouco interpretação extensiva da norma penal, mas, antes, compreensiva do texto.

2. "A exclusão, do âmbito normativo da alusão da regra penal a 'função de direção', da chefia do Poder Executivo, briga com o próprio texto constitucional, quando nele, no art. 84, II, se atribui ao Presidente da República o exercício, com o auxílio dos Ministros de Estado, da direção superior da Administração Pública, que, obviamente, faz do exercício da Presidência da República e, portanto, do exercício do Poder Executivo dos Estados e dos Municípios, o desempenho de uma 'função de direção'" (Inq. 1.769/DF, Rel. Min. Carlos Velloso, Pleno, DJ 03/06/2005, excerto do voto proferido pelo Ministro Sepúlveda Pertence no *leading case* sobre a matéria). Consectariamente, não é possível excluir da expressão "função de direção de órgão da administração direta" o detentor do cargo de Governador do Estado, cuja função não é somente política, mas também executiva, de dirigir a administração pública estadual.

3. As expressões "cargo em comissão" e "função de direção ou assessoramento" são distintas, incluindo-se, nesta última expressão, todos os servidores públicos a cujo cargo seja atribuída a função de chefia como dever de ofício.

4. Os indícios materiais patentes nos autos, no sentido de que o denunciado, juntamente com outros acusados em relação aos quais o feito foi desmembrado, dispensou licitação referente a Convênio por ele celebrado com o Ministério da Saúde, praticando, em tese, crime de peculato, por meio do superfaturamento dos preços de equipamentos e materiais adquiridos, recomendam o recebimento da denúncia, posto apta a peça acusatória inicial.

Portanto, por intermédio da interpretação compreensiva, busca-se interpretar a norma, observando-se as suas razões e finalidades. No caso julgado pelo STF, a razão de ser da causa de aumento é punir mais severamente aqueles que possuem a função de chefiar órgãos da administração direta e não se pode olvidar que o governador do Estado é o chefe da administração direta estadual, exercendo funções políticas e administrativas. A razão da existência do governador do Estado é exatamente chefiar o Estado, com o auxílio dos seus secretários. É, inclusive, dever de ofício que lhe é imposto. Pensamento em contrário iria de encontro à estrutura constitucional.

4.6 Analogia

Como visto nos tópicos acima, a analogia não se confunde com a interpretação analógica ou com a interpretação extensiva.

Analogia nada mais é que meio de integração da lei, o qual é utilizado para suprir suas lacunas. Aplica-se, então, a analogia, nas hipóteses de ausência normativa, ou seja, não existindo lei a ser aplicada sobre determinado tema, busca-se completá-la por intermédio de outra lei empregada a um caso semelhante.

Esse meio de integração é representado pelos brocados latinos *ubi eadem ratio ibi idem jus* (onde existir o mesmo fundamento, deve-se aplicar o mesmo direito) ou *ubi eadem legis ratio ibi eadem dispositio* (onde existir a mesma razão, deve prevalecer a mesma decisão).

Sobre a analogia, Eugênio Pacelli e André Callegari ponderam que:

> A analogia é o exemplo por excelência da autointegração. Por meio dela, uma situação da vida não regulada, isto é, não prevista em nenhuma das normas do ordenamento, será resolvida com base em outra, instituída para situação diversa. Obviamente, para que

se possa recorrer à analogia, e como a própria expressão indica, é preciso que haja uma grande proximidade entre a situação regulada e a outra, carente de norma específica. A aplicação da analogia não pode ser arbitrária; impõe-se uma identidade ou uma semelhança relevante entre os fundamentos da norma existente a ser aplicada e a necessidade de regulação. Ou, na fórmula latina: *ubi eadem ratio, ibi eadem iuris* (onde a mesma razão, o mesmo direito).[80]

No campo da juridicidade, busca-se sempre a inteireza, a unidade, a perfeição das leis, visando solucionar os conflitos que eventualmente possam ocorrer e que exijam a intervenção do Direito. No entanto, nem sempre é possível verificar a integridade do ordenamento jurídico, motivo pelo qual é necessário lançar mão de meios integrativos para suprir as lacunas existentes. Nesses termos, o art. 4º da Lei de Introdução às Normas do Direito Brasileiro afirma que "quando a lei for omissa, o juiz decidirá o caso de acordo com a analogia, os costumes e os princípios gerais de direito".

Portanto, o fundamento para o uso da analogia será sempre a falta de lei regulamentadora de determinado caso concreto. Isso porque, em matéria penal, vigora o princípio da legalidade, o que nos leva a concluir que, existindo lei acerca da matéria, deve ela sempre prevalecer e ser aplicada para solucionar a questão.

Em Direito Penal, inclusive, a utilização da analogia, embora possível, não pode ser realizada de forma desmedida e sem critérios. O princípio da legalidade deve ser sempre observado, pois somente lei em sentido estrito pode criar crimes e cominar penas. Paulo César Busato[81] leciona que:

> Em matéria penal, porque se encontra presente o princípio da legalidade, prevendo a existência de crime nos exatos termos da lei, assim como a existência de pena nos mesmos parâmetros, torna-se complexa a utilização da analogia. Afinal, no universo penal, a regência é conduzida pela lei em sentido estrito, não se podendo usar elementos correspondentes, mas não iguais.

Para a aplicação da analogia na seara penal, portanto, é necessário que se observem dois mandamentos: 1. real existência de lacuna legal a ser suprida (caso exista lei tratando sobre o tema, não se aplica a analogia) e; 2. que a utilização da analogia seja em favor do réu (analogia *in bonam partem*).

Assim, não se admite analogia em prejuízo do réu (analogia *in malam partem*), somente em seu benefício. Por essa razão, forte no princípio da legalidade, impossível o agravamento da situação jurídica do indivíduo por meio desse recurso integrativo.

Com efeito, a analogia pode ser classificada em analogia *legis* ou legal e analogia *iuris* ou jurídica. A analogia *legis* caracteriza-se pela utilização de outra lei para suprir a lacuna existente no ordenamento jurídico, ao passo que na analogia *iuris*, a lacuna existente no ordenamento jurídico será preenchida utilizando-se um princípio geral do direito.

Para ilustrar a vedação de analogia *in malam partem* em matéria penal, vejamos algumas decisões do Superior Tribunal de Justiça:

---

[80] PACELLI, Eugênio, CALLEGARI, André. *Manual de Direito Penal*. Parte geral. 4. ed. São Paulo: Atlas. p. 132.
[81] BUSATO, Paulo César. *Direito Penal*. Parte geral. vol. 1. 4. ed. São Paulo: Atlas, 2018. p. 166.

No Direito Penal, não se admite a analogia in malam partem, de modo que não se pode inserir no rol das circunstâncias que agravam a pena (art. 302, §1º) também o fato de o agente cometer homicídio culposo na direção de veículo automotor com carteira de habilitação vencida (HC 226.128/TO, j. 07/04/2016).

A jurisprudência desta Corte não admite a imposição de multa por litigância de má-fé na seara penal, por considerar que sua aplicação constitui analogia in malam partem, sem contar que a imposição de tal multa não prevista expressamente no Processo Penal, implicaria em prejuízo para o réu na medida em que inibiria a atuação do defensor. Precedentes (AgRg nos EDcl nos EAREsp 316.129/SC, j. 25/05/2016).

4.7 Eficácia da lei penal no tempo

4.7.1 Introdução

O estudo da lei penal no tempo é uma das matérias mais importantes da seara criminal, tendo em vista que, praticado o crime, é necessário saber, com precisão, qual o regramento que irá incidir sobre o caso concreto. E mais, pode ser que, durante a marcha processual, sobrevenham novas leis penais tratando do crime em debate, sendo mister perquirir qual delas deve ser aplicada.

Após o ingresso da lei penal no ordenamento jurídico, depois de cumprido todo o processo legislativo, esta só pode ser revogada por outra lei. A isso se dá o nome de princípio da continuidade das leis, nos termos do art. 2º da Lei de Introdução às Normas do Direito Brasileiro.[82]

Quando se fala em revogação da lei, trabalha-se com a perda da sua eficácia. Vale dizer, a lei que até então regulava determinada matéria não mais o faz.

Sendo assim, se somente uma lei pode revogar outra, o costume não pode fazê-lo, por mais consagrado e aceito que seja. Nesse sentido, por exemplo, a contravenção do jogo do bicho que, embora seja aceita e, por vezes, até incentivada, enquanto não for revogada por uma lei, continuará sendo considerada infração penal. Vejamos a posição do Superior Tribunal de Justiça sobre o assunto no que diz respeito à contravenção penal do art. 50 da LCP:

> PENAL. RECURSO ESPECIAL. APREENSÃO DE MÁQUINAS "CAÇA-NÍQUEIS". MANDADO DE SEGURANÇA. CONCESSÃO. REEXAME NECESSÁRIO. CONFIRMAÇÃO. ART. 50 DA LCP. VIGÊNCIA. COSTUME. REVOGAÇÃO. IMPOSSIBILIDADE NO DIREITO PENAL. PRINCÍPIOS DA ISONOMIA E DA LIBERDADE. NÃO-FUNDAMENTAÇÃO PARA CONDUTAS ILÍCITAS. RECURSOS PROVIDOS. 1. O ordenamento jurídico penal brasileiro não permite revogação de lei pelo costume. 2. "Evidencia-se o risco de grave lesão à ordem social e à ordem jurídica conquanto a exploração de jogo de azar mediante máquinas de 'caça-níqueis', definida no art. 50 da Lei de Contravenções Penais já foi reconhecida como atividade ilícita por inúmeras decisões desta Corte, dentre as quais destaca-se o REsp 474.365/SP, Quinta Turma, Rel. Min. Gilson Dipp, DJ 05/08/03; ROMS 15.593/MG, Primeira Turma, DJ 02/06/03 e ROMS 13.965/MG, Primeira Turma, DJ 09/09/02, ambos da relatoria do Min. José Delgado". (AgRg no AgRg na STA 69/ES, Rel. Min. Edson Vidigal, Corte Especial, DJ 06/12/04). 3. Os

---

[82] Art. 2º Não se destinando à vigência temporária, a lei terá vigor até que outra a modifique ou revogue.

direitos fundamentais da isonomia e da liberdade consagrados na Constituição Federal não podem servir de esteio às condutas ilícitas, não importando a condição social do agente infrator. 4. Recursos providos para reformar o acórdão e cassar a segurança anteriormente concedida. Recurso Especial 745.954/RS (2005/0070033-3).

Seguindo a mesma lógica, uma lei também não pode ser revogada por decisão judicial, ainda que seja prolatada pelo Supremo Tribunal Federal em sede de controle concentrado de constitucionalidade. Nestes casos, a lei continua existindo, sem, contudo, possuir eficácia jurídica, vez que não se encontra em consonância com as regras ou princípios constitucionais.

A título de exemplo, no HC 97.256/RS, de relatoria do Min. Ayres Britto, o STF declarou incidentalmente a inconstitucionalidade da vedação à substituição da pena privativa de liberdade ao delito de tráfico de drogas, por ferir o princípio da individualização da pena, tendo em vista que cabe ao magistrado, de acordo com as peculiaridades do caso concreto, avaliar a viabilidade ou não da substituição da pena.

Posteriormente, o Senado Federal editou a Resolução nº 5/2012 e suspendeu a execução da expressão "vedada a conversão em penas restritivas de direitos", prevista no §4º do art. 33 da Lei nº 11.343, de 23 de agosto de 2006, em atenção à decisão prolatada pela Suprema Corte. Ora, o Senado Federal só pôde suspender o referido trecho, pois ele ainda existia no ordenamento jurídico.

Pois bem, feitas essas rápidas digressões sobre a existência e a validade das leis, podemos passar às hipóteses de revogação, que, a depender do seu alcance, recebem nomenclaturas diversas.

Se a revogação da lei for absoluta (ou total), dá-se o nome de ab-rogação. Caso a revogação da lei seja parcial, leva-se o nome de derrogação.

Demais disso, quanto ao modo, a revogação pode-se dar de três maneiras:

1. Expressa: nesta modalidade, a própria lei indica quais os dispositivos legais serão revogados. Citamos como exemplo o art. 44 da Lei nº 13.869/19 (Nova Lei de Abuso de Autoridade), que dispõe que "revogam-se a Lei nº 4.898, de 9 de dezembro de 1965, e o §2º do art. 150 e o art. 350, ambos do Decreto-Lei nº 2.848, de 7 de dezembro de 1940 (Código Penal)". Percebe-se que a nova lei de abuso de autoridade revogou expressamente a antiga (Lei 4.898/65), sendo que, doravante, aquela tratará do tema. Além disso, ainda revogou o §2º do art. 150 e o art. 350, ambos do Código Penal.
2. Tácita: nesta hipótese, embora não haja referência expressa sobre a revogação de dispositivos, a nova lei se mostra incompatível com a antiga, operando-se, portanto, a revogação tácita.
3. Global: nesta modalidade, a nova lei passa a regular inteiramente a matéria prevista na lei antiga, deixando-a obsoleta, o que a torna desnecessária.

As situações descritas nos itens acima se encontram previstas no art. 2º, §1º, da Lei de Introdução às Normas do Direito Brasileiro, o qual afirma que a lei posterior revoga a anterior quando expressamente o declare (expressa), quando seja com ela incompatível (tácita) ou quando regule inteiramente a matéria de que tratava a lei anterior (global). Já o §2º do mesmo dispositivo legal orienta que "a lei nova, que estabeleça disposições gerais ou especiais a par das já existentes, não revoga nem modifica a lei anterior".

4.7.2 Tempo do crime

Ao se estudar o tempo do crime, a indagação que deve ser feita é a seguinte: quando um crime se considera praticado? A resposta desse questionamento é importante já que é no momento da prática do delito que se verifica a imputabilidade do indivíduo, bem como qual lei lhe será aplicada.

Em relação ao tempo do crime, existem três teorias:

4.7.2.1 Teoria da atividade

Considera-se praticado o crime no momento da conduta (ação ou da omissão), ainda que outro seja o momento do resultado. Essa é a teoria adotada pelo art. 4º do Código Penal (art. 4º – Considera-se praticado o crime no momento da ação ou omissão, ainda que outro seja o momento do resultado).

A título de exemplo, considere que "A" desfere alguns tiros em "B". No entanto, "B" é levado ao hospital e morre somente dez dias depois, em razão dos ferimentos causados pela arma de fogo. Considera-se praticado o crime no dia em que "A" deferiu os tiros em "B" (momento da conduta) e não no dia da morte de "B" (momento da consumação).

Vamos às implicações práticas: se um adolescente com 17 anos, 11 meses e 25 dias de idade desfere alguns tiros na vítima e esta vem a falecer somente 10 dias depois, quando aquele já completara 18 anos, ele não responderá criminalmente pelo delito de homicídio, uma vez que, no momento da prática do ilícito (tempo do crime), era inimputável (menor de idade). Sua responsabilidade será apurada no Juízo da Infância e Adolescência, nos termos do Estatuto da Criança e do Adolescente, pela prática do ato infracional análogo ao delito de homicídio.

Situação diversa diz respeito aos crimes permanentes, que são aqueles cuja consumação se protrai (perdura) no tempo, ou seja, enquanto a prática da conduta não se encerra, considera-se que a infração penal está sendo praticada. Temos como exemplos os delitos de sequestro e extorsão mediante sequestro. Portanto, enquanto a vítima permanecer sequestrada, o crime estará acontecendo.

Assim, nos casos de crimes permanentes, se o menor de 18 anos (inimputável) inicia a prática delituosa e somente a encerra depois que atinge a maioridade penal, responderá normalmente pelo delito, tendo em vista que passou a ser imputável durante prática da conduta criminosa. Desse modo, se o adolescente com 17 anos, 11 meses e 25 dias inicia o sequestro e somente libera a vítima quando já tiver completado a maioridade, deverá responder pelo crime do art. 148 do Código Penal.

Outra implicação prática diz respeito ao crime continuado, que é quando o agente, mediante mais de uma ação ou omissão, pratica dois ou mais crimes da mesma espécie e, pelas condições de tempo, lugar, maneira de execução e outras semelhantes, devem os delitos subsequentes ser havidos como continuação do primeiro, de acordo com o art. 71 do Código Penal.

Nesse caso, se o indivíduo pratica 3 furtos antes de completar 18 (anos e, após a maioridade, comete mais 3 furtos, todos nas mesmas condições de tempo, local e modo de execução, os delitos praticados antes de ter completado 18 anos não podem ser considerados para fins de aplicação da regra do crime continuado, mas somente aqueles cometidos depois de ter atingido a maioridade penal.

4.7.2.2 Teoria do resultado

Considera-se praticado o crime no momento do resultado (ou do evento).

4.7.2.3 Teoria da ubiquidade

Considera-se praticado o crime no momento da conduta ou do resultado.

4.7.2.4 Questões especiais sobre o tempo do crime

Como visto, em relação ao tempo do crime, o art. 4º do Código Penal adotou a teoria da atividade, considerando-se praticado o delito no momento da ação ou da omissão, ainda que outro seja o momento do resultado.

Regra diversa, contudo, é aplicada em relação ao prazo prescricional. Quanto à prescrição, o Código Penal adotou a teoria do resultado, uma vez que o prazo prescricional começa a correr a partir do dia da consumação do crime e não do dia da prática da conduta (ação ou omissão). Vejamos o art. 111, I, do Código Penal:

> Art. 111 – A prescrição, antes de transitar em julgado a sentença final, começa a correr: (Redação dada pela Lei nº 7.209, de 11/07/1984)
> I – do dia em que o crime se consumou;

A regra acima mencionada é excepcionada pelo art. 111, V, do Código Penal, quando o delito praticado for contra a dignidade sexual de crianças e adolescentes e previsto no Código Penal ou em legislação especial, pois, nestes casos, o prazo prescricional se inicia da data em que a vítima completar 18 anos, salvo se a esse tempo já houver sido proposta a ação penal.[83]

Já em relação à redução pela metade do prazo prescricional no caso de criminoso menor de 21 anos, utiliza-se a teoria da atividade, nos moldes do art. 115, 1ª parte, do Código Penal:

> Art. 115 – São reduzidos de metade os prazos de prescrição quando o criminoso era, ao tempo do crime, menor de 21 (vinte e um) anos, ou, na data da sentença, maior de 70 (setenta) anos (Redação dada pela Lei nº 7.209, de 11/07/1984).

4.7.3 Sucessão de leis penais no tempo

Na sucessão de leis penais no tempo, trabalha-se com as hipóteses de revogação e ingresso de novas leis no ordenamento jurídico, surgindo-se a dúvida de qual(is) dela(s) deve(m) ser aplicada(s) à situação concreta. Portanto, neste prisma, trabalha-se com regras de direito intertemporal.

---

[83] Art. 111 – A prescrição, antes de transitar em julgado a sentença final, começa a correr: V – nos crimes contra a dignidade sexual de crianças e adolescentes, previstos neste Código ou em legislação especial, da data em que a vítima completar 18 (dezoito) anos, salvo se a esse tempo já houver sido proposta a ação penal (Redação dada pela Lei nº 12.650, de 2012).

O art. 5º, XL, da Constituição Federal, bem como os arts. 2º e 3º do Código Penal, nos trazem uma regra e várias exceções quanto à sucessão de leis penais no tempo.

A regra adotada pelo ordenamento jurídico penal baseia-se no princípio *tempus regit actum*, ou seja, deve-se aplicar a lei penal que se encontrava em vigor no momento da prática do crime, em obediência à reserva legal e à anterioridade penal.

Quanto às exceções, estas podem acontecer nas seguintes hipóteses:
1. lei posterior que cria um novo delito que até então não existia (*novatio legis* incriminadora);
2. lei posterior que de alguma maneira agrava a situação do réu (*lex gravior* ou *novatio legis in pejus*);
3. lei posterior que exclui o crime do ordenamento jurídico (*abolitio criminis*);
4. lei posterior que de alguma forma melhora a situação jurídico-penal do indivíduo, suavizando seus reflexos (*lex mitior* ou *novatio legis in mellius*);
5. lei posterior que possui alguns aspectos que são mais brandos e outros que são mais graves (*lex tertia*).

Vejamos cada uma delas.

4.7.3.1 *Novatio legis* incriminadora

Novatio legis incriminadora é uma nova lei que cria um novo crime até então inexistente no ordenamento jurídico. Vale dizer, não existia o delito e a nova lei o institui.

De acordo com o princípio da irretroatividade, previsto no art. 5º, XL, da Constituição Federal, ela não será aplicada aos fatos anteriores a ela, somente aos praticados após a sua entrada em vigor.

4.7.3.2 Lei penal mais grave ou *lex gravior* ou *novatio legis in pejus*

É a lei penal que de que qualquer forma imponha tratamento mais rigoroso às condutas penais. Portanto, é uma nova lei que, de alguma forma, piore a situação penal do réu.

Assim, deve-se entender de forma ampla a expressão "que de alguma forma piore a situação penal do réu". Qualquer nova previsão legal que seja prejudicial ao agente se inclui nessa classificação, seja a inclusão de uma causa de aumento ou de uma qualificadora, seja a exclusão de uma atenuante ou de uma causa de diminuição de pena, seja a modificação para pior de uma causa suspensiva da prescrição ou até mesmo a modificação maléfica do regime prisional, dentre outros tantos exemplos.

Citamos como exemplo a inclusão da qualificadora do feminicídio pela Lei nº 13.104/15. O delito de homicídio já era incriminado pelo ordenamento jurídico. Com a inclusão desta qualificadora, a conduta de matar mulher por razões da condição de sexo feminino ficou mais grave.

Tratando-se de lei penal mais grave, em respeito ao princípio constitucional da irretroatividade, não pode ser aplicada a fatos anteriores a ela. Segundo Francisco de Assis Toledo:

> A norma de direito material mais severa só se aplica, enquanto vigente, aos fatos ocorridos durante sua vigência, vedada em caráter absoluto a sua retroatividade. Tal princípio aplica-se a todas as normas de direito material, pertençam elas à Parte Geral ou à Especial,

sejam normas incriminadoras (tipos legais de crime), sejam normas regulamentadoras da imputabilidade, da dosimetria da pena, das causas de justificação ou de outros institutos de direito penal. Além disso, para aferir-se da maior gravidade de um dispositivo legal, é necessário verificar-se não o dispositivo isolado e sim o conjunto de determinações ou de consequências acarretadas pela norma em questão, devendo afastar-se aquela que produzir o resultado final mais gravoso para o agente do fato.[84]

Por derradeiro, é necessário que se faça um alerta quanto à Súmula 711 do STF, que traz uma exceção à irretroatividade da lei penal mais gravosa. Ensina a referida súmula que "a lei penal mais grave aplica-se ao crime continuado ou ao crime permanente, se a sua vigência é anterior à cessação da continuidade ou da permanência". Deste modo, o crime continuado ou o crime permanente que ainda estiver sendo praticado (executado) quando uma nova lei mais severa entrar em vigor ensejará a aplicação da lei penal mais grave. A lógica do entendimento da súmula é que, sendo o agente delitivo sabedor da mudança para pior da lei e mesmo assim optar em prosseguir na execução do crime (permanente ou continuado), sobre ele deverá recair o regramento mais gravoso.

4.7.3.3 *Abolitio criminis*

É a hipótese de descriminalização da conduta. Cuida-se da supressão da figura criminosa. Aquela conduta que era considerada criminosa deixa de sê-lo. O crime é excluído do ordenamento jurídico. Encontra-se prevista no art. 2º, *caput*, do Código Penal e possui natureza jurídica de causa extintiva da punibilidade (art. 107, II, do CP).

Tratando-se de uma lei penal benéfica ao réu, já que exclui o delito por ele praticado, deve ser aplicada retroativamente.

A abolição do crime faz cessar todos os efeitos penais da sentença condenatória, não servindo, por exemplo, para o reconhecimento da reincidência ou de maus antecedentes. Da mesma forma, alcança a fase de execução de pena, fazendo cessar o cumprimento da reprimenda. No entanto, subsistem os efeitos civis, a exemplo do dever de reparar o dano, bem como a constituição do título executivo judicial.

Para o reconhecimento da *abolitio criminis*, é necessário o preenchimento de dois requisitos: 1. que seja realizada a revogação formal do dispositivo legal e; 2. que haja a supressão material do fato considerado criminoso. Em outras palavras, além da revogação do artigo de lei, deve-se extirpar do ordenamento jurídico a incriminação. Por exemplo, o antigo delito de adultério, previsto no revogado art. 240 do Código Penal, além de ter sido revogado pela Lei nº 11.106/05, não foi incluído em nenhum outro dispositivo da legislação, tornando-se um irrelevante penal, que teve sua incriminação completamente excluída do ordenamento jurídico.

A análise dos requisitos acima é muito importante para se averiguar qual o instituto que irá ser aplicado ao caso concreto, uma vez que, se houver a revogação formal do dispositivo de lei, mas o conteúdo da incriminação for alocado em outro dispositivo legal, não teremos *abolitio criminis*, mas sim aquilo que, em doutrina, se chama de princípio da continuidade normativo-típica. Sobre este princípio, o Superior Tribunal de Justiça traz um conceito didático:

---

[84] TOLEDO, Francisco de Assis. *Princípios básicos de Direito Penal*. 5. ed. 17. tir. São Paulo: Saraiva, 2012. p. 31-32.

Quando uma norma penal é revogada, mas a mesma conduta continua sendo crime em outro tipo penal, ou seja, a infração penal continua tipificada em outro dispositivo, ainda que topologicamente ou normativamente diverso do originário (Min. Gilson Dipp, em voto proferido no HC 204.416/SP).

Assim, por exemplo, antes da Lei nº 12.015/09, os delitos dos arts. 213 e 214 do Código Penal traziam os crimes de estupro (conjunção carnal) e atentado violento ao pudor (outros atos libidinosos diversos da conjunção carnal). Com a vigência da Lei nº 12.015/09, o art. 214 do Código Penal foi formalmente revogado, todavia, a incriminação nele constante migrou para o art. 213 do Código Penal. Por essa razão, não é considerado *abolitio criminis*, uma vez que, embora tenha havido a revogação formal do delito previsto no art. 214, o conteúdo material deste crime continuou existindo, doravante, no art. 213 do Código Penal.

O Superior Tribunal de Justiça, por exemplo, se manifestou pelo reconhecimento da continuidade normativo-típica quanto ao delito de favorecimento à prostituição infantil. Vejamos:

> PENAL E PROCESSUAL PENAL. AGRAVO REGIMENTAL NO *HABEAS CORPUS*. FAVORECIMENTO DA PROSTITUIÇÃO INFANTIL. *ABOLITIO CRIMINIS*. INOCORRÊNCIA. PRINCÍPIO DA CONTINUIDADE NORMATIVO-TÍPICA. DESLOCAMENTO TOPOGRÁFICO DO CONTEÚDO CRIMINOSO DENTRO DO MESMO DIPLOMA LEGAL. PENA-BASE EXASPERADA EM DECORRÊNCIA DE ELEMENTOS CONCRETOS. DECISÃO MONOCRÁTICA. OFENSA AO PRINCÍPIO DA COLEGIALIDADE. AUSÊNCIA. AGRAVO REGIMENTAL IMPROVIDO. 1. A *abolitio criminis* pressupõe a revogação expressa do tipo penal incriminador, o que não ocorreu com o delito de favorecimento da prostituição infantil, tendo em vista que, com a edição da Lei nº 12.015/09, o caráter proibido da conduta foi apenas deslocado do §1º do art. 218 para o art. 218-B do Código Penal. 2. Sequer se cogita em ilegalidade na fixação da pena-base se fundamentadamente estabelecida com esteio nas peculiaridades do caso concreto que desbordam do ordinário ao tipo penal. 3. Não viola o princípio da colegialidade a decisão monocrática do relator, tendo em vista a possibilidade de submissão do julgado ao exame do órgão colegiado, mediante a interposição de agravo regimental. 4. Agravo regimental improvido (AgRg no HC 376.098/RJ, Rel. Ministro Nefi Cordeiro, Sexta Turma, julgado em 04/04/2017, DJe 17/04/2017).

Assim, reconhecida a continuidade normativo-típica, como a incriminação continua existindo, ainda que em outro dispositivo legal, as consequências do crime permanecem incólumes.

4.7.3.3.1 *Abolitio criminis* temporária

Abolitio criminis temporária nada mais é que a suspensão do delito por certo tempo, sendo que, *a posteriori*, a incriminação é incluída novamente no ordenamento jurídico. Cléber Masson ensina que "é cabível o reconhecimento da *abolitio criminis* temporária, nas situações em que a lei prevê a descriminalização transitória de uma conduta".[85]

---

[85] MASSON, Cléber Rogério. *Direito Penal esquematizado*. Parte geral. v. 1. 11. ed. rev., atual. e ampl. São Paulo: Método, 2017, p. 137.

Registre-se, ainda, que nada impede que um delito que tenha sido abolido do ordenamento jurídico seja novamente incluído pelo legislador. O Congresso Nacional, no seu amplo espectro de conformação, pode excluir um delito e, posteriormente, incluí-lo novamente.

Nas hipóteses em que o legislador exclui e depois inclui novamente a incriminação, é mister que se observe o princípio da anterioridade, ou seja, somente pode existir punição se os fatos forem praticados após a entrada em vigor da lei que considerou determinada situação como criminosa.

Exemplo de *abolitio criminis* temporária encontra-se descrito na Súmula 513 do Superior Tribunal de Justiça, que dispõe que "a *abolitio criminis* temporária prevista na Lei nº 10.826/03 aplica-se ao crime de posse de arma de fogo de uso permitido com numeração, marca ou qualquer sinal de identificação raspado, suprimido ou adulterado, praticado somente até 23/10/2005".

4.7.3.4 Nova lei mais benéfica, *lex mitior* ou *novatio legis in mellius*

Lei penal mais benéfica, *lex mitior* ou *novatio legis in mellius* é a nova lei que, de alguma forma, melhora a situação do réu. A aplicação da lei penal mais benéfica ocorre da seguinte maneira: o delito é praticado sob a égide de determinada lei e, posteriormente, uma nova lei penal que de alguma forma beneficie o acusado (suavizando as consequências jurídicas do crime ou da pena) entra em vigor. Assim, por se tratar de uma de uma lei penal benéfica ao réu, deve ser aplicada retroativamente, consoante art. 5º, XL da Constituição Federal e art. 2º, parágrafo único, do Código Penal.[86]

Outrossim, é importante que se diga que a definição de qual lei penal é mais benigna deve ser analisada de acordo com o caso concreto (e não no plano abstrato), aplicando-se a Teoria da Ponderação Concreta.

Por exemplo, com a entrada em vigor da Lei nº 12.015/09, instituiu-se o artigo 217-A do Código Penal, bem como revogou-se tacitamente o artigo 9º da Lei nº 8.072/90 (o qual previa a causa de aumento de metade da pena ao crime de estupro). Dessa forma, vê-se que o artigo 217-A do Código Penal é mais benéfico ao acusado, pois tem pena inferior aos antigos artigos 213 e 214 c/c 224, todos do Código Penal (redação anterior à Lei nº 12.015/90), uma vez que não há mais a incidência da causa de aumento prevista no artigo 9º da Lei nº 8.072/90. Assim, deve ter aplicação retroativa, a fim de beneficiar o réu.

Artigo 217-A do Código Penal (estupro de vulnerável)	Artigo 213 c/c artigo 224 c/c artigo 9º da Lei nº 8.072/90 (estupro com violência presumida)	Artigo 214 c/c artigo 224 c/c artigo 9º da Lei nº 8.072/90 (atentado violento ao pudor com violência presumida)
Pena: 8 a 15 anos.	Pena: 6 a 10 anos + aumento de ½ (metade) previsto no artigo 9º da Lei nº 8.072/90.	Pena: 6 a 10 anos + aumento de ½ (metade) previsto no artigo 9º da Lei nº 8.072/90.
Pena mínima: 8 anos.	Pena mínima: 9 anos.	Pena mínima: 9 anos.

---

[86] Art. 2º, p. único do CP. A lei posterior, que de qualquer modo favorecer o agente, aplica-se aos fatos anteriores, ainda que decididos por sentença condenatória transitada em julgado.

Vejamos o entendimento do Superior Tribunal de Justiça:

AGRAVO REGIMENTAL EM RECURSO ESPECIAL. ATENTADO VIOLENTO AO PUDOR. MENOR DE 14 ANOS. VIOLÊNCIA REAL. AUMENTO DE PENA PREVISTO NO ART. 9º DA LEI nº 8.072/1990. APLICABILIDADE. SUPERVENIÊNCIA DA LEI Nº 12.015/2009. ART. 217-A DO CP. APLICAÇÃO RETROATIVA. 1. É pacífico o entendimento desta Corte que o crime de estupro praticado mediante violência real deve sofrer a incidência da causa de aumento prevista no art. 9º da Lei nº 8.072/90, independentemente de ocorrência de lesão corporal de natureza grave ou morte (REsp 1.198.477/PR, Ministra Laurita Vaz, Quinta Turma, DJe 26/11/2012). 2. Uma vez que, no caso, o Tribunal de origem confirmou a prática de violência real, a majorante prevista no art. 9º da Lei nº 8.072/1990 seria mesmo aplicável. 3. Diante da superveniência das alterações implementadas pela Lei nº 12.015/2009 no Código Penal, o ato praticado pelo acusado passou a ser tipificado no art. 217-A do Código Penal, com patamar mais elevado de pena mínima, razão pela qual, no caso, não é mais aplicável a causa de aumento de pena prevista no art. 9º da Lei nº 8.072/1990. 4. Sendo o art. 217-A do Código Penal mais benéfico ao réu, incidirá retroativamente (art. 2º, parágrafo único, do CP), devendo os autos retornar ao Tribunal de origem para que realize a nova dosimetria da pena, considerando a nova sanção fixada no mencionado artigo, sem a incidência da causa de aumento prevista na Lei de Crimes Hediondos. Precedentes. 5. Agravo regimental improvido (AgRg no REsp 1095315/SC, Rel. Ministro Sebastião Reis Júnior, Sexta Turma, julgado em 06/06/2013, DJe 24/06/2013).

Francisco de Assis Toledo[87] elenca quais as possíveis hipóteses de leis penais mais benignas, alertando sempre que essa verificação deve ser feita no caso concreto e não no plano abstrato. Vejamos:
a) aquelas que fixam penas mais brandas, seja por sua natureza, quantidade, critérios de aplicação, dosimetria ou modo de execução;
b) aquelas que instituem novas circunstâncias atenuantes, causas de diminuição de pena, benefícios relacionados a extinção, suspensão ou dispensa da execução de pena ou maiores facilidades para obtenção do livramento condicional;
c) aquelas que extinguem circunstâncias agravantes, causas de aumento de pena ou qualificadoras;
d) aquelas que estabelecem novas causas extintivas da punibilidade ou que ampliem as hipóteses de incidência daquelas já existentes, em especial quando reduzem o prazo da prescrição ou decadência, ou mesmo quando estabelecem modo de contagem de prazos mais favoráveis;
e) aquelas que extinguem medidas de segurança, penas acessórias ou efeitos da condenação; e
f) aquelas que ampliam as situações de inimputabilidade, de atipicidade, de exclusão da ilicitude, de exclusão da culpabilidade ou de isenção de pena.

4.7.3.4.1 Lei penal mais benéfica ainda na *vacatio legis* pode ser aplicada retroativamente para beneficiar o réu?

Existe discussão doutrinária sobre a possibilidade de aplicação da lei penal mais benéfica que ainda esteja no período de vacância.

---
[87] TOLEDO, Francisco de Assis. *Princípios básicos de Direito Penal*. 5. ed. 17. tir. São Paulo: Saraiva, 2012. p. 36.

A 1ª corrente entende que, considerando que a *vacatio legis* tem o intuito de cientificar os cidadãos da nova lei, não há razões para que aqueles que já a conheçam fiquem impedidos de acessar seus benefícios. Essa interpretação prestigiaria a aplicação da retroatividade da lei mais benéfica.

A crítica que se faz a esse posicionamento é no sentido de que a lei que ainda se encontra na *vacatio*, embora já tenha passado por todo o processo legislativo, ainda não possui eficácia. Além disso, mesmo que tenha sido publicada, ela ainda pode ser modificada até a sua entrada em vigor, o que causaria insegurança jurídica na sua aplicação. É posição minoritária.

A 2ª corrente entende que durante o prazo da *vacatio legis*, a lei ainda não possui eficácia jurídica, nem eficácia social, motivo pelo qual não é possível a sua aplicação retroativa. Cléber Masson,[88] com acerto, orienta que "é preciso manter a coerência. Se a lei em período de vacância não pode ser utilizada para prejudicar o réu, porque ainda não está apta a produzir seus regulares efeitos, também não pode beneficiá-lo". O Superior Tribunal de Justiça possui precedentes nesse sentido. Vejamos:

> PROCESSUAL PENAL. *HABEAS CORPUS*. TRÁFICO ILÍCITO DE ENTORPECENTES. ART. 392 DO CPP. AUSÊNCIA DE INTIMAÇÃO PESSOAL DO RÉU. NÃO OCORRÊNCIA DE NULIDADE. RECURSO MINISTERIAL. TEMPESTIVIDADE. REGULARIDADE RECONHECIDA PELA DEFESA. CAUSA DE DIMINUIÇÃO DA PENA. ART. 33, §4º, DA LEI 11.343/06. JULGAMENTO DO RECURSO EM PERÍODO DA *VACATIO LEGIS*. RETROAÇÃO PARCIAL DE ARTIGO DE LEI PENAL. NOVA MAIS BENÉFICA. IMPOSSIBILIDADE. ORDEM DENEGADA (...) 4. Não poderia o Tribunal de origem aplicar a minorante do art. 33, §4º, da Lei 11.343/06, de 23/08/06, uma vez que a norma não estava em vigor quando do julgamento do recurso acusatório, que se deu dentro do prazo da *vacatio legis*. 5. É imprescindível indagar qual a lei apresenta-se mais favorável ao condenado, levando-se em consideração o reconhecimento das circunstâncias judiciais constantes da sentença condenatória. 6. Na hipótese, eventual aplicação da causa de diminuição prevista no §4º do art. 33 da Lei 11.343/06 deve ocorrer em sede de execução, nos termos do inciso I do art. 66 da LEP. 7. Ordem denegada (HC 100692/PR – 5ª T. j. 15/06/2010).

É a posição que prevalece.

4.7.3.4.2 Lei publicada erroneamente

Segundo o Superior Tribunal de Justiça, a lei publicada com erros não pode beneficiar o réu, uma vez que não retrata a vontade do Poder Legislativo. Vejamos:

> Texto que, por erro, foi publicado e que sequer foi aprovado pelo Congresso não acarreta consequências jurídicas (parágrafo único do art.11 da Lei 9.639 (...) HC 8.457/SC.

---

[88] MASSON, Cléber Rogério. *Direito Penal esquematizado*. Parte geral. v. 1. 11. ed. rev., atual. e ampl. São Paulo: Método, 2017, p. 140.

4.7.3.4.3 Autoridade competente para aplicação da lei penal mais benéfica

Sobrevindo lei penal mais benéfica, qual o juízo o competente para sua aplicação? A resposta para este questionamento é bastante simplória: o juízo responsável pela aplicação da lei penal mais benéfica é aquele em que a investigação ou ação penal estiver em trâmite. Vamos às hipóteses:

1. estando na fase preliminar de investigação (inquérito policial ou procedimento investigatório criminal), antes da Lei nº 13.964/19 (Lei Anticrime), cabia ao juiz natural competente para o julgamento da futura ação penal. Após a Lei nº 13.964/19, com a criação da figura do juiz de garantias, o qual é responsável pelo controle da legalidade da investigação criminal e pela salvaguarda dos direitos individuais cuja franquia tenha sido reservada à autorização prévia do Poder Judiciário (art. 3º-B do CPP, com as alterações da Lei nº 13.964/19), competirá a ele a aplicação da lei penal mais benigna. Este juízo funcionará até o recebimento da inicial acusatória, ocasião em que remeterá os autos ao juízo de instrução, que irá decidir sobre as questões pendentes e sobre o mérito da ação penal.

Nesse contexto, deve-se alertar que a competência do juiz das garantias abrange todas as infrações penais, exceto as de menor potencial ofensivo, nos termos dos art. 3º C do CPP (com as alterações da Lei nº 13.964/19).

O Supremo Tribunal Federal, no bojo das Adins 6298, 2699 e 6300, decidiu que o juiz de garantias não se aplica aos crimes de competência originária dos tribunais, aos crimes dolosos contra a vida, aos crimes no contexto de violência doméstica e familiar contra a mulher, bem como aos crimes de competência da justiça eleitoral.

Portanto, quanto a essas exceções, caberá ao juiz natural competente para o julgamento da futura ação penal aplicar a lei penal mais benéfica, como era antes da Lei nº 13.964/19 (Lei Anticrime).

2. se a ação penal ainda estiver em trâmite, deverá ser aplicada pelo juízo competente para o julgamento da ação (seja o juízo singular, seja o tribunal, a depender de onde estiver o processo). No caso, após a Lei nº 13.964/19 (Lei Anticrime), ao chamado juízo de instrução.
3. se já existir trânsito em julgado de sentença penal condenatória, a lei penal mais benéfica deve ser aplicada pelo Juízo da Execução Penal, consoante art. 66, I, da Lei de Execuções Penais e Súmula 611 do STF (Transitada em julgado a sentença condenatória, compete ao juízo das execuções a aplicação de lei mais benigna).

4.7.3.4.4 Extra-atividade da lei penal

É capacidade que a lei penal tem de se movimentar no tempo. É gênero que se subdivide em duas espécies:
   a) Retroatividade da lei penal mais benéfica: é a hipótese em que a lei posterior é mais benéfica do que a lei que estava em vigor quando da prática do crime, motivo pelo qual retroage em benefício do réu.
   b) Ultra-atividade da lei penal mais benéfica: trata-se de hipótese em que a lei anterior (já revogada e da época do crime) é mais benéfica do que a lei vigente

na ocasião do julgamento. Fala-se em ultra-atividade, pois a lei anterior (já revogada) continua surtindo efeitos mesmo depois de sua revogação, por ser mais benéfica ao réu.

Traremos como exemplo de retroatividade e de ultra-atividade da lei penal mais benéfica o delito de roubo com emprego de arma branca.

Antes da Lei nº 13.654/18,[89] o emprego de arma branca servia como causa de aumento de pena do roubo. Contudo, depois da Lei nº 13.654/18, houve a exclusão do art. 157, §1º, I, do Código Penal, que previa o roubo com emprego de arma branca, traduzindo-se em verdadeira *novatio legis in mellius*, tendo em vista a evidente melhoria na situação do acusado, já que a ele não mais se aplicava a causa de aumento de pena. Por fim, sobreveio a Lei nº 13.964/19[90] (Lei Anticrime), que reinseriu a arma branca como majorante do crime de roubo, todavia, no art. 157, §1º, VII, do Código Penal. Vejamos a evolução da matéria num quadro comparativo:

Antes da Lei nº 13.654/18	Depois da Lei nº 13.654/18	Depois da Lei nº 13.964/19 (Lei Anticrime)
Art. 157 (...) §2º A pena aumenta-se de um terço até metade: I – se a violência ou ameaça é exercida com emprego de arma;	Art. 157 – Subtrair coisa móvel alheia, para si ou para outrem, mediante grave ameaça ou violência a pessoa, ou depois de havê-la, por qualquer meio, reduzido à impossibilidade de resistência: §2º A pena aumenta-se de 1/3 (um terço) até metade: (Redação dada pela Lei nº 13.654, de 2018) I – (revogado); (Redação dada pela Lei nº 13.654, de 2018) (...)	Art. 157 – Subtrair coisa móvel alheia, para si ou para outrem, mediante grave ameaça ou violência a pessoa, ou depois de havê-la, por qualquer meio, reduzido à impossibilidade de resistência: §2º A pena aumenta-se de 1/3 (um terço) até metade: I – (revogado); (Redação dada pela Lei nº 13.654, de 2018) (...) VII – se a violência ou grave ameaça é exercida com emprego de arma branca;

Percebe-se que, antes da Lei nº 13.654/18, o roubo com emprego de arma branca servia como causa de aumento de pena. Com a entrada em vigor da Lei nº 13.654/18, foi abolida tal majorante. Sendo assim, em razão da exclusão da referida causa de aumento de pena, a Lei nº 13.654/18 deveria retroagir para beneficiar aqueles que haviam praticado o mencionado crime patrimonial com emprego da arma branca. Inclusive, o Superior Tribunal de Justiça se posicionou nesse sentido:

---

[89] Entrou em vigor dia 24/04/2018.
[90] Entrou em vigor dia 23/01/2019.

5. Extrai-se dos autos, ainda, que o delito foi praticado com emprego de arma branca, situação não mais abrangida pela majorante do roubo, cujo dispositivo de regência foi recentemente modificado pela Lei nº 13.654/2018, que revogou o inciso I do §2º do art. 157 do Código Penal. 6. Diante da *abolitio criminis* promovida pela lei mencionada e tendo em vista o disposto no art. 5º, XL, da Constituição Federal, de rigor a aplicação da *novatio legis in mellius*, excluindo-se a causa de aumento do cálculo dosimétrico (...) (STJ, Quinta Turma, REsp 1519860/RJ, Rel. Min. Jorge Mussi, julgado em 17/05/2018).

De outra banda, imagine que o indivíduo tenha praticado o crime de roubo com emprego de arma branca após a entrada em vigor da Lei nº 13.654/18 e, por ocasião de seu julgamento, a Lei nº 13.964/19 (Lei Anticrime), que novamente incluiu a arma branca como majorante, já estivesse em vigor. Qual lei deve ser aplicada? Nesta situação, aplica-se a ultra-atividade da lei penal mais benéfica, ou seja, aplica-se a lei já revogada (a do tempo do crime), que surtirá efeitos para o futuro, uma vez que se trata de lei mais benéfica ao acusado.

Por fim, vamos ao último caso hipotético: imagine que o agente tenha praticado o crime de roubo com emprego de arma branca antes da entrada em vigor da Lei nº 13.654/18 (que revogou a majorante da arma branca) e somente foi julgado após a entrada em vigor da Lei nº 13.964/19 (Lei Anticrime). Qual lei a ele se aplica? Deve ser aplicado o aumento de pena a ele?

A resposta perpassa a análise da extra-atividade da lei penal, especificamente pelo que em doutrina se chama de lei intermediária. Rogério Sanches[91] traz seu conceito:

> A lei intermediária (ou intermédia) é aquela que deverá ser aplicada porque benéfica, muito embora não fosse a lei vigente ao tempo do fato, tampouco seja a lei vigente no momento do julgamento.

E arremata afirmando que:

> É possível notar que a lei penal intermediária é dotada de duplo efeito, possuindo a retroatividade em relação ao tempo da ação ou omissão e ultra-atividade em relação ao tempo do julgamento.

Portanto, a lei a ser aplicada, na hipótese de sucessão de leis penais no tempo, será sempre a mais benéfica ao acusado que, no caso no nosso exemplo, será a Lei nº 13.654/18, que excluiu a causa de aumento da arma branca. A propósito, o Supremo Tribunal Federal já decidiu sobre as leis intermediárias:

> II. Lei penal no tempo: incidência da norma intermediária mais favorável. Dada a garantia constitucional de retroatividade da lei penal mais benéfica ao réu, é consensual na doutrina que prevalece a norma mais favorável, que tenha tido vigência entre a data do fato e a da sentença: o contrário implicaria retroação da lei nova, mais severa, de modo a afastar a incidência da lei intermediária, cuja prevalência, sobre a do tempo do fato, o princípio da retroatividade *in melius* já determinara (...) RE 418.876/MT. Relator: Min. Sepúlveda Pertence.

---

[91] CUNHA, Rogério Sanches. *Manual de Direito Penal*. Parte geral (arts. 1º ao 120). Volume único. Salvador: JusPodivm, 2013, p. 112.

4.7.3.4.5 Retroatividade da jurisprudência

Outra questão que se discute em doutrina é sobre a possibilidade de retroação da jurisprudência. Vale dizer: existindo alteração do entendimento dos tribunais superiores, ele deverá retroagir para beneficiar ou prejudicar o réu?

Inicialmente, em relação à mudança de jurisprudência que seja mais gravosa ao réu, tem-se entendido que não é possível que retroaja para prejudicá-lo. Rogério Greco[92] traz exemplo esclarecedor:

> Se o agente praticou determinado comportamento partindo do fato de que se tratava de conduta lícita, em face do entendimento jurisprudencial, e se, tempos depois, tal posição é modificada pelos Tribunais, não poderá ser prejudicado com isso. Caso venha a ser processado, poderá alegar como tese defensiva, o erro de proibição. A título de exemplo, imagine-se a hipótese daquela mulher que, em razão de posições jurisprudenciais anteriores, imaginava ser lícita a conduta de fazer *topless* na praia. Tempos depois, a jurisprudência volta atrás e passa a entender que tal comportamento se amolda ao conceito de ato obsceno. A pessoa não poderá ser prejudicada pela nova interpretação, uma vez que acreditava, em decorrência de decisões anteriores, ser lícito o seu comportamento, devendo ser beneficiada, portanto, com a excludente de culpabilidade correspondente ao erro de proibição.

Quanto à retroatividade benéfica da jurisprudência, a doutrina diverge sobre a sua possibilidade.

Parte da doutrina entende ser inviável a retroação da jurisprudência benéfica, uma vez que a Constituição Federal não faz menção a ela, mas somente à retroatividade da lei penal mais benéfica. Ademais, o Código Penal não regulamentou essa possibilidade.[93] Assim, ante a ausência previsão legal e constitucional, não seria possível o seu reconhecimento.

Outra parte da doutrina entende que, sempre que existir nova interpretação jurisprudencial que beneficie o agente, esta deverá retroagir para beneficiá-lo, por razões de equidade, uma vez que não se pode admitir que situações semelhantes sejam julgadas de forma distinta somente em razão da data do julgamento de cada uma delas.[94] Esta posição exemplifica seu entendimento mencionando o cancelamento da Súmula 174 do Superior Tribunal de Justiça. Este verbete entendia que o emprego de arma de brinquedo servia para configurar a causa de aumento do crime de roubo. Contudo, posteriormente, a Corte da Cidadania mudou seu entendimento no sentido de que o emprego do referido instrumento não era apto para ensejar a aplicação da majorante, vez que não possuía potencialidade lesiva.

No mesmo prisma é a aplicação da Súmula Vinculante 26 do Supremo Tribunal Federal, que determina que "para efeito de progressão de regime no cumprimento de pena por crime hediondo ou equiparado, o juízo da execução observará a inconstitucionalidade do art. 2º da Lei nº 8.072, de 25 de julho de 1990, sem prejuízo de avaliar se o

---

[92] GRECO, Rogério. *Curso de Direito Penal*. Parte geral. v. I. 19. ed. Niterói: Impetus, 2017, p. 177.
[93] CUNHA, Rogério Sanches. *Manual de Direito Penal*. Parte geral (arts. 1º ao 120). Volume único. Salvador: JusPodivm, 2013, p. 109.
[94] BATISTA, Nilo; ZAFFARONI, Eugênio Raul; ALAGIA, Alejandro; SLOKAR, Alejandro. *Direito Penal brasileiro*. v. 1. p. 224.

condenado preenche, ou não, os requisitos objetivos e subjetivos do benefício, podendo determinar, para tal fim, de modo fundamentado, a realização de exame criminológico".

O efeito prático dessa posição é que, se admitida, autoriza a propositura de revisão criminal (art. 621, I, do CPP).

Uma última posição entende que é possível a retroatividade da jurisprudência benéfica, todavia, limita-a a determinados casos. Vejamos o comentário de André Estefam:[95]

> É mister, antes de uma análise mais profunda, colocar corretamente as arestas do debate. Deve-se ter em mente, em primeiro lugar, que nosso país não adota o sistema do precedente judicial, de modo que as decisões proferidas por tribunais não têm caráter vinculante. Há, contudo, exceções (súmula vinculante e controle concentrado de constitucionalidade pelo STF) e, somente nestes casos, é que terá relevância verificar se, caso surja novo entendimento mais brando por parte da jurisprudência, este deve alcançar fatos já protegidos com o manto da coisa julgada.

E arremata afirmando que:

> A doutrina estrangeira mostra-se (predominantemente) favorável a esta possibilidade. Para Juan Bustos Ramírez e Hernán Hormazábal Malarée, adeptos dessa corrente, o tema não deve ser solucionado com o princípio da retroatividade benéfica (até porque o princípio refere-se à retroatividade da lei penal), mas sob o enfoque dos princípios da igualdade e da razoabilidade.

Independentemente da posição adotada, as súmulas com caráter vinculante e as decisões em sede de controle concentrado proferidas pela STF devem retroagir em benefício do réu.

Do ponto de vista prático, no cotidiano forense, tem-se adotado a posição que permite a retroação da jurisprudência. A Corte da Cidadania tinha o entendimento de que o reconhecimento do tráfico privilegiado não afastava a hediondez do delito. Nesse sentido, era a Súmula 512:

> A aplicação da causa de diminuição de pena prevista no art. 33, §4º, da Lei nº 11.343/2006 não afasta a hediondez do crime de tráfico de drogas.

Tal discussão seguiu para o STF, no bojo do HC 118.533, tendo a Suprema Corte, por 8 votos a 3, lamentavelmente, reconhecido que o tráfico privilegiado não tem natureza hedionda.

O caso discutido pela Suprema Corte envolvia dois agentes que, no ano de 2009, transportaram aproximadamente 772 kg de droga, com a escolta de batedores.

Os argumentos expendidos pelos ministros para reconhecer o caráter não hediondo do tráfico privilegiado, em síntese, foram os seguintes:

a) em atenção ao princípio da legalidade, o rol de crimes hediondos previsto na Lei nº 8.072/90 é de caráter estrito, não sendo admitida sua ampliação mediante analogia;

---

[95] ESTEFAM, André. *Direito Penal*. v. 1, 6. ed. São Paulo: Saraiva, 2017. p. 165.

b) o legislador não quis incluir o tráfico privilegiado no rol dos crimes equiparados a hediondos, bem como não teve o intuito de colocá-lo nas hipóteses mais severas de concessão do livramento condicional. Caso tivesse essa intenção, teria feito de forma expressa e precisa;
c) é medida desproporcional equiparar o tráfico privilegiado a crime hediondo, uma vez que essa conduta é incompatível com a natureza hedionda.

Além dos citados argumentos, ainda foram feitas considerações a respeito de questões de política criminal e do aumento da população carcerária.

O afastamento da natureza hedionda do tráfico privilegiado trouxe, à época, implicações práticas, pois os condenados por essa conduta não teriam direito à concessão de anistia, graça e indulto; poderiam, à época, progredir de regime com o cumprimento de 1/6 da pena (e não com 2/5, se primário, ou 3/5, se reincidente), bem como atingiriam o requisito objetivo para o livramento condicional com 1/3 ou 1/2 do cumprimento da pena (e não mais com 2/3 ou não ter direito ao benefício, no caso de reincidência específica).

A decisão do HC 118.533 retratou uma nova orientação jurisprudencial do Supremo Tribunal Federal que, embora não possuísse caráter *erga omnes* nem efeito vinculante (pois prolatada no bojo de um *habeas corpus*), quando de sua prolação, trouxe reflexos práticos no cotidiano forense, em especial nas execuções de pena.

Ademais, seguindo esta orientação, o Superior Tribunal de Justiça, na Petição 11.796/DF, cancelou a Súmula 512, alinhando-se ao posicionamento do Supremo Tribunal Federal de que o tráfico privilegiado não é crime hediondo. Vejamos:

> PENAL E PROCESSUAL PENAL. TRÁFICO ILÍCITO DE DROGAS NA SUA FORMA PRIVILEGIADA. ART. 33, §4º, DA LEI Nº 11.343/2006. CRIME NÃO EQUIPARADO A HEDIONDO. ENTENDIMENTO RECENTE DO PLENO DO SUPREMO TRIBUNAL FEDERAL, NO JULGAMENTO DO HC 118.533/MS. REVISÃO DO TEMA ANALISADO PELA TERCEIRA SEÇÃO SOB O RITO DOS RECURSOS REPETITIVOS. RECURSO ESPECIAL REPRESENTATIVO DA CONTROVÉRSIA Nº 1.329.088/RS. CANCELAMENTO DO ENUNCIADO Nº 512 DA SÚMULA DO STJ. 1. O Supremo Tribunal Federal, no recente julgamento do HC 118.533/MS, firmou entendimento de que apenas as modalidades de tráfico ilícito de drogas definidas no art. 33, caput e §1°, da Lei nº 11.343/2006 seriam equiparadas aos crimes hediondos, enquanto referido delito na modalidade privilegiada apresentaria "contornos mais benignos, menos gravosos, notadamente porque são relevados o envolvimento ocasional do agente com o delito, a não-reincidência, a ausência de maus antecedentes e a inexistência de vínculo com organização criminosa" (Rel. Min. Cármen Lúcia, Tribunal Pleno, julgado em 23/06/2016). 2. É sabido que os julgamentos proferidos pelo Excelso Pretório em *Habeas Corpus*, ainda que por seu Órgão Pleno, não têm efeito vinculante nem eficácia *erga omnes*. No entanto, a fim de observar os princípios da segurança jurídica, da proteção da confiança e da isonomia, bem como de evitar a prolação de decisões contraditórias nas instâncias ordinárias e também no âmbito deste Tribunal Superior de Justiça, é necessária a revisão do tema analisado por este Sodalício sob o rito dos recursos repetitivos (Recurso Especial Representativo da Controvérsia 1.329.088/RS – Tema 600). 3. Acolhimento da tese segundo a qual o tráfico ilícito de drogas na sua forma privilegiada (art. 33, §4º, da Lei nº 11.343/2006) não é crime equiparado a hediondo, com o consequente cancelamento do enunciado 512 da Súmula deste Superior Tribunal de Justiça.

Atualmente, com a entrada em vigor da Lei nº 13.964/19 (Lei Anticrime), foi incluído o §5º ao art. 112 da Lei de Execuções Penais, que determina que "não se considera hediondo ou equiparado, para os fins deste artigo, o crime de tráfico de drogas previsto no §4º do art. 33 da Lei nº 11.343, de 23 de agosto de 2006". Portanto, se havia alguma dúvida quanto à retroatividade da jurisprudência mais benéfica, esta foi transformada em lei penal mais benéfica, devendo retroagir em benefício do réu.

4.7.3.5 Combinação de leis ou *lex tertia*

Combinação de leis penais é a hipótese em que se aplicam duas ou mais leis penais a um determinado caso concreto, utilizando-se das partes benéficas de uma e de outra, a fim de beneficiar o réu.

Exemplo: combinar o artigo 12 da Lei nº 6.368/76 (tráfico de drogas) com a causa de diminuição de pena do artigo 33, §4º, da nº Lei nº 11.343/06. Vejamos:

Art. 12 da Lei nº 6.368/76 (tráfico de drogas)	Art. 33 da Lei nº 11.343/06
Pena: 3 a 15 anos.	Pena: 5 a 15 anos.

Conforme se denota do quadro acima, o art. 12 da Lei nº 6.368/76 fixava a pena do crime de tráfico de drogas entre 3 e 15 anos. Com a entrada em vigor do art. 33 da Lei nº 11.343/06, houve um agravamento da pena para 5 a 15 anos. Assim, buscou-se combinar a parte benéfica do artigo 12 da Lei nº 6.368/76 (pena de 3 a 15 anos) com a parte benéfica do art. 33, §4º, da Lei nº 11.343/06 (redução de pena de 1/6 a 2/3), a pretexto de beneficiar os réus que cometeram crime sob a égide da Lei nº 6.368/76. Em caso de combinação de leis penais, ocorreria o seguinte:

Art. 12 da Lei nº 6.368/76 (tráfico de drogas)	Art. 33 da Lei nº 11.343/06
Pena: 3 a 15 anos.	Pena: 5 a 15 anos.
Redução de pena (artigo 33, §4º, da Lei nº 11.343/06): patamar máximo de 2/3.	Redução de pena (artigo 33, §4º, da Lei nº 11.343/06): patamar máximo de 2/3.
Pena mínima: 1 ano.	Pena mínima: 1 ano e 8 meses.

Vê-se que há substancial melhora na situação do acusado e, por esse motivo, surge a discussão sobre a possibilidade ou não da combinação de leis penais, despontando duas correntes sobre o tema:

> 1ª corrente: não se admite a combinação de leis penais, pois o juiz estaria se colocando na posição de legislador, criando uma terceira lei (Nelson Hungria,[96] Aníbal Bruno, Heleno Fragoso, Jair Leonardo Lopes, Paulo José da Costa Júnior, José Henrique Pierangeli, dentre outros).[97]
>
> 2ª corrente: considerando que o juiz pode aplicar o "todo" de uma ou de outra lei para favorecer o réu, ele também pode aplicar partes delas para beneficiar o

---

[96] HUNGRIA, Nelson. *Comentários do Código Penal*. v. 1. 5. ed. Rio de Janeiro: Forense, 1978, p. 120.
[97] Citados por NUCCI, Guilherme de Souza. *Manual de Direito Penal*: Parte geral. Parte especial. 4. ed. rev., atual. e ampl. 3. tir. São Paulo: Revista dos Tribunais, 2008, p. 97.

réu, atendendo, portanto, aos princípios da ultra-atividade e da retroatividade benéficas (Rogério Greco,[98] Basileu Garcia, Frederico Marques, Magalhães Noronha, Júlio Fabbrini Mirabete, dentre outros[99]).

Sobre o tema, também há divergência na jurisprudência, todavia os tribunais superiores têm se inclinado no sentido de não aceitar a combinação de leis penais.

Nesse sentido, o Superior Tribunal de Justiça editou a súmula 501, *verbis*:

> É cabível a aplicação retroativa da Lei nº 11.343/2006, desde que o resultado da incidência das suas disposições, na íntegra, seja mais favorável ao réu do que o advindo da aplicação da Lei nº 6.368/1976, sendo vedada a combinação de leis.

Ainda no mesmo propósito, o STF (RE 600817), com repercussão geral reconhecida, não admitiu a combinação de leis penais por entender que viola os princípios da legalidade e da separação dos poderes, pois estar-se-ia a criar uma terceira lei. No entanto, o juiz deverá, no caso concreto, verificar qual das leis é mais favorável ao réu (se a Lei nº 11.343/06 ou a Lei nº 6.368/76) e aplicá-la em sua integralidade.

> EMENTA: RECURSO EXTRAORDINÁRIO COM REPERCUSSÃO GERAL RECONHECIDA. PENAL. PROCESSUAL PENAL. TRÁFICO ILÍCITO DE ENTORPECENTES. CRIME COMETIDO NA VIGÊNCIA DA LEI 6.368/1976. APLICAÇÃO RETROATIVA DO §4º DO ART. 33 DA LEI 11.343/2006. COMBINAÇÃO DE LEIS. INADMISSIBILIDADE. PRECEDENTES. RECURSO PARCIALMENTE PROVIDO. I – É inadmissível a aplicação da causa de diminuição prevista no art. 33, §4º, da Lei 11.343/2006 à pena relativa à condenação por crime cometido na vigência da Lei 6.368/1976. Precedentes. II – Não é possível a conjugação de partes mais benéficas das referidas normas, para criar-se uma terceira lei, sob pena de violação aos princípios da legalidade e da separação de Poderes. III – O juiz, contudo, deverá, no caso concreto, avaliar qual das mencionadas leis é mais favorável ao réu e aplicá-la em sua integralidade. IV – Recurso parcialmente provido.

4.8 Leis penais de vigência temporária (lei penal excepcional e lei penal temporária)

As leis penais de vigência temporária encontram-se previstas no art. 3º do Código Penal. São elas: lei penal excepcional e lei penal temporária.

> Art. 3º – A lei excepcional ou temporária, embora decorrido o período de sua duração ou cessadas as circunstâncias que a determinaram, aplica-se ao fato praticado durante sua vigência.

Lei temporária é aquela que tem tempo pré-definido de vigência em seu texto. Vale dizer, a própria lei determina qual seu prazo de validade, fixando data para o término de sua vigência. Cita-se como exemplo a Lei nº 12.663/12, que dispunha sobre as medidas relativas à Copa das Confederações FIFA 2013, à Copa do Mundo Fifa 2014 e à Jornada Mundial da Juventude – 2013, que foram realizadas no Brasil. A referida lei criou alguns crimes que visavam proteger o patrimônio da FIFA, sendo que em seu

---

[98] GRECO, Rogério. *Curso de Direito Penal*. Parte geral. v. I. 17. ed. Niterói: Impetus, 2015, p. 168.

[99] Citados por NUCCI, Guilherme de Souza. *Manual de Direito Penal*: Parte geral. Parte especial. 4. ed. rev., atual. e ampl. 3. tir. São Paulo: Revista dos Tribunais, 2008, p. 96.

art. 36 estabeleceu que os tipos penais nela previstos teriam vigência somente até o dia 31 de dezembro de 2014.

Lei excepcional, por sua vez, é aquela que perdura por todo o tempo excepcional, atendendo a necessidades transitórias do Estado, a exemplo de guerra, calamidade, epidemia etc. Em outros termos, durante todo o período transitório, ela permanecerá em vigor. Findo o estado emergencial, ela perderá sua vigência.

Tais leis possuem duas características marcantes.

A primeira delas é que se tratam de leis autorrevogáveis (ou leis intermitentes), ou seja, serão revogadas automaticamente quando chegar no prazo estabelecido (lei temporária) ou quando cessar a situação excepcional.

A segunda característica diz respeito à ultra-atividade, significando dizer que os fatos por elas incriminados continuarão sendo punidos, mesmo após o término de sua vigência. Tais leis possuem esse atributo, tendo em vista que, se assim não fosse, existiria uma espécie de ineficácia preventiva de sua incriminação, ou seja, sabendo o agente que ao término do prazo ou da situação excepcional ele não mais responderia pelo delito praticado, poderia livremente descumpri-las, ante a certeza da impunidade. Portanto, essas leis não se sujeitam aos benefícios da *abolitio criminis*, exceto expressa previsão legal nesse sentido.

O fato de as leis temporárias e excepcionais serem ultrativas gera discussões doutrinárias sobre a sua constitucionalidade, em razão do princípio da irretroatividade da lei penal mais gravosa. Explico: tais leis estabelecem crimes que perduram por determinado tempo, sendo que, findo o prazo da lei ou período excepcional, tal delito não mais existe, operando-se a exclusão do crime do ordenamento jurídico. Diante disso, parte da doutrina entende que, havendo a exclusão do delito, a lei deveria retroagir para beneficiar o criminoso.

Zafaroni e Pirangeli, por exemplo, entendem que estas normas não podem ser ultra-ativas, tendo em vista que a Carta Magna não faz nenhuma ressalva em relação à retroatividade benéfica, motivo pelo qual deve ser estendida, também, às leis temporárias e excepcionais:

> Esta posição é de duvidosa constitucionalidade, posto que exceção à irretroatividade legal que consagra a Constituição Federal ('salvo quando agravar a situação do réu'), não admite exceções, ou seja, possui caráter absoluto.[100]

Em que pesem posições em contrário, tem prevalecido, de forma acertada, que tais leis são constitucionais e não violam o art. 5º, XL, da Constituição Federal. Fernando Capez e Edilson Mougenot Bonfim ensinam que:

> Não há falar em ofensa ao princípio constitucional da retroatividade da lei mais benéfica (art. 5º, XL), uma vez que, se uma lei temporária agravasse as penas de certos crimes cometidos durante um período e, vencido o prazo dela, o direito comum mais benigno recobrasse sua eficácia, com possibilidade de retroação, haveria total ineficácia da lei temporal, que não serviria para nada, atentando-se contra o princípio da proteção do bem jurídico.[101]

---

[100] ZAFARONI, Eugênio Raul; PIERANGELI, José Henrique. *Manual de Direito Penal brasileiro* – Parte geral. Vol. 1. 8. ed. São Paulo: RT, 2009. p. 202.
[101] BONFIM, Edilson; CAPEZ, Fernando. *Direito Penal*. Parte geral. 1. ed. p. 255.

Ainda pela constitucionalidade das leis de vigência temporária e, exemplificando com a hipótese de nova lei ordinária mais benéfica suceder à lei temporária ou excepcional, Damásio E. de Jesus[102] orienta pela correção da aplicação da ultra-atividade das leis de vigência temporária, uma vez que a discussão sobre elas não diz respeito a questões de direito intemporal (retroatividade da lei penal mais benéfica), mas sim à tipicidade (não se tratam dos mesmos fatos incriminados, vez que estes dizem respeito a período anormal). Daí se concluir pela constitucionalidade do art. 3º do Código Penal. O insigne autor ainda traz os inconvenientes de ordem prática caso seja admitida a retroatividade da lei penal mais benéfica:

1. seria inócuo que a lei excepcional ou temporária impusesse sanção por lapso superior ao de sua passageira vigência;
2. se dois cidadãos cometessem, na mesma data, fato idêntico somente definido pela lei excepcional ou temporária, poderia ocorrer que, pela desigualdade de celeridade das ações criminais, um deles viesse a ser condenado (até o término da vigência da lei) e o outro ficasse impune;
3. no mesmo caso, se um dos agentes fosse preso antes do término da vigência da lei, e o outro não, o primeiro sofreria a pena, enquanto o outro ficaria em paz;
4. os violadores da lei excepcional ou temporária, nos últimos dias de sua vigência, estariam *ab initio* imunes à repressão penal ou à maior punibilidade;
5. quando fosse curto o prazo de vigência da lei que incriminasse *ex novo* uma conduta, não se poderia falar em extinção da pretensão punitiva pela prescrição, pois antes sempre ocorreria a *abolitio criminis*.

4.8.1 Retroatividade do complemento da lei penal em branco

Há discussão na doutrina sobre a possibilidade de retroação do complemento da lei penal em branco.

Assim, para se falar em retroatividade benéfica, deve-se avaliar se o complemento da lei penal em branco se reveste de caráter de normalidade ou de excepcionalidade, fatores que determinarão se o complemento deverá ou não retroagir em benefício do réu.

Na hipótese de se revestir de caráter de normalidade, havendo modificação favorável ao réu, a norma deve retroagir para beneficiá-lo, em atenção à retroatividade da lei penal mais benéfica.

Na hipótese de se revestir de caráter de excepcionalidade, ainda que haja modificação favorável ao réu, não deve a norma retroagir, aplicando-se a regra do artigo 3º do Código Penal (ultra-atividade da lei penal temporária e excepcional).

Assim, ante a situação de normalidade, caso haja exclusão de algumas das drogas previstas na Portaria nº 344/98, inexoravelmente, acarretar-se-á a exclusão do crime relativo àquela substância, uma vez que se trata de *novatio legis in mellius* e, portanto, deve retroagir para beneficiar o réu.

---

[102] JESUS, Damásio de. *Direito Penal*. Volume 1: Parte geral. 35. ed. p. 140-141.

Nesse diapasão, é a lição de Cléber Masson:

> Quando o complemento revestir-se de situação de normalidade, a sua modificação favorável ao réu revela a alteração do tratamento penal dispensado ao caso. Em outras palavras, a situação que se buscava incriminar passa a ser irrelevante. Nesse caso, a retroatividade é obrigatória. Vejamos um exemplo: Suponhamos que alguém seja preso em flagrante, por ter sido encontrada em seu poder relevante quantidade de determinada droga. O crime de tráfico, tipificado pelo art. 33, *caput*, da Lei 11.343/2006, constitui-se em lei penal em branco, pois a sua descrição fala somente em 'droga' e a classificação de determinada substância nessa categoria depende de enquadramento em relação constante de Portaria editada pelo Poder Executivo Federal.

Por seu turno, quando o complemento se inserir em um contexto de anormalidade, de excepcionalidade, a sua modificação, ainda que benéfica ao réu, não pode retroagir. Fundamenta-se essa posição na ultra-atividade das leis penais excepcionais, alicerçada no art. 3º do Código Penal.[103]

Para que fique bastante claro, no Brasil, por exemplo, esta situação ocorreu em duas oportunidades em relação à substância cloreto de etila, conhecida popularmente como lança-perfume (anos de 1984 e 2000). Iremos nos ater ao caso mais recente.

Em 07/12/00, a Anvisa publicou a Resolução nº 104, que retirou do rol das substâncias proscritas o cloreto de etila, sendo que, após oito dias (em 15/12/00), republicou a mesma Resolução, incluindo novamente o componente no rol das substâncias proibidas. Assim, diante da *abolitio criminis* temporária, em respeito à retroatividade da lei penal mais benéfica, considerou-se extinta a punibilidade de todos os réus que manipularam o lança-perfume em data anterior ao dia 15/12/00.

Alice Bianchini, Luiz Flávio Gomes, Rogério Sanches da Cunha e Willian Terra de Oliveira orientam que, havendo a exclusão de qualquer das substâncias do rol da Portaria da ANVISA, operar-se-á a *abolitio criminis*:

> Excluindo-se da lista certa substância, configurar-se-á a *abolitio criminis*, extinguindo-se a punibilidade do agente, ainda que o feito esteja em fase de execução (ou seja, mesmo após o trânsito em julgado)[104]

O Supremo Tribunal Federal foi chamado a se manifestar sobre esse tema, chancelando o entendimento acima, nos seguintes termos:

> TRÁFICO DE ENTORPECENTES. LANÇA-PERFUME. LISTA DAS SUBSTÂNCIAS PSICOTRÓPICAS DE USO PROSCRITO NO BRASIL (PORTARIA SVS/MS Nº 344/98). EXCLUSÃO DO CLORETO DE ETILA DE MENCIONADO ROL. VIGÊNCIA, AINDA QUE POR BREVE PERÍODO, DA RESOLUÇÃO QUE EXCLUIU DA RELAÇÃO INCRIMINADORA O CLORETO DE ETILA. CARACTERIZAÇÃO DE *ABOLITIO CRIMINIS* TEMPORÁRIA. PRECEDENTES. RELAÇÕES ENTRE AS LEIS PENAIS EM BRANCO E OS ATOS QUE AS COMPLEMENTAM. DOUTRINA. POSTERIOR REINCLUSÃO, PELA ANVISA, DO CLORETO DE ETILA NA LISTA DE SUBSTÂNCIAS

---

[103] MASSON, Cléber Rogério. *Direito Penal esquematizado*. Parte geral. v. 1. 3. ed. rev., atual. e ampl. Rio de Janeiro: Forense; São Paulo: Método, 2010, p. 110.
[104] BIANCHINI, Alice; GOMES, Luiz Flávio; CUNHA, Rogério Sanches da; OLIVEIRA, Willian Terra. *Legislação penal especial*. Coleção Ciências Criminais. v. 6. São Paulo: Revista dos Tribunais, 2009, p. 196.

PROIBIDAS. IMPOSSIBILIDADE, EM TAL HIPÓTESE, DE ATRIBUIR-SE EFICÁCIA RETROATIVA À RESOLUÇÃO QUE REINCLUIU, EM MOMENTO POSTERIOR, O CLORETO DE ETILA NA RELAÇÃO DE SUBSTÂNCIAS PROSCRITAS. VEDAÇÃO CONSTITUCIONAL QUE INIBE A RETROATIVIDADE DA *LEX GRAVIOR* (CF, ART. 5º, XL). PRECEDENTES. *HABEAS CORPUS* DEFERIDO. HC 120026/SP – STF (29/05/2015). Relator: Ministro Celso de Mello.

Em outras oportunidades, o Supremo Tribunal Federal já havia se manifestado da mesma maneira:

> AÇÃO PENAL. Tráfico de entorpecentes. Comercialização de 'lança-perfume'. Edição válida da Resolução Anvisa nº 104/2000. Retirada do cloreto de etila da lista de substâncias psicotrópicas de uso proscrito. *Abolitio criminis*. Republicação da Resolução. Irrelevância. Retroatividade da lei penal mais benéfica. HC concedido. A edição, por autoridade competente e de acordo com as disposições regimentais, da Resolução Anvisa nº 104, de 07/12/00, retirou o 'cloreto de etila' da lista de substâncias psicotrópicas de uso proscrito durante a sua vigência, tornando atípicos o uso e tráfico da substância até a nova edição da Resolução, e extinguindo a punibilidade dos fatos ocorridos antes da primeira portaria, nos termos do art. 5º, XL, da Constituição Federal (HC 94.397/BA) – Ministro Relator Cezar Peluso.

Destarte, parece-nos pacífica a possibilidade de retroatividade benéfica do complemento da lei penal em branco, desde que observado se este se reveste de caráter de normalidade (permite-se a retroatividade). Se revestido de caráter de excepcionalidade, aplica-se a regra do art. 3º do Código Penal, não se permitindo a retroatividade.

Por exemplo, em 2020, o mundo foi acometido pela pandemia do coronavírus (conhecido por Covid-19), o que ensejou que as autoridades sanitárias e de saúde de âmbito federal, estadual e municipal expedissem atos normativos regulamentadores a respeito da postura da população para o enfrentamento do vírus. De forma geral, as autoridades sanitárias, em suas esferas de atribuições, expediram decretos e normas regulamentadoras que determinavam o distanciamento social, proibição de aglomeração, uso de máscaras, uso de álcool em gel nas mãos, fechamento do comércio e, em alguns lugares, o chamado *lock down* etc.

Em relação ao cumprimento dessas determinações do poder público, o art. 268 do Código Penal incrimina a seguinte conduta:

> Art. 268 – Infringir determinação do poder público, destinada a impedir introdução ou propagação de doença contagiosa:
> Pena – detenção, de um mês a um ano, e multa.
> Parágrafo único – A pena é aumentada de um terço, se o agente é funcionário da saúde pública ou exerce a profissão de médico, farmacêutico, dentista ou enfermeiro.

O art. 268 do Código Penal traz norma penal em branco, tendo em vista que depende de ato regulamentador para se verificar o que deve ou não ser feito para impedir a introdução ou propagação de doença contagiosa. Existindo essa regulamentação e havendo o seu descumprimento, haverá o delito o art. 268 do Código Penal.

Assim, por exemplo, havendo regulamentação da autoridade que proíba aglomerações, o agente que, durante o período excepcional, realizar tal ato (aglomeração), responderá pelo delito do art. 268 do Código Penal.

Pois bem.

Na situação da pandemia do coronavírus, observa-se o nítido caráter de excepcionalidade desses decretos e regulamentações do poder público (que são complementos da norma penal em branco descrita no art. 268 do Código Penal), uma vez que, finda toda a crise, eles deixaram de vigorar.

Dessa forma, tratando-se de complemento de norma penal em branco que está revestido de caráter de anormalidade, aplica-se a regra do art. 3º do Código Penal, não se permitindo a retroatividade. Vale dizer, aqueles que descumpriram as determinações impostas pelo poder público durante a Pandemia do Covid-19, responderão pelo seu descumprimento, mesmo depois da revogação dos atos normativos regulamentadores, em razão do seu caráter de excepcionalidade, que não permite a retroatividade.

4.9 Eficácia da lei penal no espaço

4.9.1 Territorialidade

Segundo o art. 5º do Código Penal:

> Art. 5º – Aplica-se a lei brasileira, sem prejuízo de convenções, tratados e regras de direito internacional, ao crime cometido no território nacional.

O art. 5º do Código Penal trata do princípio da territorialidade, que dispõe que, em regra, ao fato criminoso praticado no território nacional, aplica-se a lei brasileira. No entanto, o art. 5º não traz uma regra absoluta, permitindo-se, excepcionalmente, a aplicação de convenções, tratados e regras de direito internacional. A esse fenômeno, dá-se o nome de intraterritorialidade.

Assim, o princípio adotado pelo Código Penal é o da territorialidade mitigada ou temperada pela intraterritorialidade. Vale dizer, em regra, aplica-se a lei brasileira ao crime cometido no território nacional (territorialidade). Contudo, é possível a aplicação da lei estrangeira ao delito praticado no Brasil (intraterritorialidade).

4.9.2 Princípios aplicáveis

Além do princípio da territorialidade, existem outros princípios que regulam a eficácia da lei penal no espaço.

1. *Princípio da nacionalidade ou da personalidade ativa*

Aplica-se a lei da nacionalidade do agente delitivo, independentemente da nacionalidade do sujeito passivo (vítima). Portanto, busca-se saber a nacionalidade de quem praticou o crime.

2. *Princípio da personalidade passiva*

Aplica-se a lei da nacionalidade do agente quando a vítima for um concidadão. Por exemplo, brasileiro que mata outro brasileiro, fora do Brasil.

Como explica Bitencourt, "esse princípio tem por objetivo impedir a impunidade de nacionais por crimes praticados em outros países, que não sejam abrangidos pelo critério da territorialidade".[105]

3. *Princípio da defesa ou real*

Aplica-se a lei do país da nacionalidade do bem jurídico violado, independentemente do local da infração ou mesmo da nacionalidade do agente delitivo.

Por esse princípio, autoriza-se a extensão da jurisdição penal do Estado a fatos ocorridos fora de seus limites territoriais, com fundamento da nacionalidade do bem jurídico.

Diante da modernidade, por vezes, interesses nacionais são frontalmente violados no exterior. Assim, com base nesse princípio, permite-se ao Estado proteger seus interesses além de suas fronteiras.

4. *Princípio da justiça universal ou cosmopolita ou da justiça cosmopolita*

Aplica-se a lei do local onde o indivíduo for encontrado, independentemente do local da infração, da nacionalidade do agente delitivo ou do bem jurídico lesado.

De acordo com João Mestieri:

> O fundamento desta teoria é ser o crime um mal universal, e por isso todos os Estados têm interesse em coibir a sua prática e proteger os bens jurídicos da lesão provocada pela infração penal.[106]

5. *Princípio da representação, da bandeira, do pavilhão, subsidiário ou da substituição*

Aplica-se a lei penal brasileira aos crimes cometidos em aeronaves ou embarcações brasileiras, mercantes ou de propriedade privada, quando estiverem em território estrangeiro e aí não sejam julgadas.

É válido lembrar que às embarcações e aeronaves públicas ou a serviço do governo não se aplica esse princípio, pois são consideradas extensão do território nacional. Portanto, a elas aplica-se o princípio da territorialidade.

4.9.3 Conceito de território nacional

É o espaço físico (ou em sentido estrito ou geográfico) e o espaço jurídico (ou por equiparação ou por extensão) onde o Estado exerce sua soberania política. Segundo Eugênio Pacelli e André Calegari:

> O território em sentido estrito é aquele composto pelo solo, o subsolo, as águas interiores, o mar territorial, a plataforma continental, bem como o espaço aéreo acima do solo e do mar territorial. É o que se extrai das Leis 7.565/86 e 8.617/93. Já o território por extensão abrangeria as embarcações e aeronaves brasileiras, de natureza pública ou a serviço

---

[105] BITENCOURT, Cezar Roberto. *Tratado de Direito Penal 1*. Parte geral.152 v. 1. 26. ed. São Paulo: Saraiva, 2020. p. 238.
[106] MESTIERI, João. *Teoria elementar de direito criminal*. Parte geral. Rio de Janeiro: Editora do Autor, 1990, p. 117.

do governo brasileiro, estejam onde estiverem, bem assim as embarcações e aeronaves brasileiras, mercantes ou de propriedade privada, que estejam em alto-mar ou no espaço aéreo correspondente (art. 5º, §1º, Código Penal). Tais disposições acerca da definição do território, incluindo a especificação e a extensão do mar territorial e da plataforma continental, todas contidas na Lei nº 8.617/93, incorporaram a Convenção da ONU (1982) sobre o Direito do Mar e as normas de direito internacional sobre o espaço aéreo.[107]

Para fins penais, são entendidos como extensão do território nacional, de acordo com o art. 5º, §§1º e 2º, do Código Penal:

1. nas hipóteses de navios e aeronaves brasileiros serem públicos ou estarem a serviço do governo brasileiro, estando no território nacional ou estrangeiro, serão considerados parte do território nacional;
2. se os navios e aeronaves forem privados, quando estiverem em alto-mar ou no espaço aéreo correspondente ao alto-mar, seguem a lei da bandeira que ostentam (princípio da bandeira);
3. navios e aeronaves estrangeiros em território brasileiro, desde que públicos, não são considerados parte do território nacional. Se forem privados, são considerados parte do território brasileiro;
4. as embaixadas não são consideradas extensão do território do país que representam, mas sim extensão do território brasileiro. Porém, embora sejam extensão do território nacional, elas são dotadas de inviolabilidade.
5. os destroços de embarcações em alto-mar são considerados extensão do território nacional em que a embarcação estiver matriculada.

4.9.3.1 Passagem inocente (Lei nº 8.617/93)

Passagem inocente consiste no direito que os navios mercantes ou militares possuem de transitarem livremente pelo mar territorial, como passagem necessária para chegar ao seu destino. Assim, a passagem obrigatória e necessária de um navio por nosso território para chegar ao seu destino, sem atracar no território nacional, não conduz a aplicação da lei brasileira.

Por exemplo, se durante a passagem inocente, ocorre um homicídio dentro do navio, não será responsabilidade do Estado Brasileiro, desde que não afete a paz, a ordem ou segurança do país.

Ressalte-se que a passagem inocente não abrange as aeronaves. Isso porque, em relação ao espaço aéreo, o Brasil adotou a chamada teoria da absoluta soberania do país subjacente, significando dizer que nosso país exerce completa e exclusiva soberania sobre o espaço correspondente ao seu território e mar territorial, conforme art. 11 da Lei nº 7.565/86. Bitencourt traz os seguintes ensinamentos sobre o tema:

> O espaço aéreo, que também integra o conceito de território nacional, é definido por três teorias: a) absoluta liberdade do ar – nenhum Estado domina o ar, sendo permitido a qualquer Estado utilizar o espaço aéreo, sem restrições; b) soberania limitada ao alcance das baterias antiaéreas – representaria, concretamente, os limites do domínio do Estado; c) soberania sobre a coluna atmosférica – o país subjacente teria domínio total sobre seu

---

[107] PACELLI, Eugênio; CALLEGARI, André. *Manual de Direito Penal*: Parte geral. 6. ed. São Paulo: Atlas, 2020. p. 155.

espaço aéreo, limitado por linhas imaginárias perpendiculares, incluindo o mar territorial. O Código Brasileiro de Aeronáutica, com as modificações do Decreto nº 34/67, adota a teoria da soberania sobre a coluna atmosférica.[108]

4.9.4 Lugar do crime

Por lugar do crime deve se entender onde um crime se considera praticado no território nacional. Consoante o artigo art. 6º do Código Penal, reputa-se praticado o crime no lugar em que ocorreu a ação ou omissão, no todo ou em parte, bem como onde se produziu ou deveria produzir-se o resultado.

Sobre o lugar do crime, existem algumas posições que explicam o tema:
1. Teoria da Atividade: considera-se o lugar do crime aquele onde o agente desenvolveu a conduta (ação ou omissão);
2. Teoria do Resultado ou do Evento: considera-se o lugar do crime aquele onde se produziu ou deveria se produzir o resultado, não importando o lugar da conduta;
3. Teoria da Ubiquidade, Mista ou Unitária: considera-se o lugar do crime aquele onde se desenvolveu a conduta (local da ação ou da omissão) ou onde se produziu ou deveria produzir-se o resultado.

A teoria adotada pelo art. 6º do Código Penal foi a da ubiquidade.

O estudo do local do crime possui relevância no contexto dos crimes à distância ou de espaço máximo, que são aqueles em que a conduta é praticada em um país e o resultado é produzido em outro país, gerando conflito internacional de competência, em razão da pluralidade de países.

Imagine, por exemplo, uma troca de tiros na cidade Foz do Iguaçu/PR, em que a vítima ferida, em fuga, atravessa a Ponte da Amizade, e morre em Ciudad Del Este, no Paraguai. Questiona-se: qual o local do crime?

Pela Teoria da Ubiquidade, adotada pelo art. 6º do Código Penal, o local do crime será tanto o Brasil (local da ação ou omissão), quanto o Paraguai (local do resultado).

Para que haja a incidência da lei brasileira, é preciso que ao menos um ato executório seja praticado no Brasil, ou que o resultado ocorra no território nacional.

De outra banda, se no território brasileiro ocorreu somente a preparação do crime, em regra, o fato não interessa ao direito brasileiro, exceto se se tratar de crimes de atentado ou de empreendimento, que são aqueles em que meros atos preparatórios já configuram o delito.

No caso dos delitos de atentado ou de empreendimento, como os atos preparatórios já são considerados execução do delito, a exemplo da associação criminosa do art. 288 do Código Penal, haverá interesse do direito interno.

4.9.4.1 Exceções à Teoria da Ubiquidade

Embora o art. 6º do Código Penal oriente que o lugar do crime será tanto o local da ação ou da omissão quanto o local do resultado, existem algumas exceções a essa regra.

---

[108] BITENCOURT, Cezar Roberto. *Tratado de Direito Penal 1*. Parte geral. v. 1. 26. ed. São Paulo: Saraiva, 2020. p. 240.

1. *Crimes plurilocais ou de espaço interno*

São aqueles em que a conduta ocorre em uma comarca e o resultado em outra comarca, dentro do mesmo país. Nesse caso, haverá conflito interno de competência, aplicando-se a regra do art. 70 do Código de Processo Penal (Teoria do Resultado).

2. *Crimes conexos*

Na hipótese de crimes conexos, que são aqueles que possuem algum ponto de intersecção entre si, cada qual deve ser processado e julgado no país em que foi praticado.

É exceção à regra, uma vez que, de acordo com o Código de Processo Penal, as situações de conexão ensejam a reunião de processos.

3. *Crimes dolosos contra a vida*

Os crimes dolosos contra a vida devem ser julgados na comarca em que foi praticada a ação ou omissão, ainda que a morte tenha ocorrido em comarca diversa. Neste caso, aplica-se a teoria da atividade. Nesse sentido, é pacífico o entendimento jurisprudencial:

> Nos termos do art. 70 do CPP, a competência para o processamento e julgamento da causa, será, de regra, determinada pelo lugar em que se consumou a infração.
> 2. Todavia, a jurisprudência tem admitido exceções a essa regra, nas hipóteses em que o resultado morte ocorrer em lugar diverso daquele onde se iniciaram os atos executórios, determinando-se que a competência poderá ser do local onde os atos foram inicialmente praticados.
> 3. Tendo em vista a necessidade de se facilitar a apuração dos fatos e a produção de provas, bem como garantir que o processo possa atingir a sua finalidade primordial, qual seja, a busca da verdade real, a competência pode ser fixada no local de início dos atos executórios (...) (HC 95.853/RJ, Rel. Min. Og Fernandes, Sexta Turma, julgado em 11/09/2012).

Guilherme Nucci traz valiosas lições sobre o tema:

> É justamente no local da ação que se encontram as melhores provas (testemunhas, perícia etc.), pouco interessando onde se dá a morte da vítima. Para efeito de condução de uma mais apurada fase probatória, não teria cabimento desprezar-se o foro do lugar onde a ação desenvolveu-se somente para acolher a teoria do resultado. Exemplo de ilogicidade seria o autor ter dado vários tiros ou produzido toda a série de atos executórios para ceifar a vida de alguém em determinada cidade, mas, unicamente pelo fato da vítima ter-se tratado em hospital de comarca diversa, onde faleceu, deslocar-se o foro competente para esta última. As provas teriam que ser coletadas por precatória, o que empobreceria a formação do convencimento do juiz.[109]

4. *Infração penal de menor potencial ofensivo*

Nas infrações de menor potencial ofensivo, aplica-se a regra do art. 63 da Lei nº 9.099/95, que dispõe que "a competência do Juizado será determinada pelo lugar em que a foi praticada a infração penal".

---

[109] NUCCI, Guilherme de Souza. *Código de Processo Penal comentado*. 8. ed. São Paulo: RT, 2008, p. 210.

Neste ponto, existe divergência doutrinária a respeito da teoria adotada. Parte da doutrina tem entendido que se trata de aplicação da teoria da atividade.[110] Para este posicionamento, cuida-se de exceção à regra da ubiquidade. Antônio Henrique Graciano Suxberger explica que:

> Já a Lei 9.099/95, atenta aos reclamos de uma investigação preliminar muitíssimo simplificada e de uma resposta do Judiciário tanto quanto possível a ser realizada de forma imediata, estabelece a competência territorial de acordo com a teoria da atividade. Interessa, então, para a definição de qual o Jecrim competente para processar e julgar o fato, o local em que realizada a ação criminosa, ainda que outro seja o lugar em que se opere o resultado.[111]

Contudo, para segunda posição, que a nosso sentir tem prevalecido na jurisprudência e doutrina, trata-se da aplicação da Teoria da Ubiquidade.[112]

5. *Atos infracionais*

De acordo com o art. 147, §1º, do Estatuto da Criança e do Adolescente, nos casos de ato infracional, será competente a autoridade do lugar da ação ou omissão, observadas as regras de conexão, continência e prevenção.

6. *Crimes falimentares*

Segundo o art. 183 da Lei nº 11.101/05, compete ao juiz criminal da jurisdição onde tenha sido decretada a falência, concedida a recuperação judicial ou homologado o plano de recuperação extrajudicial, conhecer da ação penal pelos crimes previstos nesta lei.

4.9.5 Extraterritorialidade

A regra no ordenamento jurídico brasileiro é que se aplica a lei penal brasileira aos crimes praticados no território nacional, seja físico ou jurídico (princípio da territorialidade). Permite-se, também, de forma excepcional, a aplicação de convenções, tratados e regras de direito internacional aos crimes praticados no território brasileiro, nos moldes do art. 5º, *caput*, do Código Penal (princípio da intraterritorialidade).

Já na extraterritorialidade, temos o estudo das hipóteses em que se aplica a legislação penal brasileira aos delitos praticados exterior.

A extraterritorialidade pode ser dividida em: a) incondicionada; condicionada; e c) hipercondicionada.

---

[110] MASSON, Cléber Rogério. *Direito Penal esquematizado*. Parte geral. v. 1. 14. ed. rev., atual. e ampl. São Paulo: Método, 2020, p. 139.

[111] SUXBERGUER, Antônio Henrique Graciano. *Leis penais especiais*: comentadas. Coordenadores Rogério Sanches Cunha, Ronaldo Batista Pinto, Renee do Ó Souza. 3. ed. ver. atual. e ampl. Salvador: Ed. JusPodivm, 2020. p. 823.

[112] MIRABETE, Júlio Fabbrini. *Juizados especiais criminais*: comentários, jurisprudência, legislação. São Paulo: Atlas, 1996, p. 40: "a competência *ratione loci* dos Juizados Especiais é determinada pelo princípio da ubiquidade, ou seja, pelo lugar em que foram praticados um ou mais atos de execução ou em que ocorreu o resultado total ou parcial".

4.9.5.1 Extraterritorialidade incondicionada

Na extraterritorialidade incondicionada, aplica-se a lei brasileira ao crime praticado no exterior, independentemente do implemento de quaisquer condições.

Segundo o art. 7º, §1º, o agente é punido segundo a lei brasileira, ainda que absolvido ou condenado no estrangeiro.

De acordo com o art. 7º, I, do Código Penal, ficam sujeitos à lei brasileira, embora cometidos no estrangeiro os seguintes crimes:

a) *contra a vida ou a liberdade do Presidente da República;*

Esta hipótese de extraterritorialidade relaciona-se ao princípio da defesa ou real.

b) *contra o patrimônio ou a fé pública da União, do Distrito Federal, de estado, de território, de município, de empresa pública, sociedade de economia mista, autarquia ou fundação instituída pelo Poder Público;*

Esta hipótese de extraterritorialidade relaciona-se ao princípio da defesa ou real.

c) *contra a administração pública, por quem está a seu serviço;*

Esta hipótese de extraterritorialidade relaciona-se ao princípio da defesa ou real.

d) *de genocídio, quando o agente for brasileiro ou domiciliado no Brasil.*

Quanto a esta hipótese, a doutrina diverge sobre qual princípio fundamenta a extraterritorialidade da lei brasileira, observando a seguinte ordem de preferência: 1ª corrente: adota o princípio da justiça universal; 2ª corrente: adota o princípio da defesa ou real, aplicando-se a lei brasileira somente se for genocídio contra brasileiro; 3ª corrente: adota o princípio da nacionalidade ativa.

Damásio E. de Jesus justifica as razões que levaram estes a serem tratados hipótese de extraterritorialidade incondicionada:

> Funda-se o incondicionalismo na circunstância de esses crimes ofenderem bens jurídicos de capital importância, afetando interesses relevantes do Estado.[113]

4.9.5.2 Extraterritorialidade condicionada

Na extraterritorialidade condicionada, a aplicação da lei brasileira aos crimes cometidos no estrangeiro depende do implemento de algumas condições.

Esta modalidade de extraterritorialidade se aplica aos crimes descritos no art. 7º, II, do Código Penal:

a) *os crimes que, por tratado ou convenção, o Brasil se obrigou a reprimir;*

Adotou-se o princípio da justiça universal.

---

[113] JESUS, Damásio de. *Direito Penal*. Volume 1: parte geral. 35. ed. São Paulo: Editora Saraiva, 2013. p. 172.

b) *os crimes praticados por brasileiro;*

Adotou-se o princípio da nacionalidade ativa.

c) *os crimes praticados em aeronaves ou embarcações brasileiras, mercantes ou de propriedade privada, quando em território estrangeiro e aí não sejam julgados.*

Adotou-se o princípio da representação ou da bandeira.

Após a prática de um dos crimes acima mencionados, somente será possível a aplicação da lei brasileira se forem preenchidas as seguintes condições, previstas no art. 7º, §2º, do Código Penal, de forma cumulativa:

1. *entrar o agente no território nacional.*

Quanto a esta condição, deve-se entender que entrar no território nacional não significa nele permanecer. O dispositivo exige apenas o ingresso no território, que pode ser tanto o físico, quanto o jurídico. É condição de procedibilidade para o início da ação penal.

2. *ser o fato punível também no país em que foi praticado;*

É aquilo que a doutrina tem chamado de dupla tipicidade, ou seja, o fato praticado deve ser crime tanto no Brasil, quanto no exterior. Trata-se de condição objetiva da punibilidade.

3. *estar o crime incluído entre aqueles pelos quais a lei brasileira autoriza a extradição;*

É condição objetiva da punibilidade.

4. *não ter sido o agente absolvido no estrangeiro ou não ter aí cumprido a pena;*

Diferentemente da extraterritorialidade incondicionada, na extraterritorialidade condicionada, se o agente for absolvido no estrangeiro ou se tiver cumprido toda sua pena, não poderá ser novamente processado e punido em território nacional. Possui natureza de condição objetiva da punibilidade.

5. *não ter sido o agente perdoado no estrangeiro ou, por outro motivo, não estar extinta a punibilidade, segundo a lei mais favorável. Se trata de condição objetiva da punibilidade.*

Preenchidas todas estas condições, autoriza-se a aplicação da lei brasileira ao crime cometido no estrangeiro.

4.9.5.3 Extraterritorialidade hipercondicionada

A extraterritorialidade hipercondicionada encontra-se no art. 7º, §3º, do Código Penal, que dispõe que:

> A lei brasileira aplica-se também ao crime cometido por estrangeiro contra brasileiro fora do Brasil, se, reunidas as condições previstas no parágrafo anterior.

Diz-se extraterritorialidade hipercondicionada, tendo em vista que, além do implemento das condições previstas no art. 7º, §2º, do Código Penal, ainda é necessário o preenchimento de mais duas:

1. não foi pedida ou foi negada a extradição.
2. requisição do Ministro da Justiça.

Por exemplo, se um estrangeiro pratica crime de latrocínio (crime patrimonial) contra o presidente da república, devem ser preenchidas todas as condições do art. 7º, §2º e, ainda, as do art. 7º, §3º.

O art. 7º, §3º, do Código Penal, adotou o princípio da proteção, defesa ou real.

4.9.5.4 Extraterritorialidade na Lei de Tortura

Dispõe o art. 2ª da Lei nº 9.455/97 (Lei de Tortura):

> Art. 2º O disposto nesta Lei aplica-se ainda quando o crime não tenha sido cometido em território nacional, sendo a vítima brasileira ou encontrando-se o agente em local sob jurisdição brasileira.

O artigo 2º elenca duas hipóteses de extraterritorialidade da Lei de Tortura:

1. *Se o delito de tortura for praticado contra vítima brasileira.*

Entende-se que é hipótese de extraterritorialidade incondicionada, aplicando-se a Lei de Tortura independentemente do implemento de qualquer condição.

2. *Se o delito de tortura for praticado em local sob jurisdição brasileira.*

Sobre este ponto, existem divergências doutrinárias.

A primeira posição entende que é hipótese de extraterritorialidade incondicionada, aplicando-se a Lei de Tortura independentemente do implemento de qualquer condição. Vale dizer, o simples fato de o agente se encontrar em local sob jurisdição brasileira já autoriza a aplicação da Lei de Tortura.[114]

Já a segunda corrente entende que é hipótese de extraterritorialidade condicionada, aplicando-se a Lei de Tortura a depender do implemento da condição prevista no artigo 12 da Convenção Contra a Tortura e Outros Tratamentos ou Penas Cruéis, Desumanos ou Degradantes e no artigo 5º da Convenção Interamericana para Prevenir e Punir a Tortura. Tais convenções orientam que a lei somente será aplicada se não houver a extradição. Havendo extradição, não há que se falar na incidência da lei do país em que o agente se encontrar (no caso, a Lei de Tortura). Nesse sentido é o posicionamento do professor Marcelo André:[115]

> Entendemos que se trata de extraterritorialidade condicionada. A condição não está prevista na lei especial nem no Código Penal, mas em duas convenções sobre a tortura: a Convenção Contra a Tortura e Outros Tratamentos ou Penas Cruéis, Desumanos ou Degradantes (art. 12) e a Convenção Interamericana para Prevenir e Punir a Tortura (art. 5º). Os dispositivos citados condicionam que a lei será aplicada caso não haja extradição. Ou seja, se for caso de extradição, não incidirá a lei do país em que o agente se encontrar.

Tem prevalecido a 1ª posição.

---

[114] Nesse sentido: JUNQUEIRA, Gustavo Octaviano Diniz. *Legislação penal especial*. v. 2. 2. ed. São Paulo: Premier Máxima, 2008, p. 419.

[115] AZEVEDO, Marcelo André de. *Direito Penal*. Parte geral. Coleção Sinopses para Concurso. 2. ed. rev., ampl. e atual. Salvador: JusPodivm, 2012, p. 122.

4.9.6 Competência para o julgamento de crime cometido por brasileiro no estrangeiro

Imagine que um brasileiro pratique crime no estrangeiro e preencha as condições da extraterritorialidade condicionada previstas no art. 7º, §2º, do Código Penal. Questiona-se: qual será a Justiça competente para julgá-lo? Qual comarca será a competente para analisar o seu processo?

Para responder tais questões, podemos fixar três premissas:
a) Em regra, a competência para julgamento será da justiça estadual, salvo nas hipóteses do art. 109 da CF/88 (competências da Justiça Federal).
b) se o agente já residiu no Brasil, a competência será da capital do Estado de sua última residência (art. 88 do CPP).
c) se o agente nunca residiu no Brasil, a competência será da capital federal (art. 88 do CPP).

Vejamos o posicionamento do STJ:

> COMPETÊNCIA. CRIME. BRASILEIRO. ESTRANGEIRO. No caso, os policiais civis residentes na cidade de Santana do Livramento-RS foram mortos na cidade de Rivera no Uruguai. A questão está em definir a competência para processar e julgar os crimes de homicídio perpetrados por brasileiro juntamente com corréus uruguaios, em desfavor de vítimas brasileiras, naquela região fronteiriça. Isso posto, a Seção conheceu do conflito para declarar a competência de uma das varas do Júri de São Paulo/SP, ao fundamento de que se aplica a extraterritorialidade prevista no art. 7º, II, *b*, e 2º, *a*, do CP, se o crime foi praticado por brasileiro no estrangeiro e, posteriormente, o agente ingressou em território nacional. Nos termos do art. 88 do CPP, sendo a cidade de Ribeirão Preto/SP o último domicílio do indiciado, é patente a competência do juízo da capital do Estado de São Paulo. No caso, afasta-se a competência da Justiça Federal, tendo em vista a inexistência de qualquer hipótese prevista no art. 109 da CF/1988, principalmente porque todo o *iter criminis* dos homicídios ocorreu no estrangeiro. Precedente citado: HC 102.829/AC, DJe 17/11/2008. CC 104.342/SP, Rel. Min. Laurita Vaz, julgado em 12/08/2009.

4.9.7 Pena cumprida no estrangeiro

Em razão da extraterritorialidade da lei brasileira, é possível que o sujeito seja processado e condenado tanto no Brasil, quanto no exterior. Desse modo, o art. 8º do Código Penal traz algumas regras sobre a pena cumprida no estrangeiro, dispondo que:

A pena cumprida no estrangeiro atenua a pena imposta no Brasil pelo mesmo crime, quando diversas, ou nela é computada, quando idênticas.

Podem-se extrair dois parâmetros deste mandamento legal:

1. *se as penas forem da mesma qualidade (por exemplo, duas penas privativas de liberdade), ela será abatida.*

Imagine que um brasileiro tenha sido condenado a uma pena de 3 anos no estrangeiro e a uma pena de 10 anos no Brasil. Os 3 que foram cumpridos no exterior serão descontados dos 10 anos de condenação do Brasil, restando 7 anos de cumprimento de pena.

2. *se as penas forem de naturezas distintas (por exemplo, pena privativa de liberdade e pena de multa), deve o magistrado atenuar a pena aqui imposta, considerando a pena lá cumprida.*

Há doutrina se posicionando pela não-aplicação dos dispositivos do Código Penal nos casos em que o acusado tenha sido absolvido por sentença com trânsito em julgado no estrangeiro:

> Cabe observar que a Convenção Americana de Direitos Humanos dispõe que o acusado absolvido por sentença passada em julgado não poderá ser submetido a novo processo pelos mesmos fatos (art. 8º, §4º, da CADH), o que torna inaplicável o dispositivo penal do Código Penal ante a evidente incompatibilidade com o sistema atual de direitos que atualiza como parte do direito interno as normas internacionais de direitos humano.[116]

4.10 Lei penal em relação às pessoas

O princípio adotado pelo Brasil é o da territorialidade mitigada pela intraterritorialidade (art. 5º, *caput*, e inc. I, do Código Penal), significando dizer que, em regra, a lei brasileira se aplica aos fatos acorridos dentro do território nacional. No entanto, a norma interna será aplicada "sem prejuízo de convenções, tratados e regras de direitos internacional", autorizando-se, portanto, a criação de imunidades diplomáticas e de chefes de governo estrangeiros.

Ademais, a Constituição Federal consolida as chamadas imunidades parlamentares.

4.10.1 Imunidades diplomáticas

Guilherme Nucci explica que:

> A fonte histórica das imunidades diplomáticas está em Roma, porque os embaixadores eram tidos em grande honra, possuindo caráter religioso suas imunidades. Fazem com que os representantes diplomáticos de governos estrangeiros gozem de imunidade penal, tributária (com exceções, tais como impostos indiretos incluídos nos preços) e civil (com exceções, tais como direito sucessório, ações referentes a profissão liberal exercida pelo agente diplomático fora das funções).[117]

As imunidades diplomáticas decorrem da Convenção de Viena sobre Relações Diplomáticas, a qual foi inserida no ordenamento jurídico brasileiro por intermédio do Decreto nº 56.435/65. O citado documento internacional dispõe no art. 31, item 4, que "a imunidade de jurisdição de um agente diplomático no Estado acreditado não o isenta da jurisdição do Estado acreditante".

Considera-se que as imunidades diplomáticas são prerrogativas de direito público internacional de que gozam:

1. os agentes diplomáticos, tais como o embaixador, os secretários da embaixada, o pessoal técnico e administrativo das representações;

---

[116] RAIZMAN, Daniel. *Manual de Direito Penal.* Parte geral. Editora Saraiva, 2019. p. 133.
[117] NUCCI, Guilherme Souza. *Curso de Direito Penal.* Vol. 1. Parte geral. arts. 1º a 120 do Código Penal. 3. ed. Rio de Janeiro: Forense, 2019. p. 244.

2. membros da família dos agentes diplomáticos;
3. funcionários das organizações internacionais (ONU, OEA etc.) quando estiverem em serviço;
4. o chefe de Estado estrangeiro em visita ao País, bem como os integrantes de sua comitiva.

Contudo, as imunidades não são extensíveis aos empregados particulares dos agentes diplomáticos (ex.: jardineiro, cozinheiro etc.), ainda que oriundos do Estado que estejam representando.

As imunidades diplomáticas possuem natureza jurídica de causa de exclusão da jurisdição penal, ou seja, embora todas as pessoas devam obedecer ao preceito primário da lei penal, em razão da generalidade desta, os agentes diplomáticos não estão sujeitos à punição nos moldes da lei brasileira, mas sim às consequências jurídicas do Estado a que pertencem.

A exclusão da jurisdição se subdivide em duas situações: a) imunidade de jurisdição cognitiva, que impede que seja deflagrado processo de conhecimento contra o agente no estado acreditado[118] e; b) imunidade de jurisdição executiva, que impede que o agente diplomático cumpra pena no país acreditado.

Deve-se alertar que as imunidades diplomáticas não impedem que haja investigação policial sobre os fatos.

Por exemplo, imagine que um diplomata americano pratique o delito de roubo no território brasileiro. Nesse caso, ele incidiu no preceito primário da norma incriminadora prevista no art. 157 do Código Penal e poderá ser investigado sobre isto. Todavia, tal agente não poderá ser processado ou cumprir pena nos moldes da lei brasileira. O processo e o cumprimento de pena são de responsabilidade do Estado de origem. Trata-se de hipótese de intraterritorialidade, uma vez que é a aplicação da lei estrangeira aos fatos ocorridos no território brasileiro (art. 5º, *caput*, do Código Penal). Esta imunidade abrange qualquer espécie de delito, desde que no país de origem do agente o fato também seja punível (princípio da dupla tipicidade).

Por exemplo, existem alguns países que permitem a bigamia, como a Arábia Saudita. Assim, mesmo que a bigamia seja punível no Brasil, como não o é na Arábia, o diplomata saudita não será punido se praticar tais fatos.

Ademais, os agentes diplomáticos não podem renunciar à imunidade, tendo em vista que se trata de uma prerrogativa do cargo e não um privilégio pessoal. Entretanto, é possível que o Estado que ele representa o faça. Nesse sentido já decidiu o Supremo Tribunal Federal:

> 8. Assim, o chefe da missão diplomática e os membros do pessoal diplomático gozam, nos termos dos arts. 29 a 42 da Convenção de Viena de 1961, dos direitos da inviolabilidade pessoal e de sua residência, da totalidade das imunidades de jurisdição penal etc. Tais privilégios e imunidades podem ser renunciados pelo Estado acreditante, a quem tais direitos pertencem, mediante declarações especiais e em cada caso particular ajuizado perante autoridades judiciais do Estado acreditado, i.e., o Brasil. 9. Entretanto, não consta destes autos qualquer documento que configure renúncia à imunidade de jurisdição, ainda que tenha havido um contato telefônico com a Embaixada da República Dominicana (...) (STF – Pet. 3698 PR, Relatora Min. Cármen Lúcia, Data de Julgamento: 05/10/2006, Data de Publicação: DJ 17/10/2006 PP-00048)

---

[118] País que recebe a missão diplomática.

Os agentes diplomáticos são dotados de inviolabilidade pessoal, significando dizer que não poderão ser objeto de nenhuma forma de detenção ou prisão (art. 29 da Convenção de Viena), além de não serem obrigados a depor como testemunha.

Nessa tocada, a residência particular do agente diplomático goza da mesma inviolabilidade e proteção que os locais da missão (inviolabilidade domiciliar ou de habitação), garantindo-se proteção aos seus documentos, sua correspondência e seus bens (art. 30 da Convenção de Viena).

4.10.1.1 Cônsules ou agentes consulares

Não se pode confundir os agentes diplomáticos com os cônsules ou agentes consulares.

Os cônsules são funcionários públicos de carreira, que são designados para cumprir determinada função em outro país, possuindo prerrogativas funcionais menores que os agentes diplomáticos, chamadas de imunidade funcional relativa.

O cônsul somente terá imunidade em relação aos crimes funcionais, não sendo extensível aos crimes comuns. Vejamos a lição de Pacelli e Callegari:

> Já em relação aos agentes consulares, a imunidade de jurisdição limita-se aos fatos praticados no exercício da função consular, podendo eles responder por outros delitos no Estado receptor (o Brasil, no caso), não gozando também da imunidade de depoimento em processo como testemunhas, com a única ressalva em relação aos atos de ofício. E, do mesmo modo, o Estado de origem poderá renunciar à citada imunidade relativa. Tais são os termos do art. 43, I, e art. 45, da Convenção de Viena para as Relações Consulares, aprovada pelo Decreto legislativo 6/67, e promulgada pelo Decreto 61.078/67.[119]

Por exemplo, se o cônsul pratica um delito de estupro (crime comum) no Brasil, será processado e punido de acordo com a lei brasileira. Contudo, se comete fraude na concessão de passaporte (crime funcional), responderá perante seu Estado de origem.

4.10.2 Imunidade parlamentar

As imunidades parlamentares encontram-se previstas na Constituição Federal, dividindo-se em imunidade parlamentar absoluta e imunidade parlamentar relativa.

Não são consideradas privilégios pessoais, mas verdadeira prerrogativa funcional, para a defesa do livre exercício do mandato parlamentar, obviamente, se exercido dentro de seus limites legais e constitucionais.

4.10.2.1 Imunidade parlamentar absoluta

A imunidade parlamentar absoluta (também conhecida como imunidade real, substancial, material, inviolabilidade ou indenidade) está prevista no art. 53, *caput*, da Constituição Federal, e dispõe que "os Deputados e Senadores são invioláveis, civil e penalmente, por quaisquer de suas opiniões, palavras e votos".

---

[119] PACELLI, Eugênio; CALLEGARI, André. *Manual de Direito Penal*. Parte geral. 6. ed. São Paulo: Atlas, 2020. p. 156.

Obviamente que, tratando-se de uma prerrogativa para o bom desempenho da função, a inviolabilidade parlamentar encontra limite no exercício da função (nexo funcional), não comportando manifestações desarrazoadas ou ações estranhas ao mandato, a exemplo de ofensas pessoais.

Nesse contexto, tem-se entendido que as manifestações emanadas pelo parlamentar dentro do Congresso Nacional estão presumidamente ligadas ao seu exercício funcional, ao passo que, nas manifestações exaradas fora do Congresso Nacional, deve o parlamentar comprovar que há nexo com o exercício do seu mandato. O Supremo Tribunal Federal já se posicionou nesse sentido:

> A palavra "inviolabilidade" significa intocabilidade, intangibilidade do parlamentar quanto ao cometimento de crime ou contravenção. Tal inviolabilidade é de natureza material e decorre da função parlamentar, porque em jogo a representatividade do povo. O art. 53 da CF, com a redação da Emenda 35, não reeditou a ressalva quanto aos crimes contra a honra, prevista no art. 32 da EC 1, de 1969. Assim, é de se distinguir as situações em que as supostas ofensas são proferidas dentro e fora do Parlamento. Somente nessas últimas ofensas irrogadas fora do Parlamento, é de se perquirir da chamada "conexão com o exercício do mandato ou com a condição parlamentar" (Inq 390 e Inq 1.710). Para os pronunciamentos feitos no interior das casas legislativas, não cabe indagar sobre o conteúdo das ofensas ou a conexão com o mandato, dado que acobertadas com o manto da inviolabilidade. Em tal seara, caberá à própria Casa a que pertencer o parlamentar coibir eventuais excessos no desempenho dessa prerrogativa. No caso, o discurso se deu no plenário da Assembleia Legislativa, estando, portanto, abarcado pela inviolabilidade. Por outro lado, as entrevistas concedidas à imprensa pelo acusado restringiram-se a resumir e comentar a citada manifestação da tribuna, consistindo, por isso, em mera extensão da imunidade material (Inq 1.958, Rel. p/ o ac. Min. Ayres Britto, j. 29/10/2003, P, DJ de 18/02/2005).

Ademais, os tribunais superiores têm se posicionado no sentido de que, por não se tratar de uma garantia absoluta, não pode o parlamentar dela se utilizar para fins de ofender moralmente a honra de terceiros:

> A garantia constitucional da imunidade parlamentar em sentido material (CF, art. 53, *caput*) – destinada a viabilizar a prática independente, pelo membro do Congresso Nacional, do mandato legislativo de que é titular – não se estende ao congressista, quando, na condição de candidato a qualquer cargo eletivo, vem a ofender, moralmente, a honra de terceira pessoa, inclusive a de outros candidatos, em pronunciamento motivado por finalidade exclusivamente eleitoral, que não guarda qualquer conexão com o exercício das funções congressuais (Inq 1.400 QO, Rel. Min. Celso de Mello, j. 04/12/2002, P, DJ de 10/10/2003).

Por fim, Fernando Capez faz um importante alerta sobre a extensão da imunidade parlamentar, afirmando que:

> O suplente não tem direito à imunidade, pois não está no exercício de suas funções. Igualmente, não vale para o parlamentar licenciado do cargo, uma vez que a Súmula 4 do STF restou cancelada. Assim, o parlamentar que se licencia para ocupar outro cargo na Administração Pública, embora não perca o mandato, perderá as imunidades parlamentares.[120]

---

[120] CAPEZ, Fernando. *Curso de Direito Penal*. v. 1, parte geral: arts. 1º ao 120. 24 ed. São Paulo: Saraiva, 2020. p. 149.

4.10.2.2 Natureza jurídica da imunidade parlamentar absoluta

É tema controverso na doutrina e jurisprudência, existindo 10 posições:

1. Causa de atipicidade

O Supremo Tribunal Federal tem entendido que a inviolabilidade parlamentar é fato atípico, sendo esta a posição prevalente. Vejamos:

> Art. 53 da CF. Imunidade parlamentar. Ofensas em entrevistas a meios de comunicação de massa e em postagens na rede social WhatsApp (...) Imunidade parlamentar. A vinculação da declaração com o desempenho do mandato deve ser aferida com base no alcance das atribuições dos parlamentares. As "funções parlamentares abrangem, além da elaboração de leis, a fiscalização dos outros Poderes e, de modo ainda mais amplo, o debate de ideias, fundamental para o desenvolvimento da democracia" – RE 600.063 RG, Rel. p/ ac. Min. Roberto Barroso, Tribunal Pleno, julgado em 25/02/2015. Imunidade parlamentar. Parlamentares em posição de antagonismo ideológico. Presunção de ligação de ofensas ao exercício das "atividades políticas" de seu prolator, que as desempenha "vestido de seu mandato parlamentar; logo, sob o manto da imunidade constitucional". Afastamento da imunidade apenas "quando claramente ausente vínculo entre o conteúdo do ato praticado e a função pública parlamentar exercida". Precedente: Inq 3.677, rel. p/ ac. Min. Teori Zavascki, Tribunal Pleno, julgado em 27/03/2014. Ofensas proferidas por senador contra outro senador. Nexo com o mandato suficientemente verificado. Fiscalização da coisa pública. Críticas a antagonista político. Inviolabilidade. Absolvição, por atipicidade da conduta (AO 2.002, Rel. Min. Gilmar Mendes, j. 02/02/2016, 2ª T, DJE de 26/02/2016).

Ainda no mesmo propósito, é importante discutir quais os reflexos jurídicos que a adoção desta posição pode acarretar ao partícipe.

Imagine a seguinte situação hipotética: determinado assessor parlamentar instiga o deputado federal a proferir ofensas políticas contra outro parlamentar dentro do Congresso Nacional, o que efetivamente ocorre.

O Código Penal adotou a teoria da acessoriedade limitada para punição do partícipe. Vale dizer, o partícipe responde pelo delito quando o autor praticar um fato típico e ilícito. Se a imunidade parlamentar é causa excludente da tipicidade (exclui o fato típico), não se pune a conduta acessória.

Portanto, a Súmula 245 do Supremo Tribunal Federal que afirma que "a imunidade parlamentar não se estende ao corréu sem essa prerrogativa" encontra-se parcialmente superada, aplicando-se tão somente em algumas situações afetas às imunidades formais (ver tópico 4.10.3).

2. Causa excludente do crime

Posição defendida por Nélson Hungria, Pontes de Miranda, José Celso, Nilo Batista, Luiz Alberto David Araújo e Vidal Serrano Nunes Júnior.

3. Causa que se opõe à formação do crime

Posição defendida por Basileu Garcia.

4. *Causa de incapacidade penal por razões políticas*
Posição defendida por Frederico Marques.

5. *Causa de irresponsabilidade*
Posição defendida por Magalhães Noronha, Carlos Maximiliano e Manoel Gonçalves Ferreira Filho.

6. *Causa funcional de isenção ou exclusão da pena*
Posição defendida por Damásio E. de Jesus e Roque de Brito Alves.

7. *Causa pessoal e funcional de isenção de pena*
Posição defendida por Aníbal Bruno.

8. *Causa pessoal de exclusão de pena*
Posição defendida por Heleno Fragoso.

9. *Causa de exclusão da criminalidade*
Posição defendida por Vicente Sabino Júnior.

10. *Causa de exclusão da antijuridicidade por exercício regular de direito*
Posição de defendida por Pedro Aleixo, Jimenez de Asúa e Silvio Ranieiri.

4.10.3 Imunidade parlamentar formal ou relativa

A imunidade parlamentar formal ou relativa também é chamada de imunidade processual, adjetiva ou imunidade propriamente dita e está prevista no art. 53, §1º ao §8º, da Constituição Federal.

4.10.3.1 Quanto ao foro por prerrogativa de função (art. 53, §1º, da CF)

Segundo o art. 53, §1º, da Constituição Federal, "os Deputados e Senadores, desde a expedição do diploma, serão submetidos a julgamento perante o Supremo Tribunal Federal". Em outras palavras, os Deputados e Senados possuem foro para as causas criminais perante o Supremo Tribunal Federal.

Inicialmente, é relevante ressaltar que a nomenclatura "foro privilegiado" não é tecnicamente adequada, embora seja comumente utilizada pela comunidade jurídica (inclusive pelo Supremo Tribunal Federal). Isso porque "foro privilegiado" diz respeito a um benefício outorgado a uma pessoa e não ao cargo por ela exercido, a exemplo do "foro privilegiado" dos barões ou dos condes. Tecnicamente, melhor seria a utilização da expressão foro por prerrogativa de função, a qual utilizaremos em nossa obra.

O foro por prerrogativa foi desenvolvido para proteção da função desempenhada pela autoridade, a fim de que possa atuar sem ingerências ou pressões externas, que são inerentes à atividade. Assim, não se trata de uma proteção pessoal, mas sim funcional.

Em outras palavras, qualquer pessoa que exerça a função parlamentar terá acesso a essa prerrogativa. Portanto, cuida-se de prerrogativa e não de privilégio.

Dessa forma, tratando-se de uma prerrogativa do cargo e não de um privilégio pessoal, não é possível que o parlamentar renuncie a essa proteção. Por exemplo, imagine que um Senador da República pratique um delito de peculato no exercício de seu mandato e requeira que seu julgamento seja realizado pelo juízo de 1ª instância e não pelo Supremo Tribunal Federal. Tal pleito é juridicamente inviável, em razão da irrenunciabilidade da proteção do foro.

Nada impede que ele renuncie ao cargo de Senador da República e, a depender do andamento do processo (como veremos adiante), o processo seja deslocado para o juízo de 1ª instância em razão da perda do foro especial.

Frise-se que, se a renúncia do parlamentar configurar manobra ilícita para escapar do julgamento a ser realizado pelo foro, isso não retira a competência do tribunal para julgá-lo. Esse foi o posicionamento esposado pelo Supremo Tribunal Federal na conhecida Ação Penal 396.

Neste caso, um dos parlamentares acusados na referida ação renunciou ao seu mandato na véspera do julgamento com o intuito de não ser julgado pelo Supremo Tribunal Federal e forçar que seu processo fosse deslocado ao juízo de 1ª instância, em razão da perda do foro por prerrogativa de função. Diante da evidente manobra ilícita, o Supremo Tribunal Federal deu-se por competente e realizou o julgamento. Vejamos:

> Renúncia de mandato: ato legítimo. Não se presta, porém, a ser utilizada como subterfúgio para deslocamento de competências constitucionalmente definidas, que não podem ser objeto de escolha pessoal. Impossibilidade de ser aproveitada como expediente para impedir o julgamento em tempo à absolvição ou à condenação e, neste caso, à definição de penas. 2. No caso, a renúncia do mandato foi apresentada à Casa Legislativa em 27 de outubro de 2010, véspera do julgamento da presente ação penal pelo Plenário do Supremo Tribunal: pretensões nitidamente incompatíveis com os princípios e as regras constitucionais porque exclui a aplicação da regra de competência deste Supremo Tribunal (...) STF. Plenário. AP 396/RO, Rel. Min. Cármen Lúcia, julgado em 28/10/2010.

Pois bem. Feitas essas considerações preliminares, trabalharemos algumas regras específicas.

Inicialmente, o foro por prerrogativa não abrange causas não penais, abarcando apenas questões criminais.

O início do foro por prerrogativa de função se dá com a diplomação do parlamentar e se encerra com o término do mandato.

Não se pode confundir a diplomação com a posse. Diplomação é o ato da justiça eleitoral que indica que determinada pessoa foi validamente eleita pelo povo e está apta a assumir as funções, ao passo que a posse é o momento em que o candidato eleito ingressa efetivamente na função parlamentar.

Durante muito tempo, entendeu-se que o foro especial conferido aos parlamentares se aplicava, indistintamente, a todos os crimes por eles praticados (antes ou depois de sua diplomação, relacionados ou não ao exercício das funções) e vigorava até o término do mandato, ou seja, com o advento desse marco temporal, o processo necessariamente saía do respectivo tribunal e se deslocava para o novo juízo competente (ou juízo de 1ª instância ou um novo tribunal, em caso de eleição para outro cargo, a exemplo de um deputado que se elegeu prefeito).

Assim, a título ilustrativo, se um deputado federal eleito praticasse violência doméstica contra sua esposa antes da diplomação, inicialmente, ele responderia perante a Justiça Estadual Comum. Contudo, ao ser diplomado, esse processo seria deslocado ao Supremo Tribunal Federal, que passaria a ser o tribunal responsável pelo seu julgamento até o término do seu mandato.

Da mesma maneira, se esse mesmo deputado federal, no curso do seu mandato, praticasse o delito de corrupção passiva, solicitando ou recebendo vantagem indevida para beneficiar uma determinada empresa, também responderia criminalmente no Supremo Tribunal Federal. Caso seu mandato terminasse no curso do processo, o feito seria encaminhado para julgamento perante o magistrado de 1ª instância.

Percebendo-se a demasiada amplitude do foro por prerrogativa de função e também as várias manobras ilícitas de alguns parlamentares para se esquivar dos julgamentos, na Ação Penal 937[121] (julgada em 03/05/18), em sede de questão de ordem, o Supremo Tribunal Federal trouxe novas balizas à interpretação do foro especial, fixando-se duas teses sobre a matéria:

1. *O foro por prerrogativa de função aplica-se somente aos crimes cometidos durante o exercício do cargo e relacionados às funções desempenhadas.*

Note, portanto, que o Supremo Tribunal Federal passou a exigir dois requisitos para que o parlamentar tenha acesso ao foro por prerrogativa de função:

a) *Nexo funcional*

O crime praticado deve estar relacionado com as funções desempenhadas. Se a conduta praticada pelo deputado ou senador for estranha às suas funções, ainda que esteja no curso do mandado parlamentar, não será julgado pelo Supremo Tribunal Federal, mas pelo juízo de 1ª instância.

Por exemplo, imagine que um deputado federal esteja saindo da balada conduzindo seu veículo automotor embriagado, momento em que é abordado pela "Blitz Lei Seca" e constatada a alteração da capacidade psicomotora, em razão da influência de álcool. A autoridade praticou o delito do art. 306 do Código de Trânsito Brasileiro. Contudo, tal crime não possui qualquer relação com sua função parlamentar. Desse modo, o juízo competente será o de 1ª instância.

b) *Fator temporal*

Somente haverá o foro por prerrogativa de função se os crimes cometidos pelo deputado ou senador ocorrerem durante o exercício do cargo, ou seja, depois da diplomação. Dessa forma, se o crime foi cometido antes deste ato, o juízo competente será o de 1ª instância.

A primeira tese fixada pelo Supremo Tribunal Federal baseou-se, principalmente, em dois argumentos.

O primeiro deles foi que o foro por prerrogativa de função existe para que deputados e senadores possam exercer livremente o seu mister constitucional e não para acobertar eventuais práticas ilícitas. Assim, tratando-se de uma prerrogativa e não de

---

[121] STF. Plenário. AP 937 QO/RJ, Rel. Min. Roberto Barroso, julgado em 03/05/2018.

um privilégio pessoal, não faz sentido abranger os crimes cometidos antes do exercício do mandato, bem como os que, após a investidura, sejam estranhos às suas funções.

O segundo fundamento refere-se ao fato de que o foro por prerrogativa de função é uma exceção ao princípio da igualdade, de modo que, toda exceção deve ser interpretada restritivamente.

2. *Finda a instrução processual, após a publicação do despacho de intimação para apresentação de alegações finais, a competência para processar e julgar as ações penais não será mais afetada em razão de o agente público vir a ocupar outro cargo ou deixar o cargo que ocupava, qualquer que seja o motivo.*

A segunda tese fixada pelo Supremo Tribunal Federal orienta que, após a publicação do despacho para a apresentação das alegações finais, a competência para o julgamento da causa estará definitivamente firmada e qualquer mudança que ocorra depois desse marco processual não tem o condão de alterá-la.

Imagine que determinado deputado federal está respondendo uma ação penal no Supremo Tribunal Federal. A instrução é finalizada e o relator determina que as partes sejam intimadas para a apresentação das suas alegações finais.

Depois desse ato, se, por exemplo, o deputado federal renunciar ao seu mandato, ou for eleito prefeito (que possui foro perante o Tribunal de Justiça), a competência não se desloca, devendo o Supremo Tribunal Federal prolatar seu julgamento.

A Corte Suprema optou pela escolha deste momento processual por se tratar de um marco temporal objetivo, de fácil verificação, e que evita manipulação por parte dos réus.

Além do mais, prestigia o princípio da identidade física do juiz, pois permite que o magistrado que colheu a prova profira o julgamento.

4.10.3.2 Quanto à prisão (art. 53, §2º, da CF)

A segunda hipótese de imunidade formal diz respeito à impossibilidade de prisão do parlamentar. Segundo o art. 53, §2º, da Constituição Federal:

> Desde a expedição do diploma, os membros do Congresso Nacional não poderão ser presos, salvo em flagrante de crime inafiançável. Nesse caso, os autos serão remetidos dentro de vinte e quatro horas à Casa respectiva, para que, pelo voto da maioria de seus membros, resolva sobre a prisão.

Os membros do Congresso Nacional não podem ser presos, salvo em caso de flagrante de crime inafiançável. Portanto, do dispositivo constitucional podemos extrair uma regra e uma exceção.

A regra é que os membros do Congresso Nacional não podem ser presos antes da condenação definitiva (seja por prisão preventiva ou temporária). A exceção é que somente poderão ser presos caso estejam em flagrante delito de um crime inafiançável.

O Supremo Tribunal Federal chamou essa limitação quanto à possibilidade de prisão de relativa incoercibilidade pessoal (*freedom from arrest*).

Trata-se de mais uma garantia para que o membro do Congresso Nacional possa desenvolver suas atividades livre de coações ou pressões externas que são inerentes às suas funções.

Obviamente, essa imunidade não afeta a prisão definitiva, decorrente de sentença penal condenatória transitada em julgado. Nesse sentido já decidiu o Supremo Tribunal Federal:

> O Min. Teori Zavascki acrescentou que não procederia a alegação de ofensa ao art. 53, §2º, da CF. Afirmou que o dispositivo preservaria, no que diz respeito às imunidades reconhecidas aos parlamentares federais, a regra segundo a qual, no âmbito das prisões cautelares, somente se admitiria a modalidade de prisão em flagrante, decorrente de crime inafiançável. Afirmou que nesse preceito não se compreenderia a prisão resultante de sentença condenatória transitada em julgado. Destacou que a incoercibilidade pessoal dos congressistas configuraria garantia de natureza relativa (...) AP 396 QO/RO, Rel. Min. Cármen Lúcia, 26/06/2013 (AP-396).

A vedação à prisão parlamentar tem seu termo inicial com expedição do diploma (e não com a posse) e finaliza com o encerramento do mandato.

Ademais, o §2º do art. 53 da Constituição Federal orienta que, após a realização da prisão em flagrante de crime inafiançável, os autos serão encaminhados à respectiva casa (Senado ou Câmara), no prazo de 24 horas, para deliberação sobre ela. Trata-se de decisão de cunho político e não jurídico, baseada em juízo de conveniência e oportunidade, e não em critérios de legalidade.

Caso seja impossível a apreciação da prisão cautelar pela respectiva casa, a custódia será mantida, independente desta manifestação. O precedente existente no Supremo Tribunal Federal ocorreu em Rondônia, na chamada "Operação Dominó", em que quase todos os parlamentares estavam envolvidos em um grave esquema de corrupção, de modo que a prisão cautelar decretada contra eles seria por eles mesmos apreciada. Nesse contexto, o Supremo Tribunal Federal entendeu que, na impossibilidade da análise pela respectiva casa, o cárcere deveria ser mantido. Vejamos:

> "Operação Dominó": Princípio do Juiz Natural e Imunidade Parlamentar – 3 No tocante à imunidade parlamentar, ressaltou-se que o presente caso não comportaria interpretação literal da regra proibitiva da prisão de parlamentar (CF, art. 53, §§2º e 3º), e sim solução que conduzisse à aplicação efetiva e eficaz de todo o sistema constitucional. Aduziu-se que a situação descrita nos autos evidenciaria absoluta anomalia institucional, jurídica e ética, uma vez que praticamente a totalidade dos membros da Assembleia Legislativa do Estado de Rondônia estaria indiciada ou denunciada por crimes relacionados à mencionada organização criminosa, que se ramificaria por vários órgãos estatais. Assim, tendo em conta essa conjuntura, considerou-se que os pares do paciente não disporiam de autonomia suficiente para decidir sobre a sua prisão, porquanto ele seria o suposto chefe dessa organização. Em consequência, salientou-se que aplicar o pretendido dispositivo constitucional, na espécie, conduziria a resultado oposto ao buscado pelo ordenamento jurídico. Entendeu-se, pois, que à excepcionalidade do quadro haveria de corresponder a excepcionalidade da forma de interpretar e aplicar os princípios e regras constitucionais, sob pena de se prestigiar regra de exceção que culminasse na impunidade dos parlamentares. O Min. Sepúlveda Pertence destacou em seu voto a incidência do art. 7º da Lei nº 9.034/95, que veda a concessão de fiança aos integrantes de crime organizado, o qual compreende o delito de quadrilha. Vencidos os Ministros Ricardo Lewandowski e Marco Aurélio que deferiam o *writ* ao fundamento de ser aplicável a imunidade parlamentar. HC 89417/RO, rel. Min. Cármen Lúcia, 22/08/2006.

O quórum para resolver sobre prisão em flagrante do parlamentar é o de maioria absoluta, em votação aberta.

Pois bem, até aqui estudamos a literalidade da Constituição Federal e as regras gerais sobre a incoercibilidade pessoal relativa dos parlamentares e que foram aplicadas durante muito tempo.

Contudo, é de conhecimento público e notório que, nos últimos anos, vários integrantes do Legislativo (e também do Executivo) se envolveram em gigantescos escândalos de corrupção Brasil afora, a exemplo do Mensalão (a famosa Ação Penal 470), da Lava Jato e vários outras.

Assim, como alguns parlamentares decidiram se utilizar de suas funções para enveredar para o caminho do crime, em vez de zelar pela coisa pública, muitas questões acabaram por chegar ao Supremo Tribunal Federal, o qual, por meio de novas balizas interpretativas, concebeu uma nova roupagem à imunidade formal, consentânea com a atualidade dos fatos.

Um dos casos mais emblemáticos a respeito da imunidade formal quanto à prisão que bateu às portas do Supremo Tribunal Federal foi o ex-Senador da República Delcídio do Amaral.

Segundo consta, o referido senador, juntamente com outros investigados, tentou embaraçar investigação envolvendo organização criminosa, na medida em que procurou o ex-diretor internacional da Petrobrás, Nestor Cerveró (um dos réus na Lava Jato), para que este não assinasse acordo de colaboração premiada com o Ministério Público Federal, evitando-se, assim, a imputação de crimes contra o parlamentar e outros agentes.

Para "comprar" seu silêncio, foi-lhe oferecido o pagamento de uma quantia mensal em dinheiro, bem como a realização de *lobby* junto aos Ministros do Supremo Tribunal Federal para que fosse concedida liberdade provisória a ele. Após a concessão da liberdade, o parlamentar facilitaria a fuga do ex-diretor para Espanha.

Foram realizadas pelo menos 4 reuniões para tratar deste assunto, com a participação do parlamentar e de outros agentes, juntamente com o filho do ex-diretor, o qual gravou as conversas e as propostas que lhe foram feitas e as encaminhou ao Ministério Público Federal. O filho também entregou às autoridades investigantes alguns vídeos, conversas trocadas por e-mail e por WhatsApp.

Diante disso, o Ministério Público Federal requereu a prisão preventiva do senador ao Supremo Tribunal, afirmando que o parlamentar estava praticando os delitos do art. 2º, *caput*, da Lei nº 12.850/13 (integrar organização criminosa) e do art. 2º, §1º da mesma lei (embaraçar investigação envolvendo organização criminosa).

Ao receber o pedido, o Supremo Tribunal Federal entendeu que a conduta desenvolvida pelo parlamentar configurava crime permanente, ou seja, aquele em que a consumação se protrai no tempo, uma vez que integrava pessoalmente organização criminosa. Assim, por se tratar de crime permanente, o senador estava praticando o delito todos os dias.

Portanto, estava preenchido o primeiro requisito para a prisão do parlamentar, qual seja, o estado de flagrância.

No entanto, devemos lembrar que, segundo o art. 53, §2º, da Constituição Federal, não basta que o parlamentar esteja em flagrante. Além disso, o crime precisa ser inafiançável. Quanto a este tema, o Supremo Tribunal Federal realizou o seguinte raciocínio jurídico.

Existem duas hipóteses de crimes inafiançáveis.

A Constituição Federal (art. 5º, incisos XLII, XLIII e XLIV) traz as situações em que os crimes são absolutamente inafiançáveis, quais sejam:
1. Racismo;
2. Tortura;
3. Tráfico de drogas;
4. Terrorismo;
5. Crimes hediondos;
6. Crimes cometidos por ação de grupos armados, civis ou militares, contra a ordem constitucional e o estado democrático.

Como visto, os crimes praticados pelo Senador não se encontram neste rol. Assim, o Supremo Tribunal Federal se socorreu da interpretação do art. 324, IV, do Código de Processo Penal, que elenca situações em que não se poderá conceder fiança:

> Art. 324. Não será, igualmente, concedida fiança: (Redação dada pela Lei nº 12.403, de 2011).
> IV – quando presentes os motivos que autorizam a decretação da prisão preventiva (art. 312). (Redação dada pela Lei nº 12.403, de 2011).

A Corte Suprema realizou o seguinte raciocínio: se, de acordo com o caso concreto, estiverem presentes os motivos que autorizam a decretação da prisão preventiva, o crime, naquele caso, passa a ser inafiançável. Vale dizer, criou-se uma espécie de inafiançabilidade do caso concreto.

No caso do ex-senador Delcídio do Amaral, o Supremo Tribunal Federal entendeu que, como estavam presentes os requisitos ensejadores da prisão preventiva, mesmo que os delitos a ele imputados não estivessem no rol de crimes absolutamente inafiançáveis, no caso concreto era inafiançável, já que não se pode conceder fiança, nos termos do art. 342, IV, do Código de Processo Penal.

A partir dessa fundamentação, houve a decretação da prisão em flagrante do Senador.

Note que o Ministério Público Federal requereu a prisão preventiva. Vejamos:

> O Procurador-Geral da República requer a prisão preventiva de Delcídio Amaral e Edson de Siqueira Ribeiro Filho e a prisão temporária de André Santos Esteves e Diogo Ferreira Rodrigues.
> Caso se entenda descabida a prisão preventiva de congressista, em razão de vedação constitucional, o Procurador-Geral da República requer a imposição cumulativa das seguintes medidas cautelares a Delcídio Amaral:

Todavia, o Ministro Teori Zavascki decretou a prisão em flagrante:

> Ante o exposto, presentes situação de flagrância e os requisitos do art. 312 do Código de Processo Penal, decreto a prisão cautelar do Senador Delcídio do Amaral, observadas as especificações apontadas e *ad referendum* da Segunda Turma do Supremo Tribunal Federal.[122]

---

[122] AC 4036, Relator: Min. Teori Zavascki, Segunda Turma, julgado em 25/11/2015, Acórdão Eletrônico DJe-037 Divulg 26/02/2016 Public 29/02/2016.

Realizada a prisão em flagrante, os autos foram remetidos dentro de 24 horas à casa respectiva (no caso o Senado Federal), para que, pelo voto aberto da maioria de seus membros, fosse resolvida sobre a prisão (art. 53, §2º). Na ocasião, por 59 votos contra 13, decidiu-se manter a prisão do Senador.

Interessante realizar, ainda, uma ponderação sobre a prisão em flagrante dos parlamentares.

Desde o ano de 2011, com a Lei nº 12.403/11 (à época chamada de nova Lei das Prisões), e mais recentemente com a Lei nº 13.964/19 (conhecido por Pacote Anticrime), o flagrante não tem o condão de manter o indivíduo encarcerado por todo o processo.

Segundo o art. 310 do Código de Processo Penal, após receber os autos de prisão em flagrante, no prazo máximo de 24 horas, o juiz deve promover a audiência de custódia para análise da constrição pessoal, devendo:

> 1. relaxar a prisão ilegal (Incluído pela Lei nº 12.403, de 2011);
> 2. converter a prisão em flagrante em preventiva, quando presentes os requisitos constantes do art. 312 deste Código, e se revelarem inadequadas ou insuficientes as medidas cautelares diversas da prisão (Incluído pela Lei nº 12.403, de 2011); ou
> 3. conceder liberdade provisória, com ou sem fiança (Incluído pela Lei nº 12.403, de 2011).

Portanto, se o agente tiver de permanecer preso, o magistrado necessariamente deverá converter sua prisão em flagrante em prisão preventiva.

No entanto, como o parlamentar não pode ser preso preventivamente ou temporariamente, pois a única possibilidade de prisão em seu desfavor é a em flagrante, cria-se um embaraço jurídico, uma vez que se permite que o parlamentar permaneça preso durante o curso do processo penal por prisão em flagrante, o que é contrário às normas do Código de Processo Penal.

Assim, a nosso ver, a única interpretação que faria sentido para manter a higidez do sistema processual é a de que a prisão em flagrante em desfavor do parlamentar é uma exceção constitucional à regra processual. Vale dizer, por decorrer diretamente da Constituição Federal, possui força para manter o agente encarcerado durante o processo, ainda que não seja convertida em preventiva.

4.10.3.2.1 Medidas cautelares diversas da prisão

Como desdobramento da imunidade formal, questiona-se a possibilidade de aplicação de medidas cautelares diversas da prisão aos membros do Congresso Nacional. Isso porque tais medidas possuem a mesma natureza jurídica da prisão preventiva. Vale dizer, ambas são consideradas cautelares de natureza pessoal.

Na jurisprudência, encontramos alguns casos emblemáticos tratando sobre o tema.

Inicialmente, no ano de 2016, aportou no Supremo Tribunal Federal o pedido de afastamento do então presidente da Câmara, Deputado Eduardo Cunha.[123] À época, discutiu-se a possibilidade de, por decisão judicial, se determinar o afastamento do parlamentar.

---

[123] STF. Plenário. AC 4070/DF, Rel. Min. Teori Zavascki, julgado em 05/05/2016.

Naquela ocasião, o Supremo Tribunal Federal se posicionou o no sentido de que a manutenção do então deputado federal Eduardo Cunha no exercício de sua função parlamentar, bem como de presidente da Câmara, colocaria em risco o sucesso das investigações penais em trâmite contra ele. Por isso, a Suprema Corte determinou a suspensão do exercício do seu mandato e, via de consequência, do cargo de presidente da Câmara.

Justificou-se, à época, que, embora o art. 55, §§2º e 3º, da Constituição Federal outorgue ao Congresso Nacional a competência para a decretação da perda do mandato parlamentar, isto não impede que o Judiciário suspenda o exercício da função dos seus membros, desde que preenchidos os pressupostos e requisitos das medidas cautelares (arts. 312, 313 e 319, todos do Código de Processo Penal).

Seguiu o Supremo Tribunal Federal afirmando que as imunidades parlamentares não são garantias absolutas, não podendo ser escudo para práticas ilícitas. Ademais, legitimou sua decisão com base no princípio da inafastabilidade da jurisdição.

Arrematou-se concluindo que tanto os membros do Judiciário, quanto o chefe do Executivo podem ser suspensos de suas funções, se estiverem investigados em procedimento criminal. Assim, não haveria motivo para excluir os parlamentares.

Portanto, o Supremo Tribunal Federal reconheceu a viabilidade da aplicação de medidas cautelares contra parlamentares.

Já em 2017, o Supremo Tribunal Federal enfrentou o pedido de afastamento do então senador Aécio Neves, o qual era alvo de diversas investigações criminais.

O procurador-geral da República requereu ao Supremo Tribunal Federal as seguintes medidas cautelares diversas da prisão em desfavor do Senador:
1. suspensão das suas funções como Senador (art. 319, VI, do CPP);
2. obrigação de recolhimento domiciliar noturno (art. 319, V, do CPP);
3. proibição de entrar em contato com outros investigados por qualquer meio (art. 319, III); e
4. proibição de se ausentar do país, com a entrega do passaporte (art. 319, IV, do CPP).

Neste julgamento, o Supremo Tribunal Federal balizou-se pelo art. 53, §2º, da Constituição Federal, afirmando que o parlamentar somente poderia ser afastado do exercício do seu mandato na hipótese do citado dispositivo constitucional, qual seja, no caso prisão em flagrante de crime inafiançável. Isso porque a Constituição só permite que o parlamentar seja afastado de seu cargo nesta hipótese.

No mesmo norte, entendeu-se que a imposição de qualquer medida cautelar que impeça o exercício do mandato seria uma forma de violação da imunidade formal, que visa garantir o livre exercício das funções parlamentares de ingerências externas.

Desse modo, havendo imposição de medida cautelar pelo Poder Judiciário que impossibilite direta ou indiretamente o exercício regular do mandato legislativo, tal decisão deve ser submetida ao controle político da respectiva casa legislativa, conforme preceitua o art. 53, §2º, da CF/88.

Diante disso, o Supremo Tribunal Federal deferiu o pedido da Procuradoria-Geral da República e encaminhou os autos para o juízo político do Senado Federal.

Por sua vez, o Senado Federal, por 44 votos a 26, em votação aberta e nominal, rejeitou a decisão da 1ª Turma do Supremo Tribunal Federal de afastar o senador Aécio Neves de seu mandato parlamentar, mantendo-o em recolhimento domiciliar noturno.

Após todo esse panorama evolutivo sobre o tema, foi ajuizada a Adin 5526, na qual foram fixados os parâmetros em relação às medidas cautelares (prisionais e diversas da prisão) contra membros do Congresso Nacional. Vejamos:

> 3. A imunidade formal prevista constitucionalmente somente permite a prisão de parlamentares em flagrante delito por crime inafiançável, sendo, portanto, incabível aos congressistas, desde a expedição do diploma, a aplicação de qualquer outra espécie de prisão cautelar, inclusive de prisão preventiva prevista no artigo 312 do Código de Processo Penal.
> 4. O Poder Judiciário dispõe de competência para impor aos parlamentares, por autoridade própria, as medidas cautelares a que se refere o art. 319 do Código de Processo Penal, seja em substituição de prisão em flagrante delito por crime inafiançável, por constituírem medidas individuais e específicas menos gravosas; seja autonomamente, em circunstâncias de excepcional gravidade.
> 5. Os autos da prisão em flagrante delito por crime inafiançável ou a decisão judicial de imposição de medidas cautelares que impossibilitem, direta ou indiretamente, o pleno e regular exercício do mandato parlamentar e de suas funções legislativas, serão remetidos dentro de vinte e quatro horas à casa respectiva, nos termos do §2º do artigo 53 da Constituição Federal, para que, pelo voto nominal e aberto da maioria de seus membros, resolva sobre a prisão ou a medida cautelar.

4.10.3.2.2 Prisão civil dos parlamentares

Imagine que um Deputado Federal deixe prestar alimentos ao seu filho. Ele pode ser preso ou a imunidade parlamentar formal abrange também esta espécie de prisão?

O tema é controverso, existindo 3 posições.

A primeira posição entende que é possível a prisão civil do parlamentar inadimplente, uma vez que, nesta modalidade, o que se busca é a satisfação do crédito em prol do alimentando. Portanto, a imunidade formal não engloba esta modalidade de prisão que, na verdade, é uma forma de coerção para que o alimentando tenha acesso ao crédito alimentício.

A segunda corrente entende que a imunidade formal abarca todas as modalidades de prisão, inclusive a prisão civil por alimentos. Isso porque o intuito desta imunidade é evitar as perseguições pessoais, que também podem ser feitas por essa via.

A terceira posição, defendida por Rogério Sanches, diferencia alimentos provisórios dos definitivos.

> Os primeiros, objetos de um juízo cognitivo que não exauriu a prova, não raras vezes fixados *inaudita altera pars*, não comportam a coerção da prisão civil, mas somente da penhora (art. 528, §8º, do novo CPC). O parlamentar, nessa hipótese, deve ter o mesmo manto que o protege contra a decretação da prisão penal provisória. Já em se tratando de alimentos definitivos, fixados por juízo que exauriu a prova, de caráter permanente (embora mutáveis), admitem coação da prisão civil (art. 528, *caput* e §§1º a 7º, do novo CPC). Nada justifica a preponderância da liberdade do exercício da função quando comparada a necessidade do alimentando.[124]

---

[124] CUNHA, Rogério Sanches. *Manual de Direito Penal*. Parte geral (arts. 1º ao 120). Volume único. Salvador: JusPodivm, 2020, p. 174.

4.10.3.3 Quanto ao processo (art. 53, §§3º, 4º e 5º da CF)

A terceira hipótese de imunidade parlamentar formal diz respeito ao processamento dos congressistas. Dispõe o art. 53, §3º, do Código Penal que:

> Recebida a denúncia contra o senador ou deputado, por crime ocorrido após a diplomação, o Supremo Tribunal Federal dará ciência à casa respectiva, que, por iniciativa de partido político nela representado e pelo voto da maioria de seus membros, poderá, até a decisão final, sustar o andamento da ação.

Assim, recebida a inicial acusatória, o Supremo Tribunal Federal não precisa de autorização da respectiva casa para processar o parlamentar. Contudo, será possível que, até o final do processo, a respectiva casa parlamentar suste o andamento da ação penal.

O pedido de sustação será realizado por partido político que tenha representação e deverá ser apreciado pela casa respectiva no prazo improrrogável de 45 (quarenta e cinco) dias do seu recebimento pela Mesa Diretora (§4º).

Sustada a ação penal, ela perdurará até o término do mandato, ficando suspensa a prescrição durante esse período (art. 53, §5º).

Esclareça-se que tal imunidade somente se aplica aos crimes praticados após a diplomação do deputado ou senador.

Os crimes praticados antes da diplomação, como já estudado neste capítulo, devem ser processados e julgados pelo juízo de 1ª instância (ver item 4.10.3.1 Quanto ao foro por prerrogativa de função). No entanto, se eventualmente forem encaminhados ao Supremo Tribunal Federal, em razão do foro por prerrogativa de função, não serão abrangidos pelo procedimento do art. 53, §§3º, 4º e 5º da Constituição Federal, ou seja, não haverá possibilidade de sustação da ação, nem necessidade de que a Corte Suprema comunique à respectiva casa do recebimento da inicial acusatória contra o parlamentar.

Registre-se que a imunidade quanto ao processo não impede a instauração de investigação contra os membros do Congresso. No entanto, para iniciá-la, é necessário que haja autorização do Supremo Tribunal Federal. Nesse sentido, Bitencourt ensina que:

> A imunidade processual 'não constitui obstáculo para qualquer ato investigatório (investigação administrativa ou criminal), que (era e) é presidido por ministro pertencente ao STF (STF. Recl. 511/PB, Celso de Mello, DJU de 15/02/1995). Em outros termos, o Parlamento não pode suspender qualquer tipo de investigação criminal, mas somente, por maioria, sustar processo criminal instaurado.[125]

4.10.3.4 Quanto à condição de testemunha (art. 53, §6º, da CF)

A quarta hipótese de imunidade formal diz respeito à condição de testemunha. Dispõe o art. 53, §6º, da Constituição Federal que:

> Os Deputados e Senadores não serão obrigados a testemunhar sobre informações recebidas ou prestadas em razão do exercício do mandato, nem sobre as pessoas que lhes confiaram ou deles receberam informações.

---

[125] BITENCOURT, Cezar Roberto. *Tratado de Direito Penal 1*. Parte geral. V. 1. 25. ed. São Paulo: Saraiva, 2019. p. 246.

A regra é que os congressistas têm o dever de funcionar como testemunha quando chamados para tanto, exceto em duas situações: 1. não são obrigados a testemunhar sobre informações recebidas ou prestadas em razão do exercício do mandato e 2. não são obrigados a testemunhar sobre as pessoas que lhes confiaram ou deles receberam informações.

Assim, nas hipóteses previstas no art. 53, §6º, da Constituição Federal, o parlamentar não responderá pelo crime de falso testemunho.

A propósito, o art. 221 do Código de Processo Penal informa que, dentre outras autoridades, os senadores e deputados Federais serão inquiridos em local, dia e hora previamente ajustados entre eles e o juiz. Ademais, o §1º do mesmo dispositivo ainda permite que os presidentes do Senado Federal e da Câmara dos Deputados optem pela prestação de depoimento por escrito. Neste caso, as perguntas serão formuladas pelas partes e deferidas pelo juiz, sendo-lhes transmitidas por ofício.

Registre-se que o parlamentar indiciado ou acusado não tem a prerrogativa de ser ouvido nos moldes do art. 221 do Código de Processo Penal. Tal prerrogativa é destinada apenas para as hipóteses em que o parlamentar funcionar como testemunha. Nesse sentido já decidiu o Superior Tribunal de Justiça:

> DIREITO PROCESSUAL PENAL. INTIMAÇÃO DE AUTORIDADE PARA PRESTAR DECLARAÇÕES. As autoridades com prerrogativa de foro previstas no art. 221 do CPP, quando figurarem na condição de investigados no inquérito policial ou de acusados na ação penal, não têm o direito de serem inquiridas em local, dia e hora previamente ajustados com a autoridade policial ou com o juiz. Isso porque não há previsão legal que assegure essa prerrogativa processual, tendo em vista que o art. 221 do CPP se restringe às hipóteses em que as autoridades nele elencadas participem do processo na qualidade de testemunhas, e não como investigados ou acusados. Precedente citado do STF: Pet 4.600/AL, DJe 26/11/2009. HC 250.970/SP, Rel. Min. Jorge Mussi, julgado em 23/09/2014.

4.10.3.5 Imunidades parlamentares e o estado de sítio

Segundo o art. 53, §8º, da Constituição Federal:

> As imunidades de Deputados ou Senadores subsistirão durante o estado de sítio, só podendo ser suspensas mediante o voto de dois terços dos membros da Casa respectiva, nos casos de atos praticados fora do recinto do Congresso Nacional, que sejam incompatíveis com a execução da medida.

Portanto, as imunidades parlamentares, em regra, serão aplicadas também na hipótese de estado de sítio. Entretanto, podem ser suspensas mediante o voto de 2/3 (dois terços) dos membros da casa respectiva, nos casos de atos praticados fora do Congresso Nacional e que sejam incompatíveis com o período excepcional.

4.10.3.6 Imunidades para os deputados estaduais

Segundo o art. 27, §1º, da Constituição Federal:

> Será de quatro anos o mandato dos Deputados Estaduais, aplicando-se-lhes as regras desta Constituição sobre sistema eleitoral, inviolabilidade, imunidades, remuneração, perda de mandato, licença, impedimentos e incorporação às Forças Armadas.

Em razão do princípio da simetria, os deputados estaduais têm as mesmas imunidades que os parlamentares federais, em todo o território nacional, desde que haja ligação com o exercício da função.

Portanto, tudo o que foi estudado até aqui sobre as imunidades (material e formal) também se aplica aos deputados estaduais.

A única ressalva que deve ser feita diz respeito ao foro por prerrogativa de função. Os deputados federais e senadores possuem foro no Supremo Tribunal Federal. Os deputados estaduais têm foro por prerrogativa perante o Tribunal de Justiça, o Tribunal Regional Federal e o Tribunal Regional Estadual, a depender do delito praticado.

Sobre o tema, o Supremo Tribunal Federal, no julgamento da ADI 5823 MC/RN, ADI 5824 MC/RJ e ADI 5825 MC/MT entendeu que todas as regras as aplicadas aos congressistas federais se aplicam aos deputados estaduais, inclusive entendendo ser constitucional a resolução da casa legislativa estadual que, com base na imunidade parlamentar formal (art. 53, §2º c/c art. 27, §1º da CF/88), revoga a prisão ou outras medidas cautelares pessoais que haviam sido deferidas pelo Poder Judiciário em face de deputado estadual, determinando o retorno ao mandato parlamentar.

Para o Supremo Tribunal Federal, à semelhança da Câmara dos Deputados, a Assembleia Legislativa tem a prerrogativa de sustar decisões judiciais de natureza criminal, precárias e efêmeras, cujo teor resulte em afastamento ou limitação da função parlamentar. Vejamos:

> O Colegiado entendeu que a leitura da Constituição da República revela que, sob os ângulos literal e sistemático, os deputados estaduais têm direito às imunidades formal e material e à inviolabilidade conferidas pelo constituinte aos congressistas, no que estendidas, expressamente, pelo §1º do art. 27 da CF (2). Asseverou que o dispositivo não abre campo a controvérsias semânticas em torno de quais imunidades são abrangidas pela norma extensora. A referência no plural, de cunho genérico, evidencia haver-se conferido a parlamentares estaduais proteção sob os campos material e formal. Se o constituinte quisesse estabelecer estatuto com menor amplitude para os deputados estaduais, o teria feito expressamente, como fez, no inciso VIII do art. 29 (3), em relação aos vereadores. A extensão do estatuto dos congressistas federais aos parlamentares estaduais traduz dado significante do pacto federativo. O reconhecimento da importância do Legislativo estadual viabiliza a reprodução, no âmbito regional, da harmonia entre os Poderes da República. É inadequado, portanto, extrair da Constituição Federal proteção reduzida da atividade do Legislativo nos entes federados, como se fosse menor a relevância dos órgãos locais para o robustecimento do Estado Democrático de Direito. Acrescentou que reconhecer a prerrogativa de o Legislativo sustar decisões judiciais de natureza criminal, precárias e efêmeras, cujo teor resulte em afastamento ou limitação da função parlamentar não implica dar-lhe carta branca. Prestigia-se, ao invés, a Carta Magna, impondo-se a cada qual o desempenho do papel por ela conferido (...) STF. Plenário. ADI 5823 MC/RN, ADI 5824 MC/RJ e ADI 5825 MC/MT, Rel. orig. Min. Edson Fachin, Rel. p/ o ac. Min. Marco Aurélio, julgados em 08/05/2019 (Info 939).

4.10.3.7 Imunidades para os vereadores

De acordo com o art. 29, VIII, da Constituição Federal,[126] os vereadores possuem imunidade material, ou seja, são invioláveis em suas opiniões, palavras e votos, contudo, essa imunidade é restrita ao município em que exercem suas funções (critério territorial).

---

[126] Art. 29, VIII, CF/88: inviolabilidade dos vereadores por suas opiniões, palavras e votos no exercício do mandato e na circunscrição do município.

Este requisito territorial divide a doutrina.

Para Hely Lopes Meirelles, mesmo que o vereador esteja fora do município, mas se estiver tratando de assuntos afetos a ele, estará abarcado pela imunidade, pois:

> O espírito do Constituinte federal foi o de conceder plena liberdade ao Vereador na manifestação de suas opiniões sobre os assuntos sujeitos à sua apreciação, como agente político investido de mandato legislativo local. Dessa forma, ainda que esteja fora do território do seu Município, mas no exercício do seu mandato, como representante do Legislativo municipal, deve gozar dessa prerrogativa ao manifestar sua opinião, palavra ou voto.[127]

Outra parte da doutrina compreende que a atuação do vereador fora da circunscrição municipal afasta a imunidade, uma vez que o exercício do mandato só ocorre dentro do município, vez que sua função é de natureza local. Guilherme Nucci explica que:

> Em nosso entendimento, o vereador, por não ser parlamentar federal ou estadual, não deve ocupar-se de assuntos que não digam respeito ao seu município; logo, a sua liberdade de pensar e, consequentemente, manifestar-se deve estar vinculada à região onde atua. O vereador de um pequeno município não tem de emitir opiniões sobre o governo federal ou estadual, resguardado pela imunidade material, porque não lhe concernem tais temas políticos. Se quiser, pode fazê-lo como qualquer outro cidadão, responsabilizando-se pelo que disser. Sua atividade, em outras palavras, quando pertinente ao exercício de seu mandato, na sua cidade, merece proteção, pois é para tal mister que foi eleito. No mais, parece-nos largueza abusiva a permissão de falar, com imunidade material, onde quer que esteja. E se o vereador de uma cidade estiver em outro município, por qualquer razão, não está em atividade concernente ao seu mandato, pois este somente se realiza como tal no lugar onde foi eleito.[128]

Os vereadores não possuem imunidade formal quanto à prisão, ao processo, ou à condição de testemunha, nem mesmo foro especial.

No entanto, tem-se entendido que a Constituição Estadual pode prever foro por prerrogativa de função para os vereadores.

Contudo, na Adin 2553/MA, o Supremo Tribunal Federal declarou inconstitucional o art. 81, IV, da Constituição do Estado do Maranhão, que previa foro por prerrogativa de função para Procuradores do Estado, Procuradores da Assembleia Legislativa do Estado, Defensores Públicos e Delegados de Polícia, ao fundamento de que a Constituição Federal conferiu apenas de forma excepcional foro especial às autoridades federais, estaduais e municipais, não se podendo autorizar que os Estados, livremente, criem novas hipóteses de foro por prerrogativa de função.

Desse modo, permitir aos Estados dispor, livremente, sobre essas prerrogativas, seria o equivalente a assinar um verdadeiro "cheque em branco".

Neste julgamento, embora não fosse o objeto do debate, alguns Ministros, a exemplo do ministro Gilmar Mendes e Alexandre de Morais, afirmaram que não haveria justificativa para que vereadores tivessem foro especial nos Tribunais de Justiça.

---

[127] MEIRELLES, Hely Lopes. *Direito municipal brasileiro*. 7. ed. atual. por Izabel Camargo Lopes Monteiro e Yara Darcy Police Monteiro. São Paulo: Malheiros, 1994. p. 454.
[128] NUCCI, Guilherme Souza. *Curso de Direito Penal*. Vol. 1. Parte geral, arts. 1º a 120 do Código Penal. 3. ed. Rio de Janeiro: Forense, 2019. p. 253.

Portanto, ainda que não tenha sido objeto de decisão pelo Supremo Tribunal Federal, há sinalização de alguns Ministros de que o foro por prerrogativa conferido por Constituição Estadual aos parlamentares municipais seria inconstitucional.

4.11 Disposições finais sobre a aplicação da lei penal

4.11.1 Eficácia da sentença estrangeira

Em regra, as sentenças proferidas pelo Poder Judiciário devem ser executadas dentro do próprio país. Ver as decisões sendo devidamente cumpridas é verdadeiro ato de soberania estatal.

Contudo, existem situações em que sentenças proferidas no estrangeiro podem gerar efeitos no território nacional, sem, contudo, enfraquecer a soberania do Estado brasileiro.

Para que uma sentença estrangeira produza efeitos em território nacional, é necessário que seja realizado o respectivo procedimento para sua validação (arts. 960 e seguintes do CPC). Segundo o art. 105, I, alínea *i*, da Constituição Federal, compete ao Superior Tribunal de Justiça a homologação de sentenças estrangeiras e a concessão de *exequatur* às cartas rogatórias.

Antes do novo Código de Processo Civil, entendia-se que para a homologação de sentença estrangeira, era imprescindível a prova do trânsito em julgado, conforme dispunha a Súmula 420 do Supremo Tribunal Federal (Não se homologa sentença proferida no estrangeiro sem prova do trânsito em julgado).

Contudo, após a vigência do Novo Código de Processo Civil, o art. 963, III não mais exige o trânsito em julgado, mas tão somente que sentença estrangeira seja eficaz no país em que foi proferida. Nesse sentido, já se pronunciou o Superior Tribunal de Justiça:

> Na vigência do CPC/1973, o seu art. 483, parágrafo único, dispunha que caberia ao Regimento Interno do Supremo Tribunal Federal (rectius: Superior Tribunal de Justiça após a EC 45/2004) disciplinar a homologação das sentenças estrangeiras no Brasil. Daí porque o Regimento Interno desta Corte, em seus artigos 216-A a 216-N, estabelece não apenas o procedimento, como também insculpiu os seus requisitos, tais como o trânsito em julgado da decisão. Ocorre que, com a entrada em vigor do CPC/2015, os requisitos indispensáveis à homologação da sentença estrangeira passaram a contar com disciplina legal, de modo que o Regimento Interno desta Corte deverá ser aplicado em caráter supletivo e naquilo que for compatível com a disciplina contida na legislação federal. Uma alteração está prevista em seu art. 963, III, que não mais exige que a decisão judicial que se pretende homologar tenha transitado em julgado, mas, ao revés, que somente seja ela eficaz em seu país de origem, tendo sido tacitamente revogado o art. 216-D, III, do RISTJ. Nestes termos, considera-se eficaz a decisão que nele possa ser executada, ainda que provisoriamente, de modo que havendo pronunciamento judicial suspendendo a produção de efeitos da sentença que se pretende homologar no Brasil, mesmo que em caráter liminar, a homologação não pode ser realizada. SEC 14.812-EX, Rel. Min. Nancy Andrighi, por unanimidade, julgado em 16/05/2018, DJe 23/05/2018.

Ademais, nos termos do art. 515, VIII, do Código de Processo Civil, a sentença estrangeira devidamente homologada pelo Superior Tribunal de Justiça tem natureza jurídica de título executivo judicial.

Nesse contexto, o art. 9º do Código Penal dispõe que:

> Art. 9º – A sentença estrangeira, quando a aplicação da lei brasileira produz na espécie as mesmas consequências, pode ser homologada no Brasil para:
> I – Obrigar o condenado à reparação do dano, a restituições e a outros efeitos civis;
> II – Sujeitá-lo a medida de segurança.
> Parágrafo único – A homologação depende:
> a) para os efeitos previstos no inciso I, de pedido da parte interessada;
> b) para os outros efeitos, da existência de tratado de extradição com o país de cuja autoridade judiciária emanou a sentença, ou, na falta de tratado, de requisição do Ministro da Justiça.

Por derradeiro, deve-se ressaltar que alguns efeitos da sentença estrangeira não estão condicionados à homologação, a exemplo da reincidência. Vejamos as lições de Fernando Capez:

> A sentença estrangeira somente necessita de homologação para adquirir eficácia executória. Desse modo, em se tratando de efeitos secundários da condenação, os quais não se destinam à execução, não haverá necessidade de a decisão estrangeira ser homologada. Assim, para gerar a reincidência no Brasil ou para obstar a concessão de *sursis* e do livramento condicional, não é necessário o prévio juízo delibatório do STJ. Também no caso de absolvição proferida no estrangeiro não se procederá à homologação, nos termos do art. 7º, §2º, *d*, do Código Penal, pois o fato não foi punido no estrangeiro e não há nada a ser executado, na medida em que a decisão absolutória por lá proferida declarou a inexistência de relação jurídica entre Estado e infrator. O mesmo se diga da sentença estrangeira que julgar extinta a punibilidade do agente (CP, art. 7º, §2º, *e*). Em suma, haverá desnecessidade da homologação nos seguintes casos: (i) reincidência; (ii) proibição de *sursis*; (iii) proibição de livramento condicional; (iv) sentenças absolutórias; (v) sentenças extintivas da punibilidade.[129]

4.11.2 Contagem do prazo

Os prazos penais diferem-se dos prazos processuais penais.

Os prazos processuais penais são contados de acordo com o art. 798, §1º, do Código de Processo Penal, o qual determina que não se computará no prazo o dia do começo, incluindo-se, porém, o do vencimento. Ademais, o prazo que terminar em domingo ou dia feriado considerar-se-á prorrogado até o dia útil imediato (art. 798, §3º, do CPP).

A teor da Súmula 310 do Supremo Tribunal Federal, quando a intimação tiver lugar na sexta-feira, ou a publicação com efeito de intimação for feita nesse dia, o prazo judicial terá início na segunda-feira imediata, salvo se não houver expediente, caso em que começará no primeiro dia útil que se seguir.

Por exemplo, imagine que o indivíduo é intimado da sentença penal condenatória em uma quinta-feira, dia 13, tendo o prazo de 5 dias para apelar (art. 593, I, do CPP). Pela regra do art. 798, §1º, do Código de Processo Penal, exclui-se o dia do início

---

[129] CAPEZ, Fernando. *Curso de Direito Penal*. V. 1. Parte geral. Editora Saraiva, 2020. p. 168-169.

e inclui-se o dia do vencimento. Assim, o prazo se inicia dia 14 (sexta-feira) e se encerra dia 18 (terça-feira).

Já os prazos penais, por sua vez, seguem a liturgia do art. 10 do Código Penal:

> Art. 10 – O dia do começo inclui-se no cômputo do prazo. Contam-se os dias, os meses e os anos pelo calendário comum.
>
> Na contagem dos prazos penais inclui-se o dia do começo e exclui-se o dia do final. Trata-se de prazo improrrogável, ainda que se encerrem aos sábados, domingos ou feriados.

Aplica-se a contagem penal aos prazos de direito material, a exemplo de prescrição, decadência, *sursis*, livramento condicional, duração das penas, prisão etc.

Lembre-se que, apesar de serem improrrogáveis, os prazos penais podem ser suspensos ou interrompidos, desde que haja previsão legal nesse sentido, a exemplo das hipóteses de suspensão (art. 116 do CP) e interrupção (art. 117 do CP) dos prazos prescricionais.

Imagine que foi decretada a prisão temporária de 5 dias em desfavor do sujeito. A ordem prisional foi cumprida em uma quinta-feira, dia 13. Pela regra do art. 10 do Código Penal, inclui-se o dia do início e exclui-se o do final. Assim, o prazo começa a correr dia 13 (quinta-feira) e se encerra dia 17 (segunda-feira).

Do estudo acima, verifica-se que na contagem do prazo penal, adianta-se um dia, ao passo que na contagem do prazo processual penal, prorroga-se um dia. O fundamento dessa diferenciação entre prazos penais e processuais penais é favorecer o réu, propiciando o pleno exercício da ampla defesa.

Nos prazos processuais penais, há uma ampliação do prazo defensivo. Nos prazos penais, há uma redução do tempo para se buscar a punição e o encarceramento.

Por fim, leva-se em consideração, para a contagem do prazo penal, os dias, os meses e os anos pelo calendário comum (calendário gregoriano).

4.11.3 Frações não computáveis da pena

Dispõe o art. 11 do Código Penal:

> Art. 11 – Desprezam-se, nas penas privativas de liberdade e nas restritivas de direitos, as frações de dia, e, na pena de multa, as frações de cruzeiro.

Assim, nas penas privativas de liberdade e nas restritivas de direitos, desprezam-se as frações de dias.

As frações de dias são as horas. Estas serão desprezadas. Por exemplo, se o juiz fixa uma pena-base de 35 dias, da qual se deve diminuir 1/6, teremos uma pena final de 29,17 dias. Como o art. 11 do Código Penal determina que as frações de dias (horas) sejam desprezadas, a pena final será de 29 (vinte e nove) dias.

Quanto à pena de multa, o art. 11 determina que as frações de "cruzeiro" devem ser desprezadas.

A expressão "cruzeiro" deve ser atualizada para "real". As frações de real são os centavos. Na pena de multa, estes devem ser desprezados. Portanto, se a multa ficou estabelecida em R$ 132,65 (cento e trinta e dois reais e sessenta e cinco centavos), os centavos devem ser desprezados, devendo ser adimplido o valor de R$ 132,00 (cento e trinta e dois reais).

4.11.4 Legislação especial

Prescreve o art. 12 do Código Penal:

Art. 12 – As regras gerais deste Código aplicam-se aos fatos incriminados por lei especial, se esta não dispuser de modo diverso.

As regras gerais previstas no Código Penal podem ser aplicadas aos fatos criminosos descritos na legislação extravagante, desde que a lei especial não disponha de modo diverso. Vale dizer, se existir norma específica sobre determinado tema na legislação especial, esta deve prevalecer sobre a norma geral prevista no Código Penal.

Por exemplo, o artigo 43 do Código Penal elenca as seis possíveis penas substitutivas existentes, sendo elas: 1. prestação pecuniária; 2. perda de bens e valores; 3. limitação de fim de semana; 4. prestação de serviço à comunidade ou a entidades públicas; 5. interdição temporária de direitos; 6. limitação de fim de semana. Portanto, em regra, ao substituir a pena privativa de liberdade por restritiva de direitos, o juiz pode determinar qual dessas penas melhor se amolda ao caso concreto.

Contudo, o artigo 312-A do Código de Trânsito, incluído pela Lei nº 13.281/16, traz uma regra específica, determinando ao juiz que, ao substituir a pena privativa de liberdade por restritiva de direitos nos crimes de trânsito, aplique obrigatoriamente ao condenado a pena de prestação de serviço à comunidade ou a entidades públicas, em um dos seguintes locais:
1. trabalho, aos fins de semana, em equipes de resgate dos corpos de bombeiros e em outras unidades móveis especializadas no atendimento a vítimas de trânsito;
2. trabalho em unidades de pronto-socorro de hospitais da rede pública que recebem vítimas de acidente de trânsito e politraumatizados;
3. trabalho em clínicas ou instituições especializadas na recuperação de acidentados de trânsito; e
4. outras atividades relacionadas ao resgate, ao atendimento e à recuperação de vítimas de acidentes de trânsito.

4.11.5 Conflito aparente de normas

4.11.5.1 Conceito e pressupostos

Conflito aparente de normas é a situação em que, diante de um caso concreto, aparentemente, verifica-se a possibilidade de aplicação de mais de uma norma penal para resolver a questão, mas, na verdade, somente uma delas realmente terá incidência.

Ensina Luiz Régis Prado que

Para que ocorra um concurso aparente de leis, certos pressupostos são exigidos: unidade de fato e pluralidade de leis. Desse modo, deve haver um só fato – correspondente a uma única violação real da lei – e, pelo menos, duas normas concorrentes com aparente aplicabilidade. Na individualização do fato juridicamente relevante, convém observar ser ele o previsto pela hipótese normativa (*facti species*).[130]

---

[130] PRADO, Luiz Régis. *Curso de Direito Penal brasileiro*: parte geral e parte especial. 18. ed. Rio de Janeiro: Forense, 2020. p. 91.

Em suma, os pressupostos para ocorrência de um conflito aparente de normas são três:

1. *Unidade de fato*

O conflito aparente de normas depende da ocorrência de apenas um fato delitivo. Isso porque, se houver mais de um fato delituoso, haverá concurso de crimes (arts. 69 a 71 do Código Penal).

2. *Incidência aparente de dois ou mais tipos penais*

Para que o conflito aparente de normas exista, é necessário que dois ou mais tipos penais sejam aplicáveis à situação concreta. No entanto, somente um deles será efetivamente aplicado, sob pena de *bis in idem*.

3. *Vigência simultânea dos tipos penais aparentemente aplicáveis*

O terceiro pressuposto é que os tipos penais aparentemente aplicáveis estejam vigentes, tendo em vista que, se um deles já estiver revogado, haverá conflito de leis penais no tempo (*novatio legis in mellius, novatio legis in pejus, abolitio criminis* etc.).

4.11.5.2 Conflito aparente de normas e concurso formal

Não se pode confundir conflito aparente de normas com concurso formal de crimes.

No concurso formal, embora a conduta decorra de uma única ação ou omissão, existirá pluralidade de crimes e, portanto, várias lesões a bens jurídicos, que serão considerados como fato único para fins de aplicação da pena (art. 70 do Código Penal). Por isso, será aplicável mais de uma lei penal.

Já no conflito aparente de normas, existe uma única lesão ao bem jurídico, embora, ilusoriamente, pareçam existir vários crimes. Vejamos a lição de Guilherme Nucci:

> No concurso formal, o agente, por meio de uma só conduta, vulnera vários bens jurídicos, cometendo dois ou mais delitos. Assim, há várias tipicidades, porém um único fato (exemplo: o agente desfere um tiro e mata duas pessoas). No concurso de normas penais, o agente afeta um único bem jurídico, havendo uma só tipicidade, embora haja a impressão de que teria praticado dois ou mais delitos (exemplo: a mãe, que mata o filho recém-nascido, em estado puerperal, pratica infanticídio, embora fique a impressão de que cometeu também homicídio).[131]

4.11.5.3 Critérios para resolução do conflito aparente de normas

A legislação penal não traz expressamente quais critérios devem ser adotados para resolução do conflito aparente de normas. Entretanto, a doutrina e a jurisprudência têm indicado 4 (quatro) critérios (ou princípios) para resolução destes conflitos: a) critério

---

[131] NUCCI, Guilherme Souza. *Curso de Direito Penal*. Vol. 1. Parte geral, arts. 1º a 120 do Código Penal, 3. ed. Rio de Janeiro: Forense, 2019. p. 269.

ou princípio da especialidade; b) critério ou princípio da subsidiariedade; c) critério ou princípio da consunção; e d) critério ou princípio da alternatividade.

4.11.5.3.1 Especialidade

Pelo princípio da especialidade (art. 12 do Código Penal), lei especial prevalece sobre lei geral (*lex specialis derogat legi generandi*).

Considera-se como lei especial aquela que possui todos os elementos da lei geral, mais os elementos especializantes. A lei especial, portanto, contém todos os elementos da lei geral e mais outros, que a torna distinta.

Por exemplo, o infanticídio previsto no art. 123 do Código Penal é uma norma especial em relação ao homicídio disposto no art. 121 do Código Penal. O infanticídio nada mais é que um homicídio (matar alguém), com 4 elementos especializantes. Vale dizer, pratica infanticídio a parturiente (primeiro elemento especializante: sujeito ativo) que mata, durante o parto ou logo após parto (segundo elemento especializante: fator temporal), o nascente ou neonato (terceiro elemento especializante: sujeito passivo), sob a influência do estado puerperal (quarto elemento especializante).

Mais um exemplo: o art. 121, §3º, do Código Penal (homicídio culposo) é norma geral. Se o indivíduo matar alguém culposamente, responde nos moldes do referido dispositivo. Contudo, se o sujeito mata alguém culposamente, na direção de veículo automotor, o delito será o do art. 302 do Código de Trânsito, que trata de uma modalidade especial de homicídio culposo.

Na aplicação do princípio da especialidade, é indiferente se a norma especial é mais grave que a norma geral, ou seja, o tipo especial sempre terá preferência de aplicação, ainda que seja mais gravoso.

Seguindo no nosso exemplo do homicídio culposo: o tipo do art. 121, §3º, do Código Penal possui pena de 1 a 3 anos. Já o delito do art. 302, *caput*, do Código de Trânsito, possui pena de 2 a 4 anos. Mesmo que a pena do homicídio culposo do Código Penal seja mais benéfica ao réu, se a morte culposa decorreu da condução de veículo automotor, aplica-se a norma especial do art. 302 do Código de Trânsito.

Por fim, registre-se que o conflito entre norma geral e norma especial se resolve abstratamente. Em outras palavras, realiza-se uma comparação entre as normas para se verificar qual delas é especial em relação a outra.

4.11.5.3.2 Subsidiariedade (ou tipo reserva)

Segundo Guilherme Nucci:

> Uma norma é considerada subsidiária a outra quando a conduta nela prevista integra o tipo da principal (*lex primaria derogat legi subsidiariae*), significando que a lei principal afasta a aplicação de lei secundária. A justificativa é que a figura subsidiária está inclusa na principal.[132]

---

[132] NUCCI, Guilherme Souza. *Curso de Direito Penal*. Vol. 1. Parte geral, arts. 1º a 120 do Código Penal, 3. ed. Rio de Janeiro: Forense, 2019. p. 271.

Haverá aplicação da norma subsidiária somente quando o fato não se amoldar ao crime mais grave.

Existem duas hipóteses de subsidiariedade: a expressa e a tácita.

A subsidiariedade expressa se dá quando o próprio texto legal prevê a não-aplicação da norma penal menos grave quando presente a norma penal mais grave, a exemplo do art. 132 do Código Penal. Vejamos:

> Art. 132 – Expor a vida ou a saúde de outrem a perigo direto e iminente:
> Pena – detenção, de três meses a um ano, se o fato não constitui crime mais grave.

Já a subsidiariedade tácita ocorre quando a tipo penal menos grave está contido no tipo penal mais grave. Por exemplo, o tipo do art. 148 do Código Penal (sequestro) está contido no delito do art. 159 do Código Penal (extorsão mediante sequestro).

Em crimes complexos, também podemos verificar hipótese de subsidiariedade tácita. Por exemplo, o crime de roubo é crime complexo (furto + constrangimento ilegal). O crime de furto e o de constrangimento ilegal estão englobados pelo delito de roubo, formando crime único.[133]

A consequência da aplicação do princípio da subsidiariedade é que, ocorrendo o crime principal, o delito subsidiário é afastado (*lex primaria derogat legi subsidiariae*). *Contrario sensu*, se o tipo principal não incidir, aplica-se o tipo subsidiário.

4.11.5.3.3 Consunção (ou absorção)

Para Fernando Capez:

> É o princípio segundo o qual um fato mais amplo e mais grave consome, isto é, absorve, outros fatos menos amplos e graves, que funcionam como fase normal de preparação ou execução ou como mero exaurimento. Costuma-se dizer: 'o peixão (fato mais abrangente) engole os peixinhos (fatos que integram aquele como sua parte)'.[134]

Portanto, dá-se a consunção quando, para se chegar a consumação do crime fim, é necessário que se passe pelo crime meio. Por exemplo, para furtar a televisão (crime fim) é necessário invadir o domicílio da vítima (crime meio). O delito de invasão de domicílio ficará absorvido pelo delito de furto.

Da mesma forma, para se chegar ao homicídio (crime fim) é necessário lesionar a vítima (crime meio). O crime de lesão corporal ficará consumido pelo crime de homicídio.

Em relação ao princípio da consunção, a doutrina tem indicado as seguintes hipóteses:

1. *Crime progressivo*

É a hipótese que, para se alcançar o crime mais grave, necessariamente, deve-se passar pelo crime menos grave.

---

[133] PRADO, Luiz Régis. *Curso de Direito Penal brasileiro*: parte geral e parte especial. 18. ed. Rio de Janeiro: Forense, 2020. p. 92.
[134] Fernando, CAPEZ. *Curso de Direito Penal*. Volume 1, Parte geral. Editora Saraiva, 2017. p. 131.

É o exemplo que demos acima de passar pela lesão corporal para se chegar ao homicídio. O agente responderá apenas pelo homicídio.

2. *Progressão criminosa*

Na progressão criminosa, o agente inicia seu intento delituoso buscando a consumação de um crime menos grave. Contudo, no decorrer dos atos criminosos, muda seu dolo, passando a querer praticar um crime mais grave, contra o mesmo bem jurídico.

Por exemplo, o agente quer lesionar a vítima, no que obtém êxito. Após lesioná-la, decide matá-la, o que também acontece.

Na progressão criminosa, o crime menos grave fica absorvido pelo crime mais grave. No nosso exemplo, o agente responderá pelo delito de homicídio, ficando as lesões corporais absorvidas.

Note que progressão criminosa não se confunde com crime progressivo, embora a ambas as situações se aplique o princípio da consunção. Na lição de André Estefam:

> O crime progressivo não se confunde com a progressão criminosa. Nesta, o agente modifica seu intento durante a execução do fato, isto é, inicia com um objetivo determinado (por exemplo: violar domicílio alheio), alterando-o durante o cometimento do fato (p. ex.: decide furtar um objeto encontrado no interior do imóvel em que ingressou). No crime progressivo, o agente possui, desde o princípio, o mesmo escopo e o persegue até o final, ou seja, pretendendo um resultado determinado de maior lesividade (*v.g.*, a morte de alguém), pratica outros fatos de menor intensidade (*v.g.*, sucessivas lesões corporais) para atingi-lo.[135]

3. *Antefactum* impunível

Antefactum impunível são os fatos que precedem a infração penal mais grave e que são utilizados como meio para sua prática.

É o exemplo que trouxemos em linhas volvidas em que, para furtar a televisão (crime fim) é necessário invadir o domicílio da vítima (crime meio). O delito de invasão de domicílio ficará absorvido pelo delito de furto.

O Superior Tribunal de Justiça consagra esse conceito em sua Súmula 17, dispondo que "quando o falso se exaure no estelionato, sem mais potencialidade lesiva, é por este absorvido".

É importante ressaltar que o *antefactum* impunível não se confunde com o crime progressivo, tendo em vista que neste, é obrigatória a passagem pelo delito menos grave (passar pelas lesões para se chegar ao homicídio), ao passo que naquele, o delito antecedente (no nosso exemplo, invasão de domicílio) não é de passagem obrigatória, mas apenas o meio escolhido para praticar o crime mais grave (existem outros furtos que são realizados sem invasão de domicílio).

4. *Postfactum* impunível

É considerado o exaurimento do crime. Vale dizer, depois de consumado o delito, o agente ainda continua agredindo o bem jurídico.

---

[135] ESTEFAM, André. *Direito penal*. V. 1. Parte geral (arts. 1º a 120). Editora Saraiva, 2020. p. 198.

Por exemplo, depois de subtrair o veículo, o agente o vende para terceiro. Responderá apenas pelo furto, sendo a alienação do veículo mero exaurimento do delito.

4.11.5.3.4 Alternatividade

O princípio da alternatividade encontra eco nas infrações penais de ação múltipla ou de conteúdo variado, que são aquelas que trazem várias condutas típicas descritas no dispositivo penal.

Assim, para o princípio da alternatividade, independentemente de quantos verbos o agente tenha praticado, ele responderá por um único delito, desde que a ação tenha se desenvolvido no mesmo contexto fático.

Por exemplo, no artigo 33 da Lei nº 11.343/06 (tráfico de drogas), independentemente de quantos verbos nucleares o agente praticou, ele responderá por um único delito de tráfico de drogas, desde que a ação tenha se desenvolvido no mesmo contexto fático.

Então, se o agente adquire, tem em depósito e depois transporta a droga, sem autorização ou em desacordo com determinação legal ou regulamentar, responderá pelo delito do artigo 33 uma única vez, ainda que tenha realizado três verbos. Frise-se que o número de ações típicas poderá ser valorado pelo juiz por ocasião da aplicação da pena, mas o crime continua sendo único.

Por fim, segue a conclusão de Nelson Hungria quanto a todos os critérios estudados:

> Quando a um mesmo fato podem ser aplicadas duas ou mais normas penais, atende-se ao seguinte, a fim de que uma só pena seja imposta: a) a norma especial exclui a norma geral; b) a norma relativa a crime que passa a ser elemento constitutivo ou qualificativo de outro é excluída pela norma atinente a este; c) a norma incriminadora de um fato que é meio necessário ou normal fase de preparação ou execução de outro crime é excluída pela norma a este relativa (...) A norma penal que prevê vários fatos, alternativamente, como modalidades de um mesmo crime, só é aplicável uma vez, ainda quando os ditos fatos são praticados, pelo mesmo agente, sucessivamente.[136]

---

[136] HUNGRIA, Nélson. *Comentários ao Código Penal*. 5. ed. Rio de Janeiro: Forense, 1977. v. 1, t. I. p. 239-240.

CAPÍTULO 5

TEORIA GERAL DO CRIME

5.1 Introdução

A Teoria Geral do Crime é a parte das ciências penais que estuda o delito de uma forma geral, ou seja, busca explicar as características do que deve ser entendido por crime.

Na lição de Paulo José da Costa Júnior e Fernando José da Costa:

> Todas as infrações penais desenrolam-se no palco do mundo exterior. Sendo elas obra do homem, e como este é integrado por duas componentes, uma de natureza material ou objetiva e outra de natureza psicológica ou subjetiva, também as infrações se revestem de um aspecto objetivo e de outro subjetivo. Note-se: aspecto e não elemento. Por constituírem as infrações blocos monolíticos, unos e indecomponíveis, não podem ser espostejadas em elementos. Poderão apenas ser visualizadas de diversos ângulos, mercê de operação abstrata, com finalidade didática. E a expressão 'aspecto' retrata melhor essa estrutura indissolúvel, apresentando-se mais consentânea com a unidade ontológica da infração.[137]

Embora o crime em si seja indivisível, devendo ser considerado como um todo, por questões didáticas, iremos fragmentar seu estudo.

5.2 Infração penal

Nosso ordenamento jurídico adotou o chamado sistema bipartido ou dicotômico (ou binário), ou seja, infração penal é gênero que se divide em duas espécies: crimes e contravenções penais.

Pragmaticamente, não há diferença ontológica entre crime e contravenção penal. A distinção que existe é meramente de gradação (ou de intensidade). Vale dizer, serão considerados crimes os fatos mais graves. Os fatos menos graves, por sua vez, serão classificados como contravenções penais. Esse etiquetamento é feito pelo legislador.

---

[137] COSTA JÚNIOR, Paulo José da; COSTA, Fernando José. *Curso de Direito Penal*. 12. ed. Editora Saraiva, 2010. p. 94.

Além disso, diversamente do que ocorre em outros ordenamentos jurídicos, no sistema brasileiro não há distinção entre crime e delito, devendo ser tratados como sinônimos. Sobre o tema, vejamos a conclusão de Cézar Roberto Bitencourt:

> Alguns países, como Alemanha, França e Rússia, utilizam uma divisão tripartida na classificação das infrações penais, dividindo-as em crimes, delitos e contravenções, segundo a gravidade que apresentem. A divisão mais utilizada, porém, pelas legislações penais, inclusive pela nossa, é a bipartida ou dicotômica, segundo a qual as condutas puníveis dividem-se em crimes ou delitos (como sinônimos) e contravenções, que seriam espécies do gênero infração penal. Ontologicamente não há diferença entre crime e contravenção. As contravenções, que por vezes são chamadas de crimes-anões, são condutas que apresentam menor gravidade em relação aos crimes, por isso sofrem sanções mais brandas. O fundamento da distinção é puramente político-criminal e o critério é simplesmente quantitativo ou extrínseco, com base na sanção assumindo caráter formal.[138]

5.3 Diferenças entre crime e contravenção penal

O art. 1º da Lei de Introdução ao Código Penal (Dec-Lei nº 3.914/41) trouxe a seguinte definição:

> Art. 1º Considera-se crime a infração penal a que a lei comina pena de reclusão ou de detenção, quer isoladamente, quer alternativa ou cumulativamente com a pena de multa; contravenção, a infração penal a que a lei comina, isoladamente, pena de prisão simples ou de multa, ou ambas, alternativa ou cumulativamente.

Contudo, a espécie de pena aplicada não é a única diferença entre crime (pena: reclusão e detenção) e contravenção (pena: prisão simples), sendo possível a indicação de outras distinções.

Quanto à ação penal, os crimes podem ser de ação penal pública incondicionada ou condicionada à representação ou, ainda, de ação penal privada. Já as contravenções penais serão sempre de ação penal pública incondicionada (art. 17 da Lei de Contravenções Penais).[139]

Em relação aos crimes, é possível se falar em punibilidade da tentativa (art. 14, II, do Código Penal), enquanto que nas contravenções penais, a tentativa não é punível (art. 4º LCP).[140] Note que, do ponto de vista fático, é possível a existência de uma tentativa de contravenção penal (ex.: tentativa de vias de fato). No entanto, por uma escolha legislativa, as contravenções penais, na modalidade tentada, não serão puníveis.

Aos crimes, é possível a aplicação das regras de extraterritorialidade (art. 7º do Código Penal), não sendo possível em relação às contravenções.[141]

No que diz respeito à competência, os crimes podem ser julgados pela Justiça Federal ou Estadual, a depender do bem jurídico violado. Já as contravenções penais serão julgadas pela Justiça Estadual, nos moldes do art. 109, IV, da Constituição Federal:

> Art. 109. Aos juízes federais compete processar e julgar: (...)

---

[138] BITENCOURT, Cézar Roberto. *Tratado de Direito Penal 1*. Parte geral. Editora Saraiva, 2018. p. 292.
[139] Art. 17. A ação penal é pública, devendo a autoridade proceder de ofício.
[140] Art. 4º. Não é punível a tentativa de contravenção.
[141] Art. 2º da LCP: A lei brasileira só é aplicável à contravenção praticada no território nacional.

IV – os crimes políticos e as infrações penais praticadas em detrimento de bens, serviços ou interesse da União ou de suas entidades autárquicas ou empresas públicas, excluídas as contravenções e ressalvada a competência da Justiça Militar e da Justiça Eleitoral;

Excepciona-se a competência da justiça estadual se o contraventor possuir foro por prerrogativa de função perante tribunal federal (TRF) ou perante os tribunais nacionais (STF e STJ). Deve-se alertar, todavia, que depois do julgamento da Questão de Ordem na Ação Penal 937, houve uma intensa restrição às regras do foro especial, aplicando-se somente aos agentes que praticaram infrações penais durante o exercício do cargo e em razão dele. Diante desse novo entendimento, embora seja possível que o contraventor venha a ser julgado pela justiça federal se possuir foro especial, do ponto de vista prático, do número de contravenções que comporta esse deslocamento, basicamente ficou reduzido ao ilícito do art. 66, I, da Lei de Contravenções Penais.

No tocante ao limite das penas, os crimes comportam o cumprimento de até 40 anos (art. 75 do Código Penal).[142] Por sua vez, as contravenções penais têm duração máxima de até 5 anos, conforme art. 10 da LCP.[143]

No que concerne ao período de prova da suspensão condicional da pena (*sursis*), os prazos para os crimes serão, em regra, de 2 a 4 anos e, excepcionalmente, de 4 a 6 anos. Para as contravenções penais, o prazo será de 1 a 3 anos.[144]

Os crimes e as contravenções também possuem distinções quanto ao elemento subjetivo. Os delitos podem ser dolosos, culposos ou preterdolosos (arts. 18 e 19 do Código Penal). Para as contravenções penais, basta a ação ou omissão voluntária (art. 3º da LCP).

Os crimes são compatíveis com o erro de tipo (art. 20 do Código Penal) e com o erro de proibição (art. 21 do Código Penal). Já as contravenções penais, no caso de ignorância ou de errada compreensão da lei, quando escusáveis, a pena pode deixar de ser aplicada (art. 8º da LCP).

Relativamente à possibilidade de cabimento da prisão preventiva, o art. 313 do Código de Processo Penal permite apenas aos crimes, não abrangendo as contravenções penais. Nesse sentido é o entendimento do Superior Tribunal de Justiça:

> *HABEAS CORPUS*. CONTRAVENÇÃO PENAL. VIAS DE FATO. PRISÃO PREVENTIVA. NÃO-CABIMENTO. ART. 313, III, DO CPP. VIOLAÇÃO. ORDEM CONCEDIDA. 1. Em se tratando de aplicação da cautela extrema, não há campo para interpretação diversa da literal, de modo que não existe previsão legal autorizadora da prisão preventiva contra autor de uma contravenção, mesmo na hipótese específica de transgressão das cautelas de urgência diversas já aplicadas. 2. No caso dos autos, nenhum dos fatos praticados pelo agente – puxões de cabelo, torção de braço (que não geraram lesão corporal) e discussão no interior de veículo, onde tentou arrancar dos braços da ex-companheira o filho que têm em comum –, configura crime propriamente dito. 3. Vedada a incidência do art. 313, III, do CPP, tendo em vista a notória ausência de autorização legal para a decisão que

---

[142] Lembre-se que esse *quantum* foi alterado pela Lei 13.964/19 (Lei Anticrime). Antes da entrada em vigor desta lei, o limite era de 30 anos.

[143] Art. 10. A duração da pena de prisão simples não pode, em caso algum, ser superior a cinco anos, nem a importância das multas ultrapassar cinquenta contos.

[144] Art. 11 da LCP: Desde que reunidas as condições legais, o juiz pode suspender por tempo não inferior a um ano nem superior a três, a execução da pena de prisão simples, bem como conceder livramento condicional.

decretou a constrição cautelar do acusado. 4. Ordem concedida, para que o paciente possa responder a ação penal em liberdade, se por outro motivo não estiver preso (HC 437.535/ SP, Rel. Ministra Maria Thereza de Assis Moura, Rel. p/ Acórdão Ministro Rogerio Schietti Cruz, Sexta Turma, julgado em 26/06/2018, DJe 02/08/2018).

No mesmo sentido é a prisão temporária. Tal prisão, prevista para a fase investigatória, somente é permitida para os crimes elencados no rol taxativo do art. 1º, III, da Lei nº 7.960/89, o qual não inclui nenhuma contravenção penal. Vejamos o quadro resumo:

Hipótese distintiva	Crimes	Contravenção Penal
Quanto à pena:	Penas privativas de liberdade	Prisão simples (art. 6º LCP)
	Obs. Reclusão comporta regime inicial fechado, semiaberto e aberto.	Obs. Prisão simples: jamais poderá existir regime fechado, ainda que seja em razão de regressão de regime de cumprimento de pena.
	Obs2. Detenção comporta regime inicial semiaberto e aberto. Contudo, é possível fixação de regime fechado em crime apenado com detenção no processo de execução de pena, em incidente de regressão de regime.	
Quanto à ação penal:	Ação penal pública incondicionada ou condicionada à representação e ação penal privada.	Ação penal pública incondicionada (art. 17 da LCP).
Quanto à punibilidade da tentativa	A tentativa é punível (art. 14, II, do CP)	Não é punível a tentativa (art. 4º LCP)
Extraterritorialidade	É possível a aplicação das regras de extraterritorialidade (art. 7º do CP).	Não é possível a aplicação das regras de extraterritorialidade (art. 2º da LCP).
Competência	Justiça Federal e Justiça Estadual	Justiça Estadual (art. 109, IV, da CF).
		Exceção: contravenção penal praticado por autoridade com prerrogativa de foro.
Penas	40 anos (art. 75 do CP, com redação dada pela Lei 13.964/19)	5 anos (art. 10 da LCP)
Período da suspensão condicional da pena	Em regra, de 2 a 4 anos. Exceção: de 4 a 6 anos.	De 1 a 3 anos (art. 11 da LCP)
Elemento subjetivo	Dolo, culpa ou preterdolo (arts. 18 e 19 do Código Penal)	Ação ou omissão voluntária (art. 3º da LCP)
Ignorância da lei	Permite-se erro de tipo e erro de proibição	A ignorância ou a errada compreensão da lei, quando escusáveis, permite-se a não aplicação da pena (art. 8º da LCP)
Cabimento de prisão preventiva e temporária	É cabível	Não é cabível

5.4 Infração penal *sui generis* e art. 28 da Lei nº 11.343/06 (Lei de Drogas)

A Lei nº 11.343/06 trouxe uma nova formatação para o delito de porte de drogas para consumo pessoal.

Dentre as suas inovações, dispensou tratamento diferenciado ao usuário de drogas, a fim de distingui-lo do traficante de drogas e realçar o intuito de retirá-lo do vício. Entendeu-se, de forma simplória, que a situação do usuário de drogas não deve ser tratada como "caso de polícia", colocando-o na prisão (como era feito na Lei nº 6.368/76), mas sim como caso de saúde pública. Por essa razão, optou-se por não mais prever penas privativas de liberdade a este crime, impondo-se, de outra banda, medidas alternativas à prisão e de cunho educativo, consistentes em: I – advertência sobre os efeitos das drogas; II – prestação de serviços à comunidade; III – medida educativa de comparecimento a programa ou curso educativo.

Com essa nova regulamentação, o crime de porte de drogas para consumo pessoal (e também o de cultivo de drogas) não comporta nenhum tipo de prisão (inclusive em flagrante delito), ainda que o sujeito tenha descumprido a pena imposta pelo juiz em sentença transitada em julgado.

Diante dessa situação, Rogério Greco define exatamente o problema conceitual trazido pelo art. 28 da Lei de Drogas:

> Embora o art. 1º da Lei de Introdução ao Código Penal nos forneça um critério para distinção entre crime e contravenção penal, essa regra foi quebrada pela Lei nº 11.343/2006, haja vista que, ao cominar, no preceito secundário do seu art. 28, as penas relativas ao consumo de drogas, não fez previsão de qualquer pena privativa de liberdade (reclusão, detenção ou prisão simples), como podemos saber se estamos diante de um crime ou de uma contravenção penal?[145]

Diante dessa celeuma, três posições surgiram na doutrina e jurisprudência.

1ª posição: para Luiz Flávio Gomes,[146] trata-se de infração penal *sui generis* (não é crime nem contravenção), significando dizer que o artigo 28 ainda se encontra no âmbito de conformação do Direito Penal, todavia não constitui mais crime. Fala-se, então, em descriminalização formal e despenalização, não em *abolitio criminis*. Conclui-se, por conseguinte, que, ao acolher esta tese, estaríamos defronte a uma divisão tricotômica de infração penal (crime, contravenção penal e infração penal *sui generis*), e não do costumeiro critério dicotômico de infração penal (crime e contravenção penal), previsto no art. 1º da Lei de Introdução do Código Penal.

2ª posição: para Alice Bianchini,[147] o uso de drogas não pertence ao Direito Penal, embora defenda que se trate de infração de direito judicial sancionador, seja na sanção alternativa fixada em transação penal, seja na sanção imposta pela

---

[145] GRECO, Rogério. *Curso de Direito Penal*. Parte geral. Vol. I. 19. ed. Niterói: Impetus, 2017, p. 195.
[146] GOMES, Luiz Flávio; BIANCHINI, Alice. *Usuário de drogas*: a polêmica sobre a natureza jurídica do art. 28 da Lei 11.343/06. 12 mar. 2007. Disponível em: http://www.lfg.blog.br. Acesso em: 8 jan. 2016, 00:43.
[147] GOMES, Luiz Flávio; BIANCHINI, Alice. *Usuário de drogas*: a polêmica sobre a natureza jurídica do art. 28 da Lei 11.343/06. 12 mar. 2007. Disponível em: http://www.lfg.blog.br. Acesso em: 8 jan. 2016, 00:43.

sentença. Para a autora, houve *abolitio criminis* e, portanto, descriminalização substancial da conduta.

3ª posição: tal discussão bateu às portas do Supremo Tribunal Federal (RE 430105/RJ), o qual fixou entendimento de que o artigo 28 da Lei nº 11.343/06 possui natureza jurídica de crime. Argumentou-se que o art. 1º da Lei de Introdução do Código Penal limita-se a estabelecer um critério que permite distinguir quando se está diante de um crime ou de uma contravenção, fato que não obsta que lei ordinária superveniente adote outros critérios gerais de distinção ou estabeleça para determinado crime pena diversa da privação ou restrição da liberdade, a qual constitui somente uma das opções constitucionais passíveis de adoção pela lei incriminadora.

Além disso, o próprio legislador incluiu o artigo 28 no capítulo "Dos Crimes e das Penas", não podendo se presumir que houve um equívoco legislativo nessa conduta.

Ainda no mesmo propósito, o legislador fala em reincidência no artigo 28, §4º, da Lei nº 11.343/06, conceito intimamente ligado a crime e que deve ser tomado em sentido técnico, e não em sentido "popular".

Assim, para o STF, não houve *abolitio criminis*, mas mera despenalização da conduta (a qual deve ser entendida como a exclusão de pena privativa de liberdade).

Vejamos a ementa de tão emblemático julgamento:

> I. Posse de droga para consumo pessoal: (art. 28 da Lei nº 11.343/06 – Nova Lei de Drogas): natureza jurídica de crime. 1. O art. 1º da LICP – que se limita a estabelecer um critério que permite distinguir quando se está diante de um crime ou de uma contravenção – não obsta a que lei ordinária superveniente adote outros critérios gerais de distinção, ou estabeleça para determinado crime – como o fez o art. 28 da Lei nº 11.343/06 – pena diversa da privação ou restrição da liberdade, a qual constitui somente uma das opções constitucionais passíveis de adoção pela lei incriminadora (CF/88, art. 5º, XLVI e XLVII). 2. Não se pode, na interpretação da Lei nº 11.343/06, partir de um pressuposto desapreço do legislador pelo "rigor técnico", que o teria levado inadvertidamente a incluir as infrações relativas ao usuário de drogas em um capítulo denominado "Dos Crimes e das Penas", só a ele referentes (Lei nº 11.343/06, Título III, Capítulo III, arts. 27-30). 3. Ao uso da expressão "reincidência", também não se pode emprestar um sentido "popular", especialmente porque, em linha de princípio, somente disposição expressa em contrário na Lei nº 11.343/06 afastaria a regra geral do C. Penal (C. Penal, art. 12). 4. Soma-se a tudo a previsão, como regra geral, ao processo de infrações atribuídas ao usuário de drogas, do rito estabelecido para os crimes de menor potencial ofensivo, possibilitando até mesmo a proposta de aplicação imediata da pena de que trata o art. 76 da Lei nº 9.099/95 (art. 48, §§1º e 5º), bem como a disciplina da prescrição segundo as regras do art. 107 e seguintes do C. Penal (Lei nº 11.343, art. 30). 6. Ocorrência, pois, de "despenalização", entendida como exclusão, para o tipo, das penas privativas de liberdade. 7. Questão de ordem resolvida no sentido de que a Lei nº 11.343/06 não implicou *abolitio criminis* (C. Penal, art. 107). II. Prescrição: consumação, à vista do art. 30 da Lei nº 11.343/06, pelo decurso de mais de 2 anos dos fatos, sem qualquer causa interruptiva. III. Recurso extraordinário julgado prejudicado (STF. RE 430105/RJ, Relator Min. Sepúlveda Pertence, Data de Julgamento: 13/02/2007, Primeira Turma, Data de Publicação: DJe-004 Divulg 26/04/2007 Public 27/04/2007 DJ 27/04/2007).

5.5 Conceito de crime

O conceito de crime pode ser estudado sob quatro enfoques distintos.

5.5.1 Conceito legal

O conceito legal de crime encontra-se previsto no art. 1º da Lei de Introdução do Código Penal, concluindo que se trata da infração penal a que lei comine pena de reclusão ou detenção, quer isolada, quer alternativa, quer cumulativamente, com a pena de multa.

5.5.2 Conceito material ou substancial

Do ponto de vista material, crime é o comportamento humano (ação ou omissão) que expõe a perigo de lesão bens jurídicos relevantes para o Direito Penal, passíveis de sanção. Damásio faz a seguinte ponderação sobre o aspecto material do delito:

> O conceito material do crime é de relevância jurídica, uma vez que coloca em destaque o seu conteúdo teleológico, a razão determinante de constituir uma conduta humana infração penal e sujeita a uma sanção. É certo que sem descrição legal nenhum fato pode ser considerado crime. Todavia, é importante estabelecer o critério que leva o legislador a definir somente alguns fatos como criminosos. É preciso dar um norte ao legislador, pois, de forma contrária, ficaria ao seu alvedrio a criação de normas penais incriminadoras, sem esquema de orientação, o que, fatalmente, viria lesar o *jus libertatis* dos cidadãos.[148]

5.5.3 Conceito formal ou formal sintético

Crime é o comportamento descrito em uma norma penal incriminadora, sob ameaça de pena. Portanto, nada mais é que a relação de contrariedade entre o fato exteriorizado e a lei penal.

A doutrina tece severas críticas a este conceito, ante a ausência de base científica. Luiz Régis Prado esclarece quais são elas:

> a) Em primeiro lugar, não parece aceitável que o objeto de estudo de uma disciplina venha imposto de fora dela, isto é, que seja de competência externa à delimitação desse objeto. Ao contrário, o lógico é que cada disciplina defina ela mesma o que vai estudar e qual é seu conteúdo e natureza; b) O legislador, que é quem legitimamente estabelece quais condutas são delitos, não segue um critério satisfatório do ponto de vista da explicação causal dos delitos, mas predominam os históricos e de oportunidade. Desse modo, é difícil que possa se dar uma explicação científica geral convincente de uma matéria na qual elementos irracionais e contradições têm forte presença; c) As leis penais são irremediavelmente vagas e imprecisas, tal ponto que os juízes e os juristas em geral nem sempre chegam a acordos generalizados sobre sua interpretação.[149]

5.5.4 Conceito analítico ou dogmático

O conceito analítico leva em consideração os elementos que compõem o crime, dividindo-se a doutrina em 3 teorias.

---

[148] JESUS, Damásio de. *Direito Penal*. Volume 1: Parte geral. 35. ed. São Paulo: Editora Saraiva, 2013. p. 193.
[149] PRADO, Luiz Régis. *Curso de Direito Penal brasileiro*: parte geral e parte especial. 18. ed. Rio de Janeiro: Forense, 2020. p. 102.

a) *Teoria bipartida*

Crime é fato típico e ilícito. A culpabilidade é mero pressuposto para aplicação da pena, não integrando o conceito de crime.

Os defensores dessa posição, a exemplo de Fernando Capez e Damásio E. de Jesus, explicam que:

> Nosso Código Penal diz que: (i) quando o fato é atípico, não existe crime ("Não há crime sem lei anterior que o defina" – CP, art. 1º); (ii) quando a ilicitude é excluída, não existe crime ("Não há crime quando o agente pratica o fato (...)" – CP, art. 23 e incisos). Isso é claro sinal de que o fato típico e a ilicitude são seus elementos. Agora, quando a culpabilidade é excluída, nosso Código emprega terminologia diversa: "É isento de pena o agente que (...)" (CP, art. 26, *caput*)[150]

Ademais, os tutores desta teoria justificam que a culpabilidade não pode ser elemento do crime com o seguinte exemplo: imagine que o indivíduo adquira o produto de um roubo praticado por um adolescente. Se se admitir que a culpabilidade é elemento do crime, o sujeito que receptou o bem não responderá pelo delito do art. 180 do Código Penal, tendo em vista que o adolescente não possui culpabilidade, já que ainda não completou 18 anos. Assim, considerando que o tipo penal exige que, para configuração do delito, o bem seja produto de crime, ausente a culpabilidade, não haveria ilícito penal.

b) *Teoria tripartida*

Crime é fato típico, ilícito e culpável. A culpabilidade é elemento que compõe a infração penal, não existindo delito sem a sua existência.

É a teoria prevalente, com a qual concordamos, sendo adotada por Nélson Hungria, Aníbal Bruno, E. Magalhães Noronha, Luiz Regis Prado Francisco de Assis Toledo, Cezar Roberto Bitencourt, Guilherme Nucci e também pela jurisprudência dos tribunais superiores.

No estudo desta teoria, é necessário fazer um alerta. Alguns autores afirmam, equivocadamente, que, para acolhê-la é necessário a adoção do conceito causalista da conduta. Não se trata de uma verdade. André Estefam ensina que:

> Costuma-se designar como "clássico" o autor que diz ser o crime fato típico, ilícito e culpável, e "finalista" aquele que afirma ser fato típico e ilícito. Embora tais designações sejam correntes, não são precisas. A aceitação da teoria finalista da ação (que revolucionou o direito penal da metade do século passado) não implica necessariamente a conclusão de que o crime é fato típico e antijurídico. Há, nesse sentido, diversos "finalistas" que defendem ser o crime fato típico, antijurídico e culpável; dentre eles, Hans Welzel, o precursor da teoria citada.[151]

---

[150] CAPEZ, Fernando. *Curso de Direito Penal*, volume 1, parte geral. Editora Saraiva, 2017. p. 182-183.
[151] ESTEFAM, André. *Direito Penal*. V. 1. Parte geral (arts. 1º a 120). Editora Saraiva, 2020. p. 203.

c) *Teoria quadripartida*

Crime é fato típico, ilícito, culpável e punível.

Esta teoria não deve ser acolhida, tendo em vista que a punibilidade não é elemento do crime, mas sim consequência do crime. Significa dizer, portanto, que a ocorrência da prescrição ou da decadência, por exemplo, não exclui o delito. Ele permanece existindo, mas o agente não pode ser punido. É a posição defendida por Basileu Garcia.

5.6 Elementos do crime

Como visto, prevalece a teoria tripartida, a qual divide o delito em fato típico, ilícito e culpável.

Vejamos quadro esquemático a respeito dos elementos do crime, ressaltando que eles serão estudados pormenorizadamente nos capítulos seguintes:

Fato Típico	Ilicitude/Antijuridicidade	Culpabilidade
a) Conduta	a) Estado de necessidade	a) Imputabilidade
b) Nexo de causalidade	b) Legítima defesa;	b) Potencial consciência da Ilicitude
c) Resultado	c) Estrito cumprimento do dever legal	c) Exigibilidade de conduta diversa.
d) Tipicidade	d) Exercício regular do direito	
	Obs. Causas supralegais de exclusão da ilicitude.	

5.7 Sujeitos do crime

5.7.1 Sujeito ativo

Sujeito ativo é a pessoa que realiza a infração penal, direta ou indiretamente, sozinha ou em concurso de agentes.

Para ser sujeito ativo de um delito, é necessário que a pessoa possua capacidade de discernimento e autodeterminação, bem como que tenha 18 anos completos.

5.7.2 Pessoa jurídica como sujeito ativo de crimes

Os debates surgiram com o advento da Constituição de 1988, a qual dispõe no art. 225, §3º, que "as condutas e atividades consideradas lesivas ao meio ambiente sujeitarão os infratores, pessoas físicas ou jurídicas, a sanções penais e administrativas, independentemente da obrigação de reparar os danos causados", ampliando sua força com a entrada em vigor da Lei nº 9.605/98 que prevê expressamente a possibilidade de responsabilização penal da pessoa jurídica em seu art. 3º, o qual orienta que "as pessoas jurídicas serão responsabilizadas administrativa, civil e penalmente conforme o disposto nesta Lei, nos casos em que a infração seja cometida por decisão de seu representante legal ou contratual, ou de seu órgão colegiado, no interesse ou benefício da sua entidade."

Situando a exata extensão da controvérsia, Fiorillo faz seu comentário:

> Muita controvérsia foi trazida também. Ademais deve ser ressaltado que a responsabilidade penal da pessoa jurídica não é aceita de forma pacífica. Pondera-se que não há como conceber o crime sem um *substractum* humano. Na verdade, o grande inconformismo da doutrina penal clássica reside na inexistência da conduta humana, porquanto esta é da essência do crime. Dessa forma, para aqueles que não admitem crime sem conduta humana, torna-se inconcebível que a pessoa jurídica possa cometê-lo.[152]

Portanto, passaremos à análise das correntes que explicam a fundamentação jurídica para o reconhecimento ou afastamento da responsabilidade.

5.7.2.1 Teoria negativista (a Constituição Federal não prevê responsabilidade penal da pessoa jurídica)

Inicia a discussão sobre a responsabilidade penal da pessoa jurídica com as teorias negativistas, ou seja, a primeira posição doutrinária que faz ponderações sobre o tema orienta-se no sentido de que a Constituição Federal não criou a responsabilidade penal para as pessoas jurídicas. Isso porque esta corrente delibera que a Carta Magna se limitou a trazer responsabilidade administrativa aos entes morais, deixando a aplicação da legislação penal para as pessoas físicas. Esse entendimento é extraído da leitura e interpretação do artigo 225, §3º, do texto republicano maior. Veja-se:

> Art. 225. Todos têm direito ao meio ambiente ecologicamente equilibrado, bem de uso comum do povo e essencial à sadia qualidade de vida, impondo-se ao Poder Público e à coletividade o dever de defendê-lo e preservá-lo para as presentes e futuras gerações.
> §3º As **condutas** e atividades consideradas lesivas ao meio ambiente sujeitarão os infratores, **pessoas físicas** ou jurídicas, a **sanções penais** e administrativas, independentemente da obrigação de reparar os danos causados (grifo nosso).

Os adeptos dessa linha de teorização interpretam o §3º do art. 225 da seguinte forma:

> 1. a Constituição Federal, ao se utilizar da expressão conduta, quer que se entenda que o texto está a se referir às pessoas físicas, as quais são as únicas que podem ser sancionadas penalmente. Assim, de forma de didática, as partes da citação acima que estão em negrito, são expressões ligadas somente às pessoas físicas;
> 2. ao mencionar a expressão *atividades*, a Constituição Federal está a se referir às *pessoas jurídicas*, que somente podem ser *responsabilizadas administrativamente*.

---
[152] FIORILLO, Celso Pacheco. *Curso de direito ambiental brasileiro*. 17. ed. Editora Saraiva, 2017. p. 113.

Mantendo-se a didática, portanto, as partes da citação acima que estão sublinhadas são expressões correlatas às pessoas jurídicas.

Nesse prisma, Prado leciona que:

> O dispositivo em tela refere-se, claramente, a conduta/atividade, e, em consequência, as pessoas físicas e jurídicas. Dessa forma, vislumbra-se que o próprio legislador procurou fazer a devida distinção, através da correlação significava mencionada.[153]

Ainda nessa senda, fundamenta-se a impossibilidade da punição da pessoa jurídica com espeque no princípio da pessoalidade da pena (ou princípio da personalidade, intransmissibilidade, intranscendência ou responsabilidade pessoal), previsto no art. 5º, XLV, da Constituição Federal. Para essa linha de pensamento, tal mandamento constitucional encontra-se intimamente ligado à pessoa física, não podendo ser estendido à pessoa jurídica. Vale dizer, a responsabilidade penal somente poderá recair sobre a pessoa física, pois é a única que pode praticar ação ou omissão de natureza criminosa.

Portanto, aqueles que negam a possibilidade de punição da pessoa jurídica afirmam que a Constituição Federal não previu essa hipótese de responsabilidade, bem como que o ente moral não tem capacidade de imputação, pois não tem condições materiais de realizar qualquer tipo de conduta. A propósito, Bitencourt traz seus ensinamentos nesse sentido:

> No Brasil, a obscura previsão do art. 225, §3º, da Constituição Federal, relativamente ao meio ambiente, tem levado alguns penalistas a sustentarem, equivocadamente, que a Carta Magna consagrou a responsabilidade penal da pessoa jurídica. No entanto, a responsabilidade penal ainda se encontra limitada à responsabilidade subjetiva e individual.[154]

E arremata sua posição buscando outros fundamentos no art. 175, §5º, da Constituição Federal, que, no seu entender, não dotou a pessoa jurídica de responsabilidade penal:

> Para combater a tese da doutrina brasileira, de que a atual Constituição consagrou a responsabilidade penal da pessoa jurídica, trazemos ainda à colação o disposto no seu art. 173, §5º, que, ao regular a Ordem Econômica e Financeira, dispõe: 'A lei, sem prejuízo da responsabilidade individual dos dirigentes da pessoa jurídica, estabelecerá a responsabilidade desta, sujeitando-a às punições compatíveis com sua natureza, nos atos praticados contra a ordem econômica e financeira e contra a economia popular' (grifou-se). Dessa previsão, pode-se tirar as seguintes conclusões: 1. a responsabilidade pessoal dos dirigentes não se confunde com a responsabilidade da pessoa jurídica; 2. a Constituição não dotou a pessoa jurídica de responsabilidade penal.[155]

Seguindo essa linha de raciocínio, Dotti entende que, em uma análise literal do art. 225, §3º, da Constituição Federal, até se poderia concordar com a punição da pessoa jurídica. No entanto, a melhor conclusão é que a pessoa jurídica deve ser responsabilizada

---
[153] PRADO, Luis Régis. *Curso de Direito Penal brasileiro*. Parte geral. São Paulo: RT, 1999, p. 147.
[154] BITENCOURT, Cezar Roberto. *Tratado de Direito Penal econômico*, v. 1. Saraiva Educação, 2012. p. 801-802.
[155] BITENCOURT, Cezar Roberto. *Tratado de Direito Penal econômico*, v. 1. Saraiva Educação, 2012. p. 802.

nos âmbitos civil, administrativo e tributário, deixando a imputação penal adstrita às pessoas físicas. Veja-se a lição do referido autor:

> Em sua interpretação literal, poderia ensejar o entendimento de que é admissível a responsabilidade penal dos entes coletivos. Porém, a melhor compreensão da norma nos leva à conclusão de que tanto a pessoa física como a pessoa jurídica podem responder nas ordens civil, administrativa e tributária pelos seus atos; mas a responsabilidade penal continua sendo de natureza e caráter estritamente humanos.[156]

Nessa senda, Boschi, ao comentar o tema, leciona que o constituinte, ao inserir o §3º, no art. 225, não teve a intenção de alterar as regras de imputação penal de há muito sedimentadas na legislação pátria para incluir, também, a responsabilização penal da pessoa jurídica. Para ele, a responsabilidade penal deve ser atribuída somente aos seres humanos, pois são os únicos que possuem vontade, consciência e capacidade de entendimento e de orientação conforme o direito. Transcreve-se o posicionamento:

> O texto do §3º, do art. 225, da CF, apenas reafirma o que é de domínio público, ou seja, que as pessoas naturais estão sujeitas a sanções de natureza penal, e que as pessoas jurídicas estão sujeitas a sanções de natureza jurídica. O legislador constitucional, ao que tudo indica, em momento algum pretendeu, ao elaborar a Lei Fundamental, quebrar a regra por ele próprio consagrada (art. 5º, XLV) de que a responsabilidade penal é, na sua essência, inerente só aos seres humanos, pois estes, como afirmamos antes, são os únicos dotados de consciência, vontade, e capacidade de compreensão do fato e de ação (ou omissão) conforme ou desconforme o direito.[157]

O Superior Tribunal de Justiça, certa feita, já se posicionou no sentido da impossibilidade de a pessoa jurídica praticar injustos penais:

> PENAL E PROCESSUAL PENAL. RECURSO ESPECIAL. CRIMES CONTRA O MEIO AMBIENTE. DENÚNCIA. INÉPCIA. RESPONSABILIDADE PENAL DA PESSOA JURÍDICA. RESPONSABILIDADE OBJETIVA. Na dogmática penal a responsabilidade se fundamenta em ações atribuídas às pessoas físicas. Dessarte a prática de uma infração penal pressupõe necessariamente uma conduta humana. Logo, a imputação penal a pessoas jurídicas, frise-se, carecedoras de capacidade de ação, bem como de culpabilidade, é inviável em razão da impossibilidade de praticarem um injusto penal (Precedentes do Pretório Excelso e desta Corte). Recurso desprovido.[158]

Antunes também dava seu respaldo técnico a esse entendimento encabeçado pelo Superior Tribunal de Justiça. Para o ambientalista:

> Veja-se que a condenação criminal de uma empresa, certamente, implica a imposição indireta de penas a diferentes pessoas naturais e jurídicas que não aquela condenada

---

[156] DOTTI, Rene Ariel. *A incapacidade criminal da pessoa jurídica* (uma perspectiva do direito brasileiro). In: Responsabilidade penal da pessoa jurídica, coord. Luiz Régis Prado. São Paulo: RT, 2001. p. 150.

[157] BOSCHI, José Antônio Paganella. *Das Penas e seus critérios de aplicação*. Porto Alegre: Livraria do Advogado Editora, 2006. p. 135.

[158] STJ. REsp 622724/SC. 2004/0012318-8, Relator Ministro Felix Fischer, Data de Julgamento: 18/11/2004, T5 – Quinta Turma, Data de Publicação: DJ 17/12/2004. p. 592.

judicialmente. Não se desconhece que a condenação criminal de uma sociedade anônima, provavelmente, terá reflexo na cotação de suas ações em bolsa, acarretando penas econômicas desvalorização de capital para simples titulares de ações preferenciais (sem direito a voto), ou qualquer poder de decisão sobre as atividades da empresa. Igualmente, a pena produzirá reflexos junto ao quadro de empregados que serão estigmatizados como funcionários de uma empresa condenada. Tais repercussões serão capazes de afrontar o princípio constitucional da pessoalidade da pena? (...) Parece-me que a responsabilização penal pessoal dos dirigentes que se tenham valido da empresa para a prática de crimes é a melhor solução. Quanto às empresas, em si, a sua punição, em meu entendimento deve remanescer na esfera administrativa, ainda que, eventualmente, possam ser aplicadas sanções pelo próprio Poder Judiciário.[159]

A compreensão dessa teoria possui um reflexo prático muitíssimo importante, em especial nas apurações de crimes ambientais. Para seus adeptos, que negam a possibilidade da punição da pessoa jurídica, em razão de a Constituição não prever esta hipótese de penalização (mas tão somente a responsabilidade administrativa), bem como pelo fato de o art. 5º, XLV, da Magna Carta impedir que a responsabilidade penal se estenda ao ente coletivo, pode-se afirmar, sem medo de errar, que o art. 3º da Lei nº 9.605/98 (Lei de Crimes Ambientais) é materialmente inconstitucional.

Lembre-se que o citado dispositivo legal testifica que "as pessoas jurídicas serão responsabilizadas administrativa, civil e penalmente conforme o disposto nesta Lei, nos casos em que a infração seja cometida por decisão de seu representante legal ou contratual, ou de seu órgão colegiado, no interesse ou benefício da sua entidade". Sendo assim, se a Constituição proíbe a punição criminal da pessoa jurídica, seja pela vedação do art. 225, §3º, seja pelo impedimento do art. 5º, XLV, o art. 3º da Lei de Crimes Ambientais ofende frontalmente o Texto Maior, pois permite uma situação vedada por este. Com essa mesma conclusão, Maciel faz as seguintes ponderações:

> Sob a ótica dessa primeira corrente de pensamento, pode-se afirmar então que o art. 3º da Lei 9.605/98 é inconstitucional, por prever responsabilidade penal da pessoa jurídica não contemplada e vedada pela Constituição. O dispositivo ofende materialmente os mencionados art. 5º, XLV, e art. 225, §3º, da CF/88, que, interpretados sistematicamente, levam à conclusão de que a Carta Maior somente permite a responsabilidade penal de pessoas físicas, vedando-a para as pessoas jurídicas.[160]

Dessa forma, considerando-se inconstitucional, não há que se falar em responsabilidade penal da pessoa jurídica.

5.7.2.2 Teoria negativista (a pessoa jurídica não pode cometer crime)

A segunda corrente que estuda o tema da responsabilidade penal da pessoa jurídica também trabalha com a negativa da possibilidade de o ente coletivo praticar crimes, afirmando categoricamente que esta não pode cometer delito (*societas delinquere non potest*). Tal assertiva decorre do fato de o ente moral ser uma mera abstração, ou

---

[159] ANTUNES, Paulo de Bessa. *Direito ambiental*. Rio de Janeiro: Lúmen Juris, 1999, p. 412-3.
[160] MACIEL, Silvio. *Legislação penal especial*. Coleção Ciências Criminais. v. 6. São Paulo: Revista dos Tribunais, 2009. p. 691.

seja, uma criação jurídica (fictícia). Dessa forma, tratando-se de uma entidade irreal, não é possível que tenha capacidade para a prática de infrações penais. Segundo Guerra e Guerra:

> A teoria da ficção não admite em hipótese alguma a possibilidade da pessoa jurídica cometer delito, devido a sua incapacidade de consciência e vontade. Para esta corrente, o delito praticado pela pessoa jurídica é de responsabilidade de seus dirigentes. Savigny foi o maior defensor desta corrente, o qual afirmava que só o homem era sujeito de direito.[161]

Tem-se, portanto, que a presente concepção negativista, funda-se na Teoria da Ficção proposta por Savigny, orientando que a pessoa coletiva é uma mera criação legal, mas que não possui existência real. Se trata, apenas, de uma mera abstração. Paulo Lobo esclarece que, para Savigny, as pessoas jurídicas não possuem vontade própria, dependendo sempre da intervenção humana. Veja:

> No século XIX, a principal corrente formalista ou da construção jurídica, a teoria da ficção de Savigny (1888, p. 239), foi contraditada fortemente pela corrente realista da teoria dos órgãos (principalmente Gierke), que exerceu influência sobre a legislação e a doutrina brasileiras. Savigny dizia que só o homem é capaz de direitos. Mas o sistema positivo pode modificar esse princípio estendendo a capacidade a entes que não são homens, por simples ficção, para efeitos patrimoniais. 'Esses entes, sendo simples ficção da lei, são naturalmente incapazes de querer e agir, e têm necessidade de perpétua representação, à semelhança dos incapazes'.[162]

Da mesma maneira, ainda com Savigny, é possível que se reconheça determinados direitos, deveres e capacidades à pessoa jurídica, todavia, somente de cunho patrimonial, não havendo que se falar em responsabilização "pessoal" na seara penal. E, ainda assim, esses atributos são destinados a satisfazer as necessidades das pessoas naturais. Gonçalves explica o tema:

> Para a primeira, desenvolvida por Savigny, a pessoa jurídica constitui uma criação artificial da lei, um ente fictício, pois somente a pessoa natural pode ser sujeito da relação jurídica e titular de direitos subjetivos. Desse modo, só entendida como uma ficção pode essa capacidade jurídica ser estendida às pessoas jurídicas, para fins patrimoniais. A pessoa jurídica, concebida dessa forma, não passa de simples conceito, destinado a justificar a atribuição de certos direitos a um grupo de pessoas físicas. Constrói-se, desse modo, uma ficção jurídica, uma abstração que, diversa da realidade, assim é considerada pelo ordenamento jurídico.[163]

Nesse contexto, ao se considerar que o delito é um fato previamente descrito em lei e, posteriormente, exteriorizado pelo agente delitivo, não se pode conceber que a pessoa jurídica, um ser abstrato, tenha a possibilidade de praticá-lo. A propósito, sem os atos materiais tendentes à realização do tipo penal, não há que se falar em delito.

---

[161] GUERRA, Sidney; GUERRA, Sérgio. *Curso de direito ambiental*. 2. ed. Atlas, 2014. p. 260.
[162] LOBO, Paulo. *Direito civil*. Parte geral. 6. ed. Editora Saraiva, 2017. p. 179.
[163] GONÇALVES, Carlos Roberto. *Direito civil brasileiro*, v. 1 – Parte geral. 15. ed. Editora Saraiva, 2017. p. 222-223.

A fase exterior da conduta (conhecida por materialização do fato) é essencial para o resultado criminoso.

Além do mais, o próprio conceito de crime, na tradicional Teoria do Crime, trata o delito como conduta humana. Dessa forma, *contrariu sensu*, sendo a pessoa jurídica um ser moral, abstrato e fictício, não haveria enquadramento na típica conceituação de crime.

Feitas essas considerações, é possível trazer os fundamentos que lastreiam a presente teoria de que *societas delinquere non potest*.

Aqueles que sustentam a impossibilidade de punição criminal da pessoa jurídica também discutem que os entes coletivos não têm capacidade de conduta, ou seja, são inaptos para desenvolver qualquer tipo de ação ou omissão. Ademais, não conseguem agir, *sponte propria*, com dolo ou culpa – elementos volitivos básicos para a configuração de qualquer infração penal.

Portanto, sendo inábeis a demonstrar consciência, vontade e finalidade de cometer a ação ou omissão delituosa, não podem ser responsabilizados na seara criminal. Inclusive, Beviláqua, à sua época, já discordava da responsabilização penal da pessoa jurídica, trazendo os seguintes argumentos:

> A responsabilidade civil justifica-se, porque o dano causado exige satisfação, e, desde que ele foi causado pelo órgão legítimo da pessoa jurídica no exercício de suas funções, é a pessoa jurídica quem deve a satisfação. Mas a responsabilidade penal pressupõe algo mais do que o dano, pressupõe uma atividade criminosa determinada por uma vontade antissocial; e essa alguma coisa mais não se encontra nas pessoas jurídicas.[164]

Seguindo na perspectiva negativista, busca-se, ainda, fundamentar a impossibilidade da imputação de crimes às pessoas coletivas, afirmando que elas não possuem culpabilidade. O artigo 26 do Código Penal dispõe que "é isento de pena o agente que, por doença mental ou desenvolvimento mental incompleto ou retardado, era, ao tempo da ação ou da omissão, inteiramente incapaz de entender o caráter ilícito do fato ou de determinar-se de acordo com esse entendimento". E o parágrafo único do mesmo dispositivo legal conclui que "a pena pode ser reduzida de um a dois terços, se o agente, em virtude de perturbação de saúde mental ou por desenvolvimento mental incompleto ou retardado não era inteiramente capaz de entender o caráter ilícito do fato ou de determinar-se de acordo com esse entendimento". Essa normativa traz aquilo que em doutrina se chama de imputabilidade penal e semi-imputabilidade. A imputabilidade deve ser entendida como a capacidade de imputação, ou seja, no momento do crime, o agente delitivo deve ter o necessário discernimento de que está praticando uma infração e, além disso, deve ter a capacidade de se autodeterminar com esse entendimento. A semi-imputabilidade é hipótese de causa de diminuição de pena destinada àqueles que têm o discernimento reduzido e, por isso, sua conduta é menos reprovável.

A imputabilidade é o primeiro elemento da culpabilidade. Sendo assim, para esse segmento teórico, a pessoa jurídica não possui culpabilidade, uma vez que, por se tratar de um ente abstrato e fictício, não se pode perquirir sua imputabilidade penal, eis que esta é adstrita à pessoa física. A propósito, Miguel Reale Júnior traz suas ponderações nesse sentido:

---
[164] BEVILÁQUA, Clóvis. *Teoria geral do direito civil*. Rio de Janeiro: Livraria Francisco Alves, 1955, p. 131.

Mais relevante, contudo, é a interpretação sistemática do texto constitucional, que conduz de forma precisa à inadmissibilidade da responsabilidade da pessoa jurídica. Falta à pessoa jurídica capacidade criminal. Se a ação delituosa se realiza com o agente realizando uma opção valorativa no sentido do descumprimento de um valor cuja positividade a lei penal impõe, se é uma decisão em que existe um querer, e um querer valorativo, vê-se que a pessoa jurídica não tem essa capacidade do querer dotado dessa postura axiológica negativa. A Constituição estabelece que a pena não passará da pessoa do condenado (inc. XLV do art. 5º), e o inciso seguinte diz que a lei individualizará a pena. A individualização da pena é feita com base na culpabilidade. A culpabilidade significa o quanto de reprovação, de censurabilidade merece a conduta, sendo absolutamente incongruente com admissão da pessoa jurídica como agente de delitos. Portanto, há uma incapacidade penal da pessoa jurídica, que a análise sistemática do texto constitucional torna evidente.[165]

Na mesma senda, não se pode dizer que as pessoas jurídicas tenham potencial consciência da ilicitude, que também é um dos elementos da culpabilidade, pois não possuem capacidade de entender o caráter ilícito de seus atos.

Ainda nessa toada, diz-se que aos entes morais não podem ser aplicadas as penas previstas no ordenamento jurídico, as quais são destinadas tão somente às pessoas naturais. Além do mais, mesmo que fosse possível a aplicação, não haveria nenhuma utilidade, uma vez que não atenderiam às finalidades primordiais das reprimendas, que são prevenir e ressocializar.

Dessa maneira, sendo um ente fictício, não seria possível atender à prevenção geral e especial, bem como ao caráter ressocializador da pena, motivo pelo qual seria totalmente frustrado o seu sancionamento.

Diante desse debate jurídico, a presente teoria negativista entende não ser possível o sancionamento penal da pessoa jurídica, tendo em vista que acarretaria responsabilidade penal objetiva.

A propósito, Cernicchiaro leciona que:

Não há que falar em conduta desse ente, no sentido de projeção de vontade, sabido que opera através de pessoas físicas. Estas, sim, têm vontade e fazem opção entre o atuar lícito e o comportamento ilícito. A culpabilidade – tome-se o vocábulo no sentido de elemento subjetivo, ou significando reprovabilidade – é própria do homem. Não se censura a pessoa jurídica, mas quem atua em seu nome.[166]

Outro ponto relevante a ser trazido à discussão é que, para esta teoria, o legislador infraconstitucional também não admitiu a responsabilidade penal da pessoa jurídica. Isso porque, o art. 3º da Lei de Crimes Ambientais exige que os atos criminosos sejam praticados "pelo representante legal ou contratual", ou pelo "órgão colegiado" da pessoa coletiva. Nesse prisma, Tourinho Filho traz a seguinte conclusão:

Aí está a prova maior de que nem o legislador concebe a possibilidade de uma pessoa jurídica ser sujeito passivo da pretensão punitiva. A própria lei reconhece que ela sozinha não pode delinquir. Se não pode, por que falar da sua responsabilidade penal? (...) Melhor

---

[165] *In* PRADO, Luiz Régis (coord.). *Responsabilidade penal da pessoa jurídica*: em defesa do princípio da imputação penal subjetiva. São Paulo: RT, 2001, p. 138-139.
[166] CERNICCHIARO, Luiz Vicente; COSTA JÚNIOR, Paulo José. *Direito Penal na Constituição*. São Paulo: RT, 1990. p. 138-139.

andaria o legislador se deixasse de lado tanta engenhosidade e observasse a regra contida no art. 28 do Código de Defesa do Consumidor, que admite a figura do *disregard of legal entity*, não como sanção penal, mas como índole de providência administrativa ou civil.[167]

De forma pragmática, Mirabete finaliza o assunto, com as seguintes conclusões:

> A pessoa jurídica não pode ser sujeito ativo de crime, quer se entenda ser ela ficção legal (Savigny, Ihering), realidade objetiva (Gierke, Zittelmann), realidade técnica (Planiol, Ripert) ou se adote a teoria institucionalista (Hauriou). É impossível a uma ficção a prática de fatos criminosos, e os entes reais compostos de pessoas físicas não se adapta ao conceito penal de dolo ou culpa (puramente subjetivo).[168]

Essa linha de teorização faz uma interessante observação no sentido de que existe a possibilidade da realização da imputação criminal à pessoa jurídica. Contudo, não é possível que seja feita da forma em que a legislação infraconstitucional encontra-se atualmente entabulada. Para esta corrente, a Constituição Federal reconhece a possibilidade de punição penal dos entes morais, todavia, para que isto aconteça, é mister que haja uma reforma substancial da legislação ordinária, a fim de compatibilizar a teoria do crime até então existente com a responsabilidade penal da pessoa jurídica.

O art. 225, §3º, da Constituição Federal, traz uma norma de eficácia limitada que, segundo Barroso, são aquelas que não "receberam do constituinte normatividade suficiente para sua aplicação, o qual deixou ao legislador ordinário a tarefa de completar a regulamentação das matérias nelas traçadas em princípio ou esquema".[169]

O arcabouço legislativo à disposição do aplicador do direito é insipiente para perquirir a responsabilidade penal da pessoa jurídica, seja porque a pessoa jurídica não tem vontade própria, seja pela impossibilidade de se adequar a culpabilidade da atual teoria do crime à situação peculiar em que se encontra o ente coletivo. Bitencourt faz crítica semelhante:

> Ocorre que essas construções revelam-se ainda insuficientes e precárias para a fundamentação de algo tão transcendente e grave como a declaração de culpabilidade e consequente imposição de pena. No nosso entendimento, a crítica fundamental que deve ser feita a essas propostas é que todas elas admitem, em última instância, que a responsabilidade da pessoa jurídica é objetiva. Isso porque o fundamento da culpabilidade da empresa está pautado na presunção de sua capacidade organizacional e na exigência de fidelidade ao Direito. Nesses termos, a empresa cuja capacidade organizacional é reconhecida deve assumir um compromisso de fidelidade ao Direito, cuja infração autoriza a atribuição de responsabilidade penal. Sob esse ponto de partida, quando se fala de culpabilidade da pessoa jurídica, não há espaço para discussão dos fatores que condicionaram a atuação empresarial num determinado caso concreto, nos moldes da responsabilidade individual subjetiva. Inclusive se admitimos como plausível a capacidade de culpabilidade da pessoa jurídica, enquanto capacidade organizacional, não há como dirigir um juízo personalizado de reprovação para o que a empresa faz, porque os critérios que a doutrina utiliza para determinar a culpabilidade empresarial (a infidelidade ao Direito) correspondem

---

[167] TOURINHO FILHO, Fernando da Costa. *Processo penal*. Vol. 1. São Paulo: Saraiva, 2006, p. 460.
[168] MIRABETE, Júlio Fabbrini. *Manual de Direito Penal*. Vol. 1. São Paulo: Atlas, 2008, p. 110.
[169] BARROSO, Luís Roberto. *Curso de direito constitucional contemporâneo*: os conceitos fundamentais e a construção do novo modelo. 6. ed. Editora Saraiva, 2017. p. 251.

à estandardização de padrões de comportamentos corporativos aceitáveis no mundo empresarial. Tudo isso significa que a culpabilidade se declara com base em um juízo de valor objetivo, estandarizado. Ora, convenhamos, se é assim, para que recorrer ao Direito Penal, se o Direito Civil e o Direito Administrativo sancionador permitem a utilização de critérios objetivos de imputação e de atribuição de responsabilidade?[170]

Sobre a necessidade da criação de uma teoria do delito própria para a imputação de crimes à pessoa jurídica, Maciel faz seu comentário:

> Em outras palavras, o art. 225, §3º, da CF/88 é norma constitucional de eficácia limitada (não auto-executável), dependente de uma teoria do delito das pessoas jurídicas. A responsabilidade penal rascunhada na CF/88 e prevista, superficialmente, na Lei 9.605/98 é insuficiente e inadequada para a responsabilização penal das pessoas jurídicas.[171]

Por derradeiro, Muñoz Conde também se filia a essa linha de fundamentação, sugerindo as possíveis penas para a pessoa jurídica:

> Concordo que o atual Direito Penal disponha de um arsenal de meios específicos de reação e controle jurídico-penal das pessoas jurídicas. Claro que estes meios devem ser adequados à própria natureza destas entidades. Não se pode falar de penas privativas de liberdade, mas de sanções pecuniárias; não se pode falar de inabilitações, mas sim de suspensão de atividades ou de dissolução de atividades, ou de intervenção pelo Estado. Não há, pois, porque se alarmar tanto, nem rasgar as próprias vestes quando se fale de responsabilidade das pessoas jurídicas: basta simplesmente ter consciência de que unicamente se deve escolher a via adequada para evitar os abusos que possam ser realizados.[172]

Diante dessas considerações, os adeptos dessa linha de fundamentação sugerem a criação de uma teoria do delito própria para responsabilização penal do ente moral. No entanto, até que sobrevenha lei para suprir tal lacuna, entendem pela irresponsabilidade do ente coletivo.

5.7.2.3 Teoria positivista (teoria da dupla imputação)

A discussão sobre ser possível a punição criminal do ente moral se inicia com fincas na Teoria da Realidade ou da Personalidade Real, defendida por Otto Gierke e Zitelmann. Tal teoria orienta-se no sentido de que as pessoas jurídicas não são meras abstrações jurídicas ou criações fictícias do legislador. Ao contrário, tratam-se de entes reais, que possuem capacidade e vontade própria, diversa dos seus representantes e, por consequência lógica, podem praticar crimes. Gonçalves esclarece a autonomia da pessoa jurídica:

---

[170] BITENCOURT, Cezar Roberto. *Tratado de Direito Penal econômico*. V. 1. Saraiva Educação, 2012. p. 801.
[171] MACIEL, Silvio. *Legislação penal especial*. Coleção Ciências Criminais. v. 6. São Paulo: Revista dos Tribunais, 2009. p. 693.
[172] CONDE, Francisco Muñoz. *Principios político-criminales que inspiran el tratamiento de los delitos contra el orden socioeconómica en el proyecto de Código Penal español de 1994*. Revista Brasileira de Ciências Criminais, v. 11, jul./set. 1995, p. 16-17.

Para os defensores da 'teoria da realidade', que representa uma reação contra a 'teoria da ficção', as pessoas jurídicas são realidades vivas e não mera abstração, tendo existência própria como os indivíduos. Divergem os seus adeptos apenas no modo de apreciar essa realidade, dando origem a várias concepções, dentre as quais se destacam as seguintes: a) teoria da realidade objetiva ou orgânica – Sustenta que a pessoa jurídica é uma realidade sociológica, ser com vida própria, que nasce por imposição das forças sociais. De origem germânica (Gierke e Zitelmann), proclama que a vontade, pública ou privada, é capaz de dar vida a um organismo, que passa a ter existência própria, distinta da de seus membros, capaz de tornar-se sujeito de direito, real e verdadeiro.[173]

Guerra e Guerra situam a teoria de Otto Gierke na seara penal, afirmando que a responsabilização penal da pessoa jurídica nada mais é que uma atualização da sociedade, observando-se a evolução da ciência:

> No caso da teoria organicista ou da realidade, que teve como maior defensor Otto Gierke, é atualmente a linha doutrinária dominante. Estabelece que a pessoa jurídica pode cometer delitos, tendo em vista a sua vontade ser expressa pelos seus sócios ou dirigentes. Para essa teoria, pessoa não é somente o homem, mas todos os entes possuidores de existência real, abrangendo a pessoa física e jurídica. É indubitável que a estrutura penal brasileira admite a responsabilidade penal da pessoa jurídica com fulcro na Constituição Federal, conforme demonstrado, devendo, portanto, observar a evolução da ciência em consonância com a atualização da sociedade como um todo.[174]

Seguindo essa trilha, ressalta-se que a responsabilidade penal da pessoa jurídica encontra eco no art. 225, §3º, da Constituição Federal, o qual é categórico ao afirmar que "as condutas e atividades consideradas lesivas ao meio ambiente sujeitarão os infratores, pessoas físicas ou jurídicas, a sanções penais e administrativas, independentemente da obrigação de reparar os danos causados". Ao se analisar esse dispositivo constitucional, deve ser entendido que o constituinte originário também estabeleceu a responsabilidade criminal à pessoa moral. Além disso, a Lei nº 9.605/98 permite a materialização dessa responsabilidade ao prever expressamente, em seu art. 3º, que "as pessoas jurídicas serão responsabilizadas administrativa, civil e penalmente conforme o disposto nesta Lei, nos casos em que a infração seja cometida por decisão de seu representante legal ou contratual, ou de seu órgão colegiado, no interesse ou benefício da sua entidade". Portanto, da leitura constitucional em cotejo com a Lei de Crimes Ambientais, a conclusão que se deve extrair é que *societas delinquere potest*.

Assim, ao se reconhecer que o ente coletivo não é mera abstração ou ficção jurídica, mas que possui existência real e que seus atos podem trazer consequências das mais diversas ordens, inclusive de cunho penal, argumenta-se a viabilidade de sua responsabilização criminal. No entanto, a vontade da pessoa jurídica não deve ser vista da mesma maneira que é entendida a vontade humana, mas sim em um plano pragmático-sociológico, trabalhando aquilo que se chama em doutrina de "ação delituosa institucional". Lecionando sobre esse tema, Schecaira explica que a existência real da pessoa jurídica deixou de ser um mito e deve ser observada de forma paralela à conduta humana, tendo em vista que:

---

[173] GONÇALVES, Carlos Roberto. *Direito civil brasileiro*. V. 1. Parte geral. 15. ed. Editora Saraiva, 2017. p. 223-224.
[174] GUERRA, Sidney; GUERRA, Sérgio. *Curso de direito ambiental*. 2. ed. Atlas, 2014. p. 260.

Elas fazem com que se reconheça, modernamente, sua vontade, não no sentido próprio que se atribui ao ser humano resultante da própria existência natural, mas em um plano pragmático-sociológico, reconhecível socialmente. Essa perspectiva permite a criação de um conceito novo denominado 'ação delituosa institucional', ao lado das ações humanas individuais.[175]

A propósito, teóricos renomados no estudo do Direito Ambiental, entendem que, hodiernamente, não há nenhuma razão para que a responsabilidade da pessoa jurídica não seja enfrentada na seara penal. Assim o fazem, por exemplo, Milaré e Costa Júnior, que se posicionam da seguinte maneira:

> A responsabilidade penal da pessoa jurídica, nos tempos hodiernos, especialmente no âmbito do direito privado, no qual estão presentes grandes conglomerados, empresas multinacionais, grupos econômicos, é uma necessidade fazer frente à criminalidade tributária, econômica, financeira e ecológica.[176]

Assim, busca-se motivação sociológica e jurídica para justificar a aventada possibilidade da punição criminal do ente moral, o que será trabalhado doravante.

Inicialmente, trabalha-se com fundamentos sociológicos e, nos termos do que lecionam Milaré e Costa Júnior, entende-se que é mister que o Direito Penal se preste a combater as empresas que se dediquem a atividades criminosas e que gerem degradação do meio ambiente, eis que as medidas de cunho civil e administrativo não são suficientes para conter o ímpeto delituoso dessas organizações.

Ademais, a punição criminal traz consigo um caráter pedagógico e intimidador mais contundente que os demais ramos do Direito, o que serve para dissuadir as empresas que se dediquem a atividades ambientalmente danosas de seguirem em sua empreitada.

No mesmo diapasão, tem-se que a mera punição da pessoa natural, representante do ente coletivo, não é suficiente para frear a criminalidade. Isso porque, não raras vezes, a pessoa física que pratica o ato danoso não recebe nenhum benefício com o empreendimento do crime ambiental, servindo apenas de blindagem para a pessoa jurídica, que é a real beneficiária do ato ilícito.

Do ponto de vista técnico, a necessidade de responsabilização penal da pessoa jurídica tem bases históricas, as quais exsurgem desde a Idade Antiga e se arrastam até a atualidade. Os encontros internacionais de Direito Penal, de forma copiosa, vêm sugerindo a adoção de medidas tendentes à punição criminal dos entes coletivos (vide, por exemplo, o 2º Congresso da Associação Internacional de Direito Penal em Bucareste em 1929 até o XV Congresso Internacional de Direito Penal no Rio de Janeiro no ano de 1994). A legislação européia, *v.g.*, recomenda que seja promovida a responsabilização penal da pessoa jurídica. Países como Holanda, Portugal e França já adotam o posicionamento de que os entes morais devem ser punidos no âmbito penal. Além deles, as comunidades internacionais que adotam o *Commow Law* tradicionalmente também chancelam o apenamento das pessoas jurídicas.[177] Shecaira faz o seguinte alerta:

---

[175] SHECAIRA, Sérgio Salomão. *Responsabilidade penal da pessoa jurídica*. São Paulo: RT. p. 148.
[176] MILARÉ, Edis; COSTA JUNIOR, Paulo José da. *Direito Penal ambiental*. Comentários à Lei 9.605/98. Campinas: Millenium, 2002. p. 19.
[177] MACIEL, Silvio. *Legislação penal especial*. Coleção Ciências Criminais. v. 6. São Paulo: Revista dos Tribunais, 2009.

Ao lado de um direito penal baseado na culpa individual, surge um vigoroso movimento criminalizador das condutas e empresas que não pode ser ignorado, dada a sua relevância internacional.[178]

Dessa maneira, a mudança de perspectiva para a responsabilização penal da pessoa jurídica deve ser alterada, rompendo-se o princípio da culpabilidade individual e passando-se para uma análise da culpabilidade coletiva. Nessa senda, a culpa individual e a culpa coletiva são duas realidades que devem se relacionar. Ainda com Shecaira, entende-se que "se é verdade que a culpabilidade é um juízo individualizador, não é menos verdade que se pode imaginar um juízo paralelo – já que não igual – para a culpa coletiva. Esse sistema dicotômico pode ser chamado de modelo de dupla imputação".[179]

No sistema da dupla imputação, tem-se que, para a responsabilização penal da pessoa jurídica, é necessário que haja a imputação concomitante do delito tanto à pessoa natural quanto à pessoa jurídica. Isso porque, não se pode compreender a responsabilização autônoma da pessoa jurídica, sem que esteja acompanhada da pessoa natural que atuou em seu nome e benefício. Sobre esse tema, o Superior Tribunal de Justiça já se manifestou:

> PROCESSUAL PENAL. RECURSO ESPECIAL. CRIMES CONTRA O MEIO AMBIENTE. DENÚNCIA REJEITADA PELO E. TRIBUNAL A QUO. SISTEMA OU TEORIA DA DUPLA IMPUTAÇÃO. Admite-se a responsabilidade penal da pessoa jurídica em crimes ambientais desde que haja a imputação simultânea do ente moral e da pessoa física que atua em seu nome ou em seu benefício, uma vez que "não se pode compreender a responsabilização do ente moral dissociada da atuação de uma pessoa física, que age com elemento subjetivo próprio" cf. REsp 564960/SC, 5ª Turma, Rel. Ministro Gilson Dipp, DJ de 13/06/2005 (Precedentes). Recurso Especial provido.[180]

Klaus Tiedemann justifica, sociologicamente, a razão de ser da teoria da dupla imputação:

> La sociología nos enseña que la agrupación crea un ambiente, un clima que facilita e incita a los autores físicos (o materiales) a cometer delitos en beneficio de la agrupación. De ahí la idea de no sancionar solamente a estos autores materiales (que pueden cambiar y ser reemplazados), sino también, y sobre todo, a la agrupación misma.[181]

Da mesma maneira, David Baigún traz as razões jurídicas desse posicionamento:

> Este sistema, que se cobija ya bajo el nombre de doble imputación, reside esencialmente en reconocer la coexistencia de dos vías de imputación cuando se produce un hecho delictivo

---

[178] SHECAIRA, Sérgio Salomão. *Responsabilidade penal da pessoa jurídica*. São Paulo: RT. p. 148.
[179] SHECAIRA, Sérgio Salomão. *Responsabilidade penal da pessoa jurídica*. São Paulo: RT. p. 148.
[180] STJ. REsp 889528/SC 2006/0200330-2, Relator: Ministro Felix Fischer, Data de Julgamento: 17/04/2007, T5 – Quinta Turma, Data de Publicação: DJ 18/06/2007. p. 303.
[181] Responsabilidad penal de personas jurídicas y empresas en el derecho comparado, *in Responsabilidade penal das pessoas jurídicas e medidas provisórias e direito penal*, coord. Luiz Flávio Gomes, RT, 1999, p. 27. Trecho traduzido: "(...) a sociologia nos ensina que o grupo cria um ambiente, um clima que facilita e encoraja autores (ou materiais) físicos a cometer crimes em benefício do grupo. Daí a ideia de não só sancionar esses autores materiais (que podem mudar e ser substituídos), mas também, e acima de tudo, o próprio grupo".

protagonizado por el ente colectivo; de una parte, la que se dirige a la persona jurídica, como unidad independiente y, de la otra, la atribución tradicional a las personas físicas que integram la persona jurídica.[182]

Granziera também se alinha em favor da teoria da dupla imputação:

> Além disso, há que considerar que a pessoa jurídica não pode, em nenhuma hipótese, cometer fisicamente qualquer tipo de crime, na medida em que a empresa é uma ficção jurídica. O que ocorre é que uma pessoa física, com algum vínculo jurídico com a empresa, comete uma ação criminosa, cumprindo determinação da direção ou qualquer outro nível de poder na empresa. Dessa forma, a imputação deve ser simultânea, pois deve ficar consagrado o liame necessário entre o agente e o representante legal da empresa.[183]

Além do mais, não se pode descurar que as pessoas jurídicas emanam decisões reais que causam modificações no plano fático-material. Por essa razão, a sua vontade deve ser reconhecida. Nessa moderna perspectiva, obviamente, a vontade que se atribui ao ente moral não deve ser vista da mesma maneira que a vontade humana. Deve-se entender a vontade da pessoa jurídica num plano sociológico. Para Shecaria, "essa perspectiva permite a criação de um conceito novo denominado 'ação delituosa institucional', ao lado das ações humanas individuais".[184]

Nada obstante, importa ressaltar que as penas privativas de liberdade não são mais o escopo principal a ser buscado pelo Direito Penal moderno (mesmo em relação à pessoa física). Defende-se, igualmente, a aplicação das penas restritivas de direito (segunda via do Direito Penal) ou de penas pecuniárias (terceira via do Direito Penal), evitando-se, assim, o encarceramento e a plena efetivação da prevenção e retribuição do delito, o que, por certo, é compatível com a natureza da pessoa jurídica.

Nessa senda, ao contrário do que afirmam as teorias negativistas, a Constituição Federal foi expressa em adotar a responsabilidade penal da pessoa jurídica, a qual se encontra disposta nos art. 173, §5º e art. 225, §3º, ambos da Magna Carta. Da simples leitura desses dispositivos, há que se concluir que o constituinte originário teve o intuito de imputar responsabilidade criminal ao ente coletivo. Para o Superior Tribunal de Justiça, "a responsabilização penal da pessoa jurídica pela prática de delitos ambientais advém de uma escolha política, como forma não apenas de punição das condutas lesivas ao meio-ambiente, mas como forma mesmo de prevenção geral e especial".[185]

Sobre se tratar de uma decisão de política-criminal, Fiorillo faz sua consideração:

> Na verdade temos que com o art. 225, §3º, da Constituição, o legislador constituinte abriu a possibilidade dessa espécie de sanção à pessoa jurídica. Trata-se de política criminal, que,

---

[182] Naturaleza de la acción institucional en el sistema de la doble imputación. Responsabilidad penal de las personas jurídicas, *in De las penas*, coord. Baigún, Zaffaroni, García-Pablos e Pierangeli, Depalma, 1997, p. 25. Trecho traduzido: "Esse sistema, já abrigado sob o nome de dupla imputação, reside essencialmente no reconhecimento da coexistência de dois canais de imputação quando um ato criminoso é realizado pela entidade coletiva; por um lado, aquele dirigido à pessoa coletiva, enquanto unidade independente e, por outro, a atribuição tradicional às pessoas singulares que compõem a pessoa coletiva".
[183] GRANZIERA, Maria Luiza Machado. *Direito ambiental*. 4. ed. rev. e atual. Atlas, 2015. p. 786.
[184] SHECAIRA, Sérgio Salomão. *Responsabilidade penal da pessoa jurídica*. São Paulo: RT. p. 148.
[185] STJ. REsp 564960/SC, 5ª Turma, Relator: Ministro Gilson Dipp, Data de Julgamento: 02/06/2005, T5 – Quinta Turma, Data de Publicação: DJU de 13/06/2005.

atenta aos acontecimentos sociais, ou melhor, à própria dinâmica que rege atualmente as atividades econômicas, entendeu por bem tornar mais severa a tutela do meio ambiente.[186]

Respaldando esse posicionamento, Rocha faz uma reflexão sobre o tratamento constitucional da responsabilização penal da pessoa jurídica:

> Promovendo significativa mudança no paradigma tradicional, a Constituição Federal, expressamente, admitiu a responsabilização penal da pessoa jurídica. A primeira referência pode ser encontrada em seu artigo 173, §5º, no qual nossa Carta Magna dispõe que 'a lei, sem prejuízo da responsabilidade individual dos dirigentes da pessoa jurídica, estabelecerá a responsabilidade desta, sujeitando-a a punições compatíveis com sua natureza, nos atos praticados contra a ordem econômica e financeira e contra a economia popular'. Com certeza, a responsabilidade a que se referiu o constituinte foi a responsabilidade penal, pois é a ela que se refere à pretensão punitiva. A pretensão de ressarcimento, deduzida no âmbito do direito civil, não se satisfaz com punições. Se o dispositivo constitucional determina a adaptação das punições à natureza peculiar da pessoa jurídica é porque pretende alterar os padrões tradicionais do ramo do direito que trata das penas, ou seja, do direito penal.[187]

E arremata o autor:

> Também no §3º do artigo 225, pode-se perceber que a Constituição Federa possibilitou a responsabilidade penal da pessoa jurídica ao dispor que "as condutas e atividades consideradas lesivas ao meio ambiente sujeitarão os infratores, pessoas físicas ou jurídicas, a sanções penais e administrativas, independentemente da obrigação de reparar os danos causados". Nesse dispositivo ficou ainda mais evidente a opção político-criminal de utilizar o direito penal contra as pessoas jurídicas. Não assiste razão aos que sustentam que esse dispositivo deixa margem a dúvidas quanto à possibilidade da responsabilidade penal da pessoa jurídica. Considerando que o constituinte referiu-se a condutas e atividades lesivas ao meio ambiente, há quem interprete o dispositivo constitucional no sentido de que as condutas praticadas pelas pessoas físicas se relacionam só as sanções penais e ao direito penal, ao passo que as atividades desenvolvidas pelas pessoas jurídicas só se relacionam às sanções administrativas. Por esse raciocínio, o dispositivo teria estabelecido consequências distintas para as condutas e atividades lesivas ao meio ambiente, respectivamente vinculando-as ao direito penal e administrativo. Tal conclusão é manifestamente equivocada. Seja na perspectiva de uma interpretação literal, lógico-sistemática ou teleológica, fica evidente que a Constituição permite a responsabilidade penal da pessoa jurídica. A estrutura do dispositivo deixa claro que os infratores estarão sujeitos a sanções penais e administrativas, independentemente da obrigação de reparar os danos causados. Em aposto explicativo, fica esclarecido que os infratores podem ser pessoas físicas ou jurídicas. Por outro lado, o entendimento de que a Constituição teria deferido tratamento distinto às pessoas físicas e jurídicas levaria a concluir, também, que a responsabilidade da pessoa física ficaria restrita às sanções penais e a obrigação de reparar o dano (...) Regulamentando o §3º do art. 225, materializou o entendimento de que a disposição constitucional não tratou de consequências respectivas para a lesão ambiental, mas cumulativas, de modo que a pessoa jurídica pode ser responsabilizada penal

---

[186] FIORILLO, Celso Pacheco. *Curso de direito ambiental brasileiro*. 17. ed. Editora Saraiva, 2017. p. 113.
[187] GALVÃO, Fernando. *Responsabilidade penal da pessoa jurídica*. Belo Horizonte: Del Rey, 2003. p. 5.

e administrativamente, independentemente da obrigação de reparar os danos causados. A mudança de paradigma, certamente, encontrará resistência dos mais conservadores.[188]

Ademais, quanto à pessoalidade da pena, deve-se destacar que as penas serão direcionadas diretamente à pessoa jurídica e não à pessoa natural. Obviamente, que de forma indireta, pode ser que os efeitos da pena resvalem na pessoa física, todavia, não se trata de reflexos exclusivos dos delitos praticados pela jurídica, mas sim de qualquer crime praticado por quem quer que seja, que traz consequências indiretas a outras pessoas (ex.: pai que comete crime e é preso e prejudica o sustento do filho). Ademais, como já decidido pelo Superior Tribunal de Justiça:

> Não há ofensa ao princípio constitucional de que "nenhuma pena passará da pessoa do condenado...", pois é incontroversa a existência de duas pessoas distintas: uma física – que de qualquer forma contribui para a prática do delito – e uma jurídica, cada qual recebendo a punição de forma individualizada, decorrente de sua atividade lesiva.[189]

Em relação à culpabilidade da pessoa jurídica, deve ser entendido, na linha da Corte da Cidadania que "a culpabilidade, no conceito moderno, é a responsabilidade social, e a culpabilidade da pessoa jurídica, neste contexto, limita-se à vontade do seu administrador ao agir em seu nome e proveito".[190]

Portanto, com esteio na teoria da dupla imputação, o Superior Tribunal de Justiça já entendeu que "a Lei ambiental, regulamentando preceito constitucional, passou a prever, de forma inequívoca, a possibilidade de penalização criminal das pessoas jurídicas por danos ao meio-ambiente", sendo certo que, "a pessoa jurídica só pode ser responsabilizada quando houver intervenção de uma pessoa física, que atua em nome e em benefício do ente moral", aduzindo que "de qualquer modo, a pessoa jurídica deve ser beneficiária direta ou indiretamente pela conduta praticada por decisão do seu representante legal ou contratual ou de seu órgão colegiado".[191]

Fixadas as premissas para a responsabilização penal da pessoa jurídica, baseada no sistema da dupla imputação, mister a indicação dos requisitos legais para o seu reconhecimento, os quais se encontram previstos no art. 3º da Lei de Crimes Ambientais. Nesse ponto, destaca-se o ensinamento de Granziera:

> No Brasil, a determinação da responsabilização penal ambiental da pessoa jurídica encontra fundamento constitucional no §3º do art. 225. Em cumprimento do preceito constitucional, a Lei nº 9.605/98 estabeleceu a responsabilidade penal das pessoas jurídicas, 'sempre que a infração seja cometida por decisão de seu representante legal ou contratual, ou de seu órgão colegiado, no interesse ou benefício da sua entidade'. Não obstante a assunção da responsabilidade penal pela pessoa jurídica, permanecem as pessoas físicas ligadas ao delito – autoras, coautoras ou partícipes do mesmo fato –, responsáveis pelas infrações

---

[188] GALVÃO, Fernando. *Responsabilidade penal da pessoa jurídica*. Belo Horizonte: Del Rey, 2003. p. 5-6.
[189] STJ. REsp 564960/SC, 5ª Turma, Relator: Ministro Gilson Dipp, Data de Julgamento: 02/06/2005, T5 – Quinta Turma, Data de Publicação: DJU de 13/06/2005.
[190] STJ. REsp 564960/SC, 5ª Turma, Relator: Ministro Gilson Dipp, Data de Julgamento: 02/06/2005, T5 – Quinta Turma, Data de Publicação: DJU de 13/06/2005.
[191] STJ. REsp 564960/SC, 5ª Turma, Relator: Ministro Gilson Dipp, Data de Julgamento: 02/06/2005, T5 – Quinta Turma. Data de Publicação: DJU de 13/06/2005.

penais praticadas. São requisitos para que se possa responsabilizar a pessoa jurídica em seara penal: 1. a infração penal deve ter sido cometida por decisão de seu representante legal ou contratual, ou de seu órgão colegiado; e 2. a infração deve ter sido cometida no interesse ou benefício da pessoa jurídica.[192]

Vê-se, destarte, que a legislação pátria exige dois requisitos para o reconhecimento da responsabilidade penal do ente coletivo:
1. que a infração penal tenha sido cometida por decisão do representante legal ou contratual, ou órgão colegiado da pessoa jurídica; e
2. que a infração tenha sido cometida no interesse ou benefício da pessoa jurídica.

Extrai-se, por conseguinte, que não será possível a responsabilização penal da pessoa jurídica se o delito for praticado por pessoas ou órgãos diversos dos acima mencionados (representante legal ou contratual, ou órgão colegiado da pessoa jurídica). Ademais, ainda que a infração penal tenha sido praticada por uma das pessoas citadas, mas não sendo cometido no interesse ou benefício da pessoa jurídica, também não há que se falar em punição na esfera criminal, por ausência dos pressupostos previstos em lei.

Nesse contexto, a jurisprudência já se posicionou no sentido de que, ao ser ajuizada ação penal contra a pessoa jurídica, deve ser esclarecido, de forma clara, qual foi a decisão tomada pelo representante legal ou contratual, ou órgão colegiado do ente coletivo que desencadeou a prática do crime e qual o interesse ou benefício do ente na consecução da infração penal, sob pena de inépcia. Veja-se:

> É inepta a denúncia que, ao responsabilizar pessoa jurídica por crime ambiental, não faz menção à decisão tomada pelo representante contratual da empresa, determinando a execução de conduta que, em tese, violaria o art. 38, *caput*, da Lei nº 9.605/98, ficando completamente desconhecido, nos autos, como se deu o processo decisório que culminou a prática descrita na exordial.[193]

Nada obstante, não é necessário que a denúncia descreva detalhadamente a conduta de cada um dos sócios. Isso porque, nos crimes societários, que são aqueles praticados sobre o manto protetor da pessoa jurídica, exigi-lo impediria a persecução penal, uma vez que os fatos ocorridos na entranha do ente moral dificilmente viriam à tona. Nesse sentido é a jurisprudência:

> PROCESSUAL PENAL. *HABEAS CORPUS*. DENÚNCIA. INÉPCIA. INDIVIDUALIZAÇÃO DAS CONDUTAS. CRIME SOCIETÁRIO. ORDEM DENEGADA. 1. Nos crimes praticados por meio de pessoa jurídica, admite-se que a denúncia não descreva, pormenorizadamente, a conduta de cada um dos acusados. Exigir-se, em tais casos, a perfeita individualização das condutas significaria inviabilizar a persecução penal. 2. Considera-se apta a denúncia que imputa a prática de fato típico e indica circunstâncias suficientes ao exercício do direito de defesa.[194]

---

[192] GRANZIERA, Maria Luiza Machado. *Direito ambiental*. 4. ed. rev. e atual. Atlas, 2015. p. 786.
[193] TACRimSP. MS 413768/1, 12ª Câmara, Rel. Juiz Amador Pedroso, Data do Julgamento: 21/10/2002.
[194] TRF3. HC 4306/SP 2004.03.00.004306-3, Relator: Desembargador Federal Nelton dos Santos, Data de Julgamento: 01/06/2004, T2, Data de Publicação: 01/06/2004.

Assim, para o Superior Tribunal de Justiça, em relação aos crimes societários, os requisitos do art. 41 do Código de Processo Penal podem ser flexibilizados. No entanto, a imputação da infração penal não pode basear-se exclusivamente na posição hierárquica do sócio.

> *HABEAS CORPUS*. CRIME SOCIETÁRIO. RECOLHIMENTOS PREVIDENCIÁRIOS. DENÚNCIA. INÉPCIA. NECESSIDADE DE INDIVIDUALIZAR MINIMAMENTE A CONDUTA PRATICADA PELOS ACUSADOS. EXISTÊNCIA DE CONSTRANGIMENTO ILEGAL. 1. Segundo operosa jurisprudência desta Corte e do Supremo Tribunal Federal, a descrição das condutas dos acusados na denúncia dos denominados crimes societários não necessita cumprir todos os rigores do art. 41 do CPP, devendo-se firmar pelas particularidades da atividade coletiva da empresa. 2. Isso não significa que se deva aceitar descrição genérica baseada exclusivamente na posição hierárquica dos envolvidos no comando da empresa, porquanto a responsabilização por infrações penais deve levar em conta, qualquer que seja a natureza delituosa, sempre a subjetivação do ato e do agente do crime. 3. Ordem concedida para trancar a ação penal, por inépcia formal da denúncia, sem prejuízo de que outra seja elaborada com o cumprimento dos ditames legais.[195]

Desse modo, preenchidos todos os requisitos ora estudados, entende-se viável a responsabilização penal da pessoa coletiva.

Faz-se o registro de que tal teoria teve prevalência na doutrina e jurisprudência por algum tempo, contudo, deve ser superada. A prática nos mostra que a sua utilização quase que inviabiliza a aplicação da lei penal ambiental em relação à pessoa jurídica. Isso porque, para que haja a condenação do ente moral, necessariamente, deve existir a condenação da pessoa física.

No âmbito do Direito Penal ambiental, além de as penas serem irrisórias, há toda sorte de fundamentos para a absolvição da pessoa física. Assim, não havendo, por qualquer razão, a sua condenação, a absolvição da pessoa jurídica é consequência lógica. Até mesmo em caso de extinção da punibilidade quanto à pessoa natural, a exemplo da prescrição ou morte, haverá reflexos absolutórios ao ente coletivo.

Com efeito, o rompimento desse paradigma é favorável à tutela ambiental, não se podendo dela abrir mão. Tem-se consciência de que o Direito Penal (no qual se engloba o penal ambiental) é destinado primordialmente à tutela dos interesses do réu, o qual, pelo que se entende majoritariamente, é o polo mais fraco da relação jurídico-penal, devendo suportar o peso do Estado (da persecução penal) sobre seus ombros.

No entanto, a análise da boa aplicação da dogmática penal passa pela análise das novas perspectivas do princípio da dignidade da pessoa humana. Dentre as várias faces deste princípio, merecem destaque as facetas positiva e negativa.

A face negativa da dignidade da pessoa humana é conhecida como Proibição ou Vedação ao Retrocesso ou efeito *cliquet* (em referência ao mosquetão dos alpinistas), estabelecendo que, quando uma garantia ou um direito é conquistado pela sociedade, não é possível desconstituí-lo ou revogá-lo, sob pena de retroceder na proteção dos direitos fundamentais.

---

[195] STJ. HC 65463/PR 2006/0189393-4, Relatora Ministra Maria Thereza de Assis Moura, Data de Julgamento: 07/05/2009, T6 – Sexta Turma, Data de Publicação: DJe 25/05/2009.

A face positiva da dignidade da pessoa humana é conhecida como a Proibição da Proteção Deficiente (ou garantismo positivo) e aduz que a sociedade deve estar suficientemente protegida pelo seu ordenamento jurídico.

Diante dessas premissas, é necessário romper este paradigma, com o fim maior de proteção ambiental na esfera penal, pois, não o fazendo, se estaria retrocedendo na proteção dos direitos fundamentais, bem como protegendo de forma insuficiente a sociedade quanto a essas questões.

A proteção ambiental é o fim maior tanto na tutela cível e administrativa, quanto na penal. Questões processuais não podem ser um fim em si mesmo, ainda mais quando a Constituição Federal não faz qualquer limitação de ordem processual ou material para a punição destas, como será visto adiante.

5.7.2.4 Teoria positivista (responsabilidade autônoma da pessoa jurídica)

Superada a teoria da dupla imputação alhures trabalhada, exsurge a quarta concorrente sobre a responsabilidade penal da pessoa jurídica, a qual entende que, mesmo que não haja a imputação concomitante de crime à pessoa física, é possível que ocorra a punição do ente coletivo. Para essa posição, portanto, a pessoa jurídica pode ser responsabilizada de forma autônoma, não havendo que se falar em nenhuma inconstitucionalidade ou ilegalidade. Édis Milaré, por exemplo, entende que, atualmente, não se pode mais ter dúvidas sobre a responsabilidade criminal da pessoa jurídica:

> Não cabe mais, diante da expressa determinação legal, entrar no mérito da velha polêmica sobre a pertinência da responsabilidade penal das pessoas jurídicas. Melhor será exercitar e buscar os meios mais adequados para a efetiva implementação dos desígnios do legislador, pois, segundo advertência de Starck, o jurista não pode esperar por um direito ideal. Ele deve trabalhar com o direito existente, em busca de soluções melhores.[196]

No direito comparado, por exemplo, pode-se citar o caso New York Central & Hudson River R.R v. US, 212 U.S 481, 1901, julgado pela Suprema Corte dos Estados Unidos, afirmando-se, nessa ocasião, que:

> O Direito não pode fechar os seus olhos para os fatos de que a grande maioria das atividades econômicas nos tempos modernos é conduzida por empresas, de que particularmente todo o comércio entre os Estados está inteiramente em suas mãos, e de que conceder a elas imunidade de qualquer punição, em decorrência da velha e explodida doutrina de que uma empresa não pode delinquir, iria tornar indisponíveis os únicos meios de efetivamente regular a matéria e de corrigir os abusos praticados.

Na doutrina pátria, existem respeitadas posições que defendem que a pessoa jurídica pode ser punida, ainda que não se descubra a autoria da pessoa física que realizou o evento ilícito. Nesse sentido, Vladimir e Gilberto Passos Freitas ensinam que:

---

[196] MILARÉ, Edis. *Direito do ambiente:* doutrina, prática, jurisprudência, legislação. 2. ed. São Paulo: Revista dos Tribunais, 2001. p. 451.

A denúncia poderá ser dirigida apenas contra a pessoa jurídica, caso não se descubra a autoria das pessoas naturais, e poderá, também, ser direcionada contra todos. Foi exatamente para isto que elas, as pessoas jurídicas, passaram a ser responsabilizadas. Na maioria absoluta dos casos, não se descobria a autoria do delito. Com isto, a punição findava por ser na pessoa de um empregado, de regra o último elo da hierarquia da corporação. E quanto mais poderosa a pessoa jurídica, mais difícil se tornava identificar os causadores reais do dano. No caso de multinacionais, a dificuldade torna-se maior, e o agente, por vezes, nem reside no Brasil. Pois bem, agora o Ministério Púbico poderá imputar o crime às pessoas naturais e à pessoa jurídica, juntos ou separadamente. A opção dependerá do caso concreto.[197]

O primeiro fundamento a sustentar essa posição é de cunho pragmático, com o qual concordamos, inclusive. A Constituição Federal, em seu artigo 225, §3º, não traz como pressuposto para a responsabilização penal da pessoa jurídica por crimes ambientais a concomitante imputação penal à pessoa física responsável pela empresa. A norma constitucional é clara e não impõe qualquer limitador para a responsabilidade criminal do ente moral.

Dessa maneira, limitar o âmbito de incidência do art. 225, §3º, da Carta Magna a uma concreta imputação também à pessoa física acarreta uma restrição não prevista na norma constitucional, a qual demonstra de forma clara e literal que o intuito do constituinte originário foi sancionar penalmente as pessoas jurídicas. Além disso, indica que não teve apenas a intenção de ampliar o sancionamento dos entes morais ao âmbito penal, mas também de evitar a impunidade pelos crimes ambientais frente às imensas dificuldades de individualização dos responsáveis internamente pelas corporações. Tudo isso, busca um fim maior, que é a tutela do meio ambiente.

Ademais, os delitos societários, que tem por característica serem praticados sob o manto protetor da pessoa jurídica, trazem complexos problemas para pormenorizar a conduta de cada um dos envolvidos, ante a estruturação moderna das pessoas jurídicas. Isso porque "as organizações corporativas complexas da atualidade se caracterizam pela descentralização e distribuição de atribuições e responsabilidades, sendo inerentes, a esta realidade, as dificuldades para imputar o fato ilícito a uma pessoa concreta".[198]

Sabe-se que a privacidade e a intimidade, ainda que no âmbito de conformação de pessoas físicas, não pode ser salvaguarda para a prática de crimes. Da mesma forma o é em relação à pessoa jurídica.

Não se pode conceber que, dentro de uma estrutura organizada de poder, em que muitas pessoas naturais desenvolvem atividades e emanam ordens com o intuito de beneficiar o ente coletivo, se exija a identificação detalhada de cada conduta humana, para só então, se autorizar a persecução penal à pessoa jurídica.

Esse nível de exigência quase que inviabiliza a punição do ente coletivo, em razão da dificuldade (ou até mesmo impossibilidade) de se adentrar nas entranhas do ente.

Quebrar o muro de omertà (ou seja, o silêncio dos criminosos) é sempre desafiador e, por vezes, inviável. Assim, a responsabilidade penal autônoma da pessoa jurídica é o caminho que resguarda a proteção eficiente ao meio ambiente. Nesse sentido, o

---

[197] FREITAS, Vladimir Passos de; FREITAS, Gilberto Passos de. *Crimes contra a natureza*. São Paulo: RT, 2006, p. 70.
[198] STF. RE 548181/PR, Relator: Min. Rosa Weber, Data de Julgamento: 06/08/2013, Primeira Turma, Data de Publicação: Acórdão Eletrônico DJe-213 Divulg 29/10/2014 Public 30/10/2014.

Superior Tribunal de Justiça já teve a oportunidade de se manifestar:

> A personalidade fictícia atribuída à pessoa jurídica não pode servir de artifício para a prática de condutas espúrias por parte das pessoas naturais responsáveis pela sua condução. 4. Recurso ordinário a que se nega provimento.[199]

Respaldando esse entendimento, Filho traz suas ponderações:

> A responsabilidade criminal do ente moral surgiu exatamente para atalhar a dificuldade, e até mesmo impossibilidade, de se comprovar que a ordem criminosa partiu do dirigente da pessoa jurídica. Ao se necessitar desta mesma comprovação para a responsabilização da pessoa jurídica, estar-se-ia criando instituto inaplicável, que esbarraria nas mesmas dificuldades que ensejaram a sua criação.[200]

É válido esclarecer que

> A identificação dos setores e agentes internos da empresa determinantes da produção do fato ilícito tem relevância e deve ser buscada no caso concreto como forma de esclarecer se esses indivíduos ou órgãos atuaram ou deliberaram no exercício regular de suas atribuições internas à sociedade, e ainda para verificar se a atuação se deu no interesse ou em benefício da entidade coletiva. Tal esclarecimento, relevante para fins de imputar determinado delito à pessoa jurídica, não se confunde, todavia, com subordinar a responsabilização da pessoa jurídica à responsabilização conjunta e cumulativa das pessoas físicas envolvidas. Em não raras oportunidades, as responsabilidades internas pelo fato estarão diluídas ou parcializadas de tal modo que não permitirão a imputação de responsabilidade penal individual.[201]

Nesse sentido, é a explanação de Sanchez:

> Las formas más modernas de criminalidad organizada, sobre todo la criminalidad de empresa, demuestran que a través de las personas jurídicas se puede fomentar la 'irresponsabilidad penal organizada'[202]

Portanto, o art. 225, §3º, da Constituição Federal, permite a responsabilização autônoma da pessoa jurídica independentemente da imputação concomitante à pessoa física. Desse modo, ao se acolher essa linha de teorização, o Ministério Público pode denunciar tanto a pessoa física, quanto a pessoa jurídica, ou ambas. Da mesma forma, pode o juízo receber a denúncia em relação à pessoa física ou em relação à pessoa jurídica ou ambas. Vale dizer, é possível que o juízo exclua a pessoa física do pólo passivo e

---

[199] Recurso em Mandado de Segurança 39.173/BA (2012/0203137-9).
[200] NETO, Nicolao Dino de Castro e Costa; FILHO, Ney de Barros Bello; COSTA, Flávio Dino de Castro e. *Crimes e infrações administrativas ambientais*: Comentários à Lei nº 9.605/98. Brasília: Brasília Jurídica, 2000, p. 62.
[201] STF. RE 548181/PR, Relatora Min. Rosa Weber, Data de Julgamento: 06/08/2013, Primeira Turma, Data de Publicação: Acórdão Eletrônico DJe-213 Divulg 29/10/2014 Public 30/10/2014.
[202] SANCHEZ, Bernardo J. Feijóo. Cuestiones basicas sobre la responsabilidad penal de las personas jurídicas, de outras personas morales y de agrupaciones y asociaciones de personas. Revista Brasileira de Ciências Criminais, ano 7, nº 27, p. 20-48. jul./set. 1999. Trecho traduzido: "As formas mais modernas de crime organizado, especialmente o crime corporativo, mostram que as pessoas jurídicas podem promover a 'irresponsabilidade criminosa organizada'" (tradução feita livremente pelo autor).

mantenha somente o ente moral, sem que isso represente afronta à Constituição Federal. Nesse sentido, já se posicionou o Tribunal Regional Federal da 1ª Região:

> A dicção do art. 225, §3º, da CF/88 permite concluir que a responsabilização penal da pessoa jurídica independe da responsabilização da pessoa natural. Pode, assim, a denúncia ser dirigida apenas contra o ente coletivo, caso não se descubra autoria ou participação de pessoas físicas; ou, se dirigida contra ambas, física e jurídica, ser recebida apenas quanto a esta, uma vez configuradas hipóteses de rejeição contra aquela. 3. A lei ambiental não condicionou a responsabilidade penal da pessoa jurídica à da pessoa física, apenas ressalvou que as duas formas de imputação não se excluem, como se extrai do disposto no art. 3º, parágrafo único, da Lei 9.605/98.[203]

Nessa linha de raciocínio, a Ministra Rosa Weber afirma, com razão, não ter sentido condicionar a punição da pessoa jurídica à pessoa física, sob pena de quase inviabilizar todo o sistema:

> Ao se adotar tal linha de compreensão, condicionando a imputabilidade da pessoa jurídica à da pessoa humana, estar-se-ia quase a subordinar a responsabilização jurídico-criminal do ente moral à efetiva condenação da pessoa física, pois, na vertente ora afastada, por exigência de coerência, não haveria sentido em absolver a pessoa física, dela retirando a responsabilidade pela prática de um delito ambiental, e, ato contínuo, condenar a pessoa jurídica.[204]

Deve-se ressaltar ainda que, com o reconhecimento da possibilidade de punição autônoma da pessoa jurídica, verifica-se a tendência de modificação da clássica concepção do Direito Penal no que diz respeito às penas, pois, como é notório, não se pode comparar a forma de punição da pessoa física com a da pessoa jurídica. Como visto linhas volvidas, atualmente trabalha-se com a chamada "culpabilidade social" para justificar a possibilidade de imputação criminal do ente moral, o que se coaduna com a fundamentação expendida até aqui. De toda sorte, Bacigalupo faz suas reflexões sobre necessidade de adequação das clássicas premissas de Direito Penal para a punição da pessoa jurídica:

> El resultado no se puede determinar en función de los principios de imputación del Derecho penal individual. En esos casos el derecho penal individual se encuentra al final de sus posibilidades. Los elementos de responsabilidad del Derecho penal clásico resultan ante esta situación disfuncionales. Ante la pérdida de dicha racionalidad del sistema existen dos posibilidades: bien exigir un Derecho penal específico de las personas jurídicas o bien la reformuación de las categorías dogmáticas tradicionales.[205]

---

[203] TRF1. MS 0021154-60.2010.4.01.0000/BA, Rel. Desembargador Federal Carlos Olavo, Rel. Conv. Juiz Federal Evaldo de Oliveira Fernandes Filho, Segunda Seção, Data da Publicação: e-DJF1 p.052 de 19/04/2012.
[204] Trecho do voto no RE 548181/PR. Data de Julgamento: 06/08/2013, Primeira Turma, Data de Publicação: Acórdão Eletrônico DJe-213 Divulg 29/10/2014 Public 30/10/2014.
[205] BACIGALUPO, Silvina. *Responsabilidad penal de las personas jurídicas*. Buenos Aires: Hammurabi, 2001, p. 354-5. Trecho traduzido: "(...) o resultado não pode ser determinado de acordo com os princípios de imputação do direito penal individual. Nesses casos, o direito penal individual está no fim de suas possibilidades. Os elementos de responsabilidade do direito penal clássico resultam nessa situação disfuncional. Diante da perda dessa racionalidade do sistema, há duas possibilidades: ou exigir uma lei penal específica das pessoas jurídicas ou a reformulação das categorias dogmáticas tradicionais (...)" (tradução feita livremente pelo autor).

Respaldando essa tese, o Supremo Tribunal Federal, no RE 548181/PR, de relatoria da Ministra Rosa Weber, seguiu essa linha de posicionamento, afirmando que o artigo 225, §3º, da Constituição Federal, não exige que a pessoa física seja responsabilizada penalmente para que a pessoa jurídica também o seja. Vejamos:

> RECURSO EXTRAORDINÁRIO. DIREITO PENAL. CRIME AMBIENTAL. RESPONSABI-LIDADE PENAL DA PESSOA JURÍDICA. CONDICIONAMENTO DA AÇÃO PENAL À IDENTIFICAÇÃO E À PERSECUÇÃO CONCOMITANTES DA PESSOA FÍSICA QUE NÃO ENCONTRA AMPARO NA CONSTITUIÇÃO DA REPÚBLICA. 1. O art. 225, §3º, da Constituição Federal não condiciona a responsabilização penal da pessoa jurídica por crimes ambientais à simultânea persecução penal da pessoa física em tese responsável no âmbito da empresa. A norma constitucional não impõe a necessária dupla imputação. 2. As organizações corporativas complexas da atualidade se caracterizam pela descentralização e distribuição de atribuições e responsabilidades, sendo inerentes, a esta realidade, as dificuldades para imputar o fato ilícito a uma pessoa concreta. 3. Condicionar a aplicação do art. 225, §3º, da Carta Política a uma concreta imputação também a pessoa física implica indevida restrição da norma constitucional, expressa a intenção do constituinte originário não apenas de ampliar o alcance das sanções penais, mas também de evitar a impunidade pelos crimes ambientais frente às imensas dificuldades de individualização dos responsáveis internamente às corporações, além de reforçar a tutela do bem jurídico ambiental. 4. A identificação dos setores e agentes internos da empresa determinantes da produção do fato ilícito tem relevância e deve ser buscada no caso concreto como forma de esclarecer se esses indivíduos ou órgãos atuaram ou deliberaram no exercício regular de suas atribuições internas à sociedade, e ainda para verificar se a atuação se deu no interesse ou em benefício da entidade coletiva. Tal esclarecimento, relevante para fins de imputar determinado delito à pessoa jurídica, não se confunde, todavia, com subordinar a responsabilização da pessoa jurídica à responsabilização conjunta e cumulativa das pessoas físicas envolvidas. Em não raras oportunidades, as responsabilidades internas pelo fato estarão diluídas ou parcializadas de tal modo que não permitirão a imputação de responsabilidade penal individual. 5. Recurso Extraordinário parcialmente conhecido e, na parte conhecida, provido.

Ainda no mesmo propósito, o Superior Tribunal de Justiça, seguindo os mesmos passos do Supremo Tribunal Federal, no RMS 39.173/BA, Rel. Min. Reynaldo Soares da Fonseca, julgado em 06/08/15, publicado no DJe de 13/08/15, posicionou-se que sentido de que é possível a responsabilização penal do ente moral independentemente da responsabilização concomitante da pessoa física que age em seu nome. Veja-se o aresto disponibilizado no Informativo 566:

> DIREITO PENAL E PROCESSUAL PENAL. DESNECESSIDADE DE DUPLA IMPUTA-ÇÃO EM CRIMES AMBIENTAIS. É possível a responsabilização penal da pessoa jurídica por delitos ambientais independentemente da responsabilização concomitante da pessoa física que agia em seu nome. Conforme orientação da Primeira Turma do STF, "o art. 225, §3º, da Constituição Federal não condiciona a responsabilização penal da pessoa jurídica por crimes ambientais à simultânea persecução penal da pessoa física em tese responsável no âmbito da empresa. A norma constitucional não impõe a necessária dupla imputação" (RE 548.181, Primeira Turma, DJe 29/10/2014). Diante dessa interpretação, o STJ modificou sua anterior orientação, de modo a entender que é possível a responsabilização penal da pessoa jurídica por delitos ambientais independentemente da responsabilização concomitante da pessoa física que agia em seu nome. Precedentes citados: RHC 53.208/SP, Sexta Turma, DJe 01/06/2015; HC 248.073/MT, Quinta Turma, DJe 10/04/2014; e RHC 40.317/SP,

Quinta Turma, DJe 29/10/2013. RMS 39.173/BA, Rel. Min. Reynaldo Soares da Fonseca, julgado em 06/08/2015, DJe 13/08/2015.

Portanto, atualmente, a jurisprudência brasileira entende pela possibilidade do reconhecimento da responsabilidade penal autônoma da pessoa jurídica.

5.7.3 Responsabilidade penal da pessoa jurídica de direito público

Sobre esse tema, existem duas posições:
1. é possível a responsabilidade penal da pessoa jurídica de direito público, tendo em vista que a Constituição Federal e a Lei de Crimes Ambientais (Lei nº 6.605/98) não fazem quaisquer distinções entre a pessoa jurídica de privado e pessoa jurídica de direito público;
2. entende não ser possível, uma vez que o sancionamento da pessoa jurídica prejudicaria a própria coletividade, seja lesionando seu patrimônio ou mesmo suspendendo ou extinguindo atividade.

5.7.4 Sujeito passivo

É o titular do bem jurídico protegido pela norma penal, que sofre as consequências da conduta delituosa. Também é chamado de vítima ou ofendido.

O sujeito passivo pode ser classificado como:

1. Sujeito passivo constante, mediato, formal, geral, genérico ou indireto

O sujeito passivo constante das infrações penais será sempre o Estado. Isso porque, como responsável pela elaboração das normas penais, bem como pela manutenção da paz e ordem social, sempre que uma delas for violada, o afetará.

2. Sujeito passivo eventual, imediato, material, particular, acidental ou direto

É o titular do bem jurídico efetivamente violado. Por exemplo, no crime de roubo, o sujeito passivo eventual é o proprietário ou possuidor do bem subtraído mediante violência ou grave ameaça.

O Estado, além de ser o sujeito ativo constante, também pode figurar como sujeito passivo eventual em algumas situações, a exemplo dos crimes contra a administração pública.

A pessoa jurídica pode ser sujeito passivo de crime. Da mesma forma, é possível se falar em sujeito passivo indeterminado, no caso dos crimes vagos, que são aqueles que têm como vítima um ente despido de personalidade jurídica.

O morto não pode ser considerado sujeito passivo, tendo em vista que não é titular de direitos. Nos crimes contra o respeito aos mortos (art. 209 a 212 do Código Penal), a vítima é a coletividade. No mesmo sentido, na calúnia contra os mortos (art. 138, §2º, do Código Penal), o sujeito passivo serão os familiares.

Os animais, identicamente, não podem ser sujeito passivo do delito, podendo ser objeto material.

Atente-se que a pessoa não pode ser, ao mesmo tempo, sujeito ativo e passivo do delito, até porque, pelo princípio da alteridade, a autolesão não é punível. Assim, por exemplo, no crime do art. 171, §2º, do Código Penal, a autolesão perpetrada pelo agente para ludibriar o seguro e receber o prêmio não o faz vítima. Nesse caso, o sujeito passivo é a seguradora.

Do mesmo modo, no crime de autoacusação falsa (art. 341 do Código Penal), a vítima é o Estado.

5.8 Objeto do crime

O objeto do crime pode ser material ou jurídico.

O objeto material é a pessoa ou a coisa sobre a qual recai a conduta criminosa. Por exemplo, no crime de homicídio, o objeto material é a pessoa morta. No crime de furto, é o bem subtraído.

O objeto jurídico, por sua vez, é o bem jurídico tutelado pela norma penal. Por exemplo, no homicídio, o objeto jurídico é a vida. No crime de furto, o patrimônio.

5.9 Classificação doutrinária dos crimes

A classificação dos crimes pode ser legal ou doutrinária.

A classificação legal é o nome que a própria lei atribui ao delito, também chamada de *nomen iuris*. Por exemplo, o art. 121 (matar alguém), a lei chama de homicídio; o art. 155 (subtrair coisa alheia móvel), a lei chama de furto etc.

Já a classificação doutrinária, que veremos a seguir, é aquela fornecida pelos estudiosos do Direito.

5.9.1 Crime material, formal e de mera conduta

Crimes materiais são aqueles em que o resultado naturalístico é indispensável para a configuração do crime. Neles, o tipo penal descreve tanto a conduta, quanto o resultado naturalístico. Exemplos: homicídio, lesão corporal, furto, roubo, estupro etc.

Crimes formais ou de consumação antecipada são aqueles em que o tipo penal descreve tanto a conduta quanto o resultado naturalístico. Entretanto, para a sua realização, não é necessária a ocorrência do resultado naturalístico, visto que sua consumação é antecipada para o momento da conduta. Caso também ocorra o resultado naturalístico, será considerado mero exaurimento do delito. Exemplo: extorsão, extorsão mediante sequestro, concussão etc.

A Súmula 96 do STJ, que trata sobre o crime de extorsão, bem esclarece a situação: "o crime de extorsão consuma-se independentemente da obtenção da vantagem indevida". No momento da exigência da vantagem, o crime já se consuma. Caso haja o pagamento da quantia exigida, será um mero exaurimento do delito, podendo ser considerado para o agravamento da pena-base.

Crimes de mera conduta ou de mera atividade são aqueles em que o tipo penal descreve uma mera conduta, sem resultado naturalístico. Assim, basta a prática da conduta descrita no dispositivo legal para que o delito esteja consumado. Exemplo: porte de arma, omissão de socorro, violação de domicílio etc.

5.9.2 Crime comum, próprio, de mão própria e biproprio

Crime comum é aquele que pode ser praticado por qualquer pessoa. O tipo penal não exige nenhuma qualidade especial do agente para sua realização. Exemplos: homicídio, furto, roubo.

Crime próprio é aquele que o tipo penal exige qualidades especiais do agente. Por exemplo, o crime de peculato ou de corrupção passiva somente poderá ser praticado se o indivíduo ostentar a qualidade especial de funcionário público. Entende-se que é possível concurso de pessoas em crime próprio, desde que o coautor tenha conhecimento da característica especial do sujeito.[206]

Crime de mão própria ou de conduta infungível é aquele que a execução do delito não pode ser terceirizada, ou seja, o agente deve praticá-lo por suas próprias mãos. Neste delito, exige-se a atuação pessoal da pessoa designada pelo tipo penal, a exemplo do delito de falso testemunho ou falsa perícia. Para esta modalidade de crime, tem se entendido que é possível concurso de pessoas, mas somente na modalidade participação, na medida que a conduta não pode ser terceirizada.[207]

Crime biproprio, por sua vez, é aquele que exige qualidade especial tanto do sujeito ativo, quanto do sujeito passivo. Por exemplo, no infanticídio (art. 123 do Código Penal) o sujeito ativo é a parturiente em estado puerperal, ao passo que o sujeito passivo é o nascente ou neonato (o próprio filho).

5.9.3 Crimes de dano e crimes de perigo

Crimes de dano são aqueles em que a consumação exige efetiva lesão ao bem jurídico tutelado. Ex: homicídio, lesão corporal etc.

Crimes de perigo são aqueles cuja consumação se contenta com a mera exposição do bem jurídico a uma situação de perigo. Os crimes de perigo se dividem em três espécies:

a) *Crimes de perigo abstrato*

São aqueles em que o perigo é presumido pela lei. Ex.: art. 33 da Lei nº 11.343/06 (tráfico de drogas).

b) *Crimes de perigo concreto*

São aqueles que o tipo penal descreve uma conduta perigosa, a qual deve ser provada, demonstrando risco para pessoa certa e determinada. Nesta modalidade, tem-se vítima específica. Ex.: art. 133 do Código Penal (abandono de incapaz).

c) *Crimes de perigo concreto de perigosidade real*

São aqueles que o tipo penal descreve uma conduta perigosa, a qual deve ser provada, dispensando risco para pessoa certa e determinada. Nesta modalidade, a vítima é difusa e não específica. Ex.: art. 309 do CTB (dirigir veículo automotor sem permissão ou habilitação).

---

[206] Ver capítulo sobre Concurso de Pessoas.
[207] O tema será aprofundado no tópico Concurso de Pessoas.

5.9.4 Crime doloso, culposo e preterdoloso

Crime doloso é aquele em que o agente quis produzir o resultado ou assumiu o risco de produzi-lo (art. 18, I, do Código Penal).

No crime culposo, o agente não quer produzir determinado resultado, nem assume o risco de realizá-lo, contudo, em razão de uma conduta leviana (imperita, imprudente ou negligente), que lhe era prevista (culpa consciente) ou que lhe era previsível (culpa inconsciente), o provoca.

Crime preterdoloso ou preterintencional é aquele em que há dolo na conduta inicial do agente, todavia, em razão de culpa, sobrevém resultado mais grave do que o desejado. Em outras palavras: o agente pretende produzir um resultado inicial (age com dolo), contudo, além deste resultado, também causa outro mais grave do que o pretendido (por culpa). Ex: art. 129, §3º, do Código Penal (lesão corporal seguida de morte).

5.9.5 Crimes comissivos e omissivos (próprios e impróprios) e crimes de conduta mista

Crimes comissivos são aqueles praticados mediante ação. Nestes, exige-se um comportamento positivo do agente. Por exemplo, no delito de homicídio do art. 121 do Código Penal, é o ato de matar alguém.

Crimes omissivos, por sua vez, são aqueles praticados mediante omissão (não agir). Dividem-se em omissivos próprios e impróprios.

Os crimes omissivos próprios ou puros são aqueles em que a omissão decorre do próprio tipo penal. Ex.: art. 135 do Código Penal (omissão de socorro).

Os crimes omissivos impróprios, também conhecidos como crimes omissivos impuros ou espúrios ou, ainda, comissivos por omissão, são aqueles em que o omitente tem o dever jurídico de evitar o resultado (art. 13, §2º, do Código Penal).

Por exemplo, o salva-vidas que, estando na posição de garantidor, negligencia seu mister, e deixa o banhista se afogar no mar. Neste caso, o salva-vidas responderá pelo delito de homicídio culposo e não pela simples omissão de socorro.

São chamados de crimes comissivos por omissão, pois, existindo dever jurídico de evitar o resultado, a omissão do agente se equipara a uma ação.

Já os crimes de conduta mista são aqueles em que o tipo penal prevê uma ação e uma omissão. Por exemplo, no crime de apropriação de coisa achada (art. 169, parágrafo único, II, do Código Penal), o agente encontra coisa alheia perdida e dela se apropria (ação), deixando de restituí-la (omissão) ao seu legítimo proprietário ou possuidor ou à autoridade competente, no prazo de 15 dias.

5.9.6 Crimes de forma livre e de forma vinculada

Os crimes de forma livre e de forma vinculada dizem respeito ao modo de execução.

Os crimes de forma livre podem ser praticados por qualquer meio de execução. Por exemplo, o homicídio pode ser cometido de várias maneiras, não havendo na lei nenhum modo de execução específico.

Já nos crimes de forma vinculada, o tipo penal prevê o modo pelo qual o agente deve executar o delito. Por exemplo, o delito de curandeirismo somente pode ser praticado da forma descrita no art. 284 e incisos, do Código Penal. Segundo Fernando Capez:

> Os crimes de forma vinculada se subdividem em: (i) forma vinculada cumulativa e (ii) forma vinculada alternativa. No primeiro, o tipo penal exige que o agente pratique, necessariamente, mais de um verbo para fins de consumação do delito. É o caso do delito de apropriação de coisa achada (art. 169, parágrafo único, II, do CP), no qual o sujeito apropria-se de coisa achada – primeira conduta, "apropriar-se" – e depois se omite ao deixar de restituir o bem ao dono, ao legítimo possuidor ou à autoridade – segunda conduta, "deixar de restituir". Já nos crimes de forma vinculada alternativa, o tipo penal prevê vários verbos núcleos do tipo, ações e omissões, sendo que a consumação se dá com a prática de qualquer uma delas, como no art. 149 do CP.[208]

5.9.7 Crime consumado e crime tentado

Crime consumado é aquele que reúne todos os elementos de sua definição legal (art. 14, I, do Código Penal).

O crime tentado, a seu turno, é aquele que não se consumou por circunstâncias alheias à vontade do agente (art. 14, II, do Código Penal).

5.9.8 Crime instantâneo, permanente, instantâneo de efeito permanente e crime a prazo

Crime instantâneo é aquele que se consuma com a ocorrência do resultado, não havendo prolongação (consumação imediata). Ressalta Cézar Roberto Bitencourt[209] que:

> Instantâneo não significa praticado rapidamente, mas significa que uma vez realizados os seus elementos, nada mais se poderá fazer para impedir sua ocorrência. Ademais, o fato de o agente continuar beneficiando-se com o resultado, como no furto, não altera a sua qualidade de instantâneo.

Crime permanente é aquele que a consumação se prolonga no tempo por determinação do agente. Por exemplo, no crime de sequestro (art. 148 do Código Penal), enquanto a vítima estiver em poder dos sequestradores, o delito estará se consumando.

Crime instantâneo de efeito permanente é aquele cuja consumação se dá imediatamente, contudo, seus efeitos subsistem mesmo depois dela, independentemente da vontade do agente, a exemplo do homicídio consumado.

Crime a prazo é aquele cuja consumação depende da fluência de determinado lapso temporal. Por exemplo, no caso do delito de lesão corporal de natureza grave, o art. 129, §1º, I, do Código Penal exige o prazo de 30 dias para verificação da incapacidade para as ocupações habituais.

---

[208] CAPEZ, Fernando. *Curso de Direito Penal*. V. 1. Parte geral. Editora Saraiva, 2020. p. 360.
[209] BITENCOURT, Cézar Roberto. *Tratado de Direito Penal 1*. Parte geral. Editora Saraiva, 2018. p. 296.

5.9.9 Crimes simples e crimes complexos

Crimes simples são aqueles que ofendem apenas um bem jurídico, apresentando um tipo penal único. Ex.: homicídio, lesão corporal etc.

Crimes complexos são aqueles que ofendem mais de um bem jurídico, decorrente da fusão de dois ou mais tipos penais. Dividem-se em crimes complexos em sentido estrito e crimes complexos em sentido amplo.

Crimes complexos em sentido estrito ocorrem com a fusão de dois tipos penais. Por exemplo, furto (art. 155 do Código Penal) mais ameaça (art. 147 do Código Penal) é roubo (art. 157 do Código Penal).

Crimes complexos em sentido amplo ocorrem com a fusão de uma conduta lícita (ou um irrelevante penal) com um ou mais tipos penais. Por exemplo, o delito de estupro (art. 213 do Código Penal) é a união de uma conduta lícita (relações sexuais[210]) com constrangimento ilegal (tipo penal do art. 146 do Código Penal).

Há doutrina[211] indicando a existência de crimes ultracomplexos, que é a hipótese de um crime complexo se unir a outro delito, sendo que este último funciona como uma qualificadora ou causa de aumento daquele. Por exemplo, o crime de roubo majorado pelo emprego de arma de fogo de uso permitido. O roubo, que é um crime complexo (art. 155 + art. 147), terá sua pena aumentada em 2/3 se houver o emprego de arma de fogo de uso permitido (art. 157, §2º-A, do Código Penal). Nesse caso, pelo princípio da consunção, o agente responderá apenas pelo delito de roubo, ficando o delito de porte de arma absorvido.

5.9.10 Crime qualificado e crime privilegiado

Os termos crime qualificado e crime privilegiado, tecnicamente, devem ser utilizados para indicar que determinado delito tem uma nova pena mínima e máxima, em relação ao tipo básico.

Se a reprimenda sofrer um agravamento, teremos crime qualificado. Por exemplo, no furto simples, a pena é de 1 a 4 anos. No furto qualificado, a pena é de 2 a 8 anos.

Percebe-se que, no exemplo do furto qualificado, houve uma exasperação da pena mínima e máxima em relação ao furto simples.

Contudo, se existir uma suavização da pena mínima e máxima, teremos um crime privilegiado.

Ressalte-se que, embora seja corriqueiro o uso do termo homicídio privilegiado para as hipóteses previstas no art. 121, §1º, do Código Penal, não se trata da nomenclatura mais adequada. As hipóteses costumeiramente chamadas de privilégio (motivo de relevante valor social ou moral, ou sob o domínio de violenta emoção, logo em seguida a injusta provocação da vítima) são, na verdade, causas de diminuição de pena.

---

[210] Relações sexuais consentidas, desde que praticadas contra pessoa não vulnerável.
[211] CUNHA, Rogério Sanches. *Manual de Direito Penal*. Parte geral (arts. 1º ao 120). Volume único. Salvador: JusPodivm, 2020, p. 224.

5.9.11 Crime unissubsistente e crime plurissubsistente

Essa classificação diz respeito à quantidade de atos executórios.

Crime unissubsistente é aquele que se desenvolve com um único ato, não se admitindo o fracionamento da conduta, a exemplo da injúria ou ameaça verbal.

Crime plurissubsistente é aquele que se desenvolve em mais de um ato, autorizando-se que a conduta seja fracionada, a exemplo do furto, roubo, homicídio etc.

5.9.12 Crime unissubjetivo e plurissubjetivo

Essa classificação diz respeito à quantidade de pessoas que praticam o delito.

Crimes unissubjetivos, também chamados de monossubjetivos ou de concurso eventual, são aqueles que, em regra, são cometidos por apenas uma pessoa, embora possam ser cometidos por um número plural de pessoas.

No ordenamento jurídico brasileiro, a regra é que os crimes sejam de concurso eventual, ou seja, que sejam praticados por um agente ou por vários agentes. Cite-se como exemplos o homicídio, furto, roubo, estupro, estelionato etc.

Crimes plurissubjetivos ou de concurso necessário são aqueles que, necessariamente, devem ser praticados por uma pluralidade de agentes. Se forem praticados por apenas um agente, o crime não se configura.

Por exemplo, o delito de associação criminosa do art. 288 do Código Penal somente se configura se houver a associação de 3 ou mais pessoas. Inexistindo essa quantidade de agentes, não há que se falar na existência deste ilícito.

Os crimes plurissubjetivos podem ser: 1. de condutas paralelas, ou seja, todos os indivíduos dirigem a sua conduta para um fim comum, a exemplo da já citada associação criminosa (art. 288, CP); 2. de condutas contrapostas, ou seja, umas contra as outras, como ocorre do crime de rixa (art. 137, CP) e; 3. de condutas convergentes, tal qual no crime de bigamia (art. 235, CP), na hipótese de ambos os integrantes terem ciência do impedimento para o casamento.

5.9.13 Crime monoofensivo e pluriofensivo

Crime monoofensivo é aquele que viola apenas um bem jurídico, a exemplo do homicídio, que tutela somente vida.

Crime pluriofensivo é aquele que viola mais de um bem jurídico, a exemplo do latrocínio, que tutela o patrimônio e a vida.

5.9.14 Crime de subjetividade passiva única e crime de dupla subjetividade passiva

Essa classificação se refere ao número de vítimas atingidas.

Crime de subjetividade passiva única é aquele possui uma única vítima, a exemplo do delito de estupro.

Crime de dupla subjetividade passiva é aquele que possui mais de uma vítima, a exemplo do crime art. 151 do Código Penal (violação de correspondência), em que o remetente e o destinatário são ofendidos.

5.9.15 Crime a distância, crime plurilocal e crime de espaço mínimo

Essa classificação está ligada ao local em que o crime foi praticado.

Crime a distância, também chamado de crime de espaço máximo, é aquele em que a conduta é praticada em um país e o resultado é produzido em outro país, a exemplo do agente que é alvejado por um tiro no Brasil e morre no Paraguai.

Crimes plurilocais ou de espaço interno são aqueles em que a conduta ocorre em uma comarca e o resultado em outra comarca.

Crimes de espaço mínimo são aqueles em que a conduta e o resultado ocorrem na mesma comarca.

5.9.16 Crimes condicionados e incondicionados

Crimes condicionados são aqueles que dependem de uma condição de procedibilidade para que a persecução penal seja iniciada, a exemplo do crime de ameaça, que depende de representação da vítima. Sempre que houver necessidade do implemento de uma condição de procedibilidade, a lei falará expressamente, pois, no silêncio, os crimes serão de ação penal pública incondicionada.

Crimes incondicionados são aqueles que não dependem do implemento de nenhuma condição para que a persecução penal seja iniciada. São a regra no ordenamento jurídico brasileiro.

5.9.17 Crimes naturais, de plástico e vazios

Crimes de plástico são condutas consideradas criminosas em razão de certas particularidades vivenciadas pela sociedade em determinado momento histórico e político. Busca-se incriminar condutas, até então atípicas, para atender às novas nuances da sociedade, muitas vezes, seguindo a pressão da mídia, a exemplo da incriminação de fatos praticados pela Internet (ex.: Lei Carolina Dieckman).

Trata-se de um contraponto aos chamados crimes naturais, ou seja, aqueles delitos que toda sociedade minimamente organizada sempre reprimiu e provavelmente sempre reprimirá, a exemplo dos delitos de homicídio, roubo, estupro, furto etc.

Crimes vazios, na lição de Cléber Masson, com quem concordamos:

> São modalidades específicas de delitos plásticos, porém caracterizados pela ausência de proteção a qualquer bem jurídico. Para os adeptos desta categoria – que não admitimos –, um exemplo seria o delito de embriaguez ao volante (Lei 9.503/1997 – Código de Trânsito Brasileiro, art. 306), notadamente nas hipóteses em que o condutor do veículo automotor encontra-se em via pública deserta, sem colocar em risco nenhuma outra pessoa além dele próprio.[212]

---

[212] MASSON, Cléber Rogério. *Direito Penal esquematizado*. Parte geral. v. 1. 14. ed. rev., atual. e ampl. São Paulo: Método, 2020, p. 183.

5.9.18 Crimes transeuntes e não transeuntes

Essa classificação diz respeito à necessidade de realização de exame de corpo de delito para a verificação da ocorrência do crime.

Crimes transeuntes ou de fato transitório são aqueles que não deixam vestígios e, por essa razão, não necessitam de realização de exame de corpo de delito, a exemplo da ameaça e injúria verbal.

Crimes não transeuntes ou de fato permanente são aqueles que deixam vestígios e, portanto, necessitam de realização de exame de corpo de delito, a exemplo do homicídio. Nos termos do art. 167, do Código de Processo Penal, não sendo possível o exame de corpo de delito, por haverem desaparecido os vestígios, a prova testemunhal poderá suprir-lhe a falta.

5.9.19 Crime habitual

Crime habitual é aquele que se consuma com a reiteração da conduta típica. A prática de apenas um ato não é apta a configurar o delito, dependendo da demonstração de que a prática criminosa ocorra de forma perene, a exemplo do delito de casa de prostituição (art. 229 do Código Penal).

5.9.20 Crime multitudinário

São aqueles praticados por uma multidão delinquente, geralmente em contexto de tumulto.

5.9.21 Crimes principais e crimes acessórios

Crimes principais são aqueles que, para sua existência, não necessitam da ocorrência de nenhum delito pretérito. Existem por si só. Por exemplo, homicídio, furto, roubo, estupro etc.

Crimes acessórios ou delitos parasitários são aqueles que, para sua ocorrência, dependem da existência de um delito anterior. Por exemplo, o ilícito do art. 180, do Código Penal exige que o agente adquira, transporte, conduza ou oculte coisa que sabe ser produto de crime. Da mesma forma, o delito de lavagem de dinheiro descrito no art. 1º, da Lei nº 9.613/98, com redação dada pela Lei nº 12.683/12.

5.9.22 Crimes de menor potencial ofensivo

São infrações de menor potencial ofensivo todas as contravenções penais e os crimes a que a lei comine pena máxima não superior a dois anos, cumulado ou não com multa e, submetido ou não a procedimentos especiais (art. 61 da Lei nº 9.099/95).

5.10 Outras classificações

5.10.1 Crime exaurido

É aquele que, depois de realizada a consumação, o agente continua a agredir o bem jurídico tutelado, levando a consequências mais graves. Por exemplo, depois de realizar o furto, o indivíduo vende o bem a terceiros. A venda é mero exaurimento do crime de furto.

Eugênio Pacelli e André Callegari lembram que:

> O exaurimento, com a consequente produção do resultado mais lesivo, poderá ser levado em consideração pelo julgador no momento da aplicação da pena. Além disso, nos casos de exaurimento, ainda é possível a participação criminal do sujeito que colabora após a consumação pelo mesmo delito praticado anteriormente. A regra é que, após a consumação, toda e qualquer colaboração tipifique crime autônomo, isto é, outro delito. A exceção é o caso do exaurimento. Assim, aquele que, após o sequestro da vítima, sem ter uma participação do arrebatamento desta, vem a saber do ocorrido e do cativeiro e se oferece para negociar o resgate, também responde pelo delito já consumado de extorsão mediante sequestro.[213]

5.10.2 Crime gratuito

É aquele praticado sem motivo conhecido.

Todo crime possui uma motivação, contudo, por vezes, não é possível identificá-la no caso concreto.

O crime gratuito não se confunde com o motivo fútil, pois, neste, o motivo é conhecido e é considerado desproporcional, ínfimo, de menor importância.

5.10.3 Crime profissional

O agente se utiliza da sua profissão para alcançar o objetivo criminoso.

5.10.4 Crime de ímpeto

É aquele praticado de rompante, sem premeditação, decorrente de uma reação emocional súbita, a exemplo do homicídio privilegiado cometido sob o domínio de violenta emoção.

5.10.5 Crime progressivo ou de passagem

É a hipótese que, para se alcançar o crime mais grave, necessariamente, deve-se passar pelo crime menos grave. Por exemplo, para se chegar ao homicídio, o agente deve passar pelo delito de lesão corporal. O sujeito responderá apenas pelo homicídio, ficando o delito de lesão corporal absorvido.

5.10.6 Crimes de trânsito, crimes no trânsito e crimes em trânsito

Crimes de trânsito ou de circulação são aqueles praticados em via pública na direção de veículo automotor. A esses delitos, aplica-se o regramento do Código de Trânsito Brasileiro. Exemplo: art. 306, do CTB (embriaguez na direção).

---

[213] PACELLI, Eugênio; CALLEGARI, André. *Manual de Direito Penal*. Parte geral. 6. ed. São Paulo: Atlas, 2020. p. 193.

Crimes no trânsito são aqueles praticados na condução de veículo automotor. No entanto, não encontram previsão no Código de Trânsito Brasileiro. Pode-se mencionar o exemplo do agente que, na condução de veículo automotor, atropela seu desafeto dolosamente. Nessa hipótese, incidirá no artigo 121, do Código Penal, uma vez que o Código de Trânsito não prevê homicídio doloso na direção de veículo automotor (tipifica apenas o culposo). Nesse sentido, Guilherme de Souza Nucci faz uma importante observação:

> Não se admite a nomenclatura de crime de trânsito para o crime de dano, cometido com dolo. Portanto, aquele que utiliza seu veículo para, propositadamente, atropelar e matar seu inimigo comete homicídio – e não simples crime de trânsito.[214]

Por crime em trânsito ou em circulação, deve ser entendido o delito que abrange mais de um país, sem, contudo, atingir bens jurídicos em um ou mais países, a exemplo da droga que é levada do Brasil para os Estados Unidos, passando pela Colômbia.

5.10.7 Crime subsidiário

O crime será subsidiário quando o fato não se amoldar a crime mais grave. Por exemplo, se não ficar demonstrada a violência ou grave ameaça para realização da subtração no crime de roubo, remanescerá, subsidiariamente, o furto.

5.10.8 Crime de atentado ou de empreendimento

Crime de atentado ou de empreendimento se dá quando o legislador descreve uma conduta tentada no próprio tipo penal. Assim, a mera tentativa será considerada como consumação. Por exemplo, o art. 352 do Código Penal dispõe que o preso que se evadir ou tentar se evadir responderá pelo crime.

5.10.9 Crime de ação única e crime de ação múltipla

Crime de ação única é aquele cujo tipo penal prevê apenas uma conduta nuclear. Por exemplo, no crime de homicídio, a única conduta prevista é matar.

Crime de ação múltipla ou de conteúdo variado é aquele que o tipo penal prevê uma multiplicidade de condutas nucleares, a exemplo do tráfico de drogas, que possui vários verbos no tipo.

5.10.10 Crime de opinião ou de palavra

É aquele que ocorre em razão do excesso abusivo da manifestação do pensamento, seja de forma verbal ou escrita, a exemplo do delito de injúria.

---

[214] NUCCI, Guilherme de Souza. *Leis penais e processuais penais comentadas.* v. 2. 8. ed. rev., atual. e ampl. Rio de Janeiro: Forense, 2014, p. 2.422. (e-PUB).

5.10.11 Crime vago

É aquele praticado contra um ente despido de personalidade jurídica, a exemplo da família, sociedade, coletividade. Ex.: tráfico de drogas, em que a vítima é a coletividade.

5.10.12 Crime internacional

É aquele que, por tratado ou convenção internacional (devidamente incorporado ao ordenamento jurídico), o Brasil se comprometeu a punir, tal como o tráfico de pessoas (art. 149-A do Código Penal).

5.10.13 Crimes funcionais

São aqueles praticados por funcionários públicos, conforme conceito do art. 327, do Código Penal. Tais crimes se dividem em crimes funcionais próprios e impróprios.

Crimes funcionais próprios são aqueles em que a elementar funcionário público é fundamental para existência do crime. Se ela não existir, a conduta será atípica. Ex.: prevaricação.

Crimes funcionais impróprios são aqueles que a elementar funcionário público não descaracteriza a existência do crime. Ocorre que, sem a sua presença, o delito passa a ser outro. Por exemplo, no crime de peculato (furto ou apropriação praticado por funcionário público), mesmo que a conduta não seja praticada por funcionário público, ela ainda será criminosa, mas tipificada no art. 155 ou 168, do Código Penal.

5.10.14 Crimes de mera suspeita, sem ação ou de mera posição

Nessa modalidade de crime, o agente não pratica uma conduta penalmente relevante, sendo punido pela mera suspeita levantada em razão de sua forma de agir.

Trata-se de criação italiana (por Vicenzo Manzini), todavia, não encontrou eco na doutrina brasileira.

5.10.15 Crime falho

É sinônimo de tentativa perfeita ou acabada. Nessa modalidade, o agente pratica todos os atos executórios que estão à sua disposição para consumação do delito, mas, por circunstâncias alheias à sua vontade, o crime não se consuma.

5.10.16 Quase-crime

É sinônimo de crime impossível (art. 17 do Código Penal).

5.10.17 Crime inominado

É aquele que ofende regra ética ou cultural reconhecida pelo Direito Penal, todavia, não está previsto em lei como infração penal.

Não são admitidos, por violação ao princípio da legalidade.

5.10.18 Crimes hediondos

São aqueles elencados no art. 1º da Lei nº 8.072/90.

Lembre-se que o ordenamento jurídico brasileiro adotou o critério legal para definição de crime hediondo. Assim, somente os delitos etiquetados em lei como hediondos é que possuem esse *status*.

5.10.19 Crime de expressão

É aquele que se caracteriza pela atividade intelectiva do autor, que recebe a informação, processa-a e a retransmite de forma inverídica, a exemplo do crime de falso testemunho (art. 342 do Código Penal).

5.10.20 Crime independente

É o crime que não possui ligação com nenhuma outra infração penal.

5.10.21 Crime conexo

É aquele que possui ligação com outras infrações penais. Segundo Fernando Capez, as hipóteses de crimes conexos são as seguintes:

> (i) conexão teleológica ou ideológica: o crime é praticado para assegurar a execução de outro delito; (ii) conexão consequencial ou causal: o crime é cometido na sequência de outro, a fim de assegurar a impunidade, ocultação ou vantagem de outro delito; (iii) conexão ocasional: o crime é praticado como consequência da ocasião, proporcionada pela prática do crime antecedente, por exemplo, estupro praticado após roubo. Trata-se de criação doutrinária, sem amparo legal.[215]

5.10.22 Crime de intenção ou de tendência interna transcendente

É aquele em que o agente busca a realização de um resultado que não é necessário para a consumação do delito, a exemplo do pagamento do resgate no crime de extorsão mediante sequestro (art. 159, do Código Penal).

5.10.23 Crime de tendência ou atitude pessoal

De acordo com Cléber Masson:

> É aquele em que a tendência afetiva do autor delimita a ação típica, ou seja, a tipicidade pode ou não ocorrer em razão da atitude pessoal e interna do agente. Exemplos: toque do ginecologista na realização do diagnóstico, que pode configurar mero agir profissional ou então algum crime de natureza sexual, dependendo da tendência (libidinosa ou não), bem como as palavras dirigidas contra alguém, que podem ou não caracterizar o crime de injúria em razão da intenção de ofender a honra ou de apenas criticar ou brincar.[216]

---

[215] CAPEZ, Fernando. *Curso de Direito Penal*. V. 1. Parte geral. Editora Saraiva, 2020. p. 365.
[216] MASSON, Cléber Rogério. *Direito Penal esquematizado*. Parte geral. v. 1. 14. ed. rev., atual. e ampl. São Paulo: Método, 2020, p. 186.

5.10.24 Crime de resultado cortado

É aquele que o resultado (embora dispensável) não está na esfera de decisão do agente. Por exemplo, o pagamento do resgate no crime de extorsão mediante sequestro.

5.10.25 Crime mutilado de dois atos ou tipos imperfeitos de dois atos

É aquele em que o agente pratica um primeiro delito, com a intenção de obter uma vantagem posterior.

Por exemplo, o agente possui petrechos para falsificação de moeda (art. 291 do Código Penal), depois efetivamente falsifica a moeda (art. 289, do Código Penal) e a coloca em circulação (art. 289, §1º, do Código Penal).

5.10.26 Crime de acumulação

É aquele que, se considerada apenas uma conduta, aparentemente, não há lesão ao bem jurídico tutelado. Contudo, a sua lesividade decorre do acúmulo de várias condutas análogas.

Por exemplo, a pesca ilegal de apenas um peixe, a princípio, não causa dano. Todavia, se várias pessoas pescarem um peixe ilegalmente, haverá lesão ao bem jurídico.

5.10.27 Crime de ação violenta

É aquele que é praticado com violência ou grave ameaça à pessoa, a exemplo do roubo.

5.10.28 Crime de ação astuciosa

É aquele praticado por intermédio de fraude, engodo ou dissimulação, a exemplo do estelionato (art. 171 do Código Penal).

5.10.29 Crime obstáculo

Crime obstáculo é aquele que tipifica atos preparatórios, que, normalmente, não são punidos, a exemplo do delito de associação criminosa (art. 288 do Código Penal).

5.10.30 Crime putativo

É a hipótese em que o indivíduo acredita estar praticando um delito, quando, na verdade, está realizando um fato atípico. Por exemplo, o agente vende talco, acreditando ser droga.

5.10.31 Crime de catálogo

É aquele passível de apuração por intermédio de interceptação telefônica, observando os requisitos da Lei nº 9.296/96.

5.10.32 Crime remetido

Crime remetido é aquele que faz referência a outro delito, que passa a integrá-lo, a exemplo uso de documento falso:

> Art. 304 – Fazer uso de qualquer dos papéis falsificados ou alterados, a que se referem os arts. 297 a 302:

5.10.33 Crime parcelar

É aquele que integra a cadeia de delitos que compõe o crime continuado.

5.10.34 Crimes de responsabilidade

Dividem-se em duas hipóteses:
a) Crimes de responsabilidade em sentido amplo: são aqueles em que a qualidade de funcionário público é uma elementar do delito. Ex.: peculato, prevaricação etc.
b) Crimes de responsabilidade em sentido estrito: são aqueles que somente determinados agentes políticos podem praticar. Não tem natureza jurídica de infração penal, mas sim de infração política-administrativa (art. 52, I e II, CF/88).

5.10.35 Crime de impressão

São aqueles que despertam determinado estado de ânimo na vítima, podendo ser divididos em:
1. crime de sentimento: é aquele que afeta as emoções da vítima, a exemplo da injúria;
2. crime de inteligência: é aquele que é praticado mediante engano da vítima, a exemplo do estelionato;
3. crime de vontade: é aquele que recai sobre a autodeterminação da vítima, a exemplo do sequestro e do cárcere privado (art. 148 do Código Penal).

5.10.36 Crime de hermenêutica

É aquele que visa a criminalizar a interpretação da norma jurídica. Tal delito não é admitido em nosso ordenamento jurídico. O art. 1º, §2º, da Lei nº 13.869/19 dispõe que "a divergência na interpretação de lei ou na avaliação de fatos e provas não configura abuso de autoridade".

5.10.37 Crime anão ou delito liliputiano

É sinônimo de contravenção penal.

5.10.38 Crime de rua ou de colarinho azul

São delitos praticados por pessoas de classes sociais menos favorecidas (roubo, furto, estupro, latrocínio etc.). Tal nomenclatura foi utilizada por ocasião do julgamento da Ação Penal 470 (Mensalão). O nome se dá em referência aos macacões utilizados pelos trabalhadores norte-americanos da década de 40 (que eram pessoas menos abastadas). Utilizou-se a expressão em contraposição aos crimes de colarinho branco, mencionando-se que, no Brasil, não mais seriam punidas somente pessoas desprestigiadas socialmente, mas também pessoas influentes e de boa situação financeira.

5.10.39 Crime de colarinho branco

São os delitos praticados por pessoas privilegiadas do ponto de vista econômico e social (crimes contra o meio ambiente, ordem econômica e tributária, corrupção de altos valores etc.).

5.10.40 Crimes falimentares

São os previstos na Lei de Falência (Lei nº 11.101/05).

5.10.41 Crime de olvido

Crime de olvido são os crimes de esquecimento. Olvido deriva de "olvidar", que significa esquecer.

Assim, crime de olvido diz respeito aos crimes omissivos impróprios, impuros ou comissivos por omissão, quando praticados a título culposo. Vale dizer, o indivíduo, por negligência, "esquece" o dever jurídico de agir (art. 13, §2º, do Código Penal), acarretando o resultado naturalístico.

Por exemplo, o salva-vidas que resolve dormir um pouco durante o expediente e não evita o afogamento do banhista. Ou, ainda, o pai que esquece seu filho recém-nascido dentro do carro e vai ao supermercado e, quando retorna, a criança está morta em razão do calor, que a asfixiou.

5.10.42 Crime de greve

É aquele praticado durante a paralisação dos empregados.

5.10.43 Crime de *lockout*

É aquele praticado durante a paralisação do empregador.

5.10.44 Crime achado

Crime achado é uma expressão utilizada pelo ministro Alexandre de Moraes para designar o encontro fortuito de prova, também conhecido como serendipidade.

Vejamos o posicionamento do Supremo Tribunal Federal:

> O Colegiado afirmou que a hipótese dos autos é de crime achado, ou seja, infração penal desconhecida e não investigada até o momento em que se descobre o delito. A interceptação telefônica, apesar de investigar tráfico de drogas, acabou por revelar crime de homicídio. Assentou que, presentes os requisitos constitucionais e legais, a prova deve ser considerada lícita. Ressaltou, ainda, que a interceptação telefônica foi autorizada pela justiça, o crime é apenado com reclusão e inexistiu o desvio de finalidade (...) HC 129678/SP, Rel. orig. Min. Marco Aurélio, red. p/ o ac. Min. Alexandre de Moraes, 13/06/2017.

5.10.45 Crime político

É aquele que viola a segurança interna ou externa do Estado, a exemplo dos crimes contra a segurança nacional (Lei nº 7.170/83).

5.10.46 Crimes aberrantes

Englobam a *aberratio causae* (erro sobre o nexo causal), a *aberratio ictus* (erro na execução) e a *aberratio delicti* (resultado diverso do pretendido), todas espécies de erro acidental.

5.10.47 Crime organizado

É aquele cometido por intermédio de organização criminosa que, segundo o art. 1º, §1º, da Lei nº 10.850/13, é "a associação de 4 (quatro) ou mais pessoas estruturalmente ordenada e caracterizada pela divisão de tarefas, ainda que informalmente, com objetivo de obter, direta ou indiretamente, vantagem de qualquer natureza, mediante a prática de infrações penais cujas penas máximas sejam superiores a 4 (quatro) anos, ou que sejam de caráter transnacional".

5.10.48 Crime cibernético

É aquele praticado por intermédio da rede mundial de computadores ou de uma rede pública ou privada de computadores. Classificam-se em próprios ou impróprios.

Crime cibernético próprio é a hipótese em que o meio e o objeto material encontram-se exclusivamente no sistema cibernético, a exemplo do art. 154-A do Código Penal. Nesta modalidade, somente será possível cometer o delito por intermédio do sistema cibernético, sendo que o próprio dispositivo violado é o objeto da empreitada criminosa.

Crime cibernético impróprio, por sua vez, é a hipótese em que o meio virtual é utilizado como uma das formas de execução do delito. Por exemplo, calúnia veiculada na Internet. A calúnia pode ser realizada por vários meios, dentre eles, pela rede mundial de computadores.

5.10.49 Crimes militares

Antes da Lei nº 13.491/17, a doutrina costumava conceituar os crimes militares da seguinte maneira:

1. **Crimes militares próprios:** aqueles previstos exclusivamente no Código Penal Militar (art. 9º, II, do CPM), uma vez que violam tão somente as instituições militares ou valores militares. Ex.: deserção.
2. **Crimes militares impróprios:** aqueles que estão previstos tanto no Código Penal Militar quanto na legislação comum, a exemplo do homicídio, furto, roubo etc.

Contudo, com a entrada em vigor da Lei nº 13.491/17,[217] o panorama foi alterado, em razão das substanciais inovações trazidas, em especial no art. 9º, II, do Código Penal Militar. A nova lei, dentre outras, trouxe as seguintes modificações no referido dispositivo:

Redação original	Redação dada pela Lei nº 13.491/2017
Art. 9º Consideram-se crimes militares, em tempo de paz: II – os crimes previstos neste Código, embora também o sejam com igual definição na lei penal comum, quando praticados:	Art. 9º Consideram-se crimes militares, em tempo de paz: II – os crimes previstos neste Código e os previstos na legislação penal, quando praticados:

Percebe-se que o novel diploma acrescentou a expressão "e os previstos na legislação penal". Sendo assim, houve uma ampliação da competência da Justiça Militar, tendo em vista que, antes da Lei nº 13.491/17, eram considerados crimes militares somente aqueles previstos no Código Penal Militar. Com a vigência do mencionado diploma legal, para além dos crimes previstos no Código Penal Militar, os crimes previstos na legislação penal (ou seja, qualquer outro crime existente no ordenamento jurídico) podem ser considerados crimes militares, desde que preenchidas as condições descritas nas alíneas do inciso II do art. 9º.

O art. 9º, II, do Código Penal Militar traz as seguintes condições nas quais o crime deve ser praticado para se definir se é ou não de natureza militar. Vejamos:

Condições previstas no art. 9º, II, do CPM
a) crime praticado por militar em situação de atividade ou assemelhado, contra militar na mesma situação ou assemelhado;
b) crime praticado por militar em situação de atividade ou assemelhado, em lugar sujeito à administração militar, contra militar da reserva, ou reformado, ou assemelhado, ou civil;
c) crime praticado por militar em serviço ou atuando em razão da função, em comissão de natureza militar, ou em formatura, ainda que fora do lugar sujeito à administração militar contra militar da reserva, ou reformado, ou civil;
d) crime praticado por militar durante o período de manobras ou exercício, contra militar da reserva, ou reformado, ou assemelhado, ou civil;
e) crime praticado por militar em situação de atividade, ou assemelhado, contra o patrimônio sob a administração militar, ou a ordem administrativa militar;

---

[217] A Lei nº 13.491/17 também alterou o artigo 9º, §2º, do CPM, entretanto, tal dispositivo refere-se à prática de crimes dolosos contra a vida por militares das Forças Armadas da União.

Assim, diante dessa nova sistemática, é necessária uma releitura do conceito de crime militar. Rogério Sanches ensina que:

> Atualmente, no entanto, a definição deve ser diversa, especialmente no que concerne ao crime militar impróprio. Crime militar passa a ser o delito praticado por militar. Pode ser próprio, porque definido apenas no Código Penal Militar (como a deserção), ou impróprio, porque definido também no restante da legislação penal (como o furto) ou somente nela, legislação não militar (como a tortura, lavagem de capitais, organização criminosa etc.).[218]

Rodrigo Foureaux, em artigo publicado sobre o tema, traz alguns exemplos de crimes militares após a entrada em vigor da Lei nº 13.491/17.

> Como exemplo, podemos citar: a) crime de disparo de arma de fogo praticado por militar em serviço; b) crime de tortura praticado por policial militar em serviço ou em razão da função; c) crime de abuso de autoridade praticado por militar em serviço; d) assédio sexual; e) crime de possuir imagens de crianças e adolescentes em situações pornográficas, quando os militares a obtiverem em razão do serviço e tenham essas imagens não com a finalidade de comunicarem a autoridade competente.[219]

Portanto, qualquer crime previsto na legislação penal brasileira, quando praticado nas hipóteses descritas no art. 9º, II, do CPM, atrai a competência da Justiça Militar. Deve, no entanto, ser ressalvada a hipótese de crime doloso contra a vida quando a vítima for civil, que permanece sendo julgado pelo Tribunal do Júri, nos moldes do art. 125, §4º, da Constituição Federal.

Nessa senda, como explica Rodrigo Foureaux, os processos em trâmite na Justiça Comum que versem sobre as situações descritas no art. 9º, II, do CPM, devem ser remetidos imediatamente à Justiça Militar para o prosseguimento do julgamento, exceto aqueles que já foram julgados, observando a regra processual disposta no art. 2º do Código de Processo Penal. Vejamos:

> Em se tratando de competência, quando há alteração da competência absoluta, como é o caso, por se tratar da matéria (crime militar), os autos devem ser remetidos imediatamente ao juízo competente (art. 43 do CPC c/c art. 3º, *a*, do CPPM), salvo se já houver sentença. Assim, todos os processos no país que estejam tramitando na Justiça Comum, quando tiverem sido cometidos por militares em uma das hipóteses do inciso II do art. 9º do Código Penal Militar devem ser remetidos, imediatamente, à Justiça Militar. Caso o processo já esteja sentenciado, o recurso a ser interposto deverá seguir a competência já disposta. Isto é, se houver sentença proferida pela Justiça Comum, o recurso deverá ser interposto para o Tribunal de Justiça comum. Essa observação se faz necessária somente para os estados de Minas Gerais, São Paulo e Rio Grande do Sul, pois possuem Tribunal de Justiça Militar. Nos demais estados, o recurso a ser interposto já será para o Tribunal de Justiça comum.[220]

---

[218] CUNHA, Rogério Sanches. *Manual de Direito Penal*. Parte geral (arts. 1º ao 120). Volume único. Salvador: JusPodivm, 2020, p. 228.

[219] A Lei 13.491/17 e a ampliação da competência da Justiça Militar. Disponível em: http://s3.meusitejuridico.com.br/2017/10/7029a770-ampliacao-de-competencia-da-justica-militar.pdf. Acesso em: 14 mar. 2018, 15:31.

[220] A Lei 13.491/17 e a ampliação da competência da Justiça Militar. Disponível em: http://s3.meusitejuridico.com.br/2017/10/7029a770-ampliacao-de-competencia-da-justica-militar.pdf. Acesso em: 14 mar. 2018, 15:31.

Ademais, a Súmula 90 do Superior Tribunal de Justiça encontra-se ultrapassada, uma vez que não haverá mais crime comum simultâneo ao militar, eis que ambos serão considerados infrações penais militares, já que praticados no mesmo contexto fático.

5.11 Substratos ou elementos do crime

Como visto, o conceito de crime que prevalece na doutrina e na jurisprudência é o tripartido, o qual divide o crime em fato típico, ilícito e culpável.

Desse modo, estudaremos nos próximos capítulos cada um desses substratos, de forma pormenorizada.

CAPÍTULO 6

FATO TÍPICO

6.1 Conduta – Introdução

O Direito Penal somente entrará em cena se houver algum fato exteriorizado pelo agente. A mola propulsora que atrai a aplicação deste ramo jurídico é a ocorrência de um fato exterior, proibido pela norma, que seja capaz de lesionar algum bem jurídico que seja importante para a manutenção do equilíbrio social.

Contudo, a simples materialização de um fato ainda não é o suficiente, sendo necessário que este acontecimento seja decorrente de um comportamento humano. Portanto, no mundo do Direito Penal o que importa é a análise da conduta (ação ou omissão) praticada por um ser humano, que tenha o condão de acarretar um acontecimento proibido pela norma. Só o homem possui motivação e capacidade de entendimento para desenvolver condutas vedadas pelo ordenamento jurídico. Por essa razão, Armin Kaufmann ensina que:

> Uma proibição dirigida à neve, de não se aglomerar numa avalancha, não teria o menor sentido nem preencheria qualquer finalidade, tal qual a proibição dirigida à raposa, para que deixasse de roubar gansos.[221]

Assim, o primeiro elemento do fato típico que merece ser estudado é a conduta humana, pois, sem ela, nos falta o pressuposto básico para ingressar na seara criminal. Como afirma Bettiol, não há crime sem ação (*nullum crimen sine actione*).

Atualmente, tem se entendido que conduta é um comportamento humano (ação ou omissão), realizado de forma consciente e voluntária, dirigido a uma determinada finalidade, prevalecendo, amplamente, na doutrina, a adoção da Teoria Finalista de Hans Welzel. No entanto, para se chegar ao atual ciclo de evolução sobre o conceito de conduta, muitas teorias foram propostas. Vejamos a lição de Francisco de Assis Toledo:

Costuma-se apontar três tendências doutrinárias, nessa área: a primeira, a mais antiga, a que concebe ação como um fenômeno causal, naturalista; a segunda,

---

[221] KAUFMANN, Armin. *Teoria da norma jurídica*. Rio de Janeiro: Ed. Rio, 1954. p. 143.

em oposição à primeira, concebe-a como um processo teleológico, orientando para a consecução de fins predeterminados; a terceira, num esforço de superação das críticas opostas às duas correntes anteriormente mencionadas, quer pôr em destaque o momento da relevância social da ação humana. E, para complicar ainda mais os debates, não falta quem sustente, com certa argumentação capaz de impressionar, que o conceito de ação, por muito tempo, não fez falta à dogmática penal.[222]

Além disso, ainda temos as teorias funcionalistas, que também buscam trazer o real significado da conduta.

Doravante, estudaremos pormenorizadamente todas as teorias a respeito da conduta.

6.2 Teorias da conduta

6.2.1 Teoria causalista ou concepção clássica (positivista-naturalista de Von Liszt e Beling)

A teoria causalista ou clássica, também conhecida como teoria causal naturalista, teoria naturalista ou mecanicista, foi proposta por Fran Von Lizt, Ernst Von Beling e Gustav Radbruc, no início do século XIX. No Brasil, foi encabeçada por grandes nomes do Direito Penal, a exemplo de Aníbal Bruno, Costa e Silva, E. Magalhães Noronha, José Frederico Marques, Basileu Garcia, Manoel Pedro Pimentel e Nélson Hungria.

Para esta concepção, a análise da conduta baseia-se nas ciências naturais, pautando-se pelas leis da causalidade (relação causa e efeito), conceituando-a como uma *ação* humana voluntária, causadora de modificação no mundo exterior. Trata-se, portanto, de um mero processo causal naturalístico, despido de finalidade. Damásio E. de Jesus testifica que:

> Para ela a conduta é o efeito da vontade e a causa do resultado. Tudo gira em torno do nexo de causalidade: vontade, conduta e resultado. A vontade é causa do comportamento e este, por sua vez, é causa do resultado. Tudo isso se analisa sob o prisma naturalístico, de acordo com as leis da natureza, sem qualquer apreciação normativa ou social.[223]

Assim, para teoria causalista, a conduta humana se divide em dois segmentos: o primeiro é externo, de caráter objetivo, correspondendo a um processo causal visível, consistente num movimento corporal do agente e o seu efeito (resultado)[224]; e o segundo diz respeito a um momento interno, subjetivo, que provoca o movimento corporal e, objetivamente, produz o resultado.[225]

Esta teoria, ainda, considerava que crime era fato típico, ilícito e culpável, adotando-se o sistema tripartido. Nesse prisma, os elementos subjetivos ou anímicos da conduta não eram analisados no fato típico, mas sim na culpabilidade. Portanto, dolo e culpa encontravam-se situados como espécie de culpabilidade, não sendo analisados na esfera do fato típico.

---

[222] TOLEDO, Francisco de Assis. *Princípios básicos de Direito Penal*. 5. ed. 17. tir. São Paulo: Saraiva, 2012. p. 92.
[223] JESUS, Damásio de. *Direito Penal*, Volume 1: Parte geral. 35. ed. p. 270.
[224] TOLEDO, Francisco de Assis. *Princípios básicos de Direito Penal*. 5. ed. 17. tir. São Paulo: Saraiva, 2012. p. 93.
[225] MASSON, Cléber Rogério. *Direito Penal esquematizado*. Parte geral. v. 1. 14. ed. rev., atual. e ampl. São Paulo: Método, 2020, p. 190.

Desse modo, para a caracterização de uma conduta criminosa, levava-se em consideração, apenas, a produção de um resultado físico visível (uma fotografia do ocorrido), independentemente do exame de dolo ou culpa.

No entanto, deve-se alertar que a teoria causalista não trabalhava com responsabilidade penal objetiva. O que ocorria é que não se verificava dolo ou culpa no fato típico (local onde se encontra a conduta), uma vez que conduta era entendida como uma mera ação humana que causava modificação no mundo exterior. Os elementos subjetivos eram, sim, verificados, mas na seara da culpabilidade. Vejamos:

Fato Típico	Ilicitude	Culpabilidade
a) Conduta: é uma *ação* humana voluntária, causadora de modificação no mundo exterior. b) Nexo Causal c) Resultado d) Tipicidade	Causas excludentes da ilicitude	a) Imputabilidade b) Espécies de Culpabilidade: - Dolo - Culpa

Vejamos o seguinte exemplo citado corriqueiramente pela doutrina: imagine que o agente esteja dirigindo seu veículo automotor pela via pública dentro da velocidade permitida e seguindo todas as normas de trânsito. Repentinamente, uma criança, que estava passeando com seu pai na calçada, corre para o meio da pista, sendo atropelada e morta.

Para a teoria causalista da ação, foi praticada uma conduta por parte do agente, tendo em vista que existiu uma ação humana (conduzir veículo) que foi responsável pela modificação do mundo exterior, qual seja a morte da criança em razão de um atropelamento. Portanto, temos uma relação causa (dirigir o veículo) e efeito (matar a criança). O fato típico foi todo preenchido: conduta, resultado, nexo de causalidade e tipicidade.

Os elementos subjetivos, na teoria causal, são analisados na culpabilidade. No nosso exemplo, como não há dolo ou culpa na conduta do agente, não há que se falar em punição pelo Direito Penal, pois o agente não é culpável.

Não se pode negar a importância da teoria causalista da ação para o estudo das ciências penais, todavia, existem algumas críticas que devem ser feitas:
   a) a primeira crítica diz respeito aos crimes omissivos, pois, conceituando-se a conduta como uma *ação* humana voluntária, causadora de modificação no mundo exterior, deixou de fora os delitos praticados por omissão;
   b) a segunda crítica relaciona-se aos crimes tentados, eis que, devendo a ação humana causar modificação no mundo exterior, existem modalidades de crimes tentados que não o geram, a exemplo da tentativa branca (aquela que não atinge a vítima). A mesma reflexão se aplica aos crimes formais e de mera conduta, que não dependem de resultado naturalístico para se consumar.

c) a terceira crítica refere-se ao fato de não se admitir, nos tipos penais, elementos que não sejam objetivos. Sabe-se que os tipos penais possuem, além de elementos objetivos, elementos que não o são, a exemplo dos elementos normativos (que dependem de juízo de valor) e elementos subjetivos (que exigem uma finalidade especial do agente). Por esse motivo, a teoria causalista trabalha apenas com os chamados tipos penais normais, que são aqueles que só possuem elementos objetivos, tendo em vista que não se analisa dolo e culpa na conduta.[226]
d) a quarta crítica corresponde à análise do dolo e da culpa apenas na culpabilidade. Para o Direito Penal, não se pode admitir um comportamento humano que não tenha uma finalidade.

6.2.2 Teoria neokantista ou causal-valorativa ou concepção neoclássica

A teoria neokantista possui bases causalistas, ou seja, não abandona a relação de causa e efeito. Contudo, inspirada no pensamento de Immanuel Kant, traz uma nova roupagem ao causalismo, diferenciando ciências naturais de ciências jurídicas (método axiológico).

> Immanuel Kant (1724-1804) dividiu o mundo em fenomênico (o mundo dos fatos, concreto, natural, dos fenômenos perceptíveis pelo ser humano) e numênico (o mundo espiritual, transcendental, ou seja, o mundo psicológico, o mundo da vontade, do pensamento). De um lado, está a realidade concreta; de outro, o mundo do imaterial, da consciência e da vontade.[227]

Nesse prisma, novas perspectivas sobre a conduta criminosa surgiram, uma vez que se passou a não mais admitir que a ação fosse tratada de forma separada da vontade, tendo em vista que esta é pressuposto para ocorrência daquela. Diante desse cenário, tipicidade e antijuridicidade foram diretamente afetadas, como ensina Luiz Régis Prado:

> As consequências dessa diretriz se revelam, sobretudo, na teoria da antijuridicidade. O delito é a ação tipicamente antijurídica, visto que a tipicidade não constitui um elemento independente da antijuridicidade. Por essa concepção, a ação vem a ser uma causalidade juridicamente relevante, consistente em atuar no sentido de um resultado (socialmente útil ou danoso), juridicamente relevante. Delito é um comportamento antijurídico e culpável.[228]

Sendo assim, a teoria neokantista passou a conceber a existência de elementos objetivos e subjetivos no tipo penal, que, até então, encontravam resistência na teoria causalista clássica.

Com efeito, avançou-se no estudo da conduta, passando-se a entendê-la como um *comportamento* humano voluntário, causador de modificação no mundo exterior, o

---

[226] Tipo Penal Anormal: contém elementos objetivos e subjetivos.
[227] CAPEZ, Fernando. *Curso de Direito Penal*. v. 1, parte geral: arts. 1º ao 120. 22. ed. São Paulo: Saraiva, 2018. p. 190.
[228] PRADO, Luiz Régis. *Curso de Direito Penal brasileiro*: parte geral e parte especial. 18. ed. Rio de Janeiro: Forense, 2020. p. 121.

que resolveu o problema dos crimes omissivos, que, na teoria causalista clássica, não eram abrangidos pelo conceito.[229]

No neokantismo, o crime continuou sendo conceituado como fato típico, ilícito e culpável, adotando-se a teoria tripartida e, à semelhança da teoria causalista, o dolo e a culpa permanecem sendo analisados dentro da culpabilidade, porém, não mais como espécies de culpabilidade e sim como elementos integradores. A esse respeito, Rogério Sanches faz uma pontual observação:

> Por sua vez, a culpabilidade foi bastante enriquecida pelos neoclássicos. Com o autor alemão Reihnart Frank, erigiu-se a teoria psicológica-normativa, segundo a qual o dolo e a culpa não são espécies de culpabilidade mas sim elementos autônomos deste substrato, ao lado de imputabilidade e da exigibilidade de conduta diversa. Por sua vez, o dolo teria como elemento a consciência atual da ilicitude (dolo normativo). Com essa estruturação, a culpabilidade é compreendida não apenas como um vínculo entre o agente e o resultado, mas também como juízo de reprovação ou censurabilidade.[230]

Disso, temos a seguinte estrutura:

Fato Típico	Ilicitude	Culpabilidade
Conduta: é um *comportamento* humano voluntário, causador de modificação no mundo exterior. b) Nexo Causal c) Resultado d) Tipicidade		Imputabilidade Exigibilidade de Conduta Diversa Dolo Culpa Obs. O dolo e a culpa deixam de ser espécies de culpabilidade e passam a ser elementos da culpabilidade.

Por fim, em razão de possuir bases causalistas, a teoria neokantista também foi alvo de críticas doutrinárias, as quais seguem:
a) manter dolo e culpa dentro da culpabilidade, ainda que os tratando como elementos e não mais como espécies; e
b) admitir a existência de elementos objetivos e subjetivos no tipo penal, mas analisar dolo e culpa apenas na culpabilidade.

---

[229] Note que para a teoria causalista clássica, conduta era considerada "ação" humana e não comportamento humano.
[230] CUNHA, Rogério Sanches. *Manual de Direito Penal*. Parte geral (arts. 1º ao 120). Volume único. Salvador: JusPodivm, 2020, p. 243.

6.2.3 Teoria finalista ou concepção finalista

A teoria finalista da ação é um marco no estudo do Direito Penal, pois realiza uma substancial mudança de paradigma na estrutura da percepção da prática criminosa.

Idealizada por Hans Welzel, em meados do século XX, a teoria finalista ensina que não é possível dissociar a conduta do agente de sua finalidade, uma vez que a vontade finalística do indivíduo é o que o faz ter determinado comportamento ou não.

A teoria finalista parte do pressuposto de que o ser humano é livre e responsável pelas condutas que pratica, de modo que não cabe ao Direito Penal punir meros processos causais (relação causa e efeito), destinando-se tão somente à verificação de comportamentos (ações ou omissões) dirigidos intencionalmente a um fim. Welzel, citado por Pacelli e Callegari, elucida a questão com um exemplo:

> Quando um raio eletrocuta um homem que trabalha no campo, o acontecer se baseia em que entre o homem e a nuvem se originou a máxima tensão elétrica, que levou à descarga. Esta tensão poderia ter se originado, também, exatamente igual entre outro objeto de certa altura e a nuvem, no entanto, foi justamente o homem que estava por certo condicionado, casualmente, na cadeia infinita do acontecer, mas o acontecer não estava dirigido finalmente a ele. Totalmente diferente das ações humanas, pois quem quer assassinar o outro elege, conscientemente, para ele, os fatores causais e os dispõe de tal modo que alcance o fim previamente determinado. Neste último caso, a constatação causal é ordenada para a execução de um fim: compra da arma, averiguação da oportunidade etc., ou seja, os atos são dirigidos a um fim, que estão sujeitos a um conjunto de planos.[231]

Assim, no finalismo, a conduta é conceituada como um *comportamento* humano voluntário psiquicamente dirigido a um fim,[232] podendo-se afirmar que, o que se permite imputar determinado resultado ao agente não é a mera relação de causalidade física, mas a intenção que o move a fazer ou não fazer alguma coisa.

A propósito, a análise quanto à finalidade/intenção baseia-se no fato de que todo ser humano possui um determinado conhecimento do mundo e da sociedade e, dentro de um padrão médio, é capaz de identificar quais as consequências de seus atos (comissivos ou omissivos), bem como lançar mão dos meios que entende pertinentes para executar o delito. Por exemplo, imagine que Fulano quer matar Beltrano e, no plano dos fatos, compra uma arma, abastece-a com munições, aponta para cabeça da vítima e atira. Note que Fulano dirigiu seu comportamento para matar a vítima, tomando as medidas necessárias à produção do resultado morte. Eugênio Pacelli e André Callegari orientam que:

> A finalidade ou o caráter final da ação se baseia em que o homem, graças a seu saber causal e correspondente seleção de meio, controla o curso da ação, conduzindo-a com um determinado objetivo, ou seja, o homem prevê e predetermina a finalidade da ação.[233]

---

[231] PACELLI, Eugênio; CALLEGARI, André. *Manual de Direito Penal* – Parte geral. 6. ed. São Paulo: Atlas, 2020. p. 202.
[232] CUNHA, Rogério Sanches. *Manual de Direito Penal*. Parte geral (arts. 1º ao 120). Volume único. Salvador: JusPodivm, 2020, p. 245.
[233] PACELLI, Eugênio, CALLEGARI, André. *Manual de Direito Penal* – Parte geral. 6. ed. São Paulo: Atlas, 2020. p. 202.

No finalismo, o crime continua sendo tratado como fato típico, ilícito e culpável, adotando-se a teoria tripartida. Contudo, dolo e culpa deixaram de ser analisados como elementos da culpabilidade e foram alojados no interior do fato típico.

Ao ser deslocado da culpabilidade para o fato típico, o dolo passou a ser constituído por dois elementos, quais sejam, consciência e vontade. Demais disso, autorizou-se o reconhecimento de elementos objetivos, subjetivos, subjetivos do tipo e normativos. A reboque, o tipo penal começou a ser analisado sob duas perspectivas: a) objetiva, composta por conduta, nexo, resultado e tipicidade e b) subjetiva, composta por dolo ou culpa. Luiz Régis Prado esclarece os novos enfoques do tipo penal:

> No contexto de direção final da ação, passa o homem pelas etapas seguintes: 1. subjetiva (ocorre na esfera intelectiva ou do pensamento): a) antecipação do fim que o agente quer realizar (objetivo pretendido); b) seleção dos meios apropriados para a consecução do fim (meios de execução); c) a consideração dos efeitos concomitantes relacionados à utilização dos meios e o propósito a ser alcançado (consequências da relação meio/fim); 2. objetiva (ocorre na realidade ou na experiência): execução da ação real ou material.[234]

Quanto à culpabilidade, os finalistas adotaram a teoria normativa pura da culpabilidade, tratando-a como o juízo de reprovação do crime, tendo como elementos a imputabilidade, a (in)exigibilidade de conduta diversa e a potencial consciência da ilicitude. Vejamos de forma gráfica:

Fato Típico	Ilicitude	Culpabilidade
a) Conduta: é um comportamento humano voluntário, psiquicamente dirigido a um fim	Fato contrário ao ordenamento jurídico	Imputabilidade
		Exigibilidade de conduta diversa
b) Nexo Causal		
		Potencial consciência da ilicitude
c) Resultado		
d) Tipicidade		
Obs. Dolo e culpa saem da culpabilidade e são deslocados para o fato típico.		

Afirma-se em doutrina que a teoria finalista foi adotada pelo Código Penal, em especial pelo disposto no art. 20 do Código Penal, que faz menção ao erro de tipo. Isso porque aquele que está em erro não possui consciência do que está fazendo, motivo pelo qual haverá a exclusão do dolo do agente e, por consequência, sua conduta (para o estudo completo do instituto, remetemos o amigo leitor ao tópico específico sobre Erro de Tipo).

---

[234] PRADO, Luiz Régis. *Curso de Direito Penal brasileiro*: parte geral e parte especial. 18. ed. Rio de Janeiro: Forense, 2020. p. 124.

A par do que foi comentado até aqui, o finalismo também é alvo de críticas pela doutrina.

Atestam os estudiosos que a teoria finalista não consegue explicar adequadamente os crimes culposos, visto que, ao considerar a conduta como um *comportamento humano voluntário psiquicamente dirigido a um fim*, não haveria compatibilidade com os referidos delitos, pois, nestes, o resultado causado é involuntário. Assim, por ser um evento não desejado pelo agente, esta modalidade de conduta escapa ao conceito trazido pelo finalismo, pois não há como conciliar a vontade finalística do agente com um resultado não intencional. Rogério Sanches, com razão, contra-argumenta a crítica, lecionando que:

> A conduta culposa é orientada por uma finalidade, embora lícita, decorrendo o resultado ilícito culposo dos meios eleitos pelo agente para alcançar aquela finalidade. Por isso, a reprovação não recai sobre a finalidade da conduta, mas sobre os meios de que o agente lançou mão e que indiquem a imprudência, a negligência ou a imperícia.[235]

Nesse sentido, imagine o motorista que dirige o carro em alta velocidade para chegar logo em casa e acaba por atropelar e matar alguém culposamente, em razão da sua imprudência. Repare que o agente tem uma intenção lícita (chegar a casa rápido), contudo, emprega meios inadequados (age de forma imperita), que levam a um resultado não desejado (atropelamento e morte).

Com efeito, a fim de sanar a questão relacionada aos crimes culposos e o finalismo, Hans Welzel instituiu a chamada *teoria cibernética* ou da *ação biociberneticamente antecipada*, que leva em consideração o controle da vontade, o qual se encontra presente tanto nos crimes dolosos quanto nos culposos. Na lição de Everardo da Cunha Luna:

> Welzel informa que, ao tomar do campo da filosofia de Nicolai Hartmann, pela primeira vez e em 1935, o termo finalidade, outra expressão não existia que se adequasse ao seu pensamento sobre a ação humana. Ao surgir, porém, em 1948, com Norbert Wiener, o termo cibernética, seria melhor talvez preferi-lo ao termo finalidade, para designar a ação como fato dirigido e orientado pela vontade. Como, porém, o termo cibernética tem uma significação precisa no campo da matemática, deve ser mantido o uso linguístico jurídico-penal finalidade, sabendo-se, desde já, que ocasiona mal-entendidos ao ser interpretado de uma maneira estreita e literal. Se não fora o inconveniente indicado, a ação cibernética compreenderia, com clareza, o dolo e a culpa, abrangendo, em ambos, o que existe de juridicamente relevante, ou seja, a direção.

Assim, em que pesem os novos estudos de Welzel, manteve-se o uso da expressão teoria finalista, uma vez que é a que melhor se adéqua ao campo jurídico-penal, além de o termo "cibernético" estar afeto às ciências matemáticas.

6.2.4 Teoria social da ação

Idealizada por Johannes Wessels, mas também aplicada por E. Schmidt, Bockelmann, Engisch, Jeschek, Maihofer, entre outros autores, a teoria social da ação

---

[235] CUNHA, Rogério Sanches. *Manual de Direito Penal*. Parte geral (arts. 1º ao 120). Volume único. Salvador: JusPodivm, 2020, p. 246.

surge por se entender que tanto o causalismo quanto o finalismo são insuficientes para explicar a conduta.

Esta concepção traz um conceito de conduta semelhante ao da teoria finalista, porém, com um ingrediente a mais. Para ela, a conduta também é considerada um *comportamento* humano voluntário psiquicamente dirigido a um fim. Contudo, tal comportamento deve ser *socialmente relevante*. Francisco de Assis Toledo explica que "conduta socialmente relevante" é aquela "capaz de afetar o relacionamento do indivíduo com seu meio social".[236]

Diga-se, ainda, que, apesar de a teoria social da ação compreender que o causalismo e o finalismo são insuficientes, busca solucionar este impasse tentando compatibilizá-los, acrescentando a relevância social como um elemento implícito ao tipo penal. Para Johannes Wessels:

> A preferência deve recair sobre a teoria social da ação, que expõe uma solução conciliadora entre a pura consideração ontológica e a normativa. Ação no sentido do direito penal é, de acordo com esta construção aqui representada, a conduta socialmente relevante, dominada ou dominável pela vontade humana. Este conceito se associa, na vontade da ação e na sua manifestação, à estrutura pessoal da conduta e, com isso, aos dados ontológicos. Igualmente oferece a possibilidade de compreender o conteúdo de sentido social do acontecimento, em seu integral significado objetivo, sob a consideração do fim subjetivo do autor e da expectativa normativa de conduta da comunidade jurídica. O conceito de 'conduta' engloba o fazer ativo e a omissão. Ao contrário do que ocorre no conhecimento ontológico, ação e omissão não constituem, sob análise normativa, antagonismos incompatíveis, mas unicamente formas diversas de aparecimento da conduta volitiva (...)[237]

De acordo com a teoria social, não se pode conceber que determinado fato seja considerado típico e, ao mesmo tempo, socialmente aceito ou tolerado. Nesta situação, o elemento implícito da conduta, previsto em todo tipo penal (a relevância social), não estará presente e, por conseguinte, não haverá crime. Dizendo de outro modo, para que o agente pratique um delito, além de preencher todos os elementos descritos no tipo, ainda deve produzir um resultado socialmente relevante.

Afirma-se a importância desta concepção no sentido de que aproxima a realidade jurídica da realidade social, permitindo-se que não se punam fatos que sejam aceitos pela sociedade, ainda que estejam tipificados como crime.

Na teoria sociológica, o crime continua sendo tratado como fato típico, ilícito e culpável, adotando-se a teoria tripartida. O dolo e a culpa permanecem no fato típico, mas também são analisados na culpabilidade. Graficamente, podemos representar o fenômeno criminoso da seguinte forma:

---

[236] TOLEDO, Francisco de Assis. *Princípios básicos de Direito Penal*. 5. ed. 17. tir. São Paulo: Saraiva, 2012. p. 104.
[237] WESSELS, Johannes. *Direito Penal*. Trad. Juarez Tavares. Porto Alegre: S.A. Fabris, 1976. p. 22.

Fato Típico	Ilicitude	Culpabilidade
a) Conduta: é um comportamento humano voluntário, psiquicamente dirigido a um fim socialmente relevante b) Nexo Causal c) Resultado d) Tipicidade Obs.: Dolo e culpa permanecem no fato típico.		Imputabilidade Exigibilidade de conduta diversa Potencial consciência da ilicitude Obs.: Dolo e culpa também são analisados na culpabilidade.

A principal crítica dirigida a esta teoria diz respeito à impossibilidade de se definir o que é um fato socialmente relevante, cuidando-se de termo demasiadamente vago e impreciso. Francisco de Assis Toledo assevera que se trata de conceito que

> pela vastidão de sua extensão, se presta para tudo, podendo abarcar até os fenômenos da natureza, pois não se há de negar 'relevância social' e jurídica à mudança do curso dos rios, por 'ação' da erosão, com repercussão sobre os limites das propriedades; à morte, causada pela 'ação' do raio, com a consequente abertura da sucessão hereditária; (...) Isso mostra, a nosso ver, que a relevância social não é um atributo específico do delito, mas antes uma característica genérica de todo fato jurídico, tomado este em seu sentido mais amplo.[238]

6.2.5 Teoria jurídico-penal da ação

A teoria jurídico-penal da ação é proposta por Francisco Assis Toledo[239], com a finalidade de reunir os aspectos positivos de cada uma das concepções acima tratadas (casual clássica, finalista e social). Para ele, cada uma delas possui ideias relevantes que visam a explicar o fenômeno "conduta humana", que não podem ser simplesmente desprezadas. Assim, o mestre busca conciliá-las, expressando o seguinte conceito:

> A ação é o comportamento humano, dominado ou dominável pela vontade, dirigido para a lesão ou para exposição a perigo de um bem jurídico, ou, ainda, para a causação de uma previsível lesão a um bem jurídico.

---

[238] TOLEDO, Francisco de Assis. *Princípios básicos de Direito Penal*. 5. ed. 17. tir. São Paulo: Saraiva, 2012. p. 105.
[239] TOLEDO, Francisco de Assis. *Princípios básicos de Direito Penal*. 5. ed. 17. tir. São Paulo: Saraiva, 2012. p. 109-110.

E prossegue explicando quais problemáticas seu conceito enfrenta:

> a) comportamento humano, abrangente da ação e da omissão; b) a vontade, sem a qual nada mais somos do que 'fenômenos', como quaisquer outros; c) o 'poder-de-outro-modo', que nos enseja algum domínio da vontade sobre o nosso agir, sem o que não se pode cogitar um direito penal da culpabilidade; d) o aspecto causal-teleológico do comportamento; e, ainda, e) a lesão ou exposição a perigo de um bem jurídico. No tópico final, alargamos o aspecto causal-teleológico para abarcar os delitos culposos, com expressa referência à voluntariedade na causa.

6.2.6 Teorias funcionalistas

Na década de 1970, as teorias funcionalistas começaram a ter destaque no cenário jurídico. O objeto de seu estudo não é exatamente o fato típico, mas sim as funções do Direito Penal. Em outras palavras, tais teorias estão preocupadas com a missão do Direito Penal perante a sociedade. Estas novas concepções alteraram a ótica do Direito Penal, como explica Fernando Capez:

> A dogmática e o tecnicismo jurídico cedem espaço à política criminal e à função pacificadora e reguladora dos comportamentos sociais. Dependendo da finalidade reitora do direito penal, bem como daquilo que se entender como sua função, diferente será o tratamento jurídico dispensado à hipótese concreta.[240]

Nesse prisma, o conceito de conduta reflete a missão do Direito Penal. Existem duas principais correntes sobre o funcionalismo: 1. Teoria Funcionalista Moderada ou Teleológica de Claus Roxin e 2. Teoria Funcionalista Radical ou Sistêmica de Günther Jakobs.

6.2.6.1 Teoria funcionalista moderada ou teleológica

A teoria funcionalista moderada ou teleológica se inicia na Alemanha, em 1970, com Claus Roxin, a partir da publicação da obra *Política criminal e sistema jurídico-penal*. Em seu estudo, o mencionado autor rediscute a teoria do delito baseado em critérios de política criminal. Para ele, o Direito Penal moderno "deve estar estruturado teleologicamente, isto é, atendendo a finalidades valorativas".[241]

Esta teoria entende que a missão do Direito Penal, com espeque em critérios de política criminal, é proteger bens jurídicos indispensáveis ao homem. Dessa forma, orientado pelo princípio da intervenção mínima, serão considerados criminosos apenas fatos materialmente relevantes. Capez leciona que

> Se o direito penal tem por função proteger bens jurídicos, somente haverá crime quando tais valores forem lesados ou expostos a um risco de lesão. Não basta realizar a conduta descrita em lei como crime, sendo imprescindível verificar se o comportamento tem

---

[240] CAPEZ, Fernando. *Curso de Direito Penal*. V. 1. Parte geral: arts. 1º ao 120. 22. ed. São Paulo: Saraiva, 2018. p. 205.
[241] ROXIN, Claus. *Derecho penal*; parte general. Trad. Diego-Manuel Luzón Peña, Miguel Días y Garcia Conlledo e Javier de Vicente Remesal. Madrid: Civitas, 1997. t.1. p. 217.

idoneidade para ameaçar o interesse protegido pela norma penal. Condutas inofensivas não podem ser punidas, porque a função do direito penal é proteger valores sociais, sem que esses estejam expostos a algum risco.[242]

Assim, o funcionalismo moderado conceitua conduta, conforme ensina Rogério Sanches, como o *"comportamento* humano voluntário, causador de relevante e intolerável lesão ou perigo de lesão ao bem jurídico tutelado pela norma penal".[243]

Nesta teoria funcionalista, também se adota a teoria tripartida, considerando crime como fato típico, ilícito e *reprovável*. Para Claus Roxin, o terceiro substrato do delito não é a culpabilidade, mas a reprovabilidade (ou responsabilidade). A culpabilidade não é mais encarada como elemento do delito, passando a ser analisada sob o prisma do autor do fato criminoso, como limite funcional da pena (culpabilidade funcional).

Com efeito, a reprovabilidade (ou responsabilidade) é composta pela imputabilidade, pela (in)exigibilidade de conduta diversa e pela potencial consciência da ilicitude. No entanto, Roxin inclui mais um elemento para análise, qual seja, a necessidade de imposição de pena ao agente. Desse modo, somente se preenchidas todas estas exigências é que o agente será responsável pelo fato criminoso ou, em outras palavras, que a sua conduta será reprovável criminalmente (culpabilidade funcional).

Para ilustrar, imagine o seguinte exemplo: Fulano de Tal, com 18 anos, praticou um furto qualificado pelo rompimento de obstáculo em 2015, subtraindo para ele um relógio. Imagine, ainda, que, em razão da demora dos mecanismos de investigação e processamento, a audiência de instrução e julgamento ocorreu só em meados de 2020, portanto, 5 (cinco) anos depois. No dia da audiência, verificou-se que Fulano não cometeu outros crimes, restituiu o prejuízo à vítima, está estudando, trabalhando e encontra-se efetivamente integrado à sociedade. Vamos à análise pela ótica da teoria funcionalista moderada: o fato típico está preenchido (conduta, nexo causal, resultado e tipicidade) e não existem causas excludentes da ilicitude. Em relação à reprovabilidade, o agente era imputável, lhe era exigida conduta diversa, bem como possuía potencial consciência de que seu ato era ilícito. Contudo, não se vislumbra a necessidade de aplicação da pena, pois aquilo que se busca com a implementação da reprimenda (ressocialização e a reparação da sociedade) já foi realizado.

Frise-se, ainda, que, para o funcionalismo de Roxin, o dolo e a culpa continuam inseridos no contexto do fato típico. Vejamos a teoria de forma gráfica:

---

[242] CAPEZ, Fernando. *Curso de Direito Penal*. V. 1, Parte geral: arts. 1º ao 120. 22. ed. São Paulo: Saraiva, 2018. p. 206.
[243] CUNHA, Rogério Sanches. *Manual de Direito Penal*. Parte geral (arts. 1º ao 120). Volume único. Salvador: JusPodivm, 2020, p. 249.

Fato Típico	Ilicitude	Reprovabilidade ou Responsabilidade
a) Conduta: é um comportamento humano voluntário, causador de relevante e intolerável lesão ou perigo de lesão ao bem jurídico tutelado b) Nexo Causal c) Resultado d) Tipicidade Obs.: Dolo e culpa permanecem no fato típico.		Imputabilidade Exigibilidade de conduta diversa Potencial consciência da ilicitude Necessidade de pena

Dito isso, pode-se indicar as seguintes características do funcionalismo moderado, como bem explica Luiz Flávio Gomes:[244]
1. segue orientações de político-criminais;
2. acolhe valores e princípios garantistas;
3. a pena possui finalidade preventiva (geral e especial);
4. a pena não possui finalidade retributiva;
5. a necessidade da pena é tratada como um elemento da responsabilidade; e
6. trata a culpabilidade como limite da pena.

A principal crítica dirigida a esta teoria diz respeito à substituição da culpabilidade pela reprovabilidade como elemento integrante do crime, inserindo a necessidade de pena como pressuposto para o reconhecimento da responsabilidade (culpabilidade funcional), sendo que Bitencourt a avalia da seguinte maneira:

> Com essa perspectiva normativa não se produz uma profunda alteração do entendimento analítico de delito, enquanto ação típica, antijurídica e culpável, mas no seio dos modelos funcionalistas, as categorias sistemáticas do delito admitem certa flexibilidade e seu conteúdo pode chegar a ser fragmentado e modificado em função das finalidades político-criminais outorgadas ao sistema penal. Justamente por isso têm-se criticado os modelos funcionalistas no sentido de que a vinculação do Direito Penal às decisões político-criminais do legislador nem sempre conduz ao alcance da justiça material. No entanto, essa praxis tanto pode ser identificada com a ideologia dos Estados democráticos de direito, garantidores das liberdades, como pode ser identificada com a ideologia de Estados totalitários ou ditatoriais, o que realmente é preocupante.[245]

---
[244] GOMES, Luiz Flávio. *Direito Penal. Parte* geral – introdução. São Paulo. RT, 2004, p. 76-79.
[245] BITENCOURT, Cezar Roberto. *Tratado de Direito Penal. Parte* geral. 22. ed. São Paulo: Saraiva, 2016. v. 1. p. 270.

6.2.6.2 Teoria funcionalista radical, normativista, sistêmica ou monista

A teoria funcionalista radical, normativista, sistêmica ou monista decorre da teoria sistêmica do de Niklas Luhmann, tendo como seu principal expoente Günther Jakobs.

Jakobs ensina que a função do Direito Penal é resguardar o sistema, ou seja, evitar a prática de fatos típicos. Sua missão consiste na reafirmação da norma violada, a fim de fortalecer as expectativas nela depositadas por seus destinatários. Assim, ao se reafirmar rotineiramente sua aplicação, demonstra à sociedade quais padrões de comportamento são considerados normais e quais são apontados como indesejáveis.

Nesse sistema, busca-se que o corpo social possua um funcionamento adequado, deferindo-se ao legislador uma ampla margem de conformação para avaliar o que será etiquetado como crime, com vistas a garantir o integral funcionamento do sistema. Vale dizer, o enquadramento de determinada conduta como crime serve para garantir que o sistema funcione perfeitamente. Explica Capez que:

> O conceito de crime não resulta de uma lesão a um interesse vital do homem, mas de uma mera desobediência a uma determinação do sistema. A prática da infração penal consiste em uma disfunção, ou seja, uma quebra do funcionamento do complexo social, devendo a repressão criminal ser aplicada como forma de comunicar à sociedade e ao agente que foi desobedecido um comando necessário para o desempenho da função sistêmica do Estado. [246]

Com efeito, Jakobs[247] ensina que:

> Quem quer atuar de modo a não colocar em perigo as outras pessoas, somente pode comportar-se não perigosamente, se souber quais são os modos de comportamento considerados arriscados. Não é possível respeitar a norma sem o conhecimento de como o mundo está regulado.

E prossegue o referido autor:

> A quem não segue regras elementares da matemática, se considera um tonto, mas aquele que descumpre regras elementares de convivência, só a pena pode declará-lo infrator.

Assim, o funcionalismo sistêmico conceitua conduta, conforme elucida Rogério Sanches, como "um *comportamento* humano voluntário evitável, violador do sistema, frustrando as expectativas normativas".[248]

Nesta teoria, também se adota a teoria tripartida, considerando crime como fato típico, ilícito e *culpável*. Note que Jakobs devolve a culpabilidade para a estrutura do delito, compondo-a com a imputabilidade, a (in)exigibilidade de conduta diversa e a potencial consciência da ilicitude. A propósito, sobre a culpabilidade, Luiz Régis Prado explicita seu fundamento na teoria sistêmica:

---

[246] CAPEZ, Fernando. *Curso de Direito Penal*. V. 1, Parte geral: arts. 1º ao 120. 22. ed. São Paulo: Saraiva, 2018. p. 208.
[247] JAKOBS, Gunther. *Derecho Penal*; parte general. 2. ed. Madrid: Marcial, 1997. p .11.
[248] CUNHA, Rogério Sanches. *Manual de Direito Penal*. Parte geral (arts. 1º ao 120). Volume único. Salvador: JusPodivm, 2020, p. 250.

A culpabilidade é fundamentada e medida pelo critério da prevenção geral e a pena tem uma função simbólica de restaurar a confiança e a fidelidade ao Direito.[249]

Frise que, para o funcionalismo de Jakobs, o dolo e a culpa continuam inseridos no contexto do fato típico. Vejamos a teoria de forma gráfica:

Fato Típico	Ilicitude	Culpabilidade
a) Conduta: é um comportamento humano voluntário evitável, violador do sistema, frustrando as expectativas normativas. b) Nexo Causal c) Resultado d) Tipicidade Obs.: Dolo e culpa permanecem no fato típico.		Imputabilidade Exigibilidade de conduta diversa Potencial consciência da ilicitude

Como visto acima, na visão de Jakobs, a missão do Direito Penal deve ser resguardar o sistema, ou seja, evitar a prática de fatos típicos. Portanto, aquele que o viola deve ser tratado como inimigo (Direito Penal do Inimigo). Vale dizer, aquele que não respeita as normas postas à sociedade não possui *status* de cidadão, mas sim de inimigo do sistema, pois desestabiliza a ordem vigente, devendo ser dissuadido de fazê-lo, motivo pelo qual deve ser punido de forma rigorosa. Dessa maneira, na lição de Cléber Masson:

> O Estado não deve reconhecer os direitos do inimigo, por ele não se enquadrar no conceito de cidadão. Consequentemente, não pode ser tratado como pessoa, pois entendimento diverso colocaria em risco o direito à segurança da comunidade. O inimigo, assim, não pode gozar de direitos processuais, como o da ampla defesa e o de constituir defensor, haja vista que, sendo uma ameaça à ordem pública, desconsidera-se sua posição de sujeito na relação jurídico-processual.[250]

Rogério Sanches esclarece quem são os indivíduos considerados inimigos do sistema para Günther Jakobs:

> Eis, portanto, as inspirações de Jakobs, em pleno século XXI, para quem o inimigo da contemporaneidade é o terrorista, o traficante de drogas, de armas e de seres humanos, os membros de organizações criminosas transnacionais.[251]

---

[249] PRADO, Luiz Régis. *Curso de Direito Penal brasileiro*: Parte geral e parte especial. 18. ed. Rio de Janeiro: Forense, 2020. p. 127.
[250] MASSON, Cléber Rogério. *Direito Penal esquematizado*. Parte geral. v. 1. 14. ed. rev., atual. e ampl. São Paulo: Método, 2020, p. 90.
[251] CUNHA, Rogério Sanches. *Manual de Direito Penal*. Parte geral (arts. 1º ao 120). Volume único. Salvador: JusPodivm, 2020, p. 250

Dito isso, pode-se indicar as seguintes características do funcionalismo sistêmico, com base nos ensinamentos de Luiz Flávio Gomes:[252]
1. orientações acerca das necessidades sistêmicas;
2. o Direito é instrumento de estabilização social;
3. o indivíduo é centro de imputação e responsabilidade;
4. a violação da norma é considerada socialmente prejudicial, pois a viola a higidez do sistema e não porque viola o bem jurídico tutelado;
5. a pena possui função de prevenção integradora, isto é, de reafirmação da norma violada, reforçando a confiança e fidelidade ao Direito.

Por fim, a principal crítica destinada à teoria funcionalista radical é o seu flerte com os estados totalitários, uma vez que, na sanha de resguardar o sistema e manter sua ordem, pode se exceder na atividade incriminadora e interventiva e violar frontalmente direitos individuais.

6.2.7 Teoria significativa da ação

Criada por Tomás Salvador Vives Antón, baseado nas lições filosóficas de Ludwig Wittgenstein e Jürgen Habermas, a teoria da ação significativa funda-se na filosofia analítica da linguagem. Esclarece o idealizador que:

> Para a análise do conceito de ação é fundamental o conceito de seguir uma regra, enquanto que o aspecto de atividade teleológica ou consecução de fins só se torna relevante para propostas causais. Do conceito de seguir uma regra se segue um conceito de capacidade de ação, de acordo com a qual o sujeito: a) sabe que segue uma regra; b) (se) nas circunstâncias apropriadas está em condições de dizer que regra está seguindo, isto é, de indicar o conteúdo proposicional da 'consciência de regra'. Através de uma modificação (privativa desta pré-compreensão cotidiana) podemos interpretar 'conforme ao modelo' da observância consciente de uma regra o comportamento animal orientado à consecução de um fim, interpretação na qual atribuímos ao animal uma consciência de regra, em si suscetível de explicitação, mas que o próprio animal não seria capaz de explicitar. Falamos de 'mero' comportamento quando não cabe pressupor uma consciência implícita de regra, mas sim uma capacidade de ação mínima, no aspecto de que o organismo de que se trate pode distinguir 'em algum sentido' entre fazer e deixar de fazer, por um lado, e fazer e padecer, por outro.[253]

Dessa forma, para esta concepção, não existe um conceito pré-concebido de conduta, devendo ser analisado, no caso concreto, o significado da ação humana. Nesse sentido, a doutrina da ação significativa se fundamenta nos conceitos de ação e norma, os quais se encontram interligados pela liberdade de ação, ou seja, aquele comportamento que pode ser imputável ao agente e não ao acaso.

Assim, afirma-se que não existem ações prévias às normas. Por exemplo, só sabemos o que é a ação de matar porque antes dela foi estabelecida uma norma que indica que "matar alguém" é uma conduta penalmente relevante. Por isso, compreendemos que a aquele que desenvolve essa conduta pratica um homicídio.

---

[252] GOMES, Luiz Flávio. *Direito Penal. Parte* geral – introdução. São Paulo: RT, 2004, p. 76-79.
[253] VIVES ANTÓN, T. S. *Fundamentos del sistema penal*. Valencia: Tirant lo Blanch, 1996. p. 193-194.

Portanto, somente conseguiremos emprestar algum significado jurídico para uma conduta humana, se for possível correlacioná-la a um determinado tipo penal, que lhe foi previamente instituído.

Por fim, Guilherme Nucci demonstra as diferenças entre a teoria da ação significativa e o funcionalismo, orientando que:

> A teoria da ação significativa volta-se a um alicerce rejeitado pelos funcionalistas, pois ontológico, que é a liberdade de ação, conduta humana por excelência, logo, permeada por vontade e consciência. A diferença está em ser considerada irrelevante, para fins penais, a finalidade dessa conduta. Noutros termos, não se nega a conduta humana, nem se criam categorias normativas impossíveis de decifrar – tal como faz o funcionalismo: manifestação de personalidade ou evitabilidade individual –, mas também não se concentra a adequação da conduta ao tipo à finalidade do agente. Tipifica-se a ação ou omissão conforme o significado que apresentem para o direito.[254]

6.2.8 Teoria adotada

O Código Penal Militar adotou a teoria causalista da ação, trabalhando dolo e culpa como espécies de culpabilidade, nos moldes do art. 33 do CPM.

Já o Código Penal, para a doutrina tradicional, adotou a teoria finalista da ação. Doutrina mais moderna tem se posicionado no sentido de utilizar o funcionalismo moderado de Roxin, contudo, com algumas ressalvas, a exemplo da utilização da "reprovabilibade" como elemento do crime.

6.3 Elementos da conduta

Ao se adotar a teoria finalista da ação, com a qual nós trabalhamos, temos que conduta é o comportamento humano voluntário psiquicamente dirigido a um fim,[255] motivo pelo qual pode-se indicar os seguintes elementos que a compõem:

a) *vontade*: a conduta é sempre um ato humano e voluntário. Assim, se o comportamento perpetrado pelo agente não for fruto de sua vontade, não teremos conduta, mesmo que o resultado esteja previsto em um tipo penal (vide o tópico: causas de exclusão da conduta).

b) *finalidade*: a conduta, nos crimes dolosos, visa a produzir uma lesão ou perigo de lesão a um bem jurídico tutelado. Por sua vez, nos crimes culposos, a finalidade consiste na prática de um ato que, em razão de uma quebra do dever jurídico de cuidado (imperícia, imprudência ou negligência), acarreta um resultado previsível, que é capaz de produzir a lesão ao bem jurídico tutelado. A principal diferença entre a finalidade nos crimes dolosos e culposos é que, no primeiro, desde o início, visa-se a um fim proibido em lei, ao passo que, no segundo, a conduta é inicialmente lícita, porém, no seu transcurso, quebra-se um dever jurídico de cuidado, gerando um resultado não querido, violador de um bem jurídico tutelado.

---

[254] NUCCI, Guilherme Souza. *Curso de Direito Penal*. Vol. 1. Parte geral – arts. 1º a 120 do Código Penal. 3. ed. Rio de Janeiro: Forense, 2019. p. 305.

[255] CUNHA, Rogério Sanches. *Manual de Direito Penal*. Parte geral (arts. 1º ao 120). Volume único. Salvador: JusPodivm, 2020, p. 245.

c) *exteriorização*: a conduta deve ser externada por meio de uma ação ou omissão. Não há punição de meros pensamentos ou devaneios mentais.

Portanto, jamais haverá crime sem que exista conduta.

6.4 Formas de conduta

A conduta pode se exteriorizar de duas formas: por ação ou omissão.

A ação ou conduta comissiva exige do agente um movimento corporal ativo. Requer que o indivíduo faça alguma coisa, desenvolva um comportamento positivo. Os crimes comissivos são a regra em nosso ordenamento jurídico, traduzindo-se em violação a uma norma proibitiva.

Já a omissão ou conduta omissiva constitui-se em um não fazer, uma ausência de movimento corporal, quando se podia e devia agir, violando-se normas mandamentais (que "mandam" ou determinam que seja realizada uma conduta).

6.5 Causas de exclusão de conduta

Conduta é sempre um comportamento humano voluntário, externo e com uma finalidade. Assim, se não estiverem presentes alguns de seus elementos, não há que se falar em conduta. Veremos quais hipóteses excluem a conduta do agente:

6.5.1 Coação física irresistível

Coação física irresistível ou *vis absoluta* é a situação em que há o emprego de força ou de algum tipo de constrangimento físico sobre o agente, fazendo-lhe perder o domínio do seu próprio corpo, servindo como um mero instrumento à disposição do coator.

Por exemplo, imagine que Fulano domine fisicamente Beltrano, entregando-lhe uma faca, obrigando-o a permanecer na posse desta. Após, Fulano segura na mão de Beltrano e desfere golpes contra Sicrano. Note que Beltrano não praticou nenhuma conduta, estando à mercê de Fulano.

A coação física irresistível tem como consequência a exclusão da conduta, em razão de não existir voluntariedade no comportamento do agente coagido. Sendo assim, ausente a conduta, não há que se falar em fato típico.

Ressalte-se que a coação física irresistível não se confunde com a coação moral irresistível. Nesta, há o emprego de grave ameaça, o que afeta a liberdade de escolha do coagido, entretanto, ainda o possibilita de desenvolver a conduta ordenada pelo coator ou não fazê-lo e ver a ameaça prometida se cumprir. Dessa forma, existe conduta, todavia, sem liberdade, o que exclui a culpabilidade.

Imagine que Fulano ameace matar o filho de Beltrano, caso este não mate Sicrano. No nosso exemplo, percebe-se que Beltrano tem a possibilidade de não desenvolver a conduta "matar Sicrano", mas se não o fizer, terá como consequência a morte de seu filho. Dessa maneira, não há liberdade em sua conduta, sendo inexigível conduta diversa, o que afasta a culpabilidade.

Além disso, se a coação física ou moral for resistível, não haverá excludente de culpabilidade, nem da conduta, sendo considerada mera atenuante de pena, prevista no art. 65, III, *c*, do Código Penal.

Parte da doutrina afirma que haverá conduta se o próprio agente se colocar sob os efeitos da coação física irresistível. Por exemplo, imagine que Fulano se jogue numa correnteza com o intuito de lesionar Beltrano, seu desafeto. Nesse caso, não haverá exclusão da conduta, vez que voluntariamente se submeteu aos efeitos da coação física.

6.5.2 Caso fortuito ou força maior

Segundo o art. 393, parágrafo único, do Código Civil, "o caso fortuito ou de força maior verifica-se no fato necessário, cujos efeitos não era possível evitar ou impedir". Assim, acontecimentos imprevisíveis, inevitáveis ou impossíveis de se impedir não podem ser atribuídos ao indivíduo, pois não existe voluntariedade. Portanto, sendo um evento que não é dominável pela vontade do homem, não há que se falar em conduta.

Imagine que o agente esteja dentro de seu carro, estacionado em via pública, momento em que se inicia uma forte chuva que inunda as ruas da cidade e acaba arrastando seu veículo contra um pedestre que se escondia do temporal, matando-o. Note que, em razão de um evento imprevisível (inundação pela chuva), houve a morte. No entanto, como não houve voluntariedade do agente, não há que se falar em existência de conduta.

Há entendimento doutrinário em que se distingue caso fortuito de força maior, considerando este como um evento inevitável decorrente das forças da natureza e aquele como um acontecimento inevitável provocado pelo homem. Luiz Régis Prado, por exemplo, ensina que:

> O que caracteriza o caso fortuito é a imprevisibilidade do acontecimento, ao passo que a força maior é marcada pela inevitabilidade do resultado. Em geral, a força maior depende da natureza (v.g., inundação, terremoto) e o caso fortuito decorre da atividade humana, ainda que o resultado se encontre fora de previsibilidade ou da possibilidade de ser previsto pelo agente. Em última análise, no caso fortuito não há dolo ou culpa – o resultado ocorre ainda que tenha o agente atuado com toda a perícia e diligência.[256]

6.5.3 Estados de inconsciência

Nestes, não haverá conduta, pois falta ao agente capacidade psíquica para dominar os movimentos de acordo com sua vontade. Ex.: sonambulismo, desmaio, ataque epilético, hipnose, estado de coma etc.

Contudo, não se pode confundir estado de inconsciência com consciência perturbada. No primeiro, não haverá conduta, pois não há consciência capaz de dominar os movimentos corporais. No segundo, haverá conduta, pois, ainda que perturbada, existe consciência do que está sendo feito, a exemplo de um delito praticado por um doente mental (aplica-se o art. 26 do Código Penal).

---

[256] PRADO, Luiz Régis. *Curso de Direito Penal brasileiro*: parte geral e parte especial. 18. ed. Rio de Janeiro: Forense, 2020. p. 139.

6.5.4 Atos reflexos

Ato reflexo é uma reação automática a um estímulo interno ou externo. Não se trata de um ato dominável pela vontade humana, mas um mero movimento motor ou fisiológico. Nesta hipótese, não há crime, em razão da falta de voluntariedade da conduta.

Imagine que o ortopedista bate com o martelinho no joelho do paciente, que acaba por lhe acertar um chute. No nosso exemplo, não há vontade em se desferir um chute contra um médico, mas uma mera reação motora do corpo ao estímulo realizado.

Imagine, ainda, que alguém se esconda atrás da porta para lhe dar um susto. Quando o engraçadinho pula na sua frente e o assusta, você, por um movimento reflexo, acaba acertando o olho do brincante, causando-lhe lesão corporal. Neste exemplo, também não há vontade de lesionar a vítima, mas apenas uma reação corporal reflexa.

Deve-se alertar que atos reflexos não se confundem com *ações em curto-circuito*.

Ações em curto-circuito são movimentos impulsivos ou explosivos baseados em emoções ou paixões, que acontecem subitamente, mas que são suscetíveis de serem dominados pela vontade.

Por exemplo, alguém passa na rua e olha para você de uma forma que não lhe agrada, sendo que, repentinamente, sobe uma ira súbita, que lhe faz desferir um soco no rosto da pessoa. Note que existe voluntariedade na conduta e, portanto, conduta criminosa.

Também haverá crime nos atos reflexos previsíveis. Por exemplo, o agente coloca o dedo na tomada para tomar um choque e disparar a arma e matar seu desafeto.

6.5.5 Veículos autônomos

Um ponto que tem o condão de inovar o estudo da conduta diz respeito aos veículos autônomos. Entende-se por veículos autônomos os motorizados cujo movimento no trânsito é determinado por algoritmos programados e não por atos praticados pela pessoa sentada ao volante.

Nesses casos, a direção do veículo autônomo sofre influência dos comandos e da programação aprioristicamente inserida por um profissional ou por uma equipe de profissionais.

Essa dinâmica tem o condão de influenciar na análise do elemento volitivo (dolo ou culpa) em eventual crime.

A depender da forma como o veículo é conduzido, a responsabilidade penal deve ser compartilhada entre a pessoa que está ao volante e com o programador. Caso a pessoa que ocupa o volante não seja responsável, de qualquer maneira, pela condução do veículo, eventual responsabilidade por ilícitos penais praticados recairá exclusivamente sobre o programador.

A exclusão da responsabilidade da pessoa ao volante é algo lógico: se não conduz o veículo, não chega a praticar uma conduta típica, não mudando isso o fato de estar ao volante.

Por outro lado, não há como afastar a responsabilidade penal do(s) programador(es), seja por erro na programação, que dá causa a um fato imprevisível, seja em decorrência dos chamados "algoritmos de acidente".

"Algoritmos de acidente" são aqueles que selecionam vítimas em casos em que é inevitável colisão no tráfego dos carros autônomos. Há, na hipótese de ilícito praticado em decorrência dos "algoritmos de acidente", a responsabilização penal na modalidade culposa, como no caso de morte decorrente de atropelamento, por exemplo, não havendo que se falar em estado de necessidade.

Por outro lado, não se admite que aquele que introduza no mundo um agente inteligente, como os veículos autônomos, por exemplo, negue a responsabilidade penal pelos danos causados ao argumento de que as reações equivocadas não eram possíveis de serem previstas.

CAPÍTULO 7

CRIME DOLOSO

7.1 Introdução e conceito

O crime doloso encontra-se previsto no art. 18, I, do Código Penal. Entende-se por crime doloso aquele que "o agente quis o resultado ou assumiu o risco de produzi-lo".

No contexto da teoria causal, o dolo era considerado elemento integrante da culpabilidade. Já para teoria finalista, por nós adotada, o dolo está inserido no âmbito do fato típico, sendo elemento integrante da conduta. Trata-se do elemento anímico da ação ou omissão, ínsito ao crime doloso.

Nesse viés, dolo nada mais é que a vontade consciente de realizar (ou aceitar realizar) os elementos do tipo penal incriminador.

7.2 Elementos do dolo

Segundo Hans Welzel,[257]

> Toda ação consciente é conduzida pela decisão da ação, quer dizer, pela consciência do que se quer – o momento intelectual – e pela decisão a respeito de querer realizá-lo – o momento volitivo. Ambos os momentos, conjuntamente, como fatores configuradores de uma ação típica real, formam o dolo (= dolo do tipo).

Portanto, os elementos que constituem o dolo são consciência e vontade. Consciência é o elemento intelectual ou cognitivo, ou seja, para que se possa atribuir o resultado ao agente, é necessário que ele saiba (que esteja cônscio) exatamente (d)aquilo que está fazendo. É importante ressaltar, contudo, que, em relação à consciência, não é exigido do agente que tenha conhecimento do tipo penal que infringe. A consciência, nesse prisma, está ligada ao conhecimento quanto à situação social objetiva,[258] mesmo que

---

[257] WELZEL, Hans. Tradução de Juan Bustos Ramirez e Sergio Yañes Peréz. Chile: Jurídica Chile, 1987. p. 77.
[258] BUSTOS RAMIREZ, Juan J.; HORMAZÁBAL MALARÉE, Hernán. *Nuevo sistema de derecho penal*, p. 83.

não saiba que tal situação se encontra descrita em um tipo penal. Exemplificativamente, o agente que pratica um roubo não precisa ter conhecimento de que esta conduta se encontra prevista no art. 157 do Código Penal, mas deve ter consciência de que subtraiu coisa que pertence a outrem e o fez se utilizando de violência ou grave ameaça.

Por sua vez, a vontade diz respeito ao querer do agente. Vale dizer, o indivíduo quer praticar determinada conduta e dirige sua ação (ou omissão) com o intuito de realizá-la. Por esta razão, por exemplo, que aquele que se encontra coagido fisicamente por outrem não tem dolo e, consequentemente, não realiza conduta, porque sua ação ou omissão é despida de vontade. Neste caso, o coagido é um mero instrumento a serviço do coator.

7.3 Teorias do dolo

Existem três teorias que buscam explicar o dolo.

7.3.1 Teoria da vontade

Para esta teoria, dolo é a consciência e vontade de querer praticar uma infração penal. É a teoria adotada em relação ao dolo direto (Art. 18. Diz-se o crime: I – doloso, quando o agente quis o resultado).

7.3.2 Teoria da representação

Para a teoria da representação, haverá dolo na hipótese em que o agente tiver a previsão do resultado como possível e, mesmo assim, decidir prosseguir com a conduta. Em nosso ordenamento jurídico, essa teoria deve ser afastada, pois confunde dolo com culpa consciente.

7.3.3 Teoria do consentimento ou assentimento

Para esta teoria, haverá dolo na hipótese em que o agente tenha a previsão do resultado como viável e, mesmo assim, opte por prosseguir com seu intento, assumindo o risco de produzir o resultado. Aplica-se essa teoria ao dolo eventual (Art. 18. Diz-se o crime: I – doloso, quando o agente (...) assumiu o risco de produzi-lo).

7.3.4 Teoria da indiferença

Para a teoria da indiferença (defendida por Engish), também age com dolo eventual aquele que, tendo previsão do resultado como possível, age com indiferença em relação à lesão ao bem jurídico tutelado.[259] Vale dizer, o agente trata com indiferença o resultado possível.

Essa teoria é criticada por parte da doutrina, pois reduz o alcance do dolo eventual, uma vez que não engloba a aceitação do risco da produção do resultado como

---

[259] ROXIN, Claus. *Derecho Penal*: parte general. T.I. Madrid: Civitas, 1997. p. 433.

hipótese geradora de dolo eventual, mas apenas a indiferença. Cita-se como exemplo o motorista que, mesmo sabendo que é viável que os resultados atropelamento e morte aconteçam, não quer que eles ocorram (não é indiferente à lesão ao bem jurídico vida), contudo, conduz seu veículo em velocidade superior à permitida pela via, desobedece à sinalização de trânsito, realiza manobras indevidas, aceitando o risco de produzir o evento morte. No nosso exemplo, não há indiferença por parte do motorista, mas ele aceitou o risco de produzir o resultado. Para esta teoria, somente a indiferença em relação ao resultado configuraria dolo eventual, não englobando a aceitação do risco.

Paulo César Busato ainda acrescenta:

> A teoria da indiferença sustenta que o dolo eventual se traduz em uma atitude de alto grau de indiferença em face dos efeitos eventualmente advindos de sua conduta, excluindo-se aqueles indesejados. As críticas a essa postura se dirigem ao fato de que os limites do indesejado não interferem no dolo, nem mesmo no dolo direto, como o demonstra a hipótese de dolo direto de segundo grau. Depois, a própria imprudência inconsciente pode ser reveladora de um desleixo tal que caracteriza justamente uma postura de indiferença em face de resultados colaterais da conduta pretendida.[260]

7.4 Espécies de dolo

São espécies de dolo:

7.4.1 Dolo natural, neutro, incolor ou avalorado e dolo normativo, híbrido, colorido ou valorado

A presente classificação está diretamente relacionada à teoria adotada em relação à conduta.

Dolo normativo, híbrido, colorido ou valorado é aquele que exige do agente a atual consciência da ilicitude de sua conduta, estando vinculada à teoria causalista da ação. Nesta, a culpabilidade era composta pela imputabilidade (pressuposto), pelo dolo e pela culpa (espécies de culpabilidade). Portanto, o dolo encontrava-se inserido e era analisado na culpabilidade e não no fato típico.

Na teoria causal, para existir dolo, além da vontade, era preciso que o agente possuísse atual consciência da ilicitude do fato. Assim, o dolo somente era reconhecido se fosse verificado um *colorido* especial no agir do agente, qual seja: a *consciência atual da ilicitude do fato*.

Por sua vez, dolo natural, neutro, incolor ou avalorado é aquele *não* exige do agente a consciência atual da ilicitude de sua conduta, estando ligado à teoria da finalista da ação.

Com a teoria finalista da ação, o dolo deixou de ser analisado na culpabilidade e passou a integrar o fato típico. No finalismo, a culpabilidade possui três elementos: imputabilidade, potencial consciência da ilicitude e exigibilidade de conduta diversa. Perceba-se, então, que a consciência atual da ilicitude evoluiu para potencial consciência da ilicitude e o dolo migrou da culpabilidade para o fato típico. Ao migrar para o fato típico, o dolo não levou consigo a consciência da ilicitude, deixando-a na culpabilidade.

---

[260] BUSATO, Paulo César. *Direito Penal*. Vol. 1. Parte geral. 3. ed. p. 426.

Desse modo, ao abandonar a consciência da ilicitude na culpabilidade, o dolo, na teoria finalista, passou a ser *natural, neutro, incolor ou avalorado*, sendo composto tão somente pela consciência (saber o que faz) e vontade (querer ou aceitar fazer).

7.4.2 Dolo direto, determinado, intencional, imediato ou incondicionado

É a hipótese em que o agente prevê um determinado resultado e dirige sua conduta para realizá-lo.

7.4.3 Dolo indireto ou indeterminado

Segundo Magalhães Noronha:

> É indireto quando, apesar de querer o resultado, a vontade não se manifesta de modo único e seguro em direção a ele, ao contrário do que sucede com o dolo direto. Comporta duas formas: o alternativo e o eventual.[261]

Portanto, no dolo indireto, o agente não busca resultado certo e determinado. Vejamos abaixo suas classificações.

7.4.3.1 Dolo alternativo

Entende-se por dolo alternativo a situação em que, existindo a possibilidade da ocorrência de vários resultados, o agente deseja a produção de qualquer um deles, indistintamente. Imagine a seguinte situação: a esposa chega a sua residência e flagra seu marido mantendo relação amorosa com outra. Nesse momento, dominada pela ira, a esposa se apossa de uma faca e avança contra eles com o intuito de lesioná-los ou matá-los, tanto faz. Veja que, no nosso exemplo, a esposa pretende produzir qualquer resultado (homicídio ou lesão corporal) e não um resultado específico.

Para Cléber Masson:

> Em caso de dolo alternativo, o agente sempre responderá pelo resultado mais grave. Justifica-se esse raciocínio pelo fato de o Código Penal ter adotado em seu art. 18, I, a teoria da vontade. E, assim sendo, se teve a vontade de praticar crime mais grave, por ele deve responder, ainda que na forma tentada.[262]

7.4.3.2 Dolo eventual

No dolo eventual, embora o agente não queira propriamente a produção do resultado, ele assume o risco de produzi-lo. Essa modalidade de dolo encontra-se prevista no art. 18, I, que afirma que "diz-se o crime: I – doloso, quando o agente (...) assumiu o risco de produzi-lo", consagrando a teoria do consentimento ou assentimento.

---

[261] NORONHA. E. Magalhães. *Direito Penal*. 30. ed. São Paulo: Saraiva, v.1, p. 135.
[262] MASSON, Cléber Rogério. *Direito Penal esquematizado*. Parte geral. v. 1. 14. ed. rev., atual. e ampl. São Paulo: Método, 2020, p. 244.

Imagine, por exemplo, que o agente tenha a brilhante ideia de praticar tiro ao alvo, de fuzil, no quintal de sua casa, em um condomínio de casas. Mesmo sabendo que existem moradores na vizinhança, e sabendo que os tiros de sua arma fogo podem atravessar os muros e acertar seus vizinhos, ele inicia o seu treinamento. Caso atinja mortalmente um de seus vizinhos, responderá por homicídio a título de dolo eventual.

Reinhart Frank, por intermédio da teoria do conhecimento, ensinou como se constatar, do ponto de vista prático, a ocorrência do dolo eventual, elaborando a seguinte fórmula: "seja como for, dê no que der, em qualquer caso, não deixo de agir". Destarte, se o agente delitivo age desse modo, revelando indiferença em relação à produção de um resultado possível, deve ser responsabilizado a título de dolo eventual, em razão da assunção do risco.

Ademais, é importante ressaltar que a existência ou não do dolo eventual deve ser extraída do caso concreto. Isso porque, ante a impossibilidade de ingressar na esfera de pensamento do indivíduo para verificar se ele assumiu ou risco não da produção do evento, socorremo-nos da análise do contexto fático para averiguar se o agente realmente assumiu risco de produzir aquele resultado. Nesse sentido, já se posicionou o STJ:

> O dolo eventual, na prática, não é extraído da mente do autor, mas, isto sim, das circunstâncias. Nele, não se exige que o resultado seja aceito como tal, o que seria adequado ao dolo direto, mas isto sim, que a aceitação se mostre no plano do possível, provável.[263]

7.4.3.2.1 Dolo eventual e sua compatibilidade com crimes e institutos penais

É possível o reconhecimento do dolo eventual a todos os crimes e institutos penais que sejam com ele compatível, ou seja, se for possível visualizar que em determinada situação fático-jurídica há viabilidade de assunção do risco pelo agente, pode-se trabalhar com essa modalidade de dolo.

Esse alerta é importante porque, em se tratando de conduta criminal, todos os elementos e circunstâncias do crime devem estar abarcados pelo dolo do agente. Por essa razão, a assunção do risco deve ser compatível com o crime ou instituto de Direito Penal em análise, sob pena de indesejável responsabilidade penal objetiva.

Por exemplo, o art. 180, *caput*, do Código Penal, não comporta dolo eventual, mas tão somente dolo direto, pois o dispositivo é claro ao afirmar que pratica receptação o indivíduo "que sabe" que a coisa é produto de crime.

7.4.3.2.1.1 Dolo eventual e homicídio qualificado pelo motivo fútil (art. 121, §2º, II, do Código Penal)

Motivo fútil é aquele banal, irrisório, pequeno, desproporcional, insignificante. Trata-se de qualificadora de ordem subjetiva.

---

[263] AgRg no REsp 1610298/GO.

Sobre a compatibilidade da qualificadora do motivo fútil com o dolo eventual, tem-se duas posições:

Compatível	Incompatível
O fato de o réu ter assumido o risco de produzir o resultado morte, aspecto caracterizador do dolo eventual, não exclui a possibilidade de o crime ter sido praticado por motivo fútil, uma vez que o dolo do agente, direto ou indireto, não se confunde com o motivo que ensejou a conduta, mostrando-se, em princípio, compatíveis entre si (STJ. 5ª Turma. REsp 912.904/SP)	A qualificadora do motivo fútil é incompatível com o dolo eventual, tendo em vista a ausência do elemento volitivo. Vale dizer, não se pode assumir o risco de produzir um resultado por motivo fútil. (STJ. 6ª Turma. HC 307.617/SP)
Prevalece o entendimento de que é compatível.	

7.4.3.2.1.2 Dolo eventual e homicídio qualificado por recurso que impossibilitou a defesa da vítima (art. 121, §2º, IV, do Código Penal)

Entende-se por recurso que dificultou ou impossibilitou a defesa da vítima aquele que reduz ou impede a vítima de se defender. O agente pratica o delito de homicídio retirando o sagrado direito de defesa da vítima. Por exemplo, o indivíduo que desfere tiros na vítima pelas costas.

Os tribunais superiores têm entendido que essa qualificadora é incompatível com o dolo eventual. Vejamos:

> Quando atua imbuído em dolo eventual, o agente não quer o resultado lesivo, apenas assume o risco de produzi-lo. Em tais hipóteses, revela-se manifestamente improcedente a incidência da qualificadora prevista no artigo 121, §2º, inciso IV, do Código Penal, destinada a agravar a reprimenda em razão do modo de execução sorrateiro eleito pelo agente, o qual exige o dolo direto de ceifar a vida da vítima (STJ. Recurso Especial 1.556.874/RJ. 2015/0225632-9).

7.4.3.2.1.3 Dolo eventual e homicídio qualificado com emprego de meio cruel (art. 121, §2º, III, do Código Penal)

O homicídio é delito de execução livre ou variada, ou seja, ele pode ser praticado de inúmeras formas, a depender da criatividade (ou sadismo) do agente delitivo. Sendo assim, meio cruel é aquele que aumenta o sofrimento da vítima.

De acordo com o Superior Tribunal de Justiça, o dolo eventual é compatível com o emprego de meio cruel.

> No caso, o acórdão recorrido, mantendo a sentença de pronúncia no que se refere à materialidade, à autoria e ao elemento subjetivo do agente (dolo eventual), afastou a qualificadora do meio cruel, ao entendimento de que, por servir de fundamento para a

configuração do dolo eventual, os fatos que a princípio ensejariam a crueldade do meio não poderiam ser utilizados para qualificar o crime. Tal entendimento não se harmoniza com a jurisprudência desta Corte, segundo a qual não há falar em incompatibilidade entre o dolo eventual e a qualificadora do meio cruel (art. 121, §2º, III, do CP). O dolo do agente, seja direto ou indireto, não exclui a possibilidade de o homicídio ter sido praticado com o emprego de meio mais reprovável, tais quais aqueles descritos no tipo penal relativo à mencionada qualificadora.[264]

7.4.3.2.1.4 Dolo eventual e tentativa (art. 14, II, do Código Penal)

A jurisprudência tem entendido que há compatibilidade entre o dolo eventual e a tentativa.

> No que concerne à alegada incompatibilidade entre o dolo eventual e o crime tentado, tem-se que o Superior Tribunal de Justiça possui jurisprudência no sentido de que "a tentativa é compatível com o delito de homicídio praticado com dolo eventual, na direção de veículo automotor". (AgRg no REsp 1322788/SC, Rel. Ministro Sebastião Reis Júnior, Sexta Turma, julgado em 18/06/2015, DJe 03/08/2015).

7.4.4 Dolo direto de 1º grau

Dolo direito de 1º grau é a hipótese em que o agente prevê um determinado resultado e dirige sua conduta para realizá-lo (veja que é o mesmo conceito de dolo direto).

Exemplo: o agente, com intenção de matar a vítima, saca a arma, desfere os tiros e produz o resultado morte.

7.4.5 Dolo direto de 2º grau ou dolo de consequências necessárias

Dolo direto de 2º grau ou de consequências necessárias é a hipótese em que o agente assume os efeitos colaterais de sua conduta como consequência necessária do meio escolhido para a prática do crime. O exemplo clássico é o da pessoa que, com intenção de matar seu desafeto, instala uma bomba no avião, que, ao ser acionada, retira a vida do desafeto e de todos os demais tripulantes. Em relação ao desafeto, haverá responsabilização por dolo direto de 1º grau (ela previu o resultado e dirigiu sua conduta para realizá-lo). Quanto aos demais tripulantes, responderá por dolo direto de 2º grau, uma vez que o meio escolhido para executar a ação criminosa, necessariamente, acarretaria o efeito colateral de matar todos passageiros.

Nesse prisma, não se pode confundir dolo direto de segundo grau com dolo eventual.

No dolo direto de segundo grau, o resultado é certo e inevitável, ou seja, o meio escolhido pelo agente para executar o delito irá conduzir *necessariamente* ao resultado colateral (no nosso exemplo, a morte dos demais tripulantes).

Já no dolo eventual, o resultado colateral, embora previsto, é incerto, ou seja, pode ou não ocorrer. O agente assume o risco de produzi-lo, mas pode ser que ele não ocorra. Imagine que, no avião em que se encontra o desafeto e os demais tripulantes,

---
[264] REsp 1.829.601/PR, j. 12/02/2020.

o agente nele ingresse de posse de uma arma de fogo e, querendo matá-lo, desfira um tiro contra ele. A morte dos outros tripulantes é um evento incerto/eventual (pode ou não acontecer), mesmo que aceito pelo agente.

7.4.6 Dolo direto de terceiro grau ou dolo de dupla consequência necessária

Existe doutrina defendendo a existência de um dolo direto de terceiro grau ou de dupla consequência necessária.[265]

Inicialmente, o dolo direto de terceiro grau pressupõe a existência do dolo direto de segundo grau. O dolo de terceiro grau compreende as consequências das consequências necessárias do dolo direto de segundo grau.

Voltemos ao exemplo da pessoa que, com intenção de matar seu desafeto, instala uma bomba no avião, que, ao ser acionada, retira a vida do desafeto e de todos os demais tripulantes. Em relação ao desafeto, haverá dolo direto de 1º grau. Quanto aos demais tripulantes, responderá por dolo direto de 2º grau. Agora imagine que dentre os passageiros, existe uma mulher que está grávida e, em decorrência dessa situação, sofre o aborto de seu filho. O aborto do feto seria o dolo direto de 3º grau.

A nosso sentir, esta espécie de dolo não existe. Entendemos que, caso o agente delitivo saiba que exista uma mulher grávida dentro do avião, deverá responder com fincas no dolo direto de segundo grau, pois o aborto é uma consequência necessária do meio escolhido pelo agente que, ao matar a mãe, necessariamente, provocará o abortamento. Se não tiver ciência da condição de gestante de uma das passageiras, responderá apenas pelo homicídio desta e não pelo aborto, uma vez que não há responsabilização penal objetiva.

7.4.7 Dolo cumulativo

Nessa modalidade, o agente tem intenção de alcançar dois resultados em sequência (hipótese de progressão criminosa). Por exemplo, o agente quer estuprar e depois matar a vítima.

7.4.8 Dolo de dano ou de lesão

Nessa modalidade, o agente tem a intenção de causar efetiva lesão ao bem jurídico tutelado.

7.4.9 Dolo de perigo

Nessa modalidade, o agente tem o intuito de expor a risco o bem jurídico tutelado. Rogéria Sanches Cunha faz uma importante ponderação:

---

[265] SALIM, Alexandre; AZEVEDO, Marcelo André de. *Coleção Sinopses para concursos*. Direito Penal. Parte geral. 10. ed. Salvador: JusPodivm, 2020, p. 223.

É interessante notar que o dolo de perigo pode se manifestar em situações que, na prática, confundem-se com a inobservância do dever de cuidado, elemento dos crimes culposos. Imaginemos a situação em que o agente expõe a perigo direto e iminente a vida ou a saúde de outrem. Trata-se do crime do art. 132 do CP, em que o propósito do autor se manifesta exclusivamente sobre a causação do perigo. Se, todavia, dessa conduta advém a morte da pessoa exposta ao perigo, a responsabilidade penal se dá na forma do homicídio culposo. Vê-se, dessa forma, que as circunstâncias que antes revelavam dolo de perigo serviram como alicerce para a estruturação do resultado lesivo culposo. Por isso, afirma a doutrina que os crimes de perigo são, na realidade, condutas imprudentes punidas antes da ocorrência do resultado que seria imputado ao agente a título de culpa.[266]

7.4.10 Dolo genérico e dolo específico

O dolo genérico é uma expressão que se encontra no contexto da teoria causalista da ação, designando a situação em que o agente tem a intenção de realizar a conduta descrita no tipo, sem nenhuma finalidade específica (ex.: art. 121 do CP – matar alguém). Atualmente, na vigência da teoria finalista da ação, utiliza-se apenas a expressão "dolo" e não mais dolo genérico.

Da mesma forma, o dolo específico é uma expressão utilizada no âmbito da teoria causalista da ação, que significa que, além da intenção de realizar a conduta, o agente ainda possui uma finalidade específica em seu agir (ex.: art. 299 do CP – Omitir, em documento público ou particular, declaração que dele devia constar, ou nele inserir ou fazer inserir declaração falsa ou diversa da que devia ser escrita, com o fim de prejudicar direito, criar obrigação ou alterar a verdade sobre fato juridicamente relevante).

Com a teoria finalista da ação, a nomenclatura dolo específico foi atualizada para elemento subjetivo do tipo ou elemento subjetivo do injusto.

7.4.11 Dolo de propósito e dolo de ímpeto (crime de curto-circuito)

Dolo de propósito é o crime refletido, ou seja, aquela conduta que é premeditada pelo agente. Por sua vez, dolo de ímpeto ou crime de curto-circuito é aquele repentino, que ocorre de repente, não havendo dilação temporal entre o pensamento do agente e sua ação.

7.4.12 Dolo presumido ou *in re ipsa*

Dolo presumido ou *in re ipsa*, como o próprio nome sugere, é aquele que não necessita de comprovação no caso concreto. Em Direito Penal, não se admite presunção de dolo, devendo ser devidamente comprovado, sob pena de responsabilização penal objetiva.

7.4.13 Dolo geral

Por questões didáticas, tratamos do assunto no âmbito do "Erro Sobre o Nexo Causal", para onde remetemos o amigo leitor.

---

[266] CUNHA, Rogério Sanches. *Manual de Direito Penal*. Parte geral (arts. 1º ao 120). Volume único. Salvador: JusPodivm, 2020, p. 259.

CAPÍTULO 8

CRIME CULPOSO

8.1 Introdução e conceito

Segundo o art. 18, II, do Código Penal, diz-se culposo o crime quando o agente dá causa ao resultado em razão de imprudência, imperícia ou negligência.

O art. 33, II, do Código Penal Militar, traz um conceito completo sobre crime culposo, orientando que é "quando o agente, deixando de empregar a cautela, atenção, ou diligência ordinária, ou especial, a que estava obrigado em face das circunstâncias, não prevê o resultado que podia prever ou, prevendo-o, supõe levianamente que não se realizaria ou que poderia evitá-lo".

Portanto, no crime culposo o agente não quer produzir determinado resultado, nem assume o risco de realizá-lo, contudo, em razão de uma conduta leviana (imperita, imprudente ou negligente), que lhe era prevista (culpa consciente) ou que lhe era previsível (culpa inconsciente), o provoca.

A regra, em Direito Penal, é que os crimes sejam praticados de forma dolosa. A exceção, portanto, é que a punição se dê a título culposo. Sendo assim, somente existirá crime na modalidade culposa se o tipo penal dispuser dessa maneira. No silêncio do dispositivo legal, o crime será doloso. Em outras palavras: os crimes culposos estão previstos expressamente.

Ademais, os crimes culposos encontram-se previstos nos chamados tipos penais abertos, que são aqueles que a lei não descreve minuciosamente em qual comportamento culposo o agente deve incidir, terceirizando tal análise para o juiz, diante do caso concreto. À primeira vista, pode-se entender que essa incerteza na descrição do tipo penal poderia acarretar a inconstitucionalidade dos crimes culposos, contudo, numa análise mais profunda, percebemos que é da natureza dos crimes culposos não terem definição jurídica estanque/fechada. Explicaremos com um exemplo: o delito de homicídio comporta a modalidade culposa porque assim a lei previu. Vejamos:

Homicídio culposo
§3º Se o homicídio é culposo: (Vide Lei nº 4.611, de 1965)
Pena – detenção, de um a três anos.

Perceba que o tipo penal apenas indica que, se o homicídio for culposo, a pena é de detenção de 1 a 3 anos. Isso se dá porque, no caso do homicídio, existem tantas possibilidades de se cometer um homicídio culposo que se o legislador fosse descrever minuciosamente cada uma delas, não caberia no Código Penal. Por essa razão, atribuiu-se ao juiz a verificação da conduta descuidada do agente, para se verificar se ela foi imperita, imprudente ou negligente.

Fixadas essas premissas, indaga-se: por que se pune por culpa? Carrara, citado por Guilherme Nucci, de forma ponderada, nos responde:

> Os atos imprudentes também diminuem no bom cidadão o sentimento da sua segurança e dão um mau exemplo àquele que é inclinado a ser imprudente. Os atos culposos, que se ligam a um vício da vontade, são moralmente imputáveis, porque é um fato voluntário o conservar inativas as faculdades intelectuais. O negligente, se bem que não tenha querido a lesão do direito, quis, pelo menos, o ato no qual deveria reconhecer a possibilidade ou a probabilidade dessa lesão.[267]

8.2 Elementos da culpa

Os elementos da culpa são: conduta humana voluntária, violação do dever de cuidado objetivo, resultado naturalístico involuntário, previsibilidade objetiva, nexo causal entre conduta e resultado e tipicidade.

8.2.1 Conduta humana voluntária

No crime culposo, a conduta do agente (ação ou omissão) é voluntária. O resultado produzido que é involuntário (o resultado é não querido).

Ao contrário do crime doloso, em que a conduta do agente é dirigida a uma finalidade ilícita, no delito culposo, ela é dirigida a uma finalidade lícita (ou até mesmo sem nenhuma relevância penal), todavia, por ser mal dirigida/executada, acaba por produzir um resultado não desejado, embora previsto ou previsível.

Imagine o motorista que está atrasado para chegar a uma reunião e conduz seu veículo em alta velocidade, sendo que, em razão dessa imprudência, acaba por lesionar o ciclista que estava transitando na via. Esse motorista praticou uma conduta voluntária lícita (conduzir veículo automotor), contudo, o fez de forma afoita, causando um resultado não querido (a intenção era chegar depressa à reunião e não atropelar o ciclista).

Da mesma forma, a mãe que busca seu bebê na creche para levá-lo para casa almoçar e o esquece dentro do veículo, matando-o asfixiado em razão do calor. A intenção era levar a criança para casa para almoçar e não matá-la asfixiada, o que somente ocorreu em razão de seu descuido.

Veja que, em ambos os exemplos, houve uma conduta humana voluntária lícita (ou sem relevância penal) praticada pelo agente (dirigir o veículo e colocar o bebê dentro do carro) que, em razão de ser mal dirigida/executada, gerou os resultados não queridos.

---

[267] NUCCI, Guilherme Souza. *Manual de Direito Penal*. 14. ed. rev., atual. e ampl. Rio de Janeiro: Forense, 2018. p. 195.

8.2.2 Violação do dever de cuidado objetivo

A vida em sociedade impõe aos concidadãos que pautem suas condutas em regras de bem viver, evitando causar danos ou prejuízos a terceiros. Se cada um pudesse tomar as atitudes que quisessem, da forma que quisessem e no momento que quisessem, o convívio social seria completamente inviável.

Desse modo, exige-se de todos que ajam de forma cautelosa e prudente, a fim de evitar a causação de danos ou prejuízo a bens jurídicos dos outros. Aqueles que assim não o fazem violam o dever de cuidado objetivo, que é a atuação em desacordo com o esperado pela lei e pela sociedade.

Para se constatar se houve ou não violação do dever objetivo de cuidado, deve-se utilizar o critério do homem médio, ou seja, analisa-se se, diante do caso concreto, uma pessoa de inteligência/prudência mediana conseguiria prever o resultado de sua ação e, portanto, evitá-lo (previsibilidade objetiva). André Estefam complementa o raciocínio afirmando que:

> Para saber exatamente qual o dever de cuidado objetivo no caso concreto, deve o intérprete imaginar qual a atitude que se espera de um homem dotado de mediana prudência e discernimento, na situação em que o resultado foi produzido. Se ele se comportou aquém do que se espera de uma pessoa comum em uma dada situação, terá desrespeitado o dever de cuidado objetivo, em uma das suas formas (imprudência, negligência ou imperícia). A compreensão do dever de cuidado objetivo completa-se com a noção de previsibilidade objetiva (outro elemento do fato típico do crime culposo). Para saber qual a postura diligente, aquela que se espera diante de um "homem médio", é preciso verificar, antes, se o resultado, dentro daquelas condições, era objetivamente previsível (segundo o que normalmente acontece).[268]

Se o evento for imprevisível, não estaremos diante de uma conduta culposa, pois, neste caso, não havia como antever o resultado que poderia acontecer, ainda para o homem de prudência mediana.

A violação do dever objetivo de cuidado pode se manifestar de 3 formas, consoante explicitado no art. 18, II, do Código Penal.
 a) *Imprudência*: é hipótese de culpa na modalidade positiva ou ativa (*in agendo*), caracterizando-se pelo agir sem as cautelas necessárias, de forma precipitada, afoita, insensata. O traço marcante da imprudência é que ela acontece em paralelo com a ação do agente, ou seja, enquanto o agente pratica a conduta, simultaneamente a imprudência acontece. Como exemplo, cita-se o motorista que trafega pela via em velocidade superior ao permitido, agente que manobra sua arma de fogo municiada etc.
 b) *Negligência*: é culpa na modalidade negativa ou omissiva (*culpa in omitendo*), caracterizando-se pela falta de precaução do agente. A negligência, ao contrário da imprudência, ocorre antes do início da conduta. Cita-se como exemplo o agente que deixa a arma de fogo em local acessível a crianças ou o motorista que deixa realizar a revisão do seu veículo e, por falta de manutenção, acarreta o acidente.

---

[268] ESTEFAM, André. *Direito Penal*. v. 1, 6. ed. São Paulo: Saraiva, 2017. p. 234.

c) *Imperícia*: também chamada de culpa profissional, caracteriza-se pela ausência de aptidão técnica para o exercício de arte, ofício ou profissão. Cita-se como exemplo o atirador de elite que mata a vítima no lugar do criminoso ou do médico que, ao manejar o bisturi para retirar uma unha encravada, amputa o dedo do paciente.

Deve-se alertar que é imperícia é modalidade de culpa que somente ocorre no exercício de arte, profissão ou ofício. Se ocorrer fora dessas hipóteses, será ou imprudência ou negligência, a depender do caso concreto. Por exemplo, se um médico realiza o parto e a criança morre, estaremos diante de imperícia. Se a parteira realiza o parto e a criança morre, dar-se-á imprudência ou negligência, a depender da conduta por ela praticada.

Não se pode confundir erro profissional com imperícia. Rogério Sanches Cunha esclarece que:

> No erro profissional, o agente tem conhecimento das regras e as observa no decorrer da conduta, mas, sendo falíveis os postulados científicos, torna-se possível a ocorrência de um resultado lesivo decorrente de erro, que não ensejará punição. Como exemplo, podemos citar o seguinte: determinado paciente necessita de cirurgia cardíaca extremamente delicada, para a qual a medicina ainda não desenvolveu técnica segura. O médico, devidamente habilitado e experiente, põe-se a realizar o procedimento, observando rigorosamente todos os métodos cirúrgicos que seu conhecimento abarca e de que a arte médica dispõe. Não obstante, durante o procedimento, em razão da complexidade que a situação revela e para a qual não há resposta científica eficiente, comete um erro, que acaba por causar a morte do paciente. Esta situação revela um erro profissional que não caracteriza culpa, pois ausente a imperícia.[269]

Vejamos uma tabela comparativa:

Imperícia	Erro Profissional
A falha é do agente que não possui aptidão técnica para o exercício de arte, ofício ou profissão.	A falha é dos meios científicos que ainda não possuem resposta segura para a solução do problema.
Consequência: configura a culpa	Consequência: exclui a culpa

Por fim, Cláudio Brandão faz uma importante reflexão sobre o erro profissional escusável (desculpável) e inescusável (indesculpável). Ensina o autor que o erro profissional que exclui a culpa é o escusável, ao passo que, no inescusável, o agente responderá por imprudência ou negligência, mas jamais por imperícia. Vejamos:

> Aquele que possui capacidade técnica não pode agir com imperícia. É relevante, pois, diferenciar a imperícia do erro profissional; nele, o sujeito que tem as condições de exercer determinadas atividades causa um resultado de dano. O erro profissional será escusável "quando invencível à média dos profissionais e atendidas as circunstâncias do fato e a

---

[269] CUNHA, Rogério Sanches. *Manual de Direito Penal*. Parte geral (arts. 1º ao 120). Volume único. Salvador: JusPodivm, 2020, p. 264.

situação pessoal do agente". Se o erro profissional for inescusável, o sujeito agirá com imprudência ou negligência, jamais por imperícia.[270]

8.2.2.1 Modalidades de culpa e inicial acusatória

O art. 41 do Código de Processo Penal dispõe que a inicial acusatória deverá conter a exposição do fato criminoso, com todas as suas circunstâncias, a qualificação do acusado ou esclarecimentos pelos quais se possa identificá-lo, a classificação do crime e, quando necessário, o rol das testemunhas. Portanto, quaisquer das modalidades de culpa (imperícia, imprudência ou negligência) devem ser devidamente descritas na denúncia ou queixa, sob pena de ser reconhecida a sua inépcia, por inviabilizar o exercício da ampla defesa e do contraditório. Ademais, não é permitido em Direito Penal a responsabilidade penal objetiva. Nesse sentido, já se manifestou o Superior Tribunal de Justiça:

> 3. Tratando-se do crime de homicídio culposo na condução de veículo automotor, mister se faz reconhecer a necessidade de descrição narrativa e demonstrativa do fato criminoso, não sendo admissível que a acusação limite-se a afirmar que o réu praticou o crime, sem descrever se a conduta imputada ao réu decorre de imprudência, imperícia ou negligência, o que, a toda evidência, obsta o exercício do direito de defesa e do contraditório. Importa destacar, ainda, não ser admissível a responsabilização objetiva do acusado, sem que tenha sido demonstrado que ele concorreu para o resultado naturalístico imbuído de culpa. 4. Conforme o reconhecido no parecer ministerial, o simples fato de o réu estar na direção do veículo automotor no momento do acidente não autoriza a instauração de processo criminal por crime de homicídio culposo se não restar narrada a inobservância do dever objetivo de cuidado e sua relação com a morte da vítima, com indícios suficientes para a deflagração da ação penal.[271]

Vejamos exemplos de uma inicial acusatória inepta e outra válida:

(continua)

Inepta	Válida
No dia 05/05/20, por volta das 15 horas, na Rua das Palmeiras, nº 555, nesta cidade e comarca de Teletubbies do Norte, o denunciado Fulano de Tal praticou homicídio culposo na direção de veículo automotor contra a vítima Beltrano de Tal.	No dia 05/05/20, por volta das 15 horas, na Rua das Palmeiras, nº 555, nesta cidade e comarca de Teletubbies do Norte, o denunciado Fulano de Tal praticou homicídio culposo na direção de veículo automotor contra a vítima Beltrano de Tal.
Apurou-se que, no dia dos fatos, o denunciado Fulano de Tal, conduzindo seu veículo automotor de forma imprudente, atropelou a vítima Beltrano de Tal, causando-lhe as lesões corporais descritas no Laudo Tanatoscópico, que foram a causa eficiente de sua morte.	Apurou-se que, no dia dos fatos, o denunciado Fulano de Tal, conduzindo seu veículo automotor de forma imprudente em via pública, invadiu a contramão de direção em alta velocidade (aproximadamente 100 km/h), fazendo "ziguezague" em meio aos carros e pedestres, ocasião em que colheu a vítima, que se encontrava caminhando na calçada, causando-lhe as lesões corporais descritas no Laudo Tanatoscópico, que foram a causa eficiente de sua morte.

---

[270] BRANDÃO, Cláudio. *Curso de Direito Penal* – Parte geral. 2. ed. Rio de Janeiro: Forense, 2010. p. 185-186.
[271] Recurso em *Habeas Corpus* 36.434/ES (2013/0083768-6).

	(conclusão)
Inepta	Válida
Esta inicial acusatória é inepta, tendo em vista que não descreve em que consistiu a imprudência do agente delitivo, mas apenas que ele conduzia seu veículo de forma imprudente.	Esta inicial acusatória encontra-se apta, tendo em vista que descreve de forma clara qual foi a conduta imprudente praticada pelo agente delitivo, permitindo que o acusado exerça seu direito de defesa.

Da mesma maneira, se o Ministério Público, *v.g.*, imputar na inicial acusatória a culpa na modalidade imprudência, mas no decorrer da instrução processual for verificado que o réu incidiu em modalidade de culpa diversa daquela imputada inicialmente (por exemplo imperícia), deverá o juiz encaminhar os autos da ação penal ao Ministério Público para promover o aditamento da denúncia (*mutatio libelli*). Após, o magistrado deverá receber o aditamento da exordial e reabrir a instrução. Caso o juiz realize o julgamento da ação penal sem o aditamento da peça vestibular, haverá violação à ampla defesa e ao contraditório, pois o réu se defendeu de modalidade de culpa diversa daquela que lhe fora imputada.

8.2.3 Resultado naturalístico involuntário

Em regra, não há crime culposo sem resultado naturalístico involuntário. Os crimes culposos são crimes materiais, que geram modificações do mundo exterior.

No entanto, o artigo 38 da Lei de Drogas traz uma exceção a essa regra, pois descreve um crime culposo não material, ou seja, sem resultado naturalístico, uma vez que a conduta "prescrever" drogas se consuma com a simples entrega da receita ao paciente, ainda que este não se submeta às prescrições realizadas pelo profissional da saúde.

8.2.4 Previsibilidade objetiva

Segundo André Estefam, por previsibilidade objetiva,

> Em suma, deve-se entender a possibilidade de antever o resultado, nas condições em que o fato ocorreu. A partir dela é que se constata qual o dever de cuidado objetivo (afinal, a ninguém se exige o dever de evitar algo que uma pessoa mediana não teria condições de prever).[272]

Para que seja imputada a prática de um delito culposo a alguém, é mister que esteja presente a previsibilidade objetiva, ou seja, se, no caso concreto, o agente tinha a possibilidade de conhecer o perigo. Nessa questão, utiliza-se como parâmetro o critério do homem médio. Vale dizer, diante da situação concreta, questiona-se se uma pessoa de inteligência e prudência medianas teria possibilidade de perceber o ilícito e evitá-lo.

Trata-se de elemento indispensável para o reconhecimento da culpa, ante a necessidade da violação de dever jurídico de cuidado.

---

[272] ESTEFAM, André. *Direito Penal*. V. 1, 6. ed. São Paulo: Saraiva, 2017. p. 234.

Imagine que um fazendeiro decida fazer uma represa para criar peixes em sua propriedade. Retira todas as licenças ambientais necessárias, aluga as máquinas e começa o serviço. Com o início dos trabalhos, o fazendeiro, que operava a pá-carregadeira, ao cavar o solo, acerta seu vizinho, que, achando que era "El Chapo Guzmán", construía um túnel por debaixo da propriedade, com a concha da máquina, matando-o.

O exemplo pode parecer esdrúxulo, não é mesmo? Então, é para que se entenda que se não houver previsibilidade objetiva, não se pode imputar um delito culposo a alguém, pois não haverá quebra do dever jurídico de cuidado (imperícia, imprudência ou negligência). No nosso exemplo, estamos diante de um evento imprevisível. Um homem de prudência mediana não imaginaria que seu vizinho de propriedade estaria construindo um túnel por debaixo de suas terras, e por essa razão, não lhe pode ser atribuído o homicídio culposo.

Há, contudo, doutrina defendendo que, para ser reconhecida a culpa, deve ser levada em conta a capacidade individual do agente (previsibilidade subjetiva) e não o critério do homem médio (previsibilidade objetiva). A previsibilidade subjetiva analisa apenas a capacidade de entendimento (intelectual, social, cultural etc.) do autor do fato, não se importando com o padrão mediano das pessoas.

A nosso sentir, data vênia, não se deve analisar a previsibilidade sob o prisma subjetivo do agente, uma vez que não se trata de elemento da culpa, mas sim da culpabilidade. O delito é fato típico e ilícito, praticado por agente culpável. A culpa, como pressuposto para o reconhecimento de uma conduta penalmente relevante, encontra-se dentro do fato típico. O fato típico e a ilicitude são analisados sob a perspectiva do homem médio, pois aqui se analisa um fato. O prisma subjetivo do agente é analisado apenas na culpabilidade, que é o momento adequado para as discussões sobre o agente delitivo, que deve ser culpável. Nesse ponto, concordamos com Fernando Capez, que ensina que:

> A ausência de previsibilidade subjetiva não exclui a culpa, uma vez que não é seu elemento. A consequência será a exclusão da culpabilidade, mas nunca da culpa (o que equivale a dizer, da conduta e do fato típico). Dessa forma, o fato será típico, porque houve conduta culposa, mas o agente não será punido pelo crime cometido ante a falta de culpabilidade.[273]

8.2.5 Nexo causal entre conduta e resultado

Considerando que os crimes culposos (à exceção do crime do art. 38 da Lei de Drogas) são crimes materiais, é necessário que haja nexo entre a conduta praticada pelo agente e o resultado naturalístico involuntário produzido.

8.2.6 Tipicidade

A punição pelo crime culposo exige expressa previsão legal, consoante determina o art. 18, parágrafo único, do Código Penal: "Salvo os casos expressos em lei, ninguém pode ser punido por fato previsto como crime, senão quando o pratica dolosamente".

---

[273] CAPEZ, Fernando. *Curso de Direito Penal.* v. 1, Parte geral: arts. 1º ao 120. 21. ed. São Paulo: Saraiva, 2017. p. 227.

8.3 Espécies de culpa

8.3.1 Culpa consciente, *ex lascivia* ou culpa com previsão

Na culpa consciente, o agente prevê o resultado, mas acredita sinceramente que ele não ocorrerá, crendo que, em razão de suas habilidades, conseguirá evitá-lo.

Trata-se de conceito que em muito se aproxima do dolo eventual, mas que com ele não se confunde. Explicaremos as distinções no tópico a seguir, ilustrando com algumas hipóteses relacionadas ao homicídio na direção de veículo automotor.

8.3.1.1 Culpa consciente, dolo eventual e homicídio na direção de veículo automotor

Uma das discussões que permeiam o crime de homicídio na direção de veículo automotor é se, em determinadas hipóteses, em especial do "racha" ou se o condutor estiver embriagado, estar-se-ia diante de homicídio culposo na direção de veículo automotor (art. 302 do CTB) ou de homicídio doloso (art. 121 do Código Penal). Vejamos os seguintes exemplos ilustrativos:

1. Um condutor de veículo automotor em estado de embriaguez alcoólica atravessa o sinal vermelho e atropela o pedestre que atravessava a via na faixa. Responderá por homicídio culposo (culpa consciente) ou doloso (a título de dolo eventual)?
2. Um motorista, disputando corrida não autorizada em via pública, passa em frente a uma escola e atropela vários alunos que estavam saindo da aula. Responderá por homicídio culposo ou doloso (a título de dolo eventual)?

A resposta a essas perguntas passa pela análise do dolo eventual e da culpa consciente.

Na culpa consciente, com previsão ou *ex lascivia*, o agente prevê o resultado, contudo espera que ele não ocorra, pois acredita poder evitá-lo em razão de suas habilidades pessoais. Na culpa consciente, o agente acredita sinceramente que irá conseguir evitar o resultado.

Por sua vez, no dolo eventual, apesar de o agente não querer o resultado, ele assume o risco de produzi-lo. Nessa modalidade, embora o agente não queira diretamente o resultado, pouco importa se ele irá acontecer ou não.

Sobre a diferença entre dolo eventual e culpa consciente, Silvio Maciel faz valiosas observações:

> Como dito acima, tanto no dolo eventual quanto na culpa consciente, o agente *prevê efetivamente* a possibilidade do resultado e mesmo assim continua a realizar a conduta. Mas, sem embargo dessa semelhança, há uma diferença fundamental entre as duas hipóteses: no dolo eventual o agente "assume" (leia-se: aceita) causar o resultado, ou seja, ele não se importa se tal resultado ocorrer e vitimar pessoas. No seu íntimo o infrator imagina: "eu não estou nem aí se eu matar, ferir etc.; eu não quero isso, mas se isso acontecer, azar da vítima"; na culpa consciente, tudo se passa de forma bem diferente: o agente não aceita jamais a ocorrência do resultado. Ele, na verdade, atua com confiança nas próprias habilidades, na certeza de que "apesar do risco", nada acontecerá naquele momento.

No seu íntimo o infrator pensa: "o que estou fazendo é arriscado, mas com absoluta certeza nada acontecerá".[274]

Vejamos o seguinte quadro comparativo:

	Consciência	Vontade
Culpa Consciente	O agente prevê o resultado	Acredita poder evitar o resultado em razão de suas habilidades pessoais (não quer, não aceita, nem assume o risco pelo resultado)
Dolo Eventual	O agente prevê o resultado	Assume o risco pelo resultado (pouco importa se ele irá acontecer ou não)

Importante mencionar a ressalva feita por Rogério Greco de que a devida classificação do delito como doloso ou culposo depende do caso concreto, não sendo uma receita de bolo ou fórmula matemática:

> Com isso queremos salientar que nem todos os casos em que houver a fórmula embriaguez + velocidade excessiva haverá dolo eventual. Também não estamos afirmando que não há possibilidade de ocorrer tal hipótese. Só a estamos rejeitando como uma fórmula matemática, absoluta.[275]

Diante dessas premissas, é possível responder aos questionamentos feitos acima. E a resposta é simples: depende do caso concreto. Nesse sentido, o Supremo Tribunal Federal ponderou sobre o tema:

> HABEAS CORPUS. AÇÃO PENAL. HOMICÍDIO NA DIREÇÃO DE VEÍCULO AUTOMOTOR. DENÚNCIA POR HOMICÍDIO DOLOSO. EMBRIAGUEZ AO VOLANTE. PRETENSÃO DE DESCLASSIFICAÇÃO PARA DELITO CULPOSO. EXAME DO ELEMENTO SUBJETIVO. ANÁLISE DE MATÉRIA FÁTICO-PROBATÓRIA. INVIABILIDADE DA VIA. NECESSIDADE DE ENFRENTAMENTO INICIAL PELO JUÍZO COMPETENTE. TRIBUNAL DO JÚRI. ORDEM DENEGADA. 1. Apresentada denúncia por homicídio na condução de veículo automotor, na modalidade de dolo eventual, havendo indícios mínimos que apontem para o elemento subjetivo descrito, tal qual a embriaguez ao volante, a alta velocidade e o acesso à via pela contramão, não há que se falar em imediata desclassificação para crime culposo antes da análise a ser perquirida pelo Conselho de Sentença do Tribunal do Júri. 2. O enfrentamento acerca do elemento subjetivo do delito de homicídio demanda profunda análise fático-probatória, o que, nessa

---

[274] MACIEL, Silvio. *Acidentes de trânsito*: Dolo eventual ou culpa consciente? STF respondeu. Disponível em: https://silviomaciel.jusbrasil.com.br/artigos/121819106/acidentes-de-transito-dolo-eventual-ou-culpa-consciente-stf-respondeu. Acesso em: 27 mar. 2017, 20:09, grifo no original.

[275] GRECO, Rogério. *Curso de Direito Penal*. Parte geral. Vol. I. 17. ed. Niterói: Impetus, 2015, p. 263.

medida, é inalcançável em sede de *habeas corpus*. 3. Ordem denegada, revogando-se a liminar anteriormente deferida. *Habeas Corpus* 121.654 Minas Gerais – STF. Data: 21/06/2016.

Todavia, deve-se frisar que, embora não concordemos, os tribunais superiores têm entendido de forma majoritária que, na hipótese de crime de homicídio na direção de veículo automotor, quando o condutor estiver embriagado, deve-se reconhecer a culpa consciente, incidindo na incriminação do artigo 302 do Código de Trânsito. Além do mais, aduziu-se que a responsabilização a título doloso no contexto de embriaguez alcoólica dá-se apenas quando esta for preordenada, ou seja, o agente se embebedou para praticar a infração penal ou assumiu o risco de produzi-la. Vejamos o emblemático aresto:

> PENAL. *HABEAS CORPUS*. TRIBUNAL DO JÚRI. PRONÚNCIA POR HOMICÍDIO QUALIFICADO A TÍTULO DE DOLO EVENTUAL. DESCLASSIFICAÇÃO PARA HOMICÍDIO CULPOSO NA DIREÇÃO DE VEÍCULO AUTOMOTOR. EMBRIAGUEZ ALCOÓLICA. *ACTIO LIBERA IN CAUSA*. AUSÊNCIA DE COMPROVAÇÃO DO ELEMENTO VOLITIVO. REVALORAÇÃO DOS FATOS QUE NÃO SE CONFUNDE COM REVOLVIMENTO DO CONJUNTO FÁTICO-PROBATÓRIO. ORDEM CONCEDIDA. 1. A classificação do delito como doloso, implicando pena sobremodo onerosa e influindo na liberdade de ir e vir, mercê de alterar o procedimento da persecução penal em lesão à cláusula do *due process of law*, é reformável pela via do *habeas corpus*. 2. O homicídio na forma culposa na direção de veículo automotor (art. 302, *caput*, do CTB) prevalece se a capitulação atribuída ao fato como homicídio doloso decorre de mera presunção ante a embriaguez alcoólica eventual. 3. A embriaguez alcoólica que conduz à responsabilização a título doloso é apenas a preordenada, comprovando-se que o agente se embebedou para praticar o ilícito ou assumir o risco de produzi-lo. 4. *In casu*, do exame da descrição dos fatos empregada nas razões de decidir da sentença e do acórdão do TJ/SP, não restou demonstrado que o paciente tenha ingerido bebidas alcoólicas no afã de produzir o resultado morte. 5. A doutrina clássica revela a virtude da sua justeza ao asseverar que "O anteprojeto Hungria e os modelos em que se inspirava resolviam muito melhor o assunto. O art. 31 e §§1º e 2º estabeleciam: 'A embriaguez pelo álcool ou substância de efeitos análogos, ainda quando completa, não exclui a responsabilidade, salvo quando fortuita ou involuntária. §1º. Se a embriaguez foi intencionalmente procurada para a prática do crime, o agente é punível a título de dolo; §2º. Se, embora não preordenada, a embriaguez é voluntária e completa e o agente previu e podia prever que, em tal estado, poderia vir a cometer crime, a pena é aplicável a título de culpa, se a este título é punível o fato'" (Guilherme Souza Nucci, *Código Penal comentado*, 5. ed. rev. atual. e ampl. São Paulo: RT, 2005, p. 243). 6. A revaloração jurídica dos fatos postos nas instâncias inferiores não se confunde com o revolvimento do conjunto fático-probatório. Precedentes: HC 96.820/SP, rel. Min. Luiz Fux, j. 28/06/2011; RE 99.590, Rel. Min. Alfredo Buzaid, DJ de 06/04/1984; RE 122.011, Relator o Ministro Moreira Alves, DJ de 17/08/1990. 7. A Lei nº 11.275/06 não se aplica ao caso em exame, porquanto não se revela *lex mitior*, mas, ao revés, previu causa de aumento de pena para o crime *sub judice* e em tese praticado, configurado como homicídio culposo na direção de veículo automotor (art. 302, *caput*, do CTB). 8. Concessão da ordem para desclassificar a conduta imputada ao paciente para homicídio culposo na direção de veículo automotor (art. 302, *caput*, do CTB), determinando a remessa dos autos à Vara Criminal da Comarca de Guariba/SP (HC 107801/SP – STF)

Ainda no mesmo propósito, a Lei nº 13.546/17 incluiu ao artigo 302 o §3º, qualificando o crime de homicídio culposo se o agente conduzir veículo automotor sob a influência de álcool ou de qualquer outra substância psicoativa que determine dependência.

Nesse caso, as penas serão de reclusão, de cinco a oito anos, e suspensão ou proibição do direito de se obter a permissão ou a habilitação para dirigir veículo automotor.

Mesmo com a entrada em vigor da Lei nº 13.546/17, as ponderações sobre dolo eventual e culpa consciente permanecem válidas, pois somente o caso concreto irá dizer se se trata do crime culposo do Código de Trânsito ou do homicídio doloso do Código Penal. O que a novel legislação fez foi criar uma qualificadora para o homicídio culposo na direção de veículo automotor, ou seja, constatando-se que o agente, agindo culposamente, praticou homicídio na direção de veículo automotor estando sob influência de álcool ou de qualquer outra substância psicoativa que determine dependência, a pena a ele aplicada será mais grave.

Já em relação ao crime praticado no contexto de "racha", tem-se reconhecido majoritariamente o dolo eventual, no sentido de que o agente tem previsão da ocorrência de resultados lesivos, pouco se importando com a realização ou não deles. Sendo assim, prevalece na jurisprudência dos tribunais superiores que se trata de homicídio doloso. Vejamos:

> IV – ELEMENTO SUBJETIVO DO TIPO 11. O caso *sub judice* distingue-se daquele revelado no julgamento do HC nº 107801 (Rel. min. Luiz Fux, 1ª Turma, DJ de 13/10/2011), que cuidou de paciente sob o efeito de bebidas alcoólicas, hipótese na qual gravitava o tema da imputabilidade, superada tradicionalmente na doutrina e na jurisprudência com a aplicação da teoria da *actio libera in causa*, viabilizando a responsabilidade penal de agentes alcoolizados em virtude de ficção que, levada às últimas consequências, acabou por implicar em submissão automática ao Júri em se tratando de homicídio na direção de veículo automotor. 12. A banalização do crime de homicídio doloso, decorrente da sistemática aplicação da teoria da "ação livre na causa" mereceu, por esta Turma, uma reflexão maior naquele julgado, oportunidade em que se limitou a aplicação da mencionada teoria aos casos de embriaguez preordenada, na esteira da doutrina clássica. 13. A precompreensão no sentido de que todo e qualquer homicídio praticado na direção de veículo automotor é culposo, desde não se trate de embriaguez preordenada, é assertiva que não se depreende do julgado no HC nº 107801. 14. A diferença entre o dolo eventual e a culpa consciente encontra-se no elemento volitivo que, ante a impossibilidade de penetrar-se na *psique* do agente, exige a observação de todas as circunstâncias objetivas do caso concreto, sendo certo que, em ambas as situações, ocorre a representação do resultado pelo agente. 15. Deveras, tratando-se de culpa consciente, o agente pratica o fato ciente de que o resultado lesivo, embora previsto por ele, não ocorrerá. Doutrina de Nelson Hungria (*Comentários ao Código Penal*, 5. ed. Rio de Janeiro: Forense, 1980, v. 1, p. 116-117); Heleno Cláudio Fragoso (*Lições de Direito Penal* – Parte geral, Rio de Janeiro: Forense, 2006, 17. ed., p. 173 – grifo adicionado) e Zaffaroni e Pierangelli (Manual de Direito Penal, Parte Geral, v. 1, 9. ed – São Paulo: RT, 2011, p. 434-435 – grifos adicionados). 16. A cognição empreendida nas instâncias originárias demonstrou que o paciente, ao lançar-se em práticas de expressiva periculosidade, em via pública, mediante alta velocidade, consentiu em que o resultado se produzisse, incidindo no dolo eventual previsto no art. 18, inciso I, segunda parte, *verbis*: ("Diz-se o crime: I – doloso, quando o agente quis o resultado ou assumiu o risco de produzi-lo" – grifei). 17. A notória periculosidade dessas práticas de competições automobilísticas em vias públicas gerou a edição de legislação especial prevendo-as como crime autônomo, no art. 308 do CTB, *in verbis*: "Art. 308. Participar, na direção de veículo automotor, em via pública, de corrida, disputa ou competição automobilística não autorizada pela autoridade competente, desde que resulte dano potencial à incolumidade pública ou privada". 18. O art. 308 do CTB é crime doloso de perigo concreto que, se concretizado em lesão corporal ou homicídio, progride para os crimes dos artigos 129 ou 121, em sua forma dolosa, porquanto seria um contrassenso transmudar um delito

doloso em culposo, em razão do advento de um resultado mais grave. Doutrina de José Marcos Marrone (*Delitos de trânsito brasileiro*: Lei nº 9.503/97. São Paulo: Atlas, 1998, p. 76). 19. É cediço na Corte que, em se tratando de homicídio praticado na direção de veículo automotor em decorrência do chamado "racha", a conduta configura homicídio doloso. Precedentes: HC 91159/MG, Rel. Min. Ellen Gracie, 2ª Turma, DJ de 24/10/2008; HC 71800/RS, Rel. Min. Celso de Mello, 1ª Turma, DJ de 03/05/1996. 20. A conclusão externada nas instâncias originárias no sentido de que o paciente participava de "pega" ou "racha", empregando alta velocidade, momento em que veio a colher a vítima em motocicleta, impõe reconhecer a presença do elemento volitivo, vale dizer, do dolo eventual no caso concreto. 21. A valoração jurídica do fato distingue-se da aferição do mesmo, por isso que o exame da presente questão não se situa no âmbito do revolvimento do conjunto fático-probatório, mas importa em mera revaloração dos fatos postos nas instâncias inferiores, o que viabiliza o conhecimento do *habeas corpus*. Precedentes: HC 96.820/SP, Rel. Min. Luiz Fux, j. 28/06/2011; RE 99.590, Rel. Min. Alfredo Buzaid, DJ de 06/04/1984; RE 122.011, relator o Ministro Moreira Alves, DJ de 17/08/1990. 22. Assente-se, por fim, que a alegação de que o Conselho de Sentença teria rechaçado a participação do corréu em "racha" ou "pega" não procede, porquanto o que o Tribunal do Júri afastou com relação àquele foi o dolo ao responder negativamente ao quesito: "Assim agindo, o acusado assumiu o risco de produzir o resultado morte na vítima?", concluindo por prejudicado o quesito alusivo à participação em manobras perigosas. HC 101698/RJ, Rel. Min. Luiz Fux, 18/10/2011.

8.3.2 Culpa inconsciente, sem previsão ou *ex ignorantia*

Na culpa inconsciente, o agente não prevê o resultado que lhe era previsível. Em outras palavras, qualquer pessoa no lugar dele conseguiria antever o acontecimento do evento.

Importa salientar ainda que a culpa consciente e a culpa inconsciente recebem o mesmo tratamento jurídico do Código Penal. Vejamos a lição de Bonfim e Capez:

> De acordo com a lei penal, não existe diferença de tratamento entre a culpa com previsão e a inconsciente, "pois tanto vale não ter consciência da anormalidade da própria conduta, quanto estar consciente dela, mas confiando, sinceramente, em que o resultado lesivo não sobreviará" (Exposição de Motivos do CP de 1940). Além disso, não há diferença quanto à cominação da pena abstratamente no tipo. Entretanto, parece-nos que no momento da dosagem da pena, o grau de culpabilidade (circunstância judicial prevista no art. 59, *caput*, do CP), deva o juiz, na primeira fase da dosimetria, elevar um pouco mais a sanção de quem age com culpa consciente, dada a maior censurabilidade desse comportamento.[276]

8.3.3 Culpa própria ou culpa propriamente dita

É aquela em que o agente não quer e não assume o risco de produzir o resultado, mas o provoca em razão de imperícia, imprudência ou negligência. É o conceito de culpa propriamente dito.

---

[276] BONFIM, Edilson; CAPEZ, Fernando. *Direito Penal*. Parte geral. 1. ed. Saraiva, 2004. p. 405.

8.3.4 Culpa imprópria ou por equiparação, assimilação ou extensão

A culpa imprópria encontra-se prevista no art. 20, §1º, segunda parte, do Código Penal:

> É isento de pena quem, por erro plenamente justificado pelas circunstâncias, supõe situação de fato que, se existisse, tornaria a ação legítima. <u>Não há isenção de pena quando o erro deriva de culpa e o fato é punível como crime culposo.</u>

Trata-se da hipótese em que o indivíduo, por erro evitável, fantasia determinada situação fática e, acreditando estar agindo acobertado por alguma causa excludente de ilicitude, provoca dolosamente um resultado ilícito.

Imagine a seguinte situação hipotética: o filho chega em casa de madrugada e vai para a cozinha fazer um lanche, deixando as luzes apagadas para não acordar seus pais. Nesse momento, seu pai acorda e, olhando por uma brecha da porta, percebe a movimentação na cozinha. Imaginando tratar-se de um assaltante, pois mais cedo havia proibido seu filho de sair naquela noite, sai do quarto armado e vai em direção à cozinha. Ao se aproximar, seu filho leva a mão no bolso para pegar o celular, e acreditando o pai que este sacaria uma arma, atira várias vezes contra ele e o mata.

Percebe-se que, em nosso exemplo, o pai acreditou estar em legítima defesa (causa excludente de ilicitude ou descriminante), quando, na verdade, não estava (imaginária ou putativa). Crendo que agia licitamente, de forma dolosa, desferiu tiros no suposto assaltante que, em verdade era seu filho, e o matou.

Diz-se que a culpa é imprópria porque a estrutura do delito é dolosa, todavia, por questões de política criminal, o agente é punido a título de culpa (se existir previsão legal). Vale dizer, o crime em verdade é doloso, mas a lei penal o *equipara* a culposo. Em suma, a culpa imprópria é a forma como se pune uma descriminante putativa[277] por erro de tipo evitável.

Se o erro for inevitável (que não podia ser evitado), o agente estará isento de pena, excluindo dolo e culpa (ver capítulo sobre o erro de tipo).

A par da discussão acima, Luiz Flávio Gomes,[278] de forma minoritária, não admite a culpa imprópria. Para ele, o que haverá é dolo, que por questões de política criminal, será punido a título de culpa. Vejamos:

> Em suma, o erro de tipo permissivo vencível ou invencível não parece afetar o dolo do tipo, mas, sim, a culpabilidade dolosa unicamente. No exemplo mais comum da legítima defesa putativa, o agente, quando, *v.g.*, dispara contra a vítima, o faz regularmente, ou com a intenção de lesar ou com a de matar; é inegável, portanto, o dolo do tipo de lesão corporal ou de homicídio.

Por derradeiro, tem-se entendido possível o reconhecimento da tentativa (art. 14, II, do CP) na culpa imprópria, tendo em vista que sua estrutura é dolosa.

---

[277] Descriminante putativa é sinônimo de causa de excludente da ilicitude imaginária.
[278] GOMES, Luiz Flávio. *Erro de tipo e erro de proibição*. p. 144.

8.3.5 Culpa *in re ipsa*

Também chamada de culpa presumida. Não é admitida no Direito Penal, ante a vedação da responsabilidade penal objetiva. Toda culpa deve ser provada.

8.4 Compensação de culpa e culpa concorrente

No Direito Penal, não existe compensação de culpa. Guilherme Nucci esclarece que:

> Não se admite no direito penal, pois infrações penais não são débitos que se compensem, sob pena de retornarmos ao regime do talião. Assim, se um motorista atropela um pedestre, ambos agindo sem cautela e ferindo-se, responderão o condutor do veículo e o pedestre, se ambos atuaram com imprudência.[279]

Contudo, admite-se a chamada concorrência de culpa, que é aquela que cada indivíduo responde pela conduta desenvolvida e que deu causa ao resultado produzido. Vejamos a lição de Damásio E. de Jesus:

> A questão da compensação de culpas não se confunde com a concorrência de culpas. Suponha-se que dois veículos se choquem num cruzamento, produzindo-se ferimentos nos motoristas e provando-se que agiram culposamente. Trata-se de concorrência de culpas. Os dois respondem por crime de lesão corporal culposa. O motorista A é sujeito ativo do crime em relação a B, que é vítima; em relação à conduta de B, ele é sujeito ativo do crime, sendo A o ofendido.[280]

8.5 Causas de exclusão de culpa

8.5.1 Culpa exclusiva da vítima

A culpa exclusiva da vítima exclui a culpa. Se a culpa é exclusiva da vítima, ela não pode ser do agente.

Imagine que um motorista está dirigindo seu veículo pela rodovia, de forma regular, com as duas mãos no volante, dentro da velocidade permitida e, de repente, um pedestre se joga na frente do carro, o que o leva a morte. Trata-se de culpa exclusiva da vítima, não podendo o resultado ser imputado ao motorista.

8.5.2 Caso fortuito e força maior

Um dos elementos da culpa é a previsibilidade objetiva, ou seja, para que o agente seja responsabilizado, é necessário que ele consiga antever o perigo. Caso fortuito e força maior são eventos imprevisíveis que fogem da esfera de domínio do agente. Sendo assim, excluem a culpa. Ilustra-se: imagine que o motorista está dentro de seu veículo estacionado em via pública e, subitamente, começa um temporal. Em razão da chuva, as ruas ficam alagadas e o carro é arrastado, esmagando contra um muro um transeunte que por ali se protegia, matando-o.

---

[279] NUCCI, Guilherme Souza. *Manual de Direito Penal*. 14. ed. rev., atual. e ampl. Rio de Janeiro: Forense, 2018. p. 197.
[280] JESUS, Damásio de. *Direito Penal*. Volume 1: parte geral. 35. ed. p. 346.

8.5.3 Erro profissional

Como já estudado, erro profissional é aquele que advém da falibilidade das regras científicas, ou seja, o agente conhece e segue estritamente as regras de sua profissão, mas, por estarem em constante evolução, não são suficientes para resolver o problema do caso concreto.

8.5.4 Risco tolerado

Determinadas atividades praticadas pelos seres humanos trazem certo risco na sua execução e, se não fossem toleradas, impediria o progresso da sociedade, da ciência, da medicina, dos transportes etc. A evolução exige o enfrentamento de alguns riscos, em especial, quando visam a tutelar bens jurídicos que são caros à sociedade. Obviamente, ao se aventurar em novas descobertas, é possível que alguns resultados não queridos venham a acontecer. Desse modo, se o perigo a ser suportado se encontrar dentro dos limites do razoável/tolerável, não há se falar em culpa.

Imagine o cientista que está testando em laboratório uma nova forma de energia que irá revolucionar a questão energética e, ao realizar a fusão dos insumos, acaba por causar uma explosão, lesionando seus colegas de trabalho. Da mesma maneira, imagine um médico que recebe um paciente à beira da morte em um hospital com parcos recursos e, sem tempo para encaminhá-lo para outro melhor, prossegue no atendimento. Ou ainda a situação do astronauta que se submete ao lançamento do foguete para instalar um novo satélite.

Atente-se que em todos os exemplos temos atividades que geram um determinado risco em sua execução, contudo, encontram-se dentro do limite do tolerável, o que exclui a culpa.

8.5.5 Princípio da confiança

O princípio da confiança funda-se na premissa de que as pessoas devem se comportar de forma responsável, agindo de forma prudente e calcadas em regras de boa convivência em sociedade, evitando causar risco ou prejuízo a terceiros. Tomamos como exemplo o seguinte: o motorista dirige seu veículo em via preferencial, confiando que o motorista que conduz seu veículo na via secundária não adentrará em sua pista. André Estefam conceitua e exemplifica o referido princípio:

> Uma pessoa não pode ser punida quando, agindo corretamente e na confiança de que o outro também assim se comportará, dá causa a um resultado não desejado (ex.: o médico que confia em sua equipe não pode ser responsabilizado pela utilização de uma substância em dose equivocada, se para isso não concorreu; o motorista que conduz seu automóvel cuidadosamente confia que os pedestres se manterão na calçada e somente atravessarão a rua quando não houver movimento de veículos, motivo pelo qual não comete crime se atropela um transeunte que se precipita repentinamente para a via trafegável).[281]

---

[281] ESTEFAM, André. *Direito Penal*. Parte geral. vol. 1. 4. ed. São Paulo: Saraiva, 2015, p. 139.

Esse princípio rege a vida em sociedade, pois não se pode exigir que o cidadão seja o fiscal das boas maneiras alheias. Impor-se-ia às pessoas ônus por demais gravoso se se exigisse delas que se comportassem de forma a prever todas as condutas não confiáveis das outras. Assim, o que se espera é que todos ajam de acordo com as normas de boa convivência e de normalidade.

Desse modo, *v.g.*, aquele que, agindo em conformidade com o Direito, pratica homicídio culposo na direção de veículo automotor em razão da imprudência alheia (quebra do princípio da confiança) não incorre no delito do artigo 302 do Código de Trânsito.

Entretanto, Fernando Capez faz um importante alerta sobre o abuso da situação de confiança (ou confiança proibida), a qual não exclui o delito:

> O princípio da confiança, contudo, não se aplica quando era função do agente compensar eventual comportamento defeituoso de terceiros. Por exemplo: um motorista que passa bem ao lado de um ciclista não tem por que esperar uma súbita guinada deste em sua direção, mas deveria ter-se acautelado para não passar tão próximo, a ponto de criar uma situação de perigo. Como atuou quebrando a expectativa social de cuidado, a confiança que depositou na vítima se qualifica como proibida: é o chamado abuso da situação de confiança. (...) <u>Em suma, se o comportamento do agente se deu dentro do que dele se esperava, a confiança é permitida; quando há abuso de sua parte em usufruir da posição de que desfruta, incorrerá em fato típico.</u>[282]

---

[282] CAPEZ, Fernando. *Curso de Direito Penal*. v. 4. Legislação penal especial. 11. ed. São Paulo: Saraiva, 2016, p. 307-308, grifo no original.

CAPÍTULO 9

CRIME PRETERDOLOSO OU PRETERINTENCIONAL

9.1 Crimes qualificados pelo resultado

Crime preterdoloso é uma espécie de crime qualificado pelo resultado. Por crime qualificado pelo resultado, Bonfim e Capez lecionam que:

> É aquele em que o legislador, após descrever uma conduta típica, com todos os seus elementos, acrescenta-lhe um resultado, cuja ocorrência acarreta um agravamento da sanção penal.[283]

Existem quatro hipóteses de crimes qualificados pelo resultado: 1. Crime doloso agravado dolosamente; 2. Crime culposo agravado culposamente; 3. Crime culposo agravado dolosamente; e 4. Crime doloso agravado culposamente (crime preterdoloso ou preterintencional). Vejamos cada um deles.

1. *Crime doloso agravado dolosamente*

Nesta hipótese, tem-se a prática de uma conduta dolosa que tem seu resultado agravado por outra conduta dolosa. Vale dizer, o agente tem a intenção de produzir tanto a conduta quanto o resultado mais grave. Ex.: homicídio qualificado pelo meio cruel (art. 121, §2º, III, do CP). No nosso exemplo, o indivíduo tem intenção de matar (conduta dolosa) e também de produzir a morte se utilizando de meio cruel para aumentar o sofrimento da vítima (resultado agravador doloso).

2. *Crime culposo agravado culposamente*

Nesta hipótese, o agente pratica uma conduta culposa que produz outros resultados mais graves também a título de culpa. Ex.: incêndio culposo agravado pela morte (art. 250, §2º, c/c art. 258, ambos do CP). No delito de incêndio culposo, a morte culposa o qualifica, tornando-o mais grave.

---

[283] BONFIM, Edilson, CAPEZ, Fernando. *Direito Penal*. Parte geral. 1. ed. Saraiva, 2004. p. 467.

3. Crime culposo agravado dolosamente

Nesta hipótese, após produzir um resultado culposo, o agente pratica uma conduta dolosa agravadora. Cita-se como exemplo o indivíduo que atropela a vítima culposamente, causando-lhe lesões corporais e deixa de lhe prestar socorro (art. 303, §1º, do CTB).

Guilherme Nucci não admite a existência do crime culposo agravado dolosamente:

> Não se admite, por impropriedade lógica, a modalidade culpa na conduta antecedente e dolo na consequente. Torna-se impossível agir sem desejar o resultado quanto ao fato-base e almejar, ao mesmo tempo, o resultado qualificador. É um autêntico contrassenso.[284]

4. Crime preterdoloso ou preterintencional (crime doloso agravado culposamente)

Crime preterdoloso ou preterintencional é aquele em que há dolo na conduta inicial do agente, todavia, em razão de culpa, sobrevém resultado mais grave do que o desejado. Em outras palavras: o agente pretende produzir um resultado inicial (age com dolo), contudo, além deste resultado, também causa outro mais grave do que o pretendido (por culpa).

Ex.: lesão corporal seguida de morte (art. 129, §3º, do Código Penal). Imagine que o agente desfira um soco na vítima com a intenção de lesioná-la (dolo na conduta antecedente), contudo, com a queda, a vítima tropeça e bate a cabeça na quina da calçada e morre (resultado culposo mais grave).

Para a configuração desta espécie de crime, exige-se o preenchimento de quatro elementos: 1. conduta dolosa buscando um determinado resultado; 2. produção de resultado culposo mais grave do que o pretendido; 3. nexo causal entre a conduta dolosa e o resultado culposo mais grave; e 4. tipicidade (deve estar previsto em lei).

Ademais, segundo o art. 19 do Código Penal, pelo resultado que agrava especialmente a pena, só responde o agente que o houver causado ao menos culposamente. Dessa forma, nos crimes agravados pelo resultado, nos quais se incluem os delitos preterdolosos, não se aplica o brocardo jurídico do direito canônico *versari in re illicita*, ou seja, aquele que se envolveu com alguma coisa ilícita também é responsável pelo resultado fortuito produzido. Não se admite responsabilização penal objetiva no Direito Penal, de modo que o resultado agravador deve ocorrer ao menos a título de culpa. Sendo assim, se o resultado agravador era imprevisível, o agente não responderá por ele.

No caso do crime preterdoloso, o resultado agravador deve ocorrer sempre a título de culpa, pois, nesta espécie de delito, a estrutura será sempre dolo na conduta antecedente e culpa no resultado consequente. Se o resultado agravador do delito puder ocorrer tanto a título de dolo, quanto a título de culpa, não será classificado como infração preterintencional, pois, repito, nestes, o resultado agravador será sempre culposo. Por exemplo, o delito de latrocínio não é um crime preterdoloso (art. 157, §3º, II, do CP), pois a morte em decorrência da violência do roubo pode ser tanto dolosa, quanto culposa.

---

[284] NUCCI, Guilherme Souza. *Manual de Direito Penal*. 14. ed. rev., atual. e ampl. Rio de Janeiro: Forense, 2018. p. 441.

9.2 Tentativa em crime preterdoloso

Entende-se majoritariamente que não se admite tentativa em crime preterdoloso, tendo em vista que, como o resultado se dá a título de culpa, não seria possível tentar aquilo que não se quis.

9.3 Reincidência em crime preterdoloso

Considerando que o crime preterdoloso é uma figura híbrida, composta por dolo e culpa, surge a indagação no sentido de se o reincidente em crime preterdoloso deve ser tratado como reincidente em crime doloso ou culposo. A nosso sentir, deve ser tratado como reincidente em crime doloso, tendo em vista que, quando da produção do resultado culposo, um delito doloso já havia se consumado, sendo apenas agravado pelo resultado involuntário. Nesse sentido, Flávio Monteiro de Barros orienta que:

> O reincidente em crime preterdoloso, contudo, deve ser tratado como reincidente em crime doloso, pois antes de integralizar-se o resultado culposo mais grave realiza-se, por completo, um crime doloso menos grave.[285]

---

[285] BARROS, Flávio Monteiro de. *Direito Penal*. Parte geral. São Paulo: Editora Saraiva, 2003. p. 247.

CAPÍTULO 10

ERRO DE TIPO

10.1 Conceito

O erro de tipo encontra-se previsto no art. 20 do Código Penal:

> Art. 20 – O erro sobre elemento constitutivo do tipo legal de crime exclui o dolo, mas permite a punição por crime culposo, se previsto em lei.

Conceitua-se erro como uma falsa percepção da realidade. Por sua vez, erro de tipo é aquele que incide sobre as elementares, as circunstâncias ou qualquer outro dado que compõe o tipo penal. Fernando Capez e Edilson Mougenot fazem uma observação sobre a nomenclatura utilizada:

> A denominação 'erro de tipo' deve-se ao fato de que o equívoco do agente incide sobre um dado da realidade que se encontra descrito em um tipo penal. Assim, mais adequado seria chamá-lo não de 'erro de tipo', mas de 'erro sobre situação descrita no tipo'.[286]

Citamos um exemplo que aconteceu com este professor que vos escreve: estava viajando para São Paulo, com escala em Brasília. Ao pousar em Brasília, acordei e, ainda sonolento, peguei a mochila que se encontrava no maleiro e, acreditando ser a minha, coloquei-a nas costas e saí pela sala de embarque falando ao celular. Após alguns instantes, um dos passageiros me abordou e informou que, por engano, tinha pegado a mochila dele, que era exatamente igual a minha.

No nosso exemplo, percebe-se a exata descrição da conduta prevista no art. 155 do Código Penal, pois houve a subtração da coisa. Contudo, como existiu um erro que recaiu sobre um dos elementos constitutivos do tipo, qual seja "coisa alheia móvel", o fato é atípico.

---

[286] BONFIM, Edilson, CAPEZ, Fernando. *Direito Penal*. Parte geral. 1. ed. Saraiva, 2004. p. 471.

10.2 Espécies de erro de tipo

O erro de tipo divide-se em duas espécies: erro de tipo essencial e erro de tipo acidental. Estas duas espécies ainda se subdividem em outras subsespécies. Vejamos:

Erro de Tipo Essencial	Erro de Tipo Acidental
1. Evitável, inescusável, vencível ou indesculpável 2. Inevitável, escusável, invencível ou desculpável	1. Erro sobre o objeto 2. Erro sobre a pessoa 3. Erro na execução 4. Resultado diverso do pretendido 5. Erro sobre o nexo causal

10.2.1 Erro de tipo essencial

Encontra-se previsto no art. 20, *caput*, do Código Penal, e é entendido como a hipótese de erro que recai sobre os elementos constitutivos do tipo penal ou sobre suas circunstâncias. É o erro que recai sobre os elementos fundamentais do tipo, que, se não existissem, o agente não praticaria o delito. O agente não tem consciência de que está praticando um delito.

Por exemplo, o agente atira na árvore achando que ali se escondia um animal (uma coisa), quando na verdade era uma pessoa (alguém). Ou, ainda, subtrai coisa alheia, acreditando que está tomando para si coisa própria.

O erro de tipo essencial se subdivide em evitável e inevitável e, a depender da classificação, acarretam consequências jurídicas distintas.

10.2.1.1 Erro de tipo inevitável, escusável, invencível ou desculpável

É a hipótese de erro que não podia ser evitado. É aquela situação que é possível desculpar o agente pelo erro cometido, pois qualquer pessoa também erraria, mesmo tomando todas as cautelas necessárias. Nesse caso, exclui-se o dolo e a culpa, tornando o fato atípico.

10.2.1.2 Erro de tipo evitável, inescusável, vencível ou indesculpável

É a hipótese de erro que poderia ter sido evitado pelo infrator. Diz respeito àquela situação que não é possível desculpar o agente pelo erro cometido, pois, se tivesse tomado as cautelas necessárias, teria evitado o resultado. Nesse caso, como houve um erro, haverá a exclusão do dolo, mas subsistirá a punição por culpa, caso haja previsão legal para tanto.

10.2.1.3 Critérios da (in)evitabilidade do erro

Costuma-se apontar como parâmetro para averiguar se o erro é ou não evitável o critério do "homem médio". Vale dizer, se diante do caso concreto, uma pessoa de inteligência/prudência mediana conseguiria prever o resultado de sua ação e, portanto, evitá-lo. Nesse sentido, ensinam Eugênio Pacelli e André Callegari:

Deve-se precisar se o erro de tipo baseia-se em uma crença objetivamente fundada ou, em geral, é objetivamente inevitável para o homem médio ideal – desde o ponto de vista do Direito e para cada posição jurídica – colocado na situação do autor, com os conhecimentos deste e empregando toda a diligência objetivamente devida.[287]

De outra banda, a doutrina moderna costuma trabalhar com o critério do "agente do caso concreto". Rogério Sanches Cunha explica:

> Uma corrente mais moderna, não sem razão, trabalha com as circunstâncias do caso concreto, pois percebe que o grau de instrução, idade do agente, momento e local do crime podem interferir na previsibilidade do agente (circunstâncias desconsideradas na primeira orientação).[288]

10.3 Descriminantes putativas

Descriminante putativa, também conhecida como descriminante erroneamente suposta ou descriminante imaginária, significa que: a) descriminante: é uma causa que exclui o crime, afastando sua ilicitude (sinônimo de justificante ou causa de justificação); b) putativa: é o mesmo que imaginária, fruto da imaginação do agente.

Portanto, descriminante putativa é uma causa de justificação que existe apenas no imaginário do agente. Ela não é real, embora o sujeito acredite que seja.

Todas as excludentes de ilicitude previstas no art. 23 do Código Penal podem ser objeto de erro por parte do agente. Vale dizer, é possível que o agente fantasie estar agindo acobertado pela legítima defesa, pelo estado de necessidade, pelo estrito cumprimento de um dever legal e pelo exercício regular de um direito, quando, na verdade, seus requisitos não estão presentes (não são reais).

Existem 3 espécies de descriminantes putativas:

1. *Erro sobre os pressupostos de fato de uma causa de exclusão da ilicitude*: nesse caso, o agente imagina existir uma situação fática em que a sua conduta está acobertada por uma excludente da ilicitude. Por exemplo, Fulano encontra seu desafeto no shopping. Ao se aproximar, o desafeto coloca a mão no bolso de trás da calça. Fulano, acreditando que seu desafeto pegaria uma arma para lhe matar, saca sua pistola e o mata primeiro. Após, descobre-se que o desafeto levou a mão no bolso para pegar uma carta com um pedido de desculpas.

Nesse caso, Fulano acreditou que seria agredido injustamente, quando, na verdade, essa situação não existia.

2. *Erro sobre a existência legal de uma causa de exclusão da ilicitude*: nesta hipótese, o agente pratica o fato acreditando que está acobertado por uma causa excludente de ilicitude, que, na verdade, não existe. Em outras palavras, o agente pratica um fato típico, crendo que, naquelas condições, a lei o permite.

Por exemplo, Fulano de Tal pratica eutanásia acreditando que é hipótese de causa de exclusão da ilicitude, quando, na verdade, não é, uma vez que a eutanásia não está prevista na lei entre as causas excludentes da ilicitude.

---

[287] PACELLI, Eugênio, CALLEGARI, André. *Manual de Direito Penal* – Parte geral. 4. ed. São Paulo: Atlas. p. 307.
[288] CUNHA, Rogério Sanches. *Manual de Direito Penal*. Parte geral (arts. 1º ao 120). Volume único. Salvador: JusPodivm, 2020, p. 276.

3. *Erro sobre os limites da causa de exclusão da ilicitude*: nesta hipótese, o agente tem consciência da existência legal da causa excludente de ilicitude (sabe que ela está prevista na lei), porém, erra em relação aos seus limites.

Por exemplo, o agente é legalmente preso, mas acredita que sua prisão é injusta, e passa a agredir o policial, crendo que está agindo em legítima defesa, uma vez que, a seu juízo, o servidor público estaria cumprindo uma ordem ilegal.

O grande problema das descriminantes putativas cinge-se à sua natureza jurídica, ou seja, em qual modalidade de erro essas hipóteses se enquadram (erro de tipo ou de proibição).

Quanto ao *erro sobre a existência legal de uma causa de exclusão da ilicitude e ao erro sobre os limites da causa de exclusão da ilicitude*, parece existir consenso que possuem natureza jurídica de erro proibição, estando a questão afeta à culpabilidade. Neste ponto, têm-se as chamadas *descriminantes putativas por erro de proibição*.

Assim, as consequências jurídicas destas espécies de erro se dividem em duas situações, conforme previsão do art. 21 do Código Penal: se o erro for inevitável, acarretará a isenção da pena, excluindo-se a culpabilidade; se o erro for evitável, haverá diminuição da pena de 1/6 (um sexto) a 1/3 (um terço).

No que concerne ao erro sobre os pressupostos de fato de uma causa de exclusão da ilicitude, há divergência doutrinária, a depender da teoria da culpabilidade adotada.

A *teoria normativa pura extremada da culpabilidade* fundamenta que esta modalidade de erro deve excluir a culpabilidade, cuidando-se de verdadeiro *erro de proibição*, tendo em vista que o art. 20, §1º, do Código Penal orienta que, "em se tratando de erro inevitável, não exclui dolo ou culpa (como exige o erro de tipo), mas isenta o agente de pena (como manda o erro de proibição). Elimina, nessa hipótese (erro escusável), a culpabilidade do sujeito que sabe exatamente o que faz (...)".[289]

A *teoria normativa pura limitada da culpabilidade*, por sua vez, justifica que a mencionada modalidade de erro tem natureza jurídica de *erro de tipo* e, por conseguinte, deve excluir dolo e culpa (se o erro for inevitável) ou apenas o dolo, subsistindo a punição por culpa (se o erro for evitável). Isso porque a descriminante putativa referente ao erro sobre os pressupostos fáticos está prevista no art. 20, §1º, do Código Penal, dispositivo que versa sobre o erro de tipo. Para esta teoria, teremos o chamado *erro de tipo permissivo*. No mesmo sentido, surgem as *descriminantes putativas por erro de tipo*.

Segundo o item 19 do Código Penal, a *teoria adotada* pelo ordenamento jurídico é a *normativa pura limitada*:

> 19. Repete o Projeto as normas do Código de 1940, pertinentes às denominadas "descriminantes putativas". Ajusta-se, assim, o Projeto à teoria limitada pela culpabilidade, que distingue o erro incidente sobre os pressupostos fáticos de uma causa de justificação do que incide sobre a norma permissiva. Tal como no Código vigente, admite-se nesta área a figura culposa (artigo 17, §1º).

Demais disso, a previsão legal da descriminante putativa referente ao erro sobre os pressupostos fáticos está prevista no art. 20, §1º, do Código Penal, o qual dispõe sobre o erro de tipo.

---

[289] CUNHA, Rogério Sanches. *Manual de Direito Penal*. Parte geral (arts. 1º ao 120). Volume único. Salvador: JusPodivm, 2020, p. 351.

10.4 Erro de tipo acidental

O erro de tipo acidental, por sua vez, é aquele que recai sobre dados periféricos ou acessórios do tipo penal, de modo que, ainda que o agente erre, o delito continua existindo, uma vez que os elementos que constituem o crime permanecem incólumes. Beling, citado por Guilherme Nucci, define o erro de tipo acidental como:

> O erro sobre circunstâncias concretas que não correspondam ao delito-tipo, que não são tipicamente relevantes, isto é, com ou sem elas o delito-tipo objetivamente realizado subsiste da mesma maneira. É tipicamente irrelevante, por exemplo, o nome do morto; por isso subsiste a intenção homicida mesmo que o autor acredite que aquele se chamava 'Francisco X' quando, na verdade, chamava-se 'Fernando X', ou que se chamasse X, sendo que se chamava Y.[290]

São espécies de erro de tipo acidental, também conhecidos como irrelevantes penais: 1. Erro sobre o objeto; 2. Erro sobre a pessoa; 3. Erro na execução; 4) Resultado diverso do pretendido; e 5. Erro sobre o nexo causal.

10.4.1 Erro sobre o objeto (*error in objeto*)

Trata-se de erro que não possui previsão legal, contudo, é discutido em doutrina. Nessa hipótese, o agente quer atingir determinado objeto, contudo, por erro, atinge coisa diversa. Imagine que o indivíduo pretenda furtar um saco de farinha, mas, por erro, subtrai um saco de arroz. Ou ainda o agente que quer furtar um relógio de prata, mas, por erro, subtrai um relógio de lata.

Vê-se que o infrator tinha consciência e vontade de realizar os furtos, contudo, em ambos os casos, confundiu as coisas pretendidas, subtraindo objetos diversos. Note-se que houve um erro sobre um dado periférico/secundário do tipo penal, que não interfere na constituição do crime.

Cuida-se de verdadeiro irrelevante penal, que não tem o condão de excluir o dolo ou a culpa, nem isentar o agente de pena.

Entrementes, Fernando Capez pondera que, quando a coisa estiver descrita como elementar do tipo, o erro será essencial. Vejamos a lição:

> Se a coisa estiver descrita como elementar do tipo, o erro será essencial. No exemplo dado, tanto café quanto feijão constituem elementares do crime de furto, ou seja, coisa alheia móvel, não tendo a menor importância a distinção. É furto de qualquer maneira. Se o agente, porém, confunde cocaína com talco, o erro é essencial, pois, enquanto aquela é elementar do crime de tráfico, este não é. No caso do furto, se houvesse grande diferença de valor entre os produtos, o erro também passaria a ser essencial, pois o pequeno valor da *res furtiva* é considerado circunstância privilegiadora do crime de furto.[291]

---

[290] NUCCI, Guilherme Souza. *Curso de Direito Penal*. Vol. 1. Parte geral. Arts. 1º a 120 do Código Penal. 3. ed. Rio de Janeiro: Forense, 2019. p. 560.
[291] CAPEZ, Fernando. *Curso de Direito Penal*. v. 1. 21. ed. São Paulo: Saraiva, 2017, p. 250.

10.4.2 Erro sobre a pessoa

O erro sobre a pessoa encontra previsão legal no art. 20, §3º, do Código Penal:

> O erro quanto à pessoa contra a qual o crime é praticado não isenta de pena. Não se consideram, neste caso, as condições ou qualidades da vítima, senão as da pessoa contra quem o agente queria praticar o crime.

Nessa hipótese, o agente quer atingir determinada pessoa, contudo, por erro, atinge pessoa diversa da pretendida. Nessa modalidade, o agente erra na identificação da vítima. Por exemplo, o agente quer matar seu irmão, mas, por erro, o confunde, e acabando matando o seu cunhado.

Vê-se que o infrator tinha consciência e vontade de praticar o homicídio, contudo, se equivocou em relação à vítima pretendida, matando pessoa diversa. Note-se que houve um erro sobre um dado periférico/secundário do tipo penal, que não interfere na constituição do crime.

Cuida-se de verdadeiro irrelevante penal, que não tem o condão de excluir o dolo ou a culpa, nem isentar o agente de pena, determinando o art. 20, §3º, do Código Penal que se deve puni-lo considerando as condições ou qualidades da vítima contra quem ele queria praticar o crime.

No nosso exemplo, deverá o agente responder como se tivesse matado o seu irmão, ainda que tenha acertado seu cunhado.

10.4.3 Erro na execução ou *aberratio ictus*

O erro na execução ou *aberratio ictus* encontra previsão legal no art. 73 do Código Penal:

> Quando, por acidente ou erro no uso dos meios de execução, o agente, ao invés de atingir a pessoa que pretendia ofender, atinge pessoa diversa, responde como se tivesse praticado o crime contra aquela, atendendo-se ao disposto no §3º do art. 20 deste Código. No caso de ser também atingida a pessoa que o agente pretendia ofender, aplica-se a regra do art. 70 deste Código.

Nessa hipótese, o agente, por acidente ou erro nos meios de execução, atinge pessoa diversa daquela que queria ofender. Nesta modalidade, o infrator identifica corretamente a vítima (ele sabe quem é a pessoa que quer atingir), porém, por erro na utilização dos meios de execução, acerta pessoa diversa.

Por exemplo, o agente quer matar seu irmão, mas, por erro no manuseio da arma de fogo, executa mal o crime, e acaba alvejando o seu cunhado, que estava próximo. Note-se que, em nosso exemplo, o agente identificou corretamente a vítima pretendida (o irmão), mas, por não saber atirar corretamente, alvejou seu cunhado que estava nas imediações.

Difere-se, portanto, do erro sobre a pessoa, pois, neste, o agente identifica equivocamente a vítima, embora execute o crime com perfeição. Na *aberratiu ictus*, o agente identifica corretamente a vítima, mas não executa adequadamente o crime.

Cuida-se de verdadeiro irrelevante penal, que não tem o condão de excluir o dolo ou a culpa, nem isentar o agente de pena, respondendo ele nos termos do art. 20, §3º, do

Código Penal, ou seja, devendo ser punido considerando as condições ou qualidades da vítima contra quem queria praticar o crime.

Se, além da vítima efetivamente alvejada, a vítima inicialmente pretendida também é atingida, aplica-se a regra do concurso formal (art. 70 do Código Penal).

10.4.4 Resultado diverso do pretendido ou *aberratio criminis*

O resultado diverso do pretendido ou *aberratio criminis* encontra previsão legal no art. 74 do Código Penal:

> Fora dos casos do artigo anterior, quando, por acidente ou erro na execução do crime, sobrevém resultado diverso do pretendido, o agente responde por culpa, se o fato é previsto como crime culposo; se ocorre também o resultado pretendido, aplica-se a regra do art. 70 deste Código.

Nessa hipótese, o agente, por acidente ou erro nos meios de execução, provoca resultado diverso do pretendido, atingindo bem jurídico distinto do projetado. Nesta modalidade, o infrator deseja atingir uma pessoa (o resultado pretendido), porém, por erro, acerta uma coisa (resultado diverso do pretendido). Ou, ainda, o infrator deseja atingir uma coisa (o resultado pretendido), porém, por erro, acerta uma pessoa (resultado diverso do pretendido).

Por exemplo, o infrator arremessa uma pedra para lesionar a vítima, mas, por erro, acaba acertando a vidraça da casa. Ou, o infrator arremessa uma pedra para acertar a vidraça da casa da vítima, mas, por erro, acaba acertando a vítima, que morre.

A consequência jurídica da *aberratio criminis* é a responsabilização do agente pelo resultado diverso do pretendido a título culposo, ou seja, pelo resultado efetivamente produzido, mas na modalidade culposa.

No exemplo que o infrator arremessa uma pedra para acertar a vidraça da casa da vítima, mas, por erro, acaba acertando a vítima, que vem a óbito, ele responderá por homicídio culposo.

Deve-se alertar que o indivíduo somente responderá pelo delito na modalidade culposa se houver previsão legal para tanto. Assim, no exemplo em que o infrator arremessa uma pedra para lesionar a vítima, mas, por erro, acaba acertando a vidraça da casa, o fato será atípico, tendo em vista que não há previsão no ordenamento jurídico de dano culposo.

Se, além do resultado diverso do pretendido, também ocorre o resultado planejado, aplica-se a regra do concurso formal (art. 70 do Código Penal).

Por fim, cabe fazer um alerta: se o resultado diverso do pretendido for menos grave, ou se não existir previsão do delito na modalidade culposa, não será aplicada a regra do art. 74 do Código Penal, sob pena de a lei penal ser considerada inócua, além de proteger de forma ineficiente o bem jurídico. Nesse sentido, vejamos a lição de Cléber Masson:

> Se o resultado previsto como crime culposo for menos grave ou se o crime não admitir a modalidade culposa, deve-se desprezar a regra contida no art. 74 do Código Penal. Exemplificativamente, se "A" efetua disparos de arma de fogo contra "B" para matá-lo, mas não o acerta e quebra uma vidraça, a sistemática do resultado diverso do pretendido

implicaria a absorção da tentativa branca ou incruenta de homicídio pelo dano culposo. Como no Código Penal o dano não admite a modalidade culposa, a conduta seria atípica. E, ainda que o legislador tivesse incriminado o dano culposo, tal delito não seria capaz de absorver o homicídio tentado. Deve ser imputada ao agente a tentativa de homicídio.[292]

10.4.5 Erro sobre o nexo causal

O erro sobre o nexo causal é tratado apenas em doutrina, não havendo previsão legal. Cuida-se de hipótese em que o agente tem intenção de causar determinado resultado, contudo, o realiza com nexo causal diverso do inicialmente projetado.

Por exemplo, querendo matar seu desafeto, o agente desfere-lhe um tiro e, acreditando estar morto, o enterra. Posteriormente, descobre-se que a vítima morreu asfixiada pelo soterramento. Nota-se que houve a produção do resultado pretendido, mas com nexo causal distinto do planejado.

Essa modalidade de erro se subdivide em dois: erro sobre o nexo causal em sentido estrito e dolo geral ou *aberratio causae*.

10.4.5.1 Erro sobre o nexo causal em sentido estrito

No erro sobre o nexo causal em sentido estrito, o agente, mediante um só ato, provoca o resultado pretendido, porém, com nexo causal diverso. Luiz Flávio Gomes traz o exemplo clássico:

> Responde por crime de homicídio doloso o agente que, desejando matar a vítima por afogamento, joga-a do alto da ponte, porém esta vem a morrer por fratura no crânio provocada pelo impacto com um pilar da ponte.[293]

10.4.5.2 Dolo geral, *aberratio causae* ou erro sucessivo

Dolo geral ou *aberratio causae* é a hipótese em que o agente, mediante conduta perpetrada mediante dois ou mais atos, provoca o resultado planejado, porém com nexo causal diverso. Welzel nos ensina de forma clara e simples:

> Quando o autor acredita haver consumado o delito quando na realidade o resultado somente se produz por uma ação posterior, com a qual buscava encobrir o fato.[294]

Citamos o seguinte exemplo: querendo matar seu desafeto, o agente desfere-lhe um tiro e, acreditando estar morto, joga seu corpo no mar. Posteriormente, descobre-se que a vítima morreu de afogamento. Vê-se que ele atingiu o resultado desejado, com nexo causal distinto do inicialmente concebido, mediante a prática de uma conduta com pluralidade de atos (primeiro atirou e depois arremessou no mar).

---

[292] MASSON, Cléber Rogério. *Direito Penal esquematizado*. Parte geral. v. 1. 14. ed. rev., atual. e ampl. São Paulo: Método, 2020, p. 281.

[293] GOMES, Luiz Flávio. *Erro de tipo – erro de proibição*. 3. ed. São Paulo: Revista dos Tribunais, 2002. p. 101.

[294] WELZEL, Hans. *Derecho penal alemán*. Tradução de Juan Bustos Ramirez e Sergio Yañes Peréz. Chile: Jurídica Chile, 1987. p. 89.

É verdadeiro irrelevante penal, que não tem o condão de excluir o dolo ou a culpa, nem isentar o agente de pena. A propósito, Paulo José da Costa Júnior ressalta que:

> Pouco importa que o agente, que pretendia a obtenção de determinado evento, tenha conseguido alcançá-lo com uma mudança do nexo causal. Se no campo objetivo a *aberratio causae* é de todo indiferente ao direito penal, não o será fatalmente no terreno subjetivo, em que poderá apresentar certa relevância, sobretudo na motivação da conduta.[295]

Na mesma tocada, Baumann faz uma importante ponderação:

> É impossível exigir um conhecimento exato do curso causal. Segundo a doutrina dominante e a jurisprudência, basta que o autor tenha uma ideia aproximada do curso do episódio e que o resultado que se tenha representado não difira consideravelmente (quanto ao valor) do resultado que se tenha produzido: 'divergências irrelevantes entre o curso causal representado e o que tenha sido produzido não afetam o dolo do autor'[296]

Fixadas as premissas básicas, é possível questionar por quantos crimes o agente delituoso responde, bem como qual o nexo causal deve ser considerado para sua punição. Rogério Greco nos posiciona em relação ao primeiro debate:

> A discussão travada na Alemanha cingia-se ao fato de que, com a primeira conduta, o agente não havia alcançado o resultado morte, razão pela qual deveria responder por um crime; em virtude de seu segundo comportamento, isto é, o fato de jogar o corpo da vítima num rio, afogando-a, seria responsabilizado por homicídio culposo.[297]

Pela teoria do dolo geral por nós acolhida em doutrina, mesmo que haja o desdobramento da conduta em dois ou mais atos, o agente responderá por apenas um delito (aquele inicialmente planejado), a título de dolo. O citado procurador de justiça do Ministério Público de Minas arremata a questão:

> Dessa forma, se o agente atuou com *animus necandi* (dolo de matar) ao efetuar golpes na vítima, deverá responder por homicídio doloso, mesmo que o resultado morte advenha de outro modo que não aquele pretendido pelo agente (*aberratio causae*), quer dizer, o dolo acompanhará todos os seus atos até a produção do resultado, respondendo o agente, portanto, por um único homicídio doloso, independentemente da ocorrência do resultado aberrante.[298]

Quanto ao nexo causal pelo qual o agente responderá, temos 3 posições sobre o tema:

> 1ª corrente: o agente responderá pelo crime considerando-se o nexo real, ou seja, o que efetivamente produziu o resultado. No nosso exemplo, responderia pelo homicídio doloso consumado mediante afogamento.

---

[295] COSTA JR., Paulo José da. *O crime aberrante*. Belo Horizonte: Del Rey, 1996. p. 78-79.
[296] BAUMANN, Jürgen. *Derecho penal*. Conceptos fundamentales y sistema (introducción a la sistemática sobre la base de casos). Trad. Conrado A. Finzi. 4. ed. Buenos Aires: Depalma, 1981. p. 244.
[297] GRECO, Rogério. *Curso de Direito Penal*. Parte geral. Vol. I. 19. ed. Niterói: Impetus, 2017, p. 295.
[298] GRECO, Rogério. *Curso de Direito Penal*. Parte geral. Vol. I. 19. ed. Niterói: Impetus, 2017, p. 275.

2ª corrente: o agente responderá pelo nexo causal inicialmente pretendido ou projetado. No nosso exemplo, responderia pelo homicídio doloso consumado em razão do disparo de arma de fogo. Essa posição tem prevalecido, tendo em vista que evita a responsabilização penal objetiva.

3ª corrente: o agente responderá pelo nexo mais favorável a ele, em razão do princípio do *in dubio pro reo*. Rogério Sanches Cunha filia-se a esta posição:

Como já alertamos no erro sobre o objeto, não havendo previsão legal, parece mais acertado (e justo) o juiz, na dúvida, considerar o nexo mais favorável ao réu, aquilatando o caso concreto. O agente vai ser punido pelo crime praticado, mas considerando o nexo desejado ou realizado, sempre o mais benéfico (imaginemos que um nexo gera qualificadora, enquanto o outro permite a forma simples do delito).[299]

10.5 Erro provocado por terceiro

O erro provocado por terceiro encontra previsão legal no art. 20, §2º, do Código Penal:

> Art. 20 – O erro sobre elemento constitutivo do tipo legal de crime exclui o dolo, mas permite a punição por crime culposo, se previsto em lei.
> Erro determinado por terceiro
> §2º – Responde pelo crime o terceiro que determina o erro.

Nessa espécie de erro, o terceiro provocador influencia para que o agente pratique o delito. Portanto, não se trata de um erro espontâneo, mas que foi determinado por outrem. Assim, o terceiro que provocou o erro deverá responder pelo crime praticado pelo agente sujeito enganado. Guilherme Nucci menciona um exemplo da vida real:

Exemplo real e recente ocorreu no México, durante as filmagens de 'La Venganza del Escorpión', em Cuernavaca, quando o ator mexicano Antonio Velasco foi morto por um disparo efetuado por colega seu.

> Consta que o ator Flavio Penichedo recebeu da produção um revólver carregado com balas de verdade no lugar das de festim. Desferiu dois tiros e percebeu que o amigo estava ferido. O produtor do filme e um contrarregra desapareceram após o evento. Assim, note-se que alguém, desejando matar o ator Velasco, aproveitando-se da cena de disparo de arma de fogo com balas de festim, substituiu os projéteis por verdadeiros, entregando o instrumento ao outro ator, que, sem saber e não pretendendo matar alguém, puxa o gatilho, causando a tragédia.[300]

O terceiro pode induzir o sujeito a praticar o delito de forma dolosa ou culposa.

Haverá provocação dolosa quando o provocador conscientemente induz o agente provocado a praticar o crime. Nesse contexto, o provocador responderá pelo delito a título de dolo. No exemplo acima, o terceiro responderá por homicídio doloso.

---

[299] CUNHA, Rogério Sanches. *Manual de Direito Penal*. Parte geral (arts. 1º ao 120). Volume único. Salvador: JusPodivm, 2020, p. 283.

[300] NUCCI, Guilherme Souza. *Curso de Direito Penal*. Vol. 1. Parte geral. Arts. 1º a 120 do Código Penal. 3. ed. Rio de Janeiro: Forense, 2019. p. 560.

Em relação à provocação culposa, Damásio E. de Jesus ensina como ela se dá:

> Existe determinação (ou provocação) culposa quando o terceiro age com imprudência, negligência ou imperícia. Neste caso, responde pelo crime praticado pelo provocado a título de culpa. Ex.: sem verificar se a arma se encontra carregada ou não, A a entrega a B, afirmando que se encontra sem munição, induzindo-o a acionar o gatilho. Acionado, o projétil atinge C, matando-o. O provocador responde por homicídio culposo. O provocado também responde por homicídio culposo, uma vez que a prudência indicava que deveria por si mesmo verificar se a arma se encontrava descarregada ou não.[301]

No erro provocado por terceiro, trabalha-se com a figura do autor mediato, ou seja, aquele que se utiliza de outrem como instrumento para a prática de delitos. No caso, o agente provocador (autor mediato) serve-se do provocado (autor imediato), como instrumento para consumar seu intento criminoso.

Por fim, deve-se ressaltar que, se o terceiro enganado percebe o erro e, querendo ou assumindo o risco do resultado, prossegue na empreitada criminosa, também responderá pelo delito a título de dolo. Caso o erro seja previsível e o terceiro insista em sua conduta, responderá a título de culpa. Contudo, se o erro lhe era imprevisível, o fato será atípico.

10.6 Questões controvertidas

10.6.1 Erro de subsunção

Erro de subsunção não se confunde com erro de tipo, tratando-se, na verdade, de um equívoco na interpretação de conceitos jurídicos previstos na norma. Segundo Luiz Flávio Gomes e Antonio Molina:

> Erro de tipo e erro de subsunção: neste último caso, que retrata uma situação jurídica penalmente irrelevante, o erro do agente recai sobre conceitos jurídicos, ou seja, sobre a compreensão do sentido jurídico de um requisito (normativo) previsto no tipo legal. No erro de subsunção há, portanto, uma valoração jurídica equivocada, isto é, uma interpretação jurídica errônea do que está contido no tipo. O erro de subsunção não afasta a responsabilidade penal do agente.[302]

Imagine o jurado que, ignorando a sua condição de funcionário público, solicita dinheiro do advogado para absolver seu cliente. Neste caso, o jurado praticará o delito de corrupção passiva, previsto no art. 317 do Código Penal. Isso porque, mesmo que a pessoa não saiba exatamente o sentido jurídico da norma que orienta que o jurado tem *status* de funcionário público para fins penais, qualquer indivíduo de inteligência e prudência mediana tem noção, pelas regras de vida e de experiência comuns à vida em sociedade, que está servindo à justiça. Desse modo, em que pese não conheça de forma profunda o referido conceito jurídico, consegue saber que deve agir com retidão no desempenho deste mister.

---

[301] JESUS, Damásio de. *Direito Penal*. Volume 1: Parte geral. 35. ed. p. 359.
[302] GOMES, Luiz Flávio; MOLINA, Antonio García Pablos de. *Direito Penal*. Parte geral. 2. ed. São Paulo: RT, 2007, vol. 2, p. 263.

O erro de subsunção é um irrelevante penal que não acarreta a exclusão do dolo, nem da culpa, bem como não tem o condão de isentar o agente de pena.

Há, contudo, respeitáveis vozes na doutrina defendendo que essa modalidade de erro pode conduzir ao reconhecimento da atenuante inominada do art. 66 do Código Penal.[303] A nosso sentir, *data venia*, não se vislumbra essa possibilidade, pois o erro sobre a análise jurídica não pode ser considerado uma circunstância relevante. Muito pelo contrário, demonstra falta de prudência mediana para a vida em sociedade. Ademais, o desconhecimento da lei já é considerado circunstância atenuante pelo art. 65, II, do Código Penal.

10.6.2 Erro na execução e competência

Imagine a seguinte situação hipotética: Fulano quer matar um servidor público federal, mas, por erro na execução, assassina um servidor público estadual. No nosso exemplo, indaga-se de quem é a competência para o julgamento desse crime? Da Justiça Federal porque a intenção era atingir servidor público federal, aplicando-se a regra do art. 20, §3º, do Código Penal? Ou da Justiça Estadual, já que a vítima efetiva foi o servidor público estadual?

É sabido que, nos termos da Súmula 147 do Superior Tribunal de Justiça, "compete à Justiça Federal processar e julgar os crimes praticados contra funcionário público federal, quando relacionados com o exercício da função".

Contudo, para fins de fixação de competência, em hipótese de erro na execução, considera-se a vítima real, tendo em vista que o art. 73 do Código Penal não possui reflexos processuais penais. Em outros termos, o erro na execução está ligado ao Direito Penal, não gerando efeitos no Direito Processual Penal para fins de fixação de competência. Nesse sentido já decidiu o Superior Tribunal de Justiça:

> CONFLITO DE COMPETÊNCIA. JUÍZOS MILITAR E COMUM ESTADUAL. CRIME CONTRA A VIDA PRATICADO POR MILITAR. VÍTIMA PRETENDIDA: MILITAR. SITUAÇÃO: VÍTIMA CIVIL. *ABERRATIO ICTUS*. COMPETÊNCIA DA JUSTIÇA COMUM. 1. Ainda que tenha ocorrido a *aberratio ictus*, o militar, na intenção de cometer o crime contra colega da corporação, outro militar, na verdade, acabou praticando-o contra uma vítima civil, tal fato não afasta a competência do juízo comum. 2. Conflito conhecido, declarando-se a competência do Tribunal de Justiça do Estado de São Paulo, o suscitado" (CC nº 27.368/SP).

---

[303] CUNHA, Rogério Sanches. *Manual de Direito Penal*. Parte geral (arts. 1º ao 120). Volume único. Salvador: JusPodivm, 2020, p. 285.

CAPÍTULO 11

RESULTADO

Resultado é mais um elemento do fato típico, juntamente com a conduta, nexo de causalidade e tipicidade. Existem duas espécies de resultado:

1. *Naturalístico*

Resultado naturalístico é aquele que provoca algum tipo de alteração física no mundo exterior. Por exemplo: a) no homicídio, a morte; b) no furto, a subtração da coisa; c) na lesão corporal, os ferimentos; etc.

2. *Jurídico*

Resultado jurídico é aquele que causa alteração no mundo jurídico, ou seja, que resulta em lesão ou perigo de lesão ao bem jurídico tutelado.

Nem todos os delitos possuem resultado naturalístico, porém, todos os crimes, necessariamente, possuem resultado jurídico, uma vez que não há delito sem lesão ou perigo de lesão ao bem jurídico tutelado.

11.1 Classificação dos crimes quanto ao resultado

Quanto ao resultado naturalístico, os crimes podem ter 3 classificações:

1. *Crimes materiais*

São aqueles em que o resultado naturalístico é indispensável para a configuração do crime. Neles, o tipo penal descreve tanto a conduta, quanto o resultado naturalístico. Exemplos: homicídio, lesão corporal, furto, roubo, estupro etc.

2. *Crimes formais ou de consumação antecipada*

São aqueles em que o tipo penal descreve tanto a conduta quanto o resultado naturalístico. Entretanto, para sua realização, não é necessária a ocorrência do resultado naturalístico, visto que sua consumação é antecipada para o momento da conduta. Caso também ocorra o resultado naturalístico, será considerado mero exaurimento do delito. Exemplo: extorsão, extorsão mediante sequestro, concussão etc.

A Súmula 96 do STJ, que trata do crime de extorsão, bem esclarece a situação: "o crime de extorsão consuma-se independentemente da obtenção da vantagem indevida". No momento da exigência da vantagem, o crime já se consuma. Caso haja o pagamento da quantia exigida, será um mero exaurimento do delito, podendo ser considerado para o agravamento da pena-base. A propósito, André Estefam faz o seguinte alerta:

> Alguns autores afirmam que o tipo penal nos crimes formais é incongruente, porquanto descreve conduta e resultado, mas se contenta com aquela para que ocorra a consumação, vale dizer, exige menos do que aquilo que está escrito na norma penal.[304]

3. *Crimes de mera conduta ou de mera atividade*

São aqueles em que o tipo penal descreve uma mera conduta, sem resultado naturalístico. Assim, basta a prática da conduta descrita no dispositivo legal para a consumação do delito. Exemplo: porte de arma, omissão de socorro, violação de domicílio etc.

Vejamos o entendimento do Supremo Tribunal Federal sobre o delito de porte de arma:

> O crime de porte ilegal de arma de fogo de uso permitido é de mera conduta e de perigo abstrato, ou seja, consuma-se independentemente da ocorrência de efetivo prejuízo para a sociedade, e a probabilidade de vir a ocorrer algum dano é presumida pelo tipo penal. Além disso, o objeto jurídico tutelado não é a incolumidade física, mas a segurança pública e a paz social, sendo irrelevante o fato de estar a arma de fogo municiada ou não. HC 104.206/RS, 1ª Turma, Rel. Min. Carmen Lúcia, DJe de 26/08/2010.

---

[304] ESTEFAM, André. *Direito Penal*. Parte geral. vol. 1. 6. ed. São Paulo: Saraiva, 2017, p. 216.

CAPÍTULO 12

NEXO DE CAUSALIDADE

O nexo de causalidade é o terceiro elemento do fato típico e consiste na ligação entre a conduta realizada pelo agente e o resultado naturalístico decorrente dela. O estudo do nexo causal cuida de verificar se determinado resultado pode ser imputado ao agente. Por isso, pode-se afirmar que está relacionado aos crimes materiais.

Nos crimes formais e de mera conduta, não se analisa o nexo causal, uma vez que estes não dependem do resultado naturalístico para sua consumação, de modo que não há sentido em seu exame.

O art. 13 do Código Penal traz os principais contornos em relação ao nexo de causalidade:

> Art. 13 – O resultado, de que depende a existência do crime, somente é imputável a quem lhe deu causa. Considera-se causa a ação ou omissão sem a qual o resultado não teria ocorrido.
> §1º – A superveniência de causa relativamente independente exclui a imputação quando, por si só, produziu o resultado; os fatos anteriores, entretanto, imputam-se a quem os praticou.
> §2º – A omissão é penalmente relevante quando o omitente devia e podia agir para evitar o resultado. O dever de agir incumbe a quem:
> a) tenha por lei obrigação de cuidado, proteção ou vigilância;
> b) de outra forma, assumiu a responsabilidade de impedir o resultado;
> c) com seu comportamento anterior, criou o risco da ocorrência do resultado.

12.1 Teoria da equivalência dos antecedentes (*conditio sine qua non*)

A teoria da equivalência dos antecedentes ou da *conditio sine qua non*[305] encontra-se prevista no art. 13, *caput*, do Código Penal e considera causa toda ação ou a omissão sem a qual o resultado não teria ocorrido da maneira como se sucedeu, ou seja, todos os antecedentes físicos que contribuíram para a realização do resultado da forma como ocorreu. Nesse prisma, vale o alerta de Assis Toledo sobre causa e condição:

---

[305] Toda conduta sem a qual o resultado não teria ocorrido como ocorreu.

O projeto adotou a teoria chamada de equivalência dos antecedentes ou da *conditio sine qua non*. Não se distingue entre causa e condição: tudo quanto contribuiu, *in concreto*, para o resultado é causa. Ao agente não deixa de ser imputável o resultado, ainda quando, para a produção deste, se tenha aliado à sua ação ou omissão uma concausa, isto é, outra causa preexistente, concomitante ou superveniente.[306]

Portanto, para a teoria da equivalência dos antecedentes, todo e qualquer fator que anteceder o resultado e que sobre ele tiver alguma interferência deverá ser considerado causa.

O método utilizado para verificar se determinado evento é ou não causa do crime é o chamado Procedimento Hipotético de Eliminação, do professor sueco Thyrén. Para o mestre, causa é todo antecedente que, suprimido mentalmente (de forma hipotética), impediria a produção do resultado como ocorreu.

Vamos ao exemplo: imagine que Fulano desferiu tiros em Beltrano e o matou. No dia do crime, os fatos que o antecederam foram os seguintes: 1. Fulano acordou cedo; 2. comprou a arma e a munição 3. almoçou; 4. levou os filhos à escola; 5. compareceu ao local do crime; 6. atirou na vítima; 7. causou a morte.

Note que, no dia do evento criminoso, existiram 6 situações que antecederam a morte da vítima. O método ensinado por Thyrén orienta a suprimir, mentalmente, cada um dos fatos que antecederam o crime. Se, após a supressão, o crime ainda continuar existindo, tal antecedente não é considerado causa. Contudo, se depois de sua eliminação, o crime não acontecer da forma como ocorreu, o antecedente será considerado causa. Demonstraremos:

(continua)

	Supressão hipotética do Antecedente Causal	Será considerado causa o do crime?
1. Fulano acordou cedo	Se não tivesse acordado	Se tivesse ficado dormindo, o crime não teria ocorrido como ocorreu. É causa do crime.
2. comprou a arma e a munição	Se não tivesse comprado a arma e as munições	Se não tivesse comprado a arma e as munições, o crime não teria ocorrido como ocorreu. É causa do crime.
3. almoçou	Se não tivesse almoçado	Se não tivesse almoçado, o crime teria ocorrido da forma como ocorreu. NÃO é causa do crime.
4. levou os filhos à escola	Se não tivesse levado os filhos à escola	Se não tivesse levado os filhos à escola, o crime teria ocorrido da forma como ocorreu. NÃO é causa do crime.

---

[306] TOLEDO, Francisco de Assis. *Princípios básicos de Direito Penal*. 5. ed. 17. tir. São Paulo: Saraiva, 2012. p. 111.

	Supressão hipotética do Antecedente Causal	Será considerado causa o do crime?
5. compareceu ao local do crime	Se não tivesse comparecido ao local do crime	Se não tivesse comparecido ao local dos fatos, o crime não teria ocorrido como ocorreu. É causa do crime.
6. atirou na vítima	Se não tivesse atirado na vítima	Se não tivesse atirado na vítima, o crime não teria ocorrido como ocorreu. É causa do crime.

(conclusão)

Assim, da análise conjunta da teoria da equivalência dos antecedentes com o procedimento hipotético de eliminação de Thyrén, extrai-se a causalidade objetiva ou efetiva do resultado produzido. Em outras palavras, dessa conjugação de teorias, saberemos quais foram as causas que, objetivamente, geraram o resultado. Daí, também, colhe-se a principal crítica em relação à teoria da equivalência dos antecedentes, que é a possibilidade de regresso ao infinito da cadeia causal. Na lição de Assis Toledo:

> Tem-se criticado a teoria da *conditio sine qua non*, atribuindo-se lhe o perigo de um regresso ao infinito, na cadeia causal. Se 'tudo quanto contribui, *in concreto*, para o resultado, é causa', não se poderá, por exemplo, negar, que em um homicídio cometido por meio de um tipo de revólver, que a venda do revólver é igualmente causa desse homicídio; mas a fabricação da arma também o seria, e assim, sempre regredindo, não se chegaria a um fim, na cadeia causal. [307]

Para combater o regresso ao infinito da *conditio sine qua non*, é necessário que haja um incremento dos elementos da relação de causalidade. O que evita que a conduta regresse indefinidamente ao infinito é a análise da *causalidade subjetiva*, que significa dizer que somente poderá ser responsabilizado penalmente o agente que agiu com dolo ou culpa.

Portanto, além do exame do nexo físico previsto no art. 13 do Código Penal, é indispensável que se verifique se o agente dirigiu sua ação ou omissão de forma dolosa ou culposa. Desse modo, o fabricante da arma de fogo que causou a morte da vítima não poderá ser responsabilizado pelo evento criminoso, uma vez que, embora objetivamente seja causa do delito (se não tivesse fabricado e vendido arma, os fatos não teriam acontecido como ocorreram), sua conduta é despida de dolo ou culpa.

12.2 Concausas ou causa concorrente

Entende-se por concausa ou causa concorrente quando existir pluralidade de causas concorrendo para a ocorrência do mesmo evento.

Dentre uma infinidade de situações, podemos ilustrar, *ab initio*, com a seguinte: imagine que Fulano ministra veneno para matar Beltrano. Antes de o veneno fazer efeito, Sicrano desfere um tiro em Beltrano, que o leva a óbito. Percebe-se que temos pluralidade de causas que buscaram o evento morte: o envenenamento (causa concorrente) e o disparo de arma de fogo (causa efetiva).

---

[307] TOLEDO, Francisco de Assis. *Princípios básicos de Direito Penal*. 5. ed. 17. tir. São Paulo: Saraiva, 2012. p. 112.

Trata-se, pois, de estudo de extremo relevo, uma vez que é necessário compreender como o Código Penal realiza a punição em relação à causa concorrente. Isso porque, como bem esclarece Victor Eduardo Rios, não há "diferença prática entre causas, concausas ou condições, pois tudo o que contribui para um resultado é causa deste".[308]

As concausas podem ser absolutamente independentes ou relativamente independentes.

12.2.1 Concausas absolutamente independentes

Trata-se de hipótese em que a causa concorrente não possui nenhuma relação, direta ou indireta, com o resultado. Vale dizer, o resultado é produzido exclusivamente por outra causa.

Subdivide-se em: preexistente, concomitante ou superveniente.

12.2.1.1 Concausa absolutamente independente preexistente à conduta do agente

A causa que efetivamente produziu o resultado já existia antes da conduta do agente.

Imagine que Fulano, com intenção de matar, desfere golpes de faca em Beltrano. Contudo, Beltrano morre em razão de ter ingerido veneno, que anteriormente foi ministrado por Sicrano.

No nosso exemplo, a causa efetiva da morte foi o envenenamento. A causa concorrente (concausa) foram os golpes de faca. Contudo, pode-se afirmar que não há nenhuma relação entre a conduta de Sicrano (o envenenamento) e a conduta de Fulano (os golpes de faca), de modo que não se pode atribuir aos golpes de faca (causa concorrente) a morte da vítima.

Assim, Sicrano responderá pelo homicídio consumado pelo envenenamento. Já Fulano, que desferiu os golpes de faca (causa concorrente), será responsabilizado pela tentativa de homicídio.

12.2.1.2 Concausa absolutamente independente concomitante à conduta do agente

A causa que efetivamente produziu o resultado ocorre no mesmo momento (simultaneamente) à conduta do agente.

Imagine que Fulano, com intenção de matar, ministra veneno para Beltrano. Ao mesmo tempo, Sicrano desfere um tiro em Beltrano, que morre em razão do disparo.

No nosso exemplo, a causa efetiva da morte foi o disparo de arma de fogo. A causa concorrente (concausa) foi o envenenamento. Contudo, pode-se afirmar que não há nenhuma relação entre a conduta de Sicrano (o disparo de arma de fogo) e a conduta de Fulano (o envenenamento), de modo que não se pode atribuir ao envenenamento (causa concorrente) a morte da vítima.

---

[308] GONÇALVES, Victor Rios. *Curso de Direito Penal:* Parte geral. Vol. 1. 1. ed. São Paulo: Saraiva, 2015. p. 139.

Assim, Sicrano responderá pelo homicídio consumado pelo disparo de arma de fogo. Já Fulano, que envenenou a vítima (causa concorrente), será responsabilizado pela tentativa de homicídio.

12.2.1.3 Concausa absolutamente independente superveniente à conduta do agente

A causa que efetivamente produziu o resultado ocorreu posteriormente à conduta do agente.

Imagine que Fulano, com intenção de matar, ministra veneno para Beltrano. Após ingerir o veneno, mas antes de o veneno fazer efeito, Sicrano, dolosamente, atropela Beltrano, que morre em razão do trauma causado pelo atropelamento.

No nosso exemplo, a causa efetiva da morte foi o trauma oriundo do atropelamento. A causa concorrente (concausa) foi o envenenamento. Contudo, pode-se afirmar que não há nenhuma relação entre a conduta de Sicrano (o atropelamento) e a conduta de Fulano (o envenenamento), de modo que não se pode atribuir ao envenenamento (causa concorrente) a morte da vítima.

Assim, Sicrano responderá pelo homicídio consumado em razão do atropelamento. Já Fulano, que envenenou a vítima (causa concorrente), será responsabilizado pela tentativa de homicídio.

12.2.1.4 Regra das concausas absolutamente independentes

Após a análise das concausas absolutamente independentes, podemos extrair uma regra: jamais o resultado poderá ser atribuído à causa concorrente, pouco importando se preexistentes, concomitantes ou supervenientes. A responsabilidade será sempre por crime tentado.

12.2.2 Concausas relativamente independentes

Se trata de hipótese em que, da união de duas causas, haverá a produção do resultado. A causa efetiva tem relação, ainda que indireta, com a causa concorrente. Vale dizer, a conduta do agente contribui para ocorrência do resultado.

Subdivide-se em: preexistente, concomitante ou superveniente.

12.2.2.1 Concausa relativamente independente preexistente à conduta do agente

A união de duas causas (a preexistente e a conduta do agente) produz o resultado.

Imagine que Fulano, com intenção de matar, desfere um único golpe de faca em Beltrano, o qual é portador de hemofilia (causa preexistente). Em razão do golpe, aliado ao estado de saúde da vítima, esta sangra até morrer.

Nesse caso, o resultado morte deve ser atribuído à conduta do agente, pois sua conduta contribuiu para a ocorrência do resultado. Assim, responderá por homicídio consumado.

Fica o alerta de que a doutrina moderna tem entendido que o resultado morte, no caso do hemofílico ou similar, só poder atribuída ao autor da causa concorrente se este souber que a vítima era portadora deste mal, evitando-se a responsabilidade penal objetiva.

12.2.2.2 Concausa concomitante relativamente independente à conduta do agente

A união de duas causas (a concomitante e a conduta do agente) produz o resultado.

Imagine que Fulano desfere tiros em Beltrano, que morre de um ataque cardíaco em razão do susto pelos disparos.

Nesse caso, o resultado morte deve ser atribuído à conduta do agente, pois sua conduta contribuiu para a ocorrência do resultado. Assim, responderá por homicídio consumado.

12.2.2.3 Concausa superveniente relativamente independente à conduta do agente

A união de duas causas (a superveniente e a conduta do agente) produz o resultado.

Esta modalidade se subdivide em duas: aquelas que *"que por si só produziram o resultado"* e aquelas que *"que NÃO por si só produziram o resultado"*.

Veremos cada uma delas separadamente, tendo em vista que as consequências jurídicas são diversas.

12.2.2.3.1 Concausa superveniente que não produziu por si só o resultado

Nesta hipótese, a causa superveniente produtora do resultado está na linha de desdobramento causal normal da causa concorrente.

Imagine que Fulano, com intenção de matar, desfere um tiro em Beltrano. Beltrano vai para o hospital, contrai uma infecção hospitalar e morre.

No nosso exemplo, vê-se que existem duas causas que, unidas, causaram a morte da vítima. Tem-se o disparo de arma de fogo (causa concorrente) e a infecção hospitalar (causa efetiva). Verifica-se que a infecção hospitalar é uma causa posterior (superveniente) que está dentro da linha de desdobramento causal normal da conduta do agente, ou seja, é previsível[309] que alguém que seja submetido a uma intervenção médico-cirúrgica venha a ser contaminado e morra.

Sendo assim, o resultado morte (morte por infecção) deve ser atribuído à conduta do agente, pois, a junção com a causa concorrente (disparo de arma de fogo), contribuiu para materialização do resultado. Por essa razão, deve responder por homicídio consumado.

---

[309] Aliás, infelizmente é muito comum!

A propósito, o Superior Tribunal de Justiça já se posicionou nesse sentido:

> PROCESSUAL PENAL. *HABEAS CORPUS*. HOMICÍDIO QUALIFICADO. NOVO INTERROGATÓRIO. FACULDADE DO JULGADOR. PROVA EMPRESTADA. INEXISTÊNCIA DE CONSTRANGIMENTO ILEGAL QUANDO EXISTEM OUTROS ELEMENTOS QUE SUSTENTAM A CONDENAÇÃO. CAUSA SUPERVENIENTE RELATIVAMENTE INDEPENDENTE. INEXISTÊNCIA. TEORIA DA EQUIVALÊNCIA DOS ANTECEDENTES CAUSAIS. LEGÍTIMA DEFESA. IMPOSSIBILIDADE DE RECONHECIMENTO PELA VIA ESTREITA DO *WRIT* POR EXIGIR EXAME DO CONJUNTO FÁTICO-PROBATÓRIO. ORDEM PARCIALMENTE CONHECIDA E, NESSA PARTE, DENEGADA (...) 4. O fato de a vítima ter falecido no hospital em decorrência das lesões sofridas, ainda que se alegue eventual omissão no atendimento médico, encontra-se inserido no desdobramento físico do ato de atentar contra a vida da vítima, não caracterizando constrangimento ilegal a responsabilização criminal por homicídio consumado, em respeito à teoria da equivalência dos antecedentes causais adotada no Código Penal e diante da comprovação do *animus necandi* do agente (...) *Habeas corpus* 42.559/PE (2005/0042920-6).

12.2.2.3.2 Concausa superveniente que por si só produziu o resultado

Nesta hipótese, a causa superveniente produtora do resultado não está na linha de desdobramento causal normal da causa concorrente. O resultado provocado pela causa superveniente é imprevisível, rompendo-se o nexo causal normal.

Imagine que Fulano, com intenção de matar, desfere um tiro em Beltrano. Beltrano vai para hospital, local onde o teto desaba e cai sobre o seu leito, causando sua morte.

No nosso exemplo, vê-se que existem duas causas que, unidas, causaram a morte da vítima. Tem-se o disparo de arma de fogo (causa concorrente) e o desabamento do teto do hospital (causa efetiva). Verifica-se que desabamento é uma causa posterior (superveniente) que não está dentro da linha de desdobramento causal normal da conduta do agente, ou seja, é um evento imprevisível. Ninguém espera que o teto do nosocômio desabe. As regras de experiências informam que se trata de uma situação anormal, inesperada.

Sendo assim, o resultado morte (pelo desabamento) não deve ser atribuído à conduta do agente, pois, embora tenha tido a conduta inicial de atirar na vítima, a queda do hospital foge completamente do contexto causal normal, rompendo-se o nexo inicialmente previsto.

No entanto, apesar de não se poder imputar a ele o resultado, é óbvio que haverá responsabilização penal pelos atos anteriormente praticados. Assim, responderá pelo homicídio tentado.

> A forma de punição desta concausa está prevista no art. 13, §1º, do Código Penal:
> Superveniência de causa independente
> §1º – A superveniência de causa relativamente independente exclui a imputação quando, por si só, produziu o resultado; os fatos anteriores, entretanto, imputam-se a quem os praticou.

O dispositivo acima citado previu a teoria da causalidade adequada (ou teoria da condição qualificada ou teoria individualizadora), que entende que causa é o antecedente necessário e adequado à produção do resultado. Segundo ela, para se atribuir o resultado ao agente, é mister que, além de praticar um antecedente indispensável, também realize uma conduta adequada à sua concretização.

A causa adequada é aferida de acordo com o critério do homem médio e com as regras de experiência. Tal verificação pode ser feita a partir do seguinte questionamento: o acontecimento está na linha de desdobramento normal da conduta? Se a resposta for negativa, não pode ser imputado o resultado ao agente delitivo, podendo ser responsabilizado tão somente pelos atos anteriormente praticados.

De arremate, pode-se afirmar que os acontecimentos extraordinários, fortuitos, excepcionais ou anormais têm o condão de romper o nexo causal, acarretando a responsabilização apenas pelos atos antes praticados.

12.2.2.4 Regras das concausas relativamente independentes

Após a análise das concausas relativamente independentes, podemos extrair duas regras:

1. nas causas preexistentes e concomitantes, bem como na causa superveniente que não tenha por si só produzido o resultado, a responsabilidade será sempre pelo crime consumado, aplicando-se o preceito do art. 13, *caput*, do Código Penal (teoria da equivalência dos antecedentes ou *conditio sine qua non*).
2. na concausa superveniente que por si só produziu o resultado, aplica-se a diretriz do art. 13, §1º, do Código Penal, respondendo o agente pela tentativa (atos anteriormente praticados), em observância à teoria da causalidade adequada.

12.3 Teoria da imputação objetiva

12.3.1 Introdução

Na perspectiva clássica, o tipo penal era composto apenas por elementos objetivos, havendo sua configuração sempre que alguém realizasse o resultado nele previsto. Sendo assim, com esteio na teoria da equivalência dos antecedentes, havia o problema de se regressar ao infinito, uma vez que os elementos subjetivos somente seriam analisados na ilicitude ou até mesmo na culpabilidade (que era o momento para verificação do dolo e culpa).

Com a evolução do causalismo para o finalismo, o tipo penal passou a contar com a presença de elementos subjetivos, pois dolo e a culpa migraram da culpabilidade para o fato típico. Contudo, do ponto de vista da relação de causalidade, continuou-se a trabalhar apenas com o nexo puramente físico, o que, de fato, não sanou o problema do regresso ao infinito.

Nessa senda, a teoria da imputação objetiva nasce com os estudos de Karl Larenz (1927) e Richard Honig (1930), sendo revitalizada, modernamente, por Claus Roxin e Günther Jakobs.

Em que pese seja conhecida como teoria da imputação objetiva, melhor seria que lhe fosse atribuída a nomenclatura de "teoria da não-imputação objetiva", pois sua real função é limitar a teoria da equivalência dos antecedentes, colocando-se um freio no regresso ao infinito, evitando-se, por conseguinte, a responsabilização objetiva. Nas palavras de Paulo Queiroz:

> Não é, propriamente, em que pese o nome, imputar o resultado, mas, em especial, delimitar o alcance do tipo objetivo (matar alguém, por exemplo), de sorte que, em rigor, é mais uma teoria da 'não-imputação' do que uma teoria 'da imputação'. Trata-se, além disso, não só de um corretivo à relação causal, mas de uma exigência geral da realização típica, a partir da adoção de critérios essencialmente normativos, de modo que sua verificação constitui uma questão de tipicidade, e não de antijuridicidade, prévia e prejudicial à imputação do tipo subjetivo (dolo e culpa).[310]

A imputação objetiva não se contenta com o mero nexo físico trazido pela *conditio sine qua non*, enriquecendo-a com o acréscimo do chamado nexo normativo, composto dos seguintes elementos: a) criação ou incremento de risco proibido; b) realização do risco no resultado; e c) resultado dentro do alcance do tipo penal. Vejamos a representação gráfica da teoria da equivalência dos antecedentes e da imputação objetiva:

	Teoria da Equivalência do Antecedentes	Teoria da Imputação Objetiva
Tipo Objetivo	Causa: 1. Nexo Físico. - Contentando-se apenas com o nexo físico, havendo regresso ao infinito	Causa: 1. Nexo Físico; + 2. Nexo Normativo: a) criação ou incremento de risco; b) realização do risco no resultado; C) resultado dentro do alcance do tipo penal.
Tipo Subjetivo	Dolo e culpa	Dolo e culpa

Note que, para a implementação da teoria da imputação objetiva, haverá a análise do nexo físico (previsto na teoria da *conditio sine qua non*), aliado ao nexo normativo (elemento criado pela teoria da imputação objetiva) e, por fim, do tipo subjetivo (dolo e culpa).

O estudo da teoria da imputação objetiva está relacionado aos crimes materiais, que são os únicos que exigem a produção de resultado naturalístico. Os crimes formais e de mera conduta não comportam sua análise, uma vez que não dependem da implementação do resultado naturalístico para sua consumação, de modo que não há sentido seu exame.

---

[310] QUEIROZ, Paulo de Souza. *Boletim do Instituto de Ciências Penais*. Belo Horizonte, dez. 2000. p. 3.

12.3.2 Conceito

Para conceituar imputação objetiva, socorremo-nos das lições do professor Damásio E. de Jesus:

> Imputação objetiva significa atribuir a alguém a realização de uma conduta criadora de um risco relevante e juridicamente proibido e a produção de um resultado jurídico. Trata-se de um dos mais antigos problemas do Direito Penal, qual seja, a determinação de quando a lesão de um interesse jurídico pode ser considerada 'obra' de uma pessoa. Como o Direito Penal é teleológico, tendo em vista que está construído em relação a fins, a teoria da imputação objetiva pretende dar-lhes fundamentos, ligando a finalidade do agente ao resultado, segundo a descrição típica.[311]

Na imputação objetiva, muito além da mera discussão do nexo físico trazido pela doutrina causalista (e já estudado no tópico da teoria da equivalência dos antecedentes), busca-se a análise do plano jurídico. Aqui, o cerne do estudo, basicamente, cinge-se em verificar quando ocorrerá o nexo normativo, ou seja, quais critérios serão utilizados para demonstrar o elo jurídico entre a conduta do agente e o resultado causado. Em doutrina, indica-se 3 pressupostos para essa aferição: a) criação ou incremento de um risco proibido; b) realização do risco no resultado; e c) resultado dentro do alcance do tipo penal.

12.3.3 Pressuposto da imputação objetiva

12.3.3.1 Criação ou incremento de risco proibido

O Direito Penal é conhecido pelo seu caráter subsidiário (ou de *ultima ratio*), significando dizer que somente deve se ocupar de condutas que efetivamente coloquem em perigo o bem jurídico tutelado. Não por outro motivo é que este ramo do Direito se limita a proibir ações que são efetivamente perigosas e que possam, de verdade, expor o bem jurídico a perigo de dano.

Vivemos em uma sociedade de risco. Viver, em si mesmo, é um risco. Por isso, devemos aprender a lidar com as ameaças que nos cercam, distinguindo o que é proibido e não tolerado, daquilo que é permitido e aceito. Como bem explica Fernando Capez:[312]

> O problema não está em criar o risco, pois todos nós vivemos em uma sociedade de riscos. Quando se gera um filho, há um risco de ele vir a ser um bom cidadão ou um delinquente. Quando se sai de casa, há um risco de ser atropelado ou assaltado. Quando se toma um avião, expõe-se a um risco de acidente. O risco está presente em todos os momentos, e quem não quiser se arriscar nem um pouco não pode sequer viver, pois a vida já é um risco em si mesma. Uma sociedade que não tolera nenhum risco também não progride.

O risco a que refere a teoria da imputação objetiva é aquele que cria ou aumenta uma situação juridicamente proibida ou não tolerada pela sociedade. Portanto, risco é toda ação ou omissão que gere possibilidade de lesão ao bem jurídico tutelado.

---

[311] JESUS, Damásio de. *Direito Penal*. Volume 1: Parte geral. 35. ed. p. 320.
[312] CAPEZ, Fernando. *Curso de Direito Penal*. V. 1: Parte geral: arts. 1º ao 120. 21. ed. São Paulo: Saraiva, 2017. p. 197.

O critério de aferição do risco proibido se dá por intermédio da chamada *Prognose Póstuma Objetiva*. Cléber Masson explica os detalhes deste parâmetro:

> <u>Prognose</u>, pois se refere à situação do agente no momento da ação; <u>póstuma</u>, porque será feita pelo magistrado depois da prática do fato; e <u>objetiva</u>, pois parte do conhecimento de um homem prudente (*homo medius*) na mesma hipótese analisada.[313]

Por exemplo, se o filho, com intenção homicida, manda seu pai viajar de avião com a expectativa de que ele sofra um acidente, isso não pode ser considerado como causa da morte, tendo em vista que não criou, nem aumentou um risco proibido.

Note que, em nosso exemplo, embora exista a intenção homicida por parte do agente, o risco a que ele submeteu seu pai é permitido. Viajar de avião, em si, embora exista risco, é admitido pela sociedade. Trata-se de um padrão de comportamento que, por nós, é aceito.

Assim, aquele que desenvolve uma conduta que se encontra dentro do padrão permitido e assimilado pela sociedade (risco permitido), não será considerado causa do evento.

No mesmo propósito, caso o agente modifique um curso causal, diminuindo ou melhorando a situação da vítima do perigo, não lhe será possível a imputação do resultado.

Imagine que Fulano empurra Beltrano, que iria ser atropelado por um ônibus. Beltrano cai no chão e sofre algumas lesões em razão do empurrão.

No nosso exemplo, Fulano praticou lesões corporais contra vítima (art. 129 do Código Penal), contudo, não pode ser considerado causa do evento, pois não criou, nem incrementou um risco proibido, ao contrário, melhorou ou diminuiu o risco em relação ao perigo sofrido pela vítima.

Portanto, para que o agente seja considerado causa do evento criminoso, o risco por ele criado deve ser proibido pelo Direito. Para se averiguar se o risco é proibido pelo ordenamento jurídico, deve-se fazer um cotejo entre a atividade desenvolvida e a proteção ao bem jurídico que se pretende tutelar.

Por exemplo, determinados esportes, a exemplo das artes marciais e do automobilismo, são atividades potencialmente geradoras de risco, que podem causar lesões corporais e, em casos extremos, até mesmo a morte (vide o acidente do piloto de Fórmula 1 Airton Senna). No entanto, trata-se de um risco permitido, aceito e admitido pela sociedade.

Assim, se o risco for permitido pelo Direito, pela teoria da imputação objetiva, a conduta do agente não pode ser considerada causa do resultado. No caso das lutas marciais, por exemplo, eventuais lesões sofridas pelos lutadores, nos termos da teoria finalista da ação (aplicando-se a *conditio sine qua non*), haveria um fato típico, porém, lícito, em razão do exercício regular de um direito. Para a imputação objetiva, o fato é atípico, pois o atleta não é considerado causa do resultado, uma vez que o risco por ele produzido é permitido. Paz Aguado traz algumas balizas para a verificação desta modalidade de risco:

---

[313] MASSON, Cléber Rogério. *Direito Penal esquematizado*. Parte geral. v. 1. 14. ed. rev., atual. e ampl. São Paulo: Método, 2020, p. 214.

A determinação do risco permitido há de ser feita em cada caso concreto, sem que seja possível generalizar-se, nem sequer entre casos similares. Para isso haverá de se valorar em primeiro lugar as normas administrativas de controle da atividade, se é que existem, assim como as normas técnicas escritas ou consuetudinárias, deontológicas ou de experiência que regem a atividade etc. Por isso, esse critério tem especial importância no âmbito dos delitos imprudentes, para os quais foi inicialmente criado e no que desenvolve critérios especiais que hão de ser incluídos no tipo objetivo de injusto imprudente (previsibilidade objetiva e diligência devida).[314]

A análise do risco permitido é realizada com base no princípio da confiança. O princípio da confiança funda-se na premissa de que as pessoas devem se comportar de forma responsável, agindo com prudência e calcadas em regras de boa convivência em sociedade, evitando causar risco ou prejuízo a terceiros. Esse princípio rege a vida em sociedade, pois não se pode exigir que o cidadão seja o fiscal das boas maneiras alheias. Impor-se-ia às pessoas ônus por demais gravoso se se exigisse delas que se comportassem de forma a prever todas as condutas não confiáveis das outras. Assim, o que se espera é que todos ajam de acordo com as normas de boa convivência e de normalidade.

Assim, imagine que determinado motorista, dirigindo seu veículo em via preferencial, atropela um motociclista que a atravessou. Neste caso, não se pode dizer que o motorista foi a causa do atropelamento, tendo em vista que, baseado no princípio da confiança, creu que poderia conduzir seu carro sem que o motociclista lhe cruzasse a frente.

Sobre o princípio da confiança, André Luis Callegari pontua que:

> De acordo com este princípio, não se imputarão objetivamente os resultados produzidos por quem obrou confiando em que outros se manterão dentro dos limites do perigo permitido. O princípio da confiança significa que, apesar da experiência de que outras pessoas cometem erros, se autoriza confiar – numa medida ainda por determinar – em seu comportamento correto.[315]

Em doutrina, são elencadas as seguintes causas de exclusão do risco proibido:
a) a vítima que, em razão de seu comportamento exclusivo, se coloca em perigo;
b) a aplicação do princípio da adequação social, que não considera proibidos comportamentos que são socialmente aceitos;
c) as *ações neutras*, que, segundo Luís Greco, "seriam todas as contribuições a fato ilícito alheio não manifestamente puníveis".[316] Por exemplo, imagine o taxista que, sabendo que o agente está se deslocando para matar a vítima, mesmo assim realiza a viagem. Ou o padeiro que vende o pão ao infrator sabendo que ele irá envenená-lo para entregar a vítima. Ou, ainda, o advogado que, no exercício do direito de defesa, procede à orientação jurídica de seu cliente quando do curso de um delito.

---

[314] AGUADO, Paz Mercedes de La Cuesta. *Tipicidad e imputación objetiva*. Argentina: Ediciones Jurídicas Cuyo. p. 150.

[315] CALLEGARI, André Luis. *Imputação objetiva* – Lavagem de dinheiro e outros temas do Direito Penal. Porto Alegre: Livraria do Advogado, 2001. p. 29.

[316] GRECO, Luís. *Cumplicidade através de ações neutras*: a imputação objetiva na participação. Rio de Janeiro: Renovar, 2004. p. 110.

Parte da doutrina[317] tem entendido que as ações neutras não criam, nem aumentam um risco proibido, motivo pelo qual o agente não deve ser considerado causa do empreendimento delitivo.

No entanto, neste ponto, devemos fazer um alerta: para que o indivíduo não seja considerado causa do evento delituoso, ele não pode aderir à conduta do agente. Se houver prévio ajuste ou aderência à conduta em curso, obviamente, também se integrará ao crime.

d) proibição de regresso. Cléber Masson explica que:

> Pela proibição de regresso, não haveria criação de um risco proibido nos casos em que a ação não dolosa de alguém precedesse a ação dolosa de um terceiro. Assim, aquele que esquece a sua arma, que vem a ser encontrada por outrem posteriormente e utilizada para a prática de um crime de homicídio, não seria responsabilizado.[318]

12.3.3.2 Risco realizado no resultado

O segundo pressuposto da teoria da imputação objetiva é a realização do risco no resultado, significando dizer que, além de criar ou incrementar um risco proibido, o resultado causado pelo agente deve estar na linha de desdobramento causal normal de sua conduta. Se o nexo físico fugir de sua trajetória normal, ele não poderá ser atribuído ao agente. Vejamos o que ensina Rogério Sanches:

> Se o resultado é produto exclusivo do risco posterior (erro médico), então é atribuído ao autor desse risco (falha médica). Suponhamos que o paciente, depois de submetido a cirurgia de emergência, durante sua recuperação no hospital, recebe, por negligência do médico, remédio em dose excessiva, levando-o o óbito. A sua morte é produto exclusivo do erro médico, fazendo com que o atirador responda por homicídio tentado e o médico por homicídio culposo. Quando o resultado é produto combinado de ambos os riscos (lesões em razão do disparo e falha médica), então pode ser atribuído aos respectivos autores, embora o atirador responda por dolo e o médico por culpa. Imaginemos, pois, que a falha médica ocorra durante a cirurgia para estancar a hemorragia na vítima. A combinação dos riscos gerou a morte do paciente.[319]

Nesse sentido, deve-se alertar, novamente, que teoria da imputação objetiva só faz sentido em relação aos crimes materiais, os quais exigem resultado naturalístico. Não tem cabimento nos crimes formais e de mera conduta, pois nestes inexiste resultado naturalístico.

12.3.3.3 Resultado dentro do alcance do tipo penal

O último pressuposto da teoria da imputação objetiva diz respeito ao resultado se encontrar dentro do alcance do tipo penal, ou seja, o risco criado ou aumentado pela conduta do agente deve estar abarcado norma penal incriminadora.

---

[317] FRISCH, Wolfgang. *Comportamiento típico e imputación del resultado*. Madrid: Marcial Pons, 2004. p. 316.
[318] MASSON, Cléber Rogério. *Direito Penal esquematizado*. Parte geral. v. 1. 14. ed. rev., atual. e ampl. São Paulo: Método, 2020, p. 216.
[319] CUNHA, Rogério Sanches. *Manual de Direito Penal*. Parte geral (arts. 1º ao 120). Volume único. Salvador: JusPodivm, 2020, p. 308.

Vamos a exemplo clássico: imagine que Fulano, com intenção de matar, desfere um tiro em Beltrano. Beltrano vai para o hospital, local onde o teto desaba e cai sobre o seu leito, causando sua morte.

Pela teoria tradicional, o resultado morte (pelo desabamento) não deve ser atribuído à conduta do agente, pois, embora tenha tido a conduta inicial de atirar na vítima, a queda do hospital foge completamente do contexto causal normal, rompendo-se o nexo inicialmente previsto. No entanto, apesar de não se poder imputar a ele o resultado, haverá responsabilização penal pelos atos anteriormente praticados. Assim, responderá pelo homicídio tentado.

Para teoria da imputação objetiva, o raciocínio jurídico é distinto. Para ela, Fulano, ao atirar em Beltrano, criou um risco proibido. Contudo, o resultado morte em relação à Beltrano não está dentro do tipo penal, uma vez que a tutela do art. 121 do Código Penal não é destinada à prevenção e à repressão de mortes acidentais (como o desabamento do hospital), que não se encontram na linha de desdobramento causal normal da conduta do agente. Portanto, o resultado morte não pode ser atribuído a Fulano. Assim, responderá pelo homicídio tentado.

12.3.4 Conclusões sobre a teoria da imputação objetiva

Pelo exposto, a primeira conclusão extraída é que a teoria da imputação objetiva realiza um robusto incremento na relação de causalidade, trazendo para discussão, além do nexo puramente físico, a necessidade de verificação do nexo normativo. Somente após a análise destes dois conceitos é que se passará para a averiguação de dolo e culpa.

A investigação de todos os ingredientes do nexo normativo efetivamente evita o regresso ao infinito, tão criticado na teoria da equivalência dos antecedentes.

Demais disso, por segundo, a imputação objetiva encontra-se dentro do fato típico, vez que analisa o nexo de causalidade (nexo físico e normativo). Damásio E. de Jesus esclarece que:

> A ausência da imputação objetiva conduz à atipicidade do fato. Não se trata de causa de justificação (excludente da antijuridicidade). Uma conduta que, p. ex., conduz alguém a submeter-se a um risco normal na vida em sociedade, o chamado "risco tolerado", não gera adequação típica, i. e., não constitui nenhum tipo incriminador. Assim, não há tipicidade no fato de induzir alguém a se colocar em tal situação que venha a correr um risco natural na vida social, tolerado e permitido pela ordem jurídica. A criação de risco permitido é atípica, ainda que produza resultado jurídico. De modo que não existe delito por ausência de fato típico.[320]

Por fim, Rogério Greco, de forma precisa, resume tudo o quanto foi estudado:

a) a imputação objetiva é uma análise que antecede a imputação subjetiva;
b) a imputação objetiva pode dizer respeito ao resultado ou ao comportamento do agente;
c) o termo mais apropriado seria o de teoria da não-imputação, uma vez que a teoria visa, com as suas vertentes, a evitar a imputação objetiva (do resultado ou do comportamento) do tipo penal a alguém;

---

[320] JESUS, Damásio de. *Direito Penal*. Volume 1: Parte geral. 35. ed. p. 324.

d) a teoria da imputação objetiva foi criada, inicialmente, para se contrapor aos dogmas da teoria da equivalência, erigindo uma relação de causalidade jurídica ou normativa, ao lado daquela outra de natureza material;

e) uma vez concluída pela não-imputação objetiva, afasta-se o fato típico.[321]

12.4 Relação de causalidade nos crimes omissivos

Haverá crime quando alguém faz o que está proibido ou não faz o que lhe é determinado pela norma. Os crimes omissivos estão enquadrados nesta segunda modalidade de infração penal, sendo classificados de duas maneiras: crimes omissivos próprios e crimes omissivos impróprios (também conhecidos como crimes omissivos por comissão).

12.4.1 Relação de causalidade nos crimes omissivos próprios

Nos crimes omissivos próprios, a omissão está descrita no próprio tipo penal. Trata-se de crimes de mera conduta, fundamentados no princípio da solidariedade, em que o dever de agir é imposto diretamente pela lei ao agente, dispensando-se a análise da relação de causalidade. Isso porque o não agir não possui existência física, ou seja, a omissão encontra-se apenas no plano das ideias ("no dever-ser"), sendo uma mera abstração. Em outras palavras, o indivíduo pratica um crime omissivo próprio porque a lei lhe impõe, juridicamente, que em determinadas situações, ele aja, de modo que, se permanecer inerte, quando tinha de agir, haverá a consumação do delito.

Assim, o que vincula o não agir do agente ao resultado é a norma e não um acontecimento físico ou naturalístico. Vejamos a explicação de Guilherme Nucci:

> A omissão não tem existência no plano naturalístico, ou seja, existe apenas no mundo do dever-ser, sendo uma abstração. Afirmam alguns que "do nada, nada surge", por isso a existência da omissão é normativa. Somente pune-se o agente que nada fez porque a lei assim determina[322]

Cita-se como exemplo desta modalidade de delito a omissão de socorro, prevista no art. 135 do Código Penal:

> Art. 135 – Deixar de prestar assistência, quando possível fazê-lo sem risco pessoal, à criança abandonada ou extraviada, ou à pessoa inválida ou ferida, ao desamparo ou em grave e iminente perigo; ou não pedir, nesses casos, o socorro da autoridade pública:

12.4.2 Relação de causalidade nos crimes omissivos impróprios (ou comissivos por omissão)

Os crimes omissivos impróprios ou comissivos por omissão são aqueles em que o agente tem o dever jurídico de agir para evitar o resultado, mas, mesmo assim, não

---

[321] GRECO, Rogério. *Curso de Direito Penal*. Parte geral. Vol. I. 19. ed. Niterói: Impetus, 2017, p. 355.
[322] NUCCI, Guilherme Souza. *Curso de Direito Penal*. Vol. 1. Parte geral. arts. 1º a 120 do Código Penal. 3. ed. Rio de Janeiro: Forense, 2019. p. 425.

o faz. Portanto, responderá pelo resultado que deveria ter evitado. Tais hipóteses são tratadas no art. 13, §2º, do Código Penal:

> Relevância da omissão
> §2º – A omissão é penalmente relevante quando o omitente devia e podia agir para evitar o resultado. O dever de agir incumbe a quem:
> a) tenha por lei obrigação de cuidado, proteção ou vigilância;
> b) de outra forma, assumiu a responsabilidade de impedir o resultado;
> c) com seu comportamento anterior, criou o risco da ocorrência do resultado.

12.4.2.1 Relevância da omissão e sua natureza jurídica

Quando a omissão não está descrita no tipo penal incriminador, ela só terá relevância para o Direito se o agente possuir o dever jurídico de agir. Caso não tenha esta obrigação, não será possível lhe exigir nenhuma espécie de conduta.

Por essa razão, tem-se entendido que a teoria adotada para a omissão penalmente relevante é a *teoria normativa*. Isso porque, como visto, não é qualquer inação que acarreta a punição do indivíduo, mas somente aquelas estabelecidas pela norma do art. 13, §2º, do Código Penal, pois, nas hipóteses do referido dispositivo legal, o ordenamento jurídico impõe um dever jurídico de agir para se evitar o resultado. Nesse sentido, já se posicionaram os tribunais superiores:

> A causalidade, nos crimes comissivos por omissão, não é fática, mas jurídica, consistente em não haver atuado o omitente, como devia e podia, para impedir o resultado.[323]

De outra banda, ao contrário do que acorre com os crimes omissivos próprios (que se baseiam no dever geral de solidariedade entre os cidadãos), nos crimes omissivos por comissão há um dever específico de agir imposto pelo mandamento do art. 13, §2º, do Código Penal, elencando a figura dos garantidores. Vejamos julgado do Superior Tribunal de Justiça nesse sentido:

> Nos termos do art. 13, §2º, do Código Penal, a omissão é penalmente relevante quando o agente devia e podia agir para evitar o resultado, o que não é a hipótese dos autos. A obrigação genérica atribuída a todos os cidadãos de preservar o meio ambiente para as gerações futuras, consoante o art. 225 da Constituição Federal, não se amolda ao dever imposto por lei de cuidar, proteger e/ou vigiar, exigido na hipótese de crime omissivo impróprio.[324]

Nesse prisma, pode-se concluir que, nos crimes omissivos impróprios, não há nexo causal físico, tendo em vista que a omissão é um nada e "do nada, nada surge". No entanto, a norma considera a existência de um elo entre a inação do agente e o resultado naturalístico, sempre que estiver presente o dever jurídico de agir, de modo que, havendo dolo ou culpa, responderá pelo resultado. Na verdade, nos crimes

---

[323] STJ. AgRg na MC 22.689/MG. 2014/0111036-2.
[324] REsp 897.426/SP, Rel. Min. Laurita Vaz, 5ª Turma, j. 27/03/2008.

omissivos impróprios ou comissivos por omissão trabalha-se com o chamado nexo de não-impedimento ou de não-evitação.

12.4.2.2 Requisitos da omissão penalmente relevante

O art. 13, §2º, do Código Penal, indica dois pressupostos para que a omissão seja considerada penalmente relevante: "A omissão é penalmente relevante quando o omitente *devia* e *podia* agir para evitar o resultado".

Portanto, não é qualquer omissão que acarretará a punição do agente, mas somente aquelas em que ele "podia" e "devia" agir para evitar o resultado.

1. *Poder de agir*

Se entende como tal a real e efetiva possibilidade de, no caso concreto, o agente agir para impedir a ocorrência do resultado, de acordo com o padrão do homem médio. Vejamos a lição de Fernando Capez:

> Deve-se, assim, antes de tudo, verificar a possibilidade real, física, de o agente evitar o resultado, ou seja, se dentro das circunstâncias era possível ao agente impedir a ocorrência de lesão ou perigo ao bem jurídico, de acordo com a conduta de um homem médio, porque o direito não pode exigir condutas impossíveis ou heroicas. Assim, não basta estar presente o dever jurídico de agir, sendo necessária a presença da possibilidade real de agir.[325]

Imagine o bombeiro que, percebendo a presença do fogo na casa vítima, pula o muro para salvá-la das chamas, contudo, ao fazê-lo, cai no chão e torce os dois tornozelos, não conseguindo mais andar. Note que ele tem o dever legal de agir, mas, no caso concreto, não pôde fazê-lo.

2. *Dever de agir*

O critério adotado pelo Código Penal para definir quem são as pessoas que possuem o dever jurídico de agir é o *legal*. Desse modo, somente aqueles agentes mencionados no rol do art. 13, §2º, do Código Penal, de forma taxativa, têm a obrigação de impedir o resultado.

Assim, são considerados garantidores aqueles que:

a) *tenham por lei obrigação de cuidado, proteção ou vigilância*

A primeira hipótese diz respeito ao dever legal de cuidado, proteção ou vigilância. Existem algumas pessoas que, em razão de determinação legal, possuem deveres de cuidar, proteger ou vigiar. É o caso dos pais para com seus filhos (arts. 1.634 e 1.566, IV, ambos do CC/02) e dos policiais e bombeiros para com a população de uma forma geral. Assim, se a mãe ou pai negligencia a alimentação de seu filho, omitindo-lhe uma alimentação adequada e causando sua morte por inanição, responde pelo resultado, isto é, pelo homicídio culposo. Ou ainda, o pai ou a mãe que, sabendo que sua filha

---

[325] CAPEZ, Fernando. *Curso de Direito Penal*. V. 1, Parte geral: arts. 1º ao 120. 22. ed. São Paulo: Saraiva, 2018. p. 247-248.

menor está sendo vítima de estupro de vulnerável, e nada faz para impedir a ocorrência dos abusos, responde pelo resultado, qual seja, pelo delito de estupro de vulnerável.

No mesmo passo, o art. 13, §2º, *a*, do Código Penal fala em deveres decorrentes de "lei". Tem-se entendido que a expressão "lei" não se refere apenas à lei em sentido estrito, abrangendo todos os deveres impostos pelo ordenamento jurídico *latu sensu*. Luiz Luisi ensina que:

> Neste dispositivo o nosso legislador se referiu não apenas à lei, mas especificou os deveres de cuidado, proteção e de vigilância, e, adotando essa redação, não se limitou à chamada teoria formal, mas acolheu a teoria das fontes. Trata-se de deveres que são impostos pela ordem jurídica *lato sensu*. Não são apenas obrigações decorrentes de lei em sentido estrito, mas de qualquer disposição que tenha eficácia de forma a poder constituir um vínculo jurídico. É o caso dos decretos, dos regulamentos, das portarias, e mesmo das sentenças judiciais e provimentos judiciários em geral, e até de ordem legítima de autoridade hierarquicamente superior. Podem tais deveres, outrossim, derivar de norma penal, como de norma extrapenal, tanto de direito público como de direito privado.[326]

Frise que a obrigação imposta deve decorrer de norma jurídica (penal ou extrapenal), não abarcando deveres puramente religiosos, morais ou da ética individual.[327]

b) *de outra forma, assumiram a responsabilidade de impedir o resultado*

Esta hipótese trata do chamado garantidor, ou seja, aquele que de alguma outra maneira (que não a lei), assumiu a responsabilidade de impedir a ocorrência do resultado. Fernando Capez leciona que:

> Na segunda hipótese, encontra-se a pessoa que, por contrato, liberalidade ou qualquer outra forma, assumiu a posição de garantidora de que nenhum resultado sobreviria. Aqui, o dever jurídico não decorre de lei, mas de um compromisso assumido por qualquer meio. Denomina-se essa hipótese "dever do garantidor".[328]

Imagine o caso da babá que, descuidando-se, não percebe que a criança caiu na piscina e se afogou. Ou do turista que se compromete de cuidar do filho menor de um transeunte para que este corra na praia e, descuidando-se, o infante entra no mar e morre afogado. Ou, então, do nadador experiente que convida o amigo aprendiz para atravessar o rio e, ao vê-lo se afogar, não o ajuda. Em todos estes casos, agindo com dolo ou culpa, o garantidor responde pelo resultado.

É importante registrar que o conceito de garantidor não pode ser entendido de forma restritiva, mas de forma ampliativa. Nesse sentido, é o valioso escólio de Francisco Assis Toledo:

> O Código, todavia, não definiu o 'modo' ou os casos em que o obrigado assume a posição de garante. Nem se deve restringir esta hipótese às obrigações de índole puramente contratual de sorte a permitir-se o transplante, para a área penal, de infindáveis discussões

---

[326] LUISI, Luiz. *Os princípios constitucionais penais*. Porto Alegre: Fabris, 1991. p. 108.
[327] TOLEDO, Francisco de Assis. *Princípios básicos de Direito Penal*. 5. ed. 17. tir. São Paulo: Saraiva, 2012. p. 117.
[328] CAPEZ, Fernando. *Curso de Direito Penal*. V. 1. Parte geral: arts. 1º ao 120. 22. ed. São Paulo: Saraiva, 2018. p. 248-249.

sobre questões prejudiciais em torno da validade ou da eficácia do contrato gerador da obrigação. Penso que, aqui, a solução deve apoiar-se no princípio de que a posição de garante surge para todo aquele que, por ato voluntário, promessas, veiculação publicitária ou mesmo contratualmente, capta a confiança dos possíveis afetados por resultados perigosos, assumindo, com estes, a título oneroso ou não, a responsabilidade de intervir, quando necessário, para impedir o resultado lesivo.[329]

c) *com seu comportamento anterior, criou o risco da ocorrência do resultado.*

A terceira hipótese trazida pelo art. 13, §2º, do Código Penal, é a do agente que, com seu comportamento anterior, criou o risco da ocorrência do resultado (chamada de ingerência ou situação precedente). Assim, aquele que provocou um perigo tem o dever de agir para impedir a ocorrência do resultado.

Um infeliz exemplo da prática: durante uma festa de "trote" de faculdade, um dos veteranos empurrou um dos calouros dentro da piscina. Em razão de o calouro estar sob efeito de álcool, não conseguiu voltar à superfície. Nesse caso, o veterano tem a obrigação de salvá-lo, uma vez que, com seu comportamento anterior, criou o risco. Caso não o faça, responde pelo resultado, ou seja, pelo homicídio.

Da mesma forma, aquele inicia um incêndio, tem o dever combatê-lo, para evitar mortes, lesões a terceiros ou dano ao patrimônio alheio. Se não o fizer, responde pelo resultado (homicídio, lesões corporais, dano etc.).

---

[329] TOLEDO, Francisco de Assis. *Princípios básicos de Direito Penal*. 5. ed. 17. tir. São Paulo: Saraiva, 2012. p. 117-118.

> Tipicidade Conglobante
>
> Zafaroni ensina que tipicidade penal é: tipicidade formal + tipicidade conglobante.
>
> Tipicidade Formal: é a subsunção do fato à norma.
>
> Tipicidade Conglobante (elementos):
>
> 1. Tipicidade Material: é a relevância da lesão ou perigo de lesão ao bem jurídico tutelado.
> +
> 2. Atos Antinormativos: atos não determinados ou não incentivados por lei.

Se costuma trazer o seguinte exemplo: o oficial de justiça, mediante ordem judicial, desloca-se até a casa do devedor e promove a penhora de seus bens, colocando-os à disposição do juízo. Analisando o caso, verifica-se que a conduta do oficial de justiça se amolda ao art. 155 do Código Penal, consistente em subtrair coisa alheia móvel.

Para a doutrina clássica e moderna, ele não pratica crime, pois está acobertado por uma causa excludente da ilicitude, uma vez que agiu no estrito cumprimento de um dever legal (promover a penhora ordenada pela autoridade judicial).

Para a tipicidade conglobante, a resposta jurídica é distinta. Nessa teoria, a conduta do oficial de justiça é atípica. Vejamos: 1. a conduta dele possui tipicidade formal, pois subtraiu coisa alheia móvel; 2. a conduta é materialmente típica, uma vez que se apoderou de bens bastantes para quitar a dívida; 3. *o ato não foi antinormativo*, tendo em vista que existia ordem judicial determinando que o oficial de justiça se apoderasse dos bens do devedor, além de o Código de Processo Civil permitir esse expediente. Assim, não havendo antinormatividade, sua conduta não será típica.

Diz-se, em doutrina, que a tipicidade conglobante funciona como um corretor da tipicidade legal, pois exclui do seu contexto aquelas condutas que são aparentemente proibidas, mas, em verdade, não o são.

Diante disso, podem-se extrair duas conclusões:

1. Para a tipicidade conglobante, o estrito cumprimento de um dever legal e o exercício regular de um direito incentivado deixam de ser causas excludentes da ilicitude e passam a ser causas excludentes da tipicidade.
2. Para a tipicidade conglobante, a legítima defesa e o estado de necessidade continuam excluindo a ilicitude, pois são atos meramente tolerados pela legislação e não atos incentivados.

Por fim, como visto acima, além da antinormatividade do ato, a relevância da lesão ou perigo de lesão ao bem jurídico tutelado também compõe a tipicidade conglobante. Dessa forma, se a lesão for insignificante, haverá também o afastamento da tipicidade penal. Nesse sentido, já decidiu o STF:

> *HABEAS CORPUS*. PENAL. CONTRABANDO. INTERNAÇÃO DE PRODUTO TAXATIVAMENTE PROIBIDO EM TERRITÓRIO NACIONAL. PRINCÍPIO DA NSIGNIFICÂNCIA. REPROVABILIDADE DA CONDUTA. NÃO-INCIDÊNCIA. ORDEM DENEGADA. 1. Segundo a jurisprudência do Supremo Tribunal Federal, para se caracterizar hipótese de aplicação do denominado "princípio da insignificância" e, assim, afastar a recriminação penal, é indispensável que a conduta do agente seja marcada por ofensividade mínima ao bem jurídico tutelado, reduzido grau de reprovabilidade, inexpressividade da lesão e nenhuma periculosidade social. 2. Nesse sentido, a aferição da insignificância como requisito negativo da tipicidade envolve um juízo de tipicidade

conglobante, muito mais abrangente que a simples expressão do resultado da conduta. Importa investigar o desvalor da ação criminosa em seu sentido amplo, de modo a impedir que, a pretexto da insignificância apenas do resultado material, acabe desvirtuado o objetivo a que visou o legislador quando formulou a tipificação legal. Assim, há de se considerar que "a insignificância só pode surgir à luz da finalidade geral que dá sentido à ordem normativa" (Zaffaroni), levando em conta também que o próprio legislador já considerou hipóteses de irrelevância penal, por ele erigidas, não para excluir a tipicidade, mas para mitigar a pena ou a persecução penal. 3. Assim, por menor que possa ter sido o resultado da lesão patrimonial, a definição da insignificância não descarta a análise dos demais elementos do tipo penal. O contrabando, delito aqui imputado ao paciente, é figura típica cuja objetividade jurídico-penal abrange não só a proteção econômico-estatal, mas em igual medida interesses de outra ordem, tais como a saúde, a segurança pública e a moralidade pública (na repressão à importação de mercadorias proibidas), bem como a indústria nacional, que se protege com a barreira alfandegária. 4. O caso envolve a prática do crime de contrabando de veículo usado, comportamento dotado de intenso grau de reprovabilidade, dados os bens jurídicos envolvidos, o que impede a aplicação do princípio da insignificância. 5. Ordem denegada. HC 114315/RS. Relator Min. Teori Zavascki. Julgamento: 15/09/2015.

13.3 Adequação típica e suas espécies

Adequação típica é o procedimento pelo qual se amoldam os fatos concretamente ocorridos à descrição prevista no tipo penal. O juízo de adequação típica é forma de se perfectibilizar a tipicidade formal. Existem duas espécies: adequação típica direta ou imediata e adequação típica indireta ou mediata.

13.3.1 Adequação típica direta ou imediata

É a hipótese em que se utiliza um único dispositivo para fazer a adequação do fato à norma penal, não havendo necessidade de outra norma (norma de extensão) para fazê-lo.

Ex.: "A" subtrai o celular de "B". O art. 155, *caput*, do Código Penal, se encaixa perfeitamente nesta conduta, não havendo necessidade de outros dispositivos para amoldar a conduta praticada no tipo penal.

13.3.2 Adequação típica indireta ou mediata

Na adequação típica indireta ou mediata, a conduta concretamente realizada pelo agente não se amolda diretamente ao tipo penal, necessitando de uma norma de extensão para fazer o encaixe perfeito dos fatos na norma. Nesta hipótese, utilizam-se duas normas para fazer a exata subsunção dos fatos ao tipo penal.

A primeira hipótese de adequação típica indireta ou mediata diz respeito à tentativa, chamada de norma de extensão temporal (art. 14, II, do CP). É considerada norma de extensão temporal porque engloba momentos que antecedem a consumação do crime, promovendo uma ampliação do tempo da realização dos fatos criminosos.

Imagine o seguinte exemplo: Fulano tenta subtrair o celular de Beltrano. O art. 155, *caput*, do Código Penal, não prevê a conduta "tentar subtrair", mas tão somente a conduta "subtrair". Portanto, para que se realize o perfeito encaixe entre os fatos ocorridos e a norma penal é necessária a utilização da norma de extensão temporal da tentativa. Desse modo, combina-se o art. 155, *caput*, do Código Penal (subtrair) com o art. 14, II, do Código Penal (tentativa).

A segunda hipótese de adequação típica indireta ou mediata diz respeito ao concurso de agentes, chamada de norma de extensão pessoal (art. 29 do CP). Nesta classificação, estuda-se a conduta do partícipe, que é aquele que auxilia, instiga ou induz a prática do delito sem, contudo, executá-lo.

O art. 29 do Código Penal amplia o número de pessoas que podem praticar o delito, orientando que todo aquele concorrer para a prática do crime responde por ele na medida de sua culpabilidade.

Imagine a seguinte situação: Fulano está discutindo com Beltrano e diz a ele que vai matá-lo. Nesse contexto, chega Sicrano e fala para Fulano: "Isso aí! Mata mesmo"! – momento em que este desfere o tiro em Beltrano e o mata. O art. 121 do Código Penal prevê a conduta "matar alguém", mas não prevê a conduta daquele que auxilia, instiga ou induz a prática de um homicídio. No nosso exemplo, Sicrano instigou a prática do crime de homicídio, embora não o tenha executado. Assim, para que sua conduta seja punível e se encaixe perfeitamente na descrição prevista na norma penal, combinam-se o art. 121 do Código Penal (matar alguém) com o art. 29 do Código Penal (participar de alguma forma do crime).

A terceira hipótese de adequação típica indireta ou mediata diz respeito à omissão imprópria, chamada de norma de extensão causal (art. 13, §2º, do CP). Nesta espécie, a norma estende a punição para as hipóteses de punição penalmente relevante, em que o agente podia e devia agir.

Imagine o exemplo do bombeiro que, ao chegar a uma casa pegando fogo, deixa de apagá-lo, acarretando a morte das pessoas que estavam em seu interior. O art. 121 do Código Penal prevê a conduta "matar alguém", mas, no nosso exemplo, o bombeiro não matou ninguém, apenas deixou de apagar o fogo. O responsável pela morte, portanto, foi o fogo. Contudo, em se tratando de um dever legal do bombeiro, sua omissão lhe acarreta responsabilidade penal. Dessa forma, para que se realize o encaixe perfeito entre os fatos e a norma, combina-se o art. 121, *caput*, do CP (matar alguém) com o art. 13, §2º, do Código Penal (omissão penalmente relevante), respondendo o citado profissional como se ele mesmo tivesse matado as pessoas.

13.4 Tipo penal

Tipo penal não se confunde com tipicidade. O tipo penal é o modelo abstrato de que se vale o legislador para descrever um comportamento proibido. Tipicidade, por sua vez, é a verificação, no plano dos fatos, se a conduta realizada pelo indivíduo encontra correspondência com a descrição prevista no tipo penal.

13.4.1 Funções

O tipo penal exerce 3 funções importantes: 1. função garantidora; 2. função fundamentadora e 3. função selecionadora de condutas.

13.4.1.1 Função garantidora

A função garantidora permite ao agente ter prévio conhecimento dos comportamentos que lhe são proibidos. Assim, ao ter ciência de quais condutas não lhe são permitidas, pode conduzir seu agir de forma a não ser responsabilizado penalmente. Veda-se, portanto, qualquer incriminação que não esteja expressamente prevista no tipo penal. Tal função decorre do princípio constitucional da reserva legal, que orienta que somente lei em sentido estrito pode criar crimes e cominar penas.

13.4.1.2 Função fundamentadora

A função fundamentadora do tipo penal diz respeito à justificativa do Estado para exercer o *ius puniendi*. Ao descrever no tipo penal o comportamento proibido, além de garantir prévia ciência do que não pode ser feito, alerta que aquele que o viola estará sujeito à imposição de sanção.

13.4.1.3 Função selecionadora de condutas

Os tipos penais têm a função de selecionar quais comportamentos são indesejáveis e estarão sujeitos à sanção penal. Essa seleção será realizada com esteio nos princípios da intervenção mínima, da lesividade e da adequação social, intervindo o Direito Penal somente para proteger bens jurídicos relevantes.

13.4.2 Espécies

Existem duas espécies de tipos penais: tipos penais incriminadores e permissivos.
Os tipos penais incriminadores são que aqueles que descrevem fatos criminosos. Por sua vez, ou tipos permissivos ou justificadores são aqueles que permitem ou autorizam a prática de determinados fatos típicos, sendo também conhecidos como causas de exclusão da ilicitude (ex.: art. 23 do Código Penal).

13.4.3 Elementos do tipo penal

Para descrever o comportamento proibido no tipo penal, o legislador se utiliza de 2 (dois) possíveis elementos: objetivos e subjetivos.
Os elementos objetivos estão ligados aos aspectos materiais e normativos do crime. Segundo Rogério Greco:[331]

> A finalidade básica dos elementos objetivos do tipo é fazer com que o agente tome conhecimento de todos os dados necessários à caracterização da infração penal, os quais, necessariamente, farão parte de seu dolo.

Os elementos objetivos estão divididos em elementos objetivos descritivos e elementos objetivos normativos.

---

[331] GRECO, Rogério. *Curso de Direito Penal*. Parte geral. Vol. I. 19. ed. Niterói: Impetus, 2017, p. 275.

Os elementos objetivos descritivos são aqueles que descrevem os aspectos exteriores da conduta, que não dependem de valoração para compreensão de seu significado, a exemplo do tempo, lugar, modo de execução. São dotados de juízo de certeza.

Já os elementos objetivos normativos são aqueles que exigem juízo de valor para que se entenda o seu real significado. Verbetes como "sem justa causa", "dignidade e decoro", "funcionário público", "ato obsceno", "ato libidinoso", "coisa alheia" ou a já revogada expressão "mulher honesta" (prevista no revogado art. 219 do Código Penal) dizem respeito a elementos normativos.

Rogério Sanches Cunha traz uma terceira hipótese de elemento objetivo, chamando-o de elemento objetivo científico:

> Elementos objetivos científicos, caracterizados por transcenderem o mero elemento normativo, cuja apreensão exige conhecimento de seu significado estampado na ciência natural. A Lei nº 11.105/05, no seu art. 24, pune utilizar embrião humano em desacordo com o que dispõe o art. 5º desta Lei. Ora, a expressão destacada (embrião humano) não demanda juízo de valor, bastando conhecer seu significado esclarecido pela biologia.[332]

De outra banda, os elementos subjetivos estão relacionados à intenção do agente, ou seja, a sua especial finalidade de agir.

O dolo é o elemento subjetivo por excelência. No entanto, existem delitos que, além do dolo, exigem do agente uma especial finalidade em seu agir. Por exemplo, o art. 159 do Código Penal, que dispõe sobre o delito de extorsão mediante sequestro (art. 159 – Sequestrar pessoa com o fim de obter, para si ou para outrem, qualquer vantagem, como condição ou preço do resgate), reclama uma especial finalidade do agente, qual seja, o propósito específico de obter vantagem como condição ou preço do resgate.

Além dos elementos objetivos e subjetivos por nós já estudados, há doutrina admitindo a existência de elementos modais, entendidos como aqueles que dizem respeito a condições especiais de tempo, local e modo de execução, sem as quais o crime não se configura. No delito de roubo impróprio (art. 157, §1º, do CP), por exemplo, poderia ser considerada condição modal de tempo a expressão "logo após" ou, *v.g.*, no delito de infanticídio (art. 123 do CP) a expressão "durante ou logo após o parto".

13.4.4 Classificações do tipo penal

13.4.4.1 Tipo fundamental ou básico e tipo derivado

Segundo Francisco de Assis Toledo:

> Tipo fundamental, ou básico, é o que nos oferece a imagem mais simples de uma espécie de delito. Dele não se pode extrair qualquer elemento que se desfigure a imagem do delito de que ele é a expressão.[333]

---

[332] CUNHA, Rogério Sanches. *Manual de Direito Penal*. Parte geral (arts. 1º ao 120). Volume único. Salvador: JusPodivm, 2020. p. 315.
[333] TOLEDO, Francisco de Assis. *Princípios básicos de Direito Penal*. 5. ed. 17. tir. São Paulo: Saraiva, 2012. p. 139.

Cita-se como exemplo o delito de homicídio simples previsto no art. 121, *caput*, do Código Penal. Em regra, o tipo básico está previsto no *caput* do dispositivo. Há, contudo, uma exceção prevista no Código Penal: o delito de excesso de exação está previsto no art. 316, §1º, e também é considerado um tipo básico.

Ainda com Assis Toledo, tipos derivados "são, pois, os que se formam a partir do tipo fundamental, mediante o destaque de circunstâncias que agravam ou atenuam o último". Os tipos derivados podem conduzir ao reconhecimento de causas de aumento ou causas de diminuição de pena, qualificadoras ou privilegiadoras. Por exemplo, o art. 121, *caput*, é o tipo simples. Já o art. 121, §1º, do Código Penal, é um tipo derivado, pois indica algumas causas de diminuição de pena. O art. 121, §2º, do Código Penal, também é tipo derivado, eis que elenca hipóteses de qualificadoras.

13.4.4.2 Tipo normal e tipo anormal

Tipo normal é aquele composto apenas por elementos objetivos, enquanto os tipos anormais são constituídos por elementos objetivos e subjetivos.

Os tipos normais eram trabalhados na teoria causalista da ação, tendo em vista que dolo e a culpa não eram analisados no fato típico, mas na culpabilidade. Assim, os tipos penais não admitiam elementos que não fossem objetivos.

Para os adeptos da teoria finalista da ação, todos os tipos penais são anormais, tendo em vista que a conduta (elemento integrante do fato típico) que caracteriza o crime deve ser dolosa ou culposa.

13.4.4.3 Tipo simples e tipo misto

Tipo simples é aquele que descreve uma única conduta criminosa, a exemplo do delito de furto, previsto no art. 155, *caput*, do Código Penal. Este dispositivo traz uma única conduta, qual seja, "subtrair".

Tipo misto é aquele que descreve duas ou mais condutas criminosas, ou seja, traz duas ou mais ações nucleares. Subdivide-se em: tipo misto alternativo e tipo misto cumulativo.

O *tipo será misto alternativo* quando independentemente de quantos verbos o agente tenha praticado, ele responderá por um único delito, desde que a ação tenha se desenvolvido no mesmo contexto fático. Por exemplo, o artigo 33 da Lei nº 11.343/06 (tráfico de drogas) é considerado *tipo misto alternativo*, ou seja, independentemente de quantos verbos nucleares o agente praticou, ele responderá por um único delito de tráfico de drogas, desde que a ação tenha se desenvolvido no mesmo contexto fático. Então, se o agente adquire, tem em depósito e depois transporta a droga, sem autorização ou em desacordo com determinação legal ou regulamentar, responderá pelo delito do artigo 33 uma única vez, ainda que tenha realizado três verbos. Frise-se que o número de ações típicas poderá ser valorado pelo juiz por ocasião da aplicação da pena, mas o crime continua sendo único.

Tipo misto cumulativo é aquele em que o dispositivo legal prevê várias condutas, contudo, sem fungibilidade entre elas, significando que cada núcleo é considerado um delito autônomo. É o caso do art. 242 do Código Penal (dar parto alheio como próprio; registrar como seu o filho de outrem; ocultar recém-nascido ou substituí-lo, suprimindo ou alterando direito inerente ao estado civil). Cada conduta descrita é considerada como um delito autônomo. Assim, se o agente praticar as três condutas descritas no art. 242 do Código Penal, responderá por 3 crimes.

13.4.4.4 Tipo fechado e tipo aberto

Tipo fechado é aquele em que o dispositivo legal descreve de forma minuciosa qual é a conduta criminosa a ser desenvolvida. Por exemplo, o art. 121, *caput*, do Código Penal, traz a conduta "matar". O homicídio somente irá acontecer se houver a conduta "matar", não havendo dúvidas no proceder.

Já o tipo aberto é aquele em que o dispositivo legal deixa margem de valoração ao intérprete, não havendo descrição minuciosa quanto à conduta criminosa a ser desenvolvida, dependendo da análise de cada caso concreto. Por exemplo, o art. 121, §3º, do Código Penal, traz o homicídio culposo. As modalidades de culpa (imperícia, imprudência e negligência) dependem de valoração do juiz para verificar se ocorreram ou não.

13.4.4.5 Tipo de autor e tipo de fato

Tipo de autor possui relação com o Direito Penal do Autor, sendo aquele que incrimina a pessoa por simples estados ou condições pessoais/existenciais.

O art. 59 da Lei de Contravenções Penais traz o clássico exemplo de Direito Penal do Autor, tipificando como contravenção penal a conduta de "vadiagem" (art. 59 – Entregar-se alguém habitualmente à ociosidade, sendo válido para o trabalho, sem ter renda que lhe assegure meios bastantes de subsistência, ou prover à própria subsistência mediante ocupação ilícita). Este dispositivo presume que aquele que habitualmente não trabalha, sendo apto para tanto, é criminoso. Vale dizer, pune a pessoa pelo estilo de vida que leva, mesmo que ela não tenha lesado nenhum bem jurídico de terceiro. Obviamente que tal contravenção penal não foi recepcionada em nosso ordenamento jurídico e deve ser, de pronto, rechaçada.

Tipo penal de fato é aquele que pune a pessoa por suas condutas exteriorizadas e pelos fatos por ela praticados e não pela sua condição pessoal.

13.4.4.6 Tipo congruente e tipo incongruente

Tipo congruente é aquele em que há simetria entre a intenção do agente e o texto legal. Acontece nos crimes dolosos consumados. Por exemplo, o agente tem a intenção de subtrair a coisa para si, o que de fato acontece.

O tipo incongruente, por sua vez, é aquele em que não há simetria entre a intenção do agente e o texto legal. Acontece, por exemplo, nos crimes tentados, nos crimes preterdolosos e nos crimes culposos. No furto tentado, *v.g.*, o dolo do agente é de subtrair a coisa para si, contudo, por circunstâncias alheias à sua vontade, não consegue. Assim, embora tenha tido uma intenção (subtrair a coisa), não produziu o resultado por ele desejado (tentou, mas não conseguiu).

CAPÍTULO 14

FASES DA REALIZAÇÃO DO CRIME

14.1 *Iter criminis*

O *iter criminis* é o caminho do crime. Zaffaroni e Pierangeli lecionam que:

> Desde que o desígnio criminoso aparece no foro íntimo da pessoa, como um produto da imaginação, até que se opere a consumação do delito, existe um processo, parte do qual não se exterioriza, necessariamente, de maneira a ser observado por algum espectador, excluído o próprio autor. A este processo dá-se o nome de *iter criminis* ou 'caminho do crime', que significa o conjunto de etapas que se sucedem, cronologicamente, no desenvolvimento do delito.[334]

O caminho do crime é dividido em quatros etapas: cogitação, preparação, execução e consumação.

Ressalte-se que o *iter criminis* é o roteiro para os crimes dolosos, não se aplicando nas situações de condutas culposas.

14.1.1 Cogitação

Cogitação é o momento em que surge na mente do agente a vontade de cometer o delito. Trata-se de uma fase interna em que o indivíduo reflete, pondera e pensa se deve ou não realizar a conduta delituosa. Sendo uma fase interna, em que não se exterioriza nenhum ato concreto, não é punível.

Essa fase do *iter criminis* também é chamada de direito de perversão, ou seja, o direito que toda pessoa possui de ser perversa em sua mente, de pensar o mal. Todo mundo tem o direito de ter maus pensamentos e até mesmo de planejar crimes em sua cabeça. Os pensamentos ruins não interessam ao Direito Penal, pois são uma mera fase interna. Entretanto, se os pensamentos perversos saem da esfera do pensar e ingressam

---

[334] ZAFFARONI, Eugênio Raul; PIRANGELI, José Henrique. *Da tentativa*. p. 13.

na seara do agir, sendo concretizados no plano dos fatos, passam a interessar ao âmbito criminal. Já diria Ulpiano: *cogitationis poenam nemo patitur*, ou seja, ninguém pode ser punido por seus pensamentos.

A fase da cogitação é dividida em três etapas:
1. *Idealização*: nasce no agente a ideia de praticar o delito;
2. *Deliberação*: o agente reflete sobre a viabilidade ou não de praticar o delito;
3. *Resolução*: o agente decide praticar a conduta delituosa.

14.1.2 Preparação ou atos preparatórios (*conatus remotus*)

Nesta fase, o agente se prepara para praticar o delito, escolhendo os meios necessários para chegar ao seu intento criminoso. Por exemplo, o agente quer matar a vítima e, para tanto, compra uma faca, verifica em qual local irá esconder o corpo, estuda qual o itinerário percorrido por ela, seus horários etc.

A fase da preparação nada mais é que a etapa do *iter criminis* que permite ao agente criar todas as condições necessárias para executar o crime conforme o planejado.

Trata-se de fase externa que, em regra, é impunível, pois ainda não se iniciou a execução do delito. No entanto, há situações em que os atos preparatórios serão puníveis, isto é, quando forem considerados pelo legislador como delito autônomo. Vale dizer, determinadas condutas são tão graves que o próprio legislador antecipa sua punição para os atos preparatórios. Vejamos a lição de Magalhães Noronha:

> O desígnio ou propósito de vir a cometê-lo, como sucede com a conspiração, a incitação ao crime (art. 286), a associação criminosa – atual denominação do delito de quadrilha ou bando (art. 288)[335] e ainda outros, em que há o propósito delituoso, ou a intenção revelada de vir a praticá-lo. A impaciência do legislador, então, antecipa-se e não espera que ele se verifique, punindo, em última análise, a intenção, o projeto criminoso.[336]

Cita-se como exemplo o art. 5º da Lei nº 13.260/16 (Lei do Terrorismo):

> Art. 5º Realizar atos preparatórios de terrorismo com o propósito inequívoco de consumar tal delito:
> Pena – a correspondente ao delito consumado, diminuída de um quarto até a metade.

Note-se que o delito de terrorismo ainda não aconteceu, mas a conduta de se preparar para realizar tal ato já é considerada crime. Trata-se de nítida hipótese de antecipação da punição para a fase da preparação, prevendo-a como delito autônomo.

14.1.3 Execução ou atos executórios

A partir desta fase, é possível falar em atuação do Direito Penal. Iniciada a execução, podem ocorrer três situações: 1. Consumação do crime; 2. Tentativa (art. 14, II, do CP); ou 3. Desistência voluntária ou arrependimento eficaz (art. 15 do CP).

---

[335] Observação: atualmente, o delito do art. 288 do Código Penal é chamado de associação criminosa e não mais de quadrilha. A obra consultada é um clássico do Direito Penal e elaborada muito antes da alteração legislativa que modificou o delito de quadrilha para associação criminosa.
[336] MAGALHÃES NORONHA, Edgar. *Direito Penal*. São Paulo: Saraiva, 1980, V. 1, p. 133.

A fase da execução ou dos atos executórios é o momento em que o agente começa a realizar a ação nuclear com o intuito de lesionar o bem jurídico tutelado, sendo que, para que seja considerada apta a ingressar na seara do Direito Penal, a conduta deve ser *idônea* e *inequívoca*.

A grande questão a ser resolvida é saber quando o agente encerra a fase da preparação e inicia a execução do delito. Assim, a doutrina trabalha algumas teorias para aferir quando se dá o início dos atos executórios, os quais estudaremos a seguir:

1. *Teoria subjetiva ou puramente subjetiva*

Para a teoria subjetiva, defendida por Von Buri, não há diferenciação entre atos preparatórios e atos executórios. Leva-se em consideração apenas o plano interno do agente, ou seja, a partir do momento em que manifesta sua vontade criminosa (tem a intenção de praticar do delito), já pode ser punido. Assim, tanto a fase de preparação quanto a fase da execução permitem a punição do indivíduo. É chamada de teoria puramente subjetiva, pois considera apenas o intelecto do autor. Atualmente, esta teoria não encontra adesão na doutrina e na jurisprudência.

2. *Teoria objetiva*

A teoria objetiva leva em consideração os atos exteriorizados pelo indivíduo, não se contentando com seu "simples querer interno". Não basta querer realizar o tipo penal, é necessário que haja condutas externas (idôneas e inequívocas) no sentido de praticar a conduta nuclear descrita no tipo, buscando a violação do bem jurídico tutelado. Tal teoria se subdivide em 3 critérios:

a) *Critério objetivo-formal*

Para o critério objetivo-formal, trabalhado por Frederico Marques, o início da execução do delito se dá no momento em que o agente começa a realizar o verbo descrito no tipo.

Vamos a um exemplo: imagine que o indivíduo saque a sua arma de fogo e realize um disparo contra a vítima. O homicídio começará a ser executado, pelo critério objetivo-formal, no momento em que a bala acertar o corpo da vítima, pois, somente neste instante é que começa a ser realizado o verbo "matar".

Parte da doutrina entende que essa é a posição do Código Penal, tendo, inclusive, o Superior Tribunal de Justiça pontuado sobre essa questão, no Informativo 404:

> ROUBO. TENTATIVA. PREPARAÇÃO. A polícia, informada de que a quadrilha preparava-se para roubar um banco, passou a monitorar seus integrantes mediante escuta telefônica, o que revelou todos os detalhes do planejamento do crime. No dia avençado para o cometimento do delito, após seguir os membros do grupo até a porta da agência bancária, ali efetuou as prisões. Denunciado por tentativa de roubo circunstanciado e formação de quadrilha, o ora paciente, um dos autores do crime, alega, entre outros, a atipicidade da conduta, visto que não se ultrapassou a fase dos atos preparatórios. Contudo, essa pretensão esbarra na impossibilidade de revolvimento das provas em sede de *habeas corpus*, considerado o fato de que o Tribunal de origem, de forma fundamentada, concluiu pelo início dos atos executórios do crime, que só não se consumou em razão da pronta intervenção policial. Anote-se que, embora se reconheça o prestígio da teoria objetivo-formal no Direito Penal, segundo a doutrina, qualquer teoria pode revelar contornos

diferenciados quando confrontada com o caso concreto. Com esses fundamentos, a Turma concedeu parcialmente a ordem, apenas para, conforme precedentes, redimensionar a pena aplicada ao paciente. HC 112.639/RS, Rel. Min. Og Fernandes, julgado em 25/08/2009.

A principal crítica a este critério é que ele não consegue sanar todas as hipóteses de início da execução, tendo em vista que, em algumas situações, antes mesmo da realização do verbo, já se pode perceber o início dos atos executórios. O critério objetivo-formal posterga demais o reconhecimento do início dos atos executórios, tendo que se aguardar a efetiva realização do verbo.

b) *Critério da hostilização ao bem jurídico*

Para o critério da hostilização ao bem jurídico, concebido por Max Ernst Mayer, o início da execução do crime se dá no momento em que o agente pratica o primeiro ato tendente a atacar o bem jurídico, criando uma situação concreta de perigo. Assim, quando houver exposição do bem jurídico a perigo, haverá o início dos atos executórios.

Seguimos no mesmo exemplo do homicídio: imagine que o indivíduo saque sua a arma de fogo e realize um disparo contra a vítima. O homicídio começará a ser executado, pelo critério da hostilização ao bem jurídico, no momento em que o agente saca a arma, pois, neste instante, já expõe o bem jurídico a perigo.

O Superior Tribunal de Justiça já se utilizou deste critério. Vejamos:

> 8. A distinção entre atos preparatórios e executórios é tormentosa e exige uma conjugação de critérios, tendo como ponto de partida a teoria objetivo-formal, de Beling, associada a outros parâmetros subjetivos e objetivos (como a complementação sob a concepção natural, proposta por Hans Frank), para que, consoante o tirocínio do julgador, seja possível definir se, no caso concreto, foram exteriorizados atos tão próximos do início do tipo que, conforme o plano do autor, colocaram em risco o bem jurídico tutelado. 9. Tal solução é necessária para se distinguir o começo da execução do crime, descrito no art. 14, II, do CP e o começo de execução da ação típica. Quando o agente penetra no verbo nuclear, sem dúvida, pratica atos executórios. No entanto, comportamentos periféricos que, conforme o plano do autor, uma vez externados, evidenciam o risco relevante ao bem jurídico tutelado também caracterizam início da execução do crime. 10. Não houve violação do art. 14, II, do CP, pois os atos externados ultrapassaram meros atos de cogitação ou de preparação e expuseram a perigo real o bem jurídico protegido pela norma penal, inclusive com a execução da qualificadora do furto. Os recorrentes, mediante complexa logística, escavaram por dois meses um túnel de 70,30 metros entre o prédio que adquiriram e o cofre da instituição bancária, cessando a empreitada, em decorrência de prisão em flagrante, quando estavam a 12,80 metros do ponto externo do banco, contexto que evidencia, de forma segura, a prática de atos executórios (...) (REsp 1252770/RS, Rel. Ministro Rogerio Schietti Cruz, Sexta Turma, julgado em 24/03/2015, DJe 26/03/2015).

A principal crítica a este critério é que ele adianta demais o momento do início dos atos executórios, não aguardando a inequívoca manifestação de vontade do agente no sentido de buscar a realização do verbo descrito no tipo.

c) *Critério objetivo-material*

Para o critério objetivo-material, idealizado por Reinhart Frank, o início da execução do delito se dá no momento em que o agente começa a realizar o verbo descrito no tipo, bem como os atos imediatamente anteriores, contudo, baseados na visão de um terceiro observador.

Ainda no mesmo exemplo do homicídio: imagine que o indivíduo saque sua a arma de fogo e realize um disparo contra a vítima. Na visão de um terceiro observador, quando o agente saca a arma e aponta para vítima, iniciou-se a execução do crime.

d) *Critério objetivo-invidual ou objetivo-subjetivo*

O início da execução do crime se dá no momento imediatamente anterior à realização da conduta descrita no tipo penal. Diferencia-se da teoria objetivo-material, tendo em vista que não leva em consideração a visão do terceiro observador, mas o plano delitivo concreto do autor. Zaffaroni e Pierangeli, precursores deste critério, ensinam que:

> 'A tentativa começa com a atividade com que o autor, segundo seu plano delitivo, imediatamente aproxima-se da realização do plano delitivo' (Welzel) ou, também, 'há tentativa em toda atividade que, julgada sobre a base do plano concreto do autor, mostra-se, de acordo a uma concepção natural, como parte integrante de uma ação executiva típica' (*Stratenwerth*)[337]

No nosso exemplo do homicídio em que o indivíduo saca sua a arma de fogo e realiza um disparo contra a vítima, haverá o início dos atos executórios no momento em que o agente disparar a arma de fogo com o intuito de matar a vítima, pois este é o momento imediatamente anterior à realização da conduta típica "matar".

É a posição que tem prevalecido na doutrina moderna, com precedentes no Superior Tribunal de Justiça.[338]

14.1.4 Consumação

De acordo com o art. 14, I, do Código Penal, considera-se consumado o crime quando se reúnem todos os elementos de sua definição legal. No entanto, a consumação do delito varia, a depender da natureza do crime.

1. *Crime material*: o crime material se consuma com a realização do resultado naturalístico. Ex.: art. 121 do CP (homicídio).
2. *Crime formal ou de consumação antecipada*: consuma-se com a realização da conduta descrita no tipo, independentemente da ocorrência do resultado naturalístico. Nesta modalidade, o tipo penal descreve um resultado naturalístico, mas antecipa o momento consumativo para a realização da conduta. Ex.: art. 158 do Código Penal (extorsão). No crime de extorsão, no momento da exigência da vantagem indevida haverá a consumação do delito, independentemente do seu recebimento (Súmula 96 do STJ).[339]
3. *Crime de mera conduta ou de simples atividade*: consuma-se com a realização da conduta descrita no tipo penal. Nesta modalidade, não há previsão de

---

[337] ZAFFARONI, Eugênio Raul; PIERANGELI, José Enrique. *Manual de Direito Penal brasileiro*: Parte geral. 2. ed. São Paulo: Revista dos Tribunais, 1999. p. 704.
[338] REsp. 113603/DF – Rel. Min. José Arnaldo da Fonseca – DJ 28/09/1998.
[339] Súmula 96: o crime de extorsão consuma-se independentemente da obtenção da vantagem indevida.

resultado naturalístico. Ex.: art. 150 do Código Penal (invasão de domicílio). O indivíduo que entra em casa alheia ou nas suas dependências de forma clandestina ou contra a vontade do morador já consumou o delito. O "simples" ingresso em casa alheia já consuma o delito.

4. *Crime de perigo*: consuma-se com a exposição do bem jurídico a perigo de dano.
5. *Crime permanente*: os crimes permanentes têm sua consumação prolongada no tempo, até que cesse a conduta do agente. Ex.: art. 148 do Código Penal (sequestro). Enquanto a vítima estiver em poder dos sequestradores, o crime estará se consumando. Quando a atividade cessar (vítima libertada), o delito se encerra.
6. *Crime habitual*: consuma-se com a reiteração da conduta típica. Vale dizer, a prática de um único ato não consuma do delito, sendo necessário que haja reiteração da conduta delituosa. Ex.: art. 229 do Código Penal (casa de prostituição). Para que haja a consumação deste delito, deve-se demonstrar que a conduta ocorreu de forma perene e constante. A realização dos atos de forma episódica e isolada não conduz à configuração do crime.
7. *Crime qualificado pelo resultado*: consuma-se com a produção do resultado agravador. Ex.: art. 129, §3º, do Código Penal (lesão corporal seguida de morte).
8. *Crime omissivo próprio*: consuma-se no momento em que o agente deixa de praticar a conduta determinada pelo tipo penal. Ex.: art. 135 do Código Penal (omissão de socorro).
9. *Crime omissivo impróprio ou comissivo por omissão*: consuma-se com a produção do resultado naturalístico. Os crimes omissivos impróprios são aqueles em que o agente, podendo e devendo agir para evitar o resultado (art. 13, §2º, do CP), não o faz. Nestas hipóteses, responderá por sua omissão como se tivesse praticado uma ação.

14.1.5 Exaurimento (crime exaurido ou crime esgotado)

O exaurimento do crime não integra o *iter criminis*, sendo considerado como os acontecimentos posteriores a ele que agridem novamente o bem jurídico tutelado. Nesse lume, André Estefam leciona que:

> Dá-se quando o agente, depois de consumar o delito e, portanto, encerrar o *iter criminis*, pratica nova conduta, provocando nova agressão ao bem jurídico penalmente tutelado. De regra, o exaurimento apenas influi na quantidade da pena, seja por estar previsto como causa especial de aumento (ex.: CP, art. 317, §1º), seja por figurar como circunstância judicial desfavorável (pois o juiz deve levar em conta na dosagem da pena-base as consequências do crime – art. 59, *caput*, do CP).[340]

---

[340] ESTEFAM, André. *Direito Penal*. V. 1, 6. ed. São Paulo: Saraiva, 2017. p. 274.

CAPÍTULO 15

TENTATIVA (*CONATUS*)

15.1 Conceito e natureza jurídica

É dito que o crime é tentado quando, iniciada a execução, não se consuma por circunstâncias alheias à vontade do agente (art. 14, II, do CP). Alberto Silva Franco ensina que a tentativa

> Se caracteriza por ser um tipo manco, truncado, carente. Se, de um lado, exige o tipo subjetivo completo correspondente à fase consumativa, de outro, não realiza plenamente o tipo objetivo. O dolo, próprio do crime consumado, deve iluminar, na tentativa, todos os elementos objetivos do tipo. Mas a figura criminosa não chega a ser preenchida, por inteiro, sob o ângulo do tipo objetivo. Bem por isso, Zaffaroni e Pierangeli (*Da tentativa*, p. 59) observaram que a tentativa 'é um delito incompleto, de uma tipicidade subjetiva completa, com um defeito na tipicidade objetiva'.[341]

Se perecebe que na tentativa existe uma incongruência entre os elementos objetivos e subjetivos do delito. Vale dizer, o dolo na tentativa (elemento subjetivo) é de consumação, pois a intenção do agente é de concluir sua empreitada criminosa. No entanto, ainda que exista a intenção de consumar o delito, os elementos objetivos do tipo não se realizam completamente, por circunstâncias alheias à vontade do agente. Vejamos:

	Tipo objetivo (atos executórios)	Tipo subjetivo (dolo)
Crime consumado (art. 14, I, do CP)	Completo	Completo
Crime tentado (art. 14, II, do CP)	Incompleto	Completo

---

[341] FRANCO, Alberto Silva. *Código Penal e sua interpretação jurisprudencial*. 5. ed. São Paulo: Revista dos Tribunais, 1995. p. 152.

A natureza jurídica da tentativa é de norma de extensão temporal, a qual se encontra prevista no art. 14, II, do Código Penal. Isso porque amplia temporalmente a possibilidade de punição para aqueles que, embora tenham tentado consumar o delito, não conseguiram por circunstâncias que independem da sua vontade. Cézar Roberto Bitencourt conclui que:

> A relevância típica da tentativa é determinada expressamente pelo legislador através de uma norma de extensão, contida na Parte Geral do Código Penal. Por isso podemos afirmar que a tentativa é um tipo penal ampliado, um tipo penal aberto, um tipo penal incompleto, mas um tipo penal. A tentativa amplia temporalmente a figura típica, cuja punibilidade depende da conjugação do dispositivo que a define (art. 14, II) com o tipo penal incriminador violado.[342]

15.2 Elementos da tentativa

São elementos que compõem a tentativa: 1. Início da execução; 2. Não-consumação por circunstâncias alheias a vontade do agente; 3. Dolo de consumação; e 4. Resultado possível.

15.3 Teorias sobre a punibilidade da tentativa

Algumas teorias fundamentam a forma pela qual se pune a tentativa, vejamos as mais importantes.

1. *Teoria subjetiva, voluntarística ou monista*

Para esta teoria, deve-se levar em consideração o elemento subjetivo do agente. Assim, considerando que o elemento subjetivo do agente é perfeito (tem dolo de consumação), não pode haver distinção entre as penas do crime consumado e do crime tentado. Nesse viés, ao crime tentado aplica-se a mesma pena do crime consumado.

2. *Teoria sintomática*

Para a teoria sintomática, proposta pela Escola Positivista de Lombroso, Garófalo e Ferri, o agente que tenta praticar um delito deve ser punido, pois manifesta indícios de periculosidade. Em outras palavras: o indivíduo que tentou praticar um delito tem sintomas/traços de periculosidade e, por essa razão, deve ser permitida a sua punição.

Esta concepção permite a punição de atos preparatórios, uma vez que leva em conta a periculosidade subjetiva do agente, a qual já configura a tentativa.

3. *Teoria subjetivo-objetiva ou teoria da impressão*

Segundo Eugênio Pacelli e André Callegari:

> Parte da teoria subjetiva, mas a combina com elementos objetivos. A seu teor, o verdadeiro fundamento da punição da tentativa é a vontade contrária a uma norma de conduta, mas somente se afirma o merecimento da pena da exteriorização da vontade dirigida ao

---

[342] BITENCOURT, Cezar Roberto. *Tratado de Direito Penal 1*. Parte geral. V. 1. 25. ed. São Paulo: Saraiva, p. 543-544.

fato quando com isso possa perturbar-se profundamente a confiança da coletividade na vigência do ordenamento jurídico, assim como o sentimento de segurança jurídica, e, em consequência, resultar diminuída a paz jurídica.[343]

4. Teoria objetiva, realística ou dualística

Esta posição defende que, embora o crime tentado e o crime consumado tenham o mesmo elemento subjetivo (dolo de consumação: a intenção do agente é consumar o delito), do ponto de vista objetivo, o crime tentado encontra-se inacabado. Por esse motivo, a pena deve ser suavizada.

Tal teoria é adotada, como regra, pelo art. 14, II, do Código Penal, o qual indica que o *conatus* terá uma redução de pena de 1/3 (um terço) a 2/3 (dois terços).

No entanto, devemos nos atentar aos delitos de atentado ou de empreendimento, que são aqueles em que o legislador descreve uma conduta tentada no próprio tipo penal. Assim, a mera tentativa já é considerada como crime consumado. Por exemplo, o crime do art. 352 do Código Penal (evadir-se ou *tentar evadir-se* o preso ou o indivíduo submetido a medida de segurança detentiva, usando de violência contra a pessoa) indica que a fuga ou tentativa de fuga é punida com a pena de crime consumado.

Citamos, também, o exemplo do art. 309 da Lei nº 4.737/65 (votar ou *tentar votar* mais de uma vez, ou em lugar de outrem). Para estes casos, como exceção, adota-se a teoria subjetiva.

Este entendimento é extraído do art. 14, parágrafo único, do Código Penal, que prevê tanto a regra quanto a exceção, ao definir que: salvo disposição em contrário (exceção – teoria subjetiva), pune-se a tentativa com a pena correspondente ao crime consumado, diminuída de um a dois terços (regra – teoria objetiva).

15.4 Valoração da pena na tentativa

Vimos que a tentativa comporta redução de pena, a qual varia de 1/3 (um terço) a 2/3 (dois terços). A dúvida, neste ponto, é saber como se dará a aplicação dessa redução, ou seja, quando o agente delitivo merecerá uma maior ou menor redução.

Convencionou-se a seguinte regra: quanto mais próximo da consumação do crime o agente se chegar, menor será a redução. Quanto mais distante da consumação do crime o agente permanecer, maior será a redução. O critério utilizado, portanto, é de quanto do *iter criminis* o agente percorreu. Transcrevemos o entendimento do STJ:

> III – Com efeito, o Código Penal, em seu art. 14, II, adotou a teoria objetiva quanto à punibilidade da tentativa, pois, malgrado semelhança subjetiva com o crime consumado, diferencia a pena aplicável ao agente doloso de acordo com o perigo de lesão ao bem jurídico tutelado. Nessa perspectiva, a jurisprudência desta Corte adota critério de diminuição do crime tentado de forma inversamente proporcional à aproximação do resultado representado: quanto maior o *iter criminis* percorrido pelo agente, menor será a fração da causa de diminuição (...) HC 527.372/SP, Rel. Ministro Leopoldo de Arruda Raposo (Desembargador Convocado do TJ/PE), Quinta Turma, julgado em 17/12/2019, DJe 19/12/2019.

---

[343] PACELLI, Eugênio, CALLEGARI, André. *Manual de Direito Penal*. Parte geral. 4. ed. São Paulo: Atlas. p. 288.

Vamos a dois exemplos esclarecedores:
1. imagine que o agente disparou 6 tiros contra a vítima, com intenção de matá-la, e errou todos.
2. imagine que o agente disparou 6 tiros contra a vítima, com intenção de matá-la, e acertou todos. A vítima foi levada para o hospital entre a vida e a morte. Após 3 meses na UTI, conseguiu se recuperar.

No primeiro exemplo, o agente permaneceu distante da consumação, pois, embora sua conduta tenha sido grave, sequer alvejou a vítima. Para ele, a redução da pena ficará em um patamar mais elevado.

Já no segundo exemplo, o agente chegou muito próximo da consumação do delito. Nesta situação, a redução da sua pena deve ficar num patamar menor, pois percorreu quase todo o caminho do crime.

15.5 Espécies de tentativa

As espécies de tentativa podem ser divididas em 4 situações:

15.5.1 Tentativa perfeita, acabada ou estéril, crime falho ou crime frustrado

O agente, embora tenha praticado todos os atos executórios que estavam ao seu alcance, não consegue consumar o crime por circunstâncias alheias à sua vontade. Em outras palavras, ele esgota todos os meios de execução de que podia lançar mão; ele faz tudo o que previu para consumar o crime, mas mesmo assim não consegue fazê-lo por circunstâncias alheias à sua vontade.

Imagine que o indivíduo descarregue todas as balas de sua pistola na vítima, acertando todas. Mesmo assim, a vítima é socorrida e não morre.

15.5.2 Tentativa imperfeita ou inacabada

O agente, embora ainda tenha meios disponíveis ao seu alcance para continuar executando o crime, é impedido de prosseguir.

Imagine que o acusado tenha uma arma de fogo que comporte 10 disparos. Ele começa a atirar na vítima, porém, quando ainda está no quarto disparo, a polícia chega e o impede de prosseguir.

15.5.3 Tentativa branca ou incruenta

Nesta hipótese, o ataque dirigido à vítima não a atinge. Ex.: eu disparo contra a vítima, mas não acerto nenhum tiro.

15.5.4 Tentativa vermelha ou cruenta

Nesta hipótese, o ataque dirigido à vítima a atinge. Ex.: disparo contra a vítima e acerto.

15.5.5 Tentativa idônea

Sendo o possível o resultado, ele não ocorre por circunstâncias alheias à vontade do agente.

15.5.6 Tentativa inidônea ou crime impossível

O resultado é impossível de acontecer por absoluta ineficácia do meio empregado ou por absoluta impropriedade do objeto. Tal instituto está previsto no art. 17 do Código Penal e será estudado em capítulo próprio, para o qual remetemos o amigo leitor.

Rogério Sanches Cunha diferencia tentativa inidônea de tentativa supersticiosa ou irreal:

> Entende-se por tentativa supersticiosa (ou irreal) aquela em que o agente acredita estar incurso numa situação típica que, na prática, não é realizável. Embora, num primeiro momento, possa se confundir com a tentativa inidônea por se encontrar na esfera do crime impossível, a supersticiosa dela se difere. Na tentativa inidônea, ao empregar meio absolutamente ineficaz ou visar a objeto absolutamente impróprio, o agente ignora esta circunstância e acredita no contrário, ou seja, que o meio eleito é apto a provocar o resultado ou que o objeto esteja em condições de sofrer os efeitos do resultado. Na tentativa supersticiosa, por outro lado, o agente tem plena consciência a respeito do meio que emprega ou do objeto visado e acredita que tanto num caso como noutro o resultado pode ser alcançado, embora, objetivamente isso seja impossível. Por exemplo: "A" pretende matar "B" mediante disparos de arma de fogo e, para tanto, apossa-se de um revólver desmuniciado e o aciona: não provoca o resultado, pois o meio é absolutamente ineficaz; "A" pretende matar "B" mediante disparo de arma de fogo e, para alcançar o seu intento, desfere os tiros contra o alvo, que já está morto: não provoca o resultado porque o objeto é absolutamente impróprio. Em ambos os casos, "A" acredita que, com sua conduta, pode causar a morte de "B" porque ignora que a arma está desmuniciada ou que a vítima já está morta. Noutras palavras, o crime é impossível, mas "A", no momento em que se apoderou da arma, imaginou que fosse apta a efetuar os disparos ou, no segundo exemplo, ao efetuar os disparos, idealizou que o alvo estava vivo. Agora outra situação: "A" pretende matar "B" exercitando o poder do pensamento para que este seja atropelado por um automóvel. Neste caso, o crime é impossível não porque "A" tem uma impressão incorreta a respeito do meio ou do objeto, como nos exemplos anteriores, mas porque acredita na eficácia de um meio que jamais poderia causar qualquer resultado lesivo.[344]

15.6 Infrações penais que não admitem tentativa

Algumas infrações penais não admitem a tentativa. Veremos, doravante, quais são elas.

15.6.1 Crimes culposos

Os crimes culposos são incompatíveis com a tentativa, pois não é possível tentar realizar uma conduta que não se tinha intenção de praticar. É uma incompatibilidade lógica.

---

[344] CUNHA, Rogério Sanches. *Manual de Direito Penal*. Parte geral (arts. 1º ao 120). Volume único. Salvador: JusPodivm, 2020, p. 437.

De outra banda, parte da doutrina entende que é possível o reconhecimento da tentativa na culpa imprópria. Devemos recordar que a culpa imprópria é a hipótese em que o indivíduo, por erro evitável, fantasia determinada situação fática e, acreditando estar agindo acobertado por alguma causa excludente de ilicitude, provoca dolosamente um resultado ilícito. A culpa é considerada imprópria porque a estrutura do delito é dolosa, todavia, por questões de política criminal, o agente é punido a título de culpa.

Com efeito, entende-se possível a tentativa na culpa imprópria porque a natureza do crime é dolosa, sendo admissível, portanto, que, no plano fático, o evento querido não tenha se consumado por circunstância alheias à vontade do agente. Victor Rios Gonçalves pondera:

> É possível a tentativa nos casos de culpa imprópria. Esta ocorre quando o agente, de forma culposa, equivocadamente supõe estar agindo acobertado por uma excludente de ilicitude e, por esse motivo, ataca alguém. O art. 20, §1º, estabelece que, nesse caso, apesar de o agente ter praticado a conduta de forma intencional, responderá por crime culposo e, assim, a tentativa é possível. Vejamos o seguinte exemplo: uma pessoa imagina que assaltantes estão entrando em sua casa e efetua disparos contra eles, que, entretanto, não morrem. Em seguida, descobre-se que as pessoas que estavam entrando na casa eram seus filhos. O agente responde por tentativa de homicídio culposo, apesar de ter agido com a intenção de matar os pretensos assaltantes.[345]

Noutro sentido, doutrina minoritária defende que mesmo na culpa imprópria não é possível o *conatus*. Eugênio Pacelli e André Callegari se professam que:

> Assim, estamos de acordo que não é possível a tentativa em crime culposo, ainda que seja na denominada culpa imprópria, decorrente das descriminantes putativas, ou seja, nos casos em que se dá o erro sobre situação de fato que, pela teoria limitada da culpabilidade, recebe o tratamento do erro de tipo. Portanto, se o erro for vencível, a pena será a do crime culposo. A questão é de fácil tratamento jurídico quando o sujeito, supondo uma agressão injusta ou atual, dispara contra o suposto inimigo e o mata, verificando-se que na realidade não havia agressão (descriminante putativa por situação de fato). Aqui só há duas soluções: se o erro for invencível ou desculpável, o agente terá excluído o dolo e a culpa (art. 20, CP); se o erro for vencível ou indesculpável, responderá pelo crime culposo. O problema ocorre quando o agente dispara numa situação imaginária, ou seja, supondo que se trata da agressão atual e injusta, mas não mata. Neste caso não há tentativa de homicídio culposo, mas tão somente a aplicação da pena do crime culposo, porque se trata de aplicação da regra inserta no art. 20, parte final, do Código Penal.[346]

15.6.2 Crime preterdoloso

De acordo com Damásio E. de Jesus:

> É incompreensível a tentativa de crime preterdoloso, uma vez que neste o resultado vai além do que o agente desejou e naquela ele não atinge o evento pretendido. Sendo o resultado agravado punido a título de culpa, excluída fica a hipótese de crime tentado. Assim, não admitem a forma tentada os crimes qualificados pelo resultado em que este

---

[345] GONÇALVES, Victor Rios. *Curso de direito penal*: Parte geral. Vol. 1. 1. ed. São Paulo: Saraiva, 2015. p. 171.
[346] PACELLI, Eugênio, CALLEGARI, André. *Manual de Direito Penal* – Parte geral. 4. ed. São Paulo: Atlas. p. 290.

é punido a título de culpa. Admitem a figura tentada, entretanto, os delitos qualificados pelo resultado em que este é punido a título de dolo.[347]

15.6.3 Crimes unissubsistentes

Crimes unissubsistentes são aqueles que se desenvolvem em um só ato. Assim, considerando que não é possível o fracionamento da conduta, não é possível a tentativa. Ex.: ameaça verbal.

Há, contudo, registros doutrinários que nos crimes *eventualmente* unissubsistentes é possível a tentativa, a exemplo da obra dos professores Fernando Capez e Edilson Mougenot:

> O crime unissubsistente comporta tentativa em certos casos, por exemplo, quando o agente efetua um único disparo contra a vítima e erra o alvo (o chamado delito eventualmente unissubsistente).[348]

De forma respeitosa, não concordamos com tal posição. Afirmar que o crime é eventualmente unissubsistente é dizer que ele é plurissubsistente. Vale dizer, trata-se de hipótese em que é factível que a conduta seja desdobrada em vários atos executórios, mas, por escolha do agente delitivo, ele realiza a conduta utilizando-se de apenas um. Em outros termos, o fato de um crime plurissubsistente ter sido desenvolvido em apenas um ato não desnatura a sua condição.

15.6.4 Contravenções penais

Em obediência ao art. 4º da Lei de Contravenções Penais, estas não serão puníveis na forma tentada.

Não se trata de impossibilidade fática, mas de determinação legal. Por exemplo, é possível visualizar, do ponto de vista fático, uma tentativa de vias de fato. Porém, o art. 4º da LCP não permite a punição de contravenção penal na forma tentada.

15.6.5 Crimes de atentado ou de empreendimento

Os crimes de atentado ou de empreendimento não admitem a tentativa, tendo em vista que, por opção legislativa, a mera tentativa recebe a mesma punição do crime consumado.

15.6.6 Crimes habituais

Não tem se admitido a tentativa porque, existindo a reiteração dos atos, o crime estará consumado. Ao passo que, não ocorrendo tal reiteração, o fato será atípico. Nesse sentido, Guilherme Nucci ensina que os delitos habituais próprios:

---

[347] JESUS, Damásio de. *Direito Penal*, Volume 1: Parte geral. 35. ed. p. 379.
[348] BONFIM, Edilson; CAPEZ, Fernando. *Direito Penal*. Parte geral. 1. ed. Saraiva, 2004. p. 440.

São os que se configuram somente quando determinada conduta é reiterada, com habitualidade, pelo agente. Não pode admitir a figura tentada, uma vez que atos isolados são penalmente irrelevantes.[349]

15.6.7 Crimes omissivos próprios

Os crimes omissivos próprios são aqueles em que a omissão é descrita no próprio tipo penal, a exemplo do crime de omissão de socorro, previsto no art. 135 do Código Penal (*deixar de prestar assistência*, quando possível fazê-lo sem risco pessoal, à criança abandonada ou extraviada, ou à pessoa inválida ou ferida, ao desamparo ou em grave e iminente perigo; ou não pedir, nesses casos, o socorro da autoridade pública).

Não se admite a tentativa nesses crimes em razão de não haver possibilidade de fracionamento da conduta. Explico: ou o agente se omite e o delito já está consumado, ou o agente realiza a ação e o fato é atípico. Não é factível tentar se omitir e não conseguir fazê-lo por circunstâncias alheias à sua vontade.

Importante o alerta, todavia, de que os delitos omissivos impróprios ou omissivos por comissão (art. 13, §2º, do Código Penal) admitem tentativa.

15.6.8 Crimes condicionados ao implemento de um resultado

Segundo Rogério Sanches Cunha, são aqueles que:

> Somente são puníveis se o evento descrito na norma ocorrer efetivamente. Exemplo comum na doutrina era o do crime previsto no art. 122 do CP (participação em suicídio). Só era punível o comportamento de quem induzia, instigava ou auxiliava a vítima a se suicidar quando presente a lesão grave ou morte do suicida. Se esses resultados não acontecessem, o comportamento do participante não era punível, nem mesmo na forma tentada. Agora, com a Lei nº 13.968/19, o crime é punido com a simples participação, independentemente de resultado naturalístico. A tentativa, aliás, passa a ser possível, como no induzimento por escrito (carta interceptada).[350]

15.7 Tentativa e crimes de ímpeto

Crime de ímpeto é aquele cometido de rompante, sem maiores reflexões, motivado por uma exaltação momentânea. Desse conceito, discute-se se, diante de um crime repentino, é possível o reconhecimento da tentativa.

A nosso sentir, não há incompatibilidade entre um delito de ímpeto e a tentativa, tendo em vista que, por maior que seja o arroubo de cólera do agente ou por mais ágil que seja a execução do delito, é possível que haja o fracionamento dos atos executórios, permitindo, portanto, a tentativa.

A questão, na verdade, encontra-se mais afeta ao âmbito probatório do que propriamente à incompatibilidade jurídica dos institutos. Em outras palavras, pode

---

[349] NUCCI, Guilherme Souza. *Curso de Direito Penal*. Vol. 1. Parte geral. Arts. 1º a 120 do Código Penal. 3. ed. Rio de Janeiro: Forense, 2019. p. 585.

[350] CUNHA, Rogério Sanches. *Manual de Direito Penal*. Parte geral (arts. 1º ao 120). Volume único. Salvador: JusPodivm, 2020, p. 439.

ser que, no plano fático, seja difícil visualizar uma tentativa num crime que acontece repentinamente, mas não significa dizer que tentativa e crime de ímpeto não são juridicamente compatíveis.

Imagine o agente que, num lampejo de ira, com intenção homicida, saca sua arma e dispara contra a vítima, sendo imediatamente impedida de prosseguir na execução da empreitada. Estaremos, nesse exemplo, diante de uma tentativa de homicídio.

De arremate, vejamos a lição de Nelson Hungria:

> Não se deve levar para a doutrina do dolo e da tentativa o que apenas representa a solução de uma dificuldade prática no terreno da prova. A tentativa tanto pode existir nos crimes de ímpeto quanto nos crimes refletidos. É tudo uma questão de prova, posto que a indagação do *animus* não pode deixar de ser feita *ab externo*, diante das circunstâncias objetivas.[351]

---

[351] HUNGRIA, Nélson. *Comentários ao Código Penal*. Rio de Janeiro: Forense, 1958. v. I, t. II, p. 89.

DESISTÊNCIA VOLUNTÁRIA E ARREPENDIMENTO EFICAZ

16.1 Tentativa abandonada

É a hipótese em que o agente, embora tenha iniciado a execução do crime, voluntariamente a abandona. A desistência voluntária e o arrependimento eficaz são espécies de tentativa abandonada, previstas no art. 15 do Código Penal:

> O agente que, voluntariamente, desiste de prosseguir na execução ou impede que o resultado se produza, só responde pelos atos já praticados.

A desistência voluntária e o arrependimento eficaz, na expressão utilizada por Franz Von Lizt, foram apelidados de "Ponte de Ouro".

Trata-se de espécie de direito premial, delineando-se como um benefício outorgado pela legislação ao infrator que, voluntariamente, evitou que o resultado de sua ação criminosa se produzisse. Diz-se ponte de ouro porque retira o criminoso do âmbito da ilegalidade e o coloca novamente na seara da licitude. Franz Von Lizt, citado por Cleber Masson, discorre sobre o tema:

> No momento em que o agente transpõe a linha divisória entre os atos preparatórios impunes e o começo da execução punível, incorre na pena cominada a tentativa. Semelhante fato não pode mais ser alterado, suprimido ou anulado retroativamente. Pode, porém, a lei, por considerações de política criminal, construir uma ponte de ouro para a retirada do agente que já se tornara passível de pena.[352]

16.2 Tentativa abandonada e crimes culposos

Não se admite tentativa abandonada (desistência voluntária e arrependimento eficaz) em crimes culposos, pois tais delitos são incompatíveis com a tentativa. Na

---

[352] MASSON, Cléber Rogério. *Direito Penal esquematizado*. Parte geral. v. 1. 3. ed. rev., atual. e ampl. Rio de Janeiro: Forense; São Paulo: Método, 2010, p. 322.

tentativa abandonada, como o próprio nome sugere, o agente iniciou a execução do crime, contudo, voluntariamente, a abandonou. Assim, não é possível desistir ou se arrepender de uma conduta que não se tinha intenção de praticar. Trata-se de incompatibilidade lógica. Nesse sentido, Fernando Capez e Edilson Mougenot:

> É incompatível com os crimes culposos, pois, como se trata de uma tentativa que foi abandonada, pressupõe um resultado que o agente pretendia produzir (dolo), mas, posteriormente, desistiu ou se arrependeu, evitando-o.[353]

16.3 Natureza jurídica

Sobre a natureza jurídica da desistência voluntária e do arrependimento eficaz, a doutrina se divide em três correntes principais.

A 1ª *corrente* orienta que se trata de *causa excludente da tipicidade*. Tal posicionamento se justifica pela análise conjunta do art. 14, II, e art. 15, ambos do Código Penal. Para que se verifique a hipótese de tentativa prevista no art. 14, II, do Código Penal, deve o agente iniciar a execução do delito e não consumá-lo por circunstâncias *alheias à sua vontade*. Por sua vez, na tentativa abandonada (desistência voluntária e arrependimento eficaz), a consumação do delito não ocorre por ato *voluntário* do agente, uma vez que desistiu ou se arrependeu da empreitada criminosa. Assim, não haverá adequação típica ao art. 14, II, do Código Penal, pois não se trata de circunstâncias alheias. Dessa maneira, afastando-se a tipicidade, responderá o agente pelos atos até em então praticados (art. 15 do CP). Nesse sentido, Frederico Marques:

> Não tem sentido dizer que a tentativa já foi perpetrada e por isso não pode haver efeito *ex tunc* do arrependimento ou da desistência (...) Os atos de execução, quando o delito não se consuma, de *per si*, são atividades atípicas. Não fosse a norma de extensão sobre o *conatus*, e todo o processo executivo, em tais casos, seria irrelevante para o Direito Penal. Ora, se do próprio conteúdo dessa norma, que possibilita a adequação típica indireta, tira-se a ilação de que a tentativa só existirá se a consumação não ocorrer por motivos alheios à vontade do agente, é mais que evidente que não há adequação típica quando a não-consumação decorre de ato voluntário do autor dos atos executivos do delito.[354]

A adoção dessa teoria afeta diretamente a punibilidade do partícipe, o qual, pela teoria da acessoriedade média ou limitada, responderá pelo delito quando o autor praticar um fato típico e ilícito. Havendo a exclusão da tipicidade (e por consequência do fato típico), o partícipe não poderá ser punido em caso de desistência voluntária ou arrependimento eficaz do autor.

A 2ª *corrente* entende que se trata de *causa pessoal extintiva da punibilidade*. Nelson Hungria explicava que:

> Trata-se de causas de extinção de punibilidade (embora não catalogadas no art. 107), ou seja, circunstâncias que, sobrevindo à tentativa de um crime, anulam a punibilidade do

---

[353] BONFIM, Edilson; CAPEZ, Fernando. *Direito Penal*. Parte geral. 1. ed. Saraiva, 2004. p. 498.
[354] MARQUES, José Frederico. *Tratado de Direito Penal*. Atual. Antonio Cláudio Mariz de Oliveira, Guilherme de Souza Nucci e Sérgio Eduardo Mendonça Alvarenga. Campinas: Bookseller, 1997. v. II, p. 387.

fato a esse título. Há uma renúncia do Estado ao *jus puniendi* (no tocante à entidade 'crime tentado'), inspirada por motivos de oportunidade.[355]

Zaffaroni e Pierangeli, com o quais concordamos, complementam que:
A principal objeção que se pode formular contra o argumento daqueles que pretendem ver na desistência uma atipicidade, seja objetiva, seja subjetiva, encontra-se na impossibilidade de ter a desistência a virtualidade e tornar atípica uma conduta que antes era típica. Se o começo de execução é objetivo e subjetivamente típico, não se compreende como um ato posterior possa eliminar o que já se apresentou como proibido, situação que muito se assemelha à do consentimento subsequente.[356]

A adoção dessa teoria não afeta a punição do partícipe, tendo em vista que a tentativa abandonada não exclui o fato típico, mas tão somente punibilidade do agente.

A *3ª corrente* aduz que se trata de *causa de exclusão da culpabilidade* à medida que, como o agente abandonou a prática do delito até então desejado, não poderá existir sobre ele juízo de reprovação, afastando-se sua culpabilidade em relação ao delito inicial, respondendo apenas pelos atos até então praticados. Esta teoria também não afasta a punibilidade do partícipe.

Tem prevalecido na doutrina a segunda posição, contudo, existem respeitáveis vozes filiadas à primeira posição.

16.4 Desistência voluntária

É hipótese em que, embora iniciada a execução do crime, o agente desiste voluntariamente de prosseguir nos atos executórios, não ocorrendo a consumação do crime inicialmente planejado. Em outras palavras, ainda existem atos executórios a serem praticados, mas o agente voluntariamente interrompe sua atividade criminosa.

Por exemplo: imagine que o agente ingressa no veículo para furtar o aparelho de som, sendo que, quando consegue desconectá-lo, desiste de levá-lo embora. Ou ainda que o agente possui 10 balas na pistola para matar a vítima. Desfere o primeiro tiro e erra. Depois, por ato voluntário, desiste de prosseguir em seu intento criminoso.

A desistência voluntária não pode ser confundida com a tentativa. Para realizar a diferenciação entre estes dois institutos, utiliza-se a chamada *Fórmula de Frank*, que dispõe que: na tentativa, o agente quer, mas não pode prosseguir na execução do crime, enquanto que na desistência voluntária, o agente pode, mas não quer prosseguir. Vejamos uma aplicação prática:

(continua)

Tentativa	Desistência voluntária
Exemplo: O agente possui 10 balas na pistola para matar a vítima. Desfere o primeiro tiro e erra. Quando ia disparar os outros tiros, a polícia imediatamente chega e impede que o agente prossiga na sua empreitada criminosa.	Exemplo: O agente possui 10 balas na pistola para matar a vítima. Desfere o primeiro tiro e erra. Quando ia disparar os outros tiros, desiste, voluntariamente, de fazê-lo e vai embora para sua casa.

---
[355] HUNGRIA, Nelson. *Comentários ao Código Penal*. 5. ed. Rio de Janeiro: Forense, 1977, v. 1, t. 2, p. 93.
[356] PIERANGELI, José Henrique; ZAFFARONI, Eugenio Raúl. *Da tentativa*. 4. ed. São Paulo: RT, 1995. p. 87.

(conclusão)

Tentativa	Desistência voluntária
Fórmula de Frank: queria prosseguir, mas não o fez por circunstâncias alheias à sua vontade, qual seja, a intervenção da polícia.	Fórmula de Frank: podia prosseguir na execução, mas, por vontade própria, não quis.
Consequência: responde pelo crime homicídio tentado, com a consequente diminuição prevista no art. 14, II, do CP (diminuição de 1/3 a 2/3).	Consequência: responde pelos atos até então praticados (art. 15, 1ª parte, do CP), qual seja, disparo de arma de previsto no art. 15 da Lei nº 10.826/03.

Na desistência voluntária, o agente jamais responde pela tentativa do crime inicialmente querido, mas somente pelos atos até então praticados, se estes estiverem previstos em lei como crime. A principal característica da desistência voluntária, portanto, é retirar o agente do âmbito da tentativa do delito inicialmente planejado.

Ainda no mesmo propósito, o art. 15 do Código Penal afirma que, para que seja reconhecida a desistência, é necessário o implemento de um requisito de natureza subjetiva, qual seja, a voluntariedade do agente. Vale dizer, se a desistência ocorreu livre de coação.

Contudo, deve-se frisar que a desistência deve ser voluntária e não espontânea, ou seja, o fato de existir influência externa não desnatura o instituto, desde que seja voluntária. Vejamos a lição de André Estefam:

> Voluntariedade não é o mesmo que espontaneidade. Espontâneo é o ato voluntário, cuja iniciativa foi do próprio agente (não foi sugerido por terceiro). Não é preciso espontaneidade; basta que o ato tenha sido voluntário.[357]

Por exemplo, se no momento em que o agente vai furtar o som do carro, recebe um telefonema de sua mãe, dizendo para não praticar o crime, o que acarreta a interrupção da atividade criminosa, é viável o reconhecimento da desistência, pois, embora não tenha sido espontânea, foi voluntária.

Assim, podemos verificar 3 elementos que identificam a desistência voluntária: 1. início da execução; 2. não-consumação do *crime em razão da vontade* do agente e 3. resultado possível.

Todavia, Damásio E. de Jesus ensina, com razão, que a suspensão dos atos executórios para sua posterior retomada não enseja desistência voluntária. Vejamos:

> Não há desistência voluntária quando o agente apenas suspende a execução do crime e continua a praticá-lo posteriormente, aproveitando-se dos atos já cometidos. No caso, não há desistência de propósito. Todavia, para que não ocorra a causa de exclusão da adequação típica, é imprescindível que ele renove ou se aproveite dos atos já executados. Enquanto está na simples fase de "adiamento" da empresa criminosa, há desistência voluntária.[358]

Por fim, deve-se alertar que não se admite desistência voluntária nos crimes unissubsistentes (que são aqueles que não permitem o fracionamento da execução), pois, realizado o ato, o crime já estará consumado, de modo que é impossível desistir de algo que já foi consumado.

---

[357] ESTEFAM, André. *Direito Penal*. V. 1, 6. ed. São Paulo: Saraiva, 2017. p. 277.
[358] JESUS, Damásio de. *Direito Penal*. Volume 1. Parte geral. 35. ed. p. 385.

16.5 Arrependimento eficaz, arrependimento ativo ou resipiscência

Encontra-se previsto no art. 15, 2ª parte, do Código Penal, e ocorre quando, depois de praticados todos os atos executórios aptos a alcançar o resultado do delito, o agente se arrepende e voluntariamente impede que o crime se consume.

Como o próprio nome sugere, o arrependimento deve ser eficaz, significando dizer que o agente deve evitar a consumação do delito. Se o arrependimento for ineficaz, ou seja, não impedir a consumação do ilícito, não poderá ser reconhecido.

Magalhães Noronha faz uma importante reflexão, a nosso sentir, de forma acertada:

> A responsabilidade perdura, a nosso ver, mesmo que outra causa concorra. Ainda na hipótese em questão, se, apresentado o antídoto, a vítima recusar-se a tomá-lo, por achar-se desgostosa da vida e querer consumar seus dias, não há isenção de pena ao agente, pois seu arrependimento não teve eficácia. A recusa da vítima não rompe o nexo causal entre a ministração do tóxico e a morte (por mais miraculosa fosse essa vontade, não teria o condão de fazer aparecer veneno nas vísceras do sujeito passivo).[359]

À semelhança do que ocorre na desistência voluntária, no arrependimento eficaz o agente jamais responde pela tentativa do crime inicialmente querido, mas somente pelos atos até então praticados, se estes estiverem previstos em lei como crime. Portanto, a principal característica do arrependimento ativo é retirar o agente do âmbito da tentativa do delito inicialmente planejado. Vejamos:

Exemplo: o agente dispara todos os projéteis de sua pistola, os quais acertam a vítima. Contudo, ele se arrepende do que fez e voluntariamente presta socorro a ela, evitando sua morte.
Arrependimento eficaz: se o agente consegue impedir a morte da vítima, responderá pelos atos até então praticados (art. 15, 2ª parte, do Código Penal), ou seja, pelo crime de lesão corporal previsto no art. 129 do Código Penal. Jamais responderá pelo crime tentado, ou seja, no nosso exemplo, pela tentativa de homicídio.
Arrependimento ineficaz: se o agente não consegue impedir a ocorrência do resultado, a ele não será aplicada a regra do art. 15, 2ª parte, do Código Penal. No nosso exemplo, responderá por homicídio consumado, com a aplicação da circunstância atenuante prevista no art. 65, III, *b*, 1ª parte, do Código Penal.

Da mesma forma que a desistência voluntária, o arrependimento deve ser voluntário e não espontâneo, ocorrer livre de coação. O fato de existir influência externa não desnatura o instituto, desde que seja voluntário.

Assim, podemos identificar 2 elementos que caracterizam o arrependimento eficaz: 1. é necessário o esgotamento de todos os atos executórios e 2. só é possível nos crimes materiais, pois o tipo penal exige a ocorrência de resultado naturalístico.

Portanto, não é admissível nas hipóteses de crime de mera conduta, de crime formal e de crime unissubsistente.

---

[359] NORONHA, E. Magalhães. *Direito Penal*. 5. ed. São Paulo: Saraiva, 1968. v. 1. p. 127.

Embora tenham a mesma consequência jurídica, a desistência voluntária e o arrependimento eficaz ocorrem em momentos distintos no curso do *iter criminis*. Vejamos:

Desistência voluntária	Arrependimento eficaz
A desistência voluntária situa-se antes do término dos atos executórios. Neste instituto, a agente ainda tem atos a serem executados, mas desiste prosseguir com eles. Obs.: "eu desisto do que estou fazendo"	O arrependimento eficaz situa-se após a prática dos atos executórios e antes da consumação. Neste instituto, o agente já esgotou todos os atos executórios à sua disposição e está aguardando que o crime se consume. No entanto, se arrepende e evita a consumação do delito. Obs.: "eu me arrependo do que eu já fiz"

16.6 Desistência voluntária e arrependimento eficaz na Lei nº 13.260/16 (Lei do Terrorismo)

Dispõe o art. 10 da Lei nº 13.260/16:

> Art. 10. Mesmo antes de iniciada a execução do crime de terrorismo, na hipótese do art. 5º desta Lei, aplicam-se as disposições do art. 15 do Decreto-Lei nº 2.848, de 7 de dezembro de 1940 – Código Penal.

O art. 5º se refere ao delito de atos preparatórios de terrorismo:

> Art. 5º – Realizar atos preparatórios de terrorismo com o propósito inequívoco de consumar tal delito:

Pois bem, a desistência voluntária e o arrependimento eficaz são tratados pela Lei do Terrorismo de forma distinta daquela tratada no Código Penal. Como analisado nos tópicos acima, no Código Penal, tanto a desistência voluntária quanto o arrependimento eficaz pressupõem o início dos atos executórios.

De forma diversa, o art. 10 da Lei nº 13.260/16 afirma que "mesmo antes de iniciada a execução do crime de terrorismo", na hipótese do crime do art. 5º (atos preparatórios de terrorismo), poderão ser reconhecidos os supracitados benefícios.

O art. 10 da Lei do Terrorismo encontra-se em consonância com o sistema em que se encontra. Explico: o crime do art. 5º (atos preparatórios de terrorismo) classifica-se como delito de atentado ou de empreendimento, ou seja, a "simples" tentativa já é considerada como crime consumado. Vale dizer, os atos preparatórios já estão tipificados como infração penal. Assim, deverá haver uma adequação do instituto para que haja sua aplicação à Lei do Terrorismo, adiantando o reconhecimento da desistência voluntária e do arrependimento eficaz para o momento dos atos preparatórios do terrorismo, os quais já são hábeis para configurar o crime do art. 5º da Lei nº 13.260/16.

Essa interpretação, obviamente, beneficia o terrorista, mas devemos encará-la como medida de desestímulo a tais práticas.

CAPÍTULO 17

ARREPENDIMENTO POSTERIOR

17.1 Conceito e natureza jurídica

O arrependimento posterior encontra-se descrito no art. 16 do Código Penal:

> Nos crimes cometidos sem violência ou grave ameaça à pessoa, reparado o dano ou restituída a coisa, até o recebimento da denúncia ou da queixa, por ato voluntário do agente, a pena será reduzida de um a dois terços.

Entende-se que o arrependimento posterior é a hipótese em que, após a consumação do delito, o agente, por ato voluntário, repara o dano ou restitui a coisa à vítima, nos crimes cometidos sem violência ou grave ameaça.

O arrependimento posterior tem natureza jurídica de causa de diminuição de pena, a qual poderá ser reduzida de 1/3 (um terço) a 2/3 (dois terços). Damásio E. de Jesus pondera:

> Trata-se de causa obrigatória de diminuição da pena. Observa-se que enquanto em outras disposições o CP emprega a expressão "pode" (ex.: arts. 26, parágrafo único, e 28, §2º), no art. 16 é imperativo: "a pena será reduzida". A redução se faz em termos de um a dois terços.[360]

Por essa razão, há uma crítica doutrinária em relação à disposição topográfica do instituto. Parte da doutrina entende que, por se tratar de causa de diminuição de pena que não influencia na adequação típica do delito, não deveria estar encartada na parte da teoria geral do delito, sendo melhor que tivesse sido alocada na teoria geral da pena.

O arrependimento posterior ainda é conhecido, nos dizeres de Franz Von Listz, como ponte de prata, ou seja, espécie de direito premial, delineando-se como um benefício outorgado pela legislação ao infrator que, após a consumação do crime, suaviza ou

---

[360] JESUS, Damásio de. *Direito Penal*. Volume 1: Parte geral. 35. ed. p. 390.

diminui sua responsabilidade penal. Se diz ponte de prata porque não retira o infrator da ilegalidade, apenas estabelece benefícios que suavizam sua punição.

Por fim, pode-se afirmar que temos um exemplo daquilo que Claus Roxin chamou de Terceira Via do Direito Penal, que é compreendida como a possibilidade de reparação do dano nesta seara. Havendo a reparação voluntária do dano antes da instauração da ação penal, é possível que o acusado tenha acesso a alguns benefícios como a diminuição da pena, a suspensão condicional do processo etc.

17.2 Requisitos

17.2.1 Crime sem violência ou grave ameaça à pessoa

Os crimes cometidos com violência ou grave ameaça à pessoa não comportam o reconhecimento do arrependimento posterior. Contudo, nos delitos em que a violência ou grave ameaça sejam destinadas à coisa, não há impedimento legal para o reconhecimento do benefício.

Por exemplo, no delito de roubo próprio, o réu não pode ser favorecido com o instituto em comento, pois há violência ou grave ameaça contra a pessoa. No entanto, no delito de furto mediante destruição ou rompimento de obstáculo, em que há violência dirigida à coisa (para destruir ou romper o obstáculo), entende ser viável sua aplicação.

Existe divergência doutrinária quanto à possibilidade do reconhecimento do arrependimento posterior em caso de violência imprópria.

Violência imprópria é aquela em que o agente reduz, por qualquer meio, a possibilidade de resistência da vítima (ex.: ministra substância para que a vítima durma). Difere-se da violência própria, que é aquela que o agente emprega o ato agressivo diretamente sobre o corpo da vítima (ex.: facada, tiro, golpe de porrete, soco etc.).

Parte da doutrina entende que a violência imprópria autoriza o arrependimento posterior, tendo em vista que o art. 16 do Código Penal somente ressalvou crimes com violência ou grave ameaça à pessoa, não fazendo menção à redução da capacidade de resistência da vítima. Nesse prisma, quando o legislador quer englobar a violência imprópria, ele o faz expressamente, a exemplo do art. 157, *caput*, do Código Penal (art. 157 – Subtrair coisa móvel alheia, para si ou para outrem, mediante grave ameaça ou violência a pessoa, ou *depois de havê-la, por qualquer meio, reduzido à impossibilidade de resistência*). Assim, de acordo com a antiga regra de hermenêutica que "onde o legislador não distingue, não cabe ao intérprete fazê-lo", a violência imprópria não tem o condão de afastar o arrependimento posterior.

A segunda posição sobre o tema, com a qual concordamos, orienta-se no sentido de que a violência imprópria (e até mesmo a violência presumida) não permite o acolhimento do instituto, pois se trata de uma forma de violência contra a pessoa. Guilherme Nucci elucida a questão:

> No caso de violência presumida, já que os casos retratados em lei demonstram ser a violência fruto da inibição da vontade da vítima, não há possibilidade de aplicação da redução do arrependimento posterior. Aliás, acrescente-se que o universo dos crimes onde se fala em violência presumida é composto por delitos dolosos, cuja violência contra a pessoa, ainda que na forma ficta, termina ocorrendo como decorrência natural da vontade do agente – diferentemente da violência culposa, que é involuntária –, bem como são eles crimes não patrimoniais e sem efeitos patrimoniais (vide o campo dos delitos contra a liberdade sexual), logo incabível qualquer reparação do dano. E ressaltemos, ainda, que

a violência presumida é uma forma de violência própria, isto é, presume-se que a vítima, não podendo consentir validamente, foi fisicamente forçada. A denominada violência imprópria – forma de redução da capacidade de resistência da vítima por meios indiretos, como ministrando droga para sedar quem se pretende roubar – também não autoriza a aplicação do benefício do arrependimento posterior. Na essência, adjetivar a violência como imprópria, em nosso entendimento, não é correto. Quando alguém reduz a capacidade de resistência da vítima por meios físicos indiretos, encaixa-se justamente na hipótese prevista no art. 224, *c*, do CP [atualmente, tipificada no art. 217-A] ("não pode, por qualquer outra causa, oferecer resistência"). É violência contra a pessoa, tanto quanto a física exercida de maneira direta. Tanto é verdade que a utilização da denominada violência imprópria provoca o surgimento do roubo, e não do furto, em caso de subtração por tal meio. Logo, é crime violento.[361]

Situação distinta é a da violência culposa dirigida à pessoa. Nesta, entende-se possível a aplicação do instituto, pois o art. 16 do Código penal fala tão só em violência dolosa contra a pessoa. No entanto, é necessário fazer uma importante ponderação sobre o arrependimento posterior: ele só pode ser reconhecido em delitos patrimoniais ou com efeitos patrimoniais. Nesse sentido, é a posição do Superior Tribunal de Justiça:

> AGRAVO REGIMENTAL NO *HABEAS CORPUS*. HOMICÍDIO CULPOSO NA DIREÇÃO DE VEÍCULO AUTOMOTOR. ARREPENDIMENTO POSTERIOR. INAPLICABILIDADE. DECISÃO MANTIDA. RECURSO IMPROVIDO. 1. Esta Corte possui firme entendimento de que, para que seja possível aplicar a causa de diminuição de pena prevista no art. 16 do Código Penal, faz-se necessário que o crime praticado seja patrimonial ou possua efeitos patrimoniais. Precedentes. 2. Inviável o reconhecimento do arrependimento posterior na hipótese de homicídio culposo na direção de veículo automotor, uma vez que o delito do art. 302 do Código de Trânsito Brasileiro não pode ser encarado como crime patrimonial ou de efeito patrimonial. Na espécie, a tutela penal abrange o bem jurídico mais importante do ordenamento jurídico, a vida, que, uma vez ceifada, jamais poderá ser restituída, reparada. Precedente (...) (AgRg no HC 510.052/RJ, Rel. Ministro Nefi Cordeiro, Sexta Turma, julgado em 17/12/2019, DJe 04/02/2020).

17.2.2 Reparação do dano ou restituição da coisa

Para o reconhecimento do arrependimento posterior, a reparação do dano ou restituição da coisa deve ser integral, sendo cabível a reparação ou restituição parcial somente se houver a concordância da vítima. Vejamos a posição do Superior Tribunal de Justiça:

> AGRAVO REGIMENTAL NO AGRAVO EM RECURSO ESPECIAL. FURTO SIMPLES. ARREPENDIMENTO POSTERIOR. VOLUNTARIEDADE. SÚMULA 7/STJ. RECURSO IMPROVIDO. 1. O benefício do arrependimento posterior exige a reparação integral do dano, por ato voluntário, até o recebimento da denúncia. *In casu*, consta do acórdão recorrido que a conduta não foi voluntária e que o reembolso teria ocorrido com o intuito de obstar a deflagração de Ação Penal, tendo o Requerente tentado se esquivar das consequências advindas da apuração delitiva. Essa conclusão não pode ser alterada em recurso especial ante o óbice da Súmula 7/STJ (...) (AgRg no AREsp 1399240/MG, Rel. Ministro Reynaldo Soares da Fonseca, Quinta Turma, julgado em 05/02/2019, DJe 15/02/2019).

---

[361] NUCCI, Guilherme Souza. *Curso de Direito Penal*. Vol. 1. Parte geral. Arts. 1º a 120 do Código Penal. 3. ed. Rio de Janeiro: Forense, 2019. p. 595.

No caso de reparação parcial do dano, há precedentes do Supremo Tribunal Federal que permitem o reconhecimento do benefício, afetando, todavia, no *quantum* da redução de pena:

> Além disso, afirmou-se que a norma aludiria à reparação do dano ou restituição da coisa, sem especificar sua extensão. Nesse aspecto, a gradação da diminuição da pena decorreria justamente da extensão do ressarcimento, combinada com o momento de sua ocorrência. Assim, se total e no mesmo dia dos fatos, a redução deveria ser a máxima de dois terços (...) HC 98658/PR, Rel. orig. Min. Cármen Lúcia, red. p/ o acórdão Min. Marco Aurélio, 09/11/2010 (HC 98658).

No mesmo sentido, o Supremo Tribunal Federal já reconheceu a possibilidade da aplicação do arrependimento posterior na hipótese em que o agente delitivo efetuou a reparação da parte principal do dano antes do recebimento da inicial acusatória, sendo que os juros e a correção monetária somente foram adimplidos depois do início da ação penal. Vejamos parte da decisão do Ministro Marco Aurélio:

> Conforme fiz ver no *habeas* de nº 98.658, julgado pela Primeira Turma, no qual figurei como redator do acórdão, o preceito atende a ditames da boa política criminal. Dir-se-á que versa a necessidade de reparação total do dano, mas inexiste esse requisito na norma. É suficiente que ocorra arrependimento, como de fato aconteceu, uma vez reparada parte principal do dano – segundo consta das decisões proferidas, valor superior a R$ 33.000,00 –, até o recebimento da inicial acusatória. Descabe potencializar a amplitude da restituição, presentes juros e correção monetária.[362]

17.2.3 Ato voluntário

O art. 15 do Código Penal afirma que, para que seja reconhecido o arrependimento posterior, é necessário o implemento de um requisito de natureza subjetiva, qual seja, a voluntariedade do agente, vale dizer, se a desistência ocorreu livre de coação.

Contudo, deve-se frisar que voluntariedade não se confunde com espontaneidade, ou seja, o fato de existir influência externa não desnatura o instituto. Não precisa ser espontâneo, bastando que seja voluntário.

Por essa razão, caso a polícia apreenda os bens e os restitua à vítima, não haverá possibilidade de aplicação da redução da pena, uma vez que não houve voluntariedade do ato. Vejamos:

> 2. O benefício do arrependimento posterior exige a reparação integral do dano, por ato voluntário, até o recebimento da denúncia. *In casu*, consta do acórdão recorrido que os objetos apreendidos não dão conta do prejuízo causado à ofendida, além de não terem sido devolvidos espontaneamente, conclusão que não se altera na via do recurso especial ante o óbice da Súmula 7/STJ (...) AgRg no Agravo em Recurso Especial 594.142/RJ (2014/0263361-2).

---

[362] STF. 1ª Turma. HC 165312, Rel. Min. Marco Aurélio, julgado em 14/04/2020 (Info 973).

17.2.4 Até o recebimento da denúncia ou queixa

O arrependimento posterior pode ser manifestado até o recebimento da inicial acusatória, como adverte Rogério Greco:

> O artigo fala em possibilidade de arrependimento posterior até o recebimento da denúncia ou da queixa. Assim, embora oferecida a denúncia ou apresentada a queixa, se o juiz ainda não a tiver recebido, o agente poderá beneficiar-se com esta causa geral de diminuição de pena.[363]

Se a reparação do dano ocorrer depois do recebimento da inicial acusatória, mas antes da sentença, haverá a incidência da atenuante genérica do art. 65, III, *b*, *in fine*, do Código Penal.

17.3 Critérios para diminuição (1/3 a 2/3)

Se tem utilizado como critério para a maior ou menor diminuição da pena a sinceridade, a presteza e a celeridade na reparação do dano à vítima. Vale dizer, quanto mais rápida e mais sincera for a reparação, maior será a diminuição. Quanto mais demorada e menos sincera for a reparação, menor será a redução. Obviamente que a celeridade tem como marco temporal o recebimento da inicial acusatória, vez que depois deste termo não há que se falar em arrependimento posterior. Nesse sentido, o Superior Tribunal de Justiça já se manifestou:

> A causa de diminuição de pena relativa ao artigo 16 do Código Penal (arrependimento posterior) somente tem aplicação se houver a integral reparação do dano ou a restituição da coisa antes do recebimento da denúncia, variando o índice de redução da pena em função da maior ou menor celeridade no ressarcimento do prejuízo à vítima (REsp 1.302.566/RS, 6ª T., Rel. Maria Thereza de Assis Moura, 27/06/2014).

No entanto, como visto acima, há precedentes do Supremo Tribunal Federal[364] que autorizam o reconhecimento do benefício em caso de reparação parcial do dano. Desse modo, se a reparação for total, a reparação deve ser no máximo. Caso seja parcial, a redução será menor.

17.4 Concurso de pessoas e reparação do dano por um dos agentes

Iniciaremos os comentários com um exemplo: imagine que Fulano e Beltrano praticam um furto de uma televisão pertencente à vítima. Antes do recebimento da inicial acusatória, Fulano restitui a TV à vítima. Beltrano, mesmo tendo a intenção de reparar o dano, não consegue, vez que já foi feito por Fulano. Diante dessa situação, questiona-se: na hipótese de concurso de agentes, a reparação feita por um deles, beneficia o outro?

---

[363] GRECO, Rogério. *Curso de Direito Penal*. Parte geral. v. I. 19. ed. Niterói: Impetus, 2017, p. 386.
[364] STF. HC 98658/PR.

Sobre o tema existem duas posições. A primeira corrente, defendida por Rogério Greco, entende que o benefício se estende aos demais agentes, tendo em vista que a reparação do dano é circunstância objetiva. Vejamos sua lição:

> Nessa hipótese, se a restituição tiver sido total, entendemos que ambos os agentes deverão ser beneficiados com a redução, mesmo que um deles não a tenha entregado voluntariamente à vítima. Se a restituição for parcial, como já dissemos, a nenhum deles será aplicada a causa geral de redução, pois, nesse caso, deve operar-se a restituição total da coisa.[365]

O Superior Tribunal de Justiça já se posicionou nesse sentido:

> 2. O arrependimento posterior, previsto no art. 16 do Código Penal, por possuir natureza objetiva, deve ser estendido aos corréus. Precedentes (...) Recurso Especial 1.578.197/SP (2016/0010686-0).

A segunda posição afirma que o benefício não se estende ao corréu, pois se trata circunstância pessoal, que exige ato voluntário do agente de reparar o dano. Guilherme Nucci, com quem concordamos, argumenta que:

> Sendo causa pessoal de diminuição da pena, parece-nos que a devolução da coisa ou a reparação do dano precisa ser voluntariamente praticada por todos os coautores e partícipes para que obtenham o favor legal. Assim, o arrependimento de um não serve para beneficiar os demais automaticamente; depende da vontade de cada um dos concorrentes em restituir a coisa ou reparar o dano.[366]

17.5 Negativa da vítima em aceitar a reparação dano ou restituição da coisa

Pode ocorrer que a vítima se negue a aceitar a reparação do dano ou a restituição da coisa. Diante dessa situação, entendemos que é possível o reconhecimento do arrependimento posterior, pois, da análise do art. 16 do Código Penal, a aceitação da vítima não se encontra dentre os requisitos.

Assim, caso a vítima não aceite, deve o investigado entregar o bem à autoridade policial ou mesmo depositá-lo em juízo (por meio da ação de consignação em pagamento).

17.6 Hipóteses especiais de reparação do dano

A previsão do art. 16 do Código Penal é regra geral que se aplica na ausência de previsão específica.

O Código Penal e a legislação extravagante trazem situações especiais de reparação do dano, que acarretam consequências também benéficas ao infrator, mas distintas

---

[365] GRECO, Rogério. *Curso de Direito Penal*. Parte geral. v. I. 19. ed. Niterói: Impetus, 2017, p. 389.
[366] NUCCI, Guilherme Souza. *Curso de Direito Penal*. Vol. 1. Parte geral. Arts. 1º a 120 do Código Penal. 3. ed. Rio de Janeiro: Forense, 2019. p. 599.

da descrita no art. 16 do Código Penal. Assim, havendo regra específica, esta terá prevalência sobre o arrependimento posterior. Vejamos algumas delas nos tópicos a seguir.

17.6.1 Reparação do dano no peculato culposo (art. 312, §§2º e 3º, do CP)

No delito de peculato culposo previsto no art. 312, §2º, do Código Penal, se a reparação do dano ocorrer antes do trânsito em julgado da sentença condenatória, haverá extinção da punibilidade. Se lhe é posterior ao trânsito em julgado, reduz de metade a pena imposta.

17.6.2 Súmula 554 do Supremo Tribunal Federal

A Súmula 554 do STF dispõe que: "o pagamento de cheque emitido sem provisão de fundos, após o recebimento da denúncia, não obsta ao prosseguimento da ação penal".

O referido verbete diz respeito ao crime do art. 171, §2º, VI, do Código Penal, qual seja estelionato mediante emissão de cheque sem fundos.

Pois bem, havendo o pagamento do cheque antes do recebimento da inicial acusatória, haverá a extinção da punibilidade. Se o pagamento do cheque for posterior, a ação prosseguirá normalmente.

17.6.3 Crimes contra a ordem tributária

O pagamento dos tributos referentes aos crimes contra a ordem tributária previstos nos arts. 1o e 2o da Lei no 8.137/90, e aos crimes contra a Previdência Social, previstos nos arts. 168-A e 337-A, ambos do Código Penal, extinguem a punibilidade do infrator:

> Art. 83. A representação fiscal para fins penais relativa aos crimes contra a ordem tributária previstos nos arts. 1º e 2º da Lei nº 8.137, de 27 de dezembro de 1990, e aos crimes contra a Previdência Social, previstos nos arts. 168-A e 337-A do Decreto-Lei nº 2.848, de 7 de dezembro de 1940 (Código Penal), será encaminhada ao Ministério Público depois de proferida a decisão final, na esfera administrativa, sobre a exigência fiscal do crédito tributário correspondente.
>
> §4º Extingue-se a punibilidade dos crimes referidos no *caput* quando a pessoa física ou a pessoa jurídica relacionada com o agente efetuar o pagamento integral dos débitos oriundos de tributos, inclusive acessórios, que tiverem sido objeto de concessão de parcelamento.

17.6.4 Atenuante genérica do art. 65, III, *b*, do CP

Não havendo o preenchimento dos requisitos do art. 16 do Código Penal, pode ser viável o reconhecimento da atenuante prevista no art. 65, III, *b*, do CP, a ser aplicada na segunda fase da dosimetria da pena:

> Art. 65 – São circunstâncias que sempre atenuam a pena:
> III – ter o agente:
> b) procurado, por sua espontânea vontade e com eficiência, logo após o crime, evitar-lhe ou minorar-lhe as consequências, ou ter, antes do julgamento, reparado o dano;

CAPÍTULO 18

CRIME IMPOSSÍVEL

18.1 Introdução e natureza jurídica

O crime impossível também é chamado de "quase-crime", "crime oco", tentativa inidônea, tentativa inadequada, tentativa inútil e tentativa irreal. Encontra-se previsto no art. 17 do Código Penal, que dispõe que "não se pune a tentativa quando, por ineficácia absoluta do meio ou por absoluta impropriedade do objeto, é impossível consumar-se o crime".

Entende-se por crime impossível a conduta daquele que, ante a ineficácia absoluta do meio empregado ou em razão da absoluta impropriedade do objeto material pretendido, jamais configurará um crime. Por exemplo, o agente quer matar alguém se utilizando de uma arma de fogo que não possui munições. Ou ainda do traficante que quer vender cocaína, mas realiza a circulação de talco. Ou da mulher que tem intenção de realizar o aborto sem estar grávida.

O crime impossível é a conduta do criminoso tolo e desavisado, que tem a pretensão de praticar um delito, mas não tem competência para escolher os meios adequados para desenvolver sua conduta, nem para identificar o objeto material sobre o qual recai sua ação.

A natureza jurídica do art. 17 do Código Penal é de *causa de exclusão da tipicidade*, tendo em vista que os atos praticados pelo pretenso infrator não se amoldam a nenhum tipo penal. É importante fazer este registro, uma vez que o referido dispositivo inicia afirmando que "não se pune a tentativa quando", induzindo o intérprete, de forma errônea, a pensar que se trata de causa de isenção de pena.

18.2 Teorias sobre o crime impossível

As teorias a seguir tentam explicar o instituto.

18.2.1 Teoria sintomática

Para a teoria sintomática, o agente que tenta praticar um delito deve ser punido, pois manifesta indícios de periculosidade, mesmo que o crime jamais se consume. Vale dizer, se o indivíduo quis praticar um delito, ainda que impossível, tem sintomas/traços de periculosidade e, por essa razão, deve ser permitida a sua punição.

Esta concepção se importa com a periculosidade do autor e não com o fato por ele exteriorizado, filiando-se ao Direito Penal do Autor.

18.2.2 Teoria subjetiva

Para esta teoria, deve-se levar em consideração o elemento subjetivo do agente. Assim, considerando que o elemento subjetivo do agente é perfeito (tinha intenção de praticar o crime), deve ser punido, ainda que objetivamente o delito jamais se consume.

18.2.3 Teoria objetiva

Somente haverá punição se, além do elemento subjetivo, os elementos objetivos também forem preenchidos, ou seja, é necessário que haja exteriorização de atos que apresentem perigo ao bem jurídico penalmente tutelado. Tal teoria se subdivide em duas:

18.2.3.1 Teoria objetiva pura

Para o reconhecimento do crime impossível, a ineficácia do meio empregado e a impropriedade do objeto material podem ser relativas ou absolutas.

18.2.3.2 Teoria objetiva temperada

Para o reconhecimento do crime impossível, a ineficácia do meio empregado e a impropriedade do objeto material devem ser absolutas. Caso sejam relativas, haverá punição pela tentativa.

O Código Penal adotou a teoria objetiva temperada.

18.3 Elementos

O crime impossível é composto de 4 elementos:
1. início da execução;
2. não-consumação por circunstâncias alheias à vontade do agente;
3. dolo de consumação;
4. resultado absolutamente impossível de ser atingido.

18.4 Formas de crime impossível

O art. 17 do Código Penal elenca duas possíveis formas de crime impossível.

18.4.1 Crime impossível por ineficácia absoluta do meio de execução

A primeira hipótese de crime impossível se dá quando os instrumentos à disposição do agente não são aptos, de forma nenhuma, para a produção do resultado.

Repise-se que, para que o crime seja impossível, a ineficácia deve ser absoluta. Caso seja relativa, haverá tentativa. Damásio E. de Jesus ensina como detectar se o meio é relativamente eficaz:

> Há ineficácia relativa do meio quando, não obstante eficaz à produção do resultado, este não ocorre por circunstâncias acidentais. É o caso do agente que pretende desfechar um tiro de revólver contra a vítima, mas a arma nega fogo.[367]

Cita-se como exemplo de crime impossível por absoluta ineficácia do meio o agente que, pretendendo matar a vítima, tenta disparar a arma de fogo que não possui munição.

A jurisprudência indica que a falsificação grosseira também é hipótese de crime impossível. Vale dizer, se a falsificação for grosseira, não haverá o delito de falso, contudo, poderá subsistir o crime de estelionato. Nesse sentido é a disposição da Súmula 73 do STJ: "A utilização de papel moeda grosseiramente falsificado configura, em tese, o crime de estelionato, da competência da Justiça Estadual".

Da mesma forma, a Súmula 567 do STJ orienta-se no sentido de que haverá tentativa de furto e não crime impossível em caso de estabelecimento comercial que possua monitoramento eletrônico ou segurança em seu interior, uma vez que mesmo com estes sistemas de vigilância ainda é possível a configuração do delito:

> Súmula 567 do STJ: Sistema de vigilância realizado por monitoramento eletrônico ou por existência de segurança no interior de estabelecimento comercial, por si só, não torna impossível a configuração do crime de furto.

18.4.2 Crime impossível por impropriedade absoluta do objeto

Ocorrerá crime impossível por impropriedade absoluta do objeto quando a pessoa ou a coisa sobre a qual recai a conduta é inservível para a consumação do delito. Pode suceder na hipótese de objeto material impróprio ou inexistente.

Essa modalidade de crime impossível também é conhecida como delito putativo por erro de tipo. Em outros termos, o agente realmente quer praticar o crime e imagina estar executando-o, contudo, erra sobre um dos elementos constitutivos do crime, qual seja, o objeto material, realizando um fato atípico.

Cita-se como exemplo o traficante que vende talco acreditando ser droga ou da pessoa que tenta matar alguém que já estava morto.

Lembre-se que, para que o crime seja impossível, a impropriedade do objeto deve ser absoluta. Caso seja relativa, haverá tentativa.

18.4.3 Flagrante preparado

O Código Penal, como visto acima, traz duas hipóteses de crime impossível (art. 17), quais sejam: crime impossível pela ineficácia absoluta do meio empregado (ex.: praticar homicídio com arma de brinquedo) e crime impossível por absoluta impropriedade do objeto material (ex.: matar o morto).

---

[367] JESUS, Damásio de. *Direito Penal*. Volume 1. Parte geral. 35. ed. p. 394.

A jurisprudência elenca uma terceira hipótese de crime impossível, qual seja, o flagrante preparado.

Flagrante preparado, também como conhecido como flagrante provocado, crime de ensaio ou delito putativo por obra do agente provocador é aquele em que o sujeito é induzido a praticar o delito, todavia, quando vai consumá-lo, é realizada a sua prisão em flagrante. Costuma-se dizer que o indivíduo é um mero fantoche num verdadeiro teatro criado para que ele pratique um delito que jamais vai se consumar. A par dessa situação, o STF editou a Súmula 145: "Não há crime, quando a preparação do flagrante pela polícia torna impossível a sua consumação".

Nesse contexto, tem-se o exemplo do flagrante preparado da "venda de drogas". O policial, passando-se por usuário, solicita que o traficante lhe venda determinada quantidade de drogas. Quando o traficante lhe transfere a droga, o agente policial efetua sua prisão em flagrante. Tem-se, portanto, um teatro. O policial se passando por um usuário e o traficante realizando a venda de drogas que nunca irá se consumar. Há uma mera encenação.

No exemplo colocado, em relação à modalidade "vender" drogas, tem-se crime impossível, nos exatos termos da Súmula 145 do STF, pois típica hipótese de flagrante preparado.

No entanto, não se pode perder de vista que o artigo 33 da Lei nº 11.343/06 elenca 18 condutas criminosas. Quanto à conduta "vender", estamos diante de crime impossível. Contudo, as condutas adjacentes à venda (aquele que vende drogas incide nas condutas "trazer consigo", "guardar", "ter em depósito" etc.) não estão englobadas pelo flagrante provocado. Dessa maneira, em relação às demais condutas, deve o indivíduo ser preso em flagrante e normalmente processado.

Alice Bianchini, Luiz Flávio Gomes, Rogério Sanches da Cunha e Willian Terra de Oliveira comentam o tema:

> É muito comum o policial, visando à prisão de um traficante, passar-se por consumidor e provocar, neste, a negociação (venda) da droga. A prisão, obviamente, não se dará pela simulação de compra e venda (delito putativo por obra do agente provocador, art. 17 do CP), mas sim pelo fato de o traficante, espontaneamente, trazer consigo a droga, forma permanente do crime, admitindo flagrante a qualquer tempo.[368]

Frise que flagrante provocado não se confunde com o flagrante prorrogado, postergado, diferido ou com a ação controlada.

No flagrante prorrogado, a autoridade policial aguarda o melhor momento, do ponto de vista da investigação, para realizar a prisão em flagrante, a fim de identificar mais criminosos, angariar mais provas etc. A Lei nº 11.343/06 exige que, para a realização da ação controlada, exista autorização do juiz, com prévia oitiva do Ministério Público.[369] Nessa hipótese, não se trata de crime impossível, mas de conduta investigativa lícita.

---

[368] BIANCHINI, Alice; GOMES, Luiz Flávio; CUNHA, Rogério Sanches da; OLIVEIRA, Willian Terra. *Legislação penal especial*. Coleção Ciências Criminais. v. 6. São Paulo: Revista dos Tribunais, 2009, p. 199.

[369] Art. 53, II – a não-atuação policial sobre os portadores de drogas, seus precursores químicos ou outros produtos utilizados em sua produção, que se encontrem no território brasileiro, com a finalidade de identificar e responsabilizar maior número de integrantes de operações de tráfico e distribuição, sem prejuízo da ação penal cabível.

O flagrante preparado se difere também do flagrante esperado. Neste, a polícia aguarda o início dos atos executórios e, então, realiza a prisão do criminoso, sem que haja qualquer instigação ou induzimento do indivíduo para a prática do delito. Geralmente, realiza-se mediante campana. Os policiais, ao verificarem a possível prática do ilícito, ficam à espreita, aguardando o início dos atos executórios para, só então, realizar a prisão do sujeito.

> *HABEAS CORPUS*. TRÁFICO DE DROGAS. FLAGRANTE PREPARADO. INEXISTÊNCIA. HIPÓTESE QUE CONFIGURA FLAGRANTE ESPERADO. VIOLAÇÃO AO PRINCÍPIO DA CORRELAÇÃO. DESCABIMENTO. SENTENÇA QUE ENCONTRA AMPARO NAS ACUSAÇÕES VAZADAS NO ADITAMENTO FEITO À DENÚNCIA. PENA-BASE. FIXAÇÃO ACIMA DO PATAMAR MÍNIMO. CONSEQUÊNCIAS DO CRIME. OBTENÇÃO DE LUCRO FÁCIL. CIRCUNSTÂNCIA INERENTE AO TIPO. VEDAÇÃO À PROGRESSÃO DE REGIME. INCONSTITUCIONALIDADE. 1. Nos termos da Súmula 145/STF, "não há crime, quando a preparação do flagrante pela polícia torna impossível a sua consumação". 2. No caso dos autos, a ação policial partiu de investigações efetivadas a partir do descobrimento da droga, dentro de um veículo responsável por entregar mercadorias – peças automobilísticas. O ora paciente foi reconhecido pela atendente da empresa transportadora como sendo o responsável pela remessa das peças e também da droga apreendida. 3. De se ver que, a partir da interceptação da droga, a autoridade policial apenas acompanhou o restante da operação supostamente levada a efeito pelo ora paciente, até a chegada em sua residência, quando lhe foram entregues as encomendas pelo funcionário da transportadora e dada voz de prisão. Assim, inexiste flagrante preparado. A hipótese, como bem delineou o Tribunal de origem, caracteriza flagrante esperado. 4. Não há falar em ofensa ao princípio da correlação se as condutas pelas quais o paciente foi condenado – aquisição e remessa de entorpecentes – foram devidamente lançadas no aditamento à peça acusatória (...) (STJ. HC 83196/GO 2007/0113377-5, Relator Ministro Og Fernandes, Data de Julgamento: 30/06/2010, T6 – Sexta Turma, Data de Publicação: DJe 09/08/2010).

18.5 Critérios para aferição da idoneidade dos meios e do objeto

Os critérios para a aferição da idoneidade devem ser avaliados no momento em que o agente pratica a conduta delituosa. Fernando Capez e Edilson Mougenot[370] apontam, de forma abalizada, como se deve aquilatar:

1. se, desde o início da execução do delito, os meios empregados ou o objeto material eram inidôneos para chegar à consumação, o crime é impossível;
2. se, no início da execução, os meios ou o objeto eram aptos à configuração do delito, tornando-se inidôneos concomitantemente ou depois do início da execução, haverá tentativa do crime inicialmente pretendido, uma vez que havia possibilidade de se consumar. Os autores citam um exemplo esclarecedor:

Caio envenena a vítima, que já havia sido envenenada antes por outra pessoa. Vindo ela, posteriormente, a falecer em decorrência do veneno anterior, não se poderá falar em crime impossível no tocante a Caio, que, assim, responderá por tentativa, porque a vítima ainda estava viva quando ele a envenenou, sendo esse objeto material

---

[370] BONFIM, Edilson; CAPEZ, Fernando. *Direito Penal*. Parte geral. 1. ed. p. 510.

idôneo para sofrer a agressão homicida. O resultado só não ocorreu em decorrência de conduta anterior, que produziu sozinha o evento morte.[371]

18.6 Delito putativo ou delito de alucinação

Crime impossível não é o mesmo que delito putativo. Cézar Roberto Bitencourt conceitua delito putativo:

> O crime putativo só existe na imaginação do agente, podendose afirmar que se trata de um 'crime subjetivo'. Este supõe, erroneamente, que está praticando uma conduta típica, quando na verdade o fato não constitui crime. Como o crime só existe na imaginação do agente, esse conceito equivocado não basta para tornálo punível. Há no crime putativo um erro de proibição às avessas (o agente imagina proibida uma conduta permitida)[372]

Por exemplo, os agentes praticam incesto acreditando se tratar de infração penal, quando na realidade não é.

Já no crime impossível, o agente quer praticar um crime (o crime realmente está previsto no ordenamento jurídico), contudo, o meio de execução empregado ou o objeto material é absolutamente ineficaz para atingir a consumação.

---

[371] BONFIM, Edilson; CAPEZ, Fernando. *Direito Penal*. Parte geral. 1. ed. p. 510-511.
[372] BITENCOURT, Cezar Roberto. Tratado de Direito Penal 1. Parte geral v. 1. 25. ed. São Paulo: Saraiva, p. 557.

CAPÍTULO 19

ILICITUDE

19.1 Conceito

Ilicitude, também conhecida como antijuridicidade,[373] é a contrariedade do fato típico com o ordenamento jurídico de uma forma geral, não havendo nenhuma norma fomentando ou permitindo a conduta típica. Vale dizer, o fato será ilícito quando determinado comportamento infringir alguma norma, seja de Direito Penal ou de outro ramo jurídico, a exemplo das normas de Direito civil, administrativo, tributário, previdenciário etc.

Zaffaroni e Pierangeli explicam que a ilicitude:

> É, pois, o choque da conduta com a ordem jurídica, entendida não só como uma ordem normativa (antinormatividade), mas como uma ordem normativa e de preceitos permissivos. O método, segundo o qual se comprova a presença da antijuridicidade, consiste na constatação de que a conduta típica (antinormativa) não está permitida por qualquer causa de justificação (preceito permissivo), em parte alguma da ordem jurídica (não somente no direito penal, mas tampouco no civil, comercial, administrativo, trabalhista etc.)[374]

Trata-se do segundo substrato ou elemento do crime, dedicando-se ao estudo das causas excludentes de ilicitude. De forma gráfica, podemos representá-lo da seguinte maneira.

---

[373] Parte da doutrina critica o uso da expressão antijuridicidade, entendendo ser contraditória. Isso porque o crime é considerado um fato jurídico por excelência, ou seja, um fato relevante para o Direito. Assim, ao se afirmar que se trata de um fenômeno antijurídico, haverá evidente contradição com seu próprio conceito. Francisco Assis Toledo ensina que "o certo será, pois, dizer-se que delito é um fato jurídico, classificado, em uma das ramificações deste, entre os denominados atos ilícitos" (TOLEDO, Francisco de Assis. *Princípios básicos de Direito Penal*. 5. ed. 17. tir. São Paulo: Saraiva, 2012. p. 160).

[374] PIERANGELI, José Henrique; ZAFFARONI, Eugenio Raúl. *Manual de Direito Penal brasileiro*. Parte geral. 11. ed. São Paulo: RT, 2015. p. 510.

Fato Típico	Ilicitude	Culpabilidade
a) Conduta b) Nexo de causalidade c) Resultado d) Tipicidade	Causas excludentes da ilicitude: a) Estado de necessidade; b) Legítima defesa; c) Exercício regular de um direito; d) Estrito cumprimento do dever legal; e) Causas supralegais de exclusão da ilicitude.	

A análise da ilicitude é posterior à realização do fato típico e dele depende, de forma que todo fato que for considerado ilícito também será típico. Em outros termos, não haverá ilicitude se, antes, o indivíduo não tiver violado uma norma. Damásio E. de Jesus esclarece que:

> Há um critério negativo de conceituação da antijuridicidade: o fato típico é também antijurídico, salvo se concorre qualquer causa de exclusão da ilicitude (estado de necessidade, legítima defesa, estrito cumprimento de dever legal ou exercício regular de direito). Diante de um fato penal, a morte de um homem realizada por outro, p. ex., diz-se que há um fato típico. Surge a antijuridicidade se não agiu acobertado por uma excludente da ilicitude. Assim, antijurídico é todo fato descrito em lei penal incriminadora e não protegido por causa de justificação.[375]

19.2 Ilicitude formal e material

Parte da doutrina divide a ilicitude em formal e material.
1. *Ilicitude formal* é a contrariedade do fato típico em relação a todo o ordenamento jurídico, ou seja, é o antagonismo da conduta praticada com o Direito vigente.
2. *Ilicitude material*, por sua vez, é a lesão ou perigo de lesão ao bem jurídico tutelado.

Contudo, deve-se alertar que, hodiernamente, a doutrina não mais trabalha com estes conceitos, pois a ilicitude material foi deslocada para o fato típico, sendo analisada na tipicidade material.

Portanto, utiliza-se apenas com o conceito de ilicitude, que é a contrariedade do fato típico com o ordenamento jurídico de uma forma geral.

---
[375] JESUS, Damásio de. *Direito Penal*. Volume 1. Parte geral. 35. ed. p. 398.

Francisco Assis de Toledo,[376] a seu juízo, também discorda desta dicotomia, repercutindo a chamada concepção unitária:

> Há, porém, outra corrente de pensamento que considera a distinção anteriormente examinada perfeitamente dispensável. E, a nosso ver, com razão (...) Pensar-se em um uma ilicitude puramente formal (desobediência à norma) e em outra material (lesão ao bem jurídico tutelado por essa mesma norma) só teria sentido se a primeira subsistisse sem a segunda. Embora não se possa negar, conforme observa Jiménez de Asúa, essa possibilidade no plano do dualismo entre direito natural e direito positivo, o certo é que o conceito de ilicitude, ainda que não se confunda com a mera inobservância de um certo preceito legal – o que seria anacrônico positivismo jurídico – não pode deixar de ser considerado dentro dos limites de um determinado ordenamento jurídico.

E conclui:

> Assim, em nossa definição, ilicitude é a relação de antagonismo que se estabelece entre uma conduta humana voluntária e o ordenamento jurídico, de modo a causar lesão ou expor a perigo de lesão um bem jurídico tutelado.

Dessa maneira, para o referido autor, a ilicitude está alicerçada na lesão ou perigo de lesão ao bem jurídico tutelado. A nosso sentir, como este conceito já foi analisado por ocasião do fato típico (na tipicidade material), a ilicitude deve ser tomada no sentido de contrariedade ao ordenamento jurídico.

19.3 Ilícito e injusto

O ilícito é a contrariedade da conduta praticada com o ordenamento jurídico. A seara da ilicitude não admite gradação, ou seja, não existe conduta mais ilícita ou menos ilícita. Existe conduta ilícita. Vale dizer, ou é ilícito ou não é ilícito. Portanto, um delito culposo é tão ilícito quanto um delito de estupro de vulnerável, pois ambas as condutas são contrárias à norma jurídica.

O injusto, por sua vez, diz respeito à contrariedade da conduta com o sentimento de justiça do homem médio, ou seja, existem comportamentos típicos que são considerados ilícitos, pois são contrários ao ordenamento jurídico, contudo, são apontados como justos por grande parte da sociedade. Por exemplo, aquele que adquire CDs e DVDs falsificados (art. 184 do CP), pratica, em tese, o delito de receptação (adquirir em proveito própria coisa que sabe ser produto de crime), mas grande parte da sociedade entende tal conduta como justa.

Da mesma sorte, diferente do ilícito, o injusto comporta escalonamento, a depender do quanto de repulsa determinado ato provoca no seio social. Por exemplo, um latrocínio causa mais asco do que um porte de arma, embora ambos sejam ilícitos.

---

[376] TOLEDO, Francisco de Assis. *Princípios básicos de Direito Penal*. 5. ed. 17. tir. São Paulo: Saraiva, 2012. p. 162-163.

19.4 Relação entre a tipicidade e a ilicitude

A tipicidade tal qual se estuda atualmente origina-se do trabalho acadêmico de Ernst Beling, com a publicação da obra *Die Lehre vom Verbrechen*, em 1906. Até então se utilizava o termo alemão *Tatbestand* (ou, em latim, *corpus delict*) para designar a totalidade do delito, que abrangia a materialidade delitiva, a ilicitude e a culpabilidade. Com a obra de Beling, buscou-se promover a separação do delito em duas partes: uma objetiva e outra subjetiva.

Desse marco em diante, a expressão *Tatbestand* passou a designar a parte objetiva do delito, que tratava dos elementos meramente descritivos, isento de qualquer análise valorativa, estabelecendo distinção entre a tipicidade e a ilicitude.

Já a dimensão subjetiva do delito trazia consigo as considerações a respeito da culpabilidade. Paulo César Busato faz esclarecimentos pertinentes sobre o tema:

> O termo *Tatbestand* era empregado desde fins do século XVIII e princípio do século XIX na Alemanha para designar a totalidade do delito, como uma forma de traduzir a expressão latina *corpus delicti*. Acabou sendo utilizado por vários autores do século XIX como sinônimo da totalidade do delito ou da somatória de todos os elementos objetivos e subjetivos necessários para a existência do crime. Entre as línguas latinas, os italianos traduzem o termo para *fattispecie* e os portugueses e espanhóis, para tipo. A partir da obra de Beling, a ideia é a promoção de uma bipartição da parte objetiva do delito, mantendo um elemento meramente descritivo, composto pelo *Tatbestand*, isento de qualquer consideração valorativa, posto que é apenas descritivo, uma mera adequação ao catálogo delitivo. Ou seja, o delito continha duas dimensões, uma subjetiva, expressada pela culpabilidade, e outra objetiva: o injusto. Este último estaria dividido entre uma dimensão de conteúdo axiológico, representada pela antijuridicidade, e outra anódina, meramente descritiva, composta pelo tipo. O *Tatbestand*, ou tipo, em Beling, era a expressão legislativa do princípio de legalidade; é a mera versão descritiva dos dados materiais que compõem o crime e não poderia ser confundido com sua expressão real. Resumidamente, trata-se de um processo em que o delito tipo possui um quadro abstrato, se realiza o delito, mas, segundo Beling, a mera descrição dos dados materiais que configuram objetivamente o crime. A função que cumpria o tipo, nessa primeira formulação, era meramente descritiva, servindo de mero indício de antijuridicidade e de culpabilidade.[377]

Feita esta breve explanação, passaremos a estudar qual a relação entre a tipicidade e a ilicitude, ou seja, realizado um fato típico, ele será necessariamente ilícito ou não? Existe algum tipo de relação entre esses dois elementos do crime?

Sobre este tema, temos as seguintes teorias.

19.4.1 Teoria da autonomia ou absoluta independência

A primeira teoria possui como precursor Ernst Ludwing Von Beling (em 1906), que afirma que a tipicidade não possui nenhuma relação com a ilicitude, tratando-se de elementos completamente autônomos e independentes, pois o tipo penal possui função meramente descritiva e não valorativa. Portanto, para o autor, primeiro deve-se demonstrar o fato típico, para só depois se verificar se há ou não ilicitude.

---

[377] BUSATO, Paulo César. *Direito Penal*. Parte geral. Vol. 1. 4. ed. São Paulo: Atlas, 2018. p. 283.

Fernando Capez leciona que:

> Essa foi a fase inicial do tipo legal, na forma originariamente concebida por Ernst Beling. Segundo ele, o tipo era a descrição legal de um delito. Tal tipo, porém, foi contemplado de modo única e exclusivamente objetivo. Em seu entendimento, todo acontecimento objetivo deveria pertencer ao tipo, enquanto qualquer subjetivo, ao terreno da culpabilidade. Por conseguinte, permaneciam fora do tipo não só o dolo, mas também todas as outras direções da vontade do autor, como seus motivos, tendências e intenções.[378]

Assim, por exemplo, se Fulano mata Sicrano em legítima defesa, teremos um fato típico, porém lícito. Vale dizer, o fato de o agente ter realizado uma conduta lícita não exclui o fato típico, pois são elementos totalmente independentes.

19.4.2 Teoria da indiciariedade ou *ratio cognoscendi*

A segunda teoria, proposta por Max Ernst Mayer (em 1915), chamada de teoria da indiciariedade ou *ratio cognoscendi*, presume, de forma relativa, que todo fato típico também é ilícito. Ao contrário da teoria anterior, na presente, existe uma relação de interdependência entre tipicidade e ilicitude. Fernando Capez nos ensina que:

> O tipo passa a ser portador de um sentido de ilicitude, dotado de conteúdo material, com verdadeira função seletiva. A sociedade, por intermédio de seus representantes legislativos, seleciona, por meio da lei penal, os comportamentos dignos de punição, de modo que todos os fatos típicos são indesejáveis. Embute-se, portanto, no tipo, uma ideia provisória de que o fato nele descrito é também ilícito.[379]

Tal concepção, do ponto de vista processual-probatório, acarreta um importante efeito, qual seja, a inversão do ônus da prova. Vale dizer, deverá o acusado provar a presença de uma excludente da ilicitude e não o Ministério Público a sua ausência. Isso se dá porque, ficando demonstrada a existência de um fato típico, presume-se, de forma relativa, que aquela conduta também é ilícita. Desse modo, a demonstração de que se trata de uma conduta permitida compete ao denunciado.

Não se pode olvidar, também, que o art. 386, VI, do Código de Processo Penal, incluído pela Lei nº 11.690/08 dispõe que "o juiz absolverá o réu, mencionando a causa na parte dispositiva, desde que reconheça: VI – existirem circunstâncias que excluam o crime ou isentem o réu de pena (arts. 20, 21, 22, 23, 26 e §1º do art. 28, todos do Código Penal), ou mesmo se houver fundada dúvida sobre sua existência". Portanto, a dúvida razoável sobre a existência de causas excludentes da ilicitude milita em favor do réu, o que relativiza o ônus probatório proposto pela teoria da indiciariedade.

Esta posição é a que prevalece em nosso sistema jurídico.

---

[378] CAPEZ, Fernando. *Curso de Direito Penal.* V. 1. Parte geral: arts. 1º ao 120. 22. ed. São Paulo: Saraiva, 2018. p. 264.
[379] CAPEZ, Fernando. *Curso de Direito Penal.* V. 1. Parte geral: arts. 1º ao 120. 22. ed. São Paulo: Saraiva, 2018. p. 265.

19.4.3 Teoria da absoluta dependência ou da *ratio essendi*

O terceiro pensamento, encabeçado por Edmund Mezger (em 1930), conhecido como teoria da absoluta dependência ou da ratio essendi, argumenta que a ilicitude é a essência da tipicidade, ou seja, se não houver ilicitude, não há que se falar em fato típico. Cria-se o chamado tipo total do injusto.

Nesse prisma, do ponto de vista processual-probatório, cabe ao Ministério Público demonstrar a ausência das causas excludentes da ilicitude, uma vez que elas se confundem com a própria tipicidade.

Para esta concepção, por exemplo, se Fulano mata Sicrano em legítima defesa, não haverá fato típico, nem ilícito.

19.4.4 Teoria dos elementos negativos do tipo

O tipo penal é composto por elementos positivos (aqueles que devem ocorrer para que o fato seja considerado típico) e elementos negativos (aqueles que não devem ocorrer para que o fato seja considerado típico).

Assim, os tipos penais devem ser assimilados da seguinte maneira: "tipo penal, desde que não exista uma excludente da ilicitude". Por exemplo, haverá o crime de homicídio se o agente praticar a conduta de matar e não estiver acobertado por uma causa excludente da ilicitude.

19.5 Causas legais de exclusão da ilicitude

As excludentes da ilicitude também são chamadas de descriminantes, justificantes ou de causas de justificação.

O art. 23 do Código Penal elenca as principais hipóteses de causas excludentes da ilicitude. Todavia, deve-se alertar que existem outras causas legais de exclusão de ilicitude espalhadas pelo ordenamento jurídico, inclusive na parte especial do Código Penal (ex.: aborto permitido previsto no art. 128 do CP). Dispõe o art. 23 do Código Penal:

> Exclusão de ilicitude
> Art. 23 – Não há crime quando o agente pratica o fato:
> I – em estado de necessidade;
> II – em legítima defesa;
> III – em estrito cumprimento de dever legal ou no exercício regular de direito.

19.5.1 Estado de necessidade

19.5.1.1 Introdução

O estado de necessidade possui previsão legal nos arts. 23, I e 24, ambos do Código Penal. Nele, dois bens jurídicos encontram-se em perigo, sendo que, para a preservação de um, o outro deverá ser lesionado. O perigo pode ser causado por forças diversas, como eventos naturais, acidentes, fatos humanos ou, até mesmo, um fato animal. Assim, para proteger interesse próprio ou de terceiro, admite-se a lesão de um dos bens em jogo, desde que o seu sacrifício seja imprescindível para a conservação do outro.

No estado de necessidade, o Direito Penal não pode preservar ambos os bens colocados em perigo, motivo pelo qual o Estado permite que um deles seja sacrificado para o salvamento do outro.

Disso, questiona-se se esta excludente de ilicitude constitui-se em direito ou faculdade do indivíduo.

Para uma primeira posição, defendida por Nelson Hungria e José Frederico Marques, trata-se de uma faculdade e não um direito. Isso porque para todo direito existe uma obrigação correlata e, na hipótese do estado de necessidade, nenhum dos titulares dos valores em conflito está obrigado a suportar a lesão, de modo que, reconhecendo-o como uma faculdade, o Estado permanece neutro na relação, declarando a inexistência do crime oriundo da conduta do agente.

Para a segunda posição, trabalhada por Damásio E. de Jesus, o estado de necessidade é um direito. Para o autor:

> Quando há uma norma penal permissiva, como a que contém o estado de necessidade, ocorre uma inversão nos polos da relação jurídico-punitiva. Tratando-se de um direito subjetivo de liberdade, o Estado tem a obrigação de reconhecer os efeitos da causa excludente da antijuridicidade. Não há relação jurídica entre o agente causador da lesão necessária e o titular do bem lesado, mas sim entre o agente e o Estado.[380]

19.5.1.2 Conceito

O art. 24 do Código Penal traz o seguinte conceito:

> Considera-se em estado de necessidade quem pratica o fato para salvar de perigo atual, que não provocou por sua vontade, nem podia de outro modo evitar, direito próprio ou alheio, cujo sacrifício, nas circunstâncias, não era razoável exigir-se.

Francisco Assis Toledo orienta que "é o estado de necessidade a situação de perigo atual, para interesses legítimos, que só pode ser afastada por meio da lesão de interesses de outrem, igualmente legítimos".[381]

19.5.1.3 Requisitos

O art. 24 do Código Penal indica quais são os requisitos que devem ser observados para que a conduta do agente esteja acobertada pelo estado de necessidade. Podemos extrair requisitos objetivos e subjetivos. Vejamos:

---

[380] JESUS, Damásio de. *Direito Penal*, Volume 1: Parte geral. 35. ed. p. 412.
[381] TOLEDO, Francisco de Assis. *Princípios básicos de Direito Penal*. 5. ed. 17. tir. São Paulo: Saraiva, 2012. p. 175.

Requisitos objetivos	Requisito subjetivo
- Perigo atual; - Ameaça a direito próprio ou alheio; - Situação de perigo não causada voluntariamente pelo sujeito; - Inexistência do dever legal de enfrentar o perigo; - Inevitabilidade da prática do comportamento.	- Conhecimento da situação de fato justificante.

19.5.1.3.1 Perigo atual

O primeiro requisito do estado de necessidade é o perigo atual, ou seja, aquele que está acontecendo no momento; é o perigo presente, real, concreto, que efetivamente pode causar lesão ao bem jurídico. Rememore-se que o perigo atual pode decorrer de forças diversas, como eventos naturais, acidentes, fatos humanos ou, até mesmo, um fato animal.

Discute-se, em doutrina, se o perigo iminente (aquele que está prestes a acontecer), também autoriza o reconhecimento o estado de necessidade.

Para uma primeira corrente, com a qual concordamos, apesar de a lei não fazer menção expressa ao perigo iminente, este também deve ser considerado, uma vez que perigo é a probabilidade da ocorrência de um dano. O perigo que não se deve aceitar é o remoto, futuro ou incerto. Aníbal Bruno defende que:

> O perigo, isto é, a probabilidade de dano, que desencadeia a ação violentadora do bem jurídico alheio. Este perigo, que é assim, o requisito inicial da situação, deve ser atual, isto é, deve estar presente no momento da ação ou na iminência de produzir-se.[382]

A segunda corrente entende que, em razão do silêncio da lei, não se deve abranger o perigo iminente. Guilherme Nucci pondera que:

> Não se inclui, propositadamente, na lei, o perigo iminente, visto ser uma situação futura, nem sempre fácil de ser verificada. Um perigo que está por acontecer é algo imponderável, não autorizando o uso da excludente.[383]

Imagine, por exemplo, que um cachorro *pitbull* se solte de sua coleira e corra ferozmente em sua direção, momento em que você saca sua arma e desfere um tiro no animal, matando-o. Note que o perigo estava na iminência de ocorrer, atraindo, a nosso sentir, o reconhecimento do estado de necessidade.

19.5.1.3.2 Ameaça a direito próprio ou alheio

Se reconhece o estado de necessidade próprio ou de terceiro, ou seja, o bem jurídico que está em vias de ser violado pode ser tanto do próprio agente, quanto alheio.

---

[382] BRUNO, Aníbal. *Direito Penal. Parte geral*. Rio de Janeiro: Forense, 1967. t. I, p. 395.
[383] NUCCI, Guilherme Souza. *Curso de Direito Penal*. Vol. 1. Parte geral – arts. 1º a 120 do Código Penal. 3. ed. Rio de Janeiro: Forense, 2019. p. 458.

Seguindo com o nosso exemplo do feroz cachorro *pitbull* "desgovernado", haverá estado de necessidade se o agente o matar para salvar a si próprio do ataque (estado de necessidade próprio), tal como para salvar uma criança que brinca nas proximidades (estado de necessidade de terceiro).

Em doutrina, discute-se, ainda, se é necessário que o terceiro beneficiário autorize ou ratifique a ação do agente que o salvou do perigo. Flávio Monteiro de Barros ensina que:

> O estado de necessidade de terceiro inspira-se no princípio da solidariedade humana. Tratando-se, porém, de bens disponíveis, alguns autores sustentam a necessidade da aquiescência do titular do direito exposto a perigo de lesão. Não procede o raciocínio, pois a vontade do terceiro em perigo, como dizia La Medica, não é tomada em consideração; é substituída pela vontade do agente, juridicamente superior. Sobremais, em muitos casos não há nem tempo para pedir a concordância do terceiro.[384]

19.5.1.3.3 Situação de perigo não causada voluntariamente pelo sujeito

O estado de necessidade não pode ser reconhecido se o próprio sujeito causou a situação de perigo.

Por exemplo, imagine que o indivíduo deliberadamente resolve afundar o barco em que pescava com seu amigo em alto mar, no qual só existia um colete salva-vidas. Com o barco afundando, entra em luta corporal com o amigo para ficar com o colete, matando-o. Nesse caso, não poderá se beneficiar do estado de necessidade, pois causou voluntariamente o perigo.

Há discussão doutrinária se aquele que causou a situação de perigo culposamente pode alegar estado de necessidade.

Para primeira corrente, o art. 24 só afasta a excludente de ilicitude se a situação de perigo for causada dolosamente. Portanto, ação voluntária deve ser entendida como uma ação dolosa. Desse modo, aquele que causou o perigo culposamente pode invocar o estado de necessidade. Luiz Régis Prado leciona que:

> Evidencia-se que o agente não pode, por vontade própria, ou de modo intencional, causar a situação de perigo. Isso quer dizer: se agiu com dolo, não poderá alegar estado de necessidade. Porém, deve ser ressalvada a conduta culposa (exemplo do incêndio causado em um edifício por culpa do agente, que, para fugir do fogo, produz lesões corporais ou danos).[385]

A segunda corrente entende que o estado de necessidade não pode beneficiar o agente se ele causar a situação de perigo por dolo ou por culpa. Magalhães Noronha se posiciona nesse sentido, embora reconheça que, em alguns casos, poderá ocorrer injustiça nessa solução:

---

[384] BARROS, Flávio Monteiro de. *Direito Penal*. Parte geral. São Paulo. Editora Saraiva, 2003. p. 315-316.
[385] PRADO, Luiz Régis. *Curso de Direito Penal brasileiro*: Parte geral e parte especial. 18. ed. Rio de Janeiro: Forense, 2020. p. 184.

A nós nos parece que também o perigo culposo impede ou obsta o estado de necessidade. A ordem jurídica não pode homologar o sacrifício de um direito, favorecendo ou beneficiando quem já atuou contra ela, praticando um ilícito, que até pode ser crime ou contravenção. Reconhecemos, entretanto, que na prática é difícil aceitar solução unitária para todos os casos. Será justo punir quem, por imprudência, pôs sua vida em perigo e não pôde salvar-se senão lesando a propriedade alheia?[386]

19.5.1.3.4 Inexistência do dever legal de enfrentar o perigo

Dispõe o art. 24, §1º, do Código Penal que "não pode alegar estado de necessidade quem tinha o dever legal de enfrentar o perigo". Vale dizer, determinadas pessoas possuem o dever legal de enfrentar o perigo. Assim, não podem alegar estado de necessidade para se esquivar do desempenho de suas atribuições.

Imagine o bombeiro que, alegando que a casa está pegando fogo, não salva a vítima. Ora, enfrentar o incêndio é exatamente a atividade do bombeiro. Ele tem o dever de enfrentar este perigo. Não pode alegar estado de necessidade para se esquivar de suas funções.

Deve-se alertar, contudo, que o perigo deve ser enfrentado enquanto comporta enfrentamento. O Código Penal busca o padrão do homem médio e não de "super-heróis". O dever legal existe até o momento em que ainda há a possibilidade de o perigo ser enfrentado.

Recordem-se do atentado de 11 de setembro, em que houve a colisão dos aviões contra o World Trade Center. Naquele dia, vários bombeiros tentaram salvar as vítimas desse evento, mas, em determinado momento, o prédio desabou, matando várias pessoas. Chegou um determinado momento em que não foi mais possível ingressar no prédio, pois ele estava em vias de cair. O perigo passou a não mais comportar enfrentamento, não se podendo exigir que os bombeiros o fizessem.

Existe discussão sobre a extensão da expressão "dever legal", ou seja, quais pessoas têm obrigatoriedade o dever de enfrentar o perigo.

Para primeira corrente, a expressão dever legal guarda relação com o art. 13, §2º, alínea *a*, do Código Penal. Portanto, o dever legal se destina àqueles que tenham por lei obrigação de cuidado, proteção ou vigilância. Nesse sentido, Luiz Régis Prado, com quem concordamos, ensina que:

> O dever de enfrentar o perigo, dever de autossacrifício, de arriscar-se, é obrigação exclusivamente legal, não compreendendo o dever contratual, ético ou social, inerente a algumas atividades ou profissões (v.g., capitão de navio, bombeiro, policial – art. 24, §1º, CP).[387]

Já a segunda corrente, mais ampliativa, orienta que a expressão dever legal relaciona-se a todos os garantidores previstos no art. 13, §2º, alíneas *a*, *b* e *c*, do Código Penal. Em outras palavras, o dever legal não é aquele que decorre exclusivamente de lei, mas também de outros deveres, a exemplo dos contratuais. Na verdade, não seria propriamente um "dever legal", mas um "dever jurídico", que é muito mais amplo.

---

[386] NORONHA, E. Magalhães. *Direito Penal*. 5. ed. São Paulo: Saraiva, 1968. v. 1. p. 191.
[387] PRADO, Luiz Régis. *Curso de Direito Penal brasileiro*: Parte geral e parte especial. 18. ed. Rio de Janeiro: Forense, 2020. p. 184.

Guilherme Nucci posiciona-se dessa forma:

> O dever legal é o resultante de lei, considerada esta em seu sentido lato. Entretanto, deve-se ampliar o sentido da expressão para abranger também o dever jurídico, aquele que advém de outras relações previstas no ordenamento jurídico, como o contrato de trabalho ou mesmo a promessa feita pelo garantidor de uma situação qualquer.[388]

19.5.1.3.5 Inevitabilidade da prática do comportamento lesivo (nem podia de outro modo evitar)

O comportamento lesivo do agente deve ser absolutamente inevitável para resguardar o direito próprio ou de terceiro. O estado de necessidade tem caráter subsidiário, ou seja, somente poderá ser considerado se o agente não tiver outro meio para afastar o perigo a não ser o sacrifício do bem jurídico alheio.

No exemplo do feroz cachorro *pitbull* "desgovernado", que se solta da coleira e prepara o ataque, se o agente conseguir se salvar fechando a porta de sua residência para que ele não entre, não há que se falar em estado de necessidade caso desfira um tiro e o mate. Assim, o estado de necessidade encontra-se condicionado à inevitabilidade do comportamento.

Registre-se, também, que a análise da inevitabilidade do comportamento do agente será realizada pelo magistrado considerando a situação fática que antecedeu (*ex ante*) o evento lesivo.

A lógica desse entendimento é bastante simples: é necessário verificar se, nas condições em que se encontrava o agente antes de lesionar o bem jurídico, ele conseguiria agir de outro modo. Isso porque, depois de passados os fatos e verificados quais foram seus desdobramentos, é cômodo dizer que o indivíduo deveria ter agido de determinada maneira. Por isso, deve-se levar em consideração o "calor dos fatos", para verificar se o agente poderia ter tido outra postura ou não.

No nosso exemplo, depois que o *pitbull* foi alvejado e abatido, tendo o perigo cessado, aí é fácil dizer que fechar a porta conteria o ataque. Por isso, a questão deve ser verificada nos instantes que antecedem o comportamento do indivíduo, pois, é nesse momento que se deve perquirir se ele podia agir de outro modo ou não.

19.5.1.3.6 Inexigibilidade do sacrifício do direito ameaçado (cujo sacrifício, nas circunstâncias, não era razoável exigir-se)

Na inexigibilidade do sacrifício do direito ameaçado, deve-se analisar a proporcionalidade entre o bem protegido e o bem sacrificado. Não há previsão legal de que o bem protegido seja de valor maior, igual ou menor que o bem sacrificado, todavia, exige-se que haja razoabilidade. Duas teorias tentam explicar o tema:

---

[388] NUCCI, Guilherme Souza. *Curso de Direito Penal*. Vol. 1. Parte geral – arts. 1º a 120 do Código Penal. 3. ed. Rio de Janeiro: Forense, 2019. p. 463.

1. Teoria diferenciadora ou da discriminação

Para a teoria diferenciadora, o estado de necessidade poderá ser causa de exclusão da ilicitude ou causa de exclusão da culpabilidade, a depender da situação concreta.

Será considerada causa de exclusão da *ilicitude* na hipótese em que o bem jurídico protegido for de valor superior ao bem jurídico sacrificado, sendo causa de exclusão da *culpabilidade* quando o bem jurídico protegido for de valor igual ou inferior ao bem jurídico sacrificado. Na lição de Eugênio Pacelli e André Callegari:

> A teoria diferenciadora distingue o estado de necessidade em justificante e exculpante, com base na variação de valor dos bens em conflito (balanço dos bens). O primeiro (justificante) ocorre quando o bem sacrificado é de menor valor do que o ameaçado, excluindo a antijuridicidade. (ex.: patrimônio contra a vida. Alguém, para não atropelar um pedestre, arremessa o veículo contra outro estacionado). O estado de necessidade exculpante ocorre quando o bem sacrificado for de igual ou superior valor ao que se pretendeu salvar (exemplo clássico da tábua de salvação em que está em jogo vida contra vida). Para a teoria diferenciadora, nesse caso, ocorreria uma situação de inexigibilidade de outra conduta, que seria excludente da culpabilidade.[389]

Esta teoria foi adotada pelo Código Penal Militar (arts. 39 e 43), o qual reconhece tanto o estado de necessidade justificante (excludente de ilicitude), quanto o exculpante (excludente de culpabilidade).

2. Teoria unitária

Para a teoria unitária, o estado de necessidade será sempre causa de exclusão da ilicitude, não trabalhando com a exclusão da culpabilidade. Contudo, a depender do valor do bem jurídico protegido e sacrificado, haverá soluções jurídicas distintas:
a) será causa de exclusão da ilicitude quando o bem jurídico protegido for de valor igual ou superior ao bem jurídico sacrificado.
b) caso o bem jurídico protegido seja de valor inferior ao bem jurídico sacrificado, haverá a redução de pena, prevista no art. 24, §2º, do Código Penal (embora seja razoável exigir-se o sacrifício do direito ameaçado, a pena poderá ser reduzida de um a dois terços). Nesta situação, a diminuição será de 1/3 (um terço) a 2/3 (dois terços).

Como visto, nos termos do art. 24, §2º, o Código Penal adotou a teoria unitária.

19.5.1.3.7 Conhecimento da situação de fato justificante (elemento subjetivo)

Para o reconhecimento do estado de necessidade, é imprescindível a presença de um elemento subjetivo, qual seja, o conhecimento da situação de fato justificante. Vale dizer, o sujeito precisa saber que está agindo imbuído do espírito de salvamento de direito seu ou de terceiro.

---

[389] PACELLI, Eugênio; CALLEGARI, André. *Manual de Direito Penal*. Parte geral. 6. ed. São Paulo: Atlas. p. 305.

Por exemplo, imagine que o barco está afundando e nele só há um colete salva-vidas. Sem saber que o barco está afundando, Fulano desfere um golpe na cabeça de Sicrano, pega o colete salva-vidas e foge. Note que Fulano não matou Sicrano para ficar com o único colete e se salvar. Por isso, ainda que, em tese, possa estar em uma situação fática que autorize o estado de necessidade, dele não pode se beneficiar, pois não agiu com conhecimento da situação de fato justificante.

19.5.1.4 Formas de Estado de Necessidade

19.5.1.4.1 Quanto ao aspecto subjetivo do agente

a) *Estado de necessidade real*

É a hipótese em que a situação de perigo efetivamente existe. Encontra-se prevista no art. 24 do Código Penal.

b) *Estado de necessidade putativo*

É a hipótese em que a situação de perigo é imaginária, irreal. Neste caso, não haverá exclusão da ilicitude, mas, dependendo da teoria adotada, pode afetar outro elemento do crime (remetemos o autor para o capítulo das descriminantes putativas)

19.5.1.4.2 Quanto ao terceiro que sofre a ofensa

a) *Estado de necessidade defensivo*

É a hipótese em que o agente sacrifica bem jurídico do próprio causador do perigo.

b) *Estado de necessidade agressivo*

É a hipótese em que o agente sacrifica bem jurídico de terceiro, que não causou o perigo. Neste caso, o agente deve ressarcir o prejuízo do terceiro pelo dano suportado (art. 929 do CC), tendo direito de regresso contra o causador do perigo (art. 930, *caput*, do CC).

19.5.1.4.3 Quanto ao bem sacrificado

a) *Estado de necessidade justificante*

É a hipótese em que o bem jurídico sacrificado é de valor igual ou inferior ao bem jurídico protegido. Trata-se de causa de exclusão da ilicitude.

b) *Estado de necessidade exculpante*

É a hipótese em que o bem jurídico sacrificado é de valor maior que o bem jurídico protegido. Trata-se de causa de exclusão da culpabilidade, em razão da inexigibilidade de conduta diversa.

19.5.1.4.4 Quanto à titularidade do bem jurídico protegido

a) *Estado de necessidade próprio*

É a hipótese em que o bem jurídico protegido é do próprio agente.

b) *Estado de necessidade de terceiro*

É a hipótese em que o bem jurídico protegido pertence a terceiros.

19.5.1.5 Situações especiais

19.5.1.5.1 Estado de necessidade recíproco

Estado de necessidade recíproco é a hipótese em que duas ou mais pessoas agem, ao mesmo tempo, em estado de necessidade, umas contra as outras. Tal situação é admitida pela doutrina, acarretando a exclusão da ilicitude dos sobreviventes. Citamos o clássico exemplo trazido por Basileu Garcia:

> Dois náufragos disputam uma tábua, que só servirá a um homem. É preciso que um deles pereça. Apresenta-se, mais tarde, ao tribunal, o sobrevivente, invocando a justificativa do estado de necessidade. Não será punido. O Estado não teria razão para tomar partido em favor de um ou de outro indivíduo, cujos interesses, igualmente legítimos, se acharam em antagonismo. Está-se diante de um fato consumado e irremediável, não cabendo castigar o que ofendeu o direito alheio em favor do próprio direito, desde que tenham ocorrido os requisitos legais.[390]

19.5.1.5.2 Estado de necessidade em crimes permanentes e habituais

Não há que se falar em estado de necessidade se a conduta lesiva for um crime permanente ou habitual, em razão do não-preenchimento dos seus requisitos. Isso porque, nestes crimes, não se verifica perigo atual ou conduta inevitável.

19.5.1.5.3 Estado de necessidade e erro na execução

Segundo Cléber Masson:

> O estado de necessidade é compatível com a aberratio ictus (CP, art. 73), na qual o agente, por acidente ou erro no uso dos meios de execução, atinge pessoa ou objeto diverso do desejado, com o propósito de afastar a situação de perigo a bem jurídico próprio ou de terceiro. Exemplificativamente, configura-se o estado de necessidade no caso em que alguém, no momento em que vai ser atacado por um cão bravio, efetua disparos de arma de fogo contra o animal, e, por erro na execução, atinge pessoa que passava nas proximidades do local, ferindo-a. Não poderá ser responsabilizado pelas lesões corporais produzidas, em face da exclusão da ilicitude.[391]

---

[390] GARCIA, Basileu. *Instituições de Direito Penal*. 4. ed. 37. tir. São Paulo, Max Limonad, 1975. t. I, v. I.
[391] MASSON, Cléber Rogério. *Direito Penal esquematizado*. Parte geral. v. 1. 14. ed. rev., atual. e ampl. São Paulo: Método, 2020, p. 343.

19.5.1.5.4 Comunicabilidade do estado de necessidade

Aqueles que, em concurso de pessoas, realizam uma conduta acobertada pelo estado de necessidade cometem um fato típico, porém lícito. Assim, se o fato é lícito para um dos agentes, também o é para os coautores e partícipes da mesma conduta.

19.5.2 Legítima defesa
19.5.2.1 Conceito

A legítima defesa encontra-se prevista nos arts. 23, II e 25, ambos do Código Penal. Nela, o agente busca se defender de uma agressão injusta, atual ou iminente, a direito seu ou de terceiro, utilizando-se, para tanto, de meios moderados para repeli-la (art. 25 do Código Penal). Trata-se, portanto, de um contra-ataque a uma agressão injusta.

Embora tenham a mesma natureza jurídica (causa de exclusão da ilicitude), não se pode confundir legítima defesa com estado de necessidade. Francisco de Assis Toledo indica as semelhanças e diferenças entre os institutos:

> É o estado de necessidade a situação de perigo atual, para interesses legítimos, que só pode ser afastada por meio da lesão de interesses de outrem, igualmente legítimos. Assemelha-se à legítima defesa, com a qual possui vários pontos comuns. Percebe-se, contudo, que na legítima defesa há sempre uma opção pela prevalência do interesse legítimo que se opõe a uma agressão ilícita. O conflito se decide, pois, naturalmente, contra o ilícito. No estado de necessidade, por inexistir a agressão ilícita, o deslinde da colisão de interesses legítimos apresenta dificuldades para cuja solução torna-se necessário recorrer a outros critérios. Possuem, porém, ambos o caráter de agressão autorizada a bens jurídicos, com a diferença, entretanto, de que no estado de necessidade ocorre uma ação predominantemente agressiva com aspectos defensivos, ao passo que na legítima defesa se dá uma ação predominantemente defensiva com aspectos agressivos.[392]

19.5.2.2 Requisitos

O art. 25 do Código Penal indica quais são os requisitos que devem ser observados para que a conduta do agente esteja acobertada pela legítima defesa. Podemos extrair requisitos objetivos e subjetivos. Vejamos:

Requisitos Objetivos	Requisito Subjetivo
- Agressão injusta; - Agressão atual ou iminente; - Defesa de direito próprio ou alheio; - Uso moderado dos meios necessários.	- Conhecimento da situação de fato justificante.

---
[392] TOLEDO, Francisco de Assis. *Princípios básicos de Direito Penal*. 5. ed. 17. tir. São Paulo: Saraiva, 2012. p. 175.

19.5.2.2.1 Agressão injusta

É o comportamento humano que expõe a perigo bens jurídicos de alguém, podendo ser um fato criminoso ou não, sendo necessário, tão somente, que seja contrário ao Direito. Por exemplo, o furto de uso não é considerado crime, mas é um ato contrário ao Direito, servindo como injusta agressão para fins de legítima defesa.

Há doutrina defendendo que a agressão injusta pode ser praticada a título de dolo ou de culpa. Contudo, discordamos desta posição, filiando-nos ao pensamento esposado por Rogério Sanches, que explica que:

> A agressão, para caracterizar legítima defesa, deve ser dirigida, com destinatário certo, pois, do contrário, caracteriza perigo atual (sem destinatário determinado), permitindo, conforme as circunstâncias, a descriminante do estado de necessidade. Logo, se diante de um carro desgovernado, o pedestre, para salvar a sua vida, sacrifica bem jurídico de terceiro, agiu em estado de necessidade (e não legítima defesa).[393]

Ressalte-se que é possível legítima defesa tanto de uma ação, quanto de uma omissão injusta. Assim, por exemplo, o policial que se recusa a cumprir o alvará de soltura está praticando uma omissão injusta.

Ademais, a agressão injusta decorre sempre de um comportamento humano. Nesse sentido, Juan Bustos Ramírez e Manuel Valenzuela Bejas:

> O perigo deve provir de uma conduta humana – também compreendido o inimputável –, pois, do contrário, surge o estado de necessidade. Isso porque somente se pode falar do justo e do injusto em relação ao homem.[394]

Com efeito, prevalece o entendimento de que o inimputável pode praticar uma agressão injusta, mesmo não tendo consciência da injustiça de sua conduta. Isso porque a injustiça da agressão é apurada de forma objetiva, bem como se levando em consideração o ponto de vista do agredido.

Nesse prisma, devemos fazer um alerta a respeito de ataques de animais que, a depender se houve ou não intervenção humana, pode configurar estado de necessidade ou legítima defesa. Assim, se for um ataque espontâneo, configura-se o perigo atual, autorizador do estado de necessidade. Contudo, se for um ataque provocado pelo dono do animal, trata-se de uma injusta agressão, ensejadora de legítima defesa.

Frise-se que o agente que provocar terceiro para ser alvo de injusta agressão (pretexto de legítima defesa), para que tenha justificativa para atacá-lo, não estará acobertado pela excludente de ilicitude. Em outras palavras, aquele que der causa à injusta agressão não pode se beneficiar da legítima defesa.

---

[393] CUNHA, Rogério Sanches. *Manual de Direito Penal*. Parte geral (arts. 1º ao 120). Volume único. Salvador: JusPodivm, 2020, p. 332.
[394] RAMÍREZ, Juan Bustos; BEJAS, Manuel Valenzuela. *Derecho penal latinoamericano comparado*. Parte generale. Buenos Aires: Depalma, 1981. t. I. p. 213.

19.5.2.2.2 Agressão atual ou iminente

Agressão atual é aquela que está acontecendo, ao passo que agressão iminente é aquela que está em vias de ocorrer. Não é considerado para fins de legítima defesa a agressão passada ou futura.

Portanto, a agressão que autoriza a justificante é aquela que está ocorrendo (atual) ou a que está prestes a ocorrer (iminente). Disso, importa ressaltar que não se pode obrigar a pessoa a suportar uma efetiva agressão para que, só então, tome alguma atitude. Por essa razão, permite-se que, na iminência da ocorrência do injusto, se deflagre o contra-ataque.

Por exemplo, não é necessário ser alvejado por um disparo de arma de fogo para só então se defender. Na iminência do ataque pelo agressor, diante do justo receio, já é possível repeli-lo.

19.5.2.2.3 Defesa de direito próprio (legítima defesa própria) ou alheio (legítima defesa de terceiro)

A legítima defesa pode tutelar direito próprio (legítima defesa própria) ou alheio (legítima defesa de terceiro). Não há necessidade que exista relação de parentesco, amizade ou conhecimento prévio com o agredido, bastando, apenas, que exista uma agressão injusta, atual ou iminente.

Nesse sentido, entende-se possível, por exemplo, a legítima defesa quando houver agressão injusta a uma pessoa jurídica e, até mesmo, ao feto. Sobre o feto, Cléber Masson explica que:

> Admite-se, também, a legítima defesa do feto. Deveras, o art. 2º do Código Civil resguarda os direitos do nascituro, que podem ser defendidos por terceiros. É o caso do agente que, percebendo estar a gestante na iminência de praticar um autoaborto, a impede, internando-a posteriormente em um hospital para que o parto transcorra normalmente.[395]

Questiona-se, ainda, se é necessário que o terceiro beneficiário autorize ou ratifique a ação do agente que conteve a injusta agressão, existindo duas posições sobre tema.

A 1ª posição entende que se o bem jurídico for indisponível, não há necessidade de autorização ou ratificação pelo terceiro (ex.: vida). Contudo, tratando-se de bem jurídico disponível, será necessária autorização do titular. Rogério Greco ensina, com razão, que:

> Deve ser ressaltado, ainda, não caber a defesa de terceiros quando o bem for considerado disponível. Concluímos anteriormente que todos os bens são passíveis de ser legitimamente defendidos, com a ressalva feita aos bens jurídicos comunitários. Contudo, tal regra também sofre exceções quando o agente não defende bem ou interesse próprio, mas, sim, de terceira pessoa. Se for disponível o bem de terceira pessoa, que está sendo objeto de ataque, o agente somente poderá intervir para defendê-lo com a autorização do seu titular. Caso contrário, sua intervenção será considerada ilegítima.[396]

---

[395] MASSON, Cléber Rogério. *Direito Penal esquematizado*. Parte geral. v. 1. 14. ed. rev., atual. e ampl. São Paulo: Método, 2020, p. 348.

[396] GRECO, Rogério. *Curso de Direito Penal*. Parte geral. v. I. 19. ed. Niterói: Impetus, 2017, p. 457.

A 2ª posição defende que não há necessidade de autorização prévia ou ratificação posterior do terceiro beneficiário, independentemente de se tratar de bem jurídico disponível ou indisponível.

19.5.2.2.4 Uso moderado dos meios necessários

Para que a defesa seja legítima, é necessário que o agredido se utilize, moderadamente, dos meios necessários para conter a injusta agressão.

São compreendidos como meios necessários aqueles que estão à disposição do agente e que causarão o menor dano possível.

Ademais, tais meios devem ser usados moderadamente, ou seja, na medida suficiente para repelir a injusta agressão. Deve existir, portanto, proporcionalidade na reação. A análise sobre a moderação do meio utilizado depende de cada caso concreto.

Imagine que uma criança furte um cacho de banana da quitanda, momento em que o quitandeiro, para defender seu patrimônio, desfira uma paulada no infante e o lesione na cabeça. Note que houve uma injusta agressão (subtração do patrimônio), mas os meios utilizados foram desproporcionais, não preenchendo, portanto, este requisito.

Situação distinta é aquela em que o agente adentra na residência da vítima e saca sua arma de fogo para alvejá-la, instante em que ela, rapidamente, empunha sua arma e o mata primeiro. Nesse caso, percebe-se que o meio utilizado e a reação da vítima foram proporcionais ao agravo.

É bom que se diga que o meio utilizado e a moderação em relação ao seu uso estão ligados à contenção da agressão de forma eficaz. Vale dizer, deve-se utilizar o meio menos gravoso, mas que seja capaz de repelir a injusta agressão. Imagine a seguinte situação hipotética: um famoso lutador de MMA ingressa em minha residência munido de uma faca e, vindo em minha direção, afirma que irá me matar. À minha disposição possuo os seguintes instrumentos: a) um estilingue; b) meus punhos; c) uma faca; e d) uma arma de fogo. Dentre estes meios, considera-se moderado aquele que permitirá a cessação da agressão de forma eficaz, bem como que cause menor dano.

No nosso exemplo, o estilingue não afastará a injusta agressão e a utilização dos meus punhos muito menos. O uso da faca também não surtirá o efeito desejado, uma vez que o agressor possui habilidades marciais e também está armado com uma faca. Portanto, a opção que resta é o emprego da arma de fogo, único instrumento hábil a permitir o afastamento da injusta agressão.

Registre-se, ainda, na lição de Bento de Faria, que:

> Em casos excepcionais, a fuga se impõe sem acarretar vergonha, mas, ao contrário, elevando os sentimentos de quem a pratica. Assim, o filho que, embora possa reagir, prefere fugir à agressão injusta de seu pai, para não matá-lo ou molestá-lo.[397]

Assim, existem situações em que, mesmo sendo possível a reação, recomenda-se que ela seja evitada, sem que isso seja um demérito ao agredido. Trata-se do chamado *commodus discessus*, que, nos ensinamentos de Guilherme Nucci, é:

---

[397] FARIA, Antonio Bento de. *Código Penal brasileiro comentado*. V. 2. São Paulo: Record, 1961. p. 205.

O cômodo afastamento do local, evitando-se a situação de perigo ou agressão, em nome da prudência, sem qualquer ofensa à imagem do ofendido. Não há cálculo preciso no uso dos meios necessários, sendo indiscutivelmente fora de propósito pretender construir uma relação perfeita entre ataque e defesa.[398]

19.5.2.2.5 Conhecimento da situação de fato justificante (elemento subjetivo)

Para o reconhecimento da legítima defesa, é imprescindível a presença de um elemento subjetivo, qual seja, o conhecimento da situação de fato justificante. Vale dizer, o sujeito precisa ter conhecimento da agressão injusta e manifestar a vontade de defender o direito ameaçado ou violado.

19.5.2.3 Legítima defesa para os agentes de segurança pública

O art. 25, parágrafo único, do Código Penal, incluído pela Lei nº 13.964/19 (Lei Anticrime), inseriu uma hipótese de legítima defesa, versando especificamente sobre os agentes de segurança pública. Vejamos o dispositivo:

> Parágrafo único. Observados os requisitos previstos no *caput* deste artigo, considera-se também em legítima defesa o agente de segurança pública que repele agressão ou risco de agressão a vítima mantida refém durante a prática de crimes.

A nosso sentir, a inclusão do citado parágrafo único não trouxe nenhuma mudança substancial no instituto da legítima defesa. Afirma-se isso, pois, a despeito de ter sido incluída uma situação casuística neste parágrafo, o dispositivo orienta que esta modalidade de legítima defesa somente será reconhecida se forem "observados os requisitos previstos no *caput*". Vale dizer, o reconhecimento desta legítima defesa depende do preenchimento de todos os requisitos estudados no *caput* (uso moderado dos meios, injusta agressão, atual ou iminente etc.).

Assim, o que a norma fez foi apenas explicitar uma das várias possibilidades da ocorrência do instituto. Isso porque a situação descrita no novo dispositivo já era considerada legítima defesa antes mesmo da inserção deste parágrafo.

A casuística trazida pelo legislador foi a da "vítima mantida refém durante a prática de crimes". Por exemplo, se no curso de um sequestro (art. 148 do Código Penal), o policial atira no sequestrador para salvar a vítima, será reconhecida a legítima defesa se estiverem preenchidos os requisitos do *caput* (que são todos aqueles por nós estudados nos tópicos acima). De outra banda, nesse mesmo exemplo, se o parágrafo único não existisse, também seria reconhecida esta excludente da ilicitude, se os requisitos do *caput* tivessem sido cumpridos.

Por fim, tal disposição merece uma crítica, pois descreve uma conduta casuística ("vítima mantida refém durante a prática de crimes") e não um mandamento de caráter genérico e impessoal, como determina a boa técnica legislativa para a criação de tipos penais incriminadores e permissivos.

---

[398] NUCCI, Guilherme Souza. *Curso de Direito Penal*. Vol. 1. Parte geral . Arts. 1º a 120 do Código Penal. 3. ed. Rio de Janeiro: Forense, 2019. p. 472.

19.5.2.4 Erro na execução e legítima defesa

Imagine a seguinte situação hipotética: Fulano aponta a arma para Beltrano. Para se defender, Beltrano saca sua pistola e atira contra Fulano. Contudo, erra na execução e acerta Sicrano, que estava próximo.

Sobre a possibilidade do reconhecimento da legítima defesa na hipótese de erro na execução, temos 3 posições sobre o tema:

Para a primeira corrente, trabalhada por Nelson Hungria, não haverá exclusão da ilicitude. Para ele, a questão se resolve na esfera do erro. Vale dizer, se o erro for escusável (desculpável), o agente não responderá pelo delito, vez que exclui dolo e culpa.

Para a segunda posição, defendida por Aníbal Bruno e Flávio Monteiro de Barros, também não haverá legítima defesa. Para eles, trata-se de hipótese de estado de necessidade, pois estaria se atingindo um terceiro inocente e não o agressor. Nesse prisma, o agente que errou na execução estaria salvando direito próprio, de um perigo atual, que não deu causa.

Para a terceira corrente, sustentada por Magalhães Noronha e Rogério Sanches, deve ser aplicada a excludente da legítima defesa, aplicando-se as regras do erro de execução, previstas no art. 73 do Código Penal. Vale dizer, embora tenha atingido terceiro, considera-se que o fato foi praticado contra o agressor (vítima virtual). Esta última posição é a que tem prevalecido e a que nos parece mais acertada.

19.5.2.5 Legítima defesa e demais excludentes de ilicitude

Questiona-se se é possível alegar legítima defesa em face do estado de necessidade, estrito cumprimento de um dever legal e exercício regular de um direito.

A legítima defesa somente ocorrerá quando existir uma injusta agressão. Quando se fala que alguém agiu em estado de necessidade, estrito cumprimento de um dever legal ou exercício regular de um direito, estamos diante de um ato lícito, que não pode ser considerado como uma injusta agressão.

Por exemplo, no cumprimento de uma busca a apreensão domiciliar, devidamente autorizada pelo Poder Judiciário, em que o agente estatal começa a arrecadar os bens do investigado, sendo que este, a pretexto de repelir a "agressão" ao seu patrimônio, desfere socos e chutes contra o servidor, evidentemente não poderá ser beneficiado pela legítima defesa, pois o ato praticado pelo funcionário é lícito e, portanto, não se trata de uma agressão injusta.

19.5.2.6 Classificações

a) *Legítima defesa real*

É aquela em que a injusta agressão efetivamente existe. Trata-se de hipótese de legítima defesa.

b) *Legítima defesa putativa*

É aquela em que a injusta agressão é imaginária. A legítima defesa putativa, por ser fruto do imaginário do agente, é injusta, não permitindo a exclusão da ilicitude.

Vejamos as possíveis combinações entre legítima defesa real e putativa:

Situação 1	Situação 2	Conclusão
Legítima defesa real	Legítima defesa real	Se a situação 1 traz uma legítima real, a situação 2 não pode ser uma legítima defesa real. Isso porque se a situação 1 é considerada um ato lícito, não pode ser tratada como uma injusta agressão. Portanto, legítima defesa real é incompatível com legítima defesa real.
Legítima defesa putativa	Legítima defesa real	Se a situação 1 é uma legítima defesa putativa, temos uma agressão injusta, já que ela é fruto da imaginação do agente. Assim, é possível que exista legítima defesa real na situação 2. Portanto, legítima defesa putativa é compatível com legítima defesa real.
Legítima defesa putativa	Legítima defesa putativa	Se ambas as situações são de legítima defesa putativa, temos duas agressões injustas. Tratando-se de agressões injustas, permitem reação. Portanto, legítima defesa putativa é compatível com legítima defesa putativa.

c) *Legítima defesa defensiva*

É hipótese em que a reação do agredido não constitui um fato típico. Por exemplo, o agredido se limita a imobilizar o agressor. Trata-se de hipótese de legítima defesa.

d) *Legítima defesa agressiva*

É hipótese em que a reação do agredido constitui um fato típico. Por exemplo, o agredido, para se defender, desfere um soco no rosto do agressor, lesionando-o. Trata-se de hipótese de legítima defesa.

e) *Legítima defesa subjetiva*

É a hipótese em que, logo depois de cessada a injusta agressão que desencadeou uma legítima reação, o agente, por erro plenamente justificável, acredita ainda persistir a agressão inicial e, por essa razão, acaba se excedendo em seu contra-ataque.

Chama-se legítima defesa subjetiva, pois se encontra no âmbito psicológico do agente (ele acredita, intimamente, que a agressão inicial ainda persiste). Nesta hipótese, não haverá exclusão da ilicitude, mas da culpabilidade, por inexigibilidade de conduta diversa.

Não se pode confundir legítima defesa subjetiva com legítima defesa putativa. Na primeira, existirá uma injusta agressão no momento inicial, enquanto na segunda, não haverá agressão inicial (ela é fruto exclusivo do imaginário do agente).

f) *Legítima defesa sucessiva*

É a hipótese em que haverá repulsa contra o excesso abusivo praticado pelo agente, que inicialmente estava em contexto de legítima defesa real.

Imagine que Fulano parte em direção a Sicrano para agredi-lo. Neste momento, Sicrano o imobiliza, amarrando-lhe as pernas, fazendo cessar a injusta agressão. No entanto, não satisfeito em imobilizar Fulano, Sicrano se apodera de um taco de *baseball* para continuar sua investida, ocasião em Fulano saca um canivete de suas vestes e o arremessa contra Sicrano, para impedi-lo de prosseguir com sua injusta agressão.

Note que, inicialmente, Sicrano agiu sob o manto da legítima defesa real, utilizando-se dos meios necessários, de forma moderada, para repelir uma injusta agressão, que estava na iminência de ocorrer. Contudo, após imobilizar Fulano, começou a se exceder, permitindo que este também lançasse mão dos meios necessários para se defender do excesso.

Portanto, na legítima defesa sucessiva, haverá duas legítimas defesas, uma e depois a outra. Não se tratam de legítimas defesas simultâneas, pois, como visto tópicos acima, não é possível legítima defesa real contra legítima defesa real.

19.5.3 Estrito cumprimento de um dever legal

19.5.3.1 Introdução e fundamento

Diferentemente do estado de necessidade e da legítima defesa, que possuem conceituação no Código Penal, o estrito cumprimento de um dever legal encontra previsão no art. 23, III, que se limita a dizer que "não há crime quando o agente pratica o fato: (...) III – em estrito cumprimento de dever legal (...)", sem, contudo, conceituá-lo. Tal missão fica a cargo da doutrina.

Dessa forma, entende-se que o estrito cumprimento de um dever legal é a hipótese em que o agente público, que cumpre as determinações legais, não pratica conduta ilícita.

Existem determinadas situações em que, no âmbito do regular desempenho de suas funções, o agente público pode lesar bens jurídicos. Imagine o exemplo do art. 301 do Código de Processo Penal:

> Art. 301. Qualquer do povo poderá e as autoridades policiais e seus agentes deverão prender quem quer que seja encontrado em flagrante delito.

O citado dispositivo traz, entre outros, o flagrante compulsório, ou seja, determina que a autoridade policial e seus agentes, ao se depararem com uma situação de flagrante delito, autuem o indivíduo. Note que, ao se realizar a prisão de alguém, em tese, o agente está violando um bem jurídico, qual seja, a liberdade de locomoção, prevista em vários momentos do art. 5º da Constituição Federal. Contudo, ao proceder à prisão em flagrante, agindo dentro dos ditames legais, a autoridade e seus agentes nada mais fazem do que cumprir uma determinação legal.

Assim, se estão cumprindo regularmente aquilo que a lei manda, seria um completo absurdo puni-los por uma conduta determinada ou incentivada pela norma. Na lição de Fernando Capez:

Trata-se de mais uma causa excludente de ilicitude. Quem cumpre um dever legal dentro dos limites impostos pela lei obviamente não pode estar praticando ao mesmo tempo um ilícito penal, a não ser que aja fora daqueles limites. Mesmo porque, seria incompreensível que a ordem jurídica impusesse a alguém o dever de agir para, em seguida, o chamar para responder pela ação praticada.[399]

19.5.3.2 Requisitos
19.5.3.2.1 Dever legal

Entende-se por dever legal aquele decorrente de lei em sentido amplo, ou seja, das leis em sentido estrito, regulamentos, decretos etc. No mesmo sentido, decisões judiciais, que aplicam as leis e determinam sua observância, também podem justificar a conduta do agente.

Por exemplo, uma busca e apreensão domiciliar, determinada pelo Poder Judiciário, se devidamente cumprida, observando os limites legais, é considerada um ato lícito, pois se encontra dentro do estrito cumprimento de um dever legal.

Damásio E. de Jesus, ainda, orienta que:

> A excludente só ocorre quando há um dever imposto pelo direito objetivo. As obrigações de natureza social, moral ou religiosa, não determinadas por lei, não se incluem na justificativa. O dever pode estar contido em regulamento, decreto ou qualquer ato emanado do poder público, desde que tenha caráter geral. A resolução administrativa particular pode ensejar a obediência hierárquica (CP, art. 22, 2ª parte).[400]

19.5.3.2.2 O cumprimento deve ser estritamente dentro da lei

Para que seja possível o reconhecimento desta causa excludente da ilicitude, o agente deve agir estritamente dentro da lei. Ultrapassando os limites legais, não estará abrangido pela justificante, podendo, inclusive, incidir nas disposições da Lei nº 13.869/19.

Seguindo no nosso exemplo da prisão em flagrante prevista no art. 301 do CPP: a autoridade policial deverá prender em flagrante aquele que está praticando crime ou acabou de cometê-lo, contudo, se exibir o corpo do preso ou partes dele à curiosidade pública, estará exorbitando dos limites legais, atraindo a norma incriminadora do art. 13, I, da Lei 3.869/19.

19.5.3.2.3 Conhecimento da situação de fato justificante

Para o reconhecimento da justificante, é imprescindível a presença de um elemento subjetivo, qual seja, o conhecimento da situação de fato justificante. Vale dizer, o sujeito precisa ter ciência que está agindo no estrito cumprimento do dever legal.

---

[399] CAPEZ, Fernando. *Curso de Direito Penal*. V. 1. Parte geral: arts. 1º ao 120. 24 ed. São Paulo: Saraiva, 2020. p. 401.
[400] JESUS, Damásio de. *Direito Penal*. Volume 1: parte geral. 35. ed. p. 441.

19.5.3.3 Destinatários da excludente

Sobre os destinatários da excludente, há divergência doutrinária.

A primeira posição afirma que quem pode se beneficiar do estrito cumprimento de um dever legal são os agentes ou funcionários públicos, que estão sob as ordens da lei. Todavia, o particular pode ser destinatário da proteção quando estiver exercendo uma função pública, por exemplo, na condição de jurado, mesário eleitoral etc.[401]

Para a segunda posição, que tem prevalecido e com a qual concordamos, é possível que o estrito cumprimento de um dever legal seja estendido ao particular, quando ele estiver atuando em cumprimento a um dever imposto pela lei. Flávio Monteiro de Barros explica que:

> O advogado processado pelo delito de falso testemunho, porque se recusou a depor sobre fatos envolvendo segredo profissional, pode invocar a justificativa do estrito cumprimento de um dever legal. Se, porém, o cliente havia autorizado a revelação do segredo, o advogado que, mesmo assim, recusa-se a depor pode invocar a excludente do exercício regular de direito.[402]

19.5.3.4 Comunicabilidade do estrito cumprimento de um dever legal

Aqueles que, em concurso de pessoas, realizam uma conduta acobertada pelo estrito cumprimento de um dever legal cometem um fato típico, porém lícito. Assim, se o fato é lícito para um dos agentes, também o é para os coautores e partícipes da mesma conduta.

19.5.3.5 Estrito cumprimento de um dever legal nos crimes culposos

Não se admite esta excludente de ilicitude nos crimes culposos, tendo em vista que ninguém possui o dever legal de ser imperito, imprudente ou negligente.

Geralmente tal situação é solucionada no âmbito do estado de necessidade. Por exemplo, imagine o motorista da ambulância do hospital público que dirige o veículo em alta velocidade, a fim de encaminhar para salvamento o paciente acidentado e, em razão disso, atropela alguém. Não responderá pelo homicídio culposo na direção de veículo automotor (art. 302 do CTB), pois acobertado pelo estado de necessidade de terceiro.

19.5.3.6 Estrito cumprimento de um dever legal e tipicidade conglobante

Para a tipicidade conglobante, o estrito cumprimento de um dever legal deixa de ser causa excludente da ilicitude e passa a ser causa excludente da tipicidade, tendo em vista que se trata de um ato normativo permitido ou fomentado pelo Estado.

---

[401] CAPEZ, Fernando. *Curso de Direito Penal*. v. 1, parte geral: arts. 1º ao 120. 24. ed. São Paulo: Saraiva, 2020. p. 402.
[402] BARROS, Flávio Monteiro de. *Direito Penal*. Parte geral. São Paulo: Editora Saraiva, 2003. p. 343.

19.5.4 Exercício regular de um direito

19.5.4.1 Conceito e fundamento

À semelhança do estrito cumprimento de um dever legal, o art. 23, III, do Código Penal se limita a dizer que "não há crime quando o agente pratica o fato: III – (...) no exercício regular de direito", sem, contudo, conceituá-lo. Tal missão, novamente, fica a cargo da doutrina.

Assim, considera-se no exercício regular de um direito o cidadão que pratica uma conduta de acordo com as normas permitidas pelo ordenamento jurídico, seja penal ou extrapenal. Vale dizer, aquilo que é permitido não pode ser ao mesmo tempo proibido.

Por exemplo, o art. 301 do Código de Processo Penal autoriza ao particular realizar prisão em flagrante quando presente o estado de flagrância (flagrante facultativo). Desse modo, procedendo-se à prisão de alguém, o particular, em tese, estaria violando a liberdade de locomoção do indivíduo. Todavia, verificado o estado de flagrância e agindo dentro dos ditames legais, estará agindo de acordo com a norma que permite que "qualquer do povo poderá (...) prender quem quer que seja encontrado em flagrante delito", não havendo que se falar em conduta ilícita.

Como instrui Alexander Graf Zu Dohna, "uma ação juridicamente permitida não pode ser, ao mesmo tempo, proibida pelo direito. Ou, em outras palavras, o exercício de um direito nunca é antijurídico".[403]

19.5.4.2 Requisitos

19.5.4.2.1 "Exercício regular" e "direito"

Para que seja possível o reconhecimento desta excludente de ilicitude, é necessário que o direito seja exercido regularmente.

A expressão "direito" deve ser entendida em sentido amplo, ou seja, qualquer espécie de direito, seja público ou privado, penal ou extrapenal, pode funcionar para o afastamento da ilicitude.

Fernando Capez ainda acrescenta que:

> São também fontes de direito subjetivo os regulamentos e as provisões internas de associações autorizadas legalmente a funcionar, cujo exercício regular torna lícito o fato típico, por exemplo, as lesões praticadas nas competições esportivas.[404]

Discute-se, também, se o costume pode ser considerado "direito" para fins do reconhecimento da exclusão da ilicitude.

Costume é a prática reiterada de uma conduta com a firme crença de que ela é obrigatória. Para nós, é possível que seja utilizado como parâmetro para exclusão da ilicitude, desde que o costume tenha sido convertido em lei, até para que haja segurança jurídica em sua aplicação. José Frederico Marques, por exemplo, entende de forma diversa, afirmando que:

---

[403] DOHNA, Alexander Graf zu. *La estructura de la teoria del delito*. Trad. Fontán Balestra. Buenos Aires, Abeledo-Perrot, 1958. p. 47.
[404] CAPEZ, Fernando. *Curso de Direito Penal*. V. 1. Parte geral: arts. 1º ao 120. 24. ed. São Paulo: Saraiva, 2020. p. 403.

O 'costume' legitima também certas ações ou fatos típicos. É disto um exemplo o trote acadêmico em que as violências, injúrias e constrangimentos que os veteranos praticam contra os noviços, não se consideram atos antijurídicos em face do direito penal, porque longo e reiterado costume consagra o 'trote' como instituição legítima.[405]

Além disso, para a exclusão da ilicitude, exige-se que o direito tenha sido exercido de maneira regular, ou seja, dentro dos limites objetivos e subjetivos, formais e materiais, impostos pelo ordenamento jurídico. Estando fora destes limites, haverá abuso de direito e, via de consequência, estará afastada a justificante. Nesse prisma, César Roberto Bitencourt testifica:

> O limite do lícito termina necessariamente onde começa o abuso, uma vez que aí o direito deixa de ser exercido regularmente, para mostrarse abusivo, caracterizando sua ilicitude.[406]

19.5.4.2.2 Conhecimento da situação de fato justificante

Para o reconhecimento da justificante, é imprescindível a presença de um elemento subjetivo, qual seja, o conhecimento da situação de fato justificante. Vale dizer, o sujeito precisa ter ciência de que está agindo no pleno exercício regular do direito.

19.5.4.3 Exercício regular de um direito e tipicidade conglobante

Para a tipicidade conglobante, o exercício regular de um direito incentivado deixa de ser causa excludente da ilicitude e passa a ser causa excludente da tipicidade, tendo em vista que se trata de um ato normativo permitido e fomentado pelo Estado.

19.5.4.4 Questões controvertidas

19.5.4.4.1 Intervenções médicas

Sabe-se que a atividade médica ou cirúrgica é indispensável para sociedade, tanto que são devidamente regulamentadas pelo Estado, pelas leis, bem como acompanhadas pelo respectivo Conselho, o qual possui atribuição para a edição de atos normativos dentro de sua esfera de atuação.

Assim, as intervenções médicas e cirúrgicas são consideradas exercício regular de um direito, acarretando a exclusão da ilicitude, pois regulamentadas e autorizadas pelo Estado. Se adotada a tipicidade conglobante, como visto, será causa de exclusão da tipicidade.

Registre-se que se tem entendido que o exercício da medicina pode configurar estado de necessidade em duas situações. A primeira quando, na ausência de um profissional médico habilitado, um leigo a desempenha para salvar a vida de alguém (ex.: acontece um acidente na rodovia e um leigo presta socorro à vítima). A segunda se dá na hipótese em que o médico age contra a vontade do paciente ou de seu representante legal, a fim de salvá-lo de iminente perigo de vida, consoante art. 146, §3º, I, do CP.

---

[405] MARQUES, José Frederico. *Tratado de Direito Penal*. Campinas: Bookseller, 1997. v. II, p. 179.
[406] BITENCOURT, Cezar Roberto. *Tratado de Direito Penal 1*. Parte geral v. 1. 25. ed. São Paulo: Saraiva, 2019. p. 445.

Por fim, existe discussão a respeito da transfusão de sangue das pessoas que professam sua fé na denominação religiosa Testemunhas de Jeová. Sobre o tema, concordamos com a lição de Cléber Masson:

> No tocante às pessoas que se filiam à religião 'testemunhas de Jeová', e analisando a questão sob o prisma estritamente jurídico, é legítima a atuação do médico que, independentemente de autorização judicial, efetua a transfusão de sangue para salvar a vida do paciente, ainda que sem a sua autorização (se consciente e plenamente capaz) ou contra a vontade de seus familiares (se inconsciente ou incapaz). Com efeito, o direito à vida deve sobrepor-se às posições religiosas.[407]

19.5.4.4.2 Competições esportivas

Determinadas competições esportivas acarretam lesões em razão do seu regular exercício. Desse modo, eventuais violações oriundas da violência esportiva serão consideradas exercício regular de um direito, desde que realizadas dentro das regras do esporte, bem como observando os limites aceitáveis.

Cita-se como exemplo o boxe. É da natureza deste esporte lesionar o oponente. Nesse molde, se as lesões forem oriundas de sua regular prática, não há consequência penal.

Rogério Sanches faz uma importante ponderação sobre as ofensas corporais na prática desportiva:

> Há três categorias em que, para efeito deste estudo, as práticas desportivas podem ser divididas no que tange ao cometimento de lesões dolosas e sua (in)admissibilidade: a) lado-a-lado, em que não há disputa física entre os atletas, que desempenham sua função, embora no mesmo espaço, separadamente (corrida); b) uns contra os outros com a possibilidade de lesão, em que o objetivo não é atingir a integridade física do adversário, mas, dada a natureza do esporte, é possível que ocorra (futebol, basquete); c) uns contra os outros com o propósito de lesão, em que o objetivo dos atletas é a pugna, que certamente acarretará lesões e, em certos casos, a morte (boxe e outras formas de luta). Na primeira categoria, a investida corporal não é justificada no âmbito penal e pode acarretar punição (ex.: um corredor agride o outro para tirá-lo do caminho). Na segunda, mesmo que a lesão não seja o propósito, é possível que se justifique em determinadas disputas em que de certa forma seja inevitável (ex.: no futebol, uma investida agressiva do defensor para evitar o gol adversário). Na terceira, a esfera de tolerância é muito maior, justificando-se mesmo as lesões de maior seriedade, pois inseridas no rol de condutas admitidas e sem as quais a modalidade esportiva não ocorreria.[408]

19.5.4.4.3 Ofendículos (*offendiculas* ou *offensaculas*)

Os ofendículos são os obstáculos visíveis instalados em torno da coisa para proteção do patrimônio ou de outro bem jurídico. Tome-se como exemplos os cacos de vidro em cima do muro, a instalação de cerca elétrica, grades nas janelas, cão de guarda, etc.

---

[407] MASSON, Cléber Rogério. *Direito Penal esquematizado*. Parte geral. v. 1. 14. ed. rev., atual. e ampl. São Paulo: Método, 2020, p. 366.
[408] CUNHA, Rogério Sanches. *Manual de Direito Penal*. Parte geral (arts. 1º ao 120). Volume único. Salvador: JusPodivm, 2020, p. 341-342.

Imagine que um assaltante tenta adentrar na residência que possui o aviso "Cuidado! Cão Bravo!" para furtar as coisas que ali se encontram. Tão logo ingressa, é recebido pelo "cão bravo", que lhe dá algumas mordidas, impedindo o furto e deixando o meliante lesionado. Obviamente, o dono da casa não responderá pelas lesões provocadas pela ação do animal.

Questiona-se o fundamento (a natureza jurídica) para a não-imputação do crime ao proprietário da casa, existindo 3 posições sobre o tema.

A primeira posição indica que o proprietário da casa agiu no exercício regular de um direito, consistente na defesa do patrimônio.

Para a segunda corrente, o proprietário agiu em legítima defesa, uma vez que, por intermédio do ofendículo, repeliu uma injusta agressão ao seu patrimônio.

A terceira corrente, por sua vez, trabalha com a combinação das duas primeiras posições, concluindo que enquanto o ofendículo não for acionado, trata-se de exercício regular de um direito. Após o seu acionamento, será legítima defesa.

Doutrina tradicional tem adotado a primeira corrente.

Independentemente da posição adotada, o uso dos ofendículos deve se pautar pela proporcionalidade e razoabilidade, sob pena de escapar da proteção da excludente da ilicitude. Por exemplo, se o proprietário da casa, em vez de colocar um cão de guarda, instala minas terrestres que explodem o indivíduo que pisar em seu terreno, haverá excesso punível.

Ofendículos não se confundem com defesa mecânica predisposta, pois, embora tenham a mesma finalidade, qual seja, a defesa do patrimônio ou outro bem jurídico, são aparelhos ocultos. Fernando Capez leciona que:

> Por se tratar de dispositivos não perceptíveis, dificilmente escaparão do excesso, configurando, quase sempre, delitos dolosos ou culposos. É o caso do sitiante que instala uma tela elétrica na piscina, de forma bastante discreta, eletrocutando as crianças que a invadem durante a semana. Responderá por homicídio doloso.[409]

19.5.4.4.4 Diferença entre estrito cumprimento do dever legal e exercício regular do direito

Ambos têm natureza jurídica de causa excludente da ilicitude, contudo, possuem uma diferença marcante.

O estrito cumprimento do dever legal tem natureza obrigatória, ou seja, o agente tem a obrigação de cumprir o mandamento legal. Já o exercício regular do direito tem caráter facultativo. Vale dizer, existe autorização no ordenamento jurídico para que o indivíduo aja, contudo, ele pode escolher se exerce ou não esse direito.

19.5.5 Excesso nas causas excludentes da ilicitude

Aquele que age dentro dos limites de uma das causas excludentes da ilicitude pratica uma conduta típica, porém, lícita. Já os que ultrapassam os limites legais

---

[409] CAPEZ, Fernando. *Curso de Direito Penal*. V. 1. Parte geral: arts. 1º ao 120. 24. ed. São Paulo: Saraiva, 2020. p. 407.

respondem pelo excesso, nos termos do art. 24, parágrafo único, do Código Penal (o agente, em qualquer das hipóteses deste artigo, responderá pelo excesso doloso ou culposo).

No estudo do excesso das justificantes, devemos ter em mente que, inicialmente o agente encontra-se dentro da legalidade, sendo que, num segundo momento, extrapola seus limites, ingressando na seara da ilicitude. Guilherme Nucci indica qual o momento em que o agente se excede, a depender da causa excludente:

> Os excessos no contexto das excludentes estão concentrados nos seguintes aspectos: a) no estado de necessidade, concentra-se o excesso no "agir de outro modo para evitar o resultado". Se o agente afasta a ocorrência do resultado, valendo-se de meios dispensáveis, que acabem produzindo dano em bem jurídico alheio, terá agido com excesso; b) na legítima defesa, o excesso está firmado na falta do emprego dos meios necessários para evitar a agressão ou no uso desses meios, embora de maneira imoderada; c) no estrito cumprimento do dever legal, o excesso está focalizado no "dever legal". Quando a lei impõe um modo para o agente atuar, deve ele seguir exatamente os parâmetros fixados; fugindo a eles, responde pelo excesso; d) no exercício regular de direito, o excesso está no exercício abusivo de direito, isto é, exercitar um direito, embora de modo irregular e prejudicando direito alheio.[410]

A doutrina classifica o excesso da seguinte maneira: doloso, culposo, acidental, exculpante, intensivo e extensivo. O Código Penal tipifica apenas os dois primeiros, sendo os demais fruto de construção jurídico-doutrinária.

Vamos analisar todas as hipóteses.

19.5.5.1 Excesso doloso

Nessa hipótese, o agente, voluntariamente, desborda dos limites da excludente da ilicitude.

Por exemplo, no caso de legítima defesa, quando o indivíduo se excede nos meios utilizados para repelir a injusta agressão, responderá pelo crime doloso que causou em razão do excesso.

19.5.5.2 Excesso culposo

Nessa hipótese, o agente, culposamente, não observa os deveres jurídicos de cuidado e desborda dos limites da excludente da ilicitude. Assim, responderá pelo crime culposo que causou em razão do excesso.

Aqui, portanto, aplicam-se as regras do erro, quais sejam, se o erro for evitável, responderá a título de culpa (excesso culposo). Se o erro for inevitável, afasta-se a culpa, não respondendo pelo excesso.

---

[410] NUCCI, Guilherme Souza. *Curso de Direito Penal.* Vol. 1. Parte geral. Arts. 1º a 120 do Código Penal. 3. ed. Rio de Janeiro: Forense, 2019. p. 511.

19.5.5.3 Excesso extensivo

É o excesso que ocorre depois de cessada a agressão. Vale dizer, inicialmente o agente está agindo legitimamente. Contudo, após cessação da agressão, o agente persiste na reação, que a torna ilegítima, em razão do excesso. Delmanto exemplifica:

> Ao defender-se de injusta agressão, o sujeito põe seu contendor desacordado e gravemente ferido; após este estar caído ao solo, ainda lhe causa mais uma lesão leve. Embora a lesão grave esteja acobertada pela justificativa, a posterior lesão leve foi excessiva e será punida por dolo, caso a intenção tenha sido provocá-la; ou por culpa, se decorrente da falta de cuidado do agente.[411]

Nesse caso, não responderá pelo que causou no primeiro momento, pois estava sob a égide da justificante. Responderá, contudo, pelo crime que causou durante o excesso, caso tenha agido com dolo ou culpa.

Cléber Masson explica que:

> Para os adeptos desse posicionamento, o excesso extensivo é, em verdade, um crime autônomo, situado fora do contexto fático da excludente da ilicitude. A situação pode ser dividida em duas etapas: 1. aquela em que estavam presentes os pressupostos da justificativa; e 2. uma posterior, na qual a excludente já estava encerrada, em que o agente pratica outro delito, desvencilhado da situação anterior.[412]

19.5.5.4 Excesso intensivo

É o excesso que ocorre enquanto ainda perduram os pressupostos da causa excludente da ilicitude. O agente prolonga a defesa por tempo maior do que a agressão sofrida, ultrapassando o limite necessário para repelir a agressão ao bem jurídico, gerando uma reação desproporcional.

19.5.5.5 Excesso acidental

É aquele decorrente de caso fortuito ou força maior. Assim, tratando-se de fatos imprevisíveis e inevitáveis, é considerado um irrelevante penal.

19.5.5.6 Excesso exculpante

É aquele que decorre de intensa perturbação de ânimo do agente. Nesta hipótese, a conduta inicial encontra-se normalmente acobertada por uma causa justificante, contudo, no desenrolar dos fatos, o ânimo do indivíduo é fortemente alterado (por surpresa, medo ou outro sentimento), retirando-lhe a capacidade de agir racionalmente, vindo a se exceder por estes motivos.

---

[411] DELMANTO, Celso. *Código Penal comentado*. 3. ed. 8. tiragem. Rio de Janeiro: Renovar, 1994. p. 45.
[412] MASSON, Cléber Rogério. *Direito Penal esquematizado*. Parte geral. v. 1. 14. ed. rev., atual. e ampl. São Paulo: Método, 2020, p. 371.

Imagine que, após repelir uma injusta agressão, imobilizando o adversário, o agente, dominado pelo medo de ser novamente agredido, dispara contra seu algoz.

O excesso exculpante tem encontrado certa resistência na doutrina e jurisprudência, em razão da ausência de previsão legal. No entanto, há respeitáveis posições defendendo que esta modalidade de excesso exclui a culpabilidade, em razão da inexigibilidade de conduta diversa.

O Código Penal Militar, utilizando-se da nomenclatura "excesso escusável", dispõe no art. 45, parágrafo único, que "não é punível o excesso quando resulta de escusável surpresa ou perturbação de ânimo, em face da situação".

19.5.6 Causa supralegal de exclusão da ilicitude

Tem-se entendido que, além das justificantes expressamente previstas em lei, é admitida a existência de causas supralegais de exclusão da ilicitude. Isso porque, por mais cuidadoso que fosse o legislador, não seria possível prever todas as situações de exclusão do crime. Nesse sentido, Salgado Martins conclui que:

> As causas ilidentes da antijuridicidade não podem limitar-se às estritas prescrições da lei positiva, mas devem ser examinadas dentro de quadro mais amplo, isto é, à luz de critérios sociológicos, éticos, políticos, em suma, critérios que se situam antes do Direito ou, de certo modo, fora do âmbito estrito do Direito positivo.[413]

Nesse prisma, passaremos a estudar a principal causa supralegal de exclusão da ilicitude: o consentimento do ofendido.

19.5.6.1 Consentimento do ofendido

Consentimento do ofendido é a concordância do titular do bem jurídico de que contra ele seja praticado um fato típico. Vale dizer, a pretensa vítima manifesta anuência em relação ao comportamento lesivo que lhe será dirigido.

Frederico Marques explica os motivos pelos quais a concordância do ofendido deve excluir a ilicitude, esclarecendo que:

> Quando surge o consenso em relação a determinados bens, deixa de subsistir a situação de fato em relação à qual deve entrar em vigor a norma penal, o que acontece naqueles casos em que o interesse do Estado não seja tal que prescinda da vontade do particular. É que, em ocorrendo tais situações, o interesse público do Estado não pode exigir mais do que isto: que os bens individuais não sejam atingidos contra a vontade dos respectivos sujeitos. O interesse estatal se identifica com a conservação de bens individuais enquanto esta corresponda à vontade do titular; consequentemente, esses bens não podem ser tidos como lesados quando o respectivo sujeito manifestou sua vontade em sentido favorável à lesão.[414]

---

[413] MARTINS, José Salgado. *Direito Penal*. Introdução e parte geral. São Paulo: Saraiva, 1974. p. 179.
[414] MARQUES, José Frederico. *Tratado de Direito Penal*. V. 2. Atual. Antonio Cláudio Mariz de Oliveira, Guilherme de Souza Nucci e Sérgio Eduardo Mendonça Alvarenga. Campinas: Bookseller, 1997. p. 189.

Imagine a seguinte situação hipótese, muito corriqueira entre os jovens: Fulano de Tal possui um carro com um som muito potente em sua carroceria. Convida seus amigos e amigas para ir à pracinha ouvir música, momento em que, com sua anuência, todos sobem sobre o teto, portas e capô do veículo, para dançar. Ao terminar a festa, o dono percebe que o carro está todo amassado e avariado.

Trata-se de um típico delito de dano (art. 163 – Destruir, inutilizar ou deteriorar coisa alheia), porém, como houve consentimento do ofendido, não há que se falar em conduta ilícita.

Obviamente, para que esta causa supralegal seja reconhecida, deve preencher alguns requisitos. Veremos, doravante, quais são eles.

19.5.6.2 Requisitos

19.5.6.2.1 O consentimento não pode integrar o tipo penal

O primeiro requisito para o reconhecimento desta causa supralegal de exclusão da ilicitude é o fato de que o consentimento não pode integrar o tipo penal. Isso porque se o consentimento do ofendido constitui elemento integrante do tipo penal, ele funcionará como causa excludente da tipicidade e não da ilicitude.

Vamos a um exemplo: no crime de estupro (art. 213 do Código Penal – Constranger alguém, mediante violência ou grave ameaça, a ter conjunção carnal ou a praticar ou permitir que com ele se pratique outro ato libidinoso), o consentimento integra o próprio tipo legal. Vale dizer, estupro nada mais é que a prática de atos sexuais com a vítima, sem o seu consentimento. Se houver consentimento, as relações sexuais serão lícitas e não haverá crime. Portanto, nesse caso, por fazer parte do próprio tipo penal, o consentimento exclui a tipicidade.

19.5.6.2.2 Ofendido capaz de consentir

Para que se operem os seus efeitos, é necessário que o ofendido seja capaz de consentir. Sobre a valoração jurídica do consentimento, explica Lélio Calhau que:

> Depende da seriedade do consentimento, da capacidade jurídica e mental da vítima para emitir um consentimento válido, da finalidade do ato para o qual consente e de outros fatores, e não terá aquela força se se verificarem razões de ordem pública contra o seu reconhecimento.[415]

Por exemplo, não pode ser levado em conta o consentimento de uma criança de 8 anos com um ato sexual, visto que não possui qualquer capacidade para consentir.[416]

---

[415] CALHAU, Lélio Braga. *Vítima e Direito Penal*. 2. ed. Belo Horizonte, Mandamentos, 2003, p. 81.
[416] Vide Súmula 593 do STJ: "O crime de estupro de vulnerável se configura com a conjunção carnal ou prática de ato libidinoso com menor de 14 anos, sendo irrelevante eventual consentimento da vítima para a prática do ato, sua experiência sexual anterior ou existência de relacionamento amoroso com o agente".

19.5.6.2.3 Consentimento válido

Entende-se por consentimento válido aquele livre de coação, fraude, erro ou outro meio que não permita que a manifestação do ofendido seja feita com consciência e liberdade. Guilherme Nucci tece esclarecimentos sobre a validade do consentimento de pessoas embriagadas, orientando que:

> Se a embriaguez, apesar de voluntária, não se voltava a inserir o agente em situação de risco, o seu consentimento não é válido; porém, se a embriaguez ocorrer em situação arriscada, pode-se aceitar o consentimento.[417]

19.5.6.2.4 Bem disponível

Só é possível falar em consentimento do ofendido se o bem jurídico for disponível. Tratando-se de bens indisponíveis, não há possibilidade de se abrir mão da tutela estatal. Nesse sentido, Heleno Fragoso:

> O consentimento jamais terá efeito quando se tratar de bem jurídico indisponível, ou seja, aquele bem em cuja conservação haja interesse coletivo. A honra, a liberdade, a inviolabilidade dos segredos, o patrimônio são bens disponíveis. A vida e a administração pública, por exemplo, são bens irrenunciáveis ou indisponíveis. A nosso ver a integridade corporal também é bem jurídico disponível, mas não é esse o entendimento que prevalece em nossa doutrina.[418]

Ademais, discute-se se integridade física é bem jurídico disponível ou não, prevalecendo na doutrina e na jurisprudência que se trata de bem jurídico disponível, podendo ser objeto de consentimento do ofendido, desde que as lesões sejam leves e não contrariem a moral e os bons costumes. Tal entendimento foi reafirmado com a entrada em vigor do art. 88 da Lei nº 9.099/95, o qual orienta que a ações penais nos crimes de lesão leve e lesão culposa são condicionadas à representação.

19.5.6.2.5 Bem próprio

O consentimento só é viável se se tratar de bem próprio. Em relação a bens de terceiros, não é possível.

19.5.6.2.6 Consentimento efetivado antes ou durante a execução

Como ensina Guilherme Nucci:

> Não se deve admitir que o consentimento seja dado após a realização do ato, pois o crime já se consumou, não devendo ter a vítima controle sobre isso. Aceitar o consentimento após a prática da infração penal equivale ao acolhimento do perdão, que difere substancialmente da concordância na perda do bem ou do interesse.[419]

---

[417] NUCCI, Guilherme Souza. *Curso de Direito Penal*. Vol. 1. Parte geral. Arts. 1º a 120 do Código Penal. 3. ed. Rio de Janeiro: Forense, 2019. p. 508.
[418] FRAGOSO, Heleno Cláudio. *Lições de Direito Penal*. V. 2. Parte especial. Rio de Janeiro: Forense, 1958. p. 193.
[419] NUCCI, Guilherme Souza. *Curso de Direito Penal*. Vol. 1. Parte geral. Arts. 1º a 120 do Código Penal. 3. ed. Rio de Janeiro: Forense, 2019. p. 508.

Se o consentimento for efetivado depois da execução, pode ocorrer a extinção da punibilidade pela renúncia ou pelo perdão aceito, em crimes de ação penal privada.

19.5.6.2.7 Consentimento deve ser expresso

A doutrina tradicional entende que o consentimento deve se manifestado de modo expresso, seja de maneira oral, escrita ou gestual etc. Em outras palavras, o ofendido deve se expressar de maneira inequívoca que está concordando com o ato lesivo.

Contudo, consoante estudos que despontam na Alemanha, a doutrina mais moderna vem admitindo também o consentimento tácito, notadamente no que diz respeito às intervenções médicas curativas. Vejamos os exemplos trazidos por Cléber Masson:

> A doutrina alemã aceita, paralelamente ao consentimento expresso, o consentimento presumido, nos casos urgentes em que o ofendido ou seu representante legal não possam prestar a anuência, mas poderia se esperar que, se possível, agiriam dessa forma. Apontam-se os exemplos do aborto necessário, para salvar a vida da gestante, bem como a amputação de um membro de um ferido de guerra desacordado, para preservar partes relevantes de seu corpo e até mesmo livrá-lo da morte.[420]

19.5.6.2.8 Conhecimento da situação de fato justificante (requisito subjetivo)

Para o reconhecimento dessa causa supralegal de exclusão da ilicitude, é imprescindível a presença de um elemento subjetivo, qual seja, o conhecimento da situação de fato justificante. Vale dizer, o sujeito precisa saber que o ofendido lhe autorizou a agir daquela forma.

19.5.6.3 Consentimento do ofendido em crimes culposos

É possível o consentimento do ofendido em crimes culposos, desde que ele seja devidamente cientificado dos riscos que corre com a conduta do agente e decida corrê-los.

Imagine o agente que convide o ofendido para com ele participar de manobras de exibição e perícia em sua motocicleta, o que é prontamente aceito. Ao iniciar as manobras, coloca a motocicleta somente em uma das rodas, perde o controle e cai ao solo, ferindo o ofendido. Neste caso, pode-se vislumbrar a aplicação da causa supralegal para excluir a ilicitude em relação às lesões.

---

[420] MASSON, Cléber Rogério. *Direito Penal esquematizado*. Parte geral. v. 1. 14. ed. rev., atual. e ampl. São Paulo: Método, 2020, p. 330.

CAPÍTULO 20

CULPABILIDADE

20.1 Conceito

Culpabilidade é o *juízo de reprovação* que recai sobre aquele que pratica um fato típico e ilícito. Para Luiz Augusto Sanzo Brodt:

> A culpabilidade deve ser concebida como reprovação, mais precisamente, como juízo de reprovação pessoal que recai sobre o autor, por ter agido de forma contrária ao Direito, quando podia ter atuado em conformidade com a vontade da ordem jurídica.[421]

Para a teoria tripartida, adotada majoritariamente, a culpabilidade é o terceiro substrato (ou elemento) do crime, sendo considerada como o juízo de reprovação sem o qual não haverá delito. No atual estágio da teoria do crime e do estudo da culpabilidade (que será aprofundada nos tópicos a seguir), podemos representar graficamente o delito da seguinte forma:

Fato Típico	Ilicitude	Culpabilidade
a) conduta;	Causas excludentes da ilicitude legais e supralegais.	Imputabilidade
b) nexo de causalidade;		Exigibilidade de conduta diversa
c) resultado; e		Potencial consciência da ilicitude
d) tipicidade.		

Para a teoria bipartida, a culpabilidade não integra o crime. O crime existirá com a presença do fato típico e da ilicitude, sendo a culpabilidade um juízo de reprovação, mero pressuposto para imposição de pena. Para os adeptos desta corrente, admite-se

---

[421] SANZO BRODT, Luis Augusto. *Da consciência da ilicitude no Direito Penal brasileiro*. Belo Horizonte: Del Rey, 1996. p. 102.

a existência de crime sem reprovação, pois ele existe apenas com a prática de uma conduta típica e ilícita. A culpabilidade será mero pressuposto para a aplicação da reprimenda, depois de já ocorrida a infração penal. Esse posicionamento, minoritário, pode ser representado graficamente da seguinte maneira:

Crime	Pressuposto para pena
+	Culpabilidade
	Imputabilidade Exigibilidade de conduta diversa Potencial consciência da ilicitude

20.2 Fundamento da culpabilidade (livre-arbítrio e determinismo)

Para fundamentar a culpabilidade, duas teorias são estudadas.

A primeira teoria, oriunda da Escola Clássica, entende que a culpabilidade deve ser baseada na análise do livre-arbítrio, ou seja, todo ser humano é moralmente livre para realizar as suas escolhas e conduzir sua vida da forma que melhor lhe aprouver. Assim, a pratica criminosa nada mais é que o fruto de uma escolha própria, da qual caberá juízo de censura.

A segunda teoria, defendida pela Escola Positiva, é o determinismo. Para seus adeptos, o homem não é plenamente soberano em suas decisões, sendo influenciado por fatores internos e externos, que o sugestionam à prática criminosa. Antônio Moniz Sodré discorre que:

> Admitir-se a existência de uma vontade livre, não determinada por motivos de qualquer ordem, é contestar-se o valor da herança e a influência que a educação e o meio físico e social exercem sobre os homens. Não há fugir deste dilema. Ou a herança, o meio, a educação influem poderosamente sobre os indivíduos, formando-lhes o temperamento e o caráter, transmitindo-lhes e dando-lhes ideias e sentimentos que os levarão à prática de atos maus ou bons, conforme a natureza das qualidades morais transmitidas e adquiridas; e, então, a vontade não é livre, mas francamente determinada por esses motivos de ordem biológica, física e social. Ou a vontade é livre, exerce sua ação fora da influência destes fatores, e, neste caso, existe o livre-arbítrio, mas é mister confessar que o poder da herança, do meio e da educação é mera ilusão dos cientistas.[422]

A nosso ver, ambas as correntes não devem ser estudadas de forma dissociada. Elas se complementam e não se excluem. É óbvio que todo ser humano tem capacidade de escolha e, em Direito Penal, elas são levadas, preponderantemente, em consideração. É uma das bases do estudo da culpabilidade que o indivíduo possa se determinar de acordo com a sua vontade, que ele tenha consciência daquilo que faz, bem como que, dentre as suas possibilidades de escolha, opte por conduta diversa de um comportamento criminoso.

---

[422] ARAGÃO, Antônio Moniz Sodré de. *As três escolas penais*. São Paulo: Freitas Bastos, 1955. p. 82.

No entanto, ainda que exista esta preponderância, não se pode descurar que fatores internos e externos também moldam o caráter e a forma de agir das pessoas. O meio tem certa influência sobre o agente. Por exemplo, aquele que, desde pequeno costumeiramente observa o pai agredindo a mãe, possui uma determinada perspectiva e posicionamento sobre o tema. Aqueles que possuem mais estudos têm uma forma distinta de ver a vida, em relação àqueles que não os tem.

A título de exemplo legal, o Código Penal dispõe no art. 65, III, *e*, que merece ter a pena atenuada o agente que cometeu "o crime sob a influência de multidão em tumulto, se não o provocou". Em outras palavras, a lei verifica a possibilidade de influência do meio, como no exemplo da prática de crime multitudinário, contudo, também entende que, mesmo com a influência do meio, o indivíduo tem o poder de se posicionar desta ou daquela forma, para que não pratique o crime.

Note que no nosso exemplo, não há exclusão do crime, mas apenas atenuação. Se não há exclusão do crime, entende-se que existe livre-arbítrio. Contudo, em razão da atenuação da pena, verifica-se também a questão do determinismo.

De arremate, trazemos à baila a conclusão de Rogério Greco:

> A culpabilidade, ou seja, o juízo de censura que recai sobre a conduta típica e ilícita, é individual, pois o homem é um ser que possui sua própria identidade, razão pela qual não existe um ser igual ao outro. Temos nossas peculiaridades, que nos distinguem dos demais. Por isso, em tema de culpabilidade, todos os fatos, internos e externos, devem ser considerados a fim de se apurar se o agente, nas condições em que se encontrava, podia agir de outro modo.[423]

20.3 Evolução história do conceito de culpabilidade

A compreensão da culpabilidade depende do estudo de sua evolução histórica, existindo algumas teorias sobre o tema, as quais veremos adiante.

20.3.1 Teoria psicológica da culpabilidade

Concebida por Franz von Liszt e Ernst von Beling, no século XIX, a teoria psicológica da culpabilidade tem base causalista.

Para esta concepção, a culpabilidade era o elo psicológico que vinculava o autor ao resultado produzido pela sua conduta, por intermédio do dolo ou da culpa. Como ensina Bitencourt:[424]

> A culpabilidade era, para essa teoria, a relação psicológica, isto é, o vínculo subjetivo que existia entre a conduta e o resultado, assim como, no plano objetivo, a relação física era a causalidade.

Na teoria psicológica, dolo e culpa não eram apenas espécies de culpabilidade, mas com ela se confundiam, pois abarcavam a totalidade de seus elementos. Em outras

---

[423] GRECO, Rogério. *Curso de Direito Penal*. Parte geral. v. I. 19. ed. Niterói: Impetus, 2017, p. 485.
[424] BITENCOURT, Cezar Roberto. *Tratado de Direito Penal 1*. Parte geral. V. 1. 25. ed. São Paulo: Saraiva, 2019. p. 454.

palavras, não havia outros ingredientes que enriqueciam a culpabilidade, a não ser dolo e culpa.[425]

O único pressuposto da culpabilidade era a imputabilidade, que significava a possibilidade de o agente entender o caráter ilícito do fato praticado e se determinar de acordo com este entendimento. Ademais, sendo pressuposto, era sempre verificada antes da análise do dolo e da culpa.

Esta concepção trabalhava com o chamado dolo normativo,[426] ou seja, para existir dolo, além da vontade, era preciso que o agente possuísse consciência da ilicitude do fato. Assim, o dolo somente era reconhecido se fosse verificado um *colorido* especial no agir do agente, qual seja: a *consciência da ilicitude do fato*.

As principais críticas destinadas a esta teoria dizem respeito à culpa inconsciente e à inexigibilidade de conduta diversa, uma vez que tal concepção não fornece respostas adequadas. Quanto à culpa inconsciente (sem previsão), em razão da ausência de previsão de resultado, não é possível vislumbrar o vínculo psicológico entre o agente delitivo e o fato. Em relação à inexigibilidade de conduta diversa, embora o autor do fato aja com dolo, o crime não pode ser a ele imputado, pois, naquela situação, não podia agir de outra forma.

Tal teoria somente é cabível no âmbito da teoria causal clássica ou naturalista da conduta. Atualmente, não é adotada pelo nosso ordenamento jurídico.

Por fim, graficamente, pode-se estruturá-la da seguinte maneira:

Fato Típico	Ilicitude	Culpabilidade
a) conduta; b) nexo de causalidade; c) resultado; e d) tipicidade.		a) Imputabilidade (pressuposto) b) Espécies de culpabilidade: - Dolo - Culpa

20.3.2 Teoria psicológica-normativa

Idealizada por Reinhart Frank, no ano de 1907, a teoria psicológica-normativa tem bases neokantianas.

Para esta concepção, a culpabilidade não é um mero juízo psicológico entre autor e fato, sendo também um juízo de reprovabilidade. Bitencourt esclarece a questão, mencionando os escritos de Frank:

> Frank foi o primeiro a advertir que o aspecto psicológico que se exprime no dolo ou na culpa não esgota todo o conteúdo da culpabilidade, que também precisa ser censurável. Para Frank, 'o estado normal das circunstâncias em que o autor atua' é elemento da culpabilidade, pois a anormalidade pode exculpar o agente. Circunstâncias anormais afastariam a reprovabilidade da conduta. Assim, a culpabilidade passava a ser, ao mesmo tempo, uma relação psicológica e um juízo de reprovação.[427]

---

[425] TOLEDO, Francisco de Assis. *Princípios básicos de Direito Penal*. 5. ed. 17. tir. São Paulo: Saraiva, 2012. p. 220.
[426] Também chamado dolo normativo, híbrido, colorido ou valorado (ver capítulo sobre o dolo).
[427] BITENCOURT, Cezar Roberto. *Tratado de Direito Penal 1*. Parte geral. V. 1. 25. ed. São Paulo: Saraiva, 2019. p. 456.

Assim, na teoria psicológica-normativa, a culpabilidade é enriquecida com mais um ingrediente, qual seja, a (in)exigibilidade de conduta diversa. Além disso, dolo e culpa deixam de ser espécies de culpabilidade e passam a ser considerados elementos. Da mesma forma, a imputabilidade sai da condição de pressuposto e também vira um elemento. Graficamente, a nova estrutura psicológica-normativa da culpabilidade, pode ser assim representada:

Fato Típico	Ilicitude	Culpabilidade
a) conduta; b) nexo de causalidade; c) resultado; e d) tipicidade.		Elementos: - Imputabilidade - (In)exigibilidade de conduta diversa - Dolo (normativo) e culpa

Em que pesem as profundas mudanças estruturais, o dolo continua sendo normativo, ou seja, dotado de consciência da ilicitude do fato.

Parte da doutrina entende que, em razão das substanciais mudanças produzidas, a presente teoria inaugurou o sistema neoclássico.

De arremate, tal teoria somente é cabível no âmbito da teoria causal da conduta, tendo em vista que dolo e culpa permanecem na culpabilidade. Atualmente, não é adotada pelo nosso ordenamento jurídico.

20.3.3 Teoria normativa pura da culpabilidade

Influenciada pelo finalismo de Hans Welzel, na década de 1930, surge a teoria normativa da culpabilidade.

Com esta teoria, dolo e culpa migram da culpabilidade para o fato típico. Em razão da migração destes elementos psicológicos da culpabilidade para o fático típico, ficou conhecida como teoria normativa pura. Note que não mais existem elementos psicológicos inseridos na culpabilidade, como acontecia nas teorias anteriores.

O dolo, analisado no fato típico, passa a ser natural, ou seja, sem a verificação da consciência da ilicitude. A consciência da ilicitude, que no modelo clássico devia ser "atual", passa a ser "potencial", sendo inserida na culpabilidade.

Assim, com a transferência dos elementos psicológicos para o fato típico, a culpabilidade passou a ser um juízo de reprovação que recai sobre aquele que pratica um fato típico e ilícito.

Além disso, a culpabilidade foi reorganizada como terceiro substrato do crime, estabelecendo-se como seus elementos a imputabilidade, a potencial consciência da ilicitude, bem como a (in)exigibilidade de conduta diversa.

Fernando Capez resume a mudança de paradigma:

> Comprovado que o dolo e a culpa integram a conduta, a culpabilidade passa a ser puramente valorativa ou normativa, isto é, puro juízo de valor, de reprovação, que recai sobre o autor do injusto penal excluída de qualquer dado psicológico. Assim, em vez

de imputabilidade, dolo ou culpa e exigibilidade de conduta diversa, a teoria normativa pura exigiu apenas imputabilidade e exigibilidade de conduta diversa, deslocando dolo e culpa para a conduta. O dolo que foi transferido para o fato típico não é, no entanto, o normativo, mas o natural, composto apenas de consciência e vontade. A consciência da ilicitude destacou-se do dolo e passou a constituir elemento autônomo, integrante da culpabilidade, não mais, porém, como consciência atual, mas possibilidade de conhecimento do injusto.[428]

Graficamente, a teoria normativa pura da culpabilidade pode ser assim definida:

Fato Típico	Ilicitude	Culpabilidade
a) conduta; b) nexo de causalidade; c) resultado; e d) tipicidade. Obs.: Dolo e culpa são analisados no fato típico		- Imputabilidade; - (In)exigibilidade de conduta diversa; - Potencial consciência da ilicitude.

Como orienta Cléber Masson:

> Esses elementos constitutivos da culpabilidade estão ordenados hierarquicamente, de tal modo que o segundo pressupõe o primeiro, e o terceiro depende dos anteriores. De fato, se o indivíduo é inimputável, não pode ter a potencial consciência da ilicitude. E, se não tem a potencial consciência da ilicitude, não lhe pode ser exigível conduta diversa.[429]

Com efeito, esta teoria se divide em dois enfoques: a) teoria normativa pura extremada (ou estrita) e teoria normativa pura limitada.

A principal divergência/diferença entre a teoria extremada da culpabilidade e a teoria limitada da culpabilidade é a natureza jurídica da descriminante putativa referente ao erro sobre os pressupostos fáticos (ex.: legítima defesa putativa em razão de o agente supor agressão inexistente). Para a teoria extremada, trata-se de erro de proibição. Já para a teoria limitada, é hipótese de erro de tipo.

A teoria normativa pura extremada fundamenta que a citada modalidade de erro deve excluir a culpabilidade (erro de proibição), tendo em vista que o art. 20, §1º, do Código Penal orienta que, "em se tratando de erro inevitável, não exclui dolo ou culpa (como exige o erro de tipo), mas isenta o agente de pena (como manda o erro de proibição). Elimina, nessa hipótese (erro escusável), a culpabilidade do sujeito que sabe exatamente o que faz".[430]

---

[428] CAPEZ, Fernando. *Curso de Direito Penal*. V. 1. Parte geral: arts. 1º ao 120. 24. ed. São Paulo: Saraiva, 2020. p. 419.

[429] MASSON, Cléber Rogério. *Direito Penal esquematizado*. Parte geral. v. 1. 14. ed. rev., atual. e ampl. São Paulo: Método, 2020, p. 379.

[430] CUNHA, Rogério Sanches. *Manual de Direito Penal*. Parte geral (arts. 1º ao 120). Volume único. Salvador: JusPodivm, 2020, p. 351.

A teoria normativa pura limitada, por sua vez, justifica que a mencionada modalidade de erro tem natureza jurídica de erro de tipo e, por conseguinte, deve excluir dolo e culpa (se o erro for inevitável) ou apenas o dolo, subsistindo a punição por culpa (se o erro for evitável). Isso porque a discriminante putativa referente ao erro sobre os pressupostos fáticos está prevista no art. 20, §1º, do Código Penal, dispositivo que versa sobre o erro de tipo.

Segundo o item 19 do Código Penal, a teoria adotada pelo ordenamento jurídico é a normativa pura limitada:

> 19. Repete o Projeto as normas do Código de 1940, pertinentes às denominadas "discriminantes putativas". Ajusta-se, assim, o Projeto à teoria limitada pela culpabilidade, que distingue o erro incidente sobre os pressupostos fáticos de uma causa de justificação do que incide sobre a norma permissiva. Tal como no Código vigente, admite-se nesta área a figura culposa (artigo 17, §1º).

Demais disso, como visto acima, a previsão legal da discriminante putativa referente ao erro sobre os pressupostos fáticos está prevista no art. 20, §1º, do Código Penal, o qual dispõe sobre o erro de tipo.

20.4 Culpabilidade formal e material

Culpabilidade formal é o juízo de reprovação em abstrato do crime, o qual é levado em consideração pelo legislador para fixar as penas mínimas e máximas da infração penal.

Culpabilidade material é o juízo de reprovação do caso concreto, destinado ao agente que praticou um fato delituoso. Encontra-se prevista no art. 59, *caput*, do Código Penal e funciona como um medidor de reprovabilidade (condutas mais ou menos reprováveis), influenciando na fixação da pena-base.

20.5 Culpabilidade do autor de culpabilidade do fato

Inicialmente, devemos relembrar os conceitos de Direito Penal do Autor e Direito Penal do Fato.

Direito Penal do Autor é a hipótese em que o Direito Penal pune o agente pelo seu modo ou estilo de vida. A punição não está ligada àquilo que a pessoa faz (o fato exteriorizado), mas sim às características ou condições pessoais do indivíduo.

Direito Penal do Fato é o conceito pelo qual o Direito Penal somente pode punir pessoas que tenham praticado condutas lesivas a bens jurídicos. Não se pune a pessoa pelo que ela é, mas sim pelo fato por ela exteriorizado.

No caso da culpabilidade, trabalha-se com a culpabilidade do fato que considera o autor, significando dizer que, inicialmente, o agente deverá praticar algum fato delituoso. Após a sua ocorrência, serão levadas em consideração, na seara da punibilidade, as características pessoais do autor. Na lição de Luiz Flávio Gomes e Antonio Molina:

> Quem é reprovado (censurado) é o agente, mas não qualquer agente, senão o agente do fato (ou seja: o agente de um fato formal e a materialmente típico, antijurídico e punível). Com isso, fica claro o seguinte: o agente é o objeto da censura (da reprovação), mas só

pode ser censurado pelo que fez, não pelo que "é". De outro lado, só pode ser reprovado se podia se motivar de acordo com a norma e, ademais, se podia agir de modo diverso, consoante o Direito.[431]

20.6 Coculpabilidade

Na coculpabilidade, estuda-se uma "espécie" de culpabilidade concorrente a do agente delitivo.

Na esfera da coculpabilidade, imputa-se ao Estado parte da responsabilidade pelo delito praticado, em razão de não ter proporcionado a todos os cidadãos as mesmas condições e oportunidades. Assim, pela coculpabilidade, entende-se que o Estado se torna corresponsável pelo crime. Na lição de Guilherme Nucci:

> Trata-se de uma reprovação conjunta que deve ser exercida sobre o Estado, tanto quanto se faz com o autor de uma infração penal, quando se verifica não ter sido proporcionada a todos igualdade de oportunidades na vida, significando, pois, que alguns tendem ao crime por falta de opção.[432]

Zaffaroni e Pierangeli justificam a coculpabilidade lecionando que:

> Todo sujeito age numa circunstância determinada e com um âmbito de autodeterminação também determinado. Em sua própria personalidade há uma contribuição para esse âmbito de autodeterminação, posto que a sociedade – por melhor organizada que seja – nunca tem a possibilidade de brindar a todos os homens com as mesmas oportunidades. Em consequência, há sujeitos que têm um menor âmbito de autodeterminação, condicionados desta maneira por causas sociais. Não será possível atribuir estas causas sociais ao sujeito e sobrecarregá-lo com elas no momento de reprovação de culpabilidade. Costuma-se dizer que há, aqui, uma "coculpabilidade", com a qual a própria sociedade deve arcar.[433]

Nesse prisma, trabalha-se com 3 possíveis consequências jurídicas para essa teoria.
a) a coculpabilidade deve excluir o crime. Ora, se existe outro responsável pela prática do delito, não poderia o agente por ele responder. Tal posicionamento não deve, de forma alguma, ser acolhido, uma vez que, ainda que adotado como fundamento da culpabilidade o determinismo e não o livre-arbítrio, sempre haverá margem para decisão do agente. Por isso, mesmo que influenciado por forças externas, a decisão é sempre interna.
b) a coculpabilidade deve funcionar como causa de diminuição de pena. Esse posicionamento não merece guarida, por ausência de previsão legal. O ordenamento jurídico não prevê essa hipótese como causa de diminuição de pena.

---

[431] GOMES, Luiz Flávio; MOLINA, Antonio García Pablos de. *Direito Penal*. Parte geral. 2. ed. São Paulo: RT, 2007, vol. 2, p. 412.
[432] NUCCI, Guilherme Souza. *Curso de Direito Penal*. Vol. 1. Parte geral. Arts. 1º a 120 do Código Penal. 3. ed. Rio de Janeiro: Forense, 2019. p. 516.
[433] ZAFFARONI, Eugenio Raúl; PIERANGELI, José Henrique. *Manual de Direito Penal brasileiro*. Parte geral. 7. ed. São Paulo: RT, 2007. v. 1, p. 525.

c) a coculpabilidade é considerada hipótese de circunstância atenuante inominada, prevista no art. 66 do Código Penal (a pena poderá ser ainda atenuada em razão de circunstância relevante, anterior ou posterior ao crime, embora não prevista expressamente em lei). Alguns doutrinadores, a exemplo de Rogério Sanches, têm se filiado a essa posição.[434]

A nosso sentir, não é possível se falar em atenuação da pena. Ainda que o Estado tenha sua parcela de responsabilidade, em razão da ausência da devida assistência à sociedade, isso não permite ou justifica a prática de crime. Existem outros fatores que também influenciam na prática criminosa (a exemplo dos pais que não cuidam adequadamente dos filhos) e, nem por isso, atraem a aplicação da atenuante do art. 66 do Código Penal. Com o mesmo entendimento, Von Hirsch:

> Se os índices do delito são altos, será mais difícil tornar a pobreza uma atenuante que diminua o castigo para um grande número de infratores. Recorrer a fatores sociais pode produzir justamente o resultado oposto: o ingresso em considerações de risco que ainda piorem a situação dos acusados pobres (...) Não seria fácil, nem mesmo em teoria, determinar quando a pobreza é suficientemente grave e está suficientemente relacionada com a conduta concreta para constituir uma atenuante".[435]

A propósito, o Superior Tribunal de Justiça não tem admitido a aplicação da teoria da coculpabilidade, tendo em vista que não se pode premiar aqueles que não assumem sua responsabilidade social e fazem do crime um meio de vida:

> Precedentes. 2. A teoria da coculpabilidade não pode ser erigida à condição de verdadeiro prêmio para agentes que não assumem a sua responsabilidade social e fazem da criminalidade um meio de vida. Ora, a mencionada teoria, "no lugar de explicitar a responsabilidade moral, a reprovação da conduta ilícita e o louvor à honestidade, fornece uma justificativa àqueles que apresentam inclinação para a vida delituosa, estimulando-os a afastar da consciência, mesmo que em parte, a culpa por seus atos" (HC 172.505/MG, Rel. Ministro Gilson Dipp, Quinta Turma, julgado em 31/05/2011, DJe 01/07/2011).[436]

20.7 Coculpabilidade às avessas

A coculpabilidade às avessas realiza uma crítica à seletividade do sistema penal, podendo ser verificada sob dois aspectos:
1. o primeiro aspecto diz respeito ao abrandamento das reprimendas impostas a pessoas com alto poder econômico e social, a exemplo dos crimes de colarinho branco.
2. na segunda perspectiva, conduz à tipificação de delitos que somente serão praticados por pessoas marginalizadas, a exemplo da contravenção penal de vadiagem e da revogada contravenção de mendicância.

---

[434] CUNHA, Rogério Sanches. *Manual de Direito Penal*. Parte geral (arts. 1º ao 120). Volume único. Salvador: JusPodivm, 2020, p. 357.
[435] VON HIRSCH, Andrew. *Censurar y castigar*. Trad. Elena Larrauri. Madrid: Trotta, 1998. p. 154 e 165.
[436] *Habeas Corpus* 213.482/SP (2011/0165566-6).

Diz-se coculpabilidade às avessas, "pois se os pobres, excluídos e marginalizados merecem um tratamento penal mais brando, porque o caminho da ilicitude lhes era mais atrativo, os ricos e poderosos não têm razão nenhuma para o cometimento de crimes. São movidos pela vaidade, por desvios de caráter e pela ambição desmedida, justificando a imposição da pena de modo severo".[437]

Enquanto na coculpabilidade, alguns doutrinadores entendem ser possível a aplicação da atenuante do art. 66 do Código Penal, a coculpabilidade às avessas não há viabilidade jurídica para ser reconhecida como agravante, ante a ausência de previsão legal. Como se sabe, em Direito Penal é vedada a analogia *in malam partem*.

Será possível, contudo, a exasperação da pena-base, com esteio no art. 59, *caput*, do Código Penal, sendo valorada como circunstância judicial desfavorável.

20.8 Elementos da culpabilidade

Atualmente, a culpabilidade é composta por 3 elementos: imputabilidade, potencial consciência da ilicitude e (in)exigibilidade de conduta diversa.

20.9 Imputabilidade

Imputabilidade é a capacidade de imputação, ou seja, a atribuição de capacidade para que alguém seja responsabilizado criminalmente. Considera-se imputável o agente que, ao tempo da ação ou da omissão, seja capaz de entender o caráter ilícito do fato e de determinar-se de acordo com esse entendimento, além de ter completado 18 anos.

A imputabilidade será mensurada no momento da prática da infração penal ("ao tempo da ação ou da omissão").

Para que exista imputabilidade, são necessários dois elementos: 1. intelectivo, que exige que o agente tenha capacidade mental para entender o caráter ilícito do fato por ele praticado; e 2. volitivo, significando que, diante do entendimento do caráter ilícito do fato, consiga dominar seus impulsos/vontades, determinando-se de acordo com esse entendimento.

Na ausência de quaisquer desses elementos, o indivíduo será considerado inimputável.

Damásio E. de Jesus esclarece o fundamento da imputabilidade:

> De acordo com a teoria da imputabilidade moral, o homem é ser inteligente e livre e por isso responsável pelos atos praticados. Inversamente, quem não tem esses atributos é inimputável. Sendo livre, tem condições de escolher entre o bem e o mal. Escolhendo uma conduta que lesa interesses jurídicos alheios, deve sofrer as consequências de seu comportamento. A concepção dominante na doutrina e nas legislações vê a imputabilidade na capacidade de entender e de querer. A capacidade de entender o caráter criminoso do fato não significa a exigência de o agente ter consciência de que sua conduta se encontra descrita em lei como infração. Imputável é o sujeito mentalmente são e desenvolvido que possui capacidade de saber que sua conduta contraria os mandamentos da ordem jurídica.[438]

---

[437] MASSON, Cléber Rogério. *Direito Penal esquematizado*. Parte geral. v. 1. 14. ed. rev., atual. e ampl. São Paulo: Método, 2020, p. 383.

[438] JESUS, Damásio de. *Direito Penal*. Volume 1. Parte geral. 35. ed. p. 514-515.

Ademais, imputabilidade não se confunde com responsabilidade, tratando-se de conceitos distintos. Vejamos a lição de Magalhães Noronha, que ensinava que responsabilidade:

> É a obrigação que alguém tem de arcar com as consequências jurídicas do crime. É o dever que tem a pessoa de prestar contas de seu ato. Ele depende da imputabilidade do indivíduo, pois não pode sofrer as consequências do fato criminoso (ser responsabilizado) senão o que tem a consciência de sua antijuridicidade e quer executá-lo.[439]

Deve-se dizer que o Brasil adotou o chamado critério cronológico, segundo o qual todo aquele que possui 18 anos de idade é presumidamente imputável.

Contudo, vale o registro de que o Código Penal não conceitua expressamente imputabilidade, elencando, na verdade, as hipóteses de inimputabilidade. Vale dizer, trata-se de um verdadeiro conceito negativo, pois indica em quais situações o indivíduo não pode incidir para ser considerado imputável, com base em determinados sistemas, que serão analisados a seguir.

20.9.1 Sistemas ou critérios de imputabilidade

1. *Sistema biológico ou etiológico*

O sistema biológico leva em consideração apenas o desenvolvimento mental do acusado, independentemente de ter no momento da conduta capacidade de entendimento e de autodeterminação. Aqui, o fator decisivo é puramente biológico, tendo em conta a formação e o desenvolvimento mental do agente. Esse sistema foi inspirado no art. 64 do Código Penal francês de 1810, que afirmava que "não há crime nem delito, quando o agente estiver em estado de demência ao tempo da ação".

Uma das críticas a esse sistema é que se atribui intenso valor ao laudo pericial, tendo em vista que, se o médico indicar qualquer problema mental, o juiz estaria a ele vinculado, sendo a inimputabilidade presumida de forma absoluta.

Conclui-se, portanto, que para o sistema biológico, qualquer modalidade de anomalia psíquica torna o agente inimputável.

2. *Sistema psicológico ou psiquiátrico*

O sistema psicológico verifica tão somente se o agente, ao tempo da ação ou da omissão, tinha capacidade de entender o caráter ilícito do fato ou de determinar-se de acordo com esse entendimento, pouco importando se possuía ou não algum tipo de anomalia psíquica.

A principal crítica a esse sistema é que se deferem ao magistrado amplos poderes para, sozinho, definir se o agente é ou não imputável.

Conclui-se, portanto, que nesse critério não há necessidade da existência de deficiência mental para que o agente seja inimputável, bastando que ele não entenda o caráter ilícito do fato ou que não consiga se determinar de acordo com esse entendimento.

---

[439] NORONHA, E. Magalhães. *Direito Penal.* V. 1. São Paulo: Saraiva, 1980. p. 172, n. 100.

3. *Sistema biopsicológico ou misto*

O sistema biopsicológico leva em consideração o desenvolvimento mental do acusado, bem como se, no momento da ação ou da omissão, ele tinha capacidade de entendimento e autodeterminação. Há uma conjugação dos critérios anteriores.

Assim, para o reconhecimento judicial da inimputabilidade, haverá uma dupla atuação. O perito irá indicar se existe algum tipo doença mental e o magistrado irá analisar as questões psicológicas, para averiguar se ao tempo da ação ou da omissão, o agente tinha condições de entender o caráter ilícito do fato ou de se determinar de acordo com esse entendimento.

Portanto, neste método, para que o agente seja considerado inimputável, não basta que seja portador de debilidade mental, devendo, ainda, ao tempo da conduta, não ter condições de entender o caráter ilícito do fato ou de se determinar de acordo com esse entendimento.

20.9.2 Sistemas adotados

Pode-se afirmar que, nos termos do art. 26 do Código Penal, foi acolhido, como regra, o sistema biopsicológico:

> Art. 26 – É isento de pena o agente que, por doença mental ou desenvolvimento mental incompleto ou retardado, era, ao tempo da ação ou da omissão, inteiramente incapaz de entender o caráter ilícito do fato ou de determinar-se de acordo com esse entendimento.

No entanto, existem duas exceções:

a) em relação aos menores de 18 anos, foi adotado o critério biológico ou etiológico, nos termos do art. 27 do Código Penal c/c o art. 228 da Constituição Federal:

> Art. 27. Os menores de 18 (dezoito) anos são penalmente inimputáveis, ficando sujeitos às normas estabelecidas na legislação especial.
> Art. 228. São penalmente inimputáveis os menores de dezoito anos, sujeitos às normas da legislação especial.

b) quanto à embriaguez completa oriunda de caso fortuito ou de força maior, foi adotado o sistema psicológico, nos moldes do art. 28, §1º, do Código Penal:

> Art. 28, §1º – É isento de pena o agente que, por embriaguez completa, proveniente de caso fortuito ou força maior, era, ao tempo da ação ou da omissão, inteiramente incapaz de entender o caráter ilícito do fato ou de determinar-se de acordo com esse entendimento.

20.9.3 Hipóteses de inimputabilidade

20.9.3.1 Anomalia psíquica

A primeira hipótese de inimputabilidade encontra-se descrita no art. 26, *caput*, do Código Penal:

É isento de pena o agente que, por doença mental ou desenvolvimento mental incompleto ou retardado, era, ao tempo da ação ou da omissão, inteiramente incapaz de entender o caráter ilícito do fato ou de determinar-se de acordo com esse entendimento.

Como explicam Marcelo André e Alexandre Salim,[440] para reconhecer se alguém é ou não o inimputável do art. 26, *caput*, do Código Penal, deve-se observar três balizas, de forma cumulativa:
1. a existência de doença mental ou desenvolvimento mental incompleto ou retardado (pressuposto causal);
2. a manifestação da doença mental no momento da conduta (pressuposto cronológico);
3. ser o agente inteiramente incapaz de entender o caráter ilícito do fato ou ser inteiramente incapaz de se determinar de acordo com esse entendimento (pressuposto consequencial).

Portanto, a inimputabilidade do art. 26, *caput*, pode ser oriunda de doença mental ou de desenvolvimento mental incompleto ou retardado.

A doença mental a que se refere o dispositivo deve ser entendida de forma ampla, ou seja, como qualquer enfermidade que venha a afetar as funções psíquicas do agente. Segundo Aníbal Bruno, deve-se compreender como doença mental:

> Os estados de alienação mental por desintegração da personalidade, ou evolução deformada dos seus componentes, como ocorre na esquizofrenia, ou na psicose maníacodepressiva e na paranoia; as chamadas reações de situação, distúrbios mentais com que o sujeito responde a problemas embaraçosos do seu mundo circundante; as perturbações do psiquismo por processos tóxicos ou tóxicoinfecciosos, e finalmente os estados demenciais, a demência senil e as demências secundárias.[441]

Na mesma tocada, o desenvolvimento mental incompleto ou retardado consiste em alguma limitação quanto à capacidade de compreensão do ilícito por parte do agente ou em relação à possibilidade de se autodeterminar face ao seu precário entendimento. Luiz Régis Prado[442] afirma que o desenvolvimento mental incompleto:

> Consiste na condição em que o indivíduo não se desenvolve intelectualmente de forma regular, de acordo com os processos de socialização e integração normais da civilização. São comumente apontados como exemplos de desenvolvimento mental incompleto o surdo-mudo não educado e o silvícola não integrado. Por não se tratar de condição patológica, o desenvolvimento mental incompleto, sobretudo dos silvícolas não integrados, geralmente é comprovado por parecer antropológico, e não exame médico-legal.

---

[440] SALIM, Alexandre; AZEVEDO, Marcelo André de. *Coleção Sinopses para concursos*. Direito Penal. Parte geral. 10. ed. Salvador: JusPodivm, 2020, p. 301.
[441] BRUNO, Aníbal. *Direito Penal*. Rio de Janeiro: Forense, 1967. p. 133.
[442] PRADO, Luiz Régis. *Curso de Direito Penal brasileiro*: Parte geral e parte especial. 18. ed. Rio de Janeiro: Forense, 2020. p. 202-203.

E arremata esclarecendo que o desenvolvimento mental retardado:

> Compreende as chamadas oligofrenias – idiotia, imbecilidade, debilidade mental – que, em psiquiatria, também são chamadas de causas de retardo mental, uma condição não classificada como doença, mas como 'o resultado de um processo patológico no cérebro, caracterizado por limitações nas funções intelectual e adaptativa. Sua causa em geral não é identificada, e as consequências tornam-se evidentes pela dificuldade no funcionamento intelectual e nas habilidades da vida'.

Feitos esses esclarecimentos, pode-se concluir que os surdos-mudos, como mencionado pelo mestre Luiz Régis Prado, poderão ser identificados como inimputáveis do art. 26, *caput*, do Código Penal, sendo considerada uma doença psíquica (oligofrenia). Todavia, será necessária a realização de perícia para averiguar o grau de retardamento mental deste agente, a fim de verificar sua capacidade de entendimento e autodeterminação no caso concreto.

O sonambulismo, por sua vez, não é considerado doença mental, mas um estado de inconsciência. Assim, não haverá conduta, pois falta ao agente capacidade psíquica para dominar os movimentos de acordo com sua vontade. Portanto, será causa de exclusão da conduta e não causa geradora de inimputabilidade.

Em relação ao hipnotismo, como explica Bitencourt:

> Eventualmente, pode ser equiparado a uma doença mental transitória, desde que, é claro, não haja o propósito de deixar-se hipnotizar para vir a delinquir, que configuraria a hipótese de *actio libera in causa*.[443]

Existe discussão doutrinária questionando a imputabilidade ou não dos índios, sendo que a resposta depende do grau de assimilação que o indígena possui dos valores sociais, o qual será avaliado por exame pericial que, no caso específico, é o exame antropológico. A depender da conclusão pericial, Cléber Masson orienta que o silvícola poderá ser considerado:

> a) imputável: se integrado à vida em sociedade;
> b) semi-imputável: no caso de estar dividido entre o convívio na tribo e na sociedade; e
> c) inimputável: quando completamente incapaz de viver em sociedade, desconhecendo as regras que lhe são inerentes.[444]

Deve-se alertar, ainda, que o reconhecimento da inimputabilidade do art. 26, *caput*, do Código Penal, possui procedimento próprio, culminando, ao final, em uma sentença absolutória imprópria, que é aquela em que o juiz, apesar de absolver o acusado, aplica medida de segurança, que é espécie de sanção penal.

Desse modo, verificada a inimputabilidade, realiza-se a denúncia e o processo tramita regularmente, porém, ao final, o juízo deve absolver o réu, aplicando-se medida de segurança. Assim, haverá o processamento normal da ação, até se chegar à sentença absolutória imprópria (deverá necessariamente ter o devido processo legal).

---

[443] BITENCOURT, Cezar Roberto. *Tratado de Direito Penal 1*. Parte geral. V. 1. 25. ed. São Paulo: Saraiva, 2019. p. 494.
[444] MASSON, Cléber Rogério. *Direito Penal esquematizado*. Parte geral. V. 1. 14. ed. rev., atual. e ampl. São Paulo: Método, 2020, p. 389.

Por fim, registramos que o art. 26, *caput*, adotou a teoria biopsicológica, significando dizer que o doente mental pode ser imputável, desde que sua anomalia psíquica não afete sua capacidade de autodeterminação ou de entendimento. Por essa razão que é correto afirmar que, se um doente mental pratica um delito em um intervalo de lucidez, ele será penalmente responsável, pois, naquele momento (intervalo de lucidez), era inteiramente capaz de entender o caráter ilícito de sua conduta, bem como de se determinar de acordo com esse entendimento, ainda que acometido por uma doença mental.

20.9.3.2 Menoridade

No que concerne à menoridade, o Código Penal adotou o sistema biológico para a aferição da inimputabilidade.

A inimputabilidade em razão da menoridade encontra-se prevista no art. 27 do Código Penal e no art. 228 da Constituição Federal:

> Art. 27 – Os menores de 18 (dezoito) anos são penalmente inimputáveis, ficando sujeitos às normas estabelecidas na legislação especial.
> Art. 228. São penalmente inimputáveis os menores de dezoito anos, sujeitos às normas da legislação especial.

Dessa forma, sendo menor de idade, haverá presunção absoluta (*iuris et de iure*) de inimputabilidade, ou seja, ainda que a pessoa tenha discernimento e capacidade de compreensão do caráter ilícito de sua conduta, não poderá lhe ser imputado um delito.

Deve-se registrar que a imputabilidade prevista no Código Penal não guarda relação com o conceito de capacidade previsto nos arts. 3º e 4º do Código Civil. Em outras palavras, o fato de o menor de idade possuir capacidade para os atos da vida civil não induz imputabilidade penal. Por exemplo, se o menor é emancipado, seja por ato voluntário dos pais ou mesmo pelo casamento, se ele ainda não completou 18 anos, não será penalmente imputável.

O indivíduo adquire imputabilidade penal a partir do primeiro momento do dia em que completar 18 anos, independentemente da hora do nascimento. Antes desta data, o adolescente responde por ato infracional, nos termos do Estatuto da Criança e do Adolescente.

Ademais, nos termos da Súmula 74 do Superior Tribunal de Justiça, "para efeitos penais, o reconhecimento da menoridade do réu requer prova por documento hábil". Documento hábil é todo aquele dotado de fé pública. Em regra, utiliza-se a certidão de nascimento, contudo, não há óbice para que seja comprovada por outros, a exemplo da Carteira de Identidade, Carteira de Trabalho, passaporte etc.

Por fim, a Súmula 605 do STJ dispõe que "a superveniência da maioridade penal não interfere na apuração de ato infracional nem na aplicabilidade de medida socioeducativa em curso, inclusive na liberdade assistida, enquanto não atingida a idade de 21 anos". Em outras palavras, caso um adolescente complete a maioridade no decorrer de um procedimento apuratório de ato infracional ou, ainda, se estiver no curso do cumprimento de uma medida socioeducativa, não há óbice para que ambos prossigam até a sua conclusão, desde que o agente não ultrapasse a idade de 21 anos. Superada esta idade, esses procedimentos deverão ser extintos, em razão da perda do interesse de agir.

20.9.3.3 Embriaguez completa acidental

A terceira hipótese de inimputabilidade é a embriaguez completa acidental, a qual está prevista no art. 28, §1º, do Código Penal:

> É isento de pena o agente que, por embriaguez completa, proveniente de caso fortuito ou força maior, era, ao tempo da ação ou da omissão, inteiramente incapaz de entender o caráter ilícito do fato ou de determinar-se de acordo com esse entendimento.

Embriaguez é uma intoxicação aguda produzida por álcool ou outra substância de efeito análogo (como drogas, estimulantes, alucinógenos) que leva a pessoa à diminuição ou perda do discernimento, tornando sua vontade suscetível, ou seja, o agente não consegue se determinar de acordo com seu entendimento. Frise-se que o Código Penal equipara o álcool a substâncias de efeitos análogos.

Antes de analisar a embriaguez completa acidental, é importante conhecer suas fases e as possíveis classificações.

A embriaguez se subdivide em três fases, a depender da quantidade de álcool ingerida, quais sejam: excitação, depressão e sono.[445]

Na primeira fase, da excitação, também conhecida como "fase do macaco", o agente entra em estado de euforia, havendo diminuição da autocensura, bem como da autocrítica. Sua capacidade de julgamento fica prejudicada. Há perda dos reflexos visuais, bem como passa a ter o equilíbrio corporal afetado. Fica mais extrovertido e, por vezes, torna-se inconveniente.[446]

Na segunda fase, da depressão, também conhecida como "fase do leão", o sujeito fica alterado e com alto grau de irritabilidade. Torna-se bastante agressivo (por isso denominada "fase do leão"). Ademais, fica bastante agitado e há alteração nas funções intelectuais e abolição do juízo crítico. Ocorrem profundas alterações na atenção e na memória, além da perda do equilíbrio e das percepções visuais. Em regra, os delitos são praticados durante este estágio da embriaguez.[447]

Na terceira fase, da depressão, também chamada de "fase do porco", a pessoa entra em estado de dormência profunda, havendo perda do controle sobre suas funções fisiológicas. Para atingir este estágio, é necessária a ingestão de altas doses de etanol ou substâncias de efeitos análogos. Essa fase também é denominada de fase comatosa, na qual o sujeito fica em "estado de coma". Nela, o indivíduo só pode cometer crimes omissivos.[448]

Demais disso, em relação à intensidade, a embriaguez pode ser classificada em:
a) *Completa ou total*: o indivíduo está totalmente embriagado e com os sentidos prejudicados. Nesta, o sujeito atingiu o patamar da segunda ou terceira fase da embriaguez ("fase do leão" ou "fase do porco");

---

[445] CAPEZ, Fenando. *Curso de Direito Penal*. V. 1. Parte geral. arts. 1. a 120. 11. ed. rev. e atual. São Paulo: Saraiva, 2007.
[446] CAPEZ, Fenando. *Curso de Direito Penal*. v. 1: Parte geral. arts. 1. a 120. 21. ed. rev. e atual. São Paulo: Saraiva, 2017. p. 332.
[447] CAPEZ, Fenando. *Curso de Direito Penal*. V. 1: Parte geral. arts. 1º a 120. 21. ed. rev. e atual. São Paulo: Saraiva, 2017. p. 332.
[448] CAPEZ, Fenando. *Curso de Direito Penal*. V. 1: Parte geral. arts. 1º a 120. 21. ed. rev. e atual. São Paulo: Saraiva, 2017. p. 332.

b) *Incompleta ou parcial*: é aquela em que o agente está com seus sentidos prejudicados e com os reflexos afetados. Nesta, o sujeito encontra-se na primeira fase da embriaguez ("fase do macaco").

Quanto à origem, a embriaguez pode ser classificada em: voluntária, culposa, preordenada ou acidental.

a) *Embriaguez voluntária*: é aquela em que o sujeito ingere bebidas alcoólicas ou substâncias de efeitos análogos com o intuito de ficar embriagado. O agente não quer praticar nenhum tipo de ilícito, limitando-se a extrapolar as divisas do permitido.

b) *Embriaguez culposa*: nesta, a vontade do indivíduo é tão somente ingerir bebidas alcoólicas, sem a intenção de ficar embriagado. Contudo, excede seus limites e acaba se embriagando.

c) *Embriaguez preordenada*: é aquela em que o agente, com a finalidade de cometer algum delito, embriaga-se para tomar coragem e praticar a empreitada criminosa. Esta jamais excluirá a imputabilidade. Ao contrário, trata-se de circunstância agravante, prevista no art. 61, II, *l*, do Código Penal.[449]

d) *Embriaguez acidental ou fortuita*: é aquela decorrente de caso fortuito ou força maior. No caso fortuito, o agente desconhece o efeito inebriante da substância ingerida. Por exemplo, o indivíduo toma um novo medicamento que, combinado com outro que ele já utiliza, causa uma reação que ele desconhece, o que o deixa embriagado. Na força maior, o agente é obrigado a ingerir a substância. Por exemplo, no trote da faculdade, os veteranos seguram os calouros e os obrigam a ingerir bebida alcoólica.

e) *Embriaguez patológica*: é a embriaguez doentia que, a depender da situação, pode ser considera como anomalia psíquica, atraindo a inimputabilidade do art. 26, *caput*, do Código Penal, ou a causa de diminuição do art. 26, parágrafo único, também do Código Penal.

De acordo com o art. 28, §1º, do Código Penal, a embriaguez geradora de inimputabilidade é a completa acidental, ou seja, aquela que, em razão de caso fortuito ou força maior, deixa o sujeito totalmente embriagado. Neste caso, excluindo-se a capacidade de entendimento do agente, haverá isenção de pena.

Se a embriaguez for acidental, porém, incompleta, haverá redução da capacidade de entendimento do agente e autodeterminação e, por conseguinte, deverá ser aplicada a redução de pena prevista no art. 28, §2º, do Código Penal.

Caso se trate de embriaguez não acidental, voluntária ou culposa, completa ou incompleta, não haverá isenção de pena, nos termos do art. 28, II, do Código Penal:

Art. 28 – Não excluem a imputabilidade penal: (...)
Embriaguez
II – a embriaguez, voluntária ou culposa, pelo álcool ou substância de efeitos análogos.

Assim, a embriaguez voluntária ou culposa, completa ou incompleta, não exclui a imputabilidade. Diante disso, surge o seguinte questionamento: como o Código

---

[449] Art. 61 – São circunstâncias que sempre agravam a pena, quando não constituem ou qualificam o crime: II – ter o agente cometido o crime: (...) l. em estado de embriaguez preordenada.

Penal autoriza a punição de alguém que está completamente embriagado, ainda que se embriague voluntariamente, já que, como se sabe, o ébrio não tem capacidade de entendimento ou discernimento? Será que, neste caso, o ordenamento jurídico trabalha com responsabilidade penal objetiva?

A resposta a estes questionamentos passa pela análise da teoria da *actio libera in causa* (ação livre na causa).

Para a *actio libera in causa* (ação livre na causa), nas hipóteses em que o agente pratica um delito em estado de embriaguez completa (estado posterior de inconsciência), decorrente de ingestão voluntária, culposa ou preordenada de álcool ou substância de efeitos análogos (estado anterior de capacidade de culpabilidade), transfere-se a análise da culpabilidade para o momento antecedente à ingestão dessas substâncias, a qual foi livre na vontade. Explicam Eugênio Pacelli e André Callegari ponderam que:

> Via de regra, a questão da verificação de se o autor é capaz ou incapaz de culpabilidade se refere ao momento do fato (art. 26, CP, "no momento da ação ou omissão"). A teoria da actio libera in causa comporta uma exceção não regulada na lei, ou seja, o momento da verificação da responsabilidade (capacidade de entendimento) é transferido para um momento anterior. O comportamento responsável (capacidade de entendimento) deve ser verificado sempre no momento anterior, em que o agente era capaz, e não quando o autor põe em marcha a sua ação que desembocará em um resultado típico em que o agente já perdeu a capacidade de culpabilidade (não possui mais capacidade de entendimento).[450]

Com efeito, para evitar responsabilidade objetiva, deve-se analisar se, no momento da ingestão das substâncias inebriantes (estado anterior de capacidade de culpabilidade), o agente:

1. previu e tinha intenção de praticar o crime (responderá por dolo direto);
2. previu e assumiu o risco praticar o crime (responderá por dolo eventual);
3. previu, mas acreditava sinceramente que com suas habilidades poderia evitar o crime (responderá por culpa consciente);
4. era previsível a ocorrência do crime (responderá por culpa inconsciente);
5. o crime era imprevisível (trata-se de fato atípico).

20.9.3.4 Inimputabilidade na Lei nº 11.343/06 (Lei de Drogas)

O artigo 45 da Lei nº 11.343/06 dispõe que "é isento de pena o agente que, em razão da dependência, ou sob o efeito, proveniente de caso fortuito ou força maior, de droga, era, ao tempo da ação ou da omissão, qualquer que tenha sido a infração penal praticada, inteiramente incapaz de entender o caráter ilícito do fato ou de determinar-se de acordo com esse entendimento". Portanto, traz hipótese de exclusão da culpabilidade.

O critério utilizado pelo legislador para a apuração da inimputabilidade prevista no artigo 45 foi o biopsicológico (sedimentado no art. 26 do Código Penal), já estudado nos tópicos acima.

O artigo 45 elenca duas hipóteses que podem conduzir à isenção de pena: a dependência química de droga (equipara-se a doença mental) e a ingestão de droga

---

[450] PACELLI, Eugênio; CALLEGARI, André. *Manual de Direito Penal*. Parte geral. 6. ed. São Paulo: Atlas, 2020. p. 332.

proveniente de caso fortuito (de forma acidental, enganosa) ou força maior (decorrente de força física exterior, contrária à vontade do agente). Para o reconhecimento da inimputabilidade prevista neste artigo, é mister que se observe o seguinte:
   a) ficar comprovado que o indivíduo era dependente químico (o que é equiparado à doença mental) ou que praticou o ilícito após a ingestão de droga decorrente de caso fortuito ou força maior.
   b) ficar comprovado que o indivíduo era inteiramente incapaz de entender o caráter ilícito do fato ou de determinar-se de acordo com esse entendimento.
   c) ficar comprovado que ambas as causas acima mencionadas estavam presentes no momento do crime (ao tempo do fato).

Basicamente, utilizam-se das mesmas regras já previstas no Código Penal, razão pela qual Guilherme de Souza Nucci entende ser desnecessária a repetição na Lei de Drogas, uma vez que, aplicando-se o Código Penal, as questões seriam facilmente resolvidas:

> Entendemos, no entanto, que o art. 45 é desnecessário, diante dos arts. 26, 27 e 28 do Código Penal. Quem é viciado em qualquer substância entorpecente (incluindo-se, nesse contexto, o álcool), para o atual conceito médico, é doente mental. Portanto, o disposto no art. 26 seria suficiente tanto para quem padece de uma enfermidade mental, como, por exemplo, a esquizofrenia, como também para aqueles que são dependentes de drogas em geral. Por outro lado, quem é menor de dezoito anos não responde pelos delitos previstos nesta Lei e nem por isso reproduziu-se o disposto no art. 27 do Código Penal na Lei nº 11.343/06. Finalmente, aquele que utilizar substância entorpecente proibida (como, por exemplo, cocaína) voluntária ou culposamente, incide nas regras do art. 28, II, do Código Penal, vale dizer, responde normalmente pelo que fizer, cuidando-se de autêntica responsabilidade penal objetiva (ver as notas 17 e 18 ao art. 28 do nosso Código Penal comentado). Mais ainda: se o agente ingerir substância entorpecente proibida em virtude de caso fortuito ou força maior, seria perfeitamente aplicável o disposto no art. 28, §1º, do Código Penal, constituindo causa de exclusão da culpabilidade. Em conclusão, o art. 45 da Lei nº 11.343/06 é desnecessário.[451]

Na mesma tocada, a inimputabilidade prevista no artigo 45 da Lei de Drogas exclui a culpabilidade do agente, qualquer que seja a infração penal praticada.

A Lei de Drogas é silente em relação ao procedimento a ser utilizado para a apuração da inimputabilidade prevista no artigo 45. Dessa maneira, deve ser aplicado subsidiariamente o Código de Processo Penal, instaurando-se o competente incidente de sanidade mental, seja na fase investigatória ou processual, mediante determinação do juiz competente, sempre que houver dúvida sobre a integridade mental do agente (art. 149 do Código de Processo Penal).

Ainda no mesmo propósito, embora o parágrafo único reafirme a necessidade de laudo pericial para que seja reconhecida a inimputabilidade, deve-se observar que nem em todos os casos é necessária a sua realização. Nesse sentido, de forma precisa, leciona Renato Brasileiro de Lima:

---

[451] NUCCI, Guilherme de Souza. *Leis penais e processuais penais comentadas*. 8. ed. rev., atual. e ampl. Rio de Janeiro: Forense, 2014, p. 1.153 (e-PUB).

À primeira vista, a Lei de Drogas dá a impressão de que apenas o exame pericial seria adequado para atestar a inimputabilidade do acusado, já que o art. 45, parágrafo único, dispõe que o juiz deve absolver o acusado quando reconhecer, por força pericial, que este apresentava, à época do fato, as condições referidas no art. 45, *caput*, da referida Lei. É bem verdade que, para fins de comprovação da causa biológica atinente à dependência química, é indispensável a realização do exame pericial. No entanto, como se trata de um estado passageiro, e não duradouro como a dependência química, dificilmente poderão os peritos atestar, em uma análise posterior, que, à época do crime, o acusado agira sob o efeito de droga, muito menos que esta condição biológica decorrera de caso fortuito ou força maior. Por isso, para fins de comprovação de que o acusado encontrava-se sob o efeito de droga, proveniente de caso fortuito (*v.g.*, sujeito toma uma bebida que contém certo tipo de droga não aparente, por ter sido enganado por terceiro) e força maior (*v.g.*, injeta-se cocaína à força em alguém), é perfeitamente possível a utilização de outros meios de prova, tais como o depoimento de testemunhas ou um exame clínico. Esta conclusão é corroborada pelo quanto disposto no art. 56, §2º, da Lei de Drogas, que se refere à realização de avaliação apenas para atestar dependência de drogas.[452]

O artigo 45, parágrafo único, estabelece que, quando houver absolvição em razão do reconhecimento de alguma das condições do *caput*, o juiz poderá encaminhar o sujeito para tratamento médico adequado. Sobre esse ponto, vislumbram-se duas situações possíveis:

1ª situação: a absolvição poderá acorrer em razão da dependência química do agente. Nesse caso, não há óbice que o magistrado encaminhe o acusado para tratamento médico adequado.

2ª situação: a absolvição poderá acorrer em razão de a ingestão da droga ser proveniente de caso fortuito (de forma acidental, enganosa) ou força maior (decorrente de força física exterior, contrária à vontade do agente). Nessa hipótese, o acusado não necessita de tratamento, uma vez que os fatos decorreram de caso fortuito ou força maior. Portanto, com base nesse fundamento, deverá haver uma sentença absolutória propriamente dita.

20.9.4 Causas que não excluem a imputabilidade

20.9.4.1 Semi-imputabilidade (art. 26, parágrafo único, do CP)

Inicialmente, registra-se que o Código Penal não trouxe nomenclatura específica ao art. 26, parágrafo único, referindo-se a ele como "Redução de pena". Vejamos:

Redução de pena
Parágrafo único – A pena pode ser reduzida de um a dois terços, se o agente, em virtude de perturbação de saúde mental ou por desenvolvimento mental incompleto ou retardado não era inteiramente capaz de entender o caráter ilícito do fato ou de determinar-se de acordo com esse entendimento.

---

[452] LIMA, Renato Brasileiro de. *Legislação criminal especial comentada*. 2. ed. rev., ampl. e atual. Salvador: JusPodivm, 2014, p. 799.

Contudo, doutrina e jurisprudência tratam o instituto com as seguintes nomenclaturas: semi-imputabilidade, imputabilidade com responsabilidade penal diminuída ou reduzida ou imputabilidade restritiva.

O art. 319, VII, do Código de Processo Penal, ao tratar das medidas cautelares diversas da prisão, refere-se ao semi-imputável, o que nos leva a crer que esta é a nomenclatura adequada.

Diferente da inimputabilidade, na semi-imputabilidade, o agente possui um pouco de capacidade para entender o caráter ilícito do fato e de determinar-se de acordo com esse entendimento.

As causas que ensejam a redução da responsabilidade penal do agente são a perturbação de saúde mental ou o desenvolvimento mental incompleto ou retardado.

Perturbação da saúde mental é uma espécie de anomalia psíquica que, de alguma forma, reduz a capacidade de entendimento do agente. No entanto, não a retira completamente, permitindo que, ainda que de forma reduzida, consiga compreender o caráter ilícito do fato e se determinar de acordo com esse entendimento. No mesmo sentido é o desenvolvimento mental incompleto ou retardado.

O que diferencia a inimputabilidade da semi-imputabilidade é o grau da anomalia que acomete o agente. Se retirar completamente o discernimento do indivíduo a ponto de ele não entender o caráter ilícito de sua conduta e nem conseguir se determinar de acordo com esse entendimento, teremos causa de inimputabilidade. Caso haja diminuição do discernimento, que permita ao agente compreender a ilicitude dos seus atos e se determinar de acordo com esse entendimento, será hipótese de semi-imputabilidade.

A semi-imputabilidade possui natureza jurídica de causa de diminuição de pena, autorizando sua redução de 1/3 (um terço) a 2/3 (dois terços). Havendo seu reconhecimento, o juiz deve aplicar o redutor da pena (causa de diminuição obrigatória), tendo discricionariedade para mensurar o *quantum* da minoração, observando-se, contudo, o grau de comprometimento da capacidade mental do indivíduo. Em consonância, o Superior Tribunal de Justiça possui julgado sobre o tema:

> *HABEAS CORPUS.* PENAL. ROUBO TENTADO. CAUSA DE DIMINUIÇÃO DE PENA PREVISTA NO ART. 26, PARÁGRAFO ÚNICO, DO CÓDIGO PENAL. SEMI-IMPUTABILIDADE. PATAMAR DE REDUÇÃO QUE DEVE SER FIXADO CONFORME O GRAU DE INCAPACIDADE DO RÉU DE ENTENDER O CARÁTER ILÍCITO DO FATO OU DE DETERMINAR-SE DE ACORDO COM ESSE ENTENDIMENTO. FUNDAMENTAÇÃO SUFICIENTE. REVISÃO DO *QUANTUM.* INVIABILIDADE. ORDEM DE *HABEAS CORPUS* DENEGADA. 1. A gradação da causa de diminuição da pena prevista no art. 26, parágrafo único, do Código Penal (semi-imputabilidade) é estabelecida segundo o grau de incapacidade do réu de entender o caráter ilícito do fato ou de determinar-se de acordo com esse entendimento. Precedentes. 2. Hipótese em que a redução da pena no patamar de 1/3 (um terço) foi justificada com base na conclusão do laudo pericial, no qual consta que, embora o Paciente estivesse sob o efeito de drogas no dia dos fatos, "tinha a autodeterminação diminuída (quesito *m* – fl. 240) e guardava adequado senso de planejamento, não se tratando de crime cometido na vigência de surto psicótico ou estado confusional". 3. A desconstituição do entendimento firmado pelas instâncias ordinárias quanto à fração de redução da pena devida em virtude da incidência da minorante prevista do art. 26, parágrafo único, do Código Penal demanda o aprofundado exame do conjunto fático-probatório dos autos, o que não se mostra cabível na via do *habeas corpus*. Precedente. 4. Ordem de *habeas corpus* denegada. (STJ. HC 472.839/SC, Rel. Ministra Laurita Vaz, Sexta Turma, julgado em 06/12/2018, DJe 01/02/2019) – grifos nossos.

Devemos nos atentar, também, ao art. 98 do Código Penal, que indica uma segunda opção de aplicação de sanção penal ao semi-imputável. Vejamos:

> Substituição da pena por medida de segurança para o semi-imputável
> Art. 98 – Na hipótese do parágrafo único do art. 26 deste Código e necessitando o condenado de especial tratamento curativo, a pena privativa de liberdade pode ser substituída pela internação, ou tratamento ambulatorial, pelo prazo mínimo de 1 (um) a 3 (três) anos, nos termos do artigo anterior e respectivos §§1º a 4º.

Existem situações em que fica demonstrado no curso do processo penal, por intermédio do exame pericial, que o semi-imputável necessita de especial tratamento curativo. Nessas situações, a pena privativa de liberdade pode ser substituída pela internação, ou tratamento ambulatorial, pelo prazo mínimo de 1 a 3 anos.

No entanto, é necessário um alerta: não é possível a aplicação concomitante da causa de diminuição de pena e, também, da substituição da pena por medida de segurança. Ou o juiz aplica a redução de 1/3 a 2/3 (art. 26, parágrafo único, do CP) *ou* substitui a pena por medida de segurança (art. 98 do CP).

Isso acontece porque o Código Penal superou o sistema do duplo binário (ou dois trilhos, dupla via ou dualista), que permitia ao semi-imputável cumprir pena e ainda a medida de segurança, consagrando o sistema vicariante ou unitário, que determina que as sanções penais não sejam cumuláveis, ou seja, o semi-imputável cumpre ou a pena ou a medida de segurança.

20.9.4.2 Semi-imputabilidade na Lei nº 11.343/06 (Lei de Drogas)

Segundo o art. 46 da Lei nº 11.343/06 (Lei de Drogas):

> As penas podem ser reduzidas de um terço a dois terços se, por força das circunstâncias previstas no art. 45 desta Lei, o agente não possuía, ao tempo da ação ou da omissão, a plena capacidade de entender o caráter ilícito do fato ou de determinar-se de acordo com esse entendimento.

O agente que, ao tempo da ação ou da omissão, *não possuía a plena capacidade* de entender o caráter ilícito do fato ou de determinar-se de acordo com esse entendimento, em razão da dependência de droga ou por estar sob o efeito proveniente de caso fortuito ou força maior oriundo dessa substância, tem direito à diminuição de 1/3 a 2/3 de sua pena.

Não se trata de causa de exclusão da culpabilidade, mas sim de imputabilidade com a responsabilidade diminuída, perfazendo-se em mera causa de diminuição de pena.

No mais, aplicam-se as mesmas regras do art. 26, parágrafo único, do Código Penal.

20.9.4.3 Emoção e paixão

Emoção é um estado de perturbação de consciência transitório. Segundo Nelson Hungria, trata-se de

Um estado de ânimo ou de consciência caracterizado por uma viva excitação do sentimento. É uma forte e transitória perturbação da afetividade, a que estão ligadas certas variações somáticas ou modificações particulares das funções da vida orgânica (pulsar precípite do coração, alterações térmicas, aumento da irrigação cerebral, aceleração do ritmo respiratório, alterações vasomotoras, intensa palidez ou intenso rubor, tremores, fenômenos musculares, alteração das secreções, suor, lágrimas etc.).[453]

Já a *paixão* é um estado de perturbação de consciência que causa maior alteração psíquica, sendo crônica e duradoura.

Fernando Capez traz uma distinção didática e romântica entre institutos:

A emoção é o vulcão que entra em erupção; a paixão, o sulco que vai sendo pouco a pouco cavado na terra, por força das águas pluviais. A emoção é o gol marcado pelo seu time; a paixão, o amor que se sente pelo clube, ainda que ele já não lhe traga nenhuma emoção. A ira momentânea é a emoção; o ódio recalcado, a paixão. O ciúme excessivo, deformado pelo egoístico sentimento de posse, é a paixão em sua forma mais perversa. A irritação despertada pela cruzada de olhos da parceira com um terceiro é pura emoção.[454]

A principal marca distintiva entre emoção e paixão é a duração. Emoção é um sentimento de curta duração, ao passo que paixão é um sentimento duradouro.

Segundo o art. 28, I, do Código Penal, a emoção e a paixão não excluem a imputabilidade penal.

A emoção e a paixão, quando forem *patológicas*, podem acarretar a inimputabilidade prevista no art. 26, *caput*, do Código Penal, equiparando-se a doença mental.

Ademais, embora não excluam a imputabilidade, emoção e paixão podem, eventualmente, aparecer como causa de diminuição de pena ou circunstância atenuante. Exemplifica Bitencourt:

O legislador estabeleceu no art. 65, III, *c*, que a pena será atenuada quando o agente tiver cometido o crime sob a influência de violenta emoção provocada por ato injusto da vítima, pressuposto característico do excesso nos casos de legítima defesa. De maneira similar também estabeleceu nos arts. 121, §1º, e 129, §4º, que o juiz poderá reduzir a pena de um sexto a um terço se o homicídio ou as lesões corporais, respectivamente, foram cometidos sob o domínio de violenta emoção, logo em seguida à injusta provocação da vítima. Assim, além da intensidade emocional, é fundamental que a provocação tenha sido da própria vítima, e através de um comportamento injusto, ou seja, não justificado, não permitido, não autorizado.[455]

20.10 Potencial consciência da ilicitude

Potencial consciência da ilicitude é a possibilidade que o agente imputável tem de conhecer a proibição de seu comportamento.

---

[453] HUNGRIA, Nelson. *Comentários ao Código Penal*. Rio de Janeiro: Forense, 1958. v. 1, p. 367.
[454] CAPEZ, Fernando. *Curso de Direito Penal*. V. 1. Parte geral: arts. 1º ao 120. 24. ed. São Paulo: Saraiva, 2020. p. 425-426.
[455] BITENCOURT, Cezar Roberto. *Tratado de Direito Penal 1*. Parte geral. V. 1. 25. ed. São Paulo: Saraiva, 2019. p. 504.

O que se analisa na potencial consciência da ilicitude é se o sujeito possuía, ao menos, o conhecimento do homem leigo, ou seja, busca-se a valoração paralela da escala do profano. Vale dizer, o que se perquire não é saber se o agente conhecia efetivamente a lei, mas sim se ele tinha o conhecimento ou a possibilidade de conhecimento da ilicitude de sua conduta (se ele sabia que aquela conduta era proibida). Ensina Damásio E. de Jesus que:

> É suficiente que o sujeito tenha a possibilidade de conhecer a ilicitude da conduta, não se exigindo que possua real conhecimento profano do injusto.[456]

No mesmo sentido, Luiz Régis Prado pondera que:

> Note-se que esse conhecimento potencial não se refere às leis penais, basta que o agente saiba ou tenha podido saber que o seu comportamento contraria ao ordenamento jurídico. Fato ilícito significa tão somente aquele proibido pela lei, independentemente de seu aspecto imoral ou antissocial.[457]

20.10.1 Desconhecimento da ilicitude do fato e desconhecimento da lei

Na seara da potencial consciência da ilicitude, não se pode confundir desconhecimento da ilicitude do fato (que acarreta erro de proibição) com o desconhecimento da lei.

Segundo o art. 21 do Código Penal, "o desconhecimento da lei é inescusável". Vale dizer, após a publicação de uma lei no diário oficial, existe a presunção legal de que todos tenham conhecimento dela. Obviamente, trata-se de uma ficção legal, pois mesmo os juristas mais abalizados não conhecem todas as leis existentes. Contudo, o sentido do art. 21 do Código Penal é evitar que o sujeito se valha da chamada *ignorantia legis*, assim dizendo, "não posso ser punido porque desconhecia o texto legal". O Direito Penal não admite este tipo de "ignorância", trabalhando com o desconhecimento sobre a ilicitude do fato.

O desconhecimento sobre a ilicitude do fato significa que o agente não sabe que determinado comportamento é proibido. Aqui, utiliza-se juízo de certo e errado. Por exemplo: eu não sei que fabricar açúcar em casa é crime (Dec-Lei nº 16/66). Neste caso, haverá erro de proibição (art. 21, 2ª parte, do Código Penal), hipótese de exclusão da potencial consciência da ilicitude e, por conseguinte, da culpabilidade. Explica Bitencourt:

> A *ignorantia legis* é matéria de aplicação da lei, que, por ficção jurídica, se presume conhecida por todos, enquanto o erro de proibição é matéria de culpabilidade, num aspecto inteiramente diverso. Não se trata de derrogar ou não os efeitos da lei, em função de alguém conhecê-la ou desconhecê-la. A incidência é exatamente esta: a relação que existe entre a lei, em abstrato, e o conhecimento que alguém possa ter de que seu comportamento esteja contrariando a norma legal. E é exatamente nessa relação – de um lado a norma, em abstrato, plenamente eficaz e válida para todos, e, de outro lado, o comportamento em concreto e individualizado – que se estabelecerá ou não a consciência da ilicitude,

---

[456] JESUS, Damásio de. *Direito Penal*. Volume 1. Parte geral. 35. ed. São Paulo: Saraiva, 2013. p. 507.
[457] PRADO, Luiz Régis. *Curso de Direito Penal brasileiro*: Parte geral e parte especial. 18. ed. Rio de Janeiro: Forense, 2020. p. 205.

que é matéria de culpabilidade, e nada tem que ver com os princípios que informam a estabilidade do ordenamento jurídico.[458]

Vamos ao estudo do erro de proibição.

20.10.2 Erro de proibição e suas formas

Encontra-se previsto no art. 21 do Código Penal, sob o rótulo "Erro sobre a ilicitude do fato":

> Erro sobre a ilicitude do fato
> Art. 21 – O desconhecimento da lei é inescusável. O erro sobre a ilicitude do fato, se inevitável, isenta de pena; se evitável, poderá diminuí-la de um sexto a um terço
> Parágrafo único – Considera-se evitável o erro se o agente atua ou se omite sem a consciência da ilicitude do fato, quando lhe era possível, nas circunstâncias, ter ou atingir essa consciência.

Conceitua-se erro de proibição como a hipótese em que o agente tem consciência e vontade para praticar um fato, mas não sabe que o fato praticado é ilícito. Como visto, no erro de proibição não se analisa se o agente conhece a lei, mas se ele tem condições de entender que o seu comportamento é proibido. Trata-se de juízo de certo ou errado.

O erro de proibição pode se apresentar de 3 formas distintas e, a depender da situação, poderá excluir a culpabilidade (causa dirimente), reduzir a pena ou atenuá-la:

a) *Erro de proibição inevitável, invencível ou escusável*

É a hipótese de erro em que qualquer pessoa prudente incidiria. Trata-se de situação em que o agente pratica um comportamento comissivo ou omissivo, desconhecendo, efetivamente, a ilicitude do fato. Nesse caso, o Código Penal entende que é possível desculpá-lo (erro escusável), pois qualquer pessoa cautelosa também erraria.

Nesta modalidade, haverá exclusão da culpabilidade (causa dirimente), isentando o réu de pena, ante a ausência da potencial consciência da ilicitude.

b) *Erro de proibição evitável, vencível ou inescusável*

É o erro que uma pessoa de diligência mediana, mediante esforço de inteligência e com base nas experiências de vida comum, poderia ter evitado se não fosse sua falta de cautela. Encontra-se descrito no art. 21, parágrafo único, do Código Penal:

> Considera-se evitável o erro se o agente atua ou se omite sem a consciência da ilicitude do fato, quando lhe era possível, nas circunstâncias, ter ou atingir essa consciência.

Nesse caso, o Código Penal entende que não é possível desculpá-lo (erro inescusável), pois, se tivesse sido zeloso em sua conduta, não teria errado.

---

[458] BITENCOURT, Cezar Roberto. *Erro de tipo e erro de proibição*. Uma análise comparativa. 3. ed. São Paulo: Saraiva, 2003. p. 84-85.

Nesta modalidade, não haverá exclusão da culpabilidade, acarretando tão somente a diminuição da pena de 1/6 (um sexto) a 1/3 (um terço).

c) *Erro de proibição grosseiro ou crasso*

É a hipótese em que a ilicitude é patente, mas, mesmo assim, o agente pratica o fato. Nesse caso, não isenta o réu de pena, nem funciona como causa de diminuição da pena.

Embora o desconhecimento da lei seja inescusável, pode-se trabalhar com a atenuante do art. 65, II, do Código Penal (art. 65 – São circunstâncias que sempre atenuam a pena: (...) II – o desconhecimento da lei).

Sobre as formas de erro, Rogério Sanches traz 3 importantes diferenciações:
a) o agente, apesar de ignorar a lei, conhecia a reprovabilidade da sua conduta: não se configura erro de proibição, podendo caracterizar atenuante de pena. Exemplo: João, apesar de ignorar que o desrespeito ao hino nacional é contravenção penal tipificada no art. 35 da Lei nº 5.700/71, passa a achincalhar a letra, sabendo que seu comportamento é reprovado socialmente.
b) o agente, apesar de conhecer a lei, ignora a reprovabilidade do comportamento: configura erro de proibição. Se inevitável, exclui a culpabilidade; se evitável, reduz a pena. Exemplo: João, mesmo sabendo que homicídio é crime, acredita que o tipo não alcança a eutanásia.
c) o agente ignora a lei e a ilicitude do fato: configura-se erro de proibição. Se inevitável, exclui a culpabilidade; se evitável, reduz a pena. Exemplo: João fabrica açúcar em casa, não imaginando que seu comportamento é reprovável, muito menos crime previsto no art. 1º, Dec.-Lei nº 16/66.[459]

20.10.3 Espécies de erro de proibição

Existem duas espécies de erro de proibição: a) erro de proibição direito; e 2. erro de proibição indireto ou erro de permissão.

a) *Erro de proibição direto*

É a hipótese em que o agente desconhece a ilicitude da norma de proibição (referente aos crimes comissivos) ou da norma mandamental (referente aos crimes omissivos) ou as interpreta equivocadamente. Vamos aos exemplos:[460]

Imagine o caso em que uma mãe pratica um aborto sem ter consciência de que o abortamento é proibido. Nesse caso, a genitora errou quanto à norma de proibição, consistente em "não abortar" (art. 124 do Código Penal).

Imagine, ainda, o agente que não presta socorro à vítima porque acredita que, por não a conhecer e não possuir nenhum vínculo, não precisa prestar auxílio. Nesse exemplo, o sujeito erra sobre uma norma mandamental, que lhe dá uma ordem para agir, qual seja, "preste socorro" (art. 135 do Código Penal).

---

[459] CUNHA, Rogério Sanches. *Manual de Direito Penal*. Parte geral (arts. 1º ao 120). Volume único. Salvador: JusPodivm, 2020, p. 372.
[460] Exemplos extraídos da obra: SALIM, Alexandre; AZEVEDO, Marcelo André de. *Coleção Sinopses para concursos*. Direito Penal. Parte Geral. 10. ed. Salvador: JusPodivm, 2020, p. 333-334.

Tem-se entendido que é possível a ocorrência de erro de proibição em relação aos crimes culposos, pois o agente pode errar sobre o dever objetivo de cuidado.

Em relação às consequências jurídicas desta espécie de erro, pode ser inevitável (e excluir a culpabilidade) ou evitável (e ser causa de diminuição de pena).

b) *Erro de proibição indireto ou erro de permissão ou descriminante putativa por erro de proibição*

Trata-se de hipótese em que o agente erra sobre a existência legal de uma causa de exclusão da ilicitude ou sobre os seus limites. Chama-se descriminante putativa (imaginária), tendo em vista que ela ocorre apenas no imaginário do agente.

Subdivide-se em duas:

1. *Erro sobre a existência legal de uma causa de exclusão da ilicitude*

Nesta hipótese, o agente pratica o fato acreditando que está acobertado por uma causa excludente de ilicitude, que, na verdade, não existe. Em outras palavras, o agente pratica um fato típico, crendo que, naquelas condições, a lei o permite.

Por exemplo, Fulano de Tal pratica eutanásia acreditando que é hipótese de causa de exclusão da ilicitude, quando, na verdade, não é, uma vez que a eutanásia não está prevista na lei entre as causas excludentes da ilicitude.

Em relação às consequências jurídicas desta espécie de erro, pode ser inevitável (e excluir a culpabilidade) ou evitável (e ser causa de diminuição de pena).

2. *Erro sobre os limites da causa de exclusão da ilicitude*

Nesta hipótese, o agente tem consciência da existência legal da causa excludente de ilicitude (sabe que ela está prevista na lei), porém, erra em relação aos seus limites.

Por exemplo, o agente é legalmente preso, mas acredita que sua prisão é injusta, e passa a agredir o policial, crendo que está agindo em legítima defesa, uma vez que, a seu juízo, o servidor público estaria cumprindo uma ordem ilegal.

Em relação às consequências jurídicas desta espécie de erro, pode ser inevitável (e excluir a culpabilidade) ou evitável (e ser causa de diminuição de pena).

20.10.4 Erro de proibição e erro de tipo

Não se pode confundir erro de tipo com erro de proibição.

No erro de tipo, o engano acontece em relação aos elementos constitutivos do tipo, estando relacionado diretamente com o fato típico. No erro de proibição, o engano repousa sobre a ilicitude do fato, recaindo sobre a culpabilidade. Vejamos a lição de Bitencourt:[461]

> Erro de tipo é o que recai sobre circunstância que constitui elemento essencial do tipo. É a falsa percepção da realidade sobre um elemento do crime. É a ignorância ou a falsa representação de qualquer dos elementos constitutivos do tipo penal. É indiferente que o objeto do erro se localize no mundo dos fatos, dos conceitos ou das normas jurídicas. (...)

---

[461] BITENCOURT, Cezar Roberto. *Erro de tipo e erro de proibição*. Uma análise comparativa. 3. ed. São Paulo: Saraiva, 2003. p. 531 e 533.

Erro de proibição, por sua vez, é o que incide sobre a ilicitude de um comportamento. O agente supõe, por erro, ser lícita a sua conduta, quando, na realidade, ela é ilícita. O objeto do erro não é, pois, nem a lei, nem o fato, mas a ilicitude, isto é, a contrariedade do fato em relação à lei. O agente supõe permitida uma conduta proibida.

20.11 Exigibilidade de conduta diversa

Para que se reconheça a culpabilidade, além de o agente ser imputável e ter potencial consciência da ilicitude dos fatos praticados, deve-se verificar se, no plano concreto, ele poderia praticar a conduta de outra forma, ou seja, de acordo com o ordenamento jurídico. Segundo Fernando Capez, a exigibilidade de conduta diversa:

> Consiste na expectativa social de um comportamento diferente daquele que foi adotado pelo agente. Somente haverá exigibilidade de conduta diversa quando a coletividade podia esperar do sujeito que tivesse atuado de outra forma.

A exigibilidade de conduta diversa é o terceiro elemento da culpabilidade e baseia-se no pressuposto de que somente podem ser punidas as condutas que podiam ser evitadas pelo agente. Se o comportamento for inevitável, o agente não pode ser censurado. Nesse sentido, dispõe o art. 22 do Código Penal:

> Art. 22 – Se o fato é cometido sob coação irresistível ou em estrita obediência a ordem, não manifestamente ilegal, de superior hierárquico, só é punível o autor da coação ou da ordem.

20.11.1 Causas legais de exclusão da culpabilidade por inexigibilidade de conduta diversa da parte geral (causas dirimentes)

Como visto, o art. 22 do Código Penal elenca duas hipóteses em que a culpabilidade é excluída por inexigibilidade de conduta diversa: 1. coação moral irresistível e; 2. obediência hierárquica.

20.11.1.1 Coação moral irresistível

20.11.1.1.1 Conceito e disposição legal

A coação moral irresistível está descrita na 1ª parte do art. 22 do Código Penal e consiste na utilização de grave ameaça para que o coagido faça ou deixe de fazer alguma coisa.

Deve-se registrar que a coação a que se refere o dispositivo é a moral (*vis compulsiva*) e não a física (*vis absoluta*). A coação física exclui a própria conduta (matéria afeta ao fato típico), enquanto a coação moral irresistível traduz-se em hipótese de inexigibilidade de conduta diversa (causa de exclusão da culpabilidade).

Por exemplo, o agente que coloca o dedo do coagido no gatilho e o arrasta para disparar pratica coação física, o que exclui a conduta. Já o agente que ameaça matar o filho do coagido se este não matar a pessoa por ele indicada pratica coação moral irresistível, o que afasta a culpabilidade.

20.11.1.1.2 Fundamento

A coação moral irresistível fundamenta-se na inevitabilidade do comportamento, ou seja, a lei não pode impor às pessoas que atuem de modo heróico. A legislação não é destinada a "super-heróis", mas a pessoas com inteligência e prudência medianas. Desse modo, existindo uma ameaça séria, grave e irresistível, não se obriga o coagido a suportá-la.

20.11.1.1.3 Requisitos

a) *Coação moral*

O primeiro requisito é que exista uma coação moral, ou seja, uma ameaça grave e séria dirigida ao coagido ou a pessoas de seu relacionamento íntimo (ex.: filhos, esposa(o), namorada(o), irmãos etc.).

Ademais, a causação do mal prometido deve ser realizável do ponto de vista concreto. Por exemplo, não pode ser considerada coação moral a do agente que promete lançar um meteoro sobre a casa do coagido.

b) *Irresistibilidade da coação*

A irresistibilidade da coação é aquela que não pode ser evitada por outro meio, sendo que a única opção do coagido é sucumbir à ameaça do coator. Nas palavras de Eugênio Pacelli e André Callegari é aquela:

> Insuperável, uma força que o coato não se pode subtrair, tudo sugerindo situação à qual ele não se pode opor, recusar-se ou fazer face, mas tão somente sucumbir ante o decreto inexorável.[462]

Se a coação não for irresistível, não haverá a incidência dessa causa dirimente, devendo o agente ser responsabilizado criminalmente. Contudo, sendo resistível a coação, pode-se trabalhar a atenuante genérica do art. 65, III, *c*, 1ª parte, do Código Penal (art. 65 – São circunstâncias que sempre atenuam a pena: (...) III – ter o agente: (...) c) cometido o crime sob coação a que podia resistir).

A gravidade da coação e a sua irresistibilidade serão mensuradas de acordo com cada caso concreto.

c) *Presença de no mínimo 3 pessoas*

Para que haja coação moral irresistível, são necessárias ao menos três pessoas: 1. o coator; 2. o coagido (ou coacto); e 3. a vítima.

Na coação moral irresistível, não se admite que a pessoa seja ao mesmo tempo coator e vítima. Nesse sentido já decidiu o Superior Tribunal de Justiça:

> Para ocorrência da coação irresistível é indispensável o concurso de três pessoas: coator, coagido e vítima. A coação irresistível não pode provir da vítima; deve partir de outrem

---
[462] PACELLI, Eugênio, CALLEGARI, André. *Manual de Direito Penal*. Parte geral. 6. ed. São Paulo: Atlas, 2020. p. 338.

que aniquila a vontade do agente para obrigá-lo a fazer ou a deixar de fazer o que não desejava, aquilo que livremente não faria. "A vítima jamais poderá ser tida como coatora". (Júlio F. Mirabete). Precedentes jurisprudenciais e doutrinários (REsp 25.121. 6ª T., julgado em 28/06/1993).

20.11.1.1.4 Consequências

a) *Coagido*

No âmbito da coação moral irresistível, o coagido realiza um fato típico e ilícito, mas que não é culpável, tendo em vista que não lhe era exigida conduta diversa.

Para os adeptos da teoria tripartida, ele não pratica crime, ante a ausência de culpabilidade. Para os defensores da teoria bipartida, ele pratica crime (fato típico e ilícito), todavia, não merece a aplicação da pena, pois não era culpável.

b) *Coator*

Trata-se de verdadeira hipótese de autoria mediata, eis que o coator se serve do coagiado como seu instrumento para a prática do crime.

O coator será responsabilizado pelo crime praticado pelo coagido, com a agravante prevista no art. 62, II, do Código Penal (art. 62 – A pena será ainda agravada em relação ao agente que: (...) II – coage ou induz outrem à execução material do crime). Além disso, responderá, também, pela coação (pelo crime de constrangimento ilegal ou de tortura, a depender do caso concreto).

Por exemplo, imagine que Fulano coage Beltrano de forma irresistível a matar Sicrano. Beltrano, diante da coação moral irresistível, o faz. Nesse caso, Fulano responderá pelo crime de homicídio na condição de autor mediato e pelo crime de tortura para a prática de crimes (art. 1º, I, *b*, da Lei nº 9.455/97).

Beltrano, por sua vez, não praticou nenhum crime.

20.11.1.1.5 Temor reverencial

O temor reverencial é uma mistura de respeito e medo que uma pessoa tem pela outra, ou seja, traduz-se no receio de desagradar alguém pelo qual se tem demasiada estima. Por exemplo, o filho costuma ter temor reverencial pelos pais, os alunos por seus professores etc. Encontra-se previsto no art. 153 do Código Civil:

> Art. 153. Não se considera coação a ameaça do exercício normal de um direito, nem o simples temor reverencial.

Não é hipótese de coação moral irresistível no Direito Civil e muito menos no Direito Penal.

20.11.1.2 Obediência hierárquica

Segundo o art. 22, 2ª parte, do Código Penal "se o fato é cometido (...) em estrita obediência a ordem, não manifestamente ilegal, de superior hierárquico, só é punível o autor (...) da ordem".

Hierarquia nada mais é que a possibilidade de um superior emanar ordens que devem ser cumpridas pelos subordinados. Desse modo, quando o superior hierárquico exara uma ordem, o que se espera é que ela seja observada. Sendo uma ordem legal, ela deve ser cumprida, sob pena de responsabilidade do subordinado.

Tratando-se de ordem ilegal, ela não deve ser cumprida, não havendo nenhum tipo de responsabilização àquele que a descumpre. Contudo, existem algumas ordens que se encontram em uma zona cinzenta, situadas entre as ordens legais e ilegais. Em outras palavras, existem algumas determinações que parecem que são legais, todavia, não o são (as ordens não manifestamente ilegais). Neste compasso é que se encontra o estudo da obediência hierárquica.

20.11.1.2.1 Requisitos

Para o reconhecimento da dirimente da obediência hierárquica, deve-se preencher 3 requisitos: 1. Ordem do superior hierárquico; 2. Ordem não manifestamente ilegal e 3. Observar os limites da ordem.

1. Ordem do superior hierárquico

Trata-se da manifestação de vontade do titular de uma função pública, dirigida a alguém que lhe seja hierarquicamente subordinado, para que faça ou deixe de fazer alguma coisa.

Deve-se alertar que esta dirimente não abrange outras espécies de hierarquia (familiar, eclesiástica, da iniciativa privada etc.), somente a pública. Como ensina Luiz Régis Prado:

> A ordem deve advir de uma autoridade pública, dentro da organização do serviço público, o que também inclui os cidadãos, nos casos em que atuam por ordem dessas autoridades. Excluem-se, portanto, os casos de subordinação doméstica ou privada.[463]

2. Ordem não manifestamente ilegal

Ordem não manifestamente ilegal é aquela em que a ilegalidade não se mostra evidente, ou seja, é aquela determinação que tem aparência de legalidade.

Se a ilegalidade for manifesta, óbvia, flagrante, o subordinado não deve obedecer e, se cumprida, não permite a aplicação desta dirimente. Ronaldo Tanus Madeira explica:

> Normalmente, não cabe ao inferior hierárquico, mormente na dinâmica diária, questionar todas as ordens recebidas, no exercício das funções públicas, de seu superior hierárquico, principalmente se a ordem não for manifestamente ilegal. Seria um caos e uma constante inversão da hierarquia administrativa, se o cumpridor da ordem fosse a todo tempo questioná-la, embora não sendo um cumpridor cego de todas as ordens emanadas. Entretanto, se o executor da ordem tiver conhecimento ou consciência de sua ilegalidade e cumprir a ordem consciente de sua proibição ou ilicitude, responde, juntamente com o superior hierárquico, em concurso de agente em fato típico doloso.[464]

---

[463] PRADO, Luiz Régis. *Curso de Direito Penal brasileiro*: Parte geral e parte especial. 18. ed. Rio de Janeiro: Forense, 2020. p. 613.

[464] MADEIRA, Ronaldo Tanus. *A estrutura jurídica da culpabilidade*. Rio de Janeiro: Lumen Juris, 1999. p. 103.

3. *Observar os limites da ordem*

O executor deve se ater aos limites da ordem não manifestamente ilegal emanada pelo superior hierárquico. Ultrapassando os limites da ordem, afasta-se a possibilidade de aplicação desta dirimente.

20.11.1.2.2 Consequências

As consequências jurídicas dependem da natureza da ordem:
1. *se a ordem for manifestamente ilegal*: tanto o superior hierárquico quanto o subordinado respondem pelo crime. Contudo, o subalterno poderá se beneficiar com a atenuante do art. 65, III, *c*, do Código Penal (art. 65 – São circunstâncias que sempre atenuam a pena: (...) III – ter o agente: c) cometido o crime (...) em cumprimento de ordem de autoridade superior).
2. *se a ordem for legal*: tanto o superior hierárquico quanto o subordinado estarão no estrito cumprimento de um dever legal, não havendo que se falar em crime.
3. *se a ordem for não manifestamente ilegal*: o superior hierárquico será punido, a título de autoria mediata, uma vez que se serviu do subalterno como seu instrumento para a prática delitiva. O subordinado estará isento de pena, em razão da inexigibilidade de conduta diversa.

20.11.2 Causas supralegais de inexigibilidade de conduta diversa

Existe divergência a respeito da aceitação de causas supralegais de exclusão da inexigibilidade de conduta diversa.

A primeira posição defende que as causas de exclusão da inexigibilidade de conduta diversa devem estar previstas na legislação, de forma taxativa, sob pena de aviltamento do Direito Penal e da sua função de prevenção geral. Por essa razão, esta corrente não admite causas supralegais.

A segunda posição, majoritária e com a qual concordamos, entende que é possível a existência de causas supralegais de exclusão da inexigibilidade de conduta diversa, uma vez que, por mais previdente que o legislador seja, não é possível elencar todas as hipóteses na lei. Francisco de Assis Toledo propõe que:

> A inexigibilidade de outra conduta é, pois, a primeira e mais importante causa de exclusão da culpabilidade. E constitui verdadeiro princípio de direito penal. Quando aflora em preceitos legislados, é uma causa legal de exclusão. Se não, deve ser reputada causa supralegal, erigindo-se em princípio fundamental que está intimamente ligado com o problema da responsabilidade pessoal e que, portanto, dispensa a existência de normas expressas a respeito.[465]

---

[465] TOLEDO, Francisco de Assis. *Princípios básicos de Direito Penal.* 5. ed. 17. tir. São Paulo: Saraiva, 2012. p. 328.

E arremata Baumann:

Se se admite que as causas de exclusão da culpabilidade reguladas na lei se baseiem no critério da inexigibilidade, nada impede que, por via da analogia jurídica, se postule a inexigibilidade como causa geral de exclusão da culpabilidade.[466]

Vejamos quais as causas supralegais são apontadas pela doutrina.

20.11.2.1 Cláusula de consciência

Pela cláusula de consciência, aquele que, por motivo de consciência ou crença, praticar algum delito, desde que não ofenda direitos fundamentais, estará isento de pena. Costuma-se fundamentar esta hipótese no art. 5º, VI, do Constituição Federal.

Cita-se como exemplo as pessoas que professam sua fé e prestam culto na denominação Adventista do Sétimo Dia, em que, por questões de crença, guardam os sábados e não desenvolvem nenhuma atividade laborativa.

20.11.2.2 Desobediência civil

Considera-se como desobediência civil atos insubordinação e rebeldia que têm o escopo de mostrar publicamente a injustiça da lei, chamando a atenção do legislador a modificá-la.

Cita-se como exemplo os protestos ocorridos na Copa do Mundo de 2018, em que algumas pessoas invadiram os campos de futebol protestando por mais liberdade de expressão e contra o governo russo.

Por exemplo, tem-se entendido como desobediência civil os bloqueios nas estradas a fim de protestar contra o aumento da gasolina.

Deve-se registrar que somente será possível a exclusão da culpabilidade quando a desobediência civil estiver baseada na proteção de direitos fundamentais e o dano for juridicamente irrelevante.

---

[466] BAUMANN, Jürgen. *Derecho penal*. Conceptos fundamentales y sistema (introducción a la sistemática sobre la base de casos). Trad. Conrado A. Finzi. 4. ed. Buenos Aires: Depalma, 1981. p. 70-71.

CAPÍTULO 21

CONCURSO DE PESSOAS

21.1 Conceito e previsão legal

As regras sobre o concurso de pessoas encontram-se previstas nos arts. 29 a 31 do Código Penal.

Conceitua-se concurso de pessoas como o agrupamento de várias pessoas que concorrem para a realização do mesmo evento criminoso, agindo com identidade de desígnios. Sobre o tema, relevante é a lição de Rogério Sanches:

> Entende-se por concurso de pessoas a reunião de vários agentes concorrendo, de forma relevante, para a realização do mesmo evento, agindo todos com identidade de propósitos. A cooperação pode ocorrer em fases diversas, desde o planejamento até a consumação do delito e em intensidade variável, razão pela qual é valorada de acordo com a contribuição de cada um dos agentes para o sucesso da campanha criminosa.[467]

Contudo, nem todos os delitos comportam concurso de pessoas. Alguns delitos, em razão da sua natureza, são juridicamente incompatíveis com este instituto. Vejamos as classificações.

21.2 Classificação dos crimes quanto ao concurso de pessoas

Em relação ao concurso de pessoas, os crimes podem ser classificados em monossubjetivos ou plurissubjetivos.

1. *Crime monossubjetivo, de concurso eventual ou unissubjetivo*

Tratam-se daqueles delitos que, em regra, são cometidos por apenas uma pessoa, embora *possam* ser cometidos por um número plural de pessoas.

---
[467] CUNHA, Rogério Sanches. *Código Penal para concursos*. 7. ed. Bahia: Editora Juspodivm, 2014, p. 105.

No ordenamento jurídico brasileiro, a regra é que os crimes sejam de concurso eventual, ou seja, que sejam praticados por um agente ou por vários agentes.

Cite-se como exemplos o homicídio, furto, roubo, estupro, estelionato etc.

2. Crime plurissubjetivo ou de concurso necessário

Tratam-se daqueles delitos que, necessariamente, devem ser praticados por uma pluralidade de agentes. Se forem praticados por apenas um agente, o crime não se configura.

Por exemplo, o delito de associação criminosa do art. 288 do Código Penal somente se configura se houver a associação de 3 ou mais pessoas. Inexistindo essa quantidade de agentes, não há que se falar na existência deste ilícito.

Os crimes plurissubjetivos podem ser: 1. de condutas paralelas, ou seja, todos os indivíduos dirigem a sua conduta para um fim comum, a exemplo da já citada associação criminosa (art. 288, CP); 2. de condutas contrapostas, ou seja, umas contra as outras, como ocorre do crime de rixa (art. 137, CP) e; 3. de condutas convergentes, tal qual no crime de bigamia (art. 235, CP), na hipótese de ambos os integrantes terem ciência do impedimento para o casamento.

O estudo do concurso de pessoas previsto no art. 29 do Código Penal somente é aplicável aos crimes monossubjetivos ou de concurso eventual e, na lição de Luiz Flávio Gomes,[468] exterioriza-se pela coautoria ou pela participação. Isso se dá porque, nos crimes plurissubjetivos ou de concurso necessário, a reunião de pessoas decorre do próprio delito, não demandando a aplicação da norma de extensão do art. 29 do Código Penal.

21.3 Requisitos

Extrai-se, majoritariamente, que, para a caracterização do concurso de agentes, são necessários 5 requisitos: 1. pluralidade de agentes; 2. relação de causalidade entre as condutas desenvolvidas e o resultado; 3. liame subjetivo; 4. unidade de infração penal e; 5. fato punível. Nesse mesmo sentido, Guilherme de Souza Nucci[469] indica que:

> Requisitos do concurso de agentes são cinco: a) existência de dois ou mais agentes; b) relação de causalidade material entre as condutas desenvolvidas e o resultado; c) vínculo de natureza psicológica; d) reconhecimento da prática da mesma infração para todos; e) existência de fato punível.

Acerca do tema, o Superior Tribunal de Justiça também já se manifestou da seguinte maneira:

> 2. Como é de conhecimento, o concurso de agentes se refere à comunhão de esforços de uma pluralidade de pessoas que concorrem para o mesmo evento. Estes são os requisitos para sua caracterização: a) pluralidade de agentes, b) relevância causal das várias condutas,

---

[468] GOMES, Luiz Flávio; PABLOS DE MOLINA, Antonio García. *Direito Penal*: Parte geral. Volume 2. coordenação Luiz Flávio Gomes. São Paulo: Editora Revista dos Tribunais, 2007, p. 494.
[469] NUCCI, Guilherme de Souza. *Código Penal comentado*. 13 ed. rev., atual. e ampl. São Paulo: Editora Revista dos Tribunais, 2013, p. 313.

c) liame subjetivo entre os agentes e d) identidade de infração penal. (...) 4. Recurso em *habeas corpus* a que se dá provimento para trancar a Ação Penal nº 2012.01.1.148034-7, apenas com relação ao recorrente, por inépcia da denúncia, sem prejuízo de oferecimento de nova inicial acusatória (RHC 108.029/DF, Rel. Ministro Reynaldo Soares da Fonseca, Quinta Turma, julgado em 11/04/2019, DJe 10/05/2019).

21.3.1 Pluralidade de agentes

É a existência de duas ou mais pessoas concorrendo para o mesmo crime, podendo haver concorrência entre autores (coautores) e partícipes.

Importante esclarecer que não há necessidade de que todos os agentes sejam culpáveis para a configuração do concurso de pessoas. Inclusive, é muito comum na atuação profissional nos depararmos com a situação na qual há concurso de agentes envolvendo imputáveis e inimputáveis, a exemplo de um crime praticado em coautoria com menor de 18 anos.

Imagine que um maior de idade segure e imobilize a vítima, enquanto um adolescente de 16 anos desfira vários golpes de faca contra ela. Neste caso, teremos um homicídio em concurso de pessoas, sendo um agente inimputável e outro imputável.

Nas situações em que há concurso de agentes entre um maior de idade e um menor de idade, em razão de sua inimputabilidade, a criança ou o adolescente será responsabilizada nos termos do regramento específico previsto no ECA (Lei nº 8.069/90), ao passo que o maior de idade responderá pela respectiva ação penal, sem prejuízo do reconhecimento do concurso de agentes entre eles.

Assim, o fato de o crime ter sido praticado por duas ou mais pessoas, sendo uma delas inimputável, não possui o condão de descaracterizar o concurso de agentes, conforme já decidiu o Superior Tribunal de Justiça em excerto autoexplicativo:

> Nos termos da jurisprudência desta Corte, para a configuração da majorante do concurso de agentes exige-se, apenas, a presença do concurso de duas ou mais pessoas, inexistindo na lei de regência – art. 157, §2º, II, do CP – qualquer ressalva ou restrição sobre tratar-se ou não de agente imputável. Precedentes (STJ. HC 150.853, Min. Nefi Cordeiro, j. 04/08/2015).

Em sentido contrário, Cléber Masson entende que todos os agentes devem ser culpáveis, sob pena de caracterização de autoria mediata:

> Os coautores ou partícipes, entretanto, devem ser culpáveis, ou seja, dotados de culpabilidade. Com efeito, a teoria do concurso de pessoas desenvolveu-se para solucionar os problemas envolvendo os crimes unissubjetivos ou de concurso eventual, que são aqueles em regra cometidos por uma única pessoa, mas que admitem o concurso de agentes. Nesses delitos, a culpabilidade dos envolvidos é fundamental, sob pena de caracterização da autoria mediata. Como veremos em seguida, outro requisito do concurso de pessoas é o vínculo subjetivo entre os agentes, exigindo, assim, que sejam todos culpáveis, pois quem não goza desse juízo não tem capacidade para aderir à conduta alheia. Exemplificativamente, se um maior de 18 anos penalmente capaz encomenda a morte de sua sogra a um menor de idade, não há por que falar em concurso de pessoas, mas em autoria mediata.[470]

---
[470] MASSON, Cléber Rogério. *Direito Penal esquematizado*. Parte geral. v. 1. 14. ed. rev., atual. e ampl. São Paulo: Método, 2020, p. 426.

21.3.2 Relevância causal das condutas para a produção do resultado

Trata-se da relação de causa e efeito entre a conduta e o resultado, sendo necessário que o comportamento desenvolvido por cada um dos agentes seja relevante para o sucesso da empreitada criminosa, ou seja, para que o crime ocorra da forma como ocorreu.

Se o comportamento do indivíduo não possuir relevância para a causação do resultado, não poderá ser considerado coautor ou partícipe.

Da mesma forma, a chamada participação inócua ou meramente negativa também não é hábil a constituir o concurso de pessoas. Em outros termos, não será considerado concorrente aquele teve uma postura meramente negativa diante da infração penal, sem a qual o delito não teria acontecido como aconteceu.

Por exemplo, o sujeito percebe que a casa de seu vizinho está sendo furtada, mas nada faz. Simplesmente ignora a situação e vai embora para não se envolver. Note que, neste caso, houve uma atitude meramente negativa em relação ao fato, não se envolvendo de nenhuma forma, tendo uma participação inócua, inapta a atrair o concurso de pessoas.

Alerte-se, ainda, que, em regra, a colaboração para o crime deve se dar antes da consumação. Se for verificada posteriormente à consumação do delito, não haverá concurso de pessoas, mas sim crime autônomo.

Assim, a depender do caso concreto, poderão advir outros delitos, tais como favorecimento pessoal ou real (art. 348 e 349, ambos do Código Penal, respectivamente). Basta pensar no exemplo do agente que, após praticar um furto de veículo, solicita a um outro sujeito que o oculte. O terceiro, então, pela amizade ou outras razões de foro pessoal, termina por acolher o pedido, incorrendo, então, no tipo penal de favorecimento real (art. 349, Código Penal).

Excepcionalmente, contudo, é possível coautoria após a consumação do delito, desde que seja comprovado o ajuste prévio entre os agentes. Nesse sentido, colacionamos julgado que exprime o entendimento do Superior Tribunal de Justiça:

> PENAL E PROCESSUAL PENAL. *HABEAS CORPUS*. TRÂNSITO EM JULGADO. DESCLASSIFICAÇÃO. TESE JURÍDICA. POSSIBILIDADE. RECONHECIMENTO DE COAUTORIA APÓS A CONSUMAÇÃO DO CRIME. IMPOSSIBILIDADE. AJUSTE PRÉVIO. NÃO-COMPROVAÇÃO. PACIENTE QUE PARTICIPA DO EXAURIMENTO DO CRIME. CRIME DE FAVORECIMENTO REAL. OCORRÊNCIA. ORDEM CONCEDIDA. PRESCRIÇÃO RECONHECIDA. 1. É possível o conhecimento de *habeas corpus* após o trânsito em julgado em que se requer a desclassificação do delito se se tratar apenas de tese jurídica, analisável a partir do que restou consignado na sentença, sem a necessidade de extensão probatória. 2. Não é admissível a coautoria após a consumação do crime, salvo se comprovada a existência de ajuste prévio. 3. A pessoa que participa apenas no momento do exaurimento do crime, comete crime de favorecimento real, se sabe prestar auxílio destinado a tornar seguro o proveito do crime (HC 39.732/RJ, Rel. Ministra Maria Thereza de Assis Moura, Sexta Turma, julgado em 26/06/2007, DJ 03/09/2007, p. 225).

Imagine a hipótese de um roubo ao banco em que, enquanto um dos agentes ingressa no estabelecimento para fazer a subtração do dinheiro mediante violência ou grave ameaça, o outro faz a segurança na porta do banco, um terceiro indivíduo espera no veículo para dar fuga, enquanto um quarto elemento aguarda no esconderijo para guardar o dinheiro.

Perceba que o delito de roubo se consuma com a inversão da posse, consoante dispõe a Súmula 582 do STJ: "Consuma-se o crime de roubo com a inversão da posse do bem mediante emprego de violência ou grave ameaça, ainda que por breve tempo e em seguida à perseguição imediata ao agente e recuperação da coisa roubada, sendo prescindível a posse mansa e pacífica ou desvigiada".

Portanto, o agente que espera no carro para dar fuga e o que aguarda no esconderijo para esconder o dinheiro somente irão colaborar com a empreitada criminosa após a consumação do crime. No entanto, por estarem previamente ajustados, responderão como coautores da infração penal.

Nos crimes permanentes, que são aqueles em que a consumação se protrai no tempo, os agentes podem aderir à empreitada criminosa enquanto não cessar a permanência.

Imagine que "A" e "B" realizam um sequestro, deixando a vítima no cativeiro. Após isso, "C" se une a eles e passa a fazer a guarda do cativeiro. Nesse caso, "C" responderá em coautoria pelo delito, uma vez que nele ingressou enquanto se consumava.

21.3.3 Liame subjetivo entre os agentes (unidade de desígnios)

Todos os concorrentes devem estar ligados por um vínculo de ordem subjetiva, cientes de que estão cooperando e colaborando para a prática do delito, convergindo suas vontades ao ponto comum da vontade dos demais participantes. Ensinam Alexandre Salim e Marcelo André de Azevedo:[471]

> No concurso de pessoas, além do aspecto objetivo (contribuição no fato), deve existir o aspecto subjetivo: homogeneidade de elemento subjetivo (princípio da convergência de vontade – concorrência dolosa em crime doloso ou coautoria culposa em crime culposo).

Assim, pelo princípio da convergência, os agentes devem possuir *vontades homogêneas*, prospectando a produção do mesmo resultado. Por essa razão, não é possível participação dolosa em crime culposo, nem participação culposa em crime doloso.

Deve-se alertar, ainda, que a demonstração do liame subjetivo não depende de prévio acordo de vontades (*pactum sceleris*), bastando a mera vontade de participar e cooperar para a ação de outrem (*scientia sceleris*).

Se não houver vínculo subjetivo, não há que se falar em concurso de pessoas. Ausente este elemento, haverá vários crimes simultâneos, caracterizando-se a autoria colateral ou autoria incerta.

21.3.3.1 Autoria colateral e autoria incerta

Se existir pluralidade de agentes concorrendo para o mesmo evento, sem a existência do vínculo subjetivo, não haverá concurso de pessoas, podendo existir autoria colateral ou autoria incerta.

---

[471] SALIM, Alexandre; AZEVEDO, Marcelo André. *Direito Penal* – Parte geral. Editora Juspodivm, 2017. 7. ed. p. 348.

21.3.3.1.1 Autoria colateral

Dá-se a autoria colateral quando diversos agentes praticam determinado fato criminoso sem qualquer liame subjetivo entre eles. Em outras palavras, quando os agentes, embora convergindo suas condutas para a prática de determinado fato criminoso, não atuam em unidade desígnios.

Assim, não há que se falar em concurso de pessoas na ausência do vínculo subjetivo entre os envolvidos. Por exemplo, imagine que dois agentes, integrantes de organizações criminosas distintas, visam a morte de determinado inimigo em comum. Contudo, um não sabe da presença do outro no local e não houve ajuste prévio entre eles. Ao avistarem o alvo, ambos disparam contra ele, que vem a falecer.

Sob a ótica da autoria colateral, cada agente responderá individualmente pelo seu comportamento. Assim, no nosso exemplo, o autor do disparo fatal responderá pelo crime de homicídio doloso, enquanto o outro, autor do disparo não letal, responderá por tentativa de homicídio doloso.

Acerca do tema, questiona-se a possibilidade da existência de autoria colateral em crimes culposos, havendo divergência doutrinária.

Nos crimes culposos, a autoria colateral também é conhecida por *concorrência de culpas* que, na lição de Luiz Flávio Gomes:[472]

> Se expressa por meio de crimes culposos paralelos ou recíprocos ou sucessivos. Nas hipóteses de autoria colateral (ou colateral incerta ou ainda colateral complementar) pode-se falar também em autoria concorrente (porque várias pessoas concorrem para o delito sem nenhum vínculo subjetivo entre elas). Tanto nos crimes dolosos como nos culposos pode dar-se a chamada autoria concorrente, que não se confunde com a coautoria.

Portanto, cada agente responderá culposamente por sua parcela de contribuição para o risco criado. Parte da doutrina adverte que não se trata de hipótese de coautoria, já que esta pressupõe vínculo subjetivo entre os agentes, o que não ocorreria nos crimes culposos.

De qualquer sorte, a jurisprudência majoritária tem admitido coautoria em crime culposo, embora parte da doutrina entenda que tecnicamente não deveria ser assim, em razão de a coautoria exigir concordância subjetiva entre os agentes. Para este viés, todas as situações em que se vislumbra coautoria em crimes culposos poderiam ser naturalmente solucionadas com o auxílio do instituto da autoria colateral.

Para este entendimento, o crime culposo, em suma, não admite a) coautoria; b) participação; c) autoria mediata; e d) cooperação dolosamente distinta. Para ele, vigora a teoria pluralística, que tem consonância com o instituto da autoria colateral: cada agente responde pela sua parcela de culpa (isto é, pelo seu crime culposo).[473]

Com efeito, esta figura também é conhecida por *crimes culposos paralelos, recíprocos ou sucessivos* e retrata situação na qual vários indivíduos, embora atuando conjuntamente, contrariam o dever objetivo de cuidado de forma independente (cada um criando seu risco isoladamente), o que termina por gerar um ou mais de um resultado jurídico relevante.

---

[472] GOMES, Luiz Flávio; PABLOS DE MOLINA, Antonio García. *Direito Penal*: Parte geral. Volume 2. Coordenação Luiz Flávio Gomes. São Paulo: Ed. Revista dos Tribunais, 2007, p. 496.
[473] Idem.

Por exemplo, dois indivíduos deixam uma viga de ferro desabar de cima de uma construção, a qual termina por atingir um transeunte, levando-o à morte.

Para a teoria majoritária, responderão os agentes por homicídio culposo, em concurso de pessoas.

Para os adeptos da concorrência de culpa, haverá crimes culposos paralelos, de modo que ambos responderão, individualmente, por homicídio culposo.

21.3.3.1.2 Autoria colateral complementar

Nas palavras de Luiz Flávio Gomes, a autoria colateral complementar:

> Ocorre quando há conjugação de duas condutas autônomas, mas coincidentes e complementares, que acabam gerando (juntas) o resultado.[474]

Explicaremos com um exemplo. Imagine dois agentes que, de forma independente, desejam a morte da vítima. Para tanto, colocam determinada porção de veneno em sua bebida durante uma festa.

O comportamento isolado de cada um não seria bastante para a produção do resultado morte na vítima. Porém, a conjugação de suas condutas acaba por produzi-lo.

Nessa conjectura, cada agente responderá exatamente pelo que fez, no limite do risco criado, ou seja, pela tentativa de homicídio.

21.3.3.1.3 Autoria incerta e autoria ignorada

Autoria incerta, também conhecida como colateral incerta ou autoria com resultado de origem incerta, é espécie de autoria colateral, contudo, nela, não se consegue determinar qual dos comportamentos causou o resultado.

Aproveitando-se do nosso exemplo em que os integrantes de organizações criminosas distintas matam o inimigo comum, sem que um não soubesse da presença do outro no local e sem a realização de ajuste prévio entre eles. Se, mesmo esgotadas as diligências possíveis na investigação policial, não se descobriu quem efetuou o tiro letal, todos respondem pelo crime em sua forma tentada, em razão do princípio do *in dubio pro reo*.

De outro giro, não se pode confundir autoria incerta com autoria ignorada, pois esta se dá quando não se tem notícia do autor da infração. Naquela, sabe-se quem foram os autores, desconhecendo-se tão somente quem foi o autor da conduta mais relevante.

Por exemplo, imagine que houve um furto na residência de Fulano, mas não se descobre quem foi o autor. Trata-se de nítida hipótese de autoria ignorada.

21.3.4 Unidade de infração penal para todos os agentes

De acordo com o art. 29 do Código Penal "quem, de qualquer modo, concorre para *o crime* incide nas penas a *este* cominadas, na medida de sua culpabilidade". Infere-se, portanto, que todos os colaboradores deverão responder pelo mesmo crime.

---

[474] GOMES, Luiz Flávio; PABLOS DE MOLINA, Antonio García. *Direito Penal*: Parte geral. Volume 2. Coordenação Luiz Flávio Gomes. São Paulo: Ed. Revista dos Tribunais, 2007, p. 497.

O Código Penal adotou, como regra, a teoria monista ou monística. Contudo, de forma excepcional, outras teorias também são aplicáveis, a depender da situação fática.

21.3.4.1 Teorias sobre o concurso de pessoas

a) *Teoria unitária, monista, monística ou igualitária*

Para esta teoria, todos os coautores e partícipes que concorrerem para um crime respondem por ele. Vale dizer, haverá pluralidade de agentes praticando um único crime.

Por exemplo, imagine que 3 indivíduos matam a vítima. Enquanto um segura, o outro desfere golpes de faca e o terceiro dá o tiro de misericórdia. Para a teoria monista, haverá um único homicídio praticado por 3 pessoas, sendo que cada um dos agentes responde na medida de sua culpabilidade.

Registre-se que, apesar de praticarem o mesmo delito, a pena aplicada a cada um dos agentes não será necessariamente a mesma. Bitencourt explica que:

> O legislador penal brasileiro adotou a teoria monística, determinando que todos os participantes de uma infração penal incidem nas sanções de um único e mesmo crime, e, quanto à valoração das condutas daqueles que nele participam, adotou um sistema diferenciador distinguindo a atuação de autores e partícipes, permitindo uma adequada dosagem de pena de acordo com a efetiva participação e eficácia causal da conduta de cada participante, na medida da culpabilidade, perfeitamente individualizada.[475]

b) *Teoria pluralista, pluralística, da cumplicidade do crime distinto ou da autonomia da cumplicidade*

Para esta teoria, adotada de forma excepcional pelo Código Penal, embora os agentes concorram para o mesmo resultado, cada um responderá por um delito específico. Vejamos alguns exemplos:

1. *Corrupção passiva e corrupção ativa*: enquanto a corrupção passiva é praticada pelo funcionário público, a corrupção ativa é praticada pelo particular;
2. *Aborto provocado com o consentimento da gestante*: a gestante incide no crime do art. 124 do CP, enquanto o terceiro que realiza o aborto no art. 126 do CP.

Note que cada um dos concorrentes responde por crime distinto, mesmo praticando condutas que são faces de uma mesma moeda.

c) *Teoria dualista*

Para a teoria dualista, haverá um delito para os sujeitos que realizam a conduta descrita no tipo penal (autores) e outro delito para os agentes que de alguma concorrem para a prática criminosa, desenvolvendo condutas acessórias (partícipes).

Em outras palavras, coautores e partícipes responderão por crimes diversos.

---

[475] BITENCOURT, Cezar Roberto. *Tratado de Direito Penal 1*. Parte geral. V. 1. 25. ed. São Paulo: Saraiva, 2019. p. 569.

21.3.5 Fato punível

Segundo o art. 31 do Código Penal:

> O ajuste, a determinação ou instigação e o auxílio, salvo disposição expressa em contrário, não são puníveis, se o crime não chega, pelo menos, a ser tentado.

Só haverá concurso de pessoas se os agentes, ao menos, iniciarem a execução do delito, ou seja, é necessário que haja a exteriorização de um fato punível.

21.4 Autoria

O Código Penal de 1940 nivelou os diversos agentes que, eventualmente, concorrem para o delito, não fazendo qualquer distinção entre coautor e partícipe, ficando essa tarefa a cargo da doutrina. Ademais, a Reforma Penal de 1984 terminou por reconhecê-la. Vejamos o item 25 da Exposição de Motivos:

> Sem completo retorno à experiência passada, curva-se, contudo, o Projeto aos críticos dessa teoria, ao optar, na parte final do art. 29 e em seus dois parágrafos, por regras precisas que distinguem a autoria da participação. Distinção, aliás, reclamada com eloquência pela doutrina, em face de decisões reconhecidamente injustas.

Portanto, o conceito de autor depende da teoria adotada. Passemos, então, a estudá-los.

Sem prejuízo do já exposto sobre o tema concurso de pessoas, existem diversas teorias que comumente se dividem em dois grupos:
a) teorias negativistas: não há distinção entre autor e partícipe; e
b) teorias positivas ou restritivas ou afirmativas: autor se difere do partícipe.
Dentre as teorias negativas, destacam-se:[476]

1. *Teoria extensiva*

Formulada por Edmund Mezger, tem fundamento na teoria da equivalência dos antecedentes causais (*conditio sine qua non*), ou seja, todos os que concorrem para o delito seriam autores. Com efeito, autor seria aquele sujeito que causa o resultado, contribuindo para a realização do tipo penal. No entanto, reconhece que a lei distingue os graus de responsabilidade.

2. *Teoria unitária*

Também conhecida por teoria da associação criminal, pela qual todos que concorrem para o delito são autores, pois o crime é fenômeno unitário.

---

[476] GOMES, Luiz Flávio; PABLOS DE MOLINA, Antonio García. *Direito Penal*: Parte geral. Volume 2. Coordenação Luiz Flávio Gomes. São Paulo: Ed. Revista dos Tribunais, 2007, p. 495.

3. Teoria do acordo prévio

O prévio acordo entre todos os participantes é o suficiente para concebê-los como autores, sem se distinguir a contribuição de cada um.

As teorias negativas devem ser conhecidas apenas para fins didáticos, tendo em vista que refutadas pelo nosso Código Penal, que diferenciou autoria e participação. Da simples análise de seus conteúdos, extrai-se que as teorias negativas desconsideram que cada um dos concorrentes do delito deve responder na medida de sua culpabilidade (art. 29, *caput*, CP). Entender de forma contrária seria negar vigência ao dispositivo expresso do Código Penal.

Quanto às teorias positivas, que diferenciam autor de partícipe, por sua vez, podem ser assim divididas:

1. Teoria subjetiva

Quem atua com *animus auctoris* é autor; diferentemente, quem age com *animus socii* é partícipe. Importa para a distinção o aspecto subjetivo do agente. Nesse sentido, é a lição de Alexandre Salim e Marcelo André de Azevedo:

> O conceito extensivo de autor foi complementado pela teoria subjetiva da participação para distinguir autor de partícipe. Como no plano objetivo-causal não é possível essa diferenciação, já que todos causam o resultado, deve-se, então, buscar a diferença no plano subjetivo. O autor atua com *animus auctoris* e o partícipe com *animus socii*. O partícipe é aquele que concorre em um crime alheio. Ou seja, o partícipe atua com vontade de participar e quer o fato como alheio.[477]

2. Teoria objetivo-formal

Autor é quem realiza o verbo nuclear do tipo penal e partícipe é quem contribui de outra forma para o delito, mas sem realizar o tipo. Para essa teoria, coautores são os agentes que, conjuntamente, incorrem no núcleo do tipo.

3. Teoria objetivo-material

Leva em conta a efetiva contribuição do agente para o resultado final, não necessariamente praticando o verbo nuclear do tipo penal. Já o partícipe é o concorrente menos relevante para o desdobramento do crime, ainda que tenha incorrido no núcleo do tipo; e

4. Teoria mista (subjetiva-objetiva):

Admite a distinção entre autor e partícipe conforme cada caso concreto, ora preponderando o critério objetivo (realização do injusto penal), ora o subjetivo (conforme a reprovabilidade do agente).

Majoritariamente, com fundamento no art. 29 do Código Penal, adota-se a teoria objetivo-formal, segundo a qual autor é aquele que realiza o núcleo do tipo penal, sendo partícipe, por sua vez, quem concorre para o delito de outra maneira. Da mesma forma, a doutrina de Guilherme de Souza Nucci:

---

[477] SALIM, Alexandre. AZEVEDO, Marcelo André. *Direito Penal*. Parte geral. Editora *Juspodivm*, 2017. 7. ed. p. 353.

Melhor é a teoria objetivo-formal, no contexto do concurso de pessoas, apenas para diferenciar o autor do partícipe. Desse modo, o autor é aquele que pratica, de algum modo, a figura típica, enquanto ao partícipe fica reservada a posição de auxílio material ou suporte moral (em que se incluem o induzimento, a instigação ou o auxílio) para a concretização do crime. Consegue-se, com isso, uma clara visão entre dois agentes distintos na realização do tipo penal – o que ingressa no modelo legal de conduta proibida e o que apoia, de fora, a sua materialização –, proporcionando uma melhor análise da culpabilidade. É certo que o juiz pode aplicar penas iguais ao coautor e ao partícipe, bem como pode infligir pena mais severa ao partícipe, desde que seja recomendável. Exemplo disso é o partícipe que atua como mentor do delito, organizando a atividade dos executores: merece maior sanção penal, "na medida da sua culpabilidade", como estipula o art. 29 do Código Penal.[478]

21.4.1 Teoria do domínio do fato

Concebida pelo jurista e filósofo Hans Welzel no final da década de 1930, surgiu para diferenciar com nitidez o autor do executor da infração penal, agregando as teorias objetiva e subjetiva. Segundo Rogério Sanches:

> Para essa concepção, autor é quem controla finalisticamente o fato, ou seja, quem decide a sua forma de execução, seu início, cessação e demais condições. Partícipe, por sua vez, será aquele que, embora colabore dolosamente para o alcance do resultado, não exerce domínio sobre a ação.[479]

A despeito de Hans Welzel ter sido o idealizador da teoria do domínio do fato, quem aprimorou e aperfeiçoou seu conteúdo foi Claus Roxin, conforme destaca Luiz Flávio Gomes:

> A partir da sua doutrina admite-se como autor: a) quem tem o domínio da própria ação típica; b) quem domina a vontade de outra pessoa; c) quem tem o domínio funcional dos fatos (casos de coautoria)".[480]

E ainda prossegue o autor:

> Hoje é bastante aceita a doutrina do domínio do fato, que é restritiva porque distingue com clareza o autor do partícipe. Autor é quem domina a realização do fato, quem tem poder sobre ele (de controlar, fazer cessar etc.) bem como quem tem poder sobre a vontade alheia; partícipe é quem não domina a realização do fato, mas contribui de qualquer modo para ele. [481]

A contribuição dos doutrinadores foi fundamental para o desenvolvimento e aperfeiçoamento das discussões acerca da matéria, sobretudo diante da evolução das formas como os crimes passaram a ser praticados, sem prejuízo, evidentemente, das novas modalidades e espécies de delitos das últimas décadas.

---

[478] NUCCI, Guilherme Souza. *Curso de Direito Penal*. Vol. 1. Parte geral. Arts. 1º a 120 do Código Penal. 3. ed. Rio de Janeiro: Forense, 2019. p. 612.
[479] CUNHA, Rogério Sanches. *Código Penal para concursos*. 7. ed. Bahia: Editora Juspodivm, 2014, p. 106.
[480] GOMES, Luiz Flávio; PABLOS DE MOLINA, Antonio García. *Direito Penal*: Parte geral. Volume 2. Coordenação Luiz Flávio Gomes. São Paulo: Editora Revista dos Tribunais, 2007, p. 497-498.
[481] Idem.

Atualmente, portanto, é possível a aplicação da teoria do domínio do fato para atribuir autoria não apenas àquele que realiza o verbo nuclear do tipo penal (teoria objetivo-formal), mas também àquele que tem o domínio da ação (quem planeja, organiza, determina etc.), àquele que participa ativamente da execução do delito, mas sem incorrer no núcleo do tipo (basta pensar naquele sujeito que segura a vítima para ser golpeada por outrem), ou, ainda, àquele que tem o domínio da decisão sobre outras pessoas.

No entanto, adverte Luiz Flávio Gomes:

> O conceito de autor, agora, depois da teoria do domínio do fato, resultou bastante ampliado, mas é mais seguro e pode evitar a aplicação injusta do Direito Penal. O velho conceito de autor (quem realiza o verbo núcleo do tipo) já não exprime a melhor doutrina.[482]

Derivam da teoria do domínio do fato os conceitos de autoria imediata e mediata, que serão estudados adiante. Saliente-se, outrossim, que a teoria do domínio do fato filia-se à corrente positiva para o fim de diferenciar autor de partícipe.

Nossos tribunais, em especial, o Supremo Tribunal Federal, aplicou a teoria do domínio do fato no âmbito da Ação Penal 470, popularmente conhecida por "Mensalão". Da mesma forma, o Superior Tribunal de Justiça:

> PENAL. AGRAVO REGIMENTAL EM RECURSO ESPECIAL. LATROCÍNIO. COAUTORIA. EXISTÊNCIA DE DIVISÃO DE TAREFAS. DESNECESSIDADE DE QUE TODOS OS AGENTES PRATIQUEM O VERBO DESCRITO NO TIPO. AGRAVO REGIMENTAL NÃO PROVIDO. 1. Na coautoria, todos os agentes possuem o domínio comum do fato típico, mediante uma divisão de tarefas. Não é necessário que todos os agentes pratiquem o verbo descrito no tipo; basta que a sua conduta, atípica, se isoladamente observada, seja essencial para a realização do fato típico. Dessa forma, em se tratando de coautoria, todos os agentes respondem pela prática do mesmo delito praticado. 2. Em uma ação fortemente armada, o resultado morte deverá ser imputado a todos os coautores porque, mesmo não agindo diretamente na consecução do evento morte, esse resultado é mero desdobramento causal da ação delituosa. 3. Agravo regimental não provido (AgRg no AREsp 465.499/ES, Rel. Ministro Rogerio Schietti Cruz, Sexta Turma, julgado em 28/04/2015, DJe 07/05/2015).

> PENAL E PROCESSO PENAL. *HABEAS CORPUS*. SUPRESSÃO DE INSTÂNCIA. INOCORRÊNCIA. COAUTORIA. DOMÍNIO FUNCIONAL DO FATO. PRINCÍPIO DA CORRELAÇÃO. INDIVIDUALIZAÇÃO DA PENA. INOBSERVÂNCIA. CONSTRANGIMENTO ILEGAL CARACTERIZADO. O Tribunal de origem, quando do recurso de apelação, é livre para analisar a conduta do paciente, enquadrando-a conforme melhor lhe parecer. O acusado que na divisão de trabalho tinha o domínio funcional do fato (a saber, fuga do local do crime), é coautor, e não mero partícipe, pois seu papel era previamente definido, importante e necessário para a realização da infração penal. A sentença penal condenatória, no caso de concurso de agentes, deve guardar estrita consonância com as condutas de cada agente, particularizadas na denúncia. É nula a decisão condenatória na parte em que foi fixada a pena-base acima do mínimo legal com fundamentação inadequada. Ordem parcialmente concedida para anular a sentença no

---

[482] GOMES, Luiz Flávio; PABLOS DE MOLINA, Antonio García. *Direito Penal*: Parte geral. Volume 2. Coordenação Luiz Flávio Gomes. São Paulo: Editora Revista dos Tribunais, 2007, p. 497-498.

que atina a dosimetria da pena do paciente, mantendo a condenação, devendo outra ser prolatada, sem os vícios da original (HC 30.503/SP, Rel. Ministro Paulo Medina, Sexta Turma, julgado em 18/10/2005, DJ 12/12/2005, p. 424).

Nesse contexto, ou seja, da teoria do domínio do fato, relevante mencionar que Roxin desenvolveu uma modalidade específica de domínio de vontade, qual seja: a teoria do domínio da organização ou aparatos organizados de poder. Revela a ideia de uma nova modalidade de autor mediato, concernente àquele homem que domina um aparato organizado de poder. Com efeito, de acordo com as lições do autor:

> Autor mediato é todo aquele que tem, em suas mãos, a alavanca de controle do aparato de poder, independentemente do grau hierárquico, e, através de uma instrução, pode dar origem a fatos penais, nos quais não importa a individualização do executante. Portanto, é a fungibilidade (substitutividade ilimitada do autor imediato) que garante ao homem de trás a execução do fato e lhe permite dominar os acontecimentos. O atuante imediato é apenas uma roldana substituível dentro das engrenagens do aparato de poder".[483]

Funda-se em quatro dados:[484] a) no poder de comando do "homem de trás"; b) na disposição essencialmente elevada do executor ao fato; c) na fungibilidade do executor imediato; d) na desvinculação do direito pelo aparato de poder. A teoria permite e legitima a responsabilização criminal daquele que, integrando uma estrutura organizada de poder enuncia ordens para subalternos – executores/autores imediatos – cometerem crimes.

Diante do que foi exposto, pode-se apontar, em resumo, as três principais vertentes da teoria do domínio final dos fatos:

1. *Domínio da ação*

Diz respeito ao autor imediato, considerando como tal o agente que tem domínio sobre a própria ação. O próprio autor realiza a conduta descrita no tipo penal.

2. *Domínio da vontade*

Diz respeito ao autor mediato, considerando como tal o agente que domina a vontade de um terceiro, que lhe serve de instrumento para a prática criminosa. Este domínio da vontade pode se dar de duas maneiras:
   a) mediante erro ou coação (vide capítulo sobre coação moral irresistível); e
   b) por intermédio de aparatos organizados de poder (ex.: o líder da organização criminosa expede ordem para praticar o crime, sendo que um dos soldados da estrutura de poder irá cumpri-la).

---

[483] ROXIN, Claus. *Autoria mediata por meio do domínio da organização*. In Temas de Direito Penal – Parte geral. Luis Greco e Danilo Lobato (coords.) *apud* SALIM, Alexandre. AZEVEDO; Marcelo André. *Direito Penal* – Parte geral. Editora Juspodivm, 2017. 7. ed. p. 364.

[484] Idem.

3. Domínio funcional do fato

Diz respeito ao autor funcional.

Nesta hipótese de atuação conjunta (decisão comum e divisão de tarefas) para a prática de um delito, é considerado autor aquele que realiza um ato relevante na execução do plano delitivo global, mesmo que não seja uma ação típica. O fato típico deve ser imputado a todos os envolvidos.[485]

Registre-se, também, que, segundo Roxin, a teoria do domínio final do fato só é aplicável aos crimes comissivos dolosos, não sendo possível aos crimes funcionais, crimes culposos, crimes comissivos por omissão e crimes de mão própria.

Por fim, tanto o Supremo Tribunal Federal (RHC 81327/SP), quanto o Superior Tribunal de Justiça, já admitiram a aplicação da teoria do domínio final do fato em crime de falso testemunho (crime de mão própria), na hipótese em que o advogado induziu a testemunha a mentir. Vejamos aresto da Corte da Cidadania:

> RECURSO ESPECIAL. PENAL. FALSO TESTEMUNHO. ADVOGADO. COAUTORIA. POSSIBILIDADE. ATIPICIDADE DA CONDUTA. SÚMULA 7/STJ. PRECEDENTES. A pretensão referente à atipicidade da conduta aduzida esbarra no óbice da Súmula 7 deste Tribunal, eis que para analisá-la ensejaria o reexame meticuloso de matéria probatória. Entendimento desta Corte de que é possível, em tese, atribuir a advogado a coautoria pelo crime de falso testemunho. Recurso desprovido (STJ. REsp: 402783/SP 2001/0193430-6, Relator: Ministro José Arnaldo da Fonseca, Data de Julgamento: 09/09/2003, T5 – Quinta Turma, Data de Publicação: DJ 13/10/2003. p. 403).

21.4.2 Espécies de autoria

21.4.2.1 Autoria individual

Trata-se do conceito clássico, verificando-se quando o agente se comporta individualmente – isoladamente – sem contar com o auxílio ou colaboração de outras pessoas.

21.4.2.2 Autoria coletiva

Dá-se a autoria coletiva na hipótese em que se verifica a participação ou colaboração de duas ou mais pessoas para a realização do tipo penal. Fala-se, nesse caso, de coautoria (ver tópico referente à coautoria).

21.4.2.3 Autoria imediata

Verifica-se quando o agente pratica ele mesmo o tipo penal, não se servindo de outros auxiliares ou colaboradores. Ou seja, realiza pessoalmente os elementos do tipo penal.

Pode ser *direta* (quando o sujeito atua pessoalmente, *v.g.* efetuando disparo de arma de fogo em face de seu desafeto) ou *indireta* (quando o sujeito se utiliza de instrumentos ou animais para a prática do crime).

---

[485] SALIM, Alexandre. AZEVEDO; Marcelo André. *Direito Penal*. Parte geral. Editora Juspodivm, 2020. 10. ed. p. 351.

21.4.2.4 Autoria mediata

Também conhecida por "autoria por determinação" ou "por induzimento", dá-se quando o agente controla a vontade de outra pessoa e, dessa forma, se utiliza de outrem como seu instrumento.

O exemplo citado pela doutrina é a hipótese do médico que se vale da enfermeira para obter o resultado morte de um paciente sob seus cuidados, mediante injeção letal.

As principais características da autoria mediata são:
1. *pluralidade de agentes*, contudo, sem se verificar hipótese de participação ou de coautoria. Não há, portanto, concurso de pessoas, dada a ausência de liame subjetivo;
2. *o executor é mera ferramenta*, instrumento nas mãos do autor mediato;
3. *o autor mediato é senhor da vontade do executor*, ocultando-se.

Em regra, o autor mediato é o único responsável pelos fatos (art. 20, §2º, Código Penal). Excepcionalmente, porém, é possível que o executor responda culposamente, caso tenha agido culposamente e o tipo penal no qual incorreu preveja tal conduta como crime culposo.

No exemplo acima mencionado, se a enfermeira também atuar com dolo, obviamente, passará a ter responsabilidade penal. Portanto, o terceiro (no nosso caso, a enfermeira), não terá sido simples instrumento do autor mediato. Pelo contrário, terá agido por vontade própria (dolo). Já em relação ao médico, a doutrina tem apontado como solução adequada a sua punição como partícipe, porquanto tinha intenção de matar e acabou induzindo outrem a fazê-lo.

Nesse prisma, vamos às principais situações de autoria mediata indicadas pela doutrina:

1. *Executor inimputável*

Trata-se da situação na qual o agente se vale de um inimputável para praticar o crime. Neste caso, responderá o sujeito na condição de autor mediato e o inimputável será isento de pena.

2. *Coação moral irresistível*

Nessa hipótese, o autor mediato constrange moralmente alguém (*vis relativa*) a praticar um determinado crime. O coagido é isento de pena, enquanto o coator (autor mediato), que se utilizou do inculpável, responderá pelo fato criminoso.

3. *Obediência hierárquica*

Na hipótese de o superior hierárquico enunciar ordem não manifestamente ilegal e o subordinado a cumprir, incorrendo em fato típico e ilícito, apenas aquele responderá criminalmente (autor mediato), estando o executor da ordem isento de pena.

4. *Erro de proibição inevitável*

Trata-se de situação na qual o autor se vale de um terceiro para a prática de um crime, mas aquele não possui consciência da proibição (ilicitude), tampouco lhe era possível tê-la ou atingi-la.

Por exemplo, imagine que um notório jurista, pretendendo a morte de um familiar que se encontra gravemente enfermo, induz outrem a praticar eutanásia, convencendo-o que não se trata de conduta proibida.

21.4.2.4.1 Autoria mediata em crimes próprios

Perfeitamente possível o reconhecimento da autoria mediata em crimes próprios, desde que o agente (autor mediato) possua as qualidades exigidas pelo tipo penal.

Por exemplo, imagine que um servidor público entrega as chaves da repartição para seu filho menor de idade, ordenando a ele que lá adentre e subtraia o computador do local. Responderá o servidor público, a título de autoria mediata, pelo delito de peculato-furto, previsto no art. 312, §1º, do Código Penal.

21.4.2.4.2 Autoria mediata em crimes de mão própria

Crime de mão própria, também conhecido como crime de conduta infungível, é aquele que o tipo penal exige que a conduta seja praticada pessoalmente pelo autor, de forma direta. Em outras palavras, não é possível terceirizar a execução do delito, a exemplo do crime de falso testemunho (art. 342 do CP).

Majoritariamente, tem-se entendido pela impossibilidade de autoria mediata, justamente sob o argumento de que o autor mediato não reuniria as condições e qualidades exigidas pelo tipo penal, mormente no que diz respeito à prática pessoal do crime.

Em relação a essa questão, anote-se que Zaffaroni e Pierangeli discorrem sobre a chamada *autoria de determinação*, figura criada para solucionar a lacuna advinda da inclinação majoritária da doutrina pela inadmissibilidade da autoria mediata nos crimes de mão própria.

Para a *autoria de determinação*, não se aplicam as formas clássicas e tradicionais de autoria (direta ou mediata), tampouco de participação. Assim, para que não haja impunidade, o sujeito responderá criminalmente por ter praticado a conduta de determinar a violação do bem jurídico penalmente tutelado.

21.4.2.5 Autoria sucessiva

Trata-se da situação em que o agente ofende um bem jurídico anteriormente violado por outrem. Por exemplo, o crime previsto no art. 138, § 1º, do Código Penal, qual seja, quem propala ou divulga a calúnia.

21.4.2.6 Autoria de reserva

Trata-se da hipótese em que, no decorrer da prática de um crime, o sujeito aguarda para ver se sua intervenção será necessária. Nos dizeres de Nucci:

> É o colaborador destacado para certificar-se do sucesso na concretização do crime, porém sem que consiga realizar ato executório efetivamente importante para a consumação.[486]

Se intervier na empreitada criminosa, será autor. Se não intervier, será partícipe.

---

[486] NUCCI, Guilherme de Souza. *Código Penal comentado*. 13. ed. rev. atual. e ampl. São Paulo: Editora Revista dos Tribunais, 2013, p. 319.

21.4.2.7 Autoria intelectual

Autor intelectual é aquele que planeja a ação criminosa, a exemplo do que ocorre em organizações criminosas, bem como no caso do chefe de uma associação criminosa, ainda que não atue ativamente nos crimes planejados.

O art. 62, I, do Código Penal, preceitua como hipótese de agravante a situação em que o agente "promove, ou organiza a cooperação no crime ou dirige a atividade dos demais agentes".

21.5 Coautoria

Conceitua-se coautoria quando dois ou mais sujeitos, unidos subjetivamente, praticam o deito. Em última análise, é a própria autoria desenvolvida por duas ou mais pessoas ligadas entre si pelo elemento subjetivo.

São, portanto, três os requisitos para configurá-la: a) *pluralidade de condutas*; b) *relevância causal jurídica da conduta*; e c) *liame subjetivo entre os coautores*.

Observa-se que a coautoria pressupõe acordo de vontades (expresso ou tácito) entre os sujeitos. Logo, ausente este elemento essencial, não mais estaremos diante de coautoria, mas sim, autoria colateral.

Presentes os requisitos supra, a todos os coautores serão imputadas reciprocamente todas as contribuições individuais. Isso porque a coautoria é aditiva, ou seja, todos que dela participam respondem pelo resultado comum. A exceção fica por conta da ação dolosamente distinta (ver tópico sobre o tema).

Cumpre mencionar, ainda, que não há necessidade de que todos os coautores tenham o mesmo comportamento, sob pena de esvaziamento do instituto. É possível a distribuição de funções ou tarefas entre os envolvidos e é assim que normalmente ocorre.

Ademais, deve-se esclarecer que esse raciocínio é aplicado primordialmente aos crimes dolosos.

Traremos, doravante, os temas controversos sobre a coautoria.

21.5.1 Coautoria em crimes culposos

Sobre o tema, existem duas posições.

A primeira posição afirma que, tendo em vista a impossibilidade de liame subjetivo entre condutas culposas concorrentes, não há possibilidade de coautoria em crime culposo. Desse modo, todos os que concorreram culposamente para determinado resultado responderão, individualmente, de acordo com a respectiva parcela de culpa (ver item 21.3.3.1.1 – Autoria colateral).

Para a segunda posição, majoritária, entende-se possível a coautoria em delito culposo, desde que preenchidos alguns requisitos, quais sejam: a) pluralidade de agentes, b) relevância causal das várias condutas, c) liame subjetivo entre os agentes e d) identidade de infração penal. Nesse sentido é o posicionamento dos tribunais superiores. Vejamos aresto do Superior Tribunal de Justiça:

> *HABEAS CORPUS* IMPETRADO EM SUBSTITUIÇÃO AO RECURSO PREVISTO NO ORDENAMENTO JURÍDICO. 1. NÃO-CABIMENTO. MODIFICAÇÃO DE ENTENDIMENTO JURISPRUDENCIAL. RESTRIÇÃO DO REMÉDIO CONSTITUCIONAL.

EXAME EXCEPCIONAL QUE VISA PRIVILEGIAR A AMPLA DEFESA E O DEVIDO PROCESSO LEGAL. 2. HOMICÍDIO CULPOSO NA DIREÇÃO DE VEÍCULO AUTOMOTOR EM COAUTORIA. FILHO QUE PEGA O CARRO DO PAI E CAUSA ACIDENTE DE TRÂNSITO COM RESULTADO MORTE. COAUTORIA EM CRIME CULPOSO. POSSIBILIDADE. ATRIBUIÇÃO DE RESPONSABILIDADE CRIMINAL AO PAI. IMPOSSIBILIDADE. AUSÊNCIA DOS ELEMENTOS CARACTERIZADORES DO CONCURSO DE AGENTES. 3. NÃO-COMPROVAÇÃO DE QUE O PAI PERMITIU A SAÍDA DO FILHO COM O CARRO NA DATA DOS FATOS. AUSÊNCIA DE PREVISIBILIDADE APTA A CONFIGURAR O DELITO CULPOSO QUE SE ATRIBUI AO PAI. 4. *HABEAS CORPUS* NÃO CONHECIDO. ORDEM CONCEDIDA DE OFÍCIO, CONFIRMANDO-SE EM PARTE A LIMINAR, PARA RESTABELECER A SENTENÇA ABSOLUTÓRIA, NO QUE CONCERNE AO DELITO DO ART. 302, C/C O ART. 298, I, AMBOS DO CÓDIGO DE TRÂNSITO BRASILEIRO. (...) 2. A doutrina majoritária admite a coautoria em crime culposo. Para tanto, devem ser preenchidos os requisitos do concurso de agentes: a) pluralidade de agentes, b) relevância causal das várias condutas, c) liame subjetivo entre os agentes e d) identidade de infração penal. *In casu*, a conduta do pai não teve relevância causal direta para o homicídio culposo na direção de veículo automotor. Outrossim, não ficou demonstrado o liame subjetivo entre pai e filho no que concerne à imprudência na direção do automóvel, não podendo, por conseguinte, atribuir-se a pai e filho a mesma infração penal praticada pelo filho. 3. Não há qualquer elemento nos autos que demonstre que o pai efetivamente autorizou o filho a pegar as chaves do carro na data dos fatos, ou seja, tem-se apenas ilações e presunções, destituídas de lastro fático e probatório. Ademais, o crime culposo, ainda que praticado em coautoria, exige dos agentes a previsibilidade do resultado. Portanto, não sendo possível, de plano, atestar a conduta do pai de autorizar a saída do filho com o carro, muito menos se pode a ele atribuir a previsibilidade do acidente de trânsito causado (...) *Habeas Corpus* 235.827/SP (2012/0050257-8).

Frise-se que, nos crimes culposos, existe viabilidade do reconhecimento do concurso de pessoas somente na hipótese de coautoria, não sendo admitida na participação. Nesse sentido, Nilo Batista esclarece que:

> A participação é conduta essencialmente dolosa, e deve dirigir-se à interferência num delito também doloso (...) Não é pensável uma participação culposa: tal via nos conduziria inevitavelmente a hipóteses de autoria colateral.[487]

Guilherme Nucci traz seu entendimento, fazendo as seguintes ponderações:

> Embora concordemos totalmente que a participação somente se dá em crime doloso, somos levados a afirmar que, havendo contribuição de alguém à conduta culposa de outrem, configura-se a coautoria e não uma mera autoria colateral. Esta, em nosso entendimento, demanda a contribuição para o resultado sem noção de que se está atuando em auxílio de outra pessoa. A autoria colateral, no cenário da culpa, para nós, caracteriza a denominada culpa concorrente, pois reservamos a expressão "autoria colateral" para o dolo.[488]

---

[487] BATISTA, Nilo. *Concurso de agentes*. Uma investigação sobre os problemas da autoria e da participação no Direito Penal brasileiro. 2. ed. Rio de Janeiro: Lumen Juris, 2004. p. 158.

[488] NUCCI, Guilherme Souza. *Curso de Direito Penal*. Vol. 1. Parte geral – Arts. 1º a 120 do Código Penal. 3. ed. Rio de Janeiro: Forense, 2019. p. 620.

21.5.2 Coautoria em crimes omissivos

Existem duas posições sobre o tema.

Para a primeira corrente, é admitida a coautoria em crimes omissivos, sejam eles próprios ou impróprios, desde que mais de um agente, em unidade de desígnios, contribua de forma relevante para a causação do resultado.

Cita-se o clássico exemplo dos dois indivíduos que se deparam com uma pessoa necessitando de socorro, sendo que, de comum acordo, deixam de prestá-lo.

Para a segunda corrente, não é possível coautoria em crimes omissivos de qualquer natureza, tendo em vista que cada um dos sujeitos possui o seu dever jurídico de agir, sendo uma conduta individual e intransferível, de modo que cada agente responderá isoladamente, sendo cada um autor de seu delito.

21.5.3 Coautoria em crimes de mão própria

Os crimes de mão própria são aqueles em que o verbo nuclear do tipo penal exige atuação pessoal do agente. Por isso, majoritariamente, entende-se não admitir coautoria nestes crimes, mas apenas participação. Nesse sentido, Rogério Greco afirma que:

> Em regra, não se admite em infrações penais dessa natureza a autoria mediata, também deverá ser afastada a possibilidade de coautoria. Isto porque, por se tratar de infrações personalíssimas, não há possibilidade de divisão de tarefas. O delito, portanto, só pode ser realizado pessoalmente pelo agente previsto no tipo penal.[489]

Anote-se, no entanto, que a jurisprudência dos tribunais superiores é conflitante quanto ao tema. No âmbito do Superior Tribunal de Justiça, é possível encontrar precedentes[490] no sentido de que a conduta do advogado, ou outra pessoa, que induz ou instiga a testemunha a cometer falso testemunho (art. 342, Código Penal) incorre no crime na condição de partícipe. De outro giro, já entendeu o Supremo Tribunal Federal (em 1996)[491] que nessa hipótese o advogado responderia pelo crime na condição de coautor.

Em data mais recente (2001), o Supremo Tribunal Federal, nos autos do RHC 81.327, de relatoria da Ministra Ellen Gracie, julgado em 11/12/2001, teve a oportunidade de apreciar o tema.

No entanto, não se chegou a uma conclusão. Da análise do voto, é possível perceber que a Corte Maior inclina-se pela admissão da coautoria, valendo-se, outrossim, justamente dos parâmetros e elementos da participação, a partir da redação do art. 29 do Código Penal. Com a devida venia, ao se argumentar que "na hipótese presente, outra pessoa contribui moralmente para o crime, fazendo nascer no agente a vontade delitiva" está-se tratando de participação e não de coautoria.

Essa é a mesma crítica que a doutrina faz àquele julgamento de 1996, já que o caso tratado também era de advogado que instigou ou induziu a testemunha a cometer falso testemunho.

---

[489] GRECO, Rogério. *Curso de Direito Penal*. 15. ed. Rio de Janeiro: Impetus, 2013, p. 431.
[490] HC 47.125/SP, Rel. Ministro Hamilton Carvalhido, Sexta Turma, julgado em 02/05/2006, DJ 05/02/2007, p. 389.
[491] RHC 74395, Relator Ministro Mauricio Correa, Segunda Turma, julgado em 10/12/1996, DJ 07/03/1997.

21.6 Espécies de coautoria

21.6.1 Coautoria intelectual

Trata-se do agente que tem o controle organizacional do fato e, dessa forma, organiza, dirige, comanda e direciona a atividade dos demais agentes.

Há, na doutrina, outras denominações a esse coautor, tais como *coautor de escritório* ou *autor de escritório*, que não se confunde com a figura do autor mediato.

Enquanto na autoria mediata a responsabilidade penal recai, em regra, apenas sobre o autor mediato, na coautoria, todos os autores e coautores respondem pelo crime.

21.6.2 Executor

Infere-se, facilmente, tratar-se daquele que executa o verbo nuclear do tipo penal.

21.6.3 Coautor funcional

O coautor funcional é quem colabora com a prática delituosa, sem realizar diretamente o verbo nuclear do tipo penal, mas com o domínio parcial do fato. Esse controle pode ser direto ou eventual.

Será direto quando, por exemplo, o agente segura a vítima para que o coautor efetue o disparo de arma de fogo. Eventual, por sua vez, confunde-se com a coautoria alternativa (ver tópico 21.6.4 a seguir).

Anote-se ainda que, conforme parte da doutrina, o coautor funcional também pode derivar da especial qualidade do agente, citando-se o exemplo do peculato (art. 312, Código Penal), em que o funcionário público que participa do delito seria coautor funcional caso não realizasse o núcleo do tipo.

21.6.4 Coautoria alternativa

Coautoria alternativa advém do resultado ajustado ou combinado, a ser praticado por qualquer dos membros que concorrem na empreitada criminosa.

Imagine que A e B planejam a morte de C, sendo que cada um se posiciona num determinado lugar de possível passagem de C. Qualquer um que praticar o ato o faz como obra comum. Enquanto um exerce o papel de autor funcional – porquanto tem o controle eventual do fato – o outro exerce o de executor.

21.6.5 Coautoria conjunta

Dá-se quando todos os coautores atuam concomitantemente e de forma conjunta, reunindo esforços para alcançar um objetivo em comum.

21.6.6 Coautoria sucessiva

Trata-se do agente que adere ao desenvolvimento de um fato criminoso que já teve início.

Imagine que "A" e "B" realizaram roubos de diversos objetos num determinado bairro. Após a consumação do delito, optam por retornar ao local para a prática de novos roubos, ocasião em que "C" adere ao plano criminoso.

"C" é coautor sucessivo e, por razões lógicas, responderá apenas pelos fatos que cometeu após aderir à empreitada. Nesse sentido, é a lição de Luiz Flávio Gomes:

> Em relação ao coautor sucessivo, entretanto, é preciso sublinhar o seguinte: a coautoria é aditiva para ele, mas a partir do momento em que ele ingressou no *iter criminis* (no projeto criminoso). Ele não responde pelo que já passou, apenas pelo que ocorreu a partir da sua adesão.[492]

21.6.7 Coautoria multitudinária

Como o próprio nome indica, é o crime praticado em multidão, na qual todos os colaboradores possuem um objetivo em comum.

21.6.8 Coautoria societária

Indica a pluralidade de agentes que, coletivamente, praticam crimes por meio de uma sociedade empresária ou uma pessoa jurídica.

Importa esclarecer, com base na doutrina e jurisprudência, que tanto na coautoria multitudinária, quanto na societária, a inicial acusatória deve descrever a conduta de cada colaborador, indicando sua participação no fato.

Demais disso, a coautoria pressupõe adesão, ou seja, todos os colaboradores contribuem para o resultado comum, respondendo por ele. Ainda que se desconheça quem, de fato, foi o responsável pela consequência definitiva, todos os agentes responderão pelo fato comum, a exemplo do que ocorre quando diversos agentes – em coautoria – desferem socos e pontapés numa vítima com resultado morte, sem saber exatamente quem causou a morte. Certamente que todos os envolvidos responderão pelo crime em virtude da união das vontades e das ações, sendo irrelevante quem tenha dado o golpe fatal. Nessa linha é o ensinamento de Luiz Flávio Gomes:

> Mesmo que não se descubra (*ex post factum*) quem foi o autor do disparo ou do golpe fatal, todos respondem pelo resultado (...), porque a coautoria é aditiva, ou seja, o produto final é de responsabilidade de todos os coautores (independentemente de quem tenha sido o efetivo executor). Na coautoria o fato pode ser visto desde a perspectiva *ex ante* (desde o princípio não se sabe quem efetivamente produzirá o resultado pretendido) ou *ex post* (ou seja: depois de realizado o fato efetivamente não se descobre quem foi o causador do resultado). Isso não impede a responsabilidade de todos os coautores (porque houve adesão de vontades entre eles).[493]

---

[492] GOMES, Luiz Flávio; PABLOS DE MOLINA, Antonio García. *Direito Penal*: Parte geral. Volume 2. Coordenação Luiz Flávio Gomes. São Paulo: Editora Revista dos Tribunais, 2007, p. 506.
[493] Idem, p. 506.

21.7 Participação

Partícipe é aquele sujeito que realiza ações não alcançáveis pelo tipo penal, ou seja, realiza atos que concorrem para o crime, sem, contudo, realizar a ação nuclear. É aquele que contribui para o delito alheio, sem realizar a figura típica, nem tampouco comandar a ação.[494]

O autor é protagonista do crime, exercendo o papel principal. O partícipe, por sua vez, desempenha papel secundário, mas que influencia na prática do delito. Nesse sentido, Rogério Greco ensina que "se a autoria é sempre atividade principal, participação será sempre uma atividade acessória, dependente da principal".[495]

São, portanto, requisitos da participação:
a) *pluralidade de condutas*;
b) *relevância causal e jurídica da conduta*; e
c) *liame subjetivo do partícipe*, ou seja, inequívoca ciência de que colabora para o crime perpetrado por outro.

Assim como ocorre na coautoria, a participação pressupõe pluralidade de condutas. Além disso, a contribuição do participante deve ser penalmente relevante e, por fim, é indispensável o liame subjetivo do partícipe, inclusive sua homogeneidade. Por isso, anota a doutrina duas regras importantes:

1. *Não há participação culposa em crime doloso*

Eventual conduta negligente não possui o condão de contribuir para outro delito, por ausência de relevância causal e jurídica. Imagine, por exemplo, que determinado funcionário deixe o portão aberto, ocorrendo um furto ou roubo de mercadorias. Sua conduta não implica participação no furto – ao menos em regra – já que não há falar participação culposa em crime doloso.

2. *Não há participação dolosa em crime culposo*

Por exemplo, imagine que Fulano, passageiro de veículo, instiga Beltrano, motorista, a imprimir alta velocidade no veículo. Fulano sabe que seu desafeto, Sicrano, está próximo e se comporta dessa maneira pretendendo a morte dele.

Caso Sicrano seja atingido, Fulano não é partícipe do crime culposo praticado por Beltrano, respondendo criminalmente como autor mediato do homicídio doloso. O motorista, por sua vez, responderá a título de culpa.

A participação, inclusive, por se tratar de conduta acessória, ou seja, que depende da conduta da principal, somente será punível caso o autor inicie os atos executórios do crime, já que, em conformidade com a redação do art. 31 do Código Penal, "o ajuste, a determinação ou instigação e o auxílio, salvo disposição expressa em contrário, não são puníveis se o crime não chega, pelo menos, a ser tentado".

---

[494] NUCCI, Guilherme de Souza. *Código Penal comentado*. 13 ed. rev. atual. e ampl. São Paulo: Editora Revista dos Tribunais, 2013, p. 311.
[495] GRECO, Rogério. *Curso de Direito Penal*. 15. ed. Rio de Janeiro: Impetus, 2013, p. 438.

21.7.1 Formas de participação

Sendo uma atividade acessória, a participação pode ser moral (induzimento e instigação) ou material (prestação de auxílio material).

Induzimento é incutir, fazer nascer a ideia criminosa não antes imaginada pelo agente, a qual é veiculada pelo partícipe.

Instigação, por sua vez, limita-se a estimular, reforçar uma ideia já existente, fazendo com que o agente consolide a intenção criminosa pré-existente. A atuação do instigador, nas lições de Pierangeli:

> Deve ser decisiva no sentido de orientar e de determinar a execução, pelo autor, de uma conduta típica e antijurídica. Todavia, a punição da instigação decorre de ter levado o autor a decidir pela prática do crime, não pelo fato de ter-lhe dado a ideia, que até poderia ter sido dada por outrem.[496]

Na prestação de auxílio material, o partícipe colabora facilitando a prática da infração penal, por exemplo, fornecendo uma escada para que o agente consiga acesso à residência da vítima ou ainda lhe emprestando armas ou munições para que possa provocar a morte do desafeto.

Registre-se, entretanto, que quando o tipo penal expressa essas condutas como ações nucleares do tipo penal, aquele que os praticar será autor e não partícipe.

Ressalta-se, também, que a instigação, induzimento ou auxílio devem ser direcionados a pessoas e fatos determinados, ou seja, a conduta do partícipe deve conduzir, acessoriamente, à prática de certa infração penal por pessoa específica.

Se o agente, eventualmente, incitar publicamente pessoas indeterminadas à prática de crimes, poderá ser considerado não partícipe, mas autor do crime previsto no art. 286, Código Penal.

21.7.2 Participação omissiva

É possível se falar, ainda, em *participação omissiva*, que se constata a partir da verificação de três requisitos, quais sejam:

a) *sujeito tinha o dever jurídico de agir e evitar o resultado*;

b) *podia agir e não agiu*; e

c) *existência de vínculo subjetivo do partícipe*.

Um bom exemplo e frequentemente citado pela doutrina é o do guarda noturno que, diante do furto de um veículo, podendo agir (intervenção, acionamento de forças policiais etc.), se omite, aderindo subjetivamente a ele.

Note que a participação omissiva não se confunde com a simples conivência.

Haverá conivência quando o sujeito não tem o dever jurídico de agir ou quando não aderiu subjetivamente ao delito.[497] Ainda no nosso exemplo, se o guarda noturno nada fizer por medo ou receio de represálias, não aderiu subjetivamente à empreitada criminosa, sendo mero conivente e, portanto, não terá nenhuma responsabilidade penal.

---

[496] PIERANGELI, José Henrique. *Escritos jurídicos penais*. apud GRECO, Rogério. *Curso de Direito Penal*. 15. ed. Rio de Janeiro: Impetus, 2013, p. 439.

[497] GOMES, Luiz Flávio; PABLOS DE MOLINA, Antonio García. *Direito Penal*: Parte geral. Volume 2. Coordenação Luiz Flávio Gomes. São Paulo: Editora Revista dos Tribunais, 2007, p. 509.

Questiona-se, em doutrina, a possibilidade de responsabilizar criminalmente o guarda noturno com fundamento na omissão imprópria (art. 13, §2º, Código Penal).

Contudo, é entendimento pacífico na doutrina que não se pode transportar para as situações de simples conivência a lógica e estrutura dos crimes omissivos impróprios, que só se aplicam para hipóteses de bens jurídicos com maior relevância. Nesse sentido, Luiz Flávio Gomes explica que:

> A estrutura dos crimes omissivos impróprios não conta com validade universal (não vale para todos os delitos). Aliás, doutrinariamente, restringe-se a sua incidência para os casos que envolvem bens jurídicos de alto e reconhecido valor.[498]

Em nosso exemplo, o dever jurídico do guarda noturno está limitado tão somente à proteção do patrimônio e não de outros bens jurídicos. Além disso, o crime omissivo impróprio demanda domínio do fato, situação inexistente no exemplo do guarda que testemunhou o crime patrimonial e nada fez.

21.7.3 Teorias sobre a punibilidade da participação

Como já explicado linhas volvidas, a participação é sempre atividade acessória à principal, sendo correto afirmar que haverá punição do partícipe, a depender da conduta desempenhada pelo autor principal do delito, uma vez que aquela encontra-se interligada a esta.

Para tanto, existem quatro teorias que abrangem o tema e que se relacionam, em certa medida, com o conceito tripartido de delito, quais sejam: a) *teoria da acessoriedade mínima*; b) *teoria da acessoriedade limitada*; c) *teoria da acessoriedade máxima*; e d) *teoria da hiperacessoriedade*.

Contudo, antes de analisar cada uma das teorias, devemos fazer um alerta quanto ao art. 31 do Código Penal. Isso porque este dispositivo indica que a conduta do partícipe apenas será objeto de avaliação caso o autor, ao menos, inicie o *iter criminis*, realizando atos de execução, salvo as hipóteses nas quais a conduta do partícipe, por si só, constitui tipo penal autônomo.

Vamos ao estudo das teorias.

a) *Teoria da acessoriedade mínima*

Para essa teoria, basta o autor praticar um fato típico (tipicidade) para que o partícipe responda criminalmente.

Critica-se esta teoria em virtude de ignorar a possibilidade de determinado fato, embora típico, ser praticado à luz de uma excludente de ilicitude (*v.g.* legítima defesa ou estado de necessidade).

Basta imaginar que A, ávido por alimentos, seja estimulado por B a subtrair itens de um supermercado para saciar sua fome e de sua família. A despeito de o fato ser típico, observa-se a presença da excludente de ilicitude do estado de necessidade.

---

[498] Idem.

Caso a teoria da acessoriedade mínima fosse a adotada por nosso ordenamento jurídico, o partícipe seria responsabilizado, mesmo que o autor não tivesse praticado uma conduta ilícita.

Em outras palavras, esta concepção admite participação criminosa em fatos que são considerados lícitos pelo ordenamento jurídico, o que, deveras, não faz nenhum sentido.

b) *Teoria da acessoriedade limitada ou média*

Aqui, a punição do partícipe pressupõe que o autor principal tenha praticado um fato típico e ilícito, sendo dispensável, contudo, que ele seja considerado culpável. Trata-se da teoria majoritariamente adotada. Nesse sentido, Rogério Greco:[499]

> Portanto, para a teoria da acessoriedade limitada, adotada pela maioria dos doutrinadores, é preciso que o autor tenha cometido um injusto típico, mesmo que não seja culpável, para que o partícipe possa ser penalmente responsabilizado.

E arremata com um interessante exemplo:

> Aquele que é auxiliado materialmente por outrem, que lhe empresta uma arma a fim de que possa atuar porque, erroneamente, supõe poder agir em defesa da honra de sua filha, bem como na de sua família, age em erro de proibição indireto (erro sobre a existência de uma causa de justificação). O erro de proibição, se invencível, afasta a culpabilidade do agente, isentando-o de pena. Aquele que auxilia materialmente o autor a praticar um injusto típico, mesmo que não culpável, responderá, de acordo com a teoria limitada, pelo resultado advindo da conduta do autor. No exemplo fornecido, embora o autor não seja culpável, o fato por ele cometido é típico e ilícito. Uma vez caracterizado o injusto penal, abre-se a possibilidade de ser penalmente responsabilizado o partícipe.

Prevalece majoritariamente a teoria da acessoriedade limitada em razão de o injusto penal configurar-se a partir do cometimento de um fato típico e ilícito. Não se inclui a culpabilidade, pois esta traz questionamentos de ordem pessoal, muito próprios à análise da situação de cada um dos autores e partícipes, vista individualmente. Logo, independentemente da presença ou não de culpabilidade, o partícipe poderá ser punido.[500]

c) *Teoria da acessoriedade máxima*

Para a teoria da acessoriedade máxima, a responsabilização penal do partícipe exige que o autor principal tenha praticado um fato típico, ilícito e culpável.

d) *Teoria da hiperacessoriedade*

Esta última vai além e condiciona a punição do partícipe à existência de punibilidade, ou seja, haverá punição do partícipe se o autor da conduta principal praticar um fato típico, ilícito, culpável e punível.

---

[499] GRECO, Rogério. *Curso de Direito Penal*. 15. ed. Rio de Janeiro: Impetus, 2013, p. 441.
[500] NUCCI, Guilherme de Souza. *Código Penal comentado*. 13. ed. rev., atual. e ampl. São Paulo: Editora Revista dos Tribunais, 2013, p. 312.

Logo, caso tal teoria fosse adotada pelo nosso ordenamento jurídico, diante de eventual prescrição da pretensão punitiva (art. 107, inciso IV, Código Penal) em relação ao autor, a responsabilização penal do partícipe seria esvaziada.

21.7.4 Participação punível (desistência voluntaria e arrependimento eficaz do autor)

Sobre desistência voluntária e arrependimento eficaz, é a disposição do art. 15 do Código Penal:

> Art. 15. O agente que, voluntariamente, desiste de prosseguir na execução ou impede que o resultado se produza, só responde pelos atos já praticados.

Inicialmente, extrai-se que o dispositivo se destina aos autores das infrações penais, tendo em vista que somente eles praticam atos de execução, podendo deles desistir ou ainda, no caso de arrependimento, tentar evitar a produção do resultado.

Por isso, indaga-se: os efeitos da desistência voluntária ou arrependimento eficaz do autor alcançariam o partícipe?

Para Nilo Batista,[501] "a impunidade do partícipe é decorrência da acessoriedade da participação", de modo que se a desistência voluntária ou arrependimento eficaz levam o autor à atipicidade da conduta originária, com muito mais razão esse fato deve ser estendido à pessoa do partícipe.

Contudo, existem entendimentos em sentido contrário, a exemplo de Rogério Greco, para quem o partícipe não será beneficiado com a regra contida no art. 15 do Código Penal, vez que, ao ser dado início à execução, ali nasceu a possibilidade de se punir o partícipe.

Argumenta, ainda, que aludido benefício é pessoal, sendo, portanto, intransferível ao partícipe que agiu com dolo de induzir, instigar ou auxiliar.

De qualquer sorte, sem prejuízo da lição do renomado professor, entendemos que a atipicidade decorrente da desistência voluntária ou arrependimento eficaz em relação à conduta do autor principal deve ser estendida ao partícipe.

Não é razoável admitir que a participação, conduta acessória por natureza, seja subvertida para ganhar relevo superior à principal, superando-a. Nesse mesmo sentido, Luiz Flávio Gomes,[502] ao afirmar que "não há participação punível se o fato principal não é típico ou antijurídico".

Para evitar repetições desnecessárias, remetemos o amigo leitor ao Capítulo 16 – Desistência Voluntária e Arrependimento Eficaz (16.3 Natureza jurídica).

21.7.5 Desistência do partícipe

Na hipótese de participação, raramente se vislumbra a situação de desistência voluntária, embora seja faticamente possível sua configuração.

---

[501] BATISTA, Nilo. *Concurso de agentes*, apud GRECO, Rogério, *Curso de Direito Penal*. 15. ed. Rio de Janeiro: Impetus, 2013, p. 444.
[502] GOMES, Luiz Flávio; PABLOS DE MOLINA, Antonio García. *Direito Penal*: Parte geral. Volume 2. Coordenação Luiz Flávio Gomes. São Paulo: Editora Revista dos Tribunais, 2007, p. 510.

Por exemplo, imagine o sujeito que se compromete a emprestar a arma para a realização de crimes, auxiliando materialmente o autor principal, mas, antes que os delitos ocorram, desiste de sua colaboração.

Em regra, é factível admitir que, após incutir ou estimular a ideia criminosa na mente do autor, ao desistir, o partícipe passará a dissuadi-lo da prática delitiva.

De qualquer sorte, interessa-nos saber quais os efeitos caso o partícipe assim proceda.

Entendemos que, se o partícipe se arrepender ou desistir, voluntariamente, de seus comportamentos anteriores, apenas não será responsabilizado criminalmente se obtiver sucesso quanto à não-produção dos resultados, ou seja, caso faça com que o autor não pratique a conduta criminosa.

Anote-se que, quanto ao auxílio material, caso o autor pratique o delito valendo-se de outro instrumento que não aquele prometido pelo partícipe, certamente que este não será penalmente responsabilizado, uma vez que a conduta criminosa não é desdobramento de seu auxílio.

Além disso, o partícipe somente pode responder nos limites do risco criado, situação inexistente caso não forneça o instrumento originalmente prometido.

21.7.6 Participação de menor importância

O art. 29, §1º, do Código Penal dispõe que "se a participação for de menor importância, a pena pode ser diminuída de um sexto a um terço".

Trata-se de hipótese de causa de diminuição de pena aplicada exclusivamente ao partícipe, cuja incidência é obrigatória, sobretudo porque cada indivíduo deve ser responsabilizado na medida de sua culpabilidade.

Assim, desde que fique cabalmente demonstrada a colaboração mínima do partícipe, gozará este da redução de pena, de modo que, quanto mais a conduta do partícipe se aproximar do núcleo do tipo, menor será a redução, ao passo que, quanto mais distante, maior será a diminuição.

Não se pode confundir participação de menor importância com contribuição absolutamente insignificante, a qual acarretará a impunidade do partícipe. Quanto ao tema, Alberto Silva Franco explica que a participação de menor importância "contém em si a revelação de uma culpabilidade menos expressiva e, por isso, autorizou a redução punitiva",[503] enquanto que na contribuição absolutamente insignificante não há colaboração com o resultado, nele não produzindo qualquer efeito, ainda que mínimo.

Vejamos um exemplo trazido por Luiz Flávio Gomes:

> O sujeito quer cometer o crime de inundação e já está preparando o rompimento de uma barreira, onde se encontram 10 milhões de litros de água. Um terceiro quer participar do crime e despeja no reservatório um copo d'água. Essa participação é absolutamente insignificante. Não é punível.[504]

---

[503] SILVA FRANCO, Alberto. *Código Penal e sua interpretação*. apud GRECO, Rogério, *Curso de Direito Penal*. 15. ed. Rio de Janeiro: Impetus, 2013, p. 450.
[504] GOMES, Luiz Flávio; PABLOS DE MOLINA, Antonio García. *Direito Penal*: Parte geral. Volume 2. Coordenação Luiz Flávio Gomes. São Paulo: Editora Revista dos Tribunais, 2007, p. 510.

21.7.7 Participação em crime menos grave ou cooperação dolosamente distinta

Consoante redação constante no art. 29, §2º do Código Penal:

> Se algum dos concorrentes quis participar de crime menos grave, ser-lhe-á aplicada a pena deste; essa pena será aumentada até metade, na hipótese de ter sido previsível o resultado mais grave.

Pelo que se extrai da disposição legal, denota-se que o legislador pretendeu punir os agentes nos exatos limites de suas condutas, de maneira que, se o sujeito pretendia colaborar apenas para determinada infração penal, não poderá responder pelo desvio subjetivo da conduta de outro colaborador.

Trata-se da figura conhecida por "atuação dolosamente distinta" ou "desvio subjetivo de conduta" e pode ser verificada na hipótese em que, por exemplo, Fulano e Beltrano se ajustam para realizar o crime de furto em determinada residência acreditando que não haveria ninguém em seu interior. Enquanto Beltrano aguarda do lado de fora, fazendo a segurança, Fulano adentra no imóvel. Ao ingressar na casa, Fulano se depara com a vítima e resolve disparar contra ela, matando-a. Por querer apenas participar do furto, Beltrano responderá apenas pelo crime menos grave.

Contudo, a aplicação do dispositivo legal não pode ocorrer de forma leviana.

O simples fato de o agente dizer, seja em juízo ou no âmbito da investigação policial, que pretendia praticar crime menos grave, não é suficiente para que, por si só, se opere a exclusão do crime mais grave. Assim, é imprescindível a análise do caso concreto para saber se o resultado mais grave era ou não previsível.

Ainda no nosso exemplo, se Beltrano soubesse que Fulano portava a arma de fogo, a solução jurídica seria distinta. Neste caso, o resultado morte do morador seria provável e possível.

Desse modo, havendo previsibilidade do resultado mais grave, o agente responde pelo crime de que queria participar com a pena aumentada de metade.

É importante ressaltar que o dispositivo se aplica tanto aos casos de coautoria quanto nos de participação.

Por fim, podemos resumir a cooperação dolosamente distinta em três hipóteses:
1. Se o concorrente não quis participar do crime mais grave *e não lhe era previsível o resultado mais grave*, responderá apenas pelo crime que quis praticar (crime menos grave);
2. Se o concorrente não quis participar do crime mais grave, *mas lhe era previsível o resultado mais grave*, responderá apenas pelo crime que quis praticar (crime menos grave), com a pena aumentada até metade;
3. Se o crime mais grave era previsto e aceito como possível pelo agente, por ele responderá, uma vez que haverá dolo eventual.

21.8 Comunicabilidade de elementares e circunstâncias

Dispõe o art. 30 do Código Penal que: "não se comunicam as circunstâncias e as condições de caráter pessoal, salvo quando elementares do crime".

Preliminarmente, é preciso conceituar elementares, circunstâncias e condições.

Elementares são dados principais, essenciais à existência do crime. Para se verificar se estamos ou não diante de uma elementar, basta suprimi-la. Se o crime continuar existindo, não se trata de elementar. Se o crime deixar de existir ou convolar-se em outro delito, trata-se de elementar do delito.

Por exemplo, no crime de furto (art. 155 do CP), podemos citar as seguintes elementares: 1. subtrair; 2. para si ou para outrem; e 3. coisa alheia móvel. Se houver a supressão de qualquer um desses dados, não existirá mais o delito de furto.

Circunstâncias, por sua vez, são os dados acessórios, dispensáveis para a completa configuração do tipo penal básico, embora possam interferir na fixação da pena, tal qual a previsão do §1º do art. 155 do Código Penal (furto praticado durante repouso noturno).

Condições, como explica Rogério Sanches, "são elementos inerentes ao indivíduo, considerados em sua relação com os demais, e existentes independentemente da prática do crime, como a idade menor de vinte e um anos, a reincidência e as relações de parentesco".[505]

21.8.1 Natureza das elementares e circunstâncias

As circunstâncias ou elementares podem ser classificadas em:
1. *De caráter não pessoal ou objetivas*, que são aquelas que dizem respeito a aspectos objetivos do tipo penal, ou seja, se relacionam com o fato, tais como meios e modos de execução, tempo, lugar, bem ainda as qualidades da vítima.
2. *De caráter pessoal ou subjetivas*, por sua vez, são os dados referentes à pessoa do agente, tais como os motivos do crime, as qualidades especiais do autor, bem como relações pessoais que possua com a vítima (ascendente, descendente).

Da disposição constante no art. 30 do Código Penal extrai-se que as *elementares* são sempre comunicáveis, sejam elas objetivas ou subjetivas e desde que o outro agente delas tenha conhecimento.

Um bom exemplo, citado pela maioria da doutrina, diz respeito à condição de funcionário público no crime de peculato (art. 312, Código Penal), que se comunica ao particular que com ele pratica o crime, desde que saiba dessa condição especial.

As circunstâncias, no entanto, podem ou não ser comunicáveis. Serão sempre comunicáveis as objetivas, desde que o outro agente delas tenha conhecimento (*v.g.* furto noturno).

Por outro lado, as subjetivas são incomunicáveis, salvo quando elementares do crime e sejam de conhecimento do outro agente, a exemplo das hipóteses de homicídio privilegiado do art. 121, §1º, do Código Penal.

21.8.2 Natureza jurídica das condições

As condições de natureza pessoal, que são aqueles dados referentes à pessoa do agente, não se comunicam aos demais coautores ou partícipes. Por exemplo, ainda que

---

[505] CUNHA, Rogério Sanches. *Manual de Direito Penal*. Parte geral (arts. 1º ao 120). Volume único. Salvador: JusPodivm, 2020, p. 476.

os demais concorrentes do crime tenham ciência da condição pessoal de reincidente de um dos comparsas, a agravante somente é aplicada a ele.

De outra banda, as condições de natureza objetiva sempre se comunicam, desde que os demais concorrentes do crime tenham ciência delas.

CAPÍTULO 22

TEORIA GERAL DA PENA

22.1 Introdução e conceito

Sanção penal é a consequência da prática da infração penal (crime ou contravenção). Portanto, quando determinado sujeito, por meio de uma conduta criminosa, viola uma norma penal incriminadora e, havendo culpabilidade (imputabilidade, potencial consciência da ilicitude e exigibilidade de conduta diversa), advém para o Estado o poder-dever (*jus puniendi*) de, após o devido processo legal, aplicar a respectiva punição, consistente na privação ou restrição de determinados bens e liberdades jurídicas.

Anote-se que pena não se confunde com sanção penal. Isso porque pena, ao lado da medida de segurança (aplicada aos inimputáveis), são espécies do gênero sanção penal. Enquanto a pena tem como pressuposto culpabilidade, a medida de segurança pressupõe periculosidade. Nesse sentido, Salim e Azevedo:[506]

> A imposição da medida de segurança, segundo concepção dominante no Direito comparado, não se trata de uma forma de reação ao crime cometido, mas para evitar outros no futuro. Em resumo, as penas e as medidas de segurança são as duas espécies de sanção penal.

Inicialmente, é importante destacar que a pena possui dois aspectos fundamentais que balizam todo o seu estudo, quais sejam: um estatal e outro individual. Enquanto o primeiro diz respeito à pena como meio de manutenção da ordem jurídica, o segundo analisa a perspectiva de quem a suporta. Quanto a isso, inclusive, preciosa é a lição de Luiz Flávio Gomes, segundo a qual:

> Contempla a pena como instrumento a serviço da função essencial atribuída ao Estado: a missão de manutenção da ordem estabelecida. Ela se vincula, portanto, à Teoria do Estado. O fundamento real da pena deriva da sua condição de meio indispensável para

---

[506] SALIM, Alexandre; AZEVEDO, Marcelo André. *Direito Penal*. Parte geral. Editora Juspodivm, 2017. 7. ed., p. 353.

fazer valer a ordem da comunidade jurídica. Mas a pena deve ser examinada também desde a ótica do condenado que a sofre e seus cocidadãos que vivem a experiência da aplicação do castigo estatal: nisso reside o plano 'pessoal' da pena.[507]

Portanto, aprioristicamente, sob a ótica estatal, a pena justifica o direito de punir do Estado em nome da comunidade, para manter a ordem jurídica sob controle.

De outro giro, sob a esfera individual, cabe ao agente delitivo o dever de suportá-la. Contudo, tal temática não se encerra com esta simplória afirmação, sendo necessário definir os contornos da atuação Estatal, sobretudo no que toca aos limites pena, tendo em vista serem notórias as consequências que sua imposição pode causar.

Assim, podemos conceituar pena como a privação ou restrição de bens jurídicos estabelecidos pela lei e imposta pelo órgão jurisdicional, contra quem cometeu – culpavelmente – um delito.[508]

Em consequência, a pena (imposta por autoridade constituída segundo o sistema vigente), deve implicar um dissabor (proporcionalidade entre gravidade do fato e gravidade da sanção) adequado à violação das normas legais.

Inclusive, a palavra "pena" deriva do latim *poena*, indicando justamente a ideia de punição ou castigo. Sob o viés jurídico-penal, é o resultado imputado pelo ordenamento jurídico a um crime ou contravenção penal. As penas podem ser privativas ou restritivas de liberdade, restritivas de direito ou de natureza pecuniária.

22.2 Histórico

Historicamente, a pena advém de longo período de monopólio pelo Estado da vingança privada e da lei do talião, que superou a ideia do ódio ou vingança contra o infrator e introduziu o mecanismo do julgamento dos fatos de forma objetiva.[509]

Com efeito, nota-se que a história da pena guarda íntima relação de proximidade com a história do Direito Penal, como bem destaca André Estefam:[510]

> Em retrospectiva histórica, pode-se dividir o Direito Penal em diversas fases: a da vingança privada (Talião e Código de Hamurabi), a da vingança divina (Código de Manu), a da vingança pública (a pena era entendida como meio de conservação do Estado – Roma Antiga), a fase humanitária (Beccaria) e a fase científica (iniciada com as Escolas Penais). Em cada uma delas, a pena tinha um sentido e uma finalidade distintos. Deixando de lado o período primitivo (vingança privada, divina e pública), cabe frisar que o período humanitário inaugura-se com a singela, porém magistral, obra de Cessare Bonesanna, o Marquês de Beccaria, intitulada *Dos delitos e das penas* (1764).

---

[507] GOMES, Luiz Flávio; MOLINA, Antonio García Pablos de. *Direito Penal*: Parte geral. Volume 2. São Paulo: Editora Revista dos Tribunais, 2007, p. 656.

[508] RODRÍGUEZ DEVESA, José Maria. *Derecho penal español*: parte general, cit., 1976, p. 742; ANTÓN ONECA, José. *Derecho Penal*: Parte general, cit., p. 477; MEZGER, Edmund. *Tratado de derecho penal* II. Trad. e anot. J. A. Rodrigues Munhoz, 2. ed., p. 343; SCHMIDHÄUSER, Eberhard. *Strafrecht*, A., T., cit., p. 24 e 25.

[509] GOMES, Luiz Flávio; PABLOS DE MOLINA, Antonio García. *Direito Penal*: Parte geral. Volume 2. Coordenação Luiz Flávio Gomes. São Paulo: Editora Revista dos Tribunais, 2007, p. 659.

[510] ESTEFAM, André, *Direito Penal*. Volume 1: Parte geral (arts. 1º a 120). 8. ed. São Paulo: Saraiva Educação, 2019, p. 352.

Beccaria reagiu contra as arbitrariedades até então havidas, sobretudo no que tocava à desproporcionalidade das penas, sem prejuízo, obviamente, dos julgamentos parciais e métodos abusivos de produção de prova. Pontuou, ao final, que o julgamento dos imputados pela prática de crimes deve ser público e a pena proporcional, com fundamento nas leis do Estado e o menos rigorosa possível.

22.3 Finalidade da pena

Saber a finalidade da pena é descobrir o significado do ato de sancionar, ou seja, a razão, o sentido e por qual motivo se aplica a pena.

De início, já podemos afirmar que a pena serve para retribuir e prevenir. Logo, a pena pode, respectivamente, ser idealizada com a finalidade de compensar ou restaurar a infração já cometida (olhar para o passado), e/ou para evitar que uma nova infração seja praticada (olhar para o futuro, evitando reincidência ou novos crimes).

Por isso, a doutrina costuma estruturar as finalidades da pena de acordo com as respectivas teorias, que podem ser divididas em três grupos: teorias absolutas, relativas e mistas. Vamos a elas.

22.3.1 Teorias absolutas, retributivas ou repressivas

Segundo as teorias absolutas, retributivas ou repressivas, a finalidade da pena é sobremaneira retributiva, agindo como compensação pelo crime praticado, ou seja, funciona como instrumento indispensável para reparar a ordem jurídica violada por ação do agente criminoso.

Portanto, para essa linha de pensamento, a pena é retribuição que se aplica ao agente delitivo para compensar o mal que este causou previamente: é pura compensação, sem que a valoração do fato possa ter considerações utilitárias ou de outra índole, alheias à ideia de justiça.[511]

As teorias absolutas encontram seus expoentes nas figuras de Kant e Hegel. Para Kant, há uma necessidade absoluta da pena, que deriva do "mandado de justiça", não admitindo nenhuma exceção. Para ele, a pena é um fim em si mesma e deve ser imposta ainda que não houvesse nenhuma utilidade para a comunidade, já que o sujeito deveria sofrer pelos atos que comete, sendo célebre sua passagem:[512] "que morra um homem a que se jogue a perder todo um povo; pois se a justiça perde sua credibilidade, já não tem sentido que vivam os homens sobre a terra".

Hegel, por sua vez, parte do pressuposto de que o ordenamento jurídico consiste numa vontade geral, de modo que o fato criminoso seria uma objeção a esta vontade, possuindo a pena o dever – ou finalidade – de reafirmar ou restaurar o ordenamento, neutralizando a negação do sujeito insurgente.

A despeito do rigorismo em que tais teorias foram concebidas, é importante destacar que, nada mais razoável que ao sujeito que pratique um crime ou contravenção penal seja aplicada a respectiva pena, retribuindo, de forma proporcional e conforme

---

[511] GOMES, Luiz Flávio; PABLOS DE MOLINA, Antonio García. *Direito Penal*: Parte geral. Volume 2; Coordenação Luiz Flávio Gomes. São Paulo: Editora Revista dos Tribunais, 2007, p. 663
[512] KANT. Metaphysik der Sitten, cit., p. 19 e 20, *apud Idem*.

o regramento jurídico aplicável, o mal causado não apenas à vítima, mas também à sociedade e ao sistema normativo.

Demais disso, impõe-se destacar um aspecto positivo fundamental desta teoria, que diz respeito à garantia do próprio criminoso, que contará com pena adequada e proporcional à gravidade do mal causado.

Em contrapartida, há aqueles que criticam justamente o critério a ser utilizado para atender à mencionada proporcionalidade. Haveria, em verdade, segundo eles, cheque em branco ao legislador ordinário. Nesse sentido, Luiz Flávio Gomes:[513]

> Isso é certo pois estas teorias só definem "como" se deve castigar (de forma proporcional à gravidade do fato e à culpabilidade do autor) mas não "quais" condutas devem ser incriminadas ou "quando". Legitimam, pois, qualquer intervenção penal, em lugar de oferecer critérios claros e eficazes para limitá-la.

Crítica semelhante recai em relação ao método de compensação, que se apresentaria metafórico, irracional e travestido de desejo de vingança e repressão. É claro que o delito incute nas vítimas (sejam elas diretas ou indiretas) o desejo de vingança e reprovação, mas estes motes não podem constituir o único fundamento a justificar a imposição da pena.

22.3.2 Teorias relativas, utilitárias, ou da prevenção

Para as teorias relativas, utilitárias, ou da prevenção, a pena não deriva do imperativo categórico da necessidade de retribuir o mal causado, mas sim, revela-se como instrumento ou meio para prevenir a criminalidade, não se justificando em si mesma, visando a outro fim legitimador, qual seja: o controle da criminalidade. Nesse sentido, esclarecedora é a lição de André Estefam:[514]

> Para as teorias finalistas, sua base encontra-se no futuro, pois a pena somente se justifica enquanto fator de prevenção. As teorias da prevenção encaram a pena como fator necessário à segurança social. Não se admite possa a pena servir como simples mecanismo de retribuição. Não se justifica a imposição de um mal tão grave e acentuado sem que haja, por detrás, a busca de um fim ulterior, de uma meta superior. Seus adeptos, então, aduzem que a finalidade superior consistiria justamente em evitar a ocorrência de novos crimes: pune-se para não delinquir (*punitur ne peccetur*).

As teorias da prevenção subdividem-se em *prevenção geral e especial*.

A *prevenção geral* volta-se a toda a sociedade, que se sente intimidada e ameaçada pela possibilidade de sofrer a imposição da pena, ou seja, trata-se de viés capaz de induzir temor psicológico na sociedade, funcionando a pena como elemento inibitório de condutas delituosas para terceiros.

A *prevenção especial*, por sua vez, volta-se ao próprio criminoso, evitando-se que este, após receber uma pena e cumpri-la, volte novamente a praticar outros crimes.

---

[513] GOMES, Luiz Flávio; PABLOS DE MOLINA, Antonio García. *Direito Penal*: Parte geral. Volume 2; Coordenação Luiz Flávio Gomes. São Paulo: Editora Revista dos Tribunais, 2007, p. 667.
[514] ESTEFAM, André, *Direito Penal*. Volume 1. Parte geral (arts. 1º a 120). 8. ed. São Paulo: Saraiva Educação, 2019, p. 356.

Ambas as subdivisões das teorias relativas (prevenção geral e especial) possuem diretrizes negativas e positivas, cuja análise faremos nos tópicos a seguir.

22.3.2.1 Prevenção geral (diretriz negativa e positiva)

A prevenção geral, na perspectiva negativa, orienta que a pena pode atingir seus propósitos valendo-se de meios desencorajadores capazes de inibir a criminalidade potencial e latente.

Concebida por Feuerbach (1775-1833), preconiza que, para impedir a violação do Direito, o Estado deve se valer da cominação penal, ou seja, da previsão legal abstrata da pena aplicada a determinado comportamento criminoso.

Segundo o autor, o mal futuro, anunciado no tipo penal, serve como motivo desestimulante a induzir o abandono da empreitada criminosa.

Há, no entanto, três críticas dirigidas à face negativa da prevenção geral.

A primeira diz respeito à índole *moral* e *axiológica*, pois a pena, vista dessa forma, transforma o homem em simples instrumento para o atingimento de outros fins, não o punindo por seus atos, mas para que os demais não venham a delinquir.

A segunda é de ordem *psicológica*, pois trata a pena de forma simplória, ignorando a complexidade da realidade, sobretudo ao vislumbrar que, na decisão final, de praticar ou não o crime, há influência de inúmeros fatores e circunstâncias e não só a maior ou menor gravidade da pena.

Há, ainda, aqueles que chamam a atenção para o "terror estatal", diante da ausência de parâmetros e balizas ideais, bem como a ausência de critérios que possam traçar os pressupostos da intervenção penal.

A despeito das críticas apontadas acima, entendemos que a prevenção geral, sobretudo no que toca à gravidade da pena, encerra diversos efeitos, que não apenas o inibitório, mas também o de reforçar a vigência das normas e, por consequência, a inviolabilidade do ordenamento jurídico, sinalizando a cominação legal na hipótese de seu descumprimento, ou seja, a função "intimidatória" é meramente secundária.

Ademais, em objeção à crítica de que a gravidade da pena seria solução por demais simplista, basta imaginar o que aconteceria se a pena fosse dispensável. Certamente voltaríamos ao tempo da vingança privada. Por isso se afirma que uma das principais funções da pena – e também do Direito Penal – é a preventiva, sendo, portanto, meio idôneo e eficaz para exercer o papel sócio-pedagógico da vigência da norma.

Por fim, guardado o devido respeito àqueles que pensam em sentido contrário, não há falar em "terror estatal". Isso porque os limites da criminalização são encontrados na própria ideia de prevenção geral, *v.g.*, proporcionalidade entre pena e gravidade do delito, bem como relevância do bem jurídico tutelado.

Quanto à prevenção geral, sob o enfoque positivo, busca-se demonstrar e reafirmar a existência, a validade e a eficiência do Direito Penal. Explica André Estefam que:

> A expectativa (interna) de que a norma encontra-se em vigor e será cumprida é fundamental para o funcionamento da sociedade. Quando uma pessoa toma seu veículo pela manhã e se dirige ao trabalho, o faz por acreditar (inconscientemente) que as normas de trânsito são válidas, eficazes e serão respeitadas. Se uma pessoa defrauda essa expectativa, a aplicação da pena cominada é fundamental para que se receba, difusamente, a mensagem multicitada: de que, apesar da defraudação (leia-se, da conduta criminosa que violou

uma norma de conduta), a norma segue vigente. Quando alguém deixa seus objetos longe de suas vistas, na crença de que poderá fazê-lo sem que outros deles se apoderem, o faz porque conta com uma expectativa normativa (a de que a norma ínsita no art. 155 do CP – furto – será respeitada). Se uma pessoa se anima a levantar cedo e caminhar pelo parque da cidade, o faz por supor que sua vida, sua integridade física e seu patrimônio serão respeitados, isto é, essa pessoa conta com a esperança de que as normas contidas nos arts. 121 (não matarás), 129 (é proibido ofender a integridade corporal e a saúde de outrem), 155 (não furtarás), 157 (é proibido roubar) etc. serão todas observadas pelos demais.[515]

22.3.2.2 Prevenção especial (diretriz negativa e positiva)

Como visto, a prevenção especial é dirigida especificamente ao criminoso, ou seja, aquele que violou, no plano concreto, a norma penal. Nessa perspectiva específica, busca-se reeducá-lo e ressocializá-lo.

A diretriz negativa da prevenção especial visa a intimidar o condenado para que ele não volte a delinquir. Busca-se, portanto, evitar que pratique novos delitos (reincidência).

Já no prisma positivo, a prevenção especial objetiva a ressocialização do condenado para que, quando voltar ao convívio da sociedade, esteja apto a obedecer às regras e respeitar as normas.

Neste ponto, parte da doutrina tem realizado os seguintes questionamentos:
a) considerando que o sistema penitenciário se encontra falido, será que a pena consegue efetivamente ressocializar o condenado? Ou será que o apenado regressa à sociedade pior do que entrou no sistema?
b) Qual a ressocialização que o sistema visa a realizar? Quer apenas que o condenado não volte a delinquir? Ou que seja uma pessoa útil à sociedade?

Sobre essas questões, ficamos com o ensinamento de Rogério Greco, para quem:

> Na verdade, mesmo que passível de críticas, os critérios preventivos ainda poderão servir à sociedade, bem como ao agente que cometeu a infração penal, principalmente no que diz respeito à prevenção especial ou à ressocialização do condenado. Devemos entender que, mais que um simples problema de Direito Penal, a ressocialização, antes de tudo, é um problema político-social do Estado. Enquanto não houver vontade política, o problema da ressocialização será insolúvel. De que adianta, por exemplo, fazer com que o detento aprenda uma profissão ou um ofício dentro da penitenciária se, ao sair, ao tentar se reintegrar na sociedade, não conseguirá trabalhar? E se tiver de voltar ao mesmo ambiente promíscuo do qual fora retirado para fazer com que cumprisse sua pena? Enfim, são problemas sociais que devem ser enfrentados paralelamente, ou mesmo antecipadamente, à preocupação ressocializante do preso.[516]

22.3.3 Teoria unificadora

Esta teoria também é conhecida como teoria mista, da dupla finalidade, da união eclética, intermediária ou conciliatória.

---

[515] ESTEFAM, André. *Direito Penal*. V. 1 – Parte geral (arts. 1º a 120). Editora Saraiva, 2020. p. 369.
[516] GRECO, Rogério. *Curso de Direito Penal*. Parte geral. V. I. 19. ed. Niterói: Impetus, 2017, p. 591.

Trata-se da soma/unificação da teoria absoluta com a teoria relativa, ou seja, entende-se que a finalidade da pena deve ser retribuir o mal causado pelo agente, desestimular a sociedade de uma forma geral a não delinquir, bem como evitar que o condenado pratique novos crimes.

Foi a tese acolhida pelo Código Penal no art. 59 do Código Penal, dispondo que:

> Art. 59 – O juiz, atendendo à culpabilidade, aos antecedentes, à conduta social, à personalidade do agente, aos motivos, às circunstâncias e consequências do crime, bem como ao comportamento da vítima, estabelecerá, conforme seja necessário e suficiente para reprovação e prevenção do crime:

No mesmo sentido, a Convenção Americana de Direitos Humanos, conhecida como Pacto de San José da Costa Rica, determina no art. 5º, item 6, que "as penas privativas de liberdade devem ter por finalidade essencial a reforma e a readaptação social dos condenados".

Por derradeiro, o art. 1º da Lei de Execuções Penais estatui que "a execução penal tem por objetivo efetivar as disposições de sentença ou decisão criminal e proporcionar condições para a harmônica integração social do condenado e do internado".

22.3.4 Teoria agnóstica ou negativa

A teoria agnóstica ou negativa desacredita das finalidades da pena e do poder punitivo do Estado, em especial no que toca à ressocialização, a qual nunca será alcançada no atual estágio do nosso sistema penal.

Entende essa teoria que a única função da pena seria neutralizar o criminoso, ou seja, afastá-lo do convívio em sociedade.

22.4 Funções da pena

A análise da finalidade da pena realizada nos tópicos acima se confunde, em certa medida, com a função do Direito Penal.

Partindo-se da ideia de que a pena se justifica como instrumento de controle social, tem como fundamento a necessidade de sua aplicação.

Uma sociedade que quisesse renunciar ao seu poder penal se autodestruiria.

A necessidade da pena é um dado fático incontestável. Mas isso nada diz sobre o modo de operar, nem sobre sua essência ou fins. Sua necessidade é um fato real.[517]

A pena pode ser visualizada sob três pontos de vista: *político*, *psicossocial* e *ético*-individual.

Sob a ótica *política*, mostra-se necessária porquanto caso não existisse, o ordenamento jurídico não disporia de ferramenta coativa capaz de reagir com razoável eficiência frente às infrações.

---

[517] MAURACH, Reinhart. Em sentido crítico, pronuncia-se exclusivamente Hellmuth Mayer, que reprova que o homem atual tenha se acostumado ao superpoder da sociedade e do Estado, até o ponto de que os próprios manuais alemães – diz – dão por absolutamente certa a necessidade da pena e não sugerem nunca a substituição do Direito Penal. *apud* GOMES, Luiz Flávio. *Direito Penal*: Parte geral. São Paulo: Editora Revista dos Tribunais, 2007, p. 657.

De outro giro, pela perspectiva *psicossocial*, a pena satisfaz o desejo e a ânsia de justiça da comunidade. Caso contrário, ou seja, se o Estado declinasse da sanção penal, compelindo a comunidade a aceitar as infrações penais de forma passiva, certamente seria questão de tempo até o retorno da barbárie e da vingança privada.

Por fim, sob o aspecto *ético-individual*, a pena se justifica por permitir ao próprio agente desvencilhar-se de eventual sentimento de remorso ou culpa.

22.5 Princípios fundamentais da pena

22.5.1 Princípio da legalidade

Segundo o art. 5º, XXXIX, da Constituição Federal e o art. 1º do Código Penal, não há crime *sem lei* anterior que o defina, nem pena sem prévia *cominação legal* (*nullum crimen, nulla poena sine lege*).

Portanto, a pena deve estar prevista em lei em sentido formal, além de ser criada antes da conduta.

22.5.2 Princípio da anterioridade

O princípio da anterioridade decorre do princípio da legalidade e significa que não pode haver aplicação de pena antes da vigência da lei penal (não há crime sem lei *anterior* que o defina, nem pena sem *prévia* cominação legal).

22.5.3 Princípio da aplicação da lei penal mais favorável

Trabalha-se com a chamada extra-atividade da lei penal, que se traduz na retroatividade da lei penal mais benéfica e na ultra-atividade da lei penal mais benéfica.

A regra em nosso ordenamento jurídico é que se aplique a lei penal vigente à época da prática do crime (*tempus regit actus*). Contudo, de forma excepcional, pode ser aplicada outra lei penal ao caso concreto, que não aquela vigente à época dos fatos, nos casos de extra-atividade da lei penal mais benéfica.

Se sobrevier lei penal mais benéfica, esta deve ser aplicada em benefício do réu (aplicação do princípio da retroatividade da lei penal mais benéfica). Por exemplo, se no momento da prática do crime a pena era de 4 a 8 anos, mas, por ocasião do julgamento, sobrevier nova lei penal que estabeleça pena mais branda ao delito, fixando-a em 2 a 4 anos, esta deve retroagir para beneficiar o réu.

Da mesma forma, havendo revogação da lei mais branda e, sobrevindo lei penal mais gravosa, aquela (a lei revogada) deve "viajar" para o futuro, a fim de gerar efeitos em benefício do réu, desde que ainda não esgotadas as consequências jurídicas do fato. Por exemplo, se no momento da prática do crime, a pena era de 2 a 4 anos, mas, por ocasião do julgamento, sobrevier nova lei penal mais grave que estabelece pena de 4 a 8 anos, a primeira lei opera efeitos ultra-ativos para beneficiar o réu.

22.5.4 Princípio da individualização da pena

De acordo com o art. 5º, XLVI, 1ª parte, da Constituição Federal, a lei regulará a individualização da pena. Esse princípio pode ser verificado em três momentos:

1. Fase legislativa

O princípio da individualização da pena é utilizado pelo legislador, valendo-se de critérios de necessidade e adequação, para definir a gravidade em abstrato do delito, estabelecendo penas mínimas e máximas.

Por exemplo, o legislador entendeu que o homicídio simples merece uma pena de 6 a 20 anos. Já o homicídio qualificado, uma pena de 12 a 30 anos.

2. Fase judicial

Na fase judicial, o princípio da individualização da pena serve ao magistrado, que fixará a pena de acordo com as peculiaridades do caso concreto (infrator, vítimas, circunstâncias em que ocorreu o delito etc.).

Por exemplo, um réu primário desferiu um tiro na testa da vítima, que a levou ao óbito. O juiz levará em conta essas circunstâncias (réu primário e um tiro na testa) para a fixação da pena.

Outro exemplo, um réu reincidente em crime doloso contra a vida matou a vítima. Primeiro ele a amarrou em uma árvore. Depois ele arrancou os dedos de sua mão e a fez comê-los. Posteriormente, desferiu alguns golpes de face e, por fim, ateou fogo nela, que foi a causa eficiente do óbito.

Note que, em ambos os exemplos, houve a morte da vítima. Mas, na fase judicial, o princípio da individualização da pena permite que o juiz leve em conta todas as circunstâncias do fato, as condições do réu e da vítima, a fim de fixar uma pena justa à gravidade de cada situação.

Observe que no segundo exemplo, o homicídio foi muito mais grave do que o primeiro. Desse modo, merece uma pena maior.

Ressalte-se que, infelizmente, o Brasil segue a política da pena mínima. Tal situação nos preocupa, tendo em vista que cada caso concreto merece uma resposta consentânea à gravidade dos fatos, até porque, se assim não fosse, não haveria necessidade de individualização da pena. Assim, aplicar sempre (ou na grande maioria das vezes) a pena mínima significa que o princípio da individualização da pena, na fase judicial, não está sendo cumprido.

Os fatos criminosos acontecem das mais variadas formas possíveis. O agente que pula o muro de uma casa, subtrai uma bola de futebol e sai correndo do local não pode receber a mesma pena de um sujeito que pula o muro da casa, quebra todo o mobiliário, defeca no chão da residência e subtrai a televisão do imóvel,[518] pois são situações totalmente distintas, embora ambas sejam rotuladas como furto.

Fixação de pena é "terno por encomenda" e não "linha de produção".

O art. 59 do Código Penal, o qual estudaremos detalhadamente mais adiante, traz um roteiro pormenorizado de circunstâncias que o magistrado deve levar em conta para a fixação da pena-base, obviamente, tudo devidamente fundamentado e demonstrado nos autos da ação penal. Trate-se de um verdadeiro roteiro para se apurar a justa e efetiva pena a ser estabelecida.[519]

---

[518] Parece um exemplo cômico de livro, para facilitar a compreensão do leitor, mas realmente aconteceu em uma das comarcas em que este professor oficiou.

[519] Art. 59 – O juiz, atendendo à <u>culpabilidade, aos antecedentes, à conduta social, à personalidade do agente, aos motivos, às circunstâncias e consequências do crime, bem como ao comportamento da vítima</u>, estabelecerá, conforme seja necessário e suficiente para reprovação e prevenção do crime:

3. *Fase administrativa*

No curso da execução penal, deve o Estado zelar pela devida aplicação da pena a cada condenado, criando condições para a harmônica integração social do condenado, nos termos do art. 1º da LEP.

22.5.5 Princípio da personalidade, intransmissibilidade, intranscendência ou responsabilidade pessoal

Segundo o art. 5º, XLV, da Constituição Federal, a pena não pode passar da pessoa do condenado. Nesse sentido, a pena de multa não pode ser transferida aos sucessores do condenado, ante a sua natureza de sanção penal. Isso porque *mors omnia solvit*, ou seja, com a morte, a sanção penal se resolve.

No entanto, os efeitos da condenação, a exemplo da reparação do dano e da decretação do perdimento de bens, podem ser estendidos, na forma da lei, aos sucessores e contra eles executados até o limite do valor do patrimônio transferido.

22.5.6 Princípio da inderrogabilidade ou da inevitabilidade

Trata-se de um desdobramento da reserva legal, determinando que presentes prova de autoria e materialidade da infração penal, a pena não pode deixar de ser aplicada.

Existem, todavia, institutos que suavizam esse princípio, a exemplo da suspensão condicional do processo, transação penal, livramento condicional, suspensão condicional da pena etc.

22.5.7 Princípio da humanidade ou humanização das penas

Segundo o art. 5º, XLIX, da Constituição Federal, é assegurado aos presos o respeito à integridade física e moral. Vale dizer, a pena deve respeitar os direitos fundamentais do condenado.

Nessa tocada, o art. 5º, XLVII, da Constituição Federal, veda a imposição das seguintes penas:

a) *Pena de morte, salvo em caso de guerra declarada*

Não se permite a pena de morte no Brasil, exceto no caso de guerra declarada, que será aplicada pelos tribunais militares e executada por pelotão de fuzilamento (art. 56 do CPM).

O Código Brasileiro de Aeronáutica permite o chamado "tiro de abate", que consiste na medida de destruição de aeronaves hostis, nas hipóteses do art. 303, *caput*, da Lei nº 7.565/86, após autorização do Presidente da República ou da autoridade por ele delegada (art. 302, §2º, da Lei nº 7.565/86). Trata-se de medida de *ultima ratio*, que será tomada se não for possível o desate do imbróglio por outros meios. Não se trata propriamente de pena de morte, todavia, em razão da urgência e consequências da medida, pode desaguar na pena capital.

O art. 24 da Lei nº 9.605/98 (Lei de Crimes Ambientais) traz a hipótese de liquidação forçada da pessoa jurídica contumaz na prática de crimes ambientais, traduzindo-se em verdadeira pena de morte do ente moral.

b) *Penas de caráter perpétuo*

Em relação à perpetuidade da pena, é válido destacar que o Código Penal estabelece como limite máximo para o cumprimento de pena o patamar de 40 anos, conforme redação do art. 75 do Código Penal, modificada pela Lei nº 13.964/19 (Pacote de Lei Anticrime).

Antes da entrada em vigor da Lei nº 13.964/19, o limite máximo de cumprimento de pena era de 30 anos. A partir da novel legislação, passou a ser 40 anos.

Deve-se lembrar que a medida de segurança também não pode ser perpétua, uma vez que se trata de espécie de sanção penal. Assim, tanto o Supremo Tribunal Federal quanto o Superior Tribunal de Justiça entendem que a medida de segurança deve ter duração limitada. Contudo, os tribunais superiores divergem quanto ao limite prazal da medida de segurança.

Segundo a primeira corrente, defendida pelo Supremo Tribunal Federal, o prazo aplicável para a medida de segurança é o do art. 75 do Código Penal. Portanto, antes da Lei nº 13.964/19, a Corte Suprema entendia que o limite máximo do cumprimento da medida de segurança seria de 30 anos. Com a entrada em vigor da Lei nº 13.964/19, seguindo esse mesmo entendimento, certamente será de 40 anos. Vejamos:

> PENAL. EXECUÇÃO PENAL. *HABEAS CORPUS*. RÉU INIMPUTÁVEL. MEDIDA DE SEGURANÇA. PRESCRIÇÃO. INOCORRÊNCIA. EXTINÇÃO DA MEDIDA, TODAVIA, NOS TERMOS DO ART. 75 DO CP. PERICULOSIDADE DO PACIENTE SUBSISTENTE. TRANSFERÊNCIA PARA HOSPITAL PSIQUIÁTRICO, NOS TERMOS DA LEI 10.261/01. *WRIT* CONCEDIDO EM PARTE. I – Não há falar em extinção da punibilidade pela prescrição da medida de segurança uma vez que a internação do paciente interrompeu o curso do prazo prescricional (art. 117, V, do Código Penal). II – Esta Corte, todavia, já firmou entendimento no sentido de que o prazo máximo de duração da medida de segurança é o previsto no art. 75 do CP, ou seja, trinta anos. Precedente. III – Laudo psicológico que, no entanto, reconheceu a permanência da periculosidade do paciente, embora atenuada, o que torna cabível, no caso, a imposição de medida terapêutica em hospital psiquiátrico próprio. IV – Ordem concedida em parte para extinguir a medida de segurança, determinando-se a transferência do paciente para hospital psiquiátrico que disponha de estrutura adequada ao seu tratamento, nos termos da Lei 10.261/01, sob a supervisão do Ministério Público e do órgão judicial competente (HC 98.360, Rel. Min. Ricardo Lewandowski, Primeira Turma, DJe 23/10/2009).

Para a segunda posição, trabalhada pelo Superior Tribunal de Justiça, o tempo máximo para o cumprimento da medida de segurança é o prazo máximo da pena do crime cometido. Nesse sentido, editou-se a Súmula 527:

> Súmula 527 do STJ: O tempo de duração da medida de segurança não deve ultrapassar o limite máximo da pena abstratamente cominada ao delito praticado.

Vamos ao exemplo: imagine que o inimputável do art. 26 do Código Penal praticou um homicídio simples, que tem pena de 6 a 20 anos. Para a Corte da Cidadania, o tempo máximo de cumprimento da medida de segurança será de 20 anos.

c) *Pena de banimento*

A pena de expulsão de um nacional (nato ou naturalizado) de seu país é vedada pela Constituição Federal.

d) *Pena de trabalhos forçados*

A Constituição Federal veda a pena de trabalhos forçados.

A Lei de Execuções Penais define o trabalho como um direito e um dever do preso que, caso não seja observado, além de deixar de receber os benefícios, incorre em falta grave (art. 50, VI, e 51, III, ambos da LEP). Inclusive, o Superior Tribunal de Justiça já se posicionou que constitui falta grave na execução penal a recusa injustificada do condenado ao exercício do trabalho interno (HC 264.989/SP).

O trabalho mencionado na LEP tem caráter educativo e produtivo (art. 28), sendo realizado mediante remuneração (art. 29). Assim, não se trata de pena, motivo pelo qual não esbarra na vedação constitucional.

e) *Penas cruéis*

Não se podem impor penas cruéis, desumanas e degradantes, em respeito à dignidade da pessoa humana. O art. 45, §2º, da LEP, por exemplo, veda o emprego de cela escura.

22.5.8 Princípio da proporcionalidade

O princípio da proporcionalidade deve orientar o trabalho do magistrado no momento da aplicação da pena concreta, bem como o trabalho do legislador no momento da fixação da pena em abstrato para o crime. Em ambos os momentos, ela deve ser proporcional à conduta praticada.

Ademais, a pena imposta deve ser suficiente para retribuição e prevenção do crime. Em outros termos, o princípio da proporcionalidade deve ser visto sob duplo enfoque, ou seja, deve proteger suficientemente a sociedade (proteção eficiente), bem como não ser excessiva em relação àquele que praticou o delito (proibição do excesso). Lênio Streck discorre sobre o tema:

> Trata-se de entender, assim, que a proporcionalidade possui uma dupla face: de proteção positiva e de proteção de omissões estatais. Ou seja, a inconstitucionalidade pode ser decorrente de excesso do Estado, caso em que determinado ato é desarrazoado, resultando desproporcional o resultado do sopesamento (*Abwägung*) entre fins e meios; de outro, a inconstitucionalidade pode advir de proteção insuficiente de um direito fundamental-social, como ocorre quando o Estado abre mão do uso de determinadas sanções penais ou administrativas para proteger determinados bens jurídicos. Este duplo viés do princípio da proporcionalidade decorre da necessária vinculação de todos os atos estatais à materialidade da Constituição, e que tem como consequência a sensível diminuição da discricionariedade (liberdade de conformação) do legislador.[520]

---

[520] STRECK, Lênio Luiz. *A dupla face do princípio da proporcionalidade*: da proibição de excesso [*Übermassverbot*] à proibição de proteção deficiente [*Untermassverbot*] ou de como não há blindagem contra normas penais inconstitucionais. Revista da Ajuris, ano XXXII, n. 97, mar. 2005, p. 180).

Ingo Sarlet, de forma pontual, explica o dever de proteção suficiente:

> A noção de proporcionalidade não se esgota na categoria da proibição de excesso, já que abrange (...), um dever de proteção por parte do Estado, inclusive quanto a agressões contra direitos fundamentais provenientes de terceiros, de tal sorte que se está diante de dimensões que reclamam maior densificação, notadamente no que diz com os desdobramentos da assim chamada proibição de insuficiência no campo jurídico-penal e, por conseguinte, na esfera da política criminal, onde encontramos um elenco significativo de exemplos a serem explorados.[521]

22.6 Abolicionismo penal

A discussão sobre o abolicionismo teve início na Holanda, com Louk Hulsman. Posteriormente, na Noruega, Nils Christie e Thomas Mathiesen também impulsionaram seus estudos.

O abolicionismo penal busca uma nova formatação do Direito Penal. Para esta linha de pensamento, parte-se da reflexão de que o Direito Penal não consegue cumprir sua missão de punir, desestimular e evitar a prática de crimes. Ao contrário, o que se tem visto é o aumento dos casos de reincidência.

Além do mais, tem-se notado que a sociedade consegue absorver os efeitos dos delitos. Afirma-se isso porque grande parte deles não são desvendados e os criminosos não são punidos, passando a integrar a chamada *cifra negra*. E, ainda assim, dentre aqueles delitos que são desvendados, somente alguns resultam em condenação. Dos criminosos que são condenados, poucos cumprem a pena até o final.

Nesse contexto, os abolicionistas defendem a abolição do Direito Penal, ou seja, a descriminalização de determinadas condutas (exclusão de crimes), a despenalização de alguns comportamentos (manutenção do crime, mas extinção da pena), mantendo-se a incriminação somente em alguns casos pontuais, em especial nas condutas ilícitas de maior gravidade, contudo, atenuando-se as sanções penais.

Os abolicionistas também se posicionam pela legalização das drogas e pela humanização do tratamento do criminoso, aduzindo que este não pode ser tratado de forma distinta das demais pessoas para que não seja marginalizado.

Assim, para os abolicionistas, é preferível que o problema penal seja resolvido por outros ramos do Direito, dando ênfase à proteção e ao ressarcimento das vítimas em vez da construção de estabelecimentos prisionais.

Entre os abolicionistas, existem desdobramentos do pensamento.

22.6.1 Abolicionismo fenomenológico (Louk Hulsman)

Para Louk Hulsman, defensor do abolicionismo fenomenológico, o Direito Penal e seus consectários são um problema em si mesmo.

Para ele, o sistema penal é completamente inútil, pois não consegue solucionar os problemas que lhe são afetos, bem como causa uma série de injustiças sociais aos

---

[521] SARLET, Ingo Wolfgang. *Constituição e proporcionalidade*: o Direito Penal e os direitos fundamentais entre a proibição de excesso e de insuficiência. Revista da Ajuris, ano XXXII, n. 98, jun. 2005, p. 107.

que lhe são submetidos, além da falta de controle por parte do Estado. Por essa razão, o referido autor se posiciona pela imediata extinção do sistema penal.

Segundo Cléber Masson:

> O penalista holandês prega, então, a abolição imediata do sistema penal, afastando o Poder Público de todo e qualquer conflito, solucionando-se os problemas sociais por instâncias intermediárias sem natureza penal. Além disso, propõe a eliminação de nomenclaturas utilizadas na justiça penal, eliminando, dentro outros, os termos 'crime' e 'criminoso'. Trata o fenômeno crime como um problema social, o que enseja a pacificação dos conflitos em um ambiente diverso do atualmente existente.[522]

22.6.2 Abolicionismo fenomenológico-historicista (Thomas Mathiesen e Nils Christie)

Para Thomas Mathiesen e Nils Christie, o sistema penal está baseado na estrutura do sistema capitalista, sendo assim, além de sua abolição, posicionam-se também pela exclusão de todo e qualquer método de repressão existente na sociedade.

22.7 Justiça restaurativa, justiça reparatória e justiça negociada

O Direito Penal, desde a sua origem, sempre se pautou pela chamada justiça retributiva, ou seja, busca-se compensar o mal causado punindo-se o autor da infração penal por intermédio da aplicação de sanções. Nesse modelo, o Estado possui o monopólio do poder punitivo, por meio dos órgãos da persecução penal.

Contudo, a ciência penal tem perquirido novas soluções à simples retribuição do mal causado, pesquisando propostas alternativas. Nesse contexto, tem ganhado fôlego a chamada justiça consensual, que busca a reparação dos danos e a satisfação da justiça por intermédio do consenso entre as partes. Nessa perspectiva, apresentam-se a justiça restaurativa, a justiça reparatória e a justiça negociada.

A justiça restaurativa é o oposto da clássica justiça retributiva, pois não possui a finalidade de imposição de pena, mas de reequilibrar a relação entre o ofensor e o ofendido, visando à reparação do mal proporcionado pelo crime. O crime deixa de ser considerado um ato violador do Estado e passa a ser um ato atentatório à comunidade, à vítima e ao próprio autor, já que ele também é agredido com a violação do ordenamento jurídico.

Trata-se de um verdadeiro rompimento com o modelo clássico, pois não se busca a tutela do interesse público pela aplicação do Direito Penal mediante o manejo da ação penal. No modelo restaurativo, os interesses a serem protegidos são os das partes envolvidas no evento criminoso, com base na construção de um consenso entre elas. Desse modo, surge a possibilidade de conciliação, mitigando-se o exercício da ação penal.

Nesse viés, os meios de resolução do conflito são menos rigorosos, permitindo-se a flexibilização dos procedimentos, inclusive, sendo realizado fora dos domínios dos órgãos da justiça criminal, por intermédio de núcleos específicos de mediação.[523]

---

[522] Cleber, MASSON, *Direito Penal*. Parte geral. Vol. 1 (Arts. 1ª a 120). São Paulo: Método, 2019. p. 460.
[523] CUNHA, Rogério Sanches. *Manual de Direito Penal*. Parte geral (arts. 1º ao 120). Volume único. Salvador: JusPodivm, 2020, p. 174.

A Lei nº 9.099/95 trouxe alguns institutos relacionados à justiça restaurativa, a exemplo da composição civil dos danos, que é um acordo realizado entre o autor do fato delituoso e a vítima.

Na justiça reparatória, por sua vez, o consenso é firmado perante os órgãos do sistema de justiça criminal, a exemplo transação penal e da suspensão condicional do processo.

Já a justiça negociada, oriunda principalmente do sistema penal norte-americano, possibilita que, após a prática da infração penal, o órgão acusador e o autor do fato delituoso discutam as consequências da prática criminosa, obviamente, se houver admissão de culpa por parte do agente.

O sistema americano trabalha com o chamado de *plea bargaining*. Nele, permite-se que o órgão acusador negocie a imputação a ser realizada contra o autor do fato delituoso (*charge bargaining*), bem como discuta qual a pena a ser aplicada e todas as demais consequências advindas da prática do delito (*sentence bargaining*) ou, até mesmo, sobre ambas as situações.

No Brasil, embora existam alguns institutos que permitam a negociação entre o órgão acusador e o agente delitivo, não há no ordenamento jurídico nenhum instituto idêntico ao clássico *plea bargaining* norte-americano. Isso porque a legislação pátria não permite ao Ministério Público alterar a classificação jurídica do fato delituoso praticado pelo acusado, ainda que este esteja de acordo, ficando vinculado às provas e aos fatos demonstrados na investigação. No mesmo sentido, a aplicação da pena é tarefa destinada ao magistrado, não tendo o órgão acusador o poder de modificá-la.

O sistema penal brasileiro, em que pesem suas limitações negociais, possui alguns institutos de justiça negociada. Por exemplo, o art. 4º da Lei nº 12.850/13 permite a realização de colaboração premiada, autorizando que o juiz, a requerimento das partes, conceda o perdão judicial, reduza em até 2/3 (dois terços) a pena privativa de liberdade ou a substitua por restritiva de direitos, se o acusado colaborar efetiva e voluntariamente com a investigação e com o processo criminal, desde que dessa colaboração advenha um ou mais dos seguintes resultados: I – a identificação dos demais coautores e partícipes da organização criminosa e das infrações penais por eles praticadas; II – a revelação da estrutura hierárquica e da divisão de tarefas da organização criminosa; III – a prevenção de infrações penais decorrentes das atividades da organização criminosa; IV – a recuperação total ou parcial do produto ou do proveito das infrações penais praticadas pela organização criminosa; e V – a localização de eventual vítima com a sua integridade física preservada.

Ainda nesse propósito, é possível se falar em justiça negociada no âmbito do acordo de não-persecução penal. Basicamente, o acordo de não-persecução penal (ANPP) é um acordo entre o MP e o acusado para se evitar a propositura da ação penal.

Tal acordo já era previsto na Resolução 181/2017 do CNMP. Por constar em resolução e não em lei, existia discussão doutrinária a respeito da constitucionalidade da avença.

Contudo, com a Lei Anticrime (Lei nº 13.964/19), foi incluído o art. 28-A ao Código de Processo Penal, o qual inseriu o ANPP na legislação adjetiva, fulminando, portanto, a discussão quanto à sua constitucionalidade. Vejamos:

Art. 28-A. Não sendo caso de arquivamento e tendo o investigado confessado formal e circunstancialmente a prática de infração penal sem violência ou grave ameaça e com pena mínima inferior a 4 (quatro) anos, o Ministério Público poderá propor acordo de não-persecução penal, desde que necessário e suficiente para reprovação e prevenção do crime, mediante as seguintes condições ajustadas cumulativa e alternativamente:

Cumprido integralmente o acordo, evita-se a propositura da ação penal.

22.8 Teoria das janelas quebradas (broken windows theory)

Em 1969, Phillip Zimbrado, da Universidade de Standforf, nos Estados Unidos, encabeçou uma pesquisa no âmbito da psicologia social. No referido estudo, abandonaram-se dois carros idênticos em via pública, em regiões distintas dos Estados Unidos.

O primeiro carro fora abandonado no Bronx, bairro reconhecidamente pobre e violento de Nova Iorque. Já o segundo carro fora abandonado em Palo Alto, região reconhecidamente rica e tranquila da Califórnia.

O carro deixado no Bronx, rapidamente, fora todo danificado, sendo suas peças subtraídas, enquanto o veículo esquecido em Palo Alto permaneceu intacto. Numa primeira análise, concluiu-se que a pobreza era o fator determinante à criminalidade.

Num segundo momento, seguindo na pesquisa, a equipe quebrou uma das janelas do carro deixado em Palo Alto, sendo que, rapidamente, o veículo também fora todo destruído, à semelhança do que acontecera no Bronx.

Nessa perspectiva, concluiu-se que a pobreza, por si só, não era o fator determinante para a prática de crimes, mas sim a sensação de impunidade. Vale dizer, a percepção de que a janela do veículo estava quebrada transmitiu à população a sensação de abandono, de desinteresse, de ausência de regras e da falta do Estado naquele local, o que ensejou o ataque ao veículo.

Após este experimento, já no ano de 1982, Q. Wilson e George L. Kelling desenvolveram a teoria das janelas quebradas (broken windows theory), que sustenta que a prática de infrações penais será maior em locais em que o abandono, o desinteresse, a desordem e o descuido são mais frequentes. Hassemer ensina que

> Na imagem das 'janelas quebradas', o veículo de propaganda de maior sucesso em relação ao novo conceito, torna-se palpável para todos que a violação de um bem jurídico não surge apenas de uma mecânica acanhada, como sugerem as normas do direito penal ou do direito policial – como se alguém se decidisse, com dolo e consciência do injusto, pelo mal – e, então, se pusesse a agir sistematicamente e esperasse pela devida penalização. Não, o mal surge também da oportunidade e da sedução da situação: quando o carro ou a casa com as janelas quebradas (broken windows) é saqueada completamente ou quando vândalos barulhentos se transformam, de repente, em batedores. Nisso se percebe a mensagem de que a violação não surge do nada, que, muito mais, existe uma relação entre desordem e prejuízo. [524]

De fato, a teoria das janelas quebradas teoriza o velho jargão "a ocasião faz o ladrão". Quando se percebe que determinado local encontra-se abandonado,

---

[524] HASSEMER, Winfried. *Direito Penal liberatório*. Trad. Regina Greve. Belo Horizonte: Del Rey, 2007. p. 173-174.

deteriorado ou esquecido e nada se faz para modificar a situação, incentiva-se, ainda que implicitamente, o surgimento de novos crimes. Ora, se a janela do carro estava quebrada e ninguém se importa com esta situação, acaba por se estimular a destruição de todo o veículo.

Nesse passo, se pequenos delitos são praticados e não há resposta estatal, estimula-se o cometimento de crimes mais graves.

A teoria das janelas quebradas foi colocada em prática no início da década de 1980 no metrô de Nova Iorque que, à época, era considerado uns dos locais mais problemáticos da cidade, no que diz respeito à prática de crimes e outras desordens (ex.: pichação, sujeira etc.). A experiência foi bem-sucedida e, em pouco tempo, o local passou a ser limpo e seguro.

Nessa tocada, em 1994, o prefeito de Nova Iorque, Rudolph Giuliani, baseando-se na teoria das janelas quebradas e na experiência realizada no metrô na década de 1980, implantou a política da tolerância zero, ou seja, o cometimento de qualquer delito, independentemente de sua gravidade, era tratado com severidade, com o intuito de dissuadir a prática de qualquer conduta criminosa. Hassemer explica que:

> A Tolerância Zero (*zero tolerance*) é um conceito surpreendente. Ele conquistou, em pouco tempo, o mundo da segurança interna. Atua acima dos limites partidários e pode remeter a sucessos espetaculares na esfera de New York. Ele está na boca de todos e, somente por isso, já é importante. Demais disso, o conceito de tolerância zero se adapta em uma dualidade de maneiras às nossas tradições policiais e jurídico-policiais. Pode ser lido como tentativa, ao lado da 'segurança', de também a 'ordem' ser vista novamente como tarefa de realização da polícia, depois que, nos últimos anos, a 'ordem' iniciara a sua despedida paulatina das leis estaduais concernentes à polícia, restando presente nelas somente a 'segurança'.[525]

A política da tolerância zero costuma ser vinculada ao conceito de Direito Penal máximo, o qual é considerado um modelo de Direito Penal marcado pela intensa severidade, cuidando para que nenhum criminoso permaneça impune.

22.9 Teoria dos testículos quebrados ou despedaçados (*breaking balls theory*)

A criminologia costuma vincular a teoria dos testículos quebrados ou despedaçados (*breaking balls theory*) à teoria das janelas quebradas.

A teoria dos testículos quebrados ou despedaçados (*breaking balls theory*) é oriunda da experiência policial. Vale dizer, tal teoria afirma que os responsáveis por delitos de pouca gravidade, quando são investigados com eficácia pela polícia, costumam cessar suas atividades criminosas no local em que o Estado lhes fiscaliza, migrando para outros lugares, distantes da fiscalização policial, para que possam continuar praticando suas infrações penais sem serem incomodados pelos agentes estatais.

---

[525] HASSEMER, Winfried. *Direito Penal liberatório*. Trad. Regina Greve. Belo Horizonte: Del Rey, 2007. p. 173.

22.10 Espécies de penas permitidas

Segundo o art. 5º, XLVI, da Constituição Federal, são permitidas, entre outras, as seguintes penas:

a) privação ou restrição da liberdade;
b) perda de bens;
c) multa;
d) prestação social alternativa;
e) suspensão ou interdição de direitos.

Nos próximos capítulos, nos debruçaremos no estudo delas.

CAPÍTULO 23

PENAS PRIVATIVAS DE LIBERDADE

23.1 Conceito

Pena privativa de liberdade é uma das modalidades de sanção penal permitida pela Constituição Federal (art. 5º, XLVI) e consiste na retirada do direito de locomoção do condenado por determinado período.

23.2 Espécies

Existem três espécies de penas privativas de liberdade: reclusão, detenção e prisão simples. As duas primeiras dizem respeito aos crimes (art. 33, *caput*, do CP), ao passo que a última se refere às contravenções penais (art. 5º, I, da LCP).

O art. 33, *caput*, do Código Penal, indica a principal diferença entre reclusão e detenção. Em relação aos crimes apenados com reclusão, é possível a fixação de regime inicial fechado, semiaberto e aberto.

Já nos delitos apenados com detenção, somente será permitida a fixação de regime inicial semiaberto ou aberto. Nesta modalidade, autoriza-se a imposição de regime fechado apenas no curso da execução de pena, em incidente de regressão de regime.

A prisão simples, por sua vez, aplicável às contravenções penais, comporta a aplicação de regime inicial semiaberto e aberto. Contudo, jamais será possível imposição de regime fechado, nem mesmo na hipótese de regressão de regime.

23.3 Regimes de pena

De acordo com o art. 33, §1º, do Código Penal, existem três espécies de regime de cumprimento de pena:
1. *Fechado*: a pena privativa de liberdade é executada em estabelecimento de segurança máxima ou média (art. 33, §1º, *a*);
2. *Semiaberto*: a pena privativa de liberdade é cumprida em colônia penal agrícola, industrial ou estabelecimento similar (art. 33, §2º, *b*);

3. *Aberto*: a pena privativa de liberdade é executada em casa de albergado ou estabelecimento adequado (art. 33, §1º, *c*).

23.4 Regras para fixação do regime

O artigo 68 do Código Penal adotou o sistema trifásico de fixação da pena (ou sistema de Nelson Hungria), significando dizer que o magistrado, inicialmente, irá fixar a pena-base (levando-se em conta as circunstâncias judiciais previstas no artigo 59 do Código Penal); após, analisará as circunstâncias agravantes e atenuantes; e, por fim, verificará as causas de aumento ou diminuição de pena.

Fixada a pena corporal, o juiz estabelecerá o regime inicial de cumprimento de pena e verificará a possibilidade de substituição da pena privativa de liberdade por restritiva de direitos.

Segundo o artigo 33, §2º, do Código Penal, para os crimes apenados com reclusão, as penas privativas de liberdade devem ser executadas em forma progressiva, sendo que a fixação do regime de cumprimento de pena baseia-se nos parâmetros quantidade de pena e reincidência.

O art. 33, §3º, do Código Penal, ainda determina que para a fixação do regime inicial de cumprimento de pena, o juiz também deve observar as circunstâncias judiciais previstas no art. 59 deste Código.

Dessa forma, de acordo com os §§2º e 3º do art. 33, pode-se indicar a seguinte estrutura de fixação de regime inicial de cumprimento de pena:

1. *Condenado a pena superior a 8 anos* (art. 33, §2º, *a*)

Se o agente for condenado pela prática de delito apenado com reclusão a uma reprimenda superior a 8 anos, o regime inicial será o fechado.

No caso de crime apenado com detenção, ainda que a pena seja superior a 8 anos, o regime inicial será o semiaberto. Isso porque a pena de detenção não permite a aplicação de regime inicial fechado, mesmo que a pena aplicada seja superior a 8 anos.

2. *Condenado a pena superior a 4 anos e não exceda a 8 anos* (art. 33, §2º, *b*)

Nos crimes apenados com reclusão, se o agente *não for reincidente* e tiver sido condenado a uma pena superior a 4 anos, mas que não exceda 8 anos, o regime inicial será o semiaberto. Contudo, se o agente for condenado a uma pena superior a 4 anos e que não exceda 8 anos, *mas for reincidente, o regime inicial será o fechado*.

Nessa quadra, nos termos da Súmula 718 do STF, "a opinião do julgador sobre a gravidade em abstrato do crime não constitui motivação idônea para a imposição de regime mais severo do que o permitido segundo a pena aplicada". No mesmo sentido, tem-se a Súmula 440 do STJ:

> Fixada a pena-base no mínimo legal, é vedado o estabelecimento de regime prisional mais gravoso do que o cabível em razão da sanção imposta, com base apenas na gravidade abstrata do delito.

Contudo, é possível a fixação de regime mais severo do que permite a pena aplicada, desde que o magistrado realize fundamentação idônea. Vejamos a Súmula 719 do Supremo Tribunal Federal:

> A imposição do regime de cumprimento mais severo do que a pena aplicada permitir exige motivação idônea.

Vejamos um caso concreto decidido pela jurisprudência:

> 2. A fixação de regime mais gravoso do que o imposto em razão da pena deve ser feita com base em fundamentação concreta, a partir das circunstâncias judiciais do art. 59 do Código Penal – CP ou de outro dado que demonstre a extrapolação da normalidade do tipo. Na hipótese, a paciente praticou o delito demonstrando ousadia, abordando a vítima idosa em via pública, mediante concurso de agentes, agredindo-a com golpes no rosto para subtrair sua bolsa, que tinha R$ 3.500,00 (três mil e quinhentos reais) e um celular no seu interior. Todos esses elementos, em conjunto, demonstram a maior gravidade do delito e a elevada periculosidade da paciente, justificando, assim, a aplicação do regime fechado. Precedentes. 3. *Habeas corpus* não conhecido (HC 594.720/SP, Rel. Ministro Joel Ilan Paciornik, Quinta Turma, julgado em 01/09/2020, DJe 04/09/2020).

Nos crimes apenados com detenção, o agente, primário ou reincidente, deverá iniciar a pena em regime semiaberto.

3. *Condenado a pena igual ou inferior a 4 anos* (art. 33, §2º, c)

Se o agente primário for condenado a pena de reclusão ou detenção igual ou inferior a 4 anos deverá iniciar o cumprimento da reprimenda no regime aberto.

Se o agente for condenado a pena de reclusão igual ou inferior a 4 anos, *mas for reincidente, o regime inicial poderá ser o semiaberto ou o fechado*, a depender das circunstâncias judiciais, conforme a Súmula 269 do STJ, que dispõe que "é admissível a adoção do regime prisional semiaberto aos reincidentes condenados a pena igual ou inferior a quatro anos se favoráveis as circunstâncias judiciais".

A Súmula 269 do Superior Tribunal de Justiça faz seguinte o raciocínio: 1. o condenado reincidente, independentemente da pena aplicada, deve iniciar sua pena em regime fechado; 2. o condenado a pena igual ou inferior a 4 anos, em regra, deve iniciar sua pena em regime aberto.

Diante dessa situação, o STJ encontrou um meio termo entre a brandura do regime aberto e o rigorismo do regime fechado, orientando que, aos reincidentes (fechado) condenados a pena igual ou inferior a 4 anos (aberto), pode-se fixar o regime semiaberto (regime intermediário), desde que as circunstâncias judiciais do art. 59 do Código Penal lhe sejam favoráveis.

Note que, se as circunstâncias não forem favoráveis, afasta-se a Súmula 269 do STJ e aplica-se o regime fechado. Vejamos:

> 2. As instâncias ordinárias fixaram o regime inicial fechado em vista de circunstâncias judiciais desfavoráveis, bem como levando em consideração o significativo fato de que, ao cometerem o crime em questão, os pacientes encontravam-se foragidos. Incabível a aplicação da Súmula 269 desta Corte. *Writ* não conhecido (STJ. HC 380.936/MS, Rel. Ministro Joel Ilan Paciornik, Quinta Turma, julgado em 02/02/2017, DJe 10/02/2017).

Ressalta-se que há doutrina minoritária defendendo a possibilidade de aplicação do regime aberto aos condenados reincidentes a pena igual ou inferior a 4 anos, se a condenação anterior, que acarretou a reincidência, for de pena de multa. Esta corrente justifica seu pensamento no art. 77, §1º, do Código Penal, o qual dispõe que condenação anterior a pena de multa não impede a suspensão condicional da pena, sendo assim, também não poderia obstar a fixação do regime aberto.

De todo o exposto, pode-se resumir a fixação do regime de cumprimento de pena para os crimes apenados com reclusão da seguinte forma:

Regime Fechado	Condenado a pena superior a 8 anos.
Regime Semiaberto	a) Condenado *não reincidente* a uma pena superior a 4 anos e que não exceda 8 anos; b) Se o agente for condenado a uma pena superior a 4 anos e que não exceda 8 anos, *mas for reincidente, o regime inicial será o fechado.*
Regime Aberto	a) Condenado *não reincidente* a uma pena igual ou menor que 4 anos; b) Se o agente for condenado a uma pena igual ou menor que 4 anos, *mas for reincidente, o regime inicial poderá ser o semiaberto ou o fechado,* a depender das circunstâncias judiciais, conforme Súmula 269 do STJ: "É admissível a adoção do regime prisional semiaberto aos reincidentes condenados a pena igual ou inferior a quatro anos se favoráveis as circunstâncias judiciais".

23.4.1 Possibilidade de detração penal na sentença

O artigo 387, §2º, do Código de Processo Penal (incluído pela Lei nº 12.736/12), permite ao juiz sentenciante, por ocasião da prolação da sentença condenatória, realizar a detração do tempo que o acusado permaneceu preso, para fins de fixação de regime de cumprimento de pena.

> §2º O tempo de prisão provisória, de prisão administrativa ou de internação, no Brasil ou no estrangeiro, será computado para fins de determinação do regime inicial de pena privativa de liberdade. (Incluído pela Lei nº 12.736, de 2012).

23.4.2 Regime inicial de cumprimento de pena para os crimes hediondos e equiparados

Antes da Lei nº 11.464/07, o art. 2º, §1º, da Lei de Crimes Hediondos, em sua redação original, estatuía que a pena para esses delitos seria cumprida em regime integralmente fechado. Dessa forma, não era admitida a progressão de regime, já que a reprimenda deveria ser cumprida em regime integralmente fechado. Contudo, em 23 de junho de 2006, no julgamento do HC 82959/SP, o Supremo Tribunal Federal declarou essa norma inconstitucional, ao fundamento de que feria o princípio da individualização da pena. Vejamos:

PENA – REGIME DE CUMPRIMENTO – PROGRESSÃO – RAZÃO DE SER. A progressão no regime de cumprimento da pena, nas espécies fechado, semiaberto e aberto, tem como razão maior a ressocialização do preso que, mais dia ou menos dia, voltará ao convívio social. PENA – CRIMES HEDIONDOS – REGIME DE CUMPRIMENTO – PROGRESSÃO – ÓBICE – ARTIGO 2º, §1º, DA LEI Nº 8.072/90 – INCONSTITUCIONALIDADE – EVOLUÇÃO JURISPRUDENCIAL. Conflita com a garantia da individualização da pena – artigo 5º, inciso XLVI, da Constituição Federal – a imposição, mediante norma, do cumprimento da pena em regime integralmente fechado. Nova inteligência do princípio da individualização da pena, em evolução jurisprudencial, assentada a inconstitucionalidade do artigo 2º, §1º, da Lei nº 8.072/90 (STF. HC 82959/SP, Relator: Marco Aurélio. Data de Julgamento: 23/02/2006, Tribunal Pleno, Data de Publicação: DJ 01/09/2006).

A partir de então, passou-se a permitir a progressão de regime aos condenados pela prática de crimes hediondos, observando-se a regra do artigo 112 da Lei de Execuções Penais, com redação anterior a Lei nº 13.964/19 (progressão de regime, desde que cumprido 1/6 da pena).

No ano de 2007, entrou em vigor a Lei nº 11.464/07,[526] a qual previa que os condenados por crimes hediondos e equiparados deveriam iniciar o cumprimento de suas penas em regime fechado (§1º A pena por crime previsto neste artigo será cumprida inicialmente em regime fechado), alterando-se o mandamento anterior, que determinava que o condenado deveria cumprir sua reprimenda em regime integralmente fechado (que, como visto acima, já havia sido declarado inconstitucional pelo STF).

Como mencionado, com a declaração de inconstitucionalidade do regime integralmente fechado, no bojo do HC 82959/SP, passou-se a permitir a progressão de regime aos condenados pela prática de crimes hediondos e equiparados, observando-se a fração de 1/6 da pena, nos termos do artigo 112 da LEP (ano de 2006).

No entanto, a Lei nº 11.464, de 29 de março de 2007, também estabeleceu a possibilidade de progressão de regime,[527] todavia tal diploma agravou a situação dos condenados a esses delitos, autorizando-se a progressão de regime somente após o cumprimento de 2/5 da pena (se primários) e 3/5 (se reincidentes).

Assim, tratando-se de *novatio legis in pejus*, não podia ser aplicada retroativamente para prejudicar os réus, de modo que aqueles que praticaram crimes hediondos e equiparados em data anterior à vigência da Lei nº 11.464/07 alcançariam o requisito objetivo para progressão de regime após o cumprimento de 1/6 (um sexto) da pena.

Já aqueles que tivessem praticado crimes hediondos e equiparados após a entrada em vigor da Lei nº 11.464/07, para progredir de regime, deveriam cumprir 2/5 da pena (se primários) ou 3/5 (se reincidentes).

Nesse sentido, o STF editou a Súmula Vinculante 26:

> Para efeito de progressão de regime no cumprimento de pena por crime hediondo, ou equiparado, o juízo da execução observará a inconstitucionalidade do art. 2º da Lei nº 8.072, de 25 de julho de 1990, sem prejuízo de avaliar se o condenado preenche, ou não, os requisitos objetivos e subjetivos do benefício, podendo determinar, para tal fim, de modo fundamentado, a realização de exame criminológico.

---

[526] Entrou em vigor no dia 29/03/2007.
[527] Art. 2º, §2º. A progressão de regime, no caso dos condenados aos crimes previstos neste artigo, dar-se-á após o cumprimento de 2/5 da pena, se o apenado for primário, e de 3/5, se reincidente.

Ainda no mesmo propósito, o STJ editou a Súmula 471:

> Os condenados por crimes hediondos ou assemelhados cometidos antes da vigência da Lei nº 11.464/2007 sujeitam-se ao disposto no art. 112 da Lei nº 7.210/1984 (Lei de Execução Penal) para a progressão de regime prisional.

Passados alguns anos (2013), o Supremo Tribunal Federal foi instado a se manifestar sobre a obrigatoriedade da fixação do regime inicialmente fechado e, seguindo o mesmo entendimento expendido no HC 82959/SP, no julgamento do HC 111.840/ES, declarou a inconstitucionalidade da regra que estabeleceu a obrigatoriedade da fixação do regime inicialmente fechado para os crimes hediondos e equiparados, baseando-se nos seguintes argumentos:
a) fere o princípio da individualização da pena, pois retira do juiz a possibilidade de analisar as circunstâncias do caso concreto para averiguar qual regime melhor se adéqua à situação do sentenciado;
b) dentre as vedações impostas pela Constituição Federal, em seu artigo 5º, XLIII, não se encontra o regime de cumprimento de pena integralmente ou inicialmente fechado;
c) o magistrado deve analisar as circunstâncias pessoais do sentenciado e se utilizar dos parâmetros estabelecidos nos artigos 33 e 59, ambos do Código Penal, para apurar qual a pena e o regime devem ser impostos.

Vejamos a posição do Supremo Tribuna Federal[528] no HC 111.840, quanto à inconstitucionalidade da obrigatoriedade do regime inicial fechado para crimes hediondos:

> Entendo que, se a Constituição Federal menciona que a lei regulará a individualização da pena, é natural que ela exista. Do mesmo modo, os critérios para a fixação do regime prisional inicial devem-se harmonizar com as garantias constitucionais, sendo necessário exigir-se sempre a fundamentação do regime imposto, ainda que se trate de crime hediondo ou equiparado. Deixo consignado, já de início, que tais circunstâncias não elidem a possibilidade de o magistrado, em eventual apreciação das condições subjetivas desfavoráveis, vir a estabelecer regime prisional mais severo, desde que o faça em razão de elementos concretos e individualizados, aptos a demonstrar a necessidade de maior rigor da medida privativa de liberdade do indivíduo, nos termos do §3º do art. 33 c/c o art. 59 do Código Penal. A progressão de regime, ademais, quando se cuida de crime hediondo ou equiparado, também se dá em lapso temporal mais dilatado (Lei nº 8.072/90, art. 2º, §2º) (...) Feitas essas considerações, penso que deve ser superado o disposto na Lei dos Crimes Hediondos (obrigatoriedade de início do cumprimento de pena no regime fechado) para aqueles que preencham todos os demais requisitos previstos no art. 33, §§2º, b, e 3º, do CP, admitindo-se o início do cumprimento de pena em regime diverso do fechado. Nessa

---

[528] 4. A Corte Constitucional, no julgamento do HC 111.840/ES, de relatoria do Ministro Dias Toffoli, removeu o óbice constante do §1º do art. 2º da Lei nº 8.072/90, com a redação dada pela Lei nº 11.464/07, o qual determinava que 'a pena por crime previsto nesse artigo será cumprida inicialmente em regime fechado', declarando, de forma incidental, a inconstitucionalidade da obrigatoriedade de fixação do regime fechado para o início do cumprimento de pena decorrente da condenação por crime hediondo ou equiparado. 5. Esse entendimento abriu passagem para que a fixação do regime prisional – mesmo nos casos de tráfico ilícito de entorpecentes ou de outros crimes hediondos e equiparados – seja devidamente fundamentada, como ocorre nos demais delitos dispostos no ordenamento. 6. No caso, as instâncias ordinárias indicaram elementos concretos e individualizados aptos a demonstrar a necessidade da prisão do paciente em regime fechado, impondo-lhe o regime mais severo mediante fundamentação adequada, nos termos do que dispõe o art. 33, *caput* e parágrafos, do CP (HC 119167, Relator Ministro Dias Toffoli, Primeira Turma, julgamento em 26/11/2013, DJe de 16/12/2013).

conformidade, tendo em vista a declaração incidental de inconstitucionalidade do §1º do art. 2º da Lei nº 8.072/90, na parte em que impõe a obrigatoriedade de fixação do regime fechado para início do cumprimento da pena aos condenados pela prática de crimes hediondos ou equiparados, concedo a ordem para alterar o regime inicial de cumprimento das reprimenda impostas ao paciente para o semiaberto (HC 111840, Relator Ministro Dias Toffoli, Tribunal Pleno, julgamento em 27/06/2012, DJe de 17/12/2013).

Desse modo, após essa manifestação do Supremo Tribunal Federal, os condenados por crimes hediondos e equiparados podem iniciar o cumprimento de suas penas em regime aberto, semiaberto ou fechado, a depender das circunstâncias da individualização da pena extraídas do caso concreto, não existindo mais a obrigatoriedade da fixação do regime inicial fechado.

Ressalte-se, por fim, que a nova redação do art. 112 da Lei de Execuções Penais, instituída pela Lei nº 13.964/19, estabeleceu novos patamares para a progressão de regime aos crimes hediondos e equiparados:

1. 40% da pena, se o apenado for condenado pela prática de crime hediondo ou equiparado, se for primário;
2. 50% da pena, se o apenado for:
   a) condenado pela prática de crime hediondo ou equiparado, com resultado morte, se for primário, vedado o livramento condicional;
   b) condenado por exercer o comando, individual ou coletivo, de organização criminosa estruturada para a prática de crime hediondo ou equiparado;
3. 60% da pena, se o apenado for reincidente na prática de crime hediondo ou equiparado;
4. 70% da pena, se o apenado for reincidente em crime hediondo ou equiparado com resultado morte, vedado o livramento condicional.

Deve-se alertar, contudo, que, para o STJ, a progressão de regime do reincidente não específico em crime hediondo ou equiparado com resultado morte deve observar o previsto no inciso VI, *a*, do artigo 112 da Lei de Execução Penal, ou seja, o patamar de 50%.

Fundamentou o Superior Tribunal de Justiça, no HC 581.315/PR que:

> Em relação aos apenados que foram condenados por crime hediondo mas que são reincidentes em razão da prática anterior de crimes comuns não há percentual previsto na Lei de Execuções Penais, em sua nova redação, para fins de progressão de regime, visto que os percentuais de 60% e 70% se destinam unicamente aos reincidentes específicos, não podendo a interpretação ser extensiva, vez que seria prejudicial ao apenado. Assim, por ausência de previsão legal, o julgador deve integrar a norma aplicando a analogia *in bonam partem*.
>
> No caso (condenado por crime hediondo com resultado morte, reincidente não específico), diante da lacuna na lei, deve ser observado o lapso temporal relativo ao primário. Impõe-se, assim, a aplicação do contido no inciso VI, *a*, do referido artigo da Lei de Execução Penal, exigindo-se, portanto, o cumprimento de 50% da pena para a progressão de regime.[529]

---

[529] HC 581.315/PR, Rel. Min. Sebastião Reis Júnior, Sexta Turma, por unanimidade, julgado em 06/10/2020, DJe 19/10/2020.

23.4.3 Regime inicial de cumprimento de pena para o crime de tortura (Lei nº 9.455/97)

Dispõe o art. 1º, §7º, da Lei de Tortura que:

§7º O condenado por crime previsto nesta Lei, salvo a hipótese do §2º, iniciará o cumprimento da pena em regime fechado.

A Lei nº 9.455/97 prevê que, à exceção da forma omissiva de tortura (art. 1º, §2º), o condenado deverá iniciar sua pena em regime fechado (art. 1º, §7º). Vale dizer, o legislador, de forma abstrata, determinou ao magistrado que imponha necessariamente regime inicial fechado ao condenado por essas práticas, não lhe fornecendo margem para individualização, com base nos artigos 33 e 59, ambos do Código Penal.

O sentido dessa norma é o endurecimento da punição para o torturador.

Em relação à tortura em sua forma omissiva (própria e imprópria), o legislador autorizou que o juiz estabelecesse outros regimes, até porque, com a pena cominada de 1 a 4 anos de detenção,[530] haveria contradição com o sistema brasileiro de fixação da pena se o magistrado fosse obrigado a infligir ao condenado regime inicial fechado.

Portanto, segundo o §7º da Lei de Tortura, o regime inicial de cumprimento de pena deve ser fixado da seguinte maneira:

Crimes de tortura (art. 1º, I, II e §1º)	Regime inicial fechado, independentemente da pena aplicada.
Tortura omissiva (§2º)	Regime inicial aberto ou semiaberto.

Contudo, como visto no tópico anterior, o STF, no HC 111.840/ES,[531] firmou entendimento de que é inconstitucional a regra que estabelece a obrigatoriedade da fixação do regime inicial fechado aos crimes hediondos e equiparados.

Nessa tocada, o Superior Tribunal de Justiça se manifestou, especificamente, sobre a obrigatoriedade da imposição de regime fechado na Lei de Tortura, aduzindo que a gravidade e a natureza do crime não autorizam o juiz a fixar regime mais severo do que a pena admite, devendo o julgador analisar as circunstâncias do caso concreto com base no artigo 33 e parágrafos do Código Penal, a fim de impor pena consentânea ao condenado.

PENAL E PROCESSO PENAL. AGRAVO REGIMENTAL NO AGRAVO EM RECURSO ESPECIAL. APELO RARO INTEMPESTIVO. REGULAR INTIMAÇÃO DO ARESTO RECORRIDO. PUBLICAÇÃO EM NOME DE UM DOS ADVOGADOS DEVIDAMENTE CONSTITUÍDO. POSSIBILIDADE. AGRAVO REGIMENTAL A QUE

---

[530] Os crimes apenados com detenção somente comportam imposição de regime inicial aberto ou semiaberto. A colocação de condenado por delito apenado com detenção em regime fechado somente é possível por intermédio de regressão de regime, no bojo da execução penal.

[531] Seguindo o entendimento firmado HC 82.959/SP, Rel. Min. Marco Aurélio, DJe 01/09/2006, que declarou a inconstitucionalidade, *incidenter tantum*, da antiga redação do art. 2º, §1º, da Lei nº 8.072/90, a qual determinava que os condenados por crimes hediondos ou a eles equiparados deveriam cumprir a pena em regime integralmente fechado.

SE NEGA PROVIMENTO. CRIME DE TORTURA. FIXAÇÃO DE REGIME INICIAL FECHADO. OBRIGATORIEDADE. ART. 1º, §7º, DA LEI Nº 9.455/97. DISPOSITIVO INCONSTITUCIONAL. *HABEAS CORPUS* CONCEDIDO DE OFÍCIO. 1. "A publicação feita em nome de um dos advogados com procuração nos autos torna perfeita a intimação realizada pelo órgão oficial, ainda que tenha havido requerimento para que constasse o nome de dois ou mais causídicos" (AgRg no EAREsp 274.664/MG, Rel. Ministra Laurita Vaz, Corte Especial, DJe 02/02/2015) 2. A obrigatoriedade do regime inicial fechado prevista na Lei do Crime de Tortura foi superada pela Suprema Corte, de modo que a mera natureza do crime não configura fundamentação idônea a justificar a fixação do regime mais gravoso para os condenados pela prática de crimes hediondos e equiparados, haja vista que, para estabelecer o regime prisional, deve o magistrado avaliar o caso concreto de acordo com os parâmetros estabelecidos pelo artigo 33 e parágrafos do Código Penal. 3. Agravo regimental a que se nega provimento. *Habeas corpus* concedido de ofício. AgRg no Agravo em Recurso Especial 629.324/SP (2014/0335990-3), julgado em 24/02/2015.

Todavia, o Ministro Marco Aurélio, no julgamento do HC 123316, publicado no Informativo 789, de junho de 2015, acompanhado pelos Ministros Roberto Barroso, Rosa Weber e Luiz Fux, entendeu que não há nenhum constrangimento em aplicar o regime inicial fechado para o delito de tortura, ao fundamento de que a Lei nº 9.455/97, de regência específica (princípio da especialidade), autoriza expressamente a imposição de regime inicialmente fechado (o qual não se confunde com o integralmente fechado) e, além disso, a opção realizada pelo legislador está de acordo com a Constituição, em razão da gravidade do crime de tortura. Frisaram que é possível a progressão de regime. Anotamos:

> Crime de tortura e regime inicial de cumprimento da pena. O condenado por crime de tortura iniciará o cumprimento da pena em regime fechado, nos termos do disposto no §7º do art. 1º da Lei 9.455/1997 – Lei de Tortura. Com base nessa orientação, a Primeira Turma denegou pedido formulado em *habeas corpus*, no qual se pretendia o reconhecimento de constrangimento ilegal consubstanciado na fixação, em sentença penal transitada em julgado, do cumprimento das penas impostas aos pacientes em regime inicialmente fechado. Alegavam os impetrantes a ocorrência de violação ao princípio da individualização da pena, uma vez que desrespeitados os artigos 33, §3º, e 59 do CP. Apontavam a existência de similitude entre o disposto no artigo 1º, §7º, da Lei de Tortura e o previsto no art. 2º, §1º, da Lei de Crimes Hediondos, dispositivo legal que já teria sido declarado inconstitucional pelo STF no julgamento do HC 111.840/ES (DJe de 17/12/2013). Salientavam, por fim, afronta ao Enunciado 719 da Súmula do STF. O Ministro Marco Aurélio (relator) denegou a ordem. Considerou que, no caso, a dosimetria e o regime inicial de cumprimento das penas fixadas atenderiam aos ditames legais. Asseverou não caber articular com a Lei de Crimes Hediondos, pois a regência específica (Lei 9.455/1997) prevê expressamente que o condenado por crime de tortura iniciará o cumprimento da pena em regime fechado, o que não se confundiria com a imposição de regime de cumprimento da pena integralmente fechado. Assinalou que o legislador ordinário, em consonância com a CF/1988, teria feito uma opção válida, ao prever que, considerada a gravidade do crime de tortura, a execução da pena, ainda que fixada no mínimo legal, deveria ser cumprida inicialmente em regime fechado, sem prejuízo de posterior progressão. Os Ministros Roberto Barroso e Rosa Weber acompanharam o relator, com a ressalva de seus entendimentos pessoais no sentido do não conhecimento do *writ*. O Ministro Luiz Fux, não obstante entender que o presente *habeas corpus* faria as vezes de revisão criminal, ante o trânsito em julgado da decisão impugnada, acompanhou o relator. HC 123316/SE, Rel. Min. Marco Aurélio, 09/06/2015 (HC 123316).

Da leitura do aresto, vê-se que, embora os Ministros Roberto Barroso, Rosa Weber e Luiz Fux tenham acompanhado o voto do Relator Ministro Marco Aurélio, ressalvaram que não concordavam com o conhecimento do *habeas corpus*.

Em análise ao inteiro teor do acórdão acima, o Ministro Roberto Barroso mencionou que, como o §7º da Lei de Tortura não foi declarado inconstitucional, o Relator Ministro Marco Aurélio estava aplicando a Lei nº 9.455/97 tal como ela foi posta. Os Ministros Luiz Fux e Rosa Weber não fizeram a análise jurídica da questão.

Assim, em que pese essa decisão do STF, entendemos que deve ser mantida a posição de que é possível a imposição de regime inicial diverso do fechado,[532] para que se mantenha a coerência do sistema. Ora, se já foi dito pelos tribunais superiores que é inconstitucional a obrigatoriedade da imposição do regime inicial fechado aos crimes hediondos e equiparados, não há razões para realizar distinção quanto ao delito de tortura. Embora atualmente em desuso, entendemos que a coerência e a segurança jurídica são fatores relevantes para aplicação do direito.

23.4.4 Regime inicial de cumprimento de pena para o tráfico privilegiado (art. 33, §4º, da Lei nº 11.343/06)

O tráfico privilegiado é a hipótese em que o agente primário, de bons antecedentes, que não se dedique às atividades criminosas nem integre organização criminosa é agraciado com o reconhecimento da minorante do artigo 33, §4º, da Lei nº 11.343/06, a qual acarreta a redução de 1/6 (um sexto) a 2/3 (dois terços) da pena.

O Superior Tribunal de Justiça tinha o entendimento de que o reconhecimento do tráfico privilegiado não afastava a hediondez do delito. Nesse sentido, era a Súmula 512. Vejamos:

> A aplicação da causa de diminuição de pena prevista no art. 33, §4º, da Lei nº 11.343/2006 não afasta a hediondez do crime de tráfico de drogas.

Tal discussão seguiu para o Supremo Tribunal Federal, no bojo do HC 118.533, tendo a Suprema Corte, por 8 votos a 3, reconhecido que o tráfico privilegiado não tem natureza hedionda.

O caso discutido pela Suprema Corte envolvia dois agentes que, no ano de 2009, transportaram aproximadamente 772 kg de droga, com a escolta de batedores.

Os argumentos expendidos pelos Ministros para reconhecerem o caráter não hediondo do tráfico privilegiado, em síntese, foram os seguintes:
a) em atenção ao princípio da legalidade, o rol de crimes hediondos previsto na Lei nº 8.072/90 é de caráter estrito, não sendo admitida sua ampliação mediante analogia;
b) o legislador não quis incluir o tráfico privilegiado no rol dos crimes equiparados a hediondos, bem como não teve o intuito de colocá-lo nas hipóteses mais severas de concessão do livramento condicional. Caso tivesse essa intenção, teria feito de forma expressa e precisa;

---

[532] Súmula 719 do STF – A imposição do regime de cumprimento mais severo do que a pena aplicada permitir exige motivação idônea.

c) é medida desproporcional equiparar o tráfico privilegiado a crime hediondo, uma vez que essa conduta é incompatível com a natureza hedionda.

Além dos citados argumentos, ainda foram feitas considerações a respeito de questões de política criminal e do aumento da população carcerária.

O afastamento da natureza hedionda do tráfico privilegiado trouxe implicações práticas, pois os condenados por essa conduta passaram, desde então, a ter direito à concessão de anistia, graça e indulto; progressão de regime com o cumprimento de frações menores, bem como ter acesso ao livramento condicional com o cumprimento de 1/3 ou 1/2 do cumprimento da pena (e não mais com 2/3 ou não ter direito ao benefício, no caso de reincidência específica).

Assim, a decisão do HC 118.533, à época, retratou uma nova orientação jurisprudencial do Supremo Tribunal Federal que, embora não possuísse caráter *erga omnes*, nem efeito vinculante (pois prolatada no bojo de um *habeas corpus*), certamente trouxe reflexos práticos no cotidiano forense.

Seguindo essa orientação, o Superior Tribunal de Justiça, na Petição 11.796/DF, cancelou a Súmula 512, alinhando-se ao posicionamento do Supremo Tribunal Federal de que o tráfico privilegiado não é crime hediondo. Vejamos:

> PENAL E PROCESSUAL PENAL. TRÁFICO ILÍCITO DE DROGAS NA SUA FORMA PRIVILEGIADA. ART. 33, §4º, DA LEI Nº 11.343/2006. CRIME NÃO EQUIPARADO A HEDIONDO. ENTENDIMENTO RECENTE DO PLENO DO SUPREMO TRIBUNAL FEDERAL, NO JULGAMENTO DO HC 118.533/MS. REVISÃO DO TEMA ANALISADO PELA TERCEIRA SEÇÃO SOB O RITO DOS RECURSOS REPETITIVOS. RECURSO ESPECIAL REPRESENTATIVO DA CONTROVÉRSIA Nº 1.329.088/RS. CANCELAMENTO DO ENUNCIADO Nº 512 DA SÚMULA DO STJ. 1. O Supremo Tribunal Federal, no recente julgamento do HC 118.533/MS, firmou entendimento de que apenas as modalidades de tráfico ilícito de drogas definidas no art. 33, *caput* e §1º, da Lei nº 11.343/2006 seriam equiparadas aos crimes hediondos, enquanto referido delito na modalidade privilegiada apresentaria "contornos mais benignos, menos gravosos, notadamente porque são relevados o envolvimento ocasional do agente com o delito, a não-reincidência, a ausência de maus antecedentes e a inexistência de vínculo com organização criminosa." (Rel. Min. Cármen Lúcia, Tribunal Pleno, julgado em 23/06/2016). 2. É sabido que os julgamentos proferidos pelo Excelso Pretório em *habeas corpus*, ainda que por seu Órgão Pleno, não têm efeito vinculante nem eficácia *erga omnes*. No entanto, a fim de observar os princípios da segurança jurídica, da proteção da confiança e da isonomia, bem como de evitar a prolação de decisões contraditórias nas instâncias ordinárias e também no âmbito deste Tribunal Superior de Justiça, é necessária a revisão do tema analisado por este Sodalício sob o rito dos recursos repetitivos (Recurso Especial Representativo da Controvérsia nº 1.329.088/RS – Tema 600). 3. Acolhimento da tese segundo a qual o tráfico ilícito de drogas na sua forma privilegiada (art. 33, §4º, da Lei nº 11.343/2006) não é crime equiparado a hediondo, com o consequente cancelamento do enunciado 512 da Súmula deste Superior Tribunal de Justiça.

Demais disso, o art. 112, §5º, da LEP, introduzido pela Lei nº 13.964/19, inseriu na legislação tal entendimento jurisprudencial que já estava consolidado, dispondo que:

> §5º Não se considera hediondo ou equiparado, para os fins deste artigo, o crime de tráfico de drogas previsto no §4º do art. 33 da Lei nº 11.343, de 23 de agosto de 2006.

Dessa forma, o tráfico privilegiado não é considerado crime hediondo, mas crime comum, sendo certo que a fixação do regime inicial de cumprimento de pena segue as regras do art. 33 e 59, ambos do Código Penal.

23.4.5 Regime inicial de cumprimento de pena para as organizações criminosas

A Lei nº 13.964/19 (Pacote Anticrime) estabeleceu no art. 2º, §§8º e 9º da Lei nº 12.850/13 (Lei do Crime Organizado) que:

> §8º As lideranças de organizações criminosas armadas ou que tenham armas à disposição deverão iniciar o cumprimento da pena em estabelecimentos penais de segurança máxima (incluído pela Lei nº 13.964, de 2019).
>
> §9º O condenado expressamente em sentença por integrar organização criminosa ou por crime praticado por meio de organização criminosa não poderá progredir de regime de cumprimento de pena ou obter livramento condicional ou outros benefícios prisionais se houver elementos probatórios que indiquem a manutenção do vínculo associativo (incluído pela Lei nº 13.964, de 2019).

Segundo o artigo 3º da Lei nº 8.072/90, "a União manterá estabelecimentos penais, de segurança máxima, destinados ao cumprimento de penas impostas a condenados de alta periculosidade, cuja permanência em presídios estaduais ponha em risco a ordem ou incolumidade pública".

Inicialmente, é válido frisar que, em regra, a execução penal tanto de preso condenado pela Justiça Estadual quanto de preso condenado pela Justiça Federal é executada em presídio estadual. Assim, se o preso estiver recolhido em presídio estadual, a competência para a execução de sua pena é do juízo estadual. Contudo, se o preso estiver recolhido em presídio federal, a competência para a execução de sua pena é do juízo federal.

Nesse sentido, é a Súmula 192 do Superior Tribunal de Justiça, *verbis*:

> Compete ao juízo das execuções penais do estado a execução das penas impostas a sentenciados pela justiça federal, militar ou eleitoral, quando recolhidos a estabelecimentos sujeitos a administração estadual.

O artigo 3º determina a criação de presídios federais de segurança máxima, a fim de albergar presos de alta periculosidade, cuja permanência em presídios estaduais coloque em risco a ordem ou a incolumidade pública. Portanto, não são todos os presos que são encaminhados a esses estabelecimentos, somente aqueles que causem risco à ordem ou à incolumidade pública. Tais presos ficam sob a jurisdição do juízo federal competente. Pode-se citar como exemplo os presídios federais de Porto Velho/RO, Mossoró/RN, Campo Grande/MS e Catanduvas/PR.

O art. 2º, §8º, da Lei nº 12.850/13, incluído pela Lei nº 13.964/19, criou mais uma hipótese de remessa de preso aos estabelecimentos penais de segurança máxima, determinando que as lideranças de organizações criminosas armadas ou que tenham armas à disposição deverão iniciar o cumprimento da pena em estabelecimentos penais de segurança máxima.

Portanto, a norma é destinada aos líderes de organizações criminosas armadas ou que tenham armas à sua disposição, bem como se refere somente ao início do cumprimento de suas penas nos presídios federais. Obviamente que, se durante a execução da pena, for verificado que se trata de preso de alta periculosidade, cuja permanência em presídios estaduais coloque em risco a ordem ou a incolumidade pública, nada obsta sua manutenção no estabelecimento federal.

Já o art. 2º, §9º, da Lei nº 12.850/13 veda a concessão de livramento condicional, de progressão de regime e de outros benefícios prisionais ao condenado por integrar organização criminosa ou por crime praticado por intermédio de organização ou associação criminosa, se houver elementos probatórios que indiquem a manutenção do vínculo associativo (*societas sceleris*).

Este dispositivo legal visa a endurecer o tratamento penal do sujeito que, mesmo condenado nas situações acima descritas, insiste em manter o vínculo associativo com a organização ou associação criminosa.

Assim, a Lei Anticrime trouxe nova hipótese de vedação à concessão de livramento condicional, qual seja: se o condenado por integrar organização criminosa ou por crime praticado por intermédio de organização ou associação criminosa mantiver o vínculo associativo.

Nas mesmas situações acima descritas, o §9º vedou a progressão de regime. Não se trata de imposição legal de regime integralmente ou inicialmente fechado, mas sim de vedação à progressão enquanto o condenado mantiver o vínculo associativo com a organização ou associação criminosa.

Destarte, criou-se novo requisito para a progressão de regime, ou seja, para progredir, deve-se demonstrar que houve o desfazimento dos vínculos com a organização ou associação criminosa.

Pela literalidade do §9º, se o sujeito ainda mantiver o vínculo associativo com organização ou associação criminosa e for condenado em regime fechado, deverá permanecer em regime fechado. Se for condenado em regime semiaberto, deverá permanecer em regime semiaberto (exceto em caso de regressão de regime que poderá voltar ao regime fechado). Se for condenado em regime aberto, deverá permanecer em regime aberto (exceto em caso de regressão de regime que poderá voltar ao regime fechado ou semiaberto).

Note-se que o dispositivo veda a progressão de regime e não a regressão. Portanto, havendo motivos fáticos e jurídicos para a aplicação do instituto da regressão, não há nada que o impeça.

Pode-se aventar, ainda, que em razão da vedação à progressão de regime, poder-se-ia desaguar na ressurreição do regime integralmente fechado de cumprimento de pena, pois, fixado regime fechado ao condenado e vedando-se a sua progressão, este cumpriria a reprimenda em regime integralmente fechado. Contudo, acreditamos não ser esse o ponto nevrálgico da discussão.

A nosso sentir, o que o art. 2º, §9º, da Lei nº 12.850/13, incluído pela Lei nº 13.964/19, fez foi criar um novo requisito para a progressão, qual seja: não manter vínculos associativos com a organização ou associação criminosa. Inexistindo tal situação, a progressão acontecerá naturalmente, desde que preenchidos os requisitos da Lei de Execuções Penais.

O mesmo ocorre, por exemplo, quando o apenado não preenche o requisito subjetivo para a progressão de regime. Vale dizer, se o reeducando não tem mérito para progredir de regime, deve permanecer no regime mais gravoso até que o obtenha. Da mesma maneira que existe o requisito subjetivo para a progressão de regime, a lei pode criar outros requisitos para que seja deferida a progressão e, no caso em estudo, o requisito criado foi a inexistência de vínculo associativo com a organização ou associação criminosa.

Da mesma maneira, o §9º instituiu vedação à concessão de outros benefícios prisionais àqueles que ainda mantêm o vínculo associativo com a organização ou a associação criminosa. A nova lei não estabeleceu quais benefícios são estes. Desse modo, por benefícios prisionais, entendemos ser aqueles concedidos no curso da execução penal para suavizar seu cumprimento, a exemplo das saídas temporárias, trabalho externo, concessão de prisão domiciliar, remição de pena etc. Encontrando-se o condenado na situação mencionada na lei, estará vedado o deferimento das benesses.

23.4.6 Regime inicial de cumprimento de pena e colaboração premiada

O art. 4º, §7º, II, da Lei nº 12.850/13 dispõe que:

> §7º Realizado o acordo na forma do §6º deste artigo, serão remetidos ao juiz, para análise, o respectivo termo, as declarações do colaborador e cópia da investigação, devendo o juiz ouvir sigilosamente o colaborador, acompanhado de seu defensor, oportunidade em que analisará os seguintes aspectos na homologação: (Redação dada pela Lei nº 13.964, de 2019) (...)
> II – adequação dos benefícios pactuados àqueles previstos no *caput* e nos §§4º e 5º deste artigo, sendo nulas as cláusulas que violem o critério de definição do regime inicial de cumprimento de pena do art. 33 do Decreto-Lei nº 2.848, de 7 de dezembro de 1940 (Código Penal), as regras de cada um dos regimes previstos no Código Penal e na Lei nº 7.210, de 11 de julho de 1984 (Lei de Execução Penal) e os requisitos de progressão de regime não abrangidos pelo §5º deste artigo; (Incluído pela Lei nº 13.964, de 2019).

A lei de organização criminosa, após a Lei nº 13.964/19, passou a vedar expressamente os acordos de colaboração premiada que violem as regras de fixação e de progressão de regime de cumprimento de pena estabelecidas no Código Penal e na Lei de Execuções Penais, considerando-as nulas.

Imagine que o colaborador tenha praticado vários crimes e que, realizada uma perspectiva de aplicação de pena corporal, esta seria fixada em patamar superior a 8 anos. Segundo o art. 33 do Código Penal, para penas superiores a 8 anos é obrigatória a fixação de regime inicial fechado. Portanto, será nula a cláusula que estabeleça para essa situação hipotética, por exemplo, o regime aberto ou, ainda, a fixação de "regime fechado domiciliar" (regime inexistente no ordenamento jurídico).

Antes mesmo da entrada em vigor do novo art. 4º, §7º, II, da Lei nº 12.850/13, já havia posicionamento jurisprudencial inclinando-se pela impossibilidade desse tipo de acordo. Vejamos julgado do Supremo Tribunal Federal:

> Asseverou existirem dois momentos para analisar as cláusulas e condições das delações premiadas. O primeiro, precário e efêmero, é realizado pelo relator, com base no art. 21 do RISTF. Nele se verifica a presença dos requisitos de regularidade, voluntariedade e

legalidade. Esta última, no entanto, é empregada em seu sentido amplo. O relator tem o dever de vetar cláusulas que excluam da apreciação do Judiciário lesão ou ameaça de lesão a direitos; estabeleçam o cumprimento imediato da pena ainda não fixada; fixem regime de cumprimento de pena não autorizado pela legislação em vigor; avancem sobre cláusulas de reserva de jurisdição; determinem o compartilhamento de provas e informações sigilosas sem intervenção da justiça; ou autorizem a divulgação de informações que atinjam a imagem ou a esfera jurídica de terceiros (...) Pet 7074 QO/DF, Rel. Min. Edson Fachin, julgamento em 21, 22, 28 e 29/06/2017 (Pet 7074).

Essa nova disposição tem recebido algumas críticas da comunidade jurídica no sentido de ter fulminado o instituto da colaboração premiada. Isso porque, ao reduzir a margem de negociação, certamente ninguém mais terá interesse em colaborar, uma vez que os prêmios são pouco atrativos.

Vamos exemplificar a crítica doutrinária: imagine que, diante dos fatos apurados, o colaborador receberá uma pena de aproximadamente 30 anos. Imagine, ainda, que o colaborador é um grande empreiteiro, milionário, que já possui 60 anos de idade. Qual a expectativa desse empreiteiro realizar colaboração premiada sabendo que o regime a ser fixado terá de ser o regime fechado? Certamente, próxima a zero.

23.4.7 Regime aberto domiciliar

O regime aberto domiciliar é autorizado aos presos do regime aberto, consistindo no recolhimento em residência particular, em substituição à frequência na casa do albergado, nas hipóteses previstas no art. 117 da LEP:

1. condenado maior de 70 anos;
2. condenado acometido de doença grave;
3. condenada com filho menor ou deficiente físico ou mental;
4. condenada gestante.

Nos termos do art. 146-B, IV, da LEP, o juiz pode determinar que o beneficiário utilize monitoração eletrônica.

Portanto, trata-se de benefício que substitui a permanência na casa do albergado (regime aberto), não se aplicando, em regra, aos presos do regime fechado ou semiaberto.

Contudo, a jurisprudência dos tribunais superiores tem flexibilizado a regra do art. 117 da Lei de Execuções Penais, dependendo da situação concreta.

A jurisprudência tem admitido regime aberto domiciliar se não existir vagas na Casa do Albergado. Nesse sentido, já decidiu o Superior Tribunal de Justiça:

> EXECUÇÃO PENAL. *HABEAS CORPUS* SUBSTITUTO DE RECURSO. NÃO CABIMENTO. REGIME INICIAL ABERTO. INEXISTÊNCIA DE CASA DE ALBERGADO NA LOCALIDADE. PERMANÊNCIA NO REGIME SEMIABERTO. EXCESSO DE EXECUÇÃO. CONSTRANGIMENTO ILEGAL EVIDENCIADO. *HABEAS CORPUS* NÃO CONHECIDO. ORDEM CONCEDIDA DE OFÍCIO. (...) 2. É assente nesta Corte o entendimento que, em caso de falta de vagas em estabelecimento prisional adequado ao cumprimento da pena no regime aberto, deve-se conceder ao apenado, em caráter excepcional, o cumprimento da pena em regime domiciliar, até o surgimento de vagas no regime apropriado. 3. *Habeas corpus* não conhecido. Ordem concedida de ofício, para deferir ao paciente o direito de aguardar, em prisão domiciliar o surgimento de vaga em estabelecimento prisional destinado ao regime aberto (HC 305.450/RS, Rel. Min. Ribeiro Dantas).

O Superior Tribunal de Justiça assentou o entendimento de que, excepcionalmente, concede-se regime prisional mais benéfico ao *réu portador de doença grave* que, no regime fechado ou semiaberto, demonstra a impossibilidade de prestação da devida assistência médica pelo estabelecimento penal em que se encontra recolhido. Vejamos:

> EXECUÇÃO PENAL. *HABEAS CORPUS*. PRISÃO DOMICILIAR. TRATAMENTO DE SAÚDE. NÃO-PREENCHIMENTO DOS REQUISITOS CONSTANTES DO ART. 117 DA LEP. RÉ FORAGIDA. ORDEM DENEGADA.1. O recolhimento à prisão domiciliar, a teor do disposto no art. 117 da Lei de Execução Penal, somente será admitido, em sede de execução da pena, aos apenados submetidos ao regime aberto. 2. O Superior Tribunal de Justiça assentou o entendimento de que, excepcionalmente, se concede regime prisional mais benéfico ao réu portador de doença grave quando demonstrada a impossibilidade de prestação da devida assistência médica pelo estabelecimento penal em que se encontra recolhido. 3. Não havendo comprovação de que a paciente se encontra inválida ou que seu estado de saúde é instável, e ainda pelo fato de encontrar-se foragida, incabível o deferimento do pedido de prisão domiciliar. 4. Ordem denegada (HC 132.710/MG, Rel. Ministro Arnaldo Esteves Lima, Quinta Turma, julgado em 18/03/2010, DJe 19/04/2010).

O Supremo Tribunal Federal editou a Súmula Vinculante 56, que dispõe que "a falta de estabelecimento penal adequado não autoriza a manutenção do condenado em regime prisional mais gravoso, devendo-se observar, nessa hipótese, os parâmetros fixados no RE 641.320/RS".

Como visto, antes de conceder o regime aberto domiciliar, é necessário observar os parâmetros mencionados no RE 641.320/RS, que são os seguintes:
1. a falta de estabelecimento penal adequado não autoriza a manutenção do condenado em regime prisional mais gravoso;
2. os juízes da execução penal poderão avaliar os estabelecimentos destinados aos regimes semiaberto e aberto, para verificar se são adequados a tais regimes, sendo aceitáveis estabelecimentos que não se qualifiquem como colônia agrícola, industrial (regime semiaberto), casa de albergado ou estabelecimento adequado – regime aberto (art. 33, §1º, alíneas *b* e *c*);
3. no caso de haver falta de vagas, deverão determinar, *antes da colocação em regime aberto domiciliar*:
    a) a saída antecipada de sentenciado no regime com falta de vagas;
    b) a liberdade eletronicamente monitorada ao preso que sai antecipadamente ou é posto em prisão domiciliar por falta de vagas; e
    c) o cumprimento de penas restritivas de direito e/ou estudo ao sentenciado que progride ao regime aberto.

Caso não seja possível nenhuma das proposições acima, até que sejam estruturadas as medidas alternativas, aí sim poderá ser deferida a prisão domiciliar ao sentenciado.

23.4.7.1 Prisão domiciliar substitutiva da prisão preventiva

A prisão domiciliar do Código de Processo Penal se refere à possibilidade de o réu, preso preventivamente, permanecer recolhido em sua residência em substituição ao cárcere cautelar, só podendo dela se ausentar com autorização judicial (art. 317 do CPP). Trata-se de verdadeira medida cautelar.

As hipóteses de substituição da prisão preventiva pela prisão domiciliar, inicialmente, encontram-se previstas no art. 318 do Código de Processo Penal, que determina que o juiz poderá operá-la quando o agente for:
1. maior de 80 anos;
2. extremamente debilitado por motivo de doença grave;
3. imprescindível aos cuidados especiais de pessoa menor de 6 anos de idade ou com deficiência;
4. gestante;
5. mulher com filho de até 12 anos de idade incompletos;
6. homem, caso seja o único responsável pelos cuidados do filho de até 12 anos de idade incompletos.

Para a substituição, o juiz exigirá prova idônea do preenchimento dos requisitos.

Os magistrados, os membros do Ministério Público, da Defensoria, bem como da advocacia têm direito à prisão cautelar em sala de Estado-Maior, nos termos das respectivas leis de regência. Caso não exista tal acomodação, devem ficar em prisão domiciliar.

No mesmo sentido, o art. 318-A do Código de Processo Penal dispõe sobre prisão domiciliar para a mulher gestante ou que for mãe ou responsável por crianças ou pessoas com deficiência. Vejamos:

> Art. 318-A. A prisão preventiva imposta à mulher gestante ou que for mãe ou responsável por crianças ou pessoas com deficiência será substituída por prisão domiciliar, desde que:
> I – não tenha cometido crime com violência ou grave ameaça a pessoa;
> II – não tenha cometido o crime contra seu filho ou dependente.

O art. 318-A do Código de Processo Penal foi incluído pela Lei nº 13.769, de 2018, que foi inspirada no *habeas corpus* coletivo 143.641/SP. Portanto, doravante, vamos estudar os precedentes que culminaram na edição do referido dispositivo legal.

O *habeas corpus* coletivo 143.641/SP foi ajuizado no Supremo Tribunal Federal, tendo como pacientes "todas as mulheres submetidas à prisão cautelar no sistema penitenciário nacional" que se encontrassem na "condição de gestantes, de puérperas ou de mães com crianças com até 12 anos de idade sob sua responsabilidade".

Após a análise meritória, a Corte Suprema julgou procedente o pedido, determinando que, em regra, deveria ser concedida prisão domiciliar para todas as mulheres presas que fossem:
1. gestantes;
2. puérperas, ou seja, aquelas que deram à luz há pouco tempo;
3. mães de crianças, ou seja, de menores até 12 anos incompletos; ou
4. mães de pessoas com deficiência.

No entanto, embora tenha julgado procedente o pedido, o Supremo Tribunal Federal estabeleceu algumas limitações à concessão da prisão domiciliar às mulheres que se encontrassem nas condições acima, aduzindo que não deveria ser autorizado o cárcere residencial se:
1. a mulher tivesse praticado crime mediante violência ou grave ameaça;
2. a mulher tivesse praticado crime contra seus descendentes;
3. em outras situações excepcionalíssimas, as quais devem ser devidamente fundamentadas pelos juízes que denegarem o benefício.

A Excelsa Corte também decidiu que o entendimento esposado no *habeas corpus* coletivo deveria ser aplicado às adolescentes que tivessem praticado atos infracionais. Da mesma maneira, a regra e as exceções acima explicadas também deveriam ser aplicadas às mulheres reincidentes. Vale dizer, o simples fato de a mulher ser reincidente não fazia com que ela perdesse o direito à prisão domiciliar.

Pois bem.

O art. 318-A do Código de Processo Penal dispõe que a prisão preventiva imposta à mulher gestante ou que for mãe ou responsável por crianças ou pessoas com deficiência será substituída por prisão domiciliar. Afirma o referido dispositivo que somente não haverá a substituição da prisão preventiva por domiciliar se a mulher tiver praticado crime com violência ou grave ameaça a pessoa ou cometido o crime contra seu filho ou dependente.

Vê-se, portanto, que o legislador não criou nenhuma outra ressalva, como "outras situações excepcionalíssimas", consoante decisão do Supremo Tribunal Federal no HC 143.641/SP.

Diante desse panorama, a doutrina passou a entender que se criou um verdadeiro poder-dever para o juiz, ou seja, somente se poderá prender cautelarmente a mulher que praticou crimes nas formas acima especificadas.

Nesse sentido, o art. 318-A do CPP, incluído pela Lei nº 13.769/18, recebe severas críticas doutrinárias, entendendo que o legislador desconsiderou a prática de outros delitos graves (ex.: tráfico de drogas, associação criminosa etc.), que deveriam permitir a manutenção da prisão, além de criar uma espécie de "substituição automática", violando os ditames das medidas cautelares (necessidade, adequação, circunstâncias do caso concreto etc.), protegendo de forma ineficiente a sociedade.[533]

Assim, para que exista uma aplicação consentânea do art. 318-A do CPP, deve-se interpretá-lo de acordo com o HC 143.641/SP, que prevê que em "outras situações excepcionalíssimas" pode o juiz, de forma fundamentada, manter a prisão preventiva. Nesse sentido, já se posicionou o Superior Tribunal de Justiça:

> 5. O art. 318-A do Código de Processo Penal, introduzido pela Lei nº 13.769/2018, estabelece um poder-dever para o juiz substituir a prisão preventiva por domiciliar de gestante, mãe de criança menor de 12 anos e mulher responsável por pessoa com deficiência, sempre que apresentada prova idônea do requisito estabelecido na norma (art. 318, parágrafo único), ressalvadas as exceções legais. 6. A normatização de apenas duas das exceções não afasta a efetividade do que foi decidido pelo Supremo no *habeas corpus* 143.641/SP, nos pontos não alcançados pela nova lei. O fato de o legislador não ter inserido outras exceções na lei, não significa que o Magistrado esteja proibido de negar o benefício quando se deparar com casos excepcionais. Assim, deve prevalecer a interpretação teleológica da lei, assim como a proteção aos valores mais vulneráveis. Com efeito, naquilo que a lei não regulou, o precedente da Suprema Corte deve continuar sendo aplicado, pois uma interpretação restritiva da norma pode representar, em determinados casos, efetivo risco direto e indireto à criança ou ao deficiente, cuja proteção deve ser integral e prioritária (STJ. HC 470549/TO 2018/0247260-3, Relator: Ministro Reynaldo Soares da Fonseca, Data de Julgamento: 12/02/2019, T5 – Quinta Turma, Data de Publicação: DJe 20/02/2019).

---

[533] CUNHA, Rogério Sanches; PINTO, Ronaldo Batista. *Leis penais especiais*. Coordenação Rogério Sanches Cunha, Ronaldo Batista Pinto, Renee do Ó Souza. 3. ed. rev. atual. e ampl. Salvador: Ed. Juspodivm, 2020. p. 2.013-2.044.

23.4.7.2 Prisão domiciliar como medida cautelar diversa da prisão

O art. 319, V, do Código de Processo Penal, traz a hipótese de prisão domiciliar como medida cautelar diversa da prisão, a qual consiste no recolhimento domiciliar no período noturno e nos dias de folga quando o investigado ou acusado tenha residência e trabalho fixos.

23.4.8 Modificação pelo juízo da execução do regime de pena fixado equivocadamente na decisão condenatória

Não é possível que o juízo da execução de pena altere o regime de pena fixado equivocamente por ocasião da sentença condenatória, em razão do respeito à coisa julgada e também por não existir revisão criminal contra o réu. Nesse sentido é o posicionamento do Superior Tribunal de Justiça:

> ERRO MATERIAL. LATROCÍNIO. REGIME INICIAL ABERTO. *In casu*, o paciente foi condenado à pena de 18 anos de reclusão em regime inicial aberto pela prática do crime tipificado no art. 157, §3º, do CP (latrocínio). Então, o juiz de execução determinou o início do cumprimento da pena em regime fechado ao argumento de que o regime aberto foi fixado de forma equivocada. Agora a impetração no *writ* sustenta, em síntese, que não há como modificar o regime fixado na sentença condenatória, pois ela transitou em julgado para a condenação. Para o Min. Relator Napoleão Nunes Maia Filho e o Min. Gilson Dipp, a fixação do regime aberto para o paciente condenado à pena de 18 anos de reclusão é mero erro material, possível de correção mesmo após o trânsito em julgado da condenação. No entanto, a maioria dos Ministros da Turma aderiu à divergência inaugurada pelo Min. Jorge Mussi, que, apesar de considerar tratar-se de erro material, pois o paciente condenado por latrocínio não poderia cumprir a pena em regime inicial aberto conforme o disposto no art. 33, §2º, do CP, reconheceu agora não haver dúvida de que ocorreu a coisa julgada, pois o MP, como fiscal da lei, deveria ter interposto os embargos declaratórios, mas deixou de fazê-lo. Observou ainda serem nesse sentido as decisões do STF. Com esse entendimento, a Turma, ao prosseguir o julgamento, concedeu a ordem. HC 176.320/AL, Rel. originário Min. Napoleão Nunes Maia Filho, Rel. para acórdão Min. Jorge Mussi, julgado em 17/05/2011. (STJ 176.320 – Inf. 473).

23.5 Regime Disciplinar Diferenciado

O Regime Disciplinar Diferenciado, conhecido por RDD, foi incluído pela Lei nº 10.792/03 e encontra previsão legal no art. 52 da Lei de Execuções Penais.

O Regime Disciplinar Diferenciado não é pena e nem modalidade de regime de cumprimento de pena, vez que não previsto no art. 33 do Código Penal, mas uma verdadeira hipótese de sanção disciplinar (art. 53, V, da LEP).

A Lei nº 13.964/19 (Pacote Anticrime) trouxe algumas modificações no Regime Disciplinar Diferenciado, as quais veremos a seguir.

23.5.1 Características

Segundo o art. 52, incisos I a VII, da Lei de Execuções Penais, o RDD é dotado das seguintes características:

1. *Duração máxima de até 2 anos, sem prejuízo de repetição da sanção por nova falta grave de mesma espécie.*

A primeira característica encontra-se prevista no art. 52, I, da Lei Execuções Penal, a qual foi modificada pela Lei nº 13.964/19. Vejamos:

Antes da Lei nº 13.964/19	Depois da Lei nº 13.964/19
I – duração máxima de trezentos e sessenta dias, sem prejuízo de repetição da sanção por nova falta grave de mesma espécie, até o limite de um sexto da pena aplicada (incluído pela Lei nº 10.792, de 2003)	I – duração máxima de até 2 anos, sem prejuízo de repetição da sanção por nova falta grave de mesma espécie (redação dada pela Lei nº 13.964, de 2019)

Antes da Lei nº 13.964/19, a duração máxima era de trezentos e sessenta dias, sem prejuízo da repetição da sanção por nova falta grave de mesma espécie, até o limite de um sexto da pena aplicada.

Assim, era possível a repetição da sanção, desde que a duração máxima não ultrapassasse 1/6 (um sexto) da pena. Sobre essa limitação de 1/6 (um sexto), existiam duas posições.

A primeira afirmava que não havia limite máximo ao número de inclusões no Regime Disciplinar Diferenciado, sendo que, a cada nova inclusão, o tempo de duração desta sanção disciplinar poderia ser de até um 1/6 (um sexto) da pena.

Já a segunda posição dizia não existir limites quanto ao número de inclusões do preso faltoso no RDD. No entanto, o tempo total de todas as inclusões não podia suplantar 1/6 (um sexto) da pena.

Diferente da antiga previsão legal, a nova disposição retirou o limitador de 1/6 (um sexto) do total da pena aplicada. Assim, tem se entendido que o RDD pode ser imposto tantas quantas forem as faltas graves praticadas, observando a duração máxima de até 2 anos. No entanto, se o apenado reincidir, poderá retornar ao RDD por mais dois anos e, assim, sucessivamente, a depender de quantas vezes reitere condutas ensejadoras desta sanção disciplinar, haja vista não mais existir limitação no que diz respeito ao tempo total da pena imposta.

2. *Recolhimento em cela individual*

O RDD enseja a colocação em cela individual. Tal situação já ocorria antes da Lei nº 13.964/19.

3. *Visitas quinzenais, de 2 pessoas por vez, a serem realizadas em instalações equipadas para impedir o contato físico e a passagem de objetos, por pessoa da família ou, no caso de terceiro, autorizado judicialmente, com duração de 2 horas*

A terceira característica encontra-se prevista no art. 52, III, da Lei Execuções Penal, a qual foi modificada pela Lei nº 13.964/19. Vejamos:

Antes da Lei nº 13.964/19	Depois da Lei nº 13.964/19
III – visitas semanais de duas pessoas, sem contar as crianças, com duração de duas horas (incluído pela Lei nº 10.792, de 2003)	III – visitas quinzenais, de 2 pessoas por vez, a serem realizadas em instalações equipadas para impedir o contato físico e a passagem de objetos, por pessoa da família ou, no caso de terceiro, autorizado judicialmente, com duração de 2 horas (redação dada pela Lei nº 13.964, de 2019)

Antes da Lei nº 13.964/19, eram permitidas visitas semanais de duas pessoas, sem contar as crianças, com duração de duas horas.

Em relação à possibilidade das visitas pelas crianças, existiam duas posições sobre o tema.

A primeira corrente, que, inclusive, prevalecia, possuía o entendimento de que os infantes poderiam visitar os presos inseridos no RDD, não havendo nenhum tipo de violação ao Estatuto da Criança e Adolescente, uma vez que art. 19, §4º, da referida Lei garante a convivência da criança e do adolescente com a mãe ou o pai privado de liberdade, por meio de visitas periódicas promovidas pelo responsável ou, nas hipóteses de acolhimento institucional, pela entidade responsável, independentemente de autorização judicial.

A segunda posição dispunha que, em razão da necessidade de proteção integral da criança, o mais recomendável seria evitar o contato do menor com o ambiente prisional. Desse modo, a visitação dependeria da análise de cada caso concreto.

A Lei nº 13.964/19 alterou o art. 52, III, da LEP e passou a prever visitas quinzenais, de 2 pessoas por vez, desde que fossem integrantes da família ou, no caso de terceiro, autorizado judicialmente, com duração de 2 horas.

O novo dispositivo não faz referência expressa às crianças. Contudo, a nosso sentir, o silêncio do novo dispositivo não deverá impedir a visitação de crianças, desde que limitada ao número de 2 pessoas por vez. Se a criança for pessoa da família, a exemplo do próprio filho, não haverá necessidade de autorização judicial, o que, inclusive, está em consonância com art. 19, §4º, do ECA. Não sendo pessoa da família, será necessária autorização judicial.

Por exemplo, se o preso tiver 4 filhos, não poderá receber todos de uma vez, como era permitido antes da alteração da Lei nº 13.964/19.

O art. 52, inciso III, da LEP, ainda prevê que as visitas devem ser realizadas em instalações equipadas para impedir o contato físico e a passagem de objetos (a exemplo do sistema de parlatório já existente em alguns estabelecimentos prisionais). Demais disso, o §6º, do mesmo dispositivo, também incluído pela Lei nº 13.964/19, determina que a visita seja gravada em sistema de áudio ou de áudio e vídeo e, com autorização judicial, fiscalizada por agente penitenciário.

Nesse sentido, existem críticas de que a gravação da conversa do preso violaria o direito de intimidade, o que, a nosso sentir, não deve prosperar, pois, a segurança interna e também da sociedade devem prevalecer sobre a intimidade, vez que esta não pode ser salvaguarda para a prática de crimes. Além disso, o preso inserido no RDD não é um preso comum, ao contrário, já demonstrou que é subversor da ordem e disciplina interna.

Por fim, o art. 52, §7º, da LEP, incluído pela Lei nº 13.964/19, dispõe que, se depois dos primeiros 6 meses de RDD, o preso não receber visita, será possível, após prévio agendamento, ter contato telefônico, que será gravado, com uma pessoa da família, 2 vezes por mês e por 10 minutos.

4. *Direito do preso à saída da cela por 2 horas diárias para banho de sol, em grupos de até 4 presos, desde que não haja contato com presos do mesmo grupo criminoso.*

A quarta característica encontra-se prevista no art. 52, IV, da Lei Execuções Penal, a qual foi modificada pela Lei nº 13.964/19. Vejamos:

Antes da Lei nº 13.964/19	Depois da Lei nº 13.964/19
IV – o preso terá direito à saída da cela por 2 horas diárias para banho de sol (incluído pela Lei nº 10.792, de 2003)	IV – direito do preso à saída da cela por 2 horas diárias para banho de sol, em grupos de até 4 presos, desde que não haja contato com presos do mesmo grupo criminoso (redação dada pela Lei nº 13.964, de 2019)

Embora a Lei nº 13.964/19 tenha modificado o inciso IV, do art. 52, da LEP, tal alteração não foi substancial.

O preso permanece com direito ao banho de sol por 2 horas diárias, mas limitado a grupos de até 4 presos que não sejam do mesmo grupo criminoso.

O intuito dessa restrição é evitar que indivíduos do mesmo grupo criminoso tenham contato, para que não consigam arquitetar novas condutas ilícitas, seja dentro ou fora do cárcere.

Quanto ao banho de sol, a propósito, o Supremo Tribunal Federal tem entendido que se trata de prerrogativa do preso, de modo que sua proibição ou restrição significa grave afronta aos seus direitos, notadamente ao que diz respeito à integridade física e moral. Nesse sentido foi o entendimento esposado no *habeas corpus* coletivo 172.136/SP:

> 7. O direito à saída da cela por 2 (duas) horas diárias para banho de sol como prerrogativa inafastável de todos aqueles que compõem o universo penitenciário brasileiro, mesmo em favor daqueles sujeitos ao regime disciplinar diferenciado (LEP, art. 52, IV). 8. Conclusão: concessão de medida cautelar.

5. *Entrevistas sempre monitoradas, exceto aquelas com seu defensor, em instalações equipadas para impedir o contato físico e a passagem de objetos, salvo expressa autorização judicial em contrário.*

A quinta característica encontra-se prevista no art. 52, V, da Lei Execuções Penal, e foi incluída pela Lei nº 13.964/19. Vejamos:

Antes da Lei nº 13.964/19	Depois da Lei nº 13.964/19
Não havia dispositivo correspondente	V – entrevistas sempre monitoradas, exceto aquelas com seu defensor, em instalações equipadas para impedir o contato físico e a passagem de objetos, salvo expressa autorização judicial em contrário (incluído pela Lei nº 13.964, de 2019)

O intuito desta norma é garantir a segurança das unidades prisionais e da sociedade, intensificando a vigilância sobre os presos que, por alguma razão, tenham contato com o mundo exterior.

A exceção trazida pelo inciso V são as entrevistas com o defensor, ou seja, nestes casos, corriqueiramente, não serão gravadas, a fim de resguardar o sigilo e a intimidade entre o patrono e o cliente. No entanto, mesmo estas poderão ser monitoradas se houver expressa autorização judicial.

A grande polêmica deste dispositivo é permitir a monitoração das conversas do defensor com seu cliente, tendo em vista que o art. 7º, III, da Lei nº 8.906/94 informa que é direito do advogado comunicar-se com seus clientes, pessoal e reservadamente, mesmo sem procuração, quando estes se acharem presos, detidos ou recolhidos em estabelecimentos civis ou militares, ainda que considerados incomunicáveis.

Contudo, a nosso sentir, a novel legislação apenas inseriu na Lei entendimento que já se encontrava pacificado nos tribunais superiores. Em outras palavras, sempre foi possível monitorar a conversa entre o defensor e seu cliente, mediante prévia autorização judicial (a exemplo de interceptação telefônica, escutas ambientais etc.), se houver elementos robustos que demonstrem que eles estão aliados para a prática de condutas criminosas. O sigilo do advogado não é destinado para protegê-lo quando cometa crime, mas proteger seu cliente, que tem direito à ampla defesa, não sendo admissível que sua inviolabilidade se transforme em escudo para a prática de infrações penais.

Os tribunais superiores, de forma copiosa, entendem que as liberdades públicas não possuem caráter absoluto, de modo que, havendo fundadas suspeitas de que as entrevistas com os defensores estão servindo para a prática de delitos, não haverá ilicitude na medida. Ao contrário, trata-se de verdadeira medida para a manutenção da ordem pública. Vejamos o famoso caso do Inquérito 2.424/STF, em que foi permitido o ingresso em escritório de advocacia, no período noturno, para a instalação de escutas ambientais:

> Afastou-se, de igual modo, a preliminar de ilicitude das provas obtidas mediante instalação de equipamento de captação acústica e acesso a documentos no ambiente de trabalho do último acusado, porque, para tanto, a autoridade, adentrara o local três vezes durante o recesso e de madrugada. Esclareceu-se que o relator, de fato, teria autorizado, com base no art. 2º, IV, da Lei 9.034/95, o ingresso sigiloso da autoridade policial no escritório do acusado, para instalação dos referidos equipamentos de captação de sinais acústicos, e, posteriormente, determinara a realização de exploração do local, para registro e análise de sinais ópticos. Observou-se, de início, que tais medidas não poderiam jamais ser realizadas com publicidade alguma, sob pena de intuitiva frustração, o que ocorreria caso fossem praticadas durante o dia, mediante apresentação de mandado judicial. Afirmou-se que a Constituição, no seu art. 5º, X e XI, garante a inviolabilidade da intimidade e do domicílio dos cidadãos, sendo equiparados a domicílio, para fins dessa inviolabilidade, os escritórios de advocacia, locais não abertos ao público, e onde se exerce profissão (CP, art. 150, §4º, III), e que o art. 7º, II, da Lei 8.906/94 expressamente assegura ao advogado a inviolabilidade do seu escritório, ou local de trabalho, de seus arquivos e dados, de sua correspondência, e de suas comunicações, inclusive telefônicas ou afins, salvo caso de busca ou apreensão determinada por magistrado e acompanhada de representante da OAB. Considerou-se, entretanto, que tal inviolabilidade cederia lugar à tutela constitucional de raiz, instância e alcance superiores quando o próprio advogado seja suspeito da prática de crime concebido e consumado, sobretudo no âmbito do seu escritório, sob pretexto de exercício da profissão. Aduziu-se que o sigilo do advogado não existe para protegê-lo

quando cometa crime, mas proteger seu cliente, que tem direito à ampla defesa, não sendo admissível que a inviolabilidade transforme o escritório no único reduto inexpugnável de criminalidade. Enfatizou-se que os interesses e valores jurídicos, que não têm caráter absoluto, representados pela inviolabilidade do domicílio e pelo poder-dever de punir do Estado, devem ser ponderados e conciliados à luz da proporcionalidade quando em conflito prático segundo os princípios da concordância. Não obstante a equiparação legal da oficina de trabalho com o domicílio, julgou-se ser preciso recompor a *ratio* constitucional e indagar, para efeito de colisão e aplicação do princípio da concordância prática, qual o direito, interesse ou valor jurídico tutelado por essa previsão. Tendo em vista ser tal previsão tendente à tutela da intimidade, da privatividade e da dignidade da pessoa humana, considerou-se ser, no mínimo, duvidosa, a equiparação entre escritório vazio com domicílio *stricto sensu*, que pressupõe a presença de pessoas que o habitem. De toda forma, concluiu-se que as medidas determinadas foram de todo lícitas por encontrarem suporte normativo explícito e guardarem precisa justificação lógico-jurídico constitucional, já que a restrição consequente não aniquilou o núcleo do direito fundamental e está, segundo os enunciados em que desdobra o princípio da proporcionalidade, amparada na necessidade da promoção de fins legítimos de ordem pública. Vencidos os Ministros Marco Aurélio, Celso de Mello e Eros Grau, que acolhiam a preliminar, ao fundamento de que a invasão do escritório profissional, que é equiparado à casa, no período noturno estaria em confronto com o previsto no art. 5º, XI, da CF. Inq 2424/RJ, Rel. Min. Cezar Peluso, 19 e 20/11/2008 (Inq-2424).

6. *Fiscalização do conteúdo da correspondência*

A sexta característica encontra-se prevista no art. 52, VI, da Lei das Execuções Penais, e foi incluída pela Lei nº 13.964/19. Vejamos:

Antes da Lei nº 13.964/19	Depois da Lei nº 13.964/19
Não havia dispositivo correspondente	VI – fiscalização do conteúdo da correspondência (incluído pela Lei nº 13.964, de 2019)

A Constituição Federal, no art. 5º, XII, ensina que é inviolável o sigilo da correspondência e das comunicações telegráficas, de dados e das comunicações telefônicas, salvo, no último caso, por ordem judicial, nas hipóteses e na forma que a lei estabelecer para fins de investigação criminal ou instrução processual penal.

O art. 41, XV, da LEP prevê a possibilidade de o apenado se comunicar com o mundo exterior por meio de correspondência escrita, da leitura e de outros meios de informação que não comprometam a moral e os bons costumes. No entanto, o parágrafo único do mesmo dispositivo legal permite a suspensão ou restrição destes (e de outros) direitos mediante ato motivado do diretor do estabelecimento.

Nesse sentido, inclusive, o Supremo Tribunal Federal admite a fiscalização das correspondências dos presos, entendendo que esta medida não viola a Constituição Federal:

> A administração penitenciária, com fundamento em razões de segurança pública, de disciplina prisional ou de preservação da ordem jurídica, pode, sempre excepcionalmente, e desde que respeitada a norma inscrita no art. 41, parágrafo único, da Lei nº 7.210/84, proceder a interceptação da correspondência remetida pelos sentenciados, eis que a

cláusula tutelar da inviolabilidade do sigilo epistolar não pode constituir instrumento de salvaguarda de práticas ilícitas (...) (HC 70814, Relator Min. Celso de Mello, Primeira Turma, julgado em 01/03/1994, DJ 24/06/1994 PP-16649 Ement Vol-01750-02 PP-00317 RTJ Vol-00176-01 PP-01136).

Portanto, embora inclusa expressamente na Lei de Execuções Penais pela Lei nº 13.964/19, a fiscalização do conteúdo das correspondências do preso já era autorizada pelos tribunais superiores.

7. *Participação em audiências judiciais preferencialmente por videoconferência, garantindo-se a participação do defensor no mesmo ambiente do preso*

A sétima característica encontra-se prevista no art. 52, VII, da Lei Execuções Penal, e foi incluída pela Lei nº 13.964/19. Vejamos:

Antes da Lei nº 13.964/19	Depois da Lei nº 13.964/19
Não havia dispositivo correspondente	VII – participação em audiências judiciais preferencialmente por videoconferência, garantindo-se a participação do defensor no mesmo ambiente do preso (incluído pela Lei nº 13.964, de 2019)

O art. 52, VII, permite a realização de audiências por videoconferência, garantindo-se a participação do defensor no mesmo ambiente do preso.

A realização das audiências por videoconferência para os presos do RDD pode ser analisada sob três enfoques: a) redução dos custos com deslocamento, escolta e material humano; b) celeridade dos atos processuais; e c) redução dos riscos de fuga e, consequente, aumento da segurança da sociedade e, até mesmo, do próprio preso.[534]

A principal crítica que tem sido feita a este dispositivo é o fato de o preso não estar na presença física do juiz, o que poderia reduzir a percepção do julgador sobre a prova.

Há algum tempo, tal argumento até era válido, contudo, diante da evolução tecnológica, a tendência é que os atos processuais ganhem novos contornos, inclusive, digitais. No atual estágio em que nos encontramos, computadores, câmeras, microfones e *smartphones* permitem a perfeita e integral percepção do que está acontecendo do outro lado da tela, em tempo real.

Demais disso, depois da pandemia do coronavírus, que afetou o mundo inteiro, as instituições passaram a articular uma nova forma de realização dos atos processuais, os quais, primordialmente, se deram por intermédio de audiências *online*, por videoconferências.

As autoridades constituídas, de dentro dos seus gabinetes; os advogados, de dentro dos seus escritórios; os presos, de dentro dos estabelecimentos prisionais. Todos os atores processuais participando das solenidades *online*, por videoconferência.

Inclusive, o Conselho Nacional de Justiça, por intermédio da Resolução nº 329, de 30/07/20, regulamentou e estabeleceu os critérios para a realização de audiências e

---

[534] Lembre-se: geralmente o preso que está submetido ao RDD é subversor da ordem pública.

outros atos processuais por videoconferência, em processos penais e de execução penal, durante o estado de calamidade pública (reconhecido pelo Decreto Federal nº 6/2020, em razão da pandemia mundial por Covid-19).[535]

Em que pese a audiência por videoconferência ter sido instituída em razão do período excepcional, tal situação serviu para demonstrar que é possível a realização de atos processuais por este meio, bem como que não há nenhuma ilegalidade ou prejuízo às partes.

Apesar de todas as lamentáveis situações ocorridas mundo afora em decorrência da pandemia (morte, fome, desemprego etc.), uma coisa é certa: a tecnologia serviu de aliada para a realização dos atos processuais, permitindo a solução dos conflitos judiciais. E, a nosso sentir, a tendência é a implantação gradativa deste "novo método" de realização de audiências, qual seja, a videoconferência.

Falamos em "novo método", entre aspas, tendo em vista que o Código de Processo Penal já permitia a realização do interrogatório por videoconferência, ainda que de forma excepcional, desde a Lei nº 11.900/09, nos moldes do art. 185, §2º:

> §2º Excepcionalmente, o juiz, por decisão fundamentada, de ofício ou a requerimento das partes, poderá realizar o interrogatório do réu preso por sistema de videoconferência ou outro recurso tecnológico de transmissão de sons e imagens em tempo real, desde que a medida seja necessária para atender a uma das seguintes finalidades:
> I – prevenir risco à segurança pública, quando exista fundada suspeita de que o preso integre organização criminosa ou de que, por outra razão, possa fugir durante o deslocamento;
> II – viabilizar a participação do réu no referido ato processual, quando haja relevante dificuldade para seu comparecimento em juízo, por enfermidade ou outra circunstância pessoal;
> III – impedir a influência do réu no ânimo de testemunha ou da vítima, desde que não seja possível colher o depoimento destas por videoconferência, nos termos do art. 217 deste Código;
> IV – responder à gravíssima questão de ordem pública.

Além disso, o art. 121, §7º, III, do Código Penal, incluído pela Lei nº 13.771/18, já considerava como causa de aumento do feminicídio a presença física ou virtual de ascendente ou descendente da vítima.

Por todo o exposto, entendemos não existir óbice quanto à participação do preso no RDD em audiências judiciais por videoconferência, obviamente, garantindo-se o direito de defesa e todos os seus desdobramentos.

---

[535] Art. 3º A realização de audiências por meio de videoconferência em processos criminais e de execução penal é medida voltada à continuidade da prestação jurisdicional, condicionada à decisão fundamentada do magistrado. §1º Somente não será realizada caso alegada, por simples petição, a impossibilidade técnica ou instrumental de participação por algum dos envolvidos. §2º É vedado ao magistrado aplicar qualquer penalidade ou destituir a defesa na hipótese do parágrafo anterior. §3º A realização de audiência ou ato processual por videoconferência requer a transmissão de sons e imagens em tempo real, permitindo a interação entre o magistrado, as partes e os demais participantes. §4º Os tribunais poderão utilizar plataforma disponibilizada pelo Conselho Nacional de Justiça ou ferramenta similar, observados os requisitos estabelecidos nesta Resolução e em seu protocolo técnico ou, mediante decisão fundamentada, em caso de indisponibilidade ou falha técnica da plataforma, outros meios eletrônicos disponíveis, desde que em consonância com as diretrizes desta Resolução.

23.5.2 Cabimento

O Regime Disciplinar Diferenciado somente será cabível nas hipóteses taxativamente previstas em lei (art. 52, *caput*, e parágrafos, da LEP). A Lei nº 13.964/19 modificou, pontualmente, as hipóteses de cabimento desta medida.

1. *Prática de fato previsto como crime doloso que ocasione subversão da ordem ou disciplina internas* (art. 52, *caput*, da LEP).

A primeira hipótese de cabimento do RDD encontra-se prevista no art. 52, *caput*, da LEP e se dá em razão da prática de crime doloso, *quando este ocasionar a subversão da ordem ou disciplina interna*. Vale dizer, além de praticar crime doloso, tal conduta ainda deve causar desordem carcerária.

Nessa tocada, para a inclusão no RDD, basta a prática de fato definido como crime doloso, sendo desnecessário o trânsito em julgado de sentença penal condenatória para tanto. Rogério Sanches explica que o crime preterdoloso também autoriza a inclusão do preso no RDD:

> Aqui incluímos, também, a prática de crime preterdoloso (ou preterintencional), pois este nada mais é que um crime doloso agravado pelo resultado culposo. Aliás, para reforçar esse entendimento, basta colocarmos a seguinte situação hipotética: dois pavilhões de um presídio se deparam com alguns internos promovendo uma rebelião, oportunidade em que colocam fogo nos colchões. Num dos pavilhões, o fogo destrói vários cômodos e, apesar de causar subversão na ordem, não traz maiores danos ao local. No outro, o fogo, além de subverter a ordem do local, causa, culposamente, a morte de um integrante da polícia penal (antigo agente penitenciário). Excluir o preterdolo do alcance da norma seria aplicar o RDD para os faltosos do primeiro pavilhão, e não para os do segundo, cujo resultado foi até mais grave. A situação ficaria, no mínimo, esquisita.[536]

A Lei nº 13.964/19 modificou de forma sutil o referido dispositivo. Vejamos:

Antes da Lei nº 13.964/19	Depois da Lei nº 13.964/19
Art. 52. A prática de fato previsto como crime doloso constitui falta grave e, quando ocasione subversão da ordem ou disciplina internas, sujeita o preso provisório, ou condenado, sem prejuízo da sanção penal, ao regime disciplinar diferenciado, com as seguintes características: (redação dada pela Lei nº 10.792, de 2003)	Art. 52. A prática de fato previsto como crime doloso constitui falta grave e, quando ocasionar subversão da ordem ou disciplina internas, sujeitará o preso provisório, ou condenado, *nacional ou estrangeiro*, sem prejuízo da sanção penal, ao regime disciplinar diferenciado, com as seguintes características: (redação dada pela Lei nº 13.964, de 2019)

A única alteração inserida neste dispositivo foi a inclusão da expressão "nacional ou estrangeiro". Contudo, mesmo antes da Lei nº 13.964/19, o entendimento era de que

---

[536] CUNHA, Rogério Sanches. *Pacote anticrime – Lei 13.964/2019*: Comentários às alterações no CP, CPP e LEP. Salvador: Editora Juspodivm, 2020. p. 359.

o RDD também era aplicado a eles. Assim, a nova lei apenas acrescentou aquilo que já era aplicado pela doutrina e jurisprudência.

Por fim, deve-se alertar que a inclusão no RDD não impede a sanção penal pelo crime praticado.

2. *Presos provisórios ou condenados, nacionais ou estrangeiros que apresentem alto risco para a ordem e a segurança do estabelecimento penal ou da sociedade* (art. 52, §1º, I, da LEP)

A presente hipótese de cabimento independe do delito praticado pelo agente, desde que o preso apresente alto risco para a ordem e a segurança do estabelecimento penal ou da sociedade.

O alto risco decorre dos fatos praticados pelo preso, tanto no pretérito quanto no presente. Doutrina costuma exemplificar esta hipótese de cabimento indicando o preso que comanda crimes de dentro da prisão, colocando em risco a sociedade.

Da mesma maneira, também há doutrina lecionando, a nosso sentir de maneira equivocada, que esta hipótese de cabimento é exemplo de Direito Penal do inimigo.

Esta hipótese de cabimento não foi materialmente alterada pela Lei nº 13.964/19. Houve apenas uma modificação topográfica, uma vez que, antes da referida lei, esta situação encontrava-se descrita no art. 52, §1º, da LEP, sendo que, depois da mudança, foi inserida no art. 52, §1º, I, da LEP.

3. *Presos provisórios ou condenados, nacionais ou estrangeiros, sob os quais recaiam fundadas suspeitas de envolvimento ou participação, a qualquer título, em organização criminosa, associação criminosa ou milícia privada, independentemente da prática de falta grave* (52, §1º, II, da LEP).

Esta hipótese de cabimento foi alterada pela Lei nº 13.964/19, formal e substancialmente. Vejamos:

Antes da Lei nº 13.964/19	Depois da Lei nº 13.964/19
Art. 52, §2º Estará igualmente sujeito ao regime disciplinar diferenciado o preso provisório ou o condenado sob o qual recaiam fundadas suspeitas de envolvimento ou participação, a qualquer título, *em organizações criminosas, quadrilha ou bando* (incluído pela Lei nº 10.792, de 2003)	Art. 52, §1º O regime disciplinar diferenciado também será aplicado aos presos provisórios ou condenados, nacionais ou estrangeiros: II – sob os quais recaiam fundadas suspeitas de envolvimento ou participação, a qualquer título, *em organização criminosa, associação criminosa ou milícia privada, independentemente da prática de falta grave* (redação dada pela Lei nº 13.964, de 2019)

Inicialmente, antes da Lei nº 13.964/19, esta hipótese de cabimento era tratada no art. 52, §2º, da LEP, sendo que, após a modificação, passou a figurar no art. 52, §1º, II, da LEP.

A primeira alteração que merece destaque diz respeito à atualização dos crimes em que o preso tenha envolvimento ou participação. Antes da Lei nº 13.964/19, a legislação tratava de organizações criminosas, quadrilha ou bando (estes últimos alterados pelo art. 288 do CP). Com o advento da Lei Anticrime, os crimes que autorizam a inclusão no RDD são o de organização criminosa (art. 1º da Lei nº 12.850/13), associação criminosa (art. 288 do CP) e milícia privada (art. 288-A do CP).

No mesmo sentido, em razão do silêncio legislativo, a doutrina tem indagado se é cabível o RDD para aqueles que praticam a conduta de organização terrorista. A nosso sentir, o RDD também é possível para aqueles que praticam o crime de organização terrorista. Isso porque a Lei nº 12.850/13, que define organização criminosa, também se aplica às organizações terroristas (art. 1º, §2º, II). Assim, com esteio na interpretação sistemática, tem se entendido que a organização terrorista é uma forma especial de organização criminosa, sendo possível, portanto, o RDD. Com esse entendimento, Rogério Sanches Cunha explica que:

> Numa interpretação afoita do art. 52, §2º, da LEP, pode parecer que não, por falta de previsão legal. No entanto, não se pode ignorar que a Lei nº 12.850/13, que define organização criminosa, também se aplica às organizações terroristas (art. 1º, §2º, II). Conclusão: numa interpretação sistemática, entendemos que a organização terrorista nada mais é do que uma forma especial de organização criminosa, sendo passível de sanção disciplinar da espécie RDD.[537]

Seguindo na análise do dispositivo, percebe-se que, para inclusão no RDD, é necessário que existam "fundadas suspeitas" de envolvimento ou participação por parte do preso. A expressão "fundadas suspeitas" tem gerado discussões em relação ao seu alcance, dividindo a doutrina em duas posições.

A primeira corrente leciona que *"fundadas suspeitas"* deve ser entendido como um grau de probabilidade suficiente do envolvimento do preso com um dos delitos elencados no art. 52, §1º, II, da LEP. Em outros termos, não se trata de prova plena, mas também não são meros indícios. Teríamos, portanto, um arcabouço probatório intermediário.

Já para a segunda posição, que tem se mostrado minoritária, a "fundadas suspeitas" devem ser entendidas como prova do envolvimento do preso em alguns dos grupos criminosos descritos no art. 52, §1º, II, da LEP.

O art. 52, §1º, II, da LEP, afirma que o RDD poderá ser aplicado "independentemente da prática de falta grave", ou seja, não se exige que o preso tenha praticado falta grave para colocação no RDD. Basta que se tenha fundadas suspeitas de seu envolvimento ou participação, a qualquer título, em organização criminosa, associação criminosa ou milícia privada.

Contudo, é válido lembrar que tais delitos são considerados infrações penais permanentes, cuja consumação perdura durante todo o período associativo. Portanto, em que pese o dispositivo falar em "independentemente da prática de falta grave", o preso que integra quaisquer destes grupos criminosos, desde logo estará praticando fato definido como crime doloso, que, por sua vez, é uma das hipóteses de falta grave prevista no art. 52, *caput*, da LEP.

Por fim, existindo indícios de que o preso exerce liderança em organização criminosa, associação criminosa ou milícia privada, ou que tenha atuação criminosa em

---
[537] CUNHA, Rogério Sanches. *Pacote anticrime* – Lei 13.964/2019: Comentários às alterações no CP, CPP e LEP. Salvador: Editora Juspodivm, 2020. p. 361.

2 ou mais estados da federação, o RDD será *obrigatoriamente* cumprido em *estabelecimento prisional federal*, conforme determina o art. 52, §3º, da LEP. Aliás, este preso que exerce liderança deverá contar com alta segurança interna e externa, principalmente no que diz respeito à necessidade de se evitar contato do preso com membros de sua organização criminosa, associação criminosa ou milícia privada, ou de grupos rivais (art. 52, §5º, da LEP).

23.5.3 Prorrogação sucessiva do RDD

O art. 52, §4º, da LEP, incluído pela Lei nº 13.964/19, permite a prorrogação sucessiva do RDD por períodos de 1 ano, quando houver indícios de que o preso:
1. continua apresentando alto risco para a ordem e a segurança do estabelecimento penal de origem ou da sociedade;
2. mantém vínculo com organização criminosa, associação criminosa ou milícia privada, considerados também o perfil criminal e a função desempenhada por ele no grupo criminoso, a operação duradoura do grupo, a superveniência de novos processos criminais e os resultados do tratamento penitenciário.

23.5.4 Judicialização do RDD e legitimados (art. 54 da LEP)

Dispõe o art. 54 da LEP que:

> Art. 54. As sanções dos incisos I a IV do art. 53 serão aplicadas por ato motivado do diretor do estabelecimento e a do inciso V, por prévio e fundamentado despacho do juiz competente.

Nos termos do art. 54 da LEP, somente o juiz pode incluir o preso no RDD, mediante decisão fundamentada. Contudo, tem se entendido que ele não pode fazê-lo de ofício, mas somente mediante provocação.

Segundo o art. 54, §1º, da LEP, o diretor do estabelecimento é o legitimado para realizar o requerimento de inclusão do preso no RDD.[538] Nesse mesmo sentido, em razão do silêncio legislativo quanto a outros legitimados, tem se indagado se é possível que o Ministério Público faça tal pedido, entendendo a doutrina que, nos moldes do art. 68, II, *a*, da LEP, o *parquet* tem legitimidade para requerer, além de outras providências necessárias, a inserção do preso nesta medida extrema:

> Art. 68 LEP: Incumbe, ainda, ao Ministério Público:
> II – requerer:
> a) todas as providências necessárias ao desenvolvimento do processo executivo;

Registre-se, inclusive, que, se o Ministério Público não for o autor do requerimento do RDD, deverá ser ouvido pelo juiz antes da decisão.

---

[538] §1º A autorização para a inclusão do preso em regime disciplinar dependerá de requerimento circunstanciado elaborado pelo diretor do estabelecimento ou outra autoridade administrativa.

Com efeito, para que seja incluído o preso no RDD, é necessário a observância do contraditório e da ampla defesa, os quais devem anteceder a inserção do preso nesta modalidade de sanção disciplinar, consoante orienta o art. 54, §2º, da LEP.[539]

O RDD, tal qual as demais sanções disciplinares, deve ser devidamente individualizado, levando-se em conta a natureza, os motivos, as circunstâncias e as consequências do fato, bem como a pessoa do faltoso e seu tempo de prisão (art. 57 da LEP).

23.5.5 RDD e isolamento preventivo

Questiona-se a possibilidade de imposição do RDD como medida cautelar no processo de execução. A resposta a esta indagação passa pela análise do art. 60 da LEP. Vejamos:

> Art. 60. A autoridade administrativa poderá decretar o isolamento preventivo do faltoso pelo prazo de até dez dias. A inclusão do preso no regime disciplinar diferenciado, no interesse da disciplina e da averiguação do fato, dependerá de despacho do juiz competente (Redação dada pela Lei nº 10.792, de 2003).

A autoridade administrativa pode aplicar o isolamento preventivo pelo prazo de até 10 dias. Contudo, para inclusão no RDD preventivo no interesse da disciplina e da averiguação do fato, será necessária determinação judicial.

O tempo de RDD preventivo é objeto de detração. Vejamos o art. 60, parágrafo único, da LEP:

> Parágrafo único. O tempo de isolamento ou inclusão preventiva no regime disciplinar diferenciado será computado no período de cumprimento da sanção disciplinar (Redação dada pela Lei nº 10.792, de 2003).

Por exemplo, se o preso foi sancionado com 360 dias de RDD, mas já se encontrava em RDD preventivo há 60 dias, restarão apenas 300 dias para cumprir.

23.5.6 Constitucionalidade do RDD

O Regime Disciplinar Diferenciado suscita, também, discussão a respeito de sua constitucionalidade.

Parte da doutrina se posiciona pela inconstitucionalidade do RDD, afirmando que esta modalidade de sanção disciplinar, além de ser desproporcional, ainda viola o princípio da dignidade da pessoa humana. Ademais, também sustentam que o RDD representa uma quarta modalidade de regime de cumprimento de pena. Por fim, conclui que a medida extrema acarreta *bis in idem*, uma vez que o mesmo fato conduz a aplicação de sanção disciplinar e sanção penal. Nesse sentido, Maria Thereza Rocha de Assis Moura leciona que:

---

[539] §2º A decisão judicial sobre inclusão de preso em regime disciplinar será precedida de manifestação do Ministério Público e da defesa e prolatada no prazo máximo de quinze dias.

O RDD fere o princípio constitucional da dignidade da pessoa humana (CF, art. 1º, III), a proibição de submissão dos presos a tratamentos cruéis, desumanos ou degradantes (CF, art. 5°, III), além da garantia do respeito à integridade física e moral do preso (CF, art. 5º, XLIX); pois o aludido regime, ao isolar o preso por 22 (vinte e duas) horas diariamente, durante 360 (trezentos e sessenta) dias, sem prejuízo de repetição da sanção por nova falta grave de mesma espécie, até o limite de 1/6 (um sexto) da pena aplicada, constitui um verdadeiro castigo físico e moral.[540]

Em sentido contrário, e a nosso sentir com razão, parte majoritária da doutrina concorda que o RDD é perfeitamente constitucional, tendo em vista que não se trata de regime de cumprimento de pena, mas sim sanção disciplinar decorrente da prática de fatos graves que geram instabilidade prisional. Portanto, é uma resposta proporcional à gravidade da falta disciplinar. Além disso, não representa submissão do preso a padecimentos físicos e psíquicos. Por derradeiro, não gera *bis in idem*, uma vez que a sanção disciplinar e a sanção penal possuem naturezas distintas, violando ordenamentos jurídicos diversos (a primeira está afeta ao âmbito da execução penal e a segunda à esfera criminal). Nesse prisma, Fernando Capez ensina que:

> É dever constitucional do Estado proteger a sociedade e tutelar com um mínimo de eficiência o bem jurídico. É o princípio da proteção do bem jurídico, pelo qual os interesses relevantes devem ser protegidos de modo eficiente. O cidadão tem o direito constitucional a uma administração eficiente (CF, art. 37, *caput*). Diante da situação de instabilidade institucional provocada pelo crescimento do crime organizado, fortemente infiltrado no sistema carcerário brasileiro, de onde provém grande parte de crimes contra a vida, a liberdade e o patrimônio de uma sociedade cada vez mais acuada, o Poder Público tem a obrigação de tomar medidas, no âmbito legislativo e estrutural, capazes de garantir a ordem constitucional e o Estado Democrático de Direito.[541]

Os tribunais superiores também têm admitido a constitucionalidade do regime disciplinar diferenciado:

> Considerando-se que os princípios fundamentais consagrados na Carta Magna não são ilimitados (princípio da relatividade ou convivência das liberdades públicas), vislumbra-se que o legislador, ao instituir o Regime Disciplinar Diferenciado, atendeu ao princípio da proporcionalidade. 2. Legítima a atuação estatal, tendo em vista que a Lei nº 10.792/2003, que alterou a redação do art. 52 da LEP, busca dar efetividade à crescente necessidade de segurança nos estabelecimentos penais, bem como resguardar a ordem pública, que vem sendo ameaçada por criminosos que, mesmo encarcerados, continuam comandando ou integrando facções criminosas que atuam no interior do sistema prisional – liderando rebeliões que não raro culminam com fugas e mortes de reféns, agentes penitenciários e/ou outros detentos – e, também, no meio social (STJ. HC 40.300/RJ).

---

[540] MOURA, Maria Thereza Rocha de Assis. *Notas sobre a inconstitucionalidade da Lei nº 10.792/2003, que criou o regime disciplinar diferenciado na execução penal*. In: Revista do Advogado v. 24. n.78. p. 61-66, set. 2014. p. 104.
[541] CAPEZ, Fernando. *Curso de Direito Penal*. V. 1 – Parte geral. Editora Saraiva, 2020. p. 528.

23.6 Sistemas prisionais ou penitenciários

Cézar Roberto Bitencourt explica que:

> Os primeiros sistemas penitenciários surgiram nos Estados Unidos, embora não se possa afirmar, como faz Norval Morris, 'que a prisão constitui um invento norte-americano'. Esses sistemas penitenciários tiveram, além dos antecedentes inspirados em concepções mais ou menos religiosas, já referidas, um antecedente importantíssimo nos estabelecimentos de Amsterdam, nos Bridwells ingleses, e em outras experiências similares realizadas na Alemanha e na Suíça. Estes estabelecimentos não são apenas um antecedente importante dos primeiros sistemas penitenciários, como também marcam o nascimento da pena privativa de liberdade, superando a utilização da prisão como simples meio de custódia.[542]

Existem, nos vários ordenamentos jurídicos, três principais sistemas penitenciários que merecem nosso estudo: 1. Pensilvânico ou de Filadélfia; 2. Alburniano ou *silent system*; e 3. Inglês ou progressivo.

No sistema *pensilvânico ou de Filadélfia*, também conhecido como sistema celular, o sentenciado cumpria sua pena integralmente na cela, sem dela nunca sair, não podendo trabalhar ou receber visitas. Nesse sistema, o preso era incentivado a se arrepender dos seus delitos por intermédio da leitura da Bíblia.

A aplicação desse modelo prisional iniciou-se por volta do ano 1790, na Walnut Street Jail, com o intuito de impor o *solitary confinement* aos condenados. Todavia, este molde sofreu várias críticas, pois, além de sua severidade, não permitia a readaptação social do preso, em razão do rígido isolamento imposto.

Diante das críticas ao sistema pensilvânico, surgiu, em 1818, na cidade Auburn, Estado de Nova York, o sistema *alburniano ou silent system*, no qual o condenado, durante o dia, trabalhava com os outros sentenciados, recolhendo-se, no período noturno, à cela. A principal característica desse sistema é que o preso deveria trabalhar em silêncio absoluto, motivo pelo qual ficou conhecido como *silent system*.

Da mesma maneira, o sistema alburniano também fora alvo de críticas no sentido de que não permitia que os presos fossem visitados, mesmo que por familiares, além de proibir o lazer e os exercícios físicos, afora a rígida regra do silêncio absoluto.

Em um terceiro momento, já no início do século XIX, Alexandre Maconochie, capitão da Marinha Real, na Inglaterra, instituiu um novo arquétipo de cumprimento de pena (que posteriormente também seria adotado pela Irlanda) que ficou conhecido como *sistema inglês ou progressivo*, o qual propunha um período inicial de isolamento. Após este estágio, o preso trabalhava durante o dia e se recolhia à cela no período noturno. Depois de cumprida parte da pena, era colocado em liberdade condicional.

Walter Crofton, precursor do sistema progressivo irlandês, buscou aperfeiçoar o sistema inglês, acrescentando-lhe mais uma fase. Roberto Lyra explica a formatação desenhada por Crofton:

> O sistema irlandês de Walter Crofton (1857) concilia os anteriores, baseando-se no rigor da segregação absoluta no primeiro período, e progressiva emancipação, segundo os resultados da emenda. Nessa conformidade, galgam-se os demais períodos – o segundo,

---
[542] BITENCOURT, Cezar Roberto. *Tratado de Direito Penal 1* – Parte geral. V. 1. 25. ed. São Paulo: Saraiva, 2019. p. 175.

com segregação celular noturna e vida em comum durante o dia, porém, com a obrigação do silêncio; o terceiro, o de prisão intermediária (penitenciária industrial ou agrícola), de noite e de dia em vida comum para demonstrar praticamente os resultados das provações anteriores, isto é, a esperada regeneração e a aptidão para a liberdade; por fim, chega-se ao período do livramento condicional.[543]

No Brasil, o sistema adotado se aproxima do sistema inglês ou progressivo, nos termos do art. 33, §2º, do CP, que dispõe que "as penas privativas de liberdade deverão ser executadas em forma progressiva, segundo o mérito do condenado, observados os seguintes critérios e ressalvadas as hipóteses de transferência a regime mais rigoroso".

23.7 Progressão de regime

Como visto, o art. 33, §2º, do Código Penal, determina que "as penas privativas de liberdade deverão ser executadas em forma progressiva, segundo o mérito do condenado, observados os seguintes critérios e ressalvadas as hipóteses de transferência a regime mais rigoroso".

Como corolário do princípio da individualização da pena, na fase executória, a legislação pátria determina que o apenado seja transferido, a depender do seu mérito, do regime mais grave para o mais brando, com intuito de prepará-lo para o retorno à vida em sociedade.[544] Para que seja realizada essa progressão de regime, o art. 112 da LEP estabelece algumas balizas que permitem avaliar se apenado encontra-se apto para acessar condições mais suaves de cumprimento de pena. Assim, a mudança para regimes menos rigorosos depende do cumprimento, de forma cumulativa, de requisitos objetivos e subjetivos. Vejamos o que estabelece o art. 112 da LEP para, então, estudar de forma pormenorizada o incidente de progressão de regime:

> Art. 112. A pena privativa de liberdade será executada em forma progressiva com a transferência para regime menos rigoroso, a ser determinada pelo juiz, quando o preso tiver cumprido ao menos: (Redação dada pela Lei nº 13.964, de 2019)
> I – 16% (dezesseis por cento) da pena, se o apenado for primário e o crime tiver sido cometido sem violência à pessoa ou grave ameaça; (Incluído pela Lei nº 13.964, de 2019)
> II – 20% (vinte por cento) da pena, se o apenado for reincidente em crime cometido sem violência à pessoa ou grave ameaça; (Incluído pela Lei nº 13.964, de 2019)
> III – 25% (vinte e cinco por cento) da pena, se o apenado for primário e o crime tiver sido cometido com violência à pessoa ou grave ameaça; (Incluído pela Lei nº 13.964, de 2019)
> IV – 30% (trinta por cento) da pena, se o apenado for reincidente em crime cometido com violência à pessoa ou grave ameaça; (Incluído pela Lei nº 13.964, de 2019)
> V – 40% (quarenta por cento) da pena, se o apenado for condenado pela prática de crime hediondo ou equiparado, se for primário; (Incluído pela Lei nº 13.964, de 2019)
> VI – 50% (cinquenta por cento) da pena, se o apenado for: (Incluído pela Lei nº 13.964, de 2019)
> a) condenado pela prática de crime hediondo ou equiparado, com resultado morte, se for primário, vedado o livramento condicional; (Incluído pela Lei nº 13.964, de 2019)

---

[543] LYRA, Roberto. *Comentários ao Código Penal*. Rio de Janeiro: Forense, 1942. V.II. p. 91.
[544] Registro que se trata de uma idealização da lei, pois, na vida real, não é bem assim que acontece.

b) condenado por exercer o comando, individual ou coletivo, de organização criminosa estruturada para a prática de crime hediondo ou equiparado; ou (Incluído pela Lei nº 13.964, de 2019)

c) condenado pela prática do crime de constituição de milícia privada; (Incluído pela Lei nº 13.964, de 2019)

VII – 60% (sessenta por cento) da pena, se o apenado for reincidente na prática de crime hediondo ou equiparado; (Incluído pela Lei nº 13.964, de 2019)

VIII – 70% (setenta por cento) da pena, se o apenado for reincidente em crime hediondo ou equiparado com resultado morte, vedado o livramento condicional. (Incluído pela Lei nº 13.964, de 2019)

§1º Em todos os casos, o apenado só terá direito à progressão de regime se ostentar boa conduta carcerária, comprovada pelo diretor do estabelecimento, respeitadas as normas que vedam a progressão. (Redação dada pela Lei nº 13.964, de 2019)

§2º A decisão do juiz que determinar a progressão de regime será sempre motivada e precedida de manifestação do Ministério Público e do defensor, procedimento que também será adotado na concessão de livramento condicional, indulto e comutação de penas, respeitados os prazos previstos nas normas vigentes. (Redação dada pela Lei nº 13.964, de 2019)

§3º No caso de mulher gestante ou que for mãe ou responsável por crianças ou pessoas com deficiência, os requisitos para progressão de regime são, cumulativamente: (Incluído pela Lei nº 13.769, de 2018)

I – não ter cometido crime com violência ou grave ameaça a pessoa; (Incluído pela Lei nº 13.769, de 2018)

II – não ter cometido o crime contra seu filho ou dependente; (Incluído pela Lei nº 13.769, de 2018)

III – ter cumprido ao menos 1/8 (um oitavo) da pena no regime anterior; (Incluído pela Lei nº 13.769, de 2018)

IV – ser primária e ter bom comportamento carcerário, comprovado pelo diretor do estabelecimento; (Incluído pela Lei nº 13.769, de 2018)

V – não ter integrado organização criminosa. (Incluído pela Lei nº 13.769, de 2018)

§4º O cometimento de novo crime doloso ou falta grave implicará a revogação do benefício previsto no §3º deste artigo. (Incluído pela Lei nº 13.769, de 2018)

§5º Não se considera hediondo ou equiparado, para os fins deste artigo, o crime de tráfico de drogas previsto no §4º do art. 33 da Lei nº 11.343, de 23 de agosto de 2006. (Incluído pela Lei nº 13.964, de 2019)

§6º O cometimento de falta grave durante a execução da pena privativa de liberdade interrompe o prazo para a obtenção da progressão no regime de cumprimento da pena, caso em que o reinício da contagem do requisito objetivo terá como base a pena remanescente. (Incluído pela Lei nº 13.964, de 2019).

23.7.1 Incidente de progressão de regime

23.7.1.1 Início

O incidente de progressão de regime poderá ser iniciado mediante requerimento do Ministério Público, mediante requerimento do advogado ou da Defensoria Pública, mediante requerimento do próprio apenado ou mediante determinação do juiz.

23.7.1.2 Requisito objetivo

Para a progressão de regime, é necessário o preenchimento do requisito objetivo, ou seja, o reeducando deve cumprir parcela da pena no regime mais rigoroso, variando o tempo de acordo com a natureza do delito.

Neste ponto, a Lei nº 13.964/19 alterou sensivelmente os requisitos objetivos para a progressão de regime. Antes desta lei, em regra, a progressão de regime se dava com o cumprimento de 1/6 (um sexto) da pena, exceto para crimes hediondos e equiparados e progressão especial da mulher gestante ou que fosse mãe ou responsável por crianças ou pessoas com deficiência. Tínhamos as seguintes situações:

Antes da Lei Anticrime (Lei nº 13.964/19)

1. Crimes comuns	1/6 (um sexto)
2. Crime hediondo ou equiparado (primário)	2/5 (dois quintos)
3. Crime hediondo ou equiparado (reincidente)	3/5 (três quintos)
4. Mulher gestante ou que for mãe ou responsável por crianças ou pessoas com deficiência (incluído pela Lei 13.769/18)	1/8 (um oitavo)

Depois da Lei nº 13.964/19, o art. 112 da LEP estabeleceu novos patamares a serem cumpridos, bem como passou a realizar distinções que até então não existiam, a exemplo de crimes com violência ou grave ameaça, agentes primários e reincidentes, se houve morte ou não, prática de crimes específicos etc.

Ademais, a novel legislação utilizou-se de uma técnica redacional distinta da usual, fixando os novos limites de cumprimento de pena em porcentagem e não mais em frações. Com as novas regras, temos 8 hipóteses de requisitos objetivos, que variam entre 16% e 70% do cumprimento da pena. Vejamos cada um eles em tópicos para facilitar nosso estudo:

1. 16% da pena, se o apenado for primário e o crime tiver sido cometido sem violência à pessoa ou grave ameaça;

2. 20% da pena, se o apenado for reincidente em crime cometido sem violência à pessoa ou grave ameaça;

Aplica-se o percentual de 20% da pena, caso o apenado seja reincidente em crime sem violência ou grave ameaça. Contudo, a reincidência a que se refere o dispositivo não é a reincidência específica. Portanto, existindo duas condenações por crimes sem violência ou grave ameaça, ainda que não seja pelo mesmo delito, haverá a incidência deste patamar.

A propósito, de acordo com o Superior Tribunal Justiça, a reincidência, por se tratar de condição pessoal, influencia sobre o requisito objetivo dos benefícios da execução penal em relação a todas as condenações (HC 468756/RS). Vale dizer, se o reeducando estiver cumprindo pena na qualidade de réu primário e vier a ser condenado por novo crime, sendo agora reincidente, deverá ser tratado como reincidente para fins de progressão em relação a ambos os crimes.

Com efeito, especificamente quanto ao patamar de 20%, Cléber Masson ressalta que:

> Em face da omissão da lei, também incidirá esse percentual quando o sujeito, depois de ter sido condenado definitivamente por crime cometido com violência à pessoa ou grave ameaça (exemplo: roubo), vem a ser condenado por delito sem violência à pessoa ou grave ameaça (exemplo: furto). Em outras palavras, na progressão de regime atinente ao crime posterior – sem violência ou grave ameaça – incidirá o montante te 20%. Com efeito, não há falar em 25% (inc. III) ou 30% (inc. IV) do cumprimento da pena, pois tais percentuais destinam-se unicamente ao crime cometido com violência à pessoa ou grave ameaça.[545]

3. *25% da pena, se o apenado for primário e o crime tiver sido cometido com violência à pessoa ou grave ameaça;*

Por exemplo, se o indivíduo praticasse o delito de roubo simples (art. 157, *caput*, do Código Penal), antes da Lei nº 13.964/19, o lapso para progressão seria de 1/6 (um sexto). Depois da nova lei, o montante é de 25% da pena, o que corresponde a ¼ (um quarto). Portanto, tratando-se de alteração mais gravosa, não retroage em prejuízo do réu.

4. *30% da pena, se o apenado for reincidente em crime cometido com violência à pessoa ou grave ameaça;*

O dispositivo legal não exige reincidência específica, mas apenas que o agente seja reincidente em crimes cometidos com violência ou grave ameaça à pessoa. Assim, para que seja aplicado o *quantum* de 30% da pena, o indivíduo não precisa praticar dois crimes iguais com violência à pessoa ou grave ameaça, mas tão somente dois crimes com violência à pessoa ou grave ameaça (exemplo: lesão corporal e roubo simples).

Imagine as seguintes situações hipotéticas: e se o primeiro crime for cometido com violência ou grave ameaça à pessoa (ex.: roubo) e o segundo não (ex.: furto)? E se o primeiro crime não tiver violência ou grave ameaça à pessoa (ex.: furto) e o segundo for violento (ex.: roubo)? Percebe-se que, em ambas as hipóteses, existe lacuna na lei. Rogério Sanches responde essas questões da seguinte forma:

> Concluímos que estamos diante de uma lacuna, cuja integração, por óbvio, deverá observar o princípio *in dubio pro reo*. A fração deve ser a mesma do primário, levando-se em conta o crime pelo qual foi considerado reincidente: se violento, aplica-se a mesma fração do inciso III (25%); se não violento, a fração do inc. II (20%). Vamos deixar ainda mais claro nosso raciocínio com um exemplo: se o agente, tendo cumprido pena pelo crime de furto, comete delito de roubo, é reincidente, mas não específico em crime violento. Sendo o crime

---

[545] MASSON, Cléber Rogério. *Direito Penal esquematizado*. Parte geral. V. 1. 14. ed. rev., atual. e ampl. São Paulo: Método, 2020, p. 486.

violento o delito pelo qual foi declarado reincidente, a fração da progressão segue o inc. III (25%). Num cenário diametralmente oposto, isto é, o roubo é o crime pretérito, sendo o furto o crime presente, a progressão nesse caso, segue o inc. II (20%).[546]

5. 40% da pena, se o apenado for condenado pela prática de crime hediondo ou equiparado, se for primário;

Os crimes hediondos são aqueles elencados no art. 1º da Lei nº 8.072/90 e os crimes equiparados a hediondos são o tráfico de drogas, tortura e o terrorismo. Para estes crimes, se o apenado for primário, foi mantida a mesma fração de progressão anteriormente prevista no art. 2º, §2º da Lei de Crimes Hediondos (2/5 que corresponde a 40% da pena).

Frise-se que o tráfico privilegiado não é considerado crime hediondo ou equiparado, nos termos art. 112, §5º, da LEP. Por essa razão, não se aplica a ele a fração de 40% da pena.

6. 50% da pena, se o apenado for:

a) condenado pela prática de crime hediondo ou equiparado, com resultado morte, se for primário, vedado o livramento condicional;

Para esses casos, além de a progressão ocorrer com metade da pena, ainda há vedação de concessão do livramento condicional.

b) condenado por exercer o comando, individual ou coletivo, de organização criminosa estruturada para a prática de crime hediondo ou equiparado;

Também progredirá com 50% do cumprimento da pena o apenado que exercer o comando, individual ou coletivo, de organização criminosa estruturada para a prática de crime hediondo ou equiparado.

Para a aplicação desse patamar de progressão, deve o magistrado reconhecer na sentença a condição de comando exercido pelo agente.

Registre-se, ainda, que o art. 2º, §3º, da Lei nº 12.850/13, dispõe que a pena é agravada para quem exerce o comando, individual ou coletivo, da organização criminosa, ainda que não pratique pessoalmente atos de execução.

Além disso, as lideranças de organizações criminosas armadas ou que tenham armas à disposição deverão iniciar o cumprimento da pena em estabelecimentos penais de segurança máxima, conforme art. 2º, §8º, da Lei nº 12.850/13, incluído pela Lei nº 13.964/19.

Rememore-se que o condenado expressamente em sentença por integrar organização criminosa ou por crime praticado por meio de organização criminosa não poderá progredir de regime de cumprimento de pena ou obter livramento condicional ou outros benefícios prisionais *se houver elementos probatórios que indiquem a manutenção do vínculo associativo*, nos termos do art. 2º, §9º, da Lei nº 12.850/13, incluído pela Lei nº 13.964/19.

c) condenado pela prática do crime de constituição de milícia privada;

---

[546] CUNHA, Rogério Sanches. *Pacote Anticrime* – Lei 13.964/2019: Comentários às alterações no CP, CPP e LEP. Salvador: Editora Juspodivm, 2020. p. 371.

A progressão também ocorrerá após o cumprimento de 50% da pena para aqueles que forem condenados pela prática do crime de constituição de milícia privada.

O dispositivo faz menção ao *nomen juris* "milícia privada", motivo pelo qual alcança todas as figuras previstas no art. 288-A do CP (organização paramilitar, milícia privada e grupo ou esquadrão).

Este inciso não exige que o agente tenha posição de comando na organização paramilitar, milícia, grupo de extermínio ou esquadrão. Do mesmo modo, não precisa estar estruturada para a prática de crimes hediondos

7. 60% da pena, se o apenado for reincidente na prática de crime hediondo ou equiparado;

Aplica-se o percentual de 60% da pena, caso o apenado seja reincidente na prática de crime hediondo ou equiparado. Contudo, não é necessário que o sentenciado seja condenado duas vezes pelo mesmo dispositivo. Existindo duas condenações pela prática de crime hediondo ou equiparado, ainda que não seja pelo mesmo delito, haverá a incidência deste patamar.

Assim, se o agente for condenado por dois tráficos de drogas (mesmo delito), incidirá o percentual de 60%. Da mesma maneira, se o indivíduo for condenado por um tráfico de drogas e por um crime de tortura, também recairá no mesmo percentual.

Portanto, o presente dispositivo trabalha com a reincidência específica em crime hediondo ou equiparado e não com a reincidência específica do mesmo delito.

Ressalte-se que a Lei nº 13.964/19, ao falar no patamar de 60%, manteve a mesma fração de progressão anteriormente prevista no art. 2º, §2º, da Lei de Crimes Hediondos (3/5, que corresponde a 60% da pena).

8. 70% da pena, se o apenado for reincidente em crime hediondo ou equiparado com resultado morte, vedado o livramento condicional.

Aplica-se o percentual de 70% da pena, caso o apenado seja reincidente na prática de crime hediondo ou equiparado com resultado morte. Contudo, não é necessário que o sentenciado seja condenado duas vezes pelo mesmo dispositivo. Existindo duas condenações pela prática de crime hediondo ou equiparado, ainda que não seja pelo mesmo delito, haverá a incidência deste patamar.

Assim, se o agente for condenado por dois homicídios qualificados (mesmo delito), incidirá o percentual de 70%. Da mesma maneira, se o indivíduo for condenado por um homicídio qualificado e por um latrocínio, também recairá no mesmo percentual.

Deve-se alertar, contudo, que, para o STJ, a progressão de regime do reincidente não específico em crime hediondo ou equiparado com resultado morte deve observar o previsto no inciso VI, *a*, do artigo 112 da Lei de Execução Penal, ou seja, o patamar de 50%.

Fundamentou o Superior Tribunal de Justiça, no HC 581.315/PR, que:

> Em relação aos apenados que foram condenados por crime hediondo mas que são reincidentes em razão da prática anterior de crimes comuns não há percentual previsto na Lei de Execuções Penais, em sua nova redação, para fins de progressão de regime, visto que os percentuais de 60% e 70% se destinam unicamente aos reincidentes específicos, não podendo a interpretação ser extensiva, vez que seria prejudicial ao apenado. Assim, por ausência de previsão legal, o julgador deve integrar a norma aplicando a analogia *in bonam partem*.

No caso (condenado por crime hediondo com resultado morte, reincidente não específico), diante da lacuna na lei, deve ser observado o lapso temporal relativo ao primário. Impõe-se, assim, a aplicação do contido no inciso VI, *a*, do referido artigo da Lei de Execução Penal, exigindo-se, portanto, o cumprimento de 50% da pena para a progressão de regime".[547]

A Lei nº 13.964/19, ao alterar o art. 112 da LEP, interferiu diretamente em condições ligadas ao poder punitivo estatal. Assim, nas situações em que a situação dos réus for agravada, não poderá retroagir em seu prejuízo. No entanto, nas partes em que os beneficiem, devem retroagir em seu favor.

Demais disso, devemos nos atentar para a alteração trazida pelo art. 75 do Código Penal, com redação dada pela Lei nº 13.964/19, que estabeleceu novo tempo de cumprimento das penas privativas de liberdade. Antes da modificação, o prazo máximo era de 30 anos, sendo que, atualmente, o prazo passou a ser de 40 anos.

Quanto à forma de cálculo de progressão de regime, continua valendo o entendimento da Súmula 715 do STF, que orienta que "a pena unificada para atender ao limite de trinta anos de cumprimento, determinado pelo art. 75 do Código Penal, não é considerada para a concessão de outros benefícios, como o livramento condicional ou regime mais favorável de execução". Contudo, sua redação deve ser atualizada com o novo parâmetro do art. 75 do Código Penal. Portanto, onde se lê 30 anos, deve ser lido 40 anos.

Imagine o seguinte exemplo para que possamos entender o que diz Súmula 715 do STF: Fulano foi condenado por um homicídio qualificado e um latrocínio a uma pena de 50 anos. No caso de apenado reincidente em crime hediondo ou equiparado com resultado morte, o montante para progressão é de 70% da pena. A progressão de regime será calculada sobre a pena total, ou seja, 50 anos, mesmo que o tempo de cumprimento máximo da pena seja de 40 anos. Portanto, para progredir de regime, precisará cumprir 35 anos de pena.

Por fim, a Lei nº 13.964/19 incluiu o §6º ao art. 112 da LEP, acolhendo o entendimento pacífico da jurisprudência de que "o cometimento de falta grave durante a execução da pena privativa de liberdade interrompe o prazo para a obtenção da progressão no regime de cumprimento da pena, caso em que o reinício da contagem do requisito objetivo terá como base a pena remanescente". Nesse sentido já dispunha a Súmula 534 do STJ:

> A prática de falta grave interrompe a contagem do prazo para a progressão de regime de cumprimento de pena, o qual se reinicia a partir do cometimento dessa infração.

23.7.1.3 Requisito subjetivo

O requisito subjetivo diz respeito ao bom comportamento carcerário do apenado durante a execução penal, que será comprovado por certidão expedida pelo diretor do estabelecimento prisional (art. 112, §1º, da LEP).

---

[547] HC 581.315/PR, Rel. Min. Sebastião Reis Júnior, Sexta Turma, por unanimidade, julgado em 06/10/2020, DJe 19/10/2020.

Repise-se que, para que o apenado progrida, é necessário que ostente bom comportamento carcerário. Comportamento carcerário neutro não autoriza sua progressão de regime. Nesse sentido, já foi decidido pelo Superior Tribunal de Justiça, no *habeas corpus* 538.370/SP (2019/0302646-2), que:

> Não se pode considerar bom o comportamento do sentenciado que simplesmente se mantém inerte durante o período de 1/6 da pena privativa de liberdade (no caso de crime comum). Isso não é ser bom, é ser neutro. O mínimo que os condenados devem fazer é não praticar faltas disciplinares.

Além disso, segundo o Supremo Tribunal Federal, se o indivíduo for condenado a pena privativa de liberdade e pena de multa, o não-pagamento desta, de forma deliberada, impede a progressão de regime por ausência de mérito do condenado. Vejamos:

> O inadimplemento deliberado da pena de multa cumulativamente aplicada ao sentenciado impede a progressão no regime prisional. Essa regra somente é excepcionada pela comprovação da absoluta impossibilidade econômica do apenado em pagar o valor, ainda que parceladamente. (...) O não-recolhimento da multa por condenado que tivesse condições econômicas de pagá-la, sem sacrifício dos recursos indispensáveis ao sustento próprio e de sua família, constituiria deliberado descumprimento de decisão judicial e deveria impedir a progressão de regime. Além disso, admitir-se o não-pagamento da multa configuraria tratamento privilegiado em relação ao sentenciado que espontaneamente pagasse a sanção pecuniária. Ademais, a passagem para o regime aberto exigiria do sentenciado autodisciplina e senso de responsabilidade (LEP, art. 114, II), a pressupor o cumprimento das decisões judiciais aplicadas a ele. Essa interpretação seria reforçada pelo art. 36, §2º, do CP e pelo art. 118, §1º, da LEP, que estabelecem a regressão de regime para o condenado que não pagar, podendo, a multa cumulativamente imposta. Assim, o deliberado inadimplemento da multa sequer poderia ser comparado à vedada prisão por dívida (CF, art. 5º, LXVII), configurando apenas óbice à progressão no regime prisional. Ressalvou que a exceção admissível ao dever de pagar a multa seria a impossibilidade econômica absoluta de fazê-lo. Seria cabível a progressão se o sentenciado, veraz e comprovadamente, demonstrasse sua total insolvabilidade, a ponto de impossibilitar até mesmo o pagamento parcelado da quantia devida, como autorizado pelo art. 50 do CP (STF. EP 12 ProgReg-AgR/DF, Rel. Min. Roberto Barroso, 08/04/2015. Inf. 780).

No mesmo viés, em se tratando de crime contra a administração pública, a progressão fica condicionada à reparação do dano ou à devolução do produto do ilícito, com os acréscimos legais (art. 33, §4º, do CP).

23.7.1.4 Exame criminológico

O exame criminológico deixou de ser exigido como requisito para a progressão de regime desde o advento da Lei nº 10.792/03. Contudo, é possível que o juiz determine sua realização, *dependendo das peculiaridades do caso concreto ou em se tratando de crime hediondo*, desde que o faça de forma fundamentada, como mencionado nas seguintes súmulas:

> Súmula Vinculante 26: Para efeito de progressão de regime no cumprimento de pena por crime hediondo, ou equiparado, o juízo da execução observará a inconstitucionalidade do art. 2º da Lei nº 8.072, de 25 de julho de 1990, sem prejuízo de avaliar se o condenado

preenche, ou não, os requisitos objetivos e subjetivos do benefício, podendo determinar, para tal fim, de modo fundamentado, a realização de exame criminológico.

Súmula 439 do STJ: Admite-se o exame criminológico pelas peculiaridades do caso, desde que em decisão motivada.

23.7.1.5 Decisão de progressão

Segundo o art. 112, §2º, da LEP, a decisão do juiz que determinar a progressão de regime será sempre motivada e precedida de manifestação do Ministério Público e do defensor, garantindo-se contraditório e ampla defesa.

23.7.2 Progressão "por saltos"

Progressão "por saltos" é a hipótese em que o apenado está em regime fechado e "salta" diretamente para o regime aberto, sem, contudo, passar pelo regime semiaberto.

Esta modalidade de progressão não é admitida no ordenamento jurídico brasileiro, desde a Exposição de Motivos da Lei de Execução Penal que, em seu item 120, indica que:

> Se o condenado estiver no regime fechado não poderá ser transferido diretamente para o regime aberto. Esta progressão depende do cumprimento mínimo de um sexto da pena no regime semiaberto, além da demonstração do mérito, compreendido tal vocábulo como aptidão, capacidade e merecimento, demonstrados no curso da execução.[548]

No mesmo contexto, o Superior Tribunal de Justiça editou a Súmula 491, que dispõe que "é inadmissível a chamada progressão *per saltum* de regime prisional".

23.7.3 Progressão especial da mulher gestante ou que for mãe ou responsável por crianças ou pessoas com deficiência

A Lei nº 13.769/18 estabeleceu parâmetros distintos para progressão de regime para a mulher gestante ou que for mãe ou responsável por crianças ou pessoas com deficiência.

Para ter acesso a esta progressão diferenciada, faz-se necessário que a mulher, nas condições descritas acima, cumpra os seguintes requisitos cumulativos:

1. *Requisitos objetivos*

a) *não ter cometido crime com violência ou grave ameaça a pessoa;*

O delito praticado pela mulher não pode ter violência ou grave ameaça a pessoa. Caso seja um crime violento, aplica-se o patamar de 25% ou 30%, a depender da primariedade ou reincidência, nos termos do art. 112, III e IV, da LEP.

---

[548] Lembre-se que a exposição de motivos da LEP é datada do ano de 1983, razão pela qual fala em progressão de regime com 1/6 do cumprimento da pena.

b) *não ter cometido o crime contra seu filho ou dependente;*

Obviamente, não poderá ser concedido o benefício se a mulher tiver cometido o crime contra seu filho ou dependente. Ora, o intuito da norma é permitir que a mulher cuide de pessoas vulneráveis que dela dependam. Não faz sentido deferir a benesse se a vítima do delito é exatamente a pessoa que a mulher deveria proteger.

c) *ter cumprido ao menos 1/8 da pena no regime anterior;*

Antes da Lei nº 13.964/19, entendia-se que essa fração deveria ser aplicada mesmo nos casos de prática de crimes hediondos ou equiparados. Contudo, como a Lei nº 13.964/19 revogou o art. 2º, §2º, da Lei nº 8.072/90, que previa esta possibilidade,[549] tem prevalecido o entendimento de que não mais se aplica a progressão especial para mulheres que tenham praticado crimes hediondos ou equiparados.

Sendo assim, deverão ser observados os parâmetros de 40%, 50%, 60% e 70%, previstos no art. 112, incisos V, VI, *a*, VII e VIII, da LEP, a depender da primariedade ou reincidência da apenada e de eventual resultado morte da vítima.

2. *Requisitos subjetivos*

d) *ser primária e ter bom comportamento carcerário, comprovado pelo diretor do estabelecimento;*

e) *não ter integrado organização criminosa.*

A legislação não impõe qualquer limitação temporal em relação ao momento em que a mulher integrou a organização criminosa. Desse modo, se houver comprovação de que a apenada já foi integrante de organização criminosa, seja antes ou depois início do cumprimento de sua pena, não lhe será possível o benefício da progressão especial.

23.7.3.1 Revogação do benefício

Segundo o art. 112, §4º, da LEP, "o cometimento de novo crime doloso ou falta grave implicará a revogação do benefício previsto no §3º deste artigo".

Diante da redação do §4º, questiona-se, em doutrina, qual o alcance da expressão "revogação do benefício".

Para uma primeira corrente, minoritária, entende-se que a revogação do benefício enseja apenas regressão de regime.

Já para a segunda corrente, com a qual concordamos, deve ser entendido por revogação do benefício, além da regressão de regime (que é uma decorrência lógica do cometimento da falta grave), a perda da possibilidade de progredir novamente com os mesmos requisitos do art. 112, §3º, da LEP (cumprimento de 1/8 da pena). Isso porque, se a LEP quisesse apenas a regressão de regime, teria feito expressamente, mas falou em revogação do benefício. Portanto, a nosso sentir, deve ser entendido como a perda da progressão especial.

---

[549] §2º A progressão de regime, no caso dos condenados pelos crimes previstos neste artigo, dar-se-á após o cumprimento de 2/5 (dois quintos) da pena, se o apenado for primário, e de 3/5 (três quintos), se reincidente, observado o disposto nos §§3º e 4º do art. 112 da Lei nº 7.210, de 11 de julho de 1984 (Lei de Execução Penal). (Redação dada pela Lei nº 13.769, de 2018).

23.7.4 Regressão de regime

Enquanto na progressão de regime o apenado se desloca para os regimes mais brandos, na regressão de regime o movimento é inverso. Vale dizer, o reeducando que se encontra no regime menos gravoso é transferido para algum dos regimes mais severos. O art. 118 da LEP nos indica quais as hipóteses que ensejam a regressão de regime. Vejamos:

> Art. 118. A execução da pena privativa de liberdade ficará sujeita à forma regressiva, com a transferência para qualquer dos regimes mais rigorosos, quando o condenado:
> I – praticar fato definido como crime doloso ou falta grave;
> II – sofrer condenação, por crime anterior, cuja pena, somada ao restante da pena em execução, torne incabível o regime (artigo 111).
> §1º O condenado será transferido do regime aberto se, além das hipóteses referidas nos incisos anteriores, frustrar os fins da execução ou não pagar, podendo, a multa cumulativamente imposta.
> §2º Nas hipóteses do inciso I e do parágrafo anterior, deverá ser ouvido previamente o condenado.

Vamos analisar cada uma das situações.

23.7.4.1 Praticar fato definido como crime doloso ou falta grave (art. 118, I, da LEP).

A primeira hipótese que autoriza a regressão do apenado ao regime mais rigoroso é a prática de fato definido como crime doloso. Perceba que a lei não exige condenação criminal transitada em julgado para o reconhecimento da regressão de regime, sendo suficiente a prática de fato definido como crime doloso. Nesse sentido, o Superior Tribunal de Justiça editou a Súmula 526 do STJ, que dispõe que:

> O reconhecimento de falta grave decorrente do cometimento de fato definido como crime doloso no cumprimento da pena prescinde do trânsito em julgado de sentença penal condenatória no processo penal instaurado para apuração do fato.

A nosso sentir, a prática de crime preterdoloso também permite a regressão de regime. Isso porque esta modalidade delitiva nada mais é que uma das espécies de crime qualificado pelo resultado, ou seja, no delito preterintencional, existe dolo na conduta antecedente e culpa na conduta consequente. Em outras palavras: o agente pretende produzir um resultado (age com dolo), contudo, além desse resultado, também causa um resultado mais grave do que havia pretendido (por culpa), a exemplo do delito de lesão corporal seguida de morte (art. 129, §3º, do CP).

Portanto, tem-se uma conduta dolosa visando a determinado resultado, mas, em razão de culpa, promove-se um resultado mais grave do que o projetado. Assim, como a conduta base é dolosa, entendemos pela possibilidade do reconhecimento da falta grave também para estes crimes.

Já na prática de crimes culposos e de contravenções penais, a doutrina tem se posicionado majoritariamente pela impossibilidade de regressão de regime, ante a vedação da analogia *in malam partem*.

A segunda hipótese de regressão de regime trazida pelo art. 118, I, da LEP, diz respeito à prática de falta grave, as quais estão elencadas no art. 50, I a VII, do mesmo diploma:

> Art. 50. Comete falta grave o condenado à pena privativa de liberdade que:
> I – incitar ou participar de movimento para subverter a ordem ou a disciplina;
> II – fugir;
> III – possuir, indevidamente, instrumento capaz de ofender a integridade física de outrem;
> IV – provocar acidente de trabalho;
> V – descumprir, no regime aberto, as condições impostas;
> VI – inobservar os deveres previstos nos incisos II e V, do artigo 39, desta Lei.
> VII – tiver em sua posse, utilizar ou fornecer aparelho telefônico, de rádio ou similar, que permita a comunicação com outros presos ou com o ambiente externo. (Incluído pela Lei nº 11.466, de 2007)
> VIII – recusar submeter-se ao procedimento de identificação do perfil genético. (Incluído pela Lei nº 13.964, de 2019).

Nos termos do art. 118, §2º, da LEP, para o reconhecimento da regressão de regime, nos casos de prática de fato definido como crime doloso e falta grave, é imprescindível a oitiva do reeducando (contraditório e ampla defesa). Por essa razão, o Superior Tribunal de Justiça havia definido que o contraditório e a ampla defesa deveriam ser exercidos em procedimento administrativo instaurado pelo diretor do presídio, devendo o preso estar devidamente acompanhado por defensor constituído (seja público ou particular):

> Súmula 533 do STJ: para o reconhecimento da prática de falta disciplinar, é imprescindível a instauração de processo administrativo (PAD) pelo diretor do presídio, assegurado, inclusive, o direito de defesa, a ser exercido por advogado constituído ou defensor público.

Após a realização do PAD pelo diretor do presídio, este procedimento era encaminhado ao juízo da execução penal para o reconhecimento (ou não) da falta grave e declaração de suas nuances (regressão de regime, perda dos dias remidos etc.).

Contudo, o entendimento da Súmula 533 do Superior Tribunal de Justiça foi superado tanto pelo STJ, quanto pelo STF. O STF fixou a seguinte tese:

> A oitiva do condenado pelo Juízo da Execução Penal, em audiência de justificação realizada na presença do defensor e do Ministério Público, afasta a necessidade de prévio Procedimento Administrativo Disciplinar (PAD), assim como supre eventual ausência ou insuficiência de defesa técnica no PAD instaurado para apurar a prática de falta grave durante o cumprimento da pena. STF. Plenário. RE 972598, Rel. Roberto Barroso, julgado em 04/05/2020 (Repercussão Geral – Tema 941) (Info 985 – *clipping*).

O STJ também alterou seu entendimento:

> 4. Comprovado que se assegurou ao paciente o regular exercício do direito de defesa, na sede da audiência de justificação realizada no caso concreto, inexiste qualquer nulidade a ser sanada, nem constrangimento ilegal a ser reparado (...) STJ. 6ª Turma. AgRg no HC 581.854/PR, Rel. Min. Nefi Cordeiro, julgado em 04/08/2020.

Vale dizer, a instauração de PAD para o reconhecimento de falta grave não é mais imprescindível. Ele pode existir, mas, caso não seja realizado, a sua ausência pode ser suprida pela audiência de justificação realizada perante o juízo da execução, na presença do juiz, do promotor de justiça e da defesa, momento em que o apenado poderá produzir suas provas e se defender dos fatos que lhe são imputados.

A nosso sentir, essa mudança de entendimento veio em momento oportuno. A Súmula 533 do STJ trouxe uma espécie de "condição de procedibilidade" para o reconhecimento da falta grave, pois somente era a possível fazê-lo se fosse realizado o PAD pelo diretor do presídio. Se ele não fizesse, não era possível a análise dos fatos pelo juízo. Ademais, o texto da Súmula 533 do STJ simplesmente desprestigiava por completo a audiência de justificação realizada pelo juízo da execução, na presença do membro do Ministério Público e da defesa, uma vez que, mesmo oportunizando o contraditório e a ampla defesa perante estes atores processuais, ainda assim era imprescindível o PAD.

Em nossa opinião, o texto da Súmula 533 STJ somente tem sentido para o reconhecimento das faltas leves e médias, as quais são de responsabilidade do diretor do presídio. Assim, a autoridade administrativa precisa instaurar PAD para oportunizar que o apenado se defenda, uma vez que a decisão destas faltas não é submetida ao juízo da execução e, via de consequência, não passa pelo procedimento da audiência de justificação. Todavia, para as faltas graves, que são submetidas à análise do juízo, após manifestação do *parquet* e colheita das provas defensivas, não tinha nenhum sentido condicionar o reconhecimento da falta grave à prévia instauração de PAD, já que a ampla defesa e o contraditório eram exercidos perante o próprio juízo da execução penal.

Nesse contexto, é importante salientar que, apesar da ausência de previsão legal, tem prevalecido na jurisprudência ser possível a regressão cautelar de regime (também chamada de regressão preventiva). O juiz, no âmbito do seu poder geral de cautela, tem a possibilidade de determinar o imediato retorno do apenado ao regime mais grave, desde que presentes o *fumus boni iuris* e o *periculum in mora*. Segundo Guilherme Nucci:

> No caso de cometimento de crime doloso, é preciso, num primeiro momento, sustar os benefícios do regime em que se encontra (se está no aberto, será transferido, cautelarmente, para o fechado), aguardando-se a condenação com trânsito em julgado. Caso seja absolvido, restabelece-se o regime sustado; se for condenado, regride-se a regime mais severo.[550]

Ademais, a regressão cautelar do regime prisional pode ser realizada sem a prévia oitiva do condenado. A oitiva do apenado somente é exigida na regressão definitiva.

> 1. Em se tratando de regressão cautelar, não é necessária a prévia instauração ou conclusão do procedimento administrativo – PAD e a oitiva do sentenciado em juízo, exigíveis apenas no caso de regressão definitiva. Inaplicabilidade do enunciado sumular 533 desta Corte. 2. Nos termos do art. 118 da Lei de Execução Penal, a execução da pena privativa de liberdade está sujeita à forma regressiva, com a transferência para um regime mais rigoroso do que o estabelecido no édito condenatório, o que não configura constrangimento ilegal (...) RHC 92.446/BA, j. 08/02/2018.

---

[550] NUCCI, Guilherme Souza. *Manual de Direito Penal*. 15. ed. 2019. p. 371.

23.7.4.2 Nova condenação gerando incompatibilidade de regimes (art. 111 da LEP)

Segundo o art. 118, II, da LEP, se o sentenciado sofrer condenação, por crime anterior, cuja pena, somada ao restante da pena em execução, torne incabível o regime (artigo 111), será submetido à regressão.

Na verdade, nesta hipótese, a regressão de regime decorre da chamada unificação de pena, prevista no art. 111 da LEP ("quando houver condenação por mais de um crime, no mesmo processo ou em processos distintos, a determinação do regime de cumprimento será feita pelo resultado da soma ou unificação das penas, observada, quando for o caso, a detração ou remição").

Imagine a seguinte situação: o condenado está cumprindo a pena corporal de 3 anos em regime aberto, momento em que sobrevém uma nova condenação de 7 anos, perfazendo uma pena total de 10 anos. Segundo a regra do art. 33, §2º, *a*, do CP, as condenações acima de 8 anos devem ser cumpridas em regime fechado, motivo pelo qual deve ser regredido a este regime.

Nos termos do art. 118, §2º, da LEP, esta hipótese de regressão dispensa a oitiva do apenado.

23.7.4.3 Frustrar os fins da execução ou, podendo, não pagar a multa imposta (art. 118, §1º, da LEP)

Dispõe o art. 118, §1º, da LEP:

> O condenado será transferido do regime aberto se, além das hipóteses referidas nos incisos anteriores, frustrar os fins da execução ou não pagar, podendo, a multa cumulativamente imposta.

O art. 118, §1º, da LEP, diz respeito à hipótese de regressão aos condenados do regime aberto. Lembre-se que tal regime é baseado na autodisciplina e senso de responsabilidade (art. 114, II, da LEP), ou seja, a concessão do regime aberto depende da adaptação do apenado ao novo regime. Portanto, frustrar suas regras indica que o condenado não se ajustou a ele, ensejando seu retorno aos regimes mais severos.

O art. 115 da LEP indica algumas condições especiais que o juízo da execução pode impor ao apenado do regime aberto: I – permanecer no local que for designado, durante o repouso e nos dias de folga; II – sair para o trabalho e retornar, nos horários fixados; III – não se ausentar da cidade onde reside, sem autorização judicial; e IV – comparecer a Juízo, para informar e justificar as suas atividades, quando for determinado.

A doutrina tem ensinado que a prática de crimes culposos e contravenções penais, embora não acarrete, por si só, a regressão de regime, pode indicar que o reeducando está frustrando a execução penal, o que enseja sua transferência do regime aberto para outro regime mais grave.[551]

---

[551] CUNHA, Rogério Sanches; PINTO, Ronaldo Batista. *Código de Processo Penal e Lei de Execução Penal*. Comentados por artigo. 4. ed. rev. e atual. Salvador: JusPodivm, 2020. p. 2.061.

Nesse prisma, o art. 118, §2º, da LEP, também informa que o não-pagamento da pena de multa imposta cumulativamente também acarreta a regressão de regime. Contudo, parte da doutrina tem entendido que o inadimplemento da multa não pode ensejar a regressão de regime. Isso porque, a partir da Lei nº 9.268/96, que alterou o art. 51 do Código Penal, não se permite mais a conversão da pena de multa em pena privativa de liberdade, devendo ser considerada dívida de valor e, por conseguinte, cobrada pelo Estado.

Para esta corrente doutrinária, admitir a regressão de regime pelo não-pagamento da pena de multa seria uma forma de permitir, por via difusa, a conversão da sanção pecuniária em reprimenda corporal, o que é vedado pelo Código Penal (entendimento mantido pela Lei nº 13.964/19 que alterou o art. 51 deste Codex).

Por sua vez, a jurisprudência o Supremo Tribunal Federal já decidiu que o inadimplemento injustificado das parcelas da pena de multa autoriza a regressão do regime prisional. Neste precedente, o apenado havia parcelado a pena de multa para progredir de regime, sendo que, após a transferência ao regime mais brando, deixou de pagar as parcelas, o que culminou na sua regressão. Vejamos:

> EXECUÇÃO PENAL. AGRAVO REGIMENTAL. PAGAMENTO PARCELADO DA PENA DE MULTA. REGRESSÃO DE REGIME EM CASO DE INADIMPLEMENTO INJUSTIFICADO DAS PARCELAS. POSSIBILIDADE. 1. O Supremo Tribunal Federal firmou orientação no sentido de que o inadimplemento deliberado da pena de multa cumulativamente aplicada ao sentenciado impede a progressão no regime prisional. Precedente: EP 12-AgR, Rel. Min. Luís Roberto Barroso. 2. Hipótese em que a decisão agravada, com apoio na orientação do Plenário do Supremo Tribunal Federal, condicionou a manutenção da sentenciada no regime semiaberto ao adimplemento das parcelas da pena de multa. 3. Eventual inadimplemento injustificado das parcelas da pena de multa autoriza a regressão de regime. Tal condição somente é excepcionada pela comprovação da absoluta impossibilidade econômica em pagar as parcelas do ajuste. 4. Agravo regimental desprovido. (STF. EP nº 8 ProgReg-AgR/DF. Min. Barroso, j. 01/07/2016).

Ainda sobre este tema, o Superior Tribunal de Justiça alterou seu entendimento e se firmou no sentido de que o não-pagamento da pena de multa, inclusive, impede a extinção da punibilidade:

> QUESTÃO DE ORDEM. PENAL E PROCESSO PENAL. AGRAVO REGIMENTAL NO RECURSO ESPECIAL. 1. ADI nº 3.150/DF. MULTA. NATUREZA DE SANÇÃO PENAL. 2. DECLARAÇÃO DE CONSTITUCIONALIDADE E INCONSTITUCIONALIDADE. EFEITO VINCULANTE. EXTINÇÃO DA PUNIBILIDADE. NECESSÁRIO O PAGAMENTO DA MULTA. 3. AGRAVO REGIMENTAL NÃO PROVIDO. 1. O Supremo Tribunal Federal, ao julgar a ADI nº 3.150/DF, declarou que, à luz do preceito estabelecido pelo art. 5º, XLVI, da Constituição Federal, a multa, ao lado da privação de liberdade e de outras restrições – perda de bens, prestação social alternativa e suspensão ou interdição de direitos –, é espécie de pena aplicável em retribuição e em prevenção à prática de crimes, não perdendo ela sua natureza de sanção penal. 2. Dessarte, as declarações de constitucionalidade ou de inconstitucionalidade são dotadas de eficácia contra todos e efeito vinculante em relação aos órgãos do Poder Judiciário. Assim, não se pode mais declarar a extinção da punibilidade pelo cumprimento integral da pena privativa de liberdade quando pendente o pagamento da multa criminal. 3. Agravo regimental a que se nega provimento. AgRg no REsp 1.850.903/SP (j. 28/04/2020).

23.7.4.4 Descumprimento dos deveres relativos à monitoração eletrônica (art. 146-C, parágrafo único, I, da LEP)

O art. 146-C, I e II, da LEP, elenca quais são os deveres do apenado que está submetido à monitoração eletrônica:

> Art. 146-C. O condenado será instruído acerca dos cuidados que deverá adotar com o equipamento eletrônico e dos seguintes deveres:
> I – receber visitas do servidor responsável pela monitoração eletrônica, responder aos seus contatos e cumprir suas orientações;
> II – abster-se de remover, de violar, de modificar, de danificar de qualquer forma o dispositivo de monitoração eletrônica ou de permitir que outrem o faça;

A violação comprovada destes deveres poderá acarretar, a critério do juiz da execução, após a oitiva do Ministério Público e da defesa, a revogação da saída temporária, a regressão de regime e a revogação da prisão domiciliar. Caso o juiz não aplique nenhuma das medidas mencionadas, poderá advertir, por escrito, o apenado (art. 146-C, parágrafo único, da LEP).

É importante que se diga que, embora o descumprimento do perímetro do monitoramento eletrônico possa ensejar regressão de regime, não configura falta grave, sob pena de violação ao princípio da legalidade. Isso porque o descumprimento da monitoração eletrônica não consta do rol do art. 50 da LEP, não se podendo falar em interpretação ampliativa. Nesse sentido, já decidiu o Superior Tribunal de Justiça:

> RECURSO ESPECIAL. PENAL E PROCESSO PENAL. OMISSÃO E AUSÊNCIA DE FUNDAMENTAÇÃO. INOCORRÊNCIA. QUESTÃO DECIDIDA. EXECUÇÃO PENAL. FALTA GRAVE. ROL TAXATIVO. TORNOZELEIRA ELETRÔNICA. INOBSERVÂNCIA DO PERÍMETRO DE INCLUSÃO RASTREADO PELO MONITORAMENTO. DESCUMPRIMENTO DE CONDIÇÃO OBRIGATÓRIA QUE AUTORIZA SANÇÃO DISCIPLINAR MAS NÃO CONFIGURA FALTA GRAVE. RECURSO PROVIDO. 1. Não há violação dos artigos 619 e 620 do Código de Processo Penal se o Tribunal *a quo* decide todas as questões suscitadas e utiliza fundamentação suficiente para solucionar a controvérsia sem incorrer em omissão, contradição ou obscuridade. 2. Resta incontroverso da doutrina e da jurisprudência que é taxativo o rol do artigo 50 da Lei de Execuções Penais, que prevê as condutas que configuram falta grave. 3. Diversamente das hipóteses de rompimento da tornozeleira eletrônica ou de uso da tornozeleira sem bateria suficiente, em que o apenado deixa de manter o aparelho em funcionamento e resta impossível o seu monitoramento eletrônico, o que poderia até equivaler, em última análise, à própria fuga, na hipótese de inobservância do perímetro de inclusão declarado para o período noturno detectado pelo próprio rastreamento do sistema de GPS, o apenado se mantém sob normal vigilância, não restando configurada falta grave mas, sim, descumprimento de condição obrigatória que autoriza sanção disciplinar, nos termos do artigo 146-C, parágrafo único da Lei de Execuções Penais. 4. Recurso provido (REsp 1.519.802/SP).

Registre-se, por fim, que o rompimento da tornozeleira eletrônica ou a ausência de carga suficiente autorizam o reconhecimento da falta grave, vez que configura, respectivamente, prática de fato definido como crime doloso no curso da execução penal (delito de dano ao patrimônio público) e fuga.

23.7.4.5 Regressão "por saltos"

Ao contrário da progressão de regime, a regressão de regime é possível "por saltos", ou seja, pode o apenado ser transferido do regime aberto diretamente para o fechado. Isso acontece em razão da permissão prevista no art. 118 da LEP, que dispõe que a execução da pena privativa de liberdade ficará sujeita à forma regressiva, com a transferência *para qualquer dos regimes mais rigorosos*.

23.8 Execução provisória da pena

Execução provisória da pena é a hipótese em que o condenado inicia o cumprimento de sua pena antes do trânsito em julgado de sentença penal condenatória.

Este tema sempre foi controverso tanto na doutrina, quanto na jurisprudência, existindo, nos últimos anos, intenso debate sobre sua possibilidade ou não.

A questão central da discussão passa pela análise do princípio constitucional da presunção de inocência. A Constituição Federal, em seu. art. 5º, inciso LVII, determina que "ninguém será considerado culpado até o trânsito em julgado de sentença penal condenatória". Dessa forma, a dúvida que permeia os estudiosos é o exato alcance deste dispositivo constitucional.

Vejamos, então, a evolução histórica da matéria.

23.8.1 Histórico

A partir de 2009, a jurisprudência dos tribunais superiores passou a se posicionar sobre a impossibilidade da execução provisória da pena, ao fundamento de que o princípio da presunção de inocência vigorava enquanto existisse recurso interposto pela defesa. Portanto, entendeu-se que a presunção de inocência deveria se estender até o trânsito final da sentença condenatória. Tal posição foi fixada pelo Supremo Tribunal Federal no HC 84078/MG (j. 05/02/2009), de relatoria do Ministro Eros Grau.

Nesse precedente, a Suprema Corte entendeu que, embora o recurso extraordinário não possua efeito suspensivo, a Lei de Execução Penal condicionou a execução da pena privativa de liberdade ao trânsito em julgado da sentença condenatória. Além disso, a Constituição do Brasil de 1988 definiu, em seu art. 5º, inciso LVII, que "ninguém será considerado culpado até o trânsito em julgado de sentença penal condenatória". Nesse contexto, verificou que os preceitos veiculados pela Lei nº 7.210/84, além de adequados à ordem constitucional vigente, sobrepõem-se, temporal e materialmente, ao disposto no art. 637 do CPP.

Demais disso, aduziram que a prisão antes do trânsito em julgado da condenação somente poderia ser decretada a título cautelar.

Na mesma tocada, definiu-se que a ampla defesa não pode ser visualizada de modo restrito, devendo englobar todas as fases processuais, inclusive as recursais de natureza extraordinária. Por isso, entendeu-se, à época, que a execução da sentença após o julgamento do recurso de apelação significava, também, restrição ao direito de defesa, caracterizando desequilíbrio entre a pretensão estatal de aplicar a pena e o direito do acusado de elidir essa pretensão.

Concluiu-se, por fim, que, nas democracias, mesmo os criminosos são sujeitos de direitos, não perdendo essa qualidade para se transformarem em objetos processuais.

Trata-se de pessoas inseridas entre aquelas beneficiadas pela afirmação constitucional da sua dignidade (art. 1º, III, da Constituição do Brasil). Assim, é inadmissível a sua exclusão social, sem que sejam consideradas, em quaisquer circunstâncias, as singularidades de cada infração penal, o que somente se pode apurar plenamente quando transitada em julgado a condenação de cada qual.

Diante dessa argumentação, o Supremo Tribunal Federal concluiu ser inviável a execução provisória da pena, entendimento que vigorou até o ano de 2016, ocasião em que a matéria voltou a ser rediscutida.

Em 2016, no bojo do HC 126292/SP, de relatoria do Ministro Teori Zavascki, o Supremo Tribunal Federal, por maioria de votos (7 votos a 4), autorizou a execução provisória da pena, quando existisse acórdão penal condenatório proferido por tribunal de 2ª instância, em grau de apelação.

Para tanto, afirmou-se que a presunção de inocência ou de não-culpabilidade deve existir até que houvesse sentença penal condenatória confirmada pelo tribunal. Após a confirmação do édito condenatório pelo tribunal, tal presunção não mais existiria, tendo em vista que os recursos extraordinários não servem para discutir matérias de fato (que já se tornaram incontroversas), mas apenas matérias de direito. Além do mais, estes recursos não possuem efeito suspensivo, o que autoriza a execução do acórdão condenatório.

Passou a se afirmar, então, que o trânsito em julgado era um conceito relacional, ou seja, quanto mais perto do trânsito em julgado o sujeito estivesse, menos inocente ele seria.

Assim, a partir desta decisão, passou a ser possível a execução provisória do acórdão penal condenatório, mesmo que fosse viável a interposição dos recursos extraordinários (RE e REsp), sendo que tal fato não feria a presunção de inocência ou da não-culpabilidade.

Por fim, em novembro de 2019, o Supremo Tribunal Federal voltou a debater o tema no bojo das Ações Declaratórias de Constitucionalidade 43, 44 e 54, estabelecendo, novamente, que o princípio da presunção de inocência se estende até o trânsito final da sentença condenatória, vedando, por conseguinte, a execução provisória da pena. Vejamos a fundamentação utilizada na decisão:

> O Plenário, em conclusão de julgamento e por maioria, julgou procedentes pedidos formulados em ações declaratórias de constitucionalidade para assentar a constitucionalidade do art. 283 do CPP. Prevaleceu o voto do ministro Marco Aurélio (relator), que foi acompanhado pelos ministros Rosa Weber, Ricardo Lewandowski, Gilmar Mendes, Celso de Mello e Dias Toffoli. O relator afirmou que as ações declaratórias versam o reconhecimento da constitucionalidade do art. 283 do CPP, no que condiciona o início do cumprimento da pena ao trânsito em julgado do título condenatório, tendo em vista o figurino do art. 5º, LVII, da CF (2). Assim, de acordo com o referido preceito constitucional, ninguém será considerado culpado até o trânsito em julgado de sentença penal condenatória. A literalidade do preceito não deixa margem a dúvidas: a culpa é pressuposto da sanção, e a constatação ocorre apenas com a preclusão maior. O dispositivo não abre campo a controvérsias semânticas. A CF consagrou a excepcionalidade da custódia no sistema penal brasileiro, sobretudo no tocante à supressão da liberdade anterior ao trânsito em julgado da decisão condenatória. A regra é apurar para, em virtude de título judicial condenatório precluso na via da recorribilidade, prender, em execução da pena, que não admite a forma provisória. A exceção corre à conta de situações individualizadas nas quais se

possa concluir pela aplicação do art. 312 do CPP (3) e, portanto, pelo cabimento da prisão preventiva. O abandono do sentido unívoco do texto constitucional gera perplexidades, observada a situação veiculada: pretende-se a declaração de constitucionalidade de preceito que reproduz o texto da CF. Ao editar o dispositivo em jogo, o Poder Legislativo, por meio da Lei nº 12.403/2011, limitou-se a concretizar, no campo do processo, garantia explícita da CF, adequando-se à óptica então assentada pelo próprio STF no julgamento do HC 84.078, julgado em 5 de fevereiro de 2009, segundo a qual "a prisão antes do trânsito em julgado da condenação somente pode ser decretada a título cautelar". Também não merece prosperar a distinção entre as situações de inocência e não culpa. A execução da pena fixada por meio da sentença condenatória pressupõe a configuração do crime, ou seja, a verificação da tipicidade, antijuridicidade e culpabilidade. Assim, o implemento da sanção não deve ocorrer enquanto não assentada a prática do delito. Raciocínio em sentido contrário implica negar os avanços do constitucionalismo próprio ao Estado Democrático de Direito. O princípio da não-culpabilidade é garantia vinculada, pela CF, à preclusão, de modo que a constitucionalidade do art. 283 do CPP não comporta questionamentos. O preceito consiste em reprodução de cláusula pétrea cujo núcleo essencial nem mesmo o poder constituinte derivado está autorizado a restringir. A determinação constitucional não surge desprovida de fundamento. Coloca-se o trânsito em julgado como marco seguro para a severa limitação da liberdade, ante a possibilidade de reversão ou atenuação da condenação nas instâncias superiores. Em cenário de profundo desrespeito ao princípio da não-culpabilidade, sobretudo quando autorizada normativamente a prisão cautelar, não cabe antecipar, com contornos definitivos – execução da pena –, a supressão da liberdade. Deve-se buscar a solução consagrada pelo legislador nos arts. 312 e 319 (4) do CPP, em consonância com a CF e ante outra garantia maior – a do inciso LXVI do art. 5º: "ninguém será levado à prisão ou nela mantido, quando a lei admitir a liberdade provisória, com ou sem fiança". Uma vez realinhada a sistemática da prisão à literalidade do art. 5º, LVII, da CF – no que direciona a apurar para, em virtude de título judicial condenatório precluso na via da recorribilidade, prender, em execução da pena –, surge inviável, no plano da lógica, acolher o requerimento formalizado, em caráter sucessivo, nas ADCs 43 e 54, concernente ao condicionamento da execução provisória da pena ao julgamento do recurso especial pelo Superior Tribunal de Justiça (STJ), como se esse tribunal fosse um "Supremo Tribunal de Justiça", nivelado ao verdadeiro e único Supremo.[552]

Portanto, após o julgamento destas ADCs pelo Supremo Tribunal Federal, a prisão para execução de pena só pode ser determinada após o trânsito em julgado da sentença penal condenatória. Além disso, qualquer prisão antes do trânsito em julgado de sentença penal condenatória deve ser fundamentada nos arts. 312 e 313, ambos do Código de Processo Penal (requisitos e pressupostos da prisão preventiva).

23.8.2 Execução provisória da pena de réu preso e de réu solto

Diante de todo o histórico acima narrado, indagamos, então, se é cabível ou não a execução provisória da pena? E a resposta exata da questão, além de todos os fundamentos que já estudamos no tópico anterior, passa pela análise de se o réu está preso ou solto.

Toda a discussão acima travada, diz respeito à execução provisória da pena de réu solto. Vale dizer, se o réu respondeu ao processo em liberdade, mesmo sendo

---

[552] ADC 43/DF 44/DF, 54/DF, Rel. Min. Marco Aurélio, julgamento em 07/11/2019. Inf. 958.

condenado e tendo esta condenação sido confirmada pelo tribunal de segunda instância, mas estando pendente recurso aos tribunais superiores (RE e REsp), não será possível a expedição de mandado de prisão para que ele inicie o cumprimento de sua pena. Isso violaria o princípio da presunção de inocência, pois a prisão pena somente poderá ser decretada após o trânsito final da sentença penal condenatória.

Para que fique mais claro, quando se decreta a prisão de alguém para que inicie o cumprimento da pena, não há necessidade de fundamentação em elementos de cautelaridade (como é feito, por exemplo, na prisão preventiva). No caso da prisão-pena, o Judiciário expede o mandado de prisão sob o fundamento de que, como existe um título condenatório, é necessário que se recolha o indivíduo à prisão para que ele inicie o adimplemento da sanção imposta.

Quando se admitia a execução provisória da pena após a condenação em segunda instância, o tribunal, depois de encerradas todas as possibilidades de recursos ordinários, determinava a expedição de mandado de prisão para início da execução provisória da pena, ou seja, determinava recolher a pessoa à prisão porque ela tinha condenação para ser cumprida, sem justificar a necessidade da prisão em requisitos cautelares, uma vez que a necessidade decorria do caráter cogente do cumprimento da pena.

Frise-se que, mesmo antes do trânsito em julgado, se sobrevierem os requisitos e pressupostos da prisão preventiva, o acusado pode ser preso. Contudo, esta prisão terá natureza cautelar e não de prisão-pena. Assim, precisa estar devidamente fundamentada nos arts. 312 e 313 do CPP.

Em relação à pessoa que se encontra presa cautelarmente no curso da ação penal, é possível se falar em execução provisória da pena, pois, neste caso, a execução provisória se dá em benefício do réu.

O raciocínio é simples: como a pessoa já se encontra presa cautelarmente, vamos permitir que, após a sua condenação, ela inicie o cumprimento antecipado da pena, pois terá acesso a todos os benefícios da execução penal previstos na Lei de Execução Penal, a exemplo da progressão de regime, saída temporária, trabalho externo etc.

Nesse sentido, o Supremo Tribunal Federal editou as súmulas 716 e 717:

> Súmula 716 do STF: Admite-se a progressão de regime de cumprimento da pena ou a aplicação imediata de regime menos severo nela determinada, antes do trânsito em julgado da sentença condenatória.
>
> Súmula 717 do STF: Não impede a progressão de regime de execução da pena, fixada em sentença não transitada em julgado, o fato de o réu se encontrar em prisão especial.

O art. 2º, parágrafo único, da LEP dispõe que "Esta Lei aplicar-se-á igualmente ao *preso provisório* e ao condenado pela Justiça Eleitoral ou Militar, quando recolhido a estabelecimento sujeito à jurisdição ordinária".

Da mesma maneira, o art. 8º da Resolução 113 do Conselho Nacional de Justiça permite a execução provisória de benefícios:

> Art. 8º Tratando-se de réu preso por sentença condenatória recorrível, será expedida guia de recolhimento provisória da pena privativa de liberdade, ainda que pendente recurso sem efeito suspensivo, devendo, nesse caso, o juízo da execução definir o agendamento dos benefícios cabíveis.

Contudo, há que se fazer uma ressalva. Para que exista a execução provisória de benefícios, é imprescindível o *trânsito em julgado da sentença penal condenatória para a acusação em relação à pena aplicada*. Isso porque, ao transitar em julgado para a acusação, a pena fixada na sentença torna-se imutável, podendo, desde logo, ser executada.

No entanto, se houver recurso do Ministério Público ou mesmo do querelante para discussão do *quantum* da pena, torna-se inviável a execução provisória, uma vez que a reprimenda corporal pode ser majorada na via recursal.

23.8.3 Execução provisória da pena no tribunal do júri (art. 492, I, do CPP)

O art. 492, I, do CPP, inserido pela Lei nº 13.964/19 (Pacote Anticrime), admite a execução provisória da pena no Tribunal do Júri, quando a condenação for igual ou superior a 15 anos de reclusão. Contudo, não se trata de regra absoluta, uma vez que o §3º do mesmo dispositivo permite que o juiz deixe de ordenar a execução imediata se houver questão substancial cuja resolução possa plausivelmente levar à revisão da condenação pelo tribunal.

Antes mesmo da expressa previsão legal sobre a possibilidade de execução provisória da pena no Tribunal do Júri, os tribunais superiores já haviam reconhecido que:

> Não viola o princípio da presunção de inocência ou da não-culpabilidade a execução da condenação pelo Tribunal do Júri, independentemente do julgamento da apelação ou de qualquer outro recurso (STF. HC 144712).

O principal fundamento que sustenta a execução provisória da pena no Tribunal do Júri diz respeito à soberania dos veredictos. Este pilar constitucional orienta que a decisão dos senhores jurados é soberana, de modo que nenhum tribunal pode alterá-la no mérito, mas tão somente anulá-la e determinar novo julgamento. Assim, em razão dessa soberania, não haveria razão para que a pena não fosse desde logo executada, já que o mérito da decisão dos senhores jurados não podia ser alterado.

Questiona-se a constitucionalidade[553] da opção legislativa em se estabelecer um parâmetro numérico (condenações iguais ou superiores a 15 anos) para fins do estabelecimento da execução provisória da pena, até mesmo porque o Supremo Tribunal Federal, nas ADCs 43, 44 e 54, já entendeu que a execução provisória da pena é inconstitucional, por violar o princípio da presunção de inocência.

A nosso sentir, não há inconstitucionalidade do dispositivo e nos permitimos invocar os fundamentos do Cléber Masson:

> Se uma norma do Código de Processo Penal (art. 283) estabelece a regra geral, vedando a execução provisória da pena privativa de liberdade, outra norma de igual hierarquia e alocada no mesmo diploma legislativo pode excepcioná-la, admitindo em situações específicas a execução provisória da pena.[554]

---

[553] Matéria pendente de julgamento no Supremo Tribunal Federal no RE 1.235.349 (repercussão geral)
[554] MASSON, Cléber Rogério. *Direito Penal esquematizado*. Parte geral. v. 1. 14. ed. rev., atual. e ampl. São Paulo: Método, 2020, p. 513.

E também de Pedro Oliveira Magalhães:

> Do ponto de vista da política criminal, cuida-se de escolha legítima na medida em que pautada em critérios objetivos de gravidade, até mesmo porque o homicídio qualificado (que será a maior parte dos casos) é crime hediondo (artigo 1º, inciso I, da Lei nº 8.072/90), havendo mandado constitucional expresso de criminalização mais rigorosa de tal conduta (artigo 5º, inciso XLIII, da CRFB/88).
>
> Ademais, sob o prisma constitucional, a diferenciação estabelecida pelo Pacote Anticrime entre a regra do artigo 283, *caput*, do CPP, e a exceção do artigo 492, inciso I, alínea *e*, do CPP, encontra respaldo no princípio da soberania dos veredictos (artigo 5º, inciso XXXVIII, alínea *c*, da CRFB/88), pois embora passíveis de anulação, o mérito das decisões proferidas pelo Tribunal Popular não pode ser revisado pelos tribunais, o que demonstra sua força e caráter de relativa imutabilidade.[555]

Ainda no mesmo propósito, o Conselho Nacional dos Procuradores-Gerais de Justiça (CNPG) editou o Enunciado 37, o qual dispõe que:

> A execução provisória da pena decorrente de condenação pelo Tribunal do Júri é constitucional, fundamentando-se no princípio da soberania dos veredictos (CF, art. 5º, XXXVIII, *c*).

23.9 Estabelecimentos penais de cumprimento de pena

A Lei de Execução Penal esclarece quais são os estabelecimentos penais adequados para o cumprimento de cada modalidade de prisão, a depender do regime imposto e da situação processual.

23.9.1 Penitenciária

Segundo o art. 87 da LEP, a *penitenciária* destina-se ao condenado à pena de reclusão, em regime fechado. Desse modo, a União Federal, os Estados, o Distrito Federal e os Territórios poderão construir penitenciárias destinadas, exclusivamente, aos presos provisórios e condenados que estejam em regime fechado, sujeitos ao regime disciplinar diferenciado, nos termos do art. 52 desta Lei.

Neste estabelecimento prisional, o condenado deve ser alojado em cela individual que conterá dormitório, aparelho sanitário e lavatório. Esta cela deverá ser um ambiente que tenha salubridade, baseada em fatores como aeração, insolação e condicionamento térmico adequado à existência humana. Ademais, dispõe a LEP que a área mínima deve ser de 6 m² (seis metros quadrados).

23.9.2 Colônia penal agrícola, industrial ou similar

Nos termos do art. 91 da LEP, a colônia agrícola, industrial ou similar destina-se ao cumprimento da pena em regime semiaberto.

---

[555] Da possibilidade de execução provisória da pena no Tribunal do Júri (art. 492 do CPP). https://meusitejuridico.editorajuspodivm.com.br/2020/10/08/da-possibilidade-de-execucao-provisoria-da-pena-no-tribunal-juri-art-492-cpp. Acesso em: 13 jan. 2020, 12:38.

Neste estabelecimento, o condenado poderá ser alojado em compartimento coletivo, devendo o ambiente ser dotado de salubridade, baseada em fatores como aeração, insolação e condicionamento térmico adequado à existência humana.

23.9.3 Casa do albergado

De acordo com o art. 93 da LEP, a casa do albergado destina-se ao cumprimento de pena privativa de liberdade, em regime aberto, e da pena de limitação de fim de semana.

O prédio deverá situar-se em centro urbano, separado dos demais estabelecimentos, e caracterizar-se pela ausência de obstáculos físicos contra a fuga.

23.9.4 Hospital de custódia e tratamento psiquiátrico

Nos moldes do art. 99 da LEP, o hospital de custódia e tratamento psiquiátrico destina-se aos inimputáveis e semi-imputáveis referidos no artigo 26 e seu parágrafo único do Código Penal.

O tratamento ambulatorial, previsto no artigo 97, segunda parte, do Código Penal, será realizado no hospital de custódia e tratamento psiquiátrico ou em outro local com dependências médicas adequadas.

Este estabelecimento também deve ser dotado de salubridade, baseada em fatores como aeração, insolação e condicionamento térmico adequado à existência humana.

23.9.5 Cadeia pública

A cadeia pública destina-se ao recolhimento de presos provisórios.

Segundo o art. 103 da LEP, cada comarca terá, pelo menos uma cadeia pública a fim de resguardar o interesse da administração da justiça criminal e a permanência do preso em local próximo ao seu meio social e familiar.

O art. 104 da LEP determina que este estabelecimento deve ser instalado próximo de centro urbano, sendo que suas celas devem possuir um ambiente que tenha salubridade, baseada em fatores como aeração, insolação e condicionamento térmico adequado à existência humana, além da área mínima de 6 m² (seis metros quadrados).

23.9.6 Estabelecimentos prisionais na prática

Na prática, a teoria é outra. Embora a LEP disponha detalhadamente sobre os estabelecimentos prisionais, indicando qual deles deve receber cada modalidade de preso, não é isso o que acontece no cotidiano prático.

Faltam estabelecimentos prisionais para atender a demanda, o que enseja uma série de "arranjos" prisionais.

Por exemplo, existem comarcas que não possuem colônia penal agrícola ou estabelecimentos congêneres, motivo pelo qual se admite o chamado "semiaberto de tornozeleira", ou seja, o apenado sai do regime fechado e vai para sua casa, mediante o uso de tornozeleira eletrônica, em patente violação às regras do regime semiaberto.

Em outras localidades, não existe a casa do albergado, motivo pelo qual os apenados permanecem em suas residências, com a obrigação de comparecer mensalmente em juízo para justificar suas atividades, em verdadeiro regime aberto domiciliar, em claro aviltamento das regras do art. 117 da LEP.

Há casos, por exemplo, de ausência de penitenciária feminina, o que enseja o "fechado domiciliar", que é a hipótese da presa que permanece em sua residência em razão da falta de estabelecimento para recebê-la.

23.10 Regras dos regimes

O ordenamento jurídico brasileiro adotou o sistema progressivo para o cumprimento da pena, sendo que, no bojo da execução penal, o apenado progride do regime mais severo até o mais brando.

Assim, cada regime possui regras e características específicas, a depender da sua severidade e objetivos.

23.10.1 Regras do regime fechado

O preso do regime fechado será encaminhado à penitenciária para que inicie o cumprimento de sua pena.

Formalmente, ninguém será recolhido para cumprimento de pena privativa de liberdade sem a guia expedida pela autoridade judiciária (art. 107 da LEP). Assim, após a condenação transitada em julgado, será determinada a expedição da guia de recolhimento para que seja executada a pena.

A guia de recolhimento, extraída pelo escrivão, que a rubricará em todas as folhas e a assinará com o juiz, será remetida à autoridade administrativa incumbida da execução e conterá: I – o nome do condenado; II – a sua qualificação civil e o número do registro geral no órgão oficial de identificação; III – o inteiro teor da denúncia e da sentença condenatória, bem como certidão do trânsito em julgado; IV – a informação sobre os antecedentes e o grau de instrução; V – a data da terminação da pena; e VI – outras peças do processo reputadas indispensáveis ao adequado tratamento penitenciário (art. 106 da LEP).

Ao iniciar o cumprimento da pena em regime fechado, o condenado será submetido a exame criminológico de classificação para individualização da execução. Como explica Luiz Régis Prado:

> Com o propósito de demarcar o início da execução científica das penas privativas da liberdade e da medida de segurança detentiva, além de buscar efetivar antiga norma geral do regime penitenciário, a classificação dos condenados, segundo preceitua a Exposição de Motivos da Lei de Execução Penal, é o desdobramento lógico do princípio da personalidade da pena, bem como exigência dogmática da sua proporcionalidade. Desse modo, conhecendo-se a personalidade do condenado e analisado o fato cometido, permite-se a realização de um tratamento penitenciário mais adequado.[556]

---

[556] PRADO, Luiz Régis. *Curso de Direito Penal brasileiro*: Parte geral e parte especial. 18. ed. Rio de Janeiro: Forense, 2020. p. 280.

Além disso, o condenado fica sujeito a trabalho no período diurno e a isolamento durante o repouso noturno. O trabalho será em comum dentro do estabelecimento, na conformidade das aptidões ou ocupações anteriores do condenado, desde que compatíveis com a execução da pena.

Permite-se, também, o trabalho externo, no regime fechado, em serviços ou obras públicas, o qual, segundo o art. 36 da LEP, será realizado em órgãos da administração direta ou indireta, ou entidades privadas, desde que tomadas as cautelas contra a fuga e em favor da disciplina. O limite máximo do número de presos será de 10% do total de empregados na obra. Caberá, ainda, ao órgão da administração, à entidade ou à empresa empreiteira a remuneração desse trabalho.

A prestação de trabalho a entidade privada depende do consentimento expresso do preso.

A prestação de trabalho externo dependerá de aptidão, disciplina e responsabilidade, além do cumprimento mínimo de 1/6 (um sexto) da pena. De outra banda, será revogada a autorização de trabalho externo ao preso que praticar fato definido como crime, for punido por falta grave, ou tiver comportamento contrário às normas do labor extramuros.

23.10.1.1 Estabelecimentos penais de segurança máxima

Segundo o artigo 3º da Lei nº 8.072/90, "a União manterá estabelecimentos penais, de segurança máxima, destinados ao cumprimento de penas impostas a condenados de alta periculosidade, cuja permanência em presídios estaduais ponha em risco a ordem ou incolumidade pública".

Inicialmente, é válido frisar que, em regra, a execução penal tanto de preso condenado pela justiça estadual quanto de preso condenado pela justiça federal é executada em presídio estadual. Assim, se o preso estiver recolhido em presídio estadual, a competência para a execução de sua pena é do juízo estadual. Contudo, se o preso estiver recolhido em presídio federal, a competência para a execução de sua pena é do juízo federal.

Nesse sentido, é a Súmula 192 do Superior Tribunal de Justiça, *verbis*:

> Compete ao juízo das execuções penais do estado a execução das penas impostas a sentenciados pela justiça federal, militar ou eleitoral, quando recolhidos a estabelecimentos sujeitos a administração estadual.

O artigo 3º determina a criação de presídios federais de segurança máxima, a fim de albergar presos de alta periculosidade, cuja permanência em presídios estaduais coloque em risco a ordem ou a incolumidade pública. Portanto, não são todos os presos que são encaminhados a esses estabelecimentos, somente aqueles que causem risco à ordem ou à incolumidade pública. Tais presos ficam sob a jurisdição do juízo federal competente. Pode-se citar como exemplo os presídios federais de Porto Velho/RO, Mossoró/RN, Campo Grande/MS e Catanduvas/PR.

O art. 2º, §8º, da Lei nº 12.850/13, incluído pela Lei nº 13.964/19, criou mais uma hipótese de remessa de preso aos estabelecimentos penais de segurança máxima, determinando que as lideranças de organizações criminosas armadas ou que tenham armas à disposição deverão iniciar o cumprimento da pena em estabelecimentos penais de segurança máxima.

Portanto, a norma é destinada aos líderes de organizações criminosas armadas ou que tenham armas à sua disposição e se refere somente ao início do cumprimento de suas penas nos presídios federais. Obviamente que, se durante a execução da pena, for verificado que se trata de preso de alta periculosidade, cuja permanência em presídios estaduais coloque em risco a ordem ou a incolumidade pública, nada obsta sua manutenção no estabelecimento federal.

Por fim, o Superior Tribunal de Justiça editou a Súmula 639, que dispõe que:

> Não fere o contraditório e o devido processo decisão que, sem ouvida prévia da defesa, determine transferência ou permanência de custodiado em estabelecimento penitenciário federal.

23.10.2 Regras do regime semiaberto

O preso do regime semiaberto irá cumprir sua pena em colônia agrícola, industrial ou similar (art. 91 da LEP).

Como requisito formal para o cumprimento de pena neste regime, tal qual o regime fechado, será necessária a expedição de guia de recolhimento.

Nos termos do art. 35 do Código Penal, aplica-se a norma do art. 34, *caput*, deste Código, ao condenado que inicie o cumprimento da pena em regime semiaberto. Vale dizer, ao iniciar o cumprimento da pena em regime semiaberto, o condenado será submetido a exame criminológico de classificação para a individualização da execução.

Neste regime, o condenado fica sujeito a trabalho em comum durante o período diurno, em colônia agrícola, industrial ou estabelecimento similar. O trabalho externo é admissível, bem como a frequência a cursos supletivos profissionalizantes, de instrução de segundo grau ou superior. A propósito, a Súmula 40 do STJ orienta que:

> Para obtenção dos benefícios de saída temporária e trabalho externo, considera-se o tempo de cumprimento da pena no regime fechado.

Guilherme Nucci faz o seguinte alerta sobre o estrangeiro:

> Lembremos ainda ser posição majoritária a inviabilidade de concessão do regime semiaberto a estrangeiro condenado no Brasil, desde que sofra processo de expulsão, devendo cumprir toda a sua pena no regime fechado para, depois, ser expulso. Em nossa visão, essa postura é equivocada. O estrangeiro deve gozar de todos os benefícios que os brasileiros, mormente em matéria penal. Por isso, não há sustentação legal válida para segurar o estrangeiro no regime fechado durante todo o cumprimento da sua pena.[557]

Por fim, há que se registrar que a Lei nº 6.001/73 determina no art. 58, parágrafo único, que, quanto aos índios, "as penas de reclusão e de detenção serão cumpridas, se possível, em regime especial de semiliberdade, no local de funcionamento do órgão

---

[557] NUCCI, Guilherme Souza. *Manual de Direito Penal*. 15. ed. 2019. p. 382.

federal de assistência aos índios mais próximo da habitação do condenado". Assim, em regra, o índio deverá cumprir pena em regime semiaberto.

23.10.3 Regras do regime aberto

O preso do regime aberto irá cumprir sua pena na casa do albergado (art. 93 da LEP).

Como requisito formal para o cumprimento de pena neste regime, assim como nos demais, será necessária a expedição de guia de recolhimento.

O regime aberto baseia-se na autodisciplina e no senso de responsabilidade do condenado. Assim, o condenado deverá, fora do estabelecimento e sem vigilância, trabalhar, frequentar curso ou exercer outra atividade autorizada, permanecendo recolhido durante o período noturno e nos dias de folga.

Aliás, somente poderá ingressar no regime aberto o condenado que estiver trabalhando ou comprovar a possibilidade de fazê-lo imediatamente, bem como apresentar, pelos seus antecedentes ou pelo resultado dos exames a que foi submetido, fundados indícios de que irá ajustar-se, com autodisciplina e senso de responsabilidade, ao novo regime (art. 114 da LEP).

O juiz ainda poderá estabelecer condições especiais para a concessão do regime aberto, sem prejuízo das seguintes condições gerais e obrigatórias: I – permanecer no local que for designado, durante o repouso e nos dias de folga; II – sair para o trabalho e retornar, nos horários fixados; III – não se ausentar da cidade onde reside, sem autorização judicial; e IV – comparecer a Juízo, para informar e justificar as suas atividades, quando for determinado.

Registre-se que não é possível a fixação de pena substitutiva como condição especial do regime aberto, isso porque o art. 44 do Código Penal é claro ao afirmar a natureza autônoma das penas restritivas de direitos que, por sua vez, visam a substituir a sanção corporal imposta àqueles condenados por infrações penais mais leves. Assim, diante do caráter substitutivo das sanções restritivas, vedada está sua cumulatividade com a pena privativa de liberdade.[558] Nesse sentido, o Superior Tribunal de Justiça editou a Súmula 493: "É inadmissível a fixação de pena substitutiva (art. 44 do CP) como condição especial ao regime aberto".

O juiz também poderá modificar as condições estabelecidas, de ofício, a requerimento do Ministério Público, da autoridade administrativa ou do condenado, desde que as circunstâncias assim o recomendem.

Frise-se que o ingresso do condenado em regime aberto pressupõe a aceitação de seu programa e das condições impostas pelo juiz.

O apenado que se encontrar em alguma das condições especiais previstas no artigo 117 da LEP (condenado maior de 70 anos, condenado acometido de doença grave, condenada com filho menor ou deficiente físico ou mental e condenada gestante), poderá ser dispensado do trabalho.

O condenado será transferido do regime aberto se praticar fato definido como crime doloso, se frustrar os fins da execução ou se, podendo, não pagar a multa cumulativamente aplicada.

---

[558] AgRg no REsp 1102543/PR, Rel. Ministro Og Fernandes, Sexta Turma, julgado em 15/03/2011, DJe 04/04/2011.

23.10.4 Regime especial

As mulheres devem cumprir pena em estabelecimento próprio, observando-se os deveres e direitos inerentes à sua condição pessoal.

Segundo o art. 3º, parágrafo único, da LEP, não haverá qualquer distinção de natureza racial, social, religiosa ou política. Contudo, é possível realização de distinção de natureza sexual e etária.

Trata-se, a propósito, de distinção realizada pela própria Constituição Federal em seu art. 5º, XLVIII: "a pena será cumprida em estabelecimentos distintos, de acordo com a natureza do delito, a idade e o sexo do apenado".

A Lei de Execuções Penais, em seu art. 82, §1º, aduz que:

> §1º A mulher e o maior de sessenta anos, separadamente, serão recolhidos a estabelecimento próprio e adequado à sua condição pessoal.

No mesmo sentido dispõe o art. 77, §2º, da LEP:

> §2º No estabelecimento para mulheres somente se permitirá o trabalho de pessoal do sexo feminino, salvo quando se tratar de pessoal técnico especializado.

Em relação às transexuais femininas, o Supremo Tribunal Federal, na medida cautelar na ADPF 527/DF, da lavra do Ministro Barroso, decidiu que é direito das transexuais femininas o cumprimento de pena em presídios femininos, de acordo com a sua identidade de gênero. A medida liminar não alcança as travestis, pois, segundo o ministro, ainda não há informações que permitam reconhecer, com segurança, à luz da Constituição Federal, qual é o tratamento adequado a ser conferido a este grupo. Vejamos:

> 3. Direito das transexuais femininas ao cumprimento de pena em presídios femininos, de acordo com a sua identidade de gênero. Incidência do direito à dignidade humana, à autonomia, à liberdade, à igualdade, à saúde, vedação à tortura e ao tratamento degradante e desumano (CF/1988, art. 1º, III; e art. 5º, *caput*, III). Normas internacionais e Princípios de Yogyakarta. Precedentes: ADI 4275, red. p/ acórdão Min. Edson Fachin; RE 670.422, Rel. Min. Dias Toffoli.

Aliás, segundo o art. 21 da Lei nº 13.869/19, constitui abuso de autoridade manter presos de ambos os sexos na mesma cela ou espaço de confinamento, com pena de detenção, de 1 a 4 anos, e multa.

23.10.5 Autorização de saída

A autorização de saída é gênero que se subdivide em duas espécies: 1. permissão de saída e; 2. saída temporária.

23.10.5.1 Permissão de saída

A permissão de saída encontra-se regulamentada nos arts. 120 e 121 da Lei de Execuções Penais:

Art. 120. Os condenados que cumprem pena em regime fechado ou semiaberto e os presos provisórios poderão obter permissão para sair do estabelecimento, mediante escolta, quando ocorrer um dos seguintes fatos:
I – falecimento ou doença grave do cônjuge, companheira, ascendente, descendente ou irmão;
II – necessidade de tratamento médico (parágrafo único do artigo 14).
Parágrafo único. A permissão de saída será concedida pelo diretor do estabelecimento onde se encontra o preso.
Art. 121. A permanência do preso fora do estabelecimento terá a duração necessária à finalidade da saída.

A permissão de saída é uma autorização concedida aos condenados que cumprem pena em regime fechado ou semiaberto e aos presos provisórios, mediante escolta, na hipótese de falecimento ou doença grave do cônjuge, companheira, ascendente, descendente ou irmão; ou de necessidade de tratamento médico (o que inclui o tratamento odontológico).

Essa permissão é concedida pelo diretor do estabelecimento prisional e tem a duração necessária à finalidade da saída. Norberto Avena leciona que:

> As permissões de saída estão regulamentadas nos arts. 120 e 121 da LEP, fundamentam-se em razões humanitárias e visam possibilitar saídas do estabelecimento prisional, mediante escolta (art. 120, *caput*, da LEP).[559]

Assim, as permissões de saída cuidam daquelas situações em que, por exemplo, o preso passa mal e necessita ir ao médico.

Se a permissão for negada injustificadamente pelo diretor do estabelecimento, poderá o juiz supri-la.

23.10.5.2 Saída temporária

A saída temporária é um benefício previsto no art. 122 da Lei de Execuções Penais para os condenados que cumprem pena em regime semiaberto, por intermédio do qual o juízo da execução penal os autoriza a sair do estabelecimento prisional temporariamente, sem vigilância direta de agentes estatais, com o intuito de visita a familiares, frequência em curso supletivo profissionalizante (de ensino médio ou superior), bem como para participar de outras atividades que ajudem no retorno do reeducando ao convívio social.

O Superior Tribunal de Justiça já decidiu que há compatibilidade entre a saída temporária e a prisão domiciliar por falta de estabelecimento adequado para o cumprimento de pena de reeducando que se encontre no regime semiaberto.[560]

Tal benefício também pode ser concedido aos presos provisórios (que ainda não possuem sentença com trânsito em julgado), desde que estejam cumprindo pena em regime semiaberto e preencham os requisitos previstos em lei.

---

[559] AVENA, Norberto. *Execução Penal*. 5. ed. São Paulo: Método, 2018. p. 281.
[560] STJ. 6ª Turma. HC 489.106/RS, Rel. Min. Nefi Cordeiro, julgado em 13/08/2019 – Info 655.

Para a fiscalização dos condenados no gozo do benefício, pode o juiz determinar a colocação de tornozeleira eletrônica, a fim de que sejam monitorados (art. 146-B, II, da LEP). O juiz ainda pode impor, entre outras, as seguintes condições: a) fornecimento do endereço onde reside a família a ser visitada ou onde poderá ser encontrado durante o gozo do benefício; b) recolhimento à residência visitada, no período noturno; e c) proibição de frequentar bares, casas noturnas e estabelecimentos congêneres.

Para que seja concedida a saída temporária, é necessário que o apenado preencha os requisitos descritos no art. 123 da Lei de Execuções Penais, quais sejam:

a) *Requisito subjetivo*: possuir comportamento adequado (art. 123, I), o qual é comprovado mediante certidão carcerária emitida pelo diretor do presídio.

b) *Requisito objetivo*: cumprimento de 1/6 da pena (se primário) ou 1/4 (se reincidente), bem como estar cumprindo pena em regime semiaberto.

Para aferição desse prazo, o Superior Tribunal de Justiça permite que seja utilizado o tempo que o apenado ficou preso em regime fechado. Vejamos a Súmula 40: "Para obtenção dos benefícios de saída temporária e trabalho externo, considera-se o tempo de cumprimento da pena no regime fechado".

A propósito, o Superior Tribunal de Justiça entende que, mesmo aos apenados que iniciem o cumprimento de pena em regime semiaberto, devem ser observados os limites objetivos previstos na LEP.

> RECURSO ORDINÁRIO EM *HABEAS CORPUS*. EXECUÇÃO PENAL. REGIME INICIAL SEMIABERTO. SAÍDA TEMPORÁRIA. REQUISITO OBJETIVO NÃO CUMPRIDO. NECESSIDADE DE CUMPRIMENTO DE 1/6 DA PENA. AUSÊNCIA DE ILEGALIDADE. RECURSO DESPROVIDO. 1. O art. 123 da Lei de Execução Penal exige, como requisito objetivo para a concessão do benefício da saída temporária, o cumprimento mínimo de 1/6 da pena, caso o reeducando seja primário, ou de 1/4, caso seja reincidente. Tal requisito deve ser observado mesmo nos casos de condenado em regime inicial semiaberto. Precedentes. 2. Recurso em *habeas corpus* desprovido (RHC 102.761/SC, Rel. Ministra Laurita Vaz, Sexta Turma, julgado em 04/10/2018, DJe 23/10/2018).

c) *Compatibilidade com os objetivos da pena*

Segundo o art. 124 da Lei de Execuções Penais, cada apenado possui o direito a 5 saídas temporárias por ano, cada uma com o prazo de 7 dias.[561] Excepciona-se tal regra na hipótese de saída temporária para estudo, hipótese em que o condenado poderá ficar afastado do estabelecimento prisional pelo prazo do curso que está fazendo (§2º Quando se tratar de frequência a curso profissionalizante, de instrução de ensino médio ou superior, o tempo de saída será o necessário para o cumprimento das atividades discentes).

Como visto, o apenado pode ter 5 saídas temporárias por ano, cada uma com duração de 7 dias, totalizando 35 dias anuais. Nesse prisma, o Superior Tribunal de Justiça entendeu que, respeitado o limite de 35 dias, é possível a concessão de mais de 5 saídas temporárias por ano. Vejamos:

---

[561] Art. 124. A autorização será concedida por prazo não superior a 7 (sete) dias, podendo ser renovada por mais 4 (quatro) vezes durante o ano.

DIREITO PROCESSUAL PENAL. POSSIBILIDADE DE CONCESSÃO DE MAIS DE CINCO SAÍDAS TEMPORÁRIAS POR ANO. RECURSO REPETITIVO. TEMA 445. Respeitado o limite anual de 35 dias, estabelecido pelo art. 124 da LEP, é cabível a concessão de maior número de autorizações de curta duração. Prevaleceu o entendimento consagrado pela Terceira Seção do STJ nos REsps 1.166.251/RJ (DJe 04/09/2012) e 1.176.264/RJ (DJe 03/09/2012), julgados sob o rito dos recursos repetitivos, de que é possível à autoridade judicial, atenta às peculiaridades da execução penal, conceder maior número de saídas temporárias (mais de 5 vezes durante o ano), de menor duração (inferior a 7 dias), desde que respeitado o limite de 35 dias no ano, porquanto o fracionamento do benefício é coerente com o processo reeducativo e com a reinserção gradativa do apenado ao convívio social. REsp 1.544.036/RJ, Rel. Min. Rogerio Schietti Cruz, Terceira Seção, julgado em 14/09/2016, DJe 19/09/2016.

Ainda no mesmo propósito, já foi autorizado pelo Superior Tribunal de Justiça que sejam estabelecidas saídas temporárias anuais programadas, ou seja, para a Corte da Cidadania, é recomendável que cada saída temporária seja analisada pelo juízo, em decisão motivada, com a oitiva do Ministério Público. Contudo, se em razão da deficiência exclusiva do Estado não for possível fazê-lo em tempo hábil, interferindo no direito subjetivo do apenado e no intuito ressocializador da pena, pode ser estabelecido calendário anual, de forma excepcional, por ato judicial único. Vejamos:

DIREITO PROCESSUAL PENAL. POSSIBILIDADE DE FIXAÇÃO DE CALENDÁRIO ANUAL DE SAÍDAS TEMPORÁRIAS POR ATO JUDICIAL ÚNICO. RECURSO REPETITIVO. TEMA 445. É recomendável que cada autorização de saída temporária do preso seja precedida de decisão judicial motivada. Entretanto, se a apreciação individual do pedido estiver, por deficiência exclusiva do aparato estatal, a interferir no direito subjetivo do apenado e no escopo ressocializador da pena, deve ser reconhecida, excepcionalmente, a possibilidade de fixação de calendário anual de saídas temporárias por ato judicial único, observadas as hipóteses de revogação automática do art. 125 da LEP (...) REsp 1.544.036/RJ, Rel. Min. Rogerio Schietti Cruz, Terceira Seção, julgado em 14/09/2016, DJe 19/09/2016.

O deferimento da saída temporária será realizado pelo juiz da execução, ouvido o Ministério Público e a autoridade penitenciária (art. 123). Frise-se, a teor da Súmula 520 do STJ, que "o benefício de saída temporária no âmbito da execução penal é ato jurisdicional insuscetível de delegação à autoridade administrativa do estabelecimento prisional".

d) *Não estar cumprindo pena por crime hediondo com resultado morte*

Não terá direito à saída temporária o condenado que estiver cumprindo pena pela prática de crime hediondo com resultado morte. Este requisito foi incluído pela Lei nº 13.964/19 (Lei Anticrime) no art. 122, §2º, da LEP (§2º Não terá direito à saída temporária a que se refere o *caput* deste artigo o condenado que cumpre pena por praticar crime hediondo com resultado morte).

No entanto, note que o legislador não incluiu na vedação os crimes equiparados a hediondos com resultado morte, mas somente os crimes hediondos. Assim, entende a doutrina que tal erro não pode ser corrigido pelo intérprete, sob pena de analogia *in malam partem*.

Para exemplificar a situação narrada: se o indivíduo praticou o crime latrocínio (ou homicídio qualificado), ele não terá direito a saída temporária, pois se trata de crime hediondo com resultado morte. Contudo, se estiver cumprindo pena pelo delito de tortura seguida de morte, poderá ter acesso ao benefício, uma vez que a lei não vedou o benefício para os delitos equiparados a hediondos com resultado morte.

Lembre-se que a inclusão deste novo requisito é uma *novatio legis in pejus*, motivo pelo qual não pode retroagir para prejudicar o réu. Por essa razão, somente estarão impedidos de ter acesso a esse benefício os indivíduos que praticaram crime depois da Lei nº 13.964/19, que entrou em vigor em 23/01/2020.

O benefício será automaticamente revogado quando o condenado praticar fato definido como crime doloso, for punido por falta grave, desatender as condições impostas na autorização ou revelar baixo grau de aproveitamento do curso.

Já a recuperação do direito à saída temporária dependerá da absolvição no processo penal, do cancelamento da punição disciplinar ou da demonstração do merecimento do condenado (art. 125, parágrafo único, da LEP).

23.11 Direitos e deveres do preso

O art. 38 do Código Penal dispõe que o preso conserva todos os direitos não atingidos pela perda da liberdade, impondo-se a todas as autoridades o respeito à sua integridade física e moral, o que é corroborado pelo art. 40 da Lei de Execuções Penais.

Ainda no mesmo propósito, o art. 5º, XLIX, da Constituição Federal, determina que é assegurado aos presos o respeito à integridade física e moral.

A Lei de Execuções Penais, no art. 41, elenca alguns direitos do preso:

Art. 41 - Constituem direitos do preso:
I – alimentação suficiente e vestuário;
II – atribuição de trabalho e sua remuneração;
III – Previdência Social;
IV – constituição de pecúlio;
V – proporcionalidade na distribuição do tempo para o trabalho, o descanso e a recreação;
VI – exercício das atividades profissionais, intelectuais, artísticas e desportivas anteriores, desde que compatíveis com a execução da pena;
VII – assistência material, à saúde, jurídica, educacional, social e religiosa;
VIII – proteção contra qualquer forma de sensacionalismo;
IX – entrevista pessoal e reservada com o advogado;
X – visita do cônjuge, da companheira, de parentes e amigos em dias determinados;
XI – chamamento nominal;
XII – igualdade de tratamento salvo quanto às exigências da individualização da pena;
XIII – audiência especial com o diretor do estabelecimento;
XIV – representação e petição a qualquer autoridade, em defesa de direito;
XV – contato com o mundo exterior por meio de correspondência escrita, da leitura e de outros meios de informação que não comprometam a moral e os bons costumes.
XVI – atestado de pena a cumprir, emitido anualmente, sob pena da responsabilidade da autoridade judiciária competente (Incluído pela Lei nº 10.713, de 2003).

Registre-se que a Lei de Execuções Penais traz exemplos de direitos que devem ser assegurados, podendo existir outros, conforme disposto em seu art. 3º:

> Art. 3º Ao condenado e ao internado serão assegurados todos os direitos não atingidos pela sentença ou pela lei.

Nesse prisma, pode-se indicar, por exemplo, a limitação do uso de algemas, determinado pela Súmula Vinculante 11 do Supremo Tribunal Federal:

> Só é lícito o uso de algemas em casos de resistência e de fundado receio de fuga ou de perigo à integridade física própria ou alheia, por parte do preso ou de terceiros, justificada a excepcionalidade por escrito, sob pena de responsabilidade disciplinar, civil e penal do agente ou da autoridade e de nulidade da prisão ou do ato processual a que se refere, sem prejuízo da responsabilidade civil do Estado.

Com o intuito de regulamentar o uso de algemas, nos termos do que dispõe o art. 199 da Lei de Execuções Penais,[562] foi expedido o Decreto nº 8.858, de 26 de setembro de 2016, o qual estabelece as seguintes diretrizes:

> I – o inciso III do *caput* do art. 1º e o inciso III do *caput* do art. 5º da Constituição, que dispõem sobre a proteção e a promoção da dignidade da pessoa humana e sobre a proibição de submissão ao tratamento desumano e degradante;
> II – a Resolução nº 2010/16, de 22 de julho de 2010, das Nações Unidas sobre o tratamento de mulheres presas e medidas não privativas de liberdade para mulheres infratoras (Regras de Bangkok); e
> III – o Pacto de San José da Costa Rica, que determina o tratamento humanitário dos presos e, em especial, das mulheres em condição de vulnerabilidade.

Assim, será permitido o emprego de algemas apenas em casos de resistência e de fundado receio de fuga ou de perigo à integridade física própria ou alheia, causado pelo preso ou por terceiros, justificada a sua excepcionalidade por escrito.

Demais disso, o art. 3º do referido decreto determina que é vedado o emprego de algemas em mulheres presas em qualquer unidade do sistema penitenciário nacional durante o trabalho de parto, no trajeto da parturiente entre a unidade prisional e a unidade hospitalar e após o parto, durante o período em que se encontrar hospitalizada. Tal vedação também foi incluída no art. 292, parágrafo único, do Código Processo Penal pela Lei nº 13.434/17.[563]

23.11.1 Suspensão dos direitos do preso

O art. 41, parágrafo único, da Lei de Execuções Penais, prevê que alguns direitos do preso podem ser suspensos ou restringidos por ato motivado do diretor do

---

[562] Art. 199. O emprego de algemas será disciplinado por decreto federal.
[563] É vedado o uso de algemas em mulheres grávidas durante os atos médico-hospitalares preparatórios para a realização do parto e durante o trabalho de parto, bem como em mulheres durante o período de puerpério imediato (Redação dada pela Lei nº 13.434, de 2017).

estabelecimento prisional, quais sejam: o trabalho, o direito de visita e a comunicação com o mundo exterior.

Em relação ao direito de visita, o Superior Tribunal de Justiça já decidiu que é ilegal a sanção administrativa que impede definitivamente o direito do preso de receber visitas.[564] Além disso, o mesmo tribunal estabeleceu que não cabe *habeas corpus* para discutir direito de visitas íntimas do apenado, pois, neste caso, o que se procura proteger é o direito à intimidade da pessoa humana, sua integridade física e moral, e não seu direito de ir e vir (locomoção):

> 1. O *habeas corpus* é o remédio constitucional voltado ao combate de constrangimento ilegal específico, de ato ou decisão que afete, potencial ou efetivamente, direito líquido e certo do cidadão, com reflexo direto em sua liberdade de locomoção.
> 2. <u>Dessa forma, não se presta o remédio constitucional do *habeas corpus* à discussão acerca do direito de visitas íntimas do apenado, pois, neste caso, o que se procura proteger é o direito à intimidade da pessoa humana, sua integridade física e moral, e não seu direito de ir e vir (locomoção)</u> (...) STJ. Quinta Turma, AgRg no HC 425.115/RN, Rel. Min. Reynaldo Soares da Fonseca, julgado em 15/03/2018.

Quanto à limitação ao direito de correspondência, o Supremo Tribunal Federal permite que:

> A administração penitenciária, com fundamento em razões de segurança pública, de disciplina prisional ou de preservação da ordem jurídica, pode, sempre excepcionalmente, e desde que respeitada a norma inscrita no art. 41, parágrafo único, da Lei nº 7.210/84, proceder a interceptação da correspondência remetida pelos sentenciados, eis que a cláusula tutelar da inviolabilidade do sigilo epistolar não pode constituir instrumento de salvaguarda de práticas ilícitas (...) (HC 70814, Relator Min. Celso de Mello, Primeira Turma, julgado em 01/03/1994, DJ 24/06/1994 PP-16649 Ement Vol-01750-02 PP-00317 RTJ VOL-00176-01 PP-01136)

23.11.2 Separação de presos (art. 300 do CPP e art. 84 da LEP)

Tanto o Código de Processo Penal (art. 300) quanto a Lei de Execuções Penais (art. 84) determinam que o preso provisório deverá ficar separado do condenado por sentença transitada em julgado. Essa exigência é garantida pelas regras mínimas da ONU (Regras de Mandela, preceito 11, *b*) e pelo Pacto de San Jose da Costa Rica (art. 5º, item 4º).

Com a entrada em vigor da Lei nº 13.167/15, que alterou a Lei de Execuções Penais, além da separação entre presos provisórios e presos definitivos, o legislador estabeleceu que, dentro da ala dos presos provisórios e da ala dos presos definitivos, houvesse outra separação, levando-se em consideração a natureza e a gravidade do crime praticado. Essa modificação tem o intuito de promover a ressocialização dos detentos, a fim de que presos de baixa periculosidade não "aprendam a arte do crime" com presos mais perigosos. Em outras palavras: não quer o legislador que o "ladrão de galinha" esteja no mesmo ambiente que o latrocida, para que com ele não aprenda novas práticas criminosas.

---

[564] STJ. 6ª Turma. RMS 48.818/SP, Rel. Min. Rogerio Schietti Cruz, julgado em 26/11/2019 – Info 661.

Dentre os critérios utilizados, o legislador houve por bem separar dos demais detentos os acusados pela prática de crimes hediondos ou equiparados. Assim, o artigo 84 da LEP orienta como deve ser realizada a separação dos presos:

Presos provisórios (art. 84, §1º, da LEP)	Presos definitivos (art. 84, §3º, da LEP)
I – acusados pela prática de crimes hediondos ou equiparados; II – acusados pela prática de crimes cometidos com violência ou grave ameaça à pessoa; III – acusados pela prática de outros crimes ou contravenções diversos dos apontados nos incisos I e II.	I – condenados pela prática de crimes hediondos ou equiparados; II – reincidentes condenados pela prática de crimes cometidos com violência ou grave ameaça à pessoa; III – primários condenados pela prática de crimes cometidos com violência ou grave ameaça à pessoa; IV – demais condenados pela prática de outros crimes ou contravenções em situação diversa das previstas nos incisos I, II e III.

Frise-se que o preso que tiver sua integridade física, moral ou psicológica ameaçada pela convivência com os demais presos, ficará segregado em local próprio. Já o preso que, ao tempo do fato, era funcionário da administração da justiça criminal, ficará em dependência separada.

23.11.3 Deveres do preso

Segundo o art. 38 da Lei de Execuções Penais, cabe ao condenado, além das obrigações legais inerentes ao seu estado, submeter-se às normas de execução da pena.

Conforme o art. 39 da Lei de Execuções Penais, o condenado possui os seguintes deveres:

> Art. 39. Constituem deveres do condenado:
> I – comportamento disciplinado e cumprimento fiel da sentença;
> II – obediência ao servidor e respeito a qualquer pessoa com quem deva relacionar-se;
> III – urbanidade e respeito no trato com os demais condenados;
> IV – conduta oposta aos movimentos individuais ou coletivos de fuga ou de subversão à ordem ou à disciplina;
> V – execução do trabalho, das tarefas e das ordens recebidas;
> VI – submissão à sanção disciplinar imposta;
> VII – indenização à vítima ou aos seus sucessores;
> VIII – indenização ao Estado, quando possível, das despesas realizadas com a sua manutenção, mediante desconto proporcional da remuneração do trabalho;
> IX – higiene pessoal e asseio da cela ou alojamento;
> X – conservação dos objetos de uso pessoal.
> Parágrafo único. Aplica-se ao preso provisório, no que couber, o disposto neste artigo.

É interessante ressaltar que o trabalho do preso, além de ser um direito, também se constitui em um dever (inciso V) e, a sua recusa injustificada, além de ensejar a perda do benefício, ainda se constitui em falta grave no curso da execução penal (art. 50, VI, e 51, III, da LEP). Sobre o tema, o Superior Tribunal de Justiça já se posicionou:

> O art. 50, inciso VI, da Lei de Execução Penal – LEP prevê a classificação de falta grave quando o apenado incorrer na inobservância do dever previsto no inciso V do art. 39 da mesma lei. Dessa forma, constitui falta disciplinar de natureza grave a recusa injustificada à execução do trabalho, tarefas e ordens recebidas no estabelecimento prisional. Ainda, determina o art. 31 da LEP a obrigatoriedade do trabalho ao apenado condenado à pena privativa de liberdade, na medida de suas aptidões e capacidades. – A pena de trabalho forçado, vedada constitucionalmente no art. 5º, inciso XLVIII, alínea *c*, da Constituição Federal, não se confunde com o dever de trabalho imposto ao apenado, consubstanciado no art. 39, inciso V, da LEP, ante o disposto no art. 6º, 3, da Convenção Americana de Direitos Humanos (...) *Habeas Corpus* 264.989/SP (2013/0042756-9).

O trabalho do preso será sempre remunerado, sendo-lhe garantidos os benefícios da Previdência Social (art. 39 do CP). O preso também possui o dever de indenizar a vítima ou seus sucessores (inciso VII), de modo que o produto de sua remuneração pelo trabalho prisional, dentre outros, deverá atender à indenização dos danos causados pelo crime (art. 29, §1º, *a*, da LEP).

O art. 146-C da LEP, que trata dos cuidados em relação ao equipamento de monitoração eletrônica, também impõe alguns deveres ao preso:

> Art. 146-C. O condenado será instruído acerca dos cuidados que deverá adotar com o equipamento eletrônico e dos seguintes deveres:
> I – receber visitas do servidor responsável pela monitoração eletrônica, responder aos seus contatos e cumprir suas orientações:
> II – abster-se de remover, de violar, de modificar, de danificar de qualquer forma o dispositivo de monitoração eletrônica ou de permitir que outrem o faça.

A violação comprovada dos deveres previstos neste artigo poderá acarretar, a critério do juiz da execução, ouvidos o Ministério Público e a defesa, a regressão do regime, a revogação da autorização de saída temporária e a revogação da prisão domiciliar. É possível também a aplicação da advertência, por escrito, para todos os casos em que o juiz da execução decidir por não aplicar alguma das medidas acima mencionadas.

O rol de deveres do preso é taxativo, ou seja, o juiz não pode impor dever que não esteja previsto em lei.

23.12 Remição de pena

Trata-se da possibilidade que o reeducando possui de reduzir o tempo de cumprimento de pena, pelo trabalho ou estudo, observando as regras do arts. 126 a 128 da LEP.

De acordo com o art. 126 da LEP, a remição pode se dar, portanto, tanto pelo trabalho quanto pelos estudos.

23.12.1 Remição pelo trabalho

O trabalho é um misto de direito e dever do preso que cumpre pena nos regimes fechado e semiaberto. Segundo a Súmula 562 do STJ:

> É possível a remição de parte do tempo de execução da pena quando o condenado, em regime fechado ou semiaberto, desempenha atividade laborativa, ainda que extramuros.

A Lei de Execuções Penais somente permite a remição pelo trabalho se o preso estiver no regime fechado ou semiaberto. Em relação aos presos do regime aberto, existem duas posições sobre o tema.

Para a primeira posição, prevalente, e com a qual concordamos, o trabalho é condição para que o apenado ingresse no regime aberto, motivo pelo qual não pode funcionar, também, como benefício para fins de remição de pena. Nesse sentido, o Supremo Tribunal Federal já decidiu que:

> *HABEAS CORPUS* IMPETRADO EM SUBSTITUIÇÃO A RECURSO ORDINÁRIO. 1. O condenado que estiver cumprindo pena privativa de liberdade em regime aberto não tem direito à remição da pena pelo trabalho, nos termos do art. 126 da Lei nº 7.210/1984. 2. Esse entendimento não foi alterado com a edição da Lei nº 12.433/2011. Precedentes. 3. *Habeas corpus* extinto sem resolução de mérito por inadequação da via processual. *HABEAS CORPUS* 114.591/RS.

A segunda posição,[565] minoritária, admite a remição pelo trabalho aos condenados do regime aberto. Fundamentam o entendimento na analogia *in bonam partem*. Para eles, como é permitida a remição de pena aos presos do regime aberto que estão estudando, e tendo o trabalho a mesma finalidade do estudo (que é a ressocialização do preso), não há razão para que não seja reconhecida a remição pelo labor. Ademais, tal qual o trabalho, o estudo também é uma condição alternativa para o ingresso no regime aberto. Desse modo, não reconhecer a remição feriria a razoabilidade.

A contagem do tempo de remição pelo trabalho se dá nos moldes do art. 126, §1º, II, da LEP, ou seja, a cada 3 dias trabalhados, o preso elimina um dia de pena.

A remição será concedida pelo juiz da execução, após ouvir o Ministério Público e a defesa (art. 126, §8º, da LEP).

23.12.2 Remição pelo estudo

A remição pelo estudo foi incluída na LEP pela Lei nº 12.433/11. Contudo, esta espécie de remição já era autorizada pela jurisprudência:

> Súmula 341 STJ: "A frequência a curso de ensino formal é causa de remição de parte do tempo de execução de pena sob regime fechado ou semiaberto".

---

[565] CUNHA, Rogério Sanches; PINTO, Ronaldo Batista. *Código de Processo Penal e Lei de Execução Penal*. Comentados por artigo. 4. ed. rev. e atual. Salvador: JusPodivm, 2020. p. 2.075-2.076.

Este benefício alcança os reeducandos que cumprem pena em regime fechado, semiaberto, aberto e livramento condicional (art. 126, §6º, da LEP).

A contagem do tempo da remição pelos estudos segue a regra do art. 126, §1º, I, da LEP, vale dizer, a cada 12 horas de frequência escolar, o preso elimina um dia de pena. No entanto, essas 12 horas devem ser divididas em, no mínimo, 3 dias.

A atividade de estudo pode ser desenvolvida em sistema presencial ou telepresencial (à distância), nos moldes do art. 126, §2º, da LEP. Ademais, a LEP permite o desempenho de atividades de ensino fundamental, médio, inclusive profissionalizante, superior, ou, ainda, de requalificação profissional.

No caso de conclusão do ensino fundamental, médio ou superior durante o cumprimento da pena, desde que certificada pelo órgão competente do sistema de educação, haverá um acréscimo de 1/3 (um terço) da remição.

Do mesmo modo, é possível a cumulação de remição pelo trabalho e pelo estudo, desde que, obviamente, as horas se compatibilizem (art. 126, 3º, da LEP).

O preso impossibilitado, por acidente, de prosseguir no trabalho ou nos estudos continuará a beneficiar-se com a remição (art. 126, §4º, da LEP). Registre-se, porém, que se o condenado provocar dolosamente o acidente, não será permitida a remição, configurando, na verdade, falta grave (art. 50, IV, da LEP).

23.12.3 Remição ficta

Considera-se remição ficta quando, mesmo o preso demonstrando interesse em trabalhar ou estudar, o estabelecimento prisional não oferece estas possibilidades. Assim, ante a inércia do Estado, o preso é beneficiado com os descontos da pena, ainda que não estude ou trabalhe efetivamente.

Os tribunais superiores, a nosso sentir de forma acertada, entendem que não é possível a remição ficta, exigindo-se do preso que, para que tenha acesso ao benefício, exerça efetivamente o trabalho ou estudos, não funcionando para tanto a mera intenção de fazê-los.

> Execução Penal. *Habeas corpus* originário. Remição ficta ou virtual da pena. Impossibilidade. Ausência de ilegalidade ou abuso de poder. 1. A remição da pena pelo trabalho configura importante instrumento de ressocialização do sentenciado. 2. A orientação jurisprudencial do Supremo Tribunal Federal é no sentido de que a remição da pena exige a efetiva realização de atividade laboral ou estudo por parte do reeducando. Precedentes. 3. Não caracteriza ilegalidade flagrante ou abuso de poder a decisão judicial que indefere a pretensão de se contar como remição por trabalho período em relação ao qual não houve trabalho. 4. *Habeas corpus* denegado (STJ HC 124.520/RO, j. 15/05/2018).

Rogério Greco se manifesta de forma contrária, explicando que:

> Caso o Estado, por intermédio de sua administração carcerária, não viabilize para que sejam cumpridas as determinações contidas na Lei de Execução Penal, poderá o juiz da execução, diante da inércia e incapacidade do Estado de administrar a coisa pública, conceder a remição aos condenados que não puderem trabalhar.[566]

---

[566] GRECO, Rogério. *Curso de Direito Penal*. Parte geral. Vol. I. 19. ed. Niterói: Impetus, 2017, p. 627.

23.12.4 Remição pela leitura

O Superior Tribunal de Justiça tem entendido que é possível a remição pela leitura:

> 3. O entendimento desta Corte está consolidado no sentido de admitir a remição da pena pela leitura nos termos da Portaria Conjunta nº 276/2012, do Departamento Penitenciário Nacional/MJ e do Conselho da Justiça Federal, bem como da Recomendação nº 44/2013 do Conselho Nacional de Justiça. Dos termos da Portaria Conjunta e da recomendação anteriormente citadas, verifica-se que a comissão deverá apresentar análise da resenha apresentada pelo reeducando, observando "os aspectos relacionados à compreensão e compatibilidade do texto com o livro trabalhado" e, posteriormente, encaminhar ao juízo da execução competente para que "este decida sobre o aproveitamento da leitura realizada" (...) HC 413.501/SP, Rel. Ministro Ribeiro Dantas, Quinta Turma, julgado em 26/06/2018, DJe 01/08/2018.

Na mesma senda, a Corte da Cidadania permite, também, que a remição pela leitura complemente outras formas de remição (por exemplo, estudo e trabalho), podendo, inclusive, se dar forma concomitante, desde que exista compatibilidade de horários (HC 353.689/SP).

O Conselho Nacional de Justiça editou a Recomendação 44/2013 incentivando a remição pela leitura, bem como fixando algumas diretrizes a serem observadas:

> V – estimular, no âmbito das unidades prisionais estaduais e federais, como forma de atividade complementar, a remição pela leitura, notadamente para apenados aos quais não sejam assegurados os direitos ao trabalho, educação e qualificação profissional, nos termos da Lei nº 7.210/84 (LEP – arts. 17, 28, 31, 36 e 41, incisos II, VI e VII), observando-se os seguintes aspectos:
> a) necessidade de constituição, por parte da autoridade penitenciária estadual ou federal, de projeto específico visando à remição pela leitura, atendendo a pressupostos de ordem objetiva e outros de ordem subjetiva;
> b) assegurar que a participação do preso se dê de forma voluntária, disponibilizando-se ao participante 1 (um) exemplar de obra literária, clássica, científica ou filosófica, dentre outras, de acordo com o acervo disponível na unidade, adquiridas pelo Poder Judiciário, pelo Depen, Secretarias Estaduais/Superintendências de Administração Penitenciária dos Estados ou outros órgãos de execução penal e doadas aos respectivos estabelecimentos prisionais;
> c) assegurar, o quanto possível, a participação no projeto de presos nacionais e estrangeiros submetidos à prisão cautelar;
> d) para que haja a efetivação dos projetos, garantir que nos acervos das bibliotecas existam, no mínimo, 20 (vinte) exemplares de cada obra a ser trabalhada no desenvolvimento de atividades;
> e) procurar estabelecer, como critério objetivo, que o preso terá o prazo de 21 (vinte e um) a 30 (trinta) dias para a leitura da obra, apresentando ao final do período resenha a respeito do assunto, possibilitando, segundo critério legal de avaliação, a remição de 4 (quatro) dias de sua pena e ao final de até 12 (doze) obras efetivamente lidas e avaliadas, a possibilidade de remir 48 (quarenta e oito) dias, no prazo de 12 (doze) meses, de acordo com a capacidade gerencial da unidade prisional;
> f) assegurar que a comissão organizadora do projeto analise, em prazo razoável, os trabalhos produzidos, observando aspectos relacionados à compreensão e compatibilidade do texto com o livro trabalhado. O resultado da avaliação deverá ser enviado, por ofício, ao Juiz de Execução Penal competente, a fim de que este decida sobre o aproveitamento

da leitura realizada, contabilizando-se 4 (quatro) dias de remição de pena para os que alcançarem os objetivos propostos;

g) cientificar, sempre que necessário, os integrantes da comissão referida na alínea anterior, nos termos do art. 130 da Lei nº 7.210/84, acerca da possibilidade de constituir crime a conduta de atestar falsamente pedido de remição de pena;

h) a remição deverá ser aferida e declarada pelo juízo da execução penal competente, ouvidos o Ministério Público e a defesa;

i) fazer com que o diretor do estabelecimento penal, estadual ou federal, encaminhe mensalmente ao juízo da execução cópia do registro de todos os presos participantes do projeto, com informações sobre o item de leitura de cada um deles, conforme indicado acima;

j) fornecer ao apenado a relação dos dias remidos por meio da leitura.

23.12.5 Outras hipóteses de remição

Segundo o Superior Tribunal de Justiça, o rol do art. 126 da LEP não é taxativo, permitindo a remição de pena com base em outras atividades que não estejam expressas no texto legal.

> Todo trabalho tem papel ressocializador, inclusive a jurisprudência tem flexibilizado o art. 126 da LEP para permitir a remição da pena pela leitura e pelo estudo por conta própria, não sendo razoável impedir o benefício por atividade laboral de artesanato promovida e reconhecida pela própria administração do estabelecimento prisional, ao argumento de ausência de comprovação da supervisão e do cumprimento de jornada (...) HC 534.258/RS, Rel. Ministra Laurita Vaz, Sexta Turma, julgado em 30/06/2020, DJe 04/08/2020.

Da mesma forma, já foi reconhecida a possibilidade de remição de pena pela participação em coral:

> A atividade musical realizada pelo reeducando profissionaliza, qualifica e capacita o réu, afastando-o do crime e reintegrando-o na sociedade. No mais, apesar de se encaixar perfeitamente à hipótese de estudo, vê-se, também, que a música já foi regulamentada como profissão pela Lei 3.857/60 (...) REsp 1.666.637/ES, j. 26/09/2017.

23.12.6 Perda dos dias remidos

Antes da Lei nº 12.433/11, a prática de falta grave ensejava a perda de todos os dias remidos. Contudo, depois da entrada em vigor desta lei, o cometimento de falta grave pelo preso, durante o cumprimento da pena, implica a perda de até 1/3 (um terço) do tempo remido, recomeçando a contagem a partir da data da infração disciplinar conforme dispõe o art. 127 do Código Penal. Portanto, trata-se de nova lei mais benéfica ao condenado, devendo ser aplicada de forma retroativa:

> II – O cometimento de falta grave durante a execução da pena poderá ensejar a perda dos dias remidos, nos termos do art. 127 da Lei de Execução Penal. A partir da Lei nº 12.433, de 29/6/2011, que alterou a redação do art. 127 da Lei de Execução Penal, a perda dos dias remidos ficou limitada à fração de 1/3 (um terço). III – Por tratar-se de norma penal mais benéfica, esta deve retroagir para alcançar decisão proferida em 19/12/2001, em observância ao art. 5º, inciso XL, da Constituição Federal (...) STJ HC 426.740/SP, j. 15/05/2018.

Deve-se registrar, contudo, que o limite de 1/3 (um terço) para a perda dos dias remidos diz respeito a cada falta grave cometida pelo apenado. Por exemplo, se ele praticar 3 faltas no curso da execução penal, para cada uma das infrações ele poderá perder até um 1/3 (um terço) dos dias remidos.

Não se trata, pois, de um limite total a ser considerado para todas as faltas graves cometidas. Por exemplo, imagine que o apenado tenha praticado a primeira falta grave e o juízo da execução tenha determinado a perda de 1/3 (um terço) dos dias remidos. Se este *quantum* for considerado como o limite total de perda dos dias remidos, caso o apenado pratique nova falta grave, não poderia ter nenhum desconto.

Frise-se que a decisão que declarar a perda dos dias remidos deve ser motivada, levando em conta a natureza, os motivos, as circunstâncias e as consequências do fato, bem como a pessoa do faltoso e seu tempo de prisão. Isso porque, como existe certa margem de discricionariedade conferida ao juiz no que diz respeito ao *quantum* da perda dos dias remidos (até 1/3), é necessário que a autoridade judicial justifique as razões da quantia descontada. Vejamos:

> 3. A partir da vigência da Lei nº 12.433/2011, que alterou a redação do art. 127 da Lei de Execução Penal, a penalidade consistente na perda de dias remidos pelo cometimento de falta grave passou a ter nova disciplina, não mais incidindo sobre a totalidade do tempo remido, mas apenas até o limite de 1/3 (um terço) desse montante, cabendo ao Juízo das Execuções, com certa margem de discricionariedade, aferir o *quantum*, levando em conta "a natureza, os motivos, as circunstâncias e as consequências do fato, bem como a pessoa do faltoso e seu tempo de prisão", consoante o disposto no art. 57 da Lei de Execução Penal.
> 4. Hipótese em que inexiste ofensa ao dever de fundamentação das decisões judiciais, pois o Juízo das Execuções Penais amparou a perda de 1/3 (um terço) dos dias remidos na gravidade concreta da conduta e nas circunstâncias fáticas (...) AgRg no HC 465.680/SP, j. 28/03/2019.

Demais disso, a decisão que reconhece a remição da pena, em virtude de dias trabalhados, não faz coisa julgada nem constitui direito adquirido, constituindo-se em mera expectativa de direito. Nesse sentido, já se manifestou o Superior Tribunal de Justiça:

> Não ofende o direito adquirido ou a coisa julgada. O instituto da remição, como prêmio concedido ao apenado em razão do tempo trabalhado, gera, tão-somente, expectativa de direito, sendo incabível cogitar-se de reconhecimento de coisa julgada material. A própria Lei de Execução Penal estabelece nos arts. 50 e 127 que as faltas disciplinares de natureza grave impõem a perda dos dias remidos. Aplicação da Súmula Vinculante nº 9 do Supremo Tribunal Federal (...) HC 282.265/RS, j. 22/04/2014.

23.12.7 Abrangência da remição

Aplica-se também o instituto da remição nas prisões cautelares (art. 126, §7º, da LEP). Além disso, o tempo de remição é considerado para todos os benefícios da execução penal (art. 128 da LEP).

23.13 Detração penal

Detração penal é instituto pelo qual se desconta, na pena privativa de liberdade e na medida de segurança, o tempo de prisão provisória, no Brasil ou no estrangeiro, o de prisão administrativa e o de internação (art. 42 do CP). Em outras palavras, o tempo que o indivíduo permaneceu preso antes do trânsito em julgado deverá ser abatido do tempo total da pena imposta.

Por exemplo, se o agente foi condenado a uma pena de 15 anos, sendo que permaneceu preso cautelarmente no curso da ação penal pelo prazo 2 anos, restará para cumprir somente 13 anos.

23.13.1 Detração e regime inicial de cumprimento de pena

O art. 66, III, *c*, da LEP, determina que compete ao juiz da execução decidir sobre a detração. Portanto, a princípio, a sede responsável pela realização do abatimento do tempo que o condenado permaneceu preso durante a ação penal seria a execução penal.

Contudo, o artigo 387, §2º, do Código de Processo Penal, incluído pela Lei nº 12.736/12, permite ao juiz sentenciante, por ocasião da prolação da sentença condenatória, realizar a detração do tempo que o acusado permaneceu preso, para fins de fixação de regime de cumprimento de pena.

> §2º O tempo de prisão provisória, de prisão administrativa ou de internação, no Brasil ou no estrangeiro, será computado para fins de determinação do regime inicial de pena privativa de liberdade (Incluído pela Lei nº 12.736, de 2012).

Assim, após a Lei nº 12.736/12, a matéria passou a ser afeta, também, ao juízo do conhecimento, por ocasião da prolação da sentença.

O grande questionamento, neste ponto, é como a detração penal deve ser feita para se encontrar o regime inicial de cumprimento de pena adequado, podendo-se verificar dois posicionamentos.

A primeira corrente ensina que o cálculo da detração deve ser realizado observando apenas o desconto matemático do tempo que o sentenciado permaneceu preso, sem levar em consideração outros aspectos da execução penal.

Por exemplo, imagine que o agente tenha sido condenado a 9 anos de pena em regime fechado, tendo permanecido preso durante 2 anos. Realizada a detração na sentença, restariam 7 anos de pena, a atrair a fixação de regime semiaberto.

Para a segunda corrente, o cálculo da detração deve ser realizado observando o patamar de progressão de regime para o crime pelo qual o sentenciado foi condenado.

Vamos usar o mesmo exemplo: imagine que o agente tenha sido condenado a 9 anos de pena em regime fechado, tendo permanecido preso durante 2 anos. Contudo, o crime pelo qual foi condenado autoriza a progressão de regime somente com cumprimento de 50% da pena. Realizada a detração na sentença, restariam 7 anos de pena. No entanto, não seria possível a fixação do regime semiaberto, uma vez que a progressão ao regime semiaberto somente poderá ocorrer após o cumprimento de 50% da pena, ou seja, depois de 4 anos e 6 meses.

A nosso sentir, a segunda posição é mais adequada, pois não burla o sistema progressivo e as frações de progressão estabelecidas pelo legislador para cada delito.

23.13.2 Detração e medida de segurança

É permitida a detração penal quando a sanção penal aplicada for medida de segurança. Contudo, a detração penal não terá o condão de descontar o tempo total da medida imposta, mas terá o efeito de descontar o tempo para a realização do exame de averiguação de periculosidade ao final do prazo mínimo.

Por exemplo, se foi imposta medida de segurança de internação pelo prazo de 3 anos e o sentenciado permaneceu preso por 1 ano, deve ser realizado o exame de cessação de periculosidade dentro de 2 anos (e não em 3).

23.13.3 Detração e penas restritivas de direitos

Admite-se a aplicação da detração penal às penas restritivas de direito de prestação de serviços à comunidade ou a entidades públicas, interdição temporária de direitos e limitação de final de semana, tendo em vista que o art. 55 do Código Penal afirma que terão a mesma duração da pena privativa de liberdade substituída.

Em relação à pena restritiva de prestação pecuniária, por ausência de previsão legal, não é possível a realização da detração. Nesse sentido é o posicionamento do Superior Tribunal de Justiça:

> RECURSO ESPECIAL. EXECUÇÃO PENAL. PRESTAÇÃO PECUNIÁRIA. DETRAÇÃO. AUSÊNCIA DE PREVISÃO LEGAL. RECURSO PROVIDO. 1. Esta Corte não admite a aplicação do instituto da detração penal à pena de prestação pecuniária, por ausência de previsão legal. Precedente. 2. Recurso Especial provido (Recurso Especial 1.853.916/PR – 2019/0375253-1).

23.13.4 Detração e penas restritivas de direito do art. 28 da Lei nº 11.343/06

A Lei nº 11.343/06, dentre as suas inovações, dispensou tratamento diferenciado ao usuário de drogas, a fim de distingui-lo do traficante de drogas e realçar o intuito de retirá-lo do vício. Entendeu-se, de forma simplória, que a situação do usuário de drogas não deve ser tratada como "caso de polícia", colocando-o na prisão (como era feito na Lei nº 6.368/76), mas sim como caso de saúde pública. Por essa razão, optou-se por não mais prever penas privativas de liberdade a este crime, impondo-se, de outra banda, medidas alternativas à prisão e de cunho educativo, consistentes em: I – advertência sobre os efeitos das drogas; II – prestação de serviços à comunidade; III – medida educativa de comparecimento a programa ou curso educativo.

Com essa nova regulamentação, o crime de porte de drogas para consumo pessoal (e também o de cultivo de drogas) não comporta qualquer tipo de prisão (inclusive em flagrante delito), ainda que o sujeito tenha descumprido a pena imposta pelo juiz em sentença transitada em julgado.

Em relação à detração penal nos casos de porte de drogas para consumo pessoal, Guilherme Nucci explica e exemplifica que:

> Há muitos casos em que o réu foi preso em flagrante, indiciado e processado como incurso no art. 33, tido por traficante, mas, ao final da instrução, o juiz desclassifica a infração penal para a figura do art. 28. Ficou detido por semanas ou meses e não há, em nosso

entendimento, qualquer cabimento para que cumpra as penas alternativas previstas para o usuário. Afinal, já enfrentou o pior, que é a segregação cautelar, em regime fechado, o que poderia servir de tempo detraído, caso fosse condenado a pena privativa de liberdade. Logo, por analogia *in bonam partem*, deve-se aplicar a detração no mesmo prisma, deixando de aplicar qualquer reprimenda em caso de desclassificação de tráfico para uso.[567]

23.13.5 Detração e suspensão condicional da pena

Não se admite detração penal para descontar o tempo do período de prova da suspensão condicional da pena. É possível a detração, no entanto, se houver revogação do *sursis*, pois, neste caso, remanesce a obrigatoriedade do cumprimento da pena privativa de liberdade.

Por exemplo, imagine que o réu tenha sido condenado a pena privativa de liberdade de 2 anos, a qual teve sua pena suspensa pelo período de 4 anos. No curso da ação penal, o agente permaneceu preso preventivamente por 6 meses. Esses 6 meses não podem ser abatidos do período de prova de 4 anos. Contudo, caso o *sursis* seja revogado, pode-se operar a detração penal da pena privativa de liberdade, remanescendo, portanto, 1 ano e 6 meses de pena.

23.13.6 Detração e pena de multa

Prevalece o entendimento de que não se admite a detração penal para a pena de multa, uma vez que se trata de dívida de valor que não pode ser convertida em prisão.

Além disso, o art. 42 do Código Penal não trata da pena de multa, mas somente das privativas de liberdade, da medida de segurança, do tempo de prisão provisória, no Brasil ou no estrangeiro, da prisão administrativa e da internação.

Guilherme Nucci, por sua vez, entende de forma diversa, afirmando que:

> Aplica-se, por analogia *in bonam partem*, no desconto da pena de multa o tempo de prisão provisória. Assim, quem foi preso preventivamente para, ao final, ser condenado apenas à pena pecuniária não terá nada a cumprir.[568]

23.13.7 Detração penal e prisão em outro processo

Admite-se a detração penal utilizando-se de prisão provisória decretada em outro processo, desde que em relação a crimes praticados anteriormente à custódia cautelar cujo lapso temporal se pretende descontar. Nesse sentido é o entendimento da jurisprudência:

> III – A jurisprudência pacífica desta Corte superior admite a detração do tempo de prisão processual ordenada em outro processo em que o sentenciado foi absolvido ou foi declarada a extinção da punibilidade, desde que em relação a crimes cometidos anteriormente à custódia cautelar cujo lapso temporal se pretende descontar (...) STJ. HC 391.101/DF (2017/0048937-3).

---

[567] NUCCI, Guilherme Souza. *Manual de Direito Penal*. 15. ed. 2019. p. 394.
[568] NUCCI, Guilherme Souza. *Manual de Direito Penal*. 15. ed. 2019. p. 392.

Por exemplo, imagine que o agente tenha cometido em 2015 um crime de estelionato (art. 171 do CP) e em 2016 o delito de roubo (art. 157 do CP). Pelo roubo, ele permaneceu preso preventivamente pelo prazo de 1 ano. No ano de 2017, o delito de roubo é julgado e o agente é absolvido (crime pelo qual ficou preso por 1 ano), porém, neste mesmo ano, ele é condenado pelo delito de estelionato a pena de 2 anos. Neste caso, é possível a detração penal, ou seja, será possível o desconto do período de 1 ano que ele permaneceu preso pelo roubo, tendo em vista que o crime de estelionato foi cometido anteriormente à custódia cautelar cujo lapso temporal se pretende descontar.

O que não se permite é que o condenado possua a chamada "conta corrente", ou seja, um "crédito prisional" com o Estado. Portanto, se a prática do crime for posterior à custódia cautelar cujo lapso temporal se pretende descontar, não será possível a detração penal.

23.13.8 Detração penal e medidas socioeducativas

Admite-se, por analogia, a detração penal para medidas socioeducativas. Nesse sentido já decidiu o Superior Tribunal de Justiça:

> Para efeito de detração, deve-se somar o período de internamento provisório, ao invés de diminuir, haja vista a medida socioeducativa ser fixada no limite máximo legal de 3 anos (...) AgRg no Agravo de Instrumento 442.435/DF (2002/0029553-9).

23.13.9 Detração e medidas cautelares diversas da prisão (art. 319 do CPP)

O artigo 42 do Código Penal dispõe que "computam-se, na pena privativa de liberdade e na medida de segurança, o tempo de prisão provisória, no Brasil ou no estrangeiro, o de prisão administrativa e o de internação em qualquer dos estabelecimentos referidos no artigo anterior". Portanto, o fundamento para o reconhecimento da detração penal é a prisão provisória (preventiva, temporária). Assim, as medidas cautelares diversas da prisão, por não se confundirem com prisão provisória, já que não são institutos correspondentes (não há encarceramento), não podem ser utilizadas para detração penal.

Todavia, para o Superior Tribunal de Justiça, a cautelar de prisão domiciliar (art. 319, V, do CPP) cumulada com monitoramento eletrônico (art. 319, IX, do CPP), por se assemelhar ao regime semiaberto, uma vez que restringe sobremaneira a liberdade de locomoção do indivíduo, deve ser considerada para fins de detração penal. Assim, o período em que o agente é obrigado a permanecer em sua residência pode ser utilizado para realizar o desconto da pena, devendo ser calculada observando-se a soma das horas de efetivo recolhimento. Nesse sentido, vejamos:

> Interpretar a legislação que regula a detração de forma que favoreça o sentenciado harmoniza-se com o Princípio da Humanidade, que impõe ao Juiz da Execução Penal a especial percepção da pessoa presa como sujeito de direitos. O óbice à detração do tempo de recolhimento noturno e aos finais de semana determinado com fundamento no art. 319 do Código de Processo Penal sujeita o apenado a excesso de execução, em razão da limitação objetiva à liberdade concretizada pela referida medida diversa do cárcere. Note-se que a

medida diversa da prisão que impede o acautelado de sair de casa após o anoitecer e em dias não úteis assemelha-se ao cumprimento de pena em regime prisional semiaberto. Se nesta última hipótese não se diverge que a restrição da liberdade decorre notadamente da circunstância de o agente ser obrigado a recolher-se, igual premissa deve permitir a detração do tempo de aplicação daquela limitação cautelar. *Ubi eadem ratio, ibi eadem legis dispositio*: onde existe a mesma razão fundamental, aplica-se a mesma regra jurídica. O Superior Tribunal de Justiça, nos casos em que há a configuração dos requisitos do art. 312 do Código de Processo Penal, admite que a condenação em regime semiaberto produza efeitos antes do trânsito em julgado da sentença (prisão preventiva compatibilizada com o regime carcerário do título prisional). Nessa perspectiva, mostra-se incoerente impedir que a medida cautelar que pressuponha a saída do paciente de casa apenas para laborar, e durante o dia, seja descontada da reprimenda. Essa conjuntura impõe o reconhecimento de que as hipóteses do art. 42 do Código Penal não consubstanciam rol taxativo. Desse modo, conclui-se que o período de recolhimento domiciliar, aplicado simultaneamente a monitoração eletrônica, para fiscalização de seu cumprimento, deve ser objeto de detração penal (HC 455.097/PR, j. 14/04/2021).

Com a máxima vênia, discordamos deste posicionamento. O regime semiaberto não se confunde com a prisão domiciliar com o emprego de monitoração eletrônica. Não há a mesma natureza jurídica entre os institutos. O que de fato ocorre é um verdadeiro "arranjo prático" realizado para suprir eventual ausência de estabelecimento prisional.

O apenado do regime semiaberto deve cumprir sua pena em colônia agrícola, industrial ou similar (art. 91 da LEP) e não em casa. A colocação do apenado em residência mediante o uso de tornozeleira é um "arranjo prático", mas não decorre das regras do regime. Portanto, a nosso sentir, não há correspondência entre regime semiaberto e a prisão domiciliar com monitoração eletrônica, de modo que não se deve operar a detração.

APLICAÇÃO DAS PENAS PRIVATIVAS DE LIBERDADE

24.1 Sistemas de individualização da pena

Existem 4 possíveis sistemas que podem ser adotados pelo legislador para a aplicação da pena:

1. *Sistema da pena estanque*

Para o sistema da pena estanque, a lei já determina previamente, de forma fixa, qual pena deve ser aplicada ao condenado, cabendo ao juiz apenas reconhecer se o indivíduo é culpado ou inocente e atribuir-lhe a reprimenda prevista na lei. O magistrado não tem poder para individualizar a pena de acordo com o caso concreto, vez que a própria lei já estabelece o *quantum* a ser aplicado ao delito.

Este formato de aplicação de pena não pode ser admitido no ordenamento jurídico brasileiro, sob pena de violação ao princípio da individualização da pena, como bem explica Cláudio Brandão:

> A Constituição Federal consagra o comando da individualização da pena (art. 5º, XLVI), por isso seria inconstitucional o tipo penal que estabelecesse penas fixas. Assim, a lei penal brasileira não poderia, por força da norma constitucional, instituir que ao tipo penal de homicídio ("matar alguém") seria cominada uma pena fixa de 15 (quinze) anos de reclusão, por exemplo. Registre-se que tal sistema já foi outrora acolhido pelo Código Penal francês, de 1791, e pelo Código Criminal do Império do Brasil, de 1830.[569]

2. *Sistema da pena indeterminada*

No sistema da pena indeterminada, a lei não estabelece qualquer parâmetro para aplicação da pena, cabendo exclusivamente ao juiz fixá-la.

Este método de aplicação da pena também não é admitido em nosso ordenamento jurídico, uma vez que, pelo princípio da anterioridade, não há pena sem prévia

---

[569] BRANDÃO, Cláudio. *Curso de Direito Penal*. Parte geral. 2. ed. Rio de Janeiro: Forense, 2010. p. 367.

cominação legal. Além disso, o art. 5º, XLVI, da Constituição Federal, determina que a lei regulará a individualização da pena, razão pela qual são necessários parâmetros legais para a fixação da reprimenda, não podendo ficar exclusivamente a cargo do magistrado sentenciante.

3. *Sistema da pena parcialmente indeterminada*

Neste sistema, a lei estabelece a pena máxima, deixando a critério do juiz a escolha da pena mínima. Esta forma de aplicação da pena é admitida no ordenamento jurídico brasileiro. Alguns delitos seguem essa forma de fixação da pena, a exemplo do crime do art. 309 do Código Eleitoral (votar ou tentar votar mais de uma vez, ou em lugar de outrem), que possui pena de reclusão de até 3 anos.

4. *Sistema da pena determinada*

Para o sistema da pena determinada, a lei estabelece as penas mínimas e máximas de cada crime, além de fixar os parâmetros para que o juiz a aplique diante do caso concreto.

Esse modelo de aplicação da pena é o adotado, como regra, em nosso ordenamento jurídico. Excepcionalmente, permite-se que o magistrado fixe a pena acima ou abaixo do mínimo legal, em razão do reconhecimento de causas de aumento ou diminuição de pena.

24.2 Fixação da pena no Código Penal

O artigo 68 do Código Penal adotou o sistema trifásico de fixação da pena (ou Sistema de Nelson Hungria), significando dizer que o magistrado, inicialmente, irá fixar a pena-base (levando-se em conta as circunstâncias judiciais previstas no artigo 59 do Código Penal); após, analisará as circunstâncias agravantes e atenuantes; e, por fim, verificará as causas de aumento ou diminuição de pena. Após a fixação da pena, o juiz irá estabelecer o regime e verificar a possibilidade de substituição da pena.

O juiz deverá observar essa ordem para a aplicação da pena, não podendo suplantar ou suprimir quaisquer das etapas.

Além disso, cada fase da dosimetria da pena exige fundamentação suficiente por parte do juiz, a fim de evitar nulidade da decisão ou, até mesmo, fixação da pena no mínimo legal. Sobre a necessidade de fundamentação, é pacífico o posicionamento do Supremo Tribunal Federal:

> 1. A dosimetria da pena exige do julgador uma cuidadosa ponderação dos efeitos ético-sociais da sanção penal e das garantias constitucionais, especialmente as garantias da individualização do castigo e da motivação das decisões judiciais. 2. No caso, o Tribunal de Justiça do Estado de Goiás redimensionou a pena imposta ao paciente, reduzindo-a para um patamar pouco acima do limite mínimo (quatro anos e oito meses de reclusão). O que fez em atenção à primariedade e aos bons antecedentes do paciente, à falta de restrições, à sua conduta social, bem como às consequências do delito. 3. Os fundamentos lançados pelo Juízo processante da causa para justificar a fixação da pena em patamar superior ao mínimo legal (culpabilidade, motivos e circunstâncias do crime) – afinal mantidos pelo TJ/GO e STJ – não atendem à garantia constitucional da individualização da pena, descrita no

inciso XLVI do artigo 5º da CF/88. Fundamentos, esses, que se amoldam muito mais aos elementos constitutivos do tipo incriminador em causa do que propriamente às circunstâncias judiciais do artigo 59 do Código Penal. Pelo que se trata de matéria imprestável para aumentar a pena-base imposta ao acusado. 4. Ordem concedida (HC 97509, Relator: Carlos Britto, Primeira Turma, julgado em 12/05/2009, DJe-181 Divulg 24/09/2009 Public 25/09/2009 Ement Vol-02375-03. PP-00960)

O critério trifásico está em consonância com o princípio da individualização da pena (art. 5º, XLVI, da CF), pois permite ao magistrado, diante do caso concreto, estipular a reprimenda necessária para reprovação e prevenção do delito.

24.3 Roteiro de aplicação da pena

O art. 59 do Código Penal traz um verdadeiro roteiro para a aplicação da pena, pormenorizando qual deve ser a conduta do juiz no momento da fixação da reprimenda.

> Art. 59 – O juiz, atendendo à culpabilidade, aos antecedentes, à conduta social, à personalidade do agente, aos motivos, às circunstâncias e consequências do crime, bem como ao comportamento da vítima, estabelecerá, conforme seja necessário e suficiente para reprovação e prevenção do crime:
> I – as penas aplicáveis dentre as cominadas;
> II – a quantidade de pena aplicável, dentro dos limites previstos;
> III – o regime inicial de cumprimento da pena privativa de liberdade;
> IV – a substituição da pena privativa da liberdade aplicada, por outra espécie de pena, se cabível.

Vejamos todas as fases da aplicação da pena.

24.4 Fixação da pena-base (1ª fase da aplicação da pena)

24.4.1 Considerações gerais

Na primeira fase da dosimetria da pena, o juiz fixará a pena-base com esteio nas circunstâncias judiciais previstas no art. 59 do Código Penal. Vale dizer, nesse momento, o juiz levará em conta os antecedentes, a conduta social, a personalidade do agente, os motivos, as circunstâncias e consequências do crime, bem como o comportamento da vítima.

Nesta etapa, as penas devem ser fixadas dentro dos limites legais, não podendo ficar nem abaixo do mínimo legal, nem acima do máximo legal. Por exemplo, se o crime possui pena de 1 a 4 anos, na primeira fase da aplicação da pena o juiz deve fixá-la dentro destes patamares.

Da mesma forma, o juiz deve fundamentar concretamente a exasperação da pena-base, indicando quais circunstâncias do art. 59 são favoráveis ou desfavoráveis ao réu, baseado nos elementos trazidos pelo caso concreto. Embora o juiz esteja vinculado aos parâmetros legais, o que, como visto, lhe exige fundamentação concreta de todas as circunstâncias, a fixação da pena-base é dotada de certa discricionariedade judicial (chamada de discricionariedade vinculada), cabendo ao magistrado eleger qual sanção melhor atenderá a prevenção e repressão do crime. Nesse sentido já decidiu o Superior Tribunal de Justiça:

> 1. A ponderação das circunstâncias judiciais do art. 59 do Código Penal não é uma operação aritmética, mas sim um exercício de discricionariedade vinculada, devendo o magistrado eleger a sanção que melhor servirá para a prevenção e repressão do fato-crime praticado (...) AgRg no *Habeas Corpus* 513.255/SP (2019/0158168-1). Rel. Min. Jorge Mussi. Julgamento: 05/03/2020.

Contudo, a lei não obriga o juiz a mencionar nominalmente cada uma das circunstâncias judiciais que ele avaliou para definir a pena, obrigando-o tão somente a fundamentar a exasperação de forma concreta, indicando as peculiaridades dos autos. Transcrevemos a decisão do Superior Tribunal de Justiça:

> 3. Todavia, não se pode perder de vista que a dicção legal não impõe ao julgador a obrigatoriedade de nomear as circunstâncias legais. O que é cogente na tarefa individualizadora da pena-base é indicar peculiaridades concretas dos autos, relacionadas às oito vetoriais do art. 59 do CP. Se a sentença mencionar várias condenações definitivas anteriores do réu para aumentar a sanção básica, sem dar título algum à circunstância, não haverá vício no *decisum* (...) STJ HC 501.144/SP (2019/0088301-3). Rel. Min. Rogério Schietti. Julgamento: 10/03/2020.

Com efeito, a jurisprudência tem se posicionado que, se não existirem circunstâncias judiciais desfavoráveis, a pena-base deve ser aplicada no mínimo legal.[570] Contudo, havendo uma (ou mais) circunstância(s) que seja(m) desfavorável(is) ao réu, a pena pode ser fixada acima do mínimo legal. Vejamos o entendimento o Superior Tribunal de Justiça:

> 1. Na esteira do entendimento firmado por esta Corte, "mostra-se devida a fixação da pena-base acima do mínimo legal quando demonstradas, de forma concreta, as razões pelas quais foram consideradas desfavoráveis à paciente as circunstâncias e as consequências do delito" (HC 190.933/SP, Relator Ministro Sebastião Reis Júnior, Sexta Turma, julgado em 07/02/2012, DJe 21/03/2012). 2. Ademais, tendo em vista a presença de circunstâncias judiciais desfavoráveis ao agravante, além da sua reincidência, ainda que a pena definitiva tenha sido fixada em *quantum* inferior a 4 anos de reclusão, autorizado está o recrudescimento do regime (...) AgRg no AREsp 1733441/RR, Rel. Ministro Antonio Saldanha Palheiro, Sexta Turma, julgado em 15/12/2020, DJe 18/12/2020.

Já para a fixação da pena no máximo legal "é imprescindível que se proceda à devida fundamentação, ou seja, que o *quantum* estabelecido obedeça ao princípio da razoabilidade e que esteja amparado em dados concretos e nas circunstâncias insertas no art. 59 do Código Penal" (STJ, 5ª Turma, HC 102.569).

Demais disso, deve-se lembrar que a lei não dispõe sobre o *quantum* de cada circunstância judicial, ficando a critério do juiz a valoração de cada uma delas, devendo existir, no entanto, proporcionalidade na avaliação de cada uma das 8 circunstâncias elencadas no art. 59 do Código Penal.

---

[570] AgRg no REsp 1879278/SP, Rel. Ministro Sebastião Reis Júnior, Sexta Turma, julgado em 15/12/2020, DJe 18/12/2020.

Doutrina e jurisprudência[571] têm trabalhado com dois critérios de aplicação do *quantum* de cada circunstância judicial, a depender do caso concreto.

O primeiro patamar sugerido é o de 1/8 (um oitavo) para cada circunstância judicial valorada de forma negativa. Vejamos:

> As consequências do crime consistem no conjunto de efeitos danosos provocados pelo crime. No caso em tela, essa circunstância mostrou-se de gravidade superior àquela esperada como decorrência da grave ameaça de um crime comum de roubo. Isso porque o crime em análise acarretou danos psicológicos à genitora da vítima, que inviabilizou até sua presença em juízo, e, especialmente, a seu filho, que desenvolveu, desde então, síndrome do pânico. <u>Destarte, malgrado o aumento padrão sugerido da pena-base seja de 1/8, o aumento na fração de 1/6 mostrou-se proporcional à gravidade da circunstância valorada</u>" (STJ. HC 401.764/SP, DJe 07/12/2017).

Contudo, mais recentemente, os tribunais superiores passaram a aplicar o *quantum* de 1/6 (um sexto) para cada circunstância judicial desfavorável.

> <u>O entendimento desta Corte firmou-se no sentido de que, na falta de razão especial para afastar esse parâmetro prudencial, a exasperação da pena-base, pela existência de circunstâncias judiciais negativas, deve obedecer à fração de 1/6, para cada circunstância judicial negativa</u>. O aumento de pena superior a esse *quantum*, para cada vetorial desfavorecida, deve apresentar fundamentação adequada e específica, a qual indique as razões concretas pelas quais a conduta do agente extrapolaria a gravidade inerente ao teor da circunstância judicial (AgRg no HC 460.900/SP, j. 23/10/2018).

Obviamente que tais parâmetros não são estanques, até mesmo porque a própria lei não fixa patamares mínimos e máximos, podendo o juiz, dentro da sua discricionariedade regrada, estabelecer aquilo que é justo para prevenção e repressão do crime. Assim, embora a doutrina e a jurisprudência sugiram tais critérios, é possível a utilização de padrões superiores, desde que exista fundamentação adequada e específica, a qual indique as razões concretas pelas quais a conduta do agente extrapolaria a gravidade inerente ao teor da circunstância judicial.

Ainda no mesmo propósito, as circunstâncias judiciais do art. 59 do Código Penal possuem natureza residual, ou seja, só serão levadas em consideração se não constituírem qualificadoras ou privilégios, causas de aumento ou diminuição de pena, agravantes ou atenuantes. Por exemplo, no crime de homicídio qualificado pelo motivo fútil, não será possível a valoração deste motivo nas circunstâncias judiciais, uma vez que deve ser considerada para qualificação do crime.

Repise-se que, na fixação da pena-base, as qualificadoras também devem ser levadas em consideração. Isso porque o crime qualificado traz novas balizas de penas mínimas e máximas.

Outra questão que sempre é discutida em doutrina diz respeito ao concurso de qualificadoras. Por exemplo, imagine que o indivíduo praticou um homicídio qualifi-

---

[571] 12. Não é demais lembrar que a doutrina e jurisprudência estabeleceram dois critérios de incremento por cada circunstância judicial valorada negativamente, sendo o primeiro de 1/6 da estipulada e outro de 1/8 a incidir sobre o intervalo de condenação previsto no preceito secundário do tipo penal incriminador (AgRg no AREsp 1652779/SP, Rel. Ministro Joel Ilan Paciornik, Quinta Turma, julgado em 22/09/2020, DJe 28/09/2020).

cado pelo motivo torpe e pelo emprego de veneno. Neste caso, existindo duas ou mais qualificadoras, questiona-se em qual momento da dosimetria da pena elas devem ser consideradas?

Para a primeira posição, que nos parece acertada, quando existir concurso de qualificadoras, uma delas será utilizada para qualificar o crime e as outras serão consideradas na segunda fase da aplicação da pena como circunstância agravante (obviamente, se houver previsão em lei). Se a circunstância não estiver prevista em lei como agravante, o juiz deve utilizá-la como circunstância judicial desfavorável. Nesse sentido é posicionamento do Superior Tribunal de Justiça:

> 5. Conforme orientação jurisprudencial desta Corte, havendo mais de uma circunstância qualificadora reconhecida no decreto condenatório, apenas uma deve formar o tipo qualificado, enquanto as outras devem ser consideradas circunstâncias agravantes, quando expressamente previstas como tais, ou circunstâncias judiciais desfavoráveis, de forma residual (...) HC 220.624/RS, Rel. Ministro Gurgel de Faria, Quinta Turma, julgado em 10/11/2015, DJe 26/11/2015.

Para a segunda posição, quando existir concurso de qualificadoras, aplica-se uma delas como qualificadora e as outras devem ser consideradas como circunstâncias judiciais desfavoráveis. As demais não serão utilizadas como circunstâncias agravantes, visto que as circunstâncias agravantes somente serão aplicadas caso não qualifiquem o crime, consoante dispõe o art. 61 do Código Penal.[572]

24.4.2 Circunstâncias judiciais

As circunstâncias judiciais do art. 59 do Código Penal também são chamadas de circunstâncias inominadas. Vejamos cada uma delas.

24.4.2.1 Culpabilidade

Culpabilidade é o juízo de reprovabilidade que recai sobre a conduta do agente. Vale dizer, determinadas condutas podem ser mais ou menos censuráveis a depender do modo como o agente praticou o delito.

Por exemplo, o agente pode praticar uma lesão corporal contra a vítima arranhando-a com as unhas. Contudo, a mesma agressão pode ser cometida com a utilização de um pedaço de madeira cheio de pregos. Trata-se do mesmo crime, porém, no segundo caso, a reprovabilidade da conduta do agente foi muito maior. Victor Eduardo Rios exemplifica a culpabilidade do art. 59 da seguinte maneira:

> Nos delitos de natureza culposa, por exemplo, merece pena mais elevada quem age com culpa gravíssima em relação àquele cuja conduta culposa é de menor intensidade.[573]

---

[572] Art. 61 – São circunstâncias que sempre agravam a pena, quando não constituem ou qualificam o crime:
[573] GONÇALVES, Victor Rios. *Curso de Direito Penal*: Parte especial (arts. 121 a 183), 1. ed. Saraiva, 10/2015. p. 292.

O Superior Tribunal de Justiça entende que a premeditação do crime evidencia maior culpabilidade do agente criminoso, autorizando a majoração da pena-base.[574]

> 3. A culpabilidade foi corretamente avaliada como desfavorável, isso porque a jurisprudência desta Corte é pacífica em afirmar que "a premeditação e o preparo do crime são fundamentos válidos a exasperar a pena-base, especialmente no que diz respeito à circunstância da culpabilidade (HC 413.372/MS, Ministra Maria Thereza de Assis Moura, Sexta Turma, DJe 15/2/2018) – (AgRg no AREsp 1.279.221/SC, Ministro Reynaldo Soares da Fonseca, Quinta Turma, DJe 15/8/2018)" (AgRg no REsp 1.753.304/PA, j. 16/10/2018).

Nesse cenário, não se pode confundir a culpabilidade do art. 59 do Código Penal com a culpabilidade integrante do conceito analítico de crime. A imputabilidade, a potencial consciência da ilicitude e a inexigibilidade de conduta diversa devem ser analisadas pelo juiz para verificar se há culpabilidade para fins da existência do crime. Por sua vez, a culpabilidade do art. 59 diz respeito ao juízo de censurabilidade da conduta do agente, funcionando como elemento de medição da pena.[575] Cézar Roberto Bitencourt explica que a culpabilidade do art. 59:

> Nessa acepção, a culpabilidade funciona não como fundamento da pena, mas como limite desta, impedindo que a pena seja imposta além da medida prevista pela própria ideia de culpabilidade, aliada, é claro, a outros critérios, como importância do bem jurídico, fins preventivos etc. Por isso, constitui rematado equívoco, frequentemente cometido no quotidiano forense, quando, na dosagem da pena, afirma-se que 'o agente agiu com culpabilidade, pois tinha a consciência da ilicitude do que fazia'. Ora, essa acepção de culpabilidade funciona como fundamento da pena, isto é, como característica negativa da conduta proibida, e já deve ter sido objeto de análise juntamente com a tipicidade e a antijuridicidade, concluindo-se pela condenação. Presume-se que esse juízo tenha sido positivo, caso contrário nem se teria chegado à condenação, onde a culpabilidade tem função limitadora da pena, e não fundamentadora.[576]

24.4.2.2 Antecedentes

São os fatos anteriormente praticados pelo indivíduo, que podem ser bons ou maus. Contudo, tais fatos devem estar relacionados com o Direito Penal, pois, caso não estejam, configuram outra circunstância judicial, qual seja, a conduta social.

É importante ressaltar que os maus antecedentes não se confundem com a reincidência.

Na reincidência, o agente pratica novo crime depois do trânsito em julgado de sentença penal condenatória. Os maus antecedentes são as condenações anteriores com trânsito em julgado que não sirvam para configurar a reincidência. Sobre a reincidência e os maus antecedentes, citamos a abalizada lição de Rogério Greco:

---

[574] Tese 10 – Jurisprudência em Teses do STJ – ed. nº 26.
[575] A culpabilidade normativa, que engloba a consciência da ilicitude e a exigibilidade de conduta diversa e que constitui elementar do tipo penal, não se confunde com a circunstância judicial da culpabilidade (art. 59 do CP), que diz respeito à demonstração do grau de reprovabilidade ou censurabilidade da conduta praticada (Tese 3 – Jurisprudência em Teses do STJ – ed. nº 26).
[576] BITENCOURT, Cezar Roberto. *Tratado de Direito Penal 1*. Parte geral. V. 1. 25. ed. São Paulo: Saraiva, 2019. p. 830.

Os antecedentes dizem respeito ao histórico criminal do agente que não se preste para efeitos de reincidência. Entendemos que, em virtude do princípio constitucional da presunção de inocência, somente as condenações anteriores com trânsito em julgado, que não sirvam para forjar a reincidência, é que poderão ser consideradas em prejuízo do sentenciado, fazendo com que sua pena-base comece a caminhar nos limites estabelecidos pela lei penal. Suponhamos que o sentenciado possua três condenações anteriores com trânsito em julgado e que o fato pelo qual está sendo condenado foi praticado antes do trânsito em julgado de qualquer ato decisório condenatório. Não poderá ser considerado reincidente, pois o art. 63 do Código Penal diz verificar-se a reincidência quando o agente comete novo crime, depois de transitada em julgado a sentença que, no País ou no estrangeiro, o tenha condenado por crime anterior. Nesse caso, as condenações anteriores servirão para atestar seus maus antecedentes.[577]

Nos termos da jurisprudência dos tribunais superiores, consideram-se maus antecedentes a condenação com trânsito em julgado que tenha ultrapassado o período de 5 anos da reincidência (período depurador). Isso porque o prazo de cinco anos do art. 64, I, do Código Penal, afasta os efeitos da reincidência, mas não impede o reconhecimento de maus antecedentes. Nesse sentido, o Supremo Tribunal Federal, acolhendo o sistema da perpetuidade (que é aquele que afirma que o decurso do tempo não elimina os maus antecedentes, ao contrário do que ocorre com a reincidência), decidiu, no bojo do RE 593.818/SC, com repercussão geral reconhecida (tema 150), que "não se aplica para o reconhecimento dos maus antecedentes o prazo quinquenal de prescrição da reincidência, previsto no art. 64, I, do Código Penal". Vejamos:

> 1. A jurisprudência do Supremo Tribunal Federal só considera maus antecedentes condenações penais transitadas em julgado que não configurem reincidência. Trata-se, portanto, de institutos distintos, com finalidade diversa na aplicação da pena criminal. 2. Por esse motivo, não se aplica aos maus antecedentes o prazo quinquenal de prescrição previsto para a reincidência (art. 64, I, do Código Penal). 3. Não se pode retirar do julgador a possibilidade de aferir, no caso concreto, informações sobre a vida pregressa do agente, para fins de fixação da pena-base em observância aos princípios constitucionais da isonomia e da individualização da pena.

No ponto, deve-se alertar que o registro decorrente da aceitação de transação penal pelo acusado não serve para o incremento da pena-base acima do mínimo legal em razão de maus antecedentes, tampouco para configurar a reincidência.[578]

A existência de maus antecedentes é comprovada pela certidão de antecedentes criminais. Nesse compasso, a Súmula 636 do Superior Tribunal de Justiça orienta que "a folha de antecedentes criminais é documento suficiente a comprovar os maus antecedentes e a reincidência".

De acordo com o princípio constitucional da presunção de inocência, ninguém será considerado culpado até o trânsito em julgado de sentença penal condenatória. Disso, conclui-se que somente as sentenças penais transitadas em julgado autorizam o reconhecimento dos maus antecedentes. Nesse sentido, o Superior Tribunal de Justiça

---

[577] GRECO, Rogério. *Curso de Direito Penal*. Parte geral. V. I. 17. ed. Niterói: Impetus, 2015, p. 633.
[578] Tese 9 – Jurisprudência em Teses do STJ – ed. nº 26.

editou a Súmula 444, que afirma que "é vedada a utilização de inquéritos policiais e ações penais em curso para agravar a pena-base".

Da mesma forma, atos infracionais não podem ser considerados para fins de maus antecedentes ou de reincidência, contudo, servem de fundamento para avaliar a personalidade/periculosidade do agente para fins de justificar a decretação ou manutenção da prisão preventiva (STJ, 5ª Turma, RHC 61015, julgamento 18/08/2016).

Registre-se que, a fim de evitar *bis in idem*, conforme dispõe a Súmula 241 do STJ "a reincidência penal não pode ser considerada como circunstância agravante e, simultaneamente, como circunstância judicial". Assim, a condenação que seja considerada reincidência deve ser reconhecida na segunda fase da aplicação da pena como circunstância agravante (art. 61, I, do CP). No entanto, se houver mais de uma condenação transitada em julgado, é possível que uma delas seja utilizada como circunstância agravante e a outra como maus antecedentes na primeira fase da dosimetria da pena, não havendo, neste caso, violação ao princípio do *ne bis in idem*.[579]

Por fim, frise-se que bons antecedentes é o contrário de maus antecedentes. Vale dizer, se o portador de maus antecedentes é aquele que possui condenações anteriores com trânsito em julgado que não sirvam para configurar a reincidência, o portador de bons antecedentes é aquele que não possui condenações anteriores com trânsito em julgado.

24.4.2.3 Conduta social

A conduta social deve ser entendida como o comportamento do indivíduo em sociedade, no seu lar, no trabalho, no ambiente de estudo, nos momentos de lazer etc. Realiza-se a análise do comportamento do sujeito com as demais pessoas com que convive.

O Superior Tribunal de Justiça orienta-se no sentido de que "o fato de o paciente ser usuário da droga apreendida não revela, por si só, negatividade do seu comportamento ou relacionamento no meio social em que vive a ensejar o aumento de pena procedido na primeira fase da dosimetria, a título de má conduta social".[580]

Nesse prisma, o fato de o réu não possuir residência fixa ou emprego fixo não são elementos hábeis para valorar de forma negativa a conduta social.[581]

Diga-se, ainda, que a conduta social não pode ser confundida com a reincidência ou os maus antecedentes. Nesse sentido, o Superior Tribunal de Justiça decidiu que:

> Eventuais condenações criminais do réu transitadas em julgado e não utilizadas para caracterizar a reincidência somente podem ser valoradas, na primeira fase da dosimetria, a título de antecedentes criminais, não se admitindo sua utilização também para desvalorar a personalidade ou a conduta social do agente. STJ. 3ª Seção. EAREsp 1.311.636-MS, Rel. Min. Reynaldo Soares da Fonseca, julgado em 10/04/2019 (Info 647).

---

[579] HC 268659/RS, Rel. Ministro Marco Aurélio Bellizze, Quinta Turma, julgado em 08/04/2014, DJe 23/04/2014.
[580] REsp 1509827/BA. 2015/0015943-9. Relator Ministro Rogerio Schietti Cruz. Julgamento 21/05/2015 Sexta Turma. Publicação: DJe 01/06/2015.
[581] (STJ 6ª T, HC 226.547, julgamento 02/12/2012) e (STJ 6ª T. REsp 1541722, julgamento 03/05/2016).

24.4.2.4 Personalidade

Segundo Fernando Capez, personalidade:

> É a índole do agente, seu perfil psicológico e moral. Seu conceito pertence mais ao campo da psicologia do que ao Direito, exigindo-se uma investigação dos antecedentes psíquicos e morais do agente, de eventuais traumas de infância e juventude, das influências do meio circundante, da capacidade para elaborar projetos para o futuro, do nível de irritabilidade e periculosidade, da maior ou menor sociabilidade, dos padrões éticos e morais, do grau de autocensura etc. A intensificação acentuada da violência, a brutalidade incomum, a ausência de sentimento humanitário, a frieza na execução do crime, a inexistência de arrependimento ou sensação de culpa são indicativos de má personalidade.[582]

Em que pese o ordenamento jurídico indicar que a personalidade deve ser analisada pelo juiz quando da fixação da pena, Rogério Greco leciona que o julgador não possui a capacidade técnica para a aferição dessa circunstância, motivo pelo qual não deve levá-la em consideração no momento da fixação da pena-base:

> Acreditamos que o julgador não possui capacidade técnica necessária para a aferição de personalidade do agente, incapaz de ser por ele avaliada sem uma análise detida e apropriada de toda a sua vida, a começar pela infância. Somente os profissionais de saúde (psicólogos, psiquiatras, terapeutas etc.), é que, talvez, tenham condições de avaliar essa circunstância judicial. Dessa forma, entendemos que o juiz não deverá levá-la em consideração no momento da fixação da pena-base.[583]

Embora exista essa discussão doutrinária, a jurisprudência tem analisado a referida circunstância para a fixação da pena-base, entendendo não existir óbice para sua valoração.

Demais disso, parte minoritária da doutrina entende que, para avaliar a personalidade do réu, é mister que seja realizado laudo pericial por profissional competente, uma vez que o juiz não tem condições de traçar a personalidade do agente. Contudo, a jurisprudência do Superior Tribunal de Justiça entende que para a valoração da personalidade do agente é dispensável a existência de laudo técnico confeccionado por especialistas nos ramos da psiquiatria ou da psicologia. Vejamos:

> Este Sodalício entende que, para se atestar a personalidade negativa do réu, o magistrado deve utilizar-se de elementos concretos inseridos nos autos, justificantes da exasperação da pena-base cominada, sendo prescindível a realização de laudo pericial para tal constatação (STJ. AgRg no REsp 1.406.058/RS, j. 19/04/2018).

Existe posicionamento minoritário na doutrina que se orienta no sentido de que essa circunstância viola o princípio da culpabilidade, uma vez que a pessoa não pode ser penalizada por sua personalidade, pois cada um a exerce da maneira que melhor entenda adequada. Contudo, a nosso sentir, assiste razão aos ensinamentos de Cláudio Brandão, que explica que:

---

[582] CAPEZ, Fernando. *Curso de Direito Penal*. V. 1. Parte geral (arts. 1º a 120). 11. ed. rev. e atual. São Paulo: Saraiva, 2007, p. 443-444.
[583] GRECO, Rogério. *Curso de Direito Penal*. Parte geral. V. I. 17. ed. Niterói: Impetus, 2015, p. 635.

A análise da personalidade do agente à luz da culpabilidade do ato não tem por objeto realizar um juízo de reprovação sobre a personalidade do agente, o que conduziria a um Direito Penal do autor, à semelhança do que se defendia na época nazista alemã. Ao contrário, trata-se de considerar, para efeito da reprovação da conduta, qual a influência da personalidade do autor na capacidade de autodeterminação do sujeito e no exercício de sua liberdade. Trata-se de avaliar em que medida seu caráter, seu temperamento, sua conformação intelectual conduziram-no ao ato criminoso. Tal análise poderá conduzir a uma maior ou menor reprovação do ato, tendo influxo determinante na fixação da pena.[584]

Por fim, à semelhança da conduta social, eventuais condenações criminais transitadas em julgado e não utilizadas para caracterizar a reincidência somente podem ser valoradas, na primeira fase da dosimetria, a título de antecedentes criminais, não se admitindo sua utilização também para desvalorar a personalidade.[585]

24.4.2.5 Motivos

São as causas ou as razões que impulsionam o indivíduo a praticar o crime. Essa circunstância judicial somente tem lugar na hipótese de os motivos não se constituírem em elementar do crime, qualificadoras ou privilegiadoras, atenuantes ou agravantes, causas de aumento e diminuição.

Se os motivos estiverem enquadrados em algumas das classificações referidas acima, não devem ser avaliadas na primeira fase. Por exemplo, se o homicídio foi praticado por motivo fútil, a futilidade não será valorada como circunstância judicial, tendo em vista que se constitui em qualificadora do homicídio.

Da mesma forma, se os motivos forem ínsitos/inerentes ao próprio tipo penal, também não podem ser valorados negativamente para fins de exasperação da pena-base. Por exemplo, nos crimes patrimoniais, o lucro fácil não é fundamento válido para o aumento da pena-base, pois é da natureza do próprio delito patrimonial.[586]

Rememore-se, por derradeiro, que o aumento da pena-base em virtude das circunstâncias judiciais desfavoráveis (art. 59 CP) depende de fundamentação concreta e específica que extrapole os elementos inerentes ao tipo penal.[587]

24.4.2.6 Circunstâncias

As circunstâncias relacionam-se ao tempo, lugar, modo de execução do crime, instrumentos utilizados, formas de abordagem, comportamento do acusado em relação às vítimas, tempo de duração da ação criminosa etc.

Os delitos podem ser praticados de formas variadas, dependendo da "criatividade" do indivíduo e, em algumas situações, extrapolam os limites do tipo penal. Por exemplo, o crime de roubo em que o agente ameaça a vítima em via pública e lhe subtrai em segundos o celular é completamente diferente do delito de roubo em que

---

[584] BRANDÃO, Cláudio. *Curso de Direito Penal*. Parte geral. 2. ed. Rio de Janeiro: Forense, 2010. p. 378-379.
[585] STJ. 3ª Seção. EAREsp 1.311.636/MS, Rel. Min. Reynaldo Soares da Fonseca, julgado em 10/04/2019 (Info 647).
[586] STJ, 5ª T, HC 339257, j 05/05/2016.
[587] Tese 15 – Jurisprudência em Teses do STJ – ed. nº 26.

o agente invade a casa da vítima armado, a tranca no banheiro por horas, enquanto arrecada seus bens. As circunstâncias são completamente distintas. No segundo caso, as circunstâncias do delito foram muito mais gravosas, motivo pelo qual merece uma pena muito maior.

É válido recordar que, caso as circunstâncias se constituam em qualificadoras ou privilegiadoras, atenuantes ou agravantes, causas de aumento ou diminuição, não devem ser avaliadas na primeira fase.

Da mesma maneira, a gravidade abstrata do delito não é fundamento idôneo para valorar negativamente as circunstâncias, pois já foi levada em conta pelo legislador para a fixação das penas mínimas e máximas.

24.4.2.7 Consequências do crime

São os danos causados pelo crime, em especial para a vítima e seus familiares. Contudo, não podem ser considerados como consequência do crime aqueles resultados que são próprios do tipo penal.

Exemplificativamente, no homicídio, não pode ser considerada consequência do crime a morte, pois ela é inerente ao tipo penal. Segundo o Superior Tribunal de Justiça, no crime de homicídio, é possível aumentar a pena-base se a vítima deixou filhos de tenra idade, porque, nesse caso, as consequências ultrapassaram os limites do tipo penal (HC 348871, j. 17/05/2016. 6ª T).

Nesse sentido, Fernando Capez ensina que:

> No caso do chamado crime exaurido, que é aquele onde, mesmo após a consumação, o agente perseverou na sua agressão ao bem jurídico, as consequências do crime atuam decisivamente para o aumento da pena.[588]

24.4.2.8 Comportamento da vítima

Trata-se de circunstância judicial que analisa o comportamento da vítima no sentido de provocar, estimular ou até mesmo facilitar a prática do crime. Nesse contexto, a depender do comportamento da vítima (vítimas que se previnem, vítimas provocadoras ou vítimas neutras), o delito possui maior ou menor censurabilidade.

De outra banda, o comportamento da vítima pode atrair outros institutos jurídico-penais, tais como causas privilegiadoras ou de diminuição de pena ou até mesmo justificar uma excludente de ilicitude ou de culpabilidade. Por exemplo, no caso de injusta agressão da vítima, haverá legítima defesa (art. 25 do Código Penal). Já no delito de homicídio, pode-se falar em violenta emoção logo após injusta provocação da vítima (art. 121, §1º, do Código Penal).

Discute-se na doutrina e jurisprudência se o comportamento da vítima, como circunstância judicial, pode ser valorado de forma positiva e negativa, ou seja, se pode funcionar tanto para exasperar quanto para abrandar a pena-base.

---

[588] CAPEZ, Fernando. *Curso de Direito Penal*. V. 1. Parte geral (arts. 1º a 120). 24. ed. rev. e atual. São Paulo: Saraiva, 2020, p. 604.

Tem prevalecido que o comportamento da vítima em contribuir ou não para a prática do delito não pode acarretar o aumento da pena-base, pois se trata circunstância judicial neutra e, por isso, não pode ser utilizada em prejuízo do réu. Esse é o entendimento do Superior Tribunal de Justiça:

> É assente o entendimento, nesta Corte Superior, de que o comportamento da vítima deve ser considerado neutro, se em nada contribuiu para o delito, não justificando o incremento da pena-base (AgRg no REsp 1.687.304/AL, j. 18/09/2018).

Divergindo deste posicionamento, entendemos que o comportamento da vítima pode ser valorado de forma positiva ou negativa, podendo, a depender do caso concreto, abrandar ou enrijecer a pena-base. Isso porque, da mesma forma que existem vítimas provocadoras que contribuem para a prática do crime, existem vítimas preventivas, que tomam todos os cuidados para que o delito não aconteça.

Cite-se como exemplo o cidadão que, para proteger seu patrimônio e sua família, constrói um muro alto, instala cerca elétrica e um sistema de câmeras, contrata seguranças para fazer ronda em sua residência e, além de tudo isso, possui cachorro bravio em seu quintal. Note que este cidadão está se precavendo da prática de crimes, mas, mesmo assim, o agente adentra em sua residência, mata seus filhos e lhe subtrai os bens.

A nosso sentir, não se pode desconsiderar os elementos do caso concreto e afirmar genericamente que o comportamento da vítima é sempre neutro. Assim, em nossa compreensão, como Delmanto,[589] tal circunstância pode ser avaliada de forma benéfica ou prejudicial ao réu, exasperando ou suavizando a sua reprimenda.

24.4.3 Circunstâncias judiciais na Lei de Drogas (Lei nº 11.343/06)

O artigo 42 da Lei de Drogas estabelece que "o juiz, na fixação das penas, considerará, com preponderância sobre o previsto no art. 59 do Código Penal, a natureza e a quantidade da substância ou do produto, a personalidade e a conduta social do agente".

A fixação da pena na Lei de Drogas segue o mesmo roteiro do Código Penal, observando-se, no entanto, a "preponderância sobre o previsto no art. 59 do Código Penal, a natureza e a quantidade da substância ou do produto, a personalidade e a conduta social do agente".

Em relação à *natureza e à quantidade da droga*, deve ser avaliado que determinadas substâncias possuem um poder de impacto mais contundente sobre o indivíduo. Assim, em relação à natureza da droga, mister se averiguar quão nociva ela é. Nesse sentido, mais grave é a conduta daquele que vende 100 pedras de *crack* do que daquele que vende 100 cigarros de maconha, tendo em vista que a primeira é demasiadamente mais devastadora que a segunda. Ademais, ordena o artigo 42 que seja observada a quantidade da droga. Ora, quanto maior a quantidade de substância proscrita, mais grave é a conduta. Aliás, a expressiva quantidade e a natureza extremamente lesiva da droga apreendida autorizam a fixação da pena-base acima do mínimo legal:

---

[589] DELMANTO, Celso. *Código Penal comentado*. São Paulo: Saraiva, 2010. p. 275.

É cabível a fixação da pena-base acima do mínimo legal em razão da expressiva quantidade e natureza extremamente lesiva da droga apreendida (na espécie, quase três quilos de cocaína), em conformidade com o estabelecido no artigo 42 da Lei nº 11.343/2006 e com a jurisprudência desta Corte.[590]

Além disso, o art. 42 determina que o juiz analise a *personalidade* e a *conduta social* do agente.

Dessa forma, considerando que essas circunstâncias devem preponderar sobre as circunstâncias do artigo 59, é possível que o agente seja primário e de bons antecedentes e, ainda assim, tenha a pena-base fixada acima do mínimo legal, como já decidiu o Superior Tribunal de Justiça, afirmando que "nos termos do art. 42 da Lei nº 11.343/06, na graduação da pena-base, a natureza e a quantidade da droga apreendida na posse do acusado, são preponderantes às circunstâncias judiciais previstas no art. 59, do Código Penal, não configurando ilegalidade seu arbitramento acima do mínimo legal, ainda que primário e com bons antecedentes".[591]

Contudo, vê-se que o artigo 42 da Lei de Drogas não afasta a aplicação do artigo 59, que pode ser aplicado subsidiariamente, a fim de auxiliar o magistrado na fixação da pena. Portanto, o juiz pode se socorrer, de forma supletiva, das circunstâncias judiciais, para estabelecer, conforme seja necessário e suficiente, a pena para reprovação e prevenção do crime.

Realizada a fixação da pena-base, o juiz prosseguirá normalmente para a segunda (agravantes e atenuantes) e a terceira fase (causas de aumento e diminuição da pena) da dosimetria da pena.

Em relação ao uso das circunstâncias do artigo 42 da Lei nº 11.343/06 na primeira e na terceira fase da dosimetria da pena, tanto o Supremo Tribunal Federal[592] quanto o Superior Tribunal de Justiça[593] já decidiram que a natureza e a quantidade da droga devem ser levadas em consideração em apenas uma dessas fases (ou na primeira ou na terceira), sob pena de *bis in idem*.

Pode-se questionar, ainda, se o grau de pureza da droga pode ser levado em consideração pelo magistrado para exasperar ou não a pena, alegando-se que a droga apreendida possui outros ingredientes que retiram a pureza e, portanto, interferem diretamente em sua potencialidade lesiva. Todavia, o grau de pureza da droga é irrelevante para fins de dosimetria da pena, tendo em vista que, segundo o artigo 42 da Lei de Drogas, preponderam apenas a natureza e a quantidade da droga apreendida.

Nesse norte, torna-se desnecessária a realização de laudo pericial para verificar a pureza da droga apreendida, com vistas a aferir a dimensão do perigo a que foi exposta a saúde pública, não havendo que se falar em nulidade na ausência do referido exame

---

[590] STJ – AgRg no REsp: 1417309/SP 2013/0372241-3, Relatora Ministra Maria Thereza de Assis Moura, Data de Julgamento: 11/11/2014, T6 – Sexta Turma, Data de Publicação: DJe 27/11/2014.

[591] AgRg no REsp 1196298/MT. 2010/0097275-5. Ministra Regina Helena Costa. Julgamento: 21/08/2014. Quinta Turma. DJe 29/08/2014.

[592] Recurso Extraordinário com Agravo (ARE) 666334 (repercussão geral).

[593] Esta colenda Sexta Turma, seguindo a jurisprudência do STF, possui o entendimento de que as circunstâncias relativas à natureza e à quantidade de drogas apreendidas só podem ser usadas, na dosimetria da pena, ou na primeira ou na terceira fase, sempre de forma não cumulativa, sob pena de ofensa ao princípio do *non bis in idem* (...) REsp 1509827/BA. 2015/0015943-9. Ministro Rogerio Schietti Cruz 21/05/2015. T6 – Sexta Turma. DJe 01/06/2015.

de constatação. O Supremo Tribunal Federal já se manifestou sobre o tema em decisão publicada no Informativo 818:

> *O grau de pureza da droga é irrelevante para fins de dosimetria da pena.* Essa a conclusão da Segunda Turma, que indeferiu a ordem em *habeas corpus* impetrado em favor de denunciado pela suposta prática do crime descrito no art. 33, *caput*, c/c o art. 40, I e III, todos da Lei 11.343/2006. <u>A defesa sustentava que deveria ser realizado laudo pericial a aferir a pureza da droga apreendida, para que fosse possível verificar a dimensão do perigo a que exposta a saúde pública, de modo que a reprimenda fosse proporcional à potencialidade lesiva da conduta. A Turma entendeu ser desnecessário determinar a pureza do entorpecente. De acordo com a lei, preponderam apenas a natureza e a quantidade da droga apreendida para o cálculo da dosimetria da pena.</u> HC 132909/SP, Rel. Min. Cármen Lúcia, 15/03/2016 (HC-132909).

24.5 Circunstâncias atenuantes e agravantes (2ª fase da aplicação da pena)

24.5.1 Considerações gerais

Após a fixação da reprimenda-base, a segunda fase da dosimetria da pena diz respeito à análise das circunstâncias atenuantes e agravantes.

Nesse contexto, deve-se rememorar o conceito de circunstâncias e elementares do crime.

As elementares são os dados principais, essenciais à existência do crime. Para se verificar se estamos ou não diante de uma elementar, basta suprimi-la. Se o crime continuar existindo, não se trata de elementar. Se o crime deixar de existir ou convolar-se em outro delito, trata-se de elementar do delito.

Por exemplo, no crime de furto (art. 155 do CP), podemos citar as seguintes elementares: 1. subtrair; 2. para si ou para outrem; e 3. coisa alheia móvel. Se houver a supressão de qualquer um desses dados, não existirá mais o delito de furto.

As circunstâncias, por sua vez, são os dados acessórios, dispensáveis para a completa configuração do tipo penal básico, embora possam interferir na fixação da pena. Nesse contexto, as agravantes e atenuantes, como circunstâncias que são, não interferem na existência do crime, mas sim na pena aplicada.

As agravantes e atenuantes encontram-se previstas nos arts. 61 a 66 Código Penal e somente serão aplicadas se não forem consideradas elementares, qualificadoras ou privilegiadoras, causas de aumento ou de diminuição de pena.

Com efeito, a lei é silente em relação ao *quantum* do agravamento ou atenuação de cada uma dessas circunstâncias, tendo os tribunais superiores entendido, com base no princípio da proporcionalidade, que se aplica a fração de até 1/6 (um sexto) da pena, visto que é a fração mínima para as causas de aumento ou diminuição. Vejamos julgado do Superior Tribunal de Justiça:

> PENAL E PROCESSUAL PENAL. AGRAVO REGIMENTAL NO *HABEAS CORPUS*. CRIME DE AMEAÇA. REINCIDÊNCIA. AUMENTO ACIMA DE 1/6. AUSÊNCIA DE FUNDAMENTO. IMPOSSIBILIDADE. ILEGALIDADE FLAGRANTE. PRECEDENTES DO STJ. AGRAVO IMPROVIDO (...) 2. Apesar de a lei penal não fixar parâmetro específico para o aumento na segunda fase da dosimetria da pena, o magistrado deve se pautar

pelo princípio da razoabilidade, não se podendo dar às circunstâncias agravantes maior expressão quantitativa que às próprias causas de aumentos, que variam de 1/6 (um sexto) a 2/3 (dois terços). Portanto, via de regra, deve se respeitar o limite de 1/6 (um sexto) (HC 282.593/RR, Rel. Ministro Marco Aurélio Bellizze, Quinta Turma, julgado em 07/08/2014, DJe 15/08/2014). 3. Hipótese em que pena foi elevada em 100%, na segunda fase, em face de circunstância agravante, sem fundamentação, o que não se admite, devendo, pois, ser reduzida a 1/6, nos termos da jurisprudência desta Corte. 4. Agravo regimental improvido (AgRg no HC 373.429/RJ, Rel. Ministro Nefi Cordeiro, Sexta Turma, julgado em 01/12/2016, DJe 13/12/2016).

É possível, ainda, que em situações específicas, seja realizada a exasperação em patamar superior a 1/6 (um sexto), desde que devidamente fundamentado.[594]

Nesta etapa do sistema trifásico, não é possível extrapolar os limites mínimos e máximos da pena, devendo a reprimenda permanecer dentro dos patamares estabelecidos abstratamente pelo legislador. Assim, a Súmula 231 do Superior do Tribunal de Justiça determina que "a incidência da circunstância atenuante não pode conduzir à redução da pena abaixo do mínimo legal". Este posicionamento baseia-se na segurança jurídica e no respeito à legislação vigente, uma vez que, caso se permitisse a atenuação ou o agravamento fora dos limites legais, haveria violação dos patamares previstos para cada crime sem autorização legal.

Há, contudo, doutrina minoritária defendendo a possibilidade de atenuação da pena em montante aquém do mínimo legal, sob os seguintes argumentos, explicados por Patrícia Vanzolini e Gustavo Junqueira:

> a) a compreensão literal da lei, que trata as atenuantes como circunstâncias que 'sempre atenuam a pena'. Ora, se a lei se vale da expressão sempre, significa que não admite exceção, e, assim, mesmo que a pena-base tenha sido fixada no mínimo, a atenuante teria que abrandar a sanção;
> b) a incidência da atenuante reconhecida é instrumento de maximização do princípio constitucional da individualização da pena, pois não se pode admitir que, fixada a pena-base no mínimo, as atenuantes, que diferenciam uma infração da outra e a tornam singular (individual), quedem ineficazes.[595]

Em posição intermediária, trabalhando como a chamada circunstância atenuante diferida, Alexandre Salim e Marcelo André de Azevedo[596] ensinam que:

> Em regra, a circunstância atenuante não pode conduzir à redução da pena abaixo do mínimo legal. Entretanto, diante da impossibilidade de sua incidência na segunda fase (ex.: pena-base fixada no mínimo e inexistência de agravantes), excepcionalmente incidirá

---

[594] Em decorrência, a jurisprudência desta Corte firmou-se no sentido de que a fração de 1/6, mínima prevista para as majorantes e minorantes, deve guiar o julgador no momento da dosimetria da pena, de modo que, em situações específicas, é permitido o aumento superior a 1/6, desde que haja fundamentação concreta. – Hipótese em que a fração de 1/3, utilizada para agravar a pena na segunda fase da dosimetria, lastreou-se no fato de pesarem contra o paciente duas outras condenações definitivas (fls. 61/71), fundamentação idônea e de acordo com o postulado da proporcionalidade. Precedentes (STJ. 5ª T, HC 291414, julgamento 22/09/2016).

[595] JUNQUEIRA, Gustavo; VANZOLINI, Patrícia. *Manual de Direito Penal*. Parte geral. 5. ed. Editora Saraiva, 2018. p. 632.

[596] SALIM, Alexandre; AZEVEDO, Marcelo André de. *Coleção Sinopses para concursos*. Direito Penal. Parte geral. 10. ed. Salvador: JusPodivm, 2020, p. 445-446.

após a análise da terceira fase, caso incida alguma causa de aumento, situação em que passamos a denominar de circunstância atenuante diferida.

E seguem os ilustres autores exemplificando:

> Para ilustrar, segue exemplo do crime de furto com as seguintes circunstâncias: praticado durante o repouso noturno (causa de aumento de 1/3); agente menor de 21 anos na data do fato; confissão espontânea; reparação do dano no curso da ação penal. No caso, existem três circunstâncias atenuantes e uma causa de aumento. Imaginemos que a pena-base seja fixada em 1 ano de reclusão (mínimo legal). Na segunda fase, diante da inexistência de agravantes, as três circunstâncias atenuantes não incidirão, uma vez que a pena-base foi fixada no mínimo. Na terceira fase, o juiz aumentará a pena em 1/3, de sorte que a pena passará para 1 ano e 4 meses. Em seguida, devem incidir as circunstâncias atenuantes (de forma diferida), tendo em vista que não puderam incidir anteriormente, mas respeitando o limite mínimo.

Registre-se que o rol das circunstâncias agravantes é taxativo, ou seja, não é possível a sua ampliação por intermédio de meios interpretativos.

Tem prevalecido na doutrina e na jurisprudência que as agravantes somente se aplicam aos crimes dolosos, exceto a reincidência, que pode ser aplicada também aos crimes culposos.

Há discussão sobre a possibilidade de aplicação das agravantes aos crimes preterdolosos. A nosso sentir, é perfeitamente compatível, uma vez que o crime preterdoloso é aquele em que há dolo na conduta inicial do agente, todavia, em razão de culpa, sobrevém resultado mais grave do que o desejado. Portanto, a conduta base do agente é dolosa.

Por exemplo, se Fulano desfere um soco em Sicrano, ferindo o seu nariz, ele cometerá o crime do art. 129, *caput*, do Código Penal. Neste caso, trata-se de crime doloso e, assim, é possível o reconhecimento das agravantes.

Se o mesmo Fulano desfere um soco em Sicrano, que se desequilibra e bate com a cabeça em uma pedra e morre, haverá o crime de lesão corporal seguida de morte (art. 129, §3º, do Código Penal). Neste exemplo, tal qual o anterior, a conduta base continua sendo dolosa. O que há de diferente é que o resultado produzido, mais grave do que o pretendido, se deu por culpa. O Superior Tribunal de Justiça já admitiu essa posição:

> 1. O crime preterdoloso não tem seu tipo fundamental doloso alterado pelo resultado qualificador culposo nada obstando, em consequência, a incidência inequívoca e obrigatória da agravante genérica do artigo 61, inciso II, alínea *c* do Código Penal, como é de regra nos crimes intencionais quando praticados à traição, de emboscada, ou mediante dissimulação, ou outro recurso que dificulte ou impossibilite a defesa da vítima (...) REsp 1.254.749 – Inf. 541.

As circunstâncias agravantes podem ser reconhecidas de ofício pelo juiz nos crimes de ação penal pública, ainda que o Ministério Público não tenha alegado ou mesmo que tenha pedido absolvição (art. 385 do CPP).

Deve-se ter atenção, entretanto, com as circunstâncias agravantes no plenário do Tribunal do Júri, pois, neste procedimento, dispõe o art. 492, I, *b*, do Código de Processo Penal, que somente poderão ser reconhecidas se alegadas pelas partes durante os debates orais. Vejamos a posição do Superior Tribunal de Justiça:

Consoante entendimento deste Superior Tribunal de Justiça, apesar de a Lei nº 11.689/2008 ter tornado desnecessária a quesitação das atenuantes e agravantes, em atendimento ao disposto no art. 492, I, *b*, do Código de Processo Penal, o Juiz Presidente do Tribunal do Júri fixará a pena do paciente considerando apenas as atenuantes e agravantes que tenham sido objeto de debate em plenário (...) HC 602.802/PR (2020/0194117-1).

24.5.2 Circunstâncias agravantes

De acordo com o art. 61 do Código Penal, são circunstâncias que sempre agravam a pena, quando não constituem ou qualificam o crime:

I – a reincidência; (Redação dada pela Lei nº 7.209, de 11/07/1984)
II – ter o agente cometido o crime: (Redação dada pela Lei nº 7.209, de 11/07/1984)
a) por motivo fútil ou torpe;
b) para facilitar ou assegurar a execução, a ocultação, a impunidade ou vantagem de outro crime;
c) à traição, de emboscada, ou mediante dissimulação, ou outro recurso que dificultou ou tornou impossível a defesa do ofendido;
d) com emprego de veneno, fogo, explosivo, tortura ou outro meio insidioso ou cruel, ou de que podia resultar perigo comum;
e) contra ascendente, descendente, irmão ou cônjuge;
f) com abuso de autoridade ou prevalecendo-se de relações domésticas, de coabitação ou de hospitalidade, ou com violência contra a mulher na forma da lei específica; (Redação dada pela Lei nº 11.340, de 2006)
g) com abuso de poder ou violação de dever inerente a cargo, ofício, ministério ou profissão;
h) contra criança, maior de 60 (sessenta) anos, enfermo ou mulher grávida; (Redação dada pela Lei nº 10.741, de 2003)
i) quando o ofendido estava sob a imediata proteção da autoridade;
j) em ocasião de incêndio, naufrágio, inundação ou qualquer calamidade pública, ou de desgraça particular do ofendido;
l) em estado de embriaguez preordenada.

Vamos estudar de forma pormenorizada cada uma delas.

24.5.2.1 Reincidência (art. 61, I, do CP)

Segundo o art. 63 do CP, haverá reincidência quando o agente comete novo crime, depois de transitar em julgado a sentença que, no País ou no estrangeiro, o tenha condenado por crime anterior.

Assim, a configuração da reincidência pressupõe o preenchimento de alguns requisitos.

Inicialmente, é necessário, no mínimo, a existência de dois crimes. O agente deve praticar o crime e ser condenado definitivamente (com sentença transitada em julgado), seja no Brasil ou no estrangeiro. O que se exige é a condenação transitada em julgado, não importando se a pena aplicada foi privativa de liberdade, restritiva de direitos ou multa.

Após o trânsito em julgado da primeira condenação, havendo a prática de novo crime, o agente será reincidente. Repise-se que é indispensável que o indivíduo pratique novo delito depois do trânsito em julgado da primeira condenação. Por exemplo, se o agente pratica o primeiro delito e, durante o curso da ação penal é colocado em liberdade, praticando novo crime enquanto responde ao primeiro processo, não há reincidência.

Demais disso, a Lei de Contravenções Penais também traz ponderações sobre a reincidência, motivo pelo qual é mister realizar a análise do art. 63 do Código Penal em conjunto com o art. 7º da Lei de Contravenções Penais, que dispõe que se verifica a reincidência quando o agente pratica uma contravenção depois de passar em julgado a sentença que o tenha condenado, no Brasil ou no estrangeiro, por qualquer crime, ou, no Brasil, por motivo de contravenção.

Da análise desses dois dispositivos, pode-se representar a reincidência no seguinte quadro:

1º momento (sentença transitada em julgado pela prática de:)	2º momento (Prática de novo:)	Consequências:
Crime (no Brasil ou exterior)	Crime	Reincidência (art. 63)
Crime (no Brasil ou exterior)	Contravenção	Reincidência (art. 7º)
Contravenção (no Brasil)	Contravenção	Reincidência (art. 7º)
Contravenção (no Brasil)	Crime	Não reincidente A lei não prevê essa possibilidade. Dessa forma, por ausência de previsão legal, não se pode falar em reincidência. Contudo, pode-se falar em maus antecedentes.
Contravenção (no estrangeiro)	Crime ou contravenção	Não reincidente A prática de contravenção penal no estrangeiro não interfere na reincidência no Brasil.

Nesse prisma, se em processo anterior foi imposta medida de segurança, não é possível o reconhecimento da reincidência na prática do segundo delito, tendo em vista que a medida de segurança decorre de sentença absolutória (imprópria) e não condenatória.

Da mesma forma, se houver a extinção da punibilidade do acusado em processo anterior ao trânsito em julgado da sentença penal condenatória, não é possível o reconhecimento da reincidência na prática do segundo delito. Contudo, se a extinção da punibilidade se der após o trânsito em julgado de sentença penal condenatória (ex.: indulto, prescrição da pretensão executória), como o título executivo foi devidamente instituído, se houver prática de novo delito, em regra, haverá reincidência.

Se as causas de extinção da punibilidade do delito anterior forem a anistia ou a *abolitio criminis*, não é possível o reconhecimento da reincidência se houver condenação por novo crime. Isso porque tais causas afetam diretamente a existência do crime antecedente, o qual é pressuposto para reincidência.

24.5.2.1.1 Crimes que não permitem a reincidência

Para os efeitos de reincidência, não se consideram os crimes militares próprios e políticos (art. 64, II, do CP).

Crimes militares próprios são aqueles descritos exclusivamente no Código Penal Militar, a exemplo da deserção e do motim. Já os crimes militares impróprios são aqueles que estão previstos tanto no Código Penal Militar quanto no Código Penal, a exemplo do homicídio.

Os crimes militares próprios não ensejam a reincidência, ou seja, se o indivíduo comete um delito desta natureza e depois comete um crime comum ou um crime militar impróprio, ele não será considerado reincidente. Contudo, nos termos do art. 71 do CPM,[597] se o agente pratica um crime militar próprio e, posteriormente, outro crime militar próprio, haverá reincidência.

Por sua vez, os crimes militares impróprios autorizam a reincidência, tendo em vista que não foram abarcados pelas disposições do art. 64, II, do Código Penal. Vejamos:

1º momento (sentença transitada em julgado pela prática de:)	2º momento (Prática de novo:)	Consequências:
Crime militar próprio	Crime comum	Não há reincidência (art. 64, II, do CP)
Crime militar próprio	Crime militar impróprio	Não há reincidência (art. 64, II, do CP)
Crime militar próprio	Crime militar próprio	Reincidência (art. 71 do CPM).

Já os crimes políticos, sejam próprios ou impróprios, não acarretam reincidência, tendo em vista que o art. 64, II, do CP, não fez distinção como nos crimes militares.

Ainda sobre os crimes que não geram reincidência, não se pode esquecer as discussões em relação às condenações pelo delito de porte de drogas para consumo pessoal (art. 28 da Lei nº 11.343/06). Durante muito tempo, os tribunais superiores entenderam que a condenação transitada em julgado pela prática do tipo penal inserto no art. 28 da Lei nº 11.343/06 gerava reincidência e maus antecedentes, sendo fundamento legal idôneo para majorar a pena. Contudo, alterou-se esta compreensão, fixando-se o seguinte posicionamento:

> Cabe ressaltar que as condenações anteriores por contravenções penais não são aptas a gerar reincidência, tendo em vista o que dispõe o artigo 63 do Código Penal, que apenas se refere a crimes anteriores. E, se as contravenções penais, puníveis com pena de prisão simples, não geram reincidência, mostra-se desproporcional o delito do artigo 28 da Lei nº 11.343/2006 configurar reincidência, tendo em vista que nem é punível com pena privativa de liberdade (...) HC 453.437/SP, j. 04/10/2018.

---

[597] Art. 71. Verifica-se a reincidência quando o agente comete novo crime, depois de transitar em julgado a sentença que, no país ou no estrangeiro, o tenha condenado por crime anterior.

24.5.2.1.2 Espécies de reincidência

A depender da perspectiva em que se observa o fenômeno da reincidência, é possível se verificar algumas classificações.

A primeira espécie de reincidência pode ser classificada em real ou presumida, em que se analisa a necessidade do cumprimento de pena do crime anterior.

A reincidência real, também conhecida como própria ou verdadeira, é aquela que o agente cumpre integralmente a pena do primeiro crime e, depois, pratica um novo delito.

Já a reincidência presumida, ficta, falsa ou imprópria é aquela em que o agente pratica outro crime, não interessando se já cumpriu ou não a pena do crime anterior.

Segundo o art. 63 do Código Penal, haverá reincidência quando o agente comete novo crime, depois de transitar em julgado a sentença que, no País ou no estrangeiro, o tenha condenado por crime anterior. Vale dizer, o Código Penal adotou a reincidência presumida.

De outra banda, a depender de quais crimes foram praticados pelo indivíduo, a reincidência pode ser genérica ou específica.

Entende-se por reincidência genérica aquela em que o agente pratica crimes que constam em tipos penais distintos. Por exemplo, o agente é condenado definitivamente por um roubo e, depois, pratica uma receptação.

Por sua vez, a reincidência específica é aquela em que o agente pratica crimes que constam no mesmo tipo penal. Por exemplo, o agente é condenado definitivamente por um delito de estupro e, posteriormente, comete novo crime de estupro.

Embora exista distinção conceitual entre reincidência genérica e específica, a legislação dispensa tratamento idêntico a elas.

No entanto, existem alguns casos pontuais em que a legislação penal traz consequências mais severas ao reincidente específico.

Por exemplo, a princípio, é possível a concessão do livramento condicional aos condenados por crimes hediondos, tortura, terrorismo e tráfico de drogas e de pessoas,[598] desde que cumpridos mais de 2/3 (dois terços) da pena e preenchidos os requisitos de natureza subjetiva.

Contudo, não será deferido o livramento condicional se o condenado for reincidente específico em crime hediondo ou assemelhado, conforme estabelece o artigo 83, V, do Código Penal:

> Art. 83 – O juiz poderá conceder livramento condicional ao condenado a pena privativa de liberdade igual ou superior a 2 (dois) anos, desde que: (Redação dada pela Lei nº 7.209, de 11/07/1984)
>
> V – cumpridos mais de dois terços da pena, nos casos de condenação por crime hediondo, prática de tortura, tráfico ilícito de entorpecentes e drogas afins, tráfico de pessoas e terrorismo, se o apenado não for reincidente específico em crimes dessa natureza (Incluído pela Lei nº 13.344, de 2016)

---

[598] Embora o delito de tráfico de pessoas não seja considerado hediondo ou equiparado, por não constar do rol previsto no artigo 1º da Lei nº 8.072/90, a Lei nº 13.344/16 estabeleceu que, para concessão do livramento condicional, é necessário o cumprimento de mais de 2/3 da pena, à semelhança do que ocorre com os crimes hediondos e equiparados.

No mesmo sentido, o art. 44, §3º, do Código Penal não permite a substituição de pena ao reincidente específico.[599]

Nessa tocada, segundo o artigo 28, §§3º e 4º, da Lei nº 11.343/06 (Lei de Drogas), a pena será aplicada pelo prazo máximo de até 5 meses, se o agente for primário, ou pelo prazo máximo de até 10 meses, se o sujeito for reincidente. Portanto, se o acusado for primário, o juiz pode fixar a pena de 1 dia até 5 meses. Se o acusado for reincidente, o juiz pode fixar a pena de 1 dia até 10 meses.

Como visto, o fato de o agente ser reincidente ou não interfere diretamente no prazo máximo da reprimenda (se 5 ou 10 meses). Assim, surgiu a discussão sobre a natureza da "reincidência" tratada no §4º (se específica ou genérica).

Para Alice Bianchini, Luiz Flávio Gomes, Rogério Sanches da Cunha e Willian Terra de Oliveira, a reincidência mencionada no §4º é a específica, ou seja, a reincidência no art. 28. Transcrevo:

> Reincidência específica do §4º: a reincidência referida neste §4.º só pode ser a específica, ou seja, reincidência no art. 28. O sujeito foi previamente condenado definitivamente pelo art. 28 (ou pelo antigo art. 16 da Lei 6.368/76), ou aceitou transação penal por esse fato, e depois vem a praticar alguma conduta contemplada no mesmo artigo 28 da nova Lei. Ou seja: trata-se de um 'usuário' reincidente. Para eles as penas do art. 28 serão aplicadas pelo prazo máximo de dez meses.
>
> Sintetizando: o usuário (quem tem posse de droga para consumo pessoal) quando surpreendido pela primeira vez (mesmo que condenado antes por outros crimes: roubo, furto etc.) cumprirá no máximo cinco meses de pena. Sendo reincidente específico nessa infração, sua sanção poderá chegar a dez meses.[600]

Respaldando esse entendimento, cita-se o enunciado 118 do Fonaje: "Somente a reincidência específica autoriza a exasperação da pena de que trata o parágrafo quarto do artigo 28 da Lei nº 11.343/2006 (XXIX Encontro – Bonito/MS)".

Em sentido contrário, Renato Brasileiro de Lima, com o qual concordamos, leciona que a reincidência mencionada no §4º não é a específica, tendo em vista que, quando o legislador tem a intenção de rotular a reincidência como específica, ele o faz expressamente, sendo vedado ao intérprete fazer uma interpretação restritiva. Vejamos:

> Sem embargo desse entendimento, na medida em que o §4° do art. 28 faz referência apenas à reincidência, sem fazer qualquer distinção explícita quanto à espécie – se genérica ou específica –, não é dado ao operador fazer uma interpretação restritiva. Afinal, quando a Lei faz menção à reincidência específica, sempre o faz de maneira expressa. A propósito, basta atentar para o quanto disposto no art. 83, inciso V, do CP, que se refere expressamente à reincidência específica em crimes de natureza hedionda e equiparada, ou ao art. 44, parágrafo único, da própria Lei de Drogas, que também faz uso da expressão reincidente específico. Portanto, diante do silêncio do art. 28, §4°, o ideal é concluir que a reincidência ali mencionada é genérica.[601]

---

[599] §3º As penas previstas nos incisos II e III do *caput* deste artigo serão aplicadas pelo prazo máximo de 5 (cinco) meses. §4º <u>Em caso de reincidência</u>, as penas previstas nos incisos II e III do *caput* deste artigo serão aplicadas pelo prazo máximo de 10 (dez) meses.

[600] BIANCHINI, Alice; GOMES, Luiz Flávio; CUNHA, Rogério Sanches da; OLIVEIRA, Willian Terra. *Legislação penal especial*. Coleção Ciências Criminais. V. 6. São Paulo: Revista dos Tribunais, 2009, p. 188.

[601] LIMA, Renato Brasileiro de. *Legislação criminal especial comentada*. 2. ed. rev., ampl. e atual. Salvador: JusPodivm, 2014, p. 704.

O Superior Tribunal de Justiça, ao analisar o tema, entendeu que a reincidência prevista no art. 28, §4º, da Lei nº 11.343/06 é a reincidência específica.

> Não obstante a existência de precedente em sentido diverso (AgRg no HC 497.852/RJ, Rel. Ministra Laurita Vaz, Sexta Turma, julgado em 11/06/2019, DJe 25/06/2019) – em que a reincidência genérica era pela prática dos delitos de roubo e de porte de arma –, em revisão de entendimento, embora não conste da letra da lei, forçoso concluir que a reincidência de que trata o §4º do art. 28 da Lei nº 11.343/2006 é a específica. Com efeito, a melhor exegese, segundo a interpretação topográfica, essencial à hermenêutica, é de que os parágrafos não são unidades autônomas, estando vinculadas ao *caput* do artigo a que se referem. Vale dizer, aquele que reincidir na prática do delito de posse de drogas para consumo pessoal ficará sujeito a penas mais severas – pelo prazo máximo de 10 meses –, não se aplicando, portanto, à hipótese vertente, a regra segundo a qual ao intérprete não cabe distinguir quando a norma não o fez. Desse modo, condenação anterior por crime de roubo não impede a aplicação das penas do art. 28, II e III, da Lei nº 11.343/2006, com a limitação de 5 meses de que dispõe o §3º do referido dispositivo legal (REsp 1.771.304/ES, j. 10/12/2019).

24.5.2.1.3 Prazo de validade para reincidência (período depurador)

O prazo de validade para fins de reincidência encontra-se previsto no art. 64, I, do Código Penal, que dispõe que não prevalece a condenação anterior, se entre a data do cumprimento ou extinção da pena e a prática da infração posterior tiver decorrido período de tempo superior a 5 anos, computado o período de prova da suspensão ou do livramento condicional, se não ocorrer revogação.

Em relação ao período de prova do *sursis* e do livramento condicional, Paulo César Busato orienta que:

> Se o sujeito for condenado com trânsito em julgado e tiver a execução de sua pena suspensa, o prazo da suspensão deverá ser somado ao prazo decorrido após a extinção do feito pelo cumprimento das condições da suspensão, a efeitos da contagem do período de cinco anos capaz de desqualificar a reincidência. Do mesmo modo, se parte da sentença foi cumprida em livramento condicional, esse período de livramento deve ser acrescido ao período de tempo após o cumprimento da pena, a efeitos de computar o prazo de exclusão da reincidência. Nos dois casos, se for revogado o benefício – livramento ou *sursis* –, o período deixa de ser computado.[602]

No contexto da reincidência, o Código Penal acolheu o chamado sistema da temporariedade, ou seja, ultrapassado o período de 5 anos do cumprimento ou extinção da pena, conhecido também como período depurador, o agente não sofre mais ou efeitos da reincidência.

Superado o período depurador de 5 anos, embora não possa mais ser reconhecida a reincidência, é possível a utilização da condenação como maus antecedentes na primeira fase da dosimetria da pena.

---

[602] BUSATO, Paulo César. *Direito Penal*. Parte geral. Vol. 1.5. ed. São Paulo: Atlas, 2020. p. 682.

Nos termos da jurisprudência do Superior Tribunal de Justiça, condenações pretéritas com trânsito em julgado, alcançadas pelo prazo depurador de 5 (cinco) anos previsto no art. 64, inciso I, do Código Penal, embora afastem os efeitos da reincidência, não impedem a configuração de maus antecedentes (AgRg no REsp 1.819.128/SP, Sexta Turma, j. 30/06/2020).

24.5.2.1.4 Natureza jurídica

Trata-se de circunstância agravante a ser aplicada na segunda fase da dosimetria da pena.

Além disso, possui natureza subjetiva ou pessoal, ou seja, diz respeito ao autor da infração e não ao fato criminoso. Sendo de natureza pessoal, não se comunica aos demais coautores ou partícipes do ilícito.

Como visto, a reincidência é uma circunstância agravante, a ser considerada na segunda fase da aplicação da pena. Todavia, a Lei nº 13.964/19 (Lei Anticrime), fez uma curiosa modificação na Lei nº 10.826/03 (Estatuto do Desarmamento), e incluiu no art. 20, II, considerando a reincidência específica em crimes relacionados com o manuseio de arma de fogo como causa de aumento de pena. Vale dizer, nesta hipótese, o juiz deve considerá-la na terceira fase da dosimetria da pena e não na segunda. Vejamos:

> Art. 20. Nos crimes previstos nos arts. 14, 15, 16, 17 e 18, a pena é aumentada da metade se: (Redação dada pela Lei nº 13.964, de 2019)
> II – o agente for reincidente específico em crimes dessa natureza. (Incluído pela Lei nº 13.964, de 2019)

24.5.2.1.5 Comprovação da reincidência

De acordo com a Súmula 636 do Superior Tribunal de Justiça, "a folha de antecedentes criminais é documento suficiente a comprovar os maus antecedentes e a reincidência".

24.5.2.1.6 Outras consequências da reincidência

A reincidência traz outros reflexos jurídicos, além do agravamento da pena:
1. permite a fixação de regime inicial de cumprimento de pena mais gravoso (fechado – art. 33, §2º do CP ou semiaberto – Súmula 269 do STJ);
2. impede a substituição da pena (art. 44, II, do CP);
3. o reincidente em crime doloso não tem direito à suspensão condicional da pena (art. 77, I), salvo se condenado apenas a pena de multa (§1º do art. 77);
4. impede a concessão da transação penal (arts. 76, §2º, I, da Lei nº 9.099/95), da suspensão condicional do processo (art. 89, *caput*, da Lei nº 9.099/95) e do acordo de não-persecução penal (art. 28-A do Código de Processo Penal)
5. interfere no livramento condicional, tanto no requisito objetivo, quanto na possibilidade de concessão (ex.: reincidente específico em crime hediondo ou equiparado) (art. 83 e art. 112 da LEP);
6. interfere no requisito objetivo para progressão de regime (art. 112 da LEP);
7. é causa de interrupção da prescrição executória (art. 117, VI, do CP);
8. aumenta em 1/3 (um terço) o prazo da prescrição executória (art. 110)

Note que, de acordo com a Súmula 220 Superior Tribunal de Justiça, "a reincidência não influi no prazo da prescrição da pretensão punitiva".

24.5.2.2 Ter o agente cometido o crime (art. 61, II, do CP)

24.5.2.2.1 Por motivo fútil ou torpe (alínea *a*)

Motivo fútil é aquele banal, irrisório, ínfimo, sem importância, pequeno, desproporcional, insignificante. Por exemplo, o agente agride a vítima porque ela trocou o canal da televisão.

Existe discussão acerca de a ausência de motivo configurar ou não a futilidade. Para a primeira posição, se o motivo fútil agrava o crime, com muito mais razão a ausência de motivo também deveria agravá-lo. Para a segunda posição, a ausência de motivo não deve ser equiparada ao motivo fútil, sob pena de configuração de analogia *in malam partem*.

O Superior Tribunal de Justiça, analisando a qualificadora do motivo fútil em relação ao crime de homicídio, entendeu que o "motivo fútil não se confunde com ausência de motivos, de tal sorte que se o crime for praticado sem nenhuma razão, o agente somente pode ser denunciado por homicídio simples". (HC 152.548/MG)

Por sua vez, entende-se por motivo torpe aquele vil, ignóbil, asqueroso, repugnante. Por exemplo, o marido que agride sua esposa porque ela não quis manter relação sexual com ele.

Não é possível que o motivo seja fútil e torpe ao mesmo tempo. Havendo o reconhecimento de uma dessas agravantes, a outra é de pronto afastada.

24.5.2.2.2 Para facilitar ou assegurar a execução, a ocultação, a impunidade ou vantagem de outro crime (alínea *b*)

A primeira hipótese de agravamento é chamada de conexão teleológica, ou seja, o sujeito pratica o primeiro crime para assegurar a execução do segundo delito. Por exemplo, o agente agride o segurança, deixando-o desacordado, para sequestrar a vítima.

O móvel desta agravante não é a ocorrência do crime futuro, mas sim a finalidade que levou o agente a praticá-lo. Portanto, não é obrigatório que o agente realmente assegure a execução de outro delito, basta que tenha a intenção de fazê-lo.

Havendo a prática dos dois delitos, o agente deve responder por ambos, em concurso material.

Com base no princípio da taxatividade e na vedação da analogia *in malam partem*, tem prevalecido o entendimento de que não tem cabimento a agravante quando o indivíduo busca assegurar a execução de uma contravenção penal, pois o dispositivo legal fala apenas em crime.

A segunda hipótese de agravamento é a conexão consequencial que ocorre quando o agente pratica o primeiro crime para assegurar a vantagem, a impunidade ou a ocultação de outro crime. Na conexão consequencial, o delito já foi praticado e, então, se pratica novo crime para que o primeiro não seja descoberto.

24.5.2.2.3 À traição, de emboscada, ou mediante dissimulação, ou outro recurso que dificultou ou tornou impossível a defesa do ofendido (alínea c)

O art. 61, I, c, do Código Penal, elenca um rol de agravantes que dizem respeito ao modo de execução do crime.

Traição é o ataque sorrateiro contra a vítima, valendo-se de uma especial confiança que esta deposita em seu algoz. César Roberto Bitencourt ensina que "não se configura a traição se a vítima pressente a intenção do agente, pois essa percepção pela vítima elimina a insídia, o fator surpresa ou a dificuldade de defesa, pelo menos em tese. Não se configura igualmente se houver tempo para a vítima fugir".[603]

Emboscada é a tocaia, é a espera velada da vítima para investir contra ela.

Na dissimulação, o agente oculta sua intenção ilícita de atacar a vítima. O indivíduo a engana para que ela não desconfie do seu propósito criminoso.

O dispositivo legal elenca, ainda, como hipótese de agravamento de pena "outro recurso que dificultou ou tornou impossível a defesa do ofendido". Trata-se de verdadeira hipótese de interpretação analógica (ou *intra legem*), em que a lei elenca alguns exemplos de condutas indesejadas e finaliza com uma fórmula genérica. Vale dizer, o dispositivo traz exemplos de formas de execução que agravam o crime ("traição, emboscada ou dissimulação") e arremata com uma fórmula genérica. Assim, outros recursos que tornem difícil ou impossível a defesa da vítima, à semelhança da traição, da emboscada, ou da dissimulação também servem para agravá-lo, como por exemplo, a surpresa.

24.5.2.2.4 Com emprego de veneno, fogo, explosivo, tortura ou outro meio insidioso ou cruel, ou de que podia resultar perigo comum (alínea d)

O art. 61, I, d, do Código Penal, elenca um rol de agravantes que se referem aos meios de execução do crime.

Veneno é toda substância, biológica ou química, que, introduzida no organismo, pode causar lesões ou morte (ex.: o açúcar para o diabético). Para que ocorra o agravamento da pena pelo emprego de veneno, a substância deve ser ministrada sem que a vítima saiba.

Fogo é a combustão ou qualquer outra situação que provoque queimadura na vítima.

Explosivo é a substância ou artefato que produz uma explosão, detonação, propulsão ou efeito pirotécnico. Para o STJ, para ser considerado artefato explosivo, é necessário que ele seja capaz de gerar alguma destruição.[604]

Tortura é a imposição de intenso sofrimento físico ou mental à vítima, prolongando desnecessariamente a execução do delito. Dependendo do caso concreto, se preenchidas as elementares da Lei nº 9.455/97, a tortura poderá constituir crime autônomo.

---

[603] BITENCOURT, Cezar Roberto. *Tratado de Direito Penal 1*. Parte geral. V. 1. 25. ed. São Paulo: Saraiva, 2019. p. 799.
[604] STJ. 6ª Turma. REsp 1627028/SP, REsp. Min. Maria Thereza de Assis Moura, julgado em 21/02/2017 – Info 599.

O dispositivo legal também trabalha com a interpretação analógica, prevendo o agravamento da pena se o delito for praticado utilizando-se de "outro meio insidioso ou cruel, ou de que podia resultar perigo comum".

Meio insidioso é aquele sub-reptício, ardiloso, objetivando surpreender a vítima, que é atacada sem que possa perceber.

Meio cruel é aquele que aumenta demasiadamente o sofrimento da vítima, revelando uma brutalidade fora do comum.

Perigo comum é aquele que expõe a risco a vida ou o patrimônio de um número considerável e indeterminado de pessoas.

24.5.2.2.5 Contra ascendente, descendente, irmão ou cônjuge (alínea *e*)

A justificativa da exasperação da pena se dá em razão da ausência de solidariedade e afeto com os familiares e parentes, demonstrando uma incomum insensibilidade.

O agravamento é destinado àqueles que praticam crimes contra ascendente, descendente, irmão ou cônjuge. Não consta deste rol os conviventes (união estável), pelo que a eles não se aplica a agravante, sob pena de analogia *in malam partem*.

Segundo o art. 226, §6º, da Constituição Federal, os filhos, havidos ou não da relação do casamento, ou por adoção, terão os mesmos direitos e qualificações, proibidas quaisquer designações discriminatórias relativas à filiação. Portanto, por não existir mais distinção entre filhos legítimos e ilegítimos, a agravante se aplica indistintamente a todos os filhos, independente de qual a natureza do vínculo (civil ou natural).

Para a prova quanto ao estado das pessoas, serão observadas as restrições estabelecidas na lei civil. Assim, a prova do matrimônio ou da relação de parentesco será realizada por intermédio de documento hábil.

24.5.2.2.6 Com abuso de autoridade ou prevalecendo-se de relações domésticas, de coabitação ou de hospitalidade, ou com violência contra a mulher na forma da lei específica (alínea *f*)

O abuso de autoridade a que se refere esta agravante não é aquele decorrente das relações públicas, mas sim das relações privadas em que haja vínculo de dependência e subordinação, a exemplo do tutor e do curador.

Relações domésticas são aquelas desenvolvidas no seio de uma família, tendo ou não vínculo de parentesco, incluindo os esporadicamente agregados, a exemplo dos familiares, amigos, empregados etc.

Relações de coabitação dizem respeito àqueles que residem sob o mesmo teto.

Relações de hospitalidade dizem respeito à estada na casa de alguém, sem, contudo, existir coabitação, a exemplo de um conhecido que vai a sua casa almoçar.

A Lei nº 11.340/06 incluiu como agravante da pena a prática de delito com violência contra a mulher na forma da lei específica. O conceito de violência doméstica e familiar trazido pela legislação sustenta-se na prática de qualquer ação ou omissão baseada em violência de gênero (art. 5º da Lei nº 11.340/06). Violência de gênero é aquela baseada em atos discriminatórios e atentatórios à condição de mulher, na coisificação da mulher etc. Trata-se a mulher como objeto, e não como sujeito. Essa agravante só tem lugar quando não constituir, qualificar ou majorar o delito.

24.5.2.2.7 Com abuso de poder ou violação de dever inerente a cargo, ofício, ministério ou profissão (alínea *g*)

O abuso de poder a que se refere esta alínea encontra-se relacionado com as relações de direito público. Quando se afirma que determinada pessoa abusou do poder, significa dizer que ela foi além dos limites previstos em lei.

Já a violação de dever vincula-se ao desrespeito às normas inerentes ao cargo, ofício, ministério ou profissão.

Cargo designa atividade pública. André Estefam e Victor Eduardo Rios Gonçalves, inclusive, lecionam que:

> Nos casos em que esta agravante é aplicada, o juiz pode decretar a perda do cargo, desde que a condenação seja a pena privativa de liberdade igual ou superior a 1 ano (art. 92, I, *a*, do CP). A perda do cargo, entretanto, não é automática, devendo ser motivadamente declarada na sentença (art. 92, parágrafo único, do CP).[605]

Ofício indica alguma atividade que exige habilidade manual (ex.: mecânico etc.). Ministério sugere atividade de cunho religioso (ex.: padre, pastor etc.). Já a profissão preconiza atividade que busca lucro, reclamando conhecimentos especializados (ex.: médico, advogado etc.).

24.5.2.2.8 Contra criança, maior de 60 anos, enfermo ou mulher grávida (alínea *h*)

Agrava-se a pena, nestas hipóteses, em razão da maior vulnerabilidade da vítima. Criança é a pessoa com até doze anos de idade incompletos (art. 2º do ECA).

Maior de 60 anos não se confunde com idoso. Idoso é a pessoa com idade igual ou superior a 60 anos (art. 1º da Lei nº 10.741/03). A agravante destina-se apenas aos maiores de 60 anos.

Enfermo é a pessoa acometida por doença que lhe reduz a capacidade de defesa. A doutrina tem entendido que pessoas portadoras de deficiência também estão abarcadas por este conceito.

Em relação à mulher grávida, é necessário que o agente tenha consciência dessa condição para que exista o agravamento da pena.

O Superior Tribunal de Justiça já decidiu que a agravante do art. 61, inciso II, *h*, do CP, é de natureza objetiva, motivo pelo qual não precisa ser de conhecimento do agente. Vejamos:

> AGRAVANTE. VÍTIMA SEXAGENÁRIA. NATUREZA OBJETIVA. INCIDÊNCIA. 1. A incidência da agravante estabelecida no art. 61, inciso II, *h*, do CP é de natureza objetiva e não depende de prévio conhecimento do agente para sua incidência, já que a vulnerabilidade do idoso é presumida. Precedentes (AgRg no Recurso Especial 1.722.345/SP – 2018/0026410-4).

---

[605] ESTEFAM, André; GONÇALVES, Victor Eduardo Rios. *Direito Penal*. Parte geral esquematizado, 6. ed. Editora Saraiva, 2016. p. 581.

24.5.2.2.9 Quando o ofendido estava sob a imediata proteção da autoridade (alínea *i*)

Merece o agravamento da pena, tendo em vista que "o que se ofende não é só o bem jurídico do indivíduo, mas o respeito à autoridade que o tem sob a sua imediata proteção e cresce ainda a reprovação do fato pela audácia do agente".[606]

Não é qualquer tipo de proteção que acarreta o reconhecimento da agravante, mas sim a "imediata proteção da autoridade", que consiste na relação de guarda, proteção e dependência com a autoridade. Por exemplo, o agente que retira o preso da delegacia e promove seu linchamento incide nesta agravante.

24.5.2.2.10 Em ocasião de incêndio, naufrágio, inundação ou qualquer calamidade pública, ou de desgraça particular do ofendido (alínea *j*)

Justifica-se o agravamento em razão da falta de solidariedade e insensibilidade do agente que, diante de uma situação de fragilidade, aproveita-se para praticar o crime.

O dispositivo legal também trabalha com a interpretação analógica, prevendo o agravamento da pena se o delito for praticado no contexto de "qualquer calamidade pública, ou de desgraça particular do ofendido".

24.5.2.2.11 Em estado de embriaguez preordenada (alínea *l*)

É aquela em que o agente, com a finalidade de cometer algum delito, embriaga-se para tomar coragem e praticar a empreitada criminosa. Aplica-se a teoria da *actio libera in causa* (ação livre na causa).

24.5.3 Agravantes no caso de concurso de pessoas

O art. 62 do Código Penal elenca as agravantes no caso de concurso de pessoas, quais sejam:

> Art. 62 – A pena será ainda agravada em relação ao agente que:
> I – promove, ou organiza a cooperação no crime ou dirige a atividade dos demais agentes;
> II – coage ou induz outrem à execução material do crime;
> III – instiga ou determina a cometer o crime alguém sujeito à sua autoridade ou não punível em virtude de condição ou qualidade pessoal;
> IV – executa o crime, ou nele participa, mediante paga ou promessa de recompensa.

Embora exista certa atecnia em relação a esta nomenclatura, uma vez que nem todas as situações descritas no art. 62 são tecnicamente consideradas hipóteses de concurso de agentes (ex.: incisos II e III), o que este dispositivo buscou enumerar foi um rol de agravantes destinadas àqueles crimes praticados por duas ou mais pessoas, estando ou não nos moldes do art. 29 do Código Penal.

Feito esse ajuste conceitual, vamos estudar pontualmente quais são elas.

---

[606] BRUNO, Aníbal. *Direito Penal*. Parte geral. Rio de Janeiro: Forense, 1956. t. 3. p. 129.

24.5.3.1 Promove ou organiza a cooperação no crime ou dirige a atividade dos demais agentes

Haverá o agravamento da pena para os chefes ou líderes da empreitada criminosa (autores intelectuais), ou seja, aqueles que promovem ou organizam a cooperação no crime ou dirigem a atividade dos demais agentes.

Para que exista a exasperação da pena, é necessário que o indivíduo tenha efetiva ascendência sobre os demais comparsas, não se caracterizando tal circunstância se houver mera sugestão de prática criminosa.

24.5.3.2 Coage ou induz outrem à execução material do crime

Coagir significa obrigar alguém a fazer ou deixar de fazer alguma coisa, mediante violência ou grave ameaça. A coação pode ser física (*vis absoluta*) ou moral (*vis compulsiva*), sendo que ambas se subdividem em resistível ou irresistível. Em todas essas hipóteses, é viável o reconhecimento da agravante, uma vez que o dispositivo não faz nenhum tipo de ressalva quanto à natureza da coação.

Induzir significar criar uma ideia, até então inexistente, na mente do agente. Nessa modalidade, não haverá violência ou grave ameaça, mas tão somente a sugestão para a prática do crime.

24.5.3.3 Instiga ou determina a cometer o crime alguém sujeito à sua autoridade ou não-punível em virtude de condição ou qualidade pessoal

Instigar significa reforçar uma ideia já existente. Determinar significa ordenar, mandar que se pratique o delito.

Para que se configure esta agravante, é necessário que a instigação ou a determinação seja dirigida a alguém: 1. sujeito à sua autoridade (pode ser autoridade pública ou privada, a exemplo dos tutores com os tutelados); ou 2. não-punível em virtude de condição ou qualidade pessoal (a exemplo dos inimputáveis).

Em relação às pessoas não puníveis, Cláudio Brandão acrescenta que:

> Nessas hipóteses há a figura da autoria mediata, que é a utilização de uma interposta pessoa, que age sem punibilidade, para a realização material do crime. Na autoria mediata só há a responsabilização penal daquele que determinou intelectualmente a realização da conduta, já que ao autor material não pode ser imputada uma pena. É o caso, por exemplo, de um sujeito que instiga sua namorada a furtar do pai desta uma quantia em dinheiro, com vistas a quitar uma dívida contraída por ambos.[607]

24.5.3.4 Executa o crime, ou nele participa, mediante paga ou promessa de recompensa

Agrava-se a pena do criminoso mercenário, que executa ou participa do delito com o intuito de receber pelos serviços prestados.

---

[607] BRANDÃO, Cláudio. *Curso de Direito Penal*. Parte geral. 2. ed. Rio de Janeiro: Forense, 2010. p. 392.

A paga é o recebimento prévio pela execução do crime, ao passo que a promessa de recompensa é o recebimento posterior à prática do delito.

Haverá a exasperação da pena mesmo que, realizada a promessa de recompensa, não tenha sido feito o pagamento da avença.

24.6 Atenuantes (arts. 65 e 66 do CP)

De acordo com os arts. 65 e 66, ambos do Código do Penal:

Art. 65 – São circunstâncias que sempre atenuam a pena: (Redação dada pela Lei nº 7.209, de 11/07/1984)
I – ser o agente menor de 21 (vinte e um), na data do fato, ou maior de 70 (setenta) anos, na data da sentença; (Redação dada pela Lei nº 7.209, de 11/07/1984)
II – o desconhecimento da lei; (Redação dada pela Lei nº 7.209, de 11/07/1984)
III – ter o agente: (Redação dada pela Lei nº 7.209, de 11/07/1984)
a) cometido o crime por motivo de relevante valor social ou moral;
b) procurado, por sua espontânea vontade e com eficiência, logo após o crime, evitar-lhe ou minorar-lhe as conseqüências, ou ter, antes do julgamento, reparado o dano;
c) cometido o crime sob coação a que podia resistir, ou em cumprimento de ordem de autoridade superior, ou sob a influência de violenta emoção, provocada por ato injusto da vítima;
d) confessado espontaneamente, perante a autoridade, a autoria do crime;
e) cometido o crime sob a influência de multidão em tumulto, se não o provocou.
Art. 66 – A pena poderá ser ainda atenuada em razão de circunstância relevante, anterior ou posterior ao crime, embora não prevista expressamente em lei (Redação dada pela Lei nº 7.209, de 11/07/1984).

24.6.1 Atenuantes genéricas (art. 65 do CP)

24.6.1.1 Ser o agente menor de 21 anos na data do fato ou maior de 70 anos na data da sentença (inciso I)

O art. 65, I, do Código Penal, traz duas hipóteses de atenuantes: a menoridade relativa (menor de 21 anos na data do fato) e a senilidade (maior de 70 anos na data da sentença).

O fundamento da menoridade relativa é a inexperiência do jovem, que está saindo da adolescência e entrando na fase adulta. Entende a lei que, durante esse período de transição, o jovem ainda é imaturo e, portanto, merece ter sua pena atenuada.

Segundo a Súmula 74 do Superior Tribunal de Justiça "para efeitos penais, o reconhecimento da menoridade do réu requer prova por documento hábil".

Já a senilidade, justificada pela idade avançada do agente, reduz sua capacidade de suportar o cumprimento da pena em sua integralidade. Desse modo, entendeu o legislador que também deve ter a pena atenuada.

O reconhecimento da senilidade leva em consideração a idade de 70 anos na data da sentença, pouco importando quando foi praticado o fato. Contudo, caso o agente tenha sido absolvido em primeira instância e condenado somente em segunda instância, nada impede que seja considerada, para fins de reconhecimento da atenuante, a data do acórdão condenatório.

24.6.1.2 Desconhecimento da lei (inciso II)

O desconhecimento da lei é inescusável, ou seja, não serve para afastar a prática do delito. Entretanto, o art. 65, II, do Código Penal, permite a atenuação da pena.

O fundamento desta atenuante encontra eco na grande quantidade de leis que temos em nosso ordenamento jurídico que, por vezes, são revogadas, reeditadas, reinseridas ou modificadas. Assim, embora ninguém possa se escusar de cumprir a lei, alegando que não a conhece (art. 3º, da LINDB), o Código Penal autoriza a suavização da responsabilidade penal.

Sobre os parâmetros para mensurar o desconhecimento da lei, Fernando Galvão da Rocha explica que:

> O fato concreto do desconhecimento da lei não admite graduações; ou o agente conhece a lei ou a desconhece. No entanto, o juiz deve utilizar-se de critérios seguros para mensurar a quantidade da redução de pena decorrente da aplicação da atenuante e realizar a dosimetria da reprimenda. Sendo o desconhecimento da lei circunstância atenuante da pena, afigura-se justo que a redução da reprimenda guarde relação com a maior ou menor influência que o desconhecimento da lei exerceu sobre a configuração da vontade delitiva. Quanto maior a influência do desconhecimento da lei, maior a redução de pena.[608]

Na Lei de Contravenções Penais, no caso de ignorância ou de errada compreensão da lei, quando escusáveis, a pena pode deixar de ser aplicada (art. 8º).

24.6.1.3 Ter o agente

24.6.1.3.1 Cometido o crime por motivo de relevante valor social ou moral

Relevante valor moral é aquele que atende aos interesses do próprio cidadão, ligados a sentimentos de compaixão, piedade, misericórdia.

Relevante valor social, por sua vez, é aquele que atende aos interesses de toda a coletividade.

24.6.1.3.2 Procurado, por sua espontânea vontade e com eficiência, logo após o crime, evitar-lhe ou minorar-lhe as consequências, ou ter, antes do julgamento, reparado o dano

Se o agente, logo após a prática do crime, por sua vontade e com eficiência, procura evitar ou minorar as consequências delitivas, ou, antes do julgamento, reparar o dano, ele poderá ser beneficiado pela atenuante genérica do art. 65, inciso III, *b*, do Código Penal.

No entanto, deve-se tomar cuidado para não confundir a presente atenuante com outros institutos previstos em nosso ordenamento jurídico que também envolvem reparação do dano.

---

[608] ROCHA, Fernando Galvão da. *Aplicação da pena*. Belo Horizonte: Del Rey, 1995. p. 201-202.

O art. 16 do Código Penal traz a hipótese do arrependimento posterior, em que "nos crimes cometidos sem violência ou grave ameaça à pessoa, reparado o dano ou restituída a coisa, até o recebimento da denúncia ou da queixa, por ato voluntário do agente, a pena será reduzida de um a dois terços".

No delito de peculato culposo previsto no art. 312, §2º, do Código Penal, se a reparação do dano ocorre antes do trânsito em julgado da sentença condenatória, haverá extinção da punibilidade. Se lhe é posterior ao trânsito em julgado, reduz de metade a pena imposta.

A Súmula 554 do STF dispõe que "o pagamento de cheque emitido sem provisão de fundos, após o recebimento da denúncia, não obsta ao prosseguimento da ação penal". Havendo o pagamento do cheque antes do recebimento da inicial acusatória, haverá a extinção da punibilidade. Se o pagamento do cheque for posterior, a ação prosseguirá normalmente.

Assim, se houver regra específica, esta terá prevalência sobre a atenuante genérica do art. 65, inciso III, *b*, do Código Penal.

24.6.1.3.3 Cometido o crime sob coação a que podia resistir, ou em cumprimento de ordem de autoridade superior, ou sob a influência de violenta emoção, provocada por ato injusto da vítima.

O art. 65, inciso III, *c*, do Código Penal, elenca três situações que conduzem à atenuação da pena:

1. *Ter o agente cometido o crime sob coação a que podia resistir*

Se a coação for física irresistível, haverá a exclusão da conduta e, portanto, do fato típico. Se a coação for moral irresistível, estaremos diante de uma causa excludente da culpabilidade.

Contudo, se a coação (moral ou física) for resistível, haverá a atenuante do art. 65, III, *c*, do Código Penal. Isso porque, neste caso, o agente poderia agir em conformidade com o Direito, ante a resistibilidade da coação. Assim, haverá o reconhecimento da existência do crime, porém, com a responsabilidade penal atenuada.

2. *Ter o agente cometido o crime em cumprimento de ordem de autoridade superior*

Neste caso, o estudo permeia o instituto da obediência hierárquica. A depender da natureza da ordem emanada pela autoridade, poderá existir consequências jurídicas distintas.

Se a ordem for manifestamente ilegal, tanto o superior hierárquico quanto o subordinado respondem pelo crime. Contudo, o subalterno poderá se beneficiar da atenuante do art. 65, III, *c*, do Código Penal.

Se a ordem for legal, tanto o superior hierárquico quanto o subordinado estarão no estrito cumprimento de um dever legal, não havendo que se falar em crime.

Se a ordem for não manifestamente ilegal, o superior hierárquico será punido, a título de autoria mediata, uma vez que se serviu do subalterno como seu instrumento para a prática delitiva. O subordinado estará isento de pena, em razão da inexigibilidade de conduta diversa.

3. Ter o agente cometido o crime sob a influência de violenta emoção, provocada por ato injusto da vítima

Emoção é um estado de perturbação de consciência transitório. Trata-se de uma forte modificação de ânimo ou de consciência, decorrente de uma alteração de sentimento.

A atenuante ocorre quando o agente está influenciado pela violenta emoção, a qual foi provocada por ato injusto da vítima.

É crucial que se tenha em mente tal conceito para que não se confunda com o instituto da violenta emoção previsto na parte especial do Código Penal para alguns crimes, a exemplo do homicídio (art. 121, §1º, do Código Penal) e lesão corporal (art. 129, §4º do Código Penal).

O art. 121, §1º, do Código Penal[609] dispõe que, se o agente comete o crime de homicídio sob o domínio de violenta emoção, logo em seguida a injusta provocação da vítima, o juiz pode reduzir a pena de um sexto a um terço. Para a configuração deste instituto, não basta a mera influência, sendo necessário que o agente esteja dominado pela violenta emoção. Neste caso, o indivíduo perde os freios inibitórios e passa a ser controlado por seus ímpetos.

Demais disso, o domínio de violenta emoção deve se dar logo após a injusta provocação, lapso temporal que não é exigido pela atenuante.

Por fim, deve-se registrar que tanto a atenuante da violenta emoção (art. 65, III, *c*, do Código Penal), quanto a causa de diminuição do homicídio (art. 121, §1º, do Código Penal), trabalham com a injusta provocação da vítima. Se o indivíduo agir para repelir injusta agressão, pode-se falar em legítima defesa (art. 25 do Código Penal).

24.6.1.3.4 Confessado espontaneamente, perante a autoridade, a autoria do crime

A confissão é a admissão da autoria do crime pelo indivíduo. A confissão facilita a colheita probatória, bem como permite que a condenação seja prolatada com maior juízo de certeza, o que suaviza o serviço da Justiça.

O Código Penal afirma que a confissão deve ser espontânea, ou seja, livre da interferência de terceiros. Portanto, pelo comando legal do art. 65, III, *d*, do nosso código, além de voluntariedade, a espontaneidade é requisito para o reconhecimento da confissão. No entanto, em relação à voluntariedade e espontaneidade, verifica-se que há divergência doutrinária.

Fernando Capez ensina que "a lei exige a confissão espontânea e não a meramente voluntária, de modo que a confissão feita por sugestão de terceiro não caracteriza a atenuante, uma vez que, além de voluntária, deve ser espontânea".[610]

Cézar Roberto Bitencourt, por sua vez, explica que "embora a lei fale em confissão espontânea, doutrina e jurisprudência têm admitido como suficiente sua voluntariedade".[611]

---

[609] O art. 129, §4º, do Código Penal, que trata da lesão corporal, traz disposição semelhante: "§4º Se o agente comete o crime impelido por motivo de relevante valor social ou moral ou sob o domínio de violenta emoção, logo em seguida a injusta provocação da vítima, o juiz pode reduzir a pena de um sexto a um terço".

[610] CAPEZ, Fernando. *Curso de Direito Penal*. V. 1. Parte geral: arts. 1º ao 120. 24. ed. São Paulo: Saraiva, 2020. p. 615.

[611] BITENCOURT, Cézar Roberto. *Tratado de Direito Penal 1*. Parte geral. Editora Saraiva, 2018. p. 823.

A nosso sentir, na prática, vem se aplicando a segunda posição. É muito difícil mensurar, no bojo de um processo criminal, se a confissão foi realizada voluntariamente e espontaneamente, ou tão somente espontaneamente. Por exemplo, o art. 185, §5º, do Código Processo Penal, determina que em qualquer modalidade de interrogatório, o juiz garantirá ao réu o direito de entrevista prévia e reservada com o seu defensor. Nessa entrevista prévia e reservada (que ninguém saberá o conteúdo do diálogo), pode o defensor orientar a confissão. Logo, se for considerada apenas a confissão espontânea, não haveria possibilidade do reconhecimento desta atenuante neste caso.

Há entendimento doutrinário, a nosso sentir bastante razoável, no sentido de que o agente deve admitir a autoria delitiva antes que ela seja conhecida e comprovada. Vale dizer, se o agente só confessa o delito depois de ter elementos probatórios bastantes para firmar um juízo condenatório, não seria possível o reconhecimento deste benefício, pois depois de descoberta a autoria, não haveria auxílio algum à Justiça. Tal entendimento vem perdendo força nos tribunais superiores (como veremos mais adiante), até porque o réu é o último a ser ouvido no processo penal. Portanto, sendo o último a se manifestar, as provas já estão todas encartadas nos autos.

A confissão pode ser realizada tanto perante a autoridade policial, quanto judicial.

24.6.1.3.4.1 Classificações da confissão

A doutrina elenca algumas classificações em relação à confissão.

1. Confissão parcial

A confissão parcial é a hipótese em que o réu admite apenas parcialmente os fatos narrados na denúncia. Por exemplo, o réu foi denunciado por roubo com emprego de arma de fogo. Ele confessa a subtração do bem mediante grave ameaça, mas nega que tenha utilizado a arma de fogo.

2. Confissão total

Na confissão total, o acusado admite *in totum* os fatos a ele imputados.

3. Confissão retratada

É a hipótese em que o acusado inicialmente admite a prática delitiva, contudo, em momento posterior, se retrata e nega a prática.

Por exemplo, perante a autoridade policial admite que praticou o delito, porém, em juízo, nega a prática do delito.

4. Confissão extraprocessual

É aquela realizada perante a autoridade responsável pela investigação, a exemplo do delegado de polícia no bojo do inquérito policial ou do promotor de justiça no bojo do Procedimento Investigatório Criminal (PIC).

5. Confissão qualificada

É a hipótese em que o réu admite a prática dos fatos, contudo, alega algum motivo que exclui o crime ou o isenta de pena. Por exemplo, o agente admite que matou seu desafeto, todavia, afirma que o fez em legítima defesa.

A doutrina costuma afirmar que a confissão qualificada não serve para atenuar a pena, tendo em vista que o acusado não admite a prática do crime, uma vez que alega causa excludente da ilicitude ou da culpabilidade. Nesse sentido, o acusado não estaria colaborando com a elucidação dos fatos, mas sim exercendo seu direito de defesa.

Em pese o referido posicionamento, os tribunais superiores têm entendido que qualquer modalidade de confissão serve para atenuar a pena (inclusive a qualificada), desde que tenha sido utilizada como elemento de convicção pelo julgador, nos termos da Súmula 545 do STJ: Quando a confissão for utilizada para a formação do convencimento do julgador, o réu fará jus à atenuante prevista no artigo 65, III, *d*, do Código Penal.

Assim, se o juiz se utilizou da confissão (seja integral, parcial, qualificada, voluntária, condicionada, extrajudicial ou retratada) como elemento de convicção para condenar o réu, ela também servirá para atenuar a pena.

> II – A jurisprudência deste Tribunal Superior é pacífica no sentido de que a incidência da atenuante prevista no art. 65, inciso III, alínea *d*, do Código Penal, independe se a confissão foi integral, parcial, qualificada, meramente voluntária, condicionada, extrajudicial ou posteriormente retratada, especialmente quando utilizada para fundamentar a condenação, como ocorreu na espécie (AgRg no HC 540.325/SP, Rel. Ministro Leopoldo de Arruda Raposo (Desembargador Convocado do TJ/PE), Quinta Turma, julgado em 17/12/2019, DJe 19/12/2019).

Já em relação ao delito de tráfico de drogas, para a aplicação da atenuante da confissão, o Superior Tribunal de Justiça exige o reconhecimento da traficância pelo acusado, não bastando a mera admissão da posse ou propriedade para uso próprio, conforme descrito na Súmula 630.[612]

> Súmula 630 do STJ: A incidência da atenuante da confissão espontânea no crime de tráfico ilícito de entorpecentes exige o reconhecimento da traficância pelo acusado, não bastando a mera admissão da posse ou propriedade para uso próprio.

24.6.1.3.4.2 Situações especiais de confissão

1. *Acordo de não-persecução penal* (art. 28-A do CPP)

Não sendo caso de arquivamento e tendo o investigado confessado formal e circunstancialmente a prática de infração penal sem violência ou grave ameaça e com pena mínima inferior a 4 anos, o Ministério Público poderá propor acordo de não-persecução penal, desde que necessário e suficiente para reprovação e prevenção do crime.

---

[612] STJ. 3ª Seção. Aprovada em 24/04/2019, DJe 29/04/2019.

2. Colaboração premiada

Se o indivíduo, além de admitir a autoria dos fatos, ainda colaborar com a investigação e dessa colaboração advir um ou mais dos seguintes resultados: I – a identificação dos demais coautores e partícipes da organização criminosa e das infrações penais por eles praticadas; II – a revelação da estrutura hierárquica e da divisão de tarefas da organização criminosa; III – a prevenção de infrações penais decorrentes das atividades da organização criminosa; IV – a recuperação total ou parcial do produto ou do proveito das infrações penais praticadas pela organização criminosa; e V – a localização de eventual vítima com a sua integridade física preservada; será possível a realização de acordo de colaboração premiada, nos moldes do art. 4º da Lei nº 12.850/13.

24.6.1.3.5 Cometido o crime sob a influência de multidão em tumulto, se não o provocou

A atenuante do art. 65, III, *e*, do Código Penal, diz respeito aos crimes multitudinários, ou seja, aqueles que são praticados por uma multidão delinquente, a exemplo das brigas de torcidas nos estágios de futebol, linchamentos públicos, brigas generalizadas etc.

Para que seja reconhecida, o agente não pode ter dado causa ao tumulto. Se o provocou, responderá, inclusive, pela contravenção do art. 40 da Lei de Contravenções Penais.[613]

A razão de ser dessa atenuante é que no contexto de um tumulto, de manipulação de massas (multidão criminosa), a capacidade de se determinar de acordo com padrões éticos, morais e sociais é reduzido consideravelmente. Portanto, justifica-se a atenuação da reprimenda.

24.6.2 Atenuante inominada

O art. 66 do Código Penal dispõe que a pena poderá, ainda, ser atenuada em razão de circunstância relevante, anterior ou posterior ao crime, embora não prevista expressamente em lei. Tem-se, portanto, uma cláusula aberta, que permite ao magistrado ponderar outras situações não previstas em lei, mas que possam acarretar uma atenuação da pena.

Paulo César Busato explica que "o juiz somente pode considerar uma atenuante inominada a que não tenha relação alguma com o tipo penal, nem com causas gerais ou especiais de diminuição de pena, nem com as próprias atenuantes genéricas nominadas".

A doutrina tem mencionado que o sincero arrependimento, a hipótese de o agente que se encontra desesperado em razão de desemprego ou em razão de moléstia grave na família, a "quase prescrição" do delito, dentre outros, são motivos que podem acarretar o reconhecimento da atenuante inominada.

Algumas vozes na doutrina se inclinam em aceitar a coculpabilidade como causa ensejadora da atenuante do art. 66 do Código Penal. No entanto, o Superior Tribunal de

---

[613] 40. Provocar tumulto ou portar-se de modo inconveniente ou desrespeitoso, em solenidade ou ato oficial, em assembléia ou espetáculo público, se o fato não constitui infração penal mais grave.

Justiça, a nosso sentir com acerto, não tem admitido a aplicação desta teoria, tendo em vista que não se pode premiar aqueles que não assumem sua responsabilidade social e fazem do crime um meio de vida:

> Precedentes. 2. A teoria da coculpabilidade não pode ser erigida à condição de verdadeiro prêmio para agentes que não assumem a sua responsabilidade social e fazem da criminalidade um meio de vida. Ora, a mencionada teoria, "no lugar de explicitar a responsabilidade moral, a reprovação da conduta ilícita e o louvor à honestidade, fornece uma justificativa àqueles que apresentam inclinação para a vida delituosa, estimulando-os a afastar da consciência, mesmo que em parte, a culpa por seus atos" (HC 172.505/MG, Rel. Ministro Gilson Dipp, Quinta Turma, julgado em 31/05/2011, DJe 01/07/2011).[614]

24.6.3 Concurso de agravantes e atenuantes

O art. 67 do Código Penal orienta que "no concurso de agravantes e atenuantes, a pena deve aproximar-se do limite indicado pelas circunstâncias preponderantes, entendendo-se como tais as que resultam dos motivos determinantes do crime, da personalidade do agente e da reincidência".

Afirmar que a circunstância é preponderante significa dizer que ela deve prevalecer em relação às outras, que não tenham essa qualidade. Vale dizer, a pena irá desequilibrar para mais ou para menos, a depender da existência ou não da preponderante. Por exemplo, se houver uma circunstância atenuante preponderante (ex.: relevante valor moral) e uma agravante simples (ex.: crime contra ascendente), a reprimenda será minorada na segunda fase da dosimetria; ao que passo que, se houver uma circunstância agravante preponderante (ex.: reincidência) e uma atenuante simples (ex.: reparação do dano), a pena será majorada.

Nesse contexto, se ambas as circunstâncias (atenuante e agravante) forem preponderantes, elas devem ser compensadas. Por exemplo, no concurso entre a atenuante preponderante do relevante valor social e a agravante preponderante da reincidência, ambas se compensam e a pena não será nem minorada, nem aumentada.

Na dicção do art. 67, portanto, três são as circunstâncias preponderantes:
1. *motivos determinantes do crime* (exemplos de atenuantes: relevante valor moral e social; exemplos de agravantes: motivo fútil e torpe);
2. *relacionadas à personalidade do agente* (ex.: confissão);
3. *reincidência*.

A menoridade relativa não está prevista no rol de preponderantes, porém, existem decisões do Superior Tribunal de Justiça que afirmam que esta atenuante sempre irá prevalecer em relação às agravantes:

> Na dosimetria da pena intermediária, deveras, conforme o entendimento consolidado desta Corte, a atenuante da menoridade é sempre considerada preponderante em relação às demais agravantes. Essa conclusão decorre da interpretação acerca do art. 67 do Código Penal, que estabelece a escala de preponderância entres as circunstâncias a serem valoradas na segunda etapa do modelo trifásico. Dentro dessa sistemática, a menoridade relativa, assim como a senilidade, possuem maior grau de preponderância em relação

---

[614] *Habeas Corpus* 213.482/SP (2011/0165566-6).

àquelas decorrentes dos motivos determinantes do crime e reincidência (STJ, HC 325961, julgamento 18/08/2016).

De outra banda, existem outras decisões do Superior Tribunal de Justiça que autorizam a compensação da menoridade relativa com a reincidência, o que nos parece mais razoável, tendo em vista que a reincidência vem expressa no dispositivo do art. 67 e a menoridade relativa não (apesar de ser considerada como atenuante relacionada à personalidade do agente). Vejamos:

> A jurisprudência desta Corte firmou-se no sentido de que a atenuante da menoridade deve ser compensada com a agravante da reincidência, pois igualmente preponderantes (STJ, 5ª T, HC 355358, julgamento 22/09/2016).

Outra discussão que, por algum tempo, de forma recorrente, bateu às portas dos tribunais superiores foi a possibilidade de compensação entre a atenuante da confissão espontânea e a agravante da reincidência.

Para a primeira posição, que a nosso sentir é a correta, entende-se que não é possível a realização da compensação, uma vez que a agravante da reincidência deve preponderar em relação à confissão, tendo em vista que aquela consta expressamente do rol do art. 67 do Código Penal, e esta sequer se encontra prevista no dispositivo.

Já a segunda posição se orienta no sentido de que é viável a compensação. Isso porque a confissão é uma circunstância subjetiva que, embora não conste expressamente no rol de preponderantes, está ligada à personalidade do agente. Assim, trata-se também de uma circunstância preponderante e deve ser compensada com a reincidência. Essa segunda corrente prevalece no âmbito do Superior Tribunal de Justiça, com tese fixada no Recurso Especial Repetitivo 1.341.370/MT:

> IV – Reconhecida a atenuante, deve ela ser compensada com a agravante da reincidência, pois a col. Terceira Seção deste Superior Tribunal de Justiça, por ocasião do julgamento do Recurso Especial Repetitivo 1.341.370/MT, firmou entendimento no sentido de que "é possível, na segunda fase da dosimetria da pena, a compensação da atenuante da confissão espontânea com a agravante da reincidência" (AgRg no HC 540325/SP).

Contudo, o mesmo Superior Tribunal de Justiça também entende que se o agente for multirreincidente, é inviável a compensação integral da reincidência com a atenuante da confissão, permitindo-se apenas a compensação parcial.

> III – A jurisprudência desta Corte atua no sentido de compensar a agravante da reincidência com a atenuante da confissão, não havendo que se falar em preponderância da primeira. IV – Na hipótese, é inviável a compensação integral com a agravante, considerando que o paciente é efetivamente multirreincidente. Com efeito, em se tratando de agente que ostenta mais de uma sentença configuradora de reincidência, a compensação deve ser parcial. Assim, demonstrada a multirreincidência, o paciente faz jus à compensação parcial, de forma que nenhuma censura merece o *quantum* estabelecido pela r. sentença condenatória, mantida pelo v. acórdão impugnado, que se mostra proporcional" (HC 471.436/PE, j. 11/12/2018).

Em suma, é possível que a realização de compensação entre atenuantes e agravantes, desde que não haja uma circunstância preponderante. Se uma for preponderante, não haverá compensação. Se ambas forem preponderantes, poderá haver compensação. Vejamos de forma gráfica esta operação:

Atenuante	Agravante	Consequência	Resultado na pena
Não preponderante (ex.: reparação do dano)	Não preponderante (ex.: crime contra ascendente)	Compensação	Não haverá alteração na 2ª fase da pena
Não preponderante (ex.: reparação do dano)	Preponderante (ex.: reincidência)	Não há compensação	Haverá alteração na 2ª fase da pena para agravar a pena
Preponderante (ex.: menoridade relativa)	Não preponderante (ex.: crime praticado com abuso de poder)	Não há compensação	Haverá alteração na 2ª fase da pena para atenuar a pena
Preponderante (ex.: confissão)	Preponderante (ex.: reincidência)	Compensação	Não haverá alteração na 2ª fase da pena

24.6.4 Agravantes e atenuantes específicas

Algumas leis extravagantes trazem hipóteses de agravantes e atenuantes específicas que também devem ser aplicadas, a depender do caso concreto, ainda que o Código Penal nada fale sobre elas.

Por exemplo, a Lei nº 9.605/98 elenca agravantes (art. 15)[615] e atenuantes específicas (art. 14)[616] dos crimes ambientais.

24.7 Causas de aumento e diminuição de pena

24.7.1 Disposições gerais

Na terceira fase da dosimetria da pena, analisam-se as causas de aumento (majorantes) e diminuição de pena (minorantes). Ao examiná-las, o juiz também fixa a pena definitiva, encerrando o cálculo matemático da reprimenda.

---

[615] Art. 15. São circunstâncias que agravam a pena, quando não constituem ou qualificam o crime: I – reincidência nos crimes de natureza ambiental; II – ter o agente cometido a infração: a) para obter vantagem pecuniária; b) coagindo outrem para a execução material da infração; c) afetando ou expondo a perigo, de maneira grave, a saúde pública ou o meio ambiente; d) concorrendo para danos à propriedade alheia;

[616] Art. 14. São circunstâncias que atenuam a pena: I – baixo grau de instrução ou escolaridade do agente; II – arrependimento do infrator, manifestado pela espontânea reparação do dano, ou limitação significativa da degradação ambiental causada; III – comunicação prévia pelo agente do perigo iminente de degradação ambiental; IV – colaboração com os agentes encarregados da vigilância e do controle ambiental.

As causas de aumento permitem que a majoração estipulada ultrapasse a pena máxima em abstrato. Da mesma forma, as causas de diminuição autorizam a redução da pena aquém do mínimo legal.

É válido destacar que as majorantes e as minorantes não se confundem com as atenuantes e agravantes, muito menos com as qualificadoras.

As circunstâncias agravantes e atenuantes, verificadas na segunda fase da aplicação da pena, não trazem patamares mínimos e máximos de exasperação ou minoração, ao passo que, para as causas de aumento ou de diminuição da pena, a lei estabelece o *quantum* a ser majorado ou reduzido.

Por exemplo, o crime de homicídio tem a pena aumentada de 1/3 (um terço) até a metade se o crime for praticado por milícia privada, sob o pretexto de prestação de serviço de segurança, ou por grupo de extermínio (art. 121, §6º, do Código Penal).

Demais disso, as agravantes e atenuantes não autorizam que a pena seja atenuada abaixo do mínimo legal, nem agravada acima do máximo legal.

As qualificadoras, por sua vez, embora exasperem a pena, trabalham com novos patamares abstratos para ela, aplicando-se no momento da fixação da pena-base. Por exemplo, no homicídio simples (art. 121, *caput*, do CP), a pena cominada é de 6 a 20 anos. Já no homicídio qualificado (art. 121, §2º, do CP), a pena fixada no tipo é de 12 a 30 anos.

24.7.2 Concurso de causas de aumento ou de diminuição

As causas de aumento ou de diminuição estão localizadas tanto na Parte Geral do Código Penal (causas gerais), quanto na Parte Especial ou na legislação extravagante (causas especiais).

Havendo concurso entre elas, o art. 68, parágrafo único, do Código Penal, explica como devem ser aplicadas. Vejamos:

> Art. 68, parágrafo único, do CP: No concurso de causas de aumento ou de diminuição previstas na parte especial, pode o juiz limitar-se a um só aumento ou a uma só diminuição, prevalecendo, todavia, a causa que mais aumente ou diminua.

Deste dispositivo, podemos extrair 3 regras principais:

1ª regra: se houver concurso de causas de aumento ou diminuição previstas na Parte Geral do Código Penal, o juiz deverá aplicar todas.

Imagine que o agente tenha praticado um delito nos moldes do art. 14, II, do Código Penal (crime tentado que acarreta a diminuição de 1/3 a 2/3 da pena), bem como tenha havido o reconhecimento do instituto do arrependimento posterior do art. 16 do Código Penal (causa de diminuição de 1/3 a 2/3). Considerando que ambas as causas de diminuição estão previstas na Parte Geral do Código Penal, o juiz deve aplicar as duas. O mesmo raciocínio se aplica às causas de aumento da Parte Geral.

2ª regra: se houver concurso de causas de aumento ou diminuição previstas na Parte Especial do Código Penal ou na legislação extravagante (aplicação da analogia *in bonam partem*), o juiz poderá aplicar apenas uma causa de aumento ou de diminuição, aquela que mais aumente ou mais diminua a pena (art. 68, parágrafo único, do CP);

3ª regra: se houver concurso de causas de aumento ou diminuição previstas na Parte Especial do Código Penal, o juiz poderá aplicar todas, em cascata (art. 68, parágrafo único, do CP).

Imagine que o pai, em concurso de pessoas, estuprou sua filha menor, de 5 anos. Nesse caso, tem-se o delito de estupro de vulnerável (art. 217-A do CP), com as causas de aumento do estupro coletivo do art. 226, IV, *a*, do Código Penal (que determina o aumento de 1/3 a 2/3 da pena) e, também, do crime sexual praticado por ascendente do art. 226, II, do Código Penal (que determina o aumento de metade da pena), ambas da Parte Especial do Código Penal.

O art. 68, parágrafo único, do Código Penal, faculta ao juiz aplicar apenas uma das causas de aumento, desde que seja a que mais exaspere a pena (no nosso exemplo, a majorante do estupro coletivo) ou ambos os aumentos. Vejamos a aplicação das regras do nosso exemplo de forma gráfica:

2ª regra	3ª regra
O juiz poderá aplicar apenas uma causa de aumento ou de diminuição da Parte Especial, contudo, aquela que mais aumente ou mais diminua a pena.	O juiz poderá aplicar todas as causas de aumento ou de diminuição da Parte Especial em cascata.
Exemplo de cálculo da pena: Art. 217-A do CP – Pena 8 a 15 anos 1ª fase: o juiz fixou a pena-base em 9 anos; 2ª fase: não há agravantes ou atenuantes. Pena intermediária mantida em 9 anos. 3ª fase: aplicação do maior aumento (2/3 do estupro coletivo). Pena: 9 + 2/3 = 15 anos Pena definitiva: 15 anos	Exemplo de cálculo da pena: Art. 217-A do CP – Pena 8 a 15 anos 1ª fase: o juiz fixou a pena-base em 9 anos; 2ª fase: não há agravantes ou atenuantes. Pena intermediária mantida em 9 anos. 3ª fase: todos os aumentos em cascata a) 1º aumento: 2/3 do estupro corretivo. Pena: 9 + 2/3 = 15 anos b) 2º aumento: ½ em razão do crime praticado por ascendente, aplicado em cima da pena já aumentada. Pena: 15 anos + ½ = 22 anos e 6 meses Pena definitiva: 22 anos e 6 meses

O mesmo raciocínio se aplica às causas de diminuição da Parte Especial.

De outro norte, se houver, no mesmo contexto fático, a existência de causas de aumento e também causas de diminuição, deve-se proceder da seguinte maneira:

1. se houver uma causa de aumento e também uma causa de diminuição, as duas devem ser aplicadas. Inicialmente, o juiz irá aplicar a causa de aumento e, logo após, a causa de diminuição. Não é possível a realização de compensação entre elas.

Por exemplo, presentes a causa de aumento da continuidade delitiva e a causa de diminuição da tentativa, primeiro o juiz irá exasperar a pena e depois aplicar a redução.

2. se houver mais de uma causa de aumento ou mais de uma causa de diminuição, previstas uma na Parte Geral e a outra na Parte Especial (ou na legislação extravagante), todas devem ser consideradas. Inicialmente, o juiz irá aplicar

as majorantes ou minorantes da Parte Especial (ou na legislação extravagante) e, logo após, as da Parte Geral.

Por fim, havendo apenas uma causa de aumento ou uma causa de diminuição, o juiz deverá exasperar ou diminuir a pena, a depender do caso concreto.

24.7.3 Critérios para o aumento e diminuição da pena

Existem três critérios que definem como se instrumentaliza o aumento ou a diminuição da pena na terceira fase da dosimetria:
1. As causas de aumento ou diminuição devem incidir sobre a pena intermediária oriunda da 2ª fase da aplicação da pena.

Imagine o crime furto simples, com as causas de aumento do repouso noturno (art. 155, §1º, do CP) e da continuidade delitiva (art. 71 do CP). Para este crime, foi fixada pena intermediária (após a análise das circunstâncias agravantes e atenuantes) em 2 anos. Para este posicionamento, tanto o aumento do repouso noturno, quanto o da continuidade delitiva devem incidir sobre 2 anos. Portanto, 1/3 do repouso noturno sobre 2 anos (8 meses de aumento) e 1/6 da continuidade delitiva sobre 2 anos (4 meses de aumento). A pena definitiva seria de 3 anos.

No entanto, este critério não deve ser aceito, tendo em vista que pode conduzir a "pena zero", a depender da quantidade de causas de diminuição que se fizerem presentes no caso concreto. Se, no nosso exemplo, ao invés de causas de aumento, existissem uma causa de diminuição de ½ (metade) da pena e outra de 2/3 (dois terços), a reprimenda ficaria abaixo de zero, o que não é admitido.

2. Todas as causas de aumento ou de diminuição incidem umas sobre as outras, em cascata. É o chamado sistema dos "juros sobre juros".

No mesmo exemplo acima, a cálculo da pena seria realizado da seguinte forma: o aumento de 1/3 do repouso noturno recai sobre 2 anos (8 meses de aumento), perfazendo uma pena de 2 anos e 8 meses. O segundo aumento, de 1/6 da continuidade delitiva, recai sobre a pena já aumentada. Portanto, o aumento de 1/6 da continuidade delitiva será calculado sobre 2 anos e 8 meses, estabelecendo a pena definitiva em 3 anos, 1 mês e 10 dias.

Guilherme Nucci, a nosso sentir de forma acertada, entende que este critério é o correto:

> Parece-nos – e é majoritário esse entendimento – ser adequado o segundo: as causas de aumento e de diminuição são aplicadas umas sobre as outras. Evita-se a inoportuna pena zero e cria-se um método uniforme para aumentar e diminuir a pena igualitariamente. Aliás, justamente porque o segundo critério é dominante, não se admite que existam compensações entre causas de aumento e de diminuição. Quando o juiz for aplicar um aumento de 1/3 e uma diminuição de 1/3, por exemplo, não poderá compensá-los, anulando-os. Eis o motivo: se a pena extraída da 2ª fase for de 6 anos, aplicando-se um aumento de 1/3, alcança-se a cifra de 8 anos. Em seguida, subtraindo-se 1/3, segue-se para a pena de 5 anos e 4 meses. Portanto, é incabível compensar as duas.[617]

---

[617] NUCCI, Guilherme Souza. *Manual de Direito Penal*. 15. ed. Rio de Janeiro: Forense, 2019. p. 472.

3. As causas de aumento devem incidir sobre a pena intermediária oriunda da 2ª fase da aplicação da pena. Já as causas de diminuição devem incidir umas sobre as outras, em cascata.

A terceira posição tenta, de forma frustrada, mesclar a primeira e a segunda correntes.

24.7.4 Causa de aumento do art. 9º da Lei nº 8.072/90

O artigo 9º da Lei nº 8.072/90 trazia uma causa de aumento para alguns dos delitos nele enumerados.

> Art. 9º As penas fixadas no art. 6º para os crimes capitulados nos arts. 157, §3º, 158, §2º, 159, *caput* e seus §§1º, 2º e 3º, 213, *caput* e sua combinação com o art. 223, *caput* e parágrafo único, 214 e sua combinação com o art. 223, *caput* e parágrafo único, todos do Código Penal, são acrescidas de metade, respeitado o limite superior de trinta anos de reclusão, estando a vítima em qualquer das hipóteses referidas no art. 224 também do Código Penal.

No entanto, com a entrada em vigor da Lei nº 12.015/09, houve a revogação do artigo 224 do Código Penal e, por conseguinte, a revogação tácita do artigo 9º da Lei nº 8.072/90 (percebam que o artigo 9º fazia referência às hipóteses do artigo 224 do Código Penal, o qual foi revogado pela Lei nº 12.015/09).

Portanto, atualmente, não mais se aplica essa causa de aumento de pena aos delitos elencados no artigo 9º.

CAPÍTULO 25

PENAS RESTRITIVAS DE DIREITO

25.1 Introdução

As penas restritivas de direito, também chamadas de penas alternativas, são aplicadas em substituição às penas privativas de liberdade.

A finalidade desta modalidade de pena é evitar o encarceramento, substituindo a pena de prisão por outras formas menos agressivas, instituindo-se, a depender da espécie aplicada, restrições (ex.: limitação de final de semana, interdição temporária de direitos) ou obrigações (ex.: prestação de serviços à comunidade, prestação pecuniária) ao indivíduo condenado.

A justificativa para a criação de penas substitutivas deu-se em razão da falibilidade da pena de prisão que, ao invés de frear a criminalidade, acaba por estimulá-la. Para Paulo César Busato:

> A pena de prisão é uma instituição falida. Se a prática de crime revela um defeito de sociabilidade, é difícil imaginar circunstâncias nas quais a segregação possa contribuir para recuperar tal defeito. A prisão falha como projeto, especialmente observada sob uma vertente preventiva. Muito ao contrário, sua tendência é dessocializante.[618]

Contudo, não se pode descurar da crítica realizada por Guilherme Nucci no tocante à forma como as penas alternativas são instituídas e instrumentalizadas:

> Conceitualmente, as penas restritivas de direitos gozam de ampla aceitação doutrinária e até jurisprudencial. Na prática, o que se vê é a literal pobreza de penas alternativas efetivas. O Parlamento insiste em penas inexequíveis, pífias, antiprodutivas, enfim, criou um quadro nefasto de penas restritivas de direitos. É preciso reformar, com urgência, esse contexto normativo, pois a única pena alternativa com valor social é a prestação de serviços à comunidade.[619]

---

[618] BUSATO, Paulo César. *Direito Penal*. Parte geral. Vol. 1. 5. ed. São Paulo: Atlas, 2020. p. 638.
[619] NUCCI, Guilherme Souza. *Manual de Direito Penal*. 15. ed. Rio de Janeiro: Forense, 2019. p. 397.

25.2 Espécies

O art. 43 do Código Penal indica o rol das penas restritivas de direito:
1. Prestação pecuniária;
2. Perda de bens e valores;
3. Prestação de serviço à comunidade ou a entidades públicas;
4. Interdição temporária de direitos; e
5. Limitação de final de semana.

Nesse prisma, parte da doutrina tem criticado a nomenclatura "penas restritivas de direito", uma vez que nem todas as reprimendas constantes no elenco acima são propriamente uma restrição a direitos. Cézar Roberto Bitencourt destaca que:

> A denominação penas 'restritivas de direitos' não foi muito feliz, pois, de todas as modalidades de sanções sob a referida rubrica, somente uma refere-se especificamente à 'restrição de direitos'. As outras – prestação pecuniária e perda de bens e valores – são de natureza pecuniária; prestação de serviços à comunidade e limitação de fim de semana referem-se mais especificamente à restrição de liberdade do apenado.

25.3 Natureza jurídica

As penas restritivas de direitos possuem 3 características:

1. *Autonomia*: as penas substitutivas são autônomas (art. 44, *caput*, do CP), ou seja, elas existem por conta própria como uma das espécies de sanção, não podendo ser cumuladas com as privativas de liberdade. Não se tratam, portanto, de pena acessória.

2. *Substitutividade*: as penas restritivas de direito substituem as penas privativas de liberdade (art. 44, *caput*, do CP). Vale dizer, elas não são aplicadas diretamente, mas em substituição à sanção corporal.

Do ponto de vista prático, primeiro o juiz fixa a pena privativa de liberdade, e, preenchidos os requisitos legais, ele a substitui pela pena alternativa.

É necessário ressaltar que, apesar da característica da substitutividade, algumas leis penais especiais trazem a possibilidade de aplicação direta de penas restritivas de direito. Por exemplo, a suspensão ou proibição de se obter a permissão ou a habilitação prevista no artigo 292 do Código de Trânsito não é aplicada em substituição à pena privativa de liberdade, mas de forma autônoma, tendo em vista que está cominada abstratamente em alguns tipos penais (arts. 302 e 303 do CTB).

3. *Precariedade*: significa dizer que a pena restritiva de direitos pode ser convertida em privativa de liberdade quando ocorrer o descumprimento injustificado da restrição imposta ou quando sobrevier condenação a pena privativa de liberdade, por outro crime, desde que não seja possível ao condenado cumprir simultaneamente ambas as penas (art. 44, §§4º e 5º, do Código Penal).

Diferente da substitutividade, que é observada durante a aplicação da pena, por ocasião da sentença condenatória, a possibilidade conversão da pena restritiva de direitos em sanção corporal acontece no curso da execução penal.

25.3.1 Penas restritivas de direito previstas no art. 28 da Lei de Drogas

A Lei nº 11.343/06, entre as suas inovações, dispensou tratamento diferenciado ao usuário de drogas, a fim de distingui-lo do traficante de drogas e realçar o intuito de retirá-lo do vício. Entendeu-se, de forma simplória, que a situação do usuário de drogas não deve ser tratada como "caso de polícia", colocando-o na prisão (como era feito na Lei nº 6.368/76), mas sim como caso de saúde pública. Por essa razão, optou-se por não mais prever penas privativas de liberdade a este crime, impondo-se, de outra banda, medidas alternativas à prisão e de cunho educativo, consistentes em: I – advertência sobre os efeitos das drogas; II – prestação de serviços à comunidade; III – medida educativa de comparecimento a programa ou curso educativo.

Com essa nova regulamentação, o crime de porte de drogas para consumo pessoal (e também o de cultivo de drogas) não comporta qualquer tipo de prisão (inclusive em flagrante delito), ainda que o sujeito tenha descumprido a pena imposta pelo juiz em sentença transitada em julgado.

Em relação às características das penas alternativas, no Código Penal, as penas alternativas são autônomas e aplicadas em substituição à pena privativa de liberdade, desde que preenchidos os requisitos objetivos e subjetivos (art. 44 do Código Penal). Já na Lei de Drogas, não é aplicada em substituição à pena privativa de liberdade (até porque não há previsão de pena privativa de liberdade). No caso do artigo 28, esta pena é aplicada diretamente.

No Código Penal, caso haja descumprimento injustificado das penas alternativas, o artigo 44, §4º, do aludido diploma, prevê a conversão da pena restritiva de direito em privativa de liberdade. No caso do artigo 28, não é possível a conversão da pena alternativa em pena privativa de liberdade (até porque não há previsão de pena privativa de liberdade). Aquele que descumpre injustificadamente a prestação de serviço à comunidade estará sujeito, sucessivamente, a admoestação verbal e multa (art. 28, §6º, da Lei nº 11.343/06).

25.4 Duração

Em regra, as penas restritivas de direitos têm a mesma duração da pena privativa de liberdade substituída. Por exemplo, se o acusado é condenado à pena corporal de 2 anos, em regra, a pena alternativa terá essa mesma duração.

Nesse sentido, o art. 55 do Código Penal dispõe que a prestação de serviço à comunidade ou a entidades públicas, a interdição temporária de direitos e a limitação de final de semana devem ter a mesma duração da pena privativa de liberdade.

Contudo, algumas penas restritivas podem ter prazo distinto da pena de prisão. A prestação de serviço à comunidade ou a entidades públicas pode ser cumprida em tempo menor, desde que a pena seja superior a um ano e o seu cumprimento nunca seja inferior à metade da pena privativa de liberdade fixada (art. 46, parágrafo único, do CP). Por exemplo, se a pena corporal for de 3 anos, a prestação de serviços à comunidade poderá ser cumprida em 1 ano e 6 meses.

A prestação pecuniária e a perda de bens e valores não precisam seguir o tempo da pena privativa de liberdade, pois, dada a sua natureza, ocorrendo o trânsito em julgado, já devem ser adimplidas.

25.5 Requisitos para a substituição

Para a substituição da pena, é necessário o cumprimento dos requisitos objetivos e subjetivos previstos no art. 44, I a III, do Código Penal.

25.5.1 Requisitos objetivos

25.5.1.1 Quantidade da pena

De acordo com o art. 44, I, do Código Penal, permite-se a substituição da sanção corporal por pena restritiva de direitos:

a) *nos casos de prática de crimes dolosos, se a pena privativa de liberdade aplicada não for superior a 4 anos;*

O dispositivo faz referência à pena concretamente aplicada e não à pena abstrata prevista no tipo penal. Por exemplo, o crime de furto qualificado do art. 155, §4º, do Código Penal, possui pena em abstrato de 2 a 8 anos. Se, no caso concreto, a reprimenda ficar estabelecida em até 4 anos, será possível a substituição da pena.

Além do mais, para a verificação da pena aplicada, é necessário levar em consideração as regras do concurso material (soma das penas), concurso formal e continuidade delitiva (exasperação da pena). O que se busca, portanto, é a pena total dos ilícitos praticados. Nessa perspectiva, já se posicionou o Superior Tribunal de Justiça:

> 3. Em caso de concurso material de crimes, a análise do preenchimento dos requisitos objetivos para a concessão da permuta da pena privativa de liberdade por restritiva de direitos ou do *sursis* deve considerar a soma das penas fixadas, nos termos da Jurisprudência desta Corte Superior (...) AgRg no Agravo em Recurso Especial 780.522/SP (2015/0224061-3).

b) *nos casos de crimes culposos, qualquer que seja a pena aplicada.*

Em relação aos crimes culposos, não há limitação de pena, sendo permitida a substituição qualquer que seja a sanção corporal imposta.

Contudo, com o advento da Lei nº 13.546/17, que incluiu ao artigo 302 o §3º, no Código de Trânsito Brasileiro, qualificando o crime de homicídio culposo se o agente estiver conduzindo o veículo automotor sob a influência de álcool ou de qualquer outra substância psicoativa que determine dependência, surgiram discussões sobre a (im)possibilidade de substituição da pena para este delito. Isso porque, segundo o art. 302, §3º, do Código de Trânsito, a pena para quem o pratica será de reclusão, de cinco a oito anos, e suspensão ou proibição do direito de se obter a permissão ou a habilitação para dirigir veículo automotor.

A par da discussão, prevalecia o entendimento de que, em se tratando de crime culposo, ainda que a pena fosse superior a 5 anos de reclusão, não havia óbice para a substituição.

Assim, diante desse panorama, o legislador incluiu no Código de Trânsito Brasileiro, por intermédio da Lei nº 14.071/20, o art. 312-B, que dispõe que:

> Art. 312-B. Aos crimes previstos no §3º do art. 302 e no §2º do art. 303 deste Código não se aplica o disposto no inciso I do *caput* do art. 44 do Decreto-Lei nº 2.848, de 7 de dezembro de 1940 (Código Penal).

Pela dicção do referido dispositivo, nota-se, claramente, que o legislador teve a intenção de tratar de forma mais severa os crimes de homicídio e lesões corporais culposas na direção de veículo automotor em que o indivíduo estivesse conduzindo veículo sob influência de álcool ou substância de efeito análogo, visando, com o art. 312-B do Código de Trânsito Brasileiro, a *não autorizar* a substituição da pena nesses casos.

Contudo, não foi feliz em redigir o dispositivo legal. Isso porque, ao fazê-lo, instituiu-se que, aos crimes previstos no §3º do art. 302 e no §2º do art. 303 do Código de Trânsito, não se aplica o disposto no art. 44, I, do Código Penal. Em outros termos, a novel disposição orienta que, para a substituição da pena, basta o cumprimento dos requisitos dos incisos II e III do art. 44 do CP.

O inciso art. 44, II, do Código Penal não se aplica aos crimes culposos.

Desse modo, para a substituição da pena, bastaria o cumprimento do art. 44, III, do Código Penal.

Em suma, o art. 312-B do Código de Trânsito excluiu um requisito que já não era exigido para a substituição de pena nos crimes culposos.

Desta feita, embora o legislador tenha querido proibir a substituição da pena privativa de liberdade por restritiva de direitos aos referidos delitos, pela literalidade do art. 312-B do CTB, não conseguiu fazê-lo. Nesse norte, a doutrina tem afirmado que esse erro não pode ser suprido mediante interpretação extensiva porque se trata de norma que restringe direitos.

Portanto, mesmo depois do art. 312-B do Código de Trânsito Brasileiro, que buscou impedir a substituição da pena para os citados crimes de trânsito, ainda assim é possível fazê-lo em tais hipóteses.

25.5.1.2 Crime cometido sem violência ou grave ameaça à pessoa

Este requisito objetivo, também previsto no art. art. 44, I, do Código Penal, somente deve ser observado para os crimes dolosos. Por exemplo, para aquele que pratica um delito de roubo, mediante grave ameaça, ainda que a pena aplicada não supere o patamar de 4 anos, não será possível a substituição.

Há doutrina entendendo que é possível a substituição de pena em crimes de menor potencial ofensivo, mesmo que praticados com violência ou grave ameaça a pessoa. Isso porque não faria sentido não autorizar tal benefício, uma vez que, nestes delitos, é possível, inclusive, evitar o processo, mediante realização de transação penal e suspensão condicional do processo.[620]

Por exemplo, os delitos de lesão corporal de natureza leve e ameaça, ambos de menor potencial ofensivo, permitem tanto a transação penal (que impede a formação do processo penal) e a suspensão condicional do processo (que impede a análise do mérito da ação penal, se cumpridos seus termos).

A violência que impede a substituição de pena é a dirigida à pessoa. Se a violência for direcionada à coisa, não há óbice para a concessão do benefício. Por exemplo, no furto mediante rompimento de obstáculo, a violência é endereçada à coisa (para romper o obstáculo) e não à pessoa. Portanto, admite-se a substituição, se preenchidos todos os demais requisitos.

---

[620] SALIM, Alexandre; AZEVEDO, Marcelo André de. *Coleção Sinopses para concursos*. Direito Penal. Parte geral. 10. ed. Salvador: JusPodivm, 2020, p. 476.

No âmbito da Lei Maria da Penha (violência doméstica e familiar), não é cabível a substituição da pena, consoante entendimento pacificado dos tribunais superiores. Vejamos:

> Súmula 588 do STJ: A prática de crime ou contravenção penal contra a mulher com violência ou grave ameaça no ambiente doméstico impossibilita a substituição da pena privativa de liberdade por restritiva de direitos (Súmula 588, Terceira Seção, julgado em 13/09/2017, DJe 18/09/2017).

Existe acesa discussão doutrinária no que tange à possibilidade de substituição da pena em caso *violência imprópria*, que é aquela que, de algum modo, reduz a capacidade de resistência da vítima, existindo duas posições sobre o tema.

A primeira posição, que tem prevalecido, entende que é possível a substituição da pena no caso de violência imprópria, uma vez que a violência que impede a substituição da pena é a violência real, ou seja, aquela em que o ato agressivo recai sobre a própria vítima. Para esse entendimento, no caso de roubo com "boa noite cinderela", seria possível a substituição de pena.

Já para a segunda posição, que a nosso ver entende de forma acertada, a violência imprópria é uma das formas de violência, motivo pelo qual não se pode admitir a substituição da pena. Nesse mesmo sentido, Guilherme Nucci:

> A violência presumida, por outro lado, é forma de violência física, pois resulta da incapacidade de resistência da pessoa ofendida. Quem não consegue resistir, porque o agente se valeu de mecanismos indiretos para dobrar seu esforço (drogando a vítima, por exemplo) está fisicamente retirando o que lhe pertence. Por isso, o que se denomina de violência imprópria não passa da violência presumida, que é, no caso do art. 44, igualmente impeditiva da concessão de penas alternativas.[621]

25.5.2 Requisitos subjetivos

Os requisitos subjetivos estão ligados à pessoa do condenado.

25.5.2.1 Réu não reincidente em crime doloso

O art. 44, II, do Código Penal, autoriza a substituição de pena quando o réu não for reincidente em crime doloso. *Contrario sensu*, a reincidência em crime culposo não impede a fixação de penas alternativas.

De outra banda, em que pese o art. 44, II, do Código Penal não permitir a substituição da pena ao reincidente em crime doloso, o art. 44, §3º, do mesmo Codex, abre uma exceção a esta regra, ao mencionar que "se o condenado for reincidente, o juiz poderá aplicar a substituição, desde que, em face de condenação anterior, a medida seja socialmente recomendável e a reincidência não se tenha operado em virtude da prática do mesmo crime".

---

[621] NUCCI, Guilherme Souza. *Manual de Direito Penal*. 15. ed. Rio de Janeiro: Forense, 2019. p. 400.

Assim, se o indivíduo não for reincidente específico e, ainda, a medida for socialmente recomendável, será viável a aplicação das penas restritivas de direito. Nesse sentido, Luiz Flávio Gomes explica que:

> Se de um lado o inc. II do art. 44 excluiu o instituto da substituição para o réu reincidente em crime doloso, de outro, o §3º do mesmo dispositivo abriu a possibilidade de exceção, nesses termos: se o condenado for reincidente (em crime doloso, evidentemente, porque o §3º está em conexão lógica, topográfica e sistemática com o inc. II citado), o juiz poderá aplicar a substituição, desde que, em face de condenação anterior, a medida seja socialmente recomendável e a reincidência não se tenha operado em virtude da prática do mesmo crime".[622]

Interpretando de outra forma, não sem razão, Fernando Capez leciona que:

> Entendemos que o §3º do art. 44 não tem o condão de revogar a letra expressa de seu inciso II; portanto, ao se referir ao 'condenado reincidente', está fazendo menção ao não reincidente em crime doloso, pois, do contrário, tornaria letra morta a proibição anterior. A conclusão a que se chega, enfim, é a de que nem o reincidente em crime doloso nem o reincidente específico têm direito à substituição da pena privativa de liberdade por pena alternativa.[623]

O Superior Tribunal de Justiça, por sua vez, entende que "a reincidência genérica não é motivo suficiente, por si só, para o indeferimento da substituição da pena privativa de liberdade. Nos termos do art. 44, §3º, do Código Penal, é possível o deferimento da benesse ao réu reincidente, desde que atendidos dois requisitos cumulativos, quais sejam, ser a medida socialmente recomendável em face da condenação anterior e que não esteja caracterizada a reincidência específica" (STJ. AgRg nos EDcl no Aresp 279.042/SP).

25.5.2.2 A culpabilidade, os antecedentes, a conduta social e a personalidade, bem como os motivos e as circunstâncias indicarem que a substituição seja suficiente

O art. 44, III, do Código Penal, diz respeito ao princípio da suficiência, ou seja, da análise da culpabilidade, dos antecedentes, da conduta social, da personalidade, dos motivos e das circunstâncias, deve-se averiguar se a substituição pena é suficiente para a prevenção e repressão do crime.

O Superior Tribunal de Justiça já decidiu que apenas uma destas circunstâncias judiciais desfavoráveis já é o suficiente para impedir a substituição da pena (STJ. HC 255.115/RJ).

25.6 Substituição de pena no tráfico de drogas

O art. 33, §4º, e o art. 44, ambos da Lei nº 11.343/06, vedavam a substituição da pena privativa de liberdade por restritiva de direitos.

---

[622] GOMES, Luiz Flávio. *Penas e medidas alternativas à prisão*. São Paulo: Revista dos Tribunais, 1999. p. 114.
[623] CAPEZ, Fernando. *Curso de Direito Penal*. V. 1. Parte geral. Editora Saraiva, 2020. p. 553.

Além disso, fundamentava-se, também, a não-substituição da pena na incompatibilidade entre esse instituto e a necessidade de imposição de regime inicial fechado aos condenados pela prática de crimes hediondos e equiparados, consoante normatização do artigo 2º, §1º, da Lei nº 8.072/90.

Contudo, no HC 97.256/RS, de relatoria do Min. Ayres Britto, o STF declarou incidentalmente a inconstitucionalidade da vedação à substituição da pena privativa de liberdade ao delito de tráfico de drogas, por ferir o princípio da individualização da pena, uma vez que cabe ao magistrado, de acordo com as peculiaridades do caso concreto, avaliar a viabilidade ou não da substituição da pena.

Posteriormente, o Senado Federal editou a Resolução nº 5/2012 e suspendeu a execução da expressão "vedada a conversão em penas restritivas de direitos", prevista no §4º do art. 33 da Lei nº 11.343, de 23 de agosto de 2006, em atenção à decisão prolatada pela Suprema Corte.

Ademais, também foi declarada inconstitucional a norma que determinava o regime inicialmente fechado para os crimes hediondos e equiparados (artigo 2º, §1º, da Lei nº 8.072/90).[624]

Dessa maneira, afastadas as vedações previstas na Lei de Drogas e na Lei de Crimes Hediondos, as quais fundamentavam a não-substituição da pena corporal por restritiva de direitos, caíram por terra os motivos outrora utilizados.

Portanto, conclui-se que, em tese, existe a possibilidade de substituição da pena privativa de liberdade por restritiva de direitos, desde que preenchidos os requisitos do artigo 44 do Código Penal.

Diga-se que, apesar de o Senado ter suspendido a execução da expressão "vedada a conversão em penas restritivas de direitos", prevista no §4º do art. 33 da Lei nº 11.343, de 23 de agosto de 2006, esqueceu-se de fazê-lo em relação ao artigo 44 da lei (Art. 44. Os crimes previstos nos arts. 33, *caput* e §1º, e 34 a 37 desta Lei são inafiançáveis e insuscetíveis de *sursis*, graça, indulto, anistia e liberdade provisória, *vedada a conversão de suas penas em restritivas de direitos*). Contudo, esse lapso não afeta a possibilidade de substituição da pena.

Aliás, o Supremo Tribunal Federal, de forma recorrente, tem autorizado a substituição da pena privativa de liberdade por restritivas de direitos. A propósito, no Informativo nº 821 (11 a 15 de abril de 2016), referendou novamente a possibilidade. Vejamos:

> Tráfico de entorpecentes: fixação do regime e substituição da pena. Não se tratando de réu reincidente, ficando a pena no patamar de quatro anos e sendo as circunstâncias judiciais positivas, cumpre observar o regime aberto e apreciar a possibilidade da substituição da pena privativa de liberdade pela restritiva de direitos (...) HC 130411/SP, Rel. orig. Min. Rosa Weber, red. p/ o acórdão Min. Edson Fachin, 12/04/2016 (HC 130411).

25.7 Substituição da pena para crimes hediondos e equiparados

A Lei de Crimes Hediondos tem por objetivo endurecer o tratamento penal em relação aos delitos nela enumerados, agravando suas consequências e, por vezes,

---

[624] Remetemos o leitor aos comentários da Lei de Crimes Hediondos.

suprimindo alguns benefícios. Diante disso, questiona-se sobre a possibilidade de substituição das penas privativas de liberdade por restritivas de direitos, nos moldes do artigo 44 do Código Penal, a esses delitos.

A Lei nº 8.072/90 é silente quanto ao tema. Não veda nem autoriza.

Por essa razão, a doutrina tomava emprestada a dicção dos artigos 33, §4º e 44, ambos da Lei de Drogas,[625] os quais vedavam a substituição das penas privativas de liberdade por restritivas de direitos ao crime de tráfico. Assim, considerando que o tráfico de drogas é infração equiparada a hediondo, utilizava-se desse diálogo para impedir a substituição das penas.

Além disso, argumentava-se, também, a não-substituição da pena, em razão da incompatibilidade entre esse instituto e a necessidade de imposição de regime inicial fechado aos condenados pela prática de crimes hediondos, consoante normatização do antigo artigo 2º, §1º, da Lei nº 8.072/90.

No entanto, como visto, no HC 97.256/RS, de relatoria do Min. Ayres Britto, o STF declarou, de forma incidental, a inconstitucionalidade da vedação à substituição da pena privativa de liberdade ao delito de tráfico de drogas, por ferir o princípio da individualização da pena

Posteriormente, o Senado Federal editou a Resolução nº 5/2012 e suspendeu a execução da expressão "vedada a conversão em penas restritivas de direitos", prevista no §4º do art. 33 da Lei nº 11.343, de 23 de agosto de 2006, em atenção à decisão prolatada pela Suprema Corte.

Ademais, como é sabido, também foi declarada inconstitucional a norma que determinava a obrigatoriedade de fixação de regime inicialmente fechado para os crimes hediondos (artigo 2º, §1º, da Lei nº 8.072/90).

Dessa maneira, afastadas as vedações previstas na Lei de Drogas e na Lei de Crimes Hediondos, as quais fundamentavam a não-substituição da pena corporal por restritivas de direitos, não há mais óbice para fazê-lo.

Portanto, conclui-se que, em tese, existe a possibilidade de substituição da pena privativa de liberdade por restritiva de direitos, desde que preenchidos os requisitos do artigo 44 do Código Penal.

25.8 Substituição de pena nos crimes militares

Prevalece o entendimento nos tribunais superiores de que não cabe a substituição da pena nos crimes militares. Vejamos:

> IV – Não se aplica aos crimes militares a substituição da pena privativa de liberdade por restritiva de direitos, prevista no art. 44 do Código Penal, pois o art. 59 do Código Penal Militar disciplinou de modo diverso as hipóteses de substituição cabíveis sob sua égide (HC 94.083/DF, Segunda Turma, Rel. Min. Joaquim Barbosa, DJe de 12/03/2010).

---

[625] Art. 33, §4º Nos delitos definidos no *caput* e no §1º deste artigo, as penas poderão ser reduzidas de um sexto a dois terços, vedada a conversão em penas restritivas de direitos, desde que o agente seja primário, de bons antecedentes, não se dedique às atividades criminosas nem integre organização criminosa.

Art. 44. Os crimes previstos nos arts. 33, *caput* e §1º, e 34 a 37 desta Lei são inafiançáveis e insuscetíveis de *sursis*, graça, indulto, anistia e liberdade provisória, vedada a conversão de suas penas em restritivas de direitos.

25.9 Formas de aplicação das penas restritivas de direitos

O art. 44, §2º, do Código Penal, orienta como o magistrado deve proceder na aplicação das penas restritivas de direitos, estabelecendo duas formas, a depender da quantidade da pena:
1. *Se a condenação for igual ou inferior a um ano*: a substituição pode ser feita por multa ou por uma pena restritiva de direitos;
2. *Se a condenação for superior a um ano*: a pena privativa de liberdade pode ser substituída por uma pena restritiva de direitos e multa ou por duas penas restritivas de direitos.

Existe, ainda, um terceiro parâmetro que é discutido sobre a forma de aplicação das penas restritivas de direitos que diz respeito à pena de multa substitutiva, prevista no art. 60, §2º, do Código Penal, *verbis*:

> §2º A pena privativa de liberdade aplicada, não superior a 6 (seis) meses, pode ser substituída pela de multa, observados os critérios dos incisos II e III do art. 44 deste Código.

O Supremo Tribunal Federal já decidiu que o art. 44, §2º, deve ser analisado em conjunto com o art. 60, §2º, ou seja, a pena corporal somente poderá ser substituída pela multa substitutiva se a reprimenda não superar 6 meses. Se este patamar for suplantado, a substituição deverá ser por pena restritiva de direitos. Vejamos:

> Ressaltou-se que este órgão julgador, em precedente firmado no HC 83092/RJ (DJU de 29/08/2003), já se pronunciara no sentido da impossibilidade de substituição da pena privativa de liberdade por multa nas hipóteses de condenação superior a 6 meses. Ademais, afirmara que: a) se a pena imposta ultrapassar 6 meses e for menor ou igual a 1 ano deverá ser aplicada uma restritiva de direitos; b) se superior a esse tempo, duas restritivas de direitos.[626]

Porém, existe posicionamento doutrinário discordando deste entendimento por sustentar que o art. 60, §2º, foi tacitamente revogado pelo art. 44, §2º, do Código Penal.[627]

25.10 Momento da substituição da pena

Em regra, o juiz irá realizar a substituição da pena privativa de liberdade por restritiva de direitos na sentença condenatória. Inicialmente, será fixada a pena corporal, e, preenchidos os requisitos do art. 44, I a III, do Código Penal, o magistrado decidirá pela substituição no próprio édito condenatório.

No entanto, existe um segundo momento em que se permite a substituição da pena, que é no bojo da execução penal. Nos moldes do art. 180 da Lei de Execuções Penais, a pena privativa de liberdade, não superior a 2 anos, poderá ser convertida em restritiva de direitos, desde que: I – o condenado a esteja cumprindo em regime aberto; II – tenha sido cumprido pelo menos 1/4 (um quarto) da pena; e III – os antecedentes e a personalidade do condenado indiquem ser a conversão recomendável.

---

[626] HC 98995/RS, Rel. Min. Gilmar Mendes, 19/10/2010 (HC-98995).
[627] SALIM, Alexandre; AZEVEDO, Marcelo André de. *Coleção Sinopses para concursos*. Direito Penal. Parte geral. 10. ed. Salvador: JusPodivm, 2020, p. 480.

25.11 Conversão em pena privativa de liberdade (art. 44, §§4º e 5º, do CP)

Como estudado linhas volvidas, uma das características das penas restritivas de direitos é a *precariedade*, ou seja, ela pode ser convertida em pena privativa de liberdade quando ocorrer o descumprimento injustificado da restrição imposta ou sobrevier condenação a pena privativa de liberdade, por outro crime, desde que não seja possível ao condenado cumprir simultaneamente ambas as penas.

25.11.1 Conversão obrigatória

A pena restritiva de direitos se converte em pena privativa de liberdade sempre que houver descumprimento injustificado, a teor do art. 44, §4º, do CP.

O art. 181 da Lei de Execuções Penais orienta, de forma mais detalhada, algumas hipóteses de descumprimento injustificado que ensejam a conversão da pena.

Em relação à pena de prestação de serviços à comunidade (art. 181, §2º, da LEP), haverá conversão quando o condenado: a) não for encontrado por estar em lugar incerto e não sabido, ou desatender a intimação por edital; b) não comparecer, injustificadamente, à entidade ou programa em que deva prestar serviço; c) recusar-se, injustificadamente, a prestar o serviço que lhe foi imposto; d) praticar falta grave; e) sofrer condenação por outro crime à pena privativa de liberdade, cuja execução não tenha sido suspensa.

A pena de limitação de fim de semana será convertida quando (art. 181, §2º, da LEP): a) o condenado não comparecer ao estabelecimento designado para o cumprimento da pena; b) recusar-se a exercer a atividade determinada pelo juiz; c) não for encontrado por estar em lugar incerto e não sabido, ou desatender a intimação por edital; d) praticar falta grave; e) sofrer condenação por outro crime à pena privativa de liberdade, cuja execução não tenha sido suspensa.

Quanto à pena de interdição temporária de direitos, deverá ser convertida quando o condenado: a) exercer, injustificadamente, o direito interditado; b) não for encontrado por estar em lugar incerto e não sabido, ou desatender a intimação por edital; e c) sofrer condenação por outro crime à pena privativa de liberdade, cuja execução não tenha sido suspensa.

No que tange à perda de bens, haverá descumprimento injustificado sujeito a conversão em pena corporal quando o agente se desfaz do bem declarado perdido antes da execução da sentença. Já em relação à prestação pecuniária, quando o condenado deixa de adimpli-la injustificadamente.

Sobre a perda de bens e a prestação pecuniária, existe discussão doutrinária e jurisprudencial quanto à possibilidade ou não de reconversão em sanção corporal, desdobrando-se em duas posições.

A primeira posição, com a qual concordamos e é majoritária, entende que é perfeitamente possível a conversão da perda de bens e da prestação pecuniária em pena de prisão, uma vez que a lei somente impede a conversão da pena de multa. Nesse sentido já decidiu o Superior Tribunal de Justiça:

> 2. Esta Corte já firmou entendimento no sentido da possibilidade de conversão da pena restritiva de direitos, na modalidade de prestação pecuniária, em pena privativa de liberdade, nos termos do art. 44, §4º, do Código Penal (AgRg no *Habeas Corpus* 516.321/SP – 2019/0175638-0).

A segunda posição orienta-se no sentido de que não é possível a realização da conversão, eis que a lei fala em "descumprimento injustificado da restrição imposta". Dessa forma, como a perda de bens e a prestação pecuniária são sanções de natureza pecuniária, tal qual a multa, e não propriamente restritiva, não haveria viabilidade para tanto.

25.11.2 Conversão facultativa

De acordo com a art. 44, §5º, do Código Penal, "sobrevindo condenação a pena privativa de liberdade, por outro crime, o juiz da execução penal decidirá sobre a conversão, podendo deixar de aplicá-la se for possível ao condenado cumprir a pena substitutiva anterior".

Se houver nova condenação a pena privativa de liberdade, não necessariamente o juiz deverá converter a pena substitutiva em corporal. Para que o faça, mister o preenchimento de 3 requisitos:
1. nova condenação a pena privativa de liberdade;
2. que esta condenação seja pela prática de crime. Se for de contravenção, não se fala em conversão; e
3. a nova condenação deve tornar impossível o cumprimento da pena restritiva de direitos.

Para o Superior Tribunal de Justiça, "não há que se cogitar de reconversão em pena reclusiva quando se revelar possível a execução simultânea ou sucessiva das medidas alternativas impostas ao réu".[628]

Portanto, se o criminoso está cumprimento uma prestação pecuniária e sobrevém nova condenação, por crime, a pena privativa de liberdade, é possível que ele permaneça preso e, ainda, continue pagando a sanção pecuniária. De outra banda, se ele está cumprindo prestação de serviços à comunidade em um hospital e advém nova condenação por crime, em regime fechado, não é possível o cumprimento de ambas, motivo pelo qual permite-se a conversão.

25.11.3 Pena de multa

Até a Lei nº 9.268/96, a pena de multa podia ser convertida em pena privativa de liberdade. No entanto, a partir de 1996, não se permite mais a conversão desta sanção pecuniária em pena privativa de liberdade, sendo considerada dívida de valor a ser cobrada pelo Estado, consoante art. 51 do Código Penal.

25.11.4 Procedimento da conversão

Para que a pena alternativa seja convertida em pena privativa de liberdade, é necessária a observância da ampla defesa e do contraditório, sob pena de nulidade da decisão. Nesse sentido já se posicionou o Superior Tribunal de Justiça:

---

[628] STJ HC 93.041/DF (2010/0228239-2).

1. O entendimento desta Corte é firme no sentido de ser imprescindível a intimação do reeducando para esclarecer as razões do descumprimento das medidas restritivas de direito antes da conversão delas em pena privativa de liberdade, em homenagem aos princípios do contraditório e da ampla defesa.
2. É nula a decisão que converte a pena restritiva de direito em privativa de liberdade, sem a prévia intimação do réu. Constrangimento ilegal evidenciado.
(HC 251.312/SP, Rel. Ministro Moura Ribeiro, Quinta Turma, julgado em 18/02/2014, DJe 21/02/2014).

25.11.5 O condenado pode escolher qual pena quer cumprir, se a pena privativa de liberdade ou restritiva de direitos?

Não é possível que haja conversão da pena restritiva de direitos em privativa de liberdade a pedido do condenado, em razão de ele preferir cumprir esta última. A substituição da pena representa uma manifestação de soberania do Estado e sua escolha não pode ficar condicionada aos interesses do condenado. Esse é o posicionamento do Superior Tribunal de Justiça:

> 2. A reconversão da pena restritiva de direitos imposta na sentença condenatória em pena privativa de liberdade depende do advento dos requisitos legais (descumprimento das condições impostas pelo juiz da condenação), não cabendo ao condenado, que sequer iniciou o cumprimento da pena, escolher ou decidir a forma como pretende cumprir a sanção, pleiteando aquela que lhe parece mais cômoda ou conveniente (STJ REsp 1.524.484/PE – Inf. 584).

25.12 Penas restritivas de direito em espécie

25.12.1 Prestação pecuniária

O conceito de prestação pecuniária encontra-se previsto no art. 45, §1º, do Código Penal e consiste no pagamento em dinheiro à vítima, seus dependentes ou entidade pública ou privada com destinação social, de importância fixada pelo juiz, não inferior a 1 salário mínimo, nem superior a 360 salários mínimos.

A referida prestação não pode ser destinada ao Poder Judiciário, pois, embora tenha destinação social, não se equipara a entidade. Contudo, sabemos que na prática, vez ou outra, isto acaba por acontecer, em razão das peculiaridades de cada comarca.

O art. 45, §1º, do Código Penal, estabelece uma ordem preferencial para o adimplemento da prestação pecuniária. Primeiro, busca-se a vítima ou seus dependentes. Caso o faltem, destina-se a quantia a entidades públicas ou privadas com destinação social.

Como se trata de pena, que possui caráter cogente, não há necessidade de aceitação pela vítima, seus dependentes ou pela entidade pública ou privada com destinação social.

O valor da prestação pecuniária não pode ser inferior a 1 salário mínimo, nem superior a 360 salários mínimos. Além disso, se a prestação pecuniária for destinada à vítima ou seus sucessores, o valor pago será deduzido do montante de eventual condenação em ação de reparação civil (45, §2º, do Código Penal). Fernando Capez explica que:

O montante será fixado livremente pelo juiz, de acordo com o que for suficiente para a reprovação do delito, levando-se em conta a capacidade econômica do condenado e a extensão do prejuízo causado à vítima ou seus herdeiros.[629]

No ponto, deve-se ressaltar que não é necessário que a vítima sofra prejuízo patrimonial para que o juiz fixe a prestação pecuniária, podendo fazê-lo, também, na hipótese em que tenha havido dano moral. René Ariel Dotti leciona que:

> Sempre que a infração provocar dano moral à vítima, o juiz poderá obrigar o réu a pagar à vítima e a seus dependentes ou a uma entidade pública ou privada, com destinação social, uma importância não inferior a 1 (um) salário-mínimo nem superior a 360 (trezentos e sessenta) salários-mínimos. Há determinados crimes que causam especial sofrimento moral ao ofendido como a lesão corporal, a ameaça, o dano, a calúnia, a difamação, a injúria, a violação do direito autoral e a usurpação do nome. A consagração constitucional do dever de indenizar o dano moral quando a ofensa atingir bens personalíssimos (art. 5º, V e X) se coloca na linha de justificação da pena de prestação pecuniária, independentemente da provocação de um dano material.[630]

Portanto, nestes casos, a finalidade da prestação pecuniária é a reparação dos danos causados à vítima, tanto o material, quanto o moral.

25.12.1.1 Prestação inominada

O art. 45, §2º, do Código Penal, traz a possibilidade de prestação de outra natureza, caso haja aceitação do beneficiário.

A lei não exige que o pagamento da prestação pecuniária seja realizado em dinheiro, embora seja o mais comum. É possível realizar o adimplemento por outros meios, a exemplo da entrega de cestas básicas, de caixas de leite, dentre outras, desde que o beneficiário concorde.

Há discussão doutrinária sobre a legalidade do dispositivo, tendo em vista que a expressão "prestação inominada" é incerta e imprecisa, o que violaria a Constituição Federal, cujo texto proíbe penas indeterminadas. Contudo, pensamos como Cirino do Santos, que defende que:

> Prestações de outra natureza não ferem o princípio da legalidade das penas – como afirma um setor da literatura –, por duas razões principais: primeiro, porque substituem a pena privativa de liberdade aplicada – regida pelo princípio *nulla poena sine lege*; segundo, porque beneficiam o condenado – logo não podem ser excluídas do princípio da legalidade, instituído para a proteção do acusado.[631]

25.12.1.2 Prestação pecuniária na Lei Maria da Penha (Lei nº 11.340/06)

O art. 17 da Lei nº 11.340/06 dispõe que é vedada a aplicação, nos casos de violência doméstica e familiar contra a mulher, de penas de cesta básica ou outras de

---

[629] CAPEZ, Fernando. *Curso de Direito Penal*. V. 1. Parte geral. Editora Saraiva, 2020. p. 571.
[630] DOTTI, René Ariel. *Penas restritivas de direito*. São Paulo: Revista dos Tribunais, 199. p. 110.
[631] SANTOS, Juarez Cirino dos. *Teoria da pena*. Rio de Janeiro: Lumen Juris, 2005. p. 85.

prestação pecuniária, bem como a substituição de pena que implique o pagamento isolado de multa.

No mesmo sentido é a Súmula 588 do STJ, que veda a própria substituição de pena nos casos de prática de crime ou contravenção penal contra a mulher no âmbito da violência de gênero.

> Súmula 588 do STJ: A prática de crime ou contravenção penal contra a mulher com violência ou grave ameaça no ambiente doméstico impossibilita a substituição de pena privativa de liberdade por restritiva de direitos.

25.12.1.3 Prestação pecuniária nos crimes cometidos contra criança e adolescente

A Lei nº 14.344/22[632] (Lei Henry Borel), incluiu o §1º ao art. 226 do ECA, vedando a aplicação da Lei nº 9.099/95 aos crimes cometidos contra criança e adolescente, independentemente da pena aplicada.

Além disso, determinou que nos casos de violência doméstica e familiar contra a criança e adolescente, é vedada a aplicação de penas de cesta básica ou de outras de prestação pecuniária, bem como a substituição de pena que implique o pagamento isolado de multa (art. 226, §2º, do ECA).

Tratando-se de lei penal mais gravosa, pelo princípio da irretroatividade, não pode alcançar fatos pretéritos.

25.12.1.4 Prestação pecuniária e multa

Embora possam se assemelhar, a pena alternativa de prestação pecuniária não se confunde com a pena de multa.

A prestação pecuniária tem natureza jurídica de pena restritiva de direitos, oriunda da substituição da pena privativa de liberdade por pena alternativa. Já a pena de multa é considerada pena pecuniária propriamente dita, nos termos da regulamentação dos arts. 49 a 52 do Código Penal.

Os destinatários da prestação pecuniária são a vítima, seus dependentes ou entidade pública ou privada com destinação social (art. 45, §1º, do CP). A pena de multa é destinada ao Fundo Penitenciário.

A fórmula de cálculo também é distinta. Na prestação pecuniária, o juiz irá fixá-la em patamar não inferior a 1 salário mínimo, nem superior a 360 salários mínimos. Já a pena de multa será calculada em dias-multa em no mínimo de 10 e no máximo de 360 dias-multa.

Se a prestação pecuniária for destinada à vítima ou seus sucessores, o valor pago será deduzido do montante de eventual condenação em ação de reparação civil. A pena de multa não possui esse mecanismo de abatimento, pois não possui natureza reparatória.

---

[632] Vigência: 45 dias da publicação (09/07/2022).

25.12.2 Perda de bens e valores (art. 45, §3º)

A perda de bens e valores possui base constitucional no art. 5º, XLVI, *b*.

O art. 45, §3º, do Código Penal, determina que a perda de bens e valores pertencentes aos condenados se dará, ressalvada a legislação especial, em favor do Fundo Penitenciário Nacional, e seu valor terá como teto – o que for maior – o montante do prejuízo causado ou do proveito obtido pelo agente ou por terceiro, em consequência da prática do crime.

Diante desse conceito, surge discussão doutrinária a respeito de quais bens e valores são passíveis de serem perdidos.

A primeira corrente, que é a que prevalece, defende que os bens e valores passíveis de perdimento são aqueles adquiridos de forma lícita pelo condenado.

A segunda corrente, por sua vez, entende que os bens e valores que podem ser perdidos são aqueles que foram adquiridos de forma ilícita. No entanto, esta posição recebe várias críticas no sentido de que os bens e valores acrescidos ilicitamente já são perdidos como efeito da condenação, não se constituindo em modalidade de pena.

Nesse contexto, Luiz Flávio Gomes distingue a perda de bens e valores (pena restritiva de direitos) do confisco previsto no Código Penal (art. 91):

> Só cabe o confisco dos instrumentos do crime (*instrumenta sceleris*) e dos produtos do crime (*producta sceleris*) ou do proveito obtido com ele (CP, art. 91), isto é, bens intrinsecamente antijurídicos; por seu turno, a perda de bens não requer sejam bens frutos de crime (*frutus sceleris*). O que o condenado vai perder são seus bens ou valores legítimos, os que integram seu patrimônio lícito. Nesse caso, portanto, dispensa-se prova da origem ilícita deles.

Essa espécie de pena somente tem cabimento em relação aos crimes, não se aplicando às contravenções penais. Além disso, para que seja reconhecida, é necessário que o delito tenha causado algum tipo de repercussão patrimonial em relação à vítima ou ocasionado alguma vantagem patrimonial ao criminoso ou a terceiros.

Demais disso, o valor terá como teto o montante do prejuízo causado ou do proveito obtido pelo agente ou por terceiro em razão da prática do crime (aquele que for maior), conforme dispõe o art. 45, §3º, do CP.

25.12.3 Prestação de serviços à comunidade ou outras entidades

Esta modalidade de pena encontra respaldo no art. 5º, XLVI, *d*, da CF/88 e, segundo o art. 46, §1º, do CP, consiste na atribuição de tarefas gratuitas[633] ao condenado, as quais devem ser prestadas em entidades assistenciais, hospitais, escolas, orfanatos e outros estabelecimentos congêneres, em programas comunitários ou estatais (art. 46, §2º, do CP).

As atividades desenvolvidas na prestação de serviços à comunidade serão atribuídas de acordo com a aptidão do condenado (art. 46, §3º, do CP).

Segundo o art. 46, *caput*, do Código Penal, esta pena substitutiva somente será aplicável às condenações superiores a 6 meses de privação da liberdade.

---

[633] Esta regra é reforçada pelo art. 30 da LEP (As tarefas executadas como prestação de serviço à comunidade não serão remuneradas).

Demais disso, deverá ser cumprida à razão de uma hora de tarefa por dia de condenação, fixadas de modo a não prejudicar a jornada normal de trabalho (art. 46, §3º).

O art. 46, §4º, do Código Penal, permite que a prestação de serviço à comunidade ou a entidades públicas seja cumprida em tempo menor do que o estabelecido na sentença, desde que a pena seja superior a 1 ano e o seu cumprimento nunca seja inferior à metade da pena privativa de liberdade fixada. Por exemplo, se a pena aplicada for de 3 anos, será possível o seu cumprimento em 1 ano e 6 meses.

25.12.3.1 Início, formas e comprovação da prestação de serviço à comunidade

A execução da prestação de serviço à comunidade terá início a partir da data do primeiro comparecimento (art. 149, §1º, da LEP).

Para tanto, caberá ao juiz da execução: 1. designar a entidade ou programa comunitário ou estatal, devidamente credenciado ou convencionado, junto ao qual o condenado deverá trabalhar gratuitamente, de acordo com as suas aptidões; e 2. determinar a intimação do condenado, cientificando-o da entidade, dias e horário em que deverá cumprir a pena.

Da mesma maneira, o juiz poderá alterar a forma de execução da prestação de serviço à comunidade, a fim de ajustá-la às modificações ocorridas na jornada de trabalho.

O trabalho terá a duração de oito horas semanais e será realizado aos sábados, domingos e feriados, ou em dias úteis, de modo a não prejudicar a jornada normal de trabalho, nos horários estabelecidos pelo juiz.

A entidade beneficiada com a prestação de serviços encaminhará, mensalmente, ao juiz da execução, relatório circunstanciado das atividades do condenado, bem como, a qualquer tempo, comunicação sobre ausência ou falta disciplinar.

Por fim, registre-se que, ao patronato público ou particular, o qual deve prestar assistência aos albergados e aos egressos, incumbe também, além de orientar os condenados à pena restritiva de direitos, fiscalizar o cumprimento das penas de prestação de serviço à comunidade e de limitação de fim de semana.

25.12.3.2 Prestação de serviços à comunidade no Código de Trânsito Brasileiro

O artigo 312-A do Código de Trânsito, incluído pela Lei nº 13.281/16, determina ao juiz que penas restritivas de direito devem ser aplicadas ao condutor que praticar os delitos relacionados nos artigos 302 a 312 do Código.

É importante mencionar que os crimes previstos no Código de Trânsito admitem a substituição da pena privativa de liberdade por restritiva de direitos, desde que preenchidos os requisitos do artigo 44 do Código Penal.

O artigo 43 do Código Penal elenca as seis possíveis penas substitutivas existentes, sendo elas: 1. prestação pecuniária; 2. perda de bens e valores; 3. limitação de fim de semana; 4. prestação de serviço à comunidade ou a entidades públicas; 5. interdição temporária de direitos; 6. limitação de fim de semana. Portanto, em regra, ao substituir a pena privativa de liberdade por restritiva de direitos, o juiz pode determinar qual dessas penas melhor se amolda ao caso concreto.

Contudo, no caso do Código de Trânsito, o artigo 312-A, incluído pela Lei nº 13.281/16, determina ao juiz que, quando substituir a pena privativa de liberdade por restritiva de direitos, aplique obrigatoriamente ao condenado a *pena de prestação de serviço à comunidade ou a entidades públicas*, nos seguintes locais:

1. trabalho, aos fins de semana, em equipes de resgate dos corpos de bombeiros e em outras unidades móveis especializadas no atendimento a vítimas de trânsito;
2. trabalho em unidades de pronto-socorro de hospitais da rede pública que recebem vítimas de acidente de trânsito e politraumatizados;
3. trabalho em clínicas ou instituições especializadas na recuperação de acidentados de trânsito; e
4. outras atividades relacionadas ao resgate, ao atendimento e à recuperação de vítimas de acidentes de trânsito.

Note-se que todos os incisos do artigo 312-A mencionam locais que prestam socorro ou atendimento às vítimas de acidente de trânsito. O intuito do legislador foi conscientizar o infrator das consequências nefastas de condutas inadequadas no trânsito, colocando-o para prestar serviços em locais que prestam apoio e vivenciam o sofrimento das vítimas.

Márcio André Lopes Cavalcanti, com acerto, faz uma relevante ponderação em relação aos tipos penais que preveem penas restritivas de direitos diretamente no preceito secundário:

> Os crimes tipificados nos arts. 302, 303, 306, 307, 308 do CTB preveem, em seus preceitos secundários, que o condenado receberá uma pena restritiva de direitos, qual seja, a "suspensão ou proibição de se obter a permissão ou a habilitação para dirigir veículo automotor" (que é uma espécie de interdição temporária de direitos) (...) Essas penas restritivas de direito que estão previstas diretamente nestes artigos continuam em vigor e deverão ser aplicadas cumulativamente com a prestação de serviços disciplinada pelo recém inserido art. 312-A do CTB.[634]

25.12.3.3 Prestação de serviços à comunidade na Lei de Crimes Ambientais

A Lei nº 9.605/98 distingue a forma de prestação de serviço à comunidade, a depender do sujeito que praticou o delito, se pessoa física ou jurídica.

O art. 9º da Lei nº 9.605/98 determina que, em relação à pessoa física, a prestação de serviços à comunidade consistirá na atribuição ao condenado de tarefas gratuitas junto a parques e jardins públicos e unidades de conservação, e, no caso de dano da coisa particular, pública ou tombada, na restauração desta, se possível.

Já a prestação de serviços à comunidade pela pessoa jurídica, prevista no art. 23 da Lei nº 9.605/98, consistirá em: I – custeio de programas e de projetos ambientais; II – execução de obras de recuperação de áreas degradadas; III – manutenção de espaços públicos; IV – contribuições a entidades ambientais ou culturais públicas.

---

[634] CAVALCANTI, Márcio André Lopes. *Lei 13.281/2016 e réus condenados a pena restritiva de direitos por crime de trânsito*. Disponível em: http://www.dizerodireito.com.br/2016/05/lei-132812016-e-reus-condenados-pena.html. Acesso em: 16 abr. 2017.

25.12.4 Interdição temporária de direitos

A internação temporária de direitos encontra-se descrita no art. 47 do Código Penal e se constitui na proibição do exercício de determinados direitos pelo condenado.

O Código Penal elenca 5 hipóteses de interdição temporária de direitos, sendo elas: I – proibição do exercício de cargo, função ou atividade pública, bem como de mandato eletivo; II – proibição do exercício de profissão, atividade ou ofício que dependam de habilitação especial, de licença ou autorização do poder público; III – suspensão de autorização ou de habilitação para dirigir veículo; IV – proibição de frequentar determinados lugares; e V – proibição de inscrever-se em concurso, avaliação ou exame públicos.

As hipóteses de interdição temporária de direitos podem ser classificadas como genérica (aplicam-se a qualquer infração penal) ou específica (aplicam-se somente a determinadas infrações penais indicadas pelo Código Penal).

25.12.4.1 Proibição do exercício de cargo, função ou atividade pública, bem como de mandato eletivo (art. 47, I, do CP)

Trata-se de pena específica, que se aplica para todo crime cometido no exercício de profissão, atividade, ofício, cargo ou função, sempre que houver violação dos deveres que lhes são inerentes (art. 56 do CP). A proibição constante no art. 47, I, do Código Penal, diz respeito ao exercício de atividades relacionadas à vida pública.

Luiz Régis Prado explica quais as figuras jurídicas destinatárias desta interdição:

> Por cargo público entende-se o lugar instituído na organização do serviço público, com denominação própria, atribuições e responsabilidades específicas e estipêndio correspondente; função pública, a seu turno, 'é a atribuição ou o conjunto de atribuições que a administração confere a cada categoria profissional ou comete individualmente a determinados servidores para a execução de serviços eventuais'; já a atividade pública é toda aquela, remunerada ou não, desenvolvida em benefício do Estado e sujeita a nomeação, escolha ou designação pelo Poder Público (ex.: emprego público); o mandato eletivo, por fim, é aquele exercido pelos membros do Poder Legislativo (senadores, deputados, vereadores) e Executivo (presidente da República, governadores, prefeitos), durante determinado lapso temporal previamente fixado.[635]

Embora seja o exemplo mais comum, para a aplicação dessa pena restritiva de direito não é necessário que o agente pratique crimes contra a administração pública. É possível o emprego desta pena para crimes comuns, desde que haja violação dos deveres que são inerentes ao exercício do cargo, função ou atividade pública, bem como de mandato eletivo.

Nesse prisma, não se pode confundir esta modalidade de proibição temporária com a perda de cargo, função pública ou mandato eletivo, prevista no art. 92, I, do Código Penal. Esta última é considerada efeito da condenação e será reconhecida: a) quando aplicada pena privativa de liberdade por tempo igual ou superior a um ano, nos crimes praticados com abuso de poder ou violação de dever para com a administração

---

[635] PRADO, Luiz Régis. *Curso de Direito Penal brasileiro*: Parte geral e parte especial. 18. ed. Rio de Janeiro: Forense, 2020. p. 291.

pública; e b) quando for aplicada pena privativa de liberdade por tempo superior a 4 anos nos demais casos.

25.12.4.2 Proibição do exercício de profissão, atividade ou ofício que dependam de habilitação especial, de licença ou autorização do poder público (art. 47, II, do CP)

Trata-se de pena específica, que se aplica a todo crime cometido no exercício de profissão, atividade, ofício, cargo ou função, sempre que houver violação dos deveres que lhes são inerentes (art. 56 do CP). A proibição constante no art. 47, II, do Código Penal, diz respeito ao exercício de atividades relacionadas à vida privada.

Deve-se ressaltar que a aplicação desta pena não impede a punição administrativa por parte dos conselhos de classe. Por exemplo, se um médico pratica homicídio culposo no exercício da profissão, com violação dos deveres que lhes são inerentes, mesmo tendo sido condenado criminalmente a esta pena restritiva de direitos, o Conselho Regional de Medicina também poderá sancioná-lo administrativamente com suspensão do exercício profissional.

25.12.4.3 Suspensão de autorização ou de habilitação para dirigir veículo (art. 47, III, do CP)

O art. 292 do CTB também traz disposição semelhante à do art. 47, III, do Código Penal.

> A suspensão ou proibição de se obter a permissão ou a habilitação prevista no artigo 292 do CTB não se confunde com a interdição temporária de direitos prevista no artigo 47, III, do Código Penal.[636]

A primeira diferença constatada consiste no fato de que o Código de Trânsito permite a *suspensão* ou a *proibição* de se obter a permissão ou a habilitação. Já a interdição temporária de direitos prevista no artigo 47, III, do Código Penal, elenca somente a *suspensão* de autorização ou de habilitação para dirigir veículo. Disso, conclui-se que a pena do Código Penal só pode ser aplicada ao agente delitivo que já possua habilitação, enquanto, no Código de Trânsito, pode ser aplicada àquele que possua ou não tal documento.

Além do mais, no Código Penal, as penas alternativas são autônomas e aplicadas em substituição à pena privativa de liberdade, desde que preenchidos os requisitos objetivos e subjetivos (art. 44 do Código Penal). A suspensão ou proibição de se obter a permissão ou a habilitação prevista no artigo 292 do Código de Trânsito não é aplicada em substituição à pena privativa de liberdade, mas de forma autônoma, tendo em vista que está cominada abstratamente em alguns tipos penais.

---

[636] Art. 292 do CTB. A suspensão ou a proibição de se obter a permissão ou a habilitação para dirigir veículo automotor pode ser imposta isolada ou cumulativamente com outras penalidades (Redação dada pela Lei nº 12.971, de 2014).

A pena de *suspensão* de autorização ou de habilitação prevista no Código Penal, em razão do seu caráter substitutivo, não pode ser aplicada cumulativamente com pena privativa de liberdade. Por sua vez, a suspensão ou proibição de se obter a permissão ou a habilitação prevista no artigo 292 do Código de Trânsito, por ser pena autônoma (não substitutiva), pode ser aplicada isoladamente ou de forma cumulativa com a pena privativa de liberdade.

Ainda no mesmo contexto, é importante tecer alguns comentários a respeito das hipóteses de aplicação de tais penas, ou seja, em quais hipóteses será aplicada a pena de interdição de direitos prevista no Código Penal e em quais hipóteses será aplicada a pena prevista no artigo 292 do Código de Trânsito.

Observe-se que o artigo 292 do Código de Trânsito fala em suspensão ou proibição de se obter a *permissão* ou a *habilitação*. De seu turno, o artigo 47, III, do Código Penal fala sobre suspensão de *autorização* ou de *habilitação* para dirigir veículo.

A *autorização* é o documento que possibilita a condução de veículos ciclomotores, conforme orienta o artigo 141 do Código de Trânsito. A *permissão* é o documento conferido aos candidatos aprovados no exame de habilitação, cuja validade é de um ano, nos moldes do artigo 148, §1º, do Código de Trânsito. Já a *habilitação* é o documento conferido ao condutor aprovado no exame de habilitação, após o término de um ano, desde que não tenha cometido nenhuma infração de natureza grave ou gravíssima, ou seja, reincidente em infração média (art. 148, §3º, do Código de Trânsito).

Diante dessas distinções, pode-se afirmar o seguinte:
a) a pena de interdição de direitos prevista no artigo 47, III, do Código Penal alcança apenas a suspensão da *autorização* e da *habilitação*. Sendo assim, qualquer questão afeta à *permissão* é regulada pelo Código de Trânsito;
b) o artigo 57 do Código Penal estatui que a pena de interdição, prevista no inciso III do art. 47 deste Código, aplica-se aos crimes culposos de trânsito. Contudo, o Código de Trânsito Brasileiro também instituiu a suspensão ou proibição de se obter a *permissão* ou a *habilitação*, de forma que, por se tratar de lei posterior e especial ao Código Penal, prevalece em relação às normas gerais deste último. Portanto, nos crimes de homicídio culposo e lesões corporais culposas na direção de veículo automotor, aplica-se o regramento do Código de Trânsito Brasileiro, que autoriza a aplicação de pena privativa de liberdade cumulada com a suspensão ou proibição de se obter a *permissão* ou a *habilitação*;
c) a única hipótese de aplicação do artigo 47, III, do Código Penal, dá-se no caso de *suspensão da autorização* para dirigir veículo, lembrando-se que a autorização é utilizada somente para fins de condução de veículos ciclomotores. Sobre esse tema, Cléber Masson faz uma importante observação prática:
E como ciclomotor, na definição do Anexo I do Código de Trânsito Brasileiro, é o 'veículo de duas ou três rodas, provido de um motor de combustão interna, cuja cilindrada não exceda a cinquenta centímetros cúbicos (3,05 polegadas cúbicas) e cuja velocidade máxima de fabricação não exceda a cinquenta quilômetros por hora', essa pena foi praticamente abolida, pois sua aplicação é de quase impossível ocorrência prática.[637]

---

[637] MASSON, Cléber Rogério. *Direito Penal esquematizado*. Parte geral. v. 1. 3. ed. rev., atual. e ampl. Rio de Janeiro: Forense; São Paulo: Método, 2010, p. 670.

Em relação à vigência dos dispositivos, alguns autores, a exemplo do Professor Rogério Sanches,[638] entendem que o artigo 47, III, do Código Penal, foi tacitamente revogado pelo Código de Trânsito.

De outra banda, há quem entenda (como nós) que ainda é possível a aplicação do artigo 47, III, do Código Penal, na hipótese de suspensão da autorização. Nesse sentido, Guilherme de Souza Nucci leciona que:

> Não mais se aplica o disposto no art. 47, III, c.c. art. 57, ambos do Código Penal, quanto à suspensão da habilitação para dirigir veículo. A penalidade passa a ser regida pela Lei nº 9.503/97. Restou, no mencionado art. 47, III, a suspensão da autorização para dirigir veículo automotor, no caso, destinada apenas aos ciclomotores.[639]

25.12.4.4 Proibição de frequentar determinados lugares

A proibição de frequentar determinados lugares é uma das hipóteses de interdição temporária de direitos. Contudo, tal limitação não se encontra prevista apenas no rol de penas restritivas, constando, também como condição de outros institutos.

No âmbito do livramento condicional, existe a possibilidade de o juiz impor ao liberado condicional, dentre outras obrigações, que não frequente determinados lugares (art. 132, §2º, c, da LEP). Da mesma forma, a suspensão condicional da pena (art. 78, §2º, a, do Código Penal), a suspensão condicional do processo (art. 89, §1º, II, da Lei nº 9.099/95), bem como o regime aberto (art. 115 da LEP) permitem a imposição desta restrição.

A doutrina critica a amplitude desta pena, pois, ao se falar em "proibição de frequentar determinados lugares", faltaria a devida clareza. Desse modo, Miguel Reale ensina que:

> Quanto à pena de proibição de frequentar determinados lugares por não se especificar, sequer de forma genérica quando tem cabença sua aplicação, o poder discricionário amplia-se e deve o juiz com esforço fundamentar a razão pela qual escolheu esta pena".[640]

A nosso sentir, a proibição de frequentar determinados lugares deve ter relação com o crime praticado, de modo a impedir que o agente frequente ambientes que sejam propícios à sua espécie de delinquência, evitando-se a reincidência do comportamento anterior. Por exemplo, imagine um indivíduo que é dado a beber e dirigir. Assim, impedi-lo de frequentar bares, boates e prostíbulos é adequado, vez que são locais que permitem o acesso fácil a bebidas alcoólicas.

A grande questão sé como realizar a fiscalização dessa restrição, o que acaba tornando a pena inócua. Todavia, atualmente, o uso de tornozeleira eletrônica passou a ser comum no bojo do cumprimento de pena e, também, no âmbito das medidas cautelares diversas da prisão. Assim, não vemos óbice para a utilização deste

---

[638] CUNHA, Rogério Sanches. *Manual de Direito Penal*. Parte geral (arts. 1º ao 120). Volume único. Salvador: JusPodivm, 2013, p. 437.

[639] NUCCI, Guilherme de Souza. *Leis penais e processuais penais comentadas*. v. 2. 8. ed. rev., atual. e ampl. Rio de Janeiro: Forense, 2014, p. 2.431 (e-PUB).

[640] REALE JÚNIOR, Miguel. *Instituições de Direito Penal*. Rio de Janeiro: Forense, 2003. t. II, p. 63.

instrumento para a fiscalização dos apenados submetidos a esta restrição, já que se trata de meio não invasivo.

25.12.4.5 Proibição de inscrever-se em concurso, avaliação ou exame públicos

A Lei nº 12.550/11 incluiu no rol de interdições temporárias de direitos a proibição de inscrever-se em concurso, avaliação ou exame públicos. A mesma lei incluiu no ordenamento jurídico o crime do art. 311-A do Código Penal, conhecido como Fraudes em certames de interesse público. Por essa razão, parte da doutrina tem ensinado que esta restrição temporária de direitos seria aplicável tão somente a este delito.

A nosso sentir, contudo, aplica-se essa reprimenda ao condenado que praticou alguma infração penal que tenha como finalidade beneficiá-lo, fraudulentamente, com sua aprovação em concurso avaliação ou exame públicos. Portanto, embora o delito do art. 311-A do Código Penal seja o mais conhecido neste tema, não há óbice para a aplicação dessa pena a outros crimes, desde que demonstrado este nexo.

25.12.5 Limitação de final de semana

A limitação de final de semana encontra-se prevista no art. 48 do Código Penal e consiste na obrigação de permanecer aos sábados e domingos, por 5 horas diárias, em casa do albergado ou em outro estabelecimento adequado.

Durante a permanência no local designado, poderão ser ministrados cursos e palestras ou atribuídas atividades educativas ao condenado (art. 48, parágrafo único, do CP).

Nos casos de violência doméstica contra a mulher, o juiz poderá determinar o comparecimento obrigatório do agressor a programas de recuperação e reeducação (art. 152, p. único, da LEP).

Esta restrição terá a mesma duração da pena privativa de liberdade substituída (art. 55 do CP).

A execução da limitação de final de semana terá início a partir da data do primeiro comparecimento, cabendo ao juiz da execução determinar a intimação do condenado, cientificando-o do local, dias e horário em que deverá cumpri-la.

Por sua vez, o estabelecimento designado deverá encaminhar, mensalmente, ao juiz da execução, relatório das atividades desenvolvidas, bem como comunicar, a qualquer tempo, a ausência ou falta disciplinar do condenado (art. 153 da LEP).

Nesse norte, quando o condenado não comparecer ao estabelecimento designado para o cumprimento da pena, recusar-se a exercer a atividade determinada pelo juiz, não for encontrado por estar em lugar incerto e não sabido, ou desatender a intimação por edital, praticar falta grave ou sofrer condenação por outro crime à pena privativa de liberdade, cuja execução não tenha sido suspensa, a pena de limitação de fim de semana será convertida em privativa de liberdade (art. 181, §1º, da LEP).

Registre-se, por fim, que a jurisprudência não tem admitido a aplicação de penas restritivas de direitos como condição especial do regime aberto (Súmula 493 do STJ). Portanto, não é possível que seja fixada como condição do aberto a limitação de final de semana:

A limitação de final de semana consiste em pena restritiva de direitos, prevista no inciso VI do CP, art. 43 – Código Penal, revestindo-se de caráter autônomo e substitutivo, a teor do que dispõe o art. 44, *caput* do mesmo Estatuto, inexistindo previsão legal para a cumulação da pena restritiva com a privativa de liberdade (RHC 64.227/MG, Sexta Turma, Rel. Min. Maria Thereza de Assis Moura, DJe de 06/11/2015).

PENA DE MULTA

26.1 Conceito

A pena de multa encontra previsão constitucional no art. 5º, LVI, *c*, da Carta Magna, e, conforme art. 49 do Código Penal, consiste no pagamento ao Fundo Penitenciário da quantia fixada na sentença e calculada em dias-multa, que será, no mínimo, de 10 e, no máximo, de 360 dias-multa.

Como explica Luiz Régis Prado, "no Direito Penal brasileiro, figura como pena pecuniária apenas a multa (arts. 5º, XLVI, *c*, da CF; e 49, do CP)".[641]

26.2 Critério adotado

Existem quatro critérios doutrinários que explicam a aplicação da pena de multa.

1. *Alíquota parte do patrimônio do agente*

Este modelo leva em consideração o patrimônio que o condenado possui, fixando-se como multa penal um percentual sobre seus os bens.

2. *Renda do condenado*

Para este critério, a pena de multa deve ser aplicada de forma proporcional à renda do agente. Portanto, quanto maior a renda, mais vultosa a multa. Quanto menor a renda, mais branda ela será.

3. *Cominação abstrata*

Nesse sistema, a própria lei fixa quais os limites mínimos e máximos da pena de multa, ou seja, a multa é cominada pelo próprio tipo penal.

---

[641] PRADO, Luiz Régis. *Curso de Direito Penal brasileiro*: parte geral e parte especial. 18. ed. Rio de Janeiro: Forense, 2020. p. 299.

O ordenamento jurídico pátrio adotou de forma excepcional este parâmetro. Por exemplo, o art. 244 do Código Penal (crime de abandono material) estabelece a pena de detenção, de um a 4 quatro anos e multa, de uma a dez vezes o maior salário mínimo vigente no País.

4. Dias-multa

Este foi o critério adotado pelo Código Penal (art. 49). Por ele, a lei fixa no preceito secundário que determinado delito está sujeito à pena-multa, sem, contudo, informar o valor desta sanção, cabendo ao juiz estabelecê-lo segundo os parâmetros do art. 49 do Código Penal. Vejamos dois exemplos de forma gráfica:

Homicídio Simples	Furto Simples
Art. 121. Matar alguém: Pena – reclusão, de seis a vinte anos. O delito de homicídio não estabelece multa. Portanto, não é possível que seja fixada.	Furto Art. 155 – Subtrair, para si ou para outrem, coisa alheia móvel: Pena – reclusão, de um a quatro anos, e multa. Já o delito de furto, por exemplo, traz no seu preceito secundário a pena de multa, sem, contudo, indicar qual o seu valor. Assim, o juiz deverá fixá-la.

26.3 Aplicação da pena de multa

Diferentemente da aplicação da pena corporal, que segue o critério trifásico, a fixação da pena de multa observa o critério bifásico, possuindo apenas dois momentos:

1ª fase: quantidade de dias-multa (art. 49 do CP)

Nesta primeira fase, o juiz fixará a quantidade de dias-multa, que não será inferior a 10 e nem superior a 360 dias-multa.

Para a fixação da quantia dos dias-multa, o magistrado se valerá do critério trifásico utilizado para a pena privativa de liberdade. Em outros termos, o montante de dias-multa (10 a 360) será estipulado observando-se as circunstâncias judiciais do art. 59 do Código Penal, a existência de atenuantes e agravantes, bem como causas de aumento e diminuição. Nessa perspectiva, já decidiu o Superior Tribunal de Justiça:

> RECURSO ESPECIAL. PROCESSO PENAL E PENAL. DOSIMETRIA DA PENA DE MULTA. CRITÉRIO TRIFÁSICO. PROPORCIONALIDADE. DELITO TIPIFICADO NO ART. 289, §1º, DO CÓDIGO PENAL – CP. FORMA TENTADA. REDUÇÃO AQUÉM DO MÍNIMO LEGAL. POSSIBILIDADE. EXECUÇÃO PROVISÓRIA DAS PENAS RESTRITIVAS DE DIREITOS. IMPOSSIBILIDADE. PRECEDENTES. RECURSO ESPECIAL PROVIDO. 1. O Superior Tribunal de Justiça – STJ, após afirmar que a quantidade de dias-multa deveria obedecer aos critérios dispostos no art. 59 do Código Penal, passou a definir que a pena de multa deveria ser estabelecida de forma proporcional à privativa de liberdade imposta, obedecendo ao sistema trifásico (art. 68 do Código Penal). 2. Desse modo, a pena de multa do art. 49 do Código Penal, em razão da proporcionalidade, deve

refletir a pena corpórea estipulada, de modo a serem consideradas as circunstâncias judiciais, as agravantes e as atenuantes e, ainda, as causas de diminuição e de aumento.[642]

2ª fase: valor dos dias-multa (art. 49, §1º, do CP)

Fixada a quantia dos dias-multa, deverá o magistrado indicar o seu valor, que poderá ser inferior a 1/30 (um trigésimo) do maior salário mínimo mensal vigente ao tempo do fato, nem superior a 5 vezes esse salário.

Na fixação da pena de multa, o juiz deve atender, principalmente, à situação econômica do réu (art. 60 do CP), podendo, inclusive, aumentá-la até o triplo, se considerar que, em virtude do poder econômico do condenado, embora já aplicada no máximo, ainda assim seu valor é ineficaz.

26.4 Impossibilidade de dispensa ou isenção da pena de multa

É muito comum que, no bojo da ação penal ou até da execução penal, exista requerimento de dispensa ou isenção do pagamento da pena de multa, por vezes, ao argumento de que o condenado não tem condições financeiras para fazê-lo.

Contudo, tal tese não deve ser acolhida. Isso porque a lei penal não estabelece possibilidade de isenção ou dispensa do pagamento da pena de multa ao condenado, diante de sua impossibilidade financeira, pois tal sanção não se reveste de disponibilidade para o julgador, mas sim de imposição normativa. Vale dizer, a pena de multa, tal qual a pena privativa de liberdade, possui natureza sancionatória e decorre do próprio tipo penal. Portanto, de aplicação obrigatória e não meramente facultativa. Nesse sentido é a jurisprudência do Superior Tribunal de Justiça:

> PENAL. AGRAVO REGIMENTAL NO RECURSO ESPECIAL. PENA DE MULTA. ISENÇÃO. IMPOSSIBILIDADE. 1. Nos termos da jurisprudência desta Corte, não se admite a isenção da pena de multa prevista no preceito secundário da norma penal incriminadora, por falta de previsão legal. Precedentes. 2. Agravo regimental desprovido (AgRg no REsp 1708352/RS, Rel. Ministro Antonio Saldanha Palheiro, Sexta Turma, julgado em 17/11/2020, DJe 04/12/2020).

26.5 Pagamento voluntário da pena de multa

A pena de multa deve ser paga dentro de 10 dias depois de transitada em julgado a sentença (art. 50 do CP). Nesse contexto, é possível que, dentro deste mesmo prazo (art. 169 da LEP), o juiz permita que ela seja adimplida de forma parcelada, desde que haja requerimento do condenado e as circunstâncias do caso concreto permitam.

Não há determinação legal em relação ao limite de parcelas a serem estabelecidas pelo juízo, o que será analisado de acordo com as circunstâncias de cada caso concreto. No entanto, o art. 169 da LEP ressalva que o pagamento deve ser realizado em prestações mensais, iguais e sucessivas.

---

[642] Recurso Especial 1.756.117/RS (2018/0184700-7).

É possível, ainda, que a cobrança da multa seja efetuada mediante desconto no vencimento ou salário do condenado quando: a) aplicada isoladamente; b) aplicada cumulativamente com pena restritiva de direitos; c) concedida a suspensão condicional da pena.

De toda forma, os descontos não devem incidir sobre os recursos indispensáveis ao sustento do condenado e de sua família.

26.6 Conversão, legitimidade e execução da pena de multa

Até a Lei nº 9.268/96, a pena de multa podia ser convertida em pena privativa de liberdade. No entanto, a partir de 1996, não se permite mais tal procedimento, uma vez que esta sanção pecuniária passou a ser considerada dívida de valor, a ser cobrada pelo Estado.

Desse modo, ante a impossibilidade de conversão em pena corporal, em caso de inadimplemento por parte do condenado, o Estado deve executá-la, a fim de satisfazer este crédito.

A grande questão que se coloca quanto à execução da pena de multa diz respeito à legitimidade para fazê-la.

Antes da Lei nº 13.964/19 (Pacote de Lei Anticrime), a execução da multa penal se dava nos moldes do antigo art. 51 do Código Penal, que dispunha que "transitada em julgado a sentença condenatória, a multa será considerada dívida de valor, *aplicando-se-lhes as normas da legislação relativa à dívida ativa da Fazenda Pública*, inclusive no que concerne às causas interruptivas e suspensivas da prescrição".

Assim, durante muito tempo, entendeu-se que a competência para a cobrança da pena de multa seria da Fazenda Pública, perante a vara das execuções fiscais. Nesse sentido, havia, inclusive, súmula do Superior Tribunal de Justiça:

> Súmula 521 do STJ: "A legitimidade para a execução fiscal de multa pendente de pagamento imposta em sentença condenatória é exclusiva da Procuradoria da Fazenda Pública".

Contudo, o entendimento da Súmula 521 do STJ ficou superado depois da ADI 3.150/DF pelo STF. Nesse julgamento, o Supremo Tribunal Federal deu interpretação conforme ao então art. 51 do Código Penal, aduzindo que, prioritariamente, a execução da pena de multa cabe ao Ministério Público junto à vara da execução penal. Caso o *parquet* não o fizesse no prazo de 90 dias, subsidiariamente, a cobrança poderia ser feita pela procuradoria da Fazenda Pública perante a vara das execuções fiscais.

Após a Lei nº 13.964/19, houve alteração do art. 51 do Código Penal, passando a prever o seguinte:

> Art. 51. Transitada em julgado a sentença condenatória, a multa será executada perante o juiz da execução penal e será considerada dívida de valor, aplicáveis as normas relativas à dívida ativa da Fazenda Pública, inclusive no que concerne às causas interruptivas e suspensivas da prescrição.

A alteração do art. 51 do Código Penal, portanto, vai ao encontro da decisão do Supremo Tribunal Federal na ADI 3.150/DF, definindo, de forma expressa na lei, que a competência para a execução da multa penal se dará perante a vara da execução penal, pelo órgão do Ministério Público.

A nova disposição legal não traz a previsão de execução subsidiária pela procuradoria da Fazenda Pública perante a vara da Fazenda Pública, como ressaltou o Supremo Tribunal na ADI 3.150/DF, deixando a cargo do Ministério Público executá-la perante a vara da execução penal.

26.7 Procedimento para execução da pena de multa

A execução da pena multa é regulada pelos arts. 164 e seguintes da Lei de Execuções Penais.

Para que se inicie a execução da multa-pena, é necessária a certidão da sentença condenatória com trânsito em julgado, que valerá como título executivo judicial.

De posse deste documento, o Ministério Público requererá, em autos apartados, a citação do condenado para, no prazo de 10 dias, pagar o valor da multa ou nomear bens à penhora.

Decorrido o prazo sem o pagamento da multa, ou o depósito da respectiva importância, proceder-se-á à penhora de tantos bens quantos bastem para garantir a execução. A nomeação de bens à penhora e a posterior execução seguirão o que dispuser a lei processual civil.

26.8 Prescrição da pena de multa e causas interruptivas e suspensivas da prescrição

O art. 51 do Código Penal determina que a multa será executada perante o juiz da execução penal e será considerada dívida de valor, *aplicáveis as normas relativas à dívida ativa da Fazenda Pública, inclusive no que concerne às causas interruptivas e suspensivas da prescrição*.

Nesse cenário, é necessário diferenciar a prescrição da pena de multa em si mesma, das causas interruptivas e suspensivas da prescrição, após o trânsito em julgado, em relação a ela. Damásio e Estefam explicam que:

> Quanto ao prazo prescricional, o entendimento predominante nos tribunais superiores é de que é de dois anos (CP, art. 114), embora as causas suspensivas e interruptivas da prescrição, após o trânsito em julgado da condenação, não sejam mais as do CP (arts. 116, parágrafo único, e 117, V e VI), mas, sim, as da legislação tributária (causas suspensivas: art. 151 do CTN e arts. 2º, §3º, e 40 da Lei nº 6.830/80; causas interruptivas: art. 174 do CTN).[643]

Ainda no ponto, o art. 40 da Lei de Execução Fiscal, que trata da suspensão da prescrição no bojo da execução fiscal, dispõe que "o juiz suspenderá o curso da execução, enquanto não for localizado o devedor ou encontrados bens sobre os quais possa recair a penhora, e, nesses casos, não correrá o prazo de prescrição". Tal mandamento, porém, é complementado pela Súmula 314 do Superior Tribunal de Justiça, que informa que "em execução fiscal, não localizados bens penhoráveis, suspende-se o processo por um ano, findo o qual se inicia o prazo da prescrição quinquenal intercorrente".

---

[643] JESUS, Damásio de; ESTEFAM, André. *Direito Penal 1*. Parte geral. Editora Saraiva, 2020. p. 568.

Quanto às causas interruptivas, trabalha-se, portanto, com o art. 174 do CTN. No que toca, especificamente, o procedimento de cobrança da multa penal, aplica-se a disposição do parágrafo único, inciso I, do referido artigo, que indica que a prescrição se interrompe pelo despacho do juiz que ordenar a citação em execução fiscal.

26.9 Não-pagamento da pena de multa e extinção da punibilidade da pena privativa de liberdade

No passado, entendia-se que o inadimplemento da multa <u>não impedia a extinção da pena corporal</u>, caso o condenado tivesse cumprido integralmente a privação da liberdade, uma vez que, após a redação dada ao art. 51 do Código Penal pela Lei nº 9.268/96, a pena pecuniária passou a ser considerada dívida de valor, o que lhe dava caráter extrapenal.

Entretanto, na ADI 3.150/DF, o Supremo Tribunal Federal reconheceu que, em que pese a multa penal seja considerada dívida de valor (art. 51 do Código Penal), esta continua tendo natureza jurídica de sanção penal, tal qual as penas privativas de liberdade e restritivas de direitos (perda de bens, prestação social alternativa e suspensão ou interdição de direitos).

A partir de então, a jurisprudência, em especial o Superior Tribunal de Justiça,[644] alinhou-se ao posicionamento do Supremo Tribunal Federal, na ADI 3.150/DF, que considerou que a multa possui natureza jurídica de sanção penal, e passou a entender que *o inadimplemento da multa penal impede a declaração de extinção da pena privativa de liberdade*.

Em outras palavras, ainda que o condenado tenha cumprido integralmente a pena privativa de liberdade, enquanto não adimplida a multa pena, não será possível a extinção da punibilidade daquela. Isso porque, sendo a multa penal espécie de sanção penal, haverá o completo cumprimento da pena se ela também for paga.

Além disso, deve-se frisar que o inadimplemento deliberado da pena de multa impede a progressão de regime. Além disso, o inadimplemento injustificado das parcelas da pena de multa autoriza a regressão do regime prisional:

> EXECUÇÃO PENAL. AGRAVO REGIMENTAL. PAGAMENTO PARCELADO DA PENA DE MULTA. REGRESSÃO DE REGIME EM CASO DE INADIMPLEMENTO INJUSTIFICADO DAS PARCELAS. POSSIBILIDADE. 1. O Supremo Tribunal Federal firmou orientação no sentido de que o inadimplemento deliberado da pena de multa cumulativamente aplicada ao sentenciado impede a progressão no regime prisional. Precedente: EP 12-AgR, Rel. Min. Luís Roberto Barroso. 2. Hipótese em que a decisão agravada, com apoio na orientação do Plenário do Supremo Tribunal Federal, condicionou a manutenção da sentenciada no regime semiaberto ao adimplemento das parcelas da pena de multa. 3. Eventual inadimplemento injustificado das parcelas da pena de multa autoriza a regressão de regime. Tal condição somente é excepcionada pela comprovação da absoluta impossibilidade econômica em pagar as parcelas do ajuste (STF. EP nº 8 ProgReg-AgR/DF. Min. Barroso, j. 01/07/2016).

---

[644] AgRg no REsp 1.850.903/SP (j. 28/04/2020).

26.10 Juízo competente para a execução da pena de multa

Consoante art. 164 da LEP, o Ministério Público requererá, *em autos apartados*, a citação do condenado para, no prazo de 10 dias, pagar o valor da multa ou nomear bens à penhora. Vale dizer, a execução da pena de multa ocorrerá em autos distintos da execução da pena corporal. Desse modo, tratando-se de processos distintos, discute-se qual é o juízo competente para a execução da pena de multa.

Por exemplo, imagine que Fulano foi condenado a 10 anos de reclusão em regime fechado, bem como a 100 dias-multa. Fulano foi condenado na comarca A, contudo, em razão da organização penitenciária estadual, cumpre pena na comarca B, local onde o presídio encontra-se devidamente instalado. A grande questão é a seguinte: a execução da pena de multa acompanha o processo da pena corporal ou é executado no juízo na condenação?

Inicialmente, cumpre ressaltar a alteração legislativa trazida com a Lei nº 13.964/19, a qual modificou o art. 51 do Código Penal, fazendo constar que a pena de multa será executada perante o *juízo da execução penal*.

A nosso sentir, o juízo competente para a execução da pena de multa é o juízo da execução do local correspondente à condenação e não o juízo da execução penal ao qual o apenado encontra-se cumprindo pena privativa de liberdade.

Tal entendimento decorre das disposições contidas no art. 164 da Lei nº 7.210/84, acerca da possibilidade de o Ministério Público efetuar a cobrança da multa em autos apartados, trazendo à baila o caráter autônomo e distinto da pena de multa em relação à pena privativa de liberdade.

Com efeito, afasta-se a vinculação entre a execução da pena privativa de liberdade e a execução da pena de multa, possibilitando a existência de duas execuções, sem que haja prejuízo no cumprimento de cada repreenda. Neste sentido é o entendimento do Tribunal de Justiça do Estado de São Paulo:

> CONFLITO NEGATIVO DE JURISDIÇÃO. EXECUÇÃO DA PENA DE MULTA. Execução da pena de multa deve ocorrer no juízo da execução. Entendimento fixado em controle abstrato de constitucionalidade na Ação Declaratória de Inconstitucionalidade 3150. Nova redação do artigo 51 do Código Penal. Provimento CG nº 4/20 que alterou os arts. 479 a 482 das NSCGJ. Resolução nº 616/2013. Possibilidade de execução autônoma da pena de multa. Observância dos princípios da economia e celeridade processual. Competência do juiz suscitante da 1ª Vara Judicial de São Pedro (TJ/SP – CJ: 00223187920208260000/SP 0022318-79.2020.8.26.0000, Relator: Dimas Rubens Fonseca (Pres. da Seção de Direito Privado), Data de Julgamento: 12/11/2020, Câmara Especial, Data de Publicação: 12/11/2020).

26.11 Multa irrisória

Multa irrisória é aquela de valor inexpressivo. A lei não traz expressamente qual montante é considerado irrisório. A questão que se debate sobre a multa inexpressiva é se ela deve ou não ser executada.

Parte da doutrina entende que essa modalidade de multa não deve ser executada pelo Estado, tendo em vista que o custo para o fazer é maior do que o valor da própria multa, o que, seria contraproducente e ineficaz.

A segunda posição sobre o tema entende que, por se tratar de sanção penal, a qual possui natureza cogente, ainda que os valores sejam baixos, é necessário que exista a execução forçada.

Diante dessa celeuma, algumas instituições têm estabelecido soluções alternativas quando a pena de multa se encontra em patamar muito reduzido. Por exemplo, o Ministério Público do Estado de Rondônia, por intermédio da Resolução Conjunta SEI nº 3/2021-PGJ/CG, que dispõe sobre a cobrança da pena de multa, publicada no Diário MPRO nº 124, do dia 7 de julho de 2021, estatuiu em seu art. 5º que:

> Art. 5º Respeitada a independência funcional de cada promotor, para as penas de multa cujo valor atualizado seja igual ou inferior a cinco salários mínimos, a cobrança por meio de protesto cartorário dispensa o manejo de ação judicial de execução, considerando os princípios da eficiência, razoabilidade e proporcionalidade.
> Parágrafo único. Antes de enviar para protesto a certidão comprobatória da pena de multa, o promotor com atribuição na execução penal realizará o cadastro no sistema de guia de execução de multa penal, que gerará arquivo identificador com numeração, o qual deverá ser inserido no sistema de protesto juntamente com a certidão processual.

Portanto, em casos de valores irrisórios, aqui fixados em 5 salários mínimos, o Ministério Público do Estado de Rondônia permite que o promotor de justiça, em vez de manejar a execução penal, realize o protesto cartorário da pena de multa.

Parece-nos uma solução intermediária, que observa os princípios da eficiência, razoabilidade e proporcionalidade, e evita a movimentação da máquina judiciária de forma desnecessária e custosa, mas não deixa de considerar que a multa possui natureza penal e que deve ser devidamente adimplida pelo condenado.

26.12 Suspensão da pena de multa

O art. 52 do Código Penal determina que a execução da pena de multa será suspensa se sobrevier ao condenado doença mental. No mesmo sentido dispõe o art. 167 da Lei de Execuções Penais.

26.13 Viabilidade do manejo do *habeas corpus* contra pena de multa

O *habeas corpus* é ação autônoma de impugnação que tem por objetivo tutelar a liberdade de locomoção. A previsão constitucional do *habeas corpus* dá-se no artigo 5º, XLVIII, da Constituição Federal.[645]

Desde a Lei nº 9.268/96, não se permite mais a conversão da pena de multa em privativa de liberdade, uma vez que passou a ser considerada dívida de valor. Nesse sentido, o Supremo Tribunal Federal editou a Súmula 693, que indica o não-cabimento de *habeas corpus* quando a privação de liberdade não está mais em jogo, a exemplo da decisão condenatória a pena de multa. Vejamos:

> Súmula 693: Não cabe *habeas corpus* contra decisão condenatória a pena de multa, ou relativo a processo em curso por infração penal a que a pena pecuniária seja a única cominada.

---

[645] LXVIII – conceder-se-á *habeas corpus* sempre que alguém sofrer ou se achar ameaçado de sofrer violência ou coação em sua liberdade de locomoção, por ilegalidade ou abuso de poder;

26.14 Pena de multa na Lei de Drogas

A Lei de Drogas também segue o sistema de dias-multa, porém, com algumas peculiaridades em relação às regras do Código Penal. Neste diploma especial, existem duas situações distintas que merecem ponderação no que diz respeito à fixação da multa, quais sejam: 1. o sistema do art. 28 (uso de drogas para consumo pessoal) e; 2. o sistema dos arts. 33. a 39 (tráfico de drogas e demais crimes).

O artigo 29 da Lei nº 11.343/06 orienta o magistrado na aplicação desta medida de coerção no que diz respeito ao art. 28 (uso de drogas para consumo pessoal):

> Art. 29. Na imposição da medida educativa a que se refere o inciso II do §6º do art. 28, o juiz, atendendo à reprovabilidade da conduta, fixará o número de dias-multa, em quantidade nunca inferior a 40 (quarenta) nem superior a 100 (cem), atribuindo depois a cada um, segundo a capacidade econômica do agente, o valor de um trinta avos até 3 (três) vezes o valor do maior salário mínimo.

Para a aplicação da multa prevista no artigo 29, o juiz deve seguir o sistema bifásico: na primeira fase, estabelece o número de dias-multa, e, na segunda fase, o valor de cada dia-multa.

Na primeira fase, a fim de estabelecer a quantidade de dias-multa, o juiz observará a reprovabilidade da conduta do acusado (quanto mais a conduta do agente se desviar do cumprimento da pena imposta, maior será o número de dias-multa infligido), fixando entre 40 e 100 dias-multa.

Na segunda fase, o valor de cada dia-multa será fixado observando a capacidade econômica do agente, estabelecendo-se o valor de 1/30 (um trinta avos) até 3 vezes o valor do maior salário-mínimo. Quanto mais abastado for o sujeito, maior será o valor do dia-multa. Quanto mais pobre for o sujeito, menor será o valor do dia-multa.

Demais disso, o parágrafo único do art. 29 dispõe que "os valores decorrentes da imposição da multa a que se refere o §6º do art. 28 serão creditados à conta do Fundo Nacional Antidrogas".

A Lei nº 11.343/06 estabelece que os valores das penas pecuniárias serão destinados ao Fundo Nacional Antidrogas. Dessa forma, difere-se do Código Penal, que indica que os valores devem ser destinados ao Fundo Penitenciário (art. 49, *caput*, do Código Penal).

De outro prisma, o art. 43 da Lei de Drogas se refere à fixação da pena de multa em relação aos arts. 33 a 39 desta Lei:

> Art. 43. Na fixação da multa a que se referem os arts. 33 a 39 desta Lei, o juiz, atendendo ao que dispõe o art. 42 desta Lei, determinará o número de dias-multa, atribuindo a cada um, segundo as condições econômicas dos acusados, valor não inferior a um trinta avos nem superior a 5 (cinco) vezes o maior salário-mínimo.
> Parágrafo único. As multas, que em caso de concurso de crimes serão impostas sempre cumulativamente, podem ser aumentadas até o décuplo se, em virtude da situação econômica do acusado, considerá-las o juiz ineficazes, ainda que aplicadas no máximo.

Na fixação do *número* de dias-multa, o juiz levará em conta o que dispõe o artigo 42 ("a natureza e a quantidade da substância ou do produto, a personalidade e a conduta social do agente"). Frise-se que os crimes previstos na Lei de Drogas estabelecem as balizas do número de dias-multas a ser imposto a cada delito (a título de exemplo, o artigo 33, *caput*, fixa a pena de reclusão de 5 a 15 anos e pagamento de 500 a 1.500 dias-multa).

O *valor* de cada dia-multa será fixado de acordo com as condições econômicas do acusado, podendo ser estabelecido entre o patamar de 1/30 (um trinta avos) até 5 vezes o valor do salário-mínimo. Caso a multa tenha sido aplicada no patamar máximo e, ainda assim, o magistrado a considerar ineficaz, em virtude da situação econômica do réu, poderá aumentá-la até o décuplo.

Havendo concurso de crimes (concurso material, formal ou crime continuado), as multas serão impostas cumulativamente (as multas serão somadas), ainda que em relação à pena privativa de liberdade seja aplicado o sistema da exasperação da pena.

Ante o silêncio da Lei de Drogas a respeito da destinação dos valores das multas dos crimes dos artigos 33 a 39, deve ser aplicada a regra geral prevista no artigo 49, *caput*, do Código Penal, encaminhando-as ao Fundo Penitenciário Nacional. Esse entendimento encontra respaldo na própria Lei de Drogas, vez que, em relação à multa prevista para o delito de porte de drogas para consumo pessoal, o legislador fez referência expressa que deveria ser destinada ao Fundo Nacional Antidrogas, não o fazendo quanto aos demais delitos.

26.15 Pena de multa na Lei Maria da Penha

Segundo o art. 17 da Lei nº 11.340/06, é vedada a aplicação, nos casos de violência doméstica e familiar contra a mulher, de penas de cesta básica ou outras de prestação pecuniária, bem como a substituição de pena que implique o pagamento isolado de multa.

26.16 Multa nos crimes cometidos contra criança e adolescente

A Lei nº 14.344/22[646] (Lei Henry Borel) incluiu o §2º ao art. 226 do ECA, determinando que nos casos de violência doméstica e familiar contra a criança e adolescente, é vedada a aplicação de penas de cesta básica ou de outras de prestação pecuniária, bem como a substituição de pena que implique o pagamento isolado de multa.

---

[646] Vigência: 45 dias da publicação (09/07/2022).

CAPÍTULO 27

CONCURSO DE CRIMES

27.1 Conceito

É a hipótese em que o agente, mediante uma ou mais de uma conduta, pratica duas ou mais infrações penais. A marca característica do concurso de crimes é a pluralidade de delitos e não a pluralidade de condutas (que pode ser única ou múltipla).

André Estefam e Victor Eduardo Rios fazem uma válida ponderação sobre o motivo da existência das regras do concurso de crimes:

> À primeira vista, se o agente cometeu dois ou mais delitos, deveria responder por todos, somando-se as penas. O legislador, contudo, percebendo que ocorreriam inúmeros exageros no montante da reprimenda, estabeleceu regras quanto à sua fixação nos casos de concurso de crimes, visando tornar mais justa a pena final. Suponha-se que o motorista de um ônibus, distraidamente, avance um sinal vermelho e colida com outro ônibus, provocando a morte de 60 pessoas. Caso sobrevivesse e as penas fossem somadas, estaria incurso em uma pena mínima de 160 anos de detenção (art. 302, parágrafo único, IV, do Código de Trânsito Brasileiro) — homicídio culposo na direção de veículo praticado por motorista profissional. Para tal situação, entretanto, o legislador previu o concurso formal de crimes, em que o piloto só recebe uma pena, aumentada de 1/6 até 1/2, de modo que, no exemplo acima, a pena máxima seria de 9 anos.[647]

Existem três espécies de concurso de crimes: a) concurso material; b) concurso formal e c) continuidade delitiva ou crime continuado.

27.2 Sistemas de aplicação da pena
27.2.1 Sistema do cúmulo material

Para o sistema do cúmulo material, as penas de cada uma das infrações penais deverão ser somadas. Aplica-se esse sistema ao concurso material (art. 69 do Código

---
[647] ESTEFAM, André; GONÇALVES, Victor Eduardo Rios. *Direito Penal Esquematizado*. Parte geral. Editora Saraiva, 2021. p. 334.

Penal), ao concurso formal impróprio (art. 70, *caput*, 2º parte, do Código Penal) e às penas de multa.

Além dessas hipóteses da Parte Geral, também encontramos a adoção do cúmulo material na Parte Especial do Código Penal, no preceito secundário de alguns tipos penais, que recomendam o somatório das penas. Guilherme Nucci explica que:

> É o que ocorre nos casos dos tipos penais prevendo a aplicação de determinada pena, além de outra, advinda da violência praticada em conjunto. Vide, como exemplo, o disposto no art. 344 do Código Penal (coação no curso do processo), estipulando a pena de 1 a 4 anos de reclusão, e multa, além da pena correspondente à violência. Portanto, embora por meio de uma única ação o agente tenha cometido a coação, deverá responder também pelo resultado gerado pela violência.[648]

Nesses casos, em particular, tal qual no concurso formal impróprio, embora o agente tenha praticado apenas uma conduta, que culminou em mais de um delito, por expressa disposição legal, o juiz deverá somar as penas.

27.2.2 Sistema da exasperação

Para o sistema da exasperação, o juiz deverá aplicar a pena da infração mais grave, aumentando-se de determinado percentual. Aplica-se esse sistema ao concurso formal (art. 70, *caput*, 1ª parte, do CP) e ao crime continuado (art. 71 do CP).

27.2.3 Sistema da absorção

No sistema da absorção, aplica-se somente a pena mais grave dentre todos os crimes praticados, sem qualquer aumento adicional.

27.2.4 Sistema do cúmulo jurídico

Nesse sistema, não há somatório de penas, porém, a sanção é imposta com a severidade necessária para abarcar a gravidade de todos os delitos cometidos pelo agente.

27.3 Espécies

27.3.1 Concurso material ou real

Haverá concurso material quando o agente, mediante mais de uma conduta, pratica dois ou mais crimes, estando no mesmo contexto fático ou não. Esta regra encontra-se prevista no art. 69 do Código Penal.

> Art. 69 – Quando o agente, mediante mais de uma ação ou omissão, pratica dois ou mais crimes, idênticos ou não, aplicam-se cumulativamente as penas privativas de liberdade em que haja incorrido. No caso de aplicação cumulativa de penas de reclusão e de detenção, executa-se primeiro aquela.

---

[648] NUCCI, Guilherme de Souza. *Curso de Direito Penal*. Parte geral. Vol. 1. Forense, 2020. p. 730.

27.3.2 Espécies

Quanto às espécies, o concurso material pode ser homogêneo ou heterogêneo.
Será homogêneo quando os crimes praticados forem idênticos. Ex.: furto e furto.
Será heterogêneo quando os delitos cometidos forem diversos. Ex.: homicídio e estupro.

27.3.3 Aplicação da pena

A aplicação da regra do concurso material pode ocorrer em duas situações distintas.

Se as infrações penais forem conexas e estiverem sendo apuradas no mesmo processo, o magistrado sentenciante irá dosar cada pena individualmente e, ao final, irá aplicar a regra do cúmulo material, somando-se as penas. Por exemplo, imagine que o réu esteja sendo processado por estupro e roubo, na mesma ação penal. Por ocasião da sentença, o juiz irá dosar separadamente a pena do estupro (ex.: 9 anos) e a do roubo (ex.: 7 anos). Após, irá somá-las (16 anos).

Ressalte-se que o juiz irá fixar o regime de cumprimento de pena após a realização do somatório das penas.

Se as infrações penais forem apuradas em processos distintos, o somatório das penas será realizado pelo juízo da execução, por ocasião da execução de pena. Isso porque, após o trânsito em julgado, todas as condenações devem ser reunidas no mesmo processo de execução (art. 66, III, *a*, da LEP). Por exemplo, no processo A o réu foi condenado a 4 anos pelo crime de roubo. No processo B, o réu foi condenado a pena de 2 anos por furto. Ambas as condenações serão encaminhadas ao juízo da execução penal, o qual irá somá-las, perfazendo-se, assim, 6 anos.

27.3.4 Crimes de reclusão e detenção

Se for aplicada pena de reclusão para um dos crimes e de detenção para o outro, executa-se primeiro a de reclusão (art. 69, *caput*, 2ª parte, do CP). Entretanto, considerando que, do ponto de vista prático, não há distinção entre as penas de detenção e reclusão, essa disposição é praticamente inútil.

27.3.5 Concurso material entre penas privativas de liberdade e restritivas de direito

Será possível concurso material entre pena restritiva de direitos e pena corporal, quando esta tiver sido suspensa condicionalmente (*sursis*), conforme art. 69, §1º, do Código Penal.

27.3.6 Concurso material entre penas restritivas de direito

Se as penas restritivas forem compatíveis entre si, é possível que o condenado as cumpra simultaneamente. Caso não haja compatibilidade, deverá cumprir uma e depois a outra.

27.3.7 Concurso material e prescrição

Para fins da análise da prescrição, não se leva em conta a regra do concurso material. Vale dizer, o prazo prescricional de cada delito deve ser analisado isoladamente, conforme art. 119 do Código Penal.

Por exemplo, se o réu foi condenado a 4 anos pelo crime de roubo e 2 anos pelo delito de furto, se aplicada a regra do concurso material, a pena total será de 6 anos. Contudo, para fins de prescrição, deve-se analisar a pena de cada delito isoladamente, não se considerando o cúmulo das penas. Portanto, a cálculo recai sobre 4 anos e 2 anos.

27.4 Concurso formal ou ideal
27.4.1 Conceito

Haverá concurso formal quando o agente, mediante uma única conduta, pratica dois ou mais crimes, idênticos ou não. A regra do concurso formal encontra-se prevista no art. 70 do Código Penal:

> Art. 70 – Quando o agente, mediante uma só ação ou omissão, pratica dois ou mais crimes, idênticos ou não, aplica-se-lhe a mais grave das penas cabíveis ou, se iguais, somente uma delas, mas aumentada, em qualquer caso, de um sexto até metade. As penas aplicam-se, entretanto, cumulativamente, se a ação ou omissão é dolosa e os crimes concorrentes resultam de desígnios autônomos, consoante o disposto no artigo anterior.

27.4.2 Requisitos

Para a configuração do concurso formal, é necessária a presença de dois requisitos: 1. unidade de conduta e; 2. pluralidade de resultados.

Haverá unidade de conduta quando ela for realizada no mesmo contexto de tempo e espaço. Contudo, não se pode confundir unidade de conduta com unidade de atos. Existem situações em que a conduta é única, porém, composta por uma pluralidade de atos.

O clássico exemplo de conduta única fracionada em vários atos é o roubo praticado contra várias vítimas. Imagine que o indivíduo adentra em um ônibus lotado e, mediante violência ou grave ameaça, começa a subtrair os bens dos passageiros. No nosso exemplo, estamos diante de uma conduta única, dividida em vários atos, o que atrai a aplicação da regra do concurso formal de crimes. Vejamos:

> Caracteriza-se o concurso formal de crimes quando praticado o roubo, mediante uma só ação, contra vítimas distintas, pois atingidos patrimônios diversos. Precedentes (HC 459.546/SP, j. 13/12/2018).

Já a pluralidade de resultados diz respeito à quantidade de bens jurídicos violados. Para a existência do concurso formal de crimes, é mister que ocorra mais de um fato típico, ou seja, que o agente atinja mais de um bem jurídico penalmente tutelado. Por exemplo, um motorista de ônibus que o conduz de forma imprudente e, por essa razão, acaba por capotá-lo, matando culposamente os 30 passageiros que transporta, responderá por todas as mortes. Por outro lado, se houver apenas um fato típico, obviamente, não há que se falar em concurso formal de crimes.

27.4.3 Espécies de concurso formal

Existem 4 espécies de concurso formal: homogêneo ou heterogêneo e próprio ou impróprio.

a) *homogêneo*

Será homogêneo quando os crimes praticados forem idênticos.

b) *heterogêneo*

Será heterogêneo quando os delitos cometidos forem diversos.

c) *próprio ou perfeito*

É a hipótese em que o agente, mediante uma única conduta, pratica dois ou mais crimes, idênticos ou não, sem desígnios autônomos. Por exemplo, um motorista, conduzindo seu veículo imprudentemente, em alta velocidade, atropela e mata 5 pessoas que estavam atravessando a faixa de pedestre.

Para esta modalidade, utiliza-se o sistema da exasperação, aplicando-se a mais grave das penas cabíveis ou, se iguais, somente uma delas, mas aumentada, em qualquer caso, de um sexto até metade.

O concurso formal próprio é modalidade que pode ser reconhecida entre crimes dolosos sem desígnios autônomos, crimes culposos ou entre um crime doloso e outro culposo.

d) *impróprio ou imperfeito*

É a hipótese em que o agente, mediante uma única conduta, pratica dois ou mais crimes, com desígnios autônomos (art. 70, *caput*, 2ª parte, do CP). Por exemplo, o agente coloca três pessoas em fila, e dispara um único tiro para matá-las.

Nesse caso, aplica-se o sistema do cúmulo material, somando-se todas as penas.

A principal diferença entre o concurso formal próprio e impróprio diz respeito ao chamado "desígnio autônomo". Não havendo desígnio autônomo, estamos diante do concurso formal próprio. Havendo desígnio autônomo, o concurso será formal impróprio.

Desígnio autônomo pode ser conceituado como a vontade de produzir, com apenas uma conduta, cada um dos resultados realizados. Em outras palavras, embora o agente se utilize de apenas uma conduta para produzir todos os resultados, na verdade, sua intenção sempre foi produzir todos.

Por exemplo, se o agente explode uma bomba dentro do veículo de seu desafeto, no qual, além dele, encontra-se sua esposa e seu filho, há clara vontade de produzir cada uma das mortes, embora por intermédio de apenas uma ação.

O concurso formal impróprio é aplicado tão somente às condutas dolosas. Dessa forma, na conceituação de desígnios autônomos, existem discussões doutrinárias a respeito de qual modalidade de dolo deve animar a conduta do agente.

A primeira posição afirma que atuar com desígnios autônomos significa agir com dolo direto em relação a todos os delitos praticados com uma única conduta.[649]

Para a segunda posição, possuir desígnios autônomos significa agir com dolo direto ou eventual. Nesse sentido, o Superior Tribunal de Justiça entende que "os desígnios autônomos que caracterizam o concurso formal impróprio referem-se a qualquer forma de dolo, direto ou eventual" (STJ. HC 191.490/RJ).

27.4.4 Teorias do concurso formal

Existem 2 teorias que buscam explicar o concurso formal.

1. *Teoria subjetiva*

Para a teoria subjetiva, haverá concurso formal se existir unidade de desígnios na conduta do agente, ou seja, se houver vínculo subjetivo entre os eventos delituosos.

Contudo, ao se observar o art. 70 do Código Penal, tal requisito não se encontra presente.

2. *Teoria objetiva*

Haverá concurso formal se ficar demonstrada a unidade da conduta e a pluralidade de resultados, pouco importando a unidade de desígnios.

Esta teoria foi adotada pelo Código Penal, tendo em vista que o art. 70, *caput*, 2ª parte, admite concurso formal impróprio na hipótese de desígnios autônomos.

27.4.5 Aplicação da pena no concurso formal

27.4.5.1 Concurso formal próprio

No concurso formal próprio, a aplicação da pena será realizada observando-se o sistema da exasperação.

Tratando-se de concurso formal próprio homogêneo, em que os crimes são idênticos, o juiz irá aplicar a pena de qualquer um deles, aumentando-se de 1/6 (um sexto) a metade.

Se for heterogêneo, em que os crimes são distintos, o juiz irá aplicar a pena do mais grave, aumentando-se de 1/6 (um sexto) a metade.

Em relação ao critério de exasperação da pena, a jurisprudência é firme em se utilizar da quantidade de crimes praticados. Vejamos precedente da Corte da Cidadania:

> Em relação à fração adotada para aumentar a pena em razão do reconhecimento do concurso formal, nos termos da jurisprudência deste Tribunal Superior, esse aumento tem como parâmetro o número de delitos perpetrados, no intervalo legal entre as frações de 1/6 e 1/2. No presente caso, tratando-se de sete infrações, a escolha da fração de 1/2 foi correta, não havendo ilegalidade a ser sanada (HC 475.974/SP, j. 12/02/2019).

---

[649] "Entendeu o legislador que, havendo desígnios autônomos, ou seja, vontade deliberadamente dirigida aos diversos fins, não se justifica a diminuição da pena, porque subsiste íntegra a culpabilidade pelos fatos diversos. A expressão *desígnio* exclui o dolo eventual" (FRAGOSO, Heleno, *Lições de Direito Penal*, 4. ed. p. 349.)

Graficamente, podemos representar da seguinte maneira:

Número de crimes	Aumento da pena
2	1/6
3	1/5
4	1/4
5	1/3
6 ou mais	1/2

27.4.5.2 Concurso formal impróprio

Na hipótese de concurso formal impróprio, aplica-se o sistema do cúmulo material, ou seja, as penas devem ser somadas, à semelhança do que acontece com o concurso material de crimes (art. 70, *caput*, 2ª parte, do CP).

27.4.5.3 Concurso material benéfico

O art. 70, parágrafo único, do Código Penal, consagra a chamado concurso material benéfico.

> Parágrafo único – Não poderá a pena exceder a que seria cabível pela regra do art. 69 deste Código.

Em razão desta disposição legal, a aplicação da exasperação do concurso formal próprio não poderá exceder a pena que seria cabível se aplicado o concurso material.

Por exemplo, imagine que o agente tenha praticado dois delitos, a que o juiz tenha fixado, respectivamente, uma pena de 6 anos e outra de 6 meses. Aplicando-se a regra do concurso formal próprio, pelo sistema da exasperação, utiliza-se a maior pena e acrescenta-se o aumento de 1/6 (um sexto), uma vez que o agente praticou dois crimes. Assim, sua pena final será de 7 anos.

Se aplicada a regra do concurso material, somando-se as penas, a reprimenda final seria de 6 anos e 6 meses. Dessa forma, no nosso exemplo, será mais benéfico ao condenado o somatório das penas do que a exasperação.

Assim, se o sistema da exasperação (que deve ser tratado como benefício) for pior que o sistema do cúmulo material, as penas devem ser somadas e não exasperadas. Nesse sentido já se posicionou o Superior Tribunal de Justiça:

> 3. O concurso formal próprio ou perfeito (CP, art. 70, primeira parte), cuja regra para a aplicação da pena é a da exasperação, foi criado com intuito de favorecer o réu nas hipóteses de pluralidade de resultados não derivados de desígnios autônomos, afastando-se, pois, os rigores do concurso material (CP, art. 69). Por esse motivo, o parágrafo único do art. 70 do Código Penal impõe o afastamento da regra da exasperação, se esta se mostrar prejudicial ao réu, em comparação com o cúmulo material. Trata-se, portanto, da regra do concurso material benéfico como teto do produto da exasperação da pena.[650]

---

[650] *Habeas Corpus* 526.809/MG (2019/0238696-4).

27.4.6 Concurso formal e prescrição

Para fins de análise da prescrição, não se leva em conta a regra do concurso formal. Vale dizer, o prazo prescricional de cada delito deve ser analisado isoladamente, conforme art. 119 do Código Penal.

27.5 Crime continuado

O crime continuado ou continuidade delitiva está previsto no art. 71 do Código Penal e ocorre quando, mediante mais de uma ação ou omissão, o agente pratica mais de um delito da mesma espécie, nas mesmas condições de tempo, local e modo de execução, devendo os delitos subsequentes serem havidos como continuação do primeiro.

O intuito deste instituto é evitar penas exorbitantes. Por exemplo, imagine que o indivíduo pratique 50 furtos simples de peças roupas, nas mesmas condições de tempo, local e modo de execução. Se for considerada a regra do cúmulo material, somadas as penas mínimas de 1 ano, ele deveria cumprir um montante de 50 anos de pena. Aplicando-se a regra da continuidade delitiva, em que a exasperação máxima é de 2/3 (dois terços), há um nítido benefício a ele.

27.5.1 Origem histórica

O crime continuado originou-se entre os anos de 1500 e 1600, na Itália, a fim de atenuar a severidade das penas até então impostas. Naquela época, quem praticasse três furtos estava sujeito a pena de morte (*Potest pro tribus furtis quamvis minimis poena mortis imponi*).

Assim, com o intuito de afastar a pena capital, os penalistas da época propuseram a ideia inicial de crime continuado, entendendo-se como crime único, quando tais delitos fossem praticados em determinadas circunstâncias, especialmente de tempo e local. Prospero Farinacio explica que:

> Tampouco existem vários furtos senão um só, quando alguém roubar de um só lugar e em momentos diversos, mas continuada e sucessivamente, uma ou mais coisas: (...) não se pode dizer 'várias vezes' se os roubos não se derem em espécie e tempo distintos. O mesmo se pode dizer daquele que, em uma só noite e continuadamente, comete diversos roubos, em lugares distintos, ainda que de diversos objetos... a esse ladrão não se lhe pode enforcar, como se lhe enforcaria se tivesse cometido três furtos em momentos distintos e não continuados.[651]

27.5.2 Natureza jurídica

Existem 3 teorias que buscam explicar a natureza jurídica do crime continuado.

---

[651] FONTÁN BALESTRA, Carlos. *Tratado de derecho penal*. 2. ed. Buenos Aires: Abeledo-Perrot, 1992. t. III. p. 61.

27.5.2.1 Teoria da ficção jurídica (Francesco Carrara)

Para a teoria da ficção jurídica, de Francesco Carrara, a continuidade delitiva é uma verdadeira ficção jurídica criada pelo ordenamento jurídico, pois, apesar de existir mais de um delito, para fins de aplicação da pena, será considerado como um único crime. Esta é a adotada pelo art. 71 do Código Penal e chancelada pelos tribunais superiores:

> O crime continuado é benefício penal, modalidade de concurso de crimes, que, por ficção legal, consagra unidade incindível entre os crimes parcelares que o formam, para fins específicos de aplicação da pena.[652]

Assim, a soma de todos os crimes parcelares forma um único delito. Por exemplo, se o agente pratica 5 furtos, nas mesmas condições de tempo, local e modo de execução, por uma ficção jurídica, entende-se que ele cometeu apenas um, o qual terá a pena exasperada em razão da continuidade delitiva.

27.5.2.2 Teoria da realidade ou da unidade real

A teoria da realidade ou unidade real, de Bernadino Alimena, considera que "os vários comportamentos delitivos constituem, em verdade, um único crime. A pluralidade de condutas não conduz à pluralidade de crimes".[653]

27.5.2.3 Teoria mista

A teoria mista entende que o crime continuado não se trata de crime único, tampouco de uma pluralidade de crimes. Trata-se, na verdade, de um terceiro delito.

27.5.3 Requisitos

O art. 71 do Código Penal indica quais os requisitos para a configuração da continuidade delitiva:

> Art. 71 – Quando o agente, mediante mais de uma ação ou omissão, pratica dois ou mais crimes da mesma espécie e, pelas condições de tempo, lugar, maneira de execução e outras semelhantes, devem os subsequentes ser havidos como continuação do primeiro, aplica-se-lhe a pena de um só dos crimes, se idênticas, ou a mais grave, se diversas, aumentada, em qualquer caso, de um sexto a dois terços.

27.5.3.1 Pluralidade de condutas

O art. 71 do Código Penal é claro ao afirmar que só haverá o crime continuado quando o agente praticar mais de uma ação ou omissão.

---

[652] STJ. HC 408.842/MS.
[653] PRADO, Luiz Régis. *Curso de Direito Penal brasileiro*: Parte geral e parte especial. 18. ed. Rio de Janeiro: Forense, 2020. p. 250.

27.5.3.2 Pluralidade de crimes da mesma espécie

O segundo requisito da continuidade delitiva diz respeito à prática de dois ou mais crimes da mesma espécie. Sobre o significado de crimes da mesma espécie, existem duas posições sobre o tema.

A primeira posição, que é a prevalente, entende que crimes da mesma espécie são aqueles tipificados no mesmo dispositivo legal, sejam consumados ou tentados, simples ou qualificados. Nesse sentido, o Superior Tribunal de Justiça, analisando a aplicação do crime continuado em relação aos crimes de roubo e extorsão, entendeu pela impossibilidade, por não serem crimes da mesma espécie, embora tutelem o mesmo bem jurídico:

> 7. Nos termos da jurisprudência desta Corte, conquanto os crimes de roubo e extorsão sejam do mesmo gênero, são de espécies distintas, o que afasta a possibilidade de reconhecimento da continuidade delitiva, tornando despiciendo o exame dos requisitos objetivos e subjetivos necessários para a incidência do art. 71 do Código Penal.[654]
>
> Da mesma maneira, não há como reconhecer a continuidade delitiva entre os crimes de roubo e o de latrocínio porquanto são delitos de espécies diversas, já que tutelam bens jurídicos diferentes.[655]

Para a segunda posição, minoritária,[656] crimes da mesma espécie são aqueles que tutelam o mesmo bem jurídico, ainda que não estejam previstos no mesmo tipo penal. Nesse sentido, o Superior Tribunal de Justiça também já posicionou:

> Exige-se, ainda, que os delitos sejam da mesma espécie. Para tanto, não é necessário que os fatos sejam capitulados no mesmo tipo penal, sendo suficiente que tutelem o mesmo bem jurídico e sejam perpetrados pelo mesmo modo de execução (REsp 1.767.902/RJ, j. 13/12/2018).

27.5.3.3 Mesmas condições de tempo (conexão temporal)

A conexão temporal (mesmas condições de tempo) indica que entre os delitos parcelares não pode existir um lapso temporal demasiado. Em outras palavras, deve haver uma certa fluidez entre um delito e outro.

A lei não estabelece qual seria o prazo entre um delito e outro. Desse modo, a jurisprudência passou a utilizar como parâmetro o prazo não superior 30 dias. Assim, se ultrapassado este intervalo, pode ser afastado o benefício da suspensão condicional do processo. Vejamos:

> O art. 71, *caput*, do Código Penal não delimita o intervalo de tempo necessário ao reconhecimento da continuidade delitiva. Esta Corte não admite, porém, a incidência do instituto quando as condutas criminosas foram cometidas em lapso superior a trinta dias. (STJ. AgRg no REsp 1.747.1309/RS, j. 13/12/2018).

---

[654] STJ. 5ª Turma. HC 435.792/SP, Rel. Min. Ribeiro Dantas, julgado em 24/05/2018.
[655] STJ. 5ª Turma. AgInt no AREsp 908.786/PB, Rel. Min. Felix Fischer, julgado em 06/12/2016.
[656] Nesse sentido, Heleno Fragoso e Luiz Régis Prado (PRADO, Luiz Régis. *Curso de Direito Penal brasileiro*: Parte geral e parte especial. 18. ed. Rio de Janeiro: Forense, 2020. p. 251).

Obviamente, tal parâmetro não é um indicador estanque, permitindo-se, a depender do caso concreto, margem de atuação para julgador:

> Embora para reconhecimento da continuidade delitiva se exija o não-distanciamento temporal das condutas, em regra no período não superior a trinta dias, conforme precedentes da Corte, excepcional vinculação entre as condutas permite maior elastério no tempo (STJ. AgRg no REsp 1.345.274/SC, DJe 12/04/2018).

27.5.3.4 Mesmas condições de local (conexão espacial)

Tal como na conexão temporal, a lei não estabelece quais os limites espaciais entre uma infração e outra.

Contudo, existe certo consenso doutrinário e jurisprudencial que, para reconhecimento da continuidade delitiva, os crimes parcelares devem ser praticados na mesma cidade ou, no máximo, em cidades limítrofes ou contíguas.

Inexistente o requisito objetivo, porque praticados os delitos em cidades distantes e em intervalo de tempo superior a 30 dias, não está caracterizada a continuidade delitiva. (STJ. AgRg no AREsp 771.895/SP, j. 25/09/2018).

27.5.3.5 Mesmas condições de modo de execução (conexão modal)

Para o reconhecimento da continuidade delitiva, o agente deve praticar os crimes parcelares utilizando-se do mesmo *modus operandi*, ou seja, valendo-se da mesma maneira de execução (mesmos comparsas, mesmos instrumentos etc.).

Por exemplo, a empregada doméstica que todos os dias furta uma peça de roupa, aproveitando-se da ausência da patroa, possui um padrão em seu *modus operandi*.

Contudo, se o agente pratica um crime em concurso e outro sozinho ou se pratica crimes com comparsas distintos, não é possível identificar um padrão em seu *modus operandi*, o que impede a aplicação da continuidade delitiva. Nesse sentido é o entendimento da jurisprudência do Superior Tribunal de Justiça:

> Não há continuação delitiva entre roubos sucessivos e autônomos, com ausência de identidade no *modus operandi* dos crimes, uma vez que verificada a diversidade da maneira de execução dos diversos delitos, agindo o recorrido ora sozinho, ora em companhia de comparsas, não se configura a continuidade delitiva, mas sim a habitualidade criminosa (AgRg no HC 426.556/MS, j. 23/03/2018).

27.5.3.6 Outras circunstâncias semelhantes (conexão ocasional)

Em relação à conexão ocasional, Rogério Greco ensina que:

> Permite o Código Penal, ainda, o emprego da interpretação analógica, uma vez que, após se referir às condições de tempo, lugar e maneira de execução, apresentar outras semelhantes. Isso quer dizer que as condições objetivas indicadas pelo artigo devem servir de parâmetro à interpretação analógica por ele permitida, existindo alguns julgados, conforme noticia Alberto Silva Franco, que 'têm entendido que o aproveitamento das mesmas oportunidades e das mesmas relações pode ser incluído no conceito de condições semelhantes.[657]

---

[657] GRECO, Rogério. *Curso de Direito Penal*. Parte geral. v. I. 19. ed. Niterói: Impetus, 2017, p. 730.

27.5.3.7 Unidade de desígnios

Todos os requisitos estudados nos tópicos anteriores são de ordem objetiva e constam expressamente do art. 71 do Código Penal.

Nessa perspectiva, existe discussão doutrinária e jurisprudencial no sentido de ponderar se para configurar o crime continuado é necessária também a presença do requisito subjetivo, consistente na unidade de desígnios entre os delitos parcelares. De forma simples: a unidade de desígnio é ou não requisito do crime continuado?

Sobre esse tema existem duas posições.

27.5.3.7.1 Teoria objetivo-subjetiva ou mista

Para a teoria objetivo-subjetiva ou mista, o reconhecimento da continuidade delitiva depende da presença, além dos requisitos objetivos, da unidade de desígnios entre as condutas, ou seja, é necessário que se demonstre que os vários eventos criminosos estão ligados por um vínculo subjetivo.

Este é o posicionamento prevalente, inclusive nos tribunais superiores:

> 2. De acordo com a Teoria Mista, adotada pelo Código Penal, mostra-se imprescindível, para a aplicação da regra do crime continuado, o preenchimento de requisitos não apenas de ordem objetiva – mesmas condições de tempo, lugar e forma de execução – como também de ordem subjetiva – unidade de desígnios ou vínculo subjetivo entre os eventos.[658]

27.5.3.7.2 Teoria objetiva pura ou puramente objetiva

Para esta teoria, a presença dos requisitos objetivos já é o suficiente para a configuração da continuidade delitiva, não sendo necessária a unidade de desígnios.

Embora prevaleça a aplicação da teoria objetivo-subjetiva, a Exposição de Motivos do Código Penal, no item 59, trata sobre a possível utilização da teoria puramente objetiva:

> O critério da teoria puramente objetiva não se revelou na prática maiores inconvenientes, a despeito das objeções formuladas pelos partidários da teoria objetivo-subjetiva. O projeto optou pelo critério que mais adequadamente se opõe ao crescimento da criminalidade profissional, organizada e violenta, cujas ações se repetem contra vítimas diferentes, em condições de tempo, lugar, modos de execução e circunstâncias outras, marcadas por evidente semelhança. Estender-lhe o conceito de crime continuado importa em beneficiá-la, pois o delinquente profissional tornar-se-ia passível de tratamento penal menos grave que o dispensado a criminosos ocasionais.

Aos adeptos da teoria puramente objetiva, é possível se vislumbrar o reconhecimento da continuidade delitiva aos crimes culposos, praticados nas mesmas condições de tempo, local, modo de execução e outras semelhantes. Isso porque, sendo necessário apenas os requisitos objetivos, dispensando-se a unidade de desígnios (que em crimes culposos, por sua própria natureza, é inviável), torna-se compatível com delitos culposos.

---

[658] HC 245.156/ES, Rel. Ministro Nefi Cordeiro, Sexta Turma, julgado em 15/10/2015, DJe 05/11/2015.

Fernando Capez,[659] a seu turno, entende que, mesmo que se considere a unidade de desígnios como um requisito do crime continuado, ainda assim será possível seu reconhecimento em crimes culposos:

> É possível sustentar a continuidade delitiva no crime culposo, sem abrir mão da exigência do elemento subjetivo, o qual, no caso, consiste na vontade de continuar agindo culposamente, mesmo após o primeiro crime.

E arremata com um exemplo:

> É o caso, por exemplo, de um motorista idoso que, após atropelar culposamente uma vítima na região central de São Paulo, assustou-se e resolveu empreender fuga em velocidade incompatível com o local, vindo a provocar novos acidentes. Além da similitude das condições de tempo, lugar e modo de execução, houve vontade de prosseguir nas ações descuidadas. Devemos lembrar que, no crime culposo, embora o resultado não seja querido, a conduta é voluntária (ninguém obriga o sujeito a agir culposamente, ele o faz porque quer).

27.5.4 Crime continuado e habitualidade delitiva

Como visto nos tópicos anteriores, tem prevalecido que o reconhecimento do crime continuado depende da chamada de unidade de desígnios.

No entanto, não se pode confundir a unidade de desígnios com a "habitualidade delitiva".

Por conduta criminal habitual, reiterada ou profissional, deve ser entendido aquele agente que tem contumácia na prática de delitos, ou seja, aquele que faz do crime um meio de vida. A habitualidade delitiva abarca tanto aqueles criminosos que praticam seus delitos de forma rudimentar (conduta habitual ou reiterada), quanto aqueles que o fazem de forma profissional, com um grau de sofisticação e planejamento maior (que fazem do crime um verdadeiro emprego).

A habitualidade delitiva é um termômetro utilizado para verificar o grau de reprovabilidade do comportamento do agente, a autorizar ou não a concessão de benefícios ou o endurecimento do tratamento jurídico-penal.

O crime continuado é verdadeiro benefício em prol dos acusados que praticam delitos nas mesmas condições de tempo, local e modo execução, ligados por um vínculo subjetivo, tratando como delito único. Já a conduta criminal habitual afasta a possibilidade de aplicação do benefício, pois não se pode conceber que aquele que faz do crime um meio de vida possa ter acesso a benesses penais. Nesse sentido é o posicionamento do Superior Tribunal de Justiça:

> O art. 71, *caput*, do Código Penal não delimita o intervalo de tempo necessário ao reconhecimento da continuidade delitiva. Esta Corte não admite, porém, a incidência do instituto quando as condutas criminosas foram cometidas em lapso superior a trinta dias. 2. E mesmo que se entenda preenchido o requisito temporal, há a indicação, nos autos, de que o Réu, embora seja primário, é criminoso habitual, que pratica reiteradamente delitos de

---
[659] CAPEZ, Fernando. *Curso de Direito Penal*. V 1. Parte geral. Editora Saraiva, 2020. p. 692.

tráfico, o que afasta a aplicação da continuidade delitiva, por ser merecedor de tratamento penal mais rigoroso (AgRg no REsp 1.747.139/RS, j. 13/12/2017).

27.6 Aplicação da pena

27.6.1 Crime continuado simples ou comum

É aquele em que as penas de cada um dos delitos são idênticas. Neste caso, aplica-se a pena de um deles, aumentando-se de 1/6 a 2/3.

Por exemplo, o agente que pratica 5 estelionatos simples, nas mesmas condições, de tempo, local e modo de execução. Como são as mesmas penas, aplica-se qualquer delas, exasperando-a.

27.6.2 Crime continuado qualificado

É aquele em que as penas dos delitos não são idênticas. Neste caso, aplica-se a pena do mais grave, aumentando-se de 1/6 a 2/3.

Por exemplo, o agente pratica um furto simples e outro tentado, nas mesmas condições de tempo local, local de modo de execução. Como se tratam de penas diferentes, aplica-se a maior dentre elas, aumentando-a.

Tanto no crime continuado simples, quanto no qualificado, o critério utilizado para a exasperação da pena é quantidade de crimes praticados,[660] à semelhança do concurso formal. Graficamente, pode-se representar da seguinte maneira:

Número de crimes	Aumento da pena
2	1/6
3	1/5
4	1/4
5	1/3
6	1/2
7 ou mais	2/3

27.6.3 Crime continuado específico

É a hipótese prevista no parágrafo único do art. 71 do Código Penal, em que o juiz, nos crimes dolosos, contra vítimas diferentes, cometidos com violência ou grave ameaça à pessoa, levando em conta a culpabilidade, os antecedentes, a conduta social e a personalidade do agente, bem como os motivos e as circunstâncias, poderá aumentar a pena de um só dos crimes, se idênticas, ou a mais grave, se diversas, até o triplo:

---

[660] Nesse sentido o STJ: 4. A jurisprudência desta Corte é firme no sentido de que a fração referente à continuidade delitiva deve ser firmada de acordo com o número de delitos cometidos, aplicando-se o aumento de 1/6 pela prática de 2 infrações; 1/5 para 3 infrações; 1/4 para 4 infrações; 1/3 para 5 infrações; 1/2 para 6 infrações e 2/3 para 7 ou mais infrações (AgRg no AREsp 1.377.172/RS).

Parágrafo único – Nos crimes dolosos, contra vítimas diferentes, cometidos com violência ou grave ameaça à pessoa, poderá o juiz, considerando a culpabilidade, os antecedentes, a conduta social e a personalidade do agente, bem como os motivos e as circunstâncias, aumentar a pena de um só dos crimes, se idênticas, ou a mais grave, se diversas, até o triplo, observadas as regras do parágrafo único do art. 70 e do art. 75 deste Código.

O parágrafo único não indica qual é o aumento mínimo como o faz o *caput* do art. 71 do Código Penal. Contudo, a jurisprudência[661] tem interpretado o parágrafo único em consonância com o *caput*, entendendo que o aumento mínimo no crime continuado específico deve ser de 1/6 (um sexto).

Ademais, há que registrar que, em razão do art. 71, parágrafo único, do CP, a Súmula 605 do Supremo Tribunal Federal,[662] que vedava o reconhecimento da continuidade delitiva aos crimes contra a vida, foi superada.

27.7 Concurso material benéfico

Segundo o art. 71, parágrafo único, do Código Penal, a aplicação da regra da continuidade delitiva não poderá exceder a pena que seria cabível se aplicado o concurso material. Se o sistema da exasperação for pior que o sistema do cúmulo material, as penas devem ser somadas.

27.8 Crime continuado e prescrição

Para fins de prescrição, cada delito parcelar é considerado em sua individualidade, não se aplicando acréscimo decorrente da continuação. Nesse sentido é a Súmula 497 do Supremo Tribunal Federal: "Quando se tratar de crime continuado, a prescrição regula-se pela pena imposta na sentença, não se computando o acréscimo decorrente da continuação".

27.9 Crime continuado e superveniência de lei penal mais grave

Se sobrevier lei penal mais grave no curso da continuidade delitiva, esta deve ser aplicada. Nesse sentido é a Súmula 711 do STF: A lei penal mais grave aplica-se ao crime continuado ou ao crime permanente, se a sua vigência é anterior à cessação da continuidade ou da permanência.

27.10 Questões pontuais sobre concurso de crimes

27.10.1 Suspensão condicional do processo

Devem ser observadas as regras do concurso material, formal e da continuidade delitiva para o fim de concessão do benefício da suspensão condicional do processo. Vale dizer, somadas ou exasperadas as penas mínimas de todos os delitos, estas devem

---

[661] STF. HC 70.593/SP.
[662] "Não se admite continuidade delitiva nos crimes contra a vida".

permanecer em patamar igual ou inferior a 1 ano. Nesse sentido é o posicionamento dos tribunais superiores:

> Súmula 243 do STJ: O benefício da suspensão do processo não é aplicável em relação às infrações penais cometidas em concurso material, concurso formal ou continuidade delitiva, quando a pena mínima cominada, seja pelo somatório, seja pela incidência da majorante, ultrapassar o limite de um (1) ano.
> Súmula 723 do STF: Não se admite a suspensão condicional do processo por crime continuado, se a soma da pena mínima da infração mais grave com o aumento mínimo de um sexto for superior a um ano.

27.10.2 Concurso material e acordo de não-persecução penal

O ANPP somente pode ser proposto se a infração penal tiver pena mínima inferior a 4 anos. Da mesma forma que a suspensão condicional do processo, é necessário observar as regras do concurso material, formal e continuidade delitiva, para fins de concessão deste benefício. Vale dizer, somadas ou exasperadas as penas mínimas de todos os delitos, estas devem permanecer em patamar igual ou inferior a 4 anos. Segundo o enunciado 29 do CNPG:

> Para aferição da pena mínima cominada ao delito a que se refere o artigo 28-A, serão consideradas as causas de aumento e diminuição aplicáveis ao caso concreto, na linha do que já dispõem os enunciados sumulados nº 243 e nº 723, respectivamente, do Superior Tribunal de Justiça e Supremo Tribunal Federal.

27.10.3 Competência dos juizados especiais e transação penal

Para a fixação da competência do Juizado Especial Criminal, bem como para a verificação da possibilidade transação penal, a pena a ser considerada será o resultado da soma ou da exasperação das penas máximas cominadas aos delitos. Nesse sentido:

> I – Na linha da jurisprudência desta Corte de Justiça, tratando-se de concurso de crimes, a pena considerada para fins de fixação da competência do Juizado Especial Criminal será o resultado da soma, em concurso material, ou a exasperação, na hipótese de concurso formal ou crime continuado, das penas máximas cominadas aos delitos, caso em que, ultrapassado o patamar de 2 (dois) anos, afasta-se a competência do Juizado Especial. Precedentes.[663]

27.11 Concurso de crimes e pena de multa

De acordo com o art. 72 do Código Penal, no concurso de crimes, as penas de multa são aplicadas distinta e integralmente.

Pela literalidade do dispositivo acima, o sistema adotado para a aplicação da pena de multa é o do cúmulo material, ou seja, as penas devem ser somadas.

---

[663] RHC 102.381/BA, j. 09/10/2018.

Contudo, a jurisprudência tem se posicionado no sentido de que a regra do art. 72 do Código Penal somente se aplica ao concurso material e ao concurso formal de crimes, não abarcando a continuidade delitiva:

> 1. A jurisprudência desta Corte assentou compreensão no sentido de que o art. 72 do Código Penal é restrito às hipóteses de concursos formal ou material, não sendo aplicável aos casos em que há reconhecimento da continuidade delitiva. Desse modo, a pena pecuniária deve ser aplicada conforme o regramento estabelecido para o crime continuado, e não cumulativamente, como procedeu a Corte de origem (STJ. AgRg no AREsp 484.057/SP).

SUSPENSÃO CONDICIONAL DA PENA (*SURSIS*)

28.1 Introdução

Sursis é uma expressão que deriva da palavra francesa "surseoir", que significa suspender. Nesse contexto, a suspensão condicional da pena é o instituto jurídico pelo qual o juiz pode liberar o condenado do cumprimento da pena privativa de liberdade, desde que preenchidos os requisitos legais (art. 77 do Código Penal).

Em outras palavras, o indivíduo não iniciará o cumprimento da pena corporal, permanecendo em liberdade durante um determinado tempo, o qual é chamado de período de prova.

Algumas condições serão a ele impostas e, se cumpridas todas elas, o agente terá sua punibilidade extinta (art. 82 do Código Penal).

28.2 Natureza jurídica

Inicialmente, deve-se ressaltar que a suspensão condicional da pena não é espécie de pena, vez que não se encontra descrita no art. 32 do Código Penal.

Embora exista certa divergência a respeito da natureza jurídica do *sursis*, tem-se afirmado este instituto seria, em verdade, uma medida penal restritiva da liberdade, com natureza repressiva (retribuir o mal praticado) e preventiva (prevenir a prática de novas infrações penais.[664]

28.3 Direito subjetivo do réu ou faculdade do juiz?

O art. 77 do Código Penal indica que "a execução da pena privativa de liberdade, não superior a 2 anos, poderá ser suspensa (...)", levando-nos a questionar se a concessão do *sursis* é uma faculdade do juiz ou direito subjetivo do réu.

---

[664] JESUS, Damásio; ESTEFAM, André. *Direito Penal 1*. Parte geral. 37. ed. Editora Saraiva, 2020. p. 634.

Nessa perspectiva, tem prevalecido o entendimento de que o *sursis* é direito subjetivo do réu, ou seja, preenchidos os requisitos objetivos e subjetivos, seu reconhecimento pelo juiz é obrigatório.[665] O que é facultativa é a aceitação por parte do sentenciado. Assim também se posiciona o Superior Tribunal de Justiça:

> 4. Preenchidos os requisitos objetivos e subjetivos previstos no art. 77 do Código Penal, é direito do réu obter a suspensão condicional da pena. *In casu*, a reincidência, embasada em condenação que impingiu à paciente sanção exclusivamente pecuniária, não pode ser utilizada para negar o benefício. Inteligência da Súmula 499 do Supremo Tribunal Federal e do art. 77, §1º, do Código Penal (HC 332.303/SP, Rel. Ministra Maria Thereza de Assis Moura, Sexta Turma, julgado em 05/11/2015, DJe 23/11/2015).

28.4 Momento da aplicação

Em regra, a suspensão condicional da pena é concedida durante o processo de conhecimento, na sentença (ou acórdão), nos termos do art. 157 da LEP.[666] Excepcionalmente, porém, pode ser aplicada na execução de pena quando cessar o motivo do impedimento.

28.5 Sistemas

Existem, basicamente, 3 sistemas que visam a explicar a suspensão condicional da pena.

1. *Sistema franco-belga (europeu-continental)*

Por esse sistema, o acusado é condenado, porém a execução de pena é suspensa durante determinado período, se o condenado preencher os requisitos legais. É o sistema adotado no Brasil.

2. *Sistema anglo-americano (probation system)*

Por esse sistema, o juiz reconhecerá a culpabilidade do acusado, contudo, não aplicará a pena, suspendendo-se a ação penal durante determinado tempo. Diferente do sistema franco-belga, nesse modelo não haverá sentença condenatória.

3. *Sistema do probation of first offenders act*

Por esse sistema, o juiz não reconhece a culpabilidade, todavia, suspende a ação penal durante o período de prova. Esse sistema é o adotado para a suspensão condicional do processo prevista no art. 89 da Lei nº 9.099/95.

---

[665] GRECO, Rogério. *Curso de Direito Penal*. Parte geral. V. I. 19. ed. Niterói: Impetus, 2017, p. 756.
[666] Art. 157. O juiz ou tribunal, na sentença que aplicar pena privativa de liberdade, na situação determinada no artigo anterior, deverá pronunciar-se, motivadamente, sobre a suspensão condicional, quer a conceda, quer a denegue.

28.6 Espécies e requisitos

Segundo o Código Penal, existem as seguintes espécies de *sursis*:
1. *Sursis* simples (art. 77 do CP);
2. *Sursis* especial (art. 78, §2º, do CP);
3. *Sursis* etário (art. 77, §2º, do CP); e
4. *Sursis* humanitário (art. 77, §2º, segunda parte).

Veremos, doravante, o conceito de cada um deles, bem como quais requisitos devem ser preenchidos para que o condenado tenha acesso a eles.

28.6.1 *Sursis* simples (art. 77 do CP)

O Código Penal não menciona expressamente o *sursis* simples, sendo que sua conceituação é realizada por exclusão. Vale dizer, considera-se *sursis* simples aquele que não preenche os requisitos do *sursis* especial, previsto no art. 78, §2º, do Código Penal.

Portanto, caberá o *sursis* simples nos casos em que o condenado não tenha reparado, injustificadamente, o dano ou quando as circunstâncias do art. 59 do Código Penal forem desfavoráveis.

Nessa modalidade de *sursis*, a legislação penal traz uma peculiaridade que o distingue das demais espécies, qual seja, no primeiro ano do período de prova, o condenado deve, necessariamente, prestar serviços à comunidade ou se submeter à limitação de final de semana (art. 78, §1º, do CP).

28.6.1.1 Requisitos

Para o deferimento do *sursis* simples, é mister o preenchimento de requisitos objetivos e subjetivos, os quais, principalmente, se encontram previstos no art. 77 do Código Penal.

28.6.1.1.1 Requisitos objetivos

O primeiro requisito objetivo diz respeito à qualidade e quantidade da pena. Segundo o art. 77, *caput*, do CP, para a suspensão condicional da pena, é necessário que haja condenação a pena privativa de liberdade (reclusão ou detenção), bem como que a reprimenda efetivamente imposta não seja superior a 2 anos.

Ademais, para a verificação deste limite de 2 anos, devem ser observadas as regras de eventual concurso de crimes (material, formal ou continuidade delitiva), para se mensurar qual pena será concretamente aplicada.

Nesse aspecto, inclusive, o art. 80 do Código Penal não autoriza que o *sursis* se estenda às penas restritivas de direitos nem à multa.

Em relação aos casos em que a sanção penal aplicada seja a medida de segurança, predomina o entendimento de que não é possível a suspensão condicional da pena. Explicam Victor Eduardo Rios Gonçalves e André Estefam que:

> No caso de aplicação de medida de segurança ao inimputável ou semi-imputável, evidentemente não será cabível o *sursis*. Primeiro, porque o texto legal se refere expressamente

à suspensão condicional da pena (e não da medida de segurança). Segundo, porque a medida de segurança tem finalidades especiais – tratamento do agente e prevenção em relação ao doente mental considerado perigoso –, sendo incompatível com o *sursis*.[667]

O segundo requisito está elencando no art. 77, III, do Código Penal e determina que somente será cabível o *sursis* se não for indicada ou cabível a substituição de pena prevista no art. 44 deste Código. A suspensão condicional da pena é verdadeiro instituto subsidiário, ou seja, o juiz somente se utilizará dele se não for possível (ou não for indicada) a substituição por restritivas de direitos.

28.6.1.1.2 Requisitos subjetivos

O art. 77 do Código Penal arrola 2 requisitos subjetivos.

O primeiro deles é que o condenado não pode ser reincidente em crime doloso (art. 77, I). Se o for, fica impedido de ser beneficiado com o *sursis*. No entanto, não há óbice para a concessão do *sursis* se o crime anteriormente praticado foi culposo ou, ainda, se infração penal antecedente foi uma contravenção.

Nesse contexto, o art. 77, §1º, do Código Penal, ainda faz a ressalva de que se a condenação anterior foi somente a pena de multa, também não haverá impedimento para o deferimento da suspensão condicional da pena.

O segundo requisito subjetivo determina que a culpabilidade, os antecedentes, a conduta social e personalidade do agente, bem como os motivos e as circunstâncias devem autorizar a concessão do benefício (art. 77, II).

28.6.2 *Sursis* especial

O *sursis* especial encontra-se descrito no art. 78, §2º, do Código Penal. Será cabível nos casos em que o condenado tenha reparado o dano, salvo motivo justificado, e as circunstâncias do art. 59 do Código Penal lhe forem inteiramente favoráveis.

Nessa modalidade, o condenado não precisa prestar serviços à comunidade, nem se submeter à limitação do final de semana no primeiro ano do período de prova como o é no *sursis* simples. Contudo, o Código Penal determina que o juiz fixe as seguintes condições de forma cumulativa:
a) proibição de frequentar determinados lugares;
b) proibição de ausentar-se da comarca onde reside sem autorização do juiz;
c) comparecimento pessoal e obrigatório a juízo, mensalmente, para informar e justificar suas atividades.

28.6.3 *Sursis* etário e humanitário (art. 77, §2º, do CP)

Dispõe o art. 77, §2º, do Código Penal, que a execução da pena privativa de liberdade não superior a quatro anos poderá ser suspensa, por quatro a seis anos, desde que o condenado seja maior de setenta anos de idade (*sursis* etário), ou que razões de saúde (ex.: doença grave, invalidez etc.) justifiquem a suspensão (*sursis* humanitário).

---

[667] GONÇALVES, Victor Eduardo Rios; ESTEFAM, André. *Curso de Direito Penal esquematizado*: Parte geral. 9. ed. São Paulo: Saraiva, 2020. p. 670.

Os demais requisitos do *sursis* etário e humanitário são os mesmos já explicados quando do estudo do *sursis* simples.

28.7 *Sursis* na legislação especial

28.7.1 Lei de Crimes Ambientais (Lei nº 9.605/98)

O art. 16 da Lei nº 9.605/98 prevê que "nos crimes previstos na Lei de Crimes Ambientais, a suspensão da pena pode ser aplicada nos casos de condenação a pena privativa de liberdade não superior a 3 anos".

A Lei de Crimes Ambientais, portanto, amplia a possibilidade de concessão de *sursis*. Isso porque, para a regra do art. 77 do Código Penal, o limite máximo da pena para o deferimento do *sursis* é de 2 anos, ao passo que na Lei de Crimes Ambientais o legislador dilatou para 3 anos.

A Lei de Crimes Ambientais foi silente quanto ao período de prova do *sursis* ambiental, prevalecendo o entendimento de que deve ser aplicada a regra do Código Penal, qual seja, suspensão pelo período de 2 a 4 anos.

O juiz poderá conceder *sursis* especial no âmbito dos crimes ambientais (art. 78, §2º, do CP), desde que haja reparação do dano ambiental, que será comprovado mediante laudo, e as condições a serem impostas deverão relacionar-se com a proteção ao meio ambiente (art. 17 da Lei nº 9.605/98).

28.7.2 Lei de Contravenções Penais

Na Lei de Contravenções Penais, desde que reunidas as condições legais, o juiz pode suspender por tempo não inferior a um ano nem superior a três, a execução da pena de prisão simples (art. 11).

Naquilo que for omissa a Lei de Contravenções Penais, devem ser aplicadas as regras da suspensão condicional da pena do Código Penal.

28.8 Suspensão condicional da pena e crimes hediondos e equiparados

A Lei nº 8.072/90 e a Constituição Federal não trouxeram nenhuma vedação expressa à concessão do *sursis* aos crimes hediondos.

Todavia, fundamentava-se a sua não-concessão em razão de sua incompatibilidade com o regime integralmente fechado (artigo 2º, §1º, da Lei nº 8.072/90, redação anterior à Lei nº 11.464/07) e com o regime inicialmente fechado (artigo 2º, §1º, da Lei nº 8.072/90, redação dada pela Lei nº 11.464/07). Em vista da imposição obrigatória de regime fechado, entendia-se que o legislador teve o intuito de que a pena imposta fosse efetivamente cumprida, e não suspensa mediante condições. Nesse sentido, se manifestavam os tribunais superiores:

> *HABEAS CORPUS* – PRÁTICA DE CRIME HEDIONDO – CONDENAÇÃO À PENA DE DOIS (2) ANOS DE RECLUSÃO – PRETENDIDA CONCESSÃO DO *SURSIS* – INADMISSIBILIDADE – PEDIDO INDEFERIDO. É incabível a concessão do *sursis* em favor daquele que foi condenado pelo delito de atentado violento ao pudor, ainda que satisfeitos os pressupostos subjetivos e objetivos fixados pelo art. 77 do Código Penal, pois, tratando-se

de crime hediondo, a sanção privativa de liberdade deve ser cumprida integralmente em regime fechado. HC 72697/RJ – Rio de Janeiro. Relator Min. Ilmar Galvão. Relator p/ Acórdão: Min. Celso de Mello. Julgamento: 19/03/1996. Órgão Julgador: Primeira Turma. RECURSO ESPECIAL. PENAL. ESTUPRO. TENTATIVA. CRIME HEDIONDO. PROGRESSÃO DE REGIME E CONCESSÃO DE *SURSIS*. IMPOSSIBILIDADE. 1. O crime de tentativa de estupro tem natureza hedionda, devendo a respectiva pena ser cumprida em regime prisional integralmente fechado, sendo, portanto, inaplicável o *sursis*. 2. Recurso especial conhecido e provido (STJ. REsp 700881/RS 2004/0161099-2, Relatora Ministra Laurita Vaz, Data de Julgamento: 17/02/2005, T5 – Quinta Turma, Data de Publicação: DJ 14/03/2005. p. 423).

Todavia, como se sabe, tanto o regime integralmente fechado quanto o regime inicialmente fechado foram declarados inconstitucionais pelo Supremo Tribunal Federal (HC 82.959/SP e HC 111.840/ES, respectivamente). Assim, desde que preenchidos os requisitos do artigo 77 do Código Penal, não há mais óbice para a concessão do *sursis*.

AGRAVO REGIMENTAL NO RECURSO ESPECIAL. PENAL. ATENTADO VIOLENTO AO PUDOR. CRIME HEDIONDO. POSSIBILIDADE DE CONCESSÃO DE *SURSIS*. DIVERGÊNCIA JURISPRUDENCIAL NÃO CONFIGURADA. SÚMULA 83/STJ. 1. Após a declaração de inconstitucionalidade, pelo Supremo Tribunal Federal, do art. 2º, §1º, da Lei 8.072/90, que vedava a progressão de regime nos casos de crimes hediondos e a eles equiparados, afastando o óbice à execução progressiva da pena, e tendo em conta a superveniência da edição e entrada em vigor da Lei nº 11.464/07, perfeitamente possível a concessão de suspensão condicional da pena, nos termos do art. 77 do Código Penal, aos condenados por crimes hediondos. 2. Tendo em vista que o recurso especial foi interposto somente com fundamento na divergência jurisprudencial, e que a decisão proferida pelo Tribunal *a quo* trilhou orientação idêntica à adotada por este Sodalício, deve incidir, na espécie, o óbice previsto na Súmula 83/STJ, que dispõe, *in verbis*: "não se conhece do recurso especial pela divergência, quando a orientação do Tribunal se firmou no mesmo sentido da decisão recorrida". 3. Agravo improvido. (STJ. AgRg no REsp 945194/RS. 2007/0094759-2, Relator: Ministro Jorge Mussi, Data de Julgamento: 21/10/2008, T5 – Quinta Turma, Data de Publicação: DJe 24/11/2008).

Deve ser anotado que a Lei nº 11.343/06 (Lei de Drogas) traz vedação expressa à concessão do *sursis* aos condenados por tráfico de drogas, acarretando severas críticas doutrinárias, em razão de tratar situações semelhantes de forma diversa. Nesse sentido é a lição de Renato Brasileiro de Lima:

Não obstante a possibilidade de concessão do *sursis* aos crimes hediondos, é bom ressaltar que, especificamente em relação ao tráfico de drogas, ante a vedação constante do art. 44 da Lei nº 11.343/06, os Tribunais ainda vêm considerando ser legítima a proibição da concessão da suspensão condicional da pena aos crimes dos arts. 33, *caput* e §1º, e 34 a 37 da referida Lei, o que, a nosso ver, causa bastante estranheza, porquanto se confere tratamento desigual a crimes que são equiparados por força da própria Constituição Federal.[668]

---

[668] LIMA, Renato Brasileiro de. *Legislação criminal especial comentada*. 2. ed. rev., ampl. e atual. Salvador: JusPodivm, 2014, p. 88-89.

28.9 Condições da suspensão condicional da pena

As condições a serem observadas durante o período de prova podem ser legais (impostas pela lei) ou judiciais (aplicadas pelo juiz). Vejamos

	Condições legais
Condições da suspensão condicional da pena	*Sursis* simples: no primeiro ano do período de prova deverá o condenado prestar serviços à comunidade ou se submeter à limitação de fim de semana (art. 78, §1º)
	Sursis especial: três condições previstas no art. 78, §2º, do CP: a) proibição de frequentar determinados lugares; b) proibição de ausentar-se da comarca onde reside, sem autorização do juiz; c) comparecimento pessoal e obrigatório ao juízo, mensalmente, para informar e justificar suas atividades (art. 78, §2º).
	Condições judiciais
	A sentença poderá especificar outras condições a que fique subordinada a suspensão, desde que adequadas ao fato e à situação pessoal do condenado (art. 79 do CP).

28.10 Período de prova

O período de prova varia de acordo com modalidade da infração penal e a espécie do *sursis*:
a) Regra para os crimes: período de prova de 2 a 4 anos (art. 77, *caput*, do CP);
b) Regra para contravenções: período de prova de 1 a 3 anos (art. 11 da Lei de Contravenções Penais);
c) *Sursis* etário e humanitário: período de prova de 4 a 6 anos (art. 77, §2º)

A jurisprudência tem entendido que esse prazo, em regra, deve ser fixado no mínimo, exceto se houver alguma circunstância concreta que autorize a aplicação em patamar superior ao piso, a qual deve ser devidamente fundamentada pelo juiz.

28.11 Revogação da suspensão condicional da pena

O Código Penal traz hipóteses de revogação obrigatórias e facultativas.

28.11.1 Revogação obrigatória (art. 81, I a III)

São aquelas que necessariamente revogam a suspensão condicional da pena:

1. *Condenação, em sentença irrecorrível, por crime doloso* (art. 81, I)

O que revoga o *sursis* é a condenação no curso do período de prova e não a prática de crime. Então, se o crime foi praticado antes ou durante o período de prova é desimportante, desde que a condenação ocorra durante o período de prova.

É importante mencionar que se a condenação for por pena de multa, tem prevalecido o entendimento de que não ela tem o condão de revogar o *sursis*.

2. *Frustrar, embora solvente, a execução de pena de multa ou não efetuar, sem motivo justificado, a reparação do dano* (art. 81, II, do CP);

Victor Eduardo Rios Gonçalves e André Estefam, sobre a frustação da execução da pena de multa ensinam, com razão, que:

> É praticamente pacífico o entendimento de que houve revogação tácita deste dispositivo em razão do advento da Lei nº 9.268/96, que não mais permite a prisão como consequência do não-pagamento da pena de multa, que, de acordo com a atual redação do art. 51 do Código Penal, considera-se dívida de valor, sendo-lhe aplicável a legislação tributária.[669]

Portanto, haverá a revogação da suspensão condicional da pena, nos termos do art. 81, II, do Código Penal, somente na hipótese de reparação do dano sem motivo justificado. Nessa situação, deve o condenado ser previamente ouvido, a fim de declinar os motivos pelos quais não realizou a reparação do dano para, só então, verificar se é ou não caso de revogação.

3. *Descumprir a condição do art. 78, §1º, do Código Penal* (art. 81. III)

O art. 78, §1º, do CP trata da prestação de serviços à comunidade ou limitação de fim de semana durante o primeiro ano do *sursis* simples.

28.11.2 Revogação facultativa (art. 81, §1º)

São aquelas que podem ou não revogar o benefício e encontram-se previstas no art. 81, §1º, do CP.

1. *Descumprimento de qualquer outra condição imposta*

Se o descumprimento for da prestação de serviços à comunidade ou limitação de fim de semana durante o primeiro ano do *sursis* simples, será causa de revogação obrigatória.

2. *O agente é irrecorrivelmente condenado, durante o período de prova, por crime culposo ou por contravenção penal, a pena privativa de liberdade ou restritiva de direito.*

Se a condenação foi por pena de multa, não haverá revogação.

Nos casos de revogação facultativa, a lei permite que o juiz prorrogue o período de prova até o máximo (caso este não tenha sido fixado – art. 81, §3º) ou exaspere as condições impostas (art. 707, parágrafo único, do CPP) em vez de revogar o *sursis*.

---

[669] ESTEFAM, André; GONÇALVES, Victor Eduardo Rios. *Direito Penal esquematizado*. Parte geral. 10. ed. Editora Saraiva, 2021. p. 353.

28.12 Revogação e cassação da suspensão condicional da pena

Embora sejam institutos que se assemelham, não se confundem.

A cassação do *sursis* ocorre antes da audiência admonitória, ou seja, o agente não inicia o cumprimento das condições, seja por não comparecer à citada solenidade, seja por recusar o benefício. Na hipótese de cassação, o termo inicial da prescrição da pretensão executória é o trânsito em julgado da sentença penal condenatória para a acusação, conforme art. 112, 1ª parte, do Código Penal.

Já a revogação da suspensão condicional da pena ocorre depois de iniciado o seu cumprimento, nas hipóteses estudadas nos tópicos anteriores. Nesse caso, o termo inicial da prescrição da pretensão executória é a data da revogação do *sursis*, nos moldes do art. 112, 2ª parte, do Código Penal.

28.13 Prorrogação do período de prova

As hipóteses de prorrogação do período de prova encontram-se elencadas no art. 81, §§2º e 3º, do Código Penal.

Para o art. 81, §2º, do Código Penal, considera-se prorrogado o prazo da suspensão até o julgamento definitivo, se o beneficiário estiver sendo processado por outro crime ou contravenção penal. Nesse caso, a prorrogação se dá de forma automática, não dependendo de decisão judicial.[670]

Haverá prorrogação do período de prova se o beneficiário estiver sendo processado por outro crime ou contravenção penal, pouco importando se estes foram praticados antes ou durante o período de prova.

Nos termos do art. 81, §3º, do Código Penal, diante dos casos de revogação facultativa, o juiz pode, em vez de decretá-la, prorrogar o período de prova até o máximo, se este não foi fixado.

28.14 Extinção da punibilidade

Segundo o art. 82 do Código penal, findo o período de prova sem que tenha havido revogação do *sursis*, haverá extinção da punibilidade.

A sentença que extingue a pena é meramente declaratória, retroagindo à data em que se encerrou o período de prova.

---

[670] STJ. HC 175.758 e REsp 1107269.

LIVRAMENTO CONDICIONAL
(ART. 83 DO CP E ART. 131 E SEGUINTES DA LEP)

29.1 Conceito e natureza jurídica

É um incidente de execução penal, antecipando-se a liberdade, mediante certas condições conferidas ao condenado que cumpre parte da pena privativa de liberdade que lhe foi imposta.

O livramento condicional é uma medida de política criminal na medida em que abrevia a reinserção do condenado no convívio social, que passará a cumprir parte da pena em liberdade (período de prova), desde que presentes requisitos subjetivos e objetivos e mediante o cumprimento de condições fixadas pelo juiz.

A liberdade concedida ao condenado com o livramento condicional é antecipada, condicional e precária.

Liberdade	
Antecipada	O condenado retorna ao convívio social antes de cumprida sua pena.
Condicional	O condenado deve observar determinadas condições durante o período de prova.
Precária	Pode ser revogada nas hipóteses dos arts. 86 e 87, do Código Penal.

Quanto à natureza jurídica, parece-nos pacífico na doutrina e jurisprudência que o livramento condicional é considerado verdadeiro direito subjetivo ao condenado. Isso significa que, uma vez cumpridos os requisitos, deve o juiz da execução conceder o livramento condicional em favor do condenado.

Em sentido contrário, contudo, Damásio de Jesus lecionava que:

> O instituto, na reforma penal de 1984, não constitui mais um direito subjetivo de liberdade do condenado nem incidente de execução. É medida penal de natureza restritiva de liberdade, de cunho repressivo e preventivo. Não é um benefício.[671]

---
[671] JESUS, Damásio. *Direito Penal*. Parte geral. 28. ed. São Paulo: Saraiva, 2006. p. 625.

29.2 Sistema progressivo

O livramento condicional é decorrente da adoção do sistema progressivo, na medida em que se antecipa a liberdade ao condenado, de forma precária, durante o período de prova, para que se possa averiguar como ele vai se portar em contato com a sociedade.

A concessão do livramento condicional não pressupõe passagem por todos os regimes. Ou seja, é possível que um condenado que cumpre pena no regime semiaberto, por exemplo, tenha direito ao livramento condicional, sendo desnecessário que antes progrida para o aberto.

29.3 Pacote Anticrime

A Lei nº 13.964/19 alterou o art. 83 do Código Penal. Contudo, as modificações foram apenas de formatação do dispositivo. O único acréscimo que efetivamente aconteceu foi a inclusão do novo requisito previsto no art. 83, III, *b*, do CP, que será analisado em tópico mais adiante.

29.4 Diferenças entre o livramento condicional e o *sursis*

Livramento condicional não se confunde com a suspensão condicional da pena. O quadro a seguir sintetiza as principais diferenças entre eles.

	Livramento condicional	*Sursis*
Cumprimento de pena	O condenado cumpre parte da pena.	Não tem início.
Período de prova	O tempo restante de pena.	Como regra, de 2 a 4 anos.
Momento de concessão	Durante a execução de pena.	Na sentença condenatória.
Quem concede	Juiz da execução.	Juiz da ação penal.
Recurso cabível	Agravo em execução.	Apelação.

29.5 Requisitos do livramento condicional

Estão estabelecidos no art. 83 do Código Penal, que prevê tanto requisitos objetivos quanto subjetivos.

29.5.1 Requisitos objetivos

O Código Penal estabelece 5 requisitos objetivos a serem preenchidos:

29.5.1.1 A pena imposta deve ser privativa de liberdade

O livramento condicional somente é aplicável àqueles que foram condenados à pena privativa de liberdade.

29.5.1.2 A pena concreta a ser cumprida deve ser igual ou superior a 2 anos

Caso haja condenação em processos diversos, o juiz deve somar as penas aplicadas para a verificação deste requisito (art. 84, do CP)

Mirabete[672] aponta uma hipótese em que se reconhece que o réu teria interesse recursal legítimo em apelar de sentença condenatória com o objetivo de aumentar a pena, a fim de que fosse possibilitado, no decorrer do cumprimento de pena, a concessão do livramento condicional.

Imagine uma situação em que o réu, reincidente em crime doloso, é condenado a uma pena de 1 ano e 10 meses pelo crime de receptação (art. 180, *caput*, CP). Tendo em vista a reincidência, não terá direito a *sursis* ou substituição da pena privativa de liberdade por restritiva de direitos.

Desse modo, poderá recorrer para que a pena atinja o patamar de 2 anos e, com isso, seja possível a antecipação da liberdade, ainda quando do cumprimento de pena.

29.5.1.3 Cumprimento de parcela da pena

A depender da natureza do crime (comum ou hediondo ou equiparados) e das condições pessoais do condenado (primário ou reincidente), o Código Penal estabelece patamares distintos de cumprimento de pena para o agente ter direito ao livramento condicional:

a) mais de 1/3 (um terço) da pena se o condenado *não for reincidente em crime doloso e tiver bons antecedentes*;

Note-se que a lei não tratou do condenado primário com maus antecedentes. Assim, em razão do *in dubio pro reo*, doutrina tem entendido que a esses condenados também deve ser aplicada a fração de 1/3 (fração mais benéfica).

b) mais da 1/2 (metade) da pena, se o condenado for *reincidente em crime doloso*;

Nesse ponto, a lei se refere somente à reincidência dolosa, não se aplicando, portanto, à reincidência culposa, hipótese em que o prazo para concessão do livramento condicional será o cumprimento de mais de 1/3 (um terço) da pena e não mais da metade.

c) mais de 2/3 (dois terços) da pena, nos casos de *condenação por crime hediondo*, prática de tortura, tráfico ilícito de entorpecentes e drogas afins, tráfico de pessoas e terrorismo, se o apenado *não for reincidente específico em crimes dessa natureza*.

Em relação à reincidência específica em crime hediondo ou equiparado, para fins de livramento condicional, existem duas correntes que buscam explicar este conceito.

A primeira corrente entende que é reincidente específico o agente que, depois de condenado pela prática de crime hediondo ou equiparado, comete, novamente, o mesmo crime. Entendimento minoritário na doutrina.

A segunda posição defende que reincidente específico significa ser reincidente em crimes de natureza hedionda ou equiparada, independentemente de qual tipo penal foi infringido ou qual bem jurídico tutelado foi lesionado. Esta posição tem prevalecido.

---

[672] MIRABETE, Júlio Fabbrini. *Manual de Direito Penal:* Parte geral. 23. ed. São Paulo: Ed. Atlas, 2006, p. 601.

Por exemplo, quem é condenado por um homicídio qualificado e, após a condenação, pratica o crime de tráfico de entorpecentes é considerado reincidente específico em crime hediondo ou equiparado e, por conta disso, não tem direito a livramento condicional.

Os reincidentes específicos em crimes hediondos ou equiparados não têm direito a livramento condicional.

Ainda no que diz respeito à vedação de concessão do livramento condicional aos crimes hediondos e equiparados, deve-se lembrar que a Lei nº 13.964/19 (Lei Anticrime) trouxe algumas mudanças na Lei de Execução Penal (art. 112) que nele refletem. Vejamos:

> Art. 112. A pena privativa de liberdade será executada em forma progressiva com a transferência para regime menos rigoroso, a ser determinada pelo juiz, quando o preso tiver cumprido ao menos:
> (...)
> VI – 50% (cinquenta por cento) da pena, se o apenado for:
> a) condenado pela prática de crime hediondo ou equiparado, com resultado morte, se for primário, sendo vedado o livramento condicional;
> (...)
> VIII – 70% (setenta por cento) da pena, se o apenado for reincidente em crime hediondo ou equiparado com resultado morte, sendo vedado o livramento condicional.

Portanto, o art. 112, VI e VIII, da LEP, incluído pela Lei nº 13.964/19, dispõe que os condenados pela prática de crime hediondo ou equiparado *com resultado morte*, sejam *primários* ou reincidentes, não podem ser beneficiados com o livramento condicional. Vejamos as modificações de forma pontual:

1. não terá direito ao livramento o *agente primário* que for condenado pela prática de crime hediondo ou equiparado com *resultado morte*.

Antes da Lei Anticrime, era possível a concessão de livramento condicional ao agente primário, desde que cumpridos mais de 2/3 da pena. A vedação se dava ao reincidente específico em crime hediondo.

A partir da Lei nº 13.964/19, o agente primário que for condenado pela prática de crime hediondo ou equiparado com *resultado morte* não terá acesso ao livramento condicional (ex.: homicídio qualificado, tortura seguida de morte, latrocínio).

Trata-se, portanto, de nova lei que piora a situação do réu (*novatio legis in pejus*), sendo vedada a sua aplicação retroativa.

2. não terá direito ao livramento o *agente reincidente* em crime hediondo ou equiparado com *resultado morte*.

Antes da Lei nº 13.964/19 (Lei Anticrime), já não era possível a concessão de livramento condicional ao agente reincidente específico em crime hediondo ou equiparado, em razão da vedação do art. 83, inciso V, do Código Penal.

Nesse ponto, então, não houve mudanças práticas, o que significa dizer que não é uma *novatio legis in pejus*, uma vez que a vedação ao livramento, nestas hipóteses, já era prevista. Assim, a ela não se aplica o princípio da irretroatividade.

Portanto, tanto o agente primário quanto o reincidente em crime hediondo e equiparado com resultado morte não terão direito ao livramento condicional.

Vejamos o quadro comparativo:

Livramento condicional simples	Livramento condicional qualificado	Livramento condicional específico
Condenado primário e de bons antecedentes	Condenado reincidente	Condenado por crime hediondo ou equiparado ou por tráfico de pessoas
cumprimento de mais de 1/3 (um terço) da pena.	cumprimento de mais de 1/2 (metade) da pena.	cumprimento de mais de 2/3 (dois terços) da pena. Obs.: Reincidente específico em crimes hediondos ou equiparados NÃO têm direito ao livramento condicional. Obs. 2: O condenado (primário ou reincidente) pela prática de crime hediondo ou equiparado com resultado morte não pode ser beneficiado com o livramento condicional (art. 112, VI e VIII, da LEP, incluído pela Lei 13.964/19)

Ainda no que diz respeito à vedação da concessão do livramento condicional, a Lei nº 13.964/19 (Lei Anticrime) alterou o art. 2º, §9º, da Lei nº 12.850/13:

§9º O condenado expressamente em sentença por integrar organização criminosa ou por crime praticado por meio de organização criminosa não poderá progredir de regime de cumprimento de pena ou obter livramento condicional ou outros benefícios prisionais se houver elementos probatórios que indiquem a manutenção do vínculo associativo.

O art. 2º, §9º, da Lei nº 12.850/13 veda a concessão de livramento condicional, de progressão de regime e de outros benefícios prisionais ao condenado por integrar organização criminosa ou por crime praticado por intermédio de organização ou associação criminosa, *se houver elementos probatórios que indiquem a manutenção do vínculo associativo (societas sceleris).*

Este dispositivo legal visa a endurecer o tratamento penal do sujeito que, mesmo condenado nas situações acima descritas, insiste em manter o vínculo associativo com a organização ou associação criminosa.

Assim, a Lei nº 13.964/19 (Lei Anticrime) trouxe nova hipótese de vedação à concessão de livramento condicional, qual seja: se o condenado por integrar organização criminosa ou por crime praticado por intermédio de organização ou associação criminosa mantiver o vínculo associativo.

29.5.1.4 Reparação do dano, salvo impossibilidade de fazê-lo

Segundo a jurisprudência, é ônus do condenado comprovar a impossibilidade absoluta de reparar o dano, hipótese em que, preenchidos os demais requisitos, não haverá óbice à concessão do livramento condicional.

O fato de o patrimônio do reeducando estar submetido à constrição processual não o desobriga de reparar o dano para fins de concessão do livramento condicional.

Do mesmo modo, o fato de não ter sido proposta pela vítima ação no juízo cível buscando a reparação do dano também não desobriga o condenado de repará-lo.

Há entendimento (acolhido em alguns tribunais de justiça) no sentido de que, tratando-se de condenado assistido pela Defensoria Pública, sua hipossuficiência econômica é presumida e, assim, deve ser afastada a exigência de comprovação da reparação do dano caudado pelo delito para fins de concessão do livramento condicional.

29.5.1.5 Não cometimento de falta grave nos últimos 12 meses

Esse requisito foi introduzido pela Lei nº 13.964/19. Tem-se entendido que, por se tratar de um limitador ao livramento condicional, não pode retroagir.

As faltas graves são condutas contrárias ao regular andamento da execução e estão previstas no art. 50 da LEP.

Se a falta grave tiver sido praticada em período anterior aos 12 meses do pedido de livramento condicional, não haverá óbice à sua concessão. Para parte da doutrina, contudo, a prática da falta grave pode revelar que o condenado não tem "bom comportamento durante a execução da pena", requisito subjetivo a ser detalhado a seguir.

Para o STJ, o requisito previsto no art. 83, III, *b*, do Código Penal, inserido pela Lei nº 13.964/2019 (não cometimento de falta grave nos últimos 12 meses) é pressuposto objetivo para a concessão de livramento condicional, e não limita a valoração do requisito subjetivo, inclusive quanto a fatos anteriores à vigência do Pacote Anticrime, de forma que somente haverá fundamento inválido quando consideradas faltas disciplinares muito antigas.[673]

29.5.1.5.1 A prática de falta grave interrompe o prazo para o livramento?

A prática de falta grave não interrompe o prazo para o livramento condicional, em razão da ausência de previsão legal. Nesse sentido é a Súmula 441, do STJ: "A falta grave não interrompe o prazo para obtenção de livramento condicional".

Após a entrada em vigor do art. 83, III, *b*, do Código Penal, que trouxe como requisito objetivo para a concessão do livramento condicional o não cometimento de falta grave nos últimos 12 meses, iniciou-se discussão sobre a compatibilidade do entendimento sumulado pelo Superior Tribunal de Justiça com a novel disposição.

---

[673] AgRg no REsp 1961829/MG, Rel. Ministro Reynaldo Soares da Fonseca, Quinta Turma, julgado em 16/11/2021, DJe 19/11/2021; AgRg no HC 660197/SP, Rel. Ministro Rogerio Schietti Cruz, Sexta Turma, julgado em 17/08/2021, DJe 25/08/2021; AgRg no HC 639495/SP, Rel. Ministro Ribeiro Dantas, Quinta Turma, julgado em 10/08/2021, DJe 17/08/2021; AgRg no HC 666504/SP, Rel. Ministra Laurita Vaz, Sexta Turma, julgado em 01/06/2021, DJe 16/06/2021.

Assim, sobre o tema, tem prevalecido que não há incompatibilidade entre a Súmula 441 do STJ e o novo art. 83, III, *b* do CP, incluído pela Lei nº 13.964/19. O condenado que praticou falta grave não pode ter acesso ao benefício no prazo de 12 meses posteriores à prática da falta, ainda que tenha atingido o requisito objetivo.

Contudo, mesmo com a existência desse prazo de 12 meses, a falta grave não zera a contagem do prazo. Portanto, findo o período impeditivo e, preenchidos os requisitos, pode o condenado ter novamente acesso ao livramento condicional.

De outra banda, é necessário se atentar que, apesar de não interromper o prazo para o livramento condicional, a falta grave interrompe o prazo para a progressão de regime, conforme Súmula 534 do STJ, que dispõe que "a prática de falta grave interrompe a contagem do prazo para a progressão de regime de cumprimento de pena, o qual se reinicia a partir do cometimento dessa infração".

No mesmo sentido é o art. 112, §6º, da LEP, incluído pela Lei nº 13.964/19, que determina que "o cometimento de falta grave durante a execução da pena privativa de liberdade interrompe o prazo para a obtenção da progressão no regime de cumprimento da pena, caso em que o reinício da contagem do requisito objetivo terá como base a pena remanescente".

29.5.2 Requisitos subjetivos

O Código Penal elenca 4 requisitos subjetivos.

29.5.2.1 Comportamento carcerário satisfatório

Exige que o condenado tenha comportamento adequado durante todo o período de execução de pena, abrangendo o cumprimento de suas obrigações internas, o comportamento com os demais presos e com os funcionários.

Antes da Lei Anticrime, exigia-se "comportamento satisfatório". Com a mudança, passou-se a exigir um "bom comportamento", o que parece ser uma exigência maior, tendo em vista que parcela da doutrina entende que um comportamento neutro seria suficiente para ser considerado como "satisfatório".

O comportamento satisfatório é comprovado pelo diretor do estabelecimento prisional e não pode levar em consideração nenhum fato praticado antes do início do cumprimento da pena.

29.5.2.2 Bom desempenho no trabalho que lhe foi atribuído

O art. 5º, XLVII, *c*, da Constituição Federal de 1988, veda o trabalho forçado. Desse modo, o preso não é obrigado a trabalhar, mas, se não o fizer, não poderá fazer jus ao livramento condicional.

Dispensa-se esse requisito quando, em razão de problemas no estabelecimento prisional, não for atribuído nenhum trabalho ao preso.

29.5.2.3 Aptidão para prover a própria subsistência mediante trabalho honesto

É consequência do requisito anterior.

Não se exige emprego garantido após a saída do estabelecimento prisional, o que, sem dúvidas, inviabilizaria na imensa maioria dos casos a concessão do livramento condicional, mas apenas a prova da aptidão para o exercício de trabalho honesto.

29.5.2.4 Condições pessoais que façam presumir que o condenado não voltará a delinquir

Esse requisito subjetivo é exigido apenas nos casos de condenação pelo cometimento de crime doloso praticado com violência ou grave ameaça à pessoa, nos termos do art. 83, parágrafo único, do Código Penal.

Antes da Lei nº 10.792/03, para aferir essa condição, era necessária a realização de exame criminológico, o que atualmente é dispensado. O STF, todavia, admite que o juiz da execução, de maneira fundamentada, determine a sua realização, a despeito da ausência de previsão legal.

A análise desse requisito fica a cargo da Comissão Técnica de Classificação, que elabora e fiscaliza o programa de individualização da execução penal e fará um juízo de prognose, isto é, analisará se há probabilidade de reiteração delitiva, caso em que será indeferido o livramento condicional.

29.6 Processamento: Lei nº 10.792/03

O pedido de livramento condicional, que não precisa ser subscrito por advogado ou defensor público, é endereçado ao juízo da execução.

Nos termos do art. 712, *caput*, do Código de Processo Penal, "o livramento condicional poderá ser concedido mediante requerimento do sentenciado, de seu cônjuge ou de parente em linha reta, ou por proposta do diretor do estabelecimento penal, ou por iniciativa do Conselho Penitenciário".

O art. 112, §2º, da LEP, incluído pela Lei nº 13.964/19 (Lei Anticrime) reafirma que "a decisão do juiz que determinar a progressão de regime será sempre motivada e precedida de manifestação do Ministério Público e do defensor, *procedimento que também será adotado na concessão de livramento condicional*, indulto e comutação de penas, respeitados os prazos previstos nas normas vigentes". Vejamos:

Antes da Lei nº 10.792/03	Depois da Lei nº 10.792/03
O juiz, antes de decidir, ouvia: MP Conselho Penitenciário	O juiz, antes de decidir, ouve: MP Defesa (Defensoria Pública)

Há discussão sobre a necessidade de se ouvir o Conselho Penitenciário antes da decisão sobre o livramento condicional. Sobre o assunto, existem duas correntes:

A primeira corrente orienta que, mesmo com a alteração proveniente da Lei nº 10.792/03, continua sendo necessário o parecer do Conselho Penitenciário, tendo em vista que a emissão de parecer sobre livramento condicional continua dentre suas atribuições, nos termos do art. 131, da LEP.

Já a segunda posição entende que, com a alteração promovida pela Lei nº 10.792/03, não é mais necessária a oitiva do Conselho Penitenciário, ficando a questão a ser decidida pelo juiz da execução. Há entendimento do STF nesse sentido.

De qualquer modo, ainda que seja realizado o parecer pelo Conselho Penitenciário, imperioso destacar que este não vincula o juiz, que poderá decidir em sentido diverso.

Caso o juiz conceda o livramento condicional, determinará a expedição de carta de livramento, que conterá cópia integral da decisão em duas vias, uma para a autoridade administrativa responsável pela execução (como regra, o diretor do estabelecimento prisional) e outra para o Conselho Penitenciário.

É cabível agravo em execução contra a decisão que concede ou denega o pedido de livramento condicional.

29.7 Audiência admonitória

Na hipótese de deferimento, é designada audiência admonitória, ato em que serão apresentadas as condições que deverão ser cumpridas durante o período de prova. Na audiência admonitória, serão realizados os seguintes atos:

1. leitura da sentença pelo do Conselho Penitenciário ou, na falta, pelo juiz da execução;
2. serão explicadas as condições impostas;
3. o liberando declarará se aceita as condições impostas;
4. será lavrado termo constando o aceite do condenado.

29.8 Período de prova

O período de prova tem início com a audiência admonitória, realizada no estabelecimento prisional onde está sendo cumprida a pena (art. 137, da LEP), oportunidade em que será comunicado o rol de condições para a concessão do benefício.

> Art. 137. A cerimônia do livramento condicional será realizada solenemente no dia marcado pelo Presidente do Conselho Penitenciário, no estabelecimento onde está sendo cumprida a pena, observando-se o seguinte:
> I – a sentença será lida ao liberando, na presença dos demais condenados, pelo Presidente do Conselho Penitenciário ou membro por ele designado, ou, na falta, pelo Juiz;
> II – a autoridade administrativa chamará a atenção do liberando para as condições impostas na sentença de livramento;
> III – o liberando declarará se aceita as condições.

O período de prova é o tempo que resta para o condenado cumprir a pena imposta. Durante o período de prova, o liberado deverá comprovar o cumprimento de certas condições.

29.9 Condições

As condições são definidas pelo juiz da execução e deverão ser cumpridas durante o período de prova.

As condições podem ser obrigatórias (também chamadas de legais), que sempre deverão ser impostas, ou facultativas (ou judiciais), que ficam a cargo da discricionariedade do juiz da execução, podendo ou não ser impostas. As condições facultativas estão previstas nos arts. 131 e seguintes da LEP, em rol exemplificativo.

Vejamos as hipóteses:

Obrigatórias (art. 85, do CP e art. 131 e seguintes da LEP)	Facultativas (art. 131 e seguintes da LEP)
1. Ocupação lícita dentro de prazo razoável; 2. Comunicar periodicamente ao juiz a sua ocupação (pode ser mensal, semanal, semestral etc.) 3. Não mudar da comarca sem prévia autorização do juízo	1. Não mudar de residência sem autorização do juízo. 2. Recolher-se à habitação em hora fixada. 3. Não frequentar determinados lugares. 4. Outras condições a critério do juiz. Obs.: No caso das condições facultativas, o rol é exemplificativo.

29.10 Revogação do livramento condicional

De acordo com o Código Penal, as causas de revogação do livramento condicional podem ser obrigatórias (art. 86) ou facultativas (art. 87).

29.10.1 Revogação obrigatória

São aquelas que necessariamente ensejam a revogação do livramento condicional. Segundo o art. 86, do Código Penal, revogam o livramento:

1. *Se houver condenação definitiva a pena privativa de liberdade por crime cometido durante a vigência do benefício.*

Por exemplo, imagine que o indivíduo esteja cumprindo o livramento condicional por um delito de roubo. Durante a vigência do livramento, comete um delito de furto e é por ele condenado definitivamente a pena privativa de liberdade.

A revogação do benefício em razão de condenação definitiva a pena privativa de liberdade por crime cometido durante a vigência do benefício enseja os seguintes efeitos:

a) O tempo de livramento condicional não é computado como pena cumprida.

Por exemplo, se o liberado permaneceu 3 anos em livramento, faltando 2 anos para o término da pena, ele perderá os 3 anos que esteve em liberdade e deverá cumprir 5 anos para que a pena seja extinta.

b) Não terá direito a novo livramento pelo delito que estava na vigência do benefício, tendo direito a livramento apenas para o novo crime.

No nosso exemplo, não terá direito a novo livramento pelo delito de roubo, mas somente pelo crime de furto.

c) O restante da pena do delito que estava na vigência do benefício não poderá somar-se à pena do novo crime para fins do novo livramento.

No nosso exemplo, o restante da pena do roubo não poderá se somar à pena do furto para fins do novo livramento.

Note-se que, nesse caso, como a revogação do livramento condicional depende de decisão irrecorrível, é possível que o juiz da execução suspenda o benefício enquanto perdurar o julgamento pelo novo crime, nos termos do art. 145, da LEP.

> Art. 145 da LEP. Praticada pelo liberado outra infração penal, o juiz poderá ordenar a sua prisão, ouvidos o Conselho Penitenciário e o Ministério Público, suspendendo o curso do livramento condicional, cuja revogação, entretanto, ficará dependendo da decisão final.

2. *Condenação definitiva a pena privativa de liberdade por crime cometido antes do período de prova do livramento.*

Imagine que o indivíduo esteja cumprindo o livramento condicional por um delito de roubo. Durante a vigência do livramento, comete um delito de furto e é por ele condenado definitivamente a pena privativa de liberdade.

A revogação do benefício em razão de condenação definitiva a pena privativa de liberdade por crime cometido antes da vigência do benefício enseja os seguintes efeitos:

a) O período de prova é computado como pena cumprida.

No nosso exemplo, se o liberado permaneceu 3 anos em livramento, ele não perderá esse tempo que esteve em liberdade, computando-se como pena cumprida.

b) Cabe novo livramento pelo delito que estava na vigência do benefício

No nosso exemplo, será possível novo livramento para o crime de roubo.

c) Permite-se a soma das penas dos crimes para fins de novo livramento (art. 84, do CP).[674]

29.10.2 Revogação facultativa (art. 87 do CP)

As hipóteses de revogação facultativa estão previstas no art. 87 do Código Penal e são as seguintes:

a) Descumprimento das obrigações constantes na sentença;
b) Condenação irrecorrível por crime a pena não privativa de liberdade (não importa se cometido antes ou depois do benefício)
c) Condenação irrecorrível por contravenção penal a pena não privativa de liberdade

Note que o Código Penal não traz a hipótese de condenado pela prática de contravenção penal a pena privativa de liberdade (prisão simples). Assim, ante a ausência de previsão legal, não haverá nenhuma consequência jurídica. Em outras palavras, não será caso de revogação obrigatória, nem facultativa.

Vejamos de forma gráfica as possíveis hipóteses de revogação obrigatória e faculdade:

---

[674] Art. 84 do CP. As penas que correspondem a infrações diversas devem somar-se para efeito do livramento.

Condenação definitiva	Infração penal	Pena	Consequência
Condenado	Pela prática de crime	Privativa de liberdade	Revogação obrigatória
Condenado	Pela prática de crime	Não privativa de liberdade	Revogação facultativa
Condenado	Pela prática de contravenção penal	Não privativa de liberdade	Revogação facultativa
Condenado	Pela prática de contravenção penal	Privativa de liberdade (prisão simples)	Não há previsão legal. Não tem consequência nenhuma

Diferente das situações em que a revogação é obrigatória, presente uma das hipóteses do art. 87, do Código Penal, o juiz pode:
1. revogar o livramento condicional
2. alterar suas condições;
3. advertir o apenado.

29.11 Prorrogação do livramento condicional (art. 89 do CP)

Deve ocorrer a prorrogação do período de prova caso se constate que o liberado responde a ação penal por crime cometido após o início da vigência do livramento condicional.

Isso porque, conforme art. 89 do Código Penal, o juiz não pode declarar extinta a pena enquanto não passar em julgado a sentença em processo a que responde o liberado.

Caso já tenha decorrido o período de prova, o liberado não precisará cumprir as condições estabelecidas, ainda que na constância do período de prorrogação.

Questiona-se se a prorrogação é automática ou se depende de decisão judicial expressa. Para o STF, para que haja a prorrogação, exige-se decisão judicial expressa.

Sobre o tema, há, inclusive, súmula com a seguinte redação:

Súmula 617 do STJ: "A ausência de suspensão ou revogação do livramento condicional antes do término do período de prova enseja a extinção da punibilidade pelo integral cumprimento da pena".

É importante frisar que somente novo processo prorroga o período do livramento. Inquérito policial não tem o condão de fazê-lo.

Além disso, somente no caso de crime cometido na vigência do livramento condicional é que se autoriza a prorrogação.

Deve-se alertar, ainda, que a prorrogação não se confunde com a suspensão. Ambas são parecidas porque pressupõem o cometimento de crime após o início do livramento condicional, mas possuem consequências jurídicas distintas.

Na *suspensão*, o juiz determina o recolhimento cautelar do liberado, que retorna ao cumprimento de pena até a sua extinção ou o julgamento definitivo da ação penal.

Já na *prorrogação*, o juiz deixa de declarar extinta a pena, prorrogando o período de prova até o julgamento definitivo da nova ação penal.

29.12 Extinção (art. 90 do CP)

A pena privativa de liberdade é extinta caso o liberado cumpra o período de prova sem que haja a revogação do livramento condicional.

> Art. 90 – Se até o seu término o livramento não é revogado, considera-se extinta a pena privativa de liberdade.

A sentença que extingue a pena é meramente declaratória, retroagindo à data em que se encerrou o período de prova.

Segundo o art. 67, do Código Penal, antes da decretação da extinção da pena privativa de liberdade, é necessária a oitiva do Ministério Público (LEP, art. 67).

CAPÍTULO 30

EFEITOS DA CONDENAÇÃO

Acerca dos efeitos da condenação, o primeiro passo é distinguir os efeitos principais, que correspondem à aplicação da pena ou medida de segurança, dos efeitos secundários, que se dividem em efeitos de natureza penal ou extrapenal.

Os efeitos secundários de natureza extrapenal, por sua vez, podem ser genéricos ou específicos.

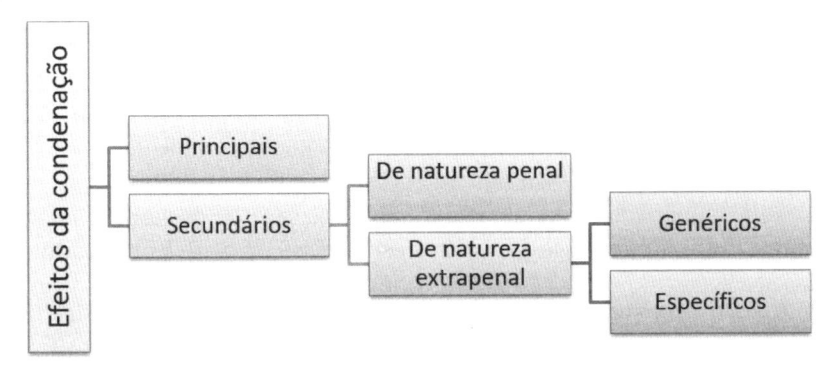

30.1 Efeitos principais

a) *Pena*: o principal efeito de uma condenação é a aplicação de uma pena, destinada ao imputável ou semi-imputável. As penas podem ser privativas de liberdade, restritivas de direitos e multa.

b) *Medida de segurança*: A medida de segurança é uma espécie do gênero sanção penal, mas, diferentemente da pena, é destinada aos inimputáveis e semi-imputáveis desde que verificada a existência de periculosidade. As medidas de segurança podem ser de internação ou tratamento ambulatorial.

30.2 Efeitos secundários de natureza penal

Entre outros, pode-se citar alguns efeitos secundários de natureza penal da condenação:

a) reincidência, se houver prática de novo crime (art. 63 do CP);
b) revogação facultativa ou obrigatória do *sursis* concedido (art. 81 do CP);
c) revogação facultativa ou obrigatória do livramento condicional concedido (art. 81 do CP);
d) interrupção ou aumento do prazo prescricional da pretensão executória quando caracterizada reincidência (art. 110 do CP);
e) revogação da reabilitação, em caso de reincidência (art. 95 do CP);
f) maus antecedentes (art. 59, *caput*, CP)
g) conversão da pena restritiva de direitos em pena privativa de liberdade (art. 44, §4º, CP);
h) impossibilidade de concessão da transação penal e da suspensão condicional do processo (art. 89 da Lei nº 9.099/95);
i) vedação da concessão de privilégios em crimes contra o patrimônio (art. 155, 2º, 170 e 171, §1º, todos do CP).

Importante destacar que, em se tratando de efeitos secundários de natureza penal, estes desaparecem nas hipóteses de *abolitio criminis* (descriminalização da conduta) ou anistia (esquecimento do fato).

30.3 Efeitos secundários de natureza extrapenal

Os efeitos secundários de natureza extrapenal podem ser genéricos (art. 91 do CP) ou específicos (arts. 91-A e 92 do CP).

30.3.1 Efeitos genéricos

Os efeitos genéricos são aqueles que não precisam de declaração na sentença, pois são de aplicação automática. Encontram-se descritos no art. 91 do Código Penal.

> Art. 91 – São efeitos da condenação: (Redação dada pela Lei nº 7.209, de 11/07/1984)
> I – tornar certa a obrigação de indenizar o dano causado pelo crime;
> II – a perda em favor da União, ressalvado o direito do lesado ou de terceiro de boa-fé;
> a) dos instrumentos do crime, desde que consistam em coisas cujo fabrico, alienação, uso, porte ou detenção constitua fato ilícito;
> b) do produto do crime ou de qualquer bem ou valor que constitua proveito auferido pelo agente com a prática do fato criminoso.
> §1º Poderá ser decretada a perda de bens ou valores equivalentes ao produto ou proveito do crime quando estes não forem encontrados ou quando se localizarem no exterior. (Incluído pela Lei nº 12.694, de 2012)
> §2º Na hipótese do §1º, as medidas assecuratórias previstas na legislação processual poderão abranger bens ou valores equivalentes do investigado ou acusado para posterior decretação de perda. (Incluído pela Lei nº 12.694, de 2012).

30.3.1.1 Obrigação de reparar o dano (art. 91, I, do CP)

Havendo sentença penal condenatória transitada em julgado, torna-se certa a obrigação de indenizar o dano causado pelo crime. Após a condenação, não é mais necessária a discussão sobre a existência do ilícito e a obrigação de indenizar, tornando-se certo. Neste caso, basta que a vítima liquide e execute a sentença penal condenatória, a qual se trata de título executivo judicial.

A despeito da independência entre as esferas penal e cível, a sentença condenatória, sempre que possível, deve evidenciar o dano sofrido, possuindo natureza de título executivo judicial.

Reconhecendo o juiz penal somente o *an debeatur*, deverá a vítima realizar na esfera cível a liquidação do título judicial, a fim de que se reconheça o *quantum debeatur*, possibilitando futura execução.

Por outro lado, caso o juiz penal condene o réu em "danos mínimos" (art. 387, IV, CPP), será possível para a vítima executar a sentença independentemente de prévia liquidação, que pode ser proposta, todavia, caso pretenda a vítima majorar o *quantum debeatur*.

30.3.1.2 Confisco (art. 91, II, *a* e *b*, do CP)

O confisco consiste na perda, em favor da União, ressalvado o direito do lesado e do terceiro de boa-fé:

1. *dos instrumentos do crime, desde que consistam em coisas cujo fabrico, alienação, uso, porte ou detenção constitua fato* ilícito.

Instrumentos do crime (*instrumenta sceleris*) são os objetos utilizados pelo agente na execução do delito, como por exemplo as drogas, a arma de fogo etc.

Deve-se destacar que não são todos os instrumentos do crime que serão objeto de confisco, mas apenas aqueles que se constituam em coisas *cujo fabrico, alienação, uso, porte ou detenção constitua fato ilícito*.

O exemplo clássico apontado na doutrina é o caso da pessoa que se utiliza de automóvel de sua propriedade para ocasionar lesão à vítima. Nesse caso, como o automóvel não constitui coisa cujo fabrico, alienação, uso, porte ou detenção constitua fato ilícito, não há que se falar no seu confisco como efeito extrapenal genérico da condenação.

2. *do produto do crime ou de qualquer bem ou valor que constitua proveito auferido pelo agente com a prática do fato criminoso.*

O produto do crime (*producta sceleris*) são os bens e objetos angariados diretamente com a prática da atividade criminosa, abrangendo:
   a) a coisa obtida diretamente com o crime. Por exemplo, a coisa roubada;
   b) a coisa obtida mediante especificação. Por exemplo, o colar feito com as pedras preciosas roubadas;
   c) a coisa obtida mediante alienação. Por exemplo: dinheiro adquirido com a venda do bem roubado.

Assim, se o agente pratica um furto ou um roubo de um veículo, ele não será condenado à perda deste bem, tendo em vista que se trata de um efeito extrapenal genérico que decorre da sentença penal condenatória. Portanto, a perda do carro não é pena, mas efeito da condenação.

Em resumo:

Instrumento do crime (*instrumenta sceleris*)	Produto do crime (*producta sceleris*)
Coisas materiais empregadas para a prática e execução do crime.	Coisas adquiridas diretamente com o crime ou em decorrência do crime.

30.3.1.2.1 É possível que o confisco seja realizado após a sentença?

É possível a decretação do confisco depois da prolação da sentença condenatória, tendo em vista que não há preclusão *pro judicato* que impeça a decretação do perdimento de bens após a sentença.

30.3.1.2.2 E se o produto ou proveito não for encontrado para decretação do perdimento?

Segundo o art. 91, §1º, do CP, poderá ser decretada a perda de bens ou valores equivalentes ao produto ou proveito do crime quando estes não forem encontrados ou quando se localizarem no exterior.

Na hipótese do 91, §1º, as medidas assecuratórias previstas na legislação processual poderão abranger bens ou valores equivalentes do investigado ou acusado para posterior decretação de perda (art. 91, §2º, do CP).

30.3.1.2.3 Limitação do confisco

A possibilidade de confisco dos instrumentos e do produto crime está limitada pelos direitos do lesado ou de terceiros de boa-fé. Desse modo, caso seja utilizado para o cometimento do crime, por exemplo uma arma de fogo de propriedade de terceiro de boa-fé, que não teve nenhuma participação no delito, e cujo fabrico, alienação, uso, porte ou detenção não constitua fato ilícito, não é possível a decretação de perdimento em favor da União.

Do mesmo modo, no tocante aos produtos do crime, a vítima tem, por exemplo, o direito de ver restituída a coisa que lhe foi subtraída pelo condenado.

30.4 Confisco alargado (art. 91-A do CP)

O confisco alargado é um efeito patrimonial da sentença condenatória decorrente de crime cuja pena máxima em abstrato supere o patamar de 6 anos de reclusão.

O confisco alargado está previsto no art. 91-A do Código Penal, incluído no Código Penal com o Pacote Anticrime (Lei nº 13.964, de 2019).

> Art. 91-A. Na hipótese de condenação por infrações às quais a lei comine pena máxima superior a 6 (seis) anos de reclusão, poderá ser decretada a perda, como produto ou proveito do crime, dos bens correspondentes à diferença entre o valor do patrimônio do condenado e aquele que seja compatível com o seu rendimento lícito. (Incluído pela Lei nº 13.964, de 2019)

§1º Para efeito da perda prevista no *caput* deste artigo, entende-se por patrimônio do condenado todos os bens: (Incluído pela Lei nº 13.964, de 2019)

I – de sua titularidade, ou em relação aos quais ele tenha o domínio e o benefício direto ou indireto, na data da infração penal ou recebidos posteriormente; e (Incluído pela Lei nº 13.964, de 2019)

II – transferidos a terceiros a título gratuito ou mediante contraprestação irrisória, a partir do início da atividade criminal. (Incluído pela Lei nº 13.964, de 2019)

§2º O condenado poderá demonstrar a inexistência da incompatibilidade ou a procedência lícita do patrimônio. (Incluído pela Lei nº 13.964, de 2019)

§3º A perda prevista neste artigo deverá ser requerida expressamente pelo Ministério Público, por ocasião do oferecimento da denúncia, com indicação da diferença apurada. (Incluído pela Lei nº 13.964, de 2019)

§4º Na sentença condenatória, o juiz deve declarar o valor da diferença apurada e especificar os bens cuja perda for decretada. (Incluído pela Lei nº 13.964, de 2019)

§5º Os instrumentos utilizados para a prática de crimes por organizações criminosas e milícias deverão ser declarados perdidos em favor da União ou do Estado, dependendo da Justiça onde tramita a ação penal, ainda que não ponham em perigo a segurança das pessoas, a moral ou a ordem pública, nem ofereçam sério risco de ser utilizados para o cometimento de novos crimes. (Incluído pela Lei nº 13.964, de 2019).

30.4.1 Natureza jurídica do artigo 91-A do Código Penal

O art. 91-A do Código Penal traz um novo *efeito extrapenal* da sentença, qual seja: a perda, como produto ou proveito do crime, dos bens correspondentes à diferença entre o valor do patrimônio do condenado e aquele que seja compatível com o seu rendimento lícito (art. 91-A, *caput*, do CP).

Vamos explicar com um exemplo. Imagine que um funcionário público tenha praticado o delito de corrupção passiva do art. 317 do Código Penal, recebendo vantagem indevida no importe de 200 mil reais, o que desencadeou a investigação. Considere, ainda, que esse funcionário tenha uma renda anual, lícita, de 300 mil reais e está exercendo suas funções há 1 ano. Ao ser realizada a apuração, não se verificou nenhuma outra fonte de renda lícita, e, ao final, constatou-se que o servidor possui um patrimônio total de 10 milhões.

Diante dessa situação, pode-se fazer alguns questionamentos:

1. *O que fazer quanto à vantagem indevida recebida?*

Os 200 mil serão perdidos nos termos do art. 91, II, *b*, do Código Penal, ou seja, serão confiscados por serem produto do crime.

2. *O que fazer quanto ao patrimônio incompatível de 10 milhões?*

O art. 91-A do Código Penal entra nesse contexto. Antes deste dispositivo, não era possível buscar o patrimônio incompatível do agente, salvo se fosse possível vinculá-lo a alguma das hipóteses de confisco art. 91 do Código Penal.

O confisco alargado permite que seja decretada a perda, como produto ou proveito do crime, dos bens correspondentes à diferença entre o valor do patrimônio do condenado e aquele que seja compatível com o seu rendimento lícito.

No nosso exemplo, o patrimônio lícito é de 300 mil e o patrimônio incompatível com os rendimentos lícitos é 9,7 milhões. Em relação a este último, recai o confisco alargado.

30.4.2 Gerações do confisco

A doutrina[675] identifica a existência de quatro gerações de confisco. Essa classificação, que surgiu a partir de uma análise das legislações nacionais na Europa, em determinada medida se aplica às formas de confisco estabelecidas pela legislação brasileira.

A primeira geração se caracteriza pela perda de instrumentos e bens vinculados ao crime. No Brasil, essa geração está estampada no art. 91, II, do Código Penal, já estudado.

Avançando, a segunda geração está relacionada à perda de bens do réu em razão de uma presunção legal da origem ilícita dos bens, o que dispensa a vinculação com a infração imputada no processo penal. O confisco alargado se encontra na segunda geração do confisco.

Outros países que adotam tal sistema são Alemanha, Reino Unido, Portugal, Espanha e Noruega.

A terceira geração admite a possibilidade de confisco independentemente de condenação penal. Na doutrina se utiliza o tempo *non conviction based confiscation* (NCB). Aqui, o confisco é um procedimento sobre o patrimônio (*in rem*), visto que não há discussão direta sobre a responsabilidade civil ou criminal do seu proprietário, sendo dispensada ação penal ou condenação penal.[676]

Por fim, a quarta geração traz consigo instrumentos que visam a combater o enriquecimento ilícito. Aqui, se utiliza a expressão *unexplained wealth mechanism* (UWO) a fim de designar uma série de medidas *in personam* em razão da convicção sobre a perda ser decretada a partir da avaliação patrimonial do réu. Podem se materializar em procedimentos civis, como no Reino Unido, ou em tipos criminais específicos".[677]

30.4.3 Objetivo do art. 91-A, *caput*, do Código Penal

O confisco alargado destina-se à perda, como produto ou proveito do crime, dos bens correspondentes à diferença entre o valor do patrimônio do condenado e aquele que seja compatível com o seu rendimento lícito.

Busca-se, portanto, o patrimônio incompatível com os rendimentos lícitos, independentemente de ele estar relacionado com a prática do crime ou não.

---

[675] BOUCHT, Johan. *Asset confiscation in Europe* – past, present, and future challenges. Journal of Financial Crime, v. 26, n. 2, p. 526-548, 2019.

[676] VIEIRA, Roberto D'Oliveira. *Confisco alargado*: apartes de direito comparado. *In*: Inovações da Lei nº 13.964, de 24 de dezembro de 2019. Coletânea de artigos. Vol. 7. p. 398. *In*: https://criminal.mppr.mp.br/arquivos/File/02_-_Inovacoes_da_Lei_13-964-2019.pdf. Acesso em: 4 abr. 2022.

[677] VIEIRA, Roberto D'Oliveira. *Confisco alargado*: apartes de direito comparado. In: Inovações da Lei nº 13.964, de 24 de dezembro de 2019. Coletânea de artigos. Vol. 7. p. 398. *In*: https://criminal.mppr.mp.br/arquivos/File/02_-_Inovacoes_da_Lei_13-964-2019.pdf. Acesso em: 4 abr. 2022.

30.4.4 Requisitos do confisco alargado

1	Que o réu tenha praticado crime cuja pena máxima prevista hipoteticamente seja superior a seis anos de reclusão;
2	Que haja prova acima de dúvida razoável de incompatibilidade do patrimônio do autor do fato ou de organização criminosa, ainda que por interposta pessoa, com seus rendimentos lícitos
3	Que haja pedido expresso do Ministério Público por ocasião do oferecimento da denúncia, nela demonstrando a incompatibilidade entre os rendimentos lícitos e o patrimônio identificado do autor do fato.

30.4.4.1 Pena máxima em abstrato superior a 6 anos de reclusão

O critério utilizado é o da pena máxima prevista em lei e não a quantidade de pena concretamente aplicada na sentença. Para a realização desse cálculo, deve se levar em consideração as qualificadoras, causas de aumento ou diminuição de pena.

Atenuantes e agravantes não são perquiridas, uma vez que a lei não indica qual o *quantum* de agravamento ou atenuação, deixando a critério do juiz.

Em hipótese de crime continuado ou concurso formal próprio, deve ser levada em consideração a regra da exasperação.

Por outro lado, em se tratando de concurso material, deve-se considerar a soma das penas previstas hipoteticamente, ainda que a dosimetria da pena em concreto não supere os seis anos.

Demais disso, por se tratar de norma penal, exsurge regra de interpretação restritiva, de modo que a soma dos dois tipos penais deve superar 6 anos de reclusão, não sendo possível o confisco alargado quando os 6 anos levam em consideração período de detenção. Nesse sentido Fernando Rocha de Andrade:

> É fundamental, portanto, que a soma ou a exasperação superior a seis anos decorra exclusivamente de tipos penais com pena hipotética de reclusão.[678]

30.4.4.2 Conceito de patrimônio do condenado

O art. 91-A, §1º, do Código Penal traz o conceito de patrimônio para fins do confisco alargado:

> §1º Para efeito da perda prevista no *caput* deste artigo, entende-se por patrimônio do condenado todos os bens:
> I – de sua titularidade, ou em relação aos quais ele tenha o domínio e o benefício direto ou indireto, na data da infração penal ou recebidos posteriormente; e
> II – transferidos a terceiros a título gratuito ou mediante contraprestação irrisória, a partir do início da atividade criminal.

---

[678] ANDRADE, Fernando Rocha de. *A persecução patrimonial e o confisco alargado*. In: Inovações da Lei 13.964, de 24 de dezembro de 2019. Coletânea de artigos. Vol. 7. In: https://criminal.mppr.mp.br/arquivos/File/02_-_Inovacoes_da_Lei_13-964-2019.pdf. Acesso em: 4 abr. 2022.

O patrimônio a ser confiscado pode estar em nome do agente delitivo ou até mesmo em nome de terceiros, desde que o agente tenha benefício direto ou indireto dele (ex.: patrimônio em nome de "laranjas"). Aqui opera-se um raciocínio parecido com o que possibilita a desconsideração da personalidade jurídica expansiva no direito privado.

Por exemplo, as lanchas, iates, aviões, casas de praias, sítios, fazendas etc. podem estar sob a titularidade do acusado ou tais bens podem estar em nome de terceiros, deles se beneficiando o agente.

Considera-se, também, patrimônio do condenado, a hipótese em que o agente possua bens em seu nome e comece a transferi-los a terceiros, a título gratuito ou mediante contraprestação irrisória, a partir do início da atividade criminal. A título ilustrativo, imagine que, ao perceber o início das investigações, o indivíduo comece a dissipar seus bens, doando-os ou simulando compra e venda por preços muito abaixo do valor de mercado.

Em todas essas situações, os bens serão considerados patrimônio do condenado e podem ser perdidos nos termos do art. 91-A do Código Penal.

30.4.4.3 Possibilidade de comprovação da licitude do patrimônio

Dispõe o art. 91-A, §2º, do CP:

> §2º O condenado poderá demonstrar a inexistência da incompatibilidade ou a procedência lícita do patrimônio.

O condenado poderá deixar de perder os bens se ele provar que não há incompatibilidade no seu patrimônio ou que seus bens têm procedência lícita.

Segundo o art. 91-A do Código Penal, o ônus de comprovação da licitude do patrimônio recai sobre o réu.

Por exemplo, o agente pode demonstrar que seu patrimônio não é incompatível, pois o recebeu de herança, ou porque possui outras fontes de renda lícita etc.

30.4.4.3.1 Violação ao princípio da inocência (inversão do ônus da prova)

Existe discussão doutrinária acerca da questão da inversão do ônus da prova, uma vez que um dos corolários do princípio da inocência é a distribuição do ônus probatório.

Vale dizer, cabe ao Ministério Público provar os fatos imputados ao réu. No caso do art. 91-A, caberá ao Ministério Público apenas provar a incompatibilidade do patrimônio, mas não caberá ao MP demonstrar a licitude/ilicitude do patrimônio. O MP irá apenas apontar que o acusado tem mais bens do que seus rendimentos teriam possibilidade de comportar.

No caso art. 91-A, caberá ao réu provar que os bens que compõem o seu patrimônio têm procedência lícita ou mesmo que inexiste incompatibilidade.

Assim, parte da doutrina elenca alguns pontos que conduziriam à inconstitucionalidade do dispositivo. Vejamos:

1. A previsão dos crimes em que é compatível a aplicação do art. 91-A do Código Penal, ao levar em consideração a pena abstratamente cominada ao delito e não a pena definitiva, acaba violando a proporcionalidade;

2. O entendimento de que a regra do art. 91-A do Código Penal não deve se aplicar a todas as infrações penais, mas tão somente àquelas em que há a intenção do indivíduo em auferir lucro;
3. O ônus probatório no processo penal deve estar vinculado ao Ministério Público como forma de se respeitar o princípio da presunção de inocência;

Ainda que haja discussão doutrinária a esse respeito, o dispositivo é presumidamente constitucional (princípio da presunção de constitucionalidade das leis e atos normativos), devendo ser aplicado enquanto não houver manifestação por eventual inconstitucionalidade pelo Supremo Tribunal Federal em sede de controle concentrado ou em controle difuso, desde que com previsão da abstrativização dos seus efeitos (que passam a ser *erga omnes*).

30.4.4.4 Art. 13 da Lei de Improbidade Administrativa (Lei nº 8.429/92)

A questão da compatibilidade e licitude do patrimônio não é propriamente uma inovação do art. 91-A do Código Penal. A Lei nº 8.429/92 de há muito já traz essa discussão no que diz respeito aos agentes públicos.

Segundo o art. 13 da Lei de Improbidade Administrativa, a posse e o exercício de agente público ficam condicionados à apresentação de declaração dos bens e valores que compõem o seu patrimônio privado, a fim de ser arquivada no serviço de pessoal competente.

A declaração compreenderá imóveis, móveis, semoventes, dinheiro, títulos, ações e qualquer outra espécie de bens e valores patrimoniais, localizados no país ou no exterior, e, quando for o caso, abrangerá os bens e valores patrimoniais do cônjuge ou companheiro, dos filhos e de outras pessoas que vivam sob a dependência econômica do declarante, excluídos apenas os objetos e utensílios de uso doméstico.

A declaração de bens será anualmente atualizada e na data em que o agente público deixar o exercício do mandato, cargo, emprego ou função.

Será punido com a pena de demissão, a bem do serviço público, sem prejuízo de outras sanções cabíveis, o agente público que se recusar a prestar declaração dos bens, dentro do prazo determinado, ou que a prestar falsa.

O declarante, a seu critério, poderá entregar cópia da declaração anual de bens apresentada à Delegacia da Receita Federal na conformidade da legislação do imposto sobre a renda e proventos de qualquer natureza, com as necessárias atualizações, para suprir a exigência contida no *caput* e no §2º deste artigo.

A Lei de Improbidade traz esse dispositivo para que se tenha um acompanhamento do patrimônio do agente público, justamente para se verificar a compatibilidade da evolução patrimonial deste com os seus rendimentos.

30.4.4.5 Pedido expresso do Ministério Público

Reza o art. 91-A, §3º, do Código Penal:

§3º A perda prevista neste artigo deverá ser requerida expressamente pelo Ministério Público, quando do oferecimento da denúncia, com indicação da diferença apurada.

Se houver a intenção por parte do Ministério Público de buscar o confisco alargado do patrimônio do agente, é necessário que seja realizado pedido expresso na inicial acusatória, indicando exatamente qual a incompatibilidade.

Assim, no bojo da investigação, para além da demonstração de autoria e materialidade, é mister se debruçar na análise e levantamento dos bens do agente para que, desde logo, sejam elencados na inicial acusatória.

O intuito do legislador foi garantir a ampla defesa e o contraditório ao investigado. E neste ponto, pode-se fazer um paralelo com o art. 387, IV, do CPP (indenização mínima fixada na sentença penal condenatória).

No art. 387 do CPP, não se fala em pedido expresso do Ministério Público por ocasião da denúncia, mas mesmo assim o Superior Tribunal de Justiça entende que, apesar do silêncio da lei, é necessário que o pedido de reparação mínima seja expressamente requerido para que não viole a ampla defesa e o contraditório.

No caso do art. 91-A do Código Penal, o legislador já se adiantou e colocou tal exigência no §3º, a fim de que se garanta o contraditório e a ampla defesa, e o confisco alargado seja discutido desde o início nos autos, evitando-se surpresa.

Portanto, o momento adequado para o pedido do confisco alargado é por ocasião do manejo da denúncia, não sendo suficiente a apresentação do pedido em sede de alegações finais.

30.4.4.6 Decisão do juiz

Nos termos do art. 91-A, §4º, CP, na sentença condenatória, o juiz deve declarar o valor da diferença apurada e especificar os bens cuja perda for decretada.

Dessa maneira, o juiz deverá especificar na sua decisão a diferença entre os valores apurados e quais serão os bens que serão perdidos e quais não serão.

Pode-se perceber, dessa forma, que não é permitido pedido genérico por parte do Ministério Público e tampouco decisões genéricas, devendo, em cada caso, haver a especificação da diferença dos valores apurados e a especificação dos bens perdidos.

30.4.4.7 Crimes praticados por organizações criminosas e milícias

Estabelece o art. 91-A, §5º, CP, que os instrumentos utilizados para a prática de crimes por organizações criminosas e milícias deverão ser declarados perdidos em favor da União ou do estado, dependendo da justiça onde tramita a ação penal, ainda que não ponham em perigo a segurança das pessoas, a moral ou a ordem pública, nem ofereçam sério risco de ser utilizados para o cometimento de novos crimes.

Esse dispositivo não possui muita relação com o *caput* por duas razões: primeira, porque menciona organização criminosa (o *caput*, por outro lado, faz referência a crime com pena máxima superior a 6 anos). Segundo, porque faz menção a instrumentos utilizados para prática de crimes (o *caput* fala em patrimônio incompatível).

Embora fora de contexto, o §5º possui a sua importância, tendo em visa que autoriza o perdimento dos bens, ainda que não coloquem em perigo a segurança das pessoas, a moral ou a ordem pública, nem ofereçam sério risco de ser utilizados para o cometimento de novos crimes, trazendo como requisito apenas a prática de crimes por organizações criminosas e milícias.

30.5 Efeitos específicos da condenação

São aqueles efeitos que não são automáticos, devendo ser motivadamente declarados na sentença.

Os efeitos específicos estão previstos no art. 92 do Código Penal:

Art. 92 – São também efeitos da condenação:
I – a perda de cargo, função pública ou mandato eletivo:
a) quando aplicada pena privativa de liberdade por tempo igual ou superior a um ano, nos crimes praticados com abuso de poder ou violação de dever para com a Administração Pública;
b) quando for aplicada pena privativa de liberdade por tempo superior a 4 (quatro) anos nos demais casos.
II – a incapacidade para o exercício do poder familiar, da tutela ou da curatela nos crimes dolosos sujeitos à pena de reclusão cometidos contra outrem igualmente titular do mesmo poder familiar, contra filho, filha ou outro descendente ou contra tutelado ou curatelado (Redação dada pela Lei nº 13.715, de 2018);
III – a inabilitação para dirigir veículo, quando utilizado como meio para a prática de crime doloso.
Parágrafo único – Os efeitos de que trata este artigo não são automáticos, devendo ser motivadamente declarados na sentença.

30.5.1 Perda de cargo, função pública ou mandato eletivo

Em determinadas hipóteses, é possível que determine o juiz criminal, como efeito específico da condenação, a perda de cargo, função pública ou mandato eletivo.

Por ser efeito específico, é necessário que haja fundamentação expressa, uma vez que não decorrem automaticamente da sentença condenatória.

O art. 92, I, do Código Penal, elenca duas hipóteses de aplicação desse efeito:

1. Crimes praticados com abuso de poder ou violação de dever para com a *administração pública* (I, a)	Quando aplicada pena privativa de liberdade por tempo igual ou superior a um ano
2. Demais casos – crimes sem relação com o exercício do cargo ou função (I, b)	Quando aplicada pena privativa de liberdade por tempo superior a 4 anos

Importante o comentário de que a primeira hipótese (quando aplicada pena privativa de liberdade *por tempo igual ou superior a um ano*) é fruto de alteração proveniente da Lei nº 9.268/96.

Antes da reforma provida pela Lei nº 9.268/96, a perda de cargo, função pública ou mandato eletivo em crimes praticados com abuso de poder ou violação de dever para com a administração pública era possível apenas quando a pena aplicada fosse superior a 4 anos.

Na hipótese do art. 92, I, a, ou seja, de crimes praticados com abuso de poder ou violação de dever para com a administração pública, não se exige que se trate de crime funcional, podendo ser aplicada a perda de cargo, função ou mandato eletivo a qualquer crime que um funcionário público cometa por meio da violação de deveres que sua condição impõe.

30.5.1.1 Cargo, função pública e mandato eletivo

Importante conhecer os conceitos de cargo, função pública e mandato eletivo, a fim de compreender a extensão dos efeitos previstos no art. 92, CP. Desse modo:

Cargo	As mais simples e indivisíveis unidades de competência a serem expressas por um agente, previstas em número certo, com denominação própria, retribuídas por pessoas jurídicas de direito público e criadas por lei.[679]
Função pública	Conjunto de atribuições que não correspondem a cargo nem a emprego, ou seja, trata-se de um conceito residual.[680]
Mandato eletivo	Aquele conquistado por voto popular e que pela sua própria natureza possui tempo certo de duração, podendo ou não ser renovado.[681]

30.5.1.2 Mandato eletivo

Quanto ao mandato eletivo, aplica-se a regra constitucional do art. 15, III, da CF/88, bastando o trânsito em julgado de sentença penal condenatória para que haja a suspensão dos direitos políticos e, consequentemente, perda do mandato eletivo, à exceção do art. 55, §2º, da CF (perda do mandato de deputados e senadores).

Na hipótese de condenação criminal definitiva de deputado federal ou senador, discute-se se há perda automática do mandato ou se é necessária a deliberação da respectiva casa. Em outras palavras, se questiona se a condenação criminal transitada em julgado é suficiente para ocasionar a perda automática do mandato de Deputado Federal ou Senador.

Sobre o tema, existem três correntes:
1. Não. Compete às Casas do Congresso Nacional deliberar pela perda do mandato, não sendo suficiente a condenação criminal, ainda que transitada em julgado. Segundo essa corrente, cabe ao STF comunicar, por meio de ofício, a mesa da Câmara dos Deputados ou do Senado Federal informando sobre a condenação do parlamentar. Caberá à mesa decidir se o parlamentar irá perder ou não o mandato eletivo, nos termos do art. 55, VI, §2º, da CF/88. Essa posição foi adotada pela 2ª Turma do STF na AP 996, Rel. Min. Edson Fachin, julgado em 29/05/2018.
2. Sim. A condenação criminal pelo STF é suficiente, por si só, para determinar a perda do mandato, não cabendo decisão por parte da Câmara ou do Senado, que deverá apenas formalizar a perda já decretada. Em outras palavras, cabe ao STF a decisão. Se o STF decidir pela perda do cargo, restará à casa legislativa

---

[679] BANDEIRA DE MELLO, Celso Antonio. *Curso de direito administrativo brasileiro*. 26. ed. São Paulo: Malheiros, 2008, p. 251.
[680] BITTENCOURT, Marcus Vinicius Corrêa. *Manual de direito administrativo*. Belo Horizonte: Fórum, 2005. p. 74.
[681] GRECO, Rogério. *Curso de Direito Penal*. Parte geral. Vol. 1. 21. ed. Niteroi. Rio de Janeiro: Impetus, 2019, p. 813.

o dever de cumprir a decisão. Por outro lado, se o STF não decretar a perda do cargo eletivo, haverá discricionariedade por parte da casa legislativa, que poderá optar por fazê-lo. O STF adotou esta corrente no julgamento do "Mensalão", contudo, esse entendimento foi superado com a modificação da composição dos seus membros (AP 470/MG, Rel. Min. Joaquim Barbosa, julgado em 10 e 13/12/2012 – Info 692).
3. Depende do *quantum* de pena. Caso a condenação seja a pena superior a 120 dias em regime fechado, a perda do cargo passa a ser considerada consequência lógica da condenação. Nessa hipótese, deverá a respectiva casa legislativa declarar a perda do cargo eletivo.

Por outro lado, caso seja a condenação a pena em regime aberto ou semiaberto, não haverá a perda automática do cargo eletivo, dependendo, para tanto, da decisão da mesa da Câmara dos Deputados ou do Senado Federal. Esse é o atual entendimento da 1ª Turma do STF. STF. 1ª Turma. AP 694/MT, Rel. Min. Rosa Weber, julgado em 02/05/2017 (Info 863). STF. 1ª Turma. AP 863/SP, Rel. Min. Edson Fachin, julgado em 23/05/2017 (Info 866).

Em síntese:

A condenação criminal pelo STF, por si só, acarreta a perda do mandato eletivo?	
1	Não. A perda do mandato eletivo depende da manifestação da casa legislativa, a quem caberá decidir se o parlamentar irá perder ou não o mandato eletivo, nos termos do art. 55, VI, §2º, da CF/88. Posição adotada pela 2ª Turma do STF.
2	Sim, não cabendo à casa legislativa decidir de forma diversa, mas apenas cumprir com a decisão do STF (entendimento da 1ª Turma do STF). Caso o STF seja omisso (não declare no acórdão condenatório a perda do cargo político), caberá a decisão à respectiva casa legislativa. Esse entendimento já foi adotado pelo STF, mas se encontra superado em razão da alteração da composição do Tribunal.
3	Depende. 1. Condenação a pena superior a 120 dias em regime fechado: a perda do mandato eletivo é consequência automática da condenação criminal. 2. Se a condenação for a pena no regime aberto ou semiaberto: a mesa da Câmara dos Deputados ou do Senado Federal decidirá acerca da perda do cargo político. Atual entendimento da 1ª Turma do STF.

30.5.1.3 Cargo vitalício

Se o agente for detentor de cargo vitalício (ex.: juiz de direito e promotor de justiça), não se aplicam a ele as regras do Código Penal, mas sim as regras específicas da carreira (STJ, AgRg no REsp 1409692).

No caso de promotor de justiça, a perda do cargo somente ocorrerá depois do trânsito em julgado de ação civil proposta com essa finalidade (art. 38, §1º, I, §2º da Lei nº 8.625/93).

30.5.1.4 A perda deve ser do mesmo cargo ou se estende a novos cargos?

Para o STJ, a perda deve se restringir ao cargo ou função pública exercida no momento do crime, à exceção da hipótese em que o magistrado, fundamentadamente, entender que o novo cargo ou função guarda correlação com as atribuições anteriores (STJ. REsp 1452935/PE – Inf. 599).

30.5.1.5 Pena privativa de liberdade substituída por restritiva de direitos e condenação a pena de multa

Não haverá perda de cargo, função ou mandato eletivo na hipótese em que a pena privativa de liberdade for substituída por pena restritiva de direitos. Também não será possível a decretação da perda na hipótese de condenação apenas a pena de multa.

30.5.2 A incapacidade para o exercício do poder familiar, da tutela ou da curatela nos crimes dolosos sujeitos à pena de reclusão cometidos contra outrem igualmente titular do mesmo poder familiar, contra filho, filha ou outro descendente ou contra tutelado ou curatelado

Deve-se destacar a previsão expressa no art. 28, §2º do ECA, que estabelece que a condenação criminal do pai ou da mãe não implicará a destituição do poder familiar, exceto na hipótese de condenação por crime doloso sujeito a pena de reclusão contra outrem igualmente titular do mesmo poder familiar ou contra filho, filha ou outro descendente.

Desse modo, independentemente da pena máxima em abstrato ou da pena definitiva, será suspenso do poder familiar, tutela ou curatela, aqueles que praticarem crime doloso punível com pena de reclusão contra outro titular do poder familiar, filho ou filha, outro descendente, independentemente do grau, tutelados ou curatelados.

Não haverá a incidência desse efeito secundário extrapenal específico da pena na hipótese de: a) crimes culposos; b) crimes punidos com detenção.

Por se tratar de efeito secundário extrapenal específico, exige-se fundamentação concreta na sentença.

30.5.3 A inabilitação para dirigir veículo, quando utilizado como meio para a prática de crime doloso

Conforme expresso no texto legal, são dois os requisitos para que seja decretada a inabilitação para dirigir veículo. O primeiro é que o veículo deve ser utilizado para a prática do delito e o segundo que se trate de crime doloso.

Por se tratar de efeito extrapenal específico, necessária a fundamentação concreta no momento da sentença.

30.6 Outros efeitos secundários extrapenais previstos em outras leis

A legislação penal especial elenca outros efeitos da condenação. Vejamos alguns deles.

30.6.1 Suspensão dos direitos políticos

Segundo o art. 15, III, da CF/88, a suspensão de direitos políticos é efeito automático da condenação transitada em julgado, independentemente do crime cometido e da pena aplicada.

30.6.2 Lei nº 7.716/89 (preconceito racial)

Estabelece o art. 16 da Lei nº 7.716/89 que constitui efeito da condenação a perda do cargo ou função pública, para o servidor público, e a suspensão do funcionamento do estabelecimento particular por prazo não superior a três meses. Não se trata de efeito automático, sendo necessária a menção expressa na sentença condenatória.

30.6.3 Rescisão contratual

Nos termos do art. 482, alínea *d*, da CLT, a condenação criminal transitada em julgado constitui justa causa para a rescisão do contrato de trabalho, salvo na hipótese em que se determinou a suspensão da execução da pena.

30.6.4 Lei de Drogas

Em ação penal que se apurem as infrações dispostos no art. 33, *caput*, e §1º e arts. 34 a 37 da Lei nº 11.343/06, o juiz pode, ao receber a denúncia, decretar o afastamento cautelar do denunciado de suas atividades, se for funcionário público, comunicando ao respectivo órgão.

30.6.5 Lei de Falências

Nos termos da Lei nº 11.101/05, são efeitos da condenação por crime previsto na lei a inabilitação para o exercício de atividade empresarial; o impedimento para o exercício de cargo ou função em conselho de administração, diretoria ou gerência das sociedades sujeitas à Lei de Falências; e a impossibilidade de gerir empresa por mandato ou por gestão de negócios. Não são efeitos automáticos, devendo ser motivadamente declarados na sentença condenatória.

30.6.6 Lavagem de dinheiro

Segundo o art. 7º, II, da Lei nº 9.614/98, é efeito da condenação a interdição do exercício de cargo ou função pública de qualquer natureza e de diretor, de membro de conselho de administração ou de gerência das pessoas referidas no art. 9º, pelo dobro do tempo da pena privativa de lei aplicada.

30.6.7 Tortura

Estabelece o art. 1º, §5º da Lei nº 9.455/97 que a condenação acarretará a perda do cargo, função ou emprego público e a interdição para o seu exercício pelo dobro do prazo da pena aplicada. O STF já se manifestou sobre o ponto, entendendo se tratar de efeito automático da condenação (STF. HC 102711/MS, Rel. Min. Rosa Weber, 1ª Turma, j. 26/08/2014).

30.6.8 Redução à condição análoga de escravo

Conforme o art. 1º da Lei nº 12.781/13, "É proibido, em todo o território nacional, atribuir nome de pessoa viva ou que tenha se notabilizado pela defesa ou exploração de mão de obra escrava, em qualquer modalidade, a bem público, de qualquer natureza, pertencente à União ou às pessoas jurídicas da administração indireta". Trata-se de efeito automático.

30.6.9 Organização criminosa

Nos termos do art. 2º da Lei nº 12.850/13, havendo indícios suficientes de que o funcionário público integra organização criminosa, poderá o juiz determinar seu afastamento cautelar do cargo, emprego ou função, sem prejuízo da remuneração, quando a medida se fizer necessária à investigação ou instrução processual.

30.6.10 Crimes contra a propriedade intelectual

Estabelece o art. 530-G do CPP, que o juiz, "ao prolatar a sentença condenatória, poderá determinar a destruição dos bens ilicitamente produzidos ou reproduzidos e o perdimento dos equipamentos apreendidos, desde que precipuamente destinados à produção e reprodução dos bens, em favor da Fazenda Nacional, que deverá destruí-los ou doá-los aos estados, municípios e Distrito Federal, a instituições públicas de ensino e pesquisa ou de assistência social, bem como incorporá-los, por economia ou interesse público, ao patrimônio da União, que não poderão retorná-los aos canais de comércio".

30.6.11 Lei de Licitações

Nos termos do art. 83 da Lei nº 8.666/93, a condenação por crime previsto na Lei de Licitações, consumado ou tentado, sujeita os seus autores, quando servidores públicos, além das sanções penais, à perda do cargo, emprego, função ou mandato eletivo.

30.6.12 Telecomunicações (Lei nº 9.472/97)

Segundo o art. 184, são efeitos da condenação penal transitada em julgado: I – tornar certa a obrigação de indenizar o dano causado pelo crime; II – a perda, em favor da Agência, ressalvado o direito do lesado ou de terceiros de boa-fé, dos bens empregados na atividade clandestina, sem prejuízo de sua apreensão cautelar. Parágrafo único. Considera-se clandestina a atividade desenvolvida sem a competente concessão, permissão ou autorização de serviço, de uso de radiofrequência e de exploração de satélite.

REABILITAÇÃO

31.1 Conceito

Reabilitação é o instituto destinado a possibilitar a reintegração social do apenado, por meio da garantia do sigilo dos registros sobre seu processo e a suspensão condicional dos efeitos extrapenais específicos da condenação.

31.2 Pressuposto da reabilitação

Para que haja reabilitação, é necessária a existência de uma sentença condenatória transitada em julgado.

31.3 Efeitos da reabilitação

1. *Sigilo das condenações*: nos termos do art. 93 do Código Penal, uma vez reabilitado, apenas o juiz criminal pode obter informações sigilosas sobre o processo e a condenação.
2. *Efeitos específicos da condenação*: segundo o art. 93, parágrafo único, do Código Penal, a reabilitação poderá, também, atingir os efeitos específicos da condenação, vedada a reintegração na situação anterior, nas hipóteses de a) perda de cargo, função pública ou mandato eletivo e; b) incapacidade para o exercício do poder familiar, tutela ou curatela nos crimes dolosos sujeitos a pena de reclusão cometidos contra outrem igualmente titular do mesmo poder familiar, contra filho, filha ou outro descendente ou contra tutelado ou curatelado.

31.4 Requisitos da reabilitação

Os requisitos para reabilitação são *cumulativos* e se dividem em *objetivos* e *subjetivos*.

1. *Requisitos objetivos*:

    a) A pena deve ter sido extinta há pelo menos 2 anos, contando-se o período de prova da suspensão e do livramento condicional, se não sobrevier revogação;
    b) Reparação do dano ou demonstração da absoluta impossibilidade de o fazer, até o dia do pedido, ou que exiba documento que comprove a renúncia da vítima ou novação da dívida.

2. *Requisitos subjetivos*:

    a) Domicílio no país;
    b) Bom comportamento público e privado.

31.5 Pedido

O pedido de reabilitação deve ser feito pelo condenado, assistido por advogado ou defensor público, e endereçado ao juízo no qual tramitou a ação penal.

Ocorrendo a morte do condenado, seus herdeiros e sucessores não podem realizar o pedido de reabilitação, tendo em vista que se trata de pleito personalíssimo.

31.6 Reabilitação parcial

Havendo mais de uma condenação, o condenado só pode requerer a reabilitação quando preencher os requisitos em relação a todas, não havendo que se falar em reabilitação parcial.

Ex.: João foi condenado em 2015, sendo sua pena extinta em 2017. Em 2018, foi condenado novamente e essa segunda condenação foi extinta em 2022. João só poderá requerer a reabilitação em 2024.

31.7 Indeferimento do pedido de reabilitação e cláusula *rebus sic stantibus*

A cláusula *rebus sic stantibus* determina que, enquanto não houver alteração na situação fática ou jurídica do agente, a decisão prolatada deve permanecer a mesma. Contudo, havendo modificação desses elementos, é possível que seja proferida nova decisão de acordo com os novos fatos e fundamentos.

Assim, caso seja indeferido o pedido de reabilitação, o requerente pode renovar o pedido, a qualquer tempo, desde que instruído com novos elementos comprobatórios dos requisitos necessários ao seu acolhimento.

31.8 Revogação

Segundo o art. 95 do Código Penal, a reabilitação deverá ser revogada, de ofício ou mediante requerimento do Ministério Público, se o reabilitado for condenado, como reincidente, por decisão definitiva, a pena que não seja de multa.

Portanto, dois são os requisitos para a revogação da reabilitação:

a) a condenação transitada em julgado deve ser posterior à pena privativa de liberdade.
b) a condenação deve se dar com o reconhecimento de que o reabilitado é reincidente. Ou seja, o fato que deu causa à nova condenação deverá ter ocorrido após o trânsito em julgado da sentença penal que o condenou pelo crime anterior.

31.9 Recurso

Contra a decisão que concede ou que nega o pedido de reabilitação, é cabível a interposição de recurso de apelação, nos termos no art. 593, II, do Código de Processo Penal.

O art. 746 do Código de Processo Penal estabelece que, contra decisão que concede a reabilitação, incide recurso de ofício. Contudo, entendemos que o art. 746 não está mais em vigor. Isso porque, consoante ensina a doutrina, tal dispositivo não foi recepcionado pela Constituição Federal de 1988, que estabeleceu no art. 129, I, o sistema acusatório.

Demais disso, há, ainda, quem entenda que houve a revogação tácita do art. 746 pelo art. 3º-A do Código de Processo Penal que, incluído com o Pacote Anticrime (Lei nº 13.964/19), estabeleceu expressamente que o processo penal tem estrutura acusatória.

31.10 Prescrição

Se a punibilidade for extinta pela prescrição da pretensão executória, o requisito temporal de 2 anos começa a contar da data em que se consumou a prescrição, sendo irrelevante o momento do seu reconhecimento judicial (sentença declaratória de extinção da punibilidade).

31.11 Reabilitação e reincidência

A reabilitação não impede que se reconheça a reincidência, ou seja, ainda haverá reincidência se o condenado, reabilitado, praticar outro crime na constância do período depurador de 5 anos.

31.12 Reabilitação e pagamento da pena de multa

O Superior Tribunal de Justiça já decidiu que o inadimplemento da pena de multa não pode impedir a reabilitação do condenado, afirmando que "não é razoável que o réu, cumprida a pena carcerária, fique impossibilitado de obter sua reabilitação, após o prazo legal, enquanto não comprovar o pagamento da multa, na esfera cível. Inviável manter o processo de execução perante a vara das execuções penais indefinidamente aguardando referida cobrança judicial".[682]

Ocorre que, conforme entendimento recente do STJ (Info 671), salvo hipóteses em que o condenado comprovar a pobreza ou esta for notória, o não-adimplemento

---
[682] STJ. AgRg no Recurso Especial 1.561.313/SP (2015/0261001-1).

da multa impede a declaração de extinção da pena, o que tornaria inviável, nos demais casos, o pedido de reabilitação.

31.13 Reflexos jurídicos do art. 202 da LEP

Segundo o art. 202 da LEP, cumprida ou extinta a pena, não constarão da folha corrida, atestados ou certidões fornecidas por autoridade policial ou por auxiliares da Justiça, qualquer notícia ou referência à condenação, salvo para instruir processo pela prática de nova infração penal ou outros casos expressos na lei.

Percebe-se da leitura do referido dispositivo que a LEP traz orientação mais benéfica ao condenado, na medida em que garante o sigilo das informações referentes ao processo e à condenação independentemente de pedido de reabilitação e, de forma bem menos burocrática, pois dispensa o prazo de 2 anos, além de se tratar de um efeito automático.

Desse modo, acaba-se esvaziando a reabilitação nos termos do art. 93, *caput*, do Código Penal (reabilitação para garantir o sigilo das condenações), subsistindo, porém, para os fins do art. 93, parágrafo único (para fazer cessas os efeitos específicos da condenação).

31.14 Efeitos práticos da reabilitação

O principal efeito da reabilitação era assegurar o sigilo das informações sobre processos e sobre a condenação após o decurso do prazo de 2 anos da extinção da pena.

Ocorre que essa situação é totalmente regulamentada pelo art. 202 da LEP que, como visto, é muito mais favorável ao condenado.

Por outro lado, em relação aos efeitos específicos da condenação, não é cabível a reabilitação nas hipóteses do art. 92, I e II do Código Penal, de modo que a única utilidade do pedido de reabilitação é fazer com que o condenado que tenha sido declarado na sentença condenatória inabilitado para dirigir veículo, tenha restaurada sua habilitação.

MEDIDAS DE SEGURANÇA

32.1 Conceito

A medida de segurança é uma espécie do gênero sanção penal, aplicada aos inimputáveis e aos semi-imputáveis que apresentem periculosidade.

A medida de segurança foi pensada com um viés de tratamento, tendo aspecto curativo e voltada a evitar a prática de delitos futuros (prevenção especial).

32.2 Princípios das medidas de segurança

Considerando que as medidas de segurança são espécie do gênero sanção penal, a elas são aplicados todos os princípios inerentes às penas, devendo-se, contudo, dar maior atenção a três deles:

a) *Princípio da legalidade*: há entendimento doutrinário no sentido de que, em razão da finalidade curativa das medidas de segurança, não haveria necessidade de se observar o princípio da legalidade quando de sua aplicação.

Esse, contudo, não nos parece o entendimento mais adequado, sobretudo levando-se em consideração que a medida de segurança é uma espécie de sanção penal, forma de exercício do poder estatal contra o indivíduo, de modo que se deve atentar ao referido princípio.[683]

A legalidade se desdobra em reserva legal (só a lei pode criar medidas de segurança) e anterioridade (somente se admite a aplicação de medida de segurança na hipótese em que sua previsão legal anteceder a prática do fato criminoso).

b) *Princípio da proporcionalidade*: deve-se observar a proporcionalidade no cumprimento da medida de segurança, não em relação ao fato praticado, mas sim ao grau de periculosidade do agente, o que deve nortear a espécie de medida de segurança aplicada e também a sua duração.

---

[683] CUNHA, Rogério Sanches. *Manual de Direito Penal*. 8. ed. rev., ampl. e atual. Salvador: JusPodivm, 2020, p. 644.

c) *Princípio da jurisdicionalidade*: apenas o Poder Judiciário pode decretar medida de segurança.

32.3 Finalidade das medidas de segurança

A imposição de medida de segurança tem por objetivo o tratamento do inimputável ou semi-imputável e, com isso, evitar a prática de novos delitos.

Há uma íntima relação, então, com a função preventiva especial negativa.

32.4 Distinções entre a pena e a medida de segurança

Penas e medidas de segurança se aproximam, porquanto são espécies do gênero sanção penal. Apesar disso, se distinguem em diversos pontos, que veremos nos tópicos a seguir.

32.4.1 Finalidade

Como adiantado, a medida de segurança tem finalidade curativa. Busca tratar o indivíduo com vistas a evitar a reiteração delitiva por meio da eliminação da sua periculosidade.

Por outro lado, a pena tem finalidade eclética, destinando-se, a um só tempo, a retribuir o mau praticado (retribuição), afirmar a vigência da lei (prevenção geral positiva), desestimular a sociedade a cometer crimes (prevenção geral negativa), ressocializar o condenado (prevenção geral positiva) e impedir que o agente pratique novos crimes (prevenção geral negativa).

A fim de demonstrar a distinção entre as finalidades da pena e da medida de segurança, vejamos de forma gráfica:

Funções	
Pena	Medida de segurança
- retribuição; - prevenção geral; - prevenção especial.	- prevenção especial.

32.4.2 Duração

As penas têm prazo determinado, proporcional à gravidade do delito. As medidas de segurança, por sua vez, são aplicadas por prazo máximo, indeterminado, devendo ser extintas quando verificada a cessação da periculosidade do agente.

32.4.3 Pressupostos

O pressuposto da pena é a culpabilidade do agente, ou seja, a possibilidade que tem o agente de compreender o caráter ilícito da conduta e de determinar seu comportamento com base nessa compreensão.

Por outro lado, o pressuposto para a aplicação da medida de segurança é a periculosidade do agente, ou seja, a probabilidade concreta de reiterar na prática delitiva.

32.4.4 Juízo

A aplicação da pena parte de um juízo de diagnose, devendo o juiz analisar o que o agente fez. Já em relação à medida de segurança, realiza-se um juízo de prognose, ou seja, olha-se para a frente, a fim de determinar se há probabilidade real de reiteração delitiva.

32.4.5 Destinatários

A pena se destina aos imputáveis, ao passo que a medida de segurança é aplicada aos inimputáveis e aos semi-imputáveis que revelam periculosidade.

32.5 Sistemas de aplicação da medida de segurança

Antes da reforma de 1984, vigorava o sistema do *duplo binário* (também conhecido como duplo trilho), em que o juiz poderia aplicar, a um só tempo, uma pena e uma medida de segurança.

Isso ocorria nos casos em que o réu praticava crime grave e violento, sendo considerado perigoso.

Encerrado o cumprimento da pena, o condenado continuava detido até que se constatasse a cessação da sua periculosidade.

Com a reforma de 1984, passou-se a adotar o *sistema vicariante*, no qual o juiz pode, de forma alternativa, aplicar a pena ou a medida de segurança.

Caso o réu seja considerado imputável à época do delito, lhe será aplicada uma pena; se for inimputável, medida de segurança.

32.6 Pressupostos cumulativos para aplicação da medida de segurança

a) prática de fato típico e ilícito;
b) periculosidade social do agente.

Pena	Medida de segurança
Fato típico e ilícito	Fato típico e ilícito
Culpabilidade	Periculosidade social

32.7 Periculosidade do agente

32.7.1 Conceito

A ideia de periculosidade, conceito criticado por parte da doutrina, está atrelada à efetiva probabilidade de o agente praticar novas infrações penais.

O juízo de probabilidade é extraído da natureza e da gravidade do fato cometido e das circunstâncias previstas na legislação.

Para Masson, a periculosidade não é a mera possibilidade de reincidência, mas a probabilidade concreta, real e efetiva de que uma nova infração penal seja cometida, segundo regras da experiência comum, que se dá a partir de um juízo de prognose (análise de fatos futuros).[684]

32.7.2 Espécies de periculosidade

Como visto, só haverá aplicação de medida de segurança em desfavor de pessoa que apresente periculosidade. Nos termos do Código Penal brasileiro, a periculosidade pode ser *presumida* ou *real*:

a) *Periculosidade presumida*: é o caso dos inimputáveis, que são considerados perigosos, sem que haja a necessidade de se averiguar sua periculosidade (art. 26, *caput*, c/c art. 97).

b) *Periculosidade real*: é o caso dos semi-imputáveis, em relação aos quais será aplicada a medida de segurança apenas se comprovada sua periculosidade, a qual não pode ser presumida.

32.8 Destinatários da medida de segurança

A medida de segurança pode ser decretada em desfavor de inimputáveis e de semi-imputáveis, desde que verificada a sua periculosidade.

a) *Inimputável*: encerrada a instrução processual, o juiz decretará a absolvição do inimputável, contudo, cominando-lhe a medida de segurança. Sobre esse ponto, inclusive, dispõe a Súmula 422 do Supremo Tribunal Federal que "a absolvição criminal não prejudica a medida de segurança, quando couber, ainda que importe privação de liberdade".

b) *Semi-imputável*: o semi-imputável, por sua vez, será condenado e terá a pena reduzida de 1/3 a 2/3 (um a dois terços), nos termos do art. 26, parágrafo único, do Código Penal. Caso se constate sua periculosidade, a pena reduzida pode ser substituída por medida de segurança (internação ou tratamento ambulatorial).

Em síntese, tem-se o seguinte:

Data dos fatos	Consequência jurídica
Imputável	Pena
Inimputável	Medida de segurança
Semi-imputável	Pena reduzida de 1 a 2/3 ou medida de segurança

---

[684] MASSON, Cléber Rogério. *Direito Penal*. Parte geral. V. 1. 14. ed. rev., atual. e ampl. São Paulo: Método, 2020, p. 741.

32.9 Espécies de medidas de segurança

São duas as espécies de medidas de segurança:
a) *internação* (art. 96, I, CP): é medida detentiva. Aproxima-se do regime fechado de cumprimento de pena. Na internação, o sentenciado cumpre a medida de segurança em hospital de custódia e tratamento ou em outro estabelecimento adequado.
b) *tratamento ambulatorial* (art. 96, II, CP): é medida restritiva. Parece-se com a pena restritiva de direitos. O sentenciado deve comparecer, periodicamente, ao médico para acompanhamento.

32.10 Critério de escolha entre a internação e o tratamento ambulatorial

Segundo o art. 97 do Código Penal, a pena cominada ao delito vai determinar a espécie de medida de segurança a ser aplicada.

Desse modo, em se tratando de fatos típicos e ilícitos puníveis com reclusão, será determinada a medida de internação. Por outro lado, caso a pena fixada para o crime seja de detenção, aplicável o tratamento ambulatorial.

A crítica que se faz é que, ao se atrelar a espécie de medida de segurança à pena cominada abstratamente ao delito, fecham-se os olhos para outros elementos que devem ser levados em consideração, como a análise da medida mais adequada, sob o ponto de vista curativo, para fazer cessar a periculosidade do agente.

Desse modo, parece mais apropriado associar a espécie de medida de segurança a ser aplicada à natureza e à gravidade do transtorno psiquiátrico.

Nesse sentido, o Superior Tribunal de Justiça admite que é a periculosidade do agente – e não a natureza da pena privativa de liberdade – que deve determinar a medida de segurança mais adequada, podendo o magistrado optar pela decretação de tratamento ambulatorial, ainda que o delito praticado seja punido com pena de reclusão.[685]

32.11 Início do cumprimento

O art. 171 da LEP estabelece que, uma vez transitada em julgado a sentença que aplicar medida de segurança, será ordenada a expedição de guia de execução, requisito necessário para a internação em hospital de custódia e tratamento psiquiátrico ou para o início do tratamento ambulatorial.

32.12 Perícia médica

No prazo mínimo fixado pelo juiz, que será entre 1 e 3 anos, será realizada perícia médica com a finalidade de verificar se cessou a periculosidade do agente. Após a primeira avaliação, feita no encerramento do prazo mínimo determinado na sentença, deverão ser realizadas novas avaliações anualmente (art. 97, §2º, do Código Penal).

---

[685] EREsp 998.128/MG, Rel. Min. Ribeiro Dantas, Terceira Seção, por unanimidade, julgado em 27/11/2019, DJe 18/12/2019 (Inf. 662).

Não há impedimento, ademais, para que o juiz determine, de ofício, ou mediante requerimento do Ministério Público, do interessado, seu procurador ou defensor, nova realização a qualquer tempo.

32.13 Medida de segurança preventiva

É possível a decretação de medida de segurança preventiva como medida cautelar diversa da prisão, nos termos do art. 319, VII do CPP, nas hipóteses de crimes praticados com violência ou grave ameaça, quando os peritos concluírem ser o réu inimputável ou semi-imputável e houver risco de reiteração.

São três os requisitos para a decretação de medida de segurança provisória:
a) crimes praticados com violência ou grave ameaça;
b) peritos concluírem ser o réu inimputável ou semi-imputável.
c) houver risco de reiteração delitiva.

32.14 Duração da medida de segurança

a) *Prazo mínimo*: o prazo mínimo da medida de segurança está previsto no art. 97, §1º do Código Penal, e será de *1 a 3 anos*.

Superado esse prazo, a pessoa deve ser submetida à perícia médica, a fim de determinar se persiste sua periculosidade. Caso persista, o cumprimento da medida de segurança continuará até a cessação da periculosidade ou o advento do prazo máximo da medida.

b) *Prazo máximo*: a lei não prevê prazo máximo para o cumprimento da medida de segurança, estabelecendo o art. 97, §1º do Código Penal que será por tempo indeterminado, perdurando enquanto não cessar a periculosidade do condenado.

Certo é que, sendo espécie de sanção penal, não se admite seu caráter perpétuo.

Para o Supremo Tribunal Federal, a medida de segurança não pode ultrapassar o prazo máximo do cumprimento de pena, que, atualmente, é 40 anos, nos termos do art. 75 do Código Penal, com redação dada pela Lei nº 13.964/19.

Já para o Superior Tribunal Justiça, por outro lado, "o tempo de duração da medida de segurança não deve ultrapassar o limite máximo da pena abstratamente cominada ao delito praticado" (Súmula 527).

32.15 Persistência da periculosidade após o prazo máximo da medida de segurança

Após atingir o seu prazo máximo, a medida de segurança deve ser extinta, ainda que permaneça o quadro de periculosidade do agente. Isso porque não existem sanções penais de caráter perpétuo, consoante orienta a Constituição Federal.

Nesses casos, como alternativa cabível, tem-se se sugerido o manejo da internação civil, nos termos do art. 1.767 c/c art. 1.769, I, do Código Civil.

32.16 Conversão da medida de segurança no curso do cumprimento de pena

Uma das situações possíveis de ocorrer é o acometimento do agente imputável de anomalia psíquica durante o curso do cumprimento de pena.

Nessa situação, sendo uma *doença transitória*, aplica-se o art. 41, do Código Penal, determinando-se a transferência do indivíduo do estabelecimento prisional para hospital de custódia e tratamento psiquiátrico ou, à falta, a outro estabelecimento adequado. O condenado, no entanto, continuará o cumprimento da pena.

Caso a *doença seja duradoura*, aplica-se o art. 183, da LEP, sendo a pena convertida em medida de segurança. Para o STJ, o tempo de duração da medida de segurança deve se limitar ao tempo que resta para cumprimento da pena privativa de liberdade.

32.17 Extinção da punibilidade

Caso ocorra a extinção da punibilidade, não deve ser aplicada medida de segurança, nos termos do art. 96, parágrafo único, do Código Penal.

Desse modo, se, no curso da ação penal, verifica-se a ocorrência da prescrição da pretensão punitiva, não cabe a fixação de medida de segurança, ainda que tenha sido constatada a periculosidade do agente.

Do mesmo modo, caso a causa de extinção da punibilidade seja percebida apenas após a imposição da medida de segurança, esta deve ser imediatamente extinta, findando-se a internação ou o tratamento ambulatorial.

32.18 Desinternação ou liberação condicional

Constatada a cessação da periculosidade após a realização de perícia médica, o juiz determinará a desinternação ou a liberação do tratamento ambulatorial, que será sempre condicional, na medida em que se restabelece a situação anterior se o agente, antes do decurso de um ano, pratica fato indicativo de persistência da sua periculosidade (art. 97, §3º, do Código Penal).

O fato indicativo de persistência da periculosidade do agente não precisa necessariamente ser um crime.

Nesse contexto, o juiz deve estabelecer algumas condicionais para a desinternação e a liberação condicional, que são as mesmas previstas para a hipótese de livramento condicional (art. 178 da LEP).

Essas condições podem ser obrigatórias ou facultativas;

Condições para a desinternação ou liberação condicional	Condições obrigatórias:
	1. obter ocupação lícita, se apto para o trabalho;
	2. comunicar periodicamente ao juiz sua ocupação;
	3. não mudar de comarca sem prévia autorização judicial.
	Condições facultativas:
	1. não mudar de residência sem comunicação ao juiz e a autoridade incumbida da observância cautelar e de proteção;
	2. recolher-se à habitação em hora fixada;
	3. não frequentar determinados lugares.

32.18.1 Alta progressiva

Não há previsão legal para a chamada alta progressiva, contudo, tanto o STF quanto o STJ a admitem com a finalidade de adaptar o condenado ao convívio social, respeitando-se a individualização na execução da sanção penal.

Nesse sentido, para a jurisprudência, a verificação de melhora do quadro psiquiátrico do paciente autoriza o juízo de execução a determinar o procedimento de desinternação progressiva, em regime de semi-internação.

32.18.2 Reinternação

Conforme art. 94, §4º, Código Penal, em qualquer fase do tratamento ambulatorial, poderá o juiz determinar a internação do agente, caso esta providência se mostre necessária para fins curativos.

Para a doutrina, não se trata de hipótese de regressão, uma vez que este instituto tem finalidade punitiva e a reinternação tem por objetivo a cura do indivíduo.

32.19 Direitos do internado

Sobre os direitos do internado, estabelece o art. 3º da LEP que estão assegurados ao condenado e ao internado todos os direitos não atingidos pela sentença ou pela lei.

No mesmo sentido, o art. 99 do Código Penal estabelece que o internado será recolhido a estabelecimento dotado de características hospitalares e será submetido a tratamento.

32.20 Segregação em estabelecimento prisional

A medida de segurança, ainda que detentiva, não pode ser realizada em estabelecimento prisional. Nesse sentido, estabelece o art. 96, I, do Código Penal, que a internação deverá ser cumprida em hospital de custódia e tratamento psiquiátrico ou, à falta, em outro estabelecimento adequado, não podendo se realizar em estabelecimento prisional equiparado a hospital de custódia.

Para a jurisprudência do STJ, configura "constrangimento ilegal decorrente da inserção do inimputável em presídio comum para cumprimento de medida de segurança, ainda que não existam vagas no estabelecimento adequado".[686]

Mirabete inclusive afirma que "constitui constrangimento ilegal sanável inclusive pela via do *habeas corpus* o recolhimento de pessoa submetida a medida de segurança em presídio comum. Na absoluta impossibilidade, por falta de vagas, para a internação, deve-se substituir o internamento pelo tratamento ambulatorial".[687]

---

[686] STJ. HC 381907/TO, Rel. Min. Maria Thereza de Assis Moura, 6ª Turma, j. 14/08/2018.
[687] MIRABETE, Júlio Fabbrini. *Manual de Direito Penal*: Parte geral. São Paulo: Altas, 2020.

32.21 Prescrição das medidas de segurança

O Código Penal não disciplina expressamente a prescrição das medidas de segurança, contudo, por se tratar de espécie do gênero sanção penal, aplicam-se as regras estabelecidas no art. 107 e seguintes.

32.21.1 Prescrição para os semi-imputáveis

No caso dos semi-imputáveis, a decretação da medida de segurança é fruto de uma sentença penal condenatória em que o juiz aplicou, num primeiro momento, uma pena concreta e, ato contínuo, a substituiu por medida de segurança. Desse modo, serve a pena estabelecida na sentença condenatória como parâmetro para análise da prescrição retroativa e superveniente.

Em relação à prescrição da pretensão executória, não há consenso, existindo, atualmente, três correntes:

1ª corrente: não havendo pena fixada em sentença, não se aplica a prescrição da pretensão executória.

2ª corrente: é possível a aplicação da prescrição executória, que terá como parâmetro a pena máxima cominada em abstrato ao delito. A 1ª Turma do STF tem decisão nesse sentido (HC 97.621/RS).

3ª corrente: é possível a aplicação da prescrição executória, que é calculada com base na duração máxima da medida (40 anos, para o STF; pena máxima cominada em abstrato ao crime, para o STJ). Essa corrente foi adotada pela 2ª Turma do STF[688] e ganhou força com a edição da Súmula 527 do STJ.

Nessa perspectiva, são causas que interrompem a prescrição a publicação da sentença que aplica a medida de segurança e o início da submissão ao tratamento.[689]

32.21.2 Prescrição para os inimputáveis

Nessa hipótese, não há condenação, mas absolvição imprópria. Assim, a prescrição é regulada pela pena máxima prevista abstratamente para o delito.

Por outro lado, a sentença que determina a aplicação da medida de segurança não interrompe o prazo prescricional.

32.22 Concessão de graça e indulto na medida segurança

Questiona-se em doutrina a possibilidade de concessão de graça e indulto no bojo do cumprimento de uma medida de segurança, havendo duas posições sobre o tema.

A seu turno, a primeira corrente posiciona-se pela não-admissão, tendo em vista que é contrária à própria finalidade/natureza do instituto (finalidade curativa). Ora, se o intuito da medida de segurança é curativo, não teria sentido extingui-la antes de atingido este desiderato.

---

[688] RHC 10038.
[689] STF. HC 102.489/RS; Primeira Turma; Rel. Min. Luiz Fux; Julg. 22/11/2011; DJE 01/02/2012; p. 91.

A segunda posição entende que é possível a concessão de graça e indulto em relação à medida de segurança, já que se trata de espécie de sanção penal. Nessa senda, o Supremo Tribunal Federal já decidiu que o período de cumprimento da medida de segurança repercute no tempo exigido para a concessão do indulto.[690]

32.23 Detração

Conforme art. 42 do Código Penal, computam-se, na pena privativa de liberdade e na medida de segurança, o tempo de prisão provisória, no Brasil ou no estrangeiro, o de prisão administrativa e o de internação em qualquer dos estabelecimentos referidos no artigo anterior.

32.24 Medidas de segurança na Lei de Drogas

No caso de agentes inimputáveis e semi-imputáveis dependentes de drogas que cometam crime previsto na Lei de Drogas, a fixação de medida de segurança está disciplinada nos arts. 45, parágrafo único e 47 da referida lei.

O artigo 45, parágrafo único,[691] estabelece que, quando houver absolvição, em razão do reconhecimento de alguma das condições do *caput*, o juiz poderá encaminhar o sujeito para tratamento médico adequado. Sobre esse ponto, vislumbram-se duas situações possíveis:

1ª situação: a absolvição poderá acorrer em razão da dependência química do agente. Nesse caso, não há óbice que o magistrado encaminhe o acusado para tratamento médico adequado.

2ª situação: a absolvição poderá acorrer em razão de a ingestão da droga ser proveniente de caso fortuito (de forma acidental, enganosa) ou força maior (decorrente de força física exterior, contrária à vontade do agente). Nessa hipótese, o acusado não necessita de tratamento, uma vez que os fatos decorreram de caso fortuito ou força maior. Portanto, com base nesse fundamento, deverá haver uma sentença absolutória propriamente dita.

Já o artigo 47 prevê a possibilidade de o juiz encaminhar o agente para tratamento médico contra drogadição.[692] No mesmo sentido, o artigo 26 prevê que "o usuário e o dependente de drogas que, em razão da prática de infração penal, estiverem cumprindo pena privativa de liberdade ou submetidos a medida de segurança, têm garantidos os serviços de atenção à sua saúde, definidos pelo respectivo sistema penitenciário".

Importante a previsão desse tratamento médico, a fim de evitar a disseminação do uso de drogas no interior dos estabelecimentos penais.

Válido ressaltar que não se trata de imposição de medida de segurança, uma vez que não possui o objetivo de conter a periculosidade do indivíduo, mas de realizar tratamento contra a dependência química.

---

[690] RE 628658/RS.

[691] Art. 45, parágrafo único. Quando absolver o agente, reconhecendo, por força pericial, que este apresentava, à época do fato previsto neste artigo, as condições referidas no *caput* deste artigo, poderá determinar o juiz, na sentença, o seu encaminhamento para tratamento médico adequado.

[692] Art. 47. Na sentença condenatória, o juiz, com base em avaliação que ateste a necessidade de encaminhamento do agente para tratamento, realizada por profissional de saúde com competência específica na forma da lei, determinará que a tal se proceda, observado o disposto no art. 26 desta Lei.

32.25 Adolescente infrator e medidas de segurança

A internação decorrente da condenação pela prática de ato infracional possui natureza de medida socioeducativa, devendo, portanto, ser cumprida em entidade destinada exclusivamente para adolescentes, nos termos do art. 123, do ECA.

Caso o adolescente atinja os 21 anos, a medida socioeducativa de internação deve ser extinta, não se podendo aplicar a medida de segurança de internação, ainda que verificada periculosidade no infrator.

32.26 Medida de segurança em 2ª instância

A Súmula 525 do STF[693] veda a aplicação de medida de segurança em segunda instância, em hipótese de recurso exclusivo da defesa.

Ocorre que, ao julgar o HC 111.769/SP, os Ministros Gilmar Mendes e Ricardo Lewandowski entenderam que a súmula estaria superada, tendo em vista que, com a reforma penal de 1984, que foi posterior à edição da Súmula 525, restou autorizada a instauração de incidente de insanidade, de ofício, na 2ª instância, quando constatada a existência de indícios de insanidade mental.

Esse entendimento, contudo, foi minoritário, entendendo a 2ª Turma do STF que permanecia hígida a Súmula 525. Porém, em razão da controvérsia, a 2ª Turma sugeriu o encaminhamento de sugestão à Comissão de Jurisprudência do STF para eventual revisão do enunciado sumular.

---

[693] Súmula 525 STF: "A medida de segurança não será aplicada em segunda instância, quando só o réu tenha recorrido".

CAPÍTULO 33

EXTINÇÃO DA PUNIBILIDADE

Praticado um fato típico e ilícito por um agente culpável, surge o *jus puniendi* para o Estado, que deverá, por meio do processo penal, cominar a pena e, após, executá-la.

Em algumas hipóteses, contudo, o Estado perde o direito de punir ou de executar a pena, seja em razão do decurso do tempo (*v.g.* prescrição, decadência), seja por outro fator, a exemplo da renúncia e do perdão do ofendido.

Essas hipóteses são chamadas de causas de extinção da punibilidade e estão disciplinadas no rol exemplificativo do art. 107 do Código Penal.

Tratando-se de rol exemplificativo, além delas, pode-se apontar outras causas de extinção da punibilidade, a exemplo do término do período de prova, sem revogação, do *sursis*, do livramento condicional e da suspensão condicional do processo; a reparação do dano no peculato culposo, antes do trânsito em julgado, entre outas.

São causas de extinção da punibilidade, conforme o art. 107 do Código Penal.

1	Morte do agente.
2	Anistia, graça ou indulto.
3	*Abolitio criminis*.
4	Prescrição, decadência ou peremção.
5	Renúncia do direito de queixa ou perdão aceito, nos crimes de ação privada.
6	Retratação do agente, nos casos em que a lei admite.

33.1 Morte (art. 107, I, do CP)

A morte do agente é a primeira causa de extinção da punibilidade, estando prevista no art. 107, I, CF. Com a morte, a sanção penal se resolve (*mors omnia solvit*).

Seu fundamento repousa no princípio da pessoalidade da pena (art. 5º, XLV, CF), a partir da compreensão de que nenhuma pena passará da pessoa do condenado.

33.1.1 Momento da morte

Haverá extinção da punibilidade do agente seja na fase do inquérito policial, seja do processo penal, seja da execução de pena. Em outros termos, a morte extingue a punibilidade do agente a qualquer tempo e fase persecutória.

33.1.2 Consequências jurídicas

A morte extingue somente os efeitos penais da condenação. Por outro lado, os efeitos extrapenais permanecem (ex.: reparação do dano).

33.1.3 Extensão

A morte extingue a punibilidade de quem morreu, não estendendo aos demais coautores ou partícipes. Portanto, trata-se de uma causa personalíssima.

33.1.4 Comprovação da morte

A comprovação da morte se dará com a certidão de óbito original, nos termos do art. 62 do CPP.[694] Trata-se de hipótese de aplicação do princípio da prova legal ou tarifada.

33.1.5 Extinção da punibilidade mediante certidão de óbito falsa

Existe controvérsia doutrinária e jurisprudencial na hipótese de trânsito em julgado de sentença que reconheceu a extinção da punibilidade em razão da morte do agente em decorrência de certidão de óbito que, posteriormente, se verificou falsa.

A primeira corrente, que tem prevalecido, entende que a sentença que reconheceu a extinção da punibilidade com base em certidão de óbito falsa é inexistente, não se operando a coisa julgada material. Por essa razão, o agente deverá ser processado pelo uso de documento falso e pelo crime cuja punibilidade foi extinta (STF. HC 104998; STJ. HC 143.474/SP)

Já a segunda corrente entende pela impossibilidade de anular a decisão que declarou a extinção da punibilidade com base em documento falso, tendo em vista que não existe revisão criminal *pro societate*. Desse modo, se o órgão acusador não impugnou o documento falso no momento adequado, caberá apenas propor ação criminal por falsidade ideológica (Ministro Marco Aurélio – STF. HC 104998, no voto vencido).

33.1.6 Morte presumida

Outro ponto que também é objeto de divergência diz respeito a se a morte presumida (nos termos do Código Civil) poderá acarretar a extinção da punibilidade nos termos do art. 107, I, CP.

---

[694] Art. 62. No caso de morte do acusado, o juiz somente à vista da certidão de óbito, e depois de ouvido o Ministério Público, declarará extinta a punibilidade.

Para uma primeira corrente, capitaneada por Damásio[695] e Mirabete,[696] não há a extinção da punibilidade nesses casos, entendendo de maneira oposta a Hungria e Fragoso.[697]

33.1.7 Morte do agente e revisão criminal

A morte do agente não impede a propositura de revisão criminal, tendo em vista que subsiste o interesse do cônjuge, companheiro, ascendente ou descendente em comprovar a inocência do agente, por exemplo.

Por outro lado, com a morte do agente, não é possível a propositura de reabilitação.

33.1.8 Morte da vítima e extinção da punibilidade

Como regra, a morte da vítima não extingue a punibilidade do agente. A exceção que se faz diz respeito à ação penal privada personalíssima. Isso porque, em se tratando de crime processado mediante ação penal privada personalíssima, caso a vítima venha a falecer, desaparece o *jus puniendi*.

Por exemplo, no crime de induzimento a erro essencial de casamento (art. 236 do CP), somente o cônjuge enganado tem legitimidade para manejar a ação penal, não havendo possibilidade de sucessão processual. Neste caso, com a morte da vítima (cônjuge enganado), não haverá manejo de ação e, via de consequência, haverá extinção da punibilidade.

33.2 Anistia, graça e indulto

Anistia, graça e indulto são instrumentos por meio dos quais o Estado renuncia ao seu direito de punir. Diante disso, surge o seguinte questionamento: é possível anistia, graça e indulto em crimes de ação penal privada, uma vez que a legitimidade para a propositura da ação é da vítima e seus sucessores?

Nesse caso, tem-se entendido que é possível a concessão de anistia, graça e indulto em crimes de ação penal privada, tendo em vista que, mesmo nas hipóteses de ação penal privada, o direito de punir continua sendo do Estado. O que ocorre na ação penal privada é a permissão do processamento (manejo da ação) pela vítima, todavia, o *jus puniendi* permanece com o Estado.

Ainda nesse passo, deve-se lembrar que, à exceção dos crimes hediondos e equiparados, todos os demais são passíveis de anistia, graça ou indulto.

---

[695] JESUS, Damásio de. *Direito Penal*. Parte geral. De acordo com a Lei nº 12.234/2010 e as Súmulas 438 a 444 do STJ e Súmula Vinculante 26 do STF. 32. ed. São Paulo: Editora Saraiva, 2011, p. 733.
[696] FABRINI, Renato N.; MIRABETE, Júlio Fabbrini. *Manual de Direito Penal*. Vol. 1. 34. ed. São Paulo: Atlas, 2019, p. 388.
[697] FRAGOSO, Heleno Cláudio; HUNGRIA, Nelson. *Comentários ao Código Penal*. Vol. 4. 5. ed. Belo Horizonte: Forense, 2019.

33.2.1 Anistia

33.2.1.1 Conceito

É o esquecimento do delito, o perdão do criminoso. Funciona como se o Estado apagasse o crime que o agente praticou. Não resta qualquer efeito penal ao anistiado. É causa de extinção da punibilidade. Segundo Fernando Capez, é a "lei penal de efeito retroativo que retira as consequências de alguns crimes já praticados, promovendo o seu esquecimento jurídico".[698]

A concessão de anistia é de competência do Congresso Nacional, mediante a edição de uma lei, não sendo possível concedê-la por meio de decreto.

A anistia recai sobre *fatos* e não sobre pessoas. Desse modo, todas as pessoas que tiverem praticado os fatos constantes na lei de anistia serão por ela beneficiados.

Nesse sentido, a jurisprudência é pacífica no sentido de que somente a União tem competência para conceder a anistia, não podendo os estados-membros e municípios fazê-lo.

33.2.1.2 Efeitos

Com a anistia, apagam-se os efeitos penais, permanecendo os efeitos extrapenais da condenação, a exemplo da obrigação de reparar os danos à vítima.

33.2.1.3 Classificação

São várias as classificações da anistia trabalhadas pela doutrina. Vejamos as principais:

1. *Própria e imprópria*

Própria: é a hipótese em que a anistia é concedida *antes* da condenação definitiva.

Imprópria: é a hipótese em que a anistia é concedida *depois* da condenação definitiva.

2. *Irrestrita e restrita*

Irrestrita: quando atinge todos os criminosos indistintamente.

Restrita: quando exige condições especiais do criminoso para dela se beneficiar. Por exemplo, exige-se que o anistiado seja primário.

3. *Condicionada e incondicionada*

Condicionada: é aquela que exige o cumprimento de alguma condição por parte do agente, como por exemplo, a reparação do dano.

Incondicionada: é aquela que não exige nenhuma condição por parte do agente.

---

[698] CAPEZ, Fernando. *Curso de Direito Penal*. v. 1. Parte geral (arts. 1º a 120). 11. ed. rev. e atual. São Paulo: Saraiva, 2007, p. 549.

4. *Comum e especial*

> *Comum*: é aquela que atinge crimes comuns.
> *Especial*: quando atinge delitos políticos.

33.2.1.4 A lei que concedeu a anistia pode ser revogada?

Após a concessão da anistia, a lei que autorizou este benefício não poderá ser revogada, tendo em vista que a lei posterior revogadora prejudicará os anistiados, violando o princípio constitucional da retroatividade benéfica. Por essa razão, ao ser editada uma lei tratando sobre esse tema, é necessário ponderação e responsabilidade, uma vez que, após sua vigência, não é possível que o Parlamento volte atrás em sua decisão.

33.2.1.5 Caso Gomes Lund ("Guerrilha do Araguaia")[699] e a Lei nº 6.683/79 (Lei de Anistia)

O Caso Gomes Lund, também conhecido como "Guerrilha do Araguaia", foi submetido à Corte Interamericana de Direitos Humanos pela Comissão Interamericana de Direitos Humanos, a fim de apurar violação de direitos humanos consistentes em detenção arbitrária, tortura e desaparecimento forçado de 70 pessoas, decorrentes de ações do Exército Brasileiro entre os anos 1972 e 1975, com o intuito de eliminar a Guerrilha do Araguaia, durante a Ditadura Militar.

Os fatos colocados à apreciação perante a Corte não foram os atos praticados durante o período de exceção, mas sim o fato de não terem sido apurados posteriormente, o que configura violação à Convenção Americana de Direitos Humanos (Pacto de São José da Costa Rica). Outro ponto analisado pela Corte foi a validade da Lei nº 6.683/79 (Lei de Anistia), a qual foi utilizada como fundamento para que o Brasil não apurasse, julgasse ou punisse os responsáveis. Argumentou-se que não houve a investigação dos fatos em âmbito nacional, tendo em vista que a referida lei fulminou o dever estatal de investigar e punir as condutas.

Fixadas as discussões, segundo a sentença de 24 de novembro de 2010, a Corte Interamericana decidiu, entre outros, que:

> 3. As disposições da Lei de Anistia brasileira que impedem a investigação e sanção de graves violações de direitos humanos são incompatíveis com a Convenção Americana, carecem de efeitos jurídicos e não podem seguir representando um obstáculo para a investigação dos fatos do presente caso, nem para a identificação e punição dos responsáveis, e tampouco podem ter igual ou semelhante impacto a respeito de outros casos de graves violações de direitos humanos consagrados na Convenção Americana ocorridos no Brasil.
>
> 4. O Estado é responsável pelo desaparecimento forçado e, portanto, pela violação dos direitos ao reconhecimento da personalidade jurídica, à vida, à integridade pessoal e à liberdade pessoal, estabelecidos nos artigos 3, 4, 5 e 7 da Convenção Americana sobre Direitos Humanos, em relação com o artigo 1.1 desse instrumento, em prejuízo das pessoas indicadas no parágrafo 125 da presente Sentença, em conformidade com o exposto nos parágrafos 101 a 125 da mesma.

---

[699] Revista do Ministério Público. Ministério Público do Estado do Rio de Janeiro. nº 56 abr./jun. 2015. Caso Gomes Lund e Outros ("Guerrilha do Araguaia") vs. Brasil. Sentença de 24 de novembro de 2010 (Exceções Preliminares, Mérito, Reparações e Custas. p. 399-526.

5. O Estado descumpriu a obrigação de adequar seu direito interno à Convenção Americana sobre Direitos Humanos, contida em seu artigo 2, em relação aos artigos 8.1, 25 e 1.1 do mesmo instrumento, como consequência da interpretação e aplicação que foi dada à Lei de Anistia a respeito de graves violações de direitos humanos. Da mesma maneira, o Estado é responsável pela violação dos direitos às garantias judiciais e à proteção judicial previstos nos artigos 8.1 e 25.1 da Convenção Americana sobre Direitos Humanos, em relação a os artigos 1.1 e 2 desse instrumento, pela falta de investigação dos fatos do presente caso, bem como pela falta de julgamento e sanção dos responsáveis, em prejuízo dos familiares das pessoas desaparecidas e da pessoa executada, indicados nos parágrafos 180 e 181 da presente Sentença, nos termos dos parágrafos 137 a 182 da mesma (...)
7. O Estado é responsável pela violação do direito à integridade pessoal, consagrado no artigo 5.1 da Convenção Americana sobre Direitos Humanos, em relação com o artigo 1.1 desse mesmo instrumento, em prejuízo dos familiares indicados nos parágrafos 243 e 244 da presente Sentença, em conformidade com o exposto nos parágrafos 235 a 244 desta mesma decisão.[700]

Em que pese o precedente da Corte Interamericana de Direitos Humanos, a Lei nº 6.683/79 (Lei de Anistia) também foi analisada pelo Supremo Tribunal Federal no bojo da ADPF 153, ajuizada pela OAB.

A referida lei dispunha sobre a concessão de anistia àqueles que praticaram crimes políticos e conexos entre 2 de setembro de 1961 e 15 de agosto de 1979, *verbis*:

> Art. 1º É concedida anistia a todos quantos, no período compreendido entre 2 de setembro de 1961 e 15 de agosto de 1979, cometeram crimes políticos ou conexo com estes, crimes eleitorais, aos que tiveram seus direitos políticos suspensos e aos servidores da Administração Direta e Indireta, de fundações vinculadas ao poder público, aos Servidores dos Poderes Legislativo e Judiciário, aos Militares e aos dirigentes e representantes sindicais, punidos com fundamento em Atos Institucionais e Complementares (vetado).
> §1º Consideram-se conexos, para efeito deste artigo, os crimes de qualquer natureza relacionados com crimes políticos ou praticados por motivação política.

Baseando-se nessa lei, o Brasil deixou de apurar e responsabilizar as pessoas que violaram direitos humanos durante o período de exceção.

A ADPF 153 teve por objeto a análise do §1º, tendo a finalidade de reconhecer que a anistia conferida aos crimes políticos não poderia ser estendida aos crimes comuns. Além disso, a discussão se restringiu ao cotejo da validade jurídica da Lei de Anistia com a Constituição Federal, não havendo debate sobre reparação civil de danos, direito à verdade histórica, dever de investigar os fatos etc.

Com efeito, o STF decidiu, por 7 votos a 2, que a Lei nº 6.683/79 está em consonância com a Constituição Federal, uma vez que houve a concessão de anistia bilateral, com a participação de vários setores da sociedade, traduzindo-se em verdadeira decisão política do povo brasileiro naquele período da história, não podendo, posteriormente, ser modificada por decisão judicial.[701]

---

[700] Revista do Ministério Público. Ministério Público do Estado do Rio de Janeiro. nº 56 abr./jun. 2015. Caso Gomes Lund e Outros ("Guerilha do Araguaia") vs. Brasil. Sentença de 24 de novembro de 2010 (Exceções Preliminares, Mérito, Reparações e Custas. p. 523-524.

[701] BARRETO, Rafael. *Direitos Humanos*. Coleção Sinopses para Concursos. Sinopse 39. 3. ed. rev., ampl. e atual. Salvador: JusPodivm, 2013, p. 237-238.

Interessante ressaltar que a Constituição Federal, no artigo 5º, XLIII, considera o crime de tortura insuscetível de graça ou anistia. Assim, após a promulgação da Constituição, se houver a edição de norma que defira esses benefícios, assim como fez a Lei nº 6.683/79, certamente será considerada inconstitucional.

Por derradeiro, salutar responder a seguinte questão: há incompatibilidade entre a decisão da Corte Interamericana dos Direitos Humanos e a decisão da ADPF 153 proferida pelo Supremo Tribunal Federal? Para tanto, nos socorremos das lições de Rafael Barreto:

> De todo modo, aparenta que as duas decisões não evidenciam contradição normativa, eis que adotam parâmetros distintos, a constituição brasileira e a convenção americana sobre direitos humanos. Contradição ideológica, valorativa, até pode haver, mas, normativa, cabe refletir se haveria realmente ou não.

O STF nada disse sobre a validade da lei de anistia ante a Convenção Americana e a Corte Interamericana nada disse sobre a validade da lei ante a Constituição Brasileira.

Em termos práticos, a lei foi declarada constitucional, mas "inconvencional" e, juridicamente, afigura-se possível uma lei ser válida ante uma norma constitucional e inválida ante uma norma convencional, pois são parâmetros de validade distintos.

33.2.2 Graça e indulto

São benefícios concedidos pelo Presidente da República ou por autoridade por ele delegada (AGU, Ministro da Justiça), mediante decreto presidencial, atingindo apenas os efeitos executórios penais da condenação.

A graça e o indulto são concedidos via decreto (ato administrativo) e não mediante lei.

33.2.2.1 Efeitos

Só atingem os efeitos executórios, ou seja, o condenado somente deixará de cumprir pena. Já os efeitos penais (ex.: reincidência) e extrapenais (ex.: reparação dos danos) permanecem inalterados. Nesse sentido é o posicionamento do Superior Tribunal de Justiça:

> Súmula 631 do STJ: O indulto extingue os efeitos primários da condenação (pretensão executória), mas não atinge os efeitos secundários, penais ou extrapenais.

33.2.2.2 Extensão da graça e do indulto

O indulto é um benefício coletivo, que não depende de provocação. Já a graça é espécie de indulto, concedida de forma individual e que depende de provocação.

33.2.2.3 Momento da concessão

Em regra, o momento da concessão do indulto é após o trânsito em julgado da sentença condenatória, tendo em vista que se refere à pena imposta. Contudo, tem-se admitido a concessão do benefício mesmo sem o trânsito em julgado da sentença condenatória, desde que transitado em julgado para acusação.

33.2.2.4 Classificação

O indulto e a graça podem ser:
1. *Pleno ou total*: quando extinguem totalmente a pena.
2. *Restrito ou parcial*: quando diminuem ou comutam a pena. O indulto parcial também é chamado de comutação.

33.2.2.5 Indulto e graça para os crimes hediondos e equiparados

Segundo o art. 5º, XLIII, da CF/88, "a lei considerará crimes inafiançáveis e insuscetíveis de *graça* ou anistia a prática da *tortura, o tráfico ilícito de entorpecentes e drogas afins, o terrorismo e os definidos como crimes hediondos*, por eles respondendo os mandantes, os executores e os que, podendo evitá-los, se omitirem".

Portanto, quanto à graça, não há nenhuma dúvida sobre a inviabilidade de sua concessão àqueles que cometeram crimes hediondos e equiparados.

Em relação ao indulto, embora não esteja expressamente vedado no texto constitucional, a discussão surge porque o artigo 2º, I, da Lei nº 8.072/90 (Lei de Crimes Hediondos) o elenca como vedação aos ilícitos hediondos e assemelhados:

> Art. 2º Os crimes hediondos, a prática da tortura, o tráfico ilícito de entorpecentes e drogas afins e o terrorismo são insuscetíveis de:
> I – anistia, graça e indulto;
> II – fiança.

Assim, surge a seguinte dúvida: os crimes hediondos e equiparados são insuscetíveis de concessão do indulto?

Para a 1ª corrente, encabeçada pelo Supremo Tribunal Federal, indulto é espécie de graça e, portanto, não é possível sua concessão, pois vedada pelo artigo 5º, XLIII, da Constituição Federal (majoritária).

> *HABEAS CORPUS*. CONSTITUCIONAL E PROCESSUAL PENAL. LATROCÍNIO. CRIME HEDIONDO. COMUTAÇÃO DE PENA. DECRETO nº 7.046/2009. VEDAÇÃO LEGAL EXPRESSA. IMPOSSIBILIDADE. DENEGAÇÃO DA ORDEM. 1. A jurisprudência deste Supremo Tribunal Federal é firme no sentido de que o instituto da graça, previsto no art. 5º, inc. XLIII, da Constituição Federal, engloba o indulto e a comutação da pena, estando a competência privativa do Presidente da República para a concessão desses benefícios limitada pela vedação estabelecida no referido dispositivo constitucional. Precedentes. 2. O Decreto nº 7.046/2009 dispõe que a concessão dos benefícios de indulto e comutação da pena não alcança as pessoas condenadas por crime hediondo, praticado após a edição das Leis 8.072/1990, 8.930/1994, 9.695/1998, 11.464/2007 e 12.015/2009. 3. Ordem denegada (STF. HC 115.099/SP. Relatora Min. Cármen Lúcia, Data de Julgamento: 19/02/2013, Segunda Turma).

O mesmo raciocínio se aplica à comutação de pena, que nada mais é que o indulto parcial, uma vez que extingue parte da pena.

Já para a 2ª corrente, a vedação ao indulto é inconstitucional, pois fere o rol máximo de vedações previstas na Constituição Federal (minoritária).

É interessante esclarecer, ainda, que o Supremo Tribunal Federal já decidiu que a vedação à concessão do indulto/graça abrange os delitos cometidos antes da entrada em vigor da Lei dos Crimes Hediondos e da Constituição Federal de 1988. Vejamos:

> Indulto (Decreto nº 3.299/99): exclusão da graça dos condenados por crime hediondo, que se aplica aos que hajam cometido antes da Lei nº 8.072/90 e da Constituição de 1988, ainda quando não o determine expressamente o decreto presidencial: validade, sem ofensa à garantia constitucional da irretroatividade da lei penal mais gravosa, não incidente na hipótese, em que a exclusão questionada traduz exercício do poder do Presidente da República de negar o indulto aos condenados pelos delitos que o decreto especifique: precedentes (STF. RHC 84572/RJ, Relator: Marco Aurélio, Data de Julgamento: 21/09/2004, Primeira Turma, Data de Publicação: DJ 03/12/2004 PP-00042 Ement Vol-02175-02 PP-00297 Lex STF v. 27, n. 315, 2005, p. 413-422).

33.2.2.6 Graça e indulto e medida de segurança

Há discussão na doutrina acerca da possibilidade de concessão de graça e indulto em hipótese de decretação de medida de segurança, existindo dois entendimentos.

Para a primeira posição, admite-se graça e indulto em relação à sanção de medida de segurança, pois se trata de espécie de sanção penal.

A segunda posição sobre o tema não admite a concessão de graça e indulto em relação à medida de segurança, tendo em vista que é contrária à própria finalidade do instituto. Isso porque a medida de segurança possui finalidade curativa, de modo que ao se extinguir esta sanção penal antes de alcançá-la, estar-se-ia desnaturando o instituto.

33.2.2.7 Falta grave

Estabelece a Súmula 535 do STJ que "a prática de falta grave não interrompe o prazo para fim de comutação de pena ou indulto". Vale dizer, se o apenado, no curso do cumprimento de pena, comete falta grave, essa situação não interfere no prazo para concessão da graça ou do indulto, não havendo que se falar em interrupção do prazo.

33.2.2.8 Decisão judicial

Após a concessão de indulto ou graça por meio do decreto presidencial (ou por autoridade por ele delegada), caberá ao juízo da vara de execuções penais analisar se o condenado preenche os requisitos nele constantes, a fim de ter acesso ao benefício.

33.2.2.9 Detração para fins de cômputo do prazo para indulto

Segundo o STJ, o tempo de prisão preventiva não pode ser computado para fins de cálculo do prazo para concessão do indulto. Para o Tribunal, "o instituto da detração não pode tangenciar o benefício do indulto porque, enquanto o período compreendido entre a publicação do Decreto Presidencial e a decisão que reconhece o indulto, decretando-se a extinção da punibilidade do agente, refere-se a uma-prisão pena, a detração somente se opera em relação à medida cautelar, o que impede a sua aplicação no referido período".[702]

33.2.2.10 Quadro resumo

Vejamos, a seguir, um resumo dos principais pontos de anistia, graça e indulto.

Hipótese	Instrumento	Competência	Alcance	Efeitos
Anistia	Lei	Congresso Nacional	Atinge fatos e não pessoas.	Excluem-se os efeitos penais.
Graça	Decreto	Presidente da República, podendo ser delegada.	Coletivo.	Excluem-se apenas os efeitos executórios.
Indulto	Decreto	Presidente da República, podendo ser delegada.	Individual.	Excluem-se apenas os efeitos executórios.

33.3 *Abolitio criminis*

É a hipótese de descriminalização da conduta. Cuida-se da supressão da figura criminosa. Aquela conduta que era considerada criminosa deixa de sê-lo. O crime é excluído do ordenamento jurídico. Encontra-se prevista no art. 2º, *caput*, do Código Penal[703] e possui natureza jurídica de causa extintiva da punibilidade (art. 107, II, do CP).

Tratando-se de uma lei penal benéfica ao réu, já que exclui o delito por ele praticado, deve ser aplicada retroativamente.

A abolição do crime faz cessar todos os efeitos penais da sentença condenatória, não servindo, por exemplo, para o reconhecimento da reincidência ou de maus antecedentes. Da mesma forma, alcança a fase de execução de pena, fazendo cessar o cumprimento da reprimenda. No entanto, subsistem os efeitos civis, a exemplo do dever de reparar o dano, bem como a constituição do título executivo judicial.

Para o reconhecimento da *abolitio criminis*, é necessário o preenchimento de dois requisitos: 1. que seja realizada a revogação formal do dispositivo legal e; 2. que haja a supressão material do fato considerado criminoso. Em outras palavras, além da revogação do artigo de lei, deve-se extirpar do ordenamento jurídico a incriminação. Por exemplo, o antigo delito de adultério, previsto no revogado art. 240 do Código Penal, além de ter sido revogado pela Lei nº 11.106/05, não foi incluído em nenhum outro dispositivo da legislação, tornando-se um irrelevante penal, que teve sua incriminação completamente excluída do ordenamento jurídico.

---

[702] REsp 1.577.408/DF, Rel. Min. Maria Thereza de Assis Moura, 6ª Turma, j. 16/02/2016.
[703] Art. 2º. Ninguém pode ser punido por fato que lei posterior deixa de considerar crime, cessando em virtude dela a execução e os efeitos penais da sentença condenatória.

33.4 Decadência (art. 103 do CP e art. 38 do CPP)
33.4.1 Conceito

Consiste na perda do direito de queixa (na ação penal privada) ou de representação (na ação penal pública condicionada à representação), em razão do decurso do prazo legal.

Na decadência, ocorre a perda do direito de ação por parte do ofendido e, reflexamente, o Estado perde o direito de punir.

Nas ações penais públicas condicionadas à representação, o ofendido tem o prazo de 6 meses, contados, como regra, do conhecimento da autoria do crime, para representar o agente, autorizando o Ministério Público (titular da ação penal pública) a oferecer a denúncia.

Já na ação penal privada, o prazo de 6 meses do ofendido é para oferecer a queixa-crime.

Em ambos os casos, decorrido o prazo sem a representação ou a queixa-crime, ocorrerá a extinção da punibilidade em decorrência da decadência.

33.4.2 Prazo decadencial

Em regra, a decadência ocorre no prazo de 6 meses. Contudo, quando houver disposição legal expressa em sentido contrário, poderá haver a alteração deste prazo (art. 103 do CP).

Por exemplo, os artigos 529 e 530 do Código de Processo Penal, que tratam do procedimento nos crimes contra a propriedade imaterial, trazem um prazo decadencial específico, qual seja, o prazo de 30 dias contado da homologação do laudo (art. 529). Se ocorrer prisão em flagrante e o réu não for posto em liberdade, o prazo será de 8 dias.

> Art. 529. Nos crimes de ação privativa do ofendido, não será admitida queixa com fundamento em apreensão e em perícia se decorrido o prazo de 30 dias após a homologação do laudo.
>
> Art. 530. Se ocorrer prisão em flagrante e o réu não for posto em liberdade, o prazo a que se refere o artigo anterior será de 8 (oito) dias.

33.4.3 Termo inicial para contagem do prazo

Ação penal privada e representação nos crimes de ação penal pública condicionada	Ação penal privada subsidiária da pública
Termo Inicial: 6 meses do dia em que se conhece a autoria	Termo inicial: o prazo será de 6 meses, contados do dia em que se esgotou o prazo para o oferecimento da denúncia.
Consequências: extinção da punibilidade	Consequências: não haverá extinção da punibilidade, retornando ao Ministério Público a titularidade exclusiva da ação. Decadência imprópria: é aquela que, apesar de atingido o lapso decadencial previsto em lei, não tem o condão de extinguir a punibilidade do agente. Esta situação é observada nas hipóteses de ação penal privada subsidiária da pública que, após a perda de prazo da queixa-subsidiária, a titularidade da ação retorna ao Ministério Público.

33.4.4 Prazo decadencial da vítima menor de 18 anos

O prazo para a vítima menor de 18 anos só começa a fluir depois da maioridade, pois a vítima não pode perder o direito que ainda não pode exercer.[704] No mesmo sentido é o entendimento do Supremo Tribunal Federal:

> Súmula 594 do STF: Os direitos de queixa e de representação podem ser exercidos, independentemente, pelo ofendido ou por seu representante legal.

33.4.5 Cômputo do prazo

Considerando que a decadência é causa extintiva da punibilidade, prevalece o entendimento de que o cômputo do prazo segue as regras do art. 10 do Código Penal. Vale dizer, trata-se de prazo penal, em que se conta o dia do começo e exclui-se o dia do final. Não se suspende. Não se interrompe. Não se prorroga.

33.4.6 Prazo decadencial para requisição do Ministro da Justiça

A legislação é omissa quanto a esta questão, havendo controvérsia acerca da existência ou não de prazo decadencial para requisição do Ministro da Justiça. Dois são os entendimentos:

A corrente majoritária entende que não há prazo decadencial para a requisição do Ministro da Justiça, tendo em vista que os artigos 38 do CPP e 103 do Código Penal fazem referência expressa à ação penal privada e à ação penal pública condicionada à representação, não fazendo nenhuma menção à requisição.

A segunda corrente, minoritária, orienta que, por intermédio de analogia *in bonam partem*, é possível se aplicar o prazo decadencial à requisição do Ministro da Justiça.

33.5 Perempção

33.5.1 Conceito

É a sanção imposta ao querelante inerte ou negligente.

A perempção é um instituto próprio das ações penais privadas, não se aplicando quando o assunto é ação penal pública (seja ela condicionada ou incondicionada).

As hipóteses de perempção estão previstas no art. 60 do CPP.

33.5.2 Hipóteses de perempção

1. *Inércia durante 30 dias seguidos*

Significa que se o querelante ficar inerte por 30 dias seguidos, deverá ser declarada a extinção da punibilidade do réu em razão da perempção.

---

[704] Tese 169 do MP/SP.

A contagem do prazo é contínua, de modo que não se admite a soma das inércias parciais.

Prevalece, ainda, que a sanção pela inércia é automática, ou seja, não precisa haver prévia intimação do querelante para impulsionar o processo.

2. 60 dias sem sucessão processual

Essa hipótese, como regra, está atrelada à morte do querelante. Caso o querelante morra no curso do processo, o cônjuge, companheiro, ascendente, descendente ou irmão, deverá dar andamento à ação penal, promovendo a sucessão processual no prazo máximo de 60 dias, sob pena de perempção.

Por exemplo, se a vítima faleceu e nenhum sucessor processual se habilitou na ação, haverá perempção.

3. Ausência injustificada ou deixar de pedir a condenação nas alegações finais

Caso o querelante deixe, *injustificadamente*, de comparecer a algum ato do processo, será extinta a punibilidade do réu em decorrência da perempção.

Por outro lado, caso haja justificativa, não há que se falar em perempção. Deve-se destacar que o querelante pode estar ausente, desde que representado por procurador com poderes para o ato. Esse entendimento, contudo, não é pacífico, havendo corrente sustentando que o procurador não pode substituir o querelante, de modo que a sua atuação não evita o reconhecimento de eventual perempção.

Por fim, importante destacar que a perempção não ocorre na hipótese de ausência de qualquer ato, mas apenas daqueles em que a presença do querelante/procurador é considerada indispensável.

A outra situação refere-se à hipótese em que o querelante *deixa de pedir a condenação nas alegações finais*. Essa situação deve ser estudada com cautela. Vejamos.

Caso o querelante peça a condenação, o juiz estará livre para condenar ou absolver. Se, por outro lado, o querelante pede absolvição, deve-se analisar quem é o querelante.

Se for um querelante comum, o juiz extinguirá a punibilidade em decorrência da perempção. Contudo, em se tratando de querelante subsidiário (aquele que atua na ação penal privada subsidiária da pública), o Ministério Público retomará a titularidade da ação penal. Em resumo:

Querelante pede a condenação	Querente pede a absolvição	
Juiz pode condenar ou absolver o réu.	Querelante comum	Querelante subsidiário
	Perempção	MP retoma a titularidade da ação penal.

4. Sendo o querelante pessoa jurídica, esta se extinguir, sem deixar sucessores.

A última hipótese de perempção está relacionada à situação em que o querelante é pessoa jurídica. Nesse caso, se houver a extinção da pessoa jurídica sem a superveniência de sucessores, não haverá como prosseguir na ação penal, devendo o juiz extinguir a punibilidade do réu em decorrência da perempção.

33.5.3 Observações finais sobre perempção

No caso de crimes conexos, é possível que ocorra a perempção para um dos querelantes e o prosseguimento em relação ao outro. Por exemplo, é possível que um deles impulsione a ação no prazo legal de 30 dias, ao passo que o outro não o faça.

Do mesmo modo, na hipótese de dois querelantes na mesma ação, a perempção para um não afeta o direito do outro.

Por fim, havendo a extinção da punibilidade pela perempção, é vedado ao querelante propor nova ação.

33.6 Renúncia

33.6.1 Conceito

Corolário do princípio da oportunidade da ação penal privada, trata-se de ato unilateral do ofendido ou do seu representante legal, que abdica do direito de manejar a ação penal privada, extinguindo, via de consequência, a punibilidade do agente.

A renúncia é ato unilateral e, por isso, dispensa a aceitação da parte contrária.

33.6.2 Extensão da renúncia

Antes da Lei nº 9.099/95, a renúncia era aplicada apenas nas hipóteses de ação penal privada.

Contudo, após a entrada em vigor da Lei dos Juizados Especiais, no caso de composição civil dos danos, o acordo homologado acarreta a renúncia ao direito de queixa ou representação, nas hipóteses de ação penal privada e de ação penal pública condicionada (art. 74, parágrafo único, da Lei nº 9.099/95).

33.6.3 Momento

A renúncia é sempre anterior à propositura da ação penal. Trata-se de ato extraprocessual.

33.6.4 Aspectos formais da renúncia

A renúncia pode ser expressa ou tácita (percebida pelo comportamento do ofendido).

1. *Renúncia expressa*

É aquela que constará de declaração assinada pelo ofendido, por seu representante legal ou procurador com poderes especiais, consoante dispõe o art. 50 do CPP.

2. *Renúncia tácita*

Trata-se de comportamento incompatível com a vontade de ver o infrator processado (art. 104, parágrafo, único, do Código Penal). Por exemplo, o agente que aceita ser padrinho de casamento do indigitado.

33.6.5 Recebimento de indenização e renúncia tácita

Não implica renúncia tácita o fato de o ofendido receber indenização pelo crime, conforme indica o art. 104, parágrafo único, 2ª parte, do Código Penal.

33.6.6 Renúncia e concurso de agentes

Havendo concurso de pessoas (mais de um réu), a renúncia em relação a um dos autores do crime a todos se estenderá (art. 49 do CPP).

33.6.7 Renúncia e pluralidade de vítimas

Havendo mais de uma vítima, cada uma delas possui direito de renúncia autônomo e independente. Então, a renúncia de uma vítima não acarreta a renúncia da outra vítima.

33.7 Perdão do ofendido

33.7.1 Conceito

É o ato pelo qual o ofendido ou seu representante legal desiste de prosseguir com o andamento do processo já em curso (ação penal privada), desculpando seu agressor. Se o perdão for aceito, haverá a extinção da punibilidade (ato bilateral).

Diferente da renúncia, o perdão é ato bilateral, pois precisa ser aceito.

33.7.2 Extensão

Não existe esse instituto na ação penal pública, sendo cabível apenas em se tratando de ação penal privada.

33.7.3 Momento

O perdão do ofendido pressupõe a existência de processo em curso. Portanto, o momento adequado para a liberação do perdão é depois do início da ação penal privada até o trânsito em julgado (art. 106, §2º, do CP).

Após o trânsito em julgado (na fase de execução de pena), não existe perdão extintivo da punibilidade.

33.7.4 Pluralidade de vítimas e incomunicabilidade do perdão

O perdão aceito por uma vítima não importa no perdão da outra. O direito de uma vítima não atrapalha o perdão da outra vítima.

33.7.5 Diferenças entre renúncia e perdão

Vejamos um quadro resumo entre as diferenças entre Renúncia e Perdão.

Renúncia	Perdão
Princípio da oportunidade	Princípio da disponibilidade.
É ato *unilateral* (não precisa ser aceito).	É ato *bilateral* (precisa ser aceito).
Concedida *antes* do início do processo.	Concedido *após* o início do processo até antes do trânsito em julgado.
A renúncia em relação a um autor do fato se estende aos demais, produzindo efeito em relação a todos.	O perdão em relação a um querelado se estende aos demais, apenas produzindo efeitos para aqueles que o aceitarem.

33.8 Retratação do agente

A retratação é a manifestação do ofendido no sentido de não possuir mais interesse em que o Estado exerça o seu *jus puniendi* em desfavor do agente.

A retratação do agente é cabível nos crimes processados mediante ação penal pública condicionada.

Desse modo, se de um lado o Estado não pode agir enquanto não sobrevir a representação, pode o ofendido decidir por se retratar da representação, tornando extinta a punibilidade do agente.

Segundo o art. 102 do Código Penal, a retratação pode ser apresentada até o oferecimento da denúncia.

33.8.1 Renúncia ao direito de queixa

A renúncia ao direito à queixa está prevista no art. 104, do Código Penal, que estabelece que a renúncia pode ser realizada de forma expressa ou tácita.

Além disso, deve-se destacar que, diferente da retratação, a renúncia, que é própria da ação penal privada, pode ocorrer até o recebimento da queixa.

Retratação	Renúncia
Ação penal pública condicionada à representação	Ação penal privada
Retrata-se da representação	Renuncia-se ao direito de queixa
Até o oferecimento da denúncia	Até o recebimento da queixa.

33.9 Perdão judicial

Perdão judicial é o instituto que permite ao juiz, nas hipóteses taxativamente previstas em lei, deixar de aplicar a pena se as consequências da infração atingirem o próprio agente de forma tão grave que a sanção penal se torne desnecessária.

Portanto, o perdão judicial é uma espécie de clemência, por meio do qual o juiz, após reconhecer que o agente praticou o fato típico e ilícito, decide por perdoá-lo, extinguindo, assim, a sua punibilidade.

O perdão se aplica apenas a determinados crimes previstos na lei e, sendo ato do juiz, não depende da anuência da vítima.

Importante lembrar que a sentença concessiva do perdão judicial afasta todos os efeitos condenatórios (Súmula 18 do STJ). Além disso, a sentença é declaratória da extinção da punibilidade e, por isso, não pode servir como título executivo judicial, além de não interromper a prescrição.

33.9.1 Crimes em que é possível a concessão do perdão judicial

O perdão judicial somente pode ser aplicado nas hipóteses taxativamente previstas em lei. Vejamos quais são elas:

a) *homicídio culposo* (art. 121, §3º, do CP)

Estabelece o art. 121, §5º, CP que "*o juiz poderá deixar de aplicar a pena*, se as consequências da infração atingirem o próprio agente de forma tão grave que a sanção penal se torne desnecessária".

Para a jurisprudência, é necessário que se demonstre que o réu sofreu insuportável abalo físico ou emocional.

O STJ tem entendimento de que é possível a concessão do perdão judicial em situações em que o agente sofre sequelas físicas gravíssimas e permanentes.

b) *homicídio culposo na direção de veículo automotor*

Antes da entrada em vigor do Código de Trânsito Brasileiro, os crimes de homicídio e lesão corporal culposa na direção de veículo automotor eram punidos com base no Código Penal Brasileiro (art. 121, §3º, e art. 129, §6º), ambos com previsão de aplicação de perdão judicial (art. 121, §5º, e art. 129, §8º).

Com o advento do Código de Trânsito, houve a especialização da punição dos crimes de homicídio e lesão corporal culposa na direção de veículo automotor (arts. 302 e 303). O artigo 300 dispunha que "nas hipóteses de homicídio culposo e lesão corporal culposa, o juiz poderá deixar de aplicar a pena, se as consequências da infração atingirem, exclusivamente, o cônjuge ou companheiro, ascendente, descendente, irmão ou afim em linha reta, do condutor do veículo".[705] Contudo, tal artigo foi vetado pelo Presidente da República.

Assim, surgiu a dúvida sobre a possibilidade ou não da aplicação do mencionado instituto aos delitos previstos na Lei de Trânsito, uma vez que, como visto acima, o perdão judicial somente pode ser aplicado aos casos taxativamente previstos em lei.

Nas razões que levaram ao veto do artigo 300 do Código de Trânsito, consta que o perdão judicial do Código Penal é tratado de forma mais ampla do que o disposto na Lei de Trânsito. Por essa razão, seria desnecessária sua inclusão no Código de Trânsito. Vejamos a íntegra das razões do veto:

---

[705] Texto vetado.

O artigo trata do perdão judicial, já consagrado pelo Direito Penal. Deve ser vetado, porém, porque as hipóteses previstas pelo §5º do art. 121 e §8º do artigo 129 do Código Penal disciplinam o instituto de forma mais abrangente.

Dessa forma, os motivos que ensejaram o veto do perdão judicial no Código de Trânsito não se deram com o intuito de extirpar esse benefício, mas, sim, por ele ser tratado de forma mais abrangente pelo Código Penal, o qual é aplicado subsidiariamente à Lei de Trânsito (art. 291 do CTB).

Ademais, quando a Lei nº 6.416/77 instituiu o perdão judicial, ela o fez com vistas a minorar os impactos sociais dos acidentes de trânsito, pois, à época, surgiam no Brasil as indústrias automobilísticas. Portanto, inicialmente, o perdão judicial foi pensado e programado justamente para os casos de acidentes de trânsito.

Dessa maneira, embora o art. 300 não devesse ter sido vetado (para que não se fugisse da boa técnica jurídica), a nosso sentir, não há nenhum óbice para a aplicação do perdão judicial aos delitos de homicídio e lesão corporal culposa na direção de veículo automotor. Nesse sentido, Rogério Greco faz importantes observações:

> Embora não concordemos com o veto presidencial, pois entendemos que as hipóteses que possibilitam a aplicação deverão estar expressas, ou seja, deverá haver previsão legal em cada tipo penal em que seja permitido, pela lei, o perdão judicial, acreditamos, junto com a corrente majoritária, ser possível, por questões de política criminal, a aplicação do perdão judicial aos arts. 302 e 303 do Código de Trânsito brasileiro. Isso porque não seria razoável entender que, embora as razões que fizeram inserir o perdão judicial para os crimes de homicídio culposo e lesão corporal culposa foram, sem dúvida, o elevado número de acidentes de trânsito, agora que foram criadas infrações penais específicas para o trânsito, o perdão judicial não fosse aplicado. Assim, mesmo correndo o risco de se abrir uma porta para outras infrações penais, excepcionando-se a regra contida no inciso IX do art. 107 do Código Penal, somos pela possibilidade de aplicação do perdão judicial aos delitos tipificados nos arts. 302 e 303 do Código de Trânsito brasileiro.[706]

O Superior Tribunal de Justiça também admite a aplicação do perdão judicial aos crimes de homicídio e lesão corporal culposa na direção de veículo automotor. Nesse prisma é o teor do julgado publicado no Informativo 542:

> DIREITO PENAL. APLICABILIDADE DO PERDÃO JUDICIAL NO CASO DE HOMICÍDIO CULPOSO NA DIREÇÃO DE VEÍCULO AUTOMOTOR. O perdão judicial não pode ser concedido ao agente de homicídio culposo na direção de veículo automotor (art. 302 do CTB) que, embora atingido moralmente de forma grave pelas consequências do acidente, não tinha vínculo afetivo com a vítima nem sofreu sequelas físicas gravíssimas e permanentes. Conquanto o perdão judicial possa ser aplicado nos casos em que o agente de homicídio culposo sofra sequelas físicas gravíssimas e permanentes, a doutrina, quando se volta para o sofrimento psicológico do agente, enxerga no §5º do art. 121 do CP a exigência de um laço prévio entre os envolvidos para reconhecer como "tão grave" a forma como as consequências da infração atingiram o agente. A interpretação dada, na maior parte das vezes, é no sentido de que só sofre intensamente o réu que, de forma culposa, matou alguém conhecido e com quem mantinha laços afetivos. O exemplo mais comumente lançado é o caso de um pai que mata culposamente o filho. Essa interpretação

---

[706] GRECO, Rogério. *Curso de Direito Penal*. Parte geral. v. I. 17. ed. Niterói: Impetus, 2015, p. 798.

desdobra-se em um norte que ampara o julgador. Entender pela desnecessidade do vínculo seria abrir uma fenda na lei, não desejada pelo legislador. Isso porque, além de ser de difícil aferição o "tão grave" sofrimento, o argumento da desnecessidade do vínculo serviria para todo e qualquer caso de delito de trânsito com vítima fatal. Isso não significa dizer o que a lei não disse, mas apenas conferir-lhe interpretação mais razoável e humana, sem perder de vista o desgaste emocional que possa sofrer o acusado dessa espécie de delito, mesmo que não conhecendo a vítima. A solidarização com o choque psicológico do agente não pode conduzir a uma eventual banalização do instituto do perdão judicial, o que seria no mínimo temerário no atual cenário de violência no trânsito, que tanto se tenta combater. Como conclusão, conforme entendimento doutrinário, a desnecessidade da pena que esteia o perdão judicial deve, a partir da nova ótica penal e constitucional, referir-se à comunicação para a comunidade de que o intenso e perene sofrimento do infrator não justifica o reforço de vigência da norma por meio da sanção penal. REsp 1.455.178/DF, Rel. Min. Rogerio Schietti Cruz, julgado em 05/06/2014.

A propósito, calha ressaltar que o perdão judicial somente poderá ser aplicado quando existir um liame subjetivo entre o autor do crime e a vítima. Nesse sentido, havendo concurso formal de crimes (ex.: réu, de forma imprudente, na condução de veículo automotor, causa, culposamente, a morte do filho e de um amigo de escola do filho), não há autorização para a extensão dos efeitos do perdão judicial concedido para um dos crimes (morte do filho), se não ficar comprovado em relação ao outro delito a existência do liame subjetivo entre o acusado e a outra vítima fatal (morte do amigo do filho). Vejamos o que ficou consignado pelo Superior Tribunal de Justiça, no informativo 606:

> A matéria tratada nos autos consiste em averiguar a possibilidade de concessão do perdão judicial (art. 121, §5º do CP) a autor de crime culposo de trânsito, que, mediante uma única ação imprudente, leva duas vítimas a óbito, independentemente de haver prova de que mantivesse fortes vínculos afetivos com uma das vítimas fatais. Sob esse prisma, cumpre observar que, quando a avaliação está voltada para o sofrimento psicológico do autor do crime, a melhor doutrina enxerga no §5º do art. 121 do CP a exigência de um vínculo, de um laço prévio de conhecimento entre os envolvidos, para que seja "tão grave" a consequência ao agente a ponto de ser despicienda e até exacerbada outra pena, além da própria dor causada, intimamente, pelo dano provocado ao outro. No que toca ao instituto do concurso formal, ao se analisar a literalidade do art. 70 do CP, verifica-se que, a um primeiro olhar, trata-se de um sistema de exasperação da pena, ou seja, nos casos de concurso formal próprio ou homogêneo, a pena a ser aplicada deverá ser a de um dos delitos, aumentada de um sexto até a metade. Dessa forma, o percentual de aumento deve ter relação com o número de resultados e vítimas, e não com as circunstâncias do fato. Quis o legislador, com isso beneficiar o acusado ao lhe fixar somente uma das penas, mas acrescendo-lhe uma cota-parte que sirva para representar a punição por todos os delitos, porquanto derivados da mesma ação ou omissão do agente. Note-se, porém, que não há referência à hipótese de extensão da absolvição, da extinção da punibilidade, ou mesmo da redução da pena pela prática de nenhum dos delitos. Dispõe, entretanto, o art. 108 do Código Penal, in fine, que, "nos crimes conexos, a extinção da punibilidade de um deles não impede, quanto aos outros, a agravação da pena resultante da conexão". Assim, tratando-se o perdão judicial de uma causa de extinção de punibilidade excepcional, que somente é cabível quando presentes os requisitos necessários à sua concessão, esses preceitos de índole atípica devem ser os balizadores precípuos para a aferição de sua concessão ou não, levando-se em consideração cada delito de per si, e não de forma generalizada, como nos casos em que se afiguram pluralidades de delitos decorrentes

do concurso formal de crimes. REsp 1.444.699/RS, Rel. Min. Rogério Schietti Cruz, por unanimidade, julgado em 01/06/2017, DJe 09/06/2017.

c) *lesão corporal*

É possível a concessão do perdão judicial nas hipóteses de lesão corporal culposa (art. 129, §8º, do CP), aplicando-se a regra do art. 121, §5º, CP.

d) *crimes contra a fauna*

Estabelece o art. 29, §2º, da Lei nº 9.605/98, que no caso de guarda doméstica de espécie silvestre não considerada ameaçada de extinção, pode o juiz, considerando as circunstâncias, deixar de aplicar a pena.

e) *colaboração premiada*

Estabelece o art. 4º da Lei nº 12.850/13 que o juiz poderá, a requerimento das partes, conceder o perdão judicial, reduzir a pena em até 2/3 (dois terços) ou substituir a pena privativa de liberdade por restritiva de direitos para aquele que tenha colaborado efetiva e voluntariamente com a investigação e com o processo criminal, desde que observados determinados requisitos.

33.10 Extinção da punibilidade e crimes conexos

Segundo o art. 108 do Código Penal, a extinção da punibilidade de crime que é pressuposto, elemento constitutivo ou circunstância agravante de outro não se estende a este.

Além disso, nos crimes conexos, a extinção da punibilidade de um deles não impede, quanto aos outros, a agravação da pena resultante da conexão.

33.11 Momento da extinção da punibilidade

A extinção da punibilidade pode ocorrer antes do trânsito em julgado, afetando a pretensão punitiva (direito do Estado de punir) ou após o trânsito em julgado, extinguindo a pretensão executória (direito do Estado em aplicar a pena).

São causas de extinção da punibilidade que ocorrem *antes* do trânsito em julgado: 1. decadência; 2. perempção; 3. renúncia ao direito de queixa; 4. perdão do ofendido; 5. retratação do agente; e 6. perdão judicial.

São causas de extinção da punibilidade que ocorrem *depois* do trânsito em julgado: 1. graça; e 2. indulto.

São causas de extinção da punibilidade que podem ocorrer tanto *antes* como *depois* do trânsito em julgado: 1. morte do agente; 2. anistia; 3. *abolitio criminis*; e 4. prescrição.

CAPÍTULO 34

PRESCRIÇÃO

34.1 Conceito

É a perda do direito de punir do Estado ou de executar a pena em virtude de não ter sido exercido dentro do prazo legal. Assim, diante da inércia do Estado, extingue-se a punibilidade pelo decurso do tempo.

34.2 Natureza jurídica

A prescrição é causa extintiva da punibilidade. Trata-se de um instituto de Direito Penal e, portanto, seu cálculo é realizado contando-se o dia do início e excluindo-se o dia do final (art. 10 do CP).

Por ser matéria de ordem pública, a prescrição pode ser declarada em qualquer fase do processo, inclusive de ofício.

34.3 Fundamento da prescrição

O fundamento da prescrição está ligado a questões temporais. O Estado possui um tempo limite, previsto em lei, para realizar a persecução do delito e punição do agente. Superado o tempo legal, que varia de acordo com a quantidade de pena imposta ao crime, o Estado não mais poderá exercer seu *jus puniendi*.

Imagine que o agente tenha praticado um delito e somente 50 anos depois o Estado decide puni-lo. Certamente, não haveria sentido em fazê-lo, uma vez que o decurso do tempo faz desaparecer o interesse social de punir o agente.

34.4 Hipóteses de imprescritibilidade

A regra em nosso ordenamento jurídico é que os delitos sejam prescritíveis, contudo, nem todos os crimes estão sujeitos à prescrição.

Segundo o art. 5º, XLII e XLIV, são imprescritíveis os crimes de *racismo e as ações de grupos armados contra a ordem constitucional e o estado democrático de direito*.

34.4.1 Imprescritibilidade por meio de lei

Prevalece na doutrina a impossibilidade de o legislador infraconstitucional criar novas hipóteses de crimes imprescritíveis. Isso porque se considera a prescrição um direito fundamental, sendo ressalvada apenas nas hipóteses constitucionais (racismo e ação de grupos armados contra a ordem constitucional e o estado democrático de direito).

34.4.2 Imprescritibilidade por meio da jurisprudência

Do mesmo modo, entende-se que não é cabível a criação jurisprudencial de novas hipóteses de imprescritibilidade, haja vista que se estaria diante de situação em que o Poder Judiciário atuaria como legislador positivo, o que não é admitido.

Para além disso, deve-se rememorar que a prescritibilidade é direito fundamental, não podendo ser mitigado pela jurisprudência.

A despeito disso, deve-se rememorar que o STF, no bojo do julgamento conjunto da ADO 26 e MI 7233, equiparou a conduta de homofobia ao racismo, tornando-a, portanto, imprescritível.

No mesmo sentido, no AgRg no REsp 686.965/DF, o STJ entendeu que o delito de injúria racial também é imprescritível, pois encontra-se na seara dos crimes de racismo. Apesar das críticas doutrinárias quanto a esta decisão, no sentido de que se tratava de analogia incriminadora, na mesma senda, o Supremo Tribunal Federal, no HC 154.248/DF, entendeu que a injúria racial é espécie do gênero racismo e, portanto, é crime imprescritível.

34.4.3 A tortura é crime imprescritível?

Tendo em vista que o crime de tortura não está no rol de crimes imprescritíveis estabelecido na Constituição Federal, prevalece o entendimento de que o crime está sujeito ao prazo prescricional.

Embora seja reconhecida a prescrição quanto ao delito de tortura, os tribunais superiores têm entendido que a reparação civil do dano oriundo da citada conduta é imprescritível.[707]

Deve-se frisar que, ao contrário do que é aplicado na ordem jurídica interna (que possui como regra a prescritibilidade do crime de tortura), a prática de crimes contra a humanidade, utilizando-se de atos de tortura, no contexto do Tribunal Penal Internacional, é considerada imprescritível, conforme dispõe o artigo 29 do Estatuto de Roma[708] (Caso Gomes Lund – Guerrilha do Araguaia).

Em resumo:

---

[707] RE 715268 AgR/RJ. Ag. Reg. no Recurso Extraordinário. Relator Min. Luiz Fux. Julgamento: 06/05/2014. Órgão Julgador: Primeira Turma.
[708] Artigo 29. Imprescritibilidade: Os crimes da competência do Tribunal não prescrevem.

Tortura		
Ordem interna		Ordem internacional
Responsabilização penal	Reparação cível	Imprescritível (Art. 29 do Estatuto de Roma)
Prescritível	Imprescritível	

34.5 Parâmetros da prescrição (art. 109 do Código Penal)

O Código Penal estabelece uma série de prazos prescricionais, que levam em consideração a pena cominada ao delito de maneira progressiva. Dessa forma, quanto maior a pena, maior o prazo para a consumação da prescrição, garantindo-se que as condutas mais gravosas prescrevam em maior tempo.

De forma sistematizada, os parâmetros de prescrição estabelecidos no art. 109 do Código Penal são os seguintes:

Prazo prescricional	Pena
20 anos	Mais de 12 anos
16 anos	Mais de 8 anos a 12 anos
12 anos	Mais de 4 anos a 8 anos
8 anos	Mais de 2 a 4 anos
4 anos	Igual a 1 ano até 2 anos
3 anos	Menos que 1 ano

Deve-se atentar que o inciso VI do art. 109 (que estabelece o prazo de 3 anos para infrações cuja pena é menor que 1 ano) teve nova redação dada pela Lei nº 12.234/10 (de 05/05/2010).

Antes da alteração, a prescrição se dava em 2 anos se o máximo da pena fosse inferior a 1 ano. Atualmente, a prescrição ocorre em 3 anos. Por se tratar de lei mais severa, não se aplica aos fatos praticados antes de sua vigência.

Desse modo, se o crime foi praticado antes de 05/05/2010 e a pena máxima for inferior a 1 ano, deve-se aplicar a regra da legislação revogada, ou seja, o prazo prescricional será de 2 anos, e não 3.

34.6 Espécies de prescrição

A prescrição se divide em prescrição da pretensão punitiva (extinção do direito do Estado de punir) e prescrição da pretensão executória (extinção do direito do Estado de executar a pena).

A prescrição da pretensão punitiva (PPP), por sua vez, se divide em: 1. em abstrato ou propriamente dita; 2. retroativa; 3. superveniente (intercorrente); e 4. virtual, em perspectiva, por prognose ou antecipada.

```
Prescrição da pretensão
├── Punitiva
│   ├── Propriamente dita
│   ├── Retroativa
│   ├── Superveniente
│   └── Virtual
└── Executória
```

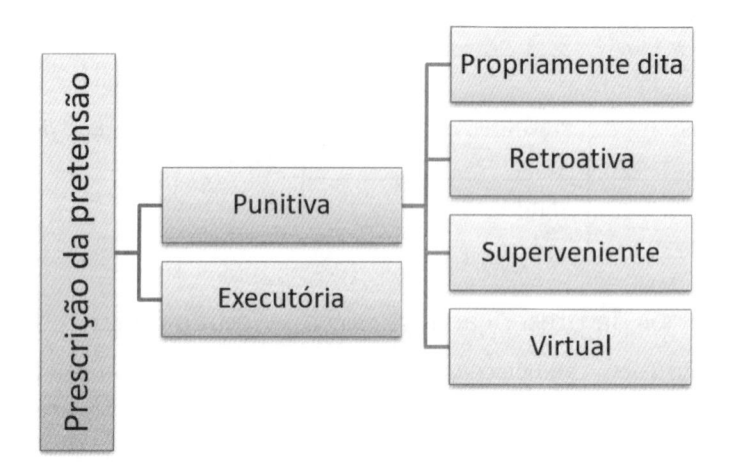

A *Prescrição da Pretensão Punitiva* ocorre antes do trânsito em julgado da sentença e impede todos os efeitos, penais ou não, de eventual condenação.

Já a *Prescrição da Pretensão Executória* ocorre depois do trânsito em julgado da sentença condenatória e impede tão somente a execução da punição (cumprimento da pena), sendo que os demais efeitos permanecem incólumes (sejam civis ou criminais).

34.6.1. Prescrição da Pretensão Punitiva

34.6.1.1. Prescrição da Pretensão Punitiva (PPP) em abstrato ou propriamente dita

Está prevista no art. 109 do Código Penal e se regula pela *pena máxima* prevista para o crime. Isso porque, sendo incerta a quantidade de pena a ser fixada pelo juiz na sentença, o prazo prescricional é o resultado da combinação da pena máxima prevista abstratamente no tipo e a escala do art. 109 do Código Penal.

34.6.1.2 Regras para o cálculo

1. *Causas de aumento e de diminuição de pena*

São consideradas para fins do cálculo da prescrição, levando-se em consideração o maior aumento e a menor diminuição, uma vez que o que se busca é encontrar a pena máxima.

Por outro lado, não são considerados o aumento no caso de concurso material, concurso formal ou continuidade delitiva, tendo em vista que a prescrição atinge cada delito isoladamente (art. 119 do Código Penal).

Nesse sentido é a Súmula 497 do STF, que dispõe que "quando se tratar de crime continuado, a prescrição regula-se pela pena imposta na sentença, não se computando o acréscimo decorrente da continuação".

2. *Agravantes e atenuantes*

As agravantes e atenuantes, por sua vez, não devem ser consideradas para o cálculo da prescrição, tendo em vista que não há previsão legal de seu *quantum*, ficando a critério do juiz.

Como se verá adiante, existem atenuantes que reduzem o prazo prescricional pela metade (art. 115 do Código Penal).

3. *Qualificadoras*

As qualificadoras devem ser consideradas para o cálculo do prazo prescricional, tendo em vista que possuem pena autônoma, distinta e superior à cominada no tipo básico.

34.6.1.3 Redutores do prazo prescricional (art. 115 do CP)

Estabelece o art. 115 do Código Penal duas hipóteses em que o prazo prescricional será reduzido pela metade. Isso ocorrerá se o agente for *menor de 21 anos na data dos fatos* (tem-se a chamada menoridade relativa) ou *maior de 70 anos na data da sentença* (conhecida como atenuante da senilidade).

Em relação à atenuante da senilidade, existe controvérsia jurisprudencial acerca do que deve ser considerado "na data da sentença", a fim de fazer incidir a regra do prazo prescricional reduzido do art. 115 do Código Penal.

A primeira posição entende que o termo sentença deve ser compreendido como a primeira decisão condenatória, seja sentença ou acórdão proferido em apelação.[709]

A segunda posição aduz que o termo sentença deve ser entendido como o último pronunciamento judicial, o qual conferiu *status* de imutabilidade ao título executivo penal.[710]

Parece-nos que a primeira posição tem ganhado mais força entre os estudiosos.

34.6.1.4 Consequências da prescrição

Ocorrida a prescrição da pretensão punitiva, serão produzidos os seguintes efeitos:
1. o Estado perde seu direito de punir, inviabilizando a análise de mérito da ação penal (ou seja, o juiz não vai julgar se houve a prática do crime narrado na inicial).
2. se houver sentença condenatória provisória, ela será rescindida, não se operando nenhum efeito, penal (ex.: reincidência) ou extrapenal (ex.: obrigação de reparar o dano);
3. o acusado não será responsabilizado pelas custas processuais; e
4. o acusado terá o direito à restituição da fiança.

---

[709] STJ. 6ª Turma. HC 316.110/SP, Rel. Min. Rogerio Schietti Cruz, julgado em 25/06/2019 (Info 652).
[710] STF. ARE 778042 AgR, julgado em 21/10/2014.

34.6.1.5 Natureza jurídica da decisão que reconhece a prescrição

Prevalece na doutrina que a decisão que reconhece a prescrição possui natureza jurídica de decisão declaratória da extinção da punibilidade, acarretando os efeitos mencionados no tópico anterior.

34.6.1.6 Termo inicial da prescrição

O art. 111 do Código Penal cuida das regras concernentes ao termo inicial do prazo prescricional, que pode variar a depender da forma de cometimento do crime (se consumado ou tentado, se crime permanente etc.).

1. *Crimes consumados*

O termo inicial de contagem da prescrição será o dia em que o crime se consumou.

Nos crimes contra a ordem tributária previstos no art. 1º, I, *a*, da Lei nº 8.137/90, é necessário lembrar que o prazo prescricional não se inicia enquanto não houver a constituição definitiva do crédito tributário. Nesse sentido já se posicionou o Supremo Tribunal Federal por meio da Súmula Vinculante 24: "Não se tipifica crime material contra a ordem tributária, previsto no art. 1º, incisos I a IV, da Lei nº 8.137/90, antes do lançamento definitivo do tributo".

2. *Crimes tentados*

O termo inicial do prazo prescricional será a data do dia do último ato executório.

3. *Crimes permanentes*

A prescrição tem início no dia em que cessar a permanência do crime. Por exemplo, no crime de receptação (verbo ocultar), só se inicia a contagem do prazo prescricional quando cessada a permanência, ou seja, quando o agente não mais ocultar a coisa que sabia ser produto de crime.

Diferente dos crimes permanentes, nos crimes habituais o prazo da prescrição inicia-se da data da última das ações que constituem o fato típico (ex.: casa de prostituição).

4. *Bigamia e falsidade de assento de registro civil*

A prescrição para estes delitos começa a correr da data que o fato se tornou conhecido para a autoridade encarregada da persecução penal.

5. *Crimes contra a dignidade sexual ou que envolvam violência contra criança ou adolescente*

Novidade legislativa oriunda da Lei nº 14.344/22, que modificou a redação do inciso V ao art. 111 do Código Penal. Com a Lei nº 14.344/22, na hipótese de crimes cometidos contra a dignidade sexual ou que envolvam violência contra a criança ou adolescente, sejam eles previstos no Código Penal ou em legislação especial, o prazo prescricional conta da data em que a vítima completar 18 danos, salvo se a esse tempo já houver sido proposta a ação penal.

O legislador, a fim de aumentar a proteção às crianças e adolescentes, diminuindo o risco da prescrição nos casos de crimes cometidos contra a dignidade sexual ou envolvendo violência, condicionou o início da contagem do prazo prescricional ao atingimento da maioridade civil (18 anos) da vítima, sendo a exceção a hipótese em que antes dessa data já houver sido oferecida a denúncia.

Antes da Lei nº 14.344/22, o termo diferenciado (18 anos) se aplicava apenas a crimes contra a dignidade sexual cometidos contra criança e adolescente, não abrangendo a situação de crimes com violência.

A fim de facilitar a visualização:

Antes da Lei nº 14.344/2022	Depois da Lei nº 14.344/2022
Nos crimes contra a dignidade sexual de crianças e adolescentes, previstos neste Código ou em legislação especial, da data em que a vítima completar 18 anos, salvo se a esse tempo já houver sido proposta a ação penal.	Nos crimes cometidos contra a dignidade sexual *ou que envolvam violência contra a criança ou adolescente*, sejam eles previstos no Código Penal ou em legislação especial, o prazo prescricional conta da data em que a vítima completar 18 anos, salvo se a esse tempo já houver sido proposta a ação penal.

A lei foi publicada em 24 de maio de 2022, com início de vigência 45 dias após a sua publicação (período de *vacatio legis*).

Como se trata de lei nova mais severa, não poderá retroagir a fatos anteriores a ela para prejudicar o réu.

RESUMO	
Crime	Termo inicial do prazo prescricional
Crime consumado	Data da consumação
Crime tentado	Data da prática do último ato executório
Crime permanente	Data em que cessou a permanência
Crime de bigamia e de falsificação ou alteração de assentamento do registro civil	Data em que o fato se tornou conhecido pela autoridade encarregada da persecução penal
Crimes contra a dignidade sexual de crianças e adolescentes	Data em que a vítima completar 18 anos, salvo se a esse tempo já houver sido proposta a ação penal

34.6.1.7 Causas interruptivas da prescrição

A prescrição está sujeita a algumas interrupções. Vale dizer, caso praticados determinados atos processuais, o prazo é zerado, retornando a sua contagem do início. As hipóteses de interrupção da prescrição estão previstas no art. 117 do Código Penal.

Do art. 117, incisos I a IV, as hipóteses se referem à prescrição da pretensão punitiva. Por outro lado, os incisos V e VI referem-se à prescrição da pretensão executória. A interrupção não pode ser confundida com a suspensão do prazo prescricional. Ocorrendo a interrupção, o prazo volta a ser contado do zero. Por outro lado, caso seja hipótese de suspensão da prescrição (ex.: suspensão condicional do processo, citação por edital etc.), encerrada a suspensão, o prazo prescricional volta a correr de onde parou.

Vejamos quais as hipóteses de interrupção da prescrição (art. 117, CP).

Interrupção da prescrição (art. 117, CP)		
1	Recebimento da denúncia ou da queixa	Prescrição da pretensão punitiva
2	Pronúncia	Prescrição da pretensão punitiva
3	Decisão confirmatória da pronúncia	Prescrição da pretensão punitiva
4	Publicação da sentença ou acórdão recorríveis	Prescrição da pretensão punitiva
5	Início ou continuação do cumprimento de pena	Prescrição da pretensão executória
6	Reincidência	Prescrição da pretensão executória

1. *Recebimento da inicial acusatória*

A decisão do juiz que recebe a denúncia ou queixa interrompe a prescrição, cujo prazo retoma sua contagem do início.

Deve-se destacar que se for hipótese em que, posteriormente, se reconheça a nulidade da decisão que recebeu a denúncia ou queixa, não há que se falar em interrupção da prescrição. Vale dizer, mesmo que prolatada sentença condenatória, se o tribunal reconhecer a nulidade do processo a contar do recebimento da denúncia, não subsistirão os marcos interruptivos da prescrição (STJ. AgRg no HC 396.797)

A dúvida que surge é na hipótese em que houver recebimento do *aditamento da denúncia*. Ou seja, em situações em que, no curso do processo, o Ministério Público modifica a denúncia, consertando erros materiais ou até mesmo acrescentando fatos ou novos réus.

Em razão da ausência de previsão legal, *como regra*, o recebimento do aditamento da denúncia, por si só, não acarreta a interrupção da prescrição (STF. HC 84606), como por exemplo, no caso de aditamento para suprir erros materiais.

Por outro lado, haverá interrupção do prazo prescricional nas seguintes situações:
 a) Se houver alteração substancial dos fatos anteriormente narrados na denúncia, passando a descrever novo fato criminoso (STJ. HC 273811). Nessa hipótese, haverá interrupção somente em relação ao fato novo (STJ. RHC 14937); e
 b) Se houver a inclusão de novos corréus (STJ. AgRg no REsp 1045631).

2. Pronúncia

Pronúncia é a decisão que autoriza o julgamento, pelo Conselho de Sentença, de crimes dolosos contra a vida, haja vista a existência de prova da materialidade e indícios suficientes de autoria.

Segundo o art. 117, II, CP, a pronúncia é causa de interrupção da prescrição.

De acordo com a Súmula 191 do Superior Tribunal de Justiça, ainda que o Tribunal do Júri venha a desclassificar o crime, a pronúncia continua sendo causa interruptiva da prescrição.

3. Decisão confirmatória da pronúncia

Segundo o art. 117, III, do CP, a decisão confirmatória da pronúncia também é hipótese de interrupção do prazo prescricional.

Por decisão confirmatória da pronúncia, entende-se a decisão que, após recurso em sentido estrito ou apelação, compreende ser correta a pronúncia do réu, mantendo ou modificando a decisão de primeiro grau.

Segundo a jurisprudência, o acórdão que determina a pronúncia do réu sumariamente absolvido ou impronunciado também funciona como causa interruptiva da prescrição. Ou seja, também nas hipóteses de recurso do Ministério Público é possível a interrupção da prescrição se o tribunal entender ser caso de pronúncia, decidindo de forma diversa do juiz de primeiro grau.

Na hipótese do art. 117, III, do CP, ocorrerá a interrupção da prescrição na *data da sessão de julgamento*, quando o acórdão se torna público, sendo irrelevante a data de sua publicação no Diário de Justiça (STJ. AgRg no REsp 1360974).

Importante analisar a situação em que, diante de um recurso da defesa, o tribunal mantém a pronúncia, mas concede parcial provimento a fim de excluir dela uma qualificadora. Nessas hipóteses, para o STF (RHC 99292), está-se diante de decisão confirmatória da pronúncia, de sorte que se interrompe o prazo prescricional.

4. Publicação da sentença ou acórdão condenatório recorríveis

Interrompe-se a prescrição na hipótese em que publicada a sentença ou o acórdão condenatório recorríveis (art. 117, IV, do CP). Disso se depreende que, em se tratando de sentença absolutória, não há que se falar em interrupção da prescrição.

Do mesmo modo, a sentença que reconhece a inimputabilidade do agente e aplica medida de segurança não interrompe a prescrição, pois é absolutória (imprópria). Por outro lado, a sentença que reconhece a semi-imputabilidade é condenatória e, por isso, interrompe a prescrição.

A dúvida que surge, tanto na doutrina quanto na jurisprudência, se refere às hipóteses de acórdãos que confirmam a sentença condenatória. Questiona-se se o acórdão confirmatório da sentença condenatória se equipara ao acórdão condenatório para fins de interrupção da prescrição. Sobre esse tema, temos vários posicionamentos.

A primeira corrente entende que "o acórdão que apenas confirma a sentença de primeiro grau, sem decretar nova condenação por crime diverso, não configura marco interruptivo da prescrição, ainda que haja reforma considerável na dosimetria da pena" (STJ. AgRg no REsp 1362264).

A segunda posição, que conta com alguns precedentes no Supremo Tribunal Federal, dispõe que o acórdão que modifica substancialmente a pena fixada tem o condão de interromper a prescrição (HC 110810), mas o "acórdão que confirma ou diminui a pena imposta na sentença condenatória não interrompe a prescrição" (STF. HC 96009).

Já a terceira corrente, que traduz entendimento atual do Supremo Tribunal Federal e do Superior Tribunal de Justiça, orienta que o acórdão condenatório sempre interrompe a prescrição, inclusive quando confirmatório da sentença de 1º grau, seja mantendo, reduzindo ou aumentando a pena anteriormente imposta.[711]

34.6.2 Prescrição da Pretensão Punitiva (PPP) retroativa

A prescrição da pretensão punitiva na modalidade retroativa está prevista no art. 110, §1º, do CP e se regula pela pena *aplicada na sentença* e não mais pela pena máxima em abstrato. Essa é a primeira diferença em relação à PPP propriamente dita, que leva em consideração a pena máxima em abstrato.

Antes da sentença recorrível, como não se sabe qual a quantidade de pena a ser fixada pelo juiz, a prescrição é regulada pela pena máxima em abstrato (teoria da pior das hipóteses).

No entanto, fixada a pena, ainda que provisoriamente, e transitada em julgado para a acusação, não mais existe razão para se levar em conta a pena máxima, tendo em vista que, mesmo havendo recurso da defesa, não é possível a *reformatio in pejus*. Dessa forma, o parâmetro utilizado para o cálculo da prescrição é a pena prevista na sentença.

A Lei nº 12.234/10 alterou o §1º do art. 110 do Código Penal, de modo que não mais existe possibilidade de PPP retroativa antes do recebimento da inicial acusatória.

Ou seja, o lapso temporal decorrido entre a prática do crime e o recebimento da denúncia não pode ser considerado para fins de reconhecimento da prescrição da pretensão punitiva retroativa (lembrando que esse lapso temporal pode ser contado para fins de PPP propriamente dita, levando-se em consideração a pena máxima em abstrato).

2.1 Características da PPP retroativa

O reconhecimento da PPP retroativa tem as seguintes características:
1. é necessária a existência de sentença ou acórdão penal condenatório, que determinará o parâmetro para fins do cálculo da prescrição;
2. é necessário o trânsito em julgado para a acusação no que diz respeito à pena aplicada (teoria da pior das hipóteses);
3. conta-se a prescrição retroativamente, ou seja, da publicação da sentença condenatória até o marco interruptivo anterior, como regra, o recebimento da inicial acusatória.
4. os prazos prescricionais regulam-se pela tabela do art. 109 do CP.

A PPP retroativa possui as mesmas consequências da PPP em abstrato, motivo pelo qual remetemos o amigo leitor para o item 34.6.1.4 acima, para evitar repetições desnecessárias.

HC 176473/RR, Rel. Min. Alexandre de Moraes, julgado em 27/04/2020) e STJ, AgRg no AREsp 12/05/2020.

34.6.3 Prescrição da Pretensão Punitiva (PPP) superveniente ou intercorrente

A prescrição da pretensão punitiva superveniente tem por parâmetro a pena fixada na sentença e será contada da data do trânsito em julgado para a acusação até a data do trânsito em julgado para a defesa (trânsito em julgado definitivo).

34.6.3.1 Características

O reconhecimento da PPP superveniente ou intercorrente depende das seguintes características:
1. é necessária a existência de sentença ou acórdão penal condenatório, que determinará o parâmetro para fins do cálculo da prescrição;
2. é necessário o trânsito em julgado para a acusação no que diz respeito à pena aplicada (teoria da pior das hipóteses);
3. conta-se a prescrição da publicação da sentença condenatória até o trânsito em julgado definitivo;
4. os prazos prescricionais regulam-se pela tabela do art. 109 do CP;
5. tem as mesmas consequências da PPP em abstrato e da PPP retroativa.

34.6.4 Prescrição da Pretensão Punitiva (PPP) virtual, em perspectiva, por prognose ou antecipada

A PPP virtual, em perspectiva, por prognose ou antecipada nada mais é que o reconhecimento antecipado da PPP retroativa no curso da ação penal, hipótese em que haverá falta de interesse de prosseguir com a ação penal.

O STF e STJ não admitem essa modalidade, ao argumento de que fere o princípio da presunção de inocência, além de inexistir previsão legal. Há, inclusive, súmula nesse sentido. Vejamos:

> Súmula 438 do STJ: É inadmissível a extinção da punibilidade pela prescrição da pretensão punitiva com fundamento em pena hipotética, independentemente da existência ou sorte do processo penal.

Deve-se considerar, todavia, que a prescrição da pretensão punitiva na modalidade virtual prestigia o princípio da celeridade e evita a prática de atos processuais inócuos, tendo em vista ser evidente que, caso haja sentença condenatória, não haverá outro caminho diferente do reconhecimento da prescrição retroativa.

Por fim, podemos resumir a Prescrição da Pretensão Punitiva da seguinte forma:

Prescrição da Pretensão Punitiva	
Em abstrato	Tem como parâmetro a pena máxima em abstrato. Conta-se entre os marcos interruptivos, observando-se a pior das hipóteses.
Retroativa	Tem como parâmetro a pena em concreto, ou seja, aquela fixada na sentença. Conta-se da sentença até o marco interruptivo anterior, de trás para frente.
Superveniente	Leva em consideração a pena fixada na sentença, contando-se o prazo prescricional que decorre do trânsito em julgado para a acusação até o trânsito em julgado para a defesa
Virtual	Parte da pena que provavelmente vai ser fixada ao delito. Não tem previsão legal e não é aceita pela jurisprudência.

34.6.5 Prescrição da Pretensão Executória (PPE)

A prescrição da pretensão executória está prevista no art. 110, *caput*, do Código Penal, e se refere à perda do direito do Estado de aplicar a pena em decorrência do decurso do tempo.

Ocorre depois do trânsito em julgado da sentença condenatória e impede somente a execução da punição (cumprimento da pena), de modo que os demais efeitos permanecem (sejam civis ou criminais). Isso porque o reconhecimento da PPE extingue a pena aplicada, sem, contudo, rescindir a sentença condenatória, que continua a produzir efeitos penais e extrapenais.

A PPE se regula pela pena aplicada na sentença e, justamente por isso, pressupõe sentença condenatória com trânsito em julgado para ambas as partes.

34.6.5.1 Início do prazo prescricional da PPE

Estabelece o art. 112, do Código Penal, que a PPE começa a correr:
1. do dia em que transita em julgado a sentença condenatória, para a acusação, ou a que revoga a suspensão condicional da pena ou o livramento condicional e;
2. do dia em que se interrompe a execução, salvo quando o tempo da interrupção deva computar-se na pena.

Apesar da previsão legal, há controvérsia jurisprudencial acerca do marco temporal para início da contagem do prazo da PPE no que tange ao trânsito em julgado. Isso porque há entendimentos de que somente se poderia contar a PPE quando do trânsito em julgado para ambas as partes, não bastando o trânsito para o Ministério Público. Importante frisar que a matéria não é pacífica, havendo duas posições sobre o tema.

Para o Superior Tribunal de Justiça, numa primeira posição, "prevalece o entendimento de que o termo inicial da contagem do prazo da prescrição executória é a data do trânsito em julgado para a acusação, consoante a interpretação literal do art. 112, I, do CP, que, mesmo depois da Constituição Federal de 1988, não foi revogado por não-recepção ou declarado inconstitucional e, portanto, permanece vigente no ordenamento jurídico pátrio" (AgRg no HC 536.448/SP, j. 22/10/2019).

O Supremo Tribunal Federal, encabeçando a segunda corrente, já decidiu que o início da contagem do prazo de prescrição somente se dá quando a pretensão executória pode ser exercida. Se o Estado não pode executar a pena, não se pode dizer que o prazo prescricional já está correndo (STF. 1ª Turma. RE 696533/SC, Rel. Min. Luiz Fux, red. p/ o ac. Min. Roberto Barroso, julgado em 06/02/2018 – Info 890).

34.6.5.2 Causas interruptivas da PPE (art. 117, V e VI, do CP)

Como já adiantado, algumas causas interruptivas da prescrição se referem exclusivamente à PPE. É o caso da reincidência (art. 117, V, CP) e do início ou continuação do cumprimento de pena (art. 117, VI, CP).

1. Reincidência

Se o apenado pratica novo crime enquanto está foragido, a prescrição é novamente interrompida (art. 117, V, do CP).

Deve-se destacar que a Súmula 220 do STJ deixa claro que a reincidência produz efeitos apenas em relação à PPE, não alterando em nada a contagem do prazo da prescrição da pretensão punitiva. Vejamos:

> Súmula 220 do STJ: A reincidência não influi no prazo da prescrição da pretensão punitiva.

Frise-se que a reincidência, além de ser marco interruptivo da PPE, também influencia no *quantum* do prazo prescricional. Isso porque se o réu for considerado reincidente na sentença, o prazo prescricional (PPE) é aumentado de 1/3 (um terço), conforme art. 110, *caput*, do Código Penal.

2. Início ou continuação do cumprimento de pena

Com o início ou a continuação do cumprimento de pena, interrompe-se o prazo da prescrição da pretensão executória.

Deve-se ter atenção para o fato de que, no caso de evasão do apenado ou de revogação do livramento condicional, a prescrição é regulada pelo tempo que resta a cumprir da pena (art. 113 do CP).

34.6.5.3 Efeitos do reconhecimento da prescrição

Os efeitos do reconhecimento da prescrição variam a depender da natureza da prescrição.

Na hipótese de PPP, impede-se a continuação da persecução penal. Além disso, a sentença é rescindida em todos os seus termos, como se o crime nunca tivesse existido.

Já ocorrendo a PPE, a única consequência é a extinção da pena, mantendo-se os efeitos penal secundários e extrapenais da condenação, como reincidência, maus antecedentes, título executivo cível etc.

34.6.5.4 Comunicabilidade das causas interruptivas

Estabelece o art. 117, §1º, do Código Penal que "excetuados os casos dos incisos V e VI deste artigo, a interrupção da prescrição produz efeitos relativamente a todos os autores do crime. Nos crimes conexos, que sejam objeto do mesmo processo, estende-se aos demais a interrupção relativa a qualquer deles".

A seguir, destrinchamos o artigo:

a) a interrupção da prescrição produz efeitos relativamente a todos os autores do crime (1ª parte): e por autores do crime se entende também coautores e partícipes.

Por exemplo, em uma mesma ação penal, são denunciados dois réus. Um é absolvido e o outro é condenado. A condenação em relação ao corréu faz interromper a prescrição em relação ao réu absolvido.

b) nos crimes conexos que sejam objeto do mesmo processo, estende-se aos demais a interrupção relativa a qualquer deles.

Por exemplo, imagine um réu processado pelos crimes de furto e receptação. Após a instrução, é condenado pelo furto e absolvido pela receptação. A condenação em relação ao furto faz interromper o prazo prescricional em relação à receptação.

34.6.5.5 Causas suspensivas da prescrição (art. 116 do CP).

Como já mencionado, em se tratando de causas suspensivas da prescrição, o prazo fica obstado, não correndo durante a suspensão. Contudo, encerrada a suspensão, o prazo prescricional retoma a sua contagem exatamente de onde parou.

As causas de suspensão da prescrição estão previstas no art. 116 do Código Penal:

Causas suspensivas da PPP punitiva	Causas suspensivas da PPE
I – enquanto não resolvida, em outro processo, questão de que dependa o reconhecimento da existência do crime II – enquanto o agente cumpre pena no exterior (incluído pela Lei nº 13.964/19) III – na pendência de embargos de declaração ou de recursos aos tribunais superiores, quando inadmissíveis (incluído pela Lei nº 13.964/19); IV – enquanto não cumprido ou não rescindido o acordo de não-persecução penal (incluído pela Lei nº 13.964/19).	Parágrafo único – Depois de passada em julgado a sentença condenatória, a prescrição não corre durante o tempo em que o condenado está preso por outro motivo.

O rol previsto no artigo 116 é meramente exemplificativo, existindo outras hipóteses espalhadas no ordenamento jurídico, a exemplo da hipótese da suspensão condicional do processo e da citação por edital.

34.6.5.5.1 Hipóteses de causas suspensivas da Prescrição da Pretensão Punitiva

Como visto, as causas de suspensão da prescrição estão previstas no art. 116 do Código Penal. Vejamos cada uma delas.

1. enquanto não resolvida, em outro processo, questão de que dependa o reconhecimento da existência do crime

Trata-se das questões prejudiciais, a serem resolvidas em ação diversa, cível ou penal.

Por exemplo, imagine que o acusado esteja sendo processado criminalmente pelo delito de bigamia, mas que na esfera cível ele tenha proposto uma ação para anular seu primeiro casamento. Assim, com a anulação do primeiro casamento, não há que se falar em bigamia. Portanto, é necessário que um processo aguarde o desenrolar do outro, para que haja uma justa e correta decisão.

Desse modo, enquanto pendente a resolução da questão, em outro processo, não corre o prazo prescricional.

2. Enquanto o agente cumpre pena no exterior

Enquanto o agente estiver cumprindo pena no exterior, não correrá o prazo prescricional.

A Lei nº 13.964/19 fez apenas uma mudança de redação/terminológica: antigamente se utilizava a expressão "pena no estrangeiro". O sentido da norma é o mesmo, só substituindo a expressão "estrangeiro" para "exterior".

O intuito dessa causa suspensiva é resguardar a soberania e o direito de punir do Estado brasileiro.

3. Na pendência de embargos de declaração ou de recursos aos tribunais superiores, quando inadmissíveis

O objetivo da previsão é o de evitar a situação de recursos protelatórios.

Se o réu opuser embargos de declaração ou interpor eventual recurso aos tribunais superiores (REsp e RE) e estes recursos não forem admitidos, a prescrição ficará suspensa e o réu não poderá se beneficiar do prazo em que os processos permaneceram parados para análise desses recursos no tocante à consumação da prescrição.

Por exemplo, é muito comum o famoso "embargo de declaração, do embargo de declaração, do embargo de declaração, do embargo de declaração". Portanto, a fim de evitar manobras protelatórias para induzir a prescrição, a Lei nº 13.964/19 (Pacote Anticrime), incluiu no art. 116 do Código Penal, o inciso III, criando esta hipótese de suspensão da prescrição.

4. Enquanto não cumprido ou não rescindido o acordo de não-persecução penal.

O acordo de não-persecução é um acordo entre o Ministério Público e o acusado para se evitar a propositura da ação penal.

Antes da Lei nº 13.964/19, havia discussão sobre a constitucionalidade do acordo de não-persecução penal, tendo em vista que era previsto na Resolução 181/2017 do

CNMP e não em lei em sentido estrito. A Lei Anticrime incluiu no art. 28-A ao CPP o acordo de não-persecução penal e criou, a reboque, essa nova causa de suspensão da prescrição.

Assim, enquanto o indivíduo não cumprir o acordo ou enquanto ele não for rescindido, a prescrição não irá correr.

O sentido dessa norma é simples: caso não fosse suspenso, correríamos o risco de o delito prescrever enquanto o réu estivesse cumprindo o ANPP.

Atente-se que o momento da suspensão da prescrição, nesta hipótese, se dará com a homologação judicial do acordo de não-persecução penal, pois se trata do instante em que a avença se perfectibiliza, autorizando-se sua execução Ministério Público (art. 28-A, §6º, do CP).

Regra similar é encontrada na Lei nº 9.099/95, no que diz respeito à suspensão condicional do processo que, durante sua constância, haverá a suspensão do prazo prescricional (art. 89, §6º).

Por outro lado, a transação penal não suspende o prazo prescricional, de modo que é possível a consumação da prescrição.

34.6.5.5.2 Hipótese de causa suspensiva da prescrição da pretensão executória

O art. 116, parágrafo único, do Código Penal, dispõe que depois de transitada em julgado a sentença condenatória, a prescrição não corre *durante o tempo em que o condenado está preso por outro motivo*.

34.6.5.5.3 Causas impeditivas e suspensivas da prescrição

O conceito de causas suspensivas da prescrição não se confunde com o de causas impeditivas.

Causas impeditivas são aquelas que, como o próprio nome sugere, impedem a prescrição de correr. Vale dizer, a prescrição sequer se inicia.

Causas suspensivas, por sua vez, são aquelas em que a prescrição já começou a correr, mas alguma circunstância legal impossibilita que prazo continue fluindo, travando o cronômetro prescricional.

Voltemos ao exemplo do bígamo que está sendo processado criminalmente por este delito, mas na esfera cível propôs ação para anular seu primeiro casamento.

Vejamos, então, os possíveis desdobramentos deste exemplo.

Segundo o art. 116, I, do Código Penal, enquanto não resolvida, em outro processo, questão de que dependa o reconhecimento da existência do crime, a prescrição não corre.

Assim, se o processo de anulação do casamento na esfera cível já estava em curso quando do manejo da ação penal, estaremos diante de uma causa impeditiva da prescrição, pois esta sequer se inicia.

Entretanto, se o processo criminal já estava em curso e o manejo da ação cível de anulação se deu posteriormente, estaremos diante de uma causa suspensiva da prescrição, ou seja, o prazo não correrá enquanto não resolvida a questão do outro processo. Resolvida a celeuma, o prazo prescricional volta a fluir de onde tinha parado.

Portanto, a principal diferença entre causas impeditivas e suspensivas da prescrição está em saber se já houve o início do prazo prescricional ou não. Se o prazo prescricional ainda não começou a fluir e sobreveio alguma circunstância legal que impossibilite sua fluência, estamos diante de uma causa impeditiva.

No entanto, se o prazo prescricional já foi iniciado e sobreveio alguma circunstância legal que impossibilite a fluência do prazo, travando o cronômetro prescricional, estamos diante de uma causa suspensiva.

34.7 Repercussão geral e sobrestamento dos processos (arts. 1037 e 1035 do novo CPC)

Questão interessante a ser discutida diz respeito à possibilidade de sobrestamento da prescrição em razão do reconhecimento de repercussão geral de tema criminal pelo Supremo Tribunal Federal. Em outras palavras, reconhecida a repercussão geral de um tema correlato ao Direito Penal, pode o Supremo Tribunal suspender a tramitação dos processos criminais e, via de consequência, da prescrição?

Estabelece o art. 1.037, do CPC, que, selecionados os recursos, o relator, no Tribunal Superior, constatando a presença do pressuposto do *caput* do art. 1.036, proferirá decisão de afetação, na qual determinará a suspensão do processamento de todos os processos pendentes, individuais ou coletivos, que versem sobre a questão e tramitem no território nacional.

No mesmo sentido, o art. 1.035, em seu §5º, determina que, reconhecida a repercussão geral, o relator no Supremo Tribunal Federal determinará a suspensão do processamento de todos os processos pendentes, individuais ou coletivos, que versem sobre a questão e tramitem no território nacional.

A suspensão aludida no §5º do art. 1.035 do CPC não é *ex lege*, devendo ser analisada a sua conveniência pelo relator.

Importante pontuar que a possibilidade de sobrestamento prevista no §5º do art. 1.035 do CPC/2015 aplica-se não apenas aos processos cíveis, mas também aos processos de natureza penal (STF. Plenário. RE 966.177 RG/RS, Rel. Min. Luiz Fux, julgado em 07/06/2017 – Info 868).

Nesse sentido, em sendo determinado o sobrestamento de processos de natureza penal, *opera-se, automaticamente, a suspensão da prescrição da pretensão punitiva relativa aos crimes que forem objeto das ações penais sobrestadas* (STF. Plenário. RE 966.177 RG/RS, Rel. Min. Luiz Fux, julgado em 07/06/2017 – Info 868).

34.8 Prescrição das medidas de segurança

Ao inimputável e ao semi-imputável que tem verificada sua periculosidade é aplicada medida de segurança, espécie do gênero sanção penal e sujeita às mesmas regras estabelecidas no Código Penal acerca dos prazos prescricionais.

Cada situação, contudo, deve ser analisada de forma isolada.

Em relação aos inimputáveis, tendo em vista que é proferida sentença absolutória imprópria (que não interrompe o prazo prescricional), a verificação do prazo da prescrição da pretensão punitiva leva em consideração a pena máxima em abstrato cominada ao tipo penal.

No tocante à PPE, há divergência na jurisprudência. Para o STF, leva-se em consideração a duração máxima da medida (40 anos) e, para o STJ, a pena máxima cominada ao crime (Súmula 527 do STJ).

Por outro lado, os semi-imputáveis são, de fato, condenados a uma pena reduzida ou substituída por medida de segurança. Desse modo, cabe PPP com base na pena máxima em abstrato e PPE com base na pena em concreto substituída por medida de segurança.

34.9 Prescrição das medidas socioeducativas

As medidas socioeducativas também se sujeitam à prescrição, obedecendo às regras do Código Penal, com algumas adaptações. Nesse sentido, a Súmula 338 do STJ dispõe que "a prescrição penal é aplicável nas medidas socioeducativas".

Nesse caso deve-se atentar para dois pontos:
1. Aplicação do redutor previsto no art. 115, CP, que reduz pela metade o prazo prescricional se o agente, era, na data dos fatos, menor de 21 anos.
2. Uma vez aplicada medida socioeducativa sem termo final, deve-se considerar o período máximo de 3 anos de duração da medida de internação, previsto no art. 121, §3º, do ECA, para o cálculo do prazo prescricional da pretensão socioeducativa.

34.10 Prescrição das penas restritivas de direito

Aplicam-se às penas restritivas de direito os mesmos prazos previstos para as penas privativas de liberdade, conforme art. 109, parágrafo único, do Código Penal.

Para o STJ, caso a pena restritiva seja descumprida, a PPE é regulada pelo tempo restante de cumprimento da medida substitutiva (STJ. HC 232764/RS, Rel. Min Maria Thereza de Assis Moura, 6ª Turma, j. 25/06/2012).

34.11 Prescrição da pena de multa

> Art. 114. A prescrição da pena de multa ocorrerá:
> I – em 2 (dois) anos, quando a multa for a única cominada ou aplicada;
> II – no mesmo prazo estabelecido para prescrição da pena privativa de liberdade, quando a multa for alternativa ou cumulativamente cominada ou cumulativamente aplicada.

O art. 114 do CP se aplica somente em relação à PPP da pena de multa. Isso porque, após o trânsito em julgado, aplica-se a legislação relativa à cobrança de dívida ativa da Fazenda Pública.

Nesse sentido é o art. 51 do Código Penal, com alteração dada pela Lei nº 13.964/19 (Pacote Anticrime), que determina que "transitada em julgado a sentença condenatória, a multa será executada perante o juiz da execução penal e será considerada dívida de valor, aplicáveis as normas relativas à dívida ativa da Fazenda Pública, inclusive no que concerne às causas interruptivas e suspensivas da prescrição".

34.12 Prescrição no concurso de crimes

Art. 119, CP – No caso de concurso de crimes, a extinção da punibilidade incidirá sobre a pena de cada um, isoladamente.

Para analisar a prescrição no concurso de crimes, deve-se relembrar dos dois sistemas adotados. O primeiro é o sistema do cúmulo material, aplicável às hipóteses de concurso material e concurso formal impróprio. O segundo sistema é o da exasperação, que incide sobre o concurso formal próprio e o crime continuado.

No cúmulo material, as penas são somadas, de modo que cada crime prescreve individualmente.

Já no sistema da exasperação, não se considera o acréscimo decorrente da exasperação. Nesse sentido é a Súmula 497 do STF, que orienta que "quando se tratar de crime continuado, a prescrição regula-se pela pena imposta na sentença, não se computando o acréscimo decorrente da continuação".

Esta obra foi composta em fonte Palatino Linotype, corpo 10
e impressa em papel Offset 75g (miolo) e Supremo 300g (capa)
pela Gráfica Impress.